Bruno Brehm · Die Throne stürzen

Bruno Brehm

DIE THRONE STÜRZEN

Romantrilogie

Mit einem Nachwort von Klaus Piper

Piper
München Zürich

ISBN 3-492-03560-4
Neuausgabe
5. Auflage, 49.–52. Tausend 1992
(1. Auflage, 1.–4. Tausend dieser Ausgabe)

Gesetzt aus der Monotype Garamond
Gesamtherstellung: Wiener Verlag, Himberg bei Wien
Printed in Austria

I

APIS UND ESTE

II

DAS WAR DAS ENDE

III

WEDER KAISER NOCH KÖNIG

Nur ein Fremdling, sagt man mit Recht, ist der Mensch hier auf Erden;
Mehr ein Fremdling als jemals ist nun ein jeder geworden.
Uns gehört der Boden nicht mehr, es wandern die Schätze;
Gold und Silber schmilzt aus den alten heiligen Formen;
Alles regt sich, als wollte die Welt, die gestaltete, rückwärts
Lösen in Chaos und Nacht sich auf und neu sich gestalten.

GOETHE
Hermann und Dorothea

I

APIS UND ESTE

Belgrad, 11. Juni 1903

Im Kaffee „Takovo“ zu Belgrad packten die Zigeuner die Instrumente ein, gähnend wartete der Kellner, bis die letzten Gäste, ein paar mürrisch vor sich hinblickende Offiziere, zahlten. Der lange, hagere Ingenieurleutnant Milutin Lazarević saß in seinem hochgeschlossenen schwarzen Gummimantel wie eine Fahne im Futteral zwischen seinen blanken Kameraden, winkte den Kellner heran und fragte, was denn los sei, daß man heute schon Schluß mache. Der Kellner wischte mit einer Serviette den Tisch ab und zuckte die Achsel: „Das Sängerfest, Euer Hochwohlgeboren. Alles ist müde und schläfrig. So ein Fest macht Arbeit.“ Vom Hafen herauf tönte das langgezogene Heulen einer Dampfersirene. „Eben fahren die letzten Festgäste hinüber nach Semlin.“ Die Offiziere standen auf und beschlossen, ins Kaffee „Bulevar“ zu gehen, drüben sei noch Musik. Sie nahmen den langen Ingenieurleutnant in ihre Mitte: „Achtung, Milutin“, warnten sie ihn, „da sind Stufen.“ Lazarević ging steif wie ein Besenstiel und hob die Füße wie ein Blinder. Nach ein paar Schritten blieben die Offiziere stehen und lauschten. Aus dem Garten des Konaks schallte schmetternde Blechmusik, die Gardekapelle spielte ‚An der schönen blauen Donau‘.

„Ein langes Abendkonzert“, meinte ein Offizier, „im Konak werden sie heute nacht gut schlafen.“

Der Ingenieurleutnant lachte: „Daß es Sascha nur erwarten kann, bis er zu seiner Königin ins Bett kriechen darf!“

Ein paar Kameraden schauten sich ängstlich um; dieser Lazarević hatte eine Stimme, die die Toten in den Gräbern hören müssen, um wieviel mehr die Spitzel an allen Ecken und Enden dieser kleinen Stadt.

„Still, Milutin, still und komm!“ Sie faßten den großen Menschen unter den Armen und zogen ihn weiter.

Im Kaffee „Bulevar“ debattierten noch ein paar Zivilisten, die durchaus nicht schlafen gehen wollten, aufgeregt über die blutig niedergeworfenen Pfingstunruhen in Agram und über die Aufstände der Kroaten gegen die ungarischen Bedrücker, worüber die Sängergäste aus der Monarchie mehr erzählten, als die Zeitungen geschrieben hatten. Einige Tische weiter tuschelten ein paar Offiziere, die beim Eintritt des Ingenieurleutnants einen Augenblick ihr Gespräch unterbrochen hatten.

Der Kellner, der dem Leutnant aus dem Mantel helfen wollte, wurde angeschnauzt: „Abfahren!“ Ein Student, ein Bekannter des Leutnants, drehte sich um und fragte: „Schief gewickelt, Milutin?“ Die Zivilisten lachten, der Kellner verzog sich mürrisch. Lazarević ließ sich vorsichtig nieder, seine Finger tasteten die Knopfreihen ab, ob der Mantel gut geschlossen sei.

„Du willst wohl durchaus ersticken, Milutin, wie?“ höhnte erbost der Student, der vom Ingenieurleutnant weder eines Blikkes noch einer Antwort gewürdigt wurde. Einer der Offiziere, der den Ingenieurleutnant Milutin Lazarević geführt hatte, nahm für Lazarević das Wort: „Laß ihn, er hat Fieber.“ Der Student stand auf und trat an den langen Leutnant heran: „Hast du Fieber, Milutin? Laß dir einmal den Puls fühlen.“

„Mach dich nicht wichtig“, wehrte der Leutnant ab, „mag mir nicht den Puls fühlen lassen, mag nicht ins Spital gehen und mich von dir und deinesgleichen umbringen lassen, gib mir Ruhe und kümmere dich um deine Wöchnerinnen.“

„Sollen die Zigeuner spielen“, meinte einer von den Offizieren, die schon früher im Kaffee gesessen waren, „das wird unserm armen Lazarević mehr helfen als Aspirin und der Dreck, den man bei den Ärzten zu schlucken kriegt.“

Der Primas bleckte die Zähne, grinste mit dem unterwürfigen Hundegesicht, verdrehte die Augen, daß man die gelblichen Äpfel sah, und begann zu fiedeln; die anderen Zigeuner fielen ein.

Ein Offizier las aus einer Zeitung, das Spiel überschreiend, die Rede vor, die der deutsche Kaiser vor einigen Tagen bei dem großen Sängerfest in Frankfurt gehalten. Die Zivilisten drehten sich um, wollten politisieren und vom heutigen Sängerfest erzählen, aber sie merkten bald, daß die Offiziere schlechter Laune waren und keine Antwort gaben. Der hilfsbereite Student mahnte daher zum Aufbruch, die Zivilisten zahlten und gingen.

Nun legte der Offizier die Zeitung weg und zog seine Uhr: „Bald!“ Die Kameraden schauten einer nach dem anderen auf die Uhr, nickten und trommelten ungeduldig mit den Fingern auf den Tisch. Das Spiel der Zigeuner, auf das niemand mehr hörte, flackerte noch einmal auf und verglomm dann in der Asche der Schläfrigkeit. Der Ingenieurleutnant hatte seine Uhr auf dem Tisch vor sich liegen. „Jetzt!“ Er steckte die Uhr ein und stand vorsichtig auf. Die anderen taten es ihm nach, zahlten und traten auf die schweigende, die Sommerwärme ausatmende Gasse.

Von da und dort näherten sich kleine Offizierstrupps sporenklirrend dem Militärkasino. Als der Leutnant Lazarević durch eine der fähnchengeschmückten Ehrenpforten des Sängerfestes ging und sich ein Reisigzweigchen an die Kappe stecken wollte, nahmen es ihm die Kameraden wieder weg: „Später, Milutin, später. Die paar Stunden mußt du dir schon noch die alte verdammte Kokarde gefallen lassen.“

Der Kasinogarten war so voll, daß Ordonnanzen aus dem Saal Tische holen und unter den Kastanien aufstellen mußten. Der kleine Unterleutnant Simeunović in seiner schlechtgeschneiderten Provinzuniform aus Pirot lachte, als er den langen Lazarević eintreten sah, über dessen Leichenbittermiene so auf, daß ihm der Zwicker von der Knollennase rutschte. Sein Tischnachbar, der Leutnant Vojan Tankosić, mit seinem blassen, ehrgeizigen Fuchsgesicht, stieß ihn wütend in die Seite. Der lange Lazarević kümmerte sich nicht um den Lacher und ließ sich, umringt von seinen Freunden, nahe beim Zaun nieder. Der Leutnant aus Pirot verstummte sofort und blickte verlegen vor sich hin.

Im Eingang des Gartens zeigte sich ein großer, breitschultriger Offizier, der Generalstabskapitän Dragutin Dimitrijević, drehte seinen aufgebürsteten schwarzen Schnurrbart und ließ seine dunklen Augen langsam von Tisch zu Tisch wandern.

Leutnant Tankosić machte seinen Nachbarn, den Unterleutnant Simeunović, auf den großen Generalstabskapitän beim Garteneingang aufmerksam: „Der dort ist Apis.“

„Apis?“ Simeunović rückte sich den Zwicker zurecht und verneigte sich, als der Blick des Apis ihn streifte, unbeholfen und verlegen.

„So gaff nicht so“, mahnte der blasse Nachbar, „sprich mit mir, benimm dich nicht so auffällig, laß dir die Aufregung nicht so anmerken.“ Der Leutnant aus Pirot entschuldigte sich verlegen, Tankosić überhörte es und klagte laut über die drückende Schwüle des Abends. Mit einem Male senkte er die Stimme und flüsterte Simeunović zu: „Schau dich nicht gleich um, dort beim Zaun ist eben ein Spitzel gestanden.“ Nach einer Weile drehte Simeunović vorsichtig seinen Kopf herum: dort ging, leise vor sich hinpfeifend, ein Zivilist die dunkle Gasse hinunter. Tankosić legte dem Unterleutnant die Hand auf den Arm: „Wo Apis ist, sind diese Hunde nicht weit.“ Simeunović mußte sich erst ein wenig von seinem Schreck erholen, bevor er zu flüstern wagte, wer der Mensch dort im schwarzen Gummimantel mit dem galligen Gesicht sei. Tankosić blickte gar nicht auf: „Ein Sappeur mit den Schlüsseln für alle Fälle.“ Der Unterleutnant nickte, obwohl er diese Antwort nicht verstanden hatte, denn der Tischnachbar schien Fragen nicht zu lieben. Nun stand Tankosić auf: „Ich muß in die Kaserne. Sei vorsichtig! Nicht einmal ich weiß, wer hier zu uns gehört und wer nicht. Frag niemanden und tu, was Apis befiehlt.“ Hinter dem Zaun blieben schon wieder diese Zivilisten stehen, zündeten sich umständlich ihre Zigaretten an und gingen langsam weiter. Tankosić nahm seine Kappe, ging dicht an Apis vorbei und nickte diesem fast unmerklich zu.

Auch die anderen Offiziere hatten Apis bemerkt, einige winkten, andere tranken ihm zu, und er grüßte zu allen Tischen hinüber. Nun flog, als hätte seine Ankunft den Bann gebrochen, hier und dort ein Lachen auf, Wein wurde verlangt, und die verschlafenen Zigeuner im Musikpavillon stimmten wieder die Instrumente.

„Apis soll leben!“ rief der Gardeleutnant Antonija Antić, sein Glas erhebend. Apis nahm sein Weinglas und tat Antić Bescheid. Dann ging er mit dem halbvollen Glas lachend, rauchend und grüßend von Tisch zu Tisch und blieb dicht beim Zaun stehen, weil dort zwischen zwei Offizieren ein Streit entbrannt war. Er übersah geflissentlich die beiden Geheimagenten, die vorbeistreiften, und fragte die jungen Leutnants, was es denn gäbe.

Einer der beiden, dem die Stimme nicht mehr recht gehorchen wollte, schrie: „Der da meint, daß es damals sogar in England drunter und drüber gegangen sei, und ich meine, daß das Shakespeare nur so erfunden habe, weil alle Dichter lügen. Die Königsdramen sind alle pure Erfindung, das meine ich, er leugnet es,und deshalb streiten wir.“

Die Geheimen hinter dem Zaun blieben stehen, man sah ihre Zigaretten glimmen. Apis entschied, seine Stimme schlug jeden Widerstand nieder: „Es ist immer und überall das gleiche. Nur die Namen der Könige wechseln. Unser Land ist keine Ausnahme, weder im Guten, noch im Schlechten.“

Die Zigeuner hatten jetzt Wein bekommen, der hünenhafte, blatternarbige Luka Lazarević zahlte. Die Musik schwoll an, drängte dumpf nach vorwärts, suchte, fand keinen Ausweg und sank, nach wildem Ausbruch, wieder in sich zusammen. Die Offiziere langten öfter nach ihren Gläsern, sie summten die Melodien mit, ihre Körper wiegten sich, die Augen verschwammen, die Kappen wurden aus der Stirne geschoben, die Lippen öffneten sich; Major Luka Lazarević schleuderte sein leeres Glas klirrend vor den Primas hin: „Einen Kolo!“ „Tische weg! Stühle weg! Platz da! Einen Kolo!“ riefen die Offiziere, sprangen auf und halfen den Ordonnanzen beim Wegräumen. Nur der lange Ingenieurleutnant stand in seinem schwarzen Gummimantel unbeweglich im Schatten einer Kastanie.

„Den Kolo der Königin!“ rief Apis durch das Gelärm, „den Draga-Kolo!“

Die Zigeuner sprangen auf, der Primas trat vor und begann zum Tanz aufzuspielen. Die Offiziere stellten sich im Kreise auf, hoben die Gesichter mit halbgeschlossenen Augen empor und begannen den Tanz. Zwei Schritte links, zwei Schritte rechts, den feierlichen Männertanz, den Bauerntanz, den Kriegertanz, zwei Schritte rechts, zwei Schritte links, so rollte und stampfte das Menschenrad und rührte sich nicht von der Stelle. Die Offiziere sangen die anschwellende Melodie mit, der helle Tenor des Gardeleutnants Antić überschlug sich in die Fistel und überschrillte das Spiel der Geigen. Der Trotz der Gesichter löste sich, die Schritte wurden schneller, die Stiefel traten fester auf, die Sporen klirrten, das Schreien wandelte sich in ein Stampfen, Staub wirbelte auf, die Offiziere rissen sich die Röcke auf, schleuderten die Kappen zur Seite, ihr Atem keuchte, Gläser klirrten gegen die weißgetünchten Wände des Kasinos. Die Geheimen hinterm Zaun blieben stehen und sahen den Offizieren im Garten eine Weile zu; sie waren zufrieden, die dort drinnen tanzten den Kolo der Königin Draga, nun konnte man beruhigt sein und schlafen gehen. Apis, der große Generalstabskapitän, löste sich aus dem Kreis, riß seinen Rock herunter und warf ihn einer Ordonnanz zu, die anderen Offiziere taten es ihm nach, bei fast allen Offizieren sah man Revolver in den hinteren Hosentaschen. In Hemdärmeln stampfte der Kreis weiter. Apis verschränkte die Hände hinter dem Nacken und tanzte den Kameraden voran, sie folgten im Gänsemarsch, Figur um Figur; er wiegte sich in den Hüften, er sprang und lachte, er warf die Beine hoch und klatschte in die Hände, er ließ seine Sporen auf eigene Art erklingen, der schwere, massige Mensch war geschmeidig und wild wie ein Raubtier. Immer rascher spielten die Zigeuner, immer wilder drängte die oft im Aufbranden der Begleitung versinkende Melodie, die Tänzer rissen sich die Hemden auf, die weinseligen Männer mit den roterhitzten Gesichtern taumelten dem tobenden Führer nach. Nur der lange Ingenieurleutnant stand wie ein vergessener übergroßer Regenschirm allein an eine Kastanie gelehnt, wischte sich hie und da den Schweiß aus dem Gesicht und verfolgte mit kurzem Rücken des Kopfes den tanzenden Schwarm. Die Musik sank nach einem gellenden Ausbruch wieder in sich zurück, die hüpfenden Männer schlossen sich abermals zu einem stampfenden, sporenklirrenden Kreis, die Schritte wurden langsamer, zwei Schritte rechts, zwei Schritte links, die Sporen zirpten wie Grillen noch nach, dann stand eratmend das Rad, dann schwieg die Musik, dann ließen die Männer die Arme sinken und schlossen, um das Nachdrehen des Rades im Kopfe abzuwarten, die Augen.

„Wein her! Wein her!"

Die Tische wurden zusammengeschoben, als sollte erst das rechte Gelage beginnen. Ein paar Offiziere wollten nicht mehr mithalten, sie waren zu müde, niemand bat sie zu bleiben: „Wie ihr wollt. Uns hat der Kolo der Königin Durst gemacht." Die erhitzten Offiziere ließen sich auf die Sessel fallen und warteten, bis die Schritte der Davongehenden verhallt waren. Das Licht der kleinen Glühbirnen wurde durch die großlappigen Kastanienblätter gedämpft, leise spielten die Zigeuner Liebeslieder, die Offiziere stützten die Gesichter auf die Hände, blickten verloren vor sich hin und summten mit. Sie hatten die Röcke wieder angezogen und die Kappen aufgesetzt. Der Gardeleutnant Antić, der die Abschiednehmenden vor das Kasino begleitet hatte, kam zurück und trat auf Apis zu: „Das Konzert im Konak ist zu Ende. Oberstleutnant Naumović hat um seine Pelerine geschickt."

Nun kam der lange Ingenieurleutnant und stellte sich neben Apis, den Generalstabskapitän Dragutin Dimitrijević. Apis klopfte an sein Glas: „So, wir können hier Schluß machen"; und zu den Zigeunern gekehrt: „Packt euch! Aber flott!" Die Zigeuner stahlen sich mit tiefen Bücklingen davon, die Offiziere warteten mit gesenktem Blick, schielten hie und da nach Apis hinüber und hielten die Weingläser zwischen beiden Händen.

„Ordonnanzen hinaus!" befahl Apis.

Die Soldaten verschwanden mit den geleerten Gläsern. Der lange Ingenieurleutnant im schwarzen Gummimantel deutete über den Zaun: „Es ist Zeit. Dort geht Oberst Mašin." Im Laternenlicht blinkten die Epauletten des Obersten und der Reiherbusch auf dem Kalpak leuchtete weiß.

Apis nickte: „Der geht in die Kaserne.“ Dann dämpfte Apis die Stimme, alle Offiziere blickten ihn an: „Darf ich die Herren für einen Augenblick in den Saal bitten?“ Apis selbst ging mit gesenktem Haupt langsam voran. Im Saale, einem langen, niedrigen Raum mit dem Bilde des Königspaares im Krönungsornat, standen schweigend die Offiziere. Apis stellte sich unter dem Kronleuchter auf und prüfte mit zusammengezogenen Brauen die Gesichter. Des Tanzes Rot war verflogen, die Wangen waren blaß, die Lippen blutleer, die Hände tasteten unruhig an den Uniformen herum. Apis zog langsam seine Uhr: „Noch sieben Minuten.“ Seine dunkle, rauhe Stimme klang ruhig und beherrscht. „Ich bitte die Herren, sich schon jetzt nach den eingeteilten Gruppen zusammenzuhalten.“

Kurzes Drängen, Durcheinandergehen, Abzählen, leiser Namensaufruf, Zurechtrücken und dann wieder tiefe Stille. Apis wartete ein paar Atemzüge. „Meine Herren, ich wiederhole zum letztenmal: Wenn jeder auf seinem Platze sein wird, muß es gelingen.“ Er lächelte den blassen Männern zu und zündete sich ruhig eine Zigarette an. „Also: erste Gruppe: Schlafzimmer. Keine Schonung, kein Pardon. Mißlingt es, werden wir auch nicht geschont. Zweite Gruppe: Ordonnanzen festnehmen, unschädlich machen. Dritte Gruppe: Ersten Generaladjutanten verhaften. Vierte Gruppe: Gendarmerie. Blanke Waffe! Unnütze Schießerei vermeiden. Fünfte Gruppe: Fenster. Jeden Fluchtversuch sofort mit Schüssen beantworten. Und als letztes: Keine Zeit verlieren! Das Ganze hat in längstens einer halben Stunde erledigt zu sein. Von Ihnen ganz allein, meine Herren, hängt es ab, ob wir Bürgerkrieg haben werden oder nicht.“

Das wildhervorbrechende Schluchzen eines Hauptmanns mit Orden aus dem türkischen und dem bulgarischen Krieg auf der Brust zerriß die lähmende Stille nach den Worten des Apis. Der alte Kapitän lehnte sich, um nicht zusammenzubrechen, an die Wand. „Ich kann nicht, ich kann nicht“, stieß er hervor, „es ist doch der König.“ Er schlug sich die runzligen Hände vor das Gesicht: „Ich kann nicht, so wahr es einen Gott im Himmel gibt, ich hab' doch geschworen.“

Der Leutnant Jovanović trat dicht neben den schluchzenden alten Mann, griff nach dem Revolver und fragte mit einem raschen Aufblick den hünenhaften Major Lazarević, der verächtlich abwinkte: „Laß ihn, mein Freundchen, er kann uns nicht mehr schaden, jetzt ist es zu spät." Und zu dem alten Kapitän gekehrt: „Sie bleiben hier im Kasino. Wenn Sie es anders halten wollen, werden Menschen, an denen Ihr Herz ebenso hängt wie an diesem König, dafür büßen."

Apis zog die Uhr, sein dunkles Gesicht zuckte, er würdigte den weinenden, auf einem Sessel zusammensinkenden alten Mann keines Blickes: „Meine Herren! Ein Uhr fünfundvierzig. Los!" Der Gardeleutnant Antić vertrat den hinausdrängenden Offizieren die Tür, in seinem roten, goldverschnürten Rock klammerte er sich mit einer Hand an den Türpfosten und hielt mit der anderen ein Weinglas hoch: „Bevor wir die heilige Pflicht erfüllen, meine Herren, laßt uns schwören, Brüder, laßt uns nochmals schwören: Keinen Verrat beim Mißlingen, Brüder, keinen Lohn beim Gelingen! Ein Hund, wer Lohn erwartet, ein Hund, wer die blutigen Hände mit Geld besudelt!" Er stürzte den Wein hinunter und zerschmetterte das aufklirrende Glas an der Wand.

„Wir schwören!"

Die Offiziere drängten durch die freigegebene Tür auf die Straße. Die frische Nachtluft ernüchterte die heißen Köpfe. Apis breitete die Arme aus: „Halt! Wenn das Bataillon Mišić vorbeikommt, laufen wir an die Tête und gehen mit dem Bataillon vor."

Zwischen den Zweigen der Kastanienallee brannten noch hie und da Lampen, man sah die König-Miloš-Straße hinunter bis zu dem freien Platz der Slavija, aber nirgends zeigte sich eine Spur von anmarschierenden Soldaten.

„Apis, Apis, wo bleibt das Bataillon Mišić? Warum haben wir diesem falschen Hund getraut, Mišić wird alles verraten, Mišić hat vielleicht schon alles verraten."

Apis mahnte zur Ruhe, aber die Aufregung ließ sich nicht bändigen. Der erste, der wichtigste Punkt dieser sorgfältig ausgeklügelten Disposition stimmte schon nicht.

Wenn das Bataillon der Sechser nicht kam, war alles hinfällig, konnte man sich nach Hause schleichen und zähneklappernd die Decke über den Kopf ziehen.

Da! Was ist das? Taktmäßige Schritte aus einer Nebengasse. „Die Siebener müssen es sein. Wenigstens etwas!" Die Offiziere atmeten auf.

Apis winkte den langen Ingenieurleutnant Lazarević heran: „Wenn der Teufel seine Hand im Spiele hat, brauchen wir dich früher als wir gedacht haben. Bleib in meiner Nähe." Der lange

Leutnant tastete über seinen Mantel hin und nickte. Wieder Schritte! Leichtes Waffenklirren aus nächster Nähe. Die Gardekompanie unter Hauptmann Kostić. Die Leute marschierten rasch und gedeckt im Schatten der Alleebäume. Als der riesige Hauptmann Kostić mit dem vertrockneten Mulattengesicht beim Kasino vorbeikam, rief ihm Apis „halt!" zu. Hörte nun Kostić nicht oder vergaß er in der Aufregung das Kommando weiterzugeben, seine Kompanie marschierte weiter und bog in die Hauptstraße ein, Kostić selbst sprang aus der Einteilung und drang auf Apis ein: „Wo sind denn bei allen Teufeln die Sechser? Wo steckt Mišić?" Als Apis keine Antwort gab, packte ihn Kostić bei der Schulter: „Apis! Wenn die Sechser nicht mittun, ist alles aus! Apis, warum richtest du mich und mein Kind zugrunde?" Da tauchte auch schon hinter dem sich verzweifelt Gebärdenden der Unterleutnant Josip Kostić auf, der den Befehl hatte, seinen Hauptmann bei dem geringsten Zeichen eines Verrates niederzuschießen. Apis drückte dem Leutnant noch rasch den Revolver herunter, stieß den zitternden Gardehauptmann zur Seite und rief den vor dem Kasino wartenden Offizieren zu: „Meine Herren! Laufschritt — Marsch!" Apis stürmte in großen Sprüngen voraus, keuchend heftete sich ihm der Leutnant Lazarević an die Fersen, die übrigen Offiziere folgten, überholten bald die Gardekompanie, sprangen über die langen Besen verdutzt gaffender Straßenkehrer und hetzten am Gendarmerietor vorbei, dessen Doppelposten den vorbeihastenden Offizieren die Ehrenbezeigung leistete. Der Schwarm der Laufenden fiel auseinander, keuchend blieben die Älteren zurück, griffen sich in die stechenden Seiten und gingen im Schatten der Bäume langsamer vor. Die Entschlossenen und Jungen, von Apis Geführten, waren schon beim zweiten Tor, die Älteren und Zaghaften hasteten erst beim Hotel London vorbei. Wie Kinder beim Leih-mir-die-Schere-Spiel den rettenden Baum umklammern, so stürmten die Offiziere an den erschrocken zur Seite springenden Posten vorbei, auf das Tor zu, packten die Stäbe des Gitters und rüttelten sinnlos vor Aufregung. Von diesem Lärm und dem Getrappel der Laufenden aufgescheucht, erhob sich prasselnd, krächzend und durch die Zweige brechend ein Krähenschwarm, der in den Bäumen des Parks genächtigt hatte, und flatterte, eine kreischende Unheilswolke, über die niederen Dächer davon.

„Teufel und Hölle! Das hetzt uns die Wache auf den Hals!" Die durch das Gespenstische, das Drohende dieses unerwarteten

Lärms entsetzten Offiziere sprangen vom Gittertor zurück und wollten durch ein kleines Gäßchen, die Devojačka, entweichen. Noch war nichts geschehen, noch konnte man sich in Sicherheit bringen. Aber mit erhobenem Revolver trat ihnen Apis in den Weg: „Zurück! Wer nicht auf seinen Platz geht, wird niedergeschossen!" Die Offiziere faßten sich wieder, sprangen in den Torschatten zurück und schmiegten sich, während Apis gelassen den beiden Posten die Gewehre abnahm, dicht an die beiden hohen Torpfeiler.

„Živković! Živković!" rief Apis gedämpft in den Schloßgarten. Ein Mann eilte über den hellen Kiesweg zwischen den dunklen Bäumen, es war der Gardeleutnant vom Dienst, Živković, mit den Schlüsseln, der nun mit zitternden Händen das Tor aufzusperren versuchte.

„Schneller, Živković, schneller. Wir können jeden Augenblick von der Wache drüben Feuer bekommen", drängte Apis und beruhigte seine Leute: „Verwirrt ihn doch nicht noch mehr, stört ihn nicht, laßt ihn in Ruhe! Von der Wache da drinnen droht uns keine Gefahr, denn Hauptmann Panajatović hat Opium bekommen."

Der lange Ingenieurleutnant Lazarević fragte Apis, ob er eine Patrone anlegen solle.

„Warte noch, warte! Vielleicht findet der Živković doch diese verdammten Schlüssel."

Ja, er brachte es doch noch auf, dieser an allen Gliedern zitternde Gardeleutnant Živković, das in den Angeln kreischende Tor. Živković wurde von den Offizieren umgerannt, denn niemand steht allzu lange gerne ganz ungedeckt gegen ein drohendes Flankenfeuer. Die Offiziere verschwanden zwischen den Bäumen des Parks.

Nun war auch Oberst Mašin, im ordengeschmückten Waffenrock mit Epauletten und Schnüren, beim Tor angelangt und trieb den mit seiner Kompanie heranmarschierenden Kapitän Kostić zur Eile. „Vorwärts! Die Schloßwache sollte schon längst entwaffnet sein!"

Die Kompanie strömte durch das offene Gittertor in den Park und rannte auf die Wache zu. Der Posten vernahm den Lärm und rief die Wache unter das Gewehr. Verschlafene Gardisten polterten an den Gewehrschränken. Aber schon stand der Hauptmann Kostić dicht vor ihnen: „Hände hoch! Gewehre wegwerfen!"

Die Wache folgte nicht, sie stand den immer stärker werdenden, aus den Bäumen hervortretenden Gegnern mit gefälltem Bajonett gegenüber.

„Soldaten!" rief Kostić, der Blutvergießen vermeiden wollte, „es gilt, den König zu befreien! Wir sind doch auch Gardisten! Der König wird gefangengehalten im Konak! Sie wollen den König zur Abdankung zwingen, und wir, seine Gardisten, sind gekommen, den König zu befreien!"

Drinnen im Offizierszimmer der Wache versuchten einige Leute den Kapitän Panajatović aus seinem tiefen Schlaf aufzurütteln, sie hoben ihn empor, sie stellten den Schwankenden auf die einknickenden Beine, sie schoben den Kapitän endlich ins Freie. Verschlafen blinzelte Panajatović um sich, sah seine Wache umstellt, fragte nicht lange, zog seinen Revolver und schoß einen Leutnant der Kompanie Kostić über den Haufen. Panajatović fiel gleich darauf, von mehreren Kugeln durchbohrt, vor seiner Wache zusammen.

Nun schoß die Wache, Schüsse krachten, Verwundete schrien auf, ein Handgemenge entstand. Hauptmann Kostić schrie dazwischen: „Was tut ihr denn? Seid ihr verrückt? Wir wollen doch nur das Beste für unseren König!"

Die führerlose Wache zog sich zurück, nach kurzem Hin und Her lieferten die Leute ihre Waffen an Kostić ab. Vom Gendarmerietor herüber knatterten Schüsse, das Bataillon Sieben griff drüben an. Die Gendarmerie war seit den Unruhen im März auf das Militär schlecht zu sprechen, weil die Soldaten sich mit den aufständischen Studenten und Handlungsgehilfen verbrüdert und der Gendarmerie nicht geholfen hatten; die Gendarmen zogen sich in die Kaserne zurück und eröffneten aus den Fenstern das Feuer auf die Angreifer. Da rannte Oberst Mašin herbei und brüllte: „Gendarmen! Sofort Feuer einstellen! Für jeden Verletzten von uns werden, wenn wir Ordnung gemacht haben, fünf von euch aufgeknüpft!"

Räderrollen, Hufschlag und Trappeln von Schritten draußen auf der Straße. Auch die Gendarmen konnten es hören, daß Artillerie auffuhr, sie sahen schon das Sinnlose ihres Widerstandes ein und kamen einzeln mit erhobenen Händen rasch aus der Kaserne.

Jetzt endlich klirrte auch das so lange erwartete Bataillon Mišić von den Sechsern heran. Oberst Mašin fragte einen vorauseilenden Leutnant nach dem Grund der Verzögerung.

„Oberstleutnant Mišić", stieß der atemlose Offizier hervor, „hat absichtlich und böswillig den Abmarsch immer länger hinausgeschoben. Erst als ich drohte, allein abzumarschieren und den alten, feigen Scheißkerl über den Haufen zu knallen, hat er sich widerwillig aufgemacht. — Kommen wir viel zu spät, Herr Oberst?"

„Ich weiß noch nicht, wie weit die da drinnen sind."

Dumpfe Schläge erschütterten die Luft. Die Soldaten, die durch die Gassen herankamen, um den Konak abzusperren, horchten auf. Sie wußten nicht, was vorging. Einige Zivilisten hasteten zu Oberst Mašin hinüber, der zuckte auf ihre Fragen die Achsel und ersuchte sie, sich einen anderen Platz zu wählen — hier sei nur Raum für Soldaten —, die Politik käme erst später dran. Die Offiziere sammelten sich unter den Bäumen, Apis gab mit ruhiger Stimme den einzelnen Gruppen die Aufträge. Die Gruppen entfernten sich. „Gruppe eins! Mit dem Hauptmann Miljković laßt mich reden. Der arme Jovan verdient ein besseres Los. Ruhe! Mir nach! Lärm vermeiden. Es muß rasch gehen."

Vor ihnen lag, jenseits der hellen Kiesfläche, das langgestreckte, zweigeschossige Gebäude des alten Konaks. Über die Baumwipfel ragten die adlergezierten Kuppeln des neuen Schlosses. Hinter dem verglasten Gittertor standen die dunklen Schatten zweier wachehaltender Gardisten. Apis pochte an die Scheibe: „Aufmachen. Ich muß dringend mit Herrn Kapitän Miljković sprechen."

Während der ahnungslose Gardist das Tor aufschloß, sprangen die anderen Offiziere über den kiesbestreuten Platz und drängten hinter Apis nach; die beiden Gardisten wurden im Handumdrehen entwaffnet.

„Apis, Apis!" rief der Gardeleutnant Antić, „wo bleibt Oberstleutnant Naumović mit den Schlüsseln?"

Der zweite Generaladjutant, der hier mit den Schlüsseln hätte warten sollen, war nirgends zu sehen. „Geduld", mahnte Apis, „nur einen Augenblick Geduld. Wartet auf mich, ich muß mit Jovo sprechen, ich will sehen, ob ihm Naumović Opium gegeben hat, der arme Kerl soll nicht, wenn er plötzlich aufwacht, irgendeine Dummheit machen. Ich hole auch gleich die Schlüssel."

Apis wußte, daß heute die Frau des Artilleriekapitäns niederkommen sollte, er wollte den Freund, den Schwiegersohn des verhaßten Generals Cincar-Marković, schonen.

Links, gleich die erste Türe führte in das Inspektionszimmer. Apis drehte das elektrische Licht auf. Da lag der Kapitän halb entkleidet, mit offenem Mund schnarchend vom Opium auf dem Bett. Apis beugte sich über ihn und rüttelte ihn bei der Schulter: „Aufwachen, Jovo, aufwachen!"

Der Artilleriekapitän schlug schlaftrunken die Augen auf, Apis kniete sich vor dem Bett nieder und schlang die Arme um den Hals des Freundes: „Jovo, ich bin es, dein Freund Dragutin, Apis ist es, Jovo! Du hast es nicht glauben wollen, Jovo, du hast von uns nichts wissen wollen. Du hast nichts darüber gesprochen, du hast uns nicht verraten. Nun sind wir da, Jovo, nun sind wir doch gekommen. Still, Bruder, still, denk an deine Frau, denk an dich, denk an unsere Freundschaft, Jovo, sei klug, Bruder, mach keinen Lärm, du hast geschwiegen, wir wollen dir helfen. Stirb nicht umsonst, Jovo, sie sind es nicht wert, er nicht und die Hure schon gar nicht."

Oh, jetzt verstand der schlaftrunkene Kapitän, was Apis von ihm wollte, er entzog sich mit einer schnellen Wendung der Umarmung: „Loslassen, Apis, loslassen, sag ich! Du weißt, es geht nicht, ich darf nicht, ich will nicht, ich kann nicht — laß los, Apis, laß los!"

Und schon tastete seine Hand nach dem Revolver unter dem Kopfkissen. Aber da sprang der Unterleutnant Borivoj Jovanović, ein dem Apis blind ergebener junger Mensch, vor und schoß den Kapitän Miljković durch den Kopf. Der Artillerist sank, Apis über und über mit Blut bespritzend, seinem Freund in die Arme.

In diesem Augenblick wurde die Tür zum Zimmer des zweiten Generaladjutanten aufgerissen, der dicke Oberstleutnant Naumović, ein großer, verschlafener Mensch, stand im Nachthemd da, er war durch den Schuß aus dem Schlaf geschreckt worden und kannte sich nicht aus. Der erst am Morgen aus Pirot nach Belgrad gekommene Leutnant Simeunović wußte nicht, daß der in die Liste nicht eingetragene Oberstleutnant auch zu den Verschwörern gehörte, legte auf Naumović an und drückte zweimal den Revolver ab. Mit dem Schrei: „Warum auf mich? Nicht auf mich!" schlug Naumović die Hände vors Gesicht und brach zusammen.

Hauptmann Ristić, der sich, um den vorsichtigen Naumović zu gewinnen, aus Šabac nach Belgrad hatte versetzen lassen, riß dem Leutnant die Waffe aus der Hand: „Verdammter Narr, verfluchtes Schwein! Der gehört doch zu uns!" Auch der mit dem Blut seines Freundes besprengte Apis ballte drohend gegen den erblassenden Leutnant die Fäuste, aber er besann sich und rief den Kameraden zu, jetzt nur schnell nach den Schlüsseln zu suchen. „Rasch, rasch! Die oben sind nicht taub, sie müssen die Schüsse gehört haben, sie werden uns entkommen, wenn wir uns nicht sputen!" Der Leutnant Simeunović aus Pirot hatte seinen Zwicker verloren, er tastete auf dem Boden herum und fand das Augenglas im Blute des Naumović. „Niemand hat mir etwas gesagt, niemand! Woher hätte ich das wissen sollen?" Niemand gab eine Antwort, alles suchte nach den Schlüsseln. Sie hoben den toten Generaladjutanten auf, sie rissen ihm die Kleider auf, klopften an die Taschen, sie zogen die Schubladen des Schreibtisches auf, sie warfen das Bettzeug des Artilleriehauptmannes durcheinander, der tote Miljković kollerte aus dem Bett — aber sie fanden nirgends die Schlüssel. „Dann hinaus auf den Gang", befahl Apis, „Lazarević, leg die Patrone an!"

Der lange Ingenieurleutnant öffnete seinen schwarzen Gummimantel, unter dem er im Gürtel die Dynamitpatronen trug, und befestigte eine davon an der Tür zum arabischen Zimmer. „Achtung! Decken!"

Die Offiziere sprangen zurück, nur Apis blieb neben dem Ingenieurleutnant stehen und setzte die Lunte in Brand. Lazarević prüfte noch einmal, ob sie richtig glimme, dann verschwand er hinter dem nächsten Mauervorsprung. Eine Stichflamme zuckte auf, ein dumpfer Schlag ließ die Wände erzittern, es wurde finster, nur die Flammen des brennenden Türrahmens gaben ein unruhiges Licht. Spiegelscherben, Glassplitter von der Verschalung des Eingangstores und der große venezianische Leuchter klirrten nieder, Flüche und Schreie der Verletzten erschallten, Rufe nach Licht kamen aus allen Ecken. Schritte knirschten über die Scherben, Hände tasteten nach den Schaltern: „Apis, Kurzschluß! die Sprengung hat das Netz unterbrochen."

Die Flammen griffen auf den Türvorhang über, sie spiegelten sich in den Scherben auf dem Boden und erhellten die mit Stuckstaub überschneiten Offiziere, die Teppichmuster an den Wänden des arabischen Salons schienen blutrot auf, die Waffen flammten. Durch den brennenden Schlund stürzten die Offiziere in den Salon.

Apis hatte etwas gesehen, er blieb zurück: „Da ist er!" schrie Apis auf und rannte zu der ins Souterrain führenden Stiege. „Da ist der König!" Dort neben dem großen, ausgestopften braunen Bären hatte Apis eine Gestalt auftauchen und verschwinden gesehen. „Steh! Steh! Oder ich schieße!" Apis sprang der Gestalt nach, kam auf der finsteren Stiege zu Fall, überschlug sich und kollerte in die Tiefe. Ein Schuß krachte, jemand stöhnte auf, dann wurde es, während sich der Lärm der vordringenden Offiziere verlor, im Vorhaus stille.

Die vorwärtsstürmenden Offiziere blieben in den Teppichen hängen, fielen über Tischchen und Taburetts. Revolver entluden sich mit kurzem Aufflammen, Flüche, Bitten um Licht und kurze Kommandorufe hallten durcheinander. Streichhölzer flammten auf. Die Tür vom arabischen Zimmer zum Salon des Königs war unversperrt. König Milan in der Uniform eines österreichischen Obersten schien aus dem Rahmen eines lebensgroßen Bildes zu treten, Licht fiel auf ein Bild König Alexanders. Der Gardeleutnant Antić deutete auf eine Tür: „Dort", flüsterte er, „dort geht es ins Schlafzimmer."

„Živković, wo steht das Bett?"

„Gerade der Türe gegenüber."

„Lazarević, anlegen!"

Schon war der lange Sappeur da, die Offiziere leuchteten ihm mit Streichhölzern, die Lunte flammte auf, alles wich zurück. Glas klirrte, die Türe splitterte, die helle Stichflamme zeigte den hohen Aufbau des großen Himmelbettes wie das Zelt eines Feindes. Und nun schossen die durch die zusammenkrachende Tür eindringenden Offiziere auf das Bett los, solange noch Kugeln in den Revolvertrommeln waren. Dann griffen sie zu den Säbeln und hieben, stachen, schlugen und droschen fluchend, brüllend und schreiend gegen die Decken und Kissen und hielten erst, als der Rausch der Ermattung wich, atemlos inne. „Licht! Licht! Wir wollen sie sehen! Wir wollen sie sehen!"

Blaue Flackerflämmchen kamen aus dem Dunkel näher, die hellgrauen Möbel der Königin zeigten sich, ein Bild Alexanders im Krönungsornat drohte aus dem Dunkel. Der junge Leutnant mit den Kerzen war zum ersten Male im Konak, er zögerte, er staunte, er stockte vor der schwarzklaffenden Tür. Brand- und Pulvergeruch schlug ihm entgegen, der hochaufgebaute Betthimmel hing in Fetzen nieder, die Federn der Kissen und

Decken lagen wie Schnee auf der blutroten Damastdecke. Wie einem, der einen mit aller Wucht geführten Hieb ins Leere tut, war ihnen zumute, als sie das Bett leer sahen. Furchtbares Entsetzen erfaßte sie, kalt schauerte es über ihre Rücken.

Draußen prasselten Schüsse: der Kampf um die Wache war im vollen Gange. „Verrat!" schrien die Offiziere, „Verrat! Wir sind alle verloren!" Sie rannten durcheinander, sie stießen aneinander, es war ihnen wie Betrunkenen zumute, die alles demoliert haben und nun die Zeche bezahlen sollen. Der Vorhang beim Fenster begann zu glimmen, eine Flamme griff mit gierigen Fingern höher, die Offiziere ließen es geschehen, gelähmt von Entsetzen, wußten nicht, was sie tun sollten. Sporenklirren und Poltern dröhnte heran, im rauchgeschwärzten Splitterrahmen der Tür tauchte eine riesenhafte, den Säbel schwingende Gestalt auf: „Vorwärts! Vorwärts!" brüllte dieser Kerl wie von Sinnen, „Mir nach, Soldaten, hier kann man sich die Epauletten verdienen!" Einige Schüsse krachten, der große Gardewachtmeister, der von der Hauptwache hierher gerannt war, brach zusammen.

„Da hast du deine Epauletten, Dreckbauer!"

Die Offiziere warteten mit dem Revolver in der Hand auf die nachfolgenden Soldaten, aber niemand kam, alles blieb still.

„Wir müssen sie suchen, sie können doch nicht verschwunden sein. Teilen wir uns in Gruppen, holen wir sie aus ihrem Schlupfwinkel", drängte der Gardeleutnant Antić.

„Wo ist Apis?" fragte jemand. „Apis soll sagen, was wir tun müssen."

Nun riefen alle nach Apis. Aber Apis meldete sich nicht. Apis war nicht im Schlafzimmer, Apis war auch nicht im Salon oder im arabischen Zimmer, Apis war verschwunden.

Da warf sich der Leutnant Antić auf das Bett, in dessen zerfetztem Vorhang Emailbilder des Königs und von Heiligen festgenestelt waren, stützte den Kopf in die Hände und wurde von Schluchzen geschüttelt: „Apis ist nicht hier, wir sind verloren!"

Der Leutnant, der mit dem Licht gekommen war, hatte seine Kerze auf dem Nachtkästchen des Königs festgetropft, ihr Licht fiel auf ein Bilderbuch für kleine Kinder. Er schlug es gedankenlos auf, er zog an einem aus den Doppelblättern hervorragenden Papierstreifen, der Kasperl streckte eine große, rote Zunge heraus und verdrehte ganz schauerlich die Augen. Solche

Bücher hatte sich die Königin wohl angeschafft, als sie Belgrad, das serbische Volk, das große Rußland, ja die ganze Welt, durch ihre vorgetäuschte Schwangerschaft zum Narren gehalten hatte. Ein zerschossenes Heliotropfläschchen lag auf dem Boden und verbreitete einen unerträglichen süßlichen Geruch. Hauptmann Ristić drängte zur Eile: „Auf, auf! Nicht den Kopf hängen lassen, wir kommen sonst zu spät!"

Die Offiziere ermannten sich, schauten und stachen unter das Bett, klopften die Wände ab, entdeckten frohlockend hinter einem Vorhang eine Tapetentür, drangen in das Badezimmer des Königs ein, rissen jeden Bademantel herunter — nichts, nichts! Eine Sesselwaage stand da mit Krone und Monogramm, damit auch der nackte König nicht seiner angemaßten Würde vergesse. Die Offiziere durchwühlten einen großen Kleiderkasten, fanden abermals einen ganzen Stoß deutscher und französischer Kinderbücher — aber sonst konnte man nichts finden.

Leutnant Živković, der das Gartentor geöffnet und der noch beim Abendkonzert im Konak Dienst gehabt hatte, erzählte den aufhorchenden Offizieren: „Und wie sich der Bruder der Draga, der Leutnant Nikodem, verabschiedete, da lachte sie ihren Bruder an, ohne auf uns Rücksicht zu nehmen, und sagte so laut, daß wir es alle hören konnten: ‚Gute Nacht, mein Prinz'."

„Ja, gute Nacht, mein Prinz", höhnte der Leutnant Antić, „für immer gute Nacht — und wir wissen noch gar nicht, wie es drinnen in der Stadt gegangen ist."

Auf einem Tischchen lag eine Gratulationskarte zu Alexanders Namenstag. „Und wer hat sie unterschrieben? Petar Mišić! Jetzt wissen wir wenigstens, warum das Bataillon Mišić so spät gekommen ist."

Als dieser Trupp Offiziere aus dem Badezimmer in das Schlafzimmer zurückkam, waren die anderen Verschwörer schon fort. Sie hörten das Krachen von Revolverschüssen im ganzen Hause, man suchte, man schoß, man schrie in alle Ecken und Winkel des nur durch spärliche Kerzenflämmchen erhellten Konaks. Die Gewehrschüsse draußen verdichteten sich zu Salven. Die Offiziere rannten in atemloser Hast in das Schlafzimmer zurück. „Mišić hat uns verraten, die Truppen kommen dem König zu Hilfe!"

Es waren die Schüsse, die draußen vor der Gendarmeriekaserne gewechselt wurden. Nun hörte man auch das Rollen und Klirren der auffahrenden Artillerie. Es begann zu dämmern. Über den Baumkronen wuchs bleich die vielfenstrige Front des neuen Konaks empor. Gardeleutnant Antić packte den Ingenieurleutnant Lazarević beim Arm und riß ihn zurück: „Milutin, denk daran, was wir geschworen haben. Du hast das Dynamit, wir sind alle verloren, zünd alle Patronen an und spreng uns in die Luft!" Lazarević schüttelte den vor Aufregung zitternden Gardeleutnant von sich ab: „Wir haben noch nicht alles durchsucht!" Aber der Gardeleutnant wollte nicht hören, er sprang auf das Fensterbrett, riß das Fenster auf und brüllte der auffahrenden Artillerie zu: „Haaalt! Haalt! Alles ist aus, alles ist verloren! Schießt den ganzen Konak zusammen!" Die Gruppe fünf, die auf die Fenster achtzugeben hatte, sah die Gardeuniform dort oben, glaubte, daß der König entkommen wollte, und rief dem Batteriekommandanten zu: „Dort oben — im Fenster — der König!"

Der Batteriekommandant riß sein Pferd herum und zog den Säbel: „Batterie halt! Feuer links, Kartätschen!"

Die Batterie hielt so plötzlich, daß die Stangenpferde sich auf die Kruppe setzten. Die Protzen, die in der engen Gasse nicht wenden konnten, blieben neben den herumgeworfenen Geschützen stehen. Schon riß man die Verschlüsse auf, öffnete die Verschläge, doch da warf sich der Oberst Mašin, übermenschlich laut brüllend, außer sich vor Wut und Angst, auf den Batteriekommandanten: „Seid ihr denn ganz und gar toll? Wollt ihr alles zusammenschießen? Habt ihr denn keine Augen im Kopf? Dort der Narr im Fenster ist der Leutnant Antić und nicht der König!"

„Nicht feuern! Nicht feuern!" Alles rief durcheinander, die Pferde wurden unruhig, die Kanoniere wußten nicht, was los war. Oberst Mašin rannte in den Konak zurück und rief zu den Fenstern hinauf: „Alle Herren sofort zu mir in den Garten!"

In einem engen, finsteren Raum preßten sich zwei Menschen aneinander. Ihre Leiber waren kalt vor Schweiß, die Zähne schlugen gegeneinander, die Zunge lag trocken und schwer vor unsäglichem Grauen im Munde. Die beiden Menschen waren durch die Schüsse aus dem ersten Schlaf gerissen worden, sie hatten in ihrer Angst nach den Lakaien geschellt, sie hatten nach Naumović gerufen, aber niemand hatte sich gemeldet. Je lärmender und lauter es draußen geworden war, desto lähmender hatte Verlassenheit und Stille sie bedrückt. Sie hatten mit zitternden Händen das Licht aufgedreht, aber im gleichen Augenblick war es unter furchtbarem Krachen stockfinster um sie herum geworden. Da hatte die Frau nach der kalten Hand des Mannes getastet und ihn wie ein ängstliches Kind im Finstern vorsichtig in die muffige Kleiderkammer gezogen.

Der Lärm, die Schritte, das Schreien, die Schüsse waren nähergekommen, ein entsetzliches Krachen hatte den beiden Menschen im Hemd den Magen zusammengepreßt und umgedreht, die Stichflamme war unten als fahler Blitz durch die Türritze gefahren und hatte ein rosa Seidenkleid für einen Augenblick erhellt. Oh — und dann war ihnen das Herz in der Brust stillgestanden, als die Verschwörer durch die gesprengte Tür in das Schlafzimmer eingedrungen waren und in das leere Bett geschossen, gestochen und geschlagen hatten, ja, dann waren sie selbst Zeugen ihrer eigenen Ermordung gewesen, und der wahnwitzigen, gegen sie gekehrten Wut. Eine Kugel war durch die Tapetentür gedrungen, hatte knapp über des Königs Haupt den Kasten durchgeschlagen, der Tod hatte durch die Tür nach ihnen gegriffen. Sie hatten durch den Spalt den roten Schein des brennenden Vorhangs gesehen, sie hatten das Wandern der Kerzen gewahrt, das Rücken der Möbel vernommen, und das Herumtappen im Badezimmer des Königs, sie hatten durch die dünnen Wände jedes Wort gehört und sich, während sie den tausendfachen Tod der Angst gestorben waren, nicht zu rühren gewagt. Das war die Stimme des Živković gewesen, mit dem sie an der Abendtafel geplaudert hatten, sie hatten die Worte gehört: „Gute Nacht, mein Prinz.“ Welch schauerliches Echo eines fröhlichen Abschieds, welch furchtbarer Nachhall übermütiger Worte! Aber nun entfernten sich die Schritte wieder, nun verschwand der schmale, leuchtende Streifen unter der Türe, fahl drang die Morgendämmerung durch die Brettchen der grünen Jalousie.

„Sascha, nun sind sie fort“, sagte die Königin ganz leise und preßte ihre Fingernägel in seine Handfläche. Der König wollte etwas antworten, aber er brachte keinen Laut hervor. Die Königin streichelte ihm mit zitternder Hand das Gesicht.

„Fort sind sie, Sascha, ganz fort.“

„Sie kommen wieder.“

„Ehe sie wiederkommen, Sascha, ist Hilfe da.“

„Niemand wird uns helfen, sie werden uns alle verraten.“

„Still, Sascha, nicht so laut! Glaub mir, ich schwöre es dir, wir sind gerettet."

„Ach, wer soll denn kommen? Niemand wird kommen."

„Meine Brüder werden kommen, Sascha, meine Brüder lassen uns nicht im Stich. Cincar-Marković wird kommen, Lazar Petrović wird kommen, Naumović wird Hilfe holen, Soldaten werden kommen, denn die Soldaten sind nicht so treulose Hunde wie die Offiziere, dann werden wir befreit sein, Sascha, und dann werden sie es büßen — oh — wie sie es mir dann büßen sollen, alle, alle! Ihre Weiber sind vor mir gekrochen, haben mir die Hand geschleckt, sie hätten mir die Schuhe geleckt, wenn ich es gewollt hätte — ihre Weiber haben sie gegen mich aufgehetzt, Sascha, ich will mich auch an ihren Weibern rächen."

„Niemand kommt, niemand kommt. Sie werden uns mit dem Konak hier verbrennen."

Über ihnen trampelten Schritte: „Horch, Sascha, jetzt sind sie auf dem Dachboden. Sie können uns nicht finden, sie haben kein Licht, mit den Kerzen können sie die Tür nicht finden. Ich hab' den Schlüssel abgezogen."

Das ganze Gebäude widerhallte von Türenschlagen, Schüssen und Rufen. Nun kamen wieder Schritte näher. Die beiden hörten den Verzweiflungsausbruch der Offiziere, sie umklammerten einander, um bei der Sprengung gemeinsam den Tod zu finden. Nun hörten sie Oberst Mašin, der Königin verhaßten Schwager, nun hörten sie, wie sich die Verschwörer entfernten.

„Sascha, Sascha, o du mein Lieber, glaubst du nun, daß wir gerettet sind?"

Die Königin streichelte dem König das Haupt, und ihm war nicht anders zumute wie einst, da er als halbwüchsiger Knabe stundenlang im kalten, finsteren Antichambre seiner Mutter gewartet hatte, um die Stimme der Hofdame zu hören und dann ihre Hand zu fühlen und ihren warmen Duft zu atmen. Wie hatten ihn diese weißen Hände doch immer besänftigt.

„Nur ein paar Minuten noch, Sascha, dann sind wir frei."

„Du hast den Drohbriefen nicht geglaubt, Geliebte", klagte der König, „diesen vielen Drohbriefen — und nun ist es doch so gekommen."

„Ich glaube dem Gesindel auch jetzt noch nicht, Sascha. Du siehst ja, wieviel diese besoffenen Schweine ausrichten! Du siehst es ja!"

Im kleinen Gemach wurde es grau und fahl, die Dämmerung kroch durch alle Ritzen, leiser Regen pochte traurig an das Fenster. Der König ergriff wieder die Hand der Königin, er wollte sie nicht durch die geschlossene Jalousie in den Garten spähen lassen.

Die kühle Morgenluft, der durch die Kastanien schauernde und den feinen Regen stäubende Wind brachte die im Garten versammelten Offiziere nach und nach wieder zur Besinnung. Der Reiherbusch auf dem Kalpak des Obersten Mašin war geknickt, seine Orden waren in Unordnung geraten, die Epauletten hingen ihm schief von der Schulter.

„Sie können nur durch einen unterirdischen Gang entkommen sein“, stöhnte der Gardeleutnant Antić, wirr im Kreise umherstierend.

„Vielleicht sind sie durch einen Gang in die Festung entwichen und hetzen dort die Regimenter gegen uns“, vermutete Hauptmann Ristić.

„Wo sie sind, ist ganz gleichgültig“, rief der Bataillonskommandant von Sechs, Oberstleutnant Petar Mišić, dessen schmales Geiergesicht in dieser Nacht noch schärfer geworden war, „wenn es die Leute erfahren, daß die beiden uns entkommen sind, ist alles aus. Ich habe den Soldaten beim Alarm gesagt, wir müßten dem König helfen, aber wenn sie nun die Wahrheit, die sie bereits ahnen, bestätigt finden — dann sind wir erledigt. Man kann die Leute kaum mehr länger in der Hand behalten.“

„Schicken wir Apis zu den Soldaten, der kann mit der Mannschaft am besten reden.“

Zum zweiten Male an diesem Abend wurde nach Apis gefragt. „Jemand muß in den Konak zurück und Apis suchen.“ Leutnant Antić und zwei andere Offiziere gingen in den Konak. „Aber ich muß doch erfahren können, was ich meinen Leuten sagen soll!“ jammerte Oberstleutnant Mišić.

„Sag ihnen bei allen Teufeln, daß der feine König und seine räudige Hure bereits verreckt sind, sag ihnen, was du willst!“

„Und ihr? Was werdet ihr unternehmen?“

Oberst Mašin strich seinen Spitzbart und senkte seinen runden Katzenkopf: „Was wir tun werden, willst du wissen? Wir haben vor allem einmal die Minister und die Brüder der Königin zu erledigen. Sind die beiden wirklich entkommen, haben sie niemanden, auf den sie sich stützen können.“ Oberst Mašin blickte kurz auf und winkte einen Leutnant heran: „Herr Leutnant

Pavlović, veranlassen Sie sofort die Durchführung dieses Befehls. Alles andere ist schon vorbereitet. Der Vollzug ist mir sogleich zu melden."

Der Leutnant stockte einen Augenblick und zog dann sein Notizbuch: „Darf ich um schriftliche Ausfertigung bitten, Herr Oberst?"

Oberst Mašin schrieb auf dem Rücken des Leutnants, während der Regen die Schrift verwischte, das Todesurteil der Brüder Lunjevica und der königlichen Minister. Der Leutnant salutierte, machte kehrt und rannte im Laufschritt davon.

„Und wenn sich der König selbst an die Spitze der Truppen stellt?" fragte der ängstliche Mišić.

„Dann ziehen wir uns in das Topčider-Lager zurück, verschanzen uns, rufen die Revolution aus und verkaufen unser Leben so teuer wie möglich."

Oberstleutnant Mišić zuckte die Achsel, solche Narrenstreiche hatte er ja vorausgesehen. Mišić ärgerte sich, daß er dem Drängen seiner Offiziere nachgegeben und sich dem Kommando des Obernarren Apis unterstellt hatte. Nun mußte Mišić zu seinem Bataillon zurück und die Leute beruhigen. Mišič sprang beim Gendarmerietor auf einen Prellstein, feuerte, um sich Mut zu machen und die Aufmerksamkeit auf sich zu ziehen, mit jeder Hand einen Revolver ab und schrie: „Die Bluthunde da oben sind erledigt! Živio Kralj Petar Karadjordević!"

Nur mit mattem Echo pflanzte sich der Ruf durch die langen Reihen der fröstelnden, regendurchnäßten Soldaten fort. Einige Leute feuerten ihre Gewehre ab, andere standen gleichgültig da und verfluchten Gott und die Welt, die Nacht und den Regen und alle Könige, die einen armen Soldaten nicht schlafen ließen.

Leutnant Antić kam aus dem Konak zurück und meldete, daß er Apis mit drei Brustschüssen auf der Souterrainstiege ohnmächtig gefunden habe.

Aus den Kellerluken stieg beizender Rauch auf, der ganze Konak drohte in Flammen aufzugehen. „Weiß der Teufel, was die da unten beim Suchen angezündet haben." Oberst Mašin ordnete noch rasch die Löscharbeiten an und eilte dann mit seinen Offizieren in das Inspektionszimmer, in das man Apis gebracht hatte.

Auf dem Tisch flackerte eine Kerze, auf dem Boden lagen einträchtig nebeneinander der halbentkleidete Artilleriekapitän

Miljković, dessen Frau eben entbunden hatte, und der dicke Oberstleutnant Naumović im Hemd. Apis selbst lag im blutbefleckten Bett seines toten Freundes, sein linker Arm hing auf die Diele herab. Apis mußte viel Blut verloren haben, die Sinne waren ihm geschwunden. In einer Ecke röchelte ein Einjähriger der Garde, der beim Sturm auf die Wache verwundet worden war, und bat mit matter Stimme immer wieder um Wasser. Aus den glasigen Augen seines erdfahlen Gesichtes schaute der Totenwolf, diesem jungen Menschen konnte niemand mehr helfen.

Durch die Fenster qualmte der Rauch aus dem Keller, die Kerzenflamme wurde im Zwielicht der Dämmerung bläulich und armselig.

Nun kam Leutnant Živković, stieg über die Toten und beugte sich über Apis. Der Waffenrock des Gardeleutnants war mit bleichen Kerzentränen dieser unruhigen Nacht betropft, das Haar klebte dem jungen Mann unordentlich und zerrauft in der Stirn. Die Bitte um Wasser, die der sterbende Einjährige immer durchdringender vorbrachte, wurde zur Qual. Nun kamen auch andere Offiziere und fragten, wo Apis sei, wie es Apis gehe, ob Apis noch lebe.

„So gebt dem Menschen doch etwas zu trinken“, befahl Oberst Mašin unwillig, „man kann sonst kein Wort verstehen.“

Jemand rannte hinaus und brachte in einem Aschenbecher Wasser aus der Dachrinne. Der fahle Einjährige richtete sich auf, wollte trinken, aber seine Zähne knirschten, das Wasser rann ihm über das Kinn, er fiel zurück und es war aus.

Leutnant Antić rüttelte Apis beim Arm: „Apis, Apis, so wach doch endlich auf!“

Apis schlug die Augen auf wie einer, der von weither kommt und sich nicht zurechtfindet. „Ach, laßt mich doch, ich bin so müde.“

Aber Antić ließ nicht ab zu rütteln: „Jetzt darfst du nicht müde sein, wir sind ohne dich verloren. Verstehst du denn das nicht? Du darfst, du kannst uns doch nicht so einfach im Stich lassen.“

Apis versuchte sich aufzurichten, man schob ihm eine Decke unter das Kreuz, seine Augen fanden kein Ziel, sie verdrehten sich, man sah das Weiße, seine Lippen bewegten sich, aber sie brachten kein Wort hervor. Antić schrie Apis ins Ohr: „Wir finden sie nicht! Sie sind uns entwischt! Alles das“ — Antić deutete auf die drei Toten — „und noch ein paar mehr — das alles ist umsonst gewesen.“

Apis fuhr sich wortlos mit der blutigen Hand ins Gesicht und schminkte es mit der furchtbaren Farbe des Mordes.

„Du hast es ja ausgedacht, Apis", klagten nun auch die anderen Offiziere, „jetzt mußt du uns aber auch helfen." Apis runzelte die Brauen: „Erst eine Zigarette, dann reden wir weiter."

Er versuchte zu lachen, sein blutbeschmiertes Gesicht verzog sich zu einer Fratze. Man steckte ihm die Zigarette zwischen die blassen Lippen, er zog ein paarmal und warf sie unwillig weg.

„Schlimm, schlimm, das Rauchen schmeckt mir nicht."

„Apis, so sag doch, was wir tun sollen, sie sind entkommen!" Apis richtete sich auf: „Entkommen? Habt ihr sie wirklich entkommen lassen?" Er begann allmählich zu begreifen. „Wo ist Naumović, wo sind die Schlüssel?"

„Dort ist Naumović!"

Jetzt erinnerte sich Apis an alles. „Und wo ist der andere Adjutant? Wo ist Petrović?"

„Lazar Petrović?" Daß sie an Petrović nicht gedacht hatten!

„Petrović! Ja, den haben wir vergessen!" Und nun kümmerten sie sich nicht mehr um Apis, sie hasteten zum Marschallgebäude hinüber, wo Petrović von der Gruppe drei festgehalten wurde. Apis faßte den Leutnant Antić fest bei der Hand: „Welch ein König! Welch ein König, der sich verkriecht! Wie ehrlos, Antonija, sich zu verkriechen, wie schmählich! Was seid ihr aber für Leute! Keinen Augenblick kann man euch allein lassen! Wenn man Ordnung machen will, muß man Ordnung halten! Das ist heute nacht unsere Sache, der König gehört zu unserm Jahrgang, jeder Jahrgang hat seine eigene Ehre, und wenn ihr den König nicht findet — die Ehre der alten Stabsoffiziere wird dabei nicht zu Schaden kommen, aber mit unserem Jahrgang wird es übel aussehen."

Vor der Tür des niedrigen, einer Stallung gleichenden Marschallgebäudes lag lang hingestreckt, klein und niedrig, wie es nur Tote sind, ein erschossener Wachtposten mit dem Gewehr in der Hand. Das Schloß der Türe war durch Axthiebe und Revolverschüsse gesprengt. Vor einer niedergebrannten Kerze saß der schöne Salongeneral Petrović, der flinke Karrieremacher, der flotte Rangüberspringer, und hatte sein bleiches Gesicht in den Händen vergraben. Hinter ihm, auf dem Diwan, räkelten sich die beiden als Wache zurückgelassenen Leutnants der Gruppe drei. Die Hauptleute Mihailo Ristić und Ilija Radivojević traten ein, der General hob kurz sein Gesicht, musterte die beiden mit einem geringschätzigen Blick und starrte wieder vor sich hin. Kapitän Ristić legte dem General die Hand auf die Schulter: „Herr General, Sie sollen uns zeigen, wo sich der König und die Königin verbergen.“

Der General schüttelte durch eine rasche Wendung die Hand des Kapitäns ab: „Das kann ich nicht... ich weiß es übrigens auch nicht.“

„Wir werden Sie zwingen, es zu wissen! Sie werden uns führen.“

„Wir sind nicht gekommen, uns mit Herrn General zu unterhalten. Wir fordern Sie auf, mitzukommen.“

Der General klammerte sich mit beiden Händen an den Schreibtisch, aber die Kapitäne rissen ihn los, die Leutnants halfen mit, sie stießen den Mann vor sich her und schleppten ihn durch die Gasse der Offiziere hinüber zum Konak. Die Soldaten sahen, wie der schöne General vorbeigeschleppt wurde, sie starrten den lärmenden Offizieren nach, als wären es Gespenster im Morgengrauen.

Der General wurde in das Inspektionszimmer geschleppt, sie führten ihn vor die drei Toten: „Schauen Sie sich die gut an!“ Petrović wurde bleich, er schloß vor dem dicken, bös grinsenden Naumović im Nachthemd kurz die Augen.

Apis richtete sich stöhnend auf: „In fünf Minuten werden Sie den König und seine Hure gefunden haben! Verstanden?“ Der General blickte zu Boden und murrte: „Ich kenne keine Geheimgemächer, es gibt hier keine Geheimkabinette.“

Apis lachte mit seinem blutgeschminkten Gesicht: „Das ist Ihre Sache. Wenn Sie nicht führen wollen, zünden wir den Konak an und schießen jede Katze, die heraus will, zusammen. Überlegen Sie sichs, Herr General.“

Petrović nagte an seinen Lippen, dann warf er den Kopf zurück: „Gut, ich führe.“

Die beiden Kapitäne Ristić und Radivojević nahmen, in der einen Hand die Revolver, den General unter den Armen:

„Rechts oder links?“

„Das bleibt sich gleich.“

„Nicht für Sie, Herr General, fünf Minuten lassen für Umwege wenig Zeit.“

„Meinetwegen rechts.“

Ein Offizier ging voran, zog die Rollvorhänge auf und ließ den grauen Tag herein. Man kam durch das Ministerratszimmer, auf dem Tisch waren Papiere verstreut, vor dem Platz des Königs lagen drei bleiche Telegramme. Die Stühle waren umgestoßen, die Bilder an den Wänden zerschossen. Die Porträts von Draga und Alexander schauten auf den vereinsamten grünen Tisch. Die beiden Kapitäne blieben stehen:

„Ist hier irgendwo eine Geheimtüre?"

„Hier nicht — wenigstens ist mir hier keine Türe bekannt."

„Rufen Sie!"

Die Offiziere hielten den Atem an, Petrović rief mit lauter Stimme: „Majestät!" Nichts! „Noch einmal!" „Majestät!" Das große Wort hallte leer von den Wänden des Saales zurück. „Hier ist nichts. Weiter!" Aus Zorn über das ergebnislose Suchen, in der Hoffnung, hinter den hohen Bildern eine Tür zu entdecken, aber auch aus purer Zerstörungswut feuerten und stachen einige Offiziere nach den großen Gemälden an den Wänden. So kam man von Zimmer zu Zimmer, schoß nach Bildern, stach durch Vorhänge, riß Decken von den Tischen, trat Möbel um und ließ den General überall halten und rufen.

Nun war man wieder im Schlafzimmer. Der süßliche Heliotropduft hatte sich mit Brandgeruch vermischt. Hauptmann Ristić öffnete einen Fensterladen, der General sah im nüchternen Morgenlicht das zerschossene, zerfetzte Bett, die herausgerissene, zertrampelte Wäsche und den herabgerissenen Himmel.

„Hier brauchen wir nicht mehr zu suchen", meinte Leutnant Antić, „hier ist schon alles von Schüssen durchsiebt." Hauptmann Ristić hielt dem General die Uhr vor die Nase: „Zehn Minuten sind schon um. Sie bekommen noch fünf Minuten. Wenn Sie dann noch immer niemanden gefunden haben, sind Sie fertig."

General Petrović zuckte die Achsel: „Bitte! Ganz wie es euch beliebt."

Die Offiziere gingen in das Badezimmer des Königs, nur ein Leutnant namens Velimir Vemić, den seinerzeit schon die Garnison von Nisch nach Belgrad gesandt hatte, um sich Gift und Waffen für die Ermordung des Königs während der Nischer Manöver zu verschaffen, blieb im Schlafzimmer zurück, kroch unter das Bett, klopfte die Wände ab und stieß plötzlich einen wilden Schrei aus: „Halt! Halt! Hierher müßt ihr kommen! Hierher! Hier ist ein Schlüsselloch! Seht ihr! Stoßt die Fensterläden weiter auf, damit man besser sieht! Kommt! Schaut! Seht ihr das Schlüsselloch?"

General Petrović riß sich von den beiden Kapitänen los und packte den Leutnant Vemić beim Arm: „Kommen Sie! Hier ist gar nichts. Wir können ruhig weitergehen." Der Leutnant Antić hatte nun beide Fenster geöffnet, Leutnant Vemić zeigte auf das Schlüsselloch. „Hier ist nichts, sagen Sie? Wieso denn nichts? Wie können Sie das sagen? Ich spüre ganz deutlich hier eine Fuge, also ist hier eine Tür. Rasch eine Hacke her, oder noch besser: Lazarević soll eine Patrone anlegen, wir müssen die Tür sprengen."

Aller Augen richteten sich auf den General, der totenblaß zwischen den beiden Hauptleuten stand. „Lassen Sie das, meine Herren. Nicht sprengen. Ich selbst werde rufen."

Immer mehr Offiziere sammelten sich im Schlafzimmer, einige stiegen auf das Bett, um über die Köpfe der anderen hinweg auf die Tür und auf den bleichen General sehen zu können. Alle hatten die Revolver in den Händen.

Petrović rief mit bebender Stimme: „Majestät! Majestät!" Das große Bett knackte unter der Last der vielen Männer, sonst blieb alles still. Die Offiziere keuchten wie ein Rudel Wölfe, das auf sein Opfer lauert.

Nun sprang Hauptmann Ristić vor und trat mit dem Stiefel gegen die Tapetentür: „Ach was! Spielt nicht mit uns, macht auf! Wir haben keine Zeit zum Versteckenspielen."

Der General riß den Kapitän zurück: „Ich bitte, lassen Sie mich noch einmal rufen." Der Kapitän trat unwillig zur Seite und Petrović rief: „Majestät, ich bin es, Lazar, öffnen Sie doch den Offizieren."

Es war so still, daß man aus der Stadt herüber vereinzelte Schüsse knattern hörte und vernahm, wie Patronen in die Revolvertrommeln geschoben wurden. Der General spürte es, aber er wagte es nicht, in die mordgierigen Augen zu blicken. Endlich kam hinter der Tapetentür hervor eine ruhige, feste Stimme:

„Kann ich mich auf den Eid meiner Offiziere verlassen?"

„Sie können es", antwortete ein Offizier.

„Nein, niemals!" rief Leutnant Vemić dicht bei der Türe.

Schon drehte sich der Schlüssel knacksend im Schloß um. Die Wölfe wichen vor dem Sprung zurück und duckten sich.

„Lazar, verbürg du dich, daß mir die Offiziere gehorchen werden. Lazar, sag du den Offizieren, daß ich ihnen alles verzeihen und gar nichts nachtragen werde. Erinnere die Offiziere nochmals an ihren Eid."

Die Offiziere senkten die Blicke, die Offiziere ließen den Lazar Petrović los und warteten, was der frei vor der Tür stehende General antworten würde. Nun mußte sich der General, der die Offiziere ermahnen und erinnern sollte, doch umdrehen und ihnen in die Augen schauen. Als Petrović die verzerrten, starren Gesichter sah, brachte er kein Wort und keine Mahnung hervor.

Die Tapetentür ging langsam auf: im fahlen Morgenlicht sah man den König, die kurzsichtigen Augen ohne Zwicker ein wenig zusammengekniffen, im Nachthemd, weiß wie ein Gespenst neben der ihre Arme zum Schutz um ihn breitenden Königin stehen. Der Revolver des Hauptmanns Ristić blitzte auf, der König schwankte und fiel vornüber zusammen.

„Nicht schießen, ach, nicht schießen!" schrie die Königin, warf sich über Alexander und wurde von einer Kugel des Hauptmanns Radivojević durchbohrt.

Im gleichen Augenblick, wie Ristić auf den König schoß, warf sich Lazar Petrović auf den Kapitän, umklammerte ihn von hinten, preßte ihm die Arme an den Leib und schleppte Ristić in wildem Ringen aus dem Schlafzimmer in den gelben Salon. Drinnen im Schlafzimmer knatterten die Revolver auf die noch zuckenden, ihre Hemden mit Blut färbenden Leiber. Wer ausgeschossen hatte, nahm den Säbel, und wer zum Hauen und Stechen nicht Raum hatte, der trat mit dem Absatz nach den beiden Leichen.

Im arabischen Salon klirrte Glas, keuchten und rumorten die beiden Ringenden. Der kleine Leutnant Simeunović aus Pirot, der nicht über die anderen hinweg hatte schießen können, kam dem Kapitän Ristić zu Hilfe und streckte den General durch eine Kugel in den Hals nieder.

Der Kapitän, der mit dem General zu Fall gekommen war, machte sich aus der Umarmung des Sterbenden los und lief an das Fenster: unten standen, aus der Einteilung gelaufen, die Soldaten, die wohl die neuerliche Schießerei gehört hatten und nicht wußten, was los war. Einzelne Leute riefen herauf, man verstand nichts vor lauter Lärm. Ristić drehte sich um, deutete auf die Leichen des Königspaares und rief den Kameraden zu: „Wir müssen die zwei da hinunterwerfen, sonst verlieren die Soldaten noch vollends den Verstand, sonst glauben sie, wir lügen auch diesmal."

Und die Offiziere, trunken vor Wut, rasend gemacht durch die ausgestandene Angst und die Menschenjagden im finstern Konak, hoben die Leichen auf und warfen sie in den Garten hinunter.

„Soldaten! Da habt ihr den Tyrannen! Serben, da habt ihr die Hure, die über Serbien Schmach und Schande gebracht hat!"

Die Soldaten sahen die beiden fallenden Körper, hörten den dumpfen Aufschlag, wichen erschrocken zurück und sahen mit schreckensgierigen Augen die nackten, zerfleischten Leiber des Königs und der Königin.

Oben in den Fenstern, aus denen der Rauch drang, heulten und grölten die Offiziere, schossen die Revolver ab, warfen Bilder des Königspaares in den Garten, umarmten einander, küßten einander, brachten Lebehochs auf den neuen König Peter I. aus und hielten Reden von Ehre, Freiheit, Ruhm und Schande, die im allgemeinen Tumult untergingen.

Eine Trompete schmetterte ein helles Signal. Die Offiziere trieben die nur widerwillig gehorchenden Soldaten in die Einteilung. Eine zweite Trompete nahm das Signal auf und gab es einer dritten, fernher tönenden weiter. Die Soldaten nahmen das Gewehr über, setzten sich langsam in Bewegung und blickten scheu und trotzig auf die beiden nackten, im Regen liegenden Leichen zurück, die ihr König und ihre Königin gewesen waren. Über der Gasse drüben, in der russischen Gesandtschaft, deren Fenster von verirrten Kugeln zerschlagen worden waren, stand der Gesandte Tscharikow und hob vorsichtig den Vorhang. Jetzt wurden die Kanonen nach vorne gezogen und gegen die Terazije, den großen Platz, gerichtet. Durch den Vorgarten kamen, von Oberst Mašin geführt, einige Zivilisten, alle mit aufgespannten Regenschirmen, einige von ihnen sogar mit Galoschen. Als sie an den beiden nackten Leibern vorbeikamen, stockte ihr Schritt, trieb sie die Neugierde näher, stieß sie die Scheu zurück.

„Meine Herren", bemerkte Oberst Mašin bissig, „Sie können ruhig nähertreten, Sie werden sich Ihre Schuhe nicht mit dem Blute dieses Königspaares besudeln, Sie haben ja Galoschen an." Leutnant Antić kam gerannt und umarmte unter Küssen und Freudentränen seinen Vetter, den ehemaligen Justizminister Genčić, und dessen Schwiegervater Novaković: „Seht ihr, seht ihr, nun ist es doch geschehen, und ihr habt es uns nie glauben wollen, ihr habt es uns nicht zugetraut, ihr habt uns für Schwätzer gehalten!"

Der Leutnant wies auf die beiden Leichen hin: „Ist das geschwätzt? Das nenne ich Wort halten! Und nun haltet auch ihr eure Versprechen!"

„Wir glauben, was wir sehen", entgegnete Novaković dem aufgeregten Leutnant. „Aber wir wissen noch nicht, was in der Stadt, was in den Kasernen geschehen ist. Wir haben noch keinen Grund, uns zu freuen, lieber Antonija, solange wir nicht wissen, wer im Besitz der Macht, wer im Besitz der Ministerien ist." Die Frau des Novaković hatte durch zwei Jahre die Liste aller Verschwörer an ihrer Brust getragen und nur dann abgenommen, wenn ein neuer Name einzutragen war, er war einer von den Politikern, die mit den Offizieren gut standen. Oberst Mašin beruhigte den Novaković: „Ich erwarte jeden Augenblick die Meldung jener Herren, die zur Durchführung jener eben erwähnten Angelegenheit von mir in die Stadt gesandt worden sind."

Die Offiziere unter Oberst Mašin, die Politiker unter Genčić saßen erschöpft, mit aufgestützten Köpfen im Ministerratszimmer des Konaks um den grünen Tisch herum, unter den zerschossenen und durchstochenen Bildern des Königspaares, und warteten auf Nachrichten aus der Stadt.

Fünf Offiziere traten ein und salutierten. Oberst Mašin stand auf und nahm die Meldung entgegen. Auch alle anderen Offiziere und Zivilisten erhoben sich einer nach dem anderen von ihren Plätzen und starrten die meldenden Offiziere an. Als erster überreichte Hauptmann Svetozar Radaković Oberst Mašin einen erbrochenen Brief: „Ich fand dieses Schreiben uneröffnet in der Brusttasche des Ministerpräsidenten."

Oberst Mašin setzte sich seinen Zwicker auf und las —. „Sehr schön. Major Živković, einer von uns, hat sich gestern sein Herz erleichtert und dem General Cincar-Marković alles geschrieben. Der Ministerpräsident scheint gottlob keine Zeit gefunden zu haben, den Brief zu lesen."

„Und was ist mit dem Ministerpräsidenten selbst geschehen?" fragte Genčić den Hauptmann Radaković.

„General Cincar-Marković wurde befehlsgemäß von mir in seiner Wohnung erschossen", meldete der Hauptmann.

Als zweiter meldete sich Leutnant Milan Marinković: „Ich melde gehorsamst den Urteilsvollzug an dem Kriegsminister General Pavlović und dem Innenminister Teodorović."

Oberst Mašin blickte kurz auf: „Waren Sie dafür bestimmt?"

„Herr Oberst, die beiden dafür bestimmten Kapitäne schienen mir zu unentschlossen. Ich übernahm die Urteilsvollstreckung aus eigenem Entschluß auf meine Verantwortung."

Leutnant Antić, der neben seinem Vetter Genčić stand, konnte dem Leutnant Marinković nicht in die Augen blicken. Dieser kleine, unscheinbare Mann mit den stechenden Augen unter der niederen Stirn, der hier offenbar ein Lob für seine Heldentat erwartete, war im vergangenen Fasching der bevorzugte Tänzer der Tochter des Kriegsministers gewesen, zu dessen Erschießung er sich so gedrängt hatte.

Als dritter meldete sich Leutnant Pavlović: „Nachdem ich die anderen Herren auf Grund meines schriftlichen Befehles verständigt hatte, brachte ich die beiden Brüder der Königin auf das Divisionskommando."

„Haben sich die Brüder gewehrt?" wollte Oberst Mašin wissen.

„Sie gingen ruhig und wortlos mit mir. Erst als sie an allen Ecken und Enden der Stadt Schießereien hörten, fragten sie mich, was mit ihrer Schwester und dem König geschehen sei. Das würden sie schon zur rechten Zeit erfahren, sagte ich."

„Und dann? Und weiter?"

„Mit der Justifizierung selbst habe ich nichts mehr zu tun gehabt, die hat auf eigenen Wunsch Leutnant Tankosić übernommen."

Der kleine, schmächtige Offizier mit dem blassen Fuchsgesicht schlug die Sporen zusammen: „Leutnant Vojan Tankosić. Das habe ich getan, Herr Oberst. Nikodem Lunjevica hat mich vor drei Wochen bei ‚Kolaraz' vor allen Gästen dreimal bei seinem Tisch vorbeidefilieren und die Ehrenbezeigung leisten lassen." Das Gesicht des Leutnants zuckte vor verhaltenem Zorn, er senkte den Blick und fuhr mit eisiger Ruhe fort: „Ich ließ die beiden Brüder in den Hof des Divisionskommandos bringen und von einer Patrouille niederschießen."

Niemand erwiderte etwas und so fügte der Leutnant Tankosić, mehr zu sich selbst als zu den Zuhörern sprechend, noch hinzu: „Die beiden haben sich gut gehalten, sie verlangten, noch eine Zigarette rauchen zu dürfen, und baten um Schonung ihrer Schwestern."

„Diese beiden anderen Schwestern gehen uns nichts an", sagte Genčić.

„Seltsam, sehr seltsam", fügte Oberst Mašin hinzu, „es scheint für die Brüder einer Königin leichter zu sein, anständig zu sterben als anständig zu leben."

„Gute Nacht, mein Prinz", murmelte Leutnant Živković vor sich hin. Aber da stand neben Leutnant Tankosić noch ein Offizier, der Artillerieleutnant Ljuba Vulović, stand wie ein Schüler bei einer Prüfung da und wußte kein Wort zu sagen. „Was ist mit Ihnen?“ fuhr ihn Oberst Mašin ungeduldig an. „Herr Oberst, ich wollte, ich hatte... ich konnte... als ich in die Wohnung eindrang, Herr Oberst... ich drang sofort ein, aber der Herr Divisionär Nikolić war bereits durch das offene Fenster entkommen.“

Die Offiziere und Zivilisten waren außer sich vor Schrecken: „Und da stehen Sie da wie ein angemalener Türke und machen den Mund nicht auf! Wissen Sie, Sie Klotz, Sie Tropf, Sie Ungeheuer, daß das den Bürgerkrieg bedeuten kann? Nikolić ist der Mann, der auch vor dem Äußersten nicht zurückschreckt. Nikolić wird uns das ganze Banjicki Lager alarmieren, Nikolić wird mit den Achtern gegen uns marschieren. Nikolić holt sich die Achtzehner aus dem Topčider. Das muß um jeden Preis verhindert werden. General Solarević soll sofort an Nikolić telephonieren, Solarević muß sofort in das Staatsministerium kommen.“ Die Offiziere rannten nach allen Seiten auseinander, um den General Solarević zu suchen. Oberst Mašin begab sich hastig, gefolgt von den Politikern, hinüber in das Ministerium.

Nach einigen Minuten endlosen Wartens klirrte der neuernannte Divisionär Solarević in das Zimmer. Oberst Mašin führte ihn sofort an den Apparat, die Verbindung mit dem Lager war schon hergestellt.

Neben Solarević stand, den zweiten Kopfhörer am Ohr, Oberst Mašin, und die Zivilisten drängten sich hinter den beiden Offizieren im Zimmer zusammen.

„Nikolić dort? Ja? Oberst Nikolić, hier General Solarević. Ich habe von der neuernannten Regierung den Auftrag, das Kommando der Donaudivision zu übernehmen.“

Oberst Mašin kehrte sich den Zivilisten zu und flüsterte: „Er anerkennt keine neue Regierung.“

„Nikolić, nimm Vernunft an! König und Königin sind tot. Wir müssen um des Vaterlandes willen jedes unnütze Blutvergießen vermeiden.“

„Er will mit Mördern nicht verhandeln“, gab Oberst Mašin weiter.

„Nikolić, denk an die Kameradschaft, denk an die Armee, denk an Serbien!“

„Er will, daß jemand, der nicht zu den Mör..., der nicht zu den Verschwörern gehört, zu ihm hinauskomme, mit dem will er unterhandeln, einer seiner Brigadiere womöglich." Oberst Mašin hängte den Hörer ab und gab den Auftrag, sofort einen Hofwagen anzuspannen, den Brigadier Oberstleutnant Milić abzuholen und diesen, um das Schlimmste zu verhindern, so rasch wie nur möglich in das Banjicki-Lager zu bringen.

Auf der Slavija, dem großen Platz, in welchen die König-Miloš-Straße mündet, sah der hünenhafte Leutnant Gagović den mit Lipizzanerschimmeln bespannten königlichen Hofwagen mit Oberstleutnant Milić daherjagen, und oben auf dem Bock, neben dem wild auf die Pferde einpeitschenden Kutscher, saß der Freund des Leutnants, der Kapitän Milan Petrović.

Der Leutnant wollte wissen, was in der Stadt für ein Lärm sei, er machte dem Kutscher ein Zeichen, zu halten, er rannte dem Wagen schreiend ein Stück nach. „Milan, so warte doch! Milan, was ist denn in der Stadt für eine Schießerei?"

„Den Scheißkerl haben wir umgebracht und die Hure dazu!" rief der Kapitän zurück, während der Kutscher die Pferde zum Stehen brachte.

„Wer hat sie umgebracht?"

„Wir, die Offiziere!"

Nun war der Leutnant am Wagenschlag: „Ihr, die Offiziere? Und bin denn ich kein Offizier? Ihr seid mir noble Kameraden! Mir habt ihr nichts gesagt! Und wohin jetzt?"

„Ins Banjicki-Lager. Wir müssen verhindern, daß Nikolić mit den Achtern in die Stadt marschiert."

„Ich fahre mit", rief Gagović und sprang in den Wagen.

„Dann also vorwärts!" Und weiter jagte der Wagen.

In den Straßen sammelten sich schon die Menschen, fragten, bekamen ausweichende Antworten, wußten nichts und blickten dem dahinjagenden Hofwagen mit dem Oberstleutnant Milić erstaunt nach.

Auf dem Exerzierplatz des Lagers, vor den Kanzleibaracken, stand das achte Regiment hinter den Gewehrpyramiden marschbereit. Ordonnanzen liefen hin und her, Pferdewärter brachten die Offizierspferde aus den Stallungen und zogen die Gurte nach. Offiziere schritten noch rasch einmal die Reihen ab und überzählten die Leute. Als nun der Hofwagen im Galopp andonnerte, wendeten sich tausend verschlafene Bauerngesichter dem Gefährte zu. Die drei Offiziere sprangen aus dem Wagen: „Wo ist der Divisionär?"

Oberst Nikolić rannte an die Spitze seines Regiments vor. Er hatte einen Mantel über die dürftige Bekleidung geworfen, in der er durch das Fenster geflohen war, und rief den drei näherkommenden Offizieren zu, sie möchten sofort stehen bleiben. „Oberstleutnant Milić allein soll vor!“

Überhörten Hauptmann Petrović und Leutnant Gagović den Befehl oder wollten sie den Brigadier nicht allein lassen, sie schritten, den Oberstleutnant Milić in die Mitte nehmend, die Revolver in der Hand, auf den Divisionär zu.

Ein Schuß krachte, der hünenhafte Leutnant Gagović, der sich im letzten Augenblick in sein Schicksal gedrängt hatte, stürzte zu Boden, zwei Schüsse, der Divisionär Oberst Nikolić in seiner dürftigen Kleidung und Hauptmann Petrović sanken vor der erstarrten Front des hinter den Gewehrpyramiden wartenden Regimentes zusammen.

Oberstleutnant Milić, der bei dieser Schießerei unversehrt geblieben war, faßte sich sogleich, winkte einen Pferdewärter heran, bestieg das Pferd, zog den Säbel und brachte ein Hoch auf den neuen König aus. Dann ermahnte er die Soldaten, die sich noch immer nicht zurechtfanden, während die verwundeten Offiziere in die Kanzlei getragen wurden, zu Ordnung und Gehorsam, nannte ihnen als neuen Divisionär General Solarević, befahl den Offizieren, die Mannschaft abtreten zu lassen und konsigniert zu halten und sprengte, seinem Pferd die Sporen gebend, zum achtzehnten Regiment zu der Topčider-Kaserne hinaus.

Schon war die Stadt auf den Beinen, schon wurden überall die Fenster aufgerissen, Stimmen riefen herunter, Antworten schallten hinauf, flüchtende Gendarmen in Hemden und dürftigster Kleidung suchten sich hinter Haustoren zu verstecken.

Durch die kümmerlichen, ausgedörrten Anlagen der Terazije wälzte sich die Menge gegen den Konak. Soldaten sperrten alle Zugänge ab, man sah sich den drohenden Mündungen der Geschütze gegenüber. Endlich wußte man, was geschehen war, aber man wußte nicht, was kommen würde. Würde alles beim alten bleiben? Würde Serbien eine Republik, würden die Österreicher einmarschieren? Würde Rußland das kleine Land beschützen? Studenten kamen, rissen die rotweißblauen Fähnchen von den Ehrenpforten des Sängerfestes, schwenkten die Mützen, sangen vaterländische Lieder, umarmten einander und jubelten jedem Offizier, dessen sie ansichtig wurden, laut zu. Vom Konak her ratterte über das schlechte Pflaster ein elender Nachtfiaker heran mit zwei Gespenstermähren, Klepper, die sonst die Dunkelheit verbarg, und in dem schmierigen, ungewaschenen Wagen saßen, engumschlungen, grölend, mit Säbeln und Revolvern herumfuchtelnd, auf und übereinander, auf dem Boden und auf den Sitzen, auf dem Bock und über den Schlag hängend, acht Offiziere — mitten unter ihnen Oberstleutnant Misić, bleich wie ein Töter und ausgelassen wie ein vom Galgen Begnadigter, lachte wie ein Irrer, feuerte seinen Revolver in die Luft, stieß Flüche und Beschimpfungen aus und war sinnlos betrunken wie seine Kameraden. Nun konnten die armseligen Klepper nicht mehr, sie fielen in einen jämmerlichen Zotteltrab, die Offiziere schlugen mit den Säbeln auf die Gäule ein und ein Artillerieleutnant auf einem hochbeinigen Fuchs überholte den Wagen, immer und immer wieder „Živio Kralj Petar Karadjordević!" brüllend.

Vor die Kaffeehäuser wurden Tische geschoben, Redner bestiegen sie, verfluchten den toten Tyrannen, weissagten dem Lande eine herrliche Zukunft, brüllten, gestikulierten und ließen sich durch den Beifall der Menge zu wüsten Beschimpfungen der beiden Ermordeten aufstacheln.

Leutnant Antić vom Kavallerieregiment der Königin sprang auf einen Stuhl und riß sich angesichts der jauchzenden Menge die Epauletten mit dem Namenszug der Königin vom roten Waffenrock und die Kokarde von der Kappe und warf sie in die aufheulende Menge. „Fort mit dem schmählichen Namenszug! Weg mit der Schande!" Die anderen Offiziere taten es ihm gleich und zertraten die Kokarden ihrer Kappen wie schädliche Käfer.

Die Menge versuchte den Kordon der Soldaten zu durchbrechen: „Wir wollen sie sehen! Man hat sie doch aus dem Fenster geworfen!"

„Abgeschlachtet hat man sie wie Schweine. Brüder, laßt uns doch durch, dieser König hat auf uns schießen lassen!"

Schon wurden aus den Bodenluken der Häuser die ersten Fahnen gehißt, die ganze Stadt mußte beflaggen.

Eine Regimentsmusik marschierte auf, Polizei mußte ihr die Bahn durch die dichtgedrängte Menge brechen. Die Musik stellte sich in der Mitte der Terazije auf und schmetterte den Regimentsmarsch der Sechser. Die Menge brachte von neuem Lebehochs auf Armee und Offiziere aus.

Von der Terazije erblickte man den nebelumhüllten Zusammenfluß der beiden Ströme, man sah das Milleniumsdenkmal des tausendjährigen Reiches der Stephanskrone, den hohen Turm drüben in Semlin. Offiziere und Studenten drohten haßerfüllt dem großen Nachbarreich drüben: „Nun ist es aus mit dem Kriechen vor denen dort, weil es auch mit den Obrenović aus ist! Nun wird auch Rußland sich wieder unser erinnern, dieses große, dieses erhabene, allen Serben heilige Land, das die Königin durch ihre Lügen so tief beleidigt hat. Brüder, nun können wir wieder, ohne schamrot zu werden, von Dušans großem Kaiserreich reden, Brüder, nun bricht auch für Serbien ein neuer, ein ruhmvoller Tag an."

Der russische Gesandte Tscharikow ging, den Mantelkragen aufgeschlagen, den Hut tief in die Stirn gedrückt, über die Straße in den Garten des Konaks. Dort, unter dem offenen Fenster mit der ausgerissenen Jalousie, lagen noch immer die beiden nackten Leichen im regenfeuchten Grase. Soldaten schauten durch die Gitterstäbe, einzelne Zivilisten drängten sich draußen vorbei. Der Gesandte verlangte von einem herbeieilenden Offizier einen Mantel und deckte die Toten zu: „Man kann sie nicht so liegen lassen, er war immerhin euer König." Der Offizier zuckte die Achsel. „Ich werde fragen, wohin die beiden gebracht werden sollen." Vom Platz herüber schmetterte die Militärmusik, drang der Gesang der Menge.

Im Garnisonsspital lagen im gleichen Zimmer, in der gleichen gelblichen Spitalswäsche und in den einfachen Eisenbetten vom Schicksal zusammengewürfelt ein paar Verwundete und Sterbende nebeneinander: Apis, den die Gardisten auf der Treppe zusammengeschossen, der Innenminister Teodorović, den der übereifrige Leutnant Marinković vor den Augen der Gemahlin niedergestreckt, der arme Major Živković, der selbst Hand an sich gelegt, weil man beim Ministerpräsidenten jenen verräterischen Brief gefunden, und dann noch jene drei Offiziere, die einander vor der Front des achten Regiments im Banjicki-Lager niedergeschossen hatten. Ein Assistenzarzt in weißem Leinenkittel ging mit hochgestreiften Ärmeln von Bett zu Bett und blickte durch seine funkelnde Brille den leise stöhnenden Männern in die wachsgelben Gesichter. Dem breitschulterigen, mächtigen Leutnant Gagović und dem Hauptmann Petrović, die Oberst Nikolić vor der Front niedergestreckt hatte, würde ebensowenig mehr zu helfen sein wie jenem unseligen Briefschreiber dort; den dreien saß der Tod unter der Stirn, ihnen zeichnete sich durch die Haut schon der bleiche, grinsende Schädel ab. Übrigens war Major Živković nicht der einzige Offizier, der Selbstmord begangen hatte; ein Leutnant hatte Hand an sich gelegt, weil man ihn nicht für würdig befunden, an der Verschwörung teilzunehmen. Die Frau des Kriegsministers hatte der Schlag getroffen. Ob die Frau des Ministerpräsidenten, die in derselben Nacht, in der ihr ein Enkel geboren worden war, Gatten und Schwiegersohn verloren hatte, mit dem Leben davonkommen würde, wußte man noch nicht, die arme Frau war allzu sehr über den auf ihren Mann feuernden Tänzer der Tochter erschrocken.

Als der Arzt an das Bett des Obersten Nikolić kam, zog der alte Soldat die Decke über die Nasenspitze und murrte: „Laß mich, Doktor, ich lege keinen Wert auf das Leben – und dann wünsche ich nicht mit Mördern im Zimmer zu liegen."

Der Assistenzarzt zuckt die Achsel: „Die beiden Herren da drüben" – er zeigte auf die Betten des Leutnants Gagović und des Hauptmanns Petrović – „werden den Abend kaum mehr erleben."

„Ein magerer Trost, lieber Doktor, ein sehr magerer Trost." Der Oberst stöhnte leise auf. „Warum legen Sie denn den Minister und mich nicht in ein anderes Zimmer?"

Teodorović rührte sich nicht, sein Atem ging pfeifend, seine Hände tasteten über die Decke.

Drüben hob Apis seine behaarte Hand: „Doktor, kann ich schon rauchen?"

„Wenn Sie die Decke nicht verbrennen, dürfen Sie rauchen! Aber besser wäre es, wenn Herr Hauptmann noch etwas warten würden."

Apis seufzte: „Ohne Zigaretten ist's ein halbes Leben."

Oberst Nikolić zog sich die Decke über den Kopf, er wollte von Apis weder etwas sehen noch hören. Der Assistenzarzt ging zu dem Bett des Generalstabshauptmanns. „Wie geht es den anderen?" fragte Apis.

„Den Umständen angemessen."

„Das sind wohl so Spitalwitze, wie?"

Der Assistenzarzt zuckte die Achsel. Apis schüttelte den Kopf: „Ein wenig viel Tote für so eine kleine Sache. Meine Kameraden scheinen den Kopf verloren zu haben. Der arme Gagović! Den haben wir eigens nicht auf die Liste genommen, weil er so ein wilder Draufgänger ist. Aber was sein soll, geschieht. Gagović hat sich doch wirklich in letzter Stunde dazugedrängt."

„Es ist ihm schlecht bekommen. Er wird sich nicht mehr erholen."

Apis seufzte: „Und mein armer Miljković. Mein armer Jovo!"

„Geschichte wird eben mit Blut geschrieben", tröstete der Assistenzarzt. „Es ist wohl in keiner Revolution anders."

Drüben stöhnte Leutnant Gagović auf; der Mann war so groß, daß man ihm zum Fußende des Bettes einen Stuhl für die Beine geschoben hatte. Der Major, der selbst Hand an sich gelegt hatte, versuchte wie ein Mogler beim Blindekuhspiel unter seinem turbanähnlichen, bis über die Augen reichenden Verband hervorzuschielen.

Vom Gang herein tönte Weinen und Schluchzen; draußen warteten ein paar eingeschüchterte Anverwandte, die man nicht einließ. Die Tür ging auf und geführt von Oberst Mašin und Leutnant Antić, die anstelle der Kokarden Blumen auf den Mützen trugen, traten einige Herren mit Zylindern in der einen und Rosen in der anderen Hand in das Zimmer. „Wo liegt Herr Hauptmann Dragutin Dimitrijevič?" fragte der ehemalige Innenminister Genčić den sich verneigenden Assistenzarzt. Der Doktor führte die Herren an das Bett des Apis. Die Zivilisten legten ihre roten Rosen auf die graue Decke: „Im Namen der neuen serbischen Regierung erlauben wir uns, dem Retter unseres heißgeliebten Vaterlandes von der blutigen Tyrannei und der ehrlosen Schande unsern tiefgefühlten Dank auszusprechen."

Oberst Nikolić hob seinen grauen Kopf etwas hoch und spuckte kräftig aus, nicht weit von Genčić platschte es auf den Boden. Dann zog er sich das Leintuch über sein starres Gesicht.

Apis lächelte und streichelte mit zitternder Hand die Rosen. Retter des Vaterlandes! Apis! Apis — so hatten sie ihn schon in der Schule gerufen, ihn, den Führer, den Starken, ihn, von dem sich alle etwas erwartet hatten, ihn, den breitstirnigen, den stierköpfigen Jungen. Retter des Vaterlandes! Aber nirgends Triumphbögen, nirgends Siegeskränze und herzerhebende Marschmusik, nirgends jubelndes Volk, keine Živio-Rufe einer trunkenen Menge.

Sechs Spitalbetten, Karbolgeruch, Jodoformgestank und dazwischen der zarte Duft der Rosen! Schwarzgekleidete Herren mit Zylindern, Rosen auf seiner Brust, wie auf der Brust eines Toten im Sarg. Nirgendwo jenes Geheimnisvolle, mit dem er sich seit früher Jugend umhüllte, aber das Blut eines guten, verschwiegenen, treuen Freundes an den Händen! Wohin hatte die unersättliche Lust nach dem furchtbar Großen ihn gebracht? Was heißt Apis? Wer ist Apis?

Die Augen fielen ihm zu, er sah die schwarzen Gehrockmänner und den ordengeschmückten Oberst Mašin nicht mehr, alles verschwamm, ein seliges Lächeln spielte um seine breiten Lippen.

Apis kann nicht sterben, Apis kehrt immer wieder. Steigt der Strom, so feiert man seine Geburt. Mit fünfundzwanzig Jahren tötet man den Apis, den geweihten, den heiligen Stier, und vielleicht muß auch er jetzt sterben. Aber er wird wiederkehren, er wird nicht in die blutdunkle Tiefe versinken.

Ein graubärtiger Stabsarzt erschien im Zimmer und bat die Herren, den Besuch zu unterbrechen. „Die Kranken, die wir haben, bedürfen alle der Schonung." Draußen schwoll das Schluchzen an, die rauhe Stimme eines Postens gebot Ruhe.

Beim Hinausgehen winkte Leutnant Antić seinen Vetter Genčić heran und zeigte ihm den sterbenden Major Živković: „Wenn es nach dem da gegangen wäre, lägen wir jetzt alle kalt irgendwo an einer Mauer."

Auch die anderen Herren verweilten mit leichtem Schauer einen Augenblick, dann schlichen sie sich auf den Fußspitzen hinaus. Unter der Tür stießen sie mit zwei Popen zusammen, die gekommen waren, für die verstummenden Männer in diesem Zimmer die Sterbegebete zu sprechen.

Auf den beiden Billards im Speisezimmer des alten Konaks lagen, in karbolgetränkte Leintücher gehüllt, zwei Leichen. Die Ärzte, Dr. Eduard Michel und Dr. Demosthen Nikolajević, zogen sich gerade die Gummihandschuhe aus und wollten gehen. „Herr Kollege", sagte der Schweizer, „wir werden wohl kaum mehr im Leben in die Lage kommen, auf einem Billard zu sezieren."

„Und wenn schon auf einem Billard", erwiderte Dr. Nikolajević, „so doch kaum jemals mehr einen König und eine Königin."

„Und wenn schon einen König und eine Königin", fügte Dr. Michel hinzu, „so doch kaum mehr so übel zugerichtete Leichen wie diese hier — woraus sich, Herr Kollege, ergibt, daß dies wohl die seltsamste und singulärste Sektion unseres Lebens ist und bleiben wird."

Da traten aber auch schon die Herren der neuen Regierung ein, die aus dem Garnisonsspital kamen, um auch dem toten Königspaar einen kurzen Besuch abzustatten; der Ministerpräsident Jovan Avakumović, ein Advokat mit einem verschmitzten Bauerngesicht, der sich neben dem eleganten, blitzenden Oberst

Mašin noch gröber ausnahm, Genčić und noch einige Herren, die draußen vor der Türe gewartet hatten.

Dr. Michel verbeugte sich vor den Herren mit jener in Revolutionszeiten zum guten Ton gehörigen lässigen Bürgerhöflichkeit, zog den blutigen Gummihandschuh aus und schüttelte den neuen Herren freundlich die Hand. Oberst Mašin überwand als erster das peinliche Schweigen: „Sind die Leichen schon seziert?"

„Wir haben schon den Befund geschrieben. Mein Kollege kann ihn den Herren vorlesen — ich weiß nicht, ob er in dieser Form zur Veröffentlichung geeignet sein wird?" Oberst Mašin machte eine kurze Handbewegung: „Bitte." Dr. Nikolajević trat zum Fenster, räusperte sich, fuhr sich mit dem Zeigefinger in den Halskragen und begann, anfangs stockend, dann aber fließend zu lesen: „Alexander Obrenović, siebenundzwanzig Jahre alt, Sohn des Milan und der Natalie Obrenović, geborener Keško... neunzehn Revolverschüsse, davon zwei unbedingt tödliche, einen unter dem Herzen und einen in den Unterleib mit Durchtrennung der Bauchschlagader; fünf Säbelhiebe, Austritt des linken Augapfels durch Schußverletzung und Bruch der Wirbelsäule, der vermutlich erst nach bereits eingetretenem Tod durch den Sturz aus dem Fenster erfolgt ist." Nach einer kleinen Pause, während der sich niemand rührte, reichte Dr. Michel seinem Kollegen das nächste Blatt. Dr. Nikolajević fuhr fort: „Alexander Obrenović war, bis auf eine Entartung der Schädeldecke, welche eine fast dreimal so große Stärke aufweist als eine normale, bis zu seinem durch Gewalt erfolgten Tod vollkommen gesund."

Die Herren der neuen Regierung hatten verstanden; sie blickten einander an: hier hatte man also die Erklärung für den zur Katastrophe führenden Starrsinn des Königs. Nicht oft hat man Gelegenheit, den Kopf eines Königs aufzumachen und wie bei einer Puppe nachzusehen, wie es da drinnen ausschaut.

Dr. Michel reichte seinem Kollegen das nächste Blatt. Dr. Nikolajević las weiter: „Draga Obrenović, geborene Lunjevica, verwitwete Mašin, siebenunddreißig Jahre alt, sechsunddreißig Revolverschüsse — und über vierzig Säbelhiebe, deren Zahl übrigens durch die Art der Verletzungen nicht ganz einwandfrei festgestellt werden konnte. Außer einer leichten Dämpfung des linken Lungenflügels und einer durch Entartung der Gebärmutter bedingten dauernden, unbehebbaren Sterilität war Draga Obrenović bis zu ihrem durch Gewalt erfolgten Tod gesund."

Dr. Nikolajević machte eine kleine Pause und fügte dann, wohl nur der Vollständigkeit wegen, noch hinzu: „Die Schußverletzungen der beiden Personen rühren von Projektilen aus siebenmillimetrigen Armeerevolvern her, die Schüsse sind, wie die Schwärzungen der Einschußränder zeigen, zum Teil aus einer sehr geringen Entfernung abgegeben worden." Dr. Nikolajević verbeugte sich: „Wir erlauben uns hiermit, den Sektionsbefund in die Hände der neuen Regierung zu legen."

Der Ministerpräsident nahm die von den beiden Ärzten gefertigten Papiere mit Kopfnicken entgegen. Oberst Mašin trat an ein Billard und hob, das Leichentuch bei einem Zipfel fassend, vorsichtig die Hülle auf: da lag seine Schwägerin Draga mit zerfetztem Gesicht und schwieg über die Schrecknisse der letzten Nacht, deren Furchen sich unter den Narben der Säbelhiebe verbargen, sie schwieg aber auch über den Tod ihres ersten Mannes, seines Bruders, den man abgestürzt, mit zerschmettertem Schädel gefunden hatte. Und der Schwager, den diese Königin verfolgt, dessen militärische Laufbahn sie zerstört, den sie von seinem Gesandtenposten in Cetinje verdrängt hatte, dem es verwehrt worden war, die Uniform zu tragen, die er erst am gestrigen Abend wieder angezogen hatte — mit allen Orden, wie er sie heute trug, der Oberst ließ das Leintuch sinken, der Frost schüttelte ihn, die Zähne schlugen ihm aufeinander.

Der Ministerpräsident hob das Tuch von Alexanders Gesicht. Dieser junge Mann, dessen Kopfhaut durch den Zirkularschnitt etwas verschoben und nicht wieder richtig eingesetzt worden war, hatte den gleichen verstockten Ausdruck, denselben herrischen Zug um den Mund, der schon vor drei Jahren die Offiziere zur Raserei gebracht hatte. Dies ist der störrische Sohn des ersten serbischen Königs Milan, der Sohn, der den Befehl gegeben hatte, auf seinen Vater, wenn dieser zurückkehren wolle, zu schießen, dies ist der Sohn, dessentwegen der erste serbische König in der Fremde gestorben war und sich in Krušedol, auf österreichischem Grund und Boden, hatte begraben lassen. Die Bartstoppeln auf dem Kinn des Königs waren weitergewachsen, das Augenlid über der leeren Höhle lag schlaff und eingesunken. Der Ministerpräsident ließ das Tuch fallen, einige Herren, die unter der Tür gewartet hatten, kamen auf den Zehen nach vorne, hoben das Tuch wieder auf, starrten dem trotzigen Toten ins Gesicht und schlichen schweigend zurück. Die Königin wagten sie nicht anzusehen, die war zu übel zugerichtet. Dies war das Ende einer Frau, deren Ehe damit begonnen, daß ihre Schwiegermutter, die Königin Natalie, aus Paris auf offenen Postkarten an ihre Bekannten in Belgrad geschrieben hatte, ihr Sohn, der König von Serbien, habe die Kammerzofe der Königin von Serbien geheiratet.

Oberst Mašin verneigte sich vor den beiden Ärzten, seine Sporen klirrten, er ließ mit höflicher Verbeugung dem Ministerpräsidenten, dessen Ministerium er nun selbst als Minister für öffentliche Bauten angehörte, an der Türe den Vortritt.

Die beiden Ärzte blieben allein bei den Toten zurück. Als die knirschenden Schritte in der Vorhalle verklungen waren, legte Dr. Michel seinem Kollegen die Hand auf die Schulter: „Grauenhaft — die Wunden der Toten haben nicht geblutet!"

Dr. Nikolajević lächelte: „Aber den Mördern ist jeder Blutstropfen aus den Wangen gewichen." Dr. Michel zeigte auf die vermummte Gestalt des Königs: „Und ist der dort wirklich der letzte Obrenović?" „Der allerletzte."

Dr. Nikolajević trat dicht an den Schweizer heran: „Ich habe in Wien und in Zürich studiert; bei Ihnen wird man Republikaner, das liegt in der Schweizer Luft... Aber merken Sie gut auf, heute kann ich es Ihnen noch zuflüstern, morgen werde ich zu schweigen haben: Hier ist eine blutige Geschichte zu Ende gegangen, die damit begann, daß der erste Obrenović dem ersten Karadjordević den Kopf abgeschlagen hat und als Zeichen treuer Ergebenheit an den Großherrn in Stambul schicken ließ. Das war — was Ihnen als Westeuropäer ganz unglaublich erscheinen wird — nicht vor grauen Zeiten, sondern vor nicht ganz hundert Jahren. Der Kopf des Großvaters des armen Naumović, der gestern aus Versehen erschossen worden ist, ging so als Dreingabe mit."

Dr. Michel zuckte die Achsel: „Auch in Frankreich, auch in England hat man Könige geköpft."

„Mir bekannt, Herr Kollege — aber in Frankreich und in England ging das mit einem gewissen revolutionären Takt vor sich, in Frankreich und in England hat man die Fürstenköpfe nicht zu Geschenkzwecken und zu Schmeicheleien für den Sultan gebraucht."

„Andere Länder, andere Sitten."

„Meinetwegen, Herr Kollege — aber köpfen heißt doch nicht schlachten. Übrigens war dieser Kara Georg — oder wie ihn die Bauern nennen, der Cerny Georg — auch kein Lämmchen. Er ließ, um nur ein Beispiel zu geben, seinen alten Vater, als dieser auf der Flucht vor den Türken die serbische Grenze nicht überschreiten wollte, niederschießen. Und von jener Zeit an gab es fortwährend Streitigkeiten zwischen den beiden Geschlechtern, bis vor fünfunddreißig Jahren — auf den Tag genau — der Großvater dieses letzten Obrenović von den Anhängern der Karadjordević im Topčider erschossen wurde."

„Ein etwas gefährliches Jubiläumsfeuerwerk", bemerkte mit ironischem Lächeln der Schweizer.

„Die Nationalfeiertage sind bei uns mit Blut gefärbt, das ist seit der Schlacht auf dem Amselfeld so der Brauch."

„Und der Unterschied zwischen beiden Dynastien?" erkundigte sich Dr. Michel.

Dr. Nikolajević strich sich den Bart: „Für den aufgeklärten Republikaner, der im Ausland studiert hat, sind es eigentlich nur ganz geringe Unterschiede: Die Obrenović haben runde Köpfe, stumpfe Nasen, und erwarten sich alles Heil von Österreich. Die Karadjordević haben lange Köpfe, scharfe Nasen, ihre Haut ist dunkler, da sie von Zigeunern abstammen sollen, und sie erwarten sich alles Gute von Rußland."

„Mit einem Wort, Herr Kollege, Sie leben hier noch im Zeitalter der Merowinger."

„Vielleicht. Möglich. Wahrscheinlich. Aber zur Zeit der Merowinger war das ganze damalige Europa auf der gleichen Stufe. Heute sind wir ein Anachronismus. Wir sind ein kleines Volk mit einer großen Geschichte, — und wie alle kleinen Völker, leiden wir an gekränktem Ehrgefühl. Ich stehe als Republikaner keineswegs auf seiten der Karadjordević, aber ich kann den Ausbruch der Offiziere — wo nicht billigen, so doch verstehen. Es ist nicht sehr ehrenvoll, in einem Lande Offizier zu sein, dessen Dynastie durch ihre Familiengeschichten für ganz Europa den Witzblattstoff abgeben muß, dessen König seiner Gemahlin eine Jacht zum Hochzeitsgeschenk macht, die aus den Geldern bezahlt wird, die für die Kanalisierung bestimmt sind."

„Aber solch atavistische Ausbrüche!"

Dr. Nikolajević ließ sich nicht beirren: „Ich gehöre auch nicht zu jenen, die bei allem Schlechten sagen: die Türken sind schuld, das hat der Türkenhund getan, das fällt dem Sultan zur Last. Wächst wo kein Wald, liegen wo Felder brach — heißt es bei uns: die Türken! Aber sie dürfen doch nicht vergessen, daß es noch nicht vierzig Jahre her ist, daß Belgrad eine türkische Garnisonsstadt war, daß vor zweihundert Jahren in dieser kleinen Stadt hundert türkische Minarette aufgeragt haben, deren Stelle nun ein einziger Kirchturm einnimmt."

„Das verstehe ich nicht. Ich kann die Türken nicht mit Ihren Augen sehen."

Dr. Nikolajević unterbrach seinen Kollegen: „Ich weiß — Goldenes Horn, Haremsnächte, Pierre Loti —, aber Sie haben nie unter türkischem Druck gelebt."

„Und was wird jetzt geschehen?"

„Vor allem einmal wird auf allen Firmenschildern der Name dieses Mannes übermalt, in allen Schulen seine Bilder auf den Mist geworfen, in allen Ministerien seine Gipsbüsten zerschlagen werden. Einige Herren der neuen Regierung sind schon unterwegs, den neuen König einzuholen..."

„Und glauben Sie, daß der neue König..."

Dr. Nikolajević zuckte die Achsel: „Darüber werden wir ebensowenig Klarheit bekommen, wie über die Ermordung des Fürsten Mihailo. Damals hieß es, der Wali von Bosnien habe dem Alexander Karadjordević fünftausend Dukaten für den Mord gegeben. Ob sich in diesen fünfunddreißig Jahren sehr viel geändert hat, wage ich nicht zu unterscheiden. Aber vorbereitet war dieser Mord an dem letzten Obrenović sicher nicht nur in Belgrad, gewußt davon haben mehr Leute, als man glauben sollte, aber wissen wollte es nur einer nicht, und das ist jener stumme Mann dort, der oft und oft vor seinen Offizieren gewarnt worden ist."

Fronleichnam 1903 in Wien

Ein Frühlingstag in Wien und windig, wie die meisten Tage in dieser Stadt zwischen Gebirge und Ebene, daß man meinen könnte, sie trage den Namen Vindobona nach den Winden, die hier entlang der so viel besungenen und doch so vereinsamten Donau durch das Land ziehen. Die Stadt hat ihre stolzen Schlösser, mit denen sie sich in ihrer großen Zeit gegen den Strom vorgetastet hat, draußen am Rande der Auen vergessen, der Bürger ist dem Adel nicht nachgezogen, der Bürger liebte das flache Land mit seinen fruchtspendenden Feldergebreiten nicht; der Bürger hatte sich, als seine Zeit gekommen war, aus der weiten Ebene von Haydns Jahreszeiten in die romantischen Wälder von Schuberts Hügelland zurückgezogen. Nun wühlt die Stadt ihr

Haupt tief in die westlichen Rebhügel und Waldhänge, sie ist weinselig und trunken eingeschlafen und hat den großen, brausenden Strom weit draußen und die eigene, ihr vom Schicksal zugewiesene Aufgabe vergessen. Aber durch die leeren, von Menschenmauern gesäumten Gassen fegte heute wie eh und je der Ostwind, wehte das frisch geschnittene Gras mit den weißen Gänseblümchen vor sich her, zerrte an den jungen Birkenstämmen vor den Altären bei den Kirchen und ließ die Federn auf den Hüten der ausgerückten Soldaten flattern.

Von der Hofburg, über den Kohlmarkt, den Graben und die Kärntner Straße, in diesem Stückchen Stadt, das den Flaneuren allein Wien bedeutete, auf diesem Korso, von dem die Offiziere in Galizien und Dalmatien träumten wie die Verdammten vom Paradiese, standen seit frühem Morgen die Truppen der Wiener Garnison: Die dunkelblaue Infanterie mit den lichtblauen Hosen und dem schwarzen, an einen gestutzten Zylinder erinnernden Tschako; die hellgrünen Jäger und die grünschwarze Landwehr, mit den schillernden, wehenden Hahnenfedern auf den Hüten, die dunkelbraune Festungsartillerie mit den roten Generalstreifen auf den blauen Hosen und das hellblaue bosnische Regiment mit rotem Fez, große, schöne, schlanke Burschen, nicht mehr türkische und noch nicht österreichische Soldaten, in dieser Zwischenstellung durch die halbtürkische Uniform besonders bezeichnet.

Nun füllten sich hinter diesem Soldatenspalier die Tribünen mit lichten Frauenkleidern, helle Sonnenschirme blühten auf und legten farbige Schatten auf die Gesichter, dunkle Herren im Zylinder verliehen dem bunten Bilde Ernst und Würde.

Vließritter und Kämmerer in den opernhaft wirkenden Prunkgewändern des versunkenen Heiligen Römischen Reiches Deutscher Nation fuhren in den Prunkkarossen des Adels auf, feurige Pferde mit schäumendem Gebiß scharrten mit ungeduldigen Hufen den Domplatz. Die Galawagen der Gemeindewürdenträger schlossen sich an.

Die Geheimen Räte und höchsten Staatsbeamten nahmen sich vor den grauen Riesentor-Skulpturen des Domes in ihren goldbestickten und tressengeschmückten Galaröcken und den Dreispitzen wie von des Gedankens Blässe und der Zimmerluft angekränkelte Admirale ohne Schiff aus. Ruhig und gemessen, wie es ihrer überragenden Stellung zukam, unterhielten sie sich vor der hälsereckenden Untertanenmauer mit gewichtigem Flüstern und sahen doch — als Männer von Frauenaugen abgeschätzt, neben den mächtigen Leibgardeinfanteristen mit den wehenden Roßhaarbüschen auf den Helmen, recht unscheinbar und wenig verführerisch aus.

„Das richtige Kaiserwetter", sagt einer zum andern, den Blick gegen den wolkenlosen Himmel gerichtet, vor dem klar und ernst das Gezweige der großen Steinpappel des Turmes stand. Generalmarsch von fernher! Kommandorufe!

Die Soldaten des Spaliers erstarrten. Die Haydnsche Hymne rauschte auf und wurde vom Generalmarsch überschmettert. Hochrufe kamen näher. Als wehte der Wind Wäsche über einen Zaun, flatterten weiße Tücher, winkende Hände, geschwungene Hüte über die starren Soldaten hin.

Ein Hofreitknecht, auf einem tänzelnden Lipizzanerschimmel mit Ramsnase und rosenblattzarten Nüstern, eröffnete den Zug. Hufegetrappel, kurz, gleichmäßig, knapp, der hinreißende Trommelschlag der Reiterei, eine Halbschwadron Dragoner, ihr voran ein schlanker Offizier mit weißen Stulphandschuhen und blinkendem Griechenhelm, hinterdrein die braungebrannten böhmischen Bauerngesichter der Dragoner mit den hellblauen, über die Achsel geworfenen Pelzröcken, roten Hosen und weißen Aufschlägen, die abgebogenen, mit dem Zaum spielenden, nikkenden Pferdeköpfe in einer Geraden. Vier Fanfarenbläser mischten ihre Heroldsklänge in Generalmarsch und Kaiserlied und verkündeten das Herannahen des Hofes. Ein von acht langschweifigen Schimmeln gezogener Galawagen, Kutscher, Lakaien und Pferdehälter in goldbestickten, schwarzen Rokokoröckchen, mit goldbortierten und straußfedergeschmückten Zweispitzen, weißen Perücken und weißen Strümpfen; zu beiden Seiten des Wagens je zwei Edelknaben zu Fuß, je zwei berittene Arcierenleibgarden in Rot, Gold und Weiß, mit Silberhelm und weißem Roßhaarbusch, und zwei ungarische Leibgarden in Rot und Silber, mit Reiherfedern auf dem Kalpak und dem Pardelfell über der Schulter; am Wagenschlag der Generaladjutant des Kaisers, Feldzeugmeister von Bolfras — und im Wagen selbst der Kaiser und neben ihm der Thronfolger, Erzherzog Franz Ferdinand.

Die Hochrufe schwollen an, noch mehr Tücher flatterten über den Soldatenzaun hin, die Soldaten streckten sich, daß ihre Sturmbänder zum Reißen gestrafft waren. Der Kaiser und der Erzherzog trugen die weißen Röcke der Generalsgala, letzte Erinnerung an die Waffenröcke jener in den Wäldern von Königgrätz dahingesunkenen großen weißen Armee des alten Österreich.

Beim Anblick des greisen, freundlich nach allen Seiten dankenden Kaisers brach die Menge in nicht endenwollende Hochrufe aus, die Soldaten mußten sich fest auf die Beine stellen, um nicht verdrängt zu werden. Immer wieder führte der alte Herr seine Hand zu dem Generalshut mit den grünen Papageienfedern.

Beim Klange des Kaiserliedes waren mit einem Zauberschlag alle Zweifel an das fiebergeschüttelte Reich vergessen. Die Menge war gerührt, als sie das Unwahrscheinliche gewahrte, dieses prunkende Abendrot eines nun zur Rüste gehenden Tages, dem die Schauer und Stürme einer tiefen, sternenlosen Nacht folgen sollten.

Nun winkten sie dem alten Manne im weißen Waffenrock zu, dem der Bruder erschossen, die Frau erstochen worden war und über dessen unseligen Sohn sich die Schleier des Schweigens gesenkt hatten, nun winkten sie diesem Greise zu, der allein noch das große Reich verkörperte.

Dort neben dem alten Herren saß, lange nicht so huldvoll dankend, mit verschlossenem Gesicht, gebräunt von der ägyptischen Sonne, unter der er Heilung von der Schwindsucht zu finden gehofft, des Kaisers Neffe Franz Ferdinand.

Niemand kannte ihn, niemand wußte etwas von ihm, alle fürchteten ihn, als wäre er das Drohende selbst, das da heraufzog. Sein schöner, heiterer Bruder Otto fehlte diesmal im Zuge, er litt an einer Krankheit, mit der er sein ungezügeltes, maßloses Leben bezahlte.

Im nächsten reichverzierten Wagen saß neben des kranken Otto Sohn, neben dem pausbäckigen Knaben Karl Franz Joseph, des Thronfolgers dritter und jüngster Bruder Ferdinand Karl, um den nun auch schon der Tratsch sein unzerreißbares Gewebe zu spinnen begann. Da gab es eine Neigung, die der stille Burgtheaterfreund zu der Tochter eines Hochschullehrers hegte, einer Dame, an der die Gerüchte kein gutes Haar lassen wollten, ein geheim gehaltenes Verhältnis, das dieser Erzherzog nicht minder ernst nehmen sollte, als sein Bruder diese dem Kaiser und dem Staate so viele Sorgen bereitende Heirat mit jener böhmischen Gräfin Sophie Chotek. In den nächsten Wagen folgte die toskanische Sekundogenitur, die Brüder der erst kürzlich mit dem Französischlehrer ihrer Kinder durchgebrannten Kronprinzessin von Sachsen. Die Leute hinter dem Spalier steckten die Köpfe zusammen: Überhaupt dieses Haus Toskana! Das gab schon lange keine Ruhe. Einer der Brüder, der den Namen Leopold

Wölfling angenommen hatte, war aus dem Erzhaus ausgestoßen worden und hatte eine kleine Tänzerin geheiratet.

Ein Zug Dragoner beschloß mit knappem Hufegeklapper die Reihen der Hofwagen, als könnte die Schar der kerzengerade sitzenden Reiter das dem Hofe nachgeflüsterte Gerede in Grund und Boden stampfen.

Vor dem Dom verließen Kaiser und Gefolge die Wagen. Unter den düsteren Bildwerken im Gewände des Riesentores, unter den schlingenden Ungeheuern und den starrblickenden, an Vögel gemahnenden Halbfiguren der Apostel warteten der Erzbischof, der Weihbischof und das Domkapitel. Persönliches und Menschliches der Priester versanken in Scharlach, Gold und Weiß, die Würde dieser schwerfallenden, den Körper verhüllenden Gewänder gab unter den hochaufragenden, schimmernden Mitren nur zwei Handbreiten des vergänglichen Menschengesichtes frei.

Der Kaiser und sein Gefolge, in den aus der Zeit der Französischen Revolution stammenden Uniformen, in Federhüten, langen Hosen und schweren Säbeln, nahmen sich von dieser, nur ihre irdischen Träger wechselnden, alles überdauernden Macht wie Gäste aus, die aus flüchtigen Tagen von der ewigen Kirche zu Gast gebeten wurden. Der Thronfolger übersah geflissentlich seinen ehemaligen Lehrer und Erzieher, den Weihbischof Dr. Marschall; die Herren des Gefolges nahmen es wahr, sie raunten einander zu, daß der Este das Gedächtnis seines greisen Oheims geerbt und nicht vergessen habe, daß Marschall, sein einstiger Lehrer, ihn zum Verzicht auf die Heirat mit Gräfin Chotek hatte bewegen wollen. Der stattliche Bischof verzog keine Miene, aber das kaiserliche Gefolge wußte es, daß Marschall niemals Kardinal von Wien werden würde.

Nun hatte der große graue Dom den bunten Zug geschluckt; der mächtige Bau schien vom Orgelbrausen zu erbeben. Drei Generaldechargen, die das auf dem Graben postierte Jägerbataillon abgab, zerrissen die Ruhe der wartenden Straßen.

Nach dem Hochamt entströmte die Prozession wieder dem Dom. Waisenknaben in dunklen Uniformen, kleine Soldaten des Unglücks, eröffneten den Zug, weißgekleidete Mädchen mit Kränzlein auf den eingedrehten Haaren, mit Blumenkronen und Bändern in den Händen, folgten mit neugierigen Augen und wachsstarrem Lächeln. Diesem Frühlingszuge schloß sich hymnensingend der Domchor an, welcher der dunklen, braunen, schwarzweißen und weißen Ordensgeistlichkeit vorauszog. Gotische Köpfe mit strengen Augen, gesammelte Bewegungen unter fließenden Gewändern, waffenlose Kämpfer einer streitbaren Kirche zwischen runden Pfäfflein und schnaufenden Genießern, schritten sie einher mit gesenkten Blicken und gefalteten Händen. Kaiserliche Dienerschaft in Rokokogewändern folgte, und dann kam, mit der goldenen Halskette geziert, der schöne Karl, der durch Tücherwinken begrüßte, lächelnde Liebling der Wiener, der Bürgermeister Lueger. Die Vizebürgermeister, die Magistrats-, Bezirks- und Gemeinderäte im farblosen Schwarz eines Gesangvereines schlossen sich an, gleicherweise glänzend vor Hitze wie vor Aufregung, dienstbeflissene, hinter dem Ladenpult emporgekommene Kleinbürger mit Greislergewandtheit und mit den zu Ehren des heutigen Tages eingezogenen Krallen des Verdienens und der Politik, die nunmehrigen Stützen des Staates, der in jenen Tagen auf die letzten Reserven des Bürgertums zurückgegriffen hatte.

Nun kam wieder Farbe in den Zug; die Uniformen der Ritter, Offiziere, Komture und Kommandeure der Großkreuze der k. u. k. Orden, die Truchsessen, Kämmerer und Geheimen Räte und die Ritter des Goldenen Vließes, alle ein wenig müde dieser großen, fordernden Tracht, zogen die Träger der ältesten und vornehmsten Namen dieses Reiches in Weiß, Gold, Rot, Blau und Violett dahin. Die Domglocken dröhnten, die Glokken der Stadtkirchen nahmen das Geläute auf und die Menge beugte das Knie, denn nun kam nach den Gardekapitänen, Hofwürdenträgern und Generalen unter dem schwankenden Baldachin, dessen Quasten vier Kämmerer trugen, umwölkt von bläulichem Weihrauch, der greise Kardinal mit dem Allerheiligsten in der von einem Seidenbausch hochgehobenen funkelnden Monstranz.

Silbern klangen die Glöcklein der rotweißen Ministranten in das dunkle Dröhnen der Glocken. Die Soldaten standen Gewehr bei Fuß, mit der linken Hand salutierend, und wo Chargen waren, leuchteten neben den braunen Gesichtern die weißen Handschuhe auf.

Der Kaiser und die Erzherzoge folgten, geleitet von den Doyens des Goldenen Vließes, des Stephansordens, des Leopoldordens, der Eisernen Krone und des Franz-Joseph-Ordens, mit brennenden Kerzen. Eine Fahnenkompanie vom Infanterieregiment Nr. 43, Prinz Ruprecht von Bayern, begleitete die Prozession.

Als der Zug über den Kohlmarkt zog, versuchte ein atemloser Herr im Gehrock und steifem Hut mit allen Mitteln das Truppenspalier zu durchbrechen. Polizeileute eilten herbei, die Leute reckten die Köpfe, nur die nach der Seite schielenden Soldaten standen stramm und stumm wie eine Mauer. Ein Polizeioffizier kam hinzu, der Zivilist lüftete höchst flüchtig den Hut, flüsterte etwas und der Polizeibeamte schob schnell einen Soldaten beiseite. Unter dem Murren der Zuschauer betrat der also begünstigte Zivilist den abgesperrten Raum, eilte, diesmal mit etwas höflicherem Gruß, auf einen Vließritter zu, fragte diesen etwas und hastete, der einzig Würdelose in dieser für Prunk und Würde abgesperrten Straße, den Zug entlang weiter, bis er auf den Minister des Äußeren, den Grafen Goluchowsky, traf. Diesem hielt er ein gelbliches Stückchen Papier hin, der Graf zwinkerte mit den Augen, streckte das Blatt, so lang seine Arme waren, von sich und las es, während sich der Überbringer die Stirn mit seinem kronenverzierten Taschentuch tupfte.

Auf dem breiten Bulldoggengesicht des Grafen zeigte sich jähe Bestürzung, Goluchowsky verließ die Einteilung, eilte an den hellebardenbewehrten Trabanten und Leibgardisten vorbei und fragte, so laut, daß man es auch unter den Zuschauern hören konnte, nach dem zweiten Obersthofmeister, dem Fürsten Montenuovo.

Eben hielt die Prozession bei dem Altar vor der Michaelerkirche. Der Minister des Äußeren mußte mit allen Zeichen mühsam unterdrückter Ungeduld warten, bis die Verlesung des Evangelienanfangs beendet war; dann näherte er sich, gefolgt vom Obersthofmeister, durch die erstaunten Erzherzoge dem Kaiser und teilte dem über diese Störung unwillig aufblickenden alten Herrn in kurzen Worten mit, daß man in dieser Nacht den König, die Königin und fast das ganze Kabinett zu Belgrad ermordet habe.

Franz Joseph senkte nur wenig sein Haupt, sein Gesicht verriet nicht das geringste Zeichen von Erregung. „Majestät, von den eigenen Offizieren ermordet“, fügte Fürst Montenuovo hinzu.

„Oh, diese verdammten Schweine!“ stieß Franz Ferdinand, der dicht neben seinem Oheim stand, hervor, „diese verdammten Schweine!“

„Und das alles sicher nur wegen der Heirat Alexanders mit Draga Mašin“, flüsterte Fürst Montenuovo dem Kaiser zu; ein ganz kurzer Seitenblick streifte den erblassenden Thronfolger, dem der Generalshut in der Hand zitterte. Franz Ferdinands Gesicht war vor Wut entstellt, seine sonst gleichgültigen Augen blickten drohend und böse. Über den Obersthofmeister hinweg fragte er den Minister des Äußeren: „Waren die beiden wenigstens gleich tot?“

„Kaiserliche Hoheit, darüber haben wir noch keinen Bericht.“ Der Kaiser dankte mit leichtem Nicken den beiden Herren, der Obersthofmeister und der Minister des Äußeren zogen sich mit einer Verbeugung zurück. Nun erst blickte Franz Joseph auf seinen mit zusammengepreßten Lippen dastehenden Neffen, der im gleichen Jahr, ja im gleichen Monat wie der ermordete König von Serbien, die morganatische Ehe mit der böhmischen Gräfin geschlossen hatte. Die Prozession setzte sich wieder in Bewegung, der flimmernde Seidenhimmel über dem greisen Kardinal schwankte leicht, blaue Weihrauchwolken stiegen auf, die Ministranten klingelten, die Soldaten salutierten mit der linken Hand, die Zuschauer senkten die Köpfe, bekreuzigten sich und pochten mit der Hand an die sündige Brust. Der Kaiser ging, leicht vornüber geneigt, mit steinernem Gesicht in der Prozession.

Das Gerücht vom Belgrader Mord jagte von Mund zu Mund durch den Zug, zerriß einige Male die Prozession, ballte sie an anderen Stellen wieder zusammen, sprang über die stummen Soldaten hinweg in die schreckensgierige Menge, flackerte, durch sie entstellt, verzerrt und vergrößert fort, löste die Leute aus der Reihe, fragte und bekam von denen, die gar nichts wußten, die genauesten Auskünfte und flammte an einigen Stellen in einem Worte empor, das alle erschauern ließ: so nahe fühlte man die sengende Flamme des Krieges.

Die Prozession zog über den Josephsplatz, über dem auch heute die von der Hofbibliothek ausströmende edle Ruhe der Bücher und der großen Form waltete. Auf dem Balkon der Hofreitschule stand unter den anderen Erzherzoginnen des Thronfolgers Stiefmutter, die dunkle, schmale Maria Theresia von Braganza. Während Ferdinand Karl mit leichtem Neigen seines Hauptes zum Balkon hinaufgrüßte, suchten die Blicke Franz Ferdinands die Fensterreihen der Hofbibliothek ab. Und nun sahen es die Erzherzoginnen auf dem Balkon, wie sich das mürrische Gesicht des Thronfolgers auf einmal aufheiterte, denn drüben, auf der anderen Seite des weiten Platzes stand, nicht ganz nahe dem Fenster, halbverhüllt von der Dämmerung des Raumes, die Fürstin Sophie Hohenberg und winkte ihrem Gemahl unten in der Prozession zu. Der Erzherzog lächelte, hob ein wenig die Hand und kehrte sich dann erst, noch immer mit leuchtenden, strahlenden blauen Augen, dem Balkon zu und verneigte sich vor seiner Stiefmutter zwischen den mokant lächelnden Erzherzoginnen.

Am Tage nach Fronleichnam wohnte Franz Joseph dem Begräbnis des Feldzeugmeisters Franz Freiherr von Philippović bei, dessen berühmterer Bruder Joseph Philippović im Jahre 1878 die bosnisch-herzegowinische Okkupation durchgeführt und den Kaiser für den Verlust von Venedig und Mailand durch den Gewinn zweier neuer Provinzen entschädigt hatte. Der Kaiser hatte durch seinen Generaladjutanten Bolfras an die Nichte des Verblichenen ein Schreiben gerichtet, in dem darauf hingewiesen wurde, daß der Feldzeugmeister einer der letzten jener dem Kaiser und dem Reich allzeit getreuen Grenzer gewesen sei, Worte, die angesichts der erbitterten Streitigkeiten und Aufstände, angesichts des Verzweiflungskampfes der Kroaten im Gebiete der alten Militärgrenze gegen die Gewaltherrschaft der Magyaren nicht eines herben Beigeschmackes entbehrten.

Als nun der Kaiser in Begleitung seines Flügeladjutanten, des Majors Driancourt, durch die Mariahilfer Straße nach Schönbrunn zurückfuhr, löste sich aus der winkenden und grüßenden Menge ein kleiner Mann und rannte mit wehenden Rockschößen, mit kreischender Stimme schreiend und ein dünnes Bambusstöckchen schwingend auf den kaiserlichen Hofwagen zu. Der Kutscher zuckte aus seiner steinernen Ruhe empor, holte mit seiner weißen Peitsche aus und schlug dem dürftigen Angreifer so kräftig quer über das Gesicht, daß dieser zurücktaumelnde kleine Mann mit seinem niedersausenden Stöckchen nur noch das Kotblech des rasch davonrollenden Wagens erreichte. Mit tief gehaltenen Fäusten vermochte der Kutscher erst eine Strecke weiter die scheu gewordenen Pferde zu zügeln und wieder in ihren scharfen Stechtrab zu zwingen. Der Kaiser drehte sich im Wagen um, man sah die grünen Federn seines Hutes aufwehen, sein Flügeladjutant wollte etwas zurückrufen, aber der Attentäter war schon längst in einem Gewimmel balgender, einander drängender und übereinander stürzender Menschen verschwunden.

Ein gerade seine Waren austragender Fleischergehilfe, der, um ein wenig zu verschnaufen, seinen schweren Zöger weggestellt hatte, war sofort dem Attentäter nachgesprungen, hatte sich mit der ganzen fleischhauerlichen Wucht auf den kleinen Mann geworfen und zugleich mit diesem Männlein eine ganze Reihe beflissener Menschen zu Boden gerissen.

„San ma in Serbien? Mir wern's eahm zagn! Katzlmacher, verdächtiger! Hängt's eahm auf, schlagt's eahm tot, baanlt's eahm aus, den winigen Hund, den verflixten!" Sicherheitswache, die sich in den Trubel warf, konnte den Attentäter nur mit Mühe und Not vor dem Gelynchtwerden schützen. Mit Stößen und Püffen, mit Schimpfen und Drohen, unter dem alle treffenden Hagel allgemeiner Prügel schaffte sich die Wache endlich freie Bahn und schleppte den im Knäuel zu unterst Liegenden samt einem Dienstmann und dem wackeren Fleischhauergehilfen, die sich mit ihrem ganzen Gewicht an die Rockschöße des Verhafteten hängten, auf das Polizeikommissariat Neubau. Die Polizei, der schon ein ganz gewöhnlicher Hofbehelliger mit einem G'sieberl genug Scherereien bereitete, war über diesen weit unangenehmeren Zwischenfall begreiflicherweise äußerst schlechter Laune. Die Polizei gab sich wohl die größte Mühe, sich der beiden unerwünschten Helfer zu entledigen, aber der Fleischhauergehilfe bestand unbedingt darauf, bei der Einvernahme des Attentäters zugegen zu sein, damit er seine so wichtigen Angaben auch zu Protokoll geben könne. Da er mit Recht fürchten mußte, mit einem Male aus dem Mittelpunkt der Handlung verdrängt zu werden, wurde der Fleischhauer grob, schreckte nicht einmal vor an Majestätsbeleidigung grenzenden Äußerungen zurück und konnte nur mit Gewalt an dem Eindringen in die Amtsstube verhindert werden. Erst als ihm mit einer sofort anzutretenden Polizeistrafe gedroht wurde, trollte er sich fluchend und schimpfend davon, um seinen stehengelassenen Zöger mit dem Fleisch wieder zu holen und seinem Berufe nachzugehen. Als er aber in die Mariahilfer Straße zurückkam, fand er wohl noch eine Menge schreiender, gestikulierender und einander das Attentat in allen Einzelheiten schildernder Menschen vor, fand er grimmige Wachleute, die das Publikum teils streng, teils beschwörend zum Weitergehen aufforderten, was er aber nicht wiederfand, was ihm trotz Schimpfen und Jammern niemand mehr zeigen und geben konnte, das war sein aus so uneigennützigen Gründen im Stich gelassener Fleischkorb.

Mittlerweile wurden alle Türen des Polizeikommissariats von Wachleuten besetzt, niemand durfte weder aus noch ein. Im Dienstzimmer stand, umringt von wohlernährten, drohend dreinschauenden Wachleuten, klein und schmächtig, zerfetzt wie eine Vogelscheuche, den Hemdkragen offen, die Krawatte herausgerissen, ohne Rockschöße, mit blutunterlaufenen Flekken im Gesicht, der Attentäter und versuchte, beim Sprechen seine gefesselten Hände zu heben.

„Wie heißen Sie? Wer sind Sie? Was haben Sie mit diesem Stock gewollt?" fragte streng der Kommissär.

Der kleine Mann hob sein verschwollenes und zerkratztes Gesicht und sagte ganz leise: „Ich bin der Sohn Gottes." Der dicke Protokollführer zögerte, diese gotteslästerliche Antwort niederzuschreiben, der Kommissär schnaubte den kleinen Mann wütend an: „Ich mache Sie aufmerksam, daß Sie durch diese Äußerung gegen den Gotteslästerungsparagraphen verstoßen und daß Sie außerdem mit der Simulation von Wahnsinn keineswegs imstande sein werden, ihre äußerst prekäre Lage zu verbessern."

Der kleine Mann wollte beteuernd die Hände auf das Herz legen, aber da ihn die Fesseln daran hinderten, sagte er schlicht: „Sie irren, Herr Direktor, ich bin durchaus nicht verrückt und will auch nicht für verrückt gelten, ich bin ganz normal, wofür ich einige ärztliche Zeugnisse zu erbringen imstande bin."

„Reden Sie nicht so geschwollen herum! Fassen Sie sich kurz! Beantworten Sie ohne Umschweife meine Frage: Welche Absichten verfolgten Sie also, als Sie sich mit geschwungenem Stocke dem Wagen Seiner Majestät näherten, beziehungsweise diesem entgegenliefen oder nachrannten?"

Der kleine Mann zuckte mit der Achsel: „Darüber, Herr Direktor, muß ich mich genötigt sehen, mich einer Aussage entschlagen zu dürfen."

Der Kommissär schlug mit der Faust auf den Tisch: „So mach'n S' doch keine G'schichten! Sie werden es sich selbst zuzuschreiben haben, wenn sich durch Ihre Widersetzlichkeit Ihre Lage noch mehr verschlechtert. Übrigens können wir, wenn Sie durchaus nicht sprechen wollen, auch eine Aussage erzwingen."

Der kleine Mann streifte mit schnellem Blick die grimmigen Polizeileute und entschloß sich, zu sprechen: „Ich wollte Seiner Majestät etwas Wichtiges über die Kronprinzessin von Sachsen

mitteilen, etwas, was die auf das Allerhöchste Kaiserhaus fallende Schande sehr zu vermindern geeignet wäre."

Der Tonfall und der Ernst, mit dem dieses vorgebracht wurde, machten den Kommissär doch stutzig; er fragte noch einmal nach dem Namen des Attentäters, aber ihm ward die Antwort zuteil, daß er keinen anderen Namen als den eines Sohnes Gottes führte.

Nach diesem kurzen Verhör, in welchem sich, weniger durch das Vorgebrachte als durch Blicke und Gebärden, der Irrsinn des Verhafteten dargetan hatte, wurde der Arme in einem geschlossenen Wagen auf die Polizeidirektion gebracht.

Damit hätte nun auch diese Sache ihr Bewenden gehabt, wäre es nicht bald bekannt geworden, daß der Verhaftete ein polnischer Jude namens Reich, alias Bernstein aus Dukla in Galizien sei, dessentwegen schon seit Jahren die Landesirrenanstalten von Galizien und Niederösterreich einander in langen und ausgeklügelten Korrespondenzen überboten, da keines dieser beiden Kronländer besonderen Wert darauf lege, Reich, alias Bernstein, als ihren dauernden Kostgänger zu erhalten. Bald nach dem durch Extraausgaben in der ganzen Stadt ausgeschrieenen Attentat mengte sich die Wiener Presse in vielstimmigem Chor in diesen Streit. Die Antisemiten verkündeten in blutrünstigen Sätzen eine von den Freimaurern angezettelte Verschwörung gegen das geheiligte Leben des Kaisers, ja, sie schrieben von einem Geheimbeschluß des Großen Orients, sämtliche Monarchen der Welt auszurotten, womit man bereits in Serbien begonnen habe — die liberale Presse legte in übertriebener, ja geradezu hysterischer Art gegen diese Anschuldigungen Verwahrungen und geharnischte Proteste ein, daß man einen Irrsinnigen, im Grunde genommen ein Opfer österreichischer Kompetenzstreitereien und Schlampereien, zu einem so unsinnigen Angriff gegen das loyale und vaterlandstreue Judentum mißbrauche. Dieser wütende Zeitungskampf hätte vielleicht noch länger gedauert und wäre mit noch weit größerer Wut geführt worden, hätten die Blätter, die damals geradezu von der Fülle der Ereignisse überflossen, nur einigermaßen Raum in ihren fast berstenden Spalten gehabt. Der Kaiser selbst schaffte Ruhe, indem er sich an die Polizei wandte und um eine vorurteilslose Behandlung des armen Irren bat.

Nichts vermag das Wesen eines Volkes oder einer Stadt zu ändern. Im Jahre 1830 war in Frankreich ein Aufführungsverbot gegen die Oper „Die Stumme von Portici" ergangen. Einige Monate später hatte eben diese Oper Aubers, die den Fischeraufstand gegen den König von Neapel zum Gegenstand hat, den Auftakt zur Revolution in Brüssel gegeben. In Wien aber hatte „Die Stumme von Portici" nur einige Parodien ausgelöst: „Vanilli, die redende Stumme" und „Die geschwätzige Stumme von Nußdorf".

So hatte diese Stadt zwei Tage nach dem Belgrader Attentat also auch die Parodie auf dieses, nämlich ihr eigenes Attentaterl gehabt. Um wirklich zu gruseln, mußten die Wiener vorerst noch in das Stadtpanoptikum gehen, wo sie von neun Uhr früh bis acht Uhr abends gegen ein Entgelt von vierzig Hellern das unglückliche serbische Königspaar aus Wachs in Blut und Wunden bestaunen konnten.

Mazedonien, Sommer 1912

Vier Männer in Opanken, Fellwesten und zerfetzten Pluderhosen keuchten über einen steinigen Abhang hinunter und duckten sich hinter einen großen Felsblock. Geröll prasselte ihnen nach. Ein großer, hagerer Mann mit einem Geierkopf sackte zusammen und röchelte. Sein breitschulteriger Gefährte riß ihn beim Arm hoch: „Weiter, Lala, weiter, sie sind dicht hinter uns her!"

„Laßt mich liegen, es geht nicht mehr, Apis, ich kann nicht mehr!" Nun warf sich auch Apis neben dem kleinen, schmächtigen Tankosić und dem kräftigen Čiganović zu Boden. Lalas Atem ging schwer, Lala fuhr sich mit dem Ärmel über den Mund und wischte einen Blutfaden ab. Oben, am Rande des Wasserrisses, tauchten blaue Soldaten mit rotem Fez auf. Türkische Infanteristen, die sich scharf gegen den klaren Himmel abhoben, rannten, riefen, ließen Geröll herab, sammelten sich, standen unschlüssig und berieten.

„Still", mahnte Apis, als er sah, daß Tankosić sein letztes Magazin aus dem Patronengürtel nahm, „still, sie haben unsere Spur verloren, sie sind zu müde, uns nachzurutschen."

Tankosić, bärtig, verwildert und wie Apis durch nichts als Offizier kenntlich, ließ sein Gewehr sinken und lachte lautlos, daß es ihn stieß: „Das war knapp."

Tankosić riß sich einen Fetzen vom Hemd und verband sich die blutige Hand. „Diese Hunde rennen von Tag zu Tag schneller. Das sind die alten Türken nicht mehr. Möchte wissen, ob die anderen auch durchgewischt sind."

Apis zuckte die Achsel und drehte sich mit zitternden Fingern eine Zigarette.

„Ja, der Bandenkrieg, den wir hier unten gegen die Türken führen, während sich's die feinen Herren in Belgrad gut gehen lassen, trägt weder Orden noch Ehren, der bringt nur Mühen und Gefahren ein. Und wenn es dann, mit Gottes Hilfe, vielleicht im Herbst zur Kriegserklärung an die Türkei kommt, dann wird das, was wir hier unten durch all die Jahre geleistet haben, vergessen sein."

Čiganović lugte hinter dem Felsblock hervor: „Sie stehen noch immer oben."

Nun hob auch Tankosić sein Gewehr: „Ganze Figur", kommandierte er halblaut vor sich hin, „Aufsatz dreihundert." Apis drückte ihm die Waffe zu Boden: „Laß das! Bist du verrückt? Du lieferst uns alle!"

Lala hob langsam seinen Geierkopf: „Und wenn? Es ist besser, wir machen Schluß. Noch eine solche Jagd und die Türken haben mich."

„Dich! Aber nicht uns!" Apis schob sich die Lammfellmütze aus dem braunen Gesicht. „Nur jetzt keine Dummheiten. Kopf hoch, Lala! Wenn wir's auf einen Kampf ankommen lassen wollen, müssen wir mehr Patronen haben."

Čiganović kaute an seinem Schnurrbart: „Sie gehen, die Türken geben es auf."

Die vier Männer lagen noch eine Weile still, dann rüttelte Apis den Lala beim Arm: „Geht es? Kannst du schon weiter?"

„Nur noch ein paar Atemzüge wartet. Ich krieg' keine Luft. Es ist eine Schande!" Der lange, hagere Mensch drückte seinen Kopf gegen den Boden und hustete, daß sein ganzer Körper schütterte. „So — jetzt will ich's versuchen."

Tankosić rieb sich seine zerschundenen Knie: „Der verdammte Beg wird niemanden mehr verraten, der hat ausgeschwätzt. Wie dem sein Haus gebrannt hat! Wie die Weiber gejammert haben!" Tankosić lachte vor sich hin: „Und andere werden nun besser das Maul halten."

Čiganović nickte: „Und die Weiber haben vor Schreck vergessen, den Schleier umzunehmen!"

Nun richtete sich auch Lala auf: „Und alles hinein ins Feuer! Alles hinein in die Flammen! Nicht ein Huhn konnte heraus, kein Schaf, kein Kind, kein Weib! Davon werden alle alten Weiber noch lange erzählen in Veles und Skoplje!"

Apis zündete eine Zigarette an und blies den Rauch gegen den Boden. Der Qualm verfing sich im niedern Gras zwischen den Steinen und hing wie Nebel zwischen den Halmen. Tankosić deutete mit dem Daumen auf den Rauch: „Das war es auch, was uns die Soldaten auf den Hals gehetzt hat. Das Haus des Begs hat zu sehr geraucht. Und dann qualmt ein verbrannter dicker Beg mehr als nasses Holz."

Der hagere Lala war eingeschlafen, der Kopf war ihm auf die Brust gesunken, sein Mund stand offen, der Atem ging schwer. Hauptmann Tankosić kauerte neben ihm und hielt seine verbundene Hand auf den Knien. „Apis, der Lala gefällt mir nicht, der macht's nimmer lang. Wenn alle Serben aus dem Königreich so wären wie jene, die von drüben zu uns kommen, wären wir schon längst weiter, hätten wir im Achterjahr die Gemeinheit mit Bosnien nicht so ruhig eingesteckt."

Čiganović, auch ein Serbe aus Ungarn wie Lala, nickte zustimmend: „Und wir haben im Achterjahr so gehofft, wir haben jeden Tag gewartet, daß ihr kommt und uns helft."

Apis zog mit unwilliger Bewegung die Mütze in die Stirn: „Alle haben gehofft — und niemand hat etwas getan! Niemand. Ganz hoch oben im Norden, in Norwegen, hat Björnson uns zugerufen: ‚Ohne Blut gibt's keine Freiheit, man bekommt sie nicht, man nimmt sie". Aber wir haben uns übers Ohr hauen lassen. Wir haben nichts genommen und nichts bekommen. Reden wir von etwas anderem."

„Rußland konnte nicht, Apis", warf Tankosić ein.

„Rußland!" brauste Apis auf, „wer ist Rußland? Ein schwacher Zar, der sich nichts zutraut, Leute, die sich vor dem Kriege fürchten, weil sie von den Japanern Dresche bezogen haben! Das ist nicht Rußland! Ich hab', wie ich oben war, mit Offizieren gesprochen, mit Studenten, mit Panslawisten — und die haben geweint vor Schande, daß man Serbien so im Stich gelassen und den Österreichern Bosnien geschenkt hat. Hätten wir damals ernstlich gewollt, nicht nur gesungen und demonstriert, nicht nur gejammert und geklagt — wir stünden heute anders vor der Welt da — nicht wie böse Buben, die keine Ruhe geben — wir stünden wie Männer da. Dieses morsche

Österreich braucht doch nur einen Tritt und es liegt auf dem Boden und kann sich nicht mehr rühren — man muß sich nur hinzutreten trauen! Piemont, heißt es immer, wir werden es machen wie Piemont! Wir werden es machen wie Preußen! Alles mit dem Maul, meine Lieben! Alles nur mit dem Maul!"
Apis stützte den Kopf in die Hände und starrte zornig vor sich hin: „Das ist ein Land, dieses Rußland, daß einem das Herz zerspringen könnte vor Glück. Wie die Soldaten dort marschieren, nirgends auf der Welt hab' ich die Soldaten so marschieren gesehen. Die Deutschen — das sind Maschinen, das sind Marionetten — gute Maschinen, gute Marionetten, aber marschieren können nur die Russen, so leicht, so frei, so aus der Hüfte heraus — wenn in Rußland nur die, die etwas zu sagen haben, an Rußland glauben möchten! Und überall die großen, die glänzenden, die leuchtenden bunten Kirchen, Brüder, gegen Rußland gehalten, ist die Welt farblos und blaß, eng und unausgelüftet! Wie groß das Land ist, das kann ich euch nicht schildern. England mit all seinen über die Welt verstreuten Ländern und Kolonien ist nur ein bunter Flickenteppich, auf dem ein arroganter Kerl sitzt und über uns alle hinwegschaut! Rußland aber, das ist der lebende Beweis, wie groß, wie stolz, wie frei auch Slawen sein können, denn dort haben die Slawen einen ganzen Weltteil zusammengeschmiedet — keinen Flickenteppich, keine in der ganzen Welt verstreuten Sperrforts und Handelsgesellschaften, ein mächtiges, kaiserliches Reich, das nur den einen Fehler hat, daß es nicht an sich glauben will."

Lala rieb sich die Augen und versuchte aufzustehen, aber es wollte nicht recht gehen. „Nichts mehr los mit mir. So ein Kerl gehört auf den Schindanger, auf den Misthaufen! Und gerade jetzt, wo es schön wird!"

Apis legte ihm die Hand auf die Schulter: „Komm nur, Lala, wir nehmen dich schon mit."

Die vier Männer sicherten noch einmal, sie lauschten. Alles blieb still. Dann brachen sie auf. Apis und Čiganović faßten Lala unter und führten ihn Schritt für Schritt den steinigen Hang des Wasserrisses hinunter bis auf die grüne Talsohle. Ein dünner, von geilem Blattwerk überwucherter Bach mußte überquert werden. Mein Gott, wie sah es hier aus! Die Ölbäume des kleinen Tales waren gefällt, die Weinstöcke ausgerissen, die schmalen Feldstreifen zertrampelt. Schwarze Flecken zeigten die Stellen, wo einst Hütten, Mauerreste, wo einst Häuser gestanden waren.

„Da haben die verdammten Bulgaren gebrannt", knirschte Tankosić.

Ein aufgedunsener, fliegenumsummter Eselskadaver lag mit weggespreizten Beinen quer über dem Steig, mit schweren Schwingen klatschten Geier auf, ein großer Vogel mit einem fauliggrünen Stück Gedärm im Schnabel hüpfte flügelschlagend vor ihnen her und entbreitete erst, als sie ihm schon ganz nahe waren, seine Schwingen.

„Wo das hohe Komitee seine Schufte hinschickt", fluchte Tankosić, „dort wächst kein Gras mehr. Bulgaren und Griechen hausen hier ärger als die Türken."

Sie gingen langsam, mit entsicherten Gewehren durch die brandgeschwärzten Mauerreste. Moder- und Brandgeruch stieg auf, dieser kalte, ekelerregende Brandgeruch. Ein Hund knurrte mit gesträubten Haaren und wilden Augen aus einem versengten Haus, ein Steinwurf des Čiganović verscheuchte das Tier. „Armes Land! Armes Land!" klagte Tankosić, „die Komitees werden es noch in Fetzen reißen."

Die kleine Kirche zwischen den gefällten Ölbäumen war am wenigsten beschädigt. Wohl war der Dachstuhl durchgebrannt, die verkohlten Sparren klafften, aber die starken Mauern waren unverletzt. Die vier Männer traten ein. Der kleine Raum war ganz ausgeräumt, der Ikonostas war umgeworfen, seine Metallverkleidung war heruntergerissen, die freigewordene Rückwand der Apsis hatte Schimmelflecken, in der Decke klaffte ein Loch, dort mußte der Kronleuchter gehangen sein.

Ganz unerwartet fing Apis zu lachen an und deutete auf die bemalte Nordwand der Kirche: „Schaut euch einmal das an! Das kann man nur im Lande des Sultans finden!"

Ja, die ganze Nordwand der Kirche war mit einem großen, unbeholfen gemalten Fresko bedeckt, welches das Jüngste Gericht darstellte. Zur rechten Seite des strengen Pantokrators standen barhaupt die guten, braven, großäugigen, frommen Christen, Kopf an Kopf wie ein Bund Spargel, endlos viele waren es, die von den grüngewandeten, blaugeflügelten Engeln in das Himmelreich geleitet wurden. Auf der linken Seite des ewigen Richters aber zitterten, von drei geschwärzten, zähnebleckenden Teufeln bewacht, die ungläubigen Türkenhunde mit dem roten Fez über den angstverzerrten Gesichtern und harrten der schrecklichen Verdammnis, von der ihnen schon ein brenzliger Vorgeschmack geboten wurde. Ein horngeschmückter Teufel drehte einen Fezträger auf dem Spieß über den züngelnden Flammen der Hölle, sein Helfershelfer pfählte kleine Türkenkinder, ein dritter Sohn der Hölle schnitt den verschleierten Frauen die Brüste ab, ein vierter verstümmelte die Männer, ein fünfter trennte türkischen Soldaten die Knöpfe von der Uniform und steckte sie den geblendeten und gefesselten, auf dem Boden liegenden Kameraden der Unglücklichen in die leeren Augenhöhlen. Aber auch der Fürst der Hölle wollte, wo alle seine Untertanen so voll Eifer waren, nicht müßig gehen. Der Oberteufel hatte sich eine besonders feine Strafe ausgedacht. Hoch oben auf einem Haufen Leichen stand er, einige Gehilfen hielten ihm einen großen Topf hin, in den pißte der Höllenfürst, und die reichen Begs und Paschas mußten die rauchende Brühe austrinken.

Auch Tankosić lachte, er fand die Höllenstrafe für die Türken nicht übel ersonnen. „Ich verstehe nur das eine nicht", sagte er staunend, „warum sich das die Türken gefallen lassen."

„Deshalb hasse ich sie ja so, diese Hunde", brauste Apis auf, „ich glaube immer, der allerletzte Türkenhund verachtet uns so, daß es ihm gleichgültig ist, was immer die Christen in ihren Kirchen tun. Wenn sie nur den Zehent eintreiben können — alles andere läßt sie kalt."

Lala und Čiganović stöberten noch eine Weile im Schutt herum, sie fanden aber nichts. Die Bulgaren hatten wirklich gründlich aufgeräumt.

Nun gingen die vier langsam durch die verbrannte Gasse weiter. Sie kamen an ein paar frisch aufgeworfenen Gräbern vorbei und ließen sich außerhalb des Ortes unter einer großen Kastanie zwischen Haselnußstauden nieder. Čiganović stieg zum Bach hinab, um ein paar Schildkröten zu fangen, Lala setzte sich in den Schatten und schüttelte den Kopf: „Aus. Fertig."

Die beiden Offiziere gingen in den Ort und kamen mit verkohlten Balkenstücken zurück: „Das raucht nicht."

Dann schichteten sie dürre Äste zusammen und machten ein Feuer. „Lala", fragte Apis so nebenbei, „willst du nicht nach Bosnien hinüber? Dort kann man auch etwas für Serbien tun."

„Bosnien nicht", sagte Lala langsam, „und nicht Kroatien. Dort passen sie jetzt auf wie die Teufel."

Tankosić nickte zustimmend: „In Belgrad wird schlecht gearbeitet. Major Simić hätte den armen Žerajić besser im Schießen ausbilden sollen. Damit, daß man so einem Bürschchen eine Pistole in die Hand drückt und sagt: ,Geh nach Sarajevo und schieß den verdammten Kaiser tot', damit ist nichts getan. Fünf Schüsse auf den General Varešanin, weil Žerajić an den Kaiser nicht herankommen kann — fünf Schüsse aus nächster Nähe — und kein Treffer — das ist schlechte Ausbildung, deshalb muß sich der arme Kerl die letzte Kugel, ohne etwas ausgerichtet zu haben, selbst in den Kopf jagen."

Lalas Hände zitterten: „Und ich habe gesehen, wie dieser Hund von einem österreichischen General den toten Helden mit dem Fuß trat und sagte: ,Da liegt das Schwein!' Mit eigenen Augen hab' ich's gesehen."

„Diese kaiserlichen Kroaten sind unsere schlimmsten Feinde", stieß Tankosić bleich vor Wut hervor. „Mit meinen Händen könnt' ich so einen Hund erwürgen, der dieselbe Sprache spricht wie ich und zu den Deutschen hält, zu denselben Deutschen, die diese kroatischen Narren an die Ungarn ausgeliefert haben."

„Und auch Agram ist nichts für mich", sagte Lala, „ich komm nur so schnell weiter, daß man mir beim Laufen die Hosen flikken kann. Schickt mich wo anders hin."

„Auch in Agram haben sie alles verpatzt", grollte Apis. „Schikken den Jukić hin, und der Pechvogel trifft, wie er auf den königlichen Kommissär schießen soll, irgend so einen vertrottelten Banalrat. Hielten da große Reden, als die kroatischen Studenten in Belgrad waren; irgend so ein alter, zittriger General beteuerte damals den Bürschchen, er rauche nicht, er trinke nicht, er schlafe nicht bei den Weibern, nur um länger zu leben und noch einige Schüsse auf die Österreicher abgeben zu können. Geschwätz, Geprahle, Geflunker! Da wirst du deine Sache besser machen, Lala. Geh nach Wien, wenn du, bevor du stirbst, etwas Großes tun willst. Nimm den Thronfolger aufs Korn, auf den hoffen die Kroaten, der soll sie von den Ungarn befreien. Wenn du den Franz Ferdinand triffst, so gibt das etwas aus."

Lala stützte nachdenklich seinen Geierkopf auf: „Vielleicht reicht es noch bis Wien. Aber es muß bald geschehen. Das Warten richtet einen zugrunde. Ich war vor zwei Jahren in Sarajevo dabei — als Franz Joseph unten war — nichts zu machen für den armen Žerajić! Denkt euch nur, sieben Wochen auf der Lauer liegen, immer von Spitzeln beobachtet! Am Tage des Einzugs ist die ganze Stadt voll Soldaten, um den vierspännigen

Wagen des Kaisers herum Gardereiter so dicht, daß keine Kugel durchgehen kann — der Žerajić war ein guter Schütze, aber die Hand hat ihm vom langen Warten und vor Ungeduld und Zorn gezittert, deshalb hat er den Kaiser entschlüpfen lassen und sich mit dem Gouverneur begnügen müssen."

„Wie ungeduldig ihr seid! Die Welt ist doch auch nicht auf einmal geschaffen worden." Apis lächelte spöttisch vor sich hin. „Vojan, erinner dich doch, wie lange wir gewartet haben. So Großes gelingt nicht auf den ersten Wurf, das will überlegt und ausprobiert werden."

„Das will es wohl, Apis, aber damals wäre ich fast vor Ungeduld verrückt geworden. Oft und oft dacht' ich damals, jetzt und jetzt werde ich den Revolver ziehen und den König oder einen von seinen Schwägern über den Haufen schießen." Die beiden Komitadschi hörten gespannt zu, was die Offiziere erzählten.

„Und weißt du, Apis, damals, als mich ihr Bruder bei Kolaraz defilieren ließ und dann an seinen Tisch rief, mir ein Glas Schnaps hinschob und so laut, daß es das ganze Lokal hören konnte, rief: ‚Trink, Vojo, heut' sauf' ich noch mit dir, morgen mußt du schon vor mir, deinem Kronprinzen, Front machen!' — daß ich das damals geschluckt habe, versteh' ich heut' noch nicht."

Apis warf seine Lammfellmütze hin und spuckte aus: „Ja, Bruder, das waren die drei bittersten Jahre meines Lebens." Und zu den beiden Komitadschi gekehrt: „Dir, Lala, sind ein paar Wochen Lauern zu viel. Wir haben drei Jahre — verstehst du — drei ganze Jahre gewartet."

Lala schlug die Hände zusammen: „Drei Jahre? Und in den drei Jahren habt ihr gar nichts unternommen, habt ihr immer nur gewartet?"

„Nichts getan?" Apis lachte böse. „Vieles und Dummes haben wir getan, wir hatten den Kopf mehr in der Galgenschlinge als im Halskragen stecken. Alles will gelernt sein. Aber die in Belgrad hätten doch Gelegenheit gehabt und treffen es noch immer nicht."

Nun lachte auch Tankosić: „Mein Gott — unser erster Plan, Apis! Das war eine feine Sache!"

„Eine Oper! Verdi: Maskenball! Bengalische Beleuchtung, Tusch der Gardemusik, Hofball, Zyankali, Tanz, Damen — und zum Schluß Apotheose: Die Retter des Vaterlandes werden von den Ballgästen umjubelt." Apis schlug Tankosić auf die Schulter:

„Wir waren rechte Kindsköpfe damals. Meinst du nicht auch?“ Das Wasser in dem kleinen Kupferkessel kochte über und verlöschte das Feuer, aber weder Lala noch Čiganović achteten es, sie saßen da, reckten die Hälse und wollten mehr hören. Sie wollten wissen, was mit dem Zyankali war, was mit dem Ball — sie hatten das von der Oper nicht verstanden, sie waren doch einfache Leute, Bauern, die von daheim fort waren, Männer, die der Partisanenkrieg verlockt hatte.

„Nun, so sollt ihr es hören“, begann Apis ein wenig selbstgefällig, „denn alles, was sonst über diese Sache erzählt wird, ist erstunken und erlogen. Schon zwei Jahre, bevor es uns gelungen ist, haben wir es einmal versucht. Wir waren damals noch nicht so viele, wir wollten es unter wenigen Offizieren abmachen — und es wäre auch besser dabei geblieben. Denn solche Kerle, wie sie heute als Weiße Hand in der ‚Stadt Paris‘ sitzen und uns, die sogenannte Schwarze Hand, bei Kolaraz bespitzeln, solche Kerle standen damals noch nicht auf unserer Liste. Tankosić sollte damals mit ein paar Leuten das Elektrizitätswerk unten an der Donau sprengen, ich hätte die Hauszentrale bei Kolaraz ausschalten sollen. Wir hatten uns Gift verschafft...“

„Warum denn Gift?“

Apis zuckte die Achsel: „Ja, da fragt ihr mich zu viel, Brüder. Weil es romantisch war, weil wir etwas ganz Ungewöhnliches tun wollten, weil wir, sollte alles mißglücken, etwas für uns haben wollten, etwas für unsere Rettung, so ein letztes kleines Türchen, denn man läßt sich doch als Offizier nicht gerne aufhängen. Leid tut mir's nur um das Kätzchen. Es war das Kätzchen von der Quartierfrau des Leutnants Antić, ein schönes, kohlrabenschwarzes Katerchen. Das Zyankali hatte uns ein Student verschafft; Antić, der ja immer auf Numero Sicher ging, meinte, wir müßten erst einmal das Gift erproben, bevor wir es der Draga oder dem König in den Mund stopfen oder, wenn es nicht ging, selber schlucken. Da lockten wir also das schwarze Katerchen und stellten ihm ein Schüsslein Milch hin — Antić hatte dem Kätzchen einen Tag nichts zu essen gegeben. Das Kätzchen macht ein paar kurze Schlecker, fällt um, zuckt noch ein paarmal, klopft mit dem Schwanz, wild schreiend wirft es sich, und dann ist es aus. ‚So wird auch die verdammte Draga alle viere von sich strecken‘, hatte Antić damals gelacht — ‚und auch du, Apis, wirst durchaus nicht lustiger aussehen, als dieses arme Kätzchen hier! Das ist ein rasches und schmerzloses Gift.' Ein paar Tage darauf, für den Ball der Stadt Belgrad, sollte alles bereit sein." Apis machte eine Pause, drehte sich eine Zigarette und zündete sie an: „Und dann? Vojo, erzähl du weiter, wie es dir ergangen ist." Tankosić lachte: „Wie ich hinunter zum Elektrizitätswerk komme, steht ein Gendarm dort und fragt, was ich hier will."

„Verraten?" fragte Lala.

„Weiß ich nicht. Und wie Apis in die Hauptzentrale von Kolaraz kommt, steht dort auch ein Gendarm und fragt, was Apis will."

„Also doch verraten!"

„Es kann auch Zufall gewesen sein."

„Ach was, solche Zufälle gibt's nicht, das war Verrat."

„Weiß der Teufel. Wir haben es nie herausgebracht."

Apis zog ein dünnes Glasröhrchen aus seiner Fellweste: „Aber das Zyankali hab' ich mir behalten, denn ich will weder Königen noch Türken lebend in die Hände fallen."

„Und dann? Und dann?"

„Ja, was ist dann geschehen? Dann waren wir der Meinung, daß es auch ohne Musikbegleitung und Tusch der Gardekapelle gehen muß, aber wir haben volle zwei Jahre warten müssen. Jede Woche kam irgendein anderer Narr mit einem neuen Vorschlag. Eines Tages war die Liste verschwunden, welche die Frau des Novaković die ganze Zeit auf ihrer Brust getragen hatte. — Damals hättet ihr die Leute in Belgrad durch die Straße schleichen sehen sollen! Viele griffen sich an den Kopf, ob der noch fest oben sitze. Ehemalige Gymnasiasten träumen ihr ganzes Leben von der Matura. — Ich träume von diesen drei Jahren. Die Ewigkeit auf der Stiege im Konak, ehe sie mich fanden! Damals habe ich geglaubt: alles sei umsonst gewesen."

Tankosić nagte an seiner Unterlippe: „Erinnerst du dich, wie Mišić an allen Gliedern geschlottert hat? Und wie der jetzt in Belgrad herumsteigt! Wie der sich jetzt spreizt! Als hätte er allein Serbien gerettet! Und der Herr Leutnant Živković, der die Hosen damals so voll hatte, daß er kaum das Gartentor aufbrachte, der wird noch Gardekommandant werden; dem ist es gleich, ob sich die Österreicher Bosnien nehmen oder nicht. Die glauben, wir schlagen einen König tot, um solchem Gelichter den Weg zu bahnen! Wenn du durch Belgrad kommst, Lala, keinen Laut von dem Zweck deiner Reise — keinen Laut!

Die Tafelrunde bei der ‚Stadt Paris', die Weiße Hand, hätte dich schnell beiseite geschafft."

Nun leuchtete durch die Zweige ein Mohnfeld grell auf, die Hänge der kahlen Berge standen noch scharf gegen den Abendhimmel. Apis schloß seine Fellweste. „Schon wieder das Frösteln! Kaum geht die Sonne unter, packt mich das verdammte Fieber. Aber so ist es, so ist es. Die einen, die damals geführt haben, holen sich hier unten die Malaria, und die anderen, die damals die Hosen voll hatten, sitzen in Belgrad und machen Geschäfte mit Krupp, mit Skoda und mit Schneider, lassen sich schmieren und prahlen mit ihren weißen Händen."

„Laß gut sein, Apis. Vom Kronprinzen angefangen, sie können alle in Belgrad nicht schlafen, wenn sie nur an dich denken."

Apis schaute Lala eine Weile prüfend an: „Du mußt dir den Bart abnehmen, du mußt dir schwäbische Kleidung anschaffen. Denn sonst nehmen sie dich gleich fest. Sie haben sicher unser Bild aufgehoben, das wir vier dem Thronfolger geschickt haben."

„Ich hab' es damals nicht verstanden", sagte Tankosić, „warum du dem Franz Ferdinand die Photographie mit der Warnung geschickt hast."

„Warum? Weil man warnen muß. Ja, das muß man. Wir haben auch Alexander gewarnt. Warum man warnen muß? Man soll dem Opfer auch eine Chance geben. Und dann — verraten wird immer — es ist besser, wenn man selbst den ersten Verrat begeht, das ist eine Art Ventil, durch das böse, verdorbene Luft abzieht. Man muß sich nur so verraten, daß es das Opfer nicht glauben kann."

Die beiden Bauern bereiteten das Essen, und die zwei Offiziere sprachen leise über den bevorstehenden Krieg gegen die Türkei, über die künftigen Bundesgenossen, besonders über die Bulgaren, von denen Tankosić nichts wissen wollte. „Nachher, Vojo", tröstete Apis seinen Kameraden, „wenn wir einmal mit den Türken fertig sind, können wir mit den Bulgaren abrechnen. Ich werde nie vergessen, wie sie hier gehaust haben — sie und die Griechen — aber alles der Reihe nach. Hätten sie nicht den verdammten deutschen Fürsten, sie könnten unsere Brüder sein. Zu dumm nur, daß der Mann, den ich voriges Jahr nach Sofia geschickt habe, nichts ausgerichtet hat."

O du vierstöckiges, du falsches, du marmorprunkendes Wien, du Stambul der neuen Türken, du lärmende, du lachende Stadt, die du nicht ahnst, daß ein Bote des Todes, daß Lala durch deine Straßen wankt, Lala, der heraufgekommen ist aus den felsigen Einöden des Balkans, um vor seinem Tode noch eine große Tat zu tun! Über die niedrigen Planken springen auch die Hunde, doch Lala hat nicht mehr die Kraft, auch nur über den kleinsten Zaun zu springen. Aber gelingt es Lala nicht, so werden andere kommen, sie haben geschworen.

Lala war aus der Langen Gasse gekommen, wo der serbische Verein „Zora“ sein Heim hatte. Dort, zwischen den kleinen, niedrigen Vorstadthäusern, hatte er sich nicht einmal so elend gefühlt. Aber nun tobte die Mariahilfer Straße an ihm vorbei, nun schob er sich an den reichen Auslagen hin, mußte alle paar Schritte stehen bleiben und rasselnd Atem holen. Dann blickten die eilenden, drängenden, blassen Leute mit ihren neugierigen Stadtgesichtern scheu auf, dann stand er mitten im Gedränge allein da in diesem Bannkreis, den Angst und Schrecken um ihn zogen, als wäre er, dieser Mann mit dem ausgemergelten Geierkopf, der Tod selbst. Die hohen Häuser strahlten die Hitze zurück, die Sonne weichte den Asphalt auf. Als Lala weiterschlurfte, fiel sein Blick auf den Boden. Seine Absatzeisen und die Spitze seines Stockes hatten sich in die zähe, dunkle Asphaltmasse eingedrückt. Welch eine Stadt, welch ein Babylon, jeder Vorort war hier größer als ganz Belgrad, und auch Essegg und Agram waren gegen Wien nur kleine Städtchen. Hier verlor sich ein Mensch wie eine Stecknadel im Grase.

Lala hatte sich mühsam zurechtgefragt nach den Adressen, die man ihm in Belgrad gegeben hatte. Er war bei Vladimir Gačinović gewesen und hatte von diesem großartigen jungen Mann statt einer Pistole ein hektographiertes Gedicht bekommen: „Der Tod des Heroen“, das die Heldentat des unglücklichen Žerajić verherrlichte, der den bosnischen Landeschef hatte erschießen wollen. Ach, zum Teufel mit diesen Studenten, die Belgrad in Wien studieren ließ! Nichts wie Dummheiten trieben sie, glaubten, man könnte mit Gedichten schießen, rannten den Mädchen nach, dünkten sich mehr zu sein als ein Mann, der in Mazedonien unter Apis und Tankosić gekämpft hatte, und duckten sich vor jedem Polizeimann. Den Tod des armen Žerajić besingen und den elenden Varešanin verfluchen, das konnten diese verdammten Popensöhne, diese entlaufenen Seminaristen, aber selbst die Hand anlegen — husch, da waren sie verschwunden! Wie recht hatte doch Apis, der diese ganze Bande und alle Politiker obendrein verachtete, die russische Bücher lasen, sich Anarchisten nannten und glaubten, daß die großen Dinge von selbst geschehen würden. Lala war zu spät nach Wien gekommen, Franz Ferdinand war auf der Jagd in Salzburg, Franz Joseph war in Ischl. Ob die Kraft noch bis Salzburg reichen würde, wußte Lala nicht; die Füße wollten ihn nicht mehr tragen. Und dann war hier in der heißen Stadt eine Luft, in der man ziehen und ziehen konnte und doch keinen Atem bekam. Er wollte nur noch einmal seine Landsleute sehen, das bosnische Regiment, serbische Burschen, die hier wie Türken mit dem roten Fez herumlaufen mußten, er wollte die stolzen Jungen sehen, wie sie auf die Burgwache zogen. Es würde ihm das Herz im Leibe umdrehen, wenn er hören müßte, wie man diese Helden deutsch kommandierte, aber er mußte es ertragen, die Burschen waren in der fremden Stadt ein Stück Heimat.

Lala blieb vor einem Spiegelfenster stehen: die Bosniaken werden nicht erkennen, daß er einer der ihren ist, wenn sie an ihm vorbeimarschieren, er sieht in diesen schwäbischen Kleidern wie eine Vogelscheuche aus, aber dennoch, er wird ihnen zuwinken, er wird ihnen Grüße aus Altserbien, vom Amselfeld, bringen.

Auf seinen Stock gestützt, schob sich Lala weiter. Horch! Nahte nicht schon Musik, diese deutsche, drängende, vorwärtsschiebende Musik? Lala hastete, Lala humpelte, Lala keuchte, die Leute wichen ihm erschrocken aus, Lala überquerte die Gartenanlage zwischen den beiden Hofmuseen, er sah das große Denkmal Maria Theresias nicht, er wollte schnell auf den Ring hinaus; Lala mußte und mußte des Kaisers Mamelucken sehen, die stolzen, armen Burschen, die bald befreit werden sollten. Dort kamen sie, dort kamen sie, dort blitzten schon die Hörner der Musik. Voran eilten die Pickelhauben der Polizei und der Zug der Strizzis und Wasserer, die Mädchen und die lachenden Weiber, dann kamen, hoch zu Roß, zwei berittene Wachleute — ja, Lala, und dann, dann kamen die hellblauen Uniformen mit dem roten Fez. Der dicke Tambour ließ seinen funkelnden Stab aufblitzen, das kleine Pony, wohl auch ein Gebirgspferd aus Bosnien, schüttelte den in die Stirn hängenden Schopf — ja und dann — ach, Lala konnte sich nicht mehr aufrecht halten, Lala mußte sich an einem Alleebaum stützen, dann sah man sie schon deutlich, die braunen Gesichter neben dem griechischen Tempel des Parlaments, die schlanken, ranken Gestalten mit den verwegenen Blicken, mit den federnden, den schnellenden Schritten.

Denk dir aus, Lala, daß diese schmucken Burschen dort, diese serbischen Helden, Gefangene des alten Mannes in Wien sind, denk dir aus, daß diese armen Burschen dort die Nächte durch in der Kaserne weinen vor Sehnsucht nach der Heimat, nach den Bergen, daß man sie hier in den ersten Tagen als Rekruten umschmeichelt, daß man ihnen von der Musik lustige Lieder vorspielen läßt, damit sie vergessen, Lala, denk doch einmal, daß man dann diese Heimwehkranken wie Hammel durch die Straßen des großen Wien treibt, um ihnen zu zeigen, wie mächtig der alte Vater, wie groß der Kaiser von Österreich ist, welch reiche Stadt seine Residenz und wie klein Belgrad, wie klein Sarajevo ist — Lala, Lala, kann dir da nicht dein Herz im Leibe brechen? Und wie diese verdammten Weiber hier den großen Kerlen zulachen, wie sie sich diese großen Helden am liebsten aus den Reihen holen und in ihr Bett schleppen möchten statt ihrer dünnwadigen Männer, Lala, kann man da nicht rasend werden vor Wut und Schande? Und dann diesen stolzen Burschen voran auf dem kleinen Schimmel der dicke, kurzbeinige deutsche Hauptmann mit seinem aufgeschwemmten Biergesicht! Lala sank auf einer Bank zusammen, Lala vergaß, den Helden zu winken, die Musik verhallte, die Trommel verrasselte, er, der kranke Mann, hockte auf der Bank, bedeckte sein Gesicht mit den Händen, ein Blutfaden rann ihm über das Kinn. Er konnte keine Gedichte schreiben wie dieser Gačinović, der in die Schweiz, der nach Frankreich fuhr, er konnte nicht von leidenden und verwunschenen Herzen sprechen, er konnte keine Heldengeister beschwören — aber, bei Gott, hätte er eine Pistole gehabt, den dicken Hauptmann dort, den verfluchten Deutschen, den hätte er vom Pferd heruntergeschossen, er hätte mit dem einen Deutschen vorliebgenommen, er hätte ihm die goldenen Knöpfe in die leeren Augenhöhlen gestopft! Ewiges Kossovo, ewiges Amselfeld! Die Janitscharen der Türken waren solche Jünglinge gewesen wie die dort, die eben vorbeizogen! Die besten, die schönsten, die tapfersten, die stärksten Helden, die man durch die Blutsteuer hatte einheben können, die hatten des Sultans Schlachten gewonnen. Und nun marschierten diese Burschen als Janitscharen des alten Kaisers, des österreichischen Sultans, durch Wien! Welch ein Schicksal! Ein Volk hat eine einzige große Schlacht verloren und mit ihr für Jahrhunderte nicht nur die Freiheit, sondern auch die besten Männer!

Lala wollte aufstehen, Lala wollte weiterschwanken, er wollte bis ans Ende der Welt den suchen gehen, der jetzt, da bald die Stunde der Befreiung auch für die bosnischen Serben schlagen mußte, das Rad der Geschichte zurückdrehen wollte. Den Franz Ferdinand nimm aufs Korn, hatte Apis gesagt, der ist der Feind, der will diesen zusammengeheirateten Lumpenstaat noch vor dem Verrecken schützen, der will den Kroaten die Freiheit geben, der will Serbien zertrümmern, der will einen südslawischen Staat gründen, in dem die Habsburger herrschen sollen, wie die deutschen Fürsten in Rumänien, Bulgarien und Griechenland! Bis ans Ende der Welt will Lala gehen, um diesen Franz Ferdinand zu suchen und zu stellen, bis an das Ende der Welt! Lala rannte, Lala taumelte, Lala stürzte auf das Gesicht, schlug mit den Armen um sich, Blut quoll aus seinem Mund. Menschen sammelten sich um Lala, fragten, schrien, hoben ihn auf, legten ihn auf eine Bank, ein Rettungsauto hupte heran, ein Arzt stieg aus, drängte sich durch die Menge, hob die schlaff herabhängende Hand Lalas auf, fühlte den Puls und zuckte, als er den blutigen Rock sah, die Achsel. Noch einmal hallte die Musik herüber, wie sie durch das äußere Burgtor zog, dann wurde der hagere Mann, wie ein Stück Brot in den Ofen, in den schwarzen Wagen geschoben und fuhr davon bis an das Ende der Welt.

Salzburg, Sommer 1912

Die kropfete Nandl oben im Alpwinkel unter dem Torrenerjoch, aus deren Runzelgesicht die Lebenssäfte in den großen Kropf geronnen waren, schlug die Türe der Almhütte ins Schloß; die drei Stehkragentouristen in den schwarzen neuen Lederhosen, den grünen Röcken, mit den Almrosen auf den Bergstöcken, standen mit langen Gesichtern da und hatten das Nachsehen. „Aber beste Frau, nur ein Schlückchen Milch! Das ist doch geradezu ein unerhörtes Benehmen!“ murmelte der älteste. „Einfach haarig“, fügte der mittlere hinzu. „Ein paar Schritte über die Grenze und man ist mitten drinnen im finstersten Mittelalter. Wir haben doch gesagt, daß wir alles bezahlten“, sagte kopfschüttelnd der jüngste.

Nun tauchte der Kropf der kropfeten Nandl in der Fensterlücke auf, sie hob abwehrend die Hände, sie machte den drei Touristen das Zeichen, zu verschwinden, sie ächzte etwas, was der älteste zu verstehen glaubte. „Sie sagt, sie dürfe nicht, sie sagt, sie fürchte sich, sie sagt, man werfe sie sonst hinaus." Das alte Weiblein nickte eifrig, ja man hatte sie richtig verstanden. „Und sagt sie auch, wer sie hinauswerfen werde, wenn sie uns gegen bares Geld ihre Milch verkauft? Sagt sie das nicht? Das müßte sie doch auch sagen, damit man diesen Unmenschen einmal vor aller Öffentlichkeit so recht anprangern könnte", ereiferte sich der mittlere. „Ulkiges Land, tolle Leute!" stellte der jüngste fest und warf seinen Rucksack ab. Die Sonne stand hoch, die lästigen Fliegenschwärme kamen aus den Latschen und begannen mit ihrem unleidigen Summen. Die anderen beiden Touristen machten es sich auch bequem und legten sich auf das kurze, borstige Gras. Da hob der jüngste die Hand: „Seht mal! Pst! Pst! Seht mal dort — wie niedlich! Das sind wohl Murmeltiere?" Richtig, als die andern sich hinwendeten, verschwanden mit schrillem Pfiff zwei Murmeltiere in den dunklen Latschen.

Der älteste von den drei Männern nahm einen Schluck Rotwein zu sich: „Ein Schritt über die Grenze", sagte er, die Feldflasche absetzend, „und jeder Grashalm scheint anders. Murmeltiere! Fast Symbole! Das ganze Land hier schläft noch tief. Merkwürdige Leutchen diese Österreicher."

Im Westen hob sich mit blaubeschatteten Flanken der schneebedeckte Watzmann, riesenhaft und mächtig, die auszackenden Wellen des Steinernen Meeres umschlossen das Halbrund. Die drei Männer waren vom Königssee heraufgekommen, aus einer ordentlichen, gepflegten und frisierten Ansichtskarten-Landschaft, mit weißen Kieswegen, rotgemalten und zerphotographierten Fernblicken, blitzblanken Villen in sauberen Gärtchen, Villen mit poetischen Namen, wie Waldesruh, Abendfrieden, Quellenrast, Amalienlust, Bellevue und Charlottensitz. Nun fanden sich die drei Touristen in diesem Almwinkel mit der kropfeten Nandl, den Murmeltieren und der schlechten Markierung nicht gut zurecht. Aber das war noch lange nicht alles. Auf einmal standen zwei Gendarmen, ein großer, dürrer und ein kleiner, dicker, mit aufgepflanzten Bajonetten hinter den drei Stehkragentouristen, und diese zwei Gendarmen trugen, wenn auch keine richtige, so doch eine Art Pickelhaube und forderten die drei Touristen auf, sofort wieder über die Grenze zurückzugehen, aber schleunigst!

„Erlauben Sie", brauste der jüngste von den drei Herren auf, „gestatten Sie, wir befinden uns doch auf einem öffentlichen, einem markierten Weg!" Der kleine, dicke Gendarm legte seinen

Kopf schief, er mißtraute diesem knappen, scharfen Hochdeutsch aus tiefstem Herzen, er sagte mit dunkler, aber freundlicher Stimme: „Geht mich gar nix an. Wir hab'n unsern Befehl, und deshalb müssen S' zurück."

„Wissen Sie, daß das reine Willkür ist? Wir fügen uns der Gewalt, aber wir legen Verwahrung ein."

Der lange, dürre Gendarm nahm schon die Rucksäcke der Touristen: „Legen S' ein, was S' wollen, aber gehn S'."

„Wir gehen! Wir werden hier nicht streiten. Aber wir werden dafür sorgen, daß die Öffentlichkeit erfährt, wie man deutsche Staatsbürger in Österreich zu behandeln wagt."

„Meine Herren", warnte der kurze, dicke Gendarm die noch immer protestierenden Touristen, „redn S' net lang, sonst müßt i Sie wirklich verhaften. Dann hätt' i und Sie nur Scherereien."

Die Gendarmen führten die drei murrenden Touristen gegen die Grenze ab, die kropferte Nandl erschien unter der Tür, schlug die Hände zusammen und schüttelte den Kopf. So trieben es die Gendarmen hier nun schon seit einem Monat. Tag für Tag wurden ein paar Touristen festgenommen, Tag für Tag kamen die Jäger vorbei mit den Farbtöpfen auf dem Rücken, die den Auftrag hatten, alles, was zur Jagd des Thronfolgers gehörte, abzugehen und alle Markierungen mit grauer Farbe zu überstreichen. Neben jedem Steinmandl wurde ein Verbotsmandl hingesetzt, worauf stand, daß der Abstieg in das Blühnbachtal bei strengster Strafe untersagt sei. Alm um Alm kaufte der Este auf — oder besser, drückte sie den Bauern um einen Schundpreis ab, damit sie der Alpenverein nicht bekomme, und wo der Este saß, dort durfte sich kein Tourist mehr blicken lassen. Er hatte sich von den Pionieren der benachbarten Garnisonen eine Straße durch die Bluntau auf das Joch bauen lassen, aber er hatte den Soldaten keine Zulage gegeben. Er hatte so lange getrieben und gehetzt, bis die Pioniere marodierten. Die Touristen hatten wenigstens Geld dagelassen. Die Gendarmen, die nun Tag und Nacht das ganze Gebiet abstreiften, waren selbst arme Teufel, an denen konnte kein Mensch verdienen. Unlängst wäre ein Handwerksbursche aus Bayern, der hier oben durchgewollt und sich vor den Gendarmen in den Latschen verkrochen hatte, von den Gendarmen auf ein Haar erschossen worden. Und hätte sich die kropfete Nandl des armen Teufels erbarmt und ihm einen Schluck Milch gegeben, die alte Nandl wäre hinausgeflogen und hätte ihr Brot verloren.

Vier Autos bogen von Golling an der Salzach nach der Bluntau ab, sie konnten schnell fahren, denn vor jedem Gadern stand ein Gendarm, der das Türl sperrangelweit aufriß. Der Schatten des Hagengebirges verdunkelte noch das schmale Tal. Ganz unerwartet bog aus einem Waldweg ein hochbeladener Heuwagen in die schmale Jochstraße ein und der Chauffeur des ersten Wagens konnte das Auto nur knapp vor den zurückscheuenden Pferden zum Stehen bringen. Erzherzog Franz Ferdinand, in Jägertracht, erhob sich ein wenig von seinem Sitz und schrie, rot vor Zorn, der Bauer möge doch mit seiner Heufuhre in den Straßengraben ausweichen. Die Herzogin Hohenberg, gleichfalls im Jagdkostüm, legte ihrem Gemahl beschwichtigend die Hand auf den Arm.

Der alte Bauer zog langsam die Zügel an, schlang sie um die Wagenleiter, bremste ein und trat, seinen speckigen Hut rückend, an den Schlag des Autos: Auf dieser Straße, sagte der Bauer ganz ruhig, mit seinen tiefliegenden, rotgeränderten Augen den Erzherzog anblickend, könne nur immer einer fahren, die kaiserliche Hoheit fahre zur Jagd, er aber, ein armer Bauer, komme von der Arbeit; und in den Straßengraben werfen lasse er seinen Wagen schon gar nicht, in den Straßengraben geworfen gehöre etwas ganz anderes. Er sei hier schon, so lange er denken könne, daheim, sein Vater und sein Großvater auch, schon lange bevor die Soldaten da die Straße auf das Joch gebaut haben, dort drüben, hinter dem Wald, seien seine Wiesen, und das Heu müsse eingebracht werden, solang das Wetter halte.

Franz Ferdinand ballte die Fäuste und fragte heftig, wer hier Dienst habe, dem Manne wolle er lehren, was Ordnung heiße und wie ein Weg abzusperren sei, dem wollte er das zeigen. Die Herzogin versuchte ihren Gemahl zu begütigen, sie liebkoste seine geballte Faust, aber seine Zornesadern an der Stirne schwollen noch dicker an: „Weg mit dem Wagen! Weg! Aber sogleich!“ Der Bauer schob sich den Hut aus der Stirn und wischte sich mit dem Ärmel den Schweiß nach der langen Rede ab, trat dann wieder zu seinen Pferden und klopfte den beiden jungen Füchsen, die mit großen Augen ängstlich nach dem ratternden Motor starrten, die glänzenden Hälse. Die Herren der Begleitung liefen aus den hinteren Wagen nach vorne und packten die Heufuhre an. Nun keuchten auch zwei kalkweiße Gendarmen heran, die sich schon in das tiefste Galizien versetzt sahen, und griffen zu. Der Erzherzog saß mit zuckendem Gesicht im

Auto, er hätte diesen Meuterer von einem Bauer am liebsten gleich in den Arrest stecken lassen. Der Bauer vorn bei seinen Pferden kümmerte sich nicht drum, was die Herren mit der Fuhre machten, er hatte die Zugstränge losgemacht und kam, die beiden Füchse am Zügel, näher zum Auto; er sah die kochende Wut des Erzherzogs, er wollte dem hohen Herrn ein wenig zureden und ihn beruhigen: Man müsse das schöne Wetter ausnützen, komme der Regen einem zuvor, verderbe das Heu.

„Anpacken!" herrschte der Erzherzog den Alten an, „mithelfen, damit wir weiterkommen. Verdammtes Kaffeehaus!" An der Wegbiegung war allerhand Volk zusammengelaufen, Bauern und Treiber, die an den Lappenschnüren gearbeitet, und Weiber und Dirnen, die ihren Männern Essen zugetragen hatte. Alle starrten den Erzherzog mit runden Augen an, grüßten verlegen und linkisch das hohe Paar und konnten kaum ein Grinsen unterdrücken, wie sie die feinen Herren und die Gendarmen da an der hochgeladenen Fuhre zerren und rücken sahen. Gendarmen und Jäger trieben diese dummen Gaffer an, ein wenig mitzuhelfen. Nun krempelten die Treiber sich die Ärmel auf, spuckten in die Hände, faßten an, ho — ruck! und schon ächzte der Wagen in den Straßengraben. Der Chauffeur nahm wieder seinen Platz ein, die Herren bestiegen schimpfend ihre Wagen, sie waren alle auf ein heftiges Donnerwetter gefaßt.

Nun schoben sich die ratternden Autos langsam an den sich scheu zusammendrängenden, schnaubenden und tretenden Pferden vorbei, die Bauern und die Jäger zogen langsam die Hüte, die Gendarmen fuhren mit der Faust den Gewehrriemen herunter und schlugen krachend an den Kolben, die Herzogin nickte, lächelte und dankte freundlich nach allen Seiten, der Erzherzog schaute nicht nach rechts und nicht nach links, er nagte an der Lippe und starrte mit seinen großen, blauen Augen ins Leere.

Noch war nicht das letzte Auto um die Biegung verschwunden, noch knatterten die Motoren und hinterdrein prasselte das Echo aus den kahlen Wänden des Hohen Gölls, als schon der eine Gendarm auf den Bauern losfuhr und der andere sein schwarzes Dienstbüchel herausnahm, das Blei anfeuchtete und zu schreiben begann. Der Bauer schüttelte die Hand des Gendarmen ab, machte ein verstocktes Gesicht und murrte, man möge ihn in Frieden lassen oder mit ihm tun, was man wolle, ihm sei alles ganz gleich; sein Sohn sei voriges Jahr als Treiber bei der Hundstodjagd abgestürzt, dem Buben sei der Bergstock unter die Achsel gekommen und es habe ihn aus der Wand gedreht. Der Erzherzog habe nicht einmal das Begräbnis bezahlt, und es sei doch auf seiner Jagd geschehen, das Unglück. Der Gendarm machte dem Bauern die heftigsten Vorwürfe, er fragte, wie der Wagen denn durch die Sperre gekommen sei, aber der Bauer gab keine Antwort. Die paar Bauern, die neben dem Wagen standen, wollten die Fuhre wieder aufrichten, aber die Gendarmen erlaubten es nicht, der Erzherzog sollte sie nur bei der Rückfahrt hier liegen sehen.

Oben, wo sich das Tal unter dem Torrenerjoch schließt, im Schatten der durchfurchten Kalkwände des Hohen Gölls, saßen, versteckt in den Latschen, die Dirnen, deren Brüder trieben, die Töchter der Förster und Jäger. Sie wollten heuer, wie jedes Jahr, den Este sehen, sie wollten die Hohenberg anschauen und dahinterkommen, warum der Erzherzog diese Frau so gern hatte.

Die Dirnen wußten Stege und Steige, von denen die ortsfremden Gendarmen nichts ahnten. Hier oben in den Latschen suchte die Dirnen gewiß keiner, von hier aus aber konnten sie alles genau sehen. Bäuchlings lagen sie zwischen den harzduftenden Nadeln, stützten das Gesicht in die braunen Arme und spähten in den weiten Kessel hinab.

Drüben, auf der anderen Seite des Kessels, wehten auf der Geröllhalde die roten Lappen an den Schnüren, durch deren Gasse die Gemsen getrieben werden sollten.

Das Knattern der Autos verstummte, das Echo verplapperte in den Wänden. Unten, am Ende der Fahrstraße, standen, ganz klein von da oben anzusehen, zwei Maultiere. Die Herrschaften entstiegen dem Wagen, saßen auf die Muli auf und ritten, gefolgt von den Herren, über die steinige Halde hinüber zu der breitschattenden, großen Zirbe.

Fernher tönte das Rufen und Klappern der Treiber. Der Wind atmete Kohlröschenduft heran und wiegte hoch oben im flimmernden Blau zwei kleine, weiße Wölkchen. Der Erzherzog war drüben bei der Zirbe angelangt, er stieg ab und half der Herzogin aus dem Sattel. Die Maultiere wurden in den Schatten geführt. Ein Leibjäger stellte vor dem Erzherzog ein Klapptischchen auf, ein Herr des Gefolges reichte eine Mappe hin, der Jochwind flatterte in den Blättern, es mußte ein Stein auf die Papiere gelegt werden. Der Erzherzog entnahm Blatt um Blatt der Mappe, er mochte wenig Erfreuliches lesen, er runzelte die Stirn und unterschrieb, wie alle Menschen mit schöner Schrift, langsam, sorgfältig und selbstgefällig.

Über der Mulde kreisten zwei Falken, ließen sich vom Jochwind über das dunkle Bluntautal tragen und kehrten, kurz und scharf schrillend, in weitem Bogen wieder zurück.

Nun konnten die Mädchen oben in den Latschen im Gelärm der näherkommenden Treiber schon einzelne Stimmen unterscheiden. „Tscha, tscha! Geh aussa, alter Teufi, geh aussa, Latschenbock, schiacher, tscha, tscha — alter Teufi du, tscha! Luder, damisches!"

Die Verhaber bei den roten Lappen schatteten die Augen mit der Hand und zwinkerten gespannt in die Steilwände empor. Dort oben, in den schmalen Grasbändern zwischen den Schrofen, mußten die Gemsen stehen. Der Erzherzog reichte einem Herrn die Mappe zurück, stieß mit einem Tritt das Klapptischchen um und nahm vom Büchsenspanner sein Gewehr.

„Tscha, tscha, tscha!" Geröll polterte in die Tiefe, das Echo knatterte es zurück.

Der Erzherzog kehrte sich noch einmal kurz nach der Herzogin um, die hinter ihm saß und seinen Blick mit freundlichem Lächeln erwiderte; sie mußte dabei sein, sollte er Jagdglück haben. Als er sich wieder abwandte, verdüsterte sich ihre Miene, besorgt spähte sie zur steilen Wand hinan, aus der Steine herunterrollten. Der Oberjäger bemerkte den Blick der Herzogin und schüttelte ganz wenig, so daß es der Erzherzog nicht merken konnte, den Kopf: hier war keine Gefahr wie drüben bei der Steinwandjagd, wo die Steine dicht neben der Kaiserlichen Hoheit niedergegangen waren, diesmal sind auch nur zuverlässige Leute unter den Treibern. Die Herzogin verstand den Oberjäger, aber sie mißtraute ihm, ihr Blick haftete auch weiterhin an dem Hang, aus dem der Trieb herunterkam.

„Tscha, tscha, tscha!"

Nun begann der ganze Kessel lebendig zu werden. In diesem Kessel, in dem tannenhohe Riesen radschlagen und unter dröhnendem Lachen Blöcke wälzen müßten, um den gewaltigen Raum mit Lärm und Leben zu füllen, krabbelten die Menschlein wie Käferchen herum, klein und leicht zwischen den geballten Felsfäusten und zerrissenen Steingesichtern unter dem von Falkenschreien durchschrillten federleichten Himmel.

Die Dirnen in den Latschen oben fuhren auf und deuteten mit den Fingern: „Da, da! Da kommen sie!"

Und da waren sie schon, die kleinen, schnellenden, braunen Pünktchen, von da, von dort sprangen sie aus dem Fels in das aufklirrende Geröll, hinter ihnen das Gelärm der Treiber, ihnen zur Seite das Wehen der roten Lappen und das Geschrei der Haberer. Da waren die Gemsen! Da waren die Gemsen! Und durch diese roten Lappen mußten sie durch.

Der Erzherzog hatte sein Gewehr über die Knie gelegt, sein Kaumuskel zuckte, seine Augen erstarrten. Der erste Schuß! Er kam zugleich mit dem nachdonnernden Hall aus den Steinwänden des Hohen Gölls zu den Mädchen hinüber, man sah das Aufblitzen seines Gewehres, Echo und Schüsse vermengten sich, der Erzherzog schoß so schnell, daß die beiden hinter ihm knienden Büchsenspanner kaum mit dem Laden fertig wurden. Hinter dem Este stand ein Oberförster und zählte:

„Guter Bock, Geiß, Kitzgeiß, Kitzgeiß! Kaiserliche Hoheit, schwacher Bock, dürfte wundgeschossen sein, wunderbarer Schuß ins Blatt, Kaiserliche Hoheit!" Der Oberförster hatte einen roten Kopf vor Aufregung, aber der Erzherzog kümmerte sich nicht darum, er wechselte Gewehr um Gewehr, hielt hin und schoß, hielt hin und schoß. Die kleinen braunen Punkte bogen jäh aus der Fluchtrichtung ab, machten einige große, weite Sprünge und verschwanden in den Latschen. Echo und Schüsse, zwischen der grauen Wand des Hohen Gölls und dem rötlichen Abfall des Hagengebirges hin- und widergeworfen, vereinigten sich zu einem ruhelosen Pochen, in das hinein das Schreien der Haberer gellte. Die Mädchen in den Latschen fieberten, sie packten einander bei den Händen, ihre Finger verkrampften sich, ihre Augen brannten, sie zählten hier oben auch die Schüsse mit, sie zählten die Gemsen. Eine schwarzhaarige Dirne sprang auf und schlug sich die Hände vors Gesicht:

„I ka nit mehr, i ka nit mehr! Scho wieder a Geiß zamböllert, hinter der zwoa Kitz nachkemma, i ka nit mehr, i mag nimmer schaun, wia er zuaschiaßt!"

Die andern Dirnen wollten das Mädchen, eine Försterstochter, niederhalten, aber es riß sich los und ballte die Fäuste hinüber: „Und nit amal knicken laßt er s', nit amal knicken! Sollen wohl verrecken, die Gams drinnen in den Latschen, is eahm ja gleich, kümmert eahm ja nix. Und die Hohenberg sitzt daneben, die Hohenberg haut eahm nit die Büxen aus der Pratzen, und die

Hohenberg halt eahm nit die blauen, bösen Glaspatzen zu, damit er nit schauen kann. I geh, i halt's nit aus, i müaßt ja hellaus schrein, i versteh nit, wias die Buam sehn könna, i versteh's, daß die Buam bei der Stoawandjagd Stoaner abig'lassn ham, i versteh's, i siach's ein."

Das Mädchen wurde von Schluchzen geschüttelt, es rannte durch die Latschen davon. Mein Gott, Gemsen sind doch Gemsen, und auch ein Wilddieb wird nicht so drauf losschießen, Gemsen sind doch keine Karnickel oder Krähen!

Drüben schleppten die Jäger die braunen Tiere zusammen, legten sie zu zwei und zwei, immer zwei und zwei, in eine trostlos lange Reihe und blieben mit gezogenen Hüten hinter dem erlegten Wild stehen. Da lagen diese Tiere nun, die großen Augen glanzlos offen, die kräftigen, schwarzbehuften Läufe von sich gestreckt, vierundfünfzig Stück nebeneinander. Über der Talmulde wiegten sich die Falken im Jochwind und kreisten über dem walddunklen Bluntautal, und ihre scharfen Schatten huschten über die grellen Wände der Kalkberge.

Der Erzherzog saß schon wieder hinter dem kleinen Tischchen über die Mappe gebeugt, in deren Papieren der Wind blätterte, und unterschrieb.

Die Herren des Gefolges unterhielten sich leise, der Erzherzog zerknüllte ein Schriftstück und warf es zu Boden. Die Herren konnten sich denken, was das war — das Antwortschreiben an seinen Bruder Ferdinand Karl, der vor zwei Monaten wirklich in aller Stille die Tochter des Hochschulprofessors geheiratet hatte und aus der kaiserlichen Familie ausgestoßen worden war. „Zu herzlich gehalten", sagte Franz Ferdinand, „ich wünsche eine ganz formelle Antwort." Franz Ferdinand hatte sich die Heirat mit der böhmischen Gräfin erkämpfen müssen, sein Bruder wollte auch morganatisch heiraten, ohne sich für die Professorstochter einzusetzen.

Die Maultiere wurden aus dem Schatten geführt, einer der Herren nahm das zerknitterte Papier auf und steckte es ein. In den harzduftenden Latschen, nicht weit von der breitschattenden Zirbe, lag eine Kitzgeiß, die beim Nahen der Treiber den Kopf zu heben versuchte. Neben der schweißenden Mutter standen zwei Kitzlein, stießen nach ihrem lichten Bauch und ließen den alten, zerlumpten Mann, der sich durch das widerspenstige Latschendickicht heranarbeitete, arglos näher kommen. Die Mutter wollte auf, der Kopf mit der maskenartigen schwarzen

Augenbinde ging hoch und sank gleich wieder nieder. „Tscha, tscha, tscha!“ rief der alte Mann, der mit seiner großen Hakennase wie ein verdorrter Latschenstock aussah, „schaut’s, daß weitakommts, daß er enk nit siacht, der Este, sonst is aus und g’schehn mit enk, sonst knallt er enk zam oder läßt enk fanga und schickt enk in die Karpathen, dort will er Gams einsetzen. Tscha, tscha, tscha, is aber dort nix rechts für a salzburgische Gams!“

Die Kitzlein kümmerten sich nicht um den alten Mann, sie stießen noch immer mit ihren schwarzen Nasen nach dem Bauch der Geiß, sie suchten das Euter, sie hatten Hunger.

Ein Jäger tauchte auf: „Hias, wo ist die Geiß?“

Der Treiber deutete mit seinem weißstoppeligen Kinn zwischen die Latschen: „Da geh her, Jager, und knicks’, ’s gehört zu dei’m G’schäft, i rühret ka Geiß nit an, i nit, Jager.“

Dem Jäger war auch nicht gut zumute, als er die Kitzlein bei der toten Mutter sah, er klatschte in die Hände, die Kitzlein hoben die Köpfe, sahen ihn an, drehten sich kurz um und verschwanden in den Latschen.

Der Erzherzog unter der Zirbe blickte von seiner Mappe auf: richtig, dort brachten sie das letzte Stück, er hatte beim Schießen mitgezählt, er irrte sich nicht, er mußte, ob er wollte oder nicht, zählen, in der anschwellenden Zahl lag der Rausch. Nun klappte er die Mappe zu und ging mit leicht wiegendem Schritt langsam vom Stand hinüber zur Strecke.

Ihm zur Seite ging, mit freundlichem Lächeln nach allen Seiten grüßend, die Herzogin. Franz Ferdinand schritt die stumme Reihe der lang hingestreckten rostbraunen Tiere so ab wie eine Front starrer Soldaten, und statt nach Orden und Auszeichnungen spähte er nach dem vom schwärzlichen Blut umkränzten Schußmal. Die nach Schweiß und Armut riechenden Treiber standen sonnengebräunt abseits, sie waren drei Tage unterwegs gewesen und hatten die Gams eindrücken müssen, ihre Kleider waren zerfetzt, ihre Hände voller Schrammen, sie blickten finster, sie hörten das Schreien der Kitzlein um die tote Mutter aus den Latschen. Nur ein paar junge Burschen traten näher, als die Herzogin winkte. Die Burschen kannten den Geiz der Herzogin noch nicht und zogen, jeder mit einer dünnbelegten Schinkensemmel beschenkt, mit hängenden Köpfen wieder ab. Ein feiner Segen! Eine halbe Schinkensemmel für einen Kerl, keinen Schnaps, kein Freibier, kein Trinkgeld — deshalb waren sie über den Schlumm, den Kahlersberg und durch all die Schluchten und über die glitschigen Grasbänder gestiegen! Und der Este saß hier unten und knallte Kitz und Geiß ab, ja, er ließ sich von einem Muli bis zum Stand tragen. Hin und wieder blieb Franz Ferdinand vor einem kräftigen Bock stehen, nickte kurz und zufrieden, deutete mit dem Stock auf das rote Schußmal an der Schulter und ging wieder, Schuß um Schuß betrachtend, weiter. Als er zu den Geißen kam, steckten die Treiber die Köpfe zusammen, aber der Este schämte sich nicht, er ging und zählte, er ging und zählte. Oh, er hatte schon mehr geschossen – zweitausend Hasen und Fasanen an einem Tag, er konnte es nicht anders, die weithin tragende Waffe verlieh ihm ein Gefühl der Kraft, er hatte, als er krank auf der Mendel bei Bozen gelegen war, als es ihm ganz schlecht ging, mit dem Zimmergewehr einen Lärchenbaum besser zugestutzt, als es ein Hofgärtner in Schönbrunn gekonnt hätte. Vielleicht hatte er gar nicht die Absicht gehabt, die Geißen zu töten, aber sie waren ihm vor den Lauf gekommen, er konnte nicht anders, er mußte losdrücken, er mußte wissen, ob seine Hand noch sicher war. Da lagen nun die braunen Tiere, niedrig, langgestreckt und still, und bezeugten seine nie fehlende Fertigkeit, Stück um Stück. Die Herzogin stand hinter ihm, sie sah es, sie ahnte, daß es seine Ungeduld, sein kochender Groll war, die sich Luft machen und entladen mußten.

Nun sprach Franz Ferdinand noch ein paar Worte mit den Jägern, er lachte und sie lachten gezwungen und untertänig mit, dann wurde er ganz ohne Übergang ernst und winkte einen dicken Forstrat heran. Der kleine Mann nahte mit tiefem Bückling und stand, den Hut in der Hand, ein wenig vornübergeneigt, vor dem Erzherzog.

„Aber das ist ja ganz schauderhaft, was Sie da angestellt haben! Wo sind die alten Lärchen hingekommen? Muß ich es denn tausendmal sagen, daß ich es nicht dulde, daß so alte, schöne Bäume gefällt werden? Können Sie mir die Bäume wieder an ihren Platz stellen? Können Sie das?“ Der Forstrat stammelte in seiner Verwirrung etwas von unbedingter Notwendigkeit, man habe die Straßentrasse nicht anders legen können, man habe ohnehin geschont, was man könne, aber es sei gerade bei diesen paar alten Bäumen nicht anders gegangen.

„Immer, es geht nicht! Immer, es geht nicht!“ Franz Ferdinand stampfte mit dem Fuß auf, seine Augen drohten. „Und warum geht es nicht? Weil alle zu faul, zu bequem zum Nachdenken sind. Unmöglich, sagen Sie, die Straße drüben an der Wand des Hagengebirges zu führen? Steinschlag? Große Kosten? Man hätte Schutzbauten aufführen können! Wenn es sich um alte Bäume handelt, ist mir kein Betrag zu hoch. Aber euer ganzes Glück ist ja doch, wenn ihr nur etwas demolieren könnt. Aber nun sage ich es Ihnen zum allerletzten Male: Sie haften mir für jeden Baum, verstanden, für jeden Ast, für jeden Zweig! Wenn mir einmal diese alles rupfenden Touristen in den Weg kommen, gibt's ein Malheur! Hier in der Bluntau wird und muß Ordnung werden, wie drüben in Blühnbach, dafür leg' ich heute schon meine Hand ins Feuer." Der Forstrat, bleich wie ein Blatt Papier, geknickt wie ein Halm, verbeugte sich und schwieg. Die Jäger hatten alles mit angehört, sie schauten in die Luft und taten, als ginge sie das Ganze nichts an. Aber warum sollten sie nicht auch einmal so einem Herrn vom Forst ein Donnerwetter gönnen?

Der Erzherzog und die Herzogin bestiegen die Maultiere und ritten über die Halde zu den Autos hinüber. Die Jäger schwenkten die Hüte, die Bauern rückten kaum an ihren Filzen.

Oben in den Latschen knieten sich die Dirnen auf und schauten nach der Herzogin aus: Wie die nur lacht und nickt, aber sie täuscht uns nicht, es kommt ihr doch nicht aus dem Herzen. Eine Jägerstochter hatte einen Onkel oben in Böhmen, den hatte die Herzogin über Nacht entlassen, weil ihr die Leute zugetragen hatten, der Förster habe gesagt, der Herzogin werde es auch einmal so gehen wie der Königin Draga von Serbien. Die anderen Dirnen hörten die Geschichte mit roten Köpfen, sie beugten sich vor und blickten dem Auto nach, bis es um die nächste Wegbiegung verschwand.

Nun fauchten die vier Wagen durch das stille Waldtal davon. Als der zweite Wagen zu dem umgestürzten Heuwagen kam, knallte es plötzlich, der Erzherzog wandte sich rasch um — das Auto stand, ein Reifen war geplatzt.

Nur ein Reifen geplatzt, kein Schuß, keine Höllenmaschine, keine junge Königin im blutbefleckten Hochzeitskleid wie vor fünf Jahren bei der Hochzeit in Madrid, keine Bombe in einem Blumenstrauß, kein abgerissener Kopf einer Marchesa, der vom Balkon eines Hauses auf die Straße springt, kein zerfetzter Lakai, keine stöhnenden Menschen, keine wild um sich schlagenden andalusischen Schimmel.

Die Herzogin hatte das leichte Zusammenzucken ihres Gemahls gesehen, sie erinnerte sich auch an diesen Hochzeitstag, sie hatte damals in Biarritz auf ihren Gemahl gewartet, immer schön abseits, wie es einer morganatischen Gattin zukam, wenn der Erzherzog an fremden Höfen den Kaiser vertrat; sie hatte abends die Extrablätter von dem Attentat gelesen und sofort an Franzi gedacht. Das war die Jagd auf Menschen, die durch die bunten Lappen der Fahnen getrieben wurden, das war die Jagd auf alle, die so hoch oben standen, daß sie leicht zu treffen waren. Die Herzogin hatte auch das Bild gesehen, das man dem Erzherzog vor einigen Wochen zugeschickt hatte, als er nach Davos fuhr: vier seltsam gekleidete, verwilderte, bärtige Männer mit Fellwesten und Fellmützen, zwei kniend, zwei dahinter stehend, die auf jemanden zielten; die Gewehre ganz verkürzt, die Mündungen groß und drohend, ein Auge zugekniffen, die Köpfe etwas zur Seite gelegt, die Gesichter böse und finster. Franzi hatte damals gelacht, es hatte schrill und gequält geklungen. „Soph, mein tapferer Soph, bange machen gilt nicht! Das sollen Komitadschi sein, die wollen mich schrecken. Wir fahren. Die Polizei in der Schweiz ist besser als bei uns."

Die Herzogin blickte Franz Ferdinand verstohlen in das Gesicht, er wandte sich, als er den Blick fühlte, ihr zu und lachte genau so verlegen und befangen wie damals in Biarritz, als sie ihn nach dem Attentat gefragt hatte: „Alfons hat sich großartig benommen, wirklich großartig. Auch Viktoria — ganz ausgezeichnet. Das ganze Kleid war voll Blut, der Schleier, die Schleppe, es hat schauerlich ausgesehen — Viktoria hat gelächelt — erst im Schloß — wir sind alle im weiten Kreis um die beiden herumgestanden — ist die Battenberg Alfons um den Hals gefallen und hat bitterlich geweint — aber da waren wir ja auch unter uns — die anderen haben sie nur lächeln gesehen."

Der alte Bauer lenkte seine beiden jungen Füchse, als er das Rattern des Autos hörte, in den Straßengraben zu dem umgestürzten Wagen und zog langsam seinen Hut. Der Erzherzog übersah es, aber die Herzogin nickte dem Alten freundlich zu, man mußte allen Menschen freundlich danken, denn alle Menschen konnten einem Böses tun.

Die Automobile rumpelten über die hölzerne Salzachbrücke bei Golling, fuhren den grünen, schnellrauschenden Fluß entlang, die Höhe des Lueg-Passes hinan und flitzten schnell wieder bergab. Schon tauchten zahlreicher die Gendarmen wieder auf, die das weltentrückte Blühnbachtal absperrten, dort zwischen den

Ausläufern des Hochkönigs und des Hagengebirges. Nun bogen die Wagen nach Westen ab, durchquerten ein blumenreiches, parkähnliches Mattengelände und hielten vor dem großen, aus einem alten Schüttkasten neu erstandenen Jagdschloß des Thronfolgers. Die Front des Jagdschlosses war zwischen zwei breiten, turmähnlichen Seitenflügeln eingespannt. Über wenige Schlösser Österreichs war in den letzten Jahren so viel gemunkelt worden wie über dieses, dessen Besitzgrenzen oben auf den Gletschern des Hochkönigs und quer durch die Einöden des Steinernen Meeres verliefen. Über dieses abgelegene Tal hatte sich dasselbe Schweigen gesenkt, das auch den Este umgab, ein lähmendes, durch allerlei übertriebene Gerüchte unterbrochenes Schweigen, das gleich Elmsfeuer über den Bajonetten der Gendarmen knisterte, die dieses Tal gegen alle Seiten hin absperrten.

Die Einsamkeit dieser Gegend wirkte beruhigend auf den Thronfolger, er lachte, er scherzte, er nahm von der Herzogin auf der Treppe kurz Abschied und eilte dann durch einen von Waffen aller Zeiten und Völker dicht bedeckten Gang in den Empfangsraum, wo er von einigen beim Umbau seiner Schlösser beschäftigten Herren erwartet wurde.

„Rasch, rasch, meine Herren, ich habe noch eine Menge zu tun!“

Pläne wurden ihm vorgelegt, er nahm einen Blaustift zur Hand, strich an und unterstrich, er ließ sich über die letzten Ankäufe bei Münchner und Salzburger Antiquitätenhändlern unterrichten, er kaufte viel und vor allem billig, waggonweise – wie die Herren scherzten –, denn er hoffte, unter all dem Gerümpel hie und da doch etwas ganz Besonderes zu finden, was das ausgegebene Geld zehnfach hereinbrachte; er interessierte sich für alles, was irgendwie im weiten Reich gebaut wurde, und sparte nirgends mit seinen kurzen Bemerkungen. Der Entwurf für das große Bild des neuen Kriegsministeriums wurde ihm vorgelegt: Tillys Einzug in Magdeburg – „Sie sollen sehen, daß wir nicht als Plünderer, sondern als Verfechter der deutschen Kaiseridee diese dreißig Jahre Krieg geführt haben.“

Unter der Türe zeigte sich der Haushofmeister, das Faktotum Janáček. „Gibt's was Neues, Janáček?“ fragte der Erzherzog, von den Plänen aufblickend.

„Die Uniform von Szallay ist endlich gekommen, Kaiserliche Hoheit.“

„Herbei damit, herbei!“

Janáček verschwand und der Erzherzog wandte sich wieder den Herren zu:

„Wenn wir uns nicht rühren, die Deutschen im Reich, die werden nie sehen, was wir geleistet haben. Aber das ist ja unsere eigene Schuld, wir verstehen es nicht, etwas aus uns zu machen, wir raunzen und schimpfen und sperren den Mund auf, wenn die drüben in großen Tönen reden."

Janáček stand wieder unter der Tür, einen weißen Generalsgalarock und eine rote Hose über dem Arm.

„Her damit!"

Der Erzherzog streifte seine Joppe ab und fuhr in den Galarock, den er hastig zuknöpfelte. Er sah seltsam genug aus – unten die kurze, kniefreie Lederhose, die Wadenstrümpfe und oben der Waffenrock – und um das Bild noch zu vervollständigen, setzte er seinen grünen Jägerhut mit dem Gamsbart auf und salutierte vor den lachenden Herren.

„Bin ich nicht ein schöner Mann? Was? Alpenkönig und Menschenfeind? Wie?" rief er aus, klopfte sich wie beim Schuhplatteln auf die Schenkel und sprang wie ein kleiner Bub im Zimmer herum.

„Einen Spiegel!" Er rannte auf den Gang hinaus, um sich selbst zu bewundern.

„Ein feiner und ein schöner Mann, ein Herzensbrecher!" lachte er, vor dem großen Spiegel stehend. Die Herren drängten sich zur Tür, Janáček und sie alle lachten über diese Zusammenstellung und die komischen Bewegungen, die Franz Ferdinand machte.

Da ging eine Tür, die Herzogin kam mit schnellen Schritten durch den Gang, ging, als sähe sie ihren Gemahl nicht, mit drohend zusammengezogenen Brauen vorbei, übersah die verstummenden Herren, warf dem Janáček einen bösen Blick zu und verschwand türenschlagend ebenso schnell und unerwartet wie sie gekommen war.

Der Erzherzog drehte sich langsam herum, sein ganzes Wesen war wie mit einem Schlag verwandelt, sein Gesicht war verlegen, seine Augen blickten verdrossen, er beachtete die Herren nicht, riß sich den Generalsrock herunter, warf ihn Janáček zu, zog seine Jagdjoppe wieder an, schloß die Tür hinter sich, trat an den Tisch und blätterte eine Weile unschlüssig in den Plänen. Die Herren wußten nicht, wohin sie schauen sollten. Nach einer Weile machte der Erzherzog dem betretenen Schweigen ein Ende: „So, ich muß jetzt gehen. Auf Wiedersehen!"

Als er draußen war, sagte der Haushofmeister leise: „So war er früher oft. Jetzt geht er sie um Verzeihung bitten, weil sie solche Spassetteln nicht leiden kann; würdig soll er sein und streng; keinen Bajazzo soll er machen, und wenn, dann nur vor den Kindern und nicht vor uns, denn uns mißtraut sie."

Dann verließ auch Janáček kopfschüttelnd das Zimmer.

Belgrad, Frühjahr 1914

Belgrad war seit 1903 größer geworden, der alte Konak war niedergerissen, unter den Schlägen der Spitzhacke waren die letzten Spuren jener blutigen Juninacht verschwunden. Auf dem weiten Platz, der Terazije, war ein dreistöckiges, hohes Gebäude, das ‚Kaffee Moskva', erstanden, die Bäumchen der Anlagen waren gewachsen, man erbaute für die im Balkankrieg eroberten Provinzen ein größeres Parlament. Die kleinen, mit Hohlziegeln gedeckten, eingeschossigen Häuser standen zwar noch, aber zwischen ihnen wuchsen ganz unvermittelt die Zinskasernen westlicher Großstädte empor. Durch die Straßen klirrten viel gutgekleidete, ordengeschmückte Offiziere in funkelnden Lackstiefeln, den Säbelkorb in der linken Hand, die Sieger von Kumanovo, Bitolj, Adrianopel und von der Bregalnica, die in einem Monat ganz Altserbien und große Teile Mazedoniens erobert, die Albaniens Berge überstiegen und bis an die Adria vorgedrungen waren, Sieger gegen die Türken, Sieger gegen die Bulgaren, Besiegte durch die Noten des Wiener Ballhausplatzes, der zwischen das serbische Heer und das blaue Meer seine papierene Wand geschoben hatte.

Aus allen Gebieten Österreichs kamen Slawen in die Stadt, um den alten König Peter zu sehen, Studenten und Advokaten, Lehrer und Professoren aus Böhmen, alte Bauern und kleine Leute in Pelzen und Opanken aus Syrmien und Bosnien, denn nun ging es wieder vorwärts mit der heiligen slawischen Sache. Abends standen die Leute auf dem Kalimegdan herum, der alten Festung an der Mündung der Save in die Donau, und blickten, die Augen mit der Hand schirmend, über die beiden Ströme hinüber nach Ungarn, in das Land der unerlösten Brüder. Wenn die Sonne gesunken war — und wo noch in der Welt ging die Sonne in solch purpurner Pracht hinter der endlosen Ebene unter? — wenn die in weihevollen Schlingen sich vereinigenden Ströme verblaßten und die leeren steinernen Schilderhäuser der alten Türkenfestung dunkel aus dem Abfall der Mauern emporragten, wenn die weite Ebene drüben in Dämmerung verschwand, dann glänzten in Semlin die Lichter auf, dann wehte vielleicht der Wind Zigeunermusik aus dem Strandkaffee von Semlin herüber, und der Milleniumsturm des tausendjährigen Reiches der Stephanskrone entzündete sein Licht.

Weder die serbischen Bauern aus Syrmien und aus dem Banat, aus Bosnien und der Herzegowina, noch die siegreichen Offiziere und die Verwundeten auf ihren Krücken konnten es begreifen, daß hier, wo die weite Ebene jenseits der Ströme so zum Greifen nahe lag, die Grenze sein sollte. Es gab nur zwei Möglichkeiten, die nicht zu vereinbaren waren: Entweder Belgrad und sein ganzes Hinterland wurden zur Vorstadt Semlins, oder Semlin samt dem deutschen Franzthal wurden Belgrads Vorstadt. Wer aber auf dem Kalimegdan stand, wußte, welche Lösung die einzig mögliche war.

In dem kleinen Belgrader Kaffee ‚Zum Goldfischlein' waren um die Mittagsstunde nur wenig Gäste. Um zwei Pingpongspieler, die sich mit kurzen Schlägen die kleinen weißen Bälle zuwarfen, standen noch ein paar junge Burschen herum, die man in allen Kaffeehäusern der Welt zu jeder Tageszeit treffen kann und von denen niemand weiß, ob sie außer diesem als Beschäftigung betriebenen Herumstandeln und Kiebitzen auch noch einen anderen Beruf haben. Sie haben überall die gleiche Art, mit einer herrischen Bewegung sich die Locken aus der Stirn zu schütteln, mit ein paar Kupfermünzen in der Tasche zu klimpern und äußerst selten dem Kellner die allerdings nicht große Zeche zu bezahlen.

Abseits von den Spielern und Kiebitzen saß ein junger Mann mit einem ebenso selbstgefälligen wie einfältigen Gesicht, drehte an seinem kleinen Schnurrbärtchen, als könnte er die Wunschgestalt eines erwachsenen und erhabenen Menschen aus sich herauszwirbeln und betrachtete wohlgefällig seinen schwarzgelockten Scheitel in dem halbblinden, fliegenschißbefleckten Spiegel. Natürlich gab er sich mit den kindischen, in erregter Weise ihre Bälle zählenden Spielern gar nicht ab. In einem speckigen Rock lehnte der bucklige Kellner neben dem Büfett und verjagte mit einer zerrissenen Serviette die lästig summenden und den Zucker umschwirrenden Fliegen.

Ein Zelluloidball hüpfte trillernd vom Tisch und rollte auf dem

Boden zu dem nachdenklichen jungen Mann. Der eine Spieler drehte sich mit einer hastigen Bewegung um, bückte sich, lief dem Ball nach und wollte ihn aufheben. Da erwachte der junge Mann aus seinen Träumen und klopfte dem Spieler kurz auf die Schulter. Der gebückte Bursche hob sein vom Spiel gerötetes Gesicht ein wenig empor und blickte den jungen Mann fragend an. Dieser zog eine Korrespondenzkarte heraus und legte sie auf den Tisch: „Da schau dir das einmal an, Princip!"

Der Spieler zog seine dichten dunklen Brauen zusammen, beugte sich rasch über die Karte, die ihm der selbstgefällige junge Mann hinhielt, und überflog mit einem Blick die paar Zeilen des aufgeklebten Zeitungsausschnittes. Er nickte dem jungen Mann kurz zu und wollte wieder zum Spieltisch zurück, aber er stieß dabei mit dem tückisch grinsenden Kellner zusammen. „Eine interessante Nachricht, wie?" meckerte der Kellner, die Serviette unter den Arm klemmend „wer mag das aus einer kroatischen Zeitung herausgeschnitten haben, he? Und sonst steht nichts auf der Karte wie ‚Zdravo'! (Grüß Gott)."

Der blasse Princip wollte an dem Kellner vorbei, aber diese Ratte ließ sich nicht so schnell abschütteln. „Das kommt davon, wenn Čabrinović sich die ganze Post in das ‚Goldfischlein' schicken läßt", sagte der Kellner. „Ob man will oder nicht, man muß dann solche offene Karten lesen. So ein Zeitungsausschnitt fällt besonders auf. Ich dachte schon, Čabrinović will heiraten, Čabrinović sucht einen Kostplatz bei einer dicken, alten Witwe, aber so etwas, so was ganz Politisches, das hätt' ich hinter unserm guten Nedjelko nicht gesucht." Der selbstgefällige Čabrinović sah es scheinbar gar nicht ungern, wenn man sich mit seiner Person und Post befaßte, er lächelte geheimnisvoll vor sich hin, aber Princip ärgerte sich, weil sich der Kellner nun an die neugierig näherkommenden Kiebitze wandte: „Da steht nämlich — auf dieser Karte da —, daß der österreichische Thronfolger im Juni herunter nach Bosnien zu den Manövern kommen wird. Das ist doch wirklich eine interessante Nachricht, die sie da für unsern Čabrinović aus einer Zeitung herausgeschnitten haben — oder nicht? Was meinst du, Gavrile?"

Princip zuckte die Achsel: „Was geht mich der österreichische Thronfolger, was gehen mich die Manöver in Bosnien an?" Gjoka, der Kellner, trat dicht zu Princip: „Geht es dich wirklich nichts an? Kommt er herunter, braucht ihr nicht hinaufzufahren." Der Kellner zwinkerte mit den Augen, aber Princip übersah es geflissentlich. „Auf einem fremden Fußballplatz“, fügte Gjoka vertraulich hinzu, „spielt man nicht so gut wie auf dem eigenen.“

Princip ließ seinen Ball auf der Tischplatte aufhüpfen und schlug ihn dem Gegner zu.

Der Kellner ging nun zu Čabrinović: „Hätt’ ich Waffen oder wüßt’ ich, wo und wie man sich Waffen verschafft, gleich ging’ ich nach Sarajevo, den Erzherzog zu empfangen.“

Da drehte sich, während der Ball zur Erde hüpfte, Gavrile Princip um und herrschte den buckligen Kellner an: „Wer hält dich denn? So geh doch!“

„Du hörst doch, daß ich keine Waffen hab’.“

„Dann halt gefälligst das Maul.“

„Hu, der ist scharf, Gavrile ist empfindlich wie ein weiches Ei. Wenn aber der österreichische Thronfolger herunterfährt und mit allen Truppen, die in Bosnien stehen, die Drina übersetzt, und ihr wißt ja selbst, wieviel Truppen dort sind, wenn er also über die Drina kommt und nach Belgrad marschiert — was dann?“

„Dann wirst du der erste sein“, sagte Princip, „der seine Füße in die Hand nimmt und rennt“ — er musterte den Kellner verächtlich — „oder der letzte, der bleibt und den Franz Ferdinand mit einem Kniefall begrüßt. Vielleicht zahlt er dir dann auch, was wir dir schuldig geblieben sind.“

Der Kellner zuckte die Achsel: „Ist mir zu hoch, versteh’ ich nicht. Aber was ich noch sagen wollte: der König von Griechenland war doch lang nicht so gefährlich wie der österreichische Thronfolger, und der König von Griechenland hat dran glauben müssen, die Schwarze Hand hat es so gewollt. Aus war’s mit dem König der Hellenen.“

„Dummes Geschwätz.“ Princip vermochte seinen Ärger nicht zu verbergen. „Das war nicht die Schwarze Hand, das hat das bulgarisch-mazedonische Komitee getan.“

Der Kellner zuckte die Achsel: „Hier heißt es, daß es die Schwarze Hand war.“

„Die Schwarze Hand! Die Schwarze Hand!“ brauste Princip auf. „Wenn jemanden eine Mücke beißt, so hat ihn die Schwarze Hand gestochen.“

„Ich sage, was ich gehört habe.“

„Was ein Weib nicht hört, wird es auch nicht weitertratschen. Aber sag du lieber, was dir die Weiße Hand bezahlt, wenn du hier spionierst?“

Der Kellner riß die Augen auf und deutete auf seine Brust: „Mir? Ich wollt', sie zahlte mir nur das, was ihr mir schuldig seid."

Nun lachten die andern Burschen, denn sie durften es mit Gjoka nicht verderben, sonst war es aus mit den kleinen Schulden und dem Kartenspiel.

Dem selbstgefälligen jungen Mann, Nedjelko Čabrinović, schien das Gespräch nicht zu passen. Er nahm seinen Hut und zahlte. „Zdravo, Gavrile! Ich muß in die Druckerei. Hol mich ab." Princip nickte ihm zu und spielte weiter. Gjoka, der Kellner, begleitete den Setzer bis zur Türe. „Ist es wahr, daß dich unlängst der Kronprinz angesprochen hat?"

„Das ist wahr. Er hat mich gefragt, ob ich ein Bosnier bin und ob ich den Krieg mitgemacht habe. Ich habe ihm gesagt, ja, ich bin aus Bosnien und habe den Krieg als Freiwilliger mitgemacht. Darauf hat mir der Kronprinz die Hand gegeben."

Gjoka schwang seine Serviette wie eine Fahne und verbeugte sich tief: „Großartig! Feierlich! Erhaben! Gut, daß ich es weiß! Es gibt also doch noch einige achtenswerte Bosnier in Belgrad." Und gegen Princip gekehrt: „Da, schau dir unsern Nedjo an, der war im Krieg und deshalb gibt ihm der Kronprinz die Hand. Solchen Helden aber, die nur unten an der Grenze waren, und die man nicht assentieren konnte, weil sie zu klein und zu schwach sind, wird höchstens ein Fußtritt gegeben werden. Hast du mich verstanden, kleiner Gavrile?"

Čabrinović wollte nicht Zeuge dieses Streites werden, er machte sich schnell aus dem Staube. Aber der lästige Kellner Gjoka ging auf Princip zu und blieb in einiger Entfernung von ihm stehen: „Solche Burschen wie dich, Gavrile, haben wir hier in Belgrad zu Dutzenden. Bilden sich ein, Komitadschi zu sein, bleiben die Zeche schuldig, prahlen, daß sie etwas ganz Großes vorhaben, laufen zum Unterrichtsminister und weiß der Teufel, wohin, lassen sich ein Stipendium und zwei Schuljahre schenken, schimpfen auf Österreich, stellen sich als die verfolgte Unschuld hin und sagen, wenn sie einen interessanten Zeitungsausschnitt lesen, daß er sie nichts angehe. Dafür wirft man ihnen, die den anständigen einheimischen Menschen in Belgrad alle Stellungen wegnehmen, die besten Zeugnisse nach. Drüben, im ‚Moskva', sind alle Kellner bosnische Serben! In Belgrad muß ein wahres Paradies für hinausgeschmissene bosnische Gymnasiasten sein, das hab' ich mir schon immer gedacht. Und so ein Bürscherl kommt dann in das ‚Goldfischlein' und sagt mir mit aller Unverschämtheit, ich sei ein Spitzel, ein Spion der Polizei. So jemand reißt hier das Maul auf, der schon seit zwei Monaten nicht gezahlt hat!"

Die Burschen lachten, Princip nagte an seiner dicken Unterlippe, er war blaß, seine Hände bebten, aber er schwieg, während Gjoka brummend und schimpfend in die Küche verschwand.

Die frühlingsgrünen Bäume auf dem Kalimegdan, dem Park, der auf dem stadtwärts gekehrten Festungswall angelegt war, warfen schmale Schatten auf das junge Gras. Nedjelko Čabrinović, der Setzer, und Gavrile Princip, der Gymnasiast, schlenderten gemächlich heran, wichen ehrerbietig vor den spazierengehenden jungen Offizieren aus und ließen sich auf einer einsamen Bank nieder.

„Nedjo", begann Princip mit gedämpfter Stimme, „laß dir deine Post woanders hinschicken."

„Glaubst du wirklich, daß Gjoka ein Spitzel ist?"

„So sicher, wie ich Gavrile heiße."

„Aber für wen?"

„Solche Burschen tragen immer auf beiden Schultern Wasser – für die Schwabas wahrscheinlich und so nebenbei für die Weiße Hand und für die Belgrader Polizei."

Nedjo schüttelte erstaunt den Kopf: „Aber er hat es doch hundertmal gesagt, daß er den österreichischen Thronfolger niederschießen möchte!"

„Zu oft hat er das gesagt und zu laut."

„Gavrile, darauf wäre ich nicht einmal im Traum gekommen."

„Der Kerl hat mehr Geld, als du glaubst, Nedjo. Eine reine Sau ist niemals fett."

Čabrinović nahm den Hut ab und strich sich das Haar aus der Stirne. Ihm war heiß geworden. Nach einer Weile faßte er Princip beim Arm: „Und was sagst du zu der Karte?"

„Zeig noch einmal her."

Princip nahm die Karte und musterte sie vorsichtig. „Geschickte Burschen. Nicht in Sarajevo aufgegeben und doch, ich wette meinen Kopf, von Kruzoc in Sarajevo. Adresse mit der Schreibmaschine getippt – nicht übel."

„Glaubst du, daß sie Ilić geschickt hat?"

„Wahrscheinlich Ilić." Nun wandte sich Princip um und blickte seinem Freund gerade ins Gesicht: „Und wie denkst du über die Sache selbst?"

Der Setzer wiegte nachdenklich den Kopf: „Franz Ferdinand?

Nicht ohne, gar nicht ohne. Aber es wird, glaub' ich, viel Spektakel machen..."

„Und weiter?"

„Serbien hat eben zwei Kriege hinter sich..."

„Es muß ja zu keinem dritten kommen. Dieses Österreich ist so erbärmlich, daß es nicht mit dem Ohr wackeln wird", sagte Princip.

„Vielleicht wäre Potiorek oder irgendein anderer Mameluck besser."

„Ach — nur nicht wieder solche Kleinigkeiten, die nichts nützen. Generale haben sie drüben zum Schweinefüttern, Thronfolger haben sie nur einen."

„Oder zum Abschrecken — diesen Hund von einem Nastić, der sein serbisches Herz für ein österreichisches Stipendium verkauft hat."

Princip machte eine abwehrende Handbewegung: „Nichts da! Es ist schon so beschlossen. Diesmal ist die Reihe an Franz Ferdinand."

Čabrinović starrte seinen Freund erstaunt an: „Weißt du das bestimmt?"

„Ich weiß es, ich hätte im Januar nach Toulouse oder Lausanne fahren sollen, wo alles besprochen worden ist, aber man hat mir im letzten Augenblick kein Geld gegeben, man hatte mir gesagt, ich solle warten, ich werde zeitgerecht verständigt, wann man mich brauche. Und das ist die Verständigung."

Čabrinović drehte die Karte verlegen zwischen den Fingern: „Und was soll jetzt geschehen?"

„Vor allem einmal dem Ilić nach Sarajevo schreiben, daß wir die Sache machen, wenn wir Waffen haben. Vielleicht kann sich auch Ilić in Sarajevo nach ein paar verläßlichen Burschen umtun — obwohl ich nicht viel von den Gymnasiasten in Sarajevo halte. Lauter Maulmacher, sag' ich dir, rechte Söhne von Bauernschindern und Landtagsvätern; da sind die Gymnasiasten von Tuzla ganz andere Burschen, das sind dir stramme Kerle, die gleich alle zu haben wären. Übrigens halte ich auch von Ilić nicht viel, er hat schon einmal das Los gezogen — und Potiorek lebt immer noch, löst den Landtag auf, wenn er will, und läßt einsperren, wo er kann. Ich bin dafür, wir machen die Sache von hier aus allein, in Sarajevo ist alles faul, die sind bis in die Knochen verdorben. Wenn wir dann hier ein paar brave Burschen zusammenkriegen, dann, Nedjo, wollen wir den Franz Ferdinand in Sarajevo so empfangen, daß nie mehr ein Habsburger seine Nase nach Bosnien hineinsteckt."

Drei Tage später warteten vor einem kleinen Haus vier Leute, jener Čiganović, der mit Apis und Tankosić als Komitadschi Mazedonien durchstreift und nun eine Stelle bei der serbischen Eisenbahn bekommen hatte, und drei Burschen, Princip, Čabrinović und Trifko Grabež, ein Gymnasiast aus Tuzla, ein schöner Mensch, schwarz wie ein Zigeuner, mit lebhaften, glänzenden Augen. Es war abends, die Laternen wurden angesteckt, die kleinen gelben Flammen standen blaß vor dem rötlichen Himmel. Der Eisenbahner Čiganović bedeutete den Burschen, noch ein wenig zu warten, er werde beim Herrn Major nachsehen, ob jemand daheim sei. Nach einer Weile kam Čiganović wieder zurück und machte den jungen Leuten ein Zeichen, ihm zu folgen.

Major Tankosić saß vor einem kleinen Schreibtisch und rückte, als der Eisenbahner Čiganović mit den drei Burschen eintrat, den grünen Lampenschirm so, daß alles Licht auf die vier Leute fiel. Hinter dem Major sah man auf dem niedern Diwan eine massige Gestalt, deren Gesicht ganz im Dunkeln war. Nur hin und wieder zeigte die aufglühende Zigarette einen schwarzen Schnurrbart und zwei volle Lippen. Major Tankosić, mit Orden der Balkankriege auf dem Rock, spielte mit einem aus dem Schlagbolzen eines türkischen Gewehres verfertigten Papiermesser. Die drei Bürschlein klappten vor dem ordengeschmückten Major wie Soldaten mit den Absätzen zusammen und verbeugten sich ungeschickt wie in der ersten Tanzstunde. Major Tankosić zeigte mit seinem Papiermesser auf den blassen Princip:

„Wir kennen uns doch?"

„Jawohl, Herr Major."

„Woher kenne ich dich denn?"

„Aus dem Lager von Prokuplje, Herr Major."

„So — warst du auch dort unten? Aha, jetzt erinnere ich mich, jetzt fällt es mir ein. Hab' ich dich nicht nach Haus geschickt?"

„Jawohl, Herr Major."

„Und warum, wenn man fragen darf?"

„Weil —", Princip schluckte, aber dann preßte er es doch hervor — „weil ich zu schwach war."

„Frontdienstuntauglich — stimmt. Das Gewehr war größer als du. Wie alt warst du denn damals?"

„Sechzehn, Herr Major."

„Und die Handgranaten konntest du auch nur so weit werfen, daß du uns mehr Schaden angerichtet hättest als den Türken. Also mit dir war es damals nichts."

Princip biß sich die Lippen, blickte trotzig zu Boden und erwiderte nichts. Čiganović schmunzelte, weil es der Major dem Gymnasiasten so gegeben hatte; die beiden andern Burschen waren verlegen und wagten den Major nicht anzusehen. „Das hörst du wohl nicht gerne, wie? Hast du noch immer nicht eingesehen, daß man mit Kindern keinen Krieg führen kann?"

Princip zuckte verstockt die Achsel.

„Nun, viel kräftiger bist du seither kaum geworden. Wer hat dich übrigens damals zu mir geschickt?"

„Herr Major Vasić."

„Und zu Major Vasić?"

„Kruzoc, Sarajevo Nr. 217!"

Nun mengte sich vom Diwan her eine dunkle Stimme in das Verhör: „Sarajevo 217? Ist das Gačinović, dieser Dichter?"

„Jawohl."

Der Mann auf dem Diwan sagte zu Tankosić: „Vojo, bitte, erinnere mich dann an Gačinović."

Tankosić notierte sich den Namen und wendete sich an den nächsten Burschen: „Und wer bist du dort?"

„Trifko Grabež", erwiderte der hübsche Bursche, über das ganze Gesicht lachend.

„Wer bürgt für dich?"

„Princip und Čabrinović."

„Welcher Wind hat dich nach Belgrad geweht? Woher bist du uns zugeflogen?"

„Aus Tuzla, Herr Major. Ich habe unserm austrophilen Geschichtsprofessor eine Ohrfeige gegeben und wurde deshalb hinausgeworfen. Ich bin vom Gymnasium in Tuzla."

Der Mann auf dem Diwan lachte, daß das Zimmer dröhnte: „Großartig! Hervorragend! In welcher Klasse warst du damals?"

„In der fünften", erwiderte Grabež nicht ohne Stolz, „es war bei Ausbruch des Balkankrieges gegen die Türken."

„Ihr gefallt mir, Burschen", lachte der Mann auf dem Diwan, „ihr seid großartige Kerle. Weil ihr nicht gleich gegen die Türken los konntet, habt ihr wohl alle zuerst einmal eure Professoren verprügeln wollen, was? Damals, als die Nachrichten von unseren Siegen kamen, hat euch wohl alle ein wenig der Rappel gepackt, wie?“

Princip und Grabež nickten. Grabež deutete auf Princip: „Er hat auch einem Professor eine Ohrfeige gegeben.“

„Siehst du“, sagte der Mann auf dem Diwan, „dafür hättest du als Belohnung Princip ruhig an die Front lassen können, Vojo.“ Tankosić lachte nun auch und wendete sich wieder an Grabež: „Und hast du den Krieg mitgemacht?“

„Als Blessiertenträger in Belgrad“, gab Grabež kleinlaut zur Antwort.

„Dabei lernt man aber kaum schießen“, meinte der Major.

„Mach dir nichts draus, Kleiner“, sagte der Mann auf dem Diwan, „nicht jeder kommt ins Feuer, ich hab' auch nicht mithalten können, ich bin während dieses Krieges mit einem verdammten Maltafieber in Berlin gewesen. Man braucht auch Blessiertenträger. Türken gibt es überall, Kossovo ist, wo Serben sind. Es läßt sich alles noch nachholen.“

Grabež hatte vor Freude einen roten Kopf bekommen, er verbeugte sich gegen den freundlichen Mann im Dunkeln.

Tankosić klopfte mit seinem Papiermesser auf den Schreibtisch: „Und du willst also auch mithalten?“

„Das will ich, Herr Major.“

„Nun gut, wir werden sehen, was sich machen läßt.“

Tankosić wendete sich an den Setzer Čabrinović: „Du bist also der, welcher die Karte bekommen hat?“

„Ist das der Čabrinović?“ fragte der Mann aus dem Dunkeln.

Tankosić bejahte es. „Du bist Anarchist?“ fragte der Mann auf dem Diwan weiter.

„Ich war es. Jetzt bin ich Nationalist, jetzt bin ich Jugoslawe.“

Tankosić fixierte den Setzer eine Weile, dann sagte er schnell: „Du mußt dich besser in acht nehmen — in Kaffeehäusern zum Beispiel. Verstehst du, was ich meine?“

Čabrinović nickte: „Princip hat mich schon gewarnt.“

„Nun gut, wir werden ja sehen.“ Tankosić winkte dem Ciganović, der Eisenbahner trat vor: „Du nimmst dir einmal diese jungen Herren da, verstanden, und bringst ihnen das Schießen bei. Wenn man etwas erreichen will, dann darf man nicht wie der arme Žerajić fünf Löcher in die Luft und eines in seinen eigenen Kopf schießen. Verstanden?“

Čiganović klappte die Absätze zusammen: „Jawohl, Herr Major."

„Beim Handgranatenwerfen aufpassen, daß nicht zu früh abgezogen wird, sonst ist alles für die Katz. Und nicht dulden, daß beim Schießen die Pistole aufgelegt wird! Keine Kunststücke, kein langes Zielen, das führt zu nichts, das macht die Leute nervös und verlegen. Verstanden?"

„Jawohl, Herr Major."

„Ihr könnt die Militärschießstätte in Topčider benützen, ich hab' für euch einige Nachmittagsstunden freihalten lassen. Aber immer alles hübsch ruhig und ohne Aufsehen. Wir wollen keine Scherereien haben, wir kriegen sonst weiß Gott wen auf den Hals. Habt ihr mich verstanden?"

Die Burschen nickten: „Jawohl, Herr Major."

„Dann könnt ihr gehen."

Aber der Mann auf dem Diwan hielt die Burschen noch einmal zurück: „Wartet. Ihr seht mir nicht besonders kräftig aus. Habt ihr Geld?"

„Sehr wenig", ließ sich Čabrinović schnell vernehmen.

„Es langt zur Not", sagte Princip, der sich für den Setzer schämte.

„Das heißt, ihr könnt eines brauchen. — Vojan, stell ihnen einen Scheck aus, Čiganović kann ihn beheben und das Geld unter die jungen Leute verteilen. Es ist ein kleiner Vorschuß. Verputzt, verraucht, vertrinkt das Geld nicht, kauft euch ordentliches Essen. Wenn die Ausbildung beendet ist, sollt ihr mehr haben."

Tankosić stellte den Scheck aus und schwenkte ihn hin und her, um die Tinte zu trocknen. „Und nun Gott befohlen. Meldet euch, aber laßt euch Zeit. Es drängt nicht. Bis zum Veitstag ist's noch lange."

Die vier Leute verbeugten sich und gingen auf den Zehenspitzen davon. Auf der Straße zupfte Grabež den Princip beim Ärmel: „Weißt du, wer der Große ist, der auf dem Diwan gesessen ist?"

Auch Čabrinović blieb stehen: „Trifko, du kennst den Mann wirklich nicht?"

Grabež schüttelte den Kopf: „Woher soll ich ihn kennen?" „Na, hörst du, den kennt doch jedes Kind in Belgrad, das war Apis."

„Apis?" staunte Grabež, „wer ist Apis?"

„Wer Apis ist?" sagte Princip. „Apis, das ist das Herz und der

Kopf, Apis, das ist die Seele und der Atem von all dem, wovon wir träumen."

Kaum waren der Eisenbahner und die drei Burschen gegangen, richtete Tankosić den Lampenschirm wieder gerade und wandte sich Apis zu: „Ich sollte dich an Gačinović erinnern." Apis, der nun schon seit Jahresfrist Chef des Nachrichtenbüros im Großen Generalstab war, nahm sein Notizbuch und blätterte darin: „Gačinović ... Gačinović — Genf — da haben wir's. Verkehrt in Genf in Gesellschaft russischer Anarchisten und Kommunisten. Ein gewisser Leo Trotzkij, ein von der kaiserlich russischen Regierung verfolgter Revolutionär, hat dem Gačinović ein Vorwort zu einem seiner Bücher geschrieben. Also Vorsicht! In dieser Beziehung ist die Sängerbrücke in Petersburg sehr empfindlich. Der russische Attaché wird über solche Freundschaften unserer Leute wenig erbaut sein. Du hast es übrigens selbst erfahren, Vojan, als du im ‚Piemont' gegen die Auslieferung russischer Anarchisten geschrieben hast. Da ist Petersburg sehr wehleidig."

Tankosić schlug mit der Faust auf den Tisch: „Zum Teufel, das sind doch unsere Angelegenheiten, das geht doch Petersburg einen Dreck an."

„Geht es auch nichts an, aber wir brauchen ihren Attaché Oberst Artamanow, wir brauchen ihn, und es hat keinen Sinn, den Mann vor den Kopf zu stoßen. Übrigens war dieser Čabrinovič auch einmal Anarchist — aber der scheint sich bekehrt zu haben. Wenn wir uns nicht beeilen, schnappen uns die Anarchisten die ganzen jungen Leute weg."

Tankosić erhob sich und setzte sich neben Apis auf den Diwan, er konnte seine Erregung nicht verbergen, er packte Apis beim Arm: „Sag, so sag doch, was wird draus werden?"

Apis blieb ganz ruhig: „Das eine gelingt, Vojan, das andere schlägt fehl."

„Aber so junge Bürscherln, Apis, so schwache Buben! Ich war, wenn ich ehrlich sein soll, erschrocken."

„Je jünger sie sind, desto ernster werden sie es nehmen. Je schwächer sie sind, desto ehrgeiziger werden sie sein. Bei solchen Jünglingen steht das Heldentum stets im umgekehrten Verhältnis zum Brustumfang."

Der schmächtige Tankosić bekam einen roten Kopf: „Ging's nach dem, Apis, wärst du mit deiner Bärenbrust der größte Feigling."

Apis lachte: „Nicht übel gesagt, Vojan, gar nicht so übel. Das Schicksal will mich ja auch zu einem Feigling machen. Während ihr an Alexander und Draga die Rache vollzieht, liege ich ohnmächtig mit drei Schüssen in der Brust auf der Kellerstiege, während ihr nach Saloniki und an die Adria marschiert, liege ich in Berlin im Spital und kann Kriegsberichte lesen und Zeitungsartikel über unsere Siege schreiben. Bleibt mir nur noch die Hoffnung, daß ich bei der dritten Probe auf meinem Posten sein werde."

„Glaubst du wirklich, daß es Krieg geben wird, Apis?"

„Glauben heißt nichts wissen."

„Aber jetzt, nach diesen Verlusten! Du weißt es ja selbst, daß uns fast alles fehlt."

„Kriege werden mit Männern und nicht mit Maschinen geführt. Wie war es denn vor anderthalb Jahren? Hat nicht alle Welt geglaubt, wir seien noch die Besiegten von Slivinitza, die durch Khevenhüllers Gnaden vor den Bulgaren gerettet worden sind? Hat nicht alles in Berlin und Wien zuerst auf die Jungtürken und dann auf die Bulgaren geschworen? Und wie sind wir mit beiden fertig geworden!"

„Aber wenn die Weiße Hand Wind bekommt?"

„Die sitzen in der ‚Stadt Paris' und beraten, wie sie die neuen Pfründen im eroberten Gebiet verteilen sollen. Wenn es nach denen gegangen wäre, hätte es auch keinen Krieg gegen die Türken gegeben. Und Österreich? Ich war im Mai 1913 in Berlin, als gerade die Nachricht vom Selbstmord des Generalstabsobersten Redl in Wien durch alle Zeitungen ging. Die Aufregung in Berlin hättest du sehen sollen, als die Leute zu ahnen begannen, wie es eigentlich in diesem Österreich aussieht! Und dabei ahnten sie noch gar nicht, was dieser Redl alles verraten hat. Wenn es heute oder morgen zum Krieg kommt, mein Lieber, dann kennen die Russen das ganze Blatt, das Österreich in der Hand hat. Franz Ferdinand soll getobt haben, er hätte am liebsten den ganzen österreichischen Generalstab mitsamt dem Conrad zum Teufel gejagt, denn Franz Ferdinand ist der einzige drüben, der in diesem faulen Staat noch etwas will." Apis machte eine Pause und zündete sich eine Zigarette an: „Gestern abend saß ich bei ‚Kolaraz', da gingen draußen ein Student und ein Spießer vorbei. Der Student zeigte mit dem Finger auf mich und sagte: ‚Dort sitzt der Exekutivausschuß des Königreiches Serbien.'" Apis erhob sich, legte Tankosić die Hand auf die Schulter und sagte freundlich lächelnd: „Siehst du, Bruder, und der Exekutivausschuß des Königreiches Serbien hat den Tod des österreichischen Thronfolgers beschlossen. Und du weißt, Vojan, daß ich das, was ich beschlossen habe, auch ausführe, und wenn sich Himmel und Hölle gegen mich verbinden."

Drei Monate später wartete Apis in Begleitung eines untersetzten Herrn, dem man trotz seiner Zivilkleidung den Offizier ansah, in der Wohnung des Majors Tankosić auf den Hausherrn. Es war anfangs Juni, die Fenster standen offen, fernher tönte Straßenlärm, Jasminduft kam aus dem Garten. Der untersetzte Herr in Zivil, der russische Militärattaché Artamanow, erhob sich und schloß das Fenster: „Besser so, man ist nie ganz sicher." Dann ließ er sich, ein wenig ächzend, wieder auf dem Diwan nieder.

„Nun, Oberstleutnant, was sagen Sie dazu, daß man sich nun endlich bei uns entschlossen hat, nicht um jeden Preis bis 1917 zu warten?"

Apis verbeugte sich: „Danke, Oberst, danke. Man wird nie fertig. Wollten die Staaten warten, bis die Soldaten fertig wären, käme es nie zu einem Krieg. Mißverstehen Sie mich nicht; ich bin keineswegs der Ansicht, daß es zu einem Krieg kommen muß. Sie begreifen wohl, daß ich als Soldat nicht ohne Rückendeckung marschieren kann. Wenn wir dann obendrein noch bis 1917 Zeit bekommen, um so besser. Ich für meine Person habe nie an Rußland gezweifelt. Wer einmal dieses Land gesehen hat, wird immer an seine Stärke glauben."

Oberst Artamanow hob warnend die Hand: „Aber wenn schon — dann muß die Sache besser gemacht werden als unlängst in Agram. Wenn man die Sache nicht besser vorbereitet, dann lieber nicht. Sie setzen sich dadurch nur für nichts und wieder nichts ins Unrecht."

Apis fuhr sich mit dem Zeigefinger in den Halskragen, er hatte einen roten Kopf bekommen. „Die Leute in Agram, Oberst, waren einfach nicht mehr zu halten. ‚Bekommen die in Sarajevo den Franz Ferdinand', jammerten die Burschen, ‚dann wollen wir in Agram den Liebling der schwarzgelben Kroaten, dann nehmen wir uns den Leopold Salvator.' Es ist genau dasselbe, wie es bei uns 1903 war. Da sind aus Nisch, aus Pirot und weiß ich von wo noch, Leute nach Belgrad gekommen, welche danach lechzten, das Urteil der Nation an dem König zu vollstrecken, aber das waren immerhin Offiziere, die man im Zaum halten konnte. Aber in Agram, in Sarajevo und in Mostar arbeiten wir mit Studenten, manchmal auch mit Gymnasiasten — und diese Leute lassen sich nicht so leicht bei der Stange halten. Und dazu kommt noch, daß sie in Agram nicht einmal herausbekommen hatten, daß dieser Erzherzog, der Kroatenliebling Leopold Salvator, an dem bestimmten Abend nicht ins Theater, sondern zu einem Artilleristenabend ging. Ich bin über die dortigen Vorgänge durch einen gewissen Malobabić genau unterrichtet; es ist nicht leicht, von hier aus alles zu lenken."

„Malobabić? Einer der Angeklagten aus dem Agramer Hochverratsprozeß?"

„Stimmt. Diese Angeklagten von damals sind unsere besten Leute. Wir in Serbien ahnen ja gar nicht, was sich die Brüder jenseits der Save und Drina von uns erwarten, welch unüberwindliche Helden sie in uns sehen. Wir ahnen es gar nicht, zu welchen Opfern sie für uns bereit sind. Wenn heute Österreich in Bosnien und in der Herzegowina mobilisiert, gibt es Revolution."

„Seltsam, daß sich der österreichische Thronfolger auch durch das Agramer Attentat von seiner Reise nicht abschrecken läßt. Unsere Informationen, daß ein Überfall auf Serbien unter Führung Franz Ferdinands geplant zu sein scheint, müssen doch richtig sein", sagte der russische Militärattaché.

„Wir haben an der Drina Gegenmanöver angeordnet. Ich glaube, daß wir den richtigen Zeitpunkt erfaßt haben."

Apis sprang auf: „Nie wieder werden wir die Serben in Österreich so an unserer Seite finden, nie wieder! Nie wieder werden der Haß, die Wut auf Wien größer sein als jetzt, nach diesen Demütigungen, die man allen Südslawen angetan hat. Die Spannung drüben ist bis auf den Siedepunkt gestiegen. Und jetzt, da sich das ganze südslawische Volk dazu rüstet, seit Hunderten von Jahren den ersten Veitstag auf dem befreiten Amselfeld zu begehen, jetzt schicken sie uns diesen Habsburger herunter und wollen die noch in der Knechtschaft lebenden Brüder zwingen, an diesem ersten Veitstag in der wiedergewonnenen Freiheit einen Habsburger feierlich zu empfangen. Bekommen wir jetzt Krieg, Oberst, die Slawen Österreichs laufen regimenterweise zu uns über. An diesem Veitstag feiert die ganze slawische Welt unsern Sieg über die Türken durch das große

Sokolfest in Brünn, am Veitstag muß sich diesmal das Schicksal für weitere fünfhundert Jahre zu unseren Gunsten, zugunsten aller Slawen entscheiden, wenn das große Rußland mit uns geht. Denn wenn Österreich fällt, muß Deutschland ihm nachstürzen, und dann gehört Europa den Slawen unter Rußlands Führung."

Oberst Artamanow schwieg eine Weile, dann richtete er ganz unvermittelt an Apis die Frage: „Und Ihr König?"

Apis zuckte unwillig die Achsel: „Muß wohl zurücktreten. Er hat uns Offizieren sein Ehrenwort verpfändet, die Armee vor den Dieben der Zivilverwaltung in Altserbien und Mazedonien unten zu schützen. Denn läßt man diese Gauner da unten so weiterstehlen, dann wandern die Mazedonier in noch größerer Anzahl nach Amerika aus als die Ruthenen aus Galizien. Aber da der König gegen Pašić seine Schützlinge von der Zivilverwaltung bei der Futterkrippe lassen will, wird der König gehen müssen."

„Und der Kronprinz?"

„Der ist auf die Schwarze Hand und auf alles, was man damit in Zusammenhang zu bringen glaubt, nicht gut zu sprechen, seit wir ihm den deutlichen Wink gegeben haben, es sei unerwünscht, wenn er als Kronprinz die Leitung der Schwarzen Hand übernehme. Geschichte, Oberst, wird von Männern gemacht. Die Schwarze Hand hätte sich vor lauter Rücksichten auf den Hof und auf die Politik gar nicht rühren können. Ob der Kronprinz von unserm bosnischen Vorhaben etwas ahnt, weiß ich nicht, der Kronprinz läßt sich nicht so leicht in die Karten sehen, er ist kein solcher Narr wie sein Bruder Georg, der durch sein dummes Geschwätz die Engländer ganz außer sich gebracht hat. Ich weiß nur, daß der Kronprinz mit unsern drei Bosniern auf der Schießstätte im Topčider gesprochen hat. Der Kronprinz ist nicht auf den Kopf gefallen. Er wird sich seinen Reim gemacht haben, und wenn er dagegen wäre, hätte er doch die bosnischen Gymnasiasten aus der serbischen Militärschießstätte davonjagen können."

Major Tankosić trat ein, begrüßte den Attaché und deutete auf die Tür: „Sie warten draußen."

„Hast du ihnen", fragte Apis, „die Karten für die Untergrundbahn gegeben? Sind alle Stationen eingezeichnet? Grenzübertritt in Ordnung? Losung? Nichts vergessen?"

„Alles besorgt. Zur Sicherheit telephoniere ich, wenn sie morgen abgehen, noch einmal nach Schabatz."

Oberst Artamanow strich sich seinen langen Schnurrbart: „Ich bin wirklich neugierig auf diese Knaben.“

Tankosić öffnete die Tür und rief hinaus. Man hörte Schritte, die vier Leute traten ein, verbeugten sich und stellten sich an der Wand auf. Apis nickte ihnen freundlich zu, dann räusperte er sich und nahm selbst das Wort: „Alles in Ordnung gebracht worden. Ihr dürft gehen.“

Princip wollte etwas erwidern, er schluckte, Tränen traten ihm in die Augen, er öffnete die Lippen, er wurde über und über rot, aber er brachte kein Wort hervor.

Oberst Artamanow trat dicht auf die Burschen zu und faßte sie scharf ins Auge, einen nach dem andern: „Wer von euch ist der Führer?“

„Wir haben keinen Führer“, erwiderte Čabrinović schnell, „wir wollen alle dasselbe, das Glück, die Freiheit des serbischen Volkes.“

„Unsinn.“ Oberst Artamanow winkte ab. „Wollen drei Leute etwas tun, so muß einer unter ihnen der Führer sein, einer unter ihnen muß die Verantwortung tragen. Sonst kommt nichts dabei heraus.“

Princip nickte; ja, so dachte auch er. Der russische Oberst gewahrte es und legte Princip die Hand auf die Schulter: „Willst du der Führer sein? Du siehst am entschlossensten von euch dreien aus. Wie heißt du?“

„Princip.“

„Princip.“ Der Oberst Artamanow zog die Brauen hoch und klatschte leise in die Hände. „Prinzip? Seltsam. Principe kann Fürst heißen — Princip kann Grundsatz bedeuten. Was ist dein Vater?“

„Ein Bauer, ein armer Bauer in Bosnien.“

„Weiß Gott, wie der zu diesem Namen kommen mag. Du übernimmst also das Geld.“ Der Oberst zog seine Brieftasche und gab Princip ein paar Banknoten. „Vorsichtig sein! Nicht zum Fenster hinauswerfen das Geld, vor allem sich vor Weibern hüten — vor Weibern und vielleicht noch mehr vor Schnaps.“

Princip lächelte gezwungen: „Beides kommt für uns nicht in Betracht, Herr Oberst.“

„Um so besser. Es war nur meine Pflicht, euch zu warnen. Und nun geht mit Gott! Denkt daran, daß ihr ein großes Werk vor euch habt, daß ihr berufen seid, all die Schmach, die man eurem tapferen Volk seit Jahrhunderten antut, zu rächen.“

Die drei Burschen verneigten sich, ihre Zähne schlugen gegeneinander, ihre Knie wankten. Grabež versuchte zu lächeln, aber es blieb bei einem kläglichen Versuch, Čabrinović griff nach seinem Bärtchen, und nur Princip würgte ein gepreßtes „Danke" hervor.

Apis winkte den Eisenbahner Čiganović heran: „In einer Stunde bring uns die drei hinüber in die Vereinigung."

Ein Zimmer war mit ganz schwarzen Tüchern ausgeschlagen. Auf einem schwarzverhängten Tisch stand zwischen zwei brennenden Kerzen ein Kruzifix, rechts davon lag ein Dolch, davor stand ein Totenschädel. Links von den Kerzen lag eine Pistole vor einer Giftflasche. Hinter diesem Tisch saßen drei schwarz maskierte Männer in langen, schwarzen Mänteln.

Apis, der in der Mitte saß, lüftete seine Maske: „Puh, das ist heiß. Wenn unsere Jünglinge nicht bald kommen, ersticke ich."

„Keine Sommeradjustierung", lachte Tankosić. „Badehose mit Maske wirkt nicht."

„Ist das Zyankali da?"

Tankosić deutete auf die Flasche hinter der Pistole: „Wurde besorgt. Ich werde läuten, vielleicht sind sie schon draußen und Čiganović traut sich nicht anzuklopfen." Tankosić griff zur Glocke, Apis schob sich die Maske vor, zupfte seinen Talar zurecht und setzte sich gerade. Tankosić läutete. Jemand klopfte an die Tür.

„Herein!" sagte Apis mit dumpfer Stimme.

Die drei Burschen wurden von Čiganović in das schwarze Zimmer geführt und den drei Maskierten gegenübergestellt. Dann verließ Čiganović auf den Fußspitzen den Raum. Niemand sprach ein Wort, man hörte den heftigen, stoßweisen Atem der drei Burschen, die bleich vor der schwarzen Wand standen und vor den prüfenden Blicken der Augen aus den Masken sich nicht zu rühren wagten. Das also war das geheimnisvolle Zimmer, von dem Ilić, von dem Gačinović immer nur in dunklen Andeutungen gesprochen hatten, dies war die dunkle Herzkammer des großen Verbandes „Vereinigung oder Tod".

Der Mann hinter dem Tisch in der Mitte zwischen den andern beiden Maskierten erhob sich. Hoch über dem Tisch stand ein blutroter Mund mit breiten Lippen. Aus den langen Ärmeln kamen zwei kräftige Hände, tasteten über die Tischdecke nach dem Totenschädel und rückten ihn zurecht. Nun öffneten sich die breiten Lippen unter der schwarzen Maske:

„Gavrile Princip?“

„Hier.“

„Nedjelko Čabrinović?“

„Hier.“

„Tryphon Grabež?“

„Hier.“

Es erhob sich der maskierte Mann zur Linken: „Seid ihr bereit?“

Die Antwort klang tonlos zurück: „Wir sind bereit.“

Es stand der Mann zur Rechten auf: „Seid ihr bereit, zu schwören?“

„Wir sind bereit, zu schwören.“

Der Mann in der Mitte klopfte dreimal mit dem Finger, und dann sprachen die drei Masken zu gleicher Zeit: „Dann sprecht uns den Eid nach, laut, deutlich und mit dem festen Willen, ihn unter allen Umständen, in der größten Not, in der tiefsten Pein, zu halten.“

Die drei Burschen standen und warteten mit aufgerissenen Augen und verkrampften Fingern. Die drei Maskierten begannen zu sprechen: Apis tief, Tankosić hoch und Major Vulović mit mittlerer Stimme. Sie sprachen langsam, sie schauerten selbst über ihren Worten:

„Wir schwören bei dem heiligen Kreuz und der goldenen Freiheit...“

„Wir schwören bei dem heiligen Kreuz und der goldenen Freiheit...“ klang es gedämpft zurück.

„Bei der Sonne, die uns wärmt, bei der Erde, die uns nährt...“

„Bei der Sonne, die uns wärmt, bei der Erde, die uns nährt...“

„Bei Gott Vater, der im Himmel ist...“

Nun wiederholten die Burschen schon schneller und fester —

„Bei meiner Vorfahren Blut...“

„Bei meiner Ehre, bei meinem Leben...“

„So wahr ich Serbe und Mann bin...“

„So wahr ich Serbe und Mann bin...“

„Daß ich von diesem Augenblicke an bis zu meinem Tode...“ die drei Masken erhoben die Stimmen und rissen die Burschen mit „...bis zu meinem Tode...“

„Den Gesetzen der Vereinigung treu sein und stets bereit sein werde, jegliches Opfer zu bringen, zu leiden und zu sterben.“

Der Eid war geschworen. Die drei Schwarzmaskierten ließen sich nieder. Zwei schmale, blasse Hände griffen über den Tisch nach der Giftflasche, holten drei Kapseln heraus und legten sie vor den Mann in der Mitte hin. Der Mann in der Mitte erhob sich: „Was hat Žerajić getan, als er mit fünf Schüssen den Mamelucken des Kaisers gefehlt hatte?"

„Er hat sich mit der sechsten Kugel selbst getötet", antwortete Princip mit fester Stimme.

„Warum hat Žerajić so gehandelt?"

„Weil die Toten schweigen."

„Und was wird eure Pflicht sein, wenn ihr am Veitstag den Tyrannen getötet habt?"

„Uns selbst den Tod zu geben und für die goldene Freiheit zu sterben."

„Nun gut." Apis schob ihnen die drei Kapseln zu: „Da habt ihr das Gift. Es ist Zyankali, ihr werdet nicht zu leiden haben."

„Wir fürchten uns nicht vor Schmerzen", erwiderte Princip zornig, „die einen verbluten einsam auf dem Schlachtfeld, die andern leiden auf andere Weise für ihr Volk."

„Und wenn man euch aber hindern sollte — wir müssen an alles denken —, das Gift zu nehmen..."

„Wir werden auch dann zu schweigen wissen", sagte Princip stolz. Čabrinović mußte sich an die Wand lehnen, um nicht umzusinken, Grabež lachte verlegen und nickte.

„Gut, ihr seid Männer, ihr seid Serben, ihr werdet euch nicht zwingen lassen, ich vertraue auf euch! Serben lügen nicht."

Nun erhoben sich auch die beiden anderen Masken. „Das Vaterland wird es euch danken. So weit Serben wohnen, wird euer Name neben Obilić, der den Sultan getötet hat, am Veitstag genannt werden."

Princip schloß die Augen und hielt sein blasses Gesicht empor, Verzückung löste seine starren Züge auf.

„Und nun geht. Nun geht. Nehmt unsere Segenswünsche mit auf den Weg."

Wien, 8. Juni 1914

Kam man vom neuen, großen Lemberger Bahnhof in Wien an, so erschien der gute, alte Nordbahnhof mit seinen Türmchen und Zinnen wie eine von Jahr zu Jahr kleiner werdende Spielzeugburg aus Pappendeckel, das schiffschnabelgeschmückte Tegetthoff-Denkmal als eine Erinnerung an sonnige Garnisonen im Süden, und die Leopoldstadt, dieses Wartezimmer Wiens, wie ein veredeltes und gepflastertes Galizien. Über den grünen Baumkronen des Praters drehte sich die Mühle der Zeit, das Riesenrad. Durch einen Schleier von Kinderträumen und Kindertränen lockten aus den bunten Buden die Spielorgeln wie einst, da im Magen bleischwer die Firmlingsfahrt mit dem Fiaker zum „Eisvogel“ gedrückt hatte.

Aber die jungen Reiteroffiziere, die hier ausstiegen und das Wiener Pflaster betraten, kamen von andern Ringelspielen, wo sich auf der Reitbahn an sechzehn Longen mit verschlafenen Peitschenführern und fluchenden Unteroffizieren sechzehn ruthenische Rekruten den Nabel aufritten und an dem Trensenzügel wie an einer Hebammenglocke rissen; wo neben den huzulischen Holzkirchen die einzigen Steingebäude dieser verlassenen Nester, die Kirchen der Reiterei, die gedeckten Reitschulen standen. Man kam von der Grenze, wo hinter den Nebeln des Dnjestr und des Zbrucz zwischen schwarzen Föhrenwäldern die Wachhäuser des Kosakenkordons auftauchten, wo sich die Dörfer vor dem rauhen Steppenwind demütig in die Mulden duckten, wo sich Bäume und Herzen nach Westen neigten, wo im Winter die Judenfuhrleute mit vereisten Patriarchenbärten auf jämmerlichen Schlitten daherbimmelten und im Sommer barfüßige Bauern mit durchlöcherten Strohhüten ehrerbietig die Bügel der stolzen Reiter küßten.

Nun wollten die jungen Herren aus dem fernen Osten ein wenig stillstehen und lauschen, ein wenig warten und staunen. Wie die rotweißen Straßenbahnen nur klingelten! Wie fahlblau die Leitungsdrähte aufblitzten! Hier in der Praterstraße allein mehr als in ganz Ljämbergg, von wo man dieses knisternde Wetterleuchten der Zivilisation in die Träume der elenden kleinen Garnison mitgenommen hatte. Und soviel Menschen! Soviel

Menschen! Und soviel Weiber! Über jede einzelne von denen, die hier dutzendweise zu sehen waren, würde man da oben in den kleinen Judennestern tage-, wochen- — ach was — monate- und jahrelang geschwätzt, getratscht und geprahlt haben. Und dabei waren das hier noch gar nicht einmal die richtigen Weiber, das Richtige gab's erst drüben, jenseits des Donaukanals. Wo würde man sich abends treffen? In der Oper? Im Theater an der Wien? Beim Ronacher? In der Gartenbau? Im Tabarin? Würde das, was man monatelang von der nun ganz heiser gewordenen Platte im Grammophon gehört hatte, nun auch wirklich die Mela Mars singen? „Er griff zur Mütze und salutierte... und ward zum Marschall von Frankreich ernannt." Gleichviel, wo immer man hinging, nirgends wird man die Hymne des österreichischen Sibiriens hören:

Da sitzen die braunen Huzulen
Zu beiden Ufern des Pruths,
Sie gehen in keine Schulen
Und sind auch sonst zu nichts nutz.

Aber nur die heurigen Hasen, die grünen Bürschlein, die heuer zum erstenmal zum Preisreiten kamen, glaubten, daß ihnen das Herz brechen würde, wenn sie wieder in das Reich der strohgedeckten Lehmhütten zurück müßten, wo nächst Gott der Oberst der Höchste ist und so sprechen konnte wie der Oberst von den Nikolausdragonern zu seinen Offizieren: „Meine Herren, der Nikolaus bin ich, ich brauche keine Nikolauser neben mir." Die abgebrühten Alten wußten es schon besser, die fühlten es hier auf dem Praterstern, daß ihnen nach ein paar Tagen der Trubel Wiens zum Hals herauswachsen würde, weil hier in der Stadt die Luft zu dick war, weil hier alles drückte und zwängte. Der Wiener Kaffee — gut, meinetwegen lassen wir dem Wiener Kaffee seine Meriten, aber wer in ganz Wien kann einen ordentlichen Tschai bereiten? Und kein Herbata gab's, keinen Wodka, keine weichen Kanapki mit girrenden Polinnen, keine Ulanen, die singend das Sattelzeug putzten, kein Klirren der verbotenerweise in Säcken geschüttelten und so blank gescheuerten Kinnketten, denn Kavallerie in der Großstadt, mein Gott, das ist eine Kreuzung aus berittener Polizei und Gestütsbranche für unverstandene Frauen.

Ja, in Galizien sehnte man sich nach Wien und in Wien hatte man Heimweh nach der grenzenlosen Weite des sanftschwellenden Hügellandes, hinter dem im Süden, drohend wie eine Wetterwand, die blauen Höhen der Karpathen aufstiegen. Ach, Galizien, das waren die sauber getünchten Ställe mit dem lehmgestampften Mittelgang und den strohumwundenen Streifbäumen, die blankgefegten Kasernenhöfe und die versumpften Straßen, und auch Laib Pesata mit dem Patriarchenbart, der dem verschuldeten Major einen Vorschuß auf das Fohlen im Mutterleib gewährte, schien, aus solcher Entfernung gesehen, ein ehrwürdiger Alter, neben dem die blassen, blaurasierten Juden der Praterstraße entartete Geschöpfe waren. Im Osten oben konnte man wohl nicht verspießern, es war alles so offen dort, es fehlten die Grenzen, deren das kleine Glück bedarf, aber man lernte, wie groß das Glück sein konnte, das sich dagegen sträubte, alle albernen Tage mit kleinem Behagen zu durchwärmen. Dieses Reich des verzehrenden Glücks und der kaiserlichen und königlichen Reiterei, das Reich der Dürftigkeit und der Pracht, das bei den letzten Ziegeldächern Oderbergs mit seinen Strohdächern begann und sich bis Wladiwostok dehnte, es war die Heimat der Sehnsucht und der Schwermut. Im Westen war man geizig, Deutsche, Franzosen, Italiener, Holländer und Belgier zählten den Pfennig, schliefen auf ihrem Gelde, aber dort, im Osten, da flogen Gulden und Rubel, solange noch was da war, durch die Fenster, und wer sich bücken wollte, konnte sie aus dem Dreck aufheben.

Morgen, beim Preisreiten, dem großen Rendezvous dieser bunten Armee, würden sich alle treffen: der bestdekorierte Reiter würde dem meisttransferierten kordial die Hand schütteln und sich kameradschaftlich erkundigen, ob dieser aus seinen vielen Übersiedlungen noch ein ganzes Sesselbein gerettet habe. Die Herren mit den grauen Schläfen, die hier in Wien die Schulbänke des Stabsoffiziers drückten und Dinge lernen mußten, die längst nicht mehr so einfach waren wie eine Watschen, würden die unbeschwerte, nur mit Herz und Hintern diensttuende Jugend beneiden und sehen wollen, wie diese in den Pußten Ungarns, in den böhmischen Zuckerrübenebenen und in den Steppen Podoliens ihre Pferde zugeritten hatten. Pferdehändler aus der ganzen Welt werden da sein, und sie werden sehen, daß die Offiziere der besten Reiterei in Galizien nicht nur reiten, sondern auch handeln und jüdeln gelernt haben. Die Kastanien der Prater-Hauptallee waren noch nicht ganz verblüht, die jungen Herren mit Aufschlägen, die man in Wien selten sah, juckten mit kurzgeschnallten Bügeln über den blütenbeschneiten Kies, machten oben beim Lusthaus halt, bewunderten die Frauen und ließen sich bewundern — ach, seid nur lustig, alles ist ein Traum, aus dem man erst in der rußigen Nordbahn auf der Heimreise nach Galizien erwacht.

Der Himmel war bewölkt, bald regnete es, bald schien die Sonne. Es war, als könnte sich der Himmel nicht fassen über dieses letzte Fest, das die Reiterei sich und den anderen Waffen gab. Es ritten ja auch ein paar Artilleristen mit, sogar zwei Tierärzte und ein Generalstäbler, aber das waren so eine Art Bauernkinder, die von der guterzogenen Schloßjugend zum Mitspielen eingeladen sind. Ein zaundürrer Artilleriemajor, den bei seinen Sechsspännern hinten nur die Kanonen störten, der wie ein Prinz auszusehen glaubte, obwohl er ganz einfach Max Mayer hieß, kniff ein Auge zusammen und fand das Aussehen jener Artilleristen, die zu den dunkelbraunen Waffenröcken schon die neuen hechtgrauen Hosen statt der alten hellblauen trugen, „einfach scheußlich, als wären diese Kerle mit den Haxen ein Jahr im Wasser gehängt und ausgelaugt". Zwischen den lichtblauen Röcken der Dragoner und Ulanen, zwischen den goldverschnürten Attilas der Husaren dunkelten die schmucklosen Waffenröcke der Königin der Waffen, der fußhatschenden armen infanteristischen Verwandten dieser sich zuwinkenden, zugrüßenden, ach, so beneidenswerten Reiterfamilie. Flaschengrüne Generalstäbler betrachteten dieses bunte Bild von einer höheren Warte, auf der man nicht mehr an das Säbelziehen, Hurrarufen und Attackieren glaubt. Aber was konnte man tun, die Kavallerie hatte sich ihre Lanzen, ihre Standarten und ihre Musik nehmen lassen, die roten Hosen gab sie nicht her, an denen hing offenbar ihre Seligkeit. Honvedinfanterie, diese rotverschnürten Husaren ohne Gaul, Abgesandte des madjarischen Globus, der an drei Meere grenzen sollte, deren Namen niemand kannte, waren da, Vertreter der so heiß ersehnten künftigen madjarischen Armee, in der es keine deutschen Kommandos mehr geben würde, waren über die Leitha nach Wien gekommen und schielten hin und wieder zur Hofloge hinauf, ob dort schon der erbitterte Feind ungarischer Selbständigkeit, der Thronfolger, zu sehen sei. Große blonde Italiener, Nachkommen des langobardischen Adels, in strengen, knappen, schwarzen Uniformen mit schmalem farbigem Vorstoß, waren gekommen, die sich wahrscheinlich mit den Belgiern gemeinsam alle Sprungpreise holen werden, denn sie haben Geld, können Irländer kaufen und gehen kühn wie Teufel alle Hindernisse an. Südamerikanische Kavalleristen —

beileibe nicht wie Gauchos, sondern wie extravagante Preußen uniformiert — standen zwischen Russen, Bulgaren, Franzosen und Schweden, während sich die vielen knappen, strammen Herren aus Hannover etwas abseits hielten. Den weiten Trabrennplatz umrahmten die hohen Silberpappeln der Auen, hinter denen der einsame Strom dahinzog; links vorne wölbte sich die hohe Kuppel der Rotunde aus der Zeit der Wiener Weltausstellung und des großen Börsenkrachs. Da stand die goldene Jugend aller Herren Länder nun, da plauderten sie und näselten ein wenig, die jungen Herren aus allen Garnisonen der Donaumonarchie, Offiziere der ältesten Regimenter, vor deren schlachtenentscheidendem, donnerndem, staubumwölktem Anritt einst das Fußvolk das Schießen vergessen und mit angehaltenem Atem dem großen Zweikampf der Reiter zugeschaut hatte, in dem das Eisen das Eisen angezogen, Regimenter mit klirrenden, blutbesprengten Namen, Namen aus der Zeit Wallensteins, Eugens und Erzherzog Karls; die Montecuccoli-Dragoner, die Helden von Lützen und Breitenfeld, die einst als Dampierre-Kürassiere den Zweiten Ferdinand aus den Händen der protestantischen Stände gerettet hatten und deren Oberst seither unangemeldet beim Kaiser erscheinen darf; die Lothringer-Dragoner, die beim Entsatz von Wien, die Savoyen-Dragoner, die bei der Erstürmung von Ofen gegen die Türken gestritten hatten, die Grünschnäbel von Kolin, diese Windischgrätz-Dragoner, derentwegen sich alle übrigen Offiziere der k. u. k. Armee die Schnurrbärte nicht rasieren durften, weil die Kolin-Reiter, die dem Regiment das Privileg der glatten Oberlippe verschafft hatten, so hundsjunge Wallonen waren, daß damals bei Kolin keiner Flaum unter der Nase gehabt hatte. Und dann die ungarischen Husaren, diese von der ganzen Welt nachgeahmten und doch von niemandem erreichten ungarischen Husaren, deren Selbstgefühl jene Antwort bezeugte, die ein mit ‚Bruder Husar!' angesprochener Ungar einem mit Dolman und Kalpak prunkenden Kameraden einer andern Armee gegeben: „Brudär? Ich Husar — du Harlekin." Und dann die polnischen und kroatischen Ulanen, die Honved-Husaren und zuletzt noch die berittenen Landesschützen aus Tirol und Dalmatien, die sich den recht unschönen Namen der ‚Beschissenen Landesritter' gefallen lassen mußten.

Franz Ferdinand war ein wenig zu spät zum Preisreiten gekommen, die Barettaufsetzung der beiden neuen Kardinäle war an der Verzögerung schuld. Und wen hatte Franz Ferdinands scharfes Auge hier unten auf dem Trabrennplatz erspäht? Denselben Rittmeister, der schon seit zwei Tagen in Konopischt sein sollte, um dort alles für den Empfang des deutschen Kaisers zu regeln. Da sollte man die gute Laune nicht verlieren! Da sollte man ein freundliches Gesicht zeigen! Geht es in diesem Staate nicht zu wie in dem Hause eines altersschwachen Herrn, den seine Dienerschaft hinten und vorne betrügt und beschwindelt? Aber er wird dreinfahren, er wird Ordnung in diesen Sauhaufen bringen, wenn sein Tag einmal gekommen sein wird! Dann wird es stauben, dann wird er der ganzen faulen, heuchlerischen Bande Beine machen!

Nun hellte sich des Erzherzogs Gesicht wieder auf; drüben in der Hofloge saß, abseits von den Erzherzoginnen, seine Frau, er grüßte mit einer leichten Verbeugung hinüber. Der Himmel über den Pappeln der Auen hatte sich umdüstert, die Sonne hatte ihren Schein verloren. Franz Ferdinand blickte zum Himmel: „Haben wir denn heute schon die Sonnenfinsternis?"

„Das ist eine heraufziehende Wolke, Kaiserliche Hoheit", antwortete ein Herr des Gefolges, „die Sonnenfinsternis tritt erst am 21. August ein."

Vor dem kleinen Pavillon an der Schmalseite des Platzes, unter dem der Thronfolger stand, salutierten drei Reiter: zwischen einem österreichischen Ulanen- und einem Dragonerleutnant hielt ein russischer Leutnant von den Ingermanlandhusaren ‚Herzog von Sachsen-Weimar'. Nur die blaue Tellerkappe unterschied den Russen in seinen roten Hosen und der goldverschnürten lichtblauen Attila von einem Ungarn. Er war ein schmaler, langaufgeschossener junger Mann mit langem pergamentgelbem Gesicht, schwarzen, zusammengewachsenen hochgeschwungenen Brauen und breiten Lippen mit einem dünnen stacheligen Schnurrbärtchen unter der kurzen aufgeworfenen Nase. Beim Salutieren zeigte er ein wenig die Zähne, ein Krampf von Ehrgeiz straffte Gesicht und Gestalt. An seiner Schulter hing eine bunte Seidenschleife. Das Reiterspiel begann, die beiden Österreicher hatten sich die Seidenschleife zu holen. Rasche Wendungen, blitzschnelles Verkehren! Die beiden Österreicher hatten den Husaren in die Mitte genommen, sie bedrängten ihn, der Russe ließ seinen Gaul steigen, die hellgelbe Sattelgurte, der lichte Bauch, die Eisen der Vorderfüße leuchteten auf, der Ulan mußte, wollte er nichts abkriegen, sein Pferd herumreißen und sich im Sattel zur

Seite biegen — der Ingermanlandhusar war entschlüpft. Die Zügel waren schon flockig von Schaum, der Husar jagte in kurzem Galopp im Kreis, die Schulter mit der Rosette an der äußeren Hand, die beiden Österreicher dicht hinter ihm drein. Hin und wieder kehrte sich der Husar kurz um, maß mit zusammengezogenen Brauen und gebleckten Zähnen seine Verfolger, wechselte die Hand, neigte sich zur Seite, aber schon war der knabenhafte Dragoner neben ihm, riß ihm die Schleife von der Schulter und hielt sie mit lachendem Kindergesicht hoch. Die drei Reiter zügelten ihre schaumflockenden Pferde, ritten an die Schranke, paßten aufeinander auf, daß sie gleichzeitig salutierten, und hoben zugleich drei weiße Handschuhe an die Kappen. Die Augen der Offiziere suchten den Blick des Erzherzogs, drei Hände senkten sich und klopften mit drei kurzen Schlägen die schäumenden Hälse der an den Zügeln kauenden, unruhigen Pferde. Der Ingermanlandhusar nagte, als verbisse er einen Schmerz, an seiner dicken Unterlippe, der Dragoner strahlte über sein ganzes Gesicht.

Franz Ferdinand dankte und wendete sich mit ein paar Worten an einen Herrn seines Gefolges. Dieser Offizier verbeugte sich knapp, bückte sich unter der Schranke durch, nahm dem verdutzt dreinschauenden Dragoner die Schleife aus der Hand und heftete sie abermals an die Schulter des sich zu ihm niedergebeugten Russen. „Seine Kaiserliche Hoheit befiehlt, daß das Spiel wiederholt werde, die Schleife ist von rückwärts genommen worden." Dem jungen Dragoner schoß das Wasser in die großen blauen Augen, er wurde über den weißen Aufschlägen so rot, als brenne sein Gesicht nach einem Schlag, aber er riß sein unruhiges Pferd zusammen und blickte starr vor sich ins Leere. Diese Schande! Mein Gott, mein Gott, diese Schande! Dort drüben stand sein Regimentskommandant mit dem kurzgestutzten Kaiserbart und sah drein, als hätte der Leutnant silberne Löffel gestohlen. Diese Schande! Um sich das vor der Kavallerie der ganzen Welt anzutun, ist man wohl von Podolien nach Wien gefahren!

Der Ingermanlandhusar, dessen pergamentgelbes Gesicht dunkelbraun vor Freude geworden war, saß ab, trippelte einige Schritte und flankte mit kurzem Anlauf über die Barriere. Er schritt rasch auf den Erzherzog zu, streifte seinen Handschuh ab, verbeugte sich tief und nahm die dargebotene Hand, salutierte, flankte zurück und saß wieder auf.

Der Dragoner sah nicht viel, er mußte schlucken, daß ihm die

Tränen nicht kamen. Mein Gott, auch ein Erzherzog konnte sich irren, auch ein Erzherzog war doch schließlich und endlich, wenn man's genau nahm, nur ein Mensch, – oh, wenn aber die Herren dort im Gefolge, die so sauersüß lächelten, glaubten, daß er, ein Graf Fünfkirchen, habe mogeln wollen! Nun standen die drei Reiter wieder ausgerichtet Kopf an Kopf. Als die Offiziere kurz aufeinanderschielten, um gleichzeitig zu salutieren, wich der Dragoner dem Blick des Husaren aus, denn er meinte, ein unterdrücktes Lächeln um den breiten Mund mit den gebleckten Zähnen wahrzunehmen. Und wenn er hundert Jahre alt werden sollte, dieses Gesicht, dieses schadenfrohe Lächeln des Husaren würde er nie vergessen können. Und diese Schande auch nicht, niemals, nein, nie und nimmer, nicht den Husaren und nicht das Unrecht und die Schande. Als die drei nun zur gleichen Zeit salutierten, setzte ein solcher Platzregen ein, daß die hellen Röcke der Reiter mit einem Male so dunkel wurden wie Infanteriewaffenröcke. Wie Maschinengewehrfeuer knatterten die Tropfen auf das Blechdach des Pavillons.

„Teufel, da wird es Stürze geben, daß die Knochen krachen!" Tropfen sprangen aus den Pfützen auf wie Fischlein aus dem See. Die Damen spannten die Sonnenschirme auf und suchten kleiderraffend und lachend den Schutz eines Daches, die Offiziere folgten ihnen langsam, streckten die Arme von sich, ließen das Wasser von den Ärmeln rinnen und nickten die Tropfen vom Kappenschirm.

Alles stand und schaute verdutzt auf diesen Vorhang aus flimmernden Wasserfäden, hinter dem weißlich die großen Silberpappeln aufrauschten, die Pferdewärter mit patschnassen Gäulen rannten, grelle Blitze aufflammten und weither der Donner grollte. Ein Wasserglas war umgeworfen worden und verlöschte nun die durcheinanderfließenden Farben des leuchtenden Aquarells.

Der Dragonerleutnant stand knapp neben der Traufe des kleinen Pavillons, die Schande brannte auf seinen Wangen, er wollte niemanden sehen, er wollte von niemandem etwas wissen. Könnte er, wie er wollte, er risse sich den Rock herunter und liefe auf und davon, er hatte das Theater satt bis zum Hals hinauf. Natürlich – die Gäste sind immer im Recht, die Gäste werden verwöhnt und den eigenen Offizieren tut man diese Schande an! Ah, wenn er doch diesem boshaft grinsenden Russen einmal im ehrlichen Reiterkampf mit blanker Waffe gegenüberstände – einmal nur, das müßte der schönste Tag seines Lebens sein.

Über den Trabrennplatz spannte sich ein leuchtender Regenbogen. Die frischgewaschenen Pappeln standen so grashell vor der dunklen, über die Donau abziehenden Wetterwand, die Rotunde sah wie neu aus, in ihrer hohen Laterne blinkte blendend die Sonne. Die geballte Menge löste sich von den Tribünen, naßdunkle Sonnenschirme näherten sich den Barrieren. Drei Reiter, ein Dragoner, ein Ulan und ein Husar, hielten vor dem kleinen Pavillon.

Der Thronfolger hatte den Mantel angezogen, er mußte sich vor Erkältungen hüten. Drüben aus der Hofloge winkte Herzogin Sophie herüber, Franz Ferdinand winkte mit der Hand zurück.

Die drei Reiter waren etwas naß geworden, sie klopften den ungeduldig scharrenden Pferden den Hals, sie prüften einander wieder mit halben, flüchtigen Blicken. Das Kindergesicht des Dragoners war noch immer starr und trotzig, er mochte dem Ingermanlandhusaren nicht in die harten, schwarzen, stechenden Augen blicken. Der Husar war großmütig wie ein kleiner Junge, er zeigte ein wenig die Zähne, er versprach ohne Worte, dem gekränkten Dragoner diesmal die Schleife gnadenweise zu überlassen. Aber der Dragoner ärgerte sich über dieses Geschau noch viel mehr, er wollte keine Gnade, er wollte sein Recht. Ach, diese drei Reiter, so erwachsen und großartig sie sich auch gebärdeten, sie waren ja doch noch halbe Jungen.

Habt acht! Der Erzherzog trat vor. Die drei Reiter streckten sich, sie wendeten die Pferde, sie musterten kritisch das nasse, glatte Gras, sie setzten sich in kurzen Galopp, voran der Husar, die beiden Österreicher hinterdrein, das Jeu de barre begann von neuem.

Am gleichen Vormittag fuhr in der Himmelpfortgasse zu Wien beim Finanzministerium ein Mietauto vor, dem ein etwas salopp gekleideter Herr entstieg, der sich nach ein paar hastigen Worten von dem reichbetreßten Portier über die von mächtigen Giganten getragene Treppe des ehemaligen Prinz Eugenschen Winterpalais emporgeleiten ließ. Auf der Treppenrast, wo sich die Stiege in zwei auseinanderstrebende Arme teilt, verweilte der Besucher, um dieses prunkvolle Stiegenhaus zu bewundern, einen Augenblick nur, denn dann wurde er von einem Diener geradewegs in den Empfangssalon des Finanzministers Dr. von Bilinski geführt. Bilinski war von dem Besuch des serbischen Geschäftsträgers Jovan Jovanović bereits verständigt, er begrüßte den Serben mit der ganzen gewinnenden Höflichkeit des Polen und fragte, womit er zu Diensten stehen könnte.

Der kaum vierzig Jahre alte, für einen Diplomaten recht ruppig aussehende serbische Gesandte ließ seine dunklen Augen unruhig umherwandern, räusperte sich und fand nicht sogleich die richtigen, mitten in die Sache hineinführenden Worte. Bilinski bewahrte die Ruhe, spielte mit seinem weißen Schnurrbart, schloß seine kleinen Äuglein bis auf einen Katzenspalt und betrachtete die etwas unordentliche Frisur seines Gegenübers. Da Bilinski neben dem gemeinsamen Finanzministerium auch die Verwaltung der beiden Reichsländer Bosnien und der Herzegowina unter sich hatte, und da es dem Außenminister Grafen Berchtold offenbar nicht leicht fiel, mit diesem etwas schwierigen und lebhaften serbischen Gesandten zu verkehren, hatte Bilinski in der letzten Zeit recht oft mit Jovanović zu tun gehabt. „Exzellenz", begann der serbische Gesandte nach einigem Zögern, „haben mir schon in der zuvorkommendsten Weise so viele Gefälligkeiten erwiesen, daß ich es wagen kann, mich mit einer etwas heiklen Angelegenheit an Exzellenz zu wenden."

Bilinski verbeugte sich mit einer entgegenkommenden Handbewegung.

„Exzellenz werden verstehen, daß ich mich hierher wende, da ich eben an dieser Stelle das größte Entgegenkommen gefunden habe, was mich für meinen Teil zu der Hoffnung ermächtigt, daß sich diese Übereinstimmung der Ansichten auf eine Verwandtschaft des Blutes zweier ruhmreicher slawischer Nationen begründet." Bilinski verbeugte sich abermals, er wartete, wo sich sein Gegenüber hinauswinden wollte.

„Exzellenz, mir wurde soeben mitgeteilt, daß in Bosnien — und was mich noch mehr beunruhigt, an der Drinagrenze Bosniens, Manöver abgehalten werden sollen, und daß Ihr Herr Thronfolger Franz Ferdinand diese selbst befehligen wird." Bilinski legte den Kopf etwas zur Seite und erwiderte mit begütigendem Lächeln: „Soweit ich informiert bin, Exzellenz, werden diese Manöver nicht an der serbischen, sondern an der bosnisch-herzegowinischen Grenze stattfinden."

Der serbische Gesandte lächelte ein wenig ungläubig und zuckte leicht mit der Achsel: „Wie dem immer auch sein mag, so kann ich Eurer Exzellenz dennoch versichern, daß Manöver in Bosnien in solchem Umfang und unter solch hohem Oberbefehl in Serbien die größte Beunruhigung auslösen werden."

Bilinski erhob abwehrend die Hand: „Und außerdem — soweit meine Informationen reichen, denn ich bin in dieser fraglichen Angelegenheit nur sehr wenig informiert worden, es scheint sich hier um rein militärische Agenden zu handeln — wird nicht seine Kaiserliche Hoheit, sondern Feldzeugmeister Potiorek die Oberleitung innehaben."

Der serbische Gesandte fuhr mit der Hand aufgeregt durch sein struppiges schwarzes Haar, beugte sich über den Tisch und sagte mit Nachdruck: „So oder so — die serbische Bevölkerung dies- und jenseits der Drina wird diese Manöver nach dem, was vorgefallen ist, nach der furchtbaren Erbitterung wegen Albanien, nach dem erzwungenen Rückzug von Skutari — Skadar — als eine schwere Provokation betrachten. Manöver unter solchen Umständen sind gefährlicher als... irgendwelche Grenzplänkeleien." Der Gesandte wartete auf einen Einwurf des Ministers und fuhr, als dieser mit freundlichem Lächeln schwieg, rascher fort: „Eure Exzellenz, unter der serbischen Jugend — ich meine unter der serbischen Jugend Bosniens, kann sich leicht irgendein Hitzkopf finden, der etwas Unverantwortliches unternimmt, unter den serbischen Soldaten — ich meine unter den in österreichisch-ungarischen Regimentern dienenden serbischen Soldaten — kann irgendein Mann statt einer Platzpatrone scharfe Munition laden. Eure Exzellenz werden meine Besorgnis verstehen, werden verstehen, warum ich zur Erwägung stelle, ob es nicht zweckmäßiger wäre, wenn Seine Kaiserliche Hoheit nicht nach Sarajevo gehen, wenn das serbische Volk auf seinem ersten Veitstag auf dem befreiten Amselfeld nicht durch die Anwesenheit eines kaiserlichen Prinzen herausgefordert wird. Ich bitte Eure Exzellenz, mir diese freie Sprache zugute zu halten, aber aus mir spricht — indem ich diese Bedenken, wie ich ausdrücklich betonen muß, ohne Auftrag meiner Regierung vorbringe — die Besorgnis um die Erhaltung des Friedens und des guten Einvernehmens zwischen unsern beiden Ländern."

Der serbische Gesandte erhob sich, Bilinski reichte ihm die Hand: „Es wird nicht so leicht sein, diese Privatmeinung, diese Ihre freundschaftlichen Besorgnisse weiterzuleiten, aber was in meiner Macht steht, will ich gerne versuchen. Jedenfalls danke ich Eurer Exzellenz vielmals für diesen neuerlichen Beweis freundschaftlichen Vertrauens; hoffen wir, daß es bald dazu führen wird, die Atmosphäre zwischen den beiden so sehr aufeinander angewiesenen Ländern zu entgiften."

Als der serbische Gesandte gegangen war, überlegte Bilinski noch einmal das Gehörte.

Blinde Schreckschüsse, Platzpatronen politischer Manöver. Der Minister hatte mit dieser Reise schon genug Scherereien gehabt, er würde sich nicht noch einmal den Mund verbrennen. Er würde nicht für die Militärs die Kastanien aus dem Feuer holen, für diese Herren, die seit Monaten so tun, als existiere kein Minister für die gemeinsamen Reichslande.

Provokation! Was war in Österreich nicht alles eine Provokation! Jede neue Schule, die gebaut, jeder Bezirkshauptmann, der ernannt, jede Stelle einer Abortfrau, die vergeben wurde, war eine Provokation. In Brünn werden am 28. Juni die Tschechen die Deutschen durch das große allslawische Sokolfest provozieren, und die Deutschen werden am selben Tag die Tschechen durch die Abhaltung eines Studententages provozieren. In Triest provozierten die Italiener die Slowenen, und in Laibach die Slowenen die Deutschen. Was sich aber in Galizien die Ruthenen gegenüber den Herren des Landes, den Polen, erlaubten, daran durfte Bilinski gar nicht denken. Wenn Potiorek übrigens durch die Reise Franz Ferdinands einige Scherereien haben sollte, würde es ihm ganz recht geschehen, denn dieser General war schon allzu gottähnlich geworden. Und dann waren dem Thronfolger in letzter Zeit schon so viele Warnungen zugegangen, daß Bilinski mit diesen vagen Vermutungen eines schlecht angeschriebenen Gesandten sicher nicht den geringsten Eindruck machen würden. Der Kaiser selbst soll es ja dem Thronfolger bei dessen Abschiedsaudienz freigestellt haben, zu fahren oder nicht zu fahren — nun, wenn Franz Ferdinand durchaus reisen wollte, dann konnte ihn auch Bilinski mit hundert Warnungen und Mutmaßungen nicht aufhalten, denn da setzte der Erzherzog seinen Starrkopf auf, und gegen den kam niemand an.

Reise mit der Untergrundbahn, Juni 1914

An eben diesem Tag, an dem Jovanović bei Bilinski vorsprach, zeigte ein Soldat auf dem großen Platz mit den kleinen Häusern von Schabatz drei Burschen ein Kaffeehaus. Er selbst trat unter das Sonnendach auf einen Tisch zu, an dem Zivilisten und

Offiziere Karten spielten, und meldete einem großen, hageren Major etwas, worauf dieser die Karten weglegte, einen der Kiebitze aufforderte, für ihn einzuspringen, und auf die drei draußen wartenden Burschen zuging. Princip gab dem Grabež eine Pappendeckelschachtel, zog eine Brieftasche hervor, fragte, ob er mit dem Major Popović die Ehre habe, und überreichte dem Offizier eine Visitenkarte: „Wir sind die drei guten Leute, die von Belgrad kommen und nach Bosnien gehen."

Der Major überflog die Karte und musterte die Burschen: „Wollt ihr durch den Tunnel hinüber?"

„Das wollen wir."

„Hier über Klenak?"

„Über Klenak geht es nicht, da wird man untersucht. Wir haben Blumen für den Empfang des Thronfolgers bei uns. Man hat uns in Belgrad geraten, bei Ložnica über die Drina zu gehen."

„Meinetwegen. Man hat mir schon telephoniert. Kommt mit auf das Stationskommando, ihr könnt ein Schreiben an den Grenzhauptmann in Ložnica haben." Der Major ging den Burschen mit großen Schritten voran; nun blieb er plötzlich stehen, blickte Princip scharf an und fragte: „Und könnt ihr auch mit Blumen umgehen?"

Princip lächelte: „Wir waren drei Monate in der Gärtnerei im Topčider."

„Habt ihr genug Geld?"

Ehe noch Princip antworten konnte, war Čabrinović an der Seite des Majors.

„Leider sehr wenig, Herr Major. Sehr knapp."

„Gut. Ich kann euch Freikarten für die Staatsbahn und halbe Karten für die Privatbahn geben. Ihr bekommt einen Ausweis, daß ihr zur Finanzwache assentiert seid, ihr fahrt also mit einer Marschroute. Merkt euch aber: bei einer Fahrt durch einen Tunnel schließt man die Fenster. Bei der Fahrt durch unsern Tunnel schließt man den Mund. Habt ihr verstanden?"

„Wir verstehen", antwortete Princip ungeduldig, „denn wer den Mund nicht halten kann, darf nicht auf Reisen gehen."

Dem Major gefiel das herrische Wesen Princips, er mußte lächeln und entschuldigte sich: „Das sage ich nur deshalb, weil ich aus Belgrad den Auftrag bekommen habe, drei junge Bosnier, deren Personalbeschreibung verdammt gut auf euch paßt, aufzuhalten, festzunehmen und nach Belgrad zurückzuschicken."

Princip erschrak und faßte in seiner Aufregung den Major beim Arm: „Und werden Sie es tun?"

Der Major lachte: „Jetzt seid ihr aber erschrocken! Nein, ich werde es nicht tun, die Ähnlichkeit scheint mir nicht groß genug. Aber ich sag es euch, daß andere Leute in Belgrad über eure Reise anders denken. Diese Leute haben den Grenzposten schon eure Beschreibung zukommen lassen. Also Vorsicht!"

Čabrinović und Grabež ließen die Köpfe hängen. Sie waren erschrocken, jetzt schon, gleich zu Beginn der Reise, auf Schwierigkeiten zu stoßen. Das hatte ihnen sicher dieser verdammte Spitzel der Weißen Hand, der bucklige Kellner Gjoka, eingebrockt oder vielleicht auch der Eisenbahner Čiganović, dem Princip nie getraut hatte. ‚Čiganović sei sicher von der Weißen Hand bestochen, damit die erführen, was mit uns los sei', hatte Princip immer gesagt. Aber nun war es zu spät, ach was, man würde halt per Schub wieder nach Belgrad geschafft werden. Der Major ging mit den Burschen zu einem niederen, weißgetünchten Haus mit dem Staatswappen über der Tür und einem Posten davor, der dem Major die Ehrenbezeigung leistete. Die Burschen folgten dem Major in die Kanzlei; der Major schrieb den Brief an den Grenzhauptmann und gab ihnen die Anweisung auf die Fahrkarten. „So — und nun schweigt und geht hinüber zu Božo Milanović, er wohnt dort drüben in dem großen zweistöckigen Haus, er hat für euch ein Zimmer gerichtet, er ist der Stationsvorstand der Untergrundbahn hier, sagt nur, daß ich euch schicke."

Princip nahm die Papiere und bedankte sich, dann trollten sich die drei Burschen. Als sie schon ein Stück gegangen waren, öffnete der Major das Fenster und rief Princip zurück: „Paß besser auf deine Blumenschachtel auf, sie ist schlecht verschnürt, du könntest eine Rose verlieren."

Princip nahm die Schachtel fester unter den Arm und holte seine Kameraden wieder ein. „Hier ist alles gut geölt", lachte Čabrinović, „und wenn man nicht dumm ist, kann man sich ein paar Dinare ersparen." „Schnorrer, verdammter", murrte Princip, aber Čabrinović verteidigte sich: „Gavrile möchte am liebsten überall recht groß tun und erzählen, wieviel Geld uns der russische Oberst mitgegeben hat. Behalten wir das Geld, können wir uns in Sarajevo noch ein paar lustige Tage machen."

Der Grenzhauptmann Prvanović in Ložnica stand am Telephon, kurbelte und kurbelte und konnte doch keine Verbindung bekommen. „Weiß der Henker, was das heute ist, niemand meldet sich“, sagte er zu den drei Burschen, die hinter ihm im Dienstzimmer standen, „kommt morgen wieder. Aber wenn ich euch einen Rat geben darf, verduftet hier, denn hier in der Lade liegt ein Befehl, der nicht günstig für euch ist. Am besten wäre, ihr ginget nach Koviljača hinüber, in so einem Badeort fällt man im Sommer viel weniger auf als hier an der einsamen, gottverlassenen Grenze.“

Princip fragte, ob er eine Schachtel hier lassen könne, die ein wenig schwer sei.

„Was schleppst du denn da mit?“ fragte der Hauptmann.

„Vier Pistolen und sechs Bomben“, erwiderte Princip voll jugendlichem Selbstbewußtsein.

Der Hauptmann lachte: „Teufel, ein ganzes Feuerwerk. Gib her, ich sperr' es ein, du kannst dir morgen deinen Begrüßungssalut holen.“ Die drei Burschen verbeugten sich und zogen, wie von einem Alp befreit, mit Dank ab.

Der Kurort leuchtete mit seinen weißen, niederen Gebäuden durch das silbrige Laub der Aulandschaft. Aus dem Park herüber schmetterte Militärmusik. „Ganz wie bei uns daheim in Ilidže“, seufzte Čabrinović, „wir können schauen, was es hier für Mädchen gibt, und ein bißchen bummeln.“ Er drehte sein Bärtchen und zupfte seine grellrote Krawatte zurecht. Aber Princip war nicht zum Bummeln und nicht zum Charmieren aufgelegt, er fürchtete, daß gerade jene Schöne, der Čabrinović etwas vorprahlen würde, die Tochter eines österreichischen Spitzels sein könnte. Und dann fühlte sich Princip auch in seinen abgetragenen, schäbigen Kleidern nicht wohl unter den gutangezogenen Leuten einer Kurpromenade, er hatte sich nicht, wie Čabrinović, für das russische Geld einen neuen Anzug gekauft. „Bleiben wir lieber hier draußen“, schlug Princip vor und betrat eine kleine Kaffeeschenke, „mir ist nicht nach Lachen und Walzern zumute.“

Čabrinović schlug elegant ein Bein über das andere, er zog die Hose hinauf, um seine neuen Socken zu zeigen, Pariser Muster, das Modernste und Grellste. „Lustig, auf der Untergrundbahn zu fahren! Wirklich nobel!“ Čabrinović nahm eine Schachtel Zigaretten heraus und bot seinen Freunden an: „Feiner Kerl, der Kaufmann in Schabatz! Die Zigaretten hat mir die Tochter geschenkt. Ein Mädchen zum Anbeißen! Und beim Abschied hat sie um unser junges Blut geweint! Mir sind auch die Tränen gekommen. Ach was, blasen wir den Rauch durch die Nasen und träumen wir von schönen Mädchen, die wir bald nicht mehr küssen werden!"

„Esel!" sagte Princip zornig. „Du möchtest dich am liebsten auf dem Marktplatz aufstellen und austrommeln lassen oder selbst zur Gusla singen, was Nedjo, der große Held, für gewaltige Taten im Schilde führt, nur damit irgend eine Gans von einem Frauenzimmer flennt und dich bedauert!"

„Esel hin, Esel her! Glaubst du vielleicht, das, was du tust, ist gescheiter? Hat es einen Sinn, bis zu unserem letzten Veitstag von Wasser und von Brot zu leben, die Stirn zu runzeln und die schönen Mädchen und die goldene Jugend und die süße Liebe zu verachten? Zum Trauern, Bruder, haben wir im kühlen Grabe noch genug Zeit."

Grabež lachte albern, aber er gab Nedjo recht: Princip übertrieb wirklich von Tag zu Tag mehr.

Nun rief Čabrinović den Kellner und verlangte Ansichtskarten, er wollte an die schönen Mädchen Sarajevos und Belgrads traurige Grüße senden.

„Das Dümmste, was du tun könntest! Solange wir nicht drüben sind, wackel lieber nicht mit deinen langen Ohren." Princip sah, wie in aller Eile drei Finanzer gerannt kamen, die so schnell gelaufen waren, daß ihre groben Zwillichblusen schweißdunkel auf dem Rücken waren. „Nicht aufschauen", warnte Princip seine Gefährten, aber die Finanzer hatten die drei Burschen schon bemerkt: „He dort! Seid ihr die drei Bosnier?"

Princip antwortete für die beiden Kameraden: „Wir sind keine Bosnier, wir sind Belgrader Studenten."

„Du bist ein vorsichtiger Bursche", lachte der eine Finanzer, „aber mir kannst du schon sagen, ob ihr hinüber wollt."

„Wo hinüber?"

„Ach, du kleiner Herr Student, verstell dich nicht. Uns schickt Herr Hauptmann Prvanović. Drei sind zuviel, läßt der Herr Hauptmann sagen. Drei werden gesucht. Der Herr Hauptmann kann bloß zwei hinüberschaffen. Einer von euch soll heute noch hierbleiben, er kann dann morgen über Zvornik gehen. Da ist ein Brief, den er in Zvornik abgeben soll."

Die drei berieten kurz. Čabrinović, der Princips Gesellschaft langweilig fand, war dafür, daß man ihn allein reisen lasse.

„Da habt ihr das Zyankali. Die Waffen müßt eben ihr nehmen." Nun mengte sich der eine Finanzer wieder ein: „Es wird gut sein, wenn ihr eure Papiere vertauscht." Er zeigte auf Grabež: „Du siehst ihm ähnlich, gib du ihm deine Ausweise, er soll dir seine geben. Wenn sie ihn dann schnappen, kennen sie sich nicht aus."

Auch dies geschah; Čabrinović war guter Dinge, er setzte sich den Hut schief und steckte sich einen Grashalm zwischen die Zähne: „Glückliche Reise. In Tuzla treffen wir uns wieder." „Bummel nicht, treib dich nicht mit Weibern herum, prahl nicht", warnte ihn Princip, „halt die Zeit ein. Also auf Wiedersehen im Kino von Tuzla!"

Dann wandte sich Princip an die drei Finanzer: „Und was wird mit uns beiden geschehen?"

„Ihr sollt nach Ložnica kommen, und dort in der Kaserne schlafen. So will es Hauptmann Prvanović, so kann er sicher sein, daß ihr keine Dummheiten macht."

Die Finanzer umstanden das Bett, auf dem Princip und Grabež saßen, die Füße baumeln ließen und Brot mit Speck aßen. Sie staunten die beiden städtisch gekleideten Burschen an und wollten nicht glauben, daß so junge Leute etwas so Großes vorhaben konnten.

Aber unter dem Bette stand — und jeder konnte sie dort sehen — die Schachtel mit den Bomben und Pistolen, die Hauptmann Prvanović heraufgeschickt hatte. Die Finanzer hatten in diesem Mannschaftszimmer schon manchen Gast gehabt, denn es kamen jahraus, jahrein Leute über die Grenze herüber, die drüben desertiert waren oder etwas ausgefressen hatten, aber solche junge Bürschchen waren noch nie hier gewesen. Ein großer Finanzer mit einem breiten, gutmütigen Gesicht setzte sich zu den beiden Burschen auf das Bett, stützte die Hände auf die auseinandergespreizten Knie und schaute die Jungen von der Seite an. „Habt ihr denn gar keine Furcht?"

„Wovor denn Furcht?" fragte Princip erstaunt.

„Nun — vor dem Sterben", sagte der große Mensch und blickte dabei zu Boden.

„Besser sterben, als ehrlos leben", erwiderte Princip rauh.

„Wieso denn ehrlos?"

„Weil man ohne Freiheit ehrlos ist."

Der Finanzer wiegte bedächtig den Kopf, seine Kameraden lachten. Dann drehte er sich gemächlich herum und legte Grabež die Hand auf die Schulter: „Glaubst du das auch, du kleiner Zigeuner?"

„Das glaub ich auch", sagte Grabež ernst, „ohne Ehre, ohne Freiheit kein Leben."

„Und ihr habt", fragte der Finanzer weiter, „die Freiheit da unter dem Bett? Was wollt ihr denn drüben?"

Grabež hatte einen schönen, hellen Tenor, er kannte viele Lieder, und nun fragte er, ob der Finanzer nicht das Lied gehört habe: „Ahoi, Bosna, du Waisenkind vor Gott, hast du denn nirgends Brüder deines Stammes?"

Der Finanzer kannte das Lied nicht und Grabež versprach, es abends vorzusingen. „Und seht ihr, diese Brüder, die Bosnien helfen wollen, sind wir. Und deshalb wollen wir hinüber." Und Princip fügte hinzu: „Müßt ich, wie ihr, hier an der Grenze leben und wissen, daß drüben serbische Menschen sind, die nicht einmal das Fest der heiligen Sava, die nicht den Hauspatron feiern dürfen, denen es verboten ist, die Trikolore zu hissen, verrückt würde ich vor Schmerz und Schande. Nein, Brüder, es ist besser, zu sterben, als ehrlos zu leben."

Der gutmütige Mann, der neben den Burschen saß, schlug die Hände zusammen: „Wenn die Eier gackern, müssen die Hennen schweigen. Spricht vom Sterben, das Kind, und weiß noch nicht einmal, was Leben ist."

„Leben", rief Prinzip, die Hand emporwerfend, „Leben heißt Kampf, Leben heißt immerwährender Krieg gegen das Alte und Morsche."

„Kind! Mensch! Bürschchen! Was weißt du denn, was Krieg ist. Wüßtest du's, wie könntest du sagen, Krieg sei Leben. Krieg, kleiner Bruder, Krieg ist Tod." Der gutmütige Mann kratzte sich hinter dem Ohr: „Frag meine Kameraden, die wissen es, die waren mit unten gegen die Türken und gegen die Bulgaren. Da lernt man Jesum Christum kennen! Wenn es Krieg gibt, Bürschchen, gibt es Hunger, wenn es Hunger gibt, gibt es Cholera und Typhus, wenn es die beiden gibt, gibt's auch die Pest, und wenn Pest ist, ach Freundchen, dann sterben die größten Helden wie kleine Fliegen, und kein Gusla-Spieler singt von ihnen. Mein Guter, mein Lieber, ich war in den Cholera-Baracken von Üsküb, da sind die Helden wie die Feiglinge nicht im Blut, dort sind sie im stinkenden Dreck erstickt. So ist der Krieg, Kleiner, so und nicht anders, und wenn man dabei ist, hört man nicht viel von Ehre und Ruhm, da muß man marschieren, bis einem die Blasen an den Füßen platzen, bis einem die Zunge aus dem Hals hängt und der Schweiß die Augen verklebt."

Princip zuckte mit keiner Wimper: „Wir wollen ja den Krieg nicht. Wir wollen den Mann beiseite schaffen, der alle Slawen ausrotten und alles serbische Land den Schwabas geben will. Wenn der nicht mehr sein wird, wenn dieses verdammte Österreich zerfallen wird, dann wird für alle Slawen die Freiheit kommen, dann wird der wahre Gottesfrieden über unserm Land sein."

Ein kleiner, blatternarbiger Mann mit stechenden Augen und einer breiten Sattelnase trat an das Bett: „Du mußt es ja wissen, wenn sie es dir in Belgrad gesagt haben. Du mußt es ja wissen, denn du hast ja studiert und die Weisheit mit dem Löffel gefressen. Dafür reißt du ja dein Maul auch so gewaltig auf. Aber wer Großes vorhat, wie du, der muß wohl auch schießen können. Wie steht es damit? Man hat immer nur gehört, daß die bosnischen Studenten in die Luft oder sich selbst in den Kopf treffen können."

Princip kreuzte ruhig die Arme, neigte den Kopf etwas zur Seite und blickte den gehässigen Menschen gelassen an: „Man lernt, was man braucht. Serbien braucht in dieser Zeit weniger Gelehrte als Helden."

Der kleine Finanzer lachte: „Helden hin, Helden her, so ein Thronfolger, und mag er tausendmal so dumm sein wie ein Deutscher, hält nicht still, wenn du dastehst und zielst, sein Auto fährt wie der Wind dahin, er duckt sich, du brennst ein Loch in die Luft, die Gendarmen kommen, hauen dir gewaltig den Hintern aus und dann wirst du aufgehängt und in der nächsten Nacht wie ein Hund in irgend einem stinkenden Winkel verscharrt. Das sag ich dir!"

Princip zuckte die Achsel: „Laß das meine Sache sein." Er bückte sich und holte unter dem Bett die Schachtel hervor: „Wenn ihr mir die Patronen ersetzt, will ich euch zeigen, was schießen heißt!" Und schon stand der kleine Gelbe auf seinem Bett und holte vom Kopfbrett einen Karton Patronen, riß diesen auf und hielt Princip ein Magazin hin: „So, jetzt wollen wir sehen, was du kannst."

Nun nahm auch Grabež eine Pistole und trat mit Princip an das offene Fenster. Die Finanzer drängten ihnen nach. Im Hof unten lag in einer Ecke eine verrostete Konservenbüchse. Princip zeigte auf sie: „Die dort!“ Er hob die Pistole, zielte kurz und schoß. Rasselnd hüpfte die Büchse hoch und klatschte ein Stück weiter hin.

„Gut! Sehr gut! Tüchtig, Kleiner!“ riefen ein paar Finanzer.

„Ach was, Zufall!“ widersprachen die andern.

„Zufall?“ fragte Princip und schoß noch einmal. Rums, sprang die Büchse wieder hoch. Princip senkte die Pistole und zog Grabež ans Fenster.

„So, Trifko, jetzt schieß du!“

Grabež hob die Pistole, zielte lange, setzte ab. „Es flimmert so in der Sonne“, sagte er, zielte von neuem, der Schuß schlug zwei Handbreiten über der Büchse in die gekalkte Mauer.

„Mäßig“, sagte der Blatternarbige, „sehr mäßig. Kein Schuß für einen Helden, der Großes will.“

„Er zielt zu lange“, entschuldigte Princip seinen Freund, „und dann verreißt er. Noch einmal, Trifko!“

Auch dieser Schuß ging fehl, die Finanzer lachten und der Blatternarbige höhnte: „So wirst du dem österreichischen Thronfolger gerade eine Ehrensalve abgeben, die dir teuer zu stehen kommen wird.“

Princip war wütend: „Er muß nicht mit der Pistole schießen, er kann ja auch die Handgranate werfen. Es ist für beides gesorgt. Ich aber werde nicht fehlen.“ Und schon feuerte er, jeden Schuß mit einem leichten Aufschrei begleitend, sein Magazin aus. Die Büchse wurde zerfetzt und jagte, von den aufstaubenden Kugeln getrieben, rasselnd über den Hof. Grabež war ganz kleinlaut, er beklagte sich, daß seine Hand zitterte, aber Princip erwiderte ihm schroff: „Denk, daß du auf Franz Ferdinand zielst, und deine Hand wird ruhig sein wie dein Herz.“

Die Tür wurde aufgerissen, ein Oberfinanzer trat ein, die beiden Burschen ließen die Pistolen verschwinden, der Zimmerälteste meldete sich bei dem Unteroffizier. Der Oberfinanzer Jakov Grbić trat auf Princip zu und faßte diesen beim Rock: „Der Herr Hauptmann läßt euch sagen, daß ihr weder heute noch morgen hinüber könnt. Hier halten nicht alle reinen Mund, hier ist zuviel Unruhe. Ich fahre morgen mit euch nach Lješnica, dort kann man die Drina nicht so leicht übersehen wie hier bei uns. Wir haben schon nach Lješnica telephoniert, es werden Leute dort sein, die uns führen. Aber nun will ich hier Ruhe haben. Seid froh, daß man euch hier schlafen läßt und sich euretwegen Unannehmlichkeiten aussetzt. Es wird nicht mehr geschossen, sondern geschlafen. Ihr werdet morgen einen heißen Tag haben."

Die beiden Gymnasiasten setzten sich gehorsam auf das Bett und begannen, um ihren guten Willen zu zeigen, sich sogleich die Schuhe aufzuschnüren.

Der Oberfinanzer blieb einen Augenblick unschlüssig stehen, dann wandte er sich an seine Leute: „Und über das, was ihr hier gehört und gesehen habt, wird das Maul gehalten. Habt ihr mich verstanden?"

Die Leute nickten, sie hatten begriffen.

„Und wenn in der Nacht jemand visitieren sollte, der nicht zu uns gehört, dann wird ihm von diesen beiden dort nichts gemeldet. Sie sollen übrigens ihre Zivilkleider verstecken."

Und dann ging der Unteroffizier. Die anderen Finanzer setzten sich zu einem Kartenspiel hin, der große, gutmütige Mann trat an das Bett, auf dem die beiden Gymnasiasten saßen und vor sich hinstarrten.

„Nun, so geht ihr. So geht ihr also wirklich. Und so ist euch nicht zu raten? Nun, man kann nicht hineinsehen in das Herz eines Menschen. Aber du dort, du Schwarzer, du hast versprochen, das Lied zu singen ‚Ahoi, Bosna'. Nun sing es doch, vielleicht wird dein und mein Herz leichter."

Der Oberfinanzer Jakov Grbić wartete in Bauerntracht mit Princip und Grabež auf der Drinainsel Isaković. In den vielverzweigten, rauschenden Flußarmen standen niedrige Weiden und silbern schimmernde Erlen. Der Himmel war dunkel umzogen. Nur dort, wo die Lichtfanfaren der untergehenden Sonne durch die Wolkenwand schmetterten, ragte das Minarett der Moschee von Janja in den schwefelgelben Lichtkeil. Wie ein Matrose im Mastkorb stand hoch oben auf der Galerie ein winziges Männlein und streckte die Arme zum Himmel empor.

„Es ist schon die Zeit der Idžina", sagte Grabež, „der Muezzin ruft schon die dritte Gebetsstunde aus. Der Teufel auch, das erste, was man von der Heimat sieht, muß ein Türkenhund sein."

„Er ist ein Popensohn", bemerkte Princip zu dem Finanzer, „aber mir sind die Türken immer noch tausendmal lieber als die Lateiner. Die Türken werden von selbst weniger, die Lateiner vermehren sich wie die Ratten."

Grbić spähte unruhig umher: „Die Leute aus Janja lassen auf

sich warten. Rufen wir einmal.“ Die drei legten die Hände an den Mund und riefen, aber das Rauschen des Wassers übertönte ihre Stimmen.

„Wir könnten ein paar Schuß abgeben“, schlug der Finanzer vor; „du sollst gestern gezittert haben“, wandte er sich an Grabež, „versuch einmal jetzt dein Glück.“

„Wird es uns nicht verraten?“ fragte Grabež ängstlich, während Princip schon ein Stück Schwemmholz aufstellte.

„Man hört nicht weit“, sagte der Finanzer, „außerdem sind wir hier auf serbischem Grund und Boden.“

Grabež gab Schuß um Schuß ab, bis sein Magazin ausgeschossen war, er hatte das Brettchen dreimal getroffen. Nun aber schrak er zusammen und versteckte schnell seine Pistole, während Princip nach der seinen griff und sie entsicherte.

Aus dem Weidengestrüpp traten zwei Bauern, lachten, winkten dem Princip, die Pistole zu lassen und begrüßten den Finanzer. Nun ging Princip auf den größeren der beiden Bauern zu und sagte, weil dieser die städtische Kleidung der Burschen argwöhnisch musterte: „Wir sind gute Leute. Božo Milanović aus Schabatz schickt uns, wir sind vom Bund.“

„Und ihr wollt hinüber?“

„Wir sind Bosnier, wir haben das Recht, wir wollen hinüber, wir haben unsere Mütter und Verwandten drüben. Ihr sollt uns zum Lehrer Veljko nach Priboj bringen.“

„Habt ihr Geld für einen Wagen? Wir können auch so fahren, daß euch niemand sieht.“

„Geld haben wir schon, aber wir haben noch etwas mit, das niemand sehen darf. Ein Wagen fällt zu sehr auf“, sagte Princip, „es ist besser, wir gehen zu Fuß.“

„Nun, ihr müßt es wissen“, sagte der eine Bauer, „also kommt.“ Die Bauern führten die beiden Burschen zu einem unter den Erlen verborgenen Kahn. Der Oberfinanzer drückte Princip und Grabež die Hand: „Gebt die Waffen den Bauern und ihr geht hinter ihnen drein. Diese Leute fallen nicht so auf wie ihr.“ Und zu den Bauern gekehrt: „Nun seht aber zu, daß ihr das Geheimnis wahrt, sonst kostet es euch den Kopf.“ Im Kahn saß noch ein dritter Bursche, der bei den Worten des Finanzers albern lachte. „So — und nun Gott befohlen!“ Der Kahn wurde von der Strömung erfaßt und ein Stück abgetrieben, ehe die Bauern zu rudern begannen.

Der Lichtkeil im Gewölk schloß sich, das milchige Wasser

wurde schwarz, ein Wind schauerte auf, schwere Tropfen fielen, das Wasser schluchzte an der Bootwand.

„Gut so", sagte der Bauer am Ruder, „da bleiben die Gendarmen in der Kaserne und wir kommen leichter durch."

Der Regen hatte die leichten Kleider der beiden Bauern bald durchweicht, da saßen sie nun, zogen die Köpfe ein, es fröstelte sie wie junge Hunde. Der Kahn knirschte im Ufersand. Die beiden Gymnasiasten duckten sich, die Bauern sprangen ans Land und kamen erst nach einer Weile wieder. „Reine Luft. Beeilt euch!"

Die beiden Burschen stiegen aus dem Boot. Es war stockfinster. „Schaut zu, daß ihr uns nicht verliert", sagte ein Bauer, „aber hängt euch nicht an uns an. Wir werden dann und wann stehen bleiben und leise pfeifen. Und jetzt vorwärts!"

Princip kniete nieder, berührte die Heimaterde und schluchzte: „Bosna, Bosna, du Träne in meinen Augen!"

Die beiden Gymnasiasten stolperten im Finstern über Steine und Baumwurzeln, sie glitschten aus, sie stürzten, sie hörten das Knacken der Äste unter den Schritten ihrer Führer, sie konnten den wegkundigen Schmugglern kaum nachkommen; aber weiter, nur weiter.

Ein Wald nahm sie auf, nun regnete es wenigstens nicht mehr so hautdurchnässend, ein endlos finsterer Wald. Zweige schlugen ihnen ins Gesicht, Bäume sprangen ihnen in den Weg; die Gymnasiasten baten, flehten, beschworen mit ängstlicher Stimme die Bauern, doch um Himmels willen nicht davonzurennen. Äste zerrissen den ungeschickten Burschen die Kleider, schütteten Regenlasten auf sie. Grabež konnte nicht mehr, er hatte keinen Atem, das Herz hämmerte seinen Hals zu, Grabež wollte sich hinwerfen und schlafen, er war schon zu oft niedergefallen. Nun gingen die Schmuggler auch nicht mehr weiter, sie, die diesen Weg schon so oft in rabenschwarzer Nacht getappt waren, hatten den Weg verloren, die Nacht hatte ihn unter ihren Füßen weggestohlen, der Regen hatte ihn fortgeschwemmt, der in tausend Bächlein über die Steine rieselte. Sie mußten über glitschige Steine zurück, Bäume und wieder Bäume, die feindliche Nacht schob immer wieder neue vor, Wurzeln, Rinnen, Regen und Gurgeln — und über ihnen das schaurige Stöhnen des Windes.

Da wurde es mit einem Male heller, der Wald hörte auf, das Schwarz der Bäume lichtete sich zu nebligem Grau — es mochte eine Wiese oder ein Feld sein. Einer der Bauern kannte sich aus: „Dort drüben muß der Schafstall sein."

Ein paar quatschende Schritte über eine sumpfige Wiese, und dann standen sie vor einer schwarzen Hütte. „So, hier bleiben wir, bis es dämmert.“

Princip und Grabež krochen durch eine niedrige Tür, der Wind fauchte ihnen nach und blies das Streichholz aus. Auf das Dach trommelte der Regen. Die Burschen ließen sich hinfallen, die Zähne klapperten, die Kleider waren zum Auswinden naß. Ein Bauer sagte ganz nahe neben ihnen: „Schlaft, Burschen! Wir haben morgen noch weit zu laufen. Einer von uns wird wachen.“

„Sind wir schon weit von der Grenze?“ fragte Grabež.

„Nicht weit genug, um schon aufzuatmen“, gab der Bauer zurück.

„Nicht weit genug, um laut reden zu können“, sagte eine andere Stimme.

„Schläfst du schon, Gavrile“, fragte Grabež nach einer Weile.

„Nein.“

„Bist du auch so naß? Friert dich auch so?“

„Ich bin naß, aber ich friere nicht. Und nun sei still.“

Draußen unter dem vorspringenden Dach der Hütte saßen die Schmuggler und rauchten. „Der Regen läßt nicht nach“, sagte der eine, „nun schlafen die Burschen schon den ganzen Tag, wir müssen sie wecken und aufbrechen.“

„Verstehst du“, sagte der andere, „warum sie zwei solche Bürschlein geschickt haben? Sie schreien im Schlaf auf und die Zähne klappern ihnen.“

„Die sehen nicht danach aus, als könnten sie das Kraut fett machen“, fügte der dritte hinzu. „Aber sie wollen es so, und nun geh' ich sie wecken.“

Der Schmuggler kroch in die Hütte und rüttelte Princip: „Auf, wir müssen weiter. Der Regen läßt nicht nach!“

Princip schlug mit der Faust nach dem Bauern: „Nein, nein, ich war es nicht! Ich war es nicht! Ich will noch einmal mit meiner Mutter sprechen!“ — Als Princip aber ganz wach wurde, rieb er sich die Augen, schämte sich und tastete nach der Pistole. „Grabež, komm, es ist Zeit.“

Durch die offenstehende Tür fiel so viel Licht in den schmutzigen, düstern Raum, daß man aus dem Stroh die Waffen herausklauben konnte. Nun traten die Burschen vor die Hütte. „Wollt ihr nicht wieder unsere Sachen tragen“, fragte Princip die Bauern.

„Behaltet sie nur selbst“, lehnte der eine Bauer ab, „hier kennt man uns nicht, und stoßen wir auf Gendarmen, so untersuchen sie uns genau so wie euch. Hängt euch die Waffen an den Hosenriemen."

Und wieder ging es durch Abend und Nacht, durch Regen und Wind, diesmal aber auf Feldwegen und Waldpfaden und nicht mehr quer durch den schwarzen Forst. Gegen Mitternacht kamen sie zu einem einzelnen Hof, man roch ihn schon von weitem. Die Schmuggler gingen hinein und ließen die beiden Burschen draußen in der finstern Nässe unter einem Holunderstrauch warten. Dann stapfte jemand durch die Dunkelheit. Die beiden Gymnasiasten warfen sich zu Boden und hielten den Atem an, bis die Schritte verhallt waren. „Ich kann sie nicht finden", rief jemand. Nun antwortete die Stimme des großen Schmugglers: „Kommt nur hervor, ihr könnt eintreten, hier sind gute Leute."

Die beiden Gymnasiasten standen auf, tappten durch die Pfützen, tasteten sich den Zaun entlang und wurden von einer Kerze geblendet. In der Vorhalle saßen um einen Tisch zwei der Schmuggler und ein älterer Mann; zwei barfüßige Frauen stellten Kaffee auf den Tisch hin. Die Schmuggler mußten beim Anblick der beiden kotbespritzten, städtisch gekleideten Studenten lachen. „Wie aus der Drina gefischt! Setzt euch nur her, ihr Fischlein aus dem kühlen See, trinkt mit uns und trocknet eure schwäbischen Kleider."

Die beiden Frauen falteten die Hände und blickten mitleidig auf die Burschen, der Bauer runzelte die Stirn und rückte von den beiden ab. Princip fragte, ob der Besitzer des Anwesens sie nach Priboj zum Lehrer bringen könne.

Der Alte schüttelte den Kopf: „Siehst du, das kann ich ganz und gar nicht."

„Aber du mußt es doch tun, es ist ein Auftrag vom Bund da und du mußt dich fügen", sagte Princip eindringlich.

„Ich sag es dir und du erschlag mich, wenn ich nicht die Wahrheit spreche", erwiderte der Alte, „ich habe mir einen Türken aufgenommen und muß den Kukuruz anbauen."

Princip löste, statt einer Antwort, den Hosenriemen und legte ihn mit den dranhängenden Bomben und Pistolen auf den Tisch.

Der Bauer erschrak, schaute sein Weib an. „Neugierige Leute leben nicht lang", sagte er, und die Frauen verschwanden auf leisen Sohlen. Die Schmuggler stellten sich, als wäre an diesen Waffen und den beiden Burschen gar nichts Besonderes, nur als der Bauer reden wollte, zwinkerte ihm der große Schmuggler zu, der Bauer senkte den Kopf und schwieg.

„Hast du einen Lappen?“ fragte Princip und zeigte auf die Waffen, „ich muß sie einwickeln, sonst werden sie mir ganz naß.“

Der Alte stand seufzend auf, murrte: „Euch hat mir die finstere Nacht beschert“, holte Speck und Brot, suchte ein paar alte Fetzen und schob sie den Burschen hin. Während Princip die Waffen einschlug, deutete er auf ein paar an der Wand hängende Hafertaschen: „Verkauf mir die, Väterchen, die können wir gut gebrauchen.“

„Daß dann die Gendarmen bei euch meine Hafertaschen finden und mir auf den Hals rücken, wie?“

Grabež knüpfte sein Sacktuch auf und ließ ein paar Silberkronen über den Tisch rollen, Princip kümmerte sich nicht um den Einspruch des Alten und nahm sich die Hafertaschen von der Wand: „Solche Taschen gleichen einander wie ein Ei dem anderen. Du mußt nicht gleich Gespenster sehen.“ Princip steckte die Waffen hinein, nahm ein Stück Brot mit Speck und biß ab: „Wenn man ißt, spürt man erst den Hunger.“

Der Alte machte noch immer Einwände: „Ich weiß aber nichts von dem Lehrer in Priboj, ich hab' ihn noch nie gesehen.“

„Aber den Weg nach Priboj weißt du“, sagte Princip, „und du mußt ihn uns zeigen, den Lehrer finden wir schon selbst.“ Nun widersprach der Alte nicht mehr. Die Leute setzten sich an das Fenster und dösten vor sich hin. Die Tochter des Alten ging auf ihren bloßen Füßen hin und wieder durch den Raum, sie lächelte Grabež zu, aber der war so müde, daß er nicht einmal das Lächeln zurückgab.

Es dämmerte schon, der Regen hatte nachgelassen, der Alte mahnte seufzend zum Aufbruch. Die beiden Burschen legten noch ein wenig Geld für das Essen auf den Tisch, und dann gingen alle.

Brandig und neblig hob der Tag sein leidendes Gesicht hinter den zackigen Kronen der Wälder empor. Die Leute hasteten über ein freies Feld mit klebriger Erde und eratmeten erst wieder zwischen den schützenden Stämmen eines Forstes. Die Schmuggler trugen die Hafertaschen, der Bauer ging weit voraus, die beiden Burschen trabten hinterdrein; so ging es wortlos über zwei Stunden dahin. Nun wurde es ganz hell. Der Bauer vorne hielt und stieß einen leisen Schrei aus. Alle sprangen vom Pfad in den tiefen Wald und duckten sich in eine Mulde. „Was gibt's?“

fragte Princip, nachdem sie schon eine Weile zwischen Steinen und frischem Moos gelegen waren, „was ist los?“

„Eine frische Spur von Nagelschuhen, wie sie die Gendarmen tragen“, sagte der Bauer leise. „Wir haben Glück, wir hätten ihnen gerade in die Hände laufen können.“

Sie warteten eine Weile, ein Vogel knackte im Gezweige, sie zuckten zusammen. Dann wurde es wieder ganz still, so still, daß man Tropfen fallen, Wasser rieseln und den kleinen Vogel Zizibee sein dünnes Liedchen zirpen hörte. Das Rauschen des Waldes wanderte dunkel über ihnen her. Der Bauer mahnte wieder zum Aufbruch. Die Schmuggler gaben den beiden Burschen die Hafertaschen: „Nun müßt ihr eure Taschen selbst tragen. Haltet ordentlich Abstand und seid auf der Hut!“

So gingen sie weiter, standen und horchten und marschierten dann schneller weiter. Sie begegneten niemandem mehr.

Jetzt standen sie oben auf einer Höhe, vor ihnen im Tale lag das Dorf mit der weißen Kirche zwischen den Bäumen.

„Das ist Priboj“, sagte der Alte, „und dort bei der Kirche ist das Haus des Lehrers.“

Die beiden Burschen waren zum Umfallen müde, sie setzten sich in den Straßengraben: „Bitte, geh du für uns hin und sag ihm, er möge zu uns herauskommen. Wir können nicht in den Ort hinein. Sag nur, die Leute vom Bund sind da, er weiß schon, was er zu tun hat.“

Der Bauer brummte etwas vor sich hin und trollte sich. Der große Schmuggler blieb auf der Straße und hielt Wache, Grabež und Princip krochen hinter eine Hecke. Grabež wollte sich die Schuhe ausziehen, er konnte vor Blasen kaum weiter, aber Princip bat ihn, noch ein wenig zu warten. Sie legten ihre Köpfe auf die verschränkten Arme, stützten sie auf die Knie und dösten, bis Hufschlag sie aufschreckte. Princip griff nach den Hafertaschen und wollte davon, aber der Schmuggler, der Wache hielt, rief ihm zu, er möge bleiben. Zwei Reiter auf kleinen, kotbespritzten, struppigen Pferden, ein bärtiger Pope und ein kleines Männchen mit einem schwarzen Schnurrbart und einer spitzen Fliege am Kinn, kamen heran. Der Pope schaute die beiden nassen, zerfetzten Burschen von unten her mißtrauisch an, dann schüttelte er dem Lehrer kurz die Hand und ritt rasch weiter, er wollte mit dieser Sache nichts zu tun haben. Die beiden Gymnasiasten traten auf den Lehrer zu, stellten sich mit einer kleinen Verbeugung vor und sagten mit hastigen Worten, was sie wollten.

„Nur her damit", sagte der Lehrer und stopfte rasch die Hafersäcke in seine Satteltaschen.

„Nun können wir wohl gehen", sagte der große Schmuggler im Namen der andern.

„Ja, nun könnt ihr gehen", sagte Princip. „Ihr habt eine gute Tat getan. Nehmt nur das Geld, aber noch mehr nehmt unsern Dank."

Princip gab den Schmugglern das Geld und schüttelte ihnen die Hand.

Der Lehrer deutete auf die Schmuggler: „Ihr geht jetzt hier hinunter", sagte er, und zu dem Alten: „Du, Obren, geh hinauf."

Die Schmuggler und der Bauer entfernten sich in verschiedenen Richtungen.

Der Lehrer wußte nicht, was er mit den Burschen sprechen sollte, er musterte sie verstohlen von der Seite, wie sie so neben seinem Pferdchen gingen.

„Wollen Sie nicht aufsitzen?" fragte der Lehrer den Grabež, der vor Müdigkeit durch die Pfützen taumelte, aber Princip antwortete für seinen Freund: „Nein, danke, es würde vielleicht auffallen, er muß noch ein Weilchen aushalten."

Grabež biß fest die Zähne zusammen und schlurfte weiter. Der Lehrer bog von der Landstraße ab, sie kamen durch Wälder und Felder, oft trabte er, sich mächtig im Bügel aufstellend, voraus, drehte sein Köpfchen mit dem Spitzbärtchen nach allen Seiten und gab dann erst, nach langem Horchen und Spähen, den beiden das Zeichen zum Nachkommen. Einmal mußten sie Rast halten, weil Grabež einfach nicht mehr weiter konnte. Gegen Abend erst kamen sie wieder zu einem einzelnen Gehöft.

„Dort werden wir hineingehen", sagte der Lehrer, „es ist mein Gevatter Mitar Kerović, es sind sichere Leute, bleibt hinter dem Zaun, ich reite voraus."

Nun lag Grabež, der vor Ermüdung und Angst erbrochen hatte, mit offenem Munde schlafend, im Bette des Bauern Mitar Kerović, und Princip war, den Kopf in seine Arme gelegt, am Tische sitzend eingeschlummert. Der alte Kerović saß auf der Ofenbank und schaute zum Lehrer hinüber, der unruhig im Zimmer auf und ab schritt. Nun blieb der Lehrer stehen: „Gevatter, gib mir noch einen Schnaps, mir zittern alle Glieder. Es ist keine gewöhnliche Reise, auf der wir uns befinden."

Der alte Kerović brachte den Schnaps, der Lehrer schüttete

ihn hinunter und wischte sich den Mund. „Ah, das ist gut, das tut gut.“

Nun kamen, einer nach dem andern, die drei Söhne des Mitar Kerović in die Stube, schauten von der Seite die beiden Schlafenden an und flüsterten mit dem Lehrer.

„Es sind zwei Bekannte von mir, Studenten aus Belgrad, die nach Tuzla wollen, es ist eine große Sache. Gevatter, noch einen Schnaps!“

„Und du willst der Vorstand des Antialkoholvereins sein? Jetzt trinkt er schon das vierte Gläschen“, sagte der alte Bauer, und seine Söhne lachten über den kleinen Lehrer.

„Gevatter, es ist nur zur Beruhigung, es ist eine besondere Reise, und die dort sind keine gewöhnlichen Studenten.“ Dem Lehrer stieg der Schnaps in den Kopf, er begann zu prahlen. „Schaut euch einmal an, was die für ein Reisegepäck da mit sich führen.“ Der Lehrer hob die neben Princip liegende Tasche auf und nahm eine Bombe heraus: „Mit diesem Ding da kann man euch alle, wie ihr hier seid, in die Luft sprengen.“ Der alte Mitar Kerović legte dem Lehrer die Hand auf die Schulter: „Und das, Bruder, bringst du in mein Haus?“

Der Lehrer lachte albern: „Fürcht dich nicht, daß das Ding so eins, zwei losgeht. Da muß man erst dies hier oben einmal abschrauben, dann muß man die Zündkapsel anschlagen und dann kann man erst werfen.“

„Schullehrer, laß das sein“, sagte der Sohn des Kerović, der bei den Bosniaken gedient hatte, „du hast nicht die Hand dafür, wenn du damit noch lange herumtust, fliegen wir alle in die Luft.“

Der alte Bauer ging zur Tür: „Ich schau lieber, daß ich weiterkomme, mit dieser Sache will ich nichts zu tun haben.“

„Ach bleib doch, Gevatter“, bat der Lehrer, „die beiden haben noch andere Sachen mit.“ Der Lehrer packte die Pistolen aus, der Vater und seine drei Söhne beugten sich über die Waffen, hoben sie auf, wogen sie in den Händen ab, zielten mit ihnen und legten sie erst wieder hin, als der Lehrer sie aufmerksam machte, daß sie geladen seien. Und nun nahm der Lehrer auch noch die anderen Bomben heraus und stellte sie wie Bierflaschen nebeneinander auf den Tisch. Die Augen der Bauern funkelten, die alte Waffenlust, der Raubtrieb eines kriegerischen Volkes war in ihnen erwacht, mit scheuer Bewunderung blickten sie auf die beiden Schläfer in schwäbischen Kleidern. Princip mußte diese Blicke spüren, er fuhr sich über die Augen und gähnte, griff nach den Hafertaschen und sprang auf, da er sie nicht vorfand. Wie er die vier Bauern um die Waffen auf dem Tisch herumstehen sah, ging er mit schwankenden Schritten auf sie zu: „Was ist mit dem Wagen nach Tuzla?" „Wer wird den Wagen zahlen?" fragte der alte Kerović.

Der Lehrer sagte, daß er alles bezahlen werde. Princip nahm die Waffen und legte sie wieder in die Taschen.

„Und das gehört wirklich alles dir und jenem dort?" fragte der alte Kerović. Princip nickte und wollte die Taschen wieder neben sich auf die Bank legen. „Und wenn es dir gehört", fuhr der Alte fort, „mußt du auch wissen, wie man damit umgeht. Ist es wahr, was mein Gevatter sagte, daß man mit diesem Büchslein das Haus und uns in die Luft sprengen kann?"

„Das stimmt schon."

„So zeig uns, wie man mit solchem Teufelszeug umgeht."

Princip mußte alles zeigen, mußte die Bombe aufschrauben, die Bauern wollten alles ganz genau wissen. „Die Hauptsache ist", erklärte Princip, „daß man, wenn der Zünder hier angeschlagen ist, nicht zu spät loswirft."

„Und wozu brauchst du denn dieses Zeug?" Der Bauer und seine drei Söhne blickten mit lauernden Augen auf Princip. Dieser zuckte die Achsel: „Zu diesem und jenem. Es sind Freudenböller für den Veitstag."

„Ein wenig scharf geladen für Freudenböller und Salutschüsse", meinte einer der Söhne des Kerović. Princip zuckte die Achsel: „Es sind auch scharfe Zeiten."

Als aber der Lehrer die fragenden, gierigen Blicke der Bauern sah, konnte er nicht mehr an sich halten: „Der Thronfolger kommt nach Sarajevo, und das ist von Serbien zu seinem Empfang geschickt."

Princip hob langsam den Kopf und schaute die erstarrenden Bauern gelassen an. Alle schwiegen, man hörte das Schnarchen des Grabež und das Rauschen des Brunnens vor dem Hause. Der alte Bauer rang eine Weile nach Luft. „Du wirst uns um Haus und Hof bringen", stieß er hervor, „Gevatter, dich und jene dort soll der Teufel dorthin schleppen, woher er euch zu mir gebracht hat."

„Ach, Bruder, sprich nicht so", verteidigte sich der Lehrer, „diese da setzen ihr Leben ein, es ist für uns alle. Unser Volk erduldet die Leiden des gekreuzigten Christus, und du willst von denen, die uns retten wollen, deine Hand ziehen?"

„Narr, verfluchter", brauste der Bauer auf, „wenn es aber herauskommt?"

„Wie kann es denn herauskommen? Die beiden haben ein Gift bei sich, sie schießen mit den Pistolen, sie werfen mit den Bomben — es werden viele sein — sie nehmen dann das Gift, und niemand kann ihren harten Herzen das Geheimnis mehr entreißen, das sie in ihr Heldengrab mitnehmen."

Der alte Bauer schaute die Burschen lange an, die Söhne hingen an den Lippen des Vaters, wie er, als der Hausälteste, entscheiden werde. Das scharfe Gesicht des Alten zuckte, er zupfte an seinem hängenden weißen Schnurrbart. „Macht, was ihr wollt, ich will nichts wissen, ich gehe schlafen."

Wie der Alte draußen war, seufzte Blagoje, der eine Sohn, und fragte, was man jetzt tun solle.

Da sah ihm Princip ruhig ins Gesicht und sagte langsam: „Ihr habt zu schweigen. Das Schweigen ist gesegnet. Fürchtet nicht, daß wir euch jemals verraten werden. Wenn *ihr* uns aber verraten werdet, so haben wir Rächer, die nach uns kommen und uns schnell rächen werden."

Die Brüder berieten eine Weile unter sich, was zu tun sei, und dann sagte Blagoje: „So soll sie Nedjo mit nach Tuzla nehmen, er muß sowieso morgen hineinfahren, da er sich in die Hand gehackt hat."

„Ihr müßt euch die Waffen in den Gürtel stecken", sagte der Lehrer, „denn euch wird niemand untersuchen, euch kennt man hier, aber diese Studenten kennt niemand. Und in Tuzla gebt ihr dann die Sachen bei Miško Jovanović, dem Kaufmann, ab und sagt, daß die Studenten nachkommen und alles abholen werden." Dann verlangte der Lehrer noch Tinte, Feder und Papier, damit er dem Kaufmann in Tuzla einen Brief schreiben könne, in dem alles darinstehe, was sich die Brüder nicht merken könnten.

Da wendete sich der junge Nedjo an seinen älteren Bruder Blagoje: „Und was sagst du, Bruder? Darf ich die Bomben und die Pistolen tragen?"

Blagoje kratzte sich hinter dem Ohr: „Das werden der Lehrer Veljko und der Hausälteste verantworten. Dich geht das nichts an, du mußt nur über alles, was du hier gehört hast, schweigen."

Um Mitternacht weckte Nedjo Kerović die beiden Burschen auf; sie stolperten verschlafen in den Hof hinaus, wo in einen kleinen Wagen mit ein paar Bündeln Stroh zwei struppige Pferdchen eingespannt wurden. Der Wind trieb Wolkenfetzen am

Mond vorbei, die Schatten der Bäume schwankten auf der weißen Mauer. „Da, setzt euch auf, nun fahren wir los."

Princip hörte noch, wie die Bauern vorne ein wenig schwätzten, der eine erzählte von seiner Dienstzeit bei den Bosniaken in Graz, dann rumpelte ihn und den matten Grabež das Rattern des Wagens in tiefen Schlaf.

Der Wagen ruckte und stand. Die Burschen wachten auf und rieben sich die Augen.

„Jetzt müßt ihr absteigen", rief Nedjo zurück, „drüben das Licht, das ist die Gendarmeriekaserne von Lopare. Nehmt eure Sachen und geht dort den Feldweg um den Ort herum. Wir warten ein paar hundert Schritte hinter dem Dorf auf euch."

Grabež wußte vor Verschlafenheit nicht, was vorging, Princip mußte den Torkelnden durch das taunasse Gras zerren. Der Wagen verrollte in der Nacht. Die beiden Burschen spürten den Pfad unter den Füßen, sie eilten vorwärts, Baumschatten drohten, aus kleinen Feldsteinen wurden große, lauernde Menschen. Ein Hund schlug kläffend an, ein zweiter fiel ein, und noch ehe der Wagen auf der Straße verrattert war, kläffte da unten aus dem bäumeüberdunkelten Dorf eine ganze Schar von Kötern. Die Burschen erschraken so, daß sie sich hinter einem Steinriegel in Brennesseln warfen und sich nicht zu rühren wagten. Erst als die Hunde verstummten, sprangen sie auf, rannten, stolperten und keuchten dahin, verfolgt von dem wütenden Gebell der verdammten Hunde. Sie kamen zu einem tiefeingeschnittenen Bach, sie wollten dem Steig, der zu nahe an das Dorf heranführte, nicht folgen und rutschten die steile Böschung hinab. Princip glitt aus und fiel ins Wasser. Er raffte sich auf und gewann, unterstützt von Grabež, das jenseitige Ufer. Grabež verwünschte das ganze Attentat, er verfluchte die Stunde, in der er eingewilligt hatte, ihm war das Weinen nahe, er wollte die Bomben und Pistolen, die ihm schwer im Gürtel hingen, ins Wasser werfen und nach Hause.

Princip, dem vor Kälte die Zähne klapperten, preßte ihm die Finger in den Arm: „Still! Still! Sei kein Feigling!" Er packte den verzagten Gefährten unterm Arm und schleppte ihn weiter.

„Achtung!" Man hörte das Rattern eines Wagens auf der Straße, ein Pferd schnaubte.

„Auch das noch", stöhnte Grabež, „das wird uns vollends verraten."

„Narr, die ganze Nacht kümmert ganz Bosnien sich wohl um

dich! Als ob hier nie die Bauern in der Dunkelheit zum Markt nach Tuzla führen?“

Nun war auch der graue Streifen der Straße da, es roch nach Staub und nach Pferden. Und dort stand auch schon riesengroß und schwarz der Wagen mit den beiden Bauern. „Ach Gavrile, ach Gavrile, nun sind wir gerettet!“ jubelte Grabež. Die beiden Burschen warfen sich ins Stroh des Wagens, gaben den Bauern noch schnell die Pistolen und Bomben vor, dann krochen sie unter das Stroh und suchten sich zu erwärmen. Die Bauern klatschten mit den Zügeln auf die Pferderücken, die Gäule trabten an und es ging schnell dahin. Aus den dunklen Wäldern dampfte der Tag auf, der Wind schauerte durch die Zweige, ein Gehöft trat aus den Nebeln der Wiesen. Princip klopfte dem einen Bauern auf die Schulter: „He, Nedjo, halt an! Wir müssen gleich in Tuzla sein, laß uns aussteigen. Ihr wißt, wohin ihr die Waffen zu bringen habt. Sagt dem Jovanović, wir kämen bald nach.“

Der Wagen war fort, die Burschen standen allein auf der einsamen Straße. Ein paar Krähen ließen sich vom Winde aus der Tiefe heraufwehen, wollten einfallen, sahen die Burschen und flogen weiter. Aus dem Gehöft krähte ein junges Hähnchen mit dünner Stimme.

„Trifko“, sagte Princip, den Freund unter dem Arm nehmend, „wir müssen zum Fluß hinunter und uns waschen, so können wir nicht in die Stadt, wir sind voll Stroh und schwarz wie Rauchfangkehrer. Ich muß mir eine neue Hose kaufen, die hier ist beim Sturz in den Bach ganz zerrissen.“

Sie liefen zum Fluß hinunter, kratzten mit Steinen den Lehm von den Schuhen, wuschen sich das Gesicht und die Hände und klaubten das Stroh ab. Grabež zog einen Taschenspiegel heraus: „Gut, daß mich die Mädchen in Sarajevo nicht so zu sehen bekommen. Nicht einmal mein Schatz aus Tuzla gibt mir auf dieses Stoppelkinn einen Kuß.“

„Ach, ihr mit euren Mädchen“, sagte Princip unwillig, „ihr tut, als gäbe es auf der ganzen Welt nichts als Mädchen und wieder Mädchen.“

„Und du hast nie ein Mädchen gern gehabt, Gavrile?“

„Ich?“ Princip schüttelte den Kopf. „Ich hab noch keine Zeit dafür gehabt. So ein Popensohn wie du, der weiß ja nicht, wie es dem Sohn eines armen Bauern geht, wenn er in die Stadt geschickt wird, um dort zu studieren. Da heißt es Stunden geben und wieder Stunden geben — und so einen Burschen wollen die Mädchen nicht, die Mädchen wollen lachen und sich unterhalten. Wenn aber daheim die Mutter krank ist und der Vater durch den Lehrer schreiben läßt, daß er seine Schulden an den verdammten Türken nicht zahlen kann, dann vergeht dir die Lust auf Mädchen, dann willst du etwas anderes auf der Welt, etwas, das bewirkt, daß es den andern, die nach einem kommen, nicht mehr so schlecht gehen soll."

Als Princip und Grabež nach den nötigsten Besorgungen in der Stadt in das serbische Lesekasino von Tuzla eintraten, saß der eine der beiden Bauern hinter einer Zeitung, verfolgte mit dem Finger die Zeilen und las, leise vor sich hinmurmelnd, das Neueste über die bevorstehenden Bezirkswahlen. Er hörte die Burschen, er drehte sich um, legte die Zeitung beiseite und kratzte sich hinter dem Ohr. Princip bemerkte die verlegene Miene: „Hast du die Sachen übergeben? Was hat Jovanović gesagt?"

„Da war wenig Freude", meinte der Bauer, „sehr wenig Freude, er wollte die Sachen nicht nehmen, er wollte uns aus dem Hause jagen. Fehlte nicht viel, der Mann hätte die Polizei gerufen."

Princip nahm dem Bauern gegenüber Platz: „Ja, Worte und Taten sind zweierlei. Tausend Worte gehen auf eine halbe Tat. Aber auch ihm wird kein Teufel helfen. Ruf uns den Kaufmann, wir wollen selbst mit ihm reden."

Der Bauer ging und nach einer Weile kam richtig der Jovanović selbst, in gelben Halbschuhen, mit einem parfümierten Bärtchen, mit polierten Fingernägeln und einem besonders langen, gelben Nagel am kleinen Finger. Jovanović rieb sich die Hände wie ein Geschäftsmann, wenn er sehr feine Kunden zu bedienen hat, er wußte, was sich gehörte, er war in Berlin gewesen, er kannte aus den Filmen, wie es in der großen Welt zuging.

„Diese sind es, von denen ich Ihnen die Sachen gebracht habe", ließ sich die grobe Stimme des Bauern vernehmen. Princip und Grabež verbeugten sich. Grabež freute sich, rasiert zu sein, Princip, eine neue Hose gekauft zu haben, um vor diesem feinen Mann in Ehren bestehen zu können. Aber da dieser Jovanović jenes eiskalte Gesicht machte, mit dem Kaufleute unwillkommene Vertreter empfangen und abwimmeln, sagte Princip kurz: „Wir kommen aus Belgrad, Božo Milanović aus Schabatz hat uns an Sie gewiesen."

Der Kinobesitzer von Tuzla blickte sich ängstlich um, sah den Bauern hinter sich stehen, sagte diesem: „Du kannst jetzt gehen, du wirst nicht mehr gebraucht", gab ihm ein paar Kronen, trug ihm einen Gruß an den Lehrer von Priboj auf und wartete, ungeduldig mit den Fingern auf der Tischplatte trommelnd, bis dieser langweilige Kumpan draußen war. „Kommen Sie mit mir nebenan in das Büro, dort sind wir ungestört, hier kann jeden Augenblick jemand hereinkommen", sagte Jovanović zu den beiden Burschen. Er ging den beiden voran, sperrte hinter ihnen die Tür sorgfältig zu und ließ sich in seinen Sessel sinken. „Von Schabatz aus", sagte er ganz unvermittelt, „sieht so eine Sache ganz anders aus."

„Aber nun sind wir und unsere Waffen für den Empfang des Thronfolgers in Tuzla", gab Princip kurz zur Antwort.

„Für den Empfang des Thronfolgers?" Jovanović lehnte sich erschrocken zurück: „Mein Gott, mein Gott, ich bitte, ich beschwöre Sie, nehmen Sie diese fürchterlichen Sachen wieder fort von mir! Es geht nicht! Es geht wirklich nicht, ganz und gar nicht! Ich bin doch ein verheirateter Mann, ich habe Familie, ich riskiere zuviel."

„Wir riskieren alle etwas", erwiderte Princip kühl, „der eine mehr, der andere weniger. Man hat uns in Schabatz gesagt, Sie seien ein glühender Serbe, Sie hätten gerne für Serbien in den Krieg gegen die Türken ziehen wollen. Bitte, hier ist auch ein Krieg, ein Krieg, den ein unterdrücktes Volk gegen seine übermütigen Bedrücker führt."

„Meine Herren, Sie vergessen den Unterschied!" rief Jovanović, „in einem Krieg kann man verwundet, vielleicht auch erschossen werden, in diesem da aber, was Sie Krieg nennen, wird man aufgehängt und bringt Weib und Kind in Not und Elend."

„In welcher Form man für die Freiheit stirbt, ist gleichgültig", sagte Princip schroff, „wir zum Beispiel werden uns nach vollbrachter Aufgabe vergiften."

Jovanović starrte dem jungen Menschen erschrocken ins Gesicht.

„Wir können die Sachen nicht selbst mit nach Sarajevo nehmen", meldete sich nun auch Grabež, der mit bewunderndem Blick auf seinen Freund still dagesessen war, „ein Kamerad von uns, der den Weg hierher über Zwornik genommen hat und den wir eben getroffen haben, hat uns erzählt, daß er mit einem Geheimpolizisten auf der Bahn gesprochen hat, und der Geheimpolizist hat ihm verraten, daß alle Strecken sorgfältig bewacht werden."

„Dem Geheimen ist alles geheim", höhnte Princip, „aber man

kann nicht hoffen, immer nur mit solchen Eseln zusammen zu reisen. Es bleibt Ihnen gar nichts anderes übrig, Herr Jovanović, Sie müssen uns an die Hand gehen."

Da sprang Jovanović auf, preßte beide Hände beteuernd auf sein Herz. „Es geht nicht, es geht wirklich nicht", rief er, „so glauben Sie mir doch, jeder meiner Schritte wird bespitzelt, ich bin den Behörden schon lang ein Dorn im Auge, sie überwachen mich, wo ich gehe und stehe. Man hat mich voriges Jahr mit der Gendarmerie aus Srebenica weggeschafft, man ist nicht ungestraft Vorsitzender des Sokols und Vorstandsmitglied der serbischen Bank, man bleibt nicht unverdächtig als glühender Patriot, aber was tut man nicht alles für das teure Serbien!"

„Nun ist ja die Gelegenheit da, einmal mehr zu tun, als Reden zu halten und Živio zu rufen", warf Princip ein.

„Aber du großer Gott, so vergessen Sie doch nicht, daß es für einen Familienvater Grenzen gibt! Ich stehe doch nicht allein in der Welt!"

„Auch gut!" Princip erhob sich. „Die Gymnasiasten von Tuzla werden über Ihr Maulheldentum nicht anders denken als ich. Komm, Trifko, gehen wir."

Jovanović drückte Princip wieder in den Sessel zurück: „Nicht so schnell, nicht so hastig! Ein älterer Mann hat nicht mehr den überschäumenden Wagemut der Jugend. Geben Sie mir doch Zeit, lassen Sie mich doch einen Ausweg suchen."

Princip verbeugte sich: „Bitte, aber wir müssen bald weiter, es darf nicht allzu lange dauern."

Jovanović rannte im Zimmer auf und ab und rang die Hände: „Ich fühle, das wird mein Verderben sein, ich fühle es, ich weiß es genau!" Er blieb vor den beiden Burschen stehen und musterte sie kurz: „Sie können ja nicht einmal hingerichtet werden, Sie sind zu jung für die Todesstrafe. Ihr Alter schützt Sie vor dem Ärgsten. Wenn es zu einem Kriege käme, könnten die siegreichen Serben Sie aus dem Kerker befreien..."

„Wir haben Gift bei uns, wir werden nie in einen Kerker geworfen werden", unterbrach Princip den Kaufmann. „Wir werden ihnen entgegenkommen, Herr Jovanović. Wir werden Ihnen jemanden aus Sarajevo schicken, der die Sachen abholen wird."

„Und wer wird mir sagen, daß dieser irgend jemand kein Spitzel ist? Wer wird mir das sagen?"

„Wir können ja ein Erkennungszeichen ausmachen", schlug Princip vor.

Jovanović sah verzweifelt im Zimmer herum, sein Blick fiel auf eine Zigarettenschachtel. „Gut, gut. Sagen Sie dem Mann, der die Sachen abholen wird, er möge eine offene Schachtel Stephaniezigaretten vorweisen."

Princip schnellte auf und ging, mit seinen starren, weit aufgerissenen Augen, dicht auf den zurückweichenden Kaufmann zu: „Spaßen Sie nicht mit uns, wir sind nicht zum Spaßen und Scherzen hierhergekommen, wir sind dazu auch gar nicht aufgelegt, und die in Belgrad, die uns geschickt haben, auch nicht. Verstehen Sie uns recht: Vereinigung oder Tod! Das kann auch den Tod eines Verräters an der heiligen Sache bedeuten!"

„Ich habe durchaus nicht gescherzt", erwiderte der zitternde Kaufmann, „durchaus nicht gescherzt, ich weiß, wo der Scherz aufzuhören hat. Mein Vorschlag war ernst gemeint. Sie brauchen mir durchaus nicht zu drohen. Ich kenne meine Pflichten. Aber wenn man Erkennungszeichen wählt, muß man immer ganz unauffällige Dinge wählen."

„Wie Sie glauben. Das wird Ihre Sache sein." Princip stützte sich auf den Tisch und ließ mit seinem drohenden, flackernden Blick den Kaufmann nicht los: „Aber Sie werden, gerade wenn Sie an Ihre Familie denken, gut daran tun, uns nichts weiter in den Weg zu legen. In Belgrad stehen Männer hinter uns, die andere Sachen vollbracht haben, als Verräter an der heiligen Sache zu strafen." Princip griff nach dem Hut. „Wir werden Sie nicht allzu lange warten lassen. Verbergen Sie die Sachen gut und schweigen Sie vor allem, denn Schweigen ist in solchen Angelegenheiten immer das beste." Princip reichte über den Tisch hinweg dem blassen Kaufmann die Hand und erschrak, denn was er da drücken wollte, war kalt wie die Hand eines Toten.

Konopischt, Juni 1914

Vom Bahnhof Beneschau in Böhmen zog eine bunte Völkerwanderung zum Schlosse Konopischt hinüber: beleibte Männer, die ihre Röcke wie Wallfahrtsfahnen auf Stöcken über der Schulter trugen, vollbusige Frauen mit großen Ohrringen, die raunzenden Kinder an der einen und in der anderen Hand die schweren Taschen und Körbe mit Essen und Bier; hüftenschwenkende, nach unerreichbarem Pariser Vorbild gekleidete Prager Kommis mit schiefsitzenden Strohhüten, grellen Krawatten, spitzen Knöpfelschuhen und geschwungenen Spazierstöckchen, behäbige Provinzler mit prallgefüllten weißen Westen und dicken Uhrketten über dem Bierbauch, Bürger aus Tabor und Pisek, Bauern und Bäuerinnen mit leicht schwankenden Schritten und strengen, straffen Gesichtern, flotte Soldaten, die Virginia hinterm Ohr, die roten Schützenschnüre parfümiert, mit viel zu kleinen und viel zu hohen giftblauen und röhrenförmigen Kappen, in viel zu knapp eingehauten Monturen, denen jeden Augenblick die Nähte zu platzen drohten, kichernde rotarmige, pralle Dienstmädchen am Arm, und voran, in der Mitte, am Ende, ja fast überall im Zuge, das Schrillen von Okarinas, das Summen von Liedern und das Orgeln von Mund- und Ziehharmonikas.

Weit voran marschierte ein Trupp Sokoln in Stiefeln und Schnürrock, Falkenfedern auf den niedern runden Kappen, stramm wie Soldaten in Doppelreihen, als zögen sie schon jetzt zu dem großen Brünner Sokolfest, der Verbrüderungsfeier aller slawischen Völker und Stämme. Dort wird man zeigen müssen, was man kann, und Offiziere aus allen Reichen freier Slawen werden Zuschauer sein.

In der Bahnhofswirtschaft von Beneschau war bereits das Bier ausgegangen, der Tag war heiß, die Fahrt in den überfüllten Zügen war beschwerlich gewesen. Ein Spaßvogel rief: „Herr Stationsvorstand! Betriebsstoff! Unsere zarten, schlanken, schönen Damen hier können vielleicht vom Rosenhonig nippen, aber ich bin nicht zart und nicht schlank, ich bin kein Schmetterling, ich bin keine Biene, ich bin kein Käferchen, ich will Bier!“

Drei Gendarmen kamen mit aufgepflanztem Bajonett den Bahnsteig herunter und musterten den Schreier, aber dieser kehrte sich nicht daran: „Jesus, Maria und Joseph, in Konopischt sind drei Rosenstöcke eingegangen, drei Blumenwächter sind frei geworden.“

Alles lachte, die Gendarmen rückten dem Spaßvogel immer näher, aber der zog sich in die dichte Menge zurück. „Schade, schade“, rief er, „daß man all die schönen schwarzgelben, weißroten und schwarzweißroten Fahnen schon weggeräumt hat vom Perron, und die vielen schönen Palmen, aber die waren wohl nur für den deutschen Kaiser bestimmt. Und jetzt sieht man, wie rußig der Bahnhof von Beneschau ist. Und woher kommt dieser dicke Ruß? Weil hier den ganzen April immer ein Zug unter Dampf gestanden ist, damit man nicht, wenn jemand stirbt, zu spät nach

Wien kommt.“ Das war aber für die Gendarmen zu viel, sie teilten die Menge und wollten den lauten Spaßvogel fassen, aber schon hörte man dessen Stimme auf einer anderen Seite: „Bier, Herr Stationsvorstand! Wirtshaus! Denn drüben in Konopischt gibt's keinen Tropfen mehr, der Rosengarten ist so schnell gewachsen, daß er das ganze Konopischt samt Bräuhaus und Zuckerfabrik verschluckt hat. Ja, so ein hochherrschaftlich-erzherzoglicher Garten hat Appetit, dem machen ganze Dörfer keine Magenbeschwerden!“

„Kommen Sie einmal vor! Ja, Sie dort, Sie sind gemeint!“ Die Gendarmen wollten den Mann fassen, aber man kam nicht so leicht durch die vielen Menschen, die alle schadenfroh lachten. Nun setzte sich auch der letzte Trupp in Bewegung, eine Harmonika orgelte, das tanzfrohe Volk zog hüftenschwenkend und lachend über die staubige Landstraße dahin.

„Nicht daran riechen, nicht die Nase hineinstecken, liebe Untertanen!“ rief der kleine Mann, der sich alle Augenblicke umdrehte, nach hinten blickte, wie ein Krebs marschierte und mit seinen langen Armen den Takt gab; „nicht schnuppern!“ schrie er, als man an Hecken von Schlehdorn, Jasmin und Heckenrosen vorbeizog, „sonst bekommt ihr auch Maulkörbe wie die Konopischter Ochsen, denen das Beknabbern der Hecken während des Pflügens der hochherrschaftlichen Felder bei strengster Strafe untersagt ist. Und wer hat denn das Nachsehen? Wie soll man denn die schönen Damen küssen, wenn die Damen einen kaiserlich-königlichen Maulkorb tragen?“

„Ach, du Witzbold“, schmollte ein hübsches Mädchen, „das ist doch nett von ihm, wenn er, so weit er nur sehen kann, blühende Sträucher anpflanzt!“

„Zahl du mir Steuern“, rief der kleine Mann aus, „und ich will dir Blumen anpflanzen, wohin dein zartes Füßchen tritt!“

„Du? Du wirst Bierflaschen säen und Räusche ernten“, rief das Mädchen zurück, „uns bleiben die Korkstöpsel.“

Der mächtige Granitblock mit dem großen Schloß ragte aus den Kronen des Parkes, die Ziehharmonikas und die Lieder verstummten.

„Burschen, spielt, Burschen, singt“, mahnte ein alter Stelzfuß mit Medaillen auf der verschossenen Brust seines Röckchens, „er liebt Musik, ich hab' ihm schon oft vorspielen müssen.“

„Hat der Kammer- und Hofvirtuose mit der Krücke auf dem schwarzlackierten Bein gegeigt?“

„Mit dem Leierkasten, frecher Rotzer! Leierkästen liebt er über alles! Jetzt kommen, Gott sei's geklagt, schon so viele Werkelmänner mit falschen Kriegsmedaillen aus Prag herüber, daß es kein Geschäft mehr ist, hier zu spielen. Aber früher, wie wir Beneschauer noch allein waren, ist's uns gut gegangen. Die Zeitungen haben alles verdorben."

„Und warum hat der Herr Hofkapellmeister sein Leierorchester nicht mit?"

„Weil unsereiner doch auch seine Ruhe haben will. Heute bin ich zu meinem Vergnügen hier, heute bin ich nicht im Dienst!"

Nun schwenkten vorne die Sokoln mit den roten Hemden unter dem dunklen Schnürrock in einen Feldweg ein, weiß Gott, wohin die marschierten. Gendarmen standen bei jedem Alleebaum, der Spaßvogel verstummte; obwohl die Sonne über dem weiten Land lag, wurde es in der Nähe des Schlosses kühl, als zöge ein Wolkenschatten über die Fluren.

Man mochte tausendmal schreien, flüstern, murren, daß alle Habsburger Blutsauger, Idioten, Unglücksbringer und Schurkken waren, man mochte sich an das erinnern, was ein Abgeordneter vor Jahren von Franz Ferdinand gesagt hatte: man erwarte sich von einem Habsburger, der Franz heiße, wenig, aber von einem, der Franz Ferdinand heiße, habe das tschechische Volk schon gar nichts zu erwarten; das und noch tausend üble Geschichten mochte man gehört haben, aber wenn man in die Nähe der Habsburger kam, dann verstummte alles — und nicht nur der Gendarmen wegen, nicht nur deshalb, weil, seit man sich erinnern konnte, nie ein Mitglied des Erzhauses in einem Witzblatt verhöhnt werden durfte, nicht allein deshalb, weil dieses Haus innerhalb eines konstitutionellen Staates mehr Schutz genoß, als eine absolute Monarchie ihrem Herrscher bieten konnte —, wie Kinder, die zu ihrem strengen Lehrer gehen, verstummten die Leute und schlichen sich zwischen den Gendarmen durch das Tor.

Über dem weiten Parterre des Parkes lag ein atembeklemmender Duft, im großen Rosengarten stauten sich die Leute, zogen, als wären sie in einer Kirche, die Hüte, waren gerührt und verstummten vor dem fast schmerzlichen Anblick von so viel blühender, sich verschwendender und stiller Schönheit. So weit man blickte, ein bunter Teppich flammender und doch seidenweicher Rosenmuster aller Farben und Größen, ein Zusammenschlagen aller Düfte zu einer beklemmenden Betäubung. Die Leute bückten sich und hoben die abgefallenen Blütenblätter wie Geld auf, die fast schwarzen, die dunkelroten, die hellroten, die gelben, die weißen Rosenblätter, sogen den Duft ein, legten sich die leichten Muscheln in die flache Hand, rieben die samtweichen, zarten Blätter mit den klobigen Fingern, legten sich diese sanften Küsse von Duft und Liebe auf die Lippen und atmeten sie ein. Die Mädchen ließen sich die bunten Blätter in den Brustausschnitt gleiten, die strengen Bäuerinnen legten sie zwischen die Seiten ihrer schwarzen Gebetbücher zu den Bildern der Heiligen, und die Kavaliere aus Prag bedauerten, ihren Schönen nicht solch langstielige Rosen schenken und in das Haar stecken zu können.

Aus dieser duftenden, bunten, leuchtenden Fläche glitzerten Springbrunnen auf, ragten Steinobelisken empor, und eine mächtige Säule trug, hoch über dem Blütenmeer, die schmerzgekrümmte Gestalt des fernher getroffenen, des schönen, des christlichen Apoll, des leidenden, des duftumwehten heiligen Sebastian. Steinvasen mit Stechpalmen und blühenden Kakteen, Gitter in Hildebrandts anmutig verschlungenen Barockbändern, mit balgenden Putti darüber, zierten den weiten Platz durch das Feste des Steins zwischen den duftigen Farben der Rosen. Weiße Kieswege schlängelten sich durch das Blumenwunder. Die Menschen führten einander stumm bei der Hand, sie seufzten, bedrückt von so viel Schönheit, und blickten manchmal scheu über die Schulter hinauf zu dem breit hingelagerten Schloß auf dem mächtigen Granitfelsen über den dunklen Kronen der Eichen, das wie eine drohende Wolke über dem Frieden des Gartens lag.

Ah, nun waren doch auch die Sokoln da, sie hatten nicht widerstehen können, sie waren stolz auf diesen Rosengarten, denn er lag im Herzen Böhmens, sie gingen selbstbewußt auf diesen Wegen, auf denen gestern noch der deutsche Kaiser und der Este herumspaziert waren und große Worte gesprochen hatten. Nur in Böhmen konnten Rosen so schön blühen, nur in Böhmen konnten sie so leuchten!

Ja sogar der Spaßvogel, der sich so nach dem Bier gesehnt hatte und auf den nun niemand hören wollte, mußte zugeben, daß dieser Garten und diese Blumen ein ganz feines Gärtchen seien, dem man die verschluckte Zuckerfabrik und die verschwundene Brauerei gar nicht so schnell ansehen könne. Die Leute nickten und gingen, um nicht den Flug der taumelnden, von Süße trunkenen Falter zu stören, auf den Fußspitzen weiter. „Ein Schwalbenschwanz! Ein Trauermantel! Ein Admiral!"

riefen die Kinder, aber die Mütter ließen diese unruhigen Plagegeister nicht von der Hand, man wollte keine Scherereien haben mit den vielen Gärtnern und Förstern, die hier aufpaßten. Die Menschen verloren sich in dem großen Park, der so weit reichte, wie der Erzherzog vom Turm seines Schlosses schauen konnte, sie verschwanden, bedrückt von dem ernsten Schloß auf dem grauen Felsen, zwischen den mondverträumten Silberfichten und den Blaufichten, die wohl auf dem Grunde eines Zaubersees gewachsen sein mochten, sie gingen langsam und feierlich durch die knorrigen Eichengruppen und die lieblich lächelnden Birkengehölze, zwischen denen dunkel klagend die Blutbuchen standen. An stillen, von nie gesehenen Blumen umsäumten, mit den matten Blättern der gelblichen Seerosen bedeckten Teichen, über die Schwäne dahinzogen, wanderten die Kleinbürger und Bauern vorbei, über moosweiche Waldwege gingen sie, Fasanen schwirrten vor ihnen auf, träges Damwild flüchtete und ein Pfau entbreitete auf einer saftigen, kurzgeschorenen Wiese sein schimmerndes Rad, in dem alle Eitelkeit und Pracht dieser Welt beschlossen war. Ach, das Leben war so herrlich und wunderbar und es wäre vollkommen gewesen, hätte man die Hirsche streicheln, einige Blumen pflücken und eine der Pfaufedern sich holen dürfen, die dort in der Wiese lagen. Aber so, wie man jetzt durch das Paradies ging, war man ein Mensch ohne Hände mit einem heftig pochenden Herzen und sehnsüchtigen Augen.

Da kam nun der Herr all dieser Schönheit selbst in einem Jagdwagen um die Wegbiegung, musterte mit raschem Blick aus den verhängten Augen die frontmachenden herausgeputzten Dragoner und Infanteristen, die bocksteif neben den knicksenden Mädchen standen, und wandte sich dann den mit entblößten Häuptern zur Seite tretenden Bürgern zu. „Gefällt es Ihnen in Konopischt? Ja? Nun, das freut mich wirklich. Die Rosen blühen schön, wie? Das hat aber auch Arbeit gekostet bei dem Boden hier. Nun, von heute an werde ich jährlich den Park immer auf ein paar Tage freigeben — es freut mich, daß er Ihnen gefällt." Ein kleiner Junge, mit halblangen, bis zu den Waden reichenden Hosen verkroch sich hinter den Rücken seiner Mutter und begann ganz jämmerlich zu plärren. „Jesus Maria, der Bub! Wirst du gleich still sein! Wirst du gleich aufhören, so ein Kind! Nie wieder nehm ich dich mit!" jammerte die verzweifelte Mutter.

„Machen Sie sich nichts draus", sagte der Erzherzog, „ich hab' selbst Kinder, ich weiß, wie Kinder sind. Bis der Bub heiratet, wird alles wieder gut sein."

„Hörst du, Franto", schrie die Mutter. „Wirst du aufhören! Mach mir doch keine Schande, es tut dir doch niemand etwas!" Aber der Junge wollte nicht hören, und die Bürger von Pisek schämten sich in Grund und Boden über die Schmach, die ihnen dieses junge Mitglied ihrer Gemeinde zufügte. Aber da der Erzherzog nicht nach dem Namen dieses kleinen Scheusals fragte, wird er wohl diesen peinlichen Zwischenfall vergessen und ihn Pisek nicht nachtragen, denn darin war er sonst groß, hatte er doch einem Kloster, dessen Kirche schmierig war, den alten Altar, den er ihm geschenkt, wieder weggenommen, „weil es Drecksäue sind, die nichts Gutes verdienen". Franz Ferdinand wendete sich nun lachend den Soldaten zu, den jungen Kriegern der ältesten Regimenter dieser alten Armee, an die tschechischen Soldaten von Infanterie 28, 11, und 35. Konopischt war eines der Wallensteinschen Schlösser, und diese Leute dienten in den ältesten österreichischen Regimentern aus Wallensteins Zeit. Der Erzherzog beanstandete weder die allzu knappen Monturen noch die zu hohen giftblauen Extrakappen, er fragte in gebrochenem Tschechisch die Leute nach den Namen ihrer Kommandanten und die angesprochenen Soldaten wunderten sich, daß der Thronfolger, trotzdem der kleine Schreihals aus Pisek drüben noch immer wie ein Zahnbrecher brüllte, so guter Laune war. Und der Bub schrie doch sicher nur deshalb, weil ihm die Eltern, wenn er schlimm gewesen war, mit dem bösen Este gedroht hatten.

Nun zog der Erzherzog seinen grünen Jägerhut und fuhr weiter. Zu dumm, dachte er sich, wenn man den Zeitungen glaubt. Diese einfachen Leute hier sahen doch gar nicht verhetzt aus. Sie lachen, sie stehen herum und bewundern alles, sie scheinen sich wirklich ehrlich zu freuen. Kaiser Wilhelm hatte ja gestern auch recht schmeichelhaft über die Rosenblüte und die Waffensammlung gesprochen, aber die stumme Bewunderung dieser einfachen Leute war dem Erzherzog lieber. Alles falsch, alles dumm. Diese Dragoner, die vor zwei Jahren gemeutert hatten, als sie während des Balkankrieges mobilisiert waren, die 28er, über die immer wieder geklagt und gejammert wird, wie gut sahen diese Leute doch aus, wie frisch und flott hatten ihre Antworten geklungen! Aber man gibt sich eben keine Mühe mit den Leuten, man läßt alles laufen wie es läuft, und es wäre doch so leicht, alles, was zu stürzen droht, wieder zu stützen und in Ordnung zu bringen.

Oben auf der Schloßterrasse, vor der Kletterrosenwand, stand mit ihren drei Kindern die Herzogin und blickte den abziehenden Menschen nach. Die Kinder hatten schon seit langer Zeit nicht so schrecklich viel Leute gesehen, sie fanden, daß heute ein lustiger Tag gewesen sei. Der kleine Ernst winkte übermütig ein paar Dragonern zu, die seinen Gruß keck erwiderten. Von Beneschau herüber hörte man den Zug pfeifen, von der Straße herauf erklang Gesang.

„Má roztomilá Baruško,
Vem mê sebou na lužko."

Es war eine Melodie, die man mitsummen mußte, die Kinder summten sie und auch die Herzogin trällerte leise mit, was sie wohl kaum getan, hätte sie den tschechischen Text verstanden:

„Mein reizendes Babettchen,
Nimm mich doch in dein Bettchen."

Von der Menge war der Bann gewichen. Okarinas schrillten auf, Ziehharmonikas — auch Maurerklavier oder Wanzenquetscher genannt — fielen ein und übertönten die Grillen, wie die vielen glimmenden Zigaretten die Leuchtkäferchen in den Jasminhecken überglänzten. Ach, so ein Schlager, so ein Lieblingslied der Menge: „Má—", brüllte nun alles wie auf einen Schlag und setzte schneller fort: „roztomilá Ba—ruško..."

Und die reizenden Babettchen schmiegten sich tiefer in den Arm der singenden Kavaliere.

Franz Ferdinand trat auf den Balkon hinaus und streichelte den drei Kindern leicht über die Köpfe: „Gut ist es gegangen, Soph, nichts ist geschehen. Schade, daß wir nicht schon früher auf diese Idee gekommen sind."

Die Herzogin blickte auf und streichelte seine Hand: „Wenn du dich nur freust."

„Soll ich mich nicht freuen? Was hab ich aber auch aus dem alten Kasten gemacht. Erinnerst du dich, wie wir ihn übernommen haben? Willi war gestern einfach perplex. Und mir wächst dieses Schloß von Jahr zu Jahr mehr ans Herz."

„Ich bin hier auch am liebsten, Franzi."

Der Erzherzog nickte: „Ja, hier haben wir wirklich zuerst Ruhe gefunden vor dieser Jagd auf uns."

Franz Ferdinand wurde durch einen kleinen Blick der Herzogin auf die Kinder aufmerksam gemacht. „Ach, ihr seid noch immer da. Ihr könnt jetzt eigentlich schon gehen, ich komme, euch dann noch gute Nacht sagen."

Die Kinder küßten den Eltern die Hand, der kleine Ernst verbeugte sich, daß ihm die Locken tief in die Stirne fielen. Max und die kleine Sophie lachten über den Bruder und die Eltern lachten mit. Dann gingen die Kinder und summten den tschechischen Schlager vor sich her. Franz Ferdinand legte seiner Frau den Arm um die Hüfte: „Wenn wir von Bosnien zurückkommen, gehen wir mit den Kindern nach Blühnbach und kümmern uns zwei, drei Wochen um gar nichts."

„Könnten wir nicht bis zur Abreise hier bleiben?"

„Herz, ich muß zum Taubenschießen nach Chlumetz."

Die Herzogin senkte den Kopf, sie widersprach nicht, aber sie dachte: Schießen, immer schießen.

„Wenn wir nicht nach Chlumetz fahren, Schatz, hier halt ich es vor Unruhe einfach nicht mehr aus."

„Warum hast du denn diese bosnische Reise nicht überhaupt abgesagt?"

„Man hat es mir in Schönbrunn beinahe in den Mund gelegt", sagte der Erzherzog finster, „aber du weißt, daß ich nichts so sehr hasse wie Drückerei. Sie haben ja alle nur darauf gewartet, daß ich zurückschiebe, er hätte sich sogar darüber gefreut, aber in diesem Staate drücken sich doch so schon alle andern, da muß jemand sein, einer wenigstens, der fest bleibt."

„Ich bin nur froh, Franz, daß du mich mitnimmst. Ich hätte keine ruhige Minute."

Er nahm ihre Hand und streichelte sie: „Ich weiß, Soph, du und die Kinder, ihr seid die einzigen, die mich nicht verraten werden. Aber sonst! Die andern hab' ich kennengelernt, als ich krank war, die hätten mich am liebsten lebendig begraben." Die Herzogin erhob sich: „Vielleicht wird es nicht einmal so heiß unten sein, wie du fürchtest, heuer ist ein kühler Sommer."

„Die Hitze, Soph, das wäre das wenigste. Aber, wenn man bei uns wohin kommt, ewig dieses Lamentieren, dieses Klagen. Und dann —", er hob die beiden geballten, dicht aneinandergepreßten Fäuste — „so mit gebundenen Händen dastehen und nicht helfen können, mit sehenden Augen zuschauen müssen, wie sich auf alles der fingerdicke Staub legt, wie alles in einen totenähnlichen Schlaf versinkt — das ist es, was mich krank macht vor Zorn und Ärger. Gestern, der deutsche Kaiser meinte, ich spüre dieses mitleidige Herabsehen auf uns nicht, diese Verwunderung, in mir nicht einen Idioten zu finden. Aber dieser Verfall Österreichs zehrt an mir, und oft glaub ich, ein paar Offiziere und ich, wir sind die letzten Österreicher, die noch was wollen."

„Du wirst sie aufrütteln, Franz, du wirst alles noch retten!"

„Soph, wenn man Fünfzig vorüber ist und noch immer nichts getan hat, dann wird man mutlos."

„Deine Sammlungen, Franz! Deine Musterwirtschaften! Als Grundherr allein hast du mehr getan als alle andern."

„Als Privatmann. Aber ich sollte doch mehr sein!"

„Was du als Privatmann tust, kommt doch unsern Kindern zugute."

Franz Ferdinand schauerte zusammen: „Es wird kalt, Soph, gehen wir hinein."

Franz Ferdinand durchschritt langsam die unter der Schloßterrasse angelegte Georgsgalerie, in der aus allen Ländern und allen Zeiten alles zusammengetragen war, was irgendwie Bezug auf den Reiterheiligen und Drachentöter, auf den Bekämpfer des Bösen, den heiligen Georg, hatte. An den Wänden hingen zwischen Teppichen und Statuen Bilder und Teller, in den Schaukästen lagen Münzen und allerlei Georgstaler den ganzen langen Raum hindurch. Der Erzherzog, der Professoren und Fachleute nicht leiden mochte, weil sie die einfachsten Dinge schwierig machen, hatte sich alles von einem ihm zusagenden Bildhauer zusammenstellen lassen, er schwor auf die Maurer und verachtete die Architekten, er mochte die Maler, die in den Zeitungen gerühmt wurden, nicht leiden, denn Kunst war ihm nur dazu da, sein Haus und seinen Staat zu verherrlichen und zu schmücken. Was diese Künstler an und für sich wollten, kümmerte ihn nicht, ja, es war ihm in tiefster Seele zuwider, der Erzherzog fühlte die Feindschaft der Zeit gegen alles Monarchische. Er wollte nicht wie Willi überall mittun, das war unter der Würde Habsburgs, er hatte auch nicht die geringste Lust, sich allen Parteien anzubiedern. Der Erzherzog war einsam, wie es fast alle Habsburger gewesen waren, aber er litt unter dieser Einsamkeit. Das Fürchterlichste aber war ihm, daß er wußte, alles auf der Welt könnte so einfach sein wie eine ruhig lebende Familie, wenn man nur das Zauberwort wüßte. Wenn man aber diese von Gott gestellte Aufgabe nicht gelöst hatte — und gelöst mußte sie werden —, so konnte man weder leben noch sterben. Denn auf dem Thron, weit über allen kleinlichen Streitereien der Advokaten und Völker

— und Völker ließen sich nur mehr durch Winkelschreiber und Advokaten vertreten — auch Priester vergaßen ihres Amtes und mengten sich in das widerliche Gezänk —, dort mußte, dort sollte man einsam sein. Einsamkeit erdrückt nur, wenn einem die Hände gebunden sind.

Franz Ferdinand öffnete ein Fenster und blickte in den Garten hinaus. Der Abendwind trug eine Wolke von Rosenduft zu ihm herüber. Über den großen Teich, auf dessen sich verdunkelnde Fläche eine Trauerweide hinweinte, segelten zwei strenge Schwäne. Efeu, so fremd wie sein Name, umdunkelte die lichten Stämme des nun aufrauschenden Ahorns.

Zwei Kaiser waren zuviel, es konnte nur einen Kaiser geben — den des Heiligen Römischen Reiches Deutscher Nation. Ein protestantischer Kaiser war eine Unmöglichkeit, eine Frucht eben dieses Nationalismus, der ganz Europa in den Abgrund stürzen wird, ein protestantischer Kaiser ist ein selbstherrlicher Rebell gegen den wahren und einzigen Herrscher. Wenn es aber dem Erzherzog gelänge, zuerst als Kaiser von Österreich, dann aber als des wiederhergestellten großen Reiches Kaiser den Frieden zu schaffen in den eigenen Ländern — und dann in der Welt, dann könnte man sterben und hätte etwas Ganzes getan.

Das Pfeifen der Parkwächter schrillte. Der Garten wurde geschlossen. Aus den Teichen stieg der Nebel auf und der Mond kam über die dunklen Kronen des Ahorns. Es war ein Wallensteinsches Schloß, aus dem ein Erzherzog aus dem Fenster blickte und träumte, ein Schloß in Böhmen, in dem Lande, das den Schlüssel zu einem großen deutschen Reich verwahrte.

Tuzla, Juni 1914

An dem gleichen Sonntag, an dem in Konopischt zum ersten Male der Besuch freigegeben worden war, saß der Kaufmann Miško Jovanović am Morgen in seinem Arbeitszimmer und erledigte noch einige Rückstände. Gestern war in Tuzla Sokoltag gewesen, man hatte die Listen der Leute zusammengestellt, die am 28. Juni nach Brünn gehen sollten, man hatte viel politisiert und wenig geturnt und war abends, nach der Kinovorstellung, noch lange im Wirtshaus beisammengehockt. Der Lehrer Veljko Čubrilović und der Pope aus Priboj waren auch da gewesen;

übrigens würde der Lehrer heute zum Mittagessen kommen, die Frau Jovanović hatte ihn samt seiner Frau eingeladen.

Und nun schrak Jovanović zusammen, warf die Feder hin, daß sie vom Tisch kollerte und wie ein zitternder Pfeil sich in den Boden spießte, fuhr auf dem Sessel herum und starrte nach der Tür. Da stand seine verschüchterte kleine Frau und sagte ganz leise: „Miško, ein junger Mann ist da, der dich sprechen will."

„Ein Sokol? Er soll hereinkommen. Du weißt, ich kann dieses Herumschleichen nicht leiden. Und dieses Gesicht mit dem ewigen Vorwurf schon gar nicht."

„Kein Mann von hier. Ich hab' den Menschen noch nie in Tuzla gesehen."

„Ein kleiner Schwarzer mit einer breiten Nase?"

„Ein großer Blonder — die Nase hab' ich nicht angeschaut."

„Geh und schick ihn herein."

Wenn die Frau gewußt hätte, was mit Miško los war, weshalb er immer so erschrak, warum er in der Nacht aufsprang und nicht schlafen konnte, weshalb er alle Augenblicke auf den Dachboden hinaufrannte! Sie traute sich ja kaum mehr eine Tür zu öffnen oder laut aufzutreten. Sie hatte immer Rücksicht auf ihn genommen, denn er war ein Mann, der Zeitungen in drei Sprachen las und der etwas Großes vorhatte. Nicht einmal mit Veljko, dem Lehrer, seinem Freund, hatte er gestern im Wirtshaus gesprochen, deshalb hatte sie ja heute den Lehrer zum Essen gebeten, vielleicht wird sie auf diese Weise doch noch erfahren, was Miško drückt.

Auf dem Gang stieß sie wieder mit dem langen, blonden Menschen zusammen, der die mageren Finger seiner weißen Hände rieb und sie aus seinen blaßblauen Augen verlegen anlächelte. „Dort drinnen sitzt mein Mann", sagte sie rasch und ging weiter. Auf der Stiege blieb sie stehen, wartete, bis die Türe geschlossen wurde, und horchte. Sie hörte dies und das, worüber die beiden aber eigentlich sprachen, das verstand die kleine Frau nicht.

Jovanović stand neben seinem Schreibtisch, der lange, blasse Mensch kam langsam näher, zog eine Schachtel Stephaniezigaretten, drehte sie ein paarmal in der Hand herum und legte sie auf den Tisch. Dann neigte er den Kopf etwas, versuchte zu lächeln, rieb die Hände und schwieg. Der Kaufmann schloß die Augen bis auf einen schmalen Spalt und zupfte nervös an seinem Bart. Nun räusperte sich der Fremde und sagte leise: „Daniel Ilić ist mein Name, ich bin wegen dieser Sachen da."

„Wegen welcher Sachen?" preßte der Kaufmann mühsam hervor.

„Wegen dieser Sachen", sagte der junge Mensch und zeigte auf die Zigarettenschachtel auf dem Tisch.

„Und wie wollen Sie diese Sachen denn fortschaffen?"

Der blasse Mensch schaute sich eine Weile im Zimmer um: „Am besten, Sie verpacken die Sachen in einer Schachtel – vielleicht in einem Zuckerkarton, das fällt nicht auf."

„Warten Sie eine Weile hier, ich muß erst auf den Dachboden gehen und die Sachen holen."

Der junge Mann hielt Jovanović beim Ärmel zurück: „Warten Sie, warten Sie. Wie wollen Sie denn die Sachen auf die Bahn bringen?"

Der Kaufmann ließ die Türklinke los: „Ich? Deshalb sind doch Sie gekommen! Wieso soll ich diese Sachen auf die Bahn bringen?"

„Ich kann die Sachen unmöglich zur Bahn bringen", sagte der junge Mensch, „das müssen Sie doch einsehen, Herr Jovanović. Ich war noch nie in meinem Leben in Tuzla, wenn mich die Polizei mit so einem Paket gehen sieht, werde ich aufgehalten, man findet diese Sachen bei mir, man will wissen, woher ich sie habe, und ich muß irgend etwas sagen. Man hat mich in Ihr Haus gehen sehen, man kann sich denken, wie die Sachen zu mir gekommen sind — und alles ist dann verraten!"

„Ach, ihr schrecklichen Menschen", rief der Kaufmann, „welch ein Unglück werdet ihr noch über mich und mein Haus bringen!"

Ilić legte den Finger an die Lippen: „Nicht so laut! Nicht so laut! So hören Sie doch! Wenn aber Sie mit dieser Schachtel nach Doboj fahren, wo ich sie übernehmen werde, kann das niemandem auffallen. Man kennt Sie, Sie sind hier ein angesehener Mann, keinem Gendarmen und keinem Polizisten wird auch nur der Gedanke kommen, Sie, einen Kaufmann, einen Kinobesitzer zu fragen, was Sie in dieser Schachtel haben."

„Nun gut, das will ich noch tun. Gib dem Teufel den kleinen Finger, so nimmt er die ganze Hand. Aber dann will ich nie mehr etwas hören von euch."

„Aber diese gleichen Sachen", lachte Ilić vor sich hin, „werden Lärm machen, werden krachen, niemand wird sich so dicht die Ohren zuhalten können, daß er nichts davon hören wird."

Jovanović zog die Brauen hoch: „Ja, soll es denn wirklich mit diesen Sachen ernst sein?"

„Sehr ernst, schrecklich ernst."

„Und was soll draus werden?" fragte der Kaufmann.

„Wir sind viele. Jeder bekommt etwas aus dem Zuckerkarton. Jeder bekommt eine Rose zum Empfang. Wir werden in einer langen Reihe stehen."

„Und Sie werden auch beim Empfang zugegen sein? Werden Sie mitwirken?"

Ilić machte eine ausweichende Handbewegung: „Indirekt. Ich werde das ganze Unternehmen leiten. Ich habe die anderen Leute ausgewählt, ich habe dafür gesorgt, daß aus optischen Gründen ein Kroate und ein Mohammedaner dabei sein werden — ich werde zugegen sein, ich werde alles überwachen."

Der Kaufmann wollte schon sagen, daß dies gar nicht so dumm sei, wenn man sich auf so gerissene Weise der eigentlichen Gefahr fernhalte, aber dann fragte er nur: „Was sind Sie denn eigentlich von Beruf, Herr Ilić?"

„Vor dem Krieg gegen die Türken war ich Lehrer in Foća, aber ich hielt es nicht aus, bei den kleinen Kindern zu sein, als die Zeit der Männer gekommen war. Ich meldete mich in Belgrad, ich ging an die Front, ich war Krankenträger, und seither lebe ich nur mehr für Serbien und für unser heiliges Recht."

Jovanović reichte dem ehemaligen Volksschullehrer rasch die Hand: „Also, dann auf Wiedersehen in Doboj. Wir werden wohl getrennt auf die Bahn gehen. Man kann bei Ihnen Vorsicht lernen."

Der Lehrer, des Lehrers Frau, der Kaufmann, des Kaufmanns Frau und deren Schwägerin saßen beim Mittagessen. Die drei Frauen schauten bang zu den Männern hinüber, die so eigen waren, aber sie wagten doch nicht zu fragen.

Da beugte sich Jovanović zum Lehrer von Priboj hinüber: „Die haben ihre Sachen holen lassen, aber ich muß sie ihnen auf die Bahn schaffen und bis Doboj bringen."

„Also doch! Diese Herzen aus Stahl und Stein!"

Mehr sagte der Lehrer nicht, mehr wurde auch bei Tisch nicht gesprochen.

Eine Weile nachher kam Jovanović mit einer weiß eingeschlagenen Zuckerschachtel, der Lehrer nahm mit eigentümlich scheuem Blick auf dieses Paket Abschied, und der Kaufmann bat seine Schwägerin, die an diesem Tage nach Mostar fahren wollte, mit diesem Paket voraus auf die Bahn zu gehen: „Laß es nicht fallen, es sind photographische Platten darin, laß es nicht liegen, sie gehören nicht mir." Der Kaufmann selbst nahm, obwohl es ein warmer, sonniger Tag war, einen Havelock über den Arm und ging der Schwägerin langsam nach. Der Zug war schon knapp vor der Abfahrt, der Kaufmann lief hin und her, wollte sehen, wo der blasse Lehrer saß, aber er fand ihn nirgends und so stieg er mit der Schwägerin ein. Das Abteil war voller Menschen, die Schwägerin legte das Paket oben auf das Gepäckbrett, aber der Kaufmann nahm es wieder herunter und stellte es unter die Bank. So fuhren sie, und die Schwägerin konnte mit Jovanović, der bei jedem Jungen, der während der Fahrt hereinkam, Gefrorenes verkaufte oder Kirschen anbot, zusammenfuhr und zitterte, nicht ein vernünftiges Wort reden.

Endlich waren sie in Doboj, wo die Zweigbahn in die Hauptlinie der Bosnabahn einmündete. Der Bahnhof lag außerhalb der alten Türkenstadt mit ihrer auf einem Hügel drohenden verfallenen Festung. Der Kaufmann wünschte seiner Schwägerin eine glückliche Reise bis Mostar, nahm das Paket, hängte seinen Havelock drüber und stieg aus. Janović rannte auf dem Bahnsteig hin und her, er schaute sich die Augen aus, aber nirgends konnte er den ehemaligen Lehrer Ilić sehen. Jovanović rannte in den Wartesaal, er schaute auf den freien Platz vor dem Bahnhof, nirgends war dieser verdammt vorsichtige Ilić. Ach, wenn er nur dieses höllische Paket schon los wäre, wenn er nur das Zeug schon angebracht hätte!

Ging dort draußen nicht ein langer, magerer Mensch? Jovanović legte das Paket in dem Wartesaal auf den Tisch, wickelte es in den Havelock ein und rannte dem Menschen nach, rief, schrie, aber als der lange Mensch sich verwundert umdrehte, war er gar nicht Ilić. Der Kaufmann schlich mit wankenden Knien wieder in den Wartesaal zurück, dort lag dieses Höllenpaket, er hätte es am liebsten liegen gelassen und sich in den nächsten Zug nach Tuzla gesetzt. Er trat an den Tisch heran, blickte sich vorsichtig um, nahm dann den Havelock mit der Schachtel unter den Arm und besuchte einen Kaufmann unweit des Bahnhofes, den er aber, verteufelt wie an diesem verwunschenen Tage alles war, nicht daheim antraf. Jovanović erinnerte sich aber eines Schneiders, der früher in Tuzla gewesen war und jetzt in Doboj wohnte, zu dem trat er ins Gewölbe: „Guten Tag, Jokšić, bin auch wieder einmal nach Doboj gekommen."

Der Schneider saß mit untergeschlagenen Beinen auf seinem Schemel: „Gott zum Gruß", sagte er, „man sieht Sie fast gar nicht mehr." Er habe da einige Fuhren Holz liegen, sagte Jovanović, die wolle er schneiden lassen und verkaufen, ob man ihm Arbeiter verschaffen könne, erkundigte er sich bei dem Schneider. So redeten sie eine Weile hin und her, Jovanović fand die Löhne, die man in Doboj verlangte, ganz ungeheuerlich, aber dann gab er nach; er habe nicht viel Zeit, er müsse alles dem Schneider überlassen, er wolle mit dem nächsten Zug wieder heim. Er werde rasch essen und möchte gerne den Mantel und dieses Paket dalassen. Es seien nicht seine Sachen, ein Bursche werde kommen und das Paket hier abholen.

„Herr Jovanović, ich sperre über die Mittagszeit das Gewölbe zu", sagte der Schneider.

Da zeigte Jovanović auf den kleinen Ivo, ein kraushaariges bloßfüßiges Bürschchen, das, mit den Tuchabfällen spielend, auf dem Boden hockte: Der Kleine könne ja dableiben, da müsse der Schneider nicht zusperren. Der Schneider schaute den Kaufmann aus Tuzla fragend an, aber Jovanović wich dem Blick aus und legte eine Krone auf den Tisch: „Das hast du für deine Mühe und sag nur dem kleinen, lieben Ivo, er soll schön aufpassen, es wird ein großer, blasser Mensch vorbeikommen und das Paket abholen. Er soll aber nicht mit dem Paket herumspielen, es ist Glas drinnen, das leicht brechen kann."

Dann ging Jovanović wieder rasch auf die Station, wo gerade der nächste Zug aus Tuzla einfuhr. Der lange Ilić stieg aus und ging langsam, ohne aufzublicken, an Jovanović vorbei. Jovanović folgte und flüsterte dem Lehrer heimlich zu, wo Ilić die Sachen abzuholen habe. Ilić nickte, Jovanović folgte ihm von weitem und sah, wie der Lehrer zu dem Schneider hineinging und nach einer Weile mit dem Paket unter dem Arm wieder herauskam. Dann ging Ilić grußlos vorüber.

So — und jetzt saß Ilić mit seinem Paket im Abteil, jetzt schrak Ilić vor jedem Gendarmen zusammen, der in den Stationen draußen auf dem Bahnsteig zu sehen war, vor jedem Schaffner, der durch den Zug ging, vor jedem Reisenden, der einstieg, und alle, glaubte Ilić, schauten nach der großen, in weißes Papier eingeschlagenen Schachtel unter seinem Sitz. In Maglaj stieg ein Zigeuner in den Zug, wanderte von Abteil zu Abteil, fiedelte und ging, nachdem er ein paar Kupfermünzen oder ein paar Flüche hingeworfen bekommen hatte, wieder weiter. Mohammedanerinnen, in ihren lichten, die Pluderhosen verdeckenden Kragenmänteln, den schwarzen Schleiern vor dem Gesicht, stiegen rückwärts in die vierte Klasse ein. Ilić gegenüber ließ sich eine alte Frau nieder, blickte regungslos zum Fenster hinaus und sang mit hoher Fistelstimme ein Lied, es klang fast wie ein Gebet, einförmig, einfach und doch ergreifend. Es beruhigte Ilić, er wollte das Gesicht der alten Frau sehen, aber die hielt es mit ihrer braunen Runzelhand verdeckt. Sie fuhren an Vranduk vorbei, dessen alte Türkenhäuser wie Schwalbennester an den Felsen klebten. Hier, in Doboj, in Maglaj, überall standen die vermoderten Zeichen der einstigen Türkenherrschaft neben neuen Militärlagern des Sultans von Wien. Wahrhaftig, wie sollte man in einem solchen Lande wie Bosnien andere Lieder singen als diese alte Frau, denn es war ein armes Land, das Ilić hier von der Bahn aus an sich vorüberziehen sah am Wanderstabe der Telegraphenstangen. Sprachen sie nicht alle serbisch, die Menschen in Bosnien und in der Herzegowina, und waren sie nicht alle Brüder und Söhne eines Stammes? Und dennoch herrschte Feindschaft und Mißtrauen zwischen den Brüdern, weil die einen der rechtgläubigen Kirche und die andern dem Islam angehörten. Dies war das alte Bogumilenleid, dies war das gleiche Schicksal, wie es die Ruthenen oben im Norden trugen, die auch zwischen Westen und Osten, zwischen der lateinischen und griechischen Kirche eingeklemmt waren. Bevor noch die Türken gekommen waren, hatten die Lateiner aus Ungarn und andere päpstliche Kreuzheere versucht, Bosnien der Gewalt der Byzantiner zu entreißen, so lange, bis die Leute aus beiden Kirchen ausgetreten waren und ihr eigenes bogumilisches Bekenntnis angenommen hatten. Nun waren sie ein Greuel für die Lateiner wie für die Griechen geworden, nun waren sie von beiden verfolgt worden und hatten sich, als die Türken ins Land gekommen waren, den Mohammedanern als ihren Erlösern in die Arme geworfen. Und so war nun, während überall auf der Welt die Türken zurückgeschlagen wurden, Bosnien, das serbische Land, ein islamisches geblieben, ein unglückliches, das sich nur halb über die Niederlage des Erbfeindes freute. Und die Habsburger, die einst die mächtigsten Gegner der Türken gewesen waren, die bauten hier die Rathäuser im türkischen Stil, die nahmen, wo sie nur konnten, für die Türken Partei, stützten die Begs, die slawischen Türken, und die Agas, den türkischen Grundadel, da doch Agas wie Begs den serbischen Kmeten, den Bauern ohne Land, den armen bosnischen Pächter, aussaugten, während drüben im Königreich der freie serbische Bauer lebte.

Und nun blickte auch Ilić durch das Fenster und summte vor sich hin:

„Rugjin, unglückseliger Rugjin,
In deinem Land bist du ein Fremder..."

Oh, Ilić war ein Mensch, der seine Zeit zum Lesen benützt hatte, er hatte über Andrejews „Sieben Gehenkte" Tränen vergossen, er konnte die Abschiedsszene von den Eltern auswendig und hatte sie im Freundeskreis oft genug vorgetragen. Ilić hatte Krapotkin gelesen und Herzens Worte zu seinem Wahlspruch genommen: „Österreich ist die unmoralischeste staatliche Schöpfung, und nur sein endgültiges Auslöschen von der Erdkugel kann die Slawen erretten." Ilić hatte schon einmal das Los gezogen, er hatte sich durch Wochen dem General Potiorek an die Fersen geheftet, aber es war zu nichts gekommen. Nun, diesmal würde alles besser gemacht werden, Princip und die beiden andern Burschen würden den Veitstag feiern, wie er seit Jahrhunderten nicht mehr begangen worden war. Die alte Frau gegenüber verstummte, griff hastig nach ihrem Bündel und ging. Ilić schaute auf. Der Zug fuhr in Visoko ein. Auch Ilić wollte bald umsteigen, damit er aus einer ganz unverfänglichen Richtung ankomme. Auf der vorletzten Station vor Sarajevo verließ er den Zug, in Alipašinmost wartete er auf den Lokalzug, der aus dem Badeort Ilidže nach Sarajevo fuhr und die Ausflügler nach der Stadt zurückbrachte. Dort, im Schwarm der Menschen, würde er nicht auffallen, da konnte er dann ruhig mit seinem Paket stehen, niemand würde ihn bei der Sperre fragen, was er da mitbringe.

Der Ilidže-Zug war dicht besetzt, die Leute kamen von der Bosnaquelle und aus dem Thermalbad zurück, Spaniolinnen mit ihren lächerlich kleinen, runden, seidenbandgeschmückten Strohhütchen, Offiziere, die sich laut lachend unterhielten, Beamte, die deutsch und ungarisch sprachen — und mitten zwischen ihnen saß Ilić und hielt seine große Schachtel auf den Knien. Er verstand deutsch, er hatte es in der Schule gelernt, aber es war ihm schmerzhaft, diese Sprache hören zu müssen. Er hörte ein wenig zu, fing da und dort einen Gesprächsfetzen auf und lächelte grimmig vor sich hin: da hab ich etwas in der Schachtel, das euch alle verstummen lassen wird, euch, ihr Offiziere, die ihr die Nasen so hoch tragt, als wäret ihr in euerm Land, euch, ihr Beamten, die ihr etwas verwaltet, was gar nicht dem Kaiser gehört, und euch alle, die ihr hier großtut, denen wir vor einem

Jahr einmal über Nacht alle deutschen Firmenschilder heruntergerissen und die Fenster eingeworfen haben.

Nun erzählte einer der Beamten von den Vorfällen am Tuzlaer Gymnasium, wie die Schüler dort die mißliebigen Lehrer aus der Klasse hinausgeworfen hatten — Ilić mußte den Kopf senken, damit man nicht das Aufleuchten der Freude in seinen Augen sehen konnte. Aber wenn einmal der Thronfolger hier gewesen sei und man mit ihm über alles gesprochen habe, fuhr der Beamte fort, dann werde auch hier in Bosnien Ordnung gemacht werden. Es gehe doch nicht an, daß wegen jedes Lausbuben, der ein schlechtes Zeugnis erhalte, spaltenlang in den serbischen Hetzblättern geschrieben werde.

Ilić mußte schweigen, er durfte hier nicht antworten, er stieg lieber bei der Tabakfabrik in die elektrische Straßenbahn um. Nun war er schon in dem großen Talkessel Sarajevos. An den bewaldeten Hängen, über denen sich die kahlen Höhen erhoben, blinkten, im Grünen verstreut, die ersten Lichter auf. Die Miljačka rauschte durch die Stadt, kühl wehte es ihm aus der Tiefe über die Kaimauer entgegen.

Bei der römisch-katholischen Kathedrale, einem freudlosen, neugotischen Bau, stieg Ilić aus. Vom Kai herüber zog sich bis zum Dom der Korso, flanierten die Offiziere, lachten die Mädchen, standen die Gymnasiasten etwas abseits. In den Vorgärten der Gasthäuser waren alle Tische besetzt, vom linken Ufer des Flusses herüber drang Zigeunermusik und die schrille, sie übertrillernde Fistelstimme einer Zigeunerin. Und auf dem sich langsam und unter Augenwinken vorwärtsschiebenden und zurückflutenden Korso, der aus der engen Gasse hinaus auf den breiten, lichten, kühlen Kai quoll, hörte man alle Sprachen der Monarchie, so laut auch die Studenten untereinander in serbischer Sprache sich vernehmbar machten. Die Laternen flammten auf, und die kahlen Kämme mit den würfelförmigen Forts des inneren Festungsgürtels hoben sich klar und scharf von dem verblassenden Himmel ab, die Lichter in der bergauf gelagerten Türkenstadt zwischen den dunklen Pappeln und den hellen Minaretts vermehrten sich wie Glühwürmchen in den Sträuchern.

Ilić rannte nach Hause, keuchte die Treppe hinan, begrüßte kurz seine alte, erschrocken aufblickende Mutter, schob die Schachtel mit einem Seufzer der Erleichterung unter den alten Diwan und fragte, wo Princip sei. „Der ist spazieren gegangen“, sagte die Mutter, die an diesem Mieter Princip, der so schlecht zahlte, wenig Freude hatte, „den wirst du wohl auf dem Kai treffen.“ Ohne ein Wort zu erwidern, ohne der Mutter etwas über das mitgebrachte Paket zu sagen, stürmte Ilić wieder davon, den Freund zu suchen und ihm zu melden, daß alles gelungen sei.

Ilić hastete über den Korso, vorbei an zwei jungen Mohammedanerinnen, die in ein Seitengäßchen einbogen und lachend vor zwei jungen Burschen ein wenig den schwarzen Schleier lüfteten, vorbei an den in Reihen promenierenden Offizieren; da und dort rief ihm ein Gymnasiast, ein Freund, zu, Ilić winkte nur zurück, er mußte nach allen Seiten ausschauen. Hier war Princip nirgends zu sehen, Ilić ging weiter, der Korso wurde gegen das Rathaus zu dünner. Vor dem großen, in maurischem Stil gehaltenen rotgelben Bau saß auf der Kaimauer Princip mit gekreuzten Armen, sah Ilić, sprang auf und kam mit langsamen Schritten heran.

„Alles erledigt, Gavrile. Die Sachen sind schon in der Wohnung.“

Princip nickte kurz, nahm das Ganze so hin, als wäre es selbstverständlich, lobte nicht und faßte den Freund unterm Arm.

„Erzähl mir später davon, gehen wir in den Park.“

„Wo ist Grabež?“ fragte Ilić.

„Der ist nach Hause, nach Pale, zu seinem Vater gefahren, in Sarajevo ist's ihm zu teuer und zu unsicher.“

„Und Čabrinović?“ Princip machte eine wegwerfende Handbewegung: „Den lassen wir vorderhand, der erfährt erst am Tag des Attentates das, was er wissen muß. Čabrinović ist ein solcher Schwätzer, daß man nicht vorsichtig genug sein kann.“

Princip und Ilić gingen langsam über den Korso, bogen in die Franz-Joseph-Straße ein und schlenderten dem Park zu. Auf einigen Bänken saßen weltverlorene Liebespaare. Zwischen den dunklen Bäumen des ansteigenden Hanges schimmerten weißlich die schiefstehenden Türkengrabsteine, große und kleine, turbangezierte und spitze, wie überall in dieser Stadt auf allen freien Flecken der Hänge, auf denen sich das unendliche Heer der toten Türken gelagert hatte, halb ruhend, halb aufgerichtet, als lauschte es dem Rufe und sänke wieder in das Schweigen zurück, des Nachts grellweiß wie Geister, untertags friedlich wie Schwämme nach dem Regen, aber immer zugegen, immer unter den Lebenden, immer nah den niedern Holzhäusern, dem Herde, dem Kindergeschrei und dem sanften Dahinträumen der Männer.

Ilić und Princip stiegen den Schlangenweg hinan und ließen

sich im Dunkel auf einer Bank nieder. Nun mußte Ilić berichten und Princip hörte schweigend zu. Dann klopfte Princip dem Freund auf die Schulter: „Das war das schwerste von allem. Das andere wird ein Kinderspiel sein."

„Für uns, Gavrile, für uns. Aber wenn ich an das arme serbische Volk denke und an das Leid, das wir ihm zufügen, dann möchte ich raten, alles aufzuschieben und es später zu tun."

„Freund, es gibt Wunden, die muß man brennen und schneiden, sollen sie heilen. Von einem Aufschub kann gar keine Rede sein. Ich habe schon nach Belgrad geschrieben, daß man auf uns ganz bestimmt rechnen kann. Und was sollen wir den Burschen sagen, die du uns gebracht hast? Wir müßten uns doch in den letzten Winkel verkriechen vor Schande! Wenn es eine Sache wäre, die einer oder zwei machen wollen — dann gut — dann können sie zagen und zaudern —, aber jetzt, da wir so viele sind, da so viele Gefahren schon überstanden sind —, sollen wir es so halten wie die Leute aus Genf, die an der Grenze die Bomben weggeworfen und den ganzen Mut verloren haben?"

„Aber sie werden alle über uns herfallen, alles, was unser Volk ausgestanden hat, wird nichts gegen die Qualen sein, die uns dann auferlegt werden. Sie werden alles, was serbisch ist, in Bosnien ausrotten — hast du das bedacht?"

„Je kräftiger man niederdrückt, desto höher schnellt das Gedrückte empor." Princip stand auf. „Ich habe vorhin dem Korso aus der Ferne zugesehen, es ist ein Greuel und eine Schande — Fremde, nichts als Fremde in dieser Stadt! Ein Krach, ein Schuß — und die Gespenster werden verschwunden sein. Denn diese Städte, Freund, sind ärger als Huren, sie rennen dem nach, der ihnen Geld hinwirft. Aber die Bauern sind treu, sie sind so treu wie der Boden selbst. Und der Bauern wegen wollen wir das tun, was wir tun müssen. Die Städte mit ihren Wucherseelen laufen uns dann alle von selbst nach."

Princip ging allein die Bergstraße zum Friedhof hinan, die Hände auf dem Rücken, den Kopf gesenkt. Was das für Leute sind, dieser Ilić und all die andern Bürschchen, die er da zusammengetrommelt hat! Am liebsten würden sie die Bomben und Pistolen in die Miljačka werfen und sich daheim unter den Kitteln der Mütter verkriechen! Das Friedhofstor stand offen, Princip ging die lange Gräberreihe hindurch, den Weg, den er so oft schon bei Tag und Nacht gegangen war, bis ganz nach hinten zu der fahlgelben Wand des Ziegelschlages, über der dunkel und schwer der große Rauchfang aufragte. Dort, zwischen Brennesseln und Unkraut, war das Grab des Heroen, des armen Žerajić, den man vor vier Jahren wie einen Hund in diesem Winkel verscharrt hatte. Wie ein Bauer ließ sich Princip in die Knie sinken, Tränen strömten ihm über die Wangen, Schluchzen schüttelte seinen schwachen Körper: „Bogdan, du Held, Bogdan, du Bruder und Freund, nun wirst du bald gerächt sein, und der Fußtritt, den jener Mameluck dir und uns allen gegeben hat, wird eine Sühne finden, deren Flammen bis in die Ewigkeit zu dir emporschlagen.“

Princip stand auf und streichelte mit den Händen das Grab des Hügels. „Am Veitstag will ich dein Grab schmücken, Bogdan, am Veitstag will ich dir Blumen bringen, denn du da unten sollst ihn ja mehr feiern als alle die andern dort oben, die gar nicht wissen, was du gelitten, wie mutig du für dein Volk durch eigene Hand gestorben bist. Bogdan, gib du mir den gleichen Mut, daß ich, wenn ich mein Werk vollbracht habe, mich diesen Richtern entziehe und im Grabe sie genau so verlachen kann, wie du es getan hast, der noch im Tode gelacht und geschwiegen hat.“

Nun setzte sich Princip auf den Grabhügel, überkreuzte die Arme und flüsterte, geschüttelt von einem alles überfliegenden Glück:

„Bogdan, die Waffen! Bogdan, auch die Helden sind da! Nicht so starke Helden vielleicht wie du, aber wir haben besser schießen gelernt, wir sind in Belgrad länger geschult worden, wir sind zu sechst. Alle sechs, Bogdan, können nicht fehlen, einer muß treffen. Und du wirst in deinem kühlen Grab am Rand des Friedhofs, das von meiner Hand geschmückt sein wird, das Echo der Schüsse hören!“

Princip stand langsam auf: „Nun schwör ich es dir noch einmal, was ich im Bund geschworen habe: Vereinigung oder Tod! Wenn das serbische Volk keinen Mazzini findet, der es aufrüttelt, so werden wir, die Leute vom ‚Jungen Bosnien‘, kommen und schießen, so laut und so oft schießen, daß man es hören muß.“

Als Princip gehen wollte, sah er, daß der letzte Kranz, mit dem er das Grab geschmückt hatte, schon ganz welk und dürr neben dem Hügel lag. Geduckt huschte Princip von Grab zu Grab, brach hier und dort Blumen ab, rupfte Gras aus, band einen Strauß und legte ihn auf den einsamen Hügel. „Am Abend vor dem Veitstag komm ich wieder, will ich bei dir sein, will mir Kraft holen."

Und dann ging Princip langsam zur Stadt hinunter. Als er beim Offizierskasino vorbeikam, hörte er Musik und Lachen. Er blieb eine Weile stehen, lächelte böse, und ging dann, etwas vor sich hinmurmelnd, weiter.

Zwei Tage später saßen ein wenig unterhalb der Stelle, wo der Korso vom Kai in die innere Stadt einbog, auf der Kaimauer ein paar junge Burschen, rauchten die in der hohlen Hand verborgenen Zigaretten, schauten sich bei jedem Zug vorsichtig um, ob nicht einer ihrer Lehrer daherkomme, bliesen vorübergehenden Mädchen rasch den Rauch ins Gesicht und riefen ihnen spöttische Worte nach. Am frechsten von allen trieb es, wie immer, der Kleinste und Häßlichste, der Vaso Čubrinović, der schlechteste Schüler der sechsten Gymnasialklasse, der schon heute wußte, daß er bei Schulschluß mit Pauken und Trompeten sausen würde. Sein Mitschüler, der brave Lehrerssohn und Vorzugsschüler Cvjetko Popović, stand bewundernd dabei und staunte diesen verfluchten Kerl, der alles auf die leichte Achsel nahm, mit großen Augen und neidischem Herzen an. Ach, wenn er nur auch einmal, dachte sich der gute Cvjetko, so ein flotter Kerl sein könnte, der die Mädchen rein um den Finger zu wickeln verstand. Über dem Lehramtskandidaten Lazar Gjukić, der schon ein Schnurrbärtchen zupfen konnte, lag der Ernst der bevorstehenden Matura, er war nur auf einen Sprung hierhergekommen, wahrscheinlich, weil er meinte, daß es ohne ihn keinen rechten Bummel geben könnte. Er war früher auch einmal ein Gymnasiast, ein Mitschüler Princips gewesen, aber er war in der Fünften in Mathematik durchgefallen und hatte sich in die Lehrerbildungsanstalt gerettet. Nun mußte er, wenn er mit Gymnasiasten verkehren wollte, mit den tieferen Klassen vorliebnehmen, denn die Burschen aus der Oktava fühlten sich über einen Kandidaten turmhoch erhaben. Wenn die Gymnasiasten bereits auf der Hochschule sein würden, konnte so ein armer Lehrer irgendwo in einem Dorf den Kindern die Rotznasen putzen.

Da kam auf einmal der lange Ilić daher, blieb vor Gjukić, den er von der Lehrerpräparandie her kannte, stehen und flüsterte ihm zu: „Die Waffen aus Belgrad sind gekommen." Er wartete keine Antwort ab und ging eilends davon.

„Was hat er dir gesagt?“ fragte Čubrinović, sich zu dem Kandidaten hinüberbeugend. Gjukić legte den Finger an den Mund, schaute sich vorsichtig um und raunte dem lustigen Čubrinović ins Ohr: „Die Sachen aus Belgrad sind da.“

Nun wollte auch der kleine, eifrige Popović das Geheimnis wissen, er erfuhr es, erschrak, nickte kurz und schwieg.

Nach einer Weile, in der alle drei hinüber zum Korso nach den Offizieren und Mädchen starrten, zwinkerte der Lehramtskandidat Gjukić dem Čubrinović zu: „Nun und? Was sagst du jetzt? Du bist auf einmal so still!“

„Was ich gesagt habe“, erwiderte Čubrinović kurz, „das gilt. Du hast mich mit dem Ilić bekannt gemacht, weil dir die Matura keine Zeit läßt, aber du brauchst nicht glauben, daß ich nun kneifen werde.“

Der Kandidat kratzte sich den Kopf und schaute den blassen Popović an: „Und du? Das ist wohl keine Sache für Vorzugsschüler, he? Ist dir das Herz in die Hosen gerutscht? Was?“

„Mir? Gar nicht! Was Vaso kann, das kann ich auch.“

„Bravo, Cvjetko“, sagte Vaso Čubrinović und klopfte seinem Freund auf die Schulter, „bist zwar ein Stucker, aber sonst in Ordnung!“

Zwei Klassenkameraden des Kandidaten Gjukić, Marko Perina, ein langer, tuberkulöser Mensch, dessen Kopf mit der kleinen, tiefeingesattelten Nase einem Totenschädel glich, und Forkapić, ein untersetzter, kräftiger Bauernsohn, kamen vom Bummel herüber auf die drei Freunde zu. Perina blieb stehen, ein Lachen verzerrte sein blasses Gesicht. Er deutete auf Čubrinović: „Der Kleine da“, sagte er zu Forkapić, „hat, wenn er uns nicht anlügt, etwas Großes vor.“

Forkapić lachte: „Mir scheint überhaupt, daß diese beiden Gymnasiasterln da zwei ganz und gar verdächtige Burschen sind. Wie wär's, wenn man euch zwei einmal ein bisserl anzeigen möchte? Habt ihr nicht gelesen, welche Prämie die Polizei für solche Anzeigen ausgesetzt hat? Heute steht es im ‚Hrvatski Dnjevnik‘!“

Popović fuhr zusammen, er wußte nicht, scherzte der Lehramtskandidat oder meinte er es im Ernst. Aber Čubrinović, dieser bewundernswerte Vaso Čubrinović, ließ sich nicht so schnell ins Bockshorn jagen: „Bitte, wenn es dir Spaß macht Sollst auch einmal etwas verdienen.“

Auch Perina lachte mit: „Aber wie wär das, wenn wir eine

Liste der sogenannten ‚patriotischen‘ Schüler zusammenstellten und diese Schwarzgelben, diese Österreicher anzeigten, daß sie ein Attentat vorhaben? Das gäbe bei den deutschen Firmen einen Wirbel, das wäre ein Spaß.“

„Achtung“, rief Popović und ließ seine Zigarette über die Kaimauer fallen, „dort kommt der Strohal.“

Aber auch um den strengen Mathematikprofessor kümmerte sich der kühne Vaso wenig: „Was kann der mir tun? Der Schuldiener hat es mir schon gesagt, daß mich der Strohal fallen läßt.“ Aber die Zigarette versteckte Vaso doch und sprang mit Popović von der Mauer, um den Professor zu grüßen. Auch die drei Kandidaten grüßten mit, Gjukić nicht ohne höhnisches Grinsen, denn der Strohal, der jetzt über die Goldbrille grimmig herüberfunkelte, hatte ihn ja auch in Mathematik durchfallen lassen. „Dem Schwein möchte es nichts schaden“, meinte Gjukić, dem gebückt dahinstelzenden Professor nachblickend, „wenn er mit einem anderen schändlichen Tyrannen am Veitstag in den Himmel auffahren würde.“

Perina lachte, bis er von seinem bösen Husten geschüttelt wurde: „Keine so schwere Sache. Hier hast du ja zwei Herren vom nationalen Empfangskomitee für unbeliebte Volksbedrükker. Vielleicht treffen sie ein Arrangement, das deine frommen Wünsche berücksichtigt.“

Wien, Juni 1914

Im Süden Wiens – einst zwischen Weinbergen und Wiesen, nun Inseln versunkener Schönheit, Würde und Strenge in dem die Trümmer aller Stile treibenden Häusermeer – stehen zwei stolze Schlösser aus des Reiches großer Zeit, deren Namen auch in dieser weichen, allem Festen abholden Luft zu zwei klaren Begriffen erstarrt sind.

Das Belvedere, Prinz Eugens flügelbreitender, edelrostübergrünter, kuppelgezierter Sommerpalast auf der Höhe mit dem zart widerklingenden Echo jenseits des Französischen Gartens in der Tiefe des Rennwegs, das Belvedere deckte mit seinem Namen alles, was sich um Franz Ferdinand geschart hatte. Das Belvedere wollte noch etwas, das Belvedere wollte das Vermächtnis seines großen Erbauers erfüllen, die Pläne des Türkenbezwingers, des Nach-Osten-Drängers, des Vertreters der großen Reichseinheit, das Belvedere versuchte mit gebundenen Händen und kleinen Mittelchen das große Unheil hinauszuschieben, das Drohende zu bannen. Unten, am Rennweg, in den Nebenräumen des kleinen Schlosses, arbeitete die Militärkanzlei des Thronfolgers in aller Heimlichkeit, plante und entwarf für die Zukunft und mußte sich in der Gegenwart mit hintenherum verschafften Kenntnissen und Tatsachen zufrieden geben. Im Untern Belvedere wurden die Reformen beraten, die dem dahinsiechenden Reiche Rettung bringen sollten.

Schönbrunn, dieses maßlos groß geplante Schloß, dessen kleiner ausgeführter Teil im Rauhreif des Klassizismus erstarrt war, Schönbrunn bezeichnete alles, was zum alten Kaiser stand oder was mit wildem Haß und banger Furcht auf das neuerungssüchtige Belvedere blickte. Schönbrunn wollte Ruhe, Schönbrunn wollte, daß die Zeit stille stehe, Schönbrunn wollte die wilden Kräfte, die an allen Gittern rüttelten, gefangen halten wie die Raubtiere in der Menagerie hinter dem Park des Schlosses.

Der alte Herr wollte nicht vom Schreibtisch aufblicken, an dem er vom grauenden Morgen bis zum sinkenden Abend Akt um Akt erledigte, denn außerhalb der Akten zog ein Chaos herauf, in das er als junger Mensch zweimal geblickt und das er nie mehr vergessen hatte. Das eine Mal, als der neunzehnjährige Kaiser nach der Vertreibung der ungarischen Insurgenten am Abend des 28. Juni 1849 in das eroberte Raab eingezogen war und in den Straßen zwischen einem Knäuel von Fuhrwerken, Geschützen und zusammengelaufener Mannschaft aller Regimenter das vollkommen betrunkene Grenadierbataillon Bittermann angetroffen – und das andere Mal, zehn Jahre später, da er am Abend des 25. Juni 1859, nach der Schlacht bei Solferino, an der Brücke von Valeggio die außer Rand und Band geratenen, vielsprachigen Truppen aufgehalten, angesprochen, in Ordnung gebracht, Artillerie auffahren lassen und kraft seiner kaiserlichen Würde wieder zum Gehorsam zurückgeführt hatte. Zweimal hatte Franz Joseph mehr gesehen, als er je hatte sehen wollen. Seither schaute er auf die Knöpfe, damit der Rock geschlossen bleibe und das Herz verdecke. Und auf solche Weise war das Land, das Europa mit letzter Kraft zusammenhielt, so geworden, daß vor einem halben Jahrhundert ein Dichter in dieser Stadt davor gewarnt hatte, an den Schlaf der Welt zu rühren.

Aber die Welt wälzte sich in ahnungsschweren Träumen, es

war vergeblich, die Fensterläden zu schließen, denn der Sturm rauschte in den Bäumen und verkündete einen rauhen Tag. Die Hofburg im Herzen der Stadt, deren düstern alten Trakt der Kaiser verlassen und deren neuen, übergroßen, ach, so kalten und nie vollendeten Trakt, die neue Hofburg, der Thronfolger noch nicht bezogen hatte, die Hofburg stand leer. In ihrer Schatzkammer ruhen die Insignien des Heiligen Römischen Reiches Deutscher Nation, die Krone der deutschen Kaiser, der von Arabern in Sizilien einst gestickte Krönungsmantel und das Schwert Karls des Großen. In den weitläufigen Gängen und Kanzleien der Hofburg trieben die Zwischenträger zwischen den beiden Schlössern, zwischen Belvedere und Schönbrunn, ihr Spiel.

Um die Burg und die Innere Stadt mit dem hochaufragenden Stephansturm zog sich die baumübergrünte Ringstraße; die Bürger hatten nach 1848 das Glacis erobert, die Stadt hatte die alten, ausgedienten Festungsgräben zugeschüttet und das alte kaiserliche Wien mit einem Gürtel kalter Prunkbauten eingeschlossen, mit einem auftrumpfenden Maskenfest aller Stile, mit einem griechischen Parlament, einem gotischen Rathaus und einer renaissancenachahmenden Universität, zu welchen sich in erstarrtem Kaiserprunk die beiden Hofmuseen gesellten. Dort, wo der Ring an den Donaukanal anschließt, erhebt sich die unförmige Masse des neuen, großen Kriegsministeriums, vor dem, klein und durch die Überwucht dieses Gebäudes erdrückt, das schlichte Standbild Radetzkys steht. Franz Ferdinand hatte sich wohl ein großes, überwältigendes Gebäude gedacht, von dessen Fassade die den Schlüterschen Masken des Berliner Zeughauses nachgeahmten Kriegerköpfe aus allen Zeiten der Armee herabblicken, aber nun, da der Bau fast fertig war, wirkte er nicht groß, sondern nur unübersichtlich und formlos.

Der Thronfolger war mit einer beträchtlichen Verspätung im Belvedere angekommen; der Salonwagen, den er in Chlumetz hatte besteigen wollen, hatte sich heißgelaufen und war ausgeschieden worden. Diese bosnische Reise brachte ihm seit Wochen und Wochen nichts als Unannehmlichkeiten, Franz Ferdinand wurde zornig, wenn er nur etwas von Bosnien hörte. Nun stand der Erzherzog beim Fenster und las den Rapport über das schwere Fliegerunglück, das vor drei Tagen auf dem Flugplatz bei Fischamend acht Tote gefordert hatte: ein Lenkballon war von einem Farmandoppeldecker verfolgt, angefahren und in Brand gesteckt worden, beide Flugzeuge waren zugleich abgestürzt.

„Ist hier ein Auftrag oder eine Annahme vorgelegen?“ fragte der Erzherzog den rapportierenden Herrn.

„Aus dem Bericht, Kaiserliche Hoheit, geht hervor, daß das Unglück nur durch den Übermut des Aeroplanpiloten hervorgerufen wurde.“

Franz Ferdinand schlug mit der flachen Hand gegen das Papier: „Und woher kommt das? Von dieser gottverlassenen Sparerei am unrechten Ort. Apparate sind zur Not da, Offiziere melden sich im Überfluß zur Fliegerei, aber Geld zum Fliegen ist keines da. Mit einem Hundertstel von dem, was in diesem Staate verschlampt und zum Fenster hinausgeworfen wird, könnte man die Sache ganz anders aufzäumen. Kommt dann einmal so ein junger Mensch alle heilige Zeiten zu einem Aufstieg, dann macht er aus Freude und Übermut die dümmsten Stückeln. Acht Tote! Fürchterlich. Waren verheiratete Leute darunter? Väter von Kindern?“

Der rapportierende Offizier wußte es nicht, der Erzherzog verlangte darüber eine kurze Auskunft. Nun blieb der Erzherzog allein und blickte zum hohen Fenster hinaus über den weiten Park mit den gestutzten Alleen und den vom Abendlichte geröteten Teichen auf die dunstverhüllte Stadt, aus der die steinerne Pappel des Domes aufragte. Die grünen Patinakuppeln der Karlskirche, des Salesianerinnenklosters und der kleinen polnischen Kirche am Rennweg, das grüne Dach der Technischen Hochschule schimmerten matt in jener unwirklichen Tönung des Edelrostes. Häßlich und gemein ragten, den zarten Rhythmus des Untern Belvedere zerstörend, in diesen abgeschlossenen Bezirk edlen Verwelkens die hohen Zinshäuser des Schwarzenbergplatzes und des Rennweges.

Der Erzherzog blickte über die Baumwipfel des Schwarzenbergparkes, dessen Fliederblüte um den großen obern Teich er heuer versäumt hatte, zur Heugasse hinüber, die auf seine Veranlassung in Prinz-Eugen-Straße umgetauft worden war. Der Tratsch war ihm zu Ohren gekommen, daß er dort drüben, auf dem Dache des Rothschild-Palais, zum Schutze des Belvederes Maschinengewehre habe aufstellen lassen, wie es ja überhaupt in dieser Stadt nichts Albernes gab, was, wenn es das Belvedere betraf, nicht geglaubt wurde. Aber Rothschild richtete ganz andere Maschinengewehre auf das Belvedere, der schoß mit unhörbaren Kugeln herüber, der führte einen Kampf gegen den Thronfolger, in dem man den Gegner nicht packen konnte. Und wenn man einmal einen von diesen Leuten zu fassen bekam, war Schönbrunn da, erhob Einspruch, und man mußte den Mann laufen lassen. Wenn es nach ihm, dem Thronfolger gegangen wäre, nie und nimmer wäre dieser Sieghart Gouverneur der Bodenkredit-Anstalt geworden, aber sein Einspruch war ja gerade für Schönbrunn das Signal, einem solchen Menschen in den Sattel zu helfen und ihn zu stützen. Gezittert hatte der Erzherzog, getobt vor Wut, als er zum ersten Male das Wort Rothschildsoldaten, Rothschildmilitär zu hören bekommen hatte, aber nun lernte er allmählich verstehen, wie das gemeint war. Gerade jetzt geschah etwas in der Welt, dessen Grund er nicht verstand. Seit Wochen sank in Rußland ununterbrochen der Rubel, flammte in Italien immer wieder der Generalstreik auf. Der da drüben hinter dem Maschinengewehr mit den goldenen Kugeln wußte es vielleicht. Die Presse, die in einer geschlossenen Front gegen das Belvedere stand, vergaß Schönbrunn die Judenfreundschaft nicht, die hielt zu Schönbrunn und dankte dem alten Herrn seine Weigerung, die Wahl eines antisemitischen Bürgermeisters anzuerkennen. Und sie verzieh es dem Thronfolger nicht, daß schließlich er und Lueger in diesem Kampf gegen den alten Kaiser gesiegt hatten.

Die Herzogin kam mit raschen, leisen Schritten und legte ihm die Hand auf die Schulter: „Es ist Zeit. Das Auto wartet bereits."

Unten, vor der überglasten Toreinfahrt, zwischen den beiden Rossebändigern, wartete der Wagen, der den Erzherzog die kurze Strecke zur Südbahn bringen sollte.

„Auf Wiedersehen, Soph, auf frohes Wiedersehen in Sarajevo." Er machte der Herzogin ein Kreuz mit Daumen und Zeigefinger auf die Stirn: „Kreuzl, Soph, und glückliche Reise." Das Auto fuhr los. Die goldenen Vließketten im Nacken der wappenhaltenden Löwen am Prunkgitter des Parktores leuchteten auf, die Beete um den großen Teich brannten in tiefroten Flammen. Noch ein Tücherwinken von der Einfahrt her und dann hielt der Wagen vor dem Griechentempel des Südbahnhofs, in dessen Halle die Lokomotiven rumorten.

Während der Erzherzog sein wartendes Gefolge begrüßte, kam der Stationsleiter mit allen Zeichen der Aufregung herbei und meldete: „Der von der Direktion für den heißgelaufenen Salonwagen Seiner Kaiserlichen Hoheit angeforderte und eingestellte Salonwagen des Ministers des Äußern weist ein Gebrechen in der Lichtleitung auf, das in der zur Verfügung stehenden kurzen Zeit nicht mehr zu beheben ist. Seine Kaiserliche Hoheit möge allergnädigst verzeihen, wenn man diesen Wagen nur mit Kerzen beleuchten kann.“

„Verdammte Sauwirtschaft! Man will mich wahrscheinlich zwingen, demnächst auch noch die Eisenbahnwerkstätten zu inspizieren. Alles schläft, nichts klappt, jeder wartet, bis man ihn mit der Nase in den angehäuften Dreck der namenlosen Schlamperei stößt!“

Die Herren des Gefolges, die dergleichen Ausbrüche kannten, verzogen keine Miene, der Stationsleiter stand mit schlotternden Knien verdonnert da.

Der Erzherzog wandte sich an einen seiner Herren: „Da ich mich persönlich nicht mehr um die Reisevorbereitungen für Ihre Hoheit kümmern kann, bitte, sorgen Sie dafür, daß wenigstens bei der Herzogin alles in Ordnung ist.“

Dann bestieg der Erzherzog den Wagen. Überall im Salon standen in rasch herbeigeschaffenen Leuchtern hohe, beim Öffnen der Türe aufflackernde Kerzen.

„Im Ministerium des Äußern herrscht Finsternis“, lachte Franz Ferdinand, „wir müssen Berchtold ein Licht anstecken.“

Aus dem Wandspiegel blickten den Erzherzog aus seinem schattenüberhuschten Gesicht die Augen starr an. Er beugte sich etwas vor: „Seltsam, seltsam“, murmelte er, „die Kerzen, der Wachsgeruch, wie bei einer Aufbahrung, wie bei einem Begräbnis.“

Die Herren hörten es, die Herren schwiegen. Jemand ging hin und schloß die Fenster, damit die Lichter nicht allzusehr flackerten.

Von einem zum andern der vielen Tunnel vor Triest leuchtete nun nach der Fahrt durch die nebelverhängten Täler, nach der grauen Kargheit des Karstes, weithin glänzend in strahlendem Blau das sich aus dem Morgendunst hebende weite, flimmernde Meer. Auf den mit Wäsche und Fetzen buntbehängten Balkonen der Häuser standen winkende Männer in Hemdärmeln und ungekämmte Frauen in Unterröcken, von den im Halbrund die Stadt Triest umschließenden Hängen rollte das Echo der Salutschüsse dem Zuge entgegen.

Draußen vor den Moli wartete grau, drohend und gewaltig in der stählern knappen Form das erste Großkampfschiff der Flotte, der ‚Viribus Unitis‘ auf den Erzherzog-Admiral.

Der Erzherzog stand am Wagenfenster und blickte bewegt auf

das blaue Meer. Von Triest aus hatte er, als ihn einst alle aufgegeben, vor zweiundzwanzig Jahren auf dem Rammkreuzer ‚Kaiserin Elisabeth' seine Weltreise über Indien, Japan und Amerika angetreten, jene Reise, auf der es ihm mitunter so schlecht gegangen war, daß ihn, den vom Fieber Geschüttelten, der treue Janáček des Nachts mit dem gesunden Körper hatte erwärmen müssen, jene Reise, die ihm schließlich doch die Genesung gebracht. Wie war seit jenen Tagen die Flotte unter seiner Obhut ausgebaut worden, gegen den Willen des Generalstabes, der alles für die Flotte verwendete Geld ins Wasser geworfen angesehen, gegen den Willen des Kaisers, dem diese eisernen Schiffe mit ihren Maschinen ebenso fremd und unangenehm waren wie Autos, Flugzeuge, elektrische Aufzüge, Telephon und jede andere mechanische Bedienung des Menschen durch die Technik.

Im Hafen erwartete den Thronfolger zwischen all den in Parade zum Empfang gestellten Offizieren ein etwas merkwürdiger, kleiner, kugelrunder, alter Oberst, der sich wie irgendein zur Faschingszeit in Uniform gesteckter Professor ausnahm. Der Waffenrock war ihm zu eng, der Tschako zu groß, der Säbel kam ihm, während er dem Erzherzog mit schleppendem Schritt entgegenhumpelte, zwischen die kurzen Beine. Man kannte den alten Herrn in Triest, niemand wunderte sich hier über dessen seltsames Aussehen: es war Erzherzog Ludwig Salvator, ein Gelehrter und ein Fremdling in dieser Welt.

Während auf den Schiffen die Kapellen das Kaiserlied spielten, nahm der Thronfolger, der sich über die Anwesenheit seines wunderlichen Oheims sichtlich freute, den alten, beim Gehen behinderten Herrn hilfreich unter den Arm und führte ihn zum Ruheplatz. Das Motorboot legte an, die Menge rief ‚Evviva!' und ‚Živio!', und unter neuerlichen Salutschüssen entschwand das silbergraue Schiff nach dem Süden.

Flitter- und bändergeschmückte Hüte schwingend, das Prinz-Eugen-Lied singend, zog über die Wiener Mariahilfer-Straße ein Burschenschwarm; kopfschüttelnd traten die Kaufleute unter die Ladentüren, blickten mißbilligend dem Zug nach, die Verkäuferinnen rannten an die Fenster und winkten.

Schon wieder eine Demonstration! Schon wieder diese jungen

Leute auf der Straße! Jetzt, wo sich alles beruhigt hat, jetzt, wo die Leute aufs Land fahren wollten, eine Assentierung? Jetzt Rekruten? Und dazu dieses Gegröle in der größten Geschäftsstraße Wiens! Und die Wache, statt einzuschreiten, die Wache marschiert mit! Bei diesen schlechten Zeiten, da alle Geschäfte stocken, könnte man solche sinnlose, im Auslande Mißtrauen erweckende Demonstrationen wirklich vermeiden. In einer Zeit, da in Rußland der Rubel sank, da Aufträge aus ganz rätselhaften Gründen storniert wurden, da einem die Deutschen das ganze Balkangeschäft abjagten, könnte man wahrhaftig vorsichtiger sein.

Bei der Stiftskaserne bog der singende Schwarm ein und zog, sich in einer schon dort versammelten Menge verlierend, bis zur Lindengasse hinüber. Es waren dort schon so viele Leute zusammengelaufen, daß die Polizei kaum mehr Ordnung halten konnte. Arbeitslose, durch diese unsicheren Zeiten um ihr Brot gebracht, Hochschüler, denen es unerträglich geworden, in den Bibliotheken neben den fleißigen Studentinnen zu hocken, Ärzte, die der Langeweile der Spitäler entfliehen und es jenen kühneren Kollegen gleichtun wollten, die vor Jahresfrist mit Roten-Kreuz-Transporten auf die Balkankriegsschauplätze abgegangen, junge Mädchen, die als Krankenschwestern hinaus wollten — ach, es gab so viele Menschen, die kein Geschäft, kein Geld, keine Stellung, die nur das Leben verlieren konnten, Menschen, die keine Kurszettel lasen, die es einfach nicht mehr in den Kaffeehäusern aushalten konnten, weil ihnen aus den raschelnden Zeitungsblättern Flammen entgegenschlugen, Flammen und immer wieder das Herz verzehrende Flammen. Diese von der Angst des Herzens, von dem Bangen um das Brot getriebenen Menschen hatten sich hier eingefunden, sie wollten für den allerjüngsten Staat Europas ihr Leben opfern, sie wollten sich für Albanien anwerben lassen, für ein Land, von dem die wenigsten wußten, wo es auf der Landkarte zu finden war. Die ernsten, die klugen, die gesetzteren Menschen zuckten die Achsel: Narrenpossen! G'schaftlhuberei! Abenteuerlust!

Aber in den Augen dieser wartenden jungen Leute glühte etwas, um den Mund dieser Menschen zuckte etwas, das sich nicht so schnell abtun ließ. Ja, sie wollten sich anwerben lassen, sie wollten dem Sturm entgegenlaufen, der immer wieder an allen versperrten Türen rüttelte, sie wollten vorstürmen und sich dem dunkel drohenden Schicksal in die furchtbaren Arme werfen, sie, diese Ungeduldigen, diese Verzagten, diese Hoffenden und doch an der Rettung Verzweifelnden.

Ein Bildhauer namens Gurschner und ein Architekt namens Wirth hatten durch Maueranschlag verkünden lassen, daß sie in ihrem Atelier in der Lindengasse für das von ganz Europa gegründete und von ganz Europa im Stich gelassene Albanien, für den von Serben, Italienern und Griechen bedrohten Prinzen von Wied eine Legion aufstellen wollten — und nun waren Menschen gekommen, viel zahlreicher, als man erwartet hatte, standen geduldig unten auf der Straße, um in die Werbelisten eingetragen zu werden.

„Was ist das für ein Bildhauer?" fragten die ernsten Menschen, „was ist das für ein Architekt? Wo stellen die beiden aus? Was haben sie bis jetzt geleistet?" Die ernsten Menschen konnten sich nicht erinnern, diese Namen überhaupt schon einmal gehört zu haben.

„Projektenmacher, Rattenfänger, Schwätzer, auf Kosten der Allgemeinheit betriebene, gewissenlos aufdringliche Reklame." Und was sagte die Polizei dazu, daß man in den Gassen Wiens die Werbetrommel rührte wie in den finstersten Zeiten des Mittelalters? Die Polizei schwieg, sie war ja nicht zum Reden da, sie hatte keine andere Meinung zu vertreten als die der Obrigkeit.

Aber die Presse, deren Beruf das Reden ist, die Presse war einfach entsetzt, daß man für etwas, was weder Ehre noch Vorteil bringen konnte — denn wie sollte beides in Albanien zu holen sein? —, sein Leben so leichtsinnig in die Schanze schlagen konnte. Die Presse hatte ein schlechtes Gedächtnis, sie erinnerte sich nicht mehr daran, daß sie es war, die sich während der Belagerung Skutaris durch die Montenegriner für eben dieses Albanien mit viel Geschrei und nicht enden wollenden Kampfrufen eingesetzt hatte. Aber jetzt, wo diese jungen Leute die Zeitungen wegwarfen und die Phrasen ernst nahmen, jetzt war dieses Albanien wieder ein Fetzen Land, eine trostlose Ziegenweide, auf der sich die Füchse gute Nacht sagten, ein Gebiet, von dem man nur wußte, daß es niemals den Serben in die Hand fallen dürfe.

Reporter rannten dem Bildhauer die Türe ein. „Ich will", sagte dieser kuriose Mann allen Ernstes, „unten in Albanien Österreichs Ehre retten. Denn lassen wir dieses Albanien im Stich, meine Herren, dann sind wir ehrlos. Und ich mag in einem ehrlosen Land nicht leben."

Nun, da müssen doch die Hühner lachen, wenn sich ein unbekannter Bildhauer und ein beschäftigungsloser Architekt um die Ehre einer Großmacht, die von vielen berufeneren Stellen geschützt wurde, bemühen wollten. An die politischen Schwierigkeiten, die Österreich aus einem solchen Streiche erwachsen könnten, dachten derartige G'schaftlhuber einfach nicht. Und Österreich brauchte nach all diesen Mobilisierungen nichts weiter als Ruhe und noch einmal Ruhe.

Jetzt, in der Mittagspause, da sich Geschäfte und Fabriken entleerten, wuchs die Menge so an, daß die Polizei verstärkt werden mußte.

Durch die Lindengasse kamen Briefträger, drei, vier, fünf, bepackt mit Post, Telegrammboten klingelten auf Fahrrädern daher, aus ganz Österreich, aus Deutschland, aus der Schweiz schickte man Ratschläge, Anmeldungen und Geld.

Die Zeitungen warnten, die Zeitungen machten sich über diesen seltsamen Bildhauer lustig. Aber auf einmal rückten die Kronländer der Südbastion des Reiches näher an Wien heran, als es damals die nachgeahmten Gipsfassaden ihrer Bauten in der Adriaausstellung im Prater waren, da man den Wienern hatte zeigen wollen, wie schön dieser schmale Streifen Küstenland, wie reich diese gelben Städte am blauen Meer und wie unendlich fern, wie übersehen und fremd, fremder als ein Landstrich irgendwo in Afrika, die Ostküste der Adria dem Reiche war. Ein holländischer Major war in Albanien in Kämpfen mit den Aufständischen gefallen. Italien stand Österreich bei jedem Schritt vorwärts im Wege — niemand wußte, wohin das alles dort unten noch treiben würde. Aber Italien, dieses stets besiegte und doch alle Kriege gewinnende Italien, das mochte man nicht leiden, diesen empfindlichen Bundesgenossen, der es nicht vertragen hatte, daß bei der Adriaausstellung ein Panorama der Seeschlacht von Lissa gezeigt worden war. Man würde gegen Italien kämpfen, wenn man für Albanien ins Feld zog, gegen Italien, von dem die Idee der nationalen Zersetzung zum ersten Male in den Körper Österreichs eingedrungen war, weit früher noch und weit gefährlicher als der jüngere Panslawismus, der jetzt drohte.

Zwölfhundert Leute waren schon für Albanien angeworben, kräftige, ausgesuchte Burschen, aber noch immer wuchs die Menge unten in den Straßen so an, daß der Bildhauer und der Architekt für einige Zeit ihr Atelier sperren mußten.

Am dritten Tage der Werbung betraten drei freundlich lächelnde Herren mit runden Hüten in der Hand und runden Bäuchlein unter der Weste das Atelier: sie kamen vom Polizeikommissariat Neubau und wünschten den Bildhauer Gurschner allein zu sprechen. Der Bildhauer, bereits in der selbst entworfenen Uniform der Albanischen Legion, ging mit den drei gewichtigen Herren in einen kleinen Nebenraum und fragte, Böses ahnend, nach deren Wünschen. Die drei Herren blickten einander bedeutungsvoll an und dann zog einer von ihnen ein kleines, dickes, schwarzes Büchlein; mit seinen rotem, feisten Finger zeigte er auf einen Paragraphen: „Bitte, Paragraph 92 verbietet, in Österreich für ein anderes Land Truppen zu werben."

Die beiden anderen freundlichen Herren nickten: „Jawohl, mein Lieber, so ist es, solche Paragraphen gibt es! Und wer sucht, der findet."

„Das ist doch ganz unglaublich!" brach der Bildhauer los. „Jetzt kommt's ihr mir da mit diesem schimmeligen Paragraphen von anno Tobak daher, jetzt, wo wir schon zwei kriegsstarke Regimenter beisammen haben? Früher ist euch das nicht eingefallen? Ihr seid wohl noch stolz darauf, daß ihr das ausgetüftelt habt, was? Aber da wird nichts draus, das geht nicht! Sagt ihr's den Leuten draußen, ich sag's ihnen nicht, die schlagen uns ja alles zusammen, die glauben, wir haben sie rein nur foppen und papierln wollen. Wenn Österreich nicht selbst soviel Ehre im Leibe hat, den Prinzen von Wied da unten zu schützen, dieses selbe Österreich, das den Mund wegen Albanien nicht voll genug hat nehmen können, dann werde eben ich, dann wird meine Legion wissen, was zu tun ist." Die Leute im Atelier nebenan hörten diese Auseinandersetzung, sie ahnten, worum es sich drehte.

„Natürli, die Katzelmacher! Die verdammten Katzelmacher, da stecken die Italiener dahinter! Die pfeifen und wir kuschen! Aber da hat sich wer g'schnitten, wir gengan, wir san g'worben!"

Die drei freundlichen Herren wollten die Aufregung beschwichtigen, sie rieten in Hochdeutsch und in der Mundart zum Gehorsam gegen die Obrigkeit, sie sagten: meine Herren und liebe Leuteln! — aber es half nichts, man wollte die Polizeibeamten unbedingt hinausschmeißen und zum Teufel jagen. Die drei Herren gingen und kamen mit einem größeren Wacheaufgebot wieder. Die Werbelisten wurden beschlagnahmt, die Stiftsgasse wurde von der Wache geräumt. Murrend und schimpfend wich die Menge zurück. Irgend ein kleiner Spalt schien offen gewesen zu sein, frische Luft war zu spüren gewesen. Krach, schlug man die Türe zu und verriegelte sie mit einem Paragraphen. Nun lastete wieder die drückende Schwüle auf den hoffnungslosen Menschen — es war so wie all die Jahre hindurch, als man die Reservisten zu den Fahnen gerufen und nach anstrengenden Übungen, nach Märschen mit Hitzschlägen, wieder nach Hause geschickt hatte.

An den Straßenrändern standen die Leute und starrten dumpf vor sich hin, als wäre wieder etwas zu Grabe getragen worden. Kein Lied klang auf, kein Marsch ertönte. „Aber geht's weg, wegen Albanien! Was geht uns schon Albanien an?" Jetzt verstanden sie es selbst nicht mehr, was sie eigentlich dort unten in der steinigen Wüste gewollt hatten.

Die große Presse atmete erleichtert auf, sie war mit dieser Lösung zufrieden. Zu Johanni, als Berta von Suttner gestorben war, hatte sie lange, schwungvolle Artikel über den Ewigen Frieden und die endliche Völkerversöhnung gebracht, hatte auf die furchtbaren Greuel der beiden Balkankriege und auf den Fortschritt der Menschheit hingewiesen. Im Herbst sollte in Wien, der Stadt Berta von Suttners, der große Weltfriedenskongreß tagen, und in einer Friedenskongreßstadt konnte man wohl nicht Truppen für einen Krieg anwerben. Die große Presse und mit ihr Kapital und Industrie waren nicht für dergleichen kleine Abenteuer, aus denen Funken auffliegen und das berühmte Pulverfaß in Brand stecken konnten. Aber die Presse hatte für diese jungen, tatendurstigen Leute einen vortrefflichen Rat: Sollte doch der Bildhauer mit seiner strammen Legion nach Brünn marschieren und diese Stadt vor der barbarischen Invasion des allslawischen Sokol schützen, denn dieser Sokolkongreß am 28. Juni beunruhigte Österreich und Wien weit mehr als alle äußeren und fernen Feinde, dieser Sokolkongreß nahm in den Zeitungen weit mehr Raum ein, als alle Nachrichten der Außenpolitik.

Man hatte in Wien gar nicht Zeit, sich mit der ganz unerwarteten und plötzlichen Abdankung des serbischen Königs zu beschäftigen, obwohl doch sonst alles, was Belgrad betraf, mit größter Breite behandelt wurde. Reporter kamen nun wieder in das verlassen stehende Atelier des Bildhauers und rieten diesem dringend, in die bevorstehende Schlacht von Brünn einzugreifen — denn daß es zu einer Schlacht, zu einem Gemetzel in Brünn kommen würde, stand fest.

Aber dieser eigenwillige Bildhauer lehnte diese Ratschläge ab, er wollte durchaus nicht nach Brünn marschieren, er wollte nicht in Österreich kämpfen, er wollte dem Prinzen Wied helfen, er wollte — hihihi! — in Albanien für Österreichs Ehre eintreten.

Sarajevo, 27. Juni 1914

Auf der kleinen Motorjacht „Dalmat" fuhr der Erzherzog stromaufwärts. Links und rechts auf den Dämmen der regulierten Narenta hatte sich das von weit und breit gekommene Volk gelagert, das sich rufend und winkend beim Heranrauschen des Schiffes erhob, stattliche Menschen, groß wie die Bergslawen, schön wie die Italiener, stolz in der Haltung, kühn im Blick der gebräunten Raubvogelköpfe; Frauen in der königlichen Haltung jener Völker, die ihre Lasten bei leichtschwebendem Schritt auf dem Haupte tragen, Mädchen mit griechischen Nasen und bogenförmigen, schmalen Brauen, bunt in der Tracht, groß in der Gebärde, unverläßlich alle im Jubel, verläßlich nur in ihrer Liebe zur Freiheit — einige Männer auf ihren struppigen kleinen Pferdchen galoppierten nun, ihre alten Flinten abfeuernd und über dem Haupte schwenkend, neben dem Boot, diese wilden Nachkommen der Narentani, der einst so gefürchteten Seeräuber der Adria.

Obwohl es noch zeitig am Morgen war, brannte die Sonne schon auf das Deck des Bootes herunter. Der Erzherzog saß unter dem Sonnendach und grüßte die jubelnden Leute am Ufer, er freute sich, aber er mißtraute diesem Lärm, er konnte seinen Besuch Ragusas vor fünfzehn Jahren nicht vergessen: eine ausgestorbene Stadt mit geschlossenen Fensterläden, die weiße, große, einzige Straße, der Stradone, wie leergefegt, ein paar bestellte und in ihrer Vereinzelung wie Hohn klingende Živiorufe — in dieser Stadt, in der man kurze Zeit vorher den Kronprinzen Danilo von Montenegro mit Jubel begrüßt hatte.

Einem Herrn seines Gefolges, der den Erzherzog auf die Herzlichkeit des Empfanges aufmerksam machte, erwiderte Franz Ferdinand mit bitterem Lachen: „Ja, wir wundern uns förmlich, wenn man uns in unserem eigenen Land nicht mit faulen Eiern empfängt. Ich habe mir das Wundern schon vollkommen abgewöhnt. Um von der Küste nach Sarajevo zu kommen, muß ich da durch diese Malariagegend mit dem Schiff fahren, weil die Herren Ungarn nicht wünschen — und was sie nicht wünschen, das ist verboten –, daß aus den Reichslanden eine Bahn in das österreichische Dalmatien gebaut wird. Und was war damals der oft zitierte Grund für die ganze Okkupation von Bosnien und der Herzegowina? Ein Hinterland für eben dieses Dalmatien, in das nun keine Bahn gebaut werden darf. Kallay, dieser wirklich große und tüchtige Ungar, hat Bosnien gehoben, hat dort Musterarbeit geleistet, aber er darf nicht mit einer Eisenbahnschiene über sein Verwaltungsgebiet hinaus. Da wird herumkutschiert, angetrieben, und dann, wenn jemand wirklich etwas tun will, dann kommen die Paragraphenhelden und machen alles zunichte."

„Kaiserliche Hoheit", erwiderte der angesprochene Offizier, „seit Juni 1903 hat sich das Zentrum der großserbischen Irredenta verschoben. Die Gefahr liegt seit der Ermordung der Obrenović nicht mehr in den Schwarzen Bergen, sondern an der Drina."

„Aber so harmlos", fügte ein zweiter Offizier hinzu, „wie man die Montenegriner in der ‚Lustigen Witwe' dargestellt hat, sind sie doch nicht."

„Daß bei uns schließlich alles auf die Operette kommt", sagte der Erzherzog finster, „das werden uns die Völker auch nicht danken. Daß man bei uns ungestraft die Armee und alles, was schwarzgelb ist, mit Dreck bewerfen darf, wie im ‚Feldherrnhügel', darüber freuen sich unsere vielen guten Freunde in der Welt – aber ihre Heiterkeit läßt sichtlich nach, wenn man sie selbst zu heiteren Figuren stempelt."

Die Jacht legte, von Salutschüssen begrüßt, in Metković, der dalmatinischen Grenzstation, an, einer Seestadt im Binnenland, von deren Hafen aus das ganze weitere Narentafeld sich wie bebauter Meeresgrund ausnimmt. Im Hafen erwartete den Erzherzog der Landeschef von Bosnien und der Herzegowina, der Feldzeugmeister Oskar Potiorek, dessen sonst so beherrschtes Gesicht die kaum gezügelte Genugtuung über den Besuch des Thronfolgers verriet. In diesen drei Tagen, die Franz Ferdinand in Potioreks Reich zubringen sollte, wollte der Feldzeugmeister dem Thronfolger zeigen, was für die Schlagfertigkeit der Truppen geleistet worden war, wollte der Feldzeugmeister den unruhigen Elementen des Landes beweisen, welcher Stütze und Gunst er sich an der höchsten Stelle der Monarchie erfreute. Dieser kleine, ehrgeizige Soldat, der im weißen, mauerumgebenen Konak zu Sarajevo das abgeschlossene Leben eines Eremiten führte, der sich selten blicken ließ, der jede Vertraulichkeit mied, da ein Feldherr einsam zu sein hat, der wenig beliebt und viel gefürchtet war wegen der harten Anforderungen, die er an die Truppen stellte, er, der sich als Mann der Vorsehung fühlte, würde den Erzherzog in diesen Tagen vor seinen Triumphwagen spannen und an der Seite eines Mitgliedes des Kaiserhauses am Veitstag in Sarajevo einziehen. Potiorek, dem man bei der Eröffnung des bosnischen Landtages zugerufen hatte: „Senge, brenne, Torwart von Udbina, auch deine Kugel ist schon gegossen", wird der Salut aus den Forts begrüßen, während er dem meuternden Lande die Faust auf den Nacken hielt. Alle Kameraden, alle Vorgesetzten, dir ganze Armee erwarteten — seit der arme slowenische Oberleutnant aus Kärnten als erster die Kriegsschule verlassen hatte — Großes von ihm. Potiorek hatte vor Conrad von Hötzendorf in den Schatten zurücktreten und hier als Satrap, fern von Wien, die schweren Jahre allein überstehen müssen. Nun wurde er durch den Thronfolger selbst für seine Dienste belohnt und aus der Menge der Generale hervorgehoben.

Der Feldzeugmeister hatte eines jener Gesichter, die von vorne klar, hart und entschlossen, von der Seite aber wehrlos, dumpf und kleinmütig scheinen. Weit ausschreitend folgte er dem größeren Erzherzog zum Wagen.

Die Schmalspurbahn führte durch eine von nur spärlich bewachsenen Karsthöhen begrenzte Ebene. Die Wege waren mit mächtigen Feigenbäumen umsäumt, weithin leuchtete das Rot der Granatblüten. Aus dem wogenden Grün der Tabakfelder schimmerten die weißen Gewänder der Mohammedaner und die roten Kopftücher der Katholiken wie Bojen aus den Wellen des Meeres. Nun führte der Schienenstrang immer tiefer in den Karst. Alles Erdreich war von den Gesteinsrippen weg in das üppig wuchernde Tal geschwemmt worden, hohe Mauern umschlossen mit ängstlicher Sorgfalt die kleinen Fleckchen von Grün, die von der Bahn aus kaum eine Handbreit groß schienen. Steinern das Land und steinern die kleinen Städte, deren würfelförmige Häuser sich an die kahlen Hänge schmiegten, steinern die Ruhe der Menschen, die auf den Straßen stehenblieben und dem Zuge nachblickten.

Einige der großen Bogumilengrabsteine waren zu sehen, die einst in der Verborgenheit dichter Wälder gestanden und nun im kahlen Karst stumme Klage über ein dahingeschwundenes Reich erhoben.

Der Feldzeugmeister machte den Thronfolger darauf aufmerksam, daß bis hierher, ja bis Mostar die Venezianer gekommen waren.

„Man sieht es. Wo Italiener waren, gibt es keinen Wald mehr. Auf den Eichen dieser Wälder ruht Venedig", sagte der Erzherzog. „Wir werden noch Jahrzehnte und Jahrzehnte brauchen, bis wir hier wieder aufgeforstet haben." In Mostar wurde die Fahrt für kurze Zeit unterbrochen, der Erzherzog nahm den Empfang entgegen und besichtigte die Stadt. Eine bunte, lärmende Menge begrüßte ihn.

Der Erzherzog ging durch die grellen, hitzezitternden Gassen, durch den schattigen Basar bis zu der alten Brücke, die sich zwischen den dunklen Tortürmen, wie von zwei gewaltigen Fäusten gespannt, als mächtiger Bogen über dem rauschenden, tiefeingerissenen Bett der Narenta wölbte. In einer tiefen, kühlen Felsenhöhle unweit der Brücke wurde dem Thronfolger der Platz gezeigt, wo Kronprinz Rudolf seinerzeit gerastet hatte. Nun betrat der Thronfolger, während sich an beiden Ufern des Flusses das staunende Volk staute, die Brücke und ging, geleitet von seinem Gefolge, bis zu dem hochaufgewölbten Scheitel des stolzen Bogens. Er blickte über das zerfallene Gemäuer der Türme und der alten Festung hinaus in das helle, von den geschundenen, kahlen Steinhöhen begleitete Tal, er wandte sich um, schirmte die Augen mit der Hand und schaute auf die grellweißen, von dunklen Zypressen und lichten Minaretts überragten würfelförmigen Häuser der Stadt.

„Man muß es mit eigenen Augen sehen", sagte er zu Potiorek, „wie weit die Türken einst gegen Westen vorgedrungen waren, um es glauben zu können."

„Sie waren, Kaiserliche Hoheit", erwiderte Potiorek, „über hundert Jahre in Budapest, ihr großer Rückzug aus Europa beginnt mit dem Entsatz von Wien nach der zweiten Belagerung. Vor vierzig Jahren war noch fast die ganze Ostküste der Adria türkisch."

Der Erzherzog nickte: „Aber die Zange, zwischen deren Bakken wir all die Hunderte von Jahren waren, Frankreich im Westen, die Türken im Osten, gibt nicht nach. An die Stelle der Türkei treten die von uns befreiten jungen Völker, die uns Frankreich auf den Hals hetzt. Und was mir am unbegreiflichsten ist — Rußland tut mit bei diesem Spiel, Rußland, das von den Trikoloren des französischen Nationalismus genau so bedroht wird wie wir."

Unter den Klängen der Volkshymne verließ der Zug den fahnengeschmückten Bahnhof. Es war drückend schwül in den niedern Abteilen der kleinen Wagen, der Erzherzog saß beim Fenster und blickte in die wilde Felslandschaft hinaus. Je näher man der Wasserscheide zwischen Adria und Schwarzem Meere, dem Ivanpasse, kam, desto mehr nahm der Wald wieder zu, desto seltener wurden die Steinhäuser, an deren Stelle Holzbauten und verstreute Gehöfte traten. Auf den Straßen in der Tiefe sah man staubumwölkte Trainkolonnen und Truppen dahinziehen, die sich in den Manöverraum verschoben. Von vielen Lagerplätzen stieg der Rauch der Fahrküchen auf, Trainpferde und Tragtiere standen in langen Reihen an den Straßen im Schatten der Kastanien.

„Wie auf dem Semmering", sagte der Thronfolger, als der Zug über den reichbewaldeten Ivansattel fuhr, „eine ganz andere Landschaft als in der Herzegowina und in Dalmatien. Wie sehr ein wenig Wald und ein wenig Grün alles verändern können. Ich glaube, an der Verkarstung sind mehr die Menschen als die armen, vielgelästerten Ziegen schuld."

Auf dem Bahnhof von Ilidže erwarteten, etwas abseits der andern Offiziere, General der Infanterie von Conrad, der Chef des Generalstabes, Oberst Metzger, der Chef des Operationsbüros und Conrads Flügeladjutant, den Erzherzog. Conrad sah der Ankunft des Erzherzogs mit gemischten Gefühlen entgegen. Die Mißhelligkeiten zwischen Generalstab und Thronfolger hatten sich im letzten Jahre zu offenen Angriffen auf Conrad gesteigert. Der Erzherzog trug diesem General, von dessen militärischer Begabung er viel, von dessen Menschenkenntnis er gar nichts hielt, den Selbstmord nach, zu dem der Generalstab den Obersten Redl gezwungen hatte, nicht nur, wie man allgemein annahm, aus religiösen Gründen, weil des Erzherzogs Gefühle beleidigt waren – da man auch dem ärgsten Schurken und Schweinehund vor der Hinrichtung die Tröstungen der Religion nicht versagen dürfe –, sondern hauptsächlich wegen der sich vom Generalstab angemaßten Selbstjustiz, mit der man diesen ganzen Verrat zu verschleiern versucht hatte. Bei den Manövern in Böhmen im Herbst 1913 und kurz nachher bei der Völkerschlachtfeier im Gewandhaus zu Leipzig hatte Franz Ferdinand dem General allzu deutliche Beweise der Ungnade gegeben.

„Den Kopf kann man uns nicht abreißen", sagte Conrad zu dem neben ihm stehenden gelassenen Oberst Metzger, „außerdem fahren wir ja schon am Abend des Siebenundzwanzigsten ab, es wird sich nicht viel Gelegenheit für Ungnadenbeweise finden, wenn man sie nicht sucht. Da man uns nicht zur Zusammenkunft mit dem deutschen Kaiser in Konopischt beigezogen hat, kann ich mir meinen Reim machen. Wahrscheinlich schaut sich der Thronfolger jetzt Potiorek an, so wie er Tersztyansky schon auf den Zahn gefühlt hat, bevor ich amoviert werde."

„Es kann auch anders kommen", erwiderte Oberst Metzger, „der Erzherzog ist vollkommen unberechenbar. Ich hätte damals in Leipzig kein Sturmzeichen gemerkt, mir kam dieser Losbruch vollkommen unerwartet."

„Mir nicht, mir durchaus nicht", sagte Conrad schnell, „ich hatte etwas erwartet, als ich sah, wie die Deutschen diese Feier in ihrer Art veranstalteten, als hätte kein österreichischer Soldat bei Leipzig mitgekämpft — in derartigen, etwas groben Geschichtsretouchen sind sie ja groß. Aber daß mich der Erzherzog, als ich auf Wunsch des deutschen Kaisers diesem einige unserer Obersten vorstellen wollte, mit den Worten ‚Das ist meine Sache. Sind Sie der Armeekommandant? Das werde ich mir ausbitten!' anfahren werde, das hatte ich allerdings nicht erwartet, noch dazu vor all den fremden Offizieren. Ich kann ruhig sagen, daß dies der peinvollste Augenblick meines Lebens war."

„Die Habsburger, und wahrscheinlich alle andern Dynastien auch, haben nie viel für den Generalstab übrig gehabt", sagte Oberst Metzger, „aber es war unserm Thronfolger vorbehalten, von Generalstabsbuben zu sprechen, als trüge das ganze Korps an den furchtbaren Verfehlungen Redls und einiger Kriegsschüler die Schuld. Die Souveräne scheinen diese neue Art des unsichtbaren Kriegs, der im Gelände verschwindenden Schwarmlinien, der unter dem Gepäck daherkeuchenden Soldaten und den Kampf der abgesessenen Kavallerie als einen ganz und gar unerlaubten Eingriff in ihre Hoheitsrechte zu betrachten. Ich bin vollkommen überzeugt, daß auch Kaiser Wilhelm oder der Zar nicht anders empfinden können, daß auch die beiden sich auf einem Manöverfeld, wo nur hie und da, vom Geknatter der Maschinengewehre begleitet, ein paar Leute auftauchen, sich auf den Bauch werfen und wie weggeblasen sind, ganz überflüssig fühlen, von unserm alten kaiserlichen Herrn ganz zu schweigen. Das war meines Erachtens auch der Hauptgrund, Exzellenz, warum der Erzherzog so unvermittelt die Manöver in Böhmen abbrechen und einen dicht formierten Angriff tiefer Massen samt der seit jeher obligaten großen Kavallerieattacke ansetzen ließ. Wir, die Generalstäbler, sind es, die den Monarchen die sichtbare Armee wegnehmen und sie ihnen erst nach den Manövern in einem etwas derangierten Zustand wieder zur Defilierung zurückstellen. Wir Generalstäbler sind es, die für die Vermehrung der Artillerie und für Verminderung der Kavallerie eintreten, wir sind für die Motorisierung, uns wird kein Wohlwollen dafür danken, aber wir müssen uns einfach damit abfinden."

Conrad, der neben dem großen, eckigen Oberst klein, ja fast zierlich aussah, kreuzte die Arme, setzte einen Fuß vor, ließ das Kinn auf die Brust sinken, drehte leicht seinen weißen, buschigen Schnurrbart und starrte vor sich hin: „Wie mit so vielem andern, lieber Metzger. Die junge Generation der Habsburger kennt nicht mehr die Höflichkeit als Pflicht, wie sie Seiner Majestät selbstverständlich ist. Wenn man bedenkt, auf welche Weise der Thronfolger den alten Beck davongejagt hat, so erwartet man für sich selbst keine Ausnahme. Herren, die damals in Ragusa dabei waren, haben es mir erzählt, wie fürchterlich peinlich es war, als Franz Ferdinand während der Besprechung der Manöver durch den Chef des Generalstabs die Truppen mit klingendem Spiel vorübermarschieren ließ, so daß Beck nicht einmal sein eigenes Wort verstehen konnte. Nun, vielleicht hat Potiorek für mich schon eine ähnliche Leichenrede aufgesetzt wie damals für Beck: daß es auch mir nicht vergönnt sei, das höchste Feldherrnglück, im Tosen der Schlacht aus einsamer Höhe des höchsten Führers den Erfolg reifen zu sehen und dabei das stolze Gefühl der Befriedigung zu empfinden, daß die harte Arbeit langer Jahre nun Früchte trage. Was an mir lag, lieber Metzger, habe ich getan, unter Hintansetzung aller persönlichen Vorteile. Ich habe gewarnt und wieder gewarnt. Ich wollte mit Serbien Ordnung machen, als 1908 Rußland noch vom japanischen Krieg her erschöpft war, ich wollte Italien angehen, als es in Libyen engagiert war, ich habe zur kriegerischen Lösung gedrängt, solange diese für uns möglich und günstig schien. Aber es war, als hätte man Erbsen gegen eine Wand geworfen. Wenn es dann zu spät sein wird — und ich kann dir sagen, daß es schon zu spät ist, da Rumänien endgültig ausgesprungen ist und Italien seine Armee wieder in Ordnung gebracht hat – dann werde ich zum Handkuß kommen, dann werden die Vorwürfe auf mich so niederprasseln, daß kein Hund ein Stückel Brot von mir wird nehmen wollen. Und dazu in Wien diese Ahnungslosigkeit! Berchtold versteht von militärischen Dingen nicht mehr als irgendein Komtesserl, die beim Demel ihr Eis löffelt. Berchtold stellt sich das Heer als so eine Art Polizei vor, die alles, was seine großartige Politik stört, verhaften muß."

„Auch darin scheint der Erzherzog ein echter Habsburger zu sein", sagte Oberst Metzger, „daß er jeder kriegerischen Verwicklung aus dem Weg geht und durch Zaudern und Zuwarten einen günstigen Augenblick für Verhandlungen zu erspähen versucht. Denn so wenig Glück dieses Geschlecht in Schlachten hatte, so groß waren seine Erfolge, die es durch kluges Zuwarten erreichte."

„Ich fürchte nur", erwiderte Conrad, „daß wir schon zu lange gewartet haben. Und ob der Trialismus, dieses geheimnisvolle Projekt, das erhoffte Arkanum der Monarchie sein wird, das alles in Wohlgefallen lösen wird, erlaube ich mir respektvollst zu bezweifeln."

Der Generalmarsch wurde geblasen, die Ehrenkompanie des deutschböhmischen Infanterieregimentes Nr. 92 machte die Kopfwendung, der Zug rollte ein. Mit raschen, leicht wiegenden Schritten ging der Erzherzog über den teppichbelegten Weg auf Conrad zu, nahm mit huldvollem Lächeln die Meldung entgegen und schüttelte dem General, als hätte nie das geringste Zerwürfnis das Einvernehmen getrübt, die Hand. Seine erste Frage war, ob die Herzogin wohlbehalten in Ilidže angekommen sei und wie sie die Reise zurückgelegt habe. „Nun, wir werden in diesen Tagen noch öfter Gelegenheit haben, zusammenzukommen, lieber Conrad, ich freue mich sehr, Sie so frisch und glänzend aussehend anzutreffen."

Während sich der Erzherzog mit Potiorek zum Auto begab, raunte Oberst Metzger Conrad zu: „Sehen Exzellenz, wie schwer hier zu prophezeien ist? Die Kaiserliche Hoheit ist unberechenbar – im Guten wie im Schlechten, es waren Strahlen der Gnadensonne, von denen Exzellenz getroffen worden sind."

„Die Freude, seine Frau wiederzusehen, lieber Metzger, ist die tiefere Ursache dieser etwas ungewöhnlichen Huld. Wir wollen abwarten, wie lange wir uns in ihr sonnen können."

Am 26. Juni verließ der Erzherzog um sechs Uhr morgens in Ivan den Zug und begab sich zu Pferd auf die Paßhöhe. Kalter Wind peitschte ihm Regen ins Gesicht. Aus den Tälern dampfte der Nebel auf. Aus den Wäldern rollte das Gewehrfeuer herauf, und wenn ein Windstoß die lichten Dunstschwaden teilte, sah man die weißschimmernde, schneebedeckte Bjelasnica.

„Rot scheint Raum zu gewinnen“, sagte der Erzherzog zu Potiorek. Potiorek nickte. Die Annahme für Blau war nicht sehr günstig. „Nun, wir werden ja sehen“, sagte der Erzherzog, „wie Appel sich Luft macht.“

Der Erzherzog gab seinem kleinen Gebirgspferd die Sporen, er wollte Teile der vorrückenden Roten, das Ragusaner Korps unter Feldmarschalleutnant Wurm, sehen.

„Ein Dreckwetter! Man fürchtet sich vor der Hitze, wenn man herunterkommt — und findet Schnee. Nun, wenigstens gibt's keine Sonnenstiche und Hitzschläge wie damals bei Bilek in der Herzegowina, wo die ungarischen Regimenter so rabiat geworden sind und alles demoliert haben.“

Der Erzherzog ritt weiter, man sah einzelne Plänkler auftauchen und wieder im Nebel verschwinden. Nun ratterten auch schon die Maschinengewehre.

Der Thronfolger wollte keine Gendarmen sehen, schon die Bewachung der Strecke von Metković über Mostar nach Sarajevo war ihm zu dicht und vor allem zu auffällig. Den zwanzig berittenen Feldgendarmen, die während der Manöver für seine Sicherheit zu sorgen hatten, wurde der Dienst nicht leicht gemacht, sie hatten auf ihren kleinen Gebirgspferden dem Erzherzog durch dick und dünn zu folgen, aber sie durften sich dabei nicht zeigen. Der Erzherzog hielt sich an kein Programm, er wollte nicht das sehen, was man zu zeigen für gut fand, er wollte selbst prüfen. Nun war er auf einem Aussichtspunkt angelangt, von dem man durch die sich langsam hebenden Nebelschleier deutlich das Vorrücken einer Umfassungskolonne beobachten konnte. Mit dem Feldstecher an den Augen hielt er vor seinem Stab und richtete hie und da eine kurze Frage an den Übungsleiter Potiorek.

Da teilte sich auf einmal das Gebüsch neben der Straße und ein kleiner, schwarzer Mann mit fliegendem, durchnäßtem Mantel sprang, eine schwarze Röhre schwingend, heraus. Noch ehe sich die Herren des Gefolges erholt hatten, sprengte aus der Suite ein Offizier mit dem weißen Schiedsrichterabzeichen an der Kappe auf diesen Menschen zu, packte ihn beim Kragen und schlug ihm die schwarze Röhre aus der Hand.

Der Erzherzog zuckte zusammen; als er sich umdrehte, sah man seine großen Augen, der Mund verzog sich und begann, während die Augen noch starr blieben, zu lachen, so zu lachen, daß es den Erzherzog am ganzen Körper schüttelte: „Was tut ihr denn? Das ist ja der Hofphotograph! Laß'st ihn aus. Das ist doch sein G'schäft, die Leut' wollen doch auch leben."

Nun lachte, etwas gezwungen, das ganze Gefolge mit. Der Erzherzog winkte den übereifrigen Schiedsrichter heran: „Oha! Ein Gendarmerieoffizier, der sich hier eingeschlichen hat und mit der Schiedsrichterbinde Blindekuh spielt. Daß ihr halt immer nur die Falschen erwischt!"

Der Gendarmerieoffizier war so verlegen, daß er kein Wort hervorbrachte. Er wendete langsam sein Pferd und verschwand, verfolgt von schadenfrohen Blicken, um die Wegbiegung. Der Photograph verneigte sich: „Gestatten mir Kaiserliche Hoheit als Entschädigung für diesen Schrecken eine Aufnahme?"

„Also los! Aber schnell. Ihr seids aber auch lästiger als Wanzen."

Auf der Heimfahrt vom Manöverfeld nach Ilidže wurde im Salonwagen des Erzherzogs ein kleiner Lunch verabreicht. Conrad, der trotz aller ihm am Vorabend erwiesenen Freundlichkeiten dem Frieden nicht traute, hielt sich ein wenig abseits und besprach mit Metzger die Manöver: „Appel läßt sich nicht so leicht ein Bein stellen; wie die Lage heute ist, kann man ihm keinen Strick drehen."

Der Erzherzog saß allein an einem kleinen Tischchen: „Kommen Sie, Conrad", rief er, „die jungen Herren haben ihren kalten Aufschnitt, aber wir zwei werden etwas Warmes essen, es wird uns nach dem Sauwetter draußen guttun."

Nun mußte Conrad an dem kleinen Tischchen Platz nehmen und aus der Aluminiumkasserolle essen.

„Die Truppen machen einen ganz vorzüglichen Eindruck. Man sieht, daß viel und hart gearbeitet worden ist. Schade, jammerschade, daß wir so schlechtes Wetter haben. Meine Frau ist ganz entzückt von Ilidže. Wir waren gestern abend noch bei der Bosnaquelle, dort zwischen den rauschenden Wassern auf den kleinen Inselchen zu sitzen — das ist wirklich ganz eigenartig schön. Und überhaupt, wie dieses Ilidže gehalten ist — kein westeuropäischer Kurort könnte gepflegter sein.

Die Leute haben sich wirklich alle Mühe gegeben — wirklich erlesen geschmackvoll." Der Erzherzog blickte eine Weile vor sich hin: „Wie Ahnungen oft trügen. Ich hätte nie geglaubt, daß ich mich hier so wohl fühlen würde. Aber — es muß schon so sein: wo die Armee ist, bin ich zu Hause."

Am Appelkai wehten die schwarzgelben kaiserlichen und die rotgelben bosnischen Fahnen. Die vielen Brücken über die Miljačka waren dicht mit dunklen Menschenpunkten besät. Auf den Höhen im weiten Umkreis lag, helleuchtend im Abendlicht, ein leichter Schneeschleier, die Luft war frisch und kühl, der Fluß trug das Rot der flammenden Wolken in flimmernden Wellen durch die Stadt. Die Pappeln, die Zypressen, die Minaretts und die Häuser an den Hängen schlossen sich gegen den leichten Himmel dunkel zusammen, nur hin und wieder flimmerte in dieser geschlossenen Ruhe ein Fenster.

Der Erzherzog und die Herzogin waren in der Stadt gewesen, nun fuhren sie im Auto des Landeschefs an der vielköpfigen, winkenden und rufenden Menge vorbei, über den Kai nach Ilidže zurück.

Unweit des Einganges zum Basar saß Princip auf der Kaimauer und blickte dem Auto ruhig nach. Ilić kam auf ihn zugelaufen: „Hast du sie gesehen?"

„Mehr noch", erwiderte Princip lächelnd, „ich bin ihnen die ganze Zeit nachgegangen."

Ilić schaute Princip erstaunt an: „Also wird es doch nichts. Du hast recht, wir schaden uns mehr, als wir nützen können."

Princip zuckte die Achsel: „Heute ist nicht Veitstag."

„Und willst du wirklich am Veitstag?"

Princip winkte ungeduldig ab: „Laß das Gerede. Du weißt, was ich will, gib deinen Leuten morgen die Waffen und damit Schluß."

„Und bist du wirklich die ganze Zeit hinter ihnen her gewesen?"

„Die ganze Zeit. Ich habe vor der Teppichwirkerei gewartet, ich bin ihnen durch den Basar nachgegangen; ich will mir den Mann, den ich töten soll, vorher ein wenig ansehen. Er ist blickempfindlich, er schaut sich immer wieder um, einmal war es mir — es war vor dem Tor der Begova Džamija — sie sind ja auch zu den braven Mohammedanern in die Moschee gegangen —, als hätte er meinen Blick gespürt, weil er sich gar so betroffen umsah."

„Gavrile, du bist unvorsichtig! Wenn dich ein Geheimer abgefangen und nach Waffen durchsucht hätte?"

„Er hätte mich gleich wieder freilassen müssen, denn ich stecke die Pistole erst am Veitstag ein."

„Hast du gehört, was er gleich nach seiner Ankunft in Ilidže getan hat?"

Princip nickte: „Die Fahnen! Ja, davon habe ich gehört. Und der Fahnen wegen allein verdient er dreifach den Tod. Ließ die serbischen Fahnen herunterreißen und die schwarzgelben Fetzen aufhängen — und das vor dem Veitstage."

„Mehmedbašić aus Mostar ist heute angekommen", sagte Ilić, „er will Waffen haben. Soll ich sie ihm geben?"

„Ihm gerade, ihm viel eher als dem albernen Popović, oder Čubrinović, dem Prahler. Wenn ein Mohammedaner dabei ist, wird es einen ganz anderen Eindruck machen, dann werden sie sehen, daß nicht nur die orthodoxen Serben, daß alle Jugoslawen für die Sache waren. Vergiß nur nicht, den Leuten Zyankali zu geben, und schärf ihnen ein, es gleich, sofort nach der Tat, zu nehmen. Aber jetzt ist es besser, wir trennen uns, dort drüben vor dem Rathaus streicht ein Kerl herum, der mir so ganz und gar nicht gefällt."

„Der ist nicht von der hiesigen Polizei, der muß ein Fremder sein", sagte Ilić und ging, ohne aufzublicken, rasch davon. Princip lachte, rieb sich die Hände und schlenderte langsam den Kai hinunter.

Seit frühem Morgen waren Rudolfsheim und Hietzing, die beiden an Schönbrunn grenzenden Bezirke, auf den Beinen. Die Straßen waren schwarzgelb beflaggt, Wache zu Fuß und zu Pferd drängte das vielköpfige Menschenspalier zurück und beobachtete die dichtbesetzten Fenster. Wohlgenährte, abzeichengeschmückte, zylinderüberglänzte Funktionäre schritten an der Seite von etwas nervösen Polizeioffizieren die durch den Macht- und Hoheitswind freigefegten Straßen ab, ordneten da, nahmen dort Meldungen entgegen und ließen sich wie Löwen in ihrer Erhabenheit und Stärke von tausend staunenden Augen bewundern.

Vereine und Schulen marschierten auf, wurden abgefangen und als zahme Bächlein in das große Bett geleitet, Ordner, die, wie der dumme August im Zirkus, alle Befehle wiederholten, tupften sich in den kurzen Atempausen die Stirnen, diese unterjochten Ehemänner lebten hier auf, wuchsen zu solcher Erhabenheit, daß sie sich wunderten, wieso sie eigentlich mit ihren Zylindern nicht bis in die Wolken ragten, und stolperten dabei über die eigene Würde.

Hagere Lehrerlein neigten sich nachsichtig zu den stoßenden, schwätzenden Kleinen, mächtige Direktoren, deren weißbewesteter Kugelbauch wie der Mond aus der Nacht des engen Bratenrockes hervordrängte, Monarchen dieser kleinen Welt, Tyrannen und Chormeister von Gesangvereinen überprüften noch einmal die kleine kichernde, jeden Ernstes bare Schar der Schwätzer und Drängler, der Guten und Schlimmen; dicke, etwas breitgesessene Lehrerinnen beschworen mit zuckersüßer Stimme die kleinen Mädchen mit den eingedrehten Locken, nur noch diese paar Minuten, die alle von dem großen Augenblick trennten, brav und schön artig zu sein; magere Lehrerinnen mit spitzen Nasen hoben die knochigen Zeigefinger und drohten, sich die schlimmen, ungezogenen Kinder für immer und ewig zu merken; ja und die schöne, kleine, runde, schwarze Lehrerin dort verdrehte ihre Augen nach dem schmucken Polizeioffizier, bis sie aus ihrer Träumerei durch eine Stimme gerissen wurde: „Bitte, Fräulein, die Föderl steßt mich immer!"

„Warte nur, Föderl", sagte das über seine eigene pflichtvergessene Unaufmerksamkeit errötende Fräulein, „dir wird es, wenn du böse bleibst, im Leben noch recht schlecht gehen!" Auf einem kleinen Klappstuhl saß eine alte Frau mit einer tief heruntergerutschten Brille und bat das Fräulein, ihr einen kleinen Durchblick offen zu halten, sie sei so schwach und alt, sie könne nicht stehen, aber sie wollte auch den Kaiser sehen. Die Lehrerin sagte es der alten Frau mit einem Blick auf den schmucken Polizeioffizier zu, die alte Frau nickte dankbar und gütig, sie strickte weiter, ihr Kinn sank auf die Brust, sie schlief ein, die Kinder lachten, als sie die alte Frau auf dem kleinen Klappstuhl schnarchen hörten.

Nun zogen die knieweichen Veteranen mit wehenden Federbüschen auf, nun nahte das Privilegierte Wiener Scharfschützenkorps, das einem gemästeten Infanteriebataillon glich, mit schmetternder Musik. Gesangsvereine standen in Reih und Glied, an ihren Flügeln die Fahnenträger in Samtflaus, hohen Stiefeln, weißen Hosen, mit kühnen Straußfedern auf den großen Hüten, und niemand hätte den gesetzten Herren in den Bratenröcken angesehen, daß es ihre größte Seligkeit war, die Augen zuzudrücken und mit schmelzender Stimme ein säuselndes Pianissimo zu flöten.

Unter Trommelschlag marschierte ein Bataillon Straßenbahner auf, drapfarbene Gemeindeangestellte, die sich als gebildete Zivilisten schämten, in gleichem Schritt zu gehen, schlossen sich an. Schließlich kam noch, geführt von ordengeschmückten Herren, denen man die pensionierten Offiziere ansah, der Knabenhort, stramme Bürschchen in Matrosenkleidung, die so ganz und gar nicht zu dem meerfernen, unverfälschten Wiener Dialekt passen wollte.

Die Adler auf den Torobelisken von Schönbrunn blinkten in der Sonne, oben, über dem breit hingelagerten Schloß, gehoben und entrückt durch das weite, tiefliegende Parterre, stand klar im Umriß die flügelbreitende Bogenhalle der Gloriette.

Avertissementsignale! Kommandorufe! Die Schloßwache trat unter das Gewehr, die Musikkapellen der Vereine stimmten das ‚Gott erhalte' an, fromme Schauer jagten über die Rücken aller, denen die Weise ein Gebet war, die Wachen erstarrten. Das knappe Traben der Pferde prasselte auf, die Hofkutsche rollte durch das Tor, die Menschenhecken zu beiden Seiten der Straße wehten weiß auf, der Kaiser grüßte freundlich dankend nach allen Seiten. Ja, alle sahen dieses der Zeit und den Menschen entwachsene alte Gesicht, dessen Anblick rührte, weil die Menschen das Bedrohende spürten, das sich unsichtbar und doch atembeklemmend immer dichter zusammenzog.

Beneidet von allen Schulen, standen die kleinen Matrosen des Knabenhortes stramm und salutierten wie Soldaten nach Deutschmeisterart mit den unnachahmlich durchgebogenen Fingern an der Mütze.

Religiöse Ehrfurcht erfüllte alle; die mächtigsten, ihre Zylinder schwingenden Funktionäre wurden klein, die magersten Lehrerinnen wurden sanft, die Volkshymne löste wie ein Kirchenlied alles Feste und Verkrampfte, denn das Lied stammte aus jenen Tagen, in denen Musik in dieser Stadt alles ausgedrückt hatte, was gut an den Menschen ist. Der Wagen rollte vorbei, die Augen folgten ihm nach, und nur die alte Frau, die über ihrer Strickerei eingeschlafen war, und die deshalb den Kaiser versäumt hatte, begann so schändlich zu fluchen: „der ganze Kaiser kann mir g'stohl'n wern, i pfeif am ganzen Kaiser, wann mi kaner aufweckt!", daß sie von der Polizei abgeführt werden mußte, worüber die Kinder noch mehr lachten.

Drüben in der kleinen Station von Penzing, wo der Hofzug bereit stand, hatten sich der Bürgermeister von Wien und die

Gemeinderäte versammelt. Einige Herren, die den Hofwagen des Kaisers noch nicht gekannt, hatten ihn inzwischen besichtigt: die kleine Kapelle an der Stirnwand und die verhängte Decke, deren nackte Frauen der Kaiser nicht sehen wollte.

Als nun der Kaiser den Bahnsteig betrat, eilte ihm der Bürgermeister von Wien entgegen und beglückwünschte Seine Majestät in wohlgesetzten, guteingelernten Worten zur vollkommenen Genesung und erbat sich die Erlaubnis, den Kaiser bei dessen Rückkehr von Ischl wieder mit der ganzen Gemeindevertretung empfangen zu dürfen.

Der Kaiser sagte mit gedämpfter Stimme zu, musterte mit seinen kühlen Blicken kurz die erschienenen Herren und wandte sich dann an einen, der, den Fuß nachschleppend, etwas aus der Reihe hervortrat. Der Kaiser erkundigte sich nach dem Befinden dieses Gemeinderates, der bei dem Attentate des italienischen Irredentisten Oberdank auf Franz Joseph im Jahre 1882 zu Triest am Fuße schwer verletzt worden war. Der Kaiser erinnerte sich noch an alle Einzelheiten dieses Attentats, er sprach so laut, daß ihn die hälsereckenden Herren im Umkreis hören konnten; der Kaiser hatte offenbar die nun alljährlich wiederkehrende Erkältung auch heuer gut überstanden. Nun beendete Franz Joseph mit knappem Gruß das Gespräch, dankte dem Bürgermeister Dr. Weißkirchner noch einmal für diese so freundliche Kundgebung seiner Haupt- und Residenzstadt, und ging mit raschem Schritt über den roten Läufer auf den Wagen zu. Als der Kaiser das Trittbrett bestieg, rief ihm der mit einer Goldkette gezierte Vizebürgermeister Hierhammer die alle überraschenden und gar nicht im Programm vorgesehenen Worte „Weidmanns Heil!" zu.

Der Kaiser drehte sich ein wenig erstaunt um, nickte mit dem Kopf und erwiderte laut: „Weidmanns Dank!"

Unter den Klängen der Volkshymne setzte sich der Zug in Bewegung, mit entblößten Häuptern standen die Würdenträger der Gemeinde da und winkten ihm nach. Als der Zug außer Sicht war, beglückwünschten die einen Magistratsräte den jedes Lob ablehnenden Vizebürgermeister zu seiner so glänzenden Improvisation, während die andern, die mißgünstigen und neidischen, die Köpfe zusammensteckten und sich nicht genug wundern konnten, daß es jemand wage, sich auf Kosten der Allgemeinheit auf diese Weise bei Seiner Majestät anzubiedern.

Der Bürgermeister bedankte sich nun bei den Herren: „Wären wir früher von der Abreise Seiner Majestät verständigt worden, wir hätten den Abschied noch weit prunkvoller gestalten können, aber ich habe erst vor einer Woche vom Oberhofmeisteramt den ausdrücklichen Bescheid bekommen, daß Seine Majestät heuer nicht vor Mitte Juli nach Ischl gehen werde. Aber für die kurze uns zur Verfügung stehende Zeit haben wir, meiner Meinung nach wenigstens, den Abschied immerhin ganz gut getroffen."

„Und weißt du auch, warum der Kaiser diesmal — was er doch sonst nie tut — sein Sommerprogramm umgestoßen hat?" fragte der Vizebürgermeister. „Ich habe das aus verläßlicher Quelle."

„Keine Ahnung."

„Weil er der persönlichen Meldung des aus Bosnien nach Wien zurückkehrenden Thronfolgers aus dem Wege gehen will. Es paßt ihm nicht, daß die Herzogin Hohenberg dort unten mit allen Ehren wie eine Landesmutter gefeiert werden soll. Seine Majestät hätte nie die Erlaubnis gegeben, daß die Herzogin von Hohenberg unter Kanonendonner wie eine regierende Fürstin in Sarajevo einzieht."

Am zweiten Manövertag blies knapp nach Mittag ein Gardetrompeter auf einem Schimmel die „Größeren Manöver" in Bosnien ab. Allenthalben nahmen Hornisten und Trompeter das Signal „Abblasen" auf, das Prasseln des Gewehrfeuers, das Knattern der Maschinengewehre verstummte, hell und klar wanderte das Signal durch Täler und Wälder, wurde von Hängen zurückgeworfen, schmetterte bei den Roten und bei den Blauen und zeigte den sich hinwerfenden Leuten erst, wie müde sie waren, die in der Nacht vor Kälte kaum hatten schlafen können und seit Morgengrauen marschieren mußten. Aber schon jagten Ordonnanzen mit wehenden Feldbinden daher, Meldereiter schaukelten auf ihren kleinen, struppigen Pferdchen heran: „Alles auf! Die Truppen sammeln sich bataillonsweise zu beiden Seiten der Straße! Seine Kaiserliche Hoheit wünscht möglichst viele Truppen auf dem Ritt zur Bahn zu sehen."

Also, in Gottes Namen, noch einmal auf und zur Straße hinaus. Die Leute rieben sich noch rasch die Schuhe und die Monturen ab, die Zugskommandanten rannten wie Schäferhunde um ihre Züge herum — da klang schon aus der Ferne der Generalmarsch herüber:

Der General kommt, der General kommt,
Macht alles in die Hos,
Der General kommt...

Nach der kurzen, äußerst lobenden Besprechung ritt der Erzherzog, seinem Gefolge weit voran, auf einem gedrungenen Fuchs zwischen Truppen hindurch, zwischen den großen, schlanken, schönen Dalmatinern, zwischen den Bosniaken mit dem roten Fez, diesen wildblickenden, prächtigen Soldaten, zwischen ungarischen, tschechischen, slowakischen, slowenischen, italienischen, ruthenischen, rumänischen, polnischen und deutschen Soldaten dieser buntesten aller Armeen, hielt hie und da kurz, sprach den Kommandanten an, lobte, grüßte und ritt weiter, hinter ihm in einer Staubwolke der Stab und die Stabsschwadron, Ulanen auf den gedrungenen Gebirgspferden.

„Ah, Hoch und Spleni..." lachte der Erzherzog, als er vor Tarčin die blauen Aufschläge der Deutschmeister sah. „Sehr brav gehalten, Edelknaben, sehr schön!" Er winkte mit der Hand. Die Offiziere in den hechtgrauen Uniformen zwischen den dunklen Friedensmonturen der Leute strahlten vor Freude.

„Und es waren ein paar schwere Tage für euch. Wirklich ganz ausgezeichnet." Bei dem letzten Flügelmann, einem kleinen, dicken Reservisten, hielt Franz Ferdinand seinen Fuchs an.

„Verheiratet?"

„Jawohl, Kaiserliche Hoheit."

„Kinder?"

„Drei, Kaiserliche Hoheit."

„Wie ich. Und welchen Beruf?"

„Rauchfangkehrer im Diplomatenviertel, Kaiserliche Hoheit."

„Also ganz was Feines, wie?" Der Erzherzog lachte und die Deutschmeister lachten mit, daß man die vielen Zahnlücken und Goldplomben der Großstadtkinder sah. So war es in Ordnung, daß das Wiener Hausregiment mit dem Thronfolger sprach, denn schließlich und endlich war er ja auch ein Wiener Kind. Garderegimenter gab es in Österreich nicht, da konnte sich jedes Regiment einbilden, Garde zu sein. Als der Thronfolger vorbei war, ließen die Offiziere ruhen und kamen in kleinen Gruppen zusammen.

„Hohe Huld", stellte ein grauhaariger Oberleutnant fest, „alles ist gut gegangen, niemandem wird der Kopf abgerissen, ich hab mir die Haxen um ein paar Zentimeter kürzer gehatscht, aber dafür geh ich übermorgen auf Urlaub und fahr in Wien drei Tage mit der Tramway herum, damit ich nach den vielen Soldaten und Tschuschen wieder einmal Zivilisten und unverschleierte Weiber seh." Die andern Kameraden lachten, ein Hauptmann setzte hinzu: „Und doch sind mir die schärfsten Manöver, ich weiß nicht wo, lieber als die große Kaiserparade vor vier Jahren. Tagelang vorher Anpassen der neuen hechtgrauen Monturen, Exerzieren wie für ein Opernballett und dann, wie der Auffenberg, unser damaliger Korpskommandant, dem Kaiser meldet, fällt ihm der Säbel aus der Hand. Seine Majestät hat sich gestellt, als habe sie nichts gesehen, aber vom Auffenberg erzählte man damals in ganz Sarajevo, daß seine Perücke über Nacht grau geworden sei." Der alte Oberleutnant zündete sich in aller Ruhe eine Zigarette an: „Der Thronfolger ist nicht für Pflanz. Das war doch heute eine sehr summarische Truppenschau. Winkt hierhin, winkt dorthin, und schon vorbei, es war sehr schön, es hat mich sehr gefreut. Mir ist es recht, mit Paraden und Defilierungen bin ich verpflegt bis zu meinem Greisentod als Oberleutnant, wenn das Avancement so weitergeht." Der Hauptmann sah sich vorsichtig um, dann sagte er leise: „Das hat seinen tieferen Grund, lieber Müller. Es gibt keine Truppenschau und keine große Parade, weil die Herzogin mit ist. Der Empfang einer Erzherzogin ist genau im Dienstreglement vorgeschrieben. Beim Empfang einer morganatischen Gattin aber hapert es. Und die in Wien werden schon über den morgigen Einzug der Hohenberg in Sarajevo verschnupft sein. Deshalb will man es den Senilenzen in Wien ersparen, daß man die Herzogin Hohenberg auch noch durch ein Truppenspalier fahren läßt. Und darum haben wir heute nacht noch ein Freilager und dürfen auch morgen nicht nach Sarajevo hinein."

„Schon möglich, daß sie sich das in Wien so ausgeschnapst haben", meinte der Oberleutnant, „sonst hätten sie ja in Wien nichts zu tun." Er warf seine Zigarette weg: „Übrigens glaube ich nicht, daß mit dem Thronfolger gut Kirschenessen ist. Er hat zwar heute sehr freundlich gelacht — aber ich trau ihm nicht. Als er in Prag bei den 28ern als Major war, hat er dort einmal in der Menage lang von seiner Weltreise erzählt, von Indien, Japan und Amerika — du kannst dir denken, wie alle die Ohren gespitzt haben. Der Oberst sitzt dabei, hängt dem Erzherzog an den Lippen, zieht ihm fast jedes Wort mit den Augen aus dem Mund. Und wie der Thronfolger einen Schluck Wein macht, da rutscht es dem Oberst heraus: ‚Mein Gott im Himmel, wenn ich nur auch einmal eine solche Reise machen könnte, als Offiziersdiener ginge ich mit'. — Und wißt ihr, was geschehen ist?" Der grauhaarige Oberleutnant wandte sich an den jungen Bataillonskommandanten: „Du glaubst wohl, der Este hat dem Oberst einen Tausender in die Hand gedrückt und hat gesagt: ‚So, lieber Freund, jetzt nehmen Sie sich einmal beim Cook ein Rundreisebillett und fahren Sie ein paar Wochen nach Indien'. — Aber da irrst du dich gewaltig, ganz gewaltig. Der Oberst hat gehen müssen, ohne Sang und Klang, der Erzherzog hat sich darauf versteift: ‚Ich will unter keinem Oberst dienen, der ein Offiziersdiener zu sein wünscht'."

Die Offiziere schauten sich erschrocken um, ob niemand von der Mannschaft diese Geschichte gehört habe, nur der Regimentsadjutant klopfte dem alten Oberleutnant auf die Schulter: „Eine ganz schöne Geschichte, lieber Müller, aber sie hat — wie die meisten Geschichten — den großen Nachteil, daß sie nicht stimmt. Denn: erstens war Franz Ferdinand nach seiner Weltreise nicht Major, sondern Generalmajor und Brigadier, zweitens hat er als Major nicht bei den 28ern, sondern bei 102 gedient, und drittens wäre gerade bei ihm, der sich, wo er nur kann, für uns einsetzt, für uns Offiziere, an denen sich jeder Lump in diesem Staate zu reiben wagt, kein Grund, alle Geschichten, die über ihn erzählt werden, nachzuplauschen."

„Die Offiziösen werden Adjutanten", murrte der alte Oberleutnant, „aber wenn du es so genau weißt, reden wir halt von was anderm."

Lärm und Geschimpfe ließen die Offiziere aufschauen.

„Gehts weiter mit eichern Würschteln, fahrts uns net zam, sunst wern ma's enk zagn, Deutschmaster san do!"

Eine Batterie wollte durch, die Deutschmeister versperrten schimpfend die Straße. „Natürlich, die Deutschmeister! Platz! Durchlassen! Weiterfahren!" Ein zaundürrer Artilleriemajor ritt auf die Offiziere zu: „Bitt euch, machts mir Platz!" Nun erkannte der Artilleriemajor einen befreundeten Offizier des benachbarten Bataillons: „Servus! Auch wieder unten?" Der Artillerist drehte sich im Sattel und schaute mit zusammengekniffenen Augen zu den Deutschmeistern hinüber: „Also diese Brüder wär ich los. Mir haben s' in Wien eine Kanonendivision anhängen wollen, hab mir die Leute ein paarmal angeschaut, fast lauter Wiener — danke! Genau solche G'sichter wie die Deutschmeister, ich wär ein moralisch gebrochener Mann gewesen. Der eine groß, der andere klein, der eine dick, der andere dünn, der eine wie ein Professor mit langen Haaren, der andere wie ein Raubmörder mit einem solchen Kinn — scheußlich. Da hab ich mich lieber wieder herunter gemeldet zu meinem alten Regiment, hab Wien Wien sein lassen und bin bei meinen Slowaken geblieben: alle gleich groß, gleich blöd, gleich stramm, wunderbare Soldaten! Übrigens ist heute alles famos gegangen. Also Servus! Auf Wiedersehen! Servitore! Tschau!" Und schon trabte der dürre Major seinen staubaufwirbelnden Batterien nach.

„Was war denn das für ein Vogel?" fragte der grauhaarige Oberleutnant Müller und schaute mißmutig dem dürren Artilleristen nach.

„Den kennst du nicht? Den kennt ganz Mostar. Das war der schneidige Mayer Maxl, bis auf seine Faxen ein netter Kerl. Von ihm stammt der armeebekannte Ausspruch: Schau aus wie ein Prinz und heiße — Mayer. Kinder, sagts ma lieber Maxl!"

„So ein Prinz hat leicht schneidig sein und Slowaken loben, wenn er hoch zu Roß vor ihnen herreitet", murrte Müller, „aber mit ihnen marschieren, mit ihnen den Staub schlucken — da verliert man nach ein paar Jahren alle feineren Gefühle; da wird man ein Koffer."

Bei Bendbaši, im Kaffeehausgarten unten am Flusse, saß Ilić mit einem Paket im Schoße und blickte auf die rauschende Miljačka, die dort aus dem wilden Felsentor in das eingedämmte, durch die Stadt führende Bett trat. Jenseits des Flusses lag die stille Türkenstadt, zwischen den dunklen Zypressen und silbernen Pappeln verbarg sich eine kleine Moschee, von der nur die schmale Minarettnadel aufragte. Vom glitzernden Wasser herauf wehte Kühle in den überhängenden kleinen, schindelgedeckten Pavillon. Unter den Weidenzweigen durch kam eine Schar Enten geschwommen, ließ grundelnd den Kopf verschwinden und reckte das dreieckige Bürzel hoch. Ein Stückchen weiter oben tränkte ein Türke seinen kleinen Esel, eine Frau schlug Wäsche gegen einen Stein und eine Bachstelze hüpfte wippend von Zweig zu Zweig.

Wie sollte an einem solchen stillen, friedlichen Ort ein Mann wie Ilić, der für die Zeitungen schrieb und dessen Gedichte auch schon in Zeitungen gedruckt worden waren, nicht wehmütig und nachdenklich werden? Dieses stille Kaffeehaus lag das ganze Jahr hindurch in tiefem Schweigen, hier tranken die Türken ihren schwarzen Kaffee, schmauchten Nargileh und Tschibuk, hielten ihren verträumten Kef und ließen den gedämpften Lärm aus dem Basar an ihr Ohr dringen. Aber in den Nächten des

Ramazan jubelte und klagte hier Zigeunermusik, da schaukelten die bunten Lampions und spiegelten sich im Wasser der Miljačka, leuchtende Kugeln des Glücks, schwankendes Licht zwischen Träumen und Wachen, da lebte das versunkene, stille Kaffeehaus auf und versank dann wieder in seine verträumte Ruhe.

Obwohl der Schnee von den Bergen weggeschmolzen war, war es noch immer kühl, zumal so nahe dem Wasser. Ilić saß ganz allein im Pavillon, er stützte sein blasses Gesicht in die Hände und seufzte. Dann schaute er nach einer Weile auf die Uhr: man ließ ihn warten. Wie still alles war, wie friedlich! Er glaubte nicht mehr recht an die Dinge, die er da verschnürt und verpackt im Schoße hielt.

Ein großer, dunkler Mensch, mit einer gewaltigen Hakennase und dem roten Fez, kam rasch auf ihn zu, blickte sich kurz um und ließ sich ihm gegenüber nieder: „Es ging nicht früher. Da bin ich also. Nun, wird etwas draus oder nicht?“ Es war Mehmedbašić aus Mostar, der Mohammedaner unter den Verschwörern. „Bei dir, lieber Ilić, kennt sich kein Teufel mehr aus. Einmal schreibst du: sofort! dann willst du wieder von der ganzen Sache nichts wissen. Nun schenk mir reinen Wein ein.“

„Ich weiß es nicht, ich denke, es wäre besser, alles zu verschieben und dann den Mamelucken Potiorek allein abzuknallen.“

„Ich weiß es nicht“, höhnte Mehmedbašić, „ich weiß es nicht! Wer sollte es denn wissen? Hätt ich in Mostar die Pistole gehabt, alles wäre längst erledigt, der Thronfolger und der Landeschef sind keine zehn Schritte von mir gestanden, dort beim Felsenkeller neben der alten Brücke. Aber jetzt bin ich hier, jetzt mußt du mir auch die Waffen geben.“

Ilić legte besänftigend seine Hand auf den Arm des heftigen Menschen: „Warte wenigstens, Popović und Čubrinović müssen ja auch noch kommen, ich muß sonst zweimal auspacken.“

Ein Junge in Pluderhosen kam und stellte Mehmedbašić ein blinkendes Messingtablett hin. Als der Junge gegangen war, beugte sich der Mohammedaner über den Tisch: „Hast du das von den Fahnen in Ilidže gehört?“

„Ich habe es gehört“, sagte Ilić, „aber ich glaube doch, daß wir warten sollten.“

Zwei halbwüchsige Burschen kamen durch den Garten, es waren Popović und Čubrinović, Arm in Arm, Čubrinović schwenkte ein Stück Papier: „Durchgesaust in drei Gegenständen! Wir haben heute zu Ehren des hohen Besuches Zeugnisverteilung gehabt. Wenn ich einst gestorben bin, kommt das Zeugnis ins Nationalmuseum, damit die Nachwelt sieht, wozu auch schlechte Schüler gut sind."

„Und du, Cvejtko?" fragte Ilić den traurig dreinblickenden Popović, „wie ist es dir gegangen?"

„Ach, der", sagte Čubrinović, „der wäre auf ein Haar Primus geworden. Wenn er nicht mein Freund wäre, müßte er vielleicht dem Thronfolger ein Gedicht aufsagen und der Herzogin Blumen überreichen."

Mehmedbašić musterte diese jungen Bürschchen von der Seite und schaute Ilić fragend an. Der wurde rot und flüsterte ihm zu: „Das ist nur die Reserve."

„Reserve hin, Reserve her", sagte Čubrinović, „ihr werdet sehen, wie wir unseren Mann stellen. Wenn es geht, schau ich, daß noch ein paar Professoren mit in die Luft fliegen."

„Brüll noch lauter, verdammter Esel", fuhr Mehmedbašić den Burschen an, „geh lieber und laß dich hinter den Ohren abtrocknen."

Čubrinović zuckte die Achsel: „Was soll ich fürchten? Glauben Sie, daß die Geheimen und Spitzel hier in der Miljačka herumschwimmen wie die Enten? So, Ilić, jetzt gib uns aber die Sachen, du mußt uns doch zeigen, wie man diese Bomben anschlägt. Wenn du weiter so herumzögerst, können wir gerade noch dem Zug, mit dem der Thronfolger nach Wien zurückfährt, eine Ehrensalve nachschicken."

„Nicht hier. Hier kann jeden Augenblick jemand kommen und uns sehen. Gehen wir hinter die Badeanstalt, dort ist jetzt kein Mensch, dort will ich euch die Waffen zeigen. Geht voraus — es fällt auf, wenn wir zu viert gehen —, da, ihr könnt das Paket tragen, wir zwei hier kommen nach, beim Viadukt unter der Ziegenbrücke wartet."

Die beiden Gymnasiasten gingen voraus, Čubrinović ließ dem gehorsamen Vorzugsschüler Popović das gefährliche Paket tragen, Mehmedbašić und Ilić zahlten und schlenderten langsam nach. Sie gingen durch den Park, sie hielten vorsichtig Ausschau, sie setzten sich hinter ein Erlengebüsch zu den Gymnasiasten, und Ilić packte aus: da lagen die Pistolen und die schwarzen Büchsen, da saßen die vier Leute und zitterten am ganzen Körper, denn sie wußten, daß sich diese Waffen nicht nur gegen den Este, sondern auch gegen sie selbst richten würden. Nun nahm Ilić eine Bombe, schraubte sie auf und erklärte alles genau so, wie es ihm Princip nach den Belgrader Instruktionen gezeigt hatte. „Habt ihr das alles verstanden?" fragte Ilić wichtigtuerisch und sah streng die beiden Gymnasiasten an. Čubrinović nickte kurz, Popović sah so verstört drein, daß man nicht wußte, ob er es begriffen hatte oder nicht.

Ilić packte die Bomben wieder ein. „Da, nimm sie", sagte er zu Popovič. „Nun will ich euch noch zeigen, wie man die Pistole abfeuert."

Ilić ging ein paar Schritte bis zum Viadukt, nahm den Ladestreifen heraus, setzte ihn wieder ein, zeigte den Burschen die Sicherung und ermahnte sie, ja nicht zu vergessen, die Sicherung zu öffnen, wenn der Thronfolger nahe. Dann gab Ilić rasch hintereinander zwei Schüsse ab. „Da schaut", sagte er, auf einen abgesplitterten Ziegel im Bahndurchlaß zeigend, „wen das trifft, der steht nicht mehr auf."

„Was fällt dir denn ein", rief Mehmedbašić zornig, „schießt hier am hellichten Tag und lockt uns die Polizei auf den Hals. Jetzt können wir rennen!"

Und schon liefen sie, duckten sich hinter ein paar Sträucher und lauschten. Es war nichts zu hören als das Rauschen des Flusses und weither der Lärm der Stadt. Die Burschen warteten noch eine Weile, dann sagte Ilić: „Ja, richtig, fast hätte ich vergessen, ihr bekommt noch das Gift. Vergeßt es nur ja nicht, denn nur der Mund des Toten bleibt stumm." Ilić suchte in seiner Rocktasche und gab jedem ein kleines Papierchen voll Zyankali. „So — und das ist alles. Jetzt müßt ihr nur noch wissen, wo ihr zu stehen habt. Du, Mehmedbašić, stellst dich als erster auf, du bist ein schöner Bursche, also wirst du gegenüber der Mädchenschule stehen. Du, Vaso, gleich neben ihm, knapp vor der Čumurjabrücke. Dort wird auch noch ein anderer stehen, den ihr nicht kennt, und du, Cvjetko, stehst auf der andern Seite bei der Österreichischen Bank. Ihr müßt aber achtgeben, daß ihr euch gegenseitig mit den Bomben nicht in die Luft sprengt. Dort werde auch ich stehen und euch das Zeichen geben, wann ihr werfen oder schießen sollt. Also dort sind an dieser einen Stelle allein vier Leute von uns, dort kann er nicht durchkommen. Wir ersparen der Stadt die Schande, ihn im Rathaus empfangen zu müssen."

„Und wo wird Princip stehen?" fragte Popović rasch.

„Princip? Der will bei der Kaiserbrücke schießen, weil dort Žerajić den Heldentod erlitten hat. Genau an derselben Stelle will er den Thronfolger töten..."

„Aber da wird er sich gewaltig irren", warf Čubrinović ein, „dann müßten wir ja den verdammten Habsburger bei der Österreichischen Bank durchlassen — und bei mir wenigstens kommt er nicht durch."

Franz Ferdinand, noch in Felduniform, ging im Salon der Herzogin auf und ab und wartete, bis seine Frau das Telegramm an den Kaiser geschrieben hatte: „Beeil dich, er würde es mir nie verzeihen, bekäm er heute die Meldung nicht."

Die Herzogin legte die Feder auf das getriebene indische Schreibzeug, erhob sich und las, ein wenig mit der Zunge anstoßend: „Gestatten Eure Majestät, daß ich meinem tiefgefühltesten Wunsche Ausdruck verleihen darf, daß Eure Majestät glücklich in Ischl angelangt sind und der Aufenthalt daselbst sich zur allerhöchsten Zufriedenheit gestalte."

Die Herzogin unterbrach sich und blickte den Erzherzog fragend an.

„Gut, gut, Soph, du machst es besser als mein Sekretär."

„Zugleich melde ich untertänigst", las die Herzogin weiter, „daß meine hiesige Reise bisher vorzüglich verlaufen ist..."

Der Erzherzog klopfte dreimal auf den Tisch: „Unberufen!"

„... trotz Unbilden des Wetters. Die Reise bis Mostar war sehr heiß, der Empfang in Mostar sehr schön und patriotisch, der gestrige Manövertag war total verregnet, eine Kolonne kam sogar ins Schneegestöber. Am heutigen Manövertag besserte sich das Wetter, und konnte ich nach Abblasen noch eine partielle Revue der Truppen vornehmen. Der Zustand der Truppen, ihre Ausbildung sowie ihre Leistung waren ganz vorzüglich, über alles Lob erhaben. In tiefster..."

„Halt! Bitte, Soph, füg hier noch etwas ein, das ist zu wenig, die Leute haben wirklich ihr Äußerstes getan. Warte, ich diktiere: über alles Lob erhaben, da sind wir stehen geblieben. Also: ‚Ein vorzüglicher Geist und ein hoher Grad der Ausbildung und Leistungsfähigkeit. Beinahe keine Maroden'." Der Erzherzog machte eine Pause: „Das ist wirklich wichtig. Denn in den Manövern nach Conradscher Fasson hat es oft mehr Marode gegeben als in einem kleinen Gefecht. Die flaschengrünen Theoretiker vergessen meist den schweren Tornister und die ganze Bepackung. Da kann mir Conrad hundertmal von seinen großen Bergtouren erzählen — soviel wie der einfache Mann hat er nicht mitgeschleppt." Der Erzherzog klatschte in die Hände: „Also weiter: ‚Keine

Maroden. Alles frisch und munter. Morgen besuche ich Sarajevo und reise abends ab. In tiefster Ergebenheit mich zu Füßen legend Eurer Majestät untertänigster Franz'."

Der Erzherzog klingelte, ein Diener kam, Franz Ferdinand übergab das Telegramm: „Sofort aufgeben." Dann trat er zu seiner Frau und streichelte ihr Haar: „Und nun müssen wir uns schön machen, Soph. Ich werde übrigens heute die Tafel bald aufheben, denn ich habe nicht gut geschlafen und bin ziemlich müde. Und du wirst durch deine vielen Besuche von Schulen und Kirchen auch recht hergenommen sein."

„Ich bin nicht müde, Franzi. Überall waren die Leute so freundlich und wirklich herzlich — besonders der Erzbischof war sichtlich erfreut, führen zu dürfen, einem alles zeigen zu können — wirklich ganz anders als sonst —, daß ich sagen kann: ich bin sehr dankbar, daß du mich mitgenommen hast."

Der Erzherzog tätschelte ihr leicht die Hand: „Schon gut, Liebe, aber ich bin froh, daß es nun bald zu Ende sein wird, ich habe während der ganzen Manöver kein angenehmes Gefühl gehabt, dich allein in der Stadt zu wissen. Aber nun ist's Zeit. Also auf Wiedersehen!"

Die Hoftafel war aufgehoben, der Erzherzog und die Herzogin hielten im großen Saal Cercle. Der Raum bestand aus zwei Hotelzimmern, Wände und Decken waren mit bunten Temperamalereien geziert, mit weichen, dunklen Teppichen verhängt und vom gedämpften Licht alter Moscheenlampen überhaucht. Von der Waffenwand blinkten die silber- und goldeingelegten Pistolen, die krummen Handschars, die scharfen Yatagans, angeordnet um den ziselierten gebuckelten Schild. Perlmuttereingelegte Taburetts und zierliche Tischchen standen an den Wänden. Die knappen europäischen Uniformen bildeten zu dieser weichen, niedrigen, bodennahen Einrichtung einen harten Gegensatz.

Die Herzogin, begleitet von dem kleinen, dicken Erzbischof Stadler, ließ sich mit dem Kirchenfürsten und dem Landtagspräsidenten an einem Tischchen nieder und erkundigte sich nach Namen und Stellung der anwesenden Personen; sie winkte dem Oberst Bardolff und ersuchte ihn, ihr den Erbauer der Domkirche von Sarajevo, den Vizebürgermeister Vančaš, vorzustellen. „Ich habe Ihre Domkirche einfach großartig gefunden", sagte sie mit freundlichem Lächeln zu dem Architekten, „man hat in ihr so ein heimatliches Gefühl."

Vizebürgermeister Vančaš war über dieses Lob so geschmeichelt, daß er kein Wort hervorbringen konnte. Nun trat der Erzherzog zu dem Tisch, blickte kurz auf einen Zettel und sagte: „Sie sind ein Schüler von unserm Wiener Schmidt, das freut mich ganz ungemein. Es freut mich, wenn sich jemand offen und ehrlich zur alten Kunst bekennt. Ich kann mit all dem, was da heute zusammengebaut wird, und was sich moderne Architektur schimpft, ganz und gar nichts anfangen. Alles ist bei den Haaren herbeigezogen, alles ist Schwindel. Wenn man nichts Neues kann, soll man beim Alten in die Schule gehen. Was man heute in den sogenannten Kunstausstellungen zu sehen bekommt, ist, wenn es gut geht, Schund, sonst aber — wenn ich ehrlich bin, treibt mir ein Gang durch eine solche Ausstellung fast den Angstschweiß aus der Stirn."

Der Vizebürgermeister von Sarajevo nickte eifrig: „Ganz mein Gefühl, Kaiserliche Hoheit."

„Meiner Meinung nach", fuhr der Erzherzog sich ereifernd fort, „sind eine Kirche und eine Markthalle doch zwei ganz verschiedene Dinge. Die Künstler, die uns heute mit ihren Angstträumen belästigen, glauben, daß sie zu diktieren haben. Sie vergessen dabei, daß sie Gott und dem Staat verantwortlich sind, daß sie Schönes, Erbauendes und nicht Schreckliches bieten sollen."

Oberst Metzger, der mit General Conrad in einer leise geführten Unterhaltung begriffen war, drehte seine funkelnden Augengläser einen Moment gegen den Erzherzog und sagte dann flüsternd zu Conrad: „Er spielt auf den Besuch der Ausstellung im Wiener ‚Hagenbund' an. Damals soll er geradezu wütend über die Bilder gewesen sein und dem Portier beim Verlassen der Ausstellung gesagt haben: ‚Sagen Sie um 's Himmels willen keinem Menschen, daß ich hier war und diese Schweinereien gesehen habe'."

Conrad nickte: „Ich war nicht in der Ausstellung, aber es soll ein Skandal gewesen sein."

Conrad blickte unruhig umher: „Ich muß noch mit Rumerskirch sprechen, vielleicht kann er den Erzherzog doch noch von dem morgigen Einzug in Sarajevo abbringen." Conrad ging langsam von Gruppe zu Gruppe, sprach da und dort ein paar Worte und bat den Obersthofmeister des Erzherzogs, den Baron Rumerskirch, zur Seite. Baron Rumerskirch hörte mit gesenktem Haupte zu: „Ich will versuchen, Exzellenz, was sich machen läßt, ich bin ganz der Ansicht Eurer Exzellenz."

„Auch mein guter, lieber Simon", fuhr der Erzherzog fort, „war Gotiker reinster Auffassung. Ich glaube überhaupt, daß Gotik weit mehr dem religiösen Gefühl entspricht als Barock. Barock eignet sich doch mehr für Repräsentationsbauten." Der Erzherzog nickte Vančaš freundlich zu: „Es hat mich sehr gefreut, hier einen Vertreter der guten Wiener Schule kennenzulernen." Der Erzherzog trat nun auf Fehim Effendi Čurčić, den Bürgermeister von Sarajevo, zu: „Ich war gestern auf einen kleinen Abstecher in Ihrer Stadt, es hat mich sehr gefreut, Zeuge des großen Fortschrittes zu sein. Der Appelkai mit seinen prächtigen Repräsentationsbauten kann sich wirklich in jeder Großstadt des Westens sehen lassen. Vor allem sind mir die vielen herrlichen Bäume aufgefallen, deren Erhaltung und Pflege ich Ihnen an das Herz legen möchte. Bauen kann man bald etwas, aber Bäume wachsen lassen, das kann nur der liebe Gott."

Der Bürgermeister senkte sein Haupt mit dem roten Fez: „Kaiserliche Hoheit, dies zu hören, ist uns eine große Freude, wir werden nicht verfehlen, diese erlauchten Worte weiterzuleiten."

Nun trat auch die Herzogin mit freundlichem Lächeln auf den Bürgermeister zu: „Alles in Ihrer Heimat ist so schön und seltsam. Besonders gut haben mir die bunten, wunderbaren Frauentrachten gefallen, die ich auf der Fahrt von Brod hierher gesehen habe. Ich würde mich sehr freuen, einmal die Frauen Ihrer Religion unverschleiert in ihren schönsten Kostümen zu sehen."

„Hoheit, wir werden uns gestatten", erwiderte der Bürgermeister, „bei Ihrem gnädigsten morgigen Besuche des Rathauses die islamischen Frauen gesondert vorzustellen."

„Wirklich, ich bin äußerst zufrieden", nahm der Erzherzog wieder das Wort, „meine letzten — übrigens nur noch geringen — Vorurteile gegen Bosnien sind geschwunden."

„Dieses Ilidže", fügte die Herzogin hinzu, „ist eine Perle, es ist so schön, daß ich noch gerne länger bleiben möchte."

„Und können Hoheit uns diese Ehre nicht erweisen?" fragte Vizebürgermeister Vančaš.

„Ich würde es gerne tun, aber es ist leider nicht möglich, die Reisedispositionen sind schon so getroffen, daß der Erzherzog morgen abend abreisen muß. Ich werde aber trachten, bald wiederzukommen, und dann nehme ich meine Kinder mit, denen ja die jungen Bären im Park viel Freude machen werden."

Nun traten General Conrad, Oberst Metzger, Major Kundmann und noch einige Herren, die sich verabschieden mußten, vor den Erzherzog hin.

„Sie fahren also schon heute abend, Conrad?"

„Jawohl, Kaiserliche Hoheit, nach Karlstadt."

„Glückliche Reise! Und auf Wiedersehen bei den Manövern in Deutschland."

Conrad überlegte noch einen Augenblick, ob er nicht selbst sprechen sollte, aber er dachte an den Starrsinn des Erzherzogs und verbeugte sich stumm.

Unten knatterten die Autos der abreisenden Herren.

Es war ein wenig leer im Saal geworden, Geistliche aller Konfessionen standen und unterhielten sich leise mit gesenkten Augen.

Der Erzherzog wandte sich nun einer Gruppe von Bosniern zu, die sich um den Präsidenten des Landtages gebildet hatte. Ein wenig abseits von diesen Herren stand Potiorek neben seinem Flügeladjutanten Merizzi, dem er etwas in die Feder diktierte. Plötzlich unterbrach sich Potiorek und lauschte, ohne aufzublicken: nebenan war dem Erzherzog vor Erregung die Stimme durchgegangen:

„Meine Herren, es ist ja immer wieder dasselbe. Das betrifft ja nicht nur Sie, daran leiden Staat und Dynastie gleicherweise. Sie brauchen keine Angst zu haben, ich verbürge Ihnen mein Wort, Bosnien wird nie, Bosnien wird unter gar keinen Umständen jemals an Ungarn abgetreten werden, Bosnien wird nie das Schicksal Kroatiens erleiden müssen, das man 1867 als üblen Dank für die Hilfe gegen die madjarischen Rebellen von 1848 an die Rebellen und an deren Nachkommen ausgeliefert hat. Sie müssen sich durch Tiszas große Worte nicht einschüchtern lassen, da bin ich auch noch da. Wenn Bosnien nicht zur österreichischen Reichshälfte kommt, bleibt es eben so lange Reichsland, bis wir den großen Umbau unserer altehrwürdigen Monarchie vollendet haben, der all diesen Sinnlosigkeiten, diesen Extrawürsten und Reichshälften ein Ende bereiten wird. Ich verstehe wirklich nicht, warum Sie immer wieder nach Budapest gehen, wenn Sie etwas wollen. Kommen Sie doch nach Wien zu mir ins Belvedere. Sie dürften wohl auch schon hier gehört haben, daß ich mich aller von den Madjaren unterdrückten Völker gerne und bereitwillig annehme. Haben Sie nur noch ein wenig Geduld — wir müssen alle Geduld haben —, es wird auch für Sie eine schönere Zeit kommen, wenn dieser staatsfeindliche, reichszerstörende Übermut Ungarns gebrochen wird."

Die Herren waren von diesem Ausbruch des Erzherzogs so betroffen, daß sie kaum aufzublicken wagten. Auch der Erzherzog faßte sich nur langsam, er war ganz rot im Gesicht, seine Augen leuchteten, seine Hände zitterten: „Mir liegt die ganze Monarchie am Herzen, meine Herren, ich glaube, daß die Zeiten, wo ein Volk das andere plagen und bedrücken durfte, für immer vorbei sind. Schauen Sie vor allem einmal, daß Sie in Ihrem Lande die Agrarreform durchbringen, damit Ihre Bauern keinen Grund haben, nach Serbien hinüberzuschielen. Das andere aber überlassen Sie getrost dem lieben Gott und der Zukunft, die für unser Vaterland hoffentlich schön und segensreich sein wird." Unvermittelt brach der Erzherzog ab und verabschiedete sich kurz von den Herren. Er wandte sich noch einigen katholischen Geistlichen zu, bei denen er sich nach den Schulverhältnissen erkundigte.

Beim Abschied sagte die Herzogin zum Erzbischof Stadler: „Schließen Sie uns in Ihr Gebet ein, Seine Kaiserliche Hoheit, die Kinder und mich." Dann zogen sich der Erzherzog und die Herzogin zurück.

Kaum war der Erzherzog gegangen, trat General Potiorek auf die Herren vom Landtag zu: „Einen Augenblick, wenn ich bitten darf." Der General vermochte seine Aufregung kaum zu verbergen, er suchte nach Worten und stieß dann atemlos hervor: „Meine Herren, Seine Kaiserliche Hoheit hat sich, überwältigt durch den Gedanken an das Wohl des Staates, zu Worten hinreißen lassen, von denen wir alle nicht wünschen können, daß diese in den kleinlichen politischen Streit gezerrt und für eigenste Interessen ausgenützt werden. Wir werden alle guttun, diese Worte, die ja für uns eine bessere Zukunft verheißen, bei uns zu behalten und in unserm Herzen zu verschließen. Versprechen Sie mir das."

Die Herren versprachen es dem Feldzeugmeister und dieser kehrte aufatmend zu General Appel zurück: „Du weißt, wie ich Beck schätze, aber das war der schwerste Fehler, den er gemacht hat: daß man seinerzeit den Thronfolger gegen dessen Willen gezwungen hatte, bei den Ödenburger Husaren zu dienen. Die Ungarn, vom Oberst angefangen bis zum letzten Husaren, hatten dem Thronfolger opponiert, hatten Franz Ferdinand dadurch zur Raserei gebracht, daß sie untereinander nur ungarisch sprachen, hatten absichtlich nicht nach der Vorschrift deutsch gemeldet und hatten seinem harten Kopf ihre madjarischen Dickschädel entgegengesetzt. Ich habe damals Seiner Kaiserlichen Hoheit briefliche Beschwerde an Beck gelesen und gleich das Schlimmste für sein künftiges Verhältnis zu den Ungarn befürchtet. Der Thronfolger vergißt nichts."

„Aber die Ungarn", bemerkte General von Appel, „vergessen auch nichts."

„Immerhin wird man in Budapest wissen, woran man ist, wenn morgen der Erzherzog feierlich in Sarajevo eingezogen sein wird. Und auch in Agram wird man diesen Einzug als ein Bekenntnis zum kommenden Trialismus deuten. Deshalb wünsche ich nicht, daß dieser überdeutliche Kommentar des Erzherzogs weiterkolportiert wird, sonst kriegen wir die schönste Staatsaffäre auf den Rücken, denn die Ungarn mißtrauen ihm und fürchten seine Reformen, die ihrer Sonderstellung ein Ende machen werden."

Der Erzherzog lehnte in seinem Zimmer am Fenster und blickte auf den im Mondlicht liegenden Park hinaus. Wie immer folgte auch jetzt auf dieses jähe Aufbrausen ein leichtes Gefühl der Niedergeschlagenheit. Von fernher hörte man das Pochen und Rauschen der heißen Quelle und den Schlag der Nachtigallen. Unter den Fenstern klappten die gleichmäßigen Schritte des Doppelpostens. Die roten Blumen in den Beeten standen schwarz, die weißen Kieswege verloren sich im Schatten der Bäume.

In der Tiefe des Zimmers warteten noch einige Offiziere, der Obersthofmeister des Erzherzogs trat langsam an seinen Herrn heran. Eine rote Ampel verbreitete ein gedämpftes Licht.

„Eine schöne Nacht", sagte Franz Ferdinand, „wie hell doch im Süden die Nächte sind." Er wandte sich den Herren zu: „Nun wird Conrad auch schon in der Bahn sitzen. Sehen Sie, Rumerskirch, man darf auf Ahnungen nichts geben. Nun sind auch diese Tage glücklich überstanden und die Bosnienreise, vor der ich solches Unbehagen hatte, ein Unbehagen, das ihr alle noch weidlich durch euer Kopfhängen vermehrt habt, ist ohne Zwischenfall vorübergegangen."

„Sie könnte vorbei sein, Kaiserliche Hoheit", erlaubte sich der Obersthofmeister zu bemerken, „wollten sich Kaiserliche Hoheit entschließen, noch jetzt, an diesem Abend abzureisen."

Franz Ferdinand blickte den Baron fragend an, senkte das Haupt, drehte seinen Schnurrbart und schwieg.

Die Herzogin kam herein und rief dem Erzherzog zu: „Soeben hat man mir telephoniert, daß alle Kinder gesund sind und daß Max die Aufnahmeprüfung bei den Schotten sehr gut bestanden hat."

„Nun, dann müssen die Herren uns gratulieren", sagte Franz Ferdinand, „denn bei Kindern ist doch alles Glückssache." Und zu seiner Gemahlin: „Gleich bin ich fertig."

Die Herren gratulierten der Herzogin und diese zog sich wieder zurück.

„Wenn man brave Kinder hat, dann hat man die schönsten Freuden des Lebens. Überhaupt Kinder! Sie machen das Glück und die Freude des Lebens aus!" Der Erzherzog wurde weich. Die Herren schwiegen, nur der Baron Rumerskirch versuchte noch einmal, das Gespräch aufzunehmen.

„Kaiserliche Hoheit sind doch sonst ein Freund plötzlicher Entschlüsse. Es genügt ein Wort und der Hofzug ist bereitgestellt und Kaiserliche Hoheit können in einer Stunde fahren. Das Frühstück im Konak und die Besichtigung der Stadt können ganz ruhig gestrichen werden, zumal doch Kaiserliche Hoheit schon gestern nachmittag die Stadt mit einem Besuche beehrt haben. Es liegt also wirklich kein Grund dafür vor, das ganze Programm morgen sozusagen noch einmal abrollen zu lassen." Baron Rumerskirch fühlte, wie seine Worte ins Leere fielen, aber er gab seinen Versuch nicht auf: „Kaiserliche Hoheit sind der Truppen wegen nach Sarajevo gekommen, Kaiserliche Hoheit haben schon die Truppen besichtigt, es liegt wirklich kein Anlaß vor, sich morgen noch einmal in der Stadt zu zeigen, zumal ja in der Stadt keine Truppen zu sehen sein werden."

Franz Ferdinand blickte fragend nach den Offizieren, die in einer schweigenden, geschlossenen Gruppe dastanden. „Nun, was sagen Sie zu diesem Vorschlag?"

Die Offiziere wagten es nicht, etwas zu erwidern, sie blickten einander schweigend an, es entstand eine lange, peinliche Pause. „Sie müssen doch eine Meinung haben", brauste der Erzherzog auf, „heraus also mit Ihrer Ansicht!"

Potioreks Flügeladjutant, Oberstleutnant Merizzi, der zurückgeblieben war, um noch etwaige Befehle entgegenzunehmen, trat einen Schritt vor: „Es würde Seine Exzellenz sehr treffen, denn Exzellenz sieht den morgigen Tag als ihren Tag an."

Franz Ferdinand ging mit leicht wiegendem Schritt einige Male auf dem weichen Teppich hin und her, dann blieb er unvermittelt stehen: „Dann bleiben wir. Potiorek hat schwere Jahre hinter sich, wir dürfen Potiorek die Freude nicht verderben."

Baron Rumerskirch wagte einen letzten Versuch: „Kaiserliche Hoheit, morgen feiern die Serben den Veitstag, den ersten Veitstag auf dem befreiten Amselfeld seit über fünfhundert Jahren! Fanatisierte, durch zwei siegreiche Kriege berauschte Schwärmer könnten den Einzug in Sarajevo als Herausforderung empfinden."

Der Erzherzog nahm seine ruhelose Wanderung wieder auf: „Wir sind hier auf dem Boden der Monarchie. Was die Serben jenseits der Grenze tun, geht uns hier nichts an. Und was wird bei uns nicht alles als Herausforderung empfunden! Ich will nicht, daß man hier dieselbe mimosenhafte Empfindlichkeit großzieht, wie sie in Ungarn herrscht. Rücksichten auf nationale Eigenheiten sind schön und gut, aber wir haben uns hier schon zu viel vergeben. Wir können doch bei uns nicht auf alle Feiertage unserer übelwollenden Nachbarn Rücksicht nehmen. Die Flotte dürfte wegen Italien nicht Lissa feiern — das ginge ja bis ins Aschgraue. Kann mir denn niemand sagen, was dieser Veitstag eigentlich für ein Festtag ist? Seit Wochen höre ich nichts als immer nur Vidovdan und Vidovdan — nun möchte ich doch einmal wissen, was die Serben da so Großes feiern."

Oberstleutnant Merizzi konnte Antwort geben: „Der Vidovdan, Kaiserliche Hoheit, ist die Erinnerung an eine Niederlage der Serben und an einen Meuchelmord, der diese Niederlage rächen sollte. Bis zum morgigen Tag war es eine Trauerfeier um den Verlust der Freiheit an die Türken — voriges Jahr aber begannen gerade am Vidovdan die Kämpfe zwischen Serben und Bulgaren. — Am Vidovdan des Jahres 1389 — morgen werden es also gerade 525 Jahre sein, unterlagen die Serben den Türken, ihr Fürst Lazar wurde erschlagen, aber ein serbischer Edelmann, Miloš Obilić, drang in das Zelt des siegreichen Sultans ein und tötete meuchlings den Türken."

„Schöne Staatsfeiertage", lachte Franz Ferdinand. „Wenn man solche Jubiläen feiert, dann kann einen die Belgrader Mordnacht von 1903 nicht wundernehmen, denn solche Obiliće werden sich wohl immer finden."

„Dazu kommt noch die Neigung aller Slawen, im eigenen Leid zu wühlen, Trauertage zu feiern und von Tod und Unglück zu singen", fuhr Oberstleutnant Merizzi fort. „Was die Serben tun werden, um diesem bisherigen Trauertag ein festlich-freudiges Gepräge zu geben, das weiß ich nicht."

Der Erzherzog zuckte die Achsel: „Das soll ihre Sache sein.

Ach, immer wieder die Geschichte mit den tausendjährigen Reichen! Da gibt es kaum ein Volk auf dem Boden unserer Monarchie, das sich nicht an so ein tausendjähriges Reich oder ein Reich über tausend Völker erinnern kann — nur vergessen sie alle, daß diese Reiche nie sehr lange und vor allem nie zur selben Zeit bestanden haben. Wollte man da nachgeben, wäre das Chaos da, der Kampf aller gegen alle — und die Erde, die alle bisher ernährt hat, würde mit Blut und Tränen getränkt. ‚Vereinigung oder Tod!' — das ist die neue Parole für all diese kleinen Völker, die auf nichts anderes warten, als ihre Nachbarn unterdrücken zu können. Wir haben in der Monarchie sechs Millionen Serbokroaten — die drüben sind, wenn es gut geht, seit ihrem Sieg drei Millionen stark —, und da müßte es doch mit dem Teufel zugehen, da müßten die Ungarn noch dümmer herrschen, als sie es tun, wenn hier die einfachsten Gesetze der Schwerkraft nicht gelten sollten. Hier bei uns handelt es sich doch überall nur um klare Tatsachen zwischen unklaren Völkern — unsere Politik ist von der deutschen oder französischen, wo es sich um unklare Tatsachen zwischen klaren Völkern handelt, gänzlich verschieden. Aber diese Verschwommenheiten sind ja nicht nur ein Zeichen unseres Staates — ein Herr, der bei der albanischen Grenzkommission unten war, hat mir erzählt, daß ihnen aus allen Dörfern griechische Prozessionen mit Popen und Fahnen entgegenkamen und ‚Vereinigung oder Tod' brüllten. Jene Albanesen oder Mohammedaner, die nicht mit wollten, hatte man verschwinden lassen oder erschlagen. Die Verschwommenheiten rühren daher, daß man den Nationalismus der Französischen Revolution auf ein Gebiet anwenden will, das keine deutlichen nationalen Grenzen kennt. Deshalb kann ich Ihnen auch sagen, daß mich nichts so sehr erschüttert als die bittere Erkenntnis, daß auch die Deutschen in Österreich national werden und in das gleiche Horn blasen wie die Ungarn und Tschechen. Von den Deutschen habe ich es immer für selbstverständlich angenommen, daß sie so ihre Pflicht tun werden, wie ich das tue oder wie Sie, meine Offiziere, Ihre Pflicht tun. Ja — das Deutsche Reich, sein Aufschwung, seine Organisation, sein Militär — alles schön und gut. Aber von Wien aus gesehen und vom Osten aus — sieht man überhaupt nur einen Kaiser — und das ist der österreichische, der Erbe des Heiligen Römischen Reiches Deutscher Nation —, und glauben Sie mir, meine Herren, fällt einmal der österreichische Kaiser, so fällt auch der deutsche Kaiser mit ihm. Nein, nein, lieber Rumerskirch, lassen wir die Rücksichten, die uns niemand dankt, bleiben wir auf unserm Posten und tun wir das, was wir uns vorgenommen haben." Der Erzherzog trat an das Fenster und blickte noch einmal in die laue Nacht hinaus; dann kehrte er sich wieder den Offizieren zu: „An Ihnen wird es liegen, daß dieses schwarzgelbe Österreichertum, das sich heute in die Armee geflüchtet hat, das die wichtigste Idee des heutigen Europas ist, wieder von allen Menschen Besitz ergreift, die unser teures Vaterland bewohnen. Und nun: Gute Nacht, meine Herren, morgen sehen wir uns wieder."

Als Franz Ferdinand den Salon der Herzogin betrat, kam sie ihm freudig entgegen. „Nun, was sagst du zu Max? Das hat er doch gut gemacht, der brave Bub."

„Das freut mich wirklich", entgegnete Franz Ferdinand zerstreut, „dafür darf er sich dann in Blühnbach etwas wünschen." Der Erzherzog nahm an dem kleinen Schreibtisch Platz: „Wenn man immer auf alle hören wollte, Soph, wüßte man zum Schlusse nicht, wo einem der Kopf steht. Rumerskirch war bemüht, mir einzureden, noch diesen Abend zu fahren."

„Und warum?"

„Warum? Warum? Immer die gleichen vagen Befürchtungen. Wenn man etwas beabsichtigt hätte gegen uns, gestern im Basar, in diesem Gedränge, wäre wahrlich Gelegenheit genug dazu gewesen. Siehst du, wir haben es gewagt, wir sind in die Höhle des Löwen gegangen — und es hat sich gezeigt, daß alles nur Gespenster von Angstmeiern waren."

Die Herzogin blickte ihren Gemahl an: „Dir darf ja nichts geschehen, Franzi, das habe ich immer gewußt. Wer soll denn, wenn du nimmer wärst, deine Aufgabe erfüllen?"

„Das ist es", pflichtete der Thronfolger der Herzogin bei, „komm ich nicht auf den Thron, bin ich irgendeiner der vielen unnützen Erzherzoge gewesen, einer, der vielleicht mehr gewollt hat als seine Brüder, aber mehr wird man mir nicht nachsagen. Das hat mich auch zäh im Kampf gegen die Krankheit gemacht. Wenn heute jemand Tischler oder Schlosser ist, kann er als Geselle das leisten, was er später als Meister leisten wird. Aber von einem Kronprinzen kann keiner sagen, wie er sich als Kaiser oder König bewähren wird, das kann der Kronprinz nur selbst ahnen — mehr nicht, denn er weiß es ja auch noch nicht, welche Kraft die Krone ihm schenken wird. Was wäre aus Maria Theresia geworden, wäre sie nicht auf den Thron gelangt? Eine kluge Frau mit vielen Kindern — von der kein Mensch weiter auch nur gesprochen hätte —, und welche Kaiserin ist sie gewesen! Siehst du, Soph, und weil ich das weiß, glaube ich auch, daß ich mit Gottes Hilfe noch alles werde retten können. Wenn man nur will und nicht nachgibt, dann ist alles ganz einfach — schwierig machen ja alles nur die Federfuchser und Fachleute."

„Dir muß es gelingen, Franzi, dir wird Gott helfen."

Franz Ferdinand erhob sich langsam: „Du ahnst ja gar nicht, wie mich das freut, daß Max seine Prüfung so gut bestanden hat. Es ist besser, wenn den Kindern jetzt nichts geschenkt wird, sie müssen es dann später nicht büßen. Ich habe es mein ganzes Leben nachschleppen müssen, daß man uns drei Brüdern nichts Ordentliches hat lernen lassen — und Karl und Otto ist es auch nicht gut bekommen, die beiden sind daran gescheitert und ich hab mich auf die Hinterfüße stellen müssen, um nicht an die Wand gedrückt zu werden. Mein Leben lang hat mich die in dieser Erziehungsmethode nie recht ausgesprochene, aber sicher immer dem Lehrer vorschwebende Meinung in Zorn versetzt: ‚Laßt sie nur, die jungen Prinzen, sie sind ja so dumm, daß sie nie etwas begreifen können.' Es scheint diesen Leuten eine Art Beruhigung zu sein, von unsereinem glauben zu können, einen Tadädel vor sich zu haben. Wahrscheinlich ist das die Rache für all ihre Katzbuckelei. Und wenn man später irgendwo hat anpacken und zugreifen wollen, da sind sie wie Mollusken vor einem zurückgewichen, nirgends ist etwas Festes, nirgends ein Ernst gewesen — genau wie bei dem armen Rudolf, der daran zugrunde gegangen ist."

Der Erzherzog wanderte wieder im Zimmer auf und ab.

„Weißt du übrigens, Soph, was morgen für ein Tag ist?"

Die Herzogin senkte den Blick: „Den Tag vergeß ich nicht — morgen ist der 28. Juni."

Der Erzherzog sah sich vor vierzehn Jahren, an einem schwülen Donnerstag, in der Ratsstube der Hofburg stehen. Auf dem Throne Maria Theresias saß mit steinernem, starrem Gesicht, leicht vornübergeneigt, Franz Joseph. Zu beiden Seiten des Kruzifixes Ferdinands II. brannten die hohen Wachskerzen, und wieder einmal hieß es: Subscribe Ferdinande! Unterschreibe, Ferdinand! Aber diesmal wollten keine protestantischen Stände eine Unterschrift erzwingen, und keine Dampierrekürassiere zogen durch die Hofburg und retteten den Ferdinand vor dem Zwang. Diesmal saß der Kaiser auf dem Thron und schaute dem Ferdinand auf die Finger, und alle die Geheimen Räte, die obersten Hofchargen, die gemeinsamen Minister der Monarchie in großer Gala, die beiden Kardinäle, der Fürsterzbischof von Wien und der Fürstprimas von Ungarn, die Präsidenten der Abgeordneten- und Herrenhäuser — ja und vor allem sämtliche volljährigen Mitglieder des kaiserlichen Hauses, sie sahen zu, wie Franz Ferdinand den Handschuh auszog, den Schwurfinger auf das vom Fürsterzbischof dargereichte Evangeliar legte und den bitteren Eid bis zum bösen Ende sprach: „Diese meine Ehe ist eine morganatische, und sie soll jetzt und immerdar als eine solche anzusehen sein."

Es war so still in der Ratsstube gewesen, daß man das Kreischen der Feder gehört hatte. Ein Mann gegen alle — von da an all die Jahre hindurch! —

„Das war ein bitterer Tag, Soph", sagte der Erzherzog, sich über die Stirn streichend, „aber wenn man etwas will, erreicht man es auch. Siehst du — und wir haben es überstanden — es war nicht leicht — für dich, Liebe, noch härter als für mich, weil dich das Pack gequält und geplagt hat, wo es nur konnte. Aber nun wird auch das bald vorbei sein, sie wagen es nicht mehr, seit wir uns nicht um sie kümmern. Ich weiß genau, auch wenn du nicht darüber gesprochen hast, was sie dir angetan haben."

Der Herzogin Gesicht war starr wie Stein: „Dein Tag, an dem du ihnen zeigen wirst, wer du bist und was du willst, wird kommen, Franz. Von mir soll nicht die Rede sein. Ich habe gewußt, was ich auf mich nehme, und Gott hat mir auch die Kraft gegeben, es zu tragen. Aber das eine weiß ich, darüber habe ich mich unterrichtet: nach kanonischem Recht ist ein Eid auf nicht existierende Wesen — ein Eid auf ungeborene Kinder, ungültig. Das weiß ich, und an einer Sache, die Gott nicht haben will, kann niemand rütteln."

Franz Ferdinand schloß die Augen, er mußte sich auf einen Stuhl stützen. Dann sagte er ganz langsam: „Nicht wahr, liebe Sophie, darüber wollen wir heute ebensowenig sprechen wie früher."

Die Herzogin blickte ihn nicht an: „Ich habe nicht von mir, ich habe von deinen Kindern gesprochen."

„Es war ein schwerer Tag“, fuhr der Erzherzog leise fort, „aber das Glück wird einem auf der Welt nicht nachgeworfen, das Glück will verdient sein.“

„Wir haben es auf Heller und Pfennig bezahlt, Franz.“

„Und wenn ich tausendmal wieder unterschreiben müßte, Sophie, ich würde es tun.“ Er trat auf sie zu und küßte sie auf die Stirn: „Was wäre ich ohne dich? Ich bin nicht der, der sich etwas schenken läßt, ich werde auch niemandem etwas schenken. Und nun Gute Nacht!“

Er tauchte Zeigefinger und Daumen der rechten Hand in einen kleinen Weihwasserbehälter unter einem silbernen Kruzifix: „Kreuzl“, sagte er und machte ihr ein Kreuz auf die Stirne, „und Kreuzl für alle drei Kinder.“

Der 28. Juni 1914

„Vidovdan! Vidovdan!“

„Veitstag! Veitstag!“

Der erste Veitstag nach 525 langen Jahren — könnt ihr das überhaupt begreifen? Das ist ein halbes Jahrtausend und noch ein Vierteljahrhundert dazu. Was wißt ihr denn, die ihr den glücklichen Völkern des Westens angehört, was Trauer ist, Trauer um eine verlorene Freiheit ein halbes Jahrtausend hindurch, Trauer in Liedern, Trauer beim Herdfeuer, Trauer, wenn man mit schwerem Herzen dem Guslaspieler lauscht, der über all die Zeiten hinweg noch immer weiß, wie es damals gewesen? Was wißt denn ihr von diesem Leid, das nie aufgeschrieben und nur gesungen worden ist, das die Herzen verhärtet hatte und die Sehnsucht wachsen ließ, dieses Leid um ein verlorenes Reich, um ein verlorenes Volk?

Und nun — nach einem Halbjahrtausend und noch einem Vierteljahrhundert dazu — nun feiern wir den ersten Veitstag auf dem befreiten Amselfeld, wo noch die frischen Gräber unserer Helden sind, nun, da der Halbmond zurückweicht, erstrahlt das goldene Kreuz der erhabenen Freiheit über denselben Fluren, zwischen den nun entwaldeten Bergen, wo das serbische Reich einst in Blut und Schande untergegangen ist. Ja, die Berge und die Höhen haben ihr Gesicht verändert, ihre Hänge sind verweint von den Tränen des Regens und durchfurcht von der Armut, die der Türke, der Waldzerstörer, in das Land gebracht hat, aber die Herzen sind dieselben geblieben, die Herzen glauben, was sie immer geglaubt haben, an Kaiser Dušans tausendjähriges Reich. Veitstag, nicht immer ein Fest der Trauer, Veitstag, ein Fest der Erlösung und Befreiung, Veitstag des Jubels, Veitstag der Freudentränen! Gedenken wir der Märtyrer der Freiheitskämpfe, gedenken wir der blutigen Tränen, gedenken wir der Brüder, die sterben mußten, ohne das gelobte Land gesehen zu haben, treten wir hin mit unserm alten König in die Klosterkirche von Gračanica, die aus jenen stolzen Tagen der Freiheit über die Jahrhunderte der Knechtschaft in das Morgenrot der Befreiung hinüberragt, und hören wir die Preisgesänge für den Helden Miloš Obilić und seine beiden Helfer, die Loblieder für die Sultanstöter an.

Nun war auch für Belgrad der große Tag gekommen, der Tag, der nach einem Halbjahrtausend nur einmal kommt. Die Straßen waren beflaggt, Triumphpforten waren aufgebaut in allen Gassen, die Bilder des Königs standen zwischen Kerzen in den Fenstern.

Seit frühem Morgen war die ganze Stadt auf den Beinen. Ordengeschmückte Offiziere wurden von der Menge stürmisch begrüßt, diese Sieger in zwei Kriegen! Soldaten mit Frauen und Kindern kamen daher, Popen mit langen Bärten und in engen, schwarzen Röcken, alte Männer an Stöcken, Invalide auf Krükken, Blinde am Arm ihrer Freunde, und alles strebte dem Kalimegdan zu, dem Park vor der alten Türkenfestung, wo auf einer Wiese das große Festzelt errichtet war. Die Glocken der Kirchen läuteten, die Militärmusiken spielten, die Leute zogen die Hüte und sangen, die Menschen fielen einander um den Hals, sie küßten einander, sie weinten Tränen der Freude. „Vidovdan, Bruder! Veitstag, Brüder, der erste Veitstag im befreiten Serbien!“

Dort, hinter dem königlichen Schloß, sammelte sich schon der Festzug, eine lange Reihe von Wagen, die kostümierten Menschen standen noch beisammen und bewunderten einander in ihren verschiedenen Trachten — als Türken, Janitscharen, Ritter, als Genien, Ruhmeskünder, Herolde und Fahnenschwinger.

Es mochte schönere Festzüge gegeben haben, stilechtere, solche mit weniger Pappendeckel und mit weniger Flitter aus Theatergarderoben und Maskenleihanstalten — aber stolzere Leute hat es wohl kaum je bei einem Festzug gegeben!

„Schaut nur, ihr jungen Burschen, merkt euch das alles gut, so ein Tag wie heute kommt in eurem ganzen Leben nur einmal“, sagte ein alter Mann.

Aber da blieb neben dem alten Mann irgendein fremder Mensch stehen und sagte mit heiserer Stimme: „Da feiern wir das erhabene Kreuz und die goldene Freiheit und vergessen dabei der armen geknechteten Brüder jenseits der Grenze, die am ersten freudenvollen Veitstag vor einem deutschen Erzherzog die Hüte ziehen und die serbischen Fahnen verstecken müssen.“

Und gleich war eine Menge Menschen da und einer hielt ein Zeitungsblatt hoch: „Da, Alter, lies: ‚Dies dürfte wohl der letzte Spaziergang eines Habsburgers in serbischem Lande sein!‘“

Schon dröhnten von der Festung herüber die Geschütze, die Feier im großen Festzelt hatte begonnen. Die Gaffer liefen davon, den Festzug konnten sie dann noch immer sehen.

„Und vielleicht“, sagte der Alte mit unsicherer Stimme und humpelte an seinem Stab weiter, „vielleicht ersteht auch uns noch ein Miloš Obilić, der jene befreit, die unter der fremden Hand schmachten.“

Von fernher brauste der Jubel heran, der fassungslose Jubel darüber, daß ein kleines Volk in einem kleinen Lande so große Taten getan und sich der stolzen Väter würdig erwiesen hatte.

Noch lag Tau auf den Gräsern, noch hatten sich die Blumen auf den Gräbern nicht geöffnet. Princip war zu so früher Morgenstunde allein auf dem Friedhof, er ging langsam von Grab zu Grab, nahm denen, die viele Blumen hatten, einige fort und trug sie zu dem Grab unter dem Ziegelschlag in der Ecke des Friedhofs, das keine Blumen hatte. Nun wand er einen kleinen Kranz und legte ihn auf den Hügel: „Veitstag, Žerajić, Veitstag! Du dort unten mußt es hören, denn heute werden alle es hören, die für das serbische Volk gestorben sind.“ Princip zog die Pistole aus der Tasche, legte sie auf die flache Hand und ließ das matte Schwarz aufblinken. „Werde ich besser treffen als du, Bogdan? Ich habe nicht geschlafen, ich bin übernächtig. Ich werde, ich muß besser treffen.“

Princip setzte sich auf das Grab und barg das Gesicht in den Händen, ein Schluchzen schüttelte den schmächtigen Körper. Als Princip sich ausgeweint hatte, wischte er sich die Augen: „So — und jetzt geh’ ich, steh du mir bei, Bogdan!“ Princip ging, seine Knie wankten, er mußte stehen bleiben und Atem schöpfen. Er blickte noch einmal zurück, tastete nach der Pistole in der Tasche und schritt dann durch die langen Reihen der Gräber hin. „In drei Tagen werde ich auch da liegen — aber unter keinem solchen schweren Stein. Brennesseln werden auf meinem Grabe wachsen, und vielleicht wird irgendein guter Jüngling kommen und mir Blumen bringen, damit ich nicht ganz und gar vergessen bin."

Princip durchquerte den orthodoxen Friedhof und bog in den katholischen ein: „Deutsche Namen, deutsche Gräber — fast wie drüben in Semlin auf dem Friedhof der Franztaler Kolonisten. Und die serbische Erde spie diese fremden Toten nicht aus! Diese geduldige serbische Erde ließ sich von diesen fremden, angemaßten Herren vergiften und verseuchen!" Princip spuckte aus und ging rasch durch die Grabreihen beim nun schon geöffneten Tor hinaus.

Hinter dem Holzgitter der kleinen Konditorei Vlajinič saß Ilić und spähte durch die Stäbe. Er war bleich und hatte blaue Ringe unter den wäßrigen Augen. Seine Hände zitterten, wenn er die Zigarette zum Mund führte oder die Kaffeetasse aufnahm. Er wußte überhaupt nicht mehr, was er wollte. Princip hatte ihn hierher geschickt, Ilić sollte dem Čabrinović und dem Grabež die Waffen geben, und nun, da schon überall die Geheimpolizisten herumstrichen und alles beschnüffelten, konnte er mit diesen gefährlichen Waffen in der Tasche hier sitzen und warten. Ilić zuckte zusammen, ein Schatten fiel auf sein Gesicht, vor ihm stand Čabrinović, der Setzer, und lachte: „Nun, mein Freund, da bin ich. Ist Grabež noch nicht hier?"

Ilić zog den Čabrinović bei der Hand nieder: „Schweig und sitz still. Grabež kommt mit dem ersten Zug aus Pale."

„Wenn er nur nicht herumbummelt, bevor er hierher kommt. Diese Popensöhne sind ärger hinter den Mädchen her als Gokkelhähne. Gib mir meine Bombe, ich hab' keine Zeit, ich muß schauen, daß ich weiterkomme."

„Wo willst du denn jetzt noch hin? Willst du am Ende die Bombe noch herumzeigen und großtun?" Ilic war voller Angst, er traute dem Setzer nicht.

Čabrinović zupfte sich seine Krawatte zurecht: „Etwas für die Nachwelt will ich tun, das Testament eines armen Mannes will ich machen. Photographieren will ich mich lassen, damit die befreiten Serben wissen, wie ein serbischer Held ausgesehen hat.“ Er zog einen kleinen Taschenspiegel heraus und knipste sich Schuppen vom Rockkragen. „Darum habe ich heute meinen Sonntagsanzug genommen. Wenn die Mädchen das Bild sehen werden, sollen sie weinen und sagen: ‚Schade um diesen Jüngling Nedjo, der für das Vaterland so jung gestorben ist.‘“

„Du bist ein Narr und bleibst ein Narr“, knurrte Ilić, „gut, daß ich noch ein paar andere Burschen habe, denn du brächtest zuwege, beim Photographen zu sitzen und ein Heldengesicht zu schneiden, während der Thronfolger in die Stadt fährt.“

„Nur nicht eilen, wir kommen noch immer zurecht zum Sterben“, wehrte Čabrinović ab. „Wir haben noch gut zwei Stunden Zeit, aber nun gib mir meine Sachen. Das Zyankali hat mir gestern schon Princip gegeben.“

Nun betrat Grabež, schwarz wie ein Zigeuner, hastig die Konditorei.

„Teufel, da seid ihr ja noch. Ich hab' schon Angst gehabt, euch nicht mehr zu treffen. Auf der Bahn machen sie Geschichten! Da fragen sie jeden, was er in Sarajevo will, woher er kommt und wann er wieder geht — da stehen Gendarmen und machen Augen wie hungrige Kater. Nur rasch, nur rasch. Mir ist ein Spitzel ein Stück nachgegangen, jeden Augenblick kann dieses Schwein hereinkommen. Sagt mir nur schnell, wo ich stehen soll und was ich bekomme.“

Ilić blickte den Grabež lange an: „Willst du wirklich mittun?“

„Je nachdem. Aber sag mir erst, wo ich stehe.“

„Du mußt in der Nähe von Princip bleiben. Du bist Reserve. Wir haben mit Čabrinović hier vorne bei der Österreichischen Bank vier Leute aufgestellt, da wird der Thronfolger wohl kaum lebend durchkommen. Dort werden Bomben geworfen — aber wenn er doch nicht in die Hölle gefahren ist, dann steht Princip bei der Lateiner- oder bei der Kaiserbrücke — und schießt den Kerl mit der Pistole ab. Du mußt Princip helfen, indem du die Bombe wirfst und Verwirrung unter den Leuten anrichtest, da kann dann Princip besser an den Wagen heran.“

„Also dann her damit“, sagte Grabež, „ich will mich mit den Sachen nicht umsonst so abgeschleppt haben. Pah, das waren Tage und Nächte, dagegen wird das ganze Attentat heute nur ein Späßchen sein.“

„Nimm es, ich geb' es dir unter dem Tisch“, sagte Ilić und reichte eine Bombe und eine Pistole hin.

„Vergiß nicht das Zyankali", mahnte Čabrinović, der seine Bombe in Empfang nahm, „Grabež muß auch das Gift noch bekommen, sonst liegen wir alle mit blauen Lippen da und Grabež wird geplagt und gefoltert, bis er alles vertratscht."

Čabrinović läutete beim Photographen an, aber niemand wollte aufmachen. Er zog an der Klingel, daß es schrillte, ein Hündchen begann zu kläffen, und nun erschien auch der Photograph, ein kleines, buckliges Männchen mit einem schäbigen Samtrock, und schielte mißtrauisch über seine Brille: „Heute kann ich nicht aufnehmen, kommen Sie morgen — kommen Sie nach zwölf Uhr. Ich muß ein paar Aufnahmen vom Einzug des Thronfolgers machen, ich muß noch Platten einlegen."

„Morgen habe *ich* wieder keine Zeit, da ich heute eine sehr weite Reise antrete. Ich bezahle sofort, wir können ja in ein paar Minuten fertig sein."

Der Photograph murrte etwas von jungen Leuten, die immer alles für den letzten Augenblick ließen, rückte den großen Apparat zurecht und schob am Hintergrund herum. „Ich werde zu spät kommen, im Sommer macht man so kein Geschäft, da hätte man an den paar Ansichtskarten wenigstens gut verdient. Die kaufen dann alle Leute, die draufgekommen sind."

„Rechnen Sie mir meinetwegen einen höheren Preis, es spielt keine Rolle, mir ist es gleich, wieviel es kostet, ich muß vor meiner großen Reise noch ein Bild von mir machen lassen."

Der Photograph rückte einen gepolsterten Lehnstuhl zurecht: „Visit? Kabinett? Brustbild? Kniestück?"

Čabrinović setzte sich auf die Lehne, überkreuzte die Beine: „Ich möchte ganz auf das Bild kommen. Es gehört für meine Braut in Agram, die will mich ganz haben. Warten Sie, ich schreib' Ihnen die Adresse auf." Čabrinović schrieb irgendeine Adresse auf — wenn das Bild zurückkam, so blieb eines mehr in Sarajevo. Er kämmte sich noch rasch die Haare, er zupfte sich die Krawatte zurecht. Dann zog er aus der Brusttasche die Zeitung ‚Narod', die heute zum Veitstag als Beilage das Bild des serbischen Königs, umrahmt von den serbischen Farben, gebracht hatte.

Der Photograph sah die radikale serbische Zeitung, er sah das Bild des Königs Peter, er wurde mißtrauisch: „Reisen Sie nach Amerika?"

„Warum nach Amerika?"

„Ich dachte nur — weil alle, die nicht zur Assentierung gehen wollen, nach Amerika verduften."

„Ich bin noch nicht militärpflichtig. Außerdem reise ich viel weiter fort als nach Amerika."

Der Photograph zuckte die Achsel: „Aber besser wäre es schon, wenn Sie diese Zeitung zusammenrollten, es sieht schöner aus."

Nun verschwand das Männchen hinter dem schwarzen Tuche. Da stand nun das Kamerakamel mit seinem Doppelhöcker, spreizte die Beine weit auseinander und schnupperte mit seiner schwarzen Nase nach dem Jüngling mit der eingerollten Zeitung in der Hand hinüber.

„So — und nun nicht so finster schauen", sagte der Photograph, unter dem schwarzen Tuch hervorkommend, „denken Sie an Ihre Braut, die sich sonst fürchten wird — bitte, recht freundlich, Sie müssen genau hierher schauen — und hier rechts — in der Brusttasche haben Sie etwas, das müssen Sie herausnehmen, das macht einen unschönen Bausch —"

Čabrinović griff erschrocken nach der Bombe: „Nein, nein, das geht nicht, das ist ausgeschlossen, da hab' ich das Paket mit den Liebesbriefen, meine Braut soll nur sehen, daß ich sie immer bei mir trage."

„Wie Sie wünschen, ganz, wie Sie wünschen!" Der Photograph nahm den Knipser zur Hand. „Aber ich habe Sie darauf aufmerksam gemacht. Eins — zwei — drei! Danke! Fertig!"

„Darf ich noch wissen, wie spät es ist?" fragte Čabrinović.

„Neun Uhr", sagte der Photograph, „jetzt muß ich mich aber beeilen, sonst wird es für mich zu spät."

„Für mich auch", fügte Čabrinović hinzu, zahlte und ging hastig gegen den Park zu.

Unten beim Rondeau wartete Princip auf einer Bank, Čabrinović ließ sich neben ihm nieder. „Hast du alles?" fragte er den Setzer.

„Alles in Ordnung. Nun komm auf den Kai hinaus."

„Laß dir Zeit", mahnte Princip, „wenn wir zu früh dort sind, fallen wir auf."

Sie standen auf und gingen ein wenig auf und ab. „Nun wird bald alles entschieden sein", sagte Princip. „Es ist besser, wir trennen uns jetzt. Auf ein freies Serbien! Leb wohl! Auf daß unsere Hände nicht zittern!" Sie reichten einander die Hände und gingen in verschiedenen Richtungen davon.

Die Straßen füllten sich schon mit Leuten, an allen Ecken standen Polizisten und musterten die Vorbeigehenden. Princip schlenderte gemächlich über den Kai und setzte sich gegenüber der Österreichisch-Ungarischen Bank auf eine Mauer. Ein Trupp Obergymnasiasten kam vorbei und blieb bei ihm stehen.

„Zdravo! Bist du wieder in Sarajevo, Princip?"

„Bin wieder einmal in Sarajevo."

„Studierst du nicht in Belgrad?"

„Stimmt — auch das hab' ich getan."

„Hast du schon maturiert?"

„Hab' ich auch schon. Bin reif erklärt worden, reif für das Leben und reif für den Tod."

„Wir hätten heute maturieren sollen", sagte ein langer, argloser Bursche, der Sohn eines Staatsanwalts, „aber sie haben uns nach Hause geschickt, weil der Thronfolger da ist."

Princip lachte: „Siehst du, wozu ein Thronfolger gut ist. Braucht nur zu kommen und die Matura ist hinausgeschoben. Aber dafür müßt ihr auch jetzt recht dankbar sein und recht laut Živio! brüllen, sonst hat das Ganze keinen Wert."

Zwei Mädchen gingen vorüber, drehten sich nach den Gymnasiasten um und lachten. „Sputet euch", rief ihnen Princip nach, „sonst bekommt ihr keinen guten Platz mehr!"

Drüben auf der Häuserseite tauchte unter den wartenden Menschen Ilić auf. Princip winkte ihm mit der Hand zu, Ilić tat, als sähe er es nicht.

Die Gymnasiasten gingen weiter: „Zdravo! So haben wir wenigstens noch einen ganzen Tag zum Stucken geschenkt bekommen — und das ist auch nicht ohne!"

„Seid nur schön brav", rief ihnen Princip nach, „dann werdet ihr's im Leben zu etwas bringen."

Zur ebenen Erde im Hotel Bosna zu Ilidže war ein kleines Zimmer als Kapelle hergerichtet. Blattpflanzen aus dem Treibhaus des Kurparks und Blumen verengten den Raum, dessen Hauptwand ein in Weiß und Blau gehaltener Marienaltar einnahm, noch mehr. In dem mit Brokat überhängten Betstuhl vor dem Altar knieten der Erzherzog und die Herzogin, hinter den beiden kniete die Gräfin Lanjus. Die Offiziere standen mit dem starren, etwas gelangweilten Ausdruck anbefohlener Andacht bei der Türe. Das fahle Licht drang gedämpft durch die geschlossenen Ziehvorhänge der mit Blattpflanzen verstellten

Fenster. Der Erzherzog und die Herzogin hatten ihre Gesichter tief auf die gefalteten Hände gesenkt.

Der Priester sprach halblaut seine Gebete, ging mit kurzen Schritten von der Evangelien- auf die Epistelseite, das Glöckchen des Ministranten klingelte. Es war drückend schwül in diesem Raume, Oberstleutnant Merizzi öffnete die Tür ein wenig, daß frische Luft hereinkomme. Das Knattern der anfahrenden Autos drang in das Murmeln der Gebete. Franz Ferdinand vorne im Betstuhl wurde unruhig, noch ehe er sich umdrehte, schloß Merizzi die Tür wieder. Franz Ferdinand senkte den Kopf auf die Hände und alles war wieder still.

Nun fiel durch einen Spalt im Vorhang ein schmaler Sonnenstrahl in die Kapelle, er traf den grünen Generalshut des Erzherzogs, der vor dem roten Brokat des Betstuhls auf dem Boden stand. Die gezahnten Schatten der Blätter bildeten einen dunklen Rahmen um diese stark leuchtenden Farben.

Der Priester wendete sich zum Segen um, die Herren des Gefolges senkten das Haupt. Der Erzherzog und die Herzogin erhoben sich, sprachen mit dem Priester noch ein paar Worte, bedankten sich und schritten dann über den roten Läufer auf die vom Gefolge freigegebene Tür zu.

Die Herzogin, in einem weißen Seidenkleid, zog sich den Schleier über das Gesicht: „Ist während der heiligen Messe", fragte sie einen der Herren, „ein telephonischer Anruf aus Chlumetz gekommen?"

Der Offizier ging hinaus, ein Diener überreichte der Herzogin ein Blatt: „Am Dienstag", sagte sie zum Erzherzog, „wird Max die mündliche Aufnahmeprüfung machen."

Der Erzherzog lachte fröhlich: „Nun, da können wir selbst zuhören und schauen, was der junge Mann kann."

Nun trat das hohe Paar vor das Hotel hinaus. Der Erzherzog prüfte den wolkenlosen Himmel: „Das wird ein heißer Tag heute. In der Kapelle war es schwül zum Ersticken. Die Fahrt wird uns etwas abkühlen." Die beiden Ehrenposten des Infanterieregiments 92 standen starr wie Säulen.

Der Erzherzog und die Herzogin stiegen in das Auto des Grafen Harrach, der selbst vorne neben dem Chauffeur saß. Auf dem kleinen Klappsitz vor dem Paar nahm Feldzeugmeister Potiorek Platz. „Wir fahren also zuerst in das Philippović-Lager", sagte der Erzherzog, „und dann in die Stadt. Ich möchte, daß langsam gefahren wird, damit man auch etwas sieht und damit auch die Leute etwas zu sehen bekommen. Und Ihnen, Potiorek, wäre ich dankbar, wenn Sie mir alles, was mich interessieren kann, ansagen."

„Zu Befehl, Kaiserliche Hoheit."

Der Erzherzog drückte seiner Gemahlin noch einmal kurz die Hand, dann richtete er die Staubdecke zurecht. Das Auto fuhr an, die Wache leistete die Ehrenbezeigung.

Der Appelkai lag in der Sonne, nur die Häuserseite, auf der die Regierungsgebäude waren, hatte, gerade einen Schritt über den Bürgersteig hinaus, Schatten. Dort standen, dicht gedrängt, hinter einem schwachen Polizeikordon die Menschen und warteten auf das Kommen des Thronfolgers. Die Straße und die niedere Kaimauer blendete in ihrer grellen Helle die Augen. Erst über dem Fluß versöhnte das dunkle Grün der Pappeln und Zypressen auf dem ansteigenden Hang, aus dem das Weiß schattenüberhauchter Gebäude hervorlugte, die zwinkernden Augen.

Grabež überquerte die Straße, er wollte Princip suchen, er eilte hinauf zur Lateinerbrücke, aber dort war Princip nicht. Er lief auf der leeren, sonnenbeschienenen Kaiseite noch weiter gegen das Rathaus zu, aber auch dort sah er Princip nirgends. Mein Gott, wenn sie ihn vielleicht verhaftet hatten? Wenn schon alles entdeckt war? Warum musterten ihn denn die Polizisten so auffällig? Grabež tastete nach seiner Pistole und nach der Bombe, er schielte seinen Rock hinunter, nein, nein, da war nichts Auffälliges, aber er konnte hier, vor den vielen Menschen drüben im Schatten, nicht mehr länger so umherirren, ohne den Verdacht auf sich zu lenken, irgend etwas Böses vorzuhaben. Also noch einmal zurück zur Kaiserbrücke, über die vielleicht der Chauffeur des Erzherzogs, wenn das erste Attentat nicht gelungen war, zum Konak fahren würde. Dort hatte ja auch Žerajić auf den General Varešanin geschossen, dort war vielleicht auch Princip zu treffen.

Auf dieser Brücke standen viele Menschen und schauten flußabwärts in die Richtung, aus der das Auto kommen sollte.

Schon donnerten von fernher die ersten Salutschüsse von den Forts oben auf den kahlen Höhen um den grünen Kessel von Sarajevo. Das westliche Fort von Hum begann, Vratca, Zlatišće, Palež und all die anderen Forts fielen ein, es dröhnte und rollte wie fernes Gewittergrollen. Der Erzherzog hatte das Philippović-Lager passiert.

Ilić stand drüben am Eck der Österreichisch-Ungarischen Bank, er hörte den Donner des Saluts, er mußte sich an einen Alleebaum lehnen, er hielt den Mund offen, das Herz wollte ihm aus der Brust fliegen. Neben ihm zog ein Mann seine Uhr: „Zehn Uhr, nun müssen sie gleich da sein!" Der Mann schob zwei Kinder, einen Knaben und ein Mädchen, vor sich hin und legte ihnen die Hände auf die Schultern: „Wenn er kommt, dann müßt ihr dreimal Hoch! rufen und eure Sacktüchlein schwenken." Dann wandte sich der Herr an Ilić, griff an seinen Hut und sagte: „Bitte, würden Sie nicht so gut sein und ein wenig zur Seite treten, damit die Kinder den Thronfolger besser sehen können?"

Ilić tat, wie der Herr gebeten. Ach, wenn die Burschen nur nicht da wären, wenn sie es nur nicht wagen wollten! Ilić stellte sich auf die Zehen, eine Frau mit einem großen Hut versperrte ihm den Ausblick. Aber die Burschen waren wirklich da! Alle waren sie gekommen, alle, auch die dummen Gymnasiasten! Und wie unvorsichtig sie waren! Man wird sie alle im letzten Augenblick noch verhaften. Dort, als erster, stand groß, daß ihn jeder sehen konnte, aufgeregt und unruhig, weil er sich immer wieder vorbeugte, Mehmedbašić, mit seiner leuchtenden weißen Hose und dem roten Fez — niemand mehr stand neben ihm in der prallen Sonne —, wie dumm, wie dumm! Und dann, ein Stückchen weiter, dicht neben der Čumurja-Brücke, flußabwärts, dort stand Vaso Čubrinović und schnitt Gesichter, streckte seine krumme Nase vor und trat von einem Bein auf das andere. Und auf der andern Seite der Brücke nahm jetzt eben Čabrinović Aufstellung. Unbegreiflich, daß diese auffallenden Burschen den Gendarmen nicht in die Augen stachen! Unbegreiflich, unverständlich!

Nun mischte sich in den Donner der Geschütze das Hochrufen der Menge. Gott sei Dank, die beiden da drüben, Mehmedbašić und Čubrinović, rührten sich nicht, und das war gut so, die beiden dachten wohl genau dasselbe, was Ilić dachte: Wenn wir von hier aus die Bomben werfen, so treffen wir doch gerade in die Zuschauer hinein. Ah — da — ein paar Schritte weiter, auf der gleichen Seite wie Ilić, stand auch der kleine Popović, der aber würde sicher nicht zum Werfen kommen, da sich neben ihm gerade ein Polizist aufgepflanzt hatte.

Mein Gott im Himmel und alle ihr barmherzigen Heiligen, was macht denn Čabrinović jetzt, wo schon der erste Wagen zu sehen ist? Was tut denn dieser Mensch, der will uns alle zugrunde richten! Er zog aus seiner Rocktasche die Bombe heraus, als wäre es eine Pfeife... — Ilić sah nichts mehr, schon fuhr das erste Auto vorbei — im ersten Auto war der Thronfolger nicht, das waren Regierungsbeamte oder so etwas — im zweiten Auto war der Thronfolger auch nicht, das war der rote Fez des Bürgermeisters und der Zweispitz eines Regierungskommissärs — aber da, aber jetzt — im dritten Wagen, da wehten die grünen Federn der Generalshüte, dort mußte er sein, er und Potiorek —, und was machte denn jetzt Čabrinović dort drüben an der Kaimauer?

Potiorek streckte den Arm aus und zeigte dem Erzherzog etwas drüben auf der anderen Seite des Flusses. Da flog ein schwarzes Ding durch die Luft, die Herzogin Sophie, die dem Čabrinović zunächst, an der rechten Seite des Erzherzogs saß, beugte sich etwas vor, der Erzherzog selbst hob den Arm, als wollte er etwas wegstoßen. Das Auto, dessen Chauffeur den Abwurf gewahr geworden sein mußte, machte einen Sprung, der Gegenstand, den dieser Čabrinović geworfen hatte, rollte über das zurückgeschlagene Wagendach und fiel auf das Pflaster. Und nun sah Ilić nichts mehr, nur ein wenig Rauch und eine häßliche gelbe Flamme, dann fühlte er einen heftigen Druck, dann hörte er Schmerzensschreie, sah, wie sich einige Leute auf dem Boden wälzten, wurde von den Menschen um ihn herum mitgerissen, fortgestoßen, blickte im Rennen und Drängen noch einmal auf, sah, wie Čabrinović gegen die Brücke rannte, dort Polizeibeamten in die Arme lief, sah, wie sich Čabrinović über die Kaimauer schwang, in den Fluß hinuntersprang und verschwand. Aus einem der dem Erzherzog nachfolgenden Autos sprangen ein paar Offiziere, ein Dragoner, ein Infanterist mit weißen Aufschlägen, die Offiziere zogen die Säbel und schwangen sich hinter diesem Čabrinović drein über die Kaimauer.

Aufgeregte Leute keuchten an Ilić vorbei. Ilić lehnte an der Wand eines Hauses und schaute ratlos umher; die andern Burschen waren wie vom Erdboden verschwunden — nichts mehr war von Mehmedbašić, nichts mehr von Čubrinović und Popović zu sehen. Ein Auto stand dort, wo die Bombe explodiert war, ein Rad des Wagens war eingeknickt, man hob einen Offizier aus dem Wagen, der am Kopf blutete. Eine Frau mit einem großen Reiherfedernbusch auf dem Hut stand daneben, ihr lichtes Kleid war mit Blut bespritzt. Weiter vorne hielt das Auto des Erzherzogs, man sah unter den lichtgrünen Federbüschen ihn und Potiorek zurückblicken.

Leute nahmen sich der Verwundeten auf dem Bürgersteig an. Warum nur jetzt niemand auf den Erzherzog schießt, dachte Ilić, warum nur jetzt niemand eine Bombe wirft, solange das Auto da vorne steht? Das Strafgericht kommt nun so oder so über die Serben in Bosnien. Warum nur Čabrinović nicht gleich tot war, als er das Gift genommen hatte — mein Gott, mein Gott, wenn dieser Schwätzer vergessen hat, das Gift zu nehmen, dann ist Ilić, dann sind alle verloren.

Graf Harrach lief vom Auto des Erzherzogs zurück: „Was ist denn geschehen?"

Die Antwort der Gräfin Lanjus ging im Dröhnen der Salutschüsse unter. Oberstleutnant Merizzi wurde gerade in das Haus eines Arztes getragen. „Wo ist er denn verletzt?" fragte Harrach, „schwer verletzt? Ist noch jemand verletzt? So etwas! Nein, so etwas! Ich hab' zuerst nur geglaubt, daß mir der Reifen geplatzt ist."

„Merizzi ist am Kopf verletzt", erwiderte Graf Boos-Waldeck, „ob schwer, weiß man nicht. Ich hab' auch eine kleine Schramme abgekriegt", er nahm seine Kappe ab: „durchgeschlagen. So ein Schweinehund."

„Graf, sagen Sie Seiner Kaiserlichen Hoheit, Sie möge weiterfahren", rief Baron Rumerskirch, der Obersthofmeister des Erzherzogs, „nicht stehenbleiben, nicht stehenbleiben! Ich hab's ja gestern geahnt! Deshalb wollte ich ja noch gestern abreisen."

Graf Harrach lief zum Auto des Erzherzogs zurück: „Kaiserliche Hoheit, eine Bombe. Oberstleutnant von Merizzi verwundet, am Kopf, wahrscheinlich nicht schwer. Auto unbrauchbar. Baron Rumerskirch läßt bitten, weiterzufahren."

„Ist dir etwas geschehen, Soph?" fragte Franz Ferdinand.

„Nichts, gar nichts." Die Herzogin tupfte mit dem Taschentuch einen leicht blutenden Hautritzer am Halse ab.

„Ist Gräfin Lanjus verletzt?" fragte die Herzogin den Grafen, der wieder neben dem Chauffeur Platz nahm.

„Unverletzt, Hoheit."

„Also weiterfahren", entschied der Erzherzog mit einem kurzen Seitenblick auf Potiorek, der bleich, mit blauen Lippen vor ihm saß und leise den Grafen Harrach fragte: „Nur eine Bombe? Ich glaubte, auch einen Revolverschuß gehört zu haben und ein Projektil an meinem Ohr vorbeipfeifen zu hören."

„Ich dächte", sagte der Erzherzog scharf, „eine Bombe genügt."

Princip, oben bei der nächsten Brücke, hörte die Explosion. Ah! einer der Unsrigen, dachte er und rannte, dem Menschenschwarm folgend, dem Schall nach flußabwärts. Nun hat es Čabrinović oder ein anderer getan — aber vielleicht bleibt für mich auch noch jemand übrig, den ich dem Thronfolger in die Hölle nachschicken kann.

Aber Mensch, aber ihr Augen, was ist das? Da kommen sie schon dahergejagt, die Autos — eins, zwei, drei —, und im dritten die grünen Federbüsche! Vorbei, es nützt nichts mehr, nach der Pistole zu greifen, vorbei, mißlungen, alles umsonst! Wer mag nur geworfen haben? Sicher einer der Burschen von Ilić, einer von diesen verdammten Tröpfen.

Ah — ah — wen bringen sie denn da in triefenden Kleidern? Wen ziehen sie denn da wie einen toten Hund über die Kaimauer aus dem Fluß? Was schwingen sie denn die Säbel und rufen und schimpfen? Čabrinović! Nedjo! Und er hat nicht Zeit gefunden, sich zu vergiften! Ich kann schweigen, aber er wird schwätzen, er wird uns in Belgrad verraten! Ich werde den Čabrinović niederschießen, denn die Toten reden nicht. Princip entsicherte in der Tasche die Pistole und eilte auf diese Gruppe zu, die den nässetriefenden Čabrinović schleppte. Princip nahm die Pistole heraus, nun rannte er der Gruppe nach und wollte auf Čabrinović feuern. Die Salutschüsse hämmerten wie fiebernder Herzschlag gegen seine Schläfen, aber schon wieder schoben sich Leute zwischen Princip und sein Ziel, schon wurde Princip von keuchenden, schreienden, kreischenden Menschen gegen die Kaimauer gepreßt, von Türken im Fez, von Polizisten, von Geheimagenten mit steifen Hüten und wütenden Offizieren — ah — und noch immer fauchten die Autos vorbei, eines nach dem andern — dem Rathaus zu. Mein Gott, er hatte ja noch die Pistole in der Hand.

Es wäre das beste, sich selbst zu erschießen.

Zwei Polizeileute rannten an Princip vorbei gegen das Rathaus.

„Was hat er gesagt?“ fragte der eine Polizist, „was hat er gesagt, wie man ihn verhaftet hat?“

„‚... Jawohl, ich bin ein Serbe‘, hat er gerufen. ‚Ein serbischer Held!‘“ antwortete der andere Polizist.

Princip steckte vorsichtig die Pistole ein. Ihm kamen die Tränen vor Schmach und Schande. Ein Serbe! Ein serbischer Held! Oh, dieser Maulmacher, dieser Prahler! Und wo sind die andern? Wo ist Grabež, wo ist Ilić mit seiner berühmten Reserve? Wo sind die andern serbischen Helden? — Princip stützte sich tief atmend auf die Kaimauer. „Wer ins Rathaus fährt“, dachte er, „der muß wieder aus dem Rathaus kommen. Laß den Nedjo,

Nedjo ist verloren, kümmer dich um deinen Eid. Nicht wie der arme Žerajić die Waffe gegen dich richten, erst den Sultan töten, heute, am Veitstag! Dann aber vor zur Kaiserbrücke! Dann will ich von derselben Stelle schießen wie Žerajić!"

Princip hastete, gegen die Leute rennend und sich durch das beim zerstörten Auto entstandene Gedränge windend, zur Kaiserbrücke hinauf, aber bei der Kaiserbrücke konnte er nicht bleiben, die ganze, dem Fluß zugekehrte, im prallen Sonnenlicht liegende Seite des Kais wurde von Polizisten und Geheimagenten abgesucht und geräumt. Princip mußte sich jenseits der Fahrbahn im Schatten zwischen den Leuten verbergen. Aber da kam auch schon ein Mensch auf ihn zu, den er irgendwo einmal kennengelernt hatte — er wußte nicht mehr, wo und durch wen —, dieser Mensch lächelte so eigen und gab ihm die Hand. „Hast du die Dummheit gesehen", fragte der mit vertraulichem Grinsen, „die man dort unten begangen hat?" Der Bursche legte Princip den Arm um den Nacken. „Komm ein Stückchen mit mir", sagte er, „ich muß dich, ganz im Vertrauen, wegen dieser Sache etwas fragen."

Dummkopf, dachte sich Princip, so leicht laß ich mich nicht fangen, du willst mich da beiseite führen und wohl nach Waffen durchsuchen, du bist auch einer von denen, die immer Geld haben, die Geld von der Polizei bekommen. Princip machte sich aus der freundlichen Umarmung los. „Später", sagte er, „später, jetzt hab ich keine Zeit, ich muß nach Hause gehen."

Hier oben ging es also nicht, hier oben standen noch die letzten Autos, hier war die Polizei ganz außer sich. Princip mußte es ein wenig weiter unten bei der Lateinerbrücke versuchen. Vielleicht stand da auch irgendwo Grabež — vielleicht konnte man sich doch auf Grabež mehr verlassen als auf die Garde des Ilić.

Noch immer der Donner der Salutschüsse — nun von den fernsten Forts herüber! Ganz dicht an der Häuserwand schob sich Princip also wieder ein Stück flußabwärts. Er wollte gegenüber der Lateinerbrücke Posto fassen.

Schon lange vor zehn Uhr hatte sich der Gemeinderat mit den beiden Vizebürgermeistern unter der Bogenhalle auf der Freitreppe des Rathauses versammelt. Serbische Herren in Gesangvereinsfräcken und Würdezylindern, Mohammedaner mit breiten Bauchbinden, offenstehenden Westen und kragenlosen Hemden, und dann einige Mischgestalten in Fez und Frack, Kleinbürger und Kaufleute, die in der prunkenden Vorhalle ihres rotgelben, in einem maurischen Phantasiestil erbauten Rathauses ganz am Ende des Appelkais den Erzherzog begrüßen wollten. Fernher dröhnten die Salutschüsse der Forts, man hörte das immer näher kommende Rufen, man sah das erste Auto, dahinter den Wagen des Bürgermeisters – dann stockte auf einmal alles –, dann kam ein atemloser Mensch gerannt und brüllte: „Bomben! Bomben! Viele sind tot!"

Die Menge, die das Rathaus in weitem Bogen umstand, wollte die Polizei durchbrechen, wollte sehen, wollte hören, was geschehen war.

„Wer hat eine Bombe geworfen? Wer hat geschossen? Wer ist tot?"

Die Polizei drängte die außer sich geratene Menge wieder zurück, die Gemeindevertreter liefen am Fuße der Treppe zusammen: „So sagt doch, was geschehen ist! So sprecht doch!"

Aber da kam auch schon das erste Auto mit dem Polizeikommandanten und das zweite mit dem Bürgermeister Fehim Effendi Čurčić in voller Fahrt daher. Der Bürgermeister sprang aus dem Wagen und taumelte auf die beiden Vizebürgermeister zu.

„Was ist denn geschehen? Um Gottes willen, was ist denn geschehen? Ist irgend jemand tot?"

Der Bürgermeister konnte nicht antworten, er zitterte am ganzen Körper, er tastete seinen Frack nach einem Zettel ab. Und schon waren die beiden hellgrünen Federbüsche da – und das Volk im weiten Umkreis und die Gemeinderäte in der Bogenhalle des Rathauses versäumten es, zu rufen oder zu winken, denn das Gesicht des Richters und des Rächers ließ jede Regung verstummen. Franz Ferdinand wartete, bis die Herzogin ausgestiegen war, er erwiderte keinen Gruß, er blickte nicht auf, er ging geradewegs auf den Bürgermeister zwischen dessen beiden Stellvertretern zu, der sich hastig verneigte und die ersten eingelernten Sätze seiner Rede daherstotterte.

„Herr Bürgermeister", unterbrach der Erzherzog auf deutsch die serbische Rede, „es ist empörend. Es wurden Bomben geworfen! Man kommt nach Sarajevo und wird so empfangen..."

Die Herzogin, deren Gesicht unter dem weißen Schleier marmorblaß war, legte ihrem Gemahl die Hand auf den Arm und mahnte leise: „Bitte, Franzi!"

Der Erzherzog unterbrach sich. Sein Atem ging hörbar. Er strich mit einer kurzen, heftigen Bewegung seinen Schnurrbart. Das Gesicht war so rot, die Augen traten so weit hervor, als würde er gewürgt. „So, nun können wir weiterreden." Nun hatte sich auch der Bürgermeister gefaßt und beendete seine wohlaufgesetzte Rede, deren Worte, nach dem was vorgefallen war, wie blutiger Hohn klangen. Der Bürgermeister mußte einige Male den Blick senken, denn in den Augen des Thronfolgers glomm ein böses Feuer, um den Mund Franz Ferdinands ging ein so unheilverkündendes Zucken, daß der Bürgermeister immer nur dachte: ach, wäre ich doch schon fertig mit diesen Worten, die mein Mund spricht, ach, könnte ich nur schon Schluß machen. Und nun hob der Bürgermeister — mit einer Bewegung, für die er zu schwach und mutlos war, die Hand, die Gemeinderäte in der Bogenhalle taten es ihm nach, sie schwenkten mit gelähmten Armen die Zylinder, und die Menge im weiten Bogen um das Rathaus, die von Blicken der überall verstreuten Agenten beobachtet wurde, stimmte schwach und eingeschüchtert in dieses traurige Živio ein.

Nun sollte der Erzherzog erwidern, aber das Konzept der Rede war nicht zur Stelle, das Konzept mußte Baron Rumerskirch haben, der in dem getroffenen Auto gefahren war. „Wo ist Rumerskirch? Ja, wo ist Rumerskirch?" Eine quälende, verlegene Pause entstand.

Da war Rumerskirch, er reichte, zwischen den Autos durch, dem Erzherzog das Konzept. Das Blatt war mit Blut bespritzt. Der Thronfolger verlas den ersten Teil deutsch, sein Gesicht glättete sich, er senkte ein wenig den Kopf und hielt das Blatt vor sich hin. Der zweite Teil der Rede, in kroatischer Sprache, ging ein wenig langsamer, da waren die Blutflecken, der Erzherzog blickte drohend auf: „Ich nehme den Ausdruck des Gefühls der Loyalität der Bevölkerung von Sarajevo gegenüber unserm Habsburgischen Hause mit Freuden zur Kenntnis und ermächtige Sie, Herr Bürgermeister, meine Zuneigung für die Sarajevoer zur Kenntnis zu nehmen und ihnen meinen Dank zu entbieten."

Der Bürgermeister verbeugte sich: „Gestatten mir Kaiserliche Hoheit allergnädigst, das Rathaus zeigen zu dürfen?"

Franz Ferdinand schritt, ohne Antwort zu geben, am Arme der Herzogin langsam die Freitreppe hinan. Vor dem Vizebürgermeister Vančaš hielt er an: „Haben Sie das Rathaus gebaut?" fragte er und ging weiter.

„Es ist ein von der Landesregierung ausgeführter und von Staatsarchitekten entworfener Bau", erwiderte Vančaš, sich dem Erzherzog anschließend.

Nun folgten auch die Offiziere dem Erzherzog über die Treppe nach, nur die Reihe der Autos blieb mit den Fahrern vor dem Rathaus stehen. Die Fahrer sahen nach, ob alles in Ordnung sei, die Männer aus der Menge deuteten auf einige Flecken, die von Bombensplittern herrühren konnten. Das schreckenssüchtige, neugierige Volk im weiten Umkreis reckte die Hälse, wie nun die Herren aus dem fernen, aus dem großen Wien, die Offiziere, der Adel und die Regierungsbeamten hinter den allen so wohlbekannten Gemeinderäten dieser halborientalischen großen Provinzstadt die Treppe emporstiegen.

Alles war heute lange nicht so feierlich wie vor vier Jahren, als der alte Kaiser Franz Joseph in Sarajevo gewesen war, der im vierspännigen Schimmelwagen über die teppichbelegten Straßen eingezogen und durch die lebenden Mauern der Regimenter und durch die Körper seiner prunkvollen Gardereiter geschützt gewesen war.

In welcher Form wird die Stadt die Ungnade des Thronfolgers zu spüren bekommen?

Welch ein Veitstag! Welch ein Veitstag! Nun war auch der Salut der Forts verstummt und die Stille drückte auf alle. Die Herren vom Freiwilligen Automobilkorps in Staubmänteln hatten die Wagen untersucht, standen beisammen und unterhielten sich mit halblauter Stimme.

Warum freute sich niemand? Es war doch alles glücklich überstanden! Eine Bombe war geworfen worden, der Thronfolger war mit dem Leben davongekommen, ein paar Leute und ein Offizier waren verletzt worden – man könnte doch eigentlich von Glück reden. Und doch hatte niemand gejubelt, niemand hatte die Tücher geschwenkt, als der Erzherzog unverletzt aus dem Auto gestiegen war. Vor dem Rathaus promenierten die Agenten auf und ab – ein kleines Kind begann bitterlich zu weinen –, ein großer Leibgardist mit dunklem Roßhaarbusch stand vor der Tür, durch die der Erzherzog das Rathaus betreten hatte.

Der Erzherzog und die Herzogin standen, umgeben von den Herren des Gefolges, in der großen, rot-goldenen, dem Inneren einer prunkvollen Moschee gleichenden Kuppelhalle des Rathauses. – Der Bürgermeister und die Gemeinderäte hielten sich etwas abseits. Ein kleines Mädchen in einem weißen Kleidchen mit einer rotgelben Masche überreichte der Herzogin mit einem tiefen Knicks einen Strauß Rosen, die Herzogin löste einige Blumen, steckte sie in den Gürtel und gab den Strauß der Gräfin Lanjus weiter.

Das Kind sagte noch mit hoher Stimme ein gereimtes Verschen ins Leere.

Der Erzherzog wandte sich an Potiorek: „Ich muß unbedingt und sofort den armen Merizzi besuchen. Ich will wissen, wo man Merizzi hingebracht hat."

„Oberstleutnant Merizzi befindet sich bereits im Garnisonsspital, Kaiserliche Hoheit."

„Dann wird von hier aus sofort ins Garnisonsspital gefahren."

Die Herzogin berührte leicht den Arm des Erzherzogs: „Ich gehe jetzt in den Oberstock, wo mich die mohammedanischen Frauen erwarten. Ich werde mich beeilen."

Franz Ferdinand nickte ihr zu: „Ja, geh nur, geh nur. Aber bleib nicht zu lange."

Der Bürgermeister und der Regierungskommissär geleiteten die von der Gräfin Lanjus gefolgte Herzogin über die Treppe. Franz Ferdinand folgte seiner Frau mit den Blicken; wie sie außer Hörweite war, wandte er sich unvermittelt an Potiorek: „Wird das mit den Bomben nun so fortgehen?"

„Kaiserliche Hoheit, ich glaube..."

„Ja oder nein? Nur das will ich wissen."

„Nein, Kaiserliche Hoheit. Ich glaube nicht, daß noch etwas vorfallen wird."

„Was ist also nach Ihrer Meinung zu tun?"

„Es gibt, meiner Ansicht nach, zwei Möglichkeiten: entweder Kaiserliche Hoheit begeben sich von hier sogleich in den Konak hinüber..."

„Ich habe doch gesagt, daß ich Merizzi besuchen will..."

Die Herren ringsum blickten zu Boden, Potiorek faßte sich mit Mühe: „Oder Kaiserliche Hoheit fahren über den Appelkai zurück ins Spital und von dort aus dann in das Landesmuseum."

Nun kamen der Regierungskommissär und der Bürgermeister, die die Herzogin geleitet hatten, über die Treppe zurück. Der Erzherzog winkte den Regierungskommissär heran, der Bürgermeister ging auf den Fußspitzen zu den Herren des Gemeinderates, die abseits in einer gedrückten, schweigenden Gruppe standen und scheu zum Erzherzog im Kreise der Offiziere hinüberblickten.

„Was ist Ihre Meinung", fragte Franz Ferdinand den Beamten, „kann man die Fahrt fortsetzen oder nicht?"

Der Regierungskommissär schaute den Feldzeugmeister ratlos an, Potiorek wich dem Blick aus, und der Beamte sagte mit unsicherer Stimme: „Ich glaube ja."

„Das klingt nicht gerade sicher", erwiderte der Erzherzog, „mir scheint, wir werden heute noch ein paar Kugeln bekommen!"

„Wenn wir über den Kai fahren, können wir ein rasches Tempo einschlagen", warf Potiorek ein, „außerdem ist auf diesen Weg gar niemand gefaßt. Die Stadt muß für dieses Attentat bestraft werden, sie soll nicht die Ehre haben, Seine Kaiserliche Hoheit in ihren Gassen begrüßen zu dürfen."

„Wie wir fahren, ist mir ganz einerlei, Hauptsache bleibt, ich wiederhole das, daß ich Merizzi besuchen kann, der sich für mich einen blutigen Kopf geholt hat."

Oberst Bardolff faßte mit seiner tiefen, etwas hackenden Stimme zusammen: „Ich resümiere: der höchste Entschluß ist, unter Vermeidung der inneren Stadt über den Appelkai in das Garnisonsspital und von dort eventuell noch in das Landesmuseum zu fahren."

Baron Rumerskirch wiederholte noch einmal die Frage, ob man auf diese Weise am besten der Gefahr ausweichen könne, er bekam eine beruhigende Antwort. Dann ging Oberst Bardolff hinaus und traf für das abgeänderte Programm die nötigen Vorsorgen.

Der Thronfolger sagte zum Grafen Harrach: „Diesmal sind wir mit einem blauen Auge davongekommen. Das geht ja alles so rasch, wenn man sich nachher darüber klar werden will, was eigentlich geschehen ist, merkt man, daß einem die Hälfte entgangen ist. Ich habe gar nicht auf die Leute geachtet, Potiorek hat mir gerade die neue Kaserne des XV. Korps gezeigt — da fliegt etwas durch die Luft — ich glaube, man wirft einen Stein oder eine Flasche auf meine Frau — an eine Bombe habe ich wahrhaftig nicht gedacht — auch nicht, daß mir der Wurf gelten könnte —, ich beuge mich vor, um einen weiteren Wurf abzuwehren — ich sehe das wutverzerrte Gesicht des Menschen, der geworfen hat — und da wußte ich auch — wie, weshalb kann ich nicht sagen —, daß es eine Bombe war." Der Erzherzog hielt inne, er schloß die Augen und holte tief Atem: „Ich glaube, daß die Bombe in den Wagen gefallen ist, ich erwarte, daß sie jeden Augenblick explodieren wird, ich kann meine Frau nicht warnen, ich fasse sie nur bei der Hand — alles wäre ja sowieso zu spät gewesen — ich hoffe, daß weder ich noch sonst ein Mensch so endlos lange Sekunden gelähmt auf etwas Furchtbares warten muß — es war mir eine Erlösung, als ich hinter mir die Detonation hörte. Der arme Merizzi hat das abgekriegt, was mir gegolten hat, deshalb will ich ihn auch besuchen und ihm danken."

„Wir sind zu langsam gefahren, Kaiserliche Hoheit. Dann hatten wir einen zu großen Abstand, weil Ihre Hoheit bei der Hauptpost jenes Telegramm übernommen hat…“

„Richtig, richtig – ein Telegramm aus Chlumetz – von den Kindern – das war der Talisman.“

„Wir werden jedenfalls jetzt bei der Rückfahrt ein schärferes Tempo einschlagen“, ließ sich Potiorek vernehmen.

Der Erzherzog blickte den General ungehalten an: „Sie scheinen also doch nicht an die bedingungslose Sicherheit in Ihrer Landeshauptstadt zu glauben?“ – Dann wandte er sich an den Regierungskommissär: „Hat man den Kerl schon?“

„Jawohl, Kaiserliche Hoheit, der Attentäter ist bereits verhaftet.“

„Was ist es für ein Mensch?“

„Ein Serbe, Kaiserliche Hoheit, von Beruf ein Setzer.“

„Wahrscheinlich wird man ihn, statt den Mann aufzuhängen, nach echt österreichischer Art für sein verdienstvolles Vorhaben von Wien aus mit dem Verdienstkreuz dekorieren oder ihn zum Pressechef von Bosnien ernennen. Ist alles schon bei uns versucht worden. Erinnern Sie sich doch nur, daß wir vor zwei Jahren den Stadtrat von Spalato auflösen mußten, weil die würdigen Gemeindeväter für den Attentäter auf den königlichen Kommissär eine Ehrengabe votiert haben. Und da ich mehr bin als ein Kommissär, sind auch die Verdienste eines Attentäters auf mich weit größer, was in Betracht zu ziehen man nicht verfehlen wird.“

Die Herzogin war beim Eintritt in den Salon mit den wartenden unverschleierten muselmanischen Frauen noch etwas verwirrt, auch überraschte sie der Anblick dieser vielen fremden, reichen und bunten Trachten von Gold, Silber und Seide. Frau Direktrice Tandarić begrüßte die Herzogin im Namen aller Frauen, die sie der Herzogin vorstellte.

„Wie lieb von Ihnen“, sagte die Herzogin, nun wieder ganz gefaßt, „daß Sie sich heute wiederum für mich bemühen, wir kennen uns doch schon aus der mosleminischen Schule.“ Dann ließ sich die Herzogin zwischen zwei Frauen an einem Kaffeetischchen nieder, griff nach der Halskette ihrer Nachbarin und bewunderte die feine Durchbrucharbeit der Münzen und die zart tauschierten Anhänger. „Das ist wohl bosnische Spezialität? Sehr schön. Wir haben im Basar einige solcher Ketten und Andenken für unsere Kinder gekauft.“ Sie blickte auf und sah das kleine

Mädchen wieder, das ihr die Blumen gereicht hatte: „Aber wem gehört denn dieser allerliebste Schmuck?" Ein anderes kleines Mädchen mit blonden Haaren und blauen Augen, in Pluderhöschen aus roter Seide und spitzen Schnabelschuhen, wurde ihr hingeschoben — und auch dieses Kind bewunderte die Herzogin, und die Mütter strahlten vor Freude.

„Ich werde meiner Tochter von euch erzählen, denn sie wird sich gewiß interessieren, wie schön hier in Bosnien die Frauen unter ihrem Schleier angezogen sind — und wie lieb die Kinder in Sarajevo aussehen. Und dann werde ich auch noch erzählen, welch schönen Schmuck man hier trägt, ich habe wirklich noch nie derartig bunte Trachten und solch reichen Schmuck gesehen."

Fräulein Hörmann übersetzte rasch die Worte der Herzogin; nun lachten die Frauen, sie klatschten leicht in die Hände, umdrängten die Herzogin und küßten ihre Hand, sprachen auf das verwirrte Fräulein Hörmann ein und diese mußte übersetzen: „Die bosnischen Frauen lassen sagen: ‚Wie schön und lieblich du bist! Wir haben uns so sehr auf dich gefreut und du hast unsere Freude noch übertroffen. Wir bitten dich, daß du nur an das Schöne denkst, wenn du von uns deinen Kindern erzählst, die Gott schützen möge, und nicht an das Schlechte, das dir ein böser, ein elender, ein gottloser Mensch hat antun wollen. Wir lieben dich, wir bitten dich: komm doch recht bald wieder und bleib dann länger bei uns, wir flehen den Segen Gottes auf dich und die Deinen herab.'"

Die Herzogin hörte es, die Herzogin senkte die Augen, sie errötete wie ein kleines Mädchen; als sie den Blick hob, schimmerten ihre Augen feucht, denn noch nie hatte man so herzlich zu ihr gesprochen wie diese Frauen, deren Freude echt war, die aus ihrem überströmenden Herzen kein Hehl machten. Nun fühlte die Herzogin erst, welcher Gefahr sie entgangen war, nun griff sie stumm nach den Händen der Frauen und drückte sie mit heißem Dank. Diese Frauen waren Mütter und wußten, wieviel gerettet war, wenn das Leben einer Mutter ihren Kindern erhalten blieb. Auch die Gräfin Lanjus, die von der überstandenen Gefahr noch blaß war, und aus deren Kleid einige Frauen die Blutspritzer zu entfernen suchten, mußte über das Glück der Herzogin lächeln.

Die Herzogin erhob sich, die Flügeltüren zum Balkon standen offen, man sah hinaus auf den Höhenkranz um Sarajevo, man sah drüben auf dem andern Ufer der Miljačka die Pappeln und Zypressen, die weißen Minaretts und die Kuppeln der Moschee, und zwischen ihnen, grob, roh, rot und plump, ein Minarett der neuen Zeit, den dicken, hohen Rauchfang einer Bierbrauerei.

„Sag ihr", bat Frau Čengić das Fräulein Hörmann, „bitte sag ihr, sie soll nicht durch die Stadt fahren, sag ihr, sie soll warten, bis die Soldaten da sind und die Straßen geräumt haben — sag ihr, sie soll nicht in die Gefahr rennen —, sie soll an ihre Kinder denken —, ach bitte, so sag ihr das doch!"

Die Herzogin hörte mit gesenkter Stirn zu, antwortete aber nicht, winkte den Frauen und ging, von Fräulein Hörmann begleitet, über die Stiegen.

Wie anders nun auf einmal alles war! Hier an der äußersten Grenze des Reiches ehrte man sie wie eine Herrscherin, sie, die noch vor fünf Jahren ganz allein hatte gehen müssen, ganz allein — ohne Kavalier, als Aller-, Allerletzte — bei jenem letzten Hofball, den sie besucht, — und der Erzherzog hatte ganz vorne an der Spitze neben irgendeiner Erzherzogin den Ball eröffnen müssen — und sie, der man keinen Erzherzog hatte zuweisen können — sie, die Gattin zur linken Hand — als Allerletzte. Nur das nicht mehr! Nie wieder all diesen feindlichen Blicken so gänzlich wehrlos ausgesetzt sein, so bei einem Spießrutenlaufen bis auf das Blut gepeitscht werden — nie, nie wieder!

Die Herzogin blieb mitten auf der Treppe stehen, die Angst packte sie, das rote Licht der Fensterrose lag in einem Stern auf ihrer Hüfte: Du lieber, du guter, du allmächtiger Gott, wenn es Franz getroffen hätte und sie allein hier zurückgeblieben wäre! Allein unter der Meute ihrer Verfolger — allein unter all denen, die sie haßten! Da unten stand Franzi, sie sah seinen unterdrückten Zorn und schritt schnell über die Stiege auf die Offiziere zu.

„Und was wird jetzt geschehen?" fragte die Herzogin ihren Gemahl.

„Ich fahre in das Spital zu Merizzi."

„Dann warte ich auch nicht im Konak auf dich, dann fahre ich mit." Und als der Erzherzog ablehnen wollte, wiederholte die Herzogin. „Ich bleibe heute, wohin immer du gehst, an deiner Seite."

Der Erzherzog blickte sie dankbar an und lächelte müde zurück.

„Die Reihenfolge bleibt die gleiche", ließ sich Oberst Bardolff vernehmen, „nur das Auto des Grafen Boos-Waldeck fällt aus."

Weder der Erzherzog noch einer der Herren seines Gefolges schenkten den Herren des Gemeinderates auch nur einen Blick. Man ließ den Gemeinderäten gerade soviel Zeit, daß sie sich auf der Treppe draußen zu einem Spalier formieren konnten. Die

Herren im Frack hielten den Zylinder vor die Brust, die Herren im Fez salutierten, auch der greise Reis-ul-Ulema, der Vorstand der bosnischen Moslims, legte seine welke Hand an den Turban.

Oberst Bardolff ging voraus, der Erzherzog mit der Herzogin folgte, dann kamen der Landeschef, die Gräfin Lanjus und die übrigen Herren.

Der Thronfolger salutierte, er hielt das Haupt mit dem grünen Federhut gesenkt, aber seine Augen blickten scheu, verstört, mit dem Blick eines geängstigten Tieres unter dem Hut hervor, hinüber zu der stumm grüßenden, den Platz in weitem Rund umgebenden Menge. Das Gesicht der Herzogin war zu einem steinernen Lächeln erstarrt. So schritten sie — große Ziele für jemanden, der jetzt aus dieser dichtgedrängten Menge auf sie schießen wollte, langsam die Treppe hinab zum Auto. Der Erzherzog sah die lange Zeile des Appelkais hinunter. Die Fahnen wehten, die Fahnen flatterten — wie die Lappen, durch die das Wild auf der Treibjagd durch muß.

Die Wagen waren mittlerweile auf Anordnung Bardolffs umgekehrt worden und standen mit dem Kühler stadtwärts. Graf Harrach überblickte die Gefahr, die dem Erzherzog beim Einsteigen von der vor dem Rathaus wartenden Menge drohte, und sprang, um den Erzherzog mit seinem Leibe zu schützen, auf das linke Trittbrett des Wagens.

„Sie werden, wenn wir schnell fahren, herunterfallen", warnte der Erzherzog.

„Ich werde mich anhalten, Kaiserliche Hoheit."

Nun fuhren die Autos rasch den Kai flußabwärts. Bei der Einmündung der Franz-Joseph-Straße gegenüber der Lateinerbrücke bog der Chauffeur des vorausfahrenden Bürgermeisterautos in die ursprünglich festgelegte Richtung ein und wollte den Weg durch die innere Stadt nehmen. Das Auto des Erzherzogs wollte nachfahren, aber Potiorek klopfte dem Chauffeur auf die Schulter: „Was ist denn das? Wir fahren ja falsch! Wir sollen doch geradeaus über den Appelkai!"

Der Chauffeur bremste ab, wollte ein wenig reversieren und dann geradeaus weiter...

Doch in diesem Augenblick des Haltens sprang hinter der großen hölzernen Reklameflasche einer Weinhandlung ein junger Bursche hervor, dicht bis an das Auto heran, und gab zwei Schüsse ab. Die Herzogin sei ohnmächtig geworden, glaubte Potiorek, als er sich zurückbeugte und sah, daß die Herzogin langsam vom Sitz glitt und ihr Haupt in den Schoß des Erzherzogs senkte.

Die Herzogin wolle ihren Gemahl schützen, glaubte Graf Harrach, als er die Frau vor dem Erzherzog knien sah.

Tumult! Tumult! Säbel flogen aus den Scheiden, blitzten durch die Luft und hieben auf den jungen Burschen ein, Frauen kreischten auf, Leute rannten zusammen, die nachkommenden Autos prallten fast aufeinander.

Das Auto des Erzherzogs reversierte und fuhr über die Lateinerbrücke zum Konak hinüber. Major Höger, Baron Rumerskirch und Oberst Bardolff sprangen auf das Trittbrett des Wagens, um die anscheinend nur verwundete Herzogin zu schützen. Der Erzherzog streichelte der vor ihm knienden Herzogin die Wange, beugte sich zu ihr nieder und bat: „Stirb nicht, Soph, stirb nicht, bleib doch am Leben für die Kinder."

Graf Harrach neigte sich über den Erzherzog: „Sind Kaiserliche Hoheit getroffen?"

Da quoll ein kleiner Tropfen Blut aus dem Munde Franz Ferdinands, seine Augen weiteten sich und verloren jedes Ziel, seine Hände streichelten das Gesicht der zusammengesunkenen Frau: „Es ist nichts", sagte Franz Ferdinand vor sich hin, „es ist nichts."

Wieder ein Tropfen Blut und noch einer, der blaue Waffenrock rötete sich auf der Brust, „es ist nichts, es ist nichts." Graf Harrach beugte sich tiefer, er fragte und fragte und erhielt als Antwort einen Spritzer Blut, der ihn mitten ins Gesicht traf. Da saß nun dieser verstummende Mann, der sich vor dem Tod nicht verbeugen wollte, aufrecht im Wagen und war ein Herr, der mit starren Augen über die zusammenrennende, kreischende, tobende Menge hinwegblickte, da saß er, die eine Hand auf dem Wagenschlag, die andere auf dem Haupte der geliebten Frau, die vor ihm kniete und ihr Gesicht in seinem Schoße barg, und ein dünner Faden Blut rann durch die zusammengepreßten Lippen über den lichtblauen Generalsrock, über das Goldene Vließ hinunter bis zur schwarzgelben Feldbinde. Das Auto fuhr langsam über die Brükke, zu beiden Seiten standen auf den Trittbrettern die Offiziere mit wutverzerrten Gesichtern und gezückten Säbeln, der Wasserwind wehte die leichten Papageienfedern auf dem Generalshut des Erzherzogs auf und spielte mit dem Reiherbusch der Herzogin; das Gesicht des Grafen Harrach war rot von Blut, sein Handschuh war blutig, Menschen rannten neben dem unter seiner Last nur vorsichtig fahrenden Wagen her, Ärzte in Uniform,

Ärzte in Zivil, die Augen starr, den Mund offen — sie wollten helfen, sie wollten retten, sie wollten das Furchtbare aufhalten —, sie wollten das Entsetzliche sehen mit ihren schreckensgierigen Augen.

Da hieben sie mit Säbeln, Stöcken und Schirmen auf den schmächtigen Burschen ein, da hatten sie ihn beim Rock gefaßt und schüttelten ihn, aber der Bursche wehrte sich, der Bursche schlug und pufte zurück, er hieb einem Polizeimann mit dem Kolben seiner Pistole über den Kopf. Und die Polizei mußte nicht nur den Burschen halten, sie mußte auch die Leute abwehren, die den Burschen zerreißen, die den Unseligen steinigen wollten. „Nicht verhaften! Nicht verhaften! Herausgeben! So erschlagt doch das Untier! So hängt ihn doch auf, so schmeißt ihn doch ins Wasser, so ersäuft ihn wie einen Hund!" Die blitzenden Säbel sausten durch die Luft, trafen den Burschen, trafen die Menschen, aber der Knäuel wurde immer dichter, die Polizei bekam endlich den Burschen frei und drängte die Menge zurück. Nun flogen Steine über die Wachen hinweg, die Menge brach durch den Kordon, Fäuste drohten und Stöcke sausten auf den Burschen nieder, die Wütenden spuckten dem Burschen in das blutüberströmte Gesicht, und dieser Mensch spie zurück, Blut und Speichel, dieser Bursche hohnlachte der Flüche, bis ihn ein Stein mitten auf die Stirn traf: „So schämt euch doch, so schämt euch doch", rief er wie ein Kind, „wollt ihr euch denn gar nicht schämen, ihr Serben ihr?"

Die Leute wurden rasend über diese Worte: sie schlugen, sie warfen Stöcke nach ihm. Der Bursche spuckte zurück: „Pfui! Pfui! Was wollt ihr denn? Habt ihr denn keine Kinder?"

„Und die Herzogin hat keine Kinder? O du Hund, du schamloser, du stinkender, du elender Hund!" Und wieder Steine und wieder Steine.

„So habt doch Erbarmen, so habt doch ein Einsehen, es ist doch für euch geschehen!"

Nun schleppten sie den Elenden in die Polizeistube, nun brach Princip zusammen, seine Augen verdrehten sich — ah — das wird wohl endlich das barmherzige Gift sein, das er knapp vor den Schüssen genommen und beim Abfeuern geschluckt hatte. Nun wird er auf einmal den Händen der Häscher entrückt und von allen Qualen befreit sein. Princip warf den Kopf zurück und lachte seinen Feinden ins Gesicht, er verlor das Bewußtsein — und nun war er glücklich und gerettet.

Ein Strahl kalten Wassers schreckte ihn wieder auf, man riß ihn hoch, man stieß ihn vor einen Tisch — wie ist das nur — wieso kommt denn das — warum muß er hier seinen Feinden gegenüberstehen? Nun würgte es ihn im Halse, er brach Schleim und Galle, er bespie seinen Rock, ach, ihm war so elend. Sie gaben ihm ein Glas Wasser zu trinken, er kam wieder zu sich: Dort an der Wand stand triefend vor Nässe und schlotternd vor Angst zwischen zwei Posten mit aufgepflanztem Bajonett Čabrinović, auch er bespien, auch er blutig geschlagen — auch er noch in diesem furchtbaren, schrecklichen Leben.

„Wie heißt du?" herrschte ihn der Beamte an.

„Gavrile Princip." Und noch ehe der Kommissär weiterfragen konnte, schrie er, als wäre dies seine letzte Rettung, mit hoher, sich überschlagender Stimme: „Noch nicht zwanzig Jahre alt! Noch nicht zwanzig Jahre alt!"

„Und doch wirst du gehenkt werden", höhnte einer der Polizisten, der ihm die Handschellen anlegte.

Nun hielt das Auto vor dem Konak, vor Potioreks mauerumgürtetem, stillem, weißem Schloß neben der verträumten, von weißen Türkengräbern bewachten, bäumeumrauschten Ali-Pascha-Moschee. Oberst Bardolff, Baron Rumerskirch und Gräfin Lanjus hoben die Herzogin aus dem Wagen.

„Sie ist tot!" schrie Gräfin Lanjus, „um Himmels willen, sie ist tot!"

Als man die Herzogin nahm, sank der seiner Stütze beraubte Erzherzog zusammen und fiel schwer auf den blutüberströmten Sitz. Nun wurde auch er hochgehoben und langsam, Schritt für Schritt, in den Konak getragen.

Die Herzogin lag bereits auf einem Bette, ein Arzt schnitt ihr die Kleider auf, Major Höger rannte mit einer Ätherflasche herzu. Der Erzherzog wurde im Nebenzimmer auf eine Ottomane gebettet, ein Oberstabsarzt schnitt ihm den linken Ärmel und den Halskragen auf. Da — im Nacken war die blutspritzende Wunde, die die Hände der Ärzte, die die Tapete gerötet hatte.

„Kein Puls mehr", sagte ein Arzt, der des Erzherzogs Hand ergriff.

„Schwacher Atem", sagte ein anderer, der seinen kahlen Kopf gegen die blutende Brust legte, „kaum mehr Herztöne."

Nun war auch der Priester gekommen, der hastig der Herzogin die Letzte Ölung spendete. Auch dem Erzherzog war nicht mehr zu helfen, die Ärzte traten von ihrer Arbeit mit blutigen Händen zurück und gaben dem Priester den Weg frei.

Erzbischof Stadler eilte, gefolgt von Geistlichen, herbei. Die Priester sanken in die Knie. Durch alles Hasten, Hin- und Herrennen, durch den süßlich-faden Äthergeruch hallten ruhig die dunklen, die alten Fragen und Antworten der lateinischen Sterbegebete.

Ein Arzt winkte einen andern heran und zeigte auf eine kleine rote Öffnung in der Leistengegend der Herzogin: „Innere Verblutung." Nun durfte auch der Erzherzog zurücksinken, die Ärzte erlaubten dem Toten, zu ruhen. Sein Schnurrbart war zerrauft, sein Kinn blutig, der aufgeschnittene Ärmel mit den Goldborten hing herab, das Goldene Vließ lag auf dem Boden. Über dem Diwan war in der blutbesprengten Wand eine Marmortafel, die verkündete, daß Franz Joseph im Mai 1910 in diesem Zimmer gearbeitet habe.

Aus dem Nebenzimmer drang das Schluchzen der Gräfin Lanjus durch das dunkle Murmeln der Gebete.

Mit gesenkten Häuptern standen die Offiziere um das Lager ihres Herrn. Dort lag und schwieg der Mann, auf den sie alle gehofft, dem sie treu gefolgt waren, der sie aus dem Dunkel, dem Verfall, der Gefahr und dem Wirrsal hätte führen sollen. Dies war ein Ende, so ohnegleichen schrecklich, daß es kein Ende sein konnte, sondern der fortzeugende Beginn neuer Schrecken, deren Schauer auf alle herabsanken. Mit schleppendem Schritt ging Feldzeugmeister Potiorek vom Lager des Erzherzogs in das Zimmer der Herzogin. Die Offiziere drehten sich nach ihm um, er fühlte ihren Blick, seine schmächtige Gestalt straffte sich.

„Senge, hänge", hörte er den Abgeordneten im Landtag rufen, „auch die Kugel für dich ist schon gegossen worden." Hier stand Potiorek vor der Frau, die von jener Kugel getroffen war, die ihm gegolten hatte. Potiorek war dem Tod entronnen, er, der dem Mörder in das Angesicht geblickt hatte und ihm so nahe gewesen war, daß er ihn hätte greifen können. Es wäre besser für ihn, könnte er an Stelle der tapferen Frau dort liegen und ruhen.

Wo waren nun, da du dich, du großer, grausamer Tod, emporrecktest und deinen schleppenden Mantel mit dem Purpur des Fürstenblutes färbtest, diese andern jungen Bürschchen geblieben, die nicht den Mut gehabt hatten, ihre Pistolen abzudrücken und ihre Bomben zu werfen? Wo waren sie nun, da alle Morsetaster der Welt die Kunde des Schrecklichen auf den dahineilenden schmalen Papierstreifen hämmerten, da Worte und Tränen erstickender Stimmen in die Muscheln der Telephone fielen — wo waren diese verblendeten Knaben geblieben, die es nicht gewagt hatten, mit ihren schmächtigen Gestalten sich auf die über alle Welt erhöhte Bühne des großen Geschehens zu drängen?

Nun verbarg sich der blasse Ilić mit hämmerndem Herzen und schlotternden Knien in einem Abort und wünschte nur, nicht mehr zu sein, verfluchte den Tag und die Stunde, da er sich in das Furchtbare, das draußen an ihm Vorübertobende eingelassen und verstrickt hatte; nun rannte der verstörte Čubrinović zu einem Bekannten und bat diesen mit aufgehobenen Händen, ihm um aller Heiligen willen die Bombe abzunehmen; nun irrte der brave Vorzugsschüler Popović schluchzend und fassungslos durch die Gassen; nun stolperte Grabež zu einem Freund über eine finstere Bodenstiege empor und versteckte die Bombe und die Pistole zwischen Spinnweben und Fledermäusen unter einem Dachbalken; nun eilte Mehmedbašić mit rotem Fez und weißen Hosen in langen Sprüngen hinauf zur Station, um mit dem nächsten Zug abzufahren und nach Montenegro zu fliehen.

Nur der unselige Princip mußte standhalten, mußte Frage und Antwort stehen, und dieser Princip, dieser blutende, zerschlagene Mensch, tat es: „Nein, Sie können mit mir machen, was Sie wollen, ich bin kein Mitglied irgendeines Vereins, ich habe keine Mitschuldigen. Als die Bombe explodierte, wunderte ich mich und dachte: ‚Es gibt also in Sarajevo noch andere Menschen, die so denken wie du.'"

„Und wie denkst du?" fragte ihn der Polizeikommissär, „und warum hast du das getan?"

„Weil es unserm Volk von Tag zu Tag schlechter geht, weil es verarmt. Ich bin der Sohn eines Bauern, ich habe das Elend von Angesicht zu Angesicht gesehen — weil er ein Feind der Slawen ist — sie wollte ich nicht treffen, meine zweite Kugel hat Potiorek, dem Mamelucken, gegolten."

Nun mußte sich Princip gegen die Wand drehen und Čabrinović wurde hereingeführt.

„Kennst du den dort?" fragte der Kommissär.

„Ich kenne ihn, es ist Princip."

„Wo hast du ihn denn kennengelernt?“

Und ehe sich noch Princip umdrehen konnte, sagte Čabrinović: „In Belgrad.“

„In Belgrad! Also in Belgrad!“ Alle Leute, die beim Verhör zugegen waren, sprangen auf: „In Belgrad!“

„Abdecken! Abräumen!“

Im großen Saale des Konaks stand gläserblinkend, blumenüberstreut und silberblitzend die für das Frühstück bereite, gedeckte Tafel. Nun eilten die Diener und Ordonnanzen herbei, räumten ab, schlichteten die Teller zu Stößen, sammelten das schwere Besteck, nahmen die kunstreich gefalteten Servietten und die schön geschriebenen Tafelkarten, trugen die Rosen fort und zogen zuletzt die Tischtücher herunter.

„Schnell, schnell! Seine Exzellenz braucht den Saal zur Arbeit!“

In der Küche weinte der Küchenchef und ertappte eine Ordonnanz, die eine Muschel ausleckte, in den Gängen rannte alles schluchzend, schimpfend und hastend durcheinander.

Kahl standen nun die zu einer großen Tafel zusammengestellten Tische mit den weißen, weichhölzernen Einsatzbrettern. Und schon nahmen an der geplünderten Tafel geschäftige Offiziere Platz, deckten vor sich Papiere auf und warteten auf den Landeschef.

Potiorek war schon wieder die Ruhe selbst. Seine Stimme klang nicht mehr scharf, sondern gefaßt, seine Bewegungen waren müde, doch beherrscht. Potiorek stürzte einen Kognak hinunter und ging dann von einem Herrn zum andern, diktierte, ließ sich die Entwürfe reichen, strich, verbesserte mit seiner gestochenen Schrift, rauchte, ging auf und ab und blickte hin und wieder ungeduldig nach der Uhr.

Allen war klar, daß man es hier mit einer Verschwörung zu tun hatte. Niemand wußte, ob man nicht vor dem Ausbruch einer Revolution stand, deren Ausmaß nicht abzusehen war. In Sarajevo selbst waren nur vier Kompanien mit schwachen Ständen, zwei von dem oberungarischen Infanterieregiment Nr. 12, zwei von dem deutschböhmischen Infanterieregiment Nr. 92. Diese vier Kompanien wurden aus der Franz-Joseph-Kaserne herandirigiert, um den Konak abzusperren. Um die drei Sarajevoer Brigaden wurde in den Manöverraum telephoniert. Hofkuriere wurden nach Ilidže geschickt, um die Übersiedlung des Hoflagers nach Sarajevo anzuordnen.

„Hätten wir die Truppen in der Stadt gehabt", sagte Potiorek, „dann wäre in den Zeitungen geschrieben worden, daß man durch solches bewaffnetes Mißtrauen die loyalen Gefühle der regierungstreuen Serben verletze."

„Und den Truppen hätte es auch nicht geschadet", murmelte einer der Offiziere halblaut vor sich hin, „wenn sie der armen Herzogin die Ehrenbezeigung geleistet hätten."

Die andern Offiziere blickten kurz auf, bissen sich die Lippen, aber Potiorek schien es nicht gehört zu haben.

„Wir sind fertig", murmelte derselbe Offizier vor sich hin, „die Senilenzen und Korruptenzen in Wien werden über uns alle zu Gericht sitzen, denn der, auf den wir gehofft haben, kann uns nicht mehr decken."

Von Blažuj bis zu den Sägewerken von Hadžiči mit den harzduftenden Holzstapeln lagerten, die Ruhe des Rasttages genießend, die Truppen. Die Fahrküchen qualmten, die Leute saßen beim Bach unten und ließen die Füße ins Wasser hängen, sie freuten sich auf die Menage, denn heute gab's Zubuße. Vorne, bei Blažuj, lagerten die „Mehlstauber" vom niederösterreichischen Infanterieregiment Nr. 49. Ein paar Leute sangen eines der alten österreichischen Soldatenlieder, die in den letzten unruhigen Jahren wieder zu Ehren gekommen waren:

„Wenn die Granate blitzt und saust,
Dem Feind vorm Tode graust — juchheh!
Der Feind muß retirieren
Und wir wer'n avancieren . . ."

Mitten in die Ruhe hinein platzte der Befehl — wer ihn gegeben und woher er gekommen, wußte niemand: „Kochkessel ausschütten — umhängen, antreten!"

„Vergatterung!" Es war keine Zeit, über die verlorene Menage zu murren. Was nur die Offiziere da vorne hatten? Die waren ganz aus dem Häusel, die gebärdeten sich wie Narren. Die Offiziere liefen aufeinander zu, umarmten einander und schüttelten einander die Hände — die Mannschaft schnappte etwas auf: „Albanien!"

Das Bataillon sollte nach Albanien abgehen — sie mußten wohl zuerst nach Sarajevo hinein, scharfe Munition und feldgraue Monturen fassen.

Die Hornisten bliesen: „Vergatterung! Vergatterung!“ Und schon wurde der Eilmarsch angetreten, nur rasch, nur schnell, man möchte gerne der erste in der Stadt, der erste am Feind sein. Die Sonne brannte heiß nieder, die Leute keuchten im Schnellschritt unter dem schweren Tornister, der beißende Staub legte sich über die Kolonne. Vorne sangen noch einige:

„Auf, auf, ihr Brüder,
Wann bekommen wir ein Geld?
Heute oder morgen
Marschieren wir ins Feld...“

Aber auch sie verstummten bald und stolperten schweigend dahin. Tiefer im Tale schmetterten auch schon andere Hörner Alarm.

Also Albanien! Also lag doch den Manövern die Abwehr eines italienischen Angriffs zugrunde! Endlich etwas tun, nicht nur immer zum Gespött von ganz Europa mobilisieren und demobilisieren, den Kopf hinhalten und als der zweite kranke Mann von Europa gelten. Und hoffentlich diesmal nicht wieder abblasen, damit nicht auch die ältesten und verdrossensten Reservisten, die man dann heimschickte, lachen mußten.

Einige Oberleutnants rechneten sich schon die Zulagen aus, die man in Albanien bekommen würde — sie kannten sich im Gebührenwesen besser aus als in irgendeiner Wissenschaft. Da sprengte, man war mittlerweile schon dicht vor Ilidže, ein Hofkurier heran, der vom Bataillonskommandanten aufgehalten und um Auskunft ersucht wurde.

„Der Thronfolger und die Herzogin sind erschossen worden!“ Der Bataillonskommandant schwankte im Sattel, er schrie zurück: „Halt! Halt!“, er ließ das Bataillon verkehren und führte es im Laufschritt zur fahnengeschmückten Station Ilidže. Ein eben aus Sarajevo einfahrender Zug mit Leuten, die vor den Unruhen aus der Stadt flüchteten, wurde aufgehalten und von den erschreckten Zivilisten geräumt. Die Soldaten wurden in die Wagen gepfercht, und so ging es, unter Vermutungen, Befürchtungen, unter dem lastenden Druck quälender Ungewißheit, nach Sarajevo. Man hatte es gehört, aber man begriff es nicht, man fragte, was kommen werde, und man wußte keine Antwort.

Nun drückte der Erzbischof dem Erzherzog die Augen zu und die gewölbten Lider legten sich über die blauen deutschen Augen eines elfenbeinernen Gesichtes, das alle Herrschergeschlechter Europas geformt hatten.

Still, still, der Este schläft, bald werden die Ärzte kommen und seinen Leichnam balsamieren.

Wieder entrückte den Erzherzog jenes Fremde, das aus seinem Namen wie aus Kondottierezeiten herüberklang, und der Name, den er durch die Erbschaft nach dem letzten Herzog von Modena erhalten hatte, legte sich ihm wie eine Maske über das Gesicht. Aber nicht nur ein altes, in der Zeit des großen Fürstensterbens unter Napoleon in habsburgischem Blute versickerndes italienisches Geschlecht ging hier zu Ende, hier ruhte auch der letzte ungekrönte Kaiser dieser Zeit aus dem Geschlechte der Römischen Kaiser Deutscher Nation, denn was nach ihm blieb im blutigen Abendrot des Unterganges, und was nach ihm kam im beharrenden Leerlauf sterbender Mächte, das wog nicht mehr auf der Waage der Geschichte. Mit diesem Manne wurden alle Kaiser der großen Staaten dieser Erde zu Grabe getragen.

Still, laßt den Este ruhen, er war um die ganze Welt gefahren, um das widerstrebende, müde Blut der alten Geschlechter zu gesunden, weil er den Auftrag und die Sendung hatte, das Stürzende zu stützen und das Verfallende zu halten.

Aufflammen wird die Erde in nicht enden wollenden Feuersbrünsten, und die Angst des Ungewissen und die Leere des Erloschenen wird nach diesem Sterben der alten Mächte wie Aschenregen über die Herzen der Menschen kommen. Und der nicht enden wollende Salut der Kanonen über diesem Grab, die bleichen Opfer und die bitteren Tränen, sie werden, wenn alle schweigen und von Schuld und Sühne schwätzen werden, vor dem unbestechlichen Gericht der Zeit bezeugen, wer mit diesem Manne hier gestorben war und was mit seinem Tod dahinsank. Auftun werden sich die Arsenale der Welt und werden ihre Geschütze gegen den Himmel donnern lassen, und wenn dieser furchtbare Salut verrollt sein wird, dann wird Europa eine von vielen kleinen, uneinigen Völkern besiedelte, arme, verwüstete Halbinsel sein. Verschmelzen werden wieder im bitteren Schmerz des sehnsüchtigen Gedenkens die beiden Nebenkronen des österreichischen Kaisertums von 1806 und des deutschen von 1871 zu der einen, einzigen alten Kaiserkrone der Schatzkammer zu Wien, und die Welt wird fragen, ob sie nun dem Herzvolk Europas, diesem Volk des Kaisergedankens ohne Kaiser, nicht ein Ende bereiten soll, denn seine nie schlummernden Pläne, sein ewig aufbegehrendes Wollen wird der kalten Welt unverständlich und ein Greuel sein. Man wird alle Ursachen suchen und alle Gründe nennen, warum die Welt aus dem Gleichgewicht geraten ist und es nicht wiederfinden kann, man wird vom Handel sprechen und von ungerechten Grenzen, vom Übermut und von der Rachsucht der Völker, aber der kalte Hauch der Zeitwende allein wird es sein, der die Herzen im ausgebrannten Europa erstarren läßt. Nun schloß der Erzbischof auch der Herzogin die Lider. Nun wußte es die Herzogin nicht und niemand wußte es, ob die böhmische, von vielen so gehaßte Gräfin Chotek Kaiserin geworden wäre oder nicht. Sie hatte an den toten Mann dort drüben genau so geglaubt wie an ihre eigene Berufung, sie war im Leben wie im Tode treu zu ihm gestanden, ihr Traum war ausgeträumt, ihre Hoffnungen und Wünsche waren zerronnen, möge ihr Gott den ewigen Frieden schenken!

Auf dem Bahnhof zu Chlumetz wartete Dr. Stanowsky, der geistliche Erzieher der Kinder Franz Ferdinands. Gräfin Henriette Chotek aus dem adeligen Damenstift auf dem Hradschin, die Schwester der Herzogin, entstieg dem Zuge. Der Geistliche eilte auf die Gräfin zu:

„Helfen mir Erlaucht, ich kann es den Kindern nicht sagen!"

„Wissen die Ärmsten noch gar nichts?"

„Noch gar nichts, ich wollte warten, bis..."

„Kommen Sie, kommen Sie", sagte die Gräfin ungeduldig, „wir müssen die Kinder vorbereiten. Vor Sophie fürcht ich mich, die hängt schrecklich an der Mutter..."

Dem Kutscher rannen, als er die Schwester der Herzogin sah, die Tränen über sein regungsloses Bedientengesicht. Die Gräfin zerrte an ihrem Taschentuch und sank in den Sitz zurück.

Die durch das Umherirren, Ausweichen, Schweigen und Weinen der Leute beunruhigten Kinder sahen die Tante Henriette. Die dreizehnjährige Sophie stürzte ihr mit ausgebreiteten Armen entgegen:

„Endlich, endlich jemand, mit dem man reden kann! Tante, liebe Tante, bitte sag doch, was geschehen ist, die Leute hier sind alle so eigen."

Von Schluchzen geschüttelt, befreite sich die Gräfin aus der Umarmung des ungestümen Kindes.

„Du auch, Tante? Nun weinst du auch und schweigst, wie alle schweigen? Wirst du uns jetzt auch aus dem Weg gehen? Ich habe gehört, wie jemand gesagt hat: die armen Kinder. Warum sind wir arme Kinder? Willst du uns das nicht sagen, liebe, gute Tante Henriette?"

„Ich bin nicht traurig, Kinder", sagte die Gräfin leise, „nur ernst. Ich muß euch wohl sagen, warum ich ernst bin. Deshalb bin ich ja eigens aus Prag zu euch gekommen. Ich wollte es euch persönlich sagen. Ich habe heute ein Telegramm bekommen — ein Telegramm aus Sarajevo —, in Sarajevo sind nämlich Papi und Mami plötzlich schwer erkrankt — nun wißt ihr es also, warum die Leute so ernst sind, nun geht schön brav in die Kirche und betet für eure guten Eltern."

Die beiden Knaben begriffen nicht so schnell, sie waren mehr durch die Unruhe der Schwester als aus eigenen Gefühlen aufgeschreckt, aber das Mädchen fiel der Gräfin um den Hals: „Erkrankt, sagst du, ernstlich erkrankt? Was fehlt ihnen denn? Ach bitte, bitte, liebe, gute Tante, sag es doch, was ihnen fehlt!" Der kleine, heitere Ernst zog die Brauen hoch und legte das schöne Bubengesicht zur Seite: „Und gleich alle beide krank, sagst du? Wer hat da den andern angesteckt?"

Die Gräfin streichelte den Buben das Haar: „Kommt, nicht fragen, Kinder, das viele Fragen ist nicht gut, kommt, kommt, wir gehen zusammen in die Kapelle und beten dort für Papi und Mami."

Nun wurden die Kinder in die Schloßkapelle gebracht, dort war es kühl, dort lastete nicht mehr so die schwere Luft des Sommertages wie über den vielen trägen Teichen. Nun knieten die Kinder nieder und beteten, nur der kleine Ernst schaute immer wieder herum, eine Schwalbe mußte hier irgendwo nisten, denn immer wieder flog sie leise zwitschernd ein und aus, ohne sich anzustoßen, obwohl sie ganz dicht an der Mauer vorbeischwebte.

Das Schloß füllte sich mit dunklen Gästen, nur die Sacktücher schimmerten im Schwarz der Kleider weiß auf. Von überall her kamen die Verwandten der Herzogin, alle flüsterten, alle weinten, alle fragten, ob die Kinder schon etwas wüßten.

Nein, nein, dazu hatte noch niemand den Mut gefunden. Aber es mußte doch geschehen, man mußte sie doch vorbereiten.

Die drei verheirateten Schwestern der Herzogin, Karolina, Oktavia und Antoinetta mit ihren Gatten, den Grafen Nostitz-Rieneck, Schönburg und Wuthenau-Hohenturm, waren nun auch da, und sie erteilten Dr. Stanowsky den Auftrag, den Kindern die Wahrheit zu sagen.

„Die Tür zu dem Zimmer hier, wo wir warten, Hochwürden, kann ja angelehnt bleiben."

Der Geistliche blieb eine Weile allein im Zimmer, er kühlte seine Stirn am Fenster, er betete, er suchte sich zu sammeln. Aus dem Raume nebenan hörte er flüstern und unterdrücktes Schluchzen.

Nun brachte ein Diener die Kinder, er schloß hinter ihnen die Tür nicht ganz zu.

„Ich hab' schon geglaubt, ihr habt uns ganz vergessen", sagte der kleine Ernst.

„Es ist ein zweites Telegramm gekommen", sagte Stanowsky, dem kleinen Ernst das Haar aus der Stirn streichend.

„Geht es Papi und Mami schon wieder besser?" fragte Sophie. Der Geistliche wandte sich ab und sagte mit stockender Stimme: „Ihr müßt euch — Gott wird euch in seiner Güte beistehen — auf das Schlimmste gefaßt machen, es geht euren Eltern viel schlechter."

Prinzessin Sophie stieß einen furchtbaren Schrei aus und umklammerte den Lehrer mit beiden Armen: „Oh, ich weiß alles! Sie sind tot! Sie sind tot! Papi und Mami sind tot!"

Und nun begannen die beiden Prinzen, aufgeweckt und in das Entsetzen gestoßen durch den Schrei der Schwester, fassungslos zu weinen.

„Aber warum denn tot?" fragte der kleine Ernst immer wieder, „warum denn tot, was hat ihnen denn gefehlt? Wie kann man denn so schnell sterben?"

Gräfin Henriette und ihre Schwestern eilten nun aus dem Nebenzimmer herbei, alle diese Menschen in den dunklen Trauergewändern nahmen die Kinder in den lichten Matrosenkleidern, knieten vor ihnen nieder, weil die Kinder so klein waren und das Leid so groß, küßten sie, preßten sie an das Herz, blickten einander durch schimmernde Augen an, schüttelten den Kopf, konnten es nicht begreifen und wurden selbst vom Schluchzen geschüttelt und gestoßen.

Gräfin Henriette sank zusammen, weinende Dienerschaft eilte herbei, von den Gängen herein hörte man Weinen und Schluchzen. „Ach, die armen Kinder, ach, die armen Kinder!"

Und alles übertönte jene Stimme, die nicht mehr einem Kinde gehörte und doch aus dem Munde des kleinen Mädchens klagte: „Warum denn? Ach, Gott im Himmel, warum denn? So hilf doch! Wem haben sie denn etwas getan? Wem denn? Der arme Papi, ach, der arme Papi! Die gute, liebe, gute, arme Mami!"

Eduard Graf Paar, der Generaladjutant des Kaisers, ihm angeähnelt von der Zeit wie Beck und Bolfras, betrat das kleine Arbeitszimmer in der Kaiservilla von Ischl. Der Atem des Generals ging so schwer, daß der alte Herr nicht wie sonst leise vor sich hinpfeifen konnte, er war das Stiegenhaus mit den vielen Geweihen heraufgekeucht, um dem Kaiser die Meldung zu überbringen. Aber nun, da er im kleinen Arbeitszimmer die Botschaft melden sollte, versagte die Stimme. Der erstaunte Blick des greisen Monarchen brachte dem Grafen wieder Fassung:

„Majestät, Seine Kaiserliche Hoheit der Thronfolger und dessen Gemahlin, Ihre Hoheit die Herzogin von Hohenberg, sind heute vormittag in Sarajevo ermordet... erschossen worden." Franz Joseph blickte seinen alten Generaladjutanten eine Weile an, dann senkte er sein Haupt auf die gefalteten Hände und verharrte – wie es dem General dünkte – eine Ewigkeit mit geschlossenen Augen in tiefem Schweigen.

Der General, schon besorgt, den Kaiser könnte der Schlag gerührt haben, blickte unruhig auf den kahlen Scheitel seines Herrn nieder. Schon wollte Paar nach dem Glockenzug neben der Türe greifen und den Diener herbeirufen, da lösten sich langsam die verkrampften welken Hände des alten Mannes, der Kopf hob sich allmählich und die blauen Augen starrten aus dem Runzelgesicht ins Leere. Mehr zu sich selbst als zu dem General sprechend, stieß der Kaiser die Worte hervor: „Unausdenkbar! Unausdenkbar! Entsetzlich." Nun glitt die Hand des Kaisers über den Tisch, als löschte sie von einer Tafel etwas aus: „Der Allmächtige läßt sich nicht herausfordern. Eine höhere Gewalt hat wieder jene Ordnung hergestellt, die ich leider nicht zu erhalten vermochte."

Der General stand schweigend und wartete; die Herren, die um den alten Kaiser waren, lebten nicht mehr durch sich selbst, sie lebten vom schwachen Hauch des greisen Atems. Franz Joseph schüttelte noch einmal sein Haupt, kämpfte mit seiner Erregung, wie er beim Tode seines Bruders, seiner Frau und seines Sohnes gekämpft und das dröhnende Pochen des Schicksals überhört hatte, dann erhob er sich mühsam und sagte nach einer Weile gefaßt und ruhig: „Wir fahren morgen früh nach Wien."

Ein kurzes Nicken und Graf Paar war entlassen.

Über Brünn, der Stadt am Fuße des Spielberges, dessen Festung das gefürchtetste Gefängnis des absolutistischen Österreichs barg, lag die Schwüle vor dem Gewitter. Die Dragonerpferde standen gesattelt in den Ställen, die Achter, eines der ältesten Regimenter der Armee, die ehemaligen Holkschen Jäger aus dem Dreißigjährigen Krieg, hatten strengste Bereitschaft, doch man bangte davor, dieses tschechische Regiment als Assistenz anzusprechen. In kleinen Seitengassen und Durchhäusern wartete die von weither zusammengezogene Gendarmerie, und in den Straßen patrouillierte die verstärkte Polizei.

Schon seit Tagen kam es auf der A-B, bei dem deutschen Bummel auf dem großen Platz, zwischen den aus der ganzen Monarchie hier zusammengerufenen deutschen Farbenstudenten und den aus allen slawischen Ländern herbeigeströmten Sokoln zu Rempeleien, da die narbigen Wangen und die bunten Kappen der Deutschen die Tschechen zur Raserei brachten.

Am Vorabend des Veitstages waren unter nicht enden wollendem Jubel der Tschechen die serbischen Turner eingezogen; es waren Lieder der Verbrüderung und Küsse der Eintracht getauscht worden, man hatte Fluch und Schande über die Deutschen herabgefleht und von dem künftigen allslawischen Reiche unter dem Schutze des großen, heiligen Rußlands geschwärmt.

Am Morgen des Veitstages war es beim Umzug der deutschen Studenten in Wichs und mit Fahnen vor der evangelischen Kirche und der Deutschen Technik zu einer gewaltigen, nur mit Mühe von der Polizei unterdrückten Keilerei gekommen. Nun waren die Sokoln in ihren roten Hemden, hohen Stiefeln und Schnürröcken, mit ihren runden, falkenfedergeschmückten Kappen, mit den Gästen draußen auf dem Exosch, wie der Exerzierplatz in jener seltsamen Mischsprache aus Deutsch und Tschechisch hieß, die den Spielberg Spilez und den Schreibwald Schreibez nannte.

Da — auf einmal verstummten die Lieder der deutschen Studenten, wurden die blauweißroten Fahnen auf dem Festplatz der Turner eingezogen, die Musikkapellen schwiegen, die für den Abend befürchtete Schlacht von Brünn — wurde im letzten Moment abgesagt.

Franz Ferdinand erschossen – die Herzogin von Hohenberg erschossen! Lähmende Stille in allen Straßen, Hufegeklapper der berittenen Polizei. – Niemand wußte, was er denken, was er sagen sollte, denn hier war alles so verbogen und verzerrt, alles so weitab von Staat und Reich, beide Völker dieser Stadt sahen sich im ersten Entsetzen bei solcher Übeltat des Bruderzwistes ertappt, daß vor ihnen, den zum törichten Kampf bereiten, die beiden Toten von Sarajevo wie eine letzte beschwörende Warnung aufstiegen. Zu spät, zu spät!

Beide Völker wollten nicht mehr hören. Die Herzen der einen hielten die Wacht am Rhein, die Herzen der andern schlugen für den großen Zaren! Bald wird sich ihr Herzblut auf den fremden Schlachtfeldern vermischen und für ein Reich fließen, das sie beide schon lange nicht mehr wahrhaben wollten.

Major Tankosić stürmte um die Mittagsstunde in die Kanzlei des Obersten Dimitrijević: „Rade Malobabić ist mit dem Motorboot aus Semlin herübergekommen..."

Apis sprang auf und packte Tankosić bei der Schulter: „Und? Und? So sprich doch, so komm doch zu dir, so nimm dich doch zusammen, so sag doch, was es gibt!"

Tankosić ließ sich auf einen Sessel fallen, er bewegte die Lippen, brachte aber keinen Ton hervor. Endlich stieß er, von Schauern geschüttelt, hervor: „Aus Agram... nach Semlin telephoniert: Beide Pferde verkauft."

„Franz Ferdinand und Potiorek?" fragte Apis. „Zwei Fliegen auf einen Schlag! Tüchtige Burschen, diese jungen Leute!"

„Wer das zweite Pferd ist, weiß auch Malobabić nicht", erwiderte Tankosić.

„Wo ist Rade Malobabić?"

„Der fürchtet sich vor den österreichischen Spitzeln, der ist gleich wieder verschwunden."

Apis schnallte den Säbel um: „Komm, komm, wir müssen mehr erfahren, wir müssen alles wissen. Wie glatt das gegangen ist! Vielleicht weiß Artamanow schon mehr."

Gerade als Apis mit Tankosić das Zimmer verlassen wollte, schrillte das Telephon. Apis ging zum Schreibtisch und hob ab. „Er und sie? Die Herzogin auch? Attentäter verhaftet? Alle? Lebend? Danke." Er legte den Hörer hin: „Vojan, hast du gehört? Auch die Herzogin. Und beide tot! Das kommt davon, wenn sich Frauen zwischen Männer drängen."

„Und Potiorek, dieser Henker, dieses Schwein?" fragte Tankosić.

„Der ist uns entschlüpft – wie immer."

„Und das Gift?" Tankosić hatte keinen Tropfen Blut mehr im Gesicht. „Wenn sie die Burschen lebendig bekommen haben, dann können wir auf der Hut sein."

„Wir müssen warten, Vojan, wir müssen warten."

„Wenn die Burschen reden, Apis, dann liefert uns Pašić den Österreichern aus, dann hat er die Möglichkeit, mit uns Schluß zu machen, dann läßt er seiner Rache freien Lauf."

„Pašić? Das wird er nicht wagen! Aber nun komm, nun gehen wir, nun wollen wir hören, was die Leute sagen."

Auf der Stiege begegneten Apis und Tankosić dem General Petar Mišić von der Weißen Hand. Apis grüßte knapp, der General starrte den Obersten an, wollte etwas sagen, biß sich die Lippe und klirrte hastig und wortlos vorbei.

„Siehst du, Vojan, der hat heute die Hosen so voll wie 1903, wenn Mišić könnte wie er wollte, ließe er mich sogleich abführen und verhaften. Käme es auf solche Leute an, wären wir noch heute unter des glorreichen Alexanders Regierung eine österreichische Provinz und folgsame Nachbarn der Türken." Draußen in den Straßen blendete das grelle Sonnenlicht. Der Festzug hatte sich schon aufgelöst, aus dem Kalimegdan strömten die Leute zurück, die Terazije war schwarz von Menschen. Von da und dort klang noch Militärmusik durch die Straßen – aber nun rannten die Leute zusammen, nun blieben sie stehen, nun sammelten sie sich da und dort, wo ihnen jemand etwas vorlas oder mit lauter Stimme zu ihnen sprach. Mit einem Blick übersah Apis, daß man in Belgrad schon alles wußte. Aber nirgends wurde Jubel laut, nirgends flammte Freude auf, es war dieselbe herzbeklemmende Ruhe wie vor anderthalb Jahren bei der Kriegserklärung an die Türkei, jene durch Haß und Bereitschaft gedämpfte Genugtuung und atemlose Spannung, die diese Nachricht schlürfte wie ein Durstiger den kühlenden Trank. Nur ein paar Studenten umarmten einander, ein paar junge Offiziere brachen das Schweigen durch frohe Ausrufe, aber um sie herum blieb alles still und ernst. Als die Leute Apis sahen, der nun über den Platz ging, wichen sie vor ihm zurück, ließen ihm eine Gasse frei, starrten ihm nach und zeigten mit den Fingern auf ihn. Apis fühlte es, Schauer jagten über seinen Rücken, aber er ging ruhig weiter, hinaus nach dem Kalimegdan, bis zur Mauer, von der aus man auf die beiden Ströme zu Füßen der Festung blickt. Hier stand Apis an der Grenze seines Landes. Als er seine Fäuste gegen die Schießscharte stemmte, war es ihm, als schöbe er diese alten Burgmauern vor, über die Ströme hinüber, weit hinaus in das dunstige Tiefland, als sprengte er durch den Druck seiner Fäuste die schnürenden Fesseln der Grenzen, als stürzte drüben in Semlin das Milleniumsdenkmal der Ungarn in den Strom...

Ja — und Wien? Was geschah an diesem Tag in Wien, in der Stadt Schönbrunns und des Belvedere, in der Stadt der alten kaiserlichen Hofburg?

Noch war damals der endgültige Schritt aus der schattenliebenden Zeit in das freie Licht der Sonne nicht getan, noch gingen die Frauen geschnürt, noch zwängten die alten, sich in der Mode spiegelnden Mächte den Körper ein und hielten ihn fest mit den absterbenden Formen einst sinnvoller Verhüllung. Noch galten auch für die großen Städte die Feiertage des Kirchenjahres, diese Atempausen des ländlichen Lebens, noch lag über dem Peter-und-Pauls-Tag die Rast nach der Heuernte und der prüfende Blick auf die reifenden Saaten, noch suchten die kleinen landnahen Leute statt des Strandes der Bäder den Schatten der Bäume, noch wurden keine Toten verbrannt, sondern alle begraben.

Wohl erklang schon das amerikanische Sterbelied für Europa, der traurige Tango, wohl griff schon die Angst nach den Herzen der Menschen, aber wie nahe schon das Ende war, ahnte noch niemand.

An diesem Tage saß vor einem Ringstraßenkaffee ein Artillerieleutnant, der vom Schießplatz auf dem Steinfeld in die Stadt gekommen war, von dieser weiten Ebene mit dem blühenden Steinklee und dem dunklen Aufdonnern des Schneebergs hinter der gelben, süßduftenden Weite, und dem sanften Verklingen der Alpen in den blauen Höhen des Wienerwaldes. Der Leutnant hatte einen Stoß Kunstzeitschriften neben sich liegen, die er alle durchgeblättert hatte. Wieder einmal hatte er die unerklärliche Angst empfunden, wieder einmal hatte er bei allen diesen Bildern gefühlt, daß etwas Dunkles da war, das die Welt aufriß und die Herzen pflügte, deutlicher in den Bildern zu fühlen als in dem, was bei Dostojewskij erschütterte und verzweifeln ließ.

Nun blickte der Leutnant die leer liegende Ringstraße hinunter, über die ein paar Gummiradler durch die Nachmittagsstille klapperten. Dieser Leutnant war von der Hochschule fort zu den Soldaten gelaufen, weil er irgendeinen festen Grund unter den Füßen haben wollte, weil er es vor Unruhe nicht mehr ausgehalten hatte in der Ungewißheit jener Tage. Und nun — ja, nun kamen ihm die Gespenster nach, nun zeigten sie ihm, daß man sich nirgends verstecken konnte, daß die Unrast nicht in der eigenen Brust, daß sie in der Zeit lag, deren Luft man mit jedem Atemzug einzog.

Vielleicht war das Soldatentum auch eine Täuschung, war schon etwas ganz anderes geworden als straffe Form und taktmäßige Einheit, die ihn beide in dieser formlosen Zeit angelockt hatten. Gestern war des Leutnants Gaul gescheut, als er an dem großen, elefantenschweren, verhüllten neuen Mörser vorbeigeritten war, von dem man sich Wunderdinge zuraunte — der Leutnant war an den vom Luftdruck eingepreßten Fenstern der Baracken auf dem Schießplatz vorbeigeritten. An einem Nebentisch saßen drei geschminkte Damen und ein dicker Hauptmann von der Infanterie mit gefärbtem, aufgewichstem Schnurrbart, gerötetem Gesicht und zum Platzen prallem Waffenrock. Der Hauptmann drehte sich mit steifem Hals um und blickte auf die Straße hinaus — was war denn da wieder einmal los?

„Der serbische Kronprinz ist ermordet worden“, rief jemand ins Kaffeehaus hinein.

„Das ist dort unten so üblich“, sagte der Hauptmann zu seinen Damen, „darüber muß sich niemand aufregen.“

Der Leutnant zahlte und ging. Er fragte hier und fragte dort, alle Leute, die auf einmal in den leeren Gassen auftauchten, fragten, irgend etwas mußte doch geschehen sein — da fiel zum ersten Male das Wort ‚Sarajevo‘. Und dann waren auch schon die Extraausgaben da, man riß sie den schreienden Burschen aus der Hand, man las, man las noch einmal, man gab das Blatt an andere Leute weiter, man kaufte ein nächstes — und in allen stand das gleiche.

Aus! Fertig! Abblasen! Wir, du, ich — alle! Der Leutnant sah den Thronfolger noch einmal vor sich, wie dieser beim letzten Preisreiten dem russischen Offizier die Masche zurückgeben ließ — dann ging der Leutnant heim. Nun war das Quälende und Ruhelose aus den Bildern und aus den Büchern herausgetreten und tobte durch die Straßen. Die Leute schauten fassungslos in die Blätter, sie begriffen nicht, was geschehen war. Fremd, wie ihnen der Lebende gewesen war, fremd ihrem Tage und fremd ihrer Zeit, fremd blieb ihnen der Tote, dessen Schicksal sie überwuchs und überschattete. Nun wollte niemand mehr etwas von ihnen, nun, glaubten sie, würde die Zeit stille stehen und das Leben ungetrübt und glatt wie ein Spiegel vor ihnen liegen. Staaten leben von dem Glauben an ihren Bestand. Wenn niemand mehr an sie glauben will, dann sind sie gestorben, noch ehe ein Krieg sie tötet.

Nach Sonnenuntergang rotteten sich in der Franz-Joseph-Straße in Sarajevo katholische und mohammedanische Burschen zusammen und rannten lärmend vor das Hotel Europe; ehe noch die Polizei zur Stelle war, flogen Steine, klirrten Fenster, Flüche und Verwünschungen folgten nach. Die todmüde, von den Anstrengungen der letzten Tage erschöpfte Wache kam gerade noch zurecht, die Erstürmung des Hotels zu verhindern. Als sie nun gegen die Demonstranten vorgehen wollte, entblößte auch hier die Menge, wie in allen Städten Österreichs, wo gegen Serbien demonstriert wurde, das Haupt und stimmte das Kaiserlied an.

Drüben, auf dem andern Ufer der Miljačka, lagerten die in Eilmärschen vom Manöverfeld herbeigeholten Truppen. Der Lärm aus der inneren Stadt klang herüber: „Jetzt lernen sie auf einmal singen und beten", sagte ein alter Hauptmann. „Das geht wahrscheinlich gegen den alten Jeftanović, den Schwiegervater des serbischen Gesandten in Petersburg, den Komtur des Franz-Joseph-Ordens und den Virilisten des Landtages. Statt so einen Kerl an den nächsten Baum zu hängen, hält man das Volk ab, ihm die Fenster einzuschlagen — Ordnung muß eben sein. Weißt du, oft wundere ich mich, daß von uns Offizieren noch ein Hund ein Stückel Brot nimmt, daß es sich nicht jeder Rotzbub erlaubt, die Sporen herunterzutreten. Und nun werden die Großkopfeten und Neunmalgescheiten in Wien beisammensitzen und herumdoktern, und wir werden die Ehre haben, auf die Leute zu schießen, die das Kaiserlied singen, und jene zu schützen, die uns die Pest an den Hals wünschen. Weißt du, wenn ich etwas anderes gelernt hätte, schon tausendmal hätte ich meinen Rock ausgezogen und wäre auf und davon gegangen... fort von da — fort aus diesem Land..." Der Hauptmann warf seine Zigarette hin und trat sie aus. Die jungen Offiziere standen und schwiegen.

Der Sturm brach erst in den Vormittagsstunden des nächsten Tages, des 29. Juni, los. Entblößten Hauptes, Kaiserbilder aus Schulen und Gaststätten in ihrer Mitte, kamen von überallher die Leute in den Hauptstraßen zusammen, warfen Steine in die

Fenster des orthodoxen Metropolitan-Palais, stürmten das Hotel Europe, warfen die Einrichtungsgegenstände auf die Straße, zerrten die Omnibusse, Landauer und Kaleschen aus den Schuppen, warfen sie um und steckten sie in Brand. In serbische Geschäfte drangen sie ein, verprügelten die Besitzer, warfen die Wäsche, die Kleider, die Waren auf die Straße und stürmten unter Johlen und Scheibeneinschlagen weiter. Aus den Stallungen des Jeftanović trieb man die edlen Pferde heraus, wollte ihnen die Fesseln durchschneiden und jagte die Pferde, da die Mohammedaner um Schonung der Rassetiere baten, durch die Straßen. Die Polizei war zu schwach, Militär mußte angesprochen werden. Die ersten Offizierspatrouillen wurden gegen Mittag mit Hochrufen auf die Armee und mit dem Absingen der Volkshymne begrüßt. Der Tambour schlug an, vor dem Rasseln der Trommeln verstummte der Gesang. Ein Offizier trat vor und verlas laut das Standrecht, ein Regierungsbeamter übersetzte die Artikel in das Kroatische. Die Menge wich fluchend zurück, die Patrouillen zogen durch die leeren, nur mit Trümmern, Scherben und Fetzen bedeckten Straßen, machten hin und wieder halt und verkündeten unter Trommelwirbel das Standrecht.

Die Straßenbahn stellte den Verkehr ein, die Stadt verstummte. Vor den Stallungen des Jeftanović lagen die rauchenden Trümmer der Wagen, versprengte Pferde galoppierten durch die Straßen. Die Leute zogen nun alle zum Kai hinüber, um den Leichenzug zu sehen, der drüben auf der anderen Seite der Miljačka vom Konak hinauf zum Bahnhof seinen Weg nehmen würde.

In den letzten, das Standrecht verkündenden Tambourwirbel hinein rasselten vom andern Ufer herüber dumpf die schwarzüberspannten Trommeln.

Die Brücken über den Fluß waren durch Posten abgesperrt, die Menschen lehnten an der Kaimauer und lauschten hinüber. Nun wehte der Wind das zur Einsegnung der beiden Toten gespielte ‚Gott erhalte' über den Fluß, die feierlich-getragene Weise schnürte die Herzen zusammen, die Leute begannen zu weinen.

Der Himmel war blaß, eine sinkende Sonne stand bleich über den dunstverhüllten westlichen Bergen. Und immer wieder das dumpfe Rattern der umflorten Trommeln, rollender Trauerton, hämmernder Schmerz.

Nun hoben die Kirchenglocken zu läuten an, erst die der Franziskaner oberhalb des Konaks, dann die der Domkirche und dann die all der anderen Kirchen.

Die Geschütze der gelben Bastion begannen zu dröhnen, eine Halbschwadron Ulanen erschien, ihnen folgte das bosnische Bataillon, das um die Ehre gebeten hatte, auf diese Weise die Trauer des Landes kundtun zu dürfen.

Geistliche in schwarzen, reich mit Silber und Gold bestickten Gewändern folgten, und nun schwankten die hochräderigen vierspännigen Trauerwagen mit den federbuschgezierten Rappen über das holperige Pflaster. Den Offizieren und Soldaten rannen die Tränen über die gebräunten Wangen — nein, schämt euch nicht, man darf das mahnende Ende eines vielhundertjährigen Reiches beweinen.

Bei der Čarevo Džamija, neben dem Hause des Reis-ul-Ulema, bog der Zug in die Uferstraße ein. Der Wagen des Erzherzogs wurde von Unteroffizieren, Leibgardisten und Offizieren im Waffenrock, der der Herzogin von Unteroffizieren, Lakaien und Offizieren in hechtgrauer Feldadjustierung flankiert, um durch so subtilen Unterschied den Abstand zwischen einem kaiserlichen Prinzen und dessen morganatischer Gattin zu verdeutlichen.

Vor der Bahnstation oberhalb der Stadt, auf dem Berghang, schwenkte die Spitze des Konduktes ein und leistete den vorbeifahrenden Leichenwagen noch einmal die Ehrenbezeigung. Als die Särge von den Wagen gehoben wurden, gaben die ausgerückten Truppen die scharf peitschenden Ehrensalven. Aus den Forts der umliegenden Höhen sah man das grelle Mündungsfeuer des Saluts gegen den blassen Himmel blitzen, und aus der Tiefe rollte das Echo den Donner nach.

Die Metallsärge wurden in große, schwarze Holzbehälter gehoben, Baron Rumerskirch plombierte den Waggon.

Noch ein kurzer, stummer Abschied des Hofstaates vom Landeschef und den bosnischen Behörden, und dann verließ der Sonderzug mit den beiden Toten die Stadt.

Tief unten im schattigen Tale lag Sarajevo, im Westen begann sich nach der gesunkenen Sonne der Himmel zu röten, es tönte hauchzart im Osten wieder und auf einmal stand über der Stadt der ganze Himmel in düsterm Brand.

Unten im Tal rauschte fahlbleich die Miljačka über die Wehren, der Abendwind schauerte durch Pappeln und Zypressen neben den weißen Minaretts. Aus dem feuchten Grün der dunklen Wiesen schimmerten weiß die schiefgeneigten Grabsteine der Türken, die spitzen Steine und jene mit dem Turban oben, hin und wieder zeigte sich im Dämmer das erste Lichtlein.

„Ja, dieses Bosnien“, sagte Potiorek zum Korpskommandanten Appel, „es kommt mir vor wie ein spätes Kind einer Ehe, deren Partner sich nicht vertragen. Haben wir hüh gezogen, so haben die Ungarn hott gerufen, und die lieben Bosnier haben genau wie ein Kind dies auch gefühlt, gewußt, daß in dieser Ehe etwas nicht in Ordnung war. Damals, als ich den bosnischen Landtag aufheben mußte, hatte die ganze Welt getobt, ich wurde als Tyrann und Unterdrücker beschimpft und durch alle Zeitungen geschleift. Als ich dann den Landtag wieder einberief und die Serben hineinnehmen wollte, da hat mir dieser Jeftanović freundlich zugesagt, ja, mir sogar im Namen seiner Leute versprochen, daß sie Ruhe halten würden. Ein paar Tage später ist er durchs Hintertürl zu mir gekommen und hat sich tausendmal entschuldigt: es gehe nicht, er dürfe nicht, Belgrad erlaube es nicht!“

„Das sind Zustände! Belgrad befiehlt, Sarajevo gehorcht!“ entrüstete sich der Korpskommandant.

„Deshalb wollte ich einmal den Thronfolger hier haben“, sagte Potiorek, „damit er mit eigenen Augen sieht, wohin dieses ewige Nachgeben führen muß.“

Appel lag es auf der Zunge, zu sagen, daß dieser Versuch dem Feldzeugmeister mehr als geglückt sei, aber dann unterdrückte er doch diese Bemerkung. Potiorek ging zu seinem Wagen: „Schon einmal hat ein Habsburger, es war der letzte männliche Sproß, Karl VI., gesagt, als das von Eugen eroberte Belgrad von den Türken zurückgenommen worden war: ‚Belgrad wird noch mein Tod sein!‘ Nun, wir werden sehen, was noch zu machen ist. Bosnien ist so unterwühlt, daß man kaum ordentlich auftreten kann, ohne einzubrechen. Die Belgrader Serben kennen keine andere Beschäftigung als Politik. Früh, mittags, abends und nachts hocken sie in den Kaffeehäusern und spinnen ihre Intrigen von Paris bis Petersburg. Uns stellen sie als die Friedensstörer hin, uns, die sie seit Jahr und Tag nicht zu Atem kommen lassen. Jetzt werden sie in Wien Füße bekommen und uns alles bewilligen, was Budapest Jahre hindurch abgeschlagen hat. Oft hab' ich wirklich nicht gewußt, ob unsere Feinde die Politiker in Budapest oder die in Belgrad sind.“

„Ausgeschlossen! Kommt nicht in Frage!" wehrte Obersthofmeister Fürst Montenuovo die Herren aus dem Belvedere ab, die sehr bescheiden bitten und auftreten mußten, seit keine Macht mehr hinter ihnen stand. „Eine morganatische Gemahlin kann nicht in der Hofkapelle aufgebahrt werden. Man kann die Herzogin bei den Augustinern oder in der Michaelerkirche aufbahren, dann haben wir zwei getrennte Begräbnisse, aber eine Aufbahrung in der Hofkapelle steht nur Mitgliedern des Allerhöchsten Kaiserhauses zu. Morganatische Gemahlinnen sind im Hofzeremoniell nicht vorgesehen."

Als die Herren des Belvedere zu bedenken gaben, daß die Herzogin an der Seite des Thronfolgers wie ein Soldat für Österreich gefallen sei, und daß man aus den einfachsten menschlichen Gründen die beiden Toten nicht trennen könne, erwiderte der Obersthofmeister, daß man mit dem gleichen Recht, mit dem das Belvedere jetzt eine gemeinsame Aufbahrung in der Hofkapelle fordere, auch Einlaß für die ehemalige Gräfin Chotek in die Kapuzinergruft verlangen könne.

„Durchlaucht, in diesem einen Falle könnte doch das starre Zeremoniell geändert werden."

„Manches wird sich ändern", versetzte der Obersthofmeister, „Seine Majestät hat bereits zu verfügen geruht, daß alle Arbeiten an den Schlössern der verewigten Kaiserlichen Hoheit einzustellen sind. Aber das Zeremoniell wird sich nicht ändern. Viele, die hoch auf das Belvedere gesetzt haben, werden sehen, daß sie falsch gesetzt haben."

Die Herren des erzherzoglichen Hofstaates konnten nicht schlafen, sie standen an den Wagenfenstern und blickten in die Nacht hinaus. In allen Stationen warteten Menschen mit entblößtem Haupt und starrten dem durchfahrenden Zug nach; die an der Strecke liegenden Garnisonen waren ausgerückt und hatten längs der Bahn Aufstellung genommen. Um Mitternacht kam man durch Konjić, wo das vierte Bataillon der Deutschmeister den Zug mit dumpfem Trommelschlag empfing. Auf den Feldern brannten Feuer, von denen weg die Bauern zu dem Zug hinliefen. Schwarze Schatten standen vor der flammenden Röte, wollten winken, senkten die Häupter und schlugen das Kreuz.

Auf dem Bahnhof von Metković warteten schon seit sechs Uhr

morgens die Einwohner mit schwarzen Fahnen und die Behörden in Uniform. Stumm rollte der düstere Zug ein, die Plomben der Wagen wurden geöffnet, die vielen, vielen Kränze wurden herausgetragen und dann zuletzt die beiden großen, schwarzen, sargumhüllenden Kisten.

Eine Abteilung Matrosen hob die Särge auf, und nun ging es langsam, während noch die Schatten der frühen Sonne lang neben den Häusern lagen, durch ein Spalier schwarzgekleideter Frauen und dunkler Schulkinder, durch die Gasse derselben Schulkinder, die vor fünf Tagen in weißen Kleidchen den Thronfolger beim Landungsplatz empfangen hatten.

Beim Landungsplatz stand eine Kompanie Infanterie, die bei der Abfahrt der Motorjacht „Dalmat“ die Generaldecharge abgab. Ein Zolldampfer mit der Beamtenschaft von Metković folgte der „Dalmat“. An den flachen Ufern der Narenta waren Schulkinder mit den bärtigen Popen in der Mitte aufgestellt und sangen dem vorbeifahrenden Schiff Trauerchöre nach.

In der prallen Mittagssonne sah man vor der Narentamündung weit draußen über dem flimmernden, blauen Meer die dunklen Rauchfahnen der Sommereskader unter Admiral Haus auf dem „Viribus Unitis“.

Unter Salutschüssen des Großlinienschiffes fuhr, von einem Torpedoboot geleitet, die „Dalmat“ heran, legte bei, die Särge und der Hofstaat des Erzherzogs wurden an Bord des „Viribus Unitis“ genommen.

Auf dem Achterdeck war unter den großen Drillingstürmen eine Kapelle errichtet, die Särge wurden mit Flaggen und Fahnen bedeckt.

„Im Jahre elf war Seine Kaiserliche Hoheit mit Ihrer Hoheit beim Stapellauf dieses Schiffes“, bemerkte Baron Rumerskirch. „Und gestern hätten wir mit Seiner Kaiserlichen Hoheit an Bord von Fort Opus bis Triest diese heute so traurige Fahrt als Dauerprobe mit der höchsten Geschwindigkeit zurücklegen sollen“, erwiderte der Linienschiffsleutnant.

Auf Baron Rumerskirchs Frage, wann man fahre, erhielt er den Bescheid, daß Wien angeordnet habe, erst am nächsten Morgen weiterzufahren. Die Herren des Erzherzogs begriffen: Montenuovo wollte Zeit haben, über verschiedene Schwierigkeiten nachzudenken. Am nächsten Morgen fuhr der eiserne Trauerzug, der Viribus voran, ihm nach fünf Schlachtschiffe, mit ganz kleiner Fahrt nach Norden. Man ging, soweit es die vielen kleinen Inseln zuließen, nah an die Küste heran. Aus den steinernen Städten und aus den an den Fels geschmiegten Dörfern kamen die in den Schraubenwellen schaukelnden schwarzen Jollen, die schwarzverhängten Dampfer mit Musikkapellen, die das „Gott erhalte" spielten, kamen ockergelbe Segel über armseligen Fischerbooten und folgten der rauchumwölkten Eskader. In Diokletians Stadt, in Spalato, das man um neun Uhr abends passierte, stand das Volk dicht gedrängt im Hafen und sah den vorbeifahrenden Schiffen nach.

Dumpf dröhnte am nächsten Morgen der Salut der Seefestung und des Kriegshafens Pola. Gegen Abend kam die Eskader in Triest an. Weiß leuchtete in der dämmerigen Bucht das Schloß Miramare auf, das Kaiser Franz Josephs in Mexiko erschossener Bruder Max so sehr geliebt hatte.

Eine neue Weisung war eingelangt: Die Särge seien erst am nächsten Morgen an Land zu bringen. Das Gefolge der Toten schwieg. Die Herren ahnten, was sie zu erwarten hatten. Alle, die sich bei dem zu erwartenden Thronwechsel schon amoviert und pensioniert gesehen, die Senilenzen und Maraszenzen, die hatten nun wieder Oberwasser. Das Alte war gerettet, nun sollte es auch bei den Alten, bei den Erprobten und Bewährten bleiben, jene aber, die im Gefolge des Erzherzogs hatten herauf wollen, die sollten zurückgestoßen werden.

Über den Schwarzenbergplatz in Wien wälzte sich eine lärmende und brüllende Menschenmenge, die ihren Wirbel haben wollte. Nur mit Mühe gelang es den Wachleuten, die Menschen zum Stehen zu bringen. Man dürfe sie nicht aufhalten, die Wache sei nicht dazu da, serbische Mörder zu beschützen, wer sich der Menge entgegenstelle, sei ein Hochverräter, wurde geschrien.

Alle Zugänge zur serbischen Gesandtschaft waren von Wache abgeriegelt. Aber gegen elf Uhr abends quoll aus allen Seitengassen der Wiedner Hauptstraße und der Favoritenstraße die singende Menge vor. Steine flogen gegen die Polizei, Stöcke wurden geschwungen, der Ringkragen wurde den Wachleuten von der Brust gerissen. Abgeordnete wetterten gegen die Wache und versprachen, morgen mit größeren Massen wiederzukommen. Durch solche Reden wurde die Wut der Menge so gesteigert, daß die Leute den Kordon durchbrachen und in die nur schwach erhellte Gußhausstraße vordrangen.

Horch! Hufgeklapper! Die Berittenen! Die Berittenen! Alles

spritzte kreischend auseinander und suchte im Schatten der Haustore Schutz. Die berittene Wache galoppierte durch die leergefegte Straße.

Vom Rennweg hörte man, als die Hufe verklappert waren, das Prinz-Eugen-Lied und die Wacht am Rhein. Dort demonstrierte man vor der russischen Botschaft. Und Franz Ferdinands Plan war es gewesen, mit dem Zaren und mit Kaiser Wilhelm zusammenzugehen wie zu Zeiten der Heiligen Allianz, um die Monarchien vor dem Ansturm des Nationalismus der Französischen Revolution zu schützen!

„Gut, man hat es bei Seiner Majestät durchzusetzen verstanden", sagte Fürst Montenuovo den hartnäckigen Herren aus dem Belvedere, „daß die Herzogin von Hohenberg neben Seiner Kaiserlichen Hoheit in der Hofkapelle aufgebahrt wird. Seine Majestät hat dies in Seiner Allerhöchsten Gnade bewilligt. Da Seine Majestät durch den geschwächten Gesundheitszustand ohnedies verhindert sein werden, einer Leichenfeierlichkeit in großem Stile beizuwohnen, da außerdem bei so gespannter Weltlage die Verantwortung nicht übernommen werden kann, hier in Wien so viele fremde Fürstlichkeiten zu versammeln, so wird die Beisetzung in aller Stille vor sich gehen."

„Seine Kaiserliche Hoheit war Generalinspektor der gesamten bewaffneten Macht", erlaubte sich ein Herr aus dem Belvedere einzuwenden, „schon dieser Rang allein verlangt eine Beisetzung in größerem Stile."

„Bedaure ungemein. Wir können für die gesamte bewaffnete Macht ebensowenig ein neues Dienstreglement herausgeben, wie es in unserem Belieben steht, das Hofzeremoniell für einen vereinzelten Fall abzuändern. Sie müssen verstehen, daß ich durch das Zeremoniell genau so gebunden bin, wie irgendein anderer treuer Staatsdiener durch Gesetze und Vorschriften. Seine Kaiserliche Hoheit hat uns, das weiß Gott im Himmel, im Leben genug Schwierigkeiten bereitet. Es wäre an der Zeit, daß dieser Geist ständiger Opposition des Belvedere mit Seiner Kaiserlichen Hoheit auch zur Ruhe ginge. Da das Belvedere meinen Vorschlag, die Beerdigung des Erzherzogs in der Kapuzinergruft und die der Herzogin in Artstetten getrennt vorzunehmen, abgelehnt hat, übernehme ich auch weiter keine Verantwortung für das, was außerhalb Wiens geschehen wird. Auch mein Amt hat seine Grenzen. Ich bringe Ihnen die Leichen bis auf die Westbahn, lasse sie dort einwaggonieren und abrollen, was dann aber mit ihnen geschieht, wird Ihre Sache sein."

So sprach Fürst Montenuovo, der Nachkomme Marie Luisens, der Gemahlin Napoleons I. aus der morganatischen Ehe mit deren Oberstallmeister, dem Grafen Neipperg, dessen Sohn zum Fürsten Montenuovo erhoben worden war. Der Enkel aus habsburgischem Blute war nicht gewillt, der Herzogin von Hohenberg mehr Ehren zu erweisen, als seinem Ahnen erwiesen worden waren. Das Zeremoniell deckte den Fürsten Montenuovo, der Kaiser hielt ihn. Der Fürst hatte lange warten müssen, bis der Tag seines Triumphes gekommen war, nun wollte er ihn bis zur Neige auskosten.

An der ganzen Südbahnstrecke standen in den Stationen, an Straßenkreuzungen, auf dem Eisenbahndamm Geistliche mit Prozessionen und Fahnen, Musikkapellen und Gesangvereine, die dem durchfahrenden Zug den letzten Gruß entboten. Bei Bruck an der Mur hatte der Zug auf offener Strecke einen kurzen Aufenthalt; Herren des Gefolges stiegen aus und liefen nach vorne: die Räder der Lokomotive waren mit Blut bespritzt, an den Puffern klebte Hirn: ein Weichensteller war von diesem Unheilszug überfahren worden. Der Mann wurde, nachdem die Lokomotive zurückgefahren war, mit Tüchern überdeckt. Ein hagerer, alter Geistlicher aus einem naheliegenden Dorf kam atemlos herbei: „Unglück, nichts wie Unglück!" rief er aus. Um über den lastenden Eindruck hinwegzukommen, erzählte ein Herr des Gefolges, wie man den durchfahrenden Zug auf der ganzen Strecke begrüßt habe. Der alte Geistliche nickte: „Ja, ja, so viele Leute waren vom Meer hinauf bis nach Wien wohl nicht mehr auf den Beinen, seit damals der unglückliche Papst Pius VI. im Winter über die Alpen zu Kaiser Joseph II. nach Wien gezogen ist, um den Kaiser von der Aufhebung der Klöster abzubringen. Das kann man bei mir in der Pfarrei nachlesen. Damals hat alles Unglück angefangen."

Die Kirche war älter als alle Dynastien, sie hatte ein besseres Gedächtnis und maß in größeren Zeiträumen. Die Herren hatten nicht mehr Zeit, etwas zu antworten, sie mußten in den Zug zurück, sie grüßten und stiegen ein.

Um zehn Uhr abends traf der Zug in Wien ein. Die Fahne der Ehrenkompanie senkte sich, Unteroffiziere trugen den Sarg des Erzherzogs, Lakaien den der Herzogin in das Hofvestibül des Südbahnhofes. Der Katafalk für die Herzogin war um so viel niedriger, als sie im Hofrange tiefer gestanden war als der Erzherzog, und das war ein beträchtliches Stück. Der nunmehrige Thronfolger Erzherzog Karl mit dem rotwangig-pausbäckigen wettinischen Gesicht seiner sächsischen Mutter und der Obersthofmeister des Kaisers, Fürst Montenuovo, knieten in dem schwarz ausgeschlagenen Raum vor den Särgen nieder, während der Hofburgpfarrer die Toten segnete. Fürst Montenuovo kniete vor der toten Herzogin, deren Sarg er hatte tiefer stellen lassen.

Zwei berittene Hofkommissäre eröffneten den Leichenzug. Eine Halbschwadron Erzherzog-Franz-Ferdinand-Ulanen Nr. 7 folgte. Dann kamen vier Trauerwagen und dann zwei Hofreitknechte auf Rappen mit flackernden Fackeln. Die beiden Leichenwagen wurden von je zwölf Trabanten und Leibgardereitern flankiert, den Kondukt beschloß die andere Halbschwadron Ulanen. Am Belvedere, dem nun entmachteten Schloß vorbei, zog der Zug die Prinz-Eugen-Straße abwärts. Truppen in Feldadjustierung bildeten Spalier.

„Gewehr heraus!" rief der Schnarrposten beim äußeren Burgtor, die Wache trat unter das Gewehr, die Fahne senkte sich. So zog die Herzogin neben dem Erzherzog in die Wiener Hofburg ein; es ließ sich nicht vermeiden, daß ihr die ihr nicht gebührende Ehrenbezeigung geleistet wurde. Doch die einstige Gräfin Chotek hörte es nicht, sah es nicht, sie konnte sich darüber nicht freuen. Die Sängerknaben der Hofburgkapelle stimmten bei Fackellicht im Burghof ein Lied an, während die Särge die steile Stiege zur Kapelle emporgetragen wurden. Die Kapelle war schwarz ausgeschlagen, über den Katafalken hing dunkel und unheilschwer ein schwarzer Baldachin. Auch hier stand der Sarg der Herzogin um eine Stufe tiefer. Vor dem Sarg Franz Ferdinands wurden die Prinzenkrone, der Erzherzogshut, der Generalshut, der Säbel und die Orden auf einem Samtpolster ausgelegt, vor den Sarg der Herzogin legte man einen schwarzen Fächer und ein Paar weiße Handschuhe. In dem schwarz ausgeschlagenen Betstuhle kniete zu so später Stunde, unbeirrt durch Flüstern und leises Hinundhergehen, die Stiefmutter des Erzherzogs neben ihrer Nichte, der Erzherzogin Zita, der künftigen Kaiserin. Die Leichen wurden noch einmal eingesegnet, Baron Rumerskirch übergab, ohne aufzublicken, die beiden Sargschlüssel dem Obersthofmeister.

In der Nacht fuhren die Bürger aus ihrem unruhigen Schlaf. Durch die offenen Fenster hörten sie ein aufregendes, nervöses, nicht zur Ruhe kommendes Klappern. Sie liefen zu den Fenstern und blickten in die laue Sommernacht hinaus. Ein langer, stummer Reiterzug ritt durch die Straßen, es war der Adel der Monarchie, der aus allen Kronländern herbeigeeilt war, und der nun zur Hofburg ritt, um von dem Erzherzog und von der ehemaligen Gräfin Chotek Abschied zu nehmen. Und manch einer, der vom Fenster wegtrat und ferne die Hufe verhallen hörte, meinte, der Adel sei fortgeritten, fort aus der Zeit.

Ein letztes Mal sprach Fürst Rüdiger von Starhemberg beim Obersthofmeister vor: „Ist es wahr, daß man den Geheimen Räten und Kämmerern die Begleitung des Trauerzuges auf die Westbahn verwehren will?"

„Seine Majestät ist unpäßlich", erwiderte Fürst Montenuovo mit leichtem Achselzucken, „die Feierlichkeiten finden nur im engsten Rahmen statt, daher entfällt jede größere Prunkentfaltung. Das Begräbnis in Artstetten wird sich ja nur auf den intimsten Kreis beschränken. Ich sehe mich daher veranlaßt, das angedeutete Verbot aufrechtzuerhalten."

Nun hielt Fürst Starhemberg nicht mehr an sich: „Ich lasse mir aber von gar niemandem verbieten", brauste der Fürst auf, „dem toten Thronfolger jene letzte Ehre zu erweisen, die dem einfachsten Soldaten gebührt. Und wenn man auf diesem Verbot besteht, so lege ich meine Geheime Rats- und Kämmererwürde nieder. Es geht nicht an, den Erzherzog wie einen Justifizierten bei Nacht und Nebel in die Hauptstadt zu schaffen und ihn auf die gleiche Weise wieder abzutransportieren." Fürst Montenuovo erhob sich. Über seinem Haupte dunkelte ein Bild des düstern zweiten Ferdinands, Wallensteins mächtigem Kaiser, mit der hängenden Unterlippe und den finster zusammengezogenen Brauen. Der Fürst strich sich erregt seinen grauen Spitzbart, neigte den Kopf etwas zur Seite und gab Starhemberg zu verstehen, daß er die Unterredung für beendet halte.

Im Zwielicht des verdämmernden Tages versammelten sich unter der Führung des Fürsten Starhemberg an der Ecke von Burgring und Babenbergerstraße einhundert Herren in den reich verschnürten Trachten des ungarischen und polnischen Hochadels; die böhmischen und deutschen Herren waren in den Uniformen ihrer Kavallerieregimenter, in den weißen Gardemänteln und nur wenige in ziviler Trauerkleidung erschienen. Als der Leichenzug mit dem kleinen Kondukt vorbeikam, reihte sich der Hochadel wortlos ein und folgte zu Fuß dem toten Thronfolger und der Herzogin durch die menschengesäumte Mariahilfer Straße.

Die Generalität und die Staatswürdenträger versammelten sich auf dem verrußten und veralteten Westbahnhof. Conrad trat auf General Auffenberg zu, zwei kleine Generale sprachen über große Fragen: „Nun wird es endlich ernst, wenn auch, meiner Meinung nach, viel zu spät, viel zu spät", sagte Conrad.

„Die Serben haben ein Strafgericht mehr als verdient", pflichtete Auffenberg bei, „aber weißt du, ich fürchte, daß ein Weltbrand entsteht, wenn wir ordentlich dreinfahren."

„Mit den gleichen Worten hat Franz Ferdinand auch jede von mir geforderte endgültige Abrechnung immer wieder hinausgeschoben", ereiferte sich Conrad. „Weltbrände entstehen nicht so schnell. Jetzt ist das Recht ganz auf unserer Seite. Die Großmächte werden es sich überlegen, eine Mörderbande zu schützen. Jetzt kann sich der Zar mit bestem Willen nicht vor den serbischen König stellen. Für uns handelt es sich um Sein oder Nichtsein. Weichen wir heute aus, werden sie morgen noch frecher. Wenn aber die Großmächte wirklich für Mörder und für Hintermänner von Mördern Partei nehmen, müssen wir das Schlimmste in Kauf nehmen, und unser Recht wird uns helfen."

„Wenn wir wenigstens fertig wären!" klagte Auffenberg. „In der Verfassung, in der wir heute sind, können wir es nicht auf einen Kampf auf Leben oder Tod ankommen lassen. Wir stecken mitten in der Umbewaffnung. Wir haben viel zu wenig und außerdem nur unmoderne schwere Artillerie. Ich habe das dem Verewigten hundertmal vorgetragen. Er war taub auf diesem Ohr. Hätt' ich als Kriegsminister wenigstens das Geld gehabt, das Franz Ferdinand nach berühmtem wilhelminischem Muster in die Marine gesteckt hat, dann könnte ich deine Zuversicht teilen."

„Fertig ist man nie", erwiderte Conrad, „aber wir können ja trachten, diesen unvermeidlichen Konflikt zu lokalisieren. Warum denn nicht? Man konnte doch auch den Brandherd der beiden Balkankriege abgrenzen, dieser beiden Kriege, die unsere Lage so gewaltig verschlechtert haben."

Auffenberg wiegte bedenklich den Kopf: „Möglich, möglich, aber wenig wahrscheinlich."

Conrad blickte eine Weile vor sich hin, dann fragte er unvermittelt: „Weißt du, welchen Jahrestag wir heute haben?"

„Heute? Mir scheint, heute ist der vierzehnte Hochzeitstag des Thronfolgers."

„So, daran hab' ich nicht gedacht. Nein, ein anderer Gedenktag. Heute haben wir den Jahrestag der Schlacht von Königgrätz.

Und damals haben wir alles verloren, weil wir uns vor lauter Schwanken und Bedenken auch zu nichts Rechtem entscheiden konnten. Wir dürfen diese letzte Gelegenheit nicht versäumen, wenn jemals, dann werden wir den ewig schwankenden, mit halben Mitteln herumdokternden Ballhausplatz jetzt auf unserer Seite haben."

„Und was sagst du zu dem Hofbegräbnis dritter Klasse?"

Conrad zuckte die Achsel: „Der bekannte Eselstritt. Der Gedanke, daß irgendein auswärtiger Potentat der verewigten Herzogin die letzte Ehre hätte erweisen können, hat die Senilenzen um den letzten Rest von Verstand gebracht. Daß Montenuovo, der selbst niemals eine Soldatenuniform getragen hat, dieser oberste aller Federfuchser, mit diesem Begräbnis auch die Armee auf das schwerste beleidigt, das fällt gar niemandem auf. Wir sind zum Schweigen erzogen worden, aber wir schweigen nun schon so lange, daß wir dabei fast das Denken verlernt haben. Wäre dem nicht so, wir hätten uns alle das nicht bieten lassen dürfen."

Um Mitternacht hielt der Zug mit den Leichen einige Minuten in St. Pölten. Abordnungen der Garnison leisteten den beiden Toten die letzte Ehrenbezeigung. Es war unerträglich schwül, kein Lufthauch regte sich. Der Himmel über den dunklen Höhenrücken flammte fahl auf und erstarb wieder.

Auf dem freien Platze vor dem Bahnhof in Pöchlarn standen in einem großen Karree die Feuerwehr- und Veteranenvereine der ganzen Gegend, Helmbügel und Knöpfe blinkten im Fackellicht. Die von weither gekommenen und schon lange wartenden Leute waren müde, niemand sprach ein Wort.

Um halb ein Uhr hörte man den Zug heranbrausen, seine Lichter leuchteten auf.

Ein böser Wind schauerte auf einmal durch die Bäume, trieb den Leuten den Staub in die Augen und ließ die Fackeln auflodern.

Der Zug mit den beiden Toten wurde auf ein Nebengeleise geschoben, einige Waggons mit Kränzen wurden ausgeladen, das große Kreuz der Kinder, aus weißen Rosen, wurde herausgesucht und beiseite gestellt. Zwischen dem Frachtenmagazin und dem Stationsgebäude des kleinen Ortes nahmen die Offiziersabordnungen der Inhaberregimenter und des Regimentes 102 aus Beneschau Aufstellung.

Nun kamen die Vereine mit den flackernden Fackeln, umschlossen die Offiziersgruppe, halblaute Kommandos ertönten, der Wind blies um die Ecken, die Leute mußten ihre Hüte halten. Donner grollte auf, die dunklen Bergrücken standen schwarz vor lichtdurchzucktem Himmel.

Die Schiebetüren des schwarz ausgeschlagenen Waggons wurden geöffnet, und in diesem Augenblick brach das Wetter los, verlöschte die Fackeln und trieb die Priester im Ornat zurück unter das Eisendach des Perrons.

Nun mußten auch die Veteranen und die Feuerwehrleute, die bis auf die Haut durchnäßt waren, hereingeholt werden. Man versuchte, die feuchten Fackeln wieder in Brand zu stecken, aber es gelang nicht.

Aus der Dachrinne gurgelte das überquellende Wasser; der dunkle Zug, draußen auf dem Nebengeleise, mit der offenen Tür des langen Waggons, stand hinter einem grau fließenden, von Blitzen erhellten Vorhang strömenden Gusses.

Als das Wetter nicht nachließ, ja der Regen immer stärker zu werden begann, entschloß man sich, die Einsegnung der Toten im Wartesaal vorzunehmen.

Hausoffizianten der Wiener städtischen Leichenbestattung und Feuerwehrleute rannten durch den strömenden Regen zu dem langen Waggon und trugen die Särge, Kreuze, Kandelaber und Bahren in den kleinen Wartesaal, an dessen Wänden Fahrpläne und Bäderanzeigen hingen. Sechs Offiziere vom Dragonerregiment Nr. 4, sechs Offiziere vom Ulanenregiment Nr. 7 nahmen mit gezogenem Säbel neben den Särgen Aufstellung. Nun stand, während der Priester die Einsegnung vornahm, das Gewitter über Pöchlarn, Blitze schlugen in der Nähe ein, Donner ließ die Fenster erbeben.

Ein Offizier stand draußen auf dem Bahnsteig und starrte in den aufflammenden Himmel:

„Kometen fallen nicht, wenn Bettler sterben,
Der Himmel selbst flammt Fürstentod herab.“

Drinnen im Wartesaal war für die Vereine nicht Platz, die alten Veteranen saßen draußen auf dem Bahnsteig, schliefen mit offenem Mund, ließen sich aus der Restauration etwas zu essen geben und warteten geduldig. Ein alter Mann mit einem Kaiserbart schüttelte den Kopf: „So ein Wetter hab' ich seit dem Begräbnis des Admirals Tegethoff nicht erlebt. Damals ging auch, während wir noch auf dem Friedhof waren, eine Sintflut nieder.“

„Der Herrgott stellt den Salut bei, den man dem Toten verweigert hat“, sagte ein Offizier. „Und er leuchtet mit den Blitzen, um endlich einmal zu sehen, wen man immer durch die Nacht führt — schon seit Tagen."

Das Wetter zog weiter, aber immer noch flammten Blitze und grollte Donner. Da der Weg nach Artstetten weit war, ließ man die beiden achtspännigen Leichenwagen vorfahren. Unruhig schnaubten die Rappen, zuckten bei den Blitzen zusammen, schlugen über die Stränge und waren nur schwer zu beruhigen. Die Fahrer waren durchnäßt, die Fackelträger hatten kein Licht, hin und wieder leuchtete eine irrende Laterne auf.

Die Blumen der vielen Kränzen atmeten nun, bei dem abziehenden Wetter, einen starken, süßen Duft aus.

Langsam zog der Zug, während der grauende Morgen sein tränenüberströmtes Gesicht aus der fiebernden Nacht hob, durch die lange Gartenstraße, durch die dunklen Reihen von aufgespannten Regenschirmen nach Pöchlarn. Die schwarzen Fahnen hingen, vom Winde zusammengedreht, wie Stricke von ihren Stangen. Die Wagen holperten über die Katzenköpfe des Pflasters — nun war man unten am Ufer der Donau, bei der Fähre. Vom andern Ufer des knisternden, rauschenden, nebelverhüllten Stromes leuchteten Fackeln herüber.

Die Pferde wollten nicht auf die Fähre gehen, sie bäumten sich bei jedem Donnerschlag auf, sie stemmten sich gegen die Deichsel, die Fahrer mußten absitzen, Offiziere mußten helfen, die Tiere zu beruhigen, sie mußten die schnaubenden Rappen beim Zügel nehmen und führen.

Nun standen endlich die schwarzen, federbuschgezierten, schabrackenbehängten Rosse auf der unter ihren Hufen aufdonnernden Fähre. Die Fähre setzte sich langsam in Bewegung, Pöchlarn entfaltete seine dem Strom zugekehrte Schauseite in ihrer geschlossenen Schönheit, die Morgennebel hüllten das langsam dahingleitende Geisterschiff mit seiner aufragenden Fracht ein.

Noch immer leuchteten Blitze auf und verzuckten hinter den bewaldeten Höhen. Als die Fähre in der Mitte des Stromes war, zerriß ein gewaltiger Donnerschlag die Stille, ein Blitz überflammte das dämmerige Land. Das linke Stangenpferd vor dem Leichenwagen des Erzherzogs bäumte sich hoch auf, drängte zurück, schon schwebte das Hinterrad des Wagens über dem Wasser, da eilte noch alles mit unterdrückten Rufen herbei, griff in die Speichen und verhinderte den Absturz des Wagens in den grauen, rauschenden, gegen die Fähre brausenden Strom.

Als die Fähre am andern Ufer ankam, hellte sich der Himmel

auf, Blau schimmerte durch die bleiernen Wolkenbänke, und Sonnenlicht fiel schräg auf die regenzerrissene, aufgeweichte Bergstraße, zu deren Seiten nasse, unausgeschlafene und frierende Feuerwehrleute und Veteranen standen.

Nun lag der kleine Bahnhof von Pöchlarn verlassen da, die schwarzen Draperien und die schwarzen Fahnen hingen feucht und schlaff, allenthalben lagen Blumen und Blätter der Kränze verstreut umher.

Die Erzherzoginnen, Hoheiten und der Hochadel waren mit den letzten Automobilen zur Fähre hinunter und dann hinüber nach Artstetten, hoch oben auf dem Berge, gefahren. Der Tag erstrahlte im Sonnenlicht, die reingewaschenen Höhen dampften nach dem Tumult der Nacht in heiterem Opferrauch zum blauen Himmel empor. Ein Zug mit einigen Nachzüglern fuhr ein, ihm entstieg ein schlanker, gebückter Mann in schwarzer Trauerkleidung mit den Todesrunen im bleichen Gesicht.

Der Herr blickte sich scheu um und ging dann auf einen diensttuenden Beamten der Staatspolizei heran: „Kann ich einen Wagen nach Artstetten haben?"

„Es wartet noch einer draußen, Kaiserliche...", der Beamte stockte, „es wartet noch ein Taxi draußen, das reserviert ist."

Auf den bleichen Wangen des Herrn schienen zwei rote Flekken auf, er dankte, hielt das Taschentuch an den Mund und verließ schnell den Bahnsteig.

Der Stationsvorstand fragte, wer der Fremde gewesen sei, der Beamte flüsterte ihm leise zu: „Der Bruder Franz Ferdinands, Karl Burg, der nur für den heutigen Tag die Erlaubnis hat, nach Österreich zu kommen."

„Und das alles, weil er eine Bürgerliche heimlich geheiratet hat?" Der Stationsvorstand schüttelte den Kopf. „Daß da nicht wenigstens Franz Ferdinand für den armen Bruder eingetreten ist?"

„Der am allerwenigsten. Für den war Karl Burg tot." Der Polizeibeamte zündete sich eine Zigarette an: „Das waren die drei ungleichsten Brüder, die es je gegeben hat. Der schöne, leichtsinnige Otto ist an den furchtbaren Folgen des Leichtsinnes, schreiend, daß man es häuserweit hören konnte, in den Armen einer Schauspielerin draußen in einer Cottagevilla gestorben; Franz Ferdinand hat Otto nicht besucht, weil Otto gegen Franz Ferdinands Heirat mit der Gräfin Chotek alle Hebel in Bewegung gesetzt. Was Franz Ferdinand dem Kaiser abgetrotzt hat, das wollte sich der weit schwächere Ferdinand Karl erlisten, obendrein wollte Ferdinand Karl den Unterschied zwischen einer Gräfin und einer Bürgerlichen nicht einsehen. Dafür ist er aus der Standesliste der Armee gelöscht, aus dem Kaiserhaus ausgestoßen und aus Österreich verbannt worden. Franz Ferdinand wollte gesund sein und ist deshalb mit seinem Leiden fertig geworden, Karl Burg sieht nicht so aus. Die höchsten Herrschaften träumen ja oft davon, allen Würden und Ämtern zu entsagen und wie schlichte Bürger zu leben. Wird aber solch ein Wunsch erfüllt, dann frieren sie in der Kälte, die ihnen auf einmal entgegenschlägt, denn sie müssen sehen, daß sie nirgendwo mehr daheim sind."

Die Attentäter, Juni 1914

Auch der Untersuchungsrichter in Sarajevo hatte die Ansprache des Metropoliten im Morgenblatt gelesen, die als Rechtfertigung der staatstreuen Serben aufzufassen war: „Erleuchte jene", hatte der Metropolit in der fast leeren Metropolitankirche gerufen, „welche anstatt Dir, Gott, dem Satan dienen, welche Dein Wesen verneinen, Deine Kirche untergraben, die Existenz der Seele leugnen, denen die Kirche ein Geschäftshaus der Geistlichen, das heilige Kreuz Pfaffentrug ist, die Deinen Worten nicht folgen, die Dein Evangelium mißachten, an ein Leben nach dem Tod nicht glauben, und Deiner Gerechtigkeit spotten. Mache sie unschädlich, großer Gott, deren Prinzip die Vernichtung und die Revolutionierung der Welt ist. Erleuchte sie, präge ihnen Dein Gesetz ein, in dem es heißt, daß jede Macht von Dir ist, weil Du die Fürsten über das Volk gesetzt hast, daß die Bösen sie fürchten, nicht aber die Guten."

Nun ließ sich der Untersuchungsrichter wieder einmal — ach, zum wievielten Male schon! — Princip vorführen. Princip hielt den rechten Arm mit der linken Hand, als könnte der Arm herunterfallen. Sein Gesicht war verquollen, seine Augen lagen tief in den Höhlen.

„Setz dich nur — so, und nun sag mir einmal: glaubst du eigentlich an Gott?"

Princip blickte kurz auf, lachte höhnisch und sagte: „Eine komische Frage. Das gehört doch gar nicht hierher. Aber wenn Sie es wissen wollen: ich bin Atheist."

Der Untersuchungsrichter lehnte sich etwas zurück, als wollte er einigen Abstand von diesem seltsamen Menschen gewinnen. Ihm war es wie einem Gärtner zumute, der mit seinem Grabscheit eine den schönen Rasen zerstörende Wühlmaus gefangen und herausgeschleudert hatte, und dem nun diese Wühlmaus mit menschlichen Worten, ja mit klaren, unwiderlegbaren Worten Rede stand.

„Hm — also ein Atheist. Da wirst du mir also auch nicht die Wahrheit sagen wollen? Da leugnest du wohl überhaupt, daß es eine Wahrheit gibt?"

„Es wird wohl eine Wahrheit geben", erwiderte Princip, „aber ich bin müde und hungrig und habe keine Lust, zu sprechen."

„Ich bin auch müde", sagte der Untersuchungsrichter, „aber es liegt ja nur an dir, ob du schlafen oder essen darfst soviel du willst. Du weigerst dich also noch immer, zu sprechen und mir zu sagen, woher du die Waffen hast und wer mit dir im Bunde war?"

„Gewiß weigere ich mich. Es ist ganz zwecklos, in mich zu dringen."

„Und den Grund, warum du das Furchtbare getan hast, willst du mir auch nicht nennen?"

„Der Grund war Rache — und Rache ist süß."

„Was für eine Rache denn? Dir persönlich hat doch der hohe Verewigte nichts getan! Er hat ja nicht einmal von deiner Existenz etwas gewußt. Wofür kannst du dich denn dann rächen wollen?"

Princip blickte auf und maß den Untersuchungsrichter mit prüfendem Blick: „Verstehen Sie das wirklich nicht? Fühlen Sie wirklich nicht, wie schlecht es unserm ganzen Volk in Bosnien gegangen ist?"

„Nun, nehmen wir meinetwegen an, daß es uns in Bosnien schlecht gegangen wäre — wie aber sollte das die Schuld des verewigten Thronfolgers sein?"

„Er war ein Feind der Slawen."

„Franz Ferdinand ein Feind der Slawen? Er, auf den wir alle unsere Hoffnungen setzten? Er, der uns den Trialismus bringen wollte? Das glaubst du wohl selbst nicht."

„Doch, das ist meine Ansicht. Jeder von uns erwartete eine Besserung durch die Befreiung vom Joch der Habsburger — und so dachte wohl auch der größte Teil unserer Jugend —"

„Glaubst du! Aber ich weiß doch, daß das nicht wahr ist."

„Wer nicht so denkt, geht mich nichts an", erwiderte Princip, „es gibt überall Mist."

Der Untersuchungsrichter seufzte: „Mit dir ist es schwer, mein Lieber, recht schwer. Also du glaubtest, daß Franz Ferdinand ein so bedeutender Mann war, den man beiseite schaffen mußte, um deine Ideen zu verwirklichen?"

Princip ließ seinen Arm los und machte eine kurze, abwehrende Handbewegung. „Ich hab' nicht gesagt, daß er bedeutend war. Das glaube ich auch nicht. Es kommen dann Sachen in das Protokoll, die ich nie gemeint habe. Er war energisch, er wollte das, was uns schadet — mehr will ich nicht gesagt haben."

„Du bist ja sehr genau. Aber deine Freunde sind gottlob etwas mitteilsamer. Ja, willst du mir nicht sagen, bei wem du hier in Sarajevo gewohnt hast?"

Princip blickte mißtrauisch auf, aber der Untersuchungsrichter machte ein ganz argloses Gesicht.

„Einmal da und einmal dort. Mehr werde ich nicht sagen."

„Aber du kennst doch einen gewissen Daniel Ilić, einen ehemaligen Lehrer?"

„Den kenne ich nicht."

„Da hast du aber ein schlechtes Gedächtnis. Er kennt dich sehr gut, er ist nebenan, ich kann ihn dir gegenüberstellen lassen, er wird doch den Freund wiedererkennen, der bei seiner Mutter gewohnt hat."

Princip hob den Kopf, über sein Gesicht ging ein schmerzhaftes Zucken, seine Augen flackerten auf, aber dann knickte er zusammen.

„Nun siehst du", sagte der Untersuchungsrichter freundlich, „daß es gar keinen Zweck hat, zu leugnen. Du kannst nicht schlafen, du hungerst, aber dieser Ilić sagt uns alles, was wir von ihm wissen wollen, und Ilić ist ausgeschlafen und satt. In ein paar Stunden werden wir euch alle beisammen haben. Ilić hat uns alle genannt: den Trifko Grabež, den Cvetko Popović, den Vašo Čubrinović — den Miško Jovanović... und dann wirst du einsehen, wie sinnlos es ist, nicht die Wahrheit zu sagen. Nun, was sagst du jetzt? Es kommt dir wohl ein wenig unerwartet, wie? Willst du dir vielleicht doch noch dein Herz durch ein Geständnis erleichtern? So sprich doch!"

Princip nagte an seiner wulstigen Unterlippe, er starrte dem Untersuchungsrichter wie ein gequältes Tier in dessen freundliches, triumphierendes Gesicht. Dann überlegte Princip eine

Weile: „Ich habe eine Bitte“, sagte er leise. „Ich werde alles sagen, aber vorerst will ich mit Grabež und Čabrinović sprechen.“

Nun konnten sich der Untersuchungsrichter, der Protokollführer und der Justizsoldat eines Lächelns nicht erwehren.

„Nein, das geht wieder einmal nicht, das stellst du dir ja recht lustig vor. Ihr werdet dort untereinander ausmachen, was ihr sagen und was ihr verschweigen wollt, und wir würden das Nachsehen haben. Du mußt dich schon bequemen, allein mit uns zu sprechen — bei der Hauptverhandlung wirst du ja deine Freunde wiedersehen.“

Kaum hatten die drei finster blickenden Männer mit den Lammfellmützen die Redaktion des Blattes ‚Balkan‘ in Belgrad verlassen, als schon der Redakteur Svetolik Savić zum Telephon rannte und den Stadtpräfekten verlangte: „Ich bitte um Schutz!“ rief er in höchster Erregung, „die Schwarze Hand bedroht mich. — Wieso sie mich bedroht? Eben waren drei Komitadschi bei mir, die Major Tankosić geschickt hat — wie bitte? — ja, Vojan Tankosić — er lasse mir sagen, es werde mir übel ergehen, wenn ich irgend etwas über die Verbindung der Sarajevoer Attentäter mit den hiesigen Behörden oder Bekannten berichte. — Wer mir das Material darüber gegeben hat? Ich weiß auch nicht mehr als alle wissen. Aber uns wird das Schweigen auch nicht viel nützen, da der eine Attentäter, der von Tankosić die Bomben übernommen hat, in Sarajevo zu sprechen beginnt. Welcher von den dreien? Čabrinović. Warum ich darüber schreiben will? Wenn ich das nicht bringe, kommen mir die andern doch zuvor. Sie können mir bloß Schutz gegen die Schwarze Hand zusagen, wenn ich nicht schreibe? Wer regiert denn eigentlich in Belgrad? Apis? Der Kronprinz? Pašić? oder wer? Gut, gut, ich werde nicht schreiben, ich füge mich dem Terror. Ich schweige.“ Der Redakteur hängte ab und zerknüllte das Manuskript, das er in den Papierkorb warf.

Der Ministerpräsident Nikola Pašić, der mit seinem weißen Bart wie ein Patriarch aussah, ließ sich den Minister für öffentliche Arbeiten rufen: „Man teilte mir von der österreichischen Gesandtschaft mit, daß ein Beamter des Ministeriums, ein gewisser Milan Ciganović, den bosnischen Attentätern die Waffen verschafft und diesen Burschen über die Staatsgrenze geholfen haben soll. Kennst du in deinem Ministerium einen Mann dieses Namens?“

Jovanović schüttelte den Kopf: „Mir ist dieser Mensch gänzlich unbekannt."

„Es soll ein bosnischer Serbe sein, der im Achterjahr herübergekommen ist", sagte Pašić, „frag zur Sicherheit einmal im Ministerium an."

Jovanović telephonierte und kehrte nach einer Weile in das Arbeitszimmer des Präsidenten zurück: „Ein Mann dieses Namens wird bei uns nicht geführt. Das werden wieder einmal so Informationen sein wie die vom kastrierten Konsul Prohaska oder wie die Unterlagen des Friedjung-Prozesses."

Pašić senkte seinen schönen Patriarchenkopf und strich sich den langen, weißen Bart: „Diesmal nicht. Potiorek ist kein Schwabe, Potiorek ist selbst Südslawe, der ist nicht so dumm wie die Leute in Wien. Die Untersuchung in Sarajevo beruft sich auf Angaben, die der eine der Attentäter selbst gemacht hat. Wir werden zur größeren Sicherheit einmal den Stadtpräfekten Lazarević anrufen."

Pašić nahm das Telephon, sprach lange und legte dann den Hörer weg: „Da haben wir's ja! Es ist ganz richtig, wie man es immer hört: Wenn eine Mutter ihren Sohn vermißt, so soll sie ihn nur in der Eisenbahnverwaltung suchen. Dieser Čiganović ist, wie mir die Polizei mitteilt, Unterbeamter im Eisenbahnministerium."

„Peinlich, sehr peinlich", sagte der Minister Jovanović, „es wird einen furchtbaren Skandal geben, wenn man den Mann verhaftet und der Mann spricht."

„Das wird aber in diesem Falle kaum möglich sein", erwiderte Pašić, der sich nicht aus der Ruhe bringen ließ, „denn man kann nur jemanden einvernehmen, den man hat. Eben teilte mir der Stadtpräfekt mit, daß dieser gewisse Čiganović am 28. Juni auf unbestimmte Dauer beurlaubt wurde und in unbekannter Richtung abgereist ist."

„Und wird man das in Wien glauben?"

„Lieber Freund", erwiderte Pašić mit listigem Lächeln, „hier und jetzt kommt es weniger darauf an, was Wien glaubt, als was die Welt Wien glaubt. Und du hast vorhin ganz richtig bemerkt, daß Wiens Glaubhaftigkeit auf schwachen Füßen steht. Wenn wir die Ruhe nicht verlieren, wenn wir uns um das, was man uns nachsagt, nicht kümmern, wenn wir uns ein wenig dumm stellen und die lästigen Frager hinhalten können, dann wird es Wien sein, das sich vor der ganzen Welt ins Unrecht setzt. Wenn du die höhnischen und besorgten Anfragen im Wiener und im Budapester Parlament über die Beerdigung des Thronfolgers gelesen hast, dann wirst du verstehen, wie schwer es dem Ballhausplatz fallen wird, sich gerade in dieser Sache in Europa Gehör zu verschaffen, weil Europa Wien die Gefühle der Trauer und des Schmerzes einfach nicht glauben wird. Man wird ihre Heuchelei sehen, und alles, was sie vorbringen, wird sich wie Lügen anhören."

„Und Tankosić?" Der Minister für öffentliche Arbeiten schaute Pašić gespannt an. „Österreich soll auch die Verhaftung des Majors Tankosić fordern."

„Von der verdammten Schwarzen Hand wollen wir lieber nicht sprechen." Pašić ballte die Faust, seine Stirnader schwoll an. „Ich jedenfalls habe nicht die geringste Lust dazu. Hätte sich der russische Gesandte nicht im letzten Augenblick für mich und meine Radikale Partei eingesetzt, Apis und seine Leute hätten uns seelenruhig gestürzt. Es wird einmal die Zeit kommen, wo wir nicht nur Tankosić, wo wir die ganze Bande der Schwarzen Hand ausheben werden, die Könige tötet und Könige stürzt, diesen ständigen revolutionierenden Exekutivausschuß Serbiens, der gegen jede Regierung meutert, weil er nichts anderes kann, als meutern und Partisanen spielen, der uns auch diese Suppe eingebrockt hat. Aber das wird unsere ureigenste serbische innere Angelegenheit sein. Auf Befehl der Wiener Regierung lasse ich keinen serbischen Offizier verhaften, und wenn er hundertmal von der Schwarzen Hand ist. Kein Serbe wird sich zum Büttel von Wien erniedrigen."

Major Tankosić betrat hastig das Evidenzbüro des Generalstabes, Oberstleutnant Dimitrijević blickte seinen Freund fragend an: „Was Neues aus Sarajevo?"

„Dieser verdammte Čabrinović hält nicht dicht."

Apis lachte: „Was hab' ich damals gesagt? Der Bursche hat mir von allem Anfang an nicht gefallen — der Mann war bei mir nicht gut angeschrieben. Da sieht man wieder einmal, wie meine Nachrichtenabteilung funktioniert. Hast du übrigens in Erfahrung gebracht, warum die Burschen das Gift nicht genommen haben?"

„Das ist ja das Verdammte an der Sache", ereiferte sich Tankosić, „sie alle haben das Gift genommen, aber das Zyankali hatte sich zersetzt oder war schon verdorben, wie wir es ihnen gegeben haben — und nun bekommen wir Scherereien. Eben war jemand von der Polizei bei mir und teilte mir mit, daß ich verhaftet werden soll.“

„Langsam! Langsam!“ Apis pfiff durch die Zähne. „Das werden sie schön bleiben lassen. Čiganović ist bereits verschwunden —“

„Fällt mir gar nicht ein“, wehrte sich Tankosić, „ich bleibe. Die sollen es nur wagen, mit mir anzubinden, Pašić soll es nur wagen. Ich weiß von ihm genau so viel wie er von mir.“

„Recht hast du, Vojan, auch wir können auspacken. Der Unterrichtsminister hat Princip zweimal geprüft und ihn für ein Stipendium empfohlen, den Čabrinović haben sie in der Staatsdruckerei dem Kronprinzen vorgestellt — sie werden den Schwanz einziehen und, so schwer es ihnen fällt, uns, die sie am liebsten auf der Karaburma aufhängen würden, nicht preisgeben.“

Apis lehnte sich in den Sessel zurück und blies den Rauch vor sich hin: „Übrigens sind auch diese Serbenpogrome, so bitter sie für die Serben in Sarajevo und in Dalmatien und Ungarn sein mögen, für uns nicht ohne Nutzen. Paß auf, Wien hat etwas ganz Dummes vor, sie brüten einen Basilisken aus, über den die ganze Welt staunen wird. Wien wird drohen und wieder drohen — denn es ahnt nicht, daß wir das wissen, was Wien fürchtet: wenn man nur mit dem Finger hintippt, dann rumpelt dieser ganze wurmstichige Völkerkäfig zusammen und alle Bedrängten und Gequälten suchen laut schwirrend das Weite.“

Tankosić erhob sich: „So ist es. Was will also Pašić von uns? Er hat doch selbst nach der gewonnenen Runde gegen die Türkei die zweite Runde gegen Österreich angesagt. Wir haben eben unsere Karte früher auf den Tisch gelegt. Wollten wir warten, bis die Politiker und Korruptionisten sagen, daß die Saat reif zum Schnitt sei, würden wir den Tag der goldenen Freiheit für alle Südslawen nie erleben.“

Der Tod des russischen Botschafters, 10. Juli 1914

Am 10. Juli betrat — wenige Minuten nach neun Uhr abends — der russische Gesandte in Belgrad, Nicola von Hartwig, das Arbeitszimmer des österreichischen Gesandten, des Feldmarschalleutnants Baron Giesl, welcher eben erst an diesem Tage von Vichy in aller Eile nach Belgrad zurückgekehrt war.

„Ich benütze die Ankunft Eurer Exzellenz", begann Hartwig, nach einer kurzen Begrüßung vor Giesl stehenbleibend, „um auf das entschiedenste dagegen Einspruch zu erheben, daß man mir unterstellt, ich wäre nicht in Galauniform und zu spät beim Requiem für den verblichenen Thronfolger Franz Ferdinand in der Kapelle Ihrer Gesandtschaft erschienen." Der russische Gesandte, ein massiger, großer Mann, stockte, er rang nach Beherrschung und fuhr mit unsicherer Stimme fort: „Ferner lege ich gegen die Unterstellung Verwahrung ein, ich hätte am Tage eben dieses Requiems in der russischen Gesandtschaft ein Diner gegeben und die kaiserlich russische Flagge nicht auf Halbmast gesetzt." Hartwig schloß einen Atemzug lang seine kleinen Augen und strich sich mit der Hand über die kahle Stirn. „Das Gegenteil dieser sinnlosen und böswilligen Anwürfe gegen mich ist wahr. Ich bin beim Trauergottesdienst in Ihrer Gesandtschaft rechtzeitig und in voller Gala erschienen, meinen Rock zierte das Großkreuz des Franz-Joseph-Ordens, das zu tragen ich mir stets als eine Ehre anrechne."

Feldmarschalleutnant Baron Giesl machte eine begütigende Handbewegung und deutete auf einen Klubsessel, denn dem russischen Gesandten schien das Stehen schwer zu fallen. Hartwig übersah diese Aufforderung und fuhr fort: „In Ungewißheit darüber, wann die Flagge einzuziehen sei, habe ich eigens bei der belgischen Gesandtschaft angefragt, wie lange man die Flagge auf Halbmast zu belassen habe. Herr Michot, der belgische Gesandte, erwiderte mir darauf, daß mit den Beisetzungsfeierlichkeiten am Nachmittage des dritten Juli in Wien die offizielle Trauer bei den fremden Delegationen erloschen sei."

„Aber bitte, Exzellenz, das genügt doch vollkommen", erwiderte Giesl verlegen.

Aber Hartwig schnitt Giesl das Wort ab: „Aus Petersburg ist mir die Aufforderung zugegangen, mich wegen meiner mangelnden Pietät für die hohen Verblichenen zu rechtfertigen. Aber Exzellenz sehen selbst, daß man mir hier Versäumnisse zugemutet hat, die man sich, wie ich aus der letzten Interpellation des Grafen Andrassy im ungarischen Parlament entnehme, andernorts und von anderen, Eurer Exzellenz näherstehenden Stellen zuschulden kommen ließ."

Der russische Gesandte hatte mit allen Anzeichen tiefster Erregung gesprochen, Feldmarschalleutnant Giesl versuchte, ihn zu beruhigen: „Exzellenz, Ihre Erklärungen werden in Wien mit der größten Genugtuung aufgenommen werden; jeder, der die Ehre hat, die absolute Korrektheit Eurer Exzellenz zu kennen, wird diese Anschuldigungen von vornherein als aus der Luft gegriffen und absolut sinnlos zurückgewiesen haben. Darf ich nun Exzellenz bitten, Platz zu nehmen?"

Hartwig ließ sich ein wenig schwerfällig in den tiefen Klubsessel nieder.

„Darf ich Exzellenz mit einer Tasse Tee oder mit einer Schale Mokka aufwarten? Ist vielleicht eine Zigarette angenehm?"

„Danke — gar nichts, ich kann nur meine eigenen Zigaretten vertragen."

„Auf jeden Fall werden ein paar Züge beruhigen. Exzellenz, die Luft ist jetzt so voll von Gerüchten, das Unsinnigste wird behauptet, geschrieben und — was schlimmer ist — geglaubt. Eine Belgrader Zeitung schrieb gestern, Princip sei der Sohn unserer ehemaligen Kronprinzessin Stephanie, der jetzigen Gräfin Lonyay, und habe dieses Attentat aus Rache für die Ermordung des Kronprinzen durch Franz Ferdinand verübt — und diese Nachricht brachte diese Zeitung als Brief der ehemaligen Kronprinzessin selbst — bitte, Exzellenz, ich erwähne dies nur, weil wir soeben vom Rauchen sprachen — denn diese ganze Kombination kann sich doch wohl nur an jene Stephaniezigaretten knüpfen, die das Erkennungszeichen der Verschwörer bildeten, wenn man nicht annehmen will, daß dem Schreiber jener Tatarennachricht ein anderes Motiv als das des Rachemordes für den Tod des österreichischen Kronprinzen Rudolf unverständlich ist."

Da der russische Gesandte, statt zu antworten, mit dem Taschentuch seine Stirne tupfte, fragte Giesl, wie es um Hartwigs Gesundheit bestellt sei.

„Ganz und gar nicht gut, ganz und gar nicht. Ich sollte eigentlich schon seit einer Woche in Nauheim sein, aber zwei Dinge hielten mich ab, zu reisen: erstens einmal wollte ich die Rückkehr Eurer Exzellenz abwarten und zweitens den übermorgigen Geburtstag König Peters, der durch die politischen Schwierigkeiten, durch den Konflikt zwischen Regierung und Militär bittere Wochen hinter sich hat." Hartwig stöhnte plötzlich auf und griff sich nach dem Herzen, beugte sich vor, sein Gesicht verfärbte sich, sein bärtiges Kinn sank ihm auf die Brust, seine Füße schnellten vor, „ach!" rief er leise.

„Wie meinen?" fragte Giesl, aber der russische Gesandte gab keine Antwort mehr, sein schwerer Körper sackte zusammen und glitt langsam zu Boden. Giesl sprang auf und stützte Hartwig, Giesl riß die Türe auf: „Rasch, rasch! Hilfe! Ärzte!“ rief er außer sich vor Schreck, „es ist ein Unglück geschehen!“

Diener eilten herbei, die Baronin kam aus dem oberen Stockwerk, man brachte Äther, man brachte kaltes Wasser, Hartwig wurde auf den Diwan gehoben, angespritzt und eingerieben.

Nun kam auch schon der erste Arzt, Dr. Ribnikar. Giesl eilte ihm entgegen: „Ich bin Baron Giesl, bitte schnell, Herr Doktor, bitte rasch, dem russischen Gesandten ist eben schlecht geworden!“

Der Arzt eilte in das Arbeitszimmer, Hartwig lag mit geöffnetem Hemd da, sein langer, gepflegter Bart war naß und zerrauft, vor ihm kniete Baronin Giesl und rieb ihm Puls und Schläfen. Dr. Ribnikar beugte sich über Hartwig, legte das Ohr an seine Brust und hob sein Augenlid. „Wenig, fast keine Hoffnung. Aber bitte, Baronin, setzen Sie die Behandlung fort.“

Nach und nach trafen noch drei andere Ärzte ein, aus der nahegelegenen deutschen Gesandtschaft kam der deutsche Gesandte von Griesinger. Giesl wiederholte immer und immer wieder die so jäh unterbrochene Konversation, er verstummte erst, als ihm von den Ärzten mitgeteilt wurde, daß der russische Gesandte verschieden sei.

Giesl drückte den Ärzten die Hand: „Ich danke Ihnen, daß Sie so schnell gekommen sind. Bitte, teilen Sie mir ganz offen und ehrlich mit, ob ich bei meinen Hilfeleistungen etwas unterlassen, ob ich etwas schlecht oder falsch gemacht habe, bitte, sagen Sie mir, ob ich vielleicht etwas anderes hätte tun sollen.“

„Beruhigen sich, Exzellenz“, tröstete Dr. Ribnikar den Fassungslosen, „was menschenmöglich war, ist geschehen. Das Herz des Toten muß schon seit längerer Zeit zu schwach gewesen sein, denn seine Füße sind bis zu den Knien hinauf geschwollen. Jedenfalls kann Exzellenz nicht der Schatten eines Vorwurfs treffen.“

Baronin Giesl kam mit der Kerze in der Hand: „Soll ich die Totenkerze anzünden?“

„Leider, Baronin, leider“, erwiderte Dr. Ribnikar, „hier kann kein Mensch mehr helfen.“ Baronin Giesl zündete die Totenkerze an und legte dem Gesandten eine Ikon der Muttergottes auf die Brust.

Einige Zeit später traf der Berichterstatter des Wiener Korrespondenzbüros, Lončarević, in der österreichischen Gesandtschaft ein, dem Giesl das, was vorgefallen war, hastig mitteilte. Dann machte Giesl eine Pause, erinnerte sich, daß er einen Journalisten vor sich hatte, und fragte, wie die Nachricht vom Tode Hartwigs in der Stadt aufgenommen werde.

„Sie ruft die größte Sensation hervor", erwiderte Lončarević, „Exzellenz wissen ja, wie beliebt Hartwig in Belgrad war. Der tragische Zufall, daß der hier in Belgrad so allgemein verehrte Gesandte gerade auf der österreichischen Gesandtschaft so plötzlich gestorben ist, gibt zu den verschiedensten Gerüchten Anlaß."

„Zu welchen Gerüchten denn?" fragte die Baronin — aber sie verstummte sogleich, da sie sich an das seltsame Benehmen der Tochter Hartwigs, an deren spähenden, argwöhnischen Blick erinnerte, wie diese den Aschenbecher, ja, auch die Ätherflasche mit kaum verborgenem Verdacht geprüft hatte.

„Man spricht...", und nun stockte auch Lončarević, denn die Baronin blickte ihn bittend an, doch ihren Mann mit diesen Kränkungen zu verschonen — aber da sprang Giesl auf und schlug mit der Faust auf den Tisch: „Man wird doch einen kaiserlichen und königlichen General nicht des Mordes beschuldigen!"

So — nun war es ausgesprochen, die Herren der Gesandtschaft saßen stumm da und wagten nicht aufzublicken.

„Exzellenz", nahm Lončarević nach einer quälenden Pause wieder das Wort, „hier handelt es sich für die Belgrader nicht um den österreichischen Offizier, sondern um den österreichischen Gesandten, um den Gesandten eines Staates, mit dem man derzeit auf äußerst gespanntem Fuß lebt. Der Tod Hartwigs in den Räumen der österreichischen Gesandtschaft, Exzellenz, ist ein Schurkenstreich des Zufalls, ist ein Unglück, das zu den unsinnigsten Beschuldigungen Anlaß bieten wird. Denn schon jetzt flüstert hinter der Kunde vom Tode Hartwigs die böse Verleumdung: ‚Giesl hat den Hartwig vergiftet'."

Die Baronin und die Herren der Botschaft brachen in Entrüstungsrufe aus, Giesl mußte sich auf den Tisch stützen: „Ich danke, ich danke... es ist gut... man muß auch das Furchtbarste hören können." Giesl machte ein paar Schritte und nahm vom Rauchtischchen den Aschenbecher: „Giesl hat den Hartwig vergiftet... sehen Sie selbst... überzeugen Sie sich... zwei russische Zigaretten mit langem Mundstück — die hat Hartwig geraucht... sonst hat er nichts zu sich genommen — aber was rede ich da, was bemühe ich mich da, es ist doch völlig unter meiner Würde, das Unsinnige, das Widersinnige eines solchen Verdachtes entkräften zu wollen.“

Seit König Peters Krönungstag im Juni 1903 hatte Belgrad keine so große Feierlichkeit mehr in seinen Straßen gesehen wie die Beerdigung dieses von allen Serben so verehrten russischen Botschafters. Tag um Tag hatte man um die Bewilligung aus Petersburg gewartet, diesen Freund und Beschützer des serbischen Volkes in serbischer Erde begraben zu dürfen. Und nun standen von der russischen Botschaft über die Teražije bis zur Kathedrale diese serbischen Truppen, welche die Türken und die Bulgaren besiegt hatten, und hinter den Soldaten drängte sich Kopf an Kopf die Menge, um den Mann mit dem deutschen Namen und dem slawischen Herzen noch einmal zu grüßen, Hartwig, den treuen Helfer in der Not, den Vertreter des großen, schutzgewährenden Brudervolkes.

Nun setzte sich der weißverhängte, offene Leichenwagen, auf dem, von einem goldenen Altartuch bedeckt und von einer Blumenkrone überhöht, der Sarg ruhte, langsam in Bewegung. Die Schar der goldgewandeten, bärtigen Bischöfe und Priester schritt singend voran. Alles entblößte das Haupt, schaute neugierig nach der Witwe und der Tochter des Toten, und richtete dann die Augen auf den österreichischen General in Weiß und Rot, der als einziger Offizier unter der Schar der goldbestickten Diplomaten am rechten Flügel der Gesandten schritt. Der österreichische General blickte nicht nach links und nicht nach rechts, er würde ja doch nur flammenden Haß und kaum niedergehaltene Wut in allen Augen und Gesichtern erkennen. Giesl fühlte, wie sich diese ganze Stadt, wie sich dieses ganze Volk zum Sprung geduckt hatte, dieses Volk, das in schweren Jahrhunderten gelernt hatte, zu warten und zu schweigen. Der Gesandte würde irgendeinen Aufschrei, einen Ausbruch, einen Schuß, der das lähmende Schweigen dieser Menschengasse gebrochen hätte, wie eine Erlösung empfunden haben, aber nichts rührte sich — nur hinter dem österreichischen General her ging das Gemurmel: „Dort, der rotweiße Schwaba, der ist der, der unsern Hartwig vergiftet, der unsern Freund, der unsern Beschützer auf dem Gewissen hat.“ Und alle Köpfe drehten sich ihm nach und in allen Gesichtern stand unauslöschlicher Haß, der glühende Wunsch nach Rache an Österreich.

II

DAS WAR DAS ENDE

Der Tod des Kaisers Franz Joseph, November 1916

Ob man hoffen dürfe, fragte der Obersthofmeister Fürst Montenuovo leise die beiden Ärzte, die nach der Morgenvisite aus dem Arbeitszimmer Franz Josephs traten. Das Fieber, erwiderte Generalstabsarzt Kerzl, sei wohl gewichen, aber die allgemeine Mattigkeit habe zugenommen. Seine Majestät gehöre ins Bett.

Langsam kamen die beiden greisen Generaladjutanten des Kaisers heran: Da sei alles umsonst, sagte Graf Paar, da nütze weder Bitten noch Zureden, Seine Majestät lege sich nicht, Seine Majestät ahne, daß sie dann nicht mehr aufstehen würde. Baron Bolfras nickte, ja, so war es, auch die große Kaiserin Maria Theresia habe sitzend den Tod erwartet wie den Besuch eines Monarchen. Oberst Spanyik, der diensttuende Flügeladjutant setzte hinzu, daß sich der Kaiser bereits um vier Uhr morgens am Schreibtisch niedergelassen habe, obwohl er so müde sei, daß er immer wieder den Kopf in die Hand sinken lasse. Eine kleine Hoffnung bleibe noch, tröstete der Konsiliarius Professor Ortner die beiden alten Generaladjutanten, denn der Entzündungsherd habe sich nicht weiter ausgedehnt, und Seine Majestät habe die Nacht verhältnismäßig ruhig verbracht. Man danke Gott, erwiderte der Obersthofmeister, für den schwächsten Hoffnungsschimmer, aber das, was man höre, sei zu wenig, um von Sorgen zu befreien. Wolle man sich keines Versäumnisses schuldig machen, müsse man sorgen, daß Seine Majestät mit den Sterbesakramenten versehen werde.

Als der Obersthofmeister aussprach, was die Generaladjutanten nicht zu denken gewagt hatten, brachten Paar und Bolfras nun ihre Bedenken vor: das Erscheinen des Priesters könnte Seine Majestät beunruhigen, Seine Majestät würde sofort erkennen, wie es um sie stehe.

Dem Bedenken der Generaladjutanten schloß sich auch der Leibarzt an: der Kaiser befasse sich nie mit sich selbst, er liebe es nicht, daran erinnert zu werden, daß er krank sei. Seine Majestät, fügte Paar hinzu, habe niemals Zeit gehabt, marod zu sein.

Dann müsse man einen Ausweg finden, erwiderte der Obersthofmeister, denn es sollte wahrhaftig genug sein, wenn die unglückliche Kaiserin, der arme Kronprinz und der Thronfolger Franz Ferdinand ohne geistlichen Trost hätte hinübergehen müssen. Graf Paar schwieg, Baron Bolfras strich mit zitternder Hand seinen nachgefärbten Bart, er wisse nicht, sagte er, wie man das angehen solle. Der Obersthofmeister schlug vor, Seiner Majestät mitzuteilen, daß beim Nuntius der Segen des Heiligen Vaters eingetroffen sei, und daß ein solcher Segen durch einen Priester überbracht werden müsse. Dann könne ja Prälat Seydl Seiner Majestät nahelegen, vor Entgegennahme des päpstlichen Segens die heiligen Sakramente zu empfangen. Das leuchtete den beiden alten Generaladjutanten ein, sie bewunderten die Umsicht, mit der Fürst Montenuovo den Einzug des Todes in Schönbrunn vorbereitete. Da die beiden Ärzte alles, was nach dem Ende ihrer Kunst kam, nichts anging, empfahlen sie sich. Der Obersthofmeister begab sich auf den Fußspitzen in das Arbeitszimmer des Kaisers.

„Nicht auszudenken!“ Dem Grafen Paar war seine ständig glimmende Virginia ausgegangen. „Einfach nicht auszudenken! Was soll denn aus uns, was soll denn aus ganz Österreich werden, wenn uns der Kaiser verläßt?“

Bolfras brauchte eine Weile, ehe er antworten konnte: „Erinnerst du dich, was Seine Majestät damals sagte, als sich Conrad ins Feld abmeldete?“

Graf Paar entsann sich. „Gott gebe, daß alles gut geht. Aber auch wenn es schiefgeht, werde ich Sie nicht im Stich lassen, das hat Seine Majestät gesagt.“

„Siehst du, Paar, siehst du! Und jetzt verläßt Seine Majestät nicht nur den Conrad, jetzt verläßt er uns alle. Wie sollen wir denn, wenn Seine Majestät nicht mehr ist, Frieden schließen? Ich kann mir ein Österreich ohne Franz Joseph überhaupt nicht vorstellen.“

„Der Monarchie wird nichts geschehen“, erwiderte der Flügeladjutant Oberst Spanyik. „Die Monarchie fällt immer wieder auf die Füße, auch wenn die Feinde glauben, nun und nun sei sie endlich gestürzt. Österreich hat den Kriegseintritt Italiens genau so überstanden wie den Rumäniens, es hat sich nach dem Unglück von Luck heuer im Sommer genau so erholt wie nach den Rückzügen im Herbst 1914. Wir können auf ein gutes Ende hoffen.“

„Mit Gottes Hilfe“, seufzte Bolfras.

„Und mit Hilfe der Preußen“, murrte Graf Paar.

„Hätten die Preußen“, ereiferte sich Bolfras, „August vierzehn ihr Versprechen gehalten und uns, wie es seit den achtziger Jahren abgemacht war, über Siedlce Hilfe geschickt, wäre es nie zu der Niederlage bei Lemberg gekommen."

Graf Paar zündete seine Virginia wieder an: „Sagt Conrad. Aber dein Freund Potiorek ist in Serbien geschlagen worden, und dem haben doch die Preußen nichts versprochen. Vor Franz Joseph haben die Preußen Respekt gehabt. Wenn Seine Majestät nicht mehr sein wird, werden sie mit uns machen, was sie wollen."

„Auch Potiorek wäre nicht geschlagen worden", widersprach Bolfras, „wenn man ihm nicht seine Divisionen genommen und nach Norden geschickt hätte. Der Grundfehler des Krieges liegt darin, daß die Deutschen ihre Zusagen nicht gehalten haben. Und sie haben sie nicht halten können, weil es bei ihnen an der Marne schiefgegangen ist. Diese Niederlage behandeln sie aber wie ein Staatsgeheimnis, unser Unglück aber hängen sie an die große Glocke. Das hat an der Gesundheit Seiner Majestät gezehrt. Die Ermordung Stürgkhs hat ihr den Rest gegeben. Damals hat Seine Majestät gesagt, das sei schlimmer als eine verlorene Schlacht; wenn Budapest einmal Ruhe gebe, verliere Wien die Nerven und werde hysterisch."

Graf Paar wußte eine noch ältere Ursache der Erkrankung des Kaisers zu nennen. Sie stamme letzten Endes aus dem Dreizehnerjahr, als der Kaiser diesen grundfalschen, kriegshetzerischen Großfürsten Nikolai Nikolajewitsch bei elendem Regenwetter von Schönbrunn aus auf die Bahn gebracht habe, um den Russen zu zeigen, welchen Wert man auf die Erhaltung ihrer Freundschaft lege. Bolfras wollte das nicht zugeben, er hatte es sich in dem vieljährigen Zusammensein mit Paar angewöhnt, dem Grafen immer zu widersprechen: Die Lieblosigkeit, die Gedankenlosigkeit der kaiserlichen Familie sei an dieser Erkrankung schuld; bei den großen Gruppenaufnahmen der Hochzeit Erzherzog Karls in Schwarzau habe man Seine Majestät so lange ohne Mantel gelassen, bis Seine Majestät verkühlt gewesen sei. Man dürfe auch dem sonnigsten Oktobertag nicht trauen. Wie diese Ehe Karls und Zitas, deren Hochzeit dem Kaiser die Gesundheit gekostet habe, der Monarchie bekommen werde, stehe noch aus. Dem Kaiser selbst habe die Heiratsstifterei der Schwestern Braganza wenig Freude gemacht, denn der Kaiser sei der Ansicht gewesen, daß die Bourbonen den Habsburgern kein Glück brächten.

Behutsam kam der Obersthofmeister aus des Kaisers Arbeitszimmer zurück, nickte den Adjutanten zu und flüsterte, Franz Joseph habe sich bereit erklärt, den Prälaten zu empfangen.

Eine halbe Stunde später trat, von einem Mesner gefolgt, der hagere Hofkaplan in das Adjutantenzimmer. Oberst Spanyik ersuchte den Geistlichen, einen Augenblick zu warten, er werde ihn bei seiner Majestät melden.

Anmelden! dachte der Prälat, anmelden! In allen Kirchen Wiens betet man für den Kaiser, der Priester wird in allerletzter Stunde gerufen und jetzt meldet man ihn bei einem Sterbenden an. Man wird soviel Zeit vertun, der Kaiser wird das Bewußtsein verlieren! Der Flügeladjutant kam zurück, der Türsteher öffnete, der Prälat trat ein. Vor ihm stand, ohne Stütze, leicht schwankend, verfallen, vom nahen Ende überschattet, der Kaiser. Nun machte der Monarch einen zagen kleinen Schritt auf den Prälaten zu. Der Priester wollte den wankenden Kaiser stützen, aber die blauen Augen des Monarchen blickten so abweisend, daß der Prälat wartete, bis der Kaiser, leicht aufstöhnend, am Schreibtisch sich niedergelassen hatte. „Es freut mich, daß Sie gekommen sind." Das Sprechen kam dem Kaiser nicht leicht an, der Atem ging schwer.

Der Prälat nahm sich zusammen und berichtete, daß er den Segen Seiner Heiligkeit und deren innigste Wünsche für die baldige Besserung zu überbringen habe.

„Ich danke." Wie ein im Schlafe Nickender mußte der Kaiser den Kopf aufrichten.

„Majestät, es ist geheiligter Brauch, vor dem Empfang des Segens Seiner Heiligkeit die heiligen Sakramente zu empfangen."

„Ich bitte."

Da der Monarch die päpstliche Dispens hatte, nach dem Frühstück zu kommunizieren, brachte ein Diener das Betpult, der Prälat legte die violette Stola um und nahm dem halb knienden, halb sitzenden Kaiser die Beichte ab. Dann breitete der Diener ein spitzenbesetztes Linnen über ein kleines Tischchen, stellte ein Kruzifix und zwei Kerzen auf, der Mesner mit dem Allerheiligsten erschien, die silbernen Glöckchen ertönten, und der Kaiser empfing die heilige Kommunion. Dann sprach der Prälat den Segen und schloß: „Per sacrosancta humanae reparationis mysteria remittat tibi omnipotens Deus omnes praesentis et futurae vitae poenas, paradisi portas apperiat et gaudia sempiterna perducat."

„Amen“, schloß der Mesner. „Amen“, wiederholte mit schwacher Stimme der Monarch, richtete sich mühevoll auf und strich sein Bonjourl, den zu einem Hausrock zugestutzten hechtgrauen Mantel, zurecht. Er saß eine Weile still, der Kopf sank ihm nieder, dann richtete er sich auf und sagte langsam: „Ich bitte, durch den Nuntius Seiner Heiligkeit meinen aufrichtigsten Dank zu entbieten.“

Der Herrscher aus dem Geschlecht der Kaiser des Heiligen Römischen Reiches Deutscher Nation war ein getreuer Schwertarm des Papstes gewesen, er hatte alle seine unglücklichen Kriege gegen die Feinde der heiligen Kirche geführt: wider das freisinnige Italien, gegen Frankreich, die Tochter der Revolution, gegen das protestantische Preußen und gegen das orthodoxe Serbien und Rußland.

Rückwärts schreitend verließen Priester, Mesner und Diener das Zimmer. Der Kaiser tastete nach seiner Brille, setzte sie auf und griff nach einem Akt, um weiterzulesen und zu unterschreiben.

Auf der Treppe begegnete der Prälat dem Erzherzog Karl und der Erzherzogin Zita. Der Thronfolger erkundigte sich nach dem Befinden seines Großoheims, die Erzherzogin fragte, ob Seine Majestät schon die heiligen Sakramente empfangen habe. Der Prälat berichtete kurz, das junge Paar eilte weiter. Im Adjutantenzimmer fragte der Erzherzog den Flügeladjutanten, ob man Seine Majestät besuchen könne. Der Oberst sah kein Hindernis. Seine Majestät werde sich über den Besuch freuen. Man müsse, erwiderte der Erzherzog, ihm die Gewißheit verschaffen, daß Seine Majestät sich nicht erhebe oder gar entgegengehe. Der Oberst versprach, diese Bitte Seiner Majestät zu unterbreiten. Als Oberst Spanyik eintrat, hörte ihn der alte Herr, dessen Haupt auf den Arm gesunken war, nicht. Der Oberst wartete eine Weile und wollte schon wieder gehen, als der Kaiser mühsam den Kopf hob und fragte, was der Oberst wolle. Spanyik meldete den Besuch an, der Kaiser erhob sich und drückte auf die Tischglocke, damit Ketterl, der alte Kammerdiener, komme und ihn umkleide. Der Oberst machte den Kaiser untertänigst aufmerksam, daß der Thronfolger ausdrücklich gebeten habe, Seine Majestät möge durchaus nicht inkommodiert werden, aber der Kaiser deutete kopfschüttelnd auf seinen Morgenrock: „Ich kann doch nicht sitzend und im Bonjourl eine Dame empfangen.“

Der Oberst redete dem Kaiser zu, es sei doch auch der innigste Wunsch der Erzherzogin Zita, daß Seine Majestät sich nicht stören lasse. Schließlich gab der alte Herr nach: „Gut, gut. Meinetwegen. Wenn's nicht anders geht, will ich's dies eine Mal tun."

Als der Oberst ins Adjutantenzimmer kam, unterhielt sich der Thronfolger gerade mit den beiden alten Generaladjutanten. Erzherzog Karl brach sogleich das Gespräch ab und geleitete die Erzherzogin zur Türe.

Der junge Herr, sagte Bolfras, dem Erzherzog nachblickend, werde bald spüren, wie schwer die Krone sei, die Franz Joseph so lange getragen habe. Ob sich Paar noch an den Kriegsausbruch erinnere? Wie sie alle bis ins Herz hinein erschrocken seien. Dort sei Conrad gestanden, übrigens der einzige, der in grauer Felduniform gewesen sei, hier Paar und da, wo er jetzt stehe, er, Bolfras. Dort unter der Tür sei der Thronfolger gestanden und habe gesagt: ‚Nicht den Kopf hängen lassen, Bolfras, man muß Mut haben.' Mut, Mut, hätte er damals am liebsten gesagt, Mut, Kaiserliche Hoheit, den habe man immer gehabt, aber das Glück habe seit Radetzkys Zeiten den schwarzgelben Fahnen gefehlt. Und der alte Herr dort drinnen habe es selbst gesagt: er sei ein Pechvogel, was er anpacke, gehe ihm schief. Bolfras seufzte: ob der junge Herr mehr Glück haben werde, müsse man abwarten. Nach dem, was man bis jetzt gesehen habe, müsse man es bezweifeln. Die vielbejubelte und vielbeschriebene Radetzkystimmung im Mai unten in Südtirol habe mit dem russischen Katzenjammer bei Luck geendet. So sehe, bei Gott, das Glück nicht aus, das ein Thronfolger haben müsse, wenn er die Herzen für sich gewinnen wolle. Paar saugte an seiner Virginia: Conrad habe auch kein Glück, was nützten alle die schönen, ausgetüftelten Pläne, wenn alle schief gingen? Bolfras widersprach: Paar möge nicht übertreiben, Paar scheine am Unken Gefallen zu finden, es fehle noch, daß er sage: Nur Mut, nur Mut, es werde schon schiefgehen. Paar winkte ab: Werde es auch! Werde es bestimmt. Aber ihn gehe das dann nichts mehr an, denn soviel er gehört habe, werde der junge Herr auf Paars und Bolfras' fernere Dienste verzichten. Der junge Herr, setzte Bolfras hinzu, der junge Herr werde das tun, was die junge Frau sage. Zita sei gegen die Deutschen, also werde Karl gegen die Deutschen sein. Der Hof sei schon lange nicht mehr an Frauenspiel gewöhnt, er werde sich darauf einrichten müssen, denn sie sehe viel entschlossener aus als er. Paar meinte, so ehrgeizig wie die Herzogin Hohenberg werde Zita nicht sein, doch Bolfras mußte das berichtigen: Die Hohenberg habe länger warten müssen als Zita, bei der Hohenberg habe die Verwandtschaft keine Rolle gespielt. Niemand könne wissen, was die Brüder der Erzherzogin in Frankreich vorhaben würden, wenn der Kaiser einmal die Augen geschlossen habe. Niemand wisse, wie Karl zu den Brüdern Zitas stehe, niemand wisse, wie Karl im Grunde sei, auf wessen Rat er hören werde. Die einen sagen, er werde die Pläne des Belvedere, die Gedanken Franz Ferdinands verwirklichen, die anderen behaupteten, er werde streng den deutschen Kurs halten und alles aus der Monarchie für den Krieg herausholen, was sich herausholen lasse. Paar bezweifelte das eine wie das andere, er war der Meinung, der neue Kaiser werde alles daran setzen, möglichst bald zu einem Frieden zu kommen. Aber das alles sei ungewisse Zukunftsmusik. Was ihn aber näher angehe als alle Fragen von übermorgen, seien jene von heute und von morgen. Die Regierung kümmere sich nicht um die Krankheit des Kaisers. Bei Franz Ferdinand sei das Thronbesteigungsmanifest druckfertig in den Setzereien gelegen, und damals sei Seine Majestät nicht krank gewesen, bei Karl sei es noch nicht einmal aufgesetzt. Es werde einen schönen Pallawatsch geben. Jeder, der hinter einem Schreibtisch in Deckung gegangen sei, schmiere jetzt Reformvorschläge, es werde einen papierenen Schneefall geben und niemand wisse, wer den Schirm über den jungen Herrn halten werde.

Die beiden Flügeladjutanten blickten nach der Tür. Paar meinte, er wolle jetzt gehen, er könne den jungen Herrn nicht sehen, der König sei tot, es lebe der König — sei ein Wort, das in solch schweren Zeiten weh tue. Die beiden alten Herren entfernten sich langsam. Die Tür ging auf und der Erzherzog und die Erzherzogin kamen heraus. Seine Majestät, sagte der Erzherzog zu Oberst Spanyik, sei sehr erschöpft, Seine Majestät habe es sich nicht nehmen lassen, vor der Erzherzogin aufzustehen.

Als Karl und Zita das Adjutantenzimmer verlassen hatten, öffnete Oberst Spanyik die Tür zum Schreibzimmer. Der Oberst sah den Kaiser im großen Wandspiegel. Im trüben Licht des nordseitigen Zimmers saß der alte Herr neben dem Schreibtisch in einem Lehnsessel. Die weißen Hände lagen auf den Armlehnen, immer wieder nickte der Kopf und sank auf die Brust. Wenn der

Kopf wieder hochgenommen wurde, blickten die blauen Augen ratlos um sich, die Lippen öffneten sich, als wollten sie etwas sagen.

Freiherr von Schießl, der Kabinettsdirektor, und von Daruvary, der Sektionschef, traten leise ein. Die Aktenmappe war vorsorglicherweise diesmal dünn gehalten. Der Flügeladjutant zeigte den beiden Herren das Bild des Kaisers im Spiegel. Auf dem Schreibtisch brannte die grünüberschirmte Stehlampe, der Aktenstoß zur Linken des Monarchen war kaum zur Hälfte aufgearbeitet. Der alte Herr schauerte im Fieber zusammen. Unter diesen Umständen, meinte der Kabinettsdirektor, werde er wohl den heutigen Einlauf nicht vorlegen, verbeugte sich und verließ mit dem Sektionschef auf den Fußspitzen das Zimmer. Aus der Ferne hörte man ein dünnes Schäferliedchen, von den Silberglöcklein einer Uhr gespielt.

Der Kaiser hob den Kopf und schlug die schweren Lider auf. Im Zwielicht von Tageshelle und Lampenschein hing ein Bild mit einer langen Widmung: ‚Seine Kaiserliche und Königliche Hoheit Kronprinz Rudolf auf dem Lipizzanerhengst Napolitano in der Kurbette salutiert Seiner Majestät Höchstseinem Durchlauchtigsten Vater am 19. Dezember 1870.'

Im Dezember 1870 war schon alles endgültig entschieden. Napoleon war geschlagen und Österreich war endgültig aus dem Deutschen Bund hinausgedrängt. Da wäre Erzherzog Albrecht mit seiner Revanche für Königgrätz zu spät gekommen.

Neben Kronprinz Rudolf hing das Bildnis Wilhelms II. in der Uniform der Einserhusaren. Der Erzherzog Friedrich hatte herausgefunden, daß in Berlin auf Denkmälern nur die Hohenzollern beritten sein durften, selbst der Husarengeneral Ziethen müsse zu Fuß dastehen, während in Österreich alle Generale beritten seien: Eugen, Karl, Schwarzenberg, Radetzky, Albrecht. Der Kaiser liebte derartige spitze Bemerkungen über die Schwächen anderer Monarchen nicht, er hatte sogar den vertriebenen König von Montenegro, dessen Schulden er durch Jahre bezahlt, in Schutz genommen: ‚Ein alter Mann wie ich. Er tut mir leid. Das Brot der Verbannung ist ein hartes Brot.' Rudolf hat auch nicht von solchen Medisancen lassen können... salutiert Seiner Majestät Höchstseinem Durchlauchtigsten Vater... ja, als Knabe, aber später hatte Rudolf jedes Gefühl dafür verloren, was erlaubt und was nicht erlaubt war. Das war von seinem Umgang gekommen mit Zeitungsschreibern und andern unvorstellbaren Leuten. Aus solcher unerlaubter Vermischung der Stände und Verwischung der Grenzen stieg das Unheil auf, das alle Monarchen und alle Monarchien bedrohte.

Kurbette, Levade, Pesade — Spanische Reitschule. Einst hatte der Reiter das Roß hochgenommen, um sich hinter dessen Hals und Brust zu decken. Deshalb hatten in früheren Schlachten die Feldherrn soviele Pferde unter dem Leib verloren.

Eine Tür ging, ein kühler Lufthauch rührte an des Kaisers fieberheiße Schläfe. War die ruhelose Elisabeth wieder einmal von einer Reise zurück und riß sie, die überall in der Burg und in Schönbrunn Modergeruch verspürte, die Fenster auf? Der Kaiser tastete nach der entfallenen Feder, er wollte unterschreiben, was ihm der Kabinettsdirektor vorgelegt hatte: Daß vom heutigen Tage die auf Ihre Majestät die Kaiserin bezughabende Strophe des Kaiserliedes zu entfallen habe.

An des Kaisers Seite waltet,
Ihm verwandt durch Stamm und Sinn,
Reich an Reiz, der nie veraltet,
Unsre holde Kaiserin.

Nach dem Tod des Kronprinzen Rudolf in Mayerling hatte der Kaiser auch solch einen Akt unterschrieben. Auf seiner Hochzeitsreise hatte Rudolf in Konstantinopel der Kronprinzessin Stephanie versprochen, sie zur Kaiserin von Byzanz zu machen. Aber die Tochter des belgischen Königs war keine Kaiserin von Byzanz, sondern eine Gräfin Lonyay geworden, deren Tochter um einen bürgerlichen Offizier der Kriegsmarine tiefe Trauer trägt. Rudolfs Freund und Mitverschworener, der Erzherzog Johann, war verschollen, ertrunken, verschwunden. Des Kaisers Bruder, der fröhliche, der ehrgeizige Max, der sich über den Hof Napoleons III., über diesen Sammelpunkt der Hochstapler und Goldgräber, der Spekulanten und Glücksritter so lustig gemacht hatte, war doch dem Kaiser der Franzosen in die Maschen gegangen und hatte sich nach Mexiko schicken lassen. Die Neue Welt aber duldete keinen Kaiser, schon gar nicht einen Kaiser aus jenem Geschlecht, in dessen Reich einst die Sonne nicht untergegangen war. Den Braganza hatten sie in Brasilien zwar nicht wie Max in Mexiko erschossen, sondern außer Land verwiesen. Die Neue Welt wollte keine Kaiser, keine Könige und keine Dynastien. Der eine Bruder kann, der andere soll nicht kommen. Ludwig Viktor, der boshafte, der geistreiche Bruder soll in Cleßheim bei Salzburg bleiben und weiter Sonnenschirme sammeln und die liebsten Schirme Hannibal, Caesar, Joseph, Alexander, Napoleon und Narziß nennen, er soll seinem Adjutanten Schwimmunterricht geben – die Verbannung kann nicht aufgehoben werden.

Das Erzhaus hatte dem Kaiser viele Sorgen bereitet, er hatte mit eigenen Augen sehen müssen und nicht eingreifen können, wie es verfiel, wie die Erzherzoge bürgerlich heirateten, wie sein eigener Sohn sich gegen ihn, den Vater, gestellt, wie der Thronfolger Franz Ferdinand die Gräfin Chotek zur Frau genommen hatte. Alle hatten vorgegeben, die Monarchie retten zu wollen, Rudolf mit den Ungarn, Franz Ferdinand gegen die Ungarn. Alle waren sie darüber zu Fall gekommen.

Es hatte nur noch eine einzige, letzte Insel der Ruhe gegeben: den Schreibtisch des Kaisers. Dort lagen auf der einen Seite die erledigten, auf der anderen Seite die unerledigten Akten, nur bei den Akten war Sicherheit, in ihnen wurde dieses blutbefleckte Leben reinlich, überschaubar, möglich zu erledigen. Die grüne Lampe leuchtete friedlich. Der Kaiser schauerte zusammen und fuhr hoch: „Ketterl!"

„Leg mich zu Füßen, Majestät. Majestät haben ein bißchen geschlummert." Der Kammerdiener stand hinter dem Lehnstuhl.

„Den Stuhl zum Schreibtisch schieben. Näher!"

Ketterl schob den Stuhl näher an den Schreibtisch und fragte, ob nicht die gnädige Frau verständigt werden solle.

„Nein, danke. Der Anblick eines Kranken ist nicht erheiternd. Den Anblick wollen wir der gnädigen Frau ersparen."

„Die gnädige Frau, Majestät, aber ist sehr besorgt, die gnädige Frau haben soeben erst nachfragen lassen."

„Danke. Danke." Der Kaiser setzte sich mit zitternder Hand die Brille auf und griff nach der Feder. Er hielt inne und schaute nach der Tür.

Marie Valerie, seine Tochter, blaß und besorgt, war eingetreten. Sie wolle den Vater nicht ermüden, sagte sie entschuldigend, sie sei nur auf einen Sprung hereingekommen, um zu sehen, wie es ihm gehe.

„Nicht sehr gut. Und wie geht's den Kindern? Wohlauf?"

„Danke gut." Die Erzherzogin strich zart über die welke Hand, aber ihr Vater spürte es nicht mehr. Valerie stand leise auf und ging.

Das Adjutantenzimmer hatte sich gefüllt. Der kurze Novembertag ging zu Ende. Der Glasluster brannte. Vor den Fenstern lag dunkel der Park, die Gloriette stand scharf vor dem dämmerigen Himmel. In der Mitte des Zimmers warteten der Thronfolger und die Erzherzogin Zita. Bolfras und Paar lehnten nebeneinander in einer Fensternische. Das Stehen fiel den alten Herren nicht mehr leicht. Bolfras fragte Paar, warum der Thronfolger Marineuniform trage, und Paar erwiderte, das geschehe wohl wegen des schwarzen Mascherls und der dunklen Farbe, das werde sie ihm geraten haben.

Der Leibarzt und der Konsiliarius gingen an den Wartenden vorbei in das Schreibzimmer. Der Kaiser hörte den Eintritt der Ärzte nicht. Ketterl trat an den Kaiser heran: es sei Zeit zum Schlafengehen. Die Ärzte sahen auf die Uhr. Es war sechs Uhr abends.

Umständlich schloß der Kaiser die rote Mappe ab, riß das Blatt des 21. November 1916 von seinem Kalender, holte ein Bürstchen hervor und strich damit leicht über den Schreibtisch. Nur kein Stäubchen. Keine Unordnung.

Ketterl brachte den Betschemel und schob ihn vor den Lehnstuhl. Der Kaiser legte die Arme darauf, barg sein Gesicht in den Händen und betete. Der alte Diener und die beiden Ärzte falteten die Hände. Dann half der Kammerdiener seinem Herrn beim Aufstehen und führte ihn in den nebenanliegenden Schlafraum. Die Ärzte sahen, daß den Kaiser das Fieber schüttelte, als ihn der Diener entkleidete. Die Doktoren stellten sich am Fußende des einfachen Eisenbettes auf. Der Kammerdiener rückte dem Kaiser das Kissen zurecht und fragte, ob Majestät noch weitere Befehle habe. Er wolle, antwortete der Kaiser, morgen um halb vier Uhr geweckt werden, er sei mit der Arbeit nicht fertig geworden. Die beiden Ärzte tauschten einen stummen Blick. Ketterl schob den Wandschirm vor, den die gnädige Frau, die Frau von Schratt, dem Kaiser geschenkt hatte. Der Schirm war aus dunkelgrüner Seide, quer über ihm stand goldgestickt in großen und altmodischen Frakturbuchstaben: ‚Gott erhalte unsern Kaiser, Gott beschütze unser Land.' Die drei Teile des Schirmes waren mit vielen, glänzenden Marienbildchen bedeckt, wie sie Wallfahrer in den Gnadenorten erstehen, in deren Kirchen Frau von Schratt für den Kaiser und für Österreich gebetet hatte.

Schritte in der Schreibstube, Schritte nun auch im Schlafzimmer, Flüstern, Raunen, unterdrücktes Hüsteln. Die Welt war dem müden Kaiser nachgefolgt, sie drang in seine Ruhe ein, sie stand bereits um den von Gnadenbildchen bedeckten Schirm, der den Kaiser so lange schon geschützt hatte. Das einfache, braungetäfelte Schlafzimmer mit dem schmalen, goldenen Rankenspiel aus der Zeit Maria Theresias füllte sich immer mehr. Das eiserne Feldbett und der eiserne Waschtisch nahmen sich nüchtern und arm aus. Die beiden Ärzte schauten schweigend auf den schweratmenden Kaiser im einfachen Kattunhemd. Zu Häupten des Kaisers kniete seine Tochter Maria Valerie, neben ihr kniete das Thronfolgerpaar. Fürst Montenuovo ging leise hin und her, es gab immer etwas zu regeln. Die beiden alten Adjutanten blickten von ihrem erlöschenden alten Herrn besorgt auf den knienden jungen. Hinter dem runden Tisch und den braunen, mit grünem Weinblatt gemusterten Sesseln harrte regungslos das Kammerpersonal und blickte auf die sich immer zahlreicher einfindenden Mitglieder des Erzhauses. Wenn der Sterbende sich bewegte, lief es wie eine Welle durch alle Menschen im Zimmer.

„Trinken, bitte."

Valerie nahm vom Nachttischchen eine Tasse kalten Tee, ihre Hand zitterte, sie schüttete daneben. Unwillig fuhr der Kaiser über die Bettdecke. Ketterl hob das Kopfkissen, nahm von der Erzherzogin die Tasse und flößte seinem Herrn den Trank ein.

„Warum geht's jetzt? Danke!" sagte der Kaiser leise.

Der alte Herr schloß wieder die Augen, der Diener zog sich zurück. Noch einmal rührte sich der Kaiser, und schon stand Ketterl neben dem Bett und fragte, ob Seine Majestät schlecht liege.

„Gut. Gut."

Der Leibarzt trat neben den Diener, lauschte nach dem Atem und fühlte den Puls. Dann blickte er nach dem Obersthofmeister; Montenuovo begriff, ging hinaus und kehrte nach einer Weile mit dem Hofkaplan zurück. Brennende Kerzen wurden gebracht, der Priester beugte sich über den Kranken und erteilte ihm die Letzte Ölung. Das Kammerpersonal rückte näher, der Kreis schloß sich. Alle knieten sich andächtig nieder. „Subenite sanctos!" betete der Priester. Schluchzen klang auf und verstummte.

„Amen!" Der Priester gab den Platz am Bett frei, der Arzt trat an dessen Stelle, nahm des Kaisers Hand und blickte auf die Uhr. Nach einer Weile ließ er des Kaisers kalte Hand sinken und wandte sich an Erzherzog Karl: „Eure Majestät, ich melde gehorsamst, daß Seine Majestät der Kaiser soeben in Gott entschlafen ist."

Fürst Montenuovo zog auch die Uhr: es war neun Uhr fünf Minuten am Abend des 21. November 1916.

Da der große, blutbesprengte Tod, der auf Feldern und in Wäldern, zwischen Felsen und auf Flüssen, auf dem ruhelosen Meer und in den hohen Lüften lärmend und berstend so viele Opfer heischte, hier in dem Schloß des Greises auf so leisen Sohlen schlich, blieben auch die Menschen stumm, die an dem einfachen Eisenbett vorbeizogen und noch einmal in das nun für immer versiegelte Gesicht des toten Kaisers schauten. Als letzte schlichen die beiden Flügeladjutanten aus dem Zimmer. In der Tür drehte sich Paar noch einmal um. Auf der Brust des Toten lag ein kleines, schwarzes Sterbekreuz, das Valerie dorthin gelegt hatte. Das große Bild der Kaiserin schien sich im flackernden Kerzenlicht zu bewegen. Der Türsteher schloß hinter den beiden alten Herren. Ketterl trat an das Bett, stellte die Teetasse beiseite, blickte auf den Siegelring des Kaisers mit der kleinen Gemse und wischte sich die Augen. Der Türsteher fragte, wann man ihn endlich ablösen werde, er stehe schon seit Mittag hier.

„Man hat Sie vergessen", sagte Ketterl, „man wird uns alle vergessen. Gehn S' und schaun S', daß Sie jemand ablöst. Ich bleib die Nacht über hier. Ich kann Seine Majestät nicht allein lassen."

Der Türsteher entfernte sich. Da lag der alte Herr so still wie sonst, bat um nichts, wie er nie um etwas gebeten, ein zarter, ein geschwächter Leib, fast flach unter der Decke.

Der Novembersturm rüttelte an den Fenstern. Im Schreibzimmer draußen verstummten die letzten Gespräche. Ein anderer Türsteher kam, besah mit vorgerecktem Hals den toten Monarchen und bezog seinen Posten. So müde Ketterl war, er wagte es nicht, sich in der Gegenwart seines Herrn zu setzen. Rückwärtsschreitend zog er sich hinter den Tisch zurück und sank dann in einen Sessel. Türen wurden geschlagen, Schritte wanderten, es war, als entferne sich alles, ziehe alles fort. In der Ferne klang silbern die Spieluhr.

Ketterl schrak auf. Ein anderer Türsteher. Der Mann hatte sich auf einem Sessel niedergelassen. Man hörte es an dem Atem. Der Türsteher schlief. Der Kammerdiener stand auf und schneuzte die Kerzen. Nun war es ganz still. Sollte man den Türsteher wecken? Mochte er schlafen! Ketterl verbeugte sich vor dem Toten und zog sich wieder hinter den Tisch zurück.

Als sich spät und unlustig die Morgennebel hoben, starrten aus den entblätterten Nischen der schwarzen, gestutzten Hecken des weiten Parterres vor dem Schloß die Götter und Helden Griechenlands und Roms in den verödeten Tempel des Ruhms und der siechenden Ehre. Einsturz drohte nun auch dem Olymp, dessen Sagen hier in den von Denkmal zu Denkmal geschlungenen Allegorien gehangen hatten wie Tautropfen an Spinnfäden. Die Sonne, die in ihnen geblinkt, war untergegangen. Von den Regenspuren in den weichen Sandsteinwangen verweint, blickten die marmorgeborenen Götter mit erhabenen Gebärden ins Leere, und ungehört versanken unausgesprochene Worte im raschelnden Laub. Und dennoch schmeichelte Minerva in feuchter Nische dem Mars das blutige Schwert ab, und der doppelgesichtige Janus kehrte der kriegerischen Bellona sein Jünglingsantlitz zu und griff nach der mörderischen Keule. Wer verstand noch die Sprache der Sinnbilder, wer kehrte sich an ihre friedlichen Lehren? Dort raubte Paris die sich sträubende Helena, hier keuchte Äneas unter der schweren Last seines Vaters Anchises, um aus dem brennenden Troja für neue Tage das alte Leben zu retten.

Über dem schwarzen Becken des ausgetrockneten Neptunbrunnens ragte auf besänftigter Höhe der Säulenaltar der Gloriette empor, von weiten Schwingen des Doppeladlers überbreitet. Hinter den tiefziehenden Wolken war der Himmel blaß und leer. Die alte Welt des ewigen Hellas sank auf den Dämmergrund der Zeit. Zu den Heftigen und Hochfahrenden, zu den Zornigen und Schönen gesellten sich, auch sie verlassen und einsam, die Sanften und Schweigenden, die Duldenden und Milden. Sebastian, der Fernhergetroffene, reichte den blutigen Pfeil dem fernhintreffenden Apollo, Laurentius brachte den schadhaften Rost zur Schmiede Vulkans, Leonhard führte Poseidon seine Rosse vor, Andreas legte sein Kreuz ab, Katharina rollte ihr schweres Rad heran, Götter und Heilige stellten ihre Geräte beseite, verglichen es und prüften einander mit ernsten Augen, ließen sich schweigend nieder und lauschten dem fernen Branden der Zeit. Äneas setzte die schwere Bürde des Vaters ab, Paris gab Helena frei, und nur ein Riese, der sein gewaltiges Ruder nicht neben den Dreizack Poseidons gelegt hatte, setzte die Bürde nicht ab, das auf seinen Schultern thronende Kind, zu dem die verblassenden Götter und die vergessenen Heiligen aufsahen wie zum Morgenrot eines ewig neu anbrechenden Tages.

Als nach durchwachter Nacht frühmorgens der alte Adjutant Graf Paar an den steinernen Göttern und Helden des verlassenen Parketts vorbeiging, entsann er sich einer alten böhmischen Kinderfrau, die einst vor vielen, vielen Jahren in einer Serviette einen Knoten gemacht und in diesen Knoten den runzeligen gichtischen Zeigefinger hineingesteckt hatte. Hatte sie den Zeigefinger geneigt, dann war der Knoten ein Kopf geworden, und ihre beiden andern zur Seite gespreizten Finger hatten sich in ausgebreitete Arme verwandelt, das Tuch selbst aber war ein weißer Priestertalar geworden. Die Kinderfrau hatte Daumen und Mittelfinger, die beiden Arme, zusammengeschlossen und den Zeigefinger, den Kopf, daraufgelegt, die kleine, weiße Gestalt im Priestertalar hatte den Kopf in die Arme geborgen und hatte gerufen: „Weinet, Kinder, weinet! Weinet, Kinder! Denn Johannes von Nepomuk ist heute gestorben!"

Und wenn die alte Kinderfrau die kleine, weiße Gestalt diese traurigen Worte hatte sprechen lassen, waren sie, die lauschenden Kinder alle so traurig gewesen, als wäre nun wirklich nicht nur der Johannes von Nepomuk, sondern alles Liebe, Leichte und Gute in der Welt gestorben. Traurig waren die Falten der Serviette über die welke Hand der Alten gefallen, traurig war der Abend geworden, und still hatten sie sich ausziehen und zu Bett bringen lassen.

Riefen nicht heute die steinernen Gestalten zu beiden Seiten des Weges: weinet, Kinder, weinet, denn der Kaiser ist gestorben! Starb denn mit diesem Kaiser nicht eine Welt, deren Wesen gemischt war aus eigenen Kräften und aus den Gebeten jener, die noch glauben konnten? Werden die alten Götter nicht mit jenem Mann, der wohl wenig von ihnen gewußt, und dessen Mantel sie dennoch gehalten, dessen Kaisernamen ihrer Welt entstammte, dahingehen, verblassen, entschwinden, wie sie schon ringsum in der andern Welt dahingegangen und entschwunden sind?

Der alte Generaladjutant ging langsam und leise vor sich hinpfeifend durch die aufgestörte Ruhe des Schlosses. Im Adjutantenzimmer fragte er, wie er es seit eh und je getan, nach dem Frührapport. Es gab keinen Frührapport. Graf Paar fragte nach dem Gardereiter. Der Gardereiter mit der roten Aktentasche war nicht gekommen. Wie konnte ein Tag ohne Gardereiter und ohne Frührapport beginnen! Da kehrte der Graf langsam wieder um und ging die Stiege hinab, vorbei an hastenden Lakaien und an rotweißgoldenen Garden, vorbei an den nachgedunkelten Bildern der Schlachten des Prinzen Eugen. Langsam ging er durch den Park in den Meidlinger Quertrakt des Schlosses und setzte sich, die unvermeidliche Virginia anzündend, in seiner Dienstwohnung an den Schreibtisch.

Ein junger, dem Grafen Paar zugeteilter General, ein beweglicher Triestiner, trat ein und wurde mit einer müden Handbewegung eingeladen, Platz zu nehmen. „Du suchst mich. Ich war drüben. Schönbrunn ohne Kaiser. Unvorstellbar. Kein Frührapport, kein Gardereiter, keine rote Mappe. Du bist noch jung, mein Lieber. Du hast noch einen guten Teil deiner ferneren Lebensaufgabe vor dir. Ich könnte einen Ausspruch des Kaisers variieren, den er mir gegenüber getan hat, als die Nachricht von der Ermordung der Kaiserin eintraf: ‚Sie wissen nicht, wie sehr ich diese Frau geliebt habe.' Und ich möchte zu euch Jungen sagen: Ihr wißt nicht, wie sehr wir Alten den Kaiser geliebt haben. Mein Vorgänger, du wirst ihn kaum gekannt haben, war Friedrich Mondel. Er hat nach der Pensionierung draußen in Baden gelebt. Er hat den Halskrebs gehabt und schließlich nicht mehr sprechen können. Zwei Tage vor Mondels Tod hat der Kaiser seinen ehemaligen Generaladjutanten besucht. Mondel hat es sich nicht nehmen lassen, noch einmal die Paradeuniform anzulegen und sich, obwohl er sich kaum aufrecht hat halten können, beim Kaiser zu melden. Da aber der gute Mondel nicht mehr sprechen hat können, hat er mit zittriger Hand seinen alleruntertänigsten Dank auf ein Stück Papier geschrieben, und dieses Papier hat er dem Kaiser überreicht. Ich bin damals erst kurz im Dienst gewesen, und deshalb hat mich damals der Kaiser noch nicht des Vertrauens gewürdigt, mir zu sagen, wie sehr ihn Mondel gerührt habe. Man hat sich das Vertrauen des Kaisers erst allmählich erwerben müssen. So ist er gewesen, mein junger Freund. Und weil er so gewesen ist, weil er immer an sich gehalten hat, weil er auch die jetzige Kaiserin gestern als Erzherzogin nicht sitzend hat empfangen wollen wie der alte Mondel seinen Kaiser, deshalb glaube ich, daß ich gestern mitgestorben bin."

Dem jungen General war es, als schaue er einem Toten ins Gesicht. Mühsam erhob sich der Graf und geleitete seinen Besuch mit den gleichen Bewegungen wie sein verewigter Herr, zur Tür. Die Sporen des jungen Generals klirrten. Leise schloß sich die Tür.

Der junge General durcheilte den Park. Seltsam die alten Herren, die so lange um den Kaiser gewesen waren, die man Senilenzen, Sesselreiter, Hämorrhoidalität und Maraszener genannt hatte, sie hielten ihm eine Treue, die aus der Welt geschwunden war. Hatte nicht Benedek 1866 genau so geschwiegen wie Potiorek 1914? Hatte irgendeiner dieser Männer, die das Geheimnis von Mayerling kannten, je ein Wort darüber gesprochen? Das mußte an der Würde des Erzhauses liegen, denn auch das Geheimnis von Philipp II. und Carlos war niemals gelüftet worden. Ein unheimlicher Hof, ein unheimliches Schloß. Hier war einst der Herzog von Reichstadt spazieren geführt worden, hier hatte er die Wächter, hier hatte er den Großvater nach seinem Vater Napoleon gefragt und hatte keine oder nur boshafte Antworten erhalten. Hier war das Leben des Königs von Rom zur Neige gegangen, der ausersehen gewesen war, über eine Zeitwende hinweg das Alte und das Neue zusammenzuhalten. Als Italiener hatte der General seinen ‚Silvio Pellico' gelesen, der sich hier im Schloßpark, nach seiner Entlassung aus dem Kerker, noch schwach von den Ketten des Spielbergs, im Gesträuch verborgen hatte, um durch seine Jammergestalt dem Kaiser Franz nicht unangenehm aufzufallen. Der General blieb stehen und mußte lächeln. So kurz nach Franz Josephs Tod begann unter einem österreichischen Waffenrock sein Herz schon italienisch zu schlagen? Die Erzählungen seiner Mutter fielen ihm ein, wie der Mailänder Adel in Trauerkleidern in die Skala gekommen sei, um die junge Kaiserin Elisabeth an die Gefangenen in den Kasematten von Brünn, Arad, Mantua, Brescia und Pavia zu erinnern. Zu beiden Seiten des Vorhanges aber seien zwei kroatische Posten mit geladenen Gewehren aufgeführt worden, um das ungebärdige Publikum vor Demonstrationen zu warnen und einzuschüchtern. In Österreich waren diese Zeiten vergessen, zurückgeblieben war der Gruß Servitore und Tschau. Aber in Italien vergaß man sie nie. Gab es doch kein Provinzmuseum, in dem nicht Bilder mit Darstellungen aus der Zeit des Kampfes gegen Österreich hingen.

Im Adjutantenzimmer sah der General eine schwarze, verschleierte, schlanke Dame, an der die Erzherzoge und Erzherzoginnen vorübergingen, auch der Obersthofmeister schien sie nicht wahrzunehmen. Da kam mit verlegenem Lächeln der junge Kaiser aus dem Sterbezimmer, ging rasch auf die Dame zu, reichte ihr den Arm und führte sie an das Lager des toten Kaisers.

Die Erzherzoge und Erzherzoginnen traten fast unwillig zur Seite, als Katharina Schratt vor dem Bett ihres hohen Freundes in die Knie sank, betete und zwei rote Rosen auf die Bettdecke legte.

Man hatte sie nicht gerufen. Franz Joseph hatte es nicht gewollt. Er war ja immer eigensinnig gewesen. Der Siegelring mit der Gemse war nicht mehr an seiner Hand. Wahrscheinlich hatte ihn Valerie genommen zum Andenken an ihren Vater. Ihr Wandschirm, diese Erinnerung an die vielen Wallfahrten und die zahlreichen Gebete, stand noch da. Die Mariazeller Muttergottes in Krone und Königsmantel war öfter vertreten. Ach, möchte doch dieser Schirm ihm einen ruhigen Schlaf in den Sorgen der Kriegsjahre gewährt haben.

Frau von Schratt erhob sich, sie knickste tief vor der kaum aufblickenden Schar und nahm den Arm des jungen Kaisers, der sie der Kaiserin vorstellte. Baron Bolfras sah es, streifte mit einem Blick Valerie und lächelte zufrieden vor sich hin. Der junge Kaiser gefiel ihm, und über die verstockten Gesichter der Trauergäste freute er sich.

Tisza bei Kaiser Karl, November 1916

Am 22. November 1916 erschien nach einer durchfahrenen Nacht der ungarische Ministerpräsident Graf Tisza bei Baron Burian, dem Minister des Äußeren, auf dem Ballhausplatz, um, ohne lange Umschweife, zu fragen, wie es in Wien aussehe, und was man hier denke und wolle. Der umständliche und trockene Baron Burian erwiderte, daß seiner Meinung nach vieles anders werden müsse, ob besser, das sei allerdings die große Frage. Was das Thronbesteigungsmanifest betreffe, so ergehe man sich derzeit in Stilübungen, es werde doppelt und dreifach geschrieben, man wolle dann das Beste nehmen. Wer den herzlichen, aber zuversichtlichen Ton am besten treffe, werde der ungenannte, aber glückliche Autor sein. Alles gehe im alten Schlendrian fort, man tue so, als sei die Garantie auf ein hundertjähriges Leben des alten Kaisers noch nicht abgelaufen. Neue Leute? Burian zuckte die Achsel. Der Wettlauf um die Posten habe bereits begonnen, die Leute rennen so schnell, daß man kaum ihre Gesichter erkennen könne. Graf Tisza fragte nach den Leuten vom Belvedere, nach der ungarnfeindlichen Umgebung Franz Ferdinands, er wollte wissen, ob diese Trialisten aus der Versenkung heraufkommen würden. Burian wußte es nicht. Und Hohenlohe, der rötliche Prinz? Burian wußte es nicht. Und das Manifest: An meine

Völker? Sehr allgemein, ganz allgemein! Verbeugungen, Versprechungen, gute Wünsche!

Also unterrichtet, war Tisza nach Schönbrunn hinausgefahren. Eine Audienz in Schönbrunn war angenehmer als eine Audienz in der Hofburg oder gar in Ischl. In der Hofburg und in Ischl hingen im Arbeitszimmer des Kaisers Bilder, die zu sehen einen Ungarn schmerzten: General Hentzi, der bei der Verteidigung der Ofener Festung von Honvedkugeln getroffen niedersinkt; Oberst Alnoch von der Ceccopierie-Infanterie, der sich mit dem Pester Brückenkopf in die Luft sprengt; der Reiter mit der weißen Fahne, der die kaiserlichen Truppen von der Waffenstreckung Komorns verständigt. In Schönbrunn waren keine Bilder von den Kämpfen des Jahres 1849 bei Raab, Temesvar und in Siebenbürgen. Der eigenwillige Kaiser hatte auch nach dem Ausgleich des Jahres 1867 diese Bilder nicht aus seinen Arbeitszimmern entfernt, waren doch die Erinnerungen seiner Jugend daran geknüpft, hatte er doch selbst an der Spitze eines Jägerbataillons über die brennende Brücke hinweg das aufständische Raab gestürmt.

In Schönbrunn, im Schlosse der großen Kaiserin Maria Theresia, war etwas von deren weitem Geist zu spüren. Tisza ging im Adjutantenzimmer auf und ab. Man ließ ihn warten. Er war bereits bei dem toten König gewesen. Er hatte Franz Joseph nicht geliebt, aber er hatte den alten Herrn, der ja auch nicht sehr viel für die Ungarn übrig hatte, trotzdem geachtet. Nie war Franz Joseph wie der Thronfolger Franz Ferdinand mit verhängten Fenstern durch Ungarn gefahren, aber es war zu Tiszas Ohren gedrungen, was der Oheim zu seinem Neffen gesagt hatte, der sich's geschworen, den Trotz und den Widerstand der Madjaren zu brechen: „Ich habe mich in der Burg von Ofen immer als Gefangener der ungarischen Nation gefühlt.“

Endlich tauchte mit einer beträchtlichen Verspätung der junge Kaiser auf, ging ebenso rasch wie formlos auf Tisza zu, schüttelte dem Grafen herzlich die Hand und nahm ungezwungen ihm gegenüber Platz. Man hatte dem Kaiser den ungarischen Minister als Wildhüter im Frack geschildert. Aber so leicht war diese Mischung aus Edelmann und Prädikant, dieser unbestechliche Kalviner nicht abzutun, wenn er auch nachlässig gekleidet war mit seiner verschobenen schwarzen Halsbinde, seinem kurzgeschnittenen Stoppelhaar und seinem schütteren, borstigen Bart. Tisza hielt sich hinter seiner starken grauen Brille verborgen und schien nicht bereit, sich hervorlocken zu lassen, obwohl er gewiß spürte, daß es der Kaiser darauf abgesehen hatte, ihn durch Liebenswürdigkeit zu gewinnen. Denn auch Tisza sah sich den neuen, jungen Herrn gut an: das weiche Gesicht Karls, dem man die gutwillige Bereitschaft, einzulenken, ansah, glich kaum dem Aussehen seines leichtsinnigen Vaters Otto, der den Folgen dieses Leichtsinnes auf so elende Weise erlegen war. Die ganze Art und Weise Karls, das Zimmer zu betreten und auf seinen Minister zuzukommen, verriet den fühlbaren Wunsch, die Scheidewand zwischen Monarchen und Minister niederzulegen, ein Bemühen, das seinem Großoheim, der immer, in jeder Bewegung und in jedem Wort, ganz und nur der Kaiser gewesen war, vollständig unbegreiflich, ja, äußerst tadelnswert gewesen wäre. Der Graf merkte sogleich, daß der Kaiser das Gespräch nicht zu führen verstand, und er nahm deshalb selbst dessen Führung in die Hand. Er sei, begann Tisza, so schnell herbeigeeilt, um in dieser schweren Stunde Seiner Majestät mit Tat und Rat beizustehen. Der Kaiser dankte, und Tisza fragte so nebenher, als fiele es ihm gerade ein, ob Seine Majestät im Thronbesteigungsmanifest irgendeine besondere Kundgebung an Seine Völker aufgenommen habe. Vorsichtig erwiderte der Kaiser, daß dieses Manifest eben erst ausgearbeitet werde. Die graue Brille verbarg die Augen Tiszas, der Kaiser konnte den Ausdruck von Tiszas Gesicht nicht erkennen. Die Völker, erwiderte der Minister, erwarteten aber etwas ganz Besonderes, etwas ganz Entscheidendes. Der Kaiser holte tief Atem und sagte dann rasch, daß er der Monarchie den Frieden schenken werde, dieser Passus sei auf seinen, des Kaisers, Willen hin eigens aufgenommen worden, und er werde jetzt eben noch genau und sorgfältig stilisiert. Der Graf nickte zustimmend und schwieg. Der Kaiser wurde lebhafter, ging mehr aus sich heraus, überwand die Verlegenheit und faßte Zutrauen: Ein paar Wochen sehe er sich noch das Ganze an, dann mache er Schluß. So gehe es auf keinen Fall länger weiter, so richte man sich sehenden Auges zugrunde. Der Graf senkte das Haupt und strich sich nachdenklich den Schnurrbart: Ganz Ungarn werde sich über diese Friedensbereitschaft des jungen Königs freuen, aber man müsse solch eine wichtige Sache nicht überstürzen, man müsse so etwas wohl vorbereiten und mit den Bundesgenossen besprechen. Der Kaiser nickte zustimmend: Das habe er auch vor. Er werde den Deutschen sehr deutlich zu verstehen geben, was er im Interesse der Monarchie unternehmen wolle. Denn alle Bündnistreue, die man bisher gezeigt habe, in Ehren, aber es könne doch unmöglich von Österreich-Ungarn verlangt werden, daß es für die deutschen Eroberungsabsichten den Krieg endlos weiterführe.

Tisza zog die Brauen hoch: Man könne aber den Frieden nur gemeinsam mit dem Deutschen Reich schließen. In Ungarn sei nach der Waffenhilfe in Siebenbürgen und nach der Besiegung Rumäniens mit Hilfe der Deutschen die Stimmung sehr für Deutschland. Der Kaiser entgegnete, man müsse diese Hilfe wohl anerkennen, dürfe aber nicht vergessen, daß die k. u. k. Armee im Sommer 1914 für Deutschland in Galizien angegriffen und schwer gelitten habe. Das gab Tisza zu, aber er wies noch einmal darauf hin, daß man zu einem Friedensschritt einiger Vorbereitungen bedürfe. Die Monarchie müsse in sich selbst geeint dastehen, man müsse sich klar darüber sein, was man wolle und was man ablehne. Die ungarische Öffentlichkeit sei durch unüberlegte Äußerungen deutscher Politiker über ein kommendes Mitteleuropa etwas beunruhigt. Da trumpfte der Kaiser auf: Er habe es ja immer gesagt, daß die Deutschen den Mund zu voll nähmen, das machte überall die Leute ganz kopfscheu.

Die Deutschen, fuhr Tisza fort, hätten im Kriege erkannt, welche gewaltige Wirtschaftsgebiete im Osten zu erschließen seien. Ungarn liege auf dieser Vormarschlinie und müsse fürchten, von den Deutschen überrannt zu werden. Deshalb müsse man vorher mit den Deutschen zu einer wirtschaftlichen Verständigung kommen. Zuvor aber müßten sich doch die beiden Reichshälften über den schon so lange beratenen und immer wieder hinausgeschobenen Ausgleich einig werden. Wieder stimmte der Kaiser seinem Minister bei. Er selbst, erwähnte Karl, sei in deutsche Schulen gegangen, er habe beim Armeekommando in Siebenbürgen einen deutschen Stab gehabt, und dort habe er gelernt, wie man die schmutzige Wäsche daheim waschen müsse. Sonst hätten sich die reichsdeutschen Herren stets mehr bemüht, das Trennende als das Verbindende hervorzukehren. Aber das liege wohl an den verschiedenen Temperaturen. Die Österreicher hätten gefroren, wenn die deutschen Herren der Meinung gewesen seien, sich besonders herzlich gegeben zu haben.

Tisza wich den Klagen über den Bundesgenossen aus, er kam gleich wieder auf das zu sprechen, was ihm am meisten am Herzen lag: Er habe eine Reihe von Gesetzentwürfen fertigstellen lassen, die demnächst Seiner Majestät unterbreitet würden, man müsse sich nämlich bei diesen Angelegenheiten etwas beeilen. Der Kaiser pflichtete dem Minister bei, er kannte vom Hörensagen die Leidenschaft der Ungarn für Gesetze, Paragraphen und endlose Verhandlungen, bei denen der ermüdete Gegner schließlich bereit war, nachzugeben, weil er den Gegenstand der Verhandlung nicht mehr nennen hören konnte, ohne trübsinnig zu werden. Er werde die vorgelegten Gesetze rasch prüfen und schnell unterzeichnen, sagte der Kaiser zu. Aber Tisza nahm dieses Entgegenkommen durchaus nicht freudig auf: Seine Majestät könne nach ungarischen Gesetzen nur als gekrönter König von Ungarn Gesetze sanktionieren. Wenn also der Kaiser wirklich den Frieden so ernst anstrebe, so sei der erste und wichtigste Schritt, sich so bald wie nur möglich zum König von Ungarn krönen zu lassen.

Der Kaiser zögerte mit seiner Antwort. Da wollte also Tisza hinaus! Dazu der lange Umweg! Deshalb die Klagen über den deutschen Mitteleuropa-Plan! Deshalb die Vorlage der neuen Gesetze! Aber gerade vor dieser ungarischen Krönung hatte man den Kaiser vor einer halben Stunde eindringlich gewarnt. Achtung! Vorsicht! Tisza sei ein Fuchs, der werde gewiß etwas wollen, wenn er so schnell gekommen sei. Eine ungarische Krönung, hatte man den Kaiser gewarnt, binde die Hände, mache zum Gefangenen der ungarischen Nation. Vorsichtig erkundigte sich der Kaiser, wer bei der Krönung in Ofen den Palatin Ungarns vertreten werde. Tisza, der auf diese Frage vorbereitet war, kleidete die Antwort in den ehrwürdigen Mantel der Gesetze: Den Palatinstellvertreter, der dem apostolischen König die heilige Stephanskrone auf das geweihte Haupt setze, wähle das Parlament. Die Regierungspartei sei die stärkste Partei des Parlaments, und er, Tisza, sei ihr Führer, den die Partei mit der Stellvertretung des Palatins bei der Krönung betrauen werde.

Abermals wollte der Kaiser widersprechen und dem Grafen entgegenhalten, daß es einem apostolischen König von Ungarn, einem katholischen Monarchen nicht leicht fallen werde, sich die Krone des heiligen Stephan von einem Kalviner auf das Haupt setzen zu lassen, aber die kalte Ruhe des Ministers wehrte von vornherein jeden Widerspruch ab. Spätestens morgen, fuhr Tisza fort, werde er dem König den Entwurf für das Handschreiben vorlegen, laut welchem sich Seine Majestät so bald wie nur möglich zum König von Ungarn, Kroatien, Slawonien und Dalmatien krönen lassen werde.

Der Kaiser erhob sich mit dem unangenehmen Gefühl, überrumpelt und überspielt worden zu sein. Er ließ es bei dem herzlichen Abschied nicht merken, und auch Tisza verneigte sich so bescheiden, als sei das, was er erreicht hatte, für ihn eine Sache, die weiter keine große Bedeutung habe.

Kaum war der Kaiser gegangen, als auch schon mit allen Zeichen atemloser Hast Baron Burian eintrat, dem Tisza so nebenher mitteilte, daß er bereits die Zustimmung des Königs zur Krönung in Budapest habe. Er begebe sich von hier aus in die Kabinettskanzlei, um das betreffende Handschreiben vorbereiten zu lassen. Tisza hatte die Tür kaum geschlossen, als sie von Dr. Ernst von Koerber hastig geöffnet wurde. Der österreichische Ministerpräsident fragte Burian, ob Tisza schon bei Seiner Majestät gewesen sei. Als Koerber erfuhr, daß Tisza nicht nur beim Kaiser gewesen sei, sondern auch schon die Zusage zur Krönung in Ungarn bekommen habe, war der Minister zutiefst erschrocken. Das sei unmöglich! brach Koerber aus, das sei nicht nur unmöglich, sondern sinnlos! Wie könne der Kaiser nur das tun! Er, Koerber, habe den Kaiser gestern in einer langen und eindringlichen Unterredung vor der ungarischen Krönung gewarnt. Daraufhin habe der Kaiser ihn beauftragt, alles Nötige für das eidliche kaiserliche Gelöbnis auf die österreichische Verfassung vorzubereiten. Der Kaiser könne doch nicht zugleich auf zwei Verfassungen den Eid ablegen, die einander in so vielen Punkten widersprächen. Wohin komme man denn da! Die Regierung der Monarchie sei etwas so Kompliziertes, erfordere ein solches Ausmaß von Takt und Vorsicht, daß man da nicht so unbedacht vorgehen dürfe, wolle man nicht die schlimmsten Verwicklungen heraufbeschwören. Wenn sich der Kaiser gleich zum König von Ungarn krönen lasse, dann bedürfe es nur noch einer Krönung in Böhmen, um den vollkommenen Wirbel heraufzubeschwören. Als Burian verriet, daß sich der Kaiser tatsächlich auch mit diesem Gedanken trage, fragte Koerber, ob diese Ratschläge von den Siebenerdragonern, des Kaisers einstigen Regimentskameraden vom böhmischen Hochadel stammten. Wenn man unter solchen Gesichtspunkten Politik treiben wolle, werde er, Koerber, sich rechtzeitig nach einem Platz in einer stillen Irrenanstalt umsehen. Vorher würde er aber doch gerne erfahren, wie sich der König von Ungarn verhalten werde, wenn der Kaiser von Österreich Dalmatien verlangen müsse. Der Ungar in Burian widersprach Koerber: Es gebe kein Österreich, es gebe nur die im Reichsrat vertretenen Königreiche und Länder. Nun meldete sich in Koerber der Stolz: Wenn man als Österreicher auch namenlos sei, so namenlos dumm sei man doch wieder nicht, daß man nicht sehe, wohin das führe. König von Böhmen, König von Polen, König von Ungarn, König von Kroatien und Slawonien — und nur Herzog von Österreich! Zum Schlusse werden allein für den Kaiser von Österreich das Königreich Jerusalem übrigbleiben samt den unbezahlten Rothschildschulden. Franz Joseph habe Österreich in neunundsechzig Jahren nicht zugrunde regieren können, aber wenn der junge Herr dieses Tempo, das er eingeschlagen habe, weiter einhalte, dann könnten wohl einige ehemalige Siebenerdragoner Minister werden, Österreich selbst aber werde in weniger als zwei Jahren einfach verschwunden sein.

Baron Burian schaute sich ängstlich um, ob nicht irgendein müßiger Türsteher diese lästerliche Prophezeiung des österreichischen Ministerpräsidenten gehört habe. Aber es war kein Türsteher da, weiß Gott, wohin seit dem Tode Franz Josephs alle die Leute gekommen waren, die vordem wie Matrosen auf einem Schiff, alle vorgeschriebenen Plätze besetzt gehalten hatten.

Sixtus bei Cambon, 25. November 1916

Auf der stillen Insel St. Louis im Herzen von Paris empfing am 25. November 1916 der Generalsekretär des französischen Außenministeriums Jules Martin Cambon einen hageren, etwas schlacksigen belgischen Artillerieleutnant, deutete auf einen Stoß Zeitungen auf dem Schreibtisch und meinte, der Prinz sei gerade zur rechten Stunde gekommen, hier sei das französische Echo der großen Ereignisse in Österreich. Der belgische Leutnant hatte alle Zeitungen schon in der Früh durchflogen, war mit diesem Echo scheinbar nicht zufrieden, er sagte es auch, daß er mehr Wärme erwartet habe. Cambon, vormals Botschafter Frankreichs in Berlin, rieb sich die Hände: Merkwürdig zu hören! Sehr bezeichnend. Wieso mehr Wärme erwartet? Er finde, daß der Schwager des Prinzen, der neue Kaiser, in Paris eine sehr gute Presse gehabt habe bei der Premiere. Der Prinz möge doch bedenken, daß Frankreich mit Österreich im Kriege sei. Der Prinz widersprach: Jetzt, nach dem Tode Franz Josephs, werde sich alles ändern. Und deshalb sei er, der Prinz, hier erschienen, um Frankreich, dem er als Bourbone nicht mit der Waffe dienen dürfe, seine Vermittlerdienste anzubieten. Cambon lächelte dem Leutnant des 13. belgischen Artillerieregiments freundlich zu: Der Tod Franz Josephs eröffne weite Aussichten. Er, Cambon, hätte gerne für den Schwager des Prinzen, für den Kaiser Karl, mehr getan, aber man habe die Presse in einem demokratischen Lande nie ganz in der Hand, die Leute schrieben schließlich und endlich doch, was sie wollten. Aber der Tenor aller Artikel sei doch der gewesen, daß der neue Kaiser an diesem Kriege keine Schuld trage. Und das sei doch immerhin etwas.

Der Diener meldete, daß das Dejeuner bereit sei. Cambon führte den Prinzen in das Nebenzimmer. Vielleicht könnte man durchsickern lassen, begann der Prinz, daß sich sein Schwager, so bald es irgend möglich sei, von jenen trennen werde, die am Kriege schuld seien. Cambon lächelte: Garniturwechsel? Könnte nur dann Eindruck machen, wenn die neue Garnitur nicht wieder in die gleiche beschämende Abhängigkeit vom deutschen Oberkommando gerate. Der Prinz verwahrte sich: Sein Schwager werde Männer wählen, denen Frankreich Vertrauen schenken könne. Sein Schwager, der Kaiser, stehe übrigens mit dem Exponenten des deutschen Oberkommandos, mit dem Oberkommandanten der österreichischen Armee, mit Erzherzog Friedrich, keineswegs auf gutem Fuße. Cambon bezweifelte das durchaus nicht, aber er meinte, es werde schwer fallen, dies der französischen Öffentlichkeit klarzumachen, wenn man erfahre, daß dieser germanophile Erzherzog Friedrich der Schwiegervater eines Bruders der Kaiserin sei, von deren Vermittlung man sich in Frankreich so viel erwarte. Eines Stiefbruders, widersprach der Prinz, Elias sei sein Stiefbruder und die Beziehungen von Elias zur Kaiserin Zita seien durchaus nicht glänzend. Cambon, der die Bedeutung der Verwandtschaftsfragen jener Kreise kannte, die nur in Genealogien denken können, hatte sich um die Beziehungen der zahlreichen Mitglieder des Hauses Parma-Bourbon gekümmert, bevor er sich entschlossen hatte, den Prinzen Sixtus zu empfangen. Elias stamme aus der ersten Ehe seines Vaters mit Maria Pia von Bourbon-Sizilien, erklärte der Prinz noch einmal. Cambon gab sich damit nicht zufrieden, er wies darauf hin, daß zwei Brüder des Prinzen Sixtus, nämlich Felix und René, in der österreichischen Armee dienten.

Aber Cambon möge doch glauben, fuhr der Prinz auf, daß alle Prinzen des Hauses Parma-Bourbon sich gleich zu Kriegsausbruch am liebsten in der französischen Armee gemeldet hätten, wenn die französische Armee es erlaubte, daß Bourbonen in ihr dienten, und wenn die Brüder dadurch ihrer Schwester, der damaligen Thronfolgerin, nicht die größten Schwierigkeiten bereitet hätten. Auf den Einwand Cambons, daß die beiden Prinzen Felix und René deutsch erzogen worden seien, erwiderte Sixtus, es käme weniger auf die Erziehung als auf das Herz an, und das Herz sei bei Bourbonen französisch. Der Generalsekretär der französischen Republik lenkte ein, da er nicht gerne über die unerwiderte Liebe der Bourbonen zu Frankreich sprach. Er verstehe, daß die Kaiserin Zita in keiner angenehmen Lage sei. Ihr Gatte, der Kaiser, sei an diesem Kriege nicht schuldig. Für Frankreich sei der Kaiser ein noch unbeschriebenes Blatt. Aber Frankreich stehe nicht allein, Frankreich habe Verbündete, und für Italien sei der Kaiser ein Mann, der als Kronprinz bei seiner Südtiroler Offensive zum Kampf gegen Italien aufgerufen habe, ja, der versucht habe, sich auf Kosten Italiens populär zu machen. Der Prinz zuckte die Achsel: Und doch halte man in den deutschnationalen Kreisen seine Schwester Zita für eine Italienerin und nicht für eine Französin. Nicht Brussilow gebe man die Schuld, daß man die Offensive gegen Italien habe abbrechen müssen, sondern der Einmischung Zitas, die gar nicht eingegriffen habe. Cambon erklärte, daß dies wohl von den Deutschen veranlaßt worden sei. Schon aus diesem Grunde müßte eigentlich der Kaiser, des Prinzen Schwager, von den Deutschen etwas abrücken. In Paris betrachte man schon lange Österreich als den willenlosen Vasallen Deutschlands.

Der Kaiser, erwiderte Sixtus, erwarte nicht viel von einem deutschen Bündnis; er könne es weder verzeihen noch vergessen, daß man ihm nach der Brussilowoffensive den deutschen General Seeckt als Hofmeister, Mentor, Instruktor und Kurator beigegeben habe, einen General, der fast ausnahmslos allen Österreichern durch seine stets zur Schau getragene, betonte Überlegenheit und Kälte ungenießbar gewesen sei. Cambon lachte: Da sei also der Kaiser vom deutschen Seeckt kaum berauscht. Sixtus beeilte sich, dem Generalsekretär zu versichern, daß sein Schwager mehr als ernüchtert worden sei. Die Deutschen hätten ein so geringes Vermögen, sich in eine fremde Mentalität einzufühlen, daß es immer wieder mit ihnen zu unerfreulichen Reibungen komme, bei denen sie, als die Stärkeren, die andern, die nachgeben wollen, beleidigen. In jener Zeit, da der Kaiser unter der Fuchtel des deutschen Generals gestanden sei, habe sich der Gedanke an einen Sonderfrieden mit Frankreich, den ihm die

Mutter und die Schwester des Prinzen immer wieder nahegelegt hätten, immer tiefer bei ihm verwurzelt. Dies wäre ja auch nicht der erste Sonderfriede, den Österreich und Frankreich im Verlaufe ihrer Geschichte miteinander abgeschlossen hätten. Man möge doch nur an den Frieden von Rastatt denken, in dem Deutschland gezwungen worden sei, den Rhein als Frankreichs natürliche Grenze anzuerkennen.

Cambon klatschte kurz in die Hände: Der Prinz habe recht! Rastatt sei ein entscheidender Friedensschluß gewesen. Das Lob des Generalsekretärs befeuerte den belgischen Artillerieleutnant: Seiner unmaßgeblichen Meinung nach seien Frankreichs Forderungen viel zu bescheiden! Frankreich habe doch nicht nur Elsaß-Lothringen, Frankreich habe auch die 1803 aufgegebenen Städte Landau und Saarlouis zu fordern!

Gewiß, gewiß, das könne, das müsse man, stimmte Cambon zu, aber der Prinz bot noch mehr: Frankreich könne auch das Moseltal und die bayrische Pfalz besetzen! Für solches Entgegenkommen wollte sich Cambon erkenntlich zeigen. Cambon hatte die Familienbeziehungen des Hauses Parma-Bourbon gut studiert, er wußte, daß Tanten des Prinzen, Schwestern der Mutter, in Luxemburg und Belgien auf dem Thron saßen, Frankreich könnte sich ja durch gewisse Gebietsabtretungen Deutschlands an diese beiden Länder den Schwestern Braganza freundlich erweisen. Der Staatsmann und der Leutnant überboten einander an Zugeständnissen auf Deutschlands Kosten. Die Hauptsache sei, faßte der Schwager des Kaisers zusammen, Preußen vom Rhein abzudrängen. Man könne das Rheintal dem mit Rußland verschwägerten Großherzog von Hessen zuweisen, das seit altersher mit England verbündete Hannover sei wieder herzustellen, Holstein müßte man an Dänemark abtreten und dadurch dem Kieler Kanal seinen preußischen Charakter nehmen. Die polnische Frage werde man einer russischen Lösung zuführen, Preußen müsse gezwungen werden, alles, was es seit seinem räuberischen Aufstieg an sich gerissen habe, wieder herauszugeben, auch den Raub an Sachsen, das immer ein Verbündeter Frankreichs gewesen sei; übrigens sei ja die Mutter des Kaisers aus dem sächsischen Hause Wettin.

Das Frühstück war beendet, man begab sich wieder in Cambons Arbeitszimmer. Man sei ein wenig vom Thema abgekommen, begann Cambon, die Untaten Preußens haben sie etwas verwirrt und erregt, aber man müsse nicht nur an Sachsen und an

Hessen, an Hannover und an Holstein, man müsse auch an Österreich selbst denken, man müsse sich überlegen, was Frankreich einem Österreich, das sein Freund sei, zu bieten habe. Und da müsse man unwillkürlich an Preußens größten Raub, an Schlesien, denken. Maria Theresia habe diesen Verlust nie verwunden, auch französische Soldaten seien einst in diesem Kampf um Schlesien gefallen. Rechtzeitig merkte der Prinz, wo Cambon hinauswollte, er versuchte abzulenken: Das sei ein wenig lange her, der schlesische Adel sei inzwischen ganz verpreußt. Cambon fand, daß der Prinz zu sehr in Dynastien und Adelsgeschlechtern dachte, trotzdem er vorhin die Friedensschlüsse der französischen Republik so brav aufgezählt hatte. Man mußte solch einen jungen Mann ein wenig belehren: Der Adel wechsle schneller die Farbe als das Volk. Frankreich habe eine Entschädigung des österreichischen Volkes im Auge. Bei einem makellosen Siege Frankreichs könne man über einen verpreußten Adel in Schlesien hinweggehen. Der Prinz widersprach: Wenn man Schlesien an Österreich zurückgebe, werde das Deutschtum in Österreich zu sehr gestärkt. Cambon machte eine wegwerfende Handbewegung: Ob der Prinz denn glaube, daß nach einem verlorenen Krieg viel von einem Deutschtum in Österreich die Rede sein werde? Diese Idee werde mit der Vernichtung Preußens verschwinden. Das preußische Kaiserreich habe Elsaß-Lothringen zum Grundstein. Grabe man diesen Grundstein aus, müsse das Gebäude zusammenstürzen. Wer Frankreich dabei helfe, werde Anteil an der Beute haben. Frankreich wünsche ein starkes Österreich, aber einer der Bundesgenossen Frankreichs könne sich mit diesem Gedanken nicht befreunden. Als der Prinz fragte, ob Frankreich nichts tun könne, daß sein hoher Verbündeter sich mäßige, zuckte Cambon die Achsel: Die Verträge seien unterschrieben, Frankreich müsse sich an seine Verträge halten, man habe Italien Triest und das Trentino, Serbien Ansprüche auf Bosnien und die Herzegowina und Rumänien Transsylvanien zugebilligt. Das sei die Zerstörung Österreichs, fuhr der Prinz auf, niemals werde sein Schwager ein also geschwächtes Österreich nach dem Krieg beisammenhalten können. Er, der Prinz, verstehe nicht, wie ‚Temps' und ‚Petit Parisien' in ihren Artikeln die italienischen Ansprüche zu Forderungen Frankreichs machen könnten! Ragusa sei keine italienische, sondern eine kroatische Stadt, es könne doch nicht der Wunsch Frankreichs sein, daß die ganze Ostküste der Adria in italienische Hände falle! Aber nicht genug damit! Frankreich gehe weit über die unterschriebenen Verträge hinaus, man fördere in Paris die tschechische Emigration, die auf die Losreißung Böhmens und Mährens von der Monarchie hinarbeite. Man müsse sich doch klar darüber werden, daß man durch solche Unterstützungen jenes künftige Österreich, das der Bundesgenosse Frankreichs sein solle, nicht nur schwäche, sondern geradezu lebensunfähig mache. Man bedenke nicht, daß ein solches künftiges böhmisches Königreich unter einem englischen oder russischen Prinzen ganz von Deutschland eingeschlossen sein werde; auch wenn man diesem Lande noch die den Ungarn abgenommene Slowakei anhänge, werde man nicht viel ändern. Preußen, das Bayern und Sachsen verschlungen habe, werde auch diese neue Tschechoslowakei verdauen. Preußen, erwiderte Cambon, werde der Rachen zugebunden werden, Preußen werde nicht mehr viel verschlingen können. Wenn sich aber der Prinz über die Förderung der Emigration aus Österreich-Ungarn in Paris beklage, möge er bedenken, daß jeder, der sich mit Preußen verbünde, auch mit Preußen büßen müsse.

Der Kaiser, sein Schwager, entgegnete der Prinz, teile diese Abneigung gegen Preußen. Berlin wisse es und habe sich durch die Ausstreuung des Gerüchtes gerächt, daß sich Zita von Karl, der ihr zu deutschfreundlich sei, scheiden lassen wolle. Davon sei selbstverständlich kein Wort wahr, die beiden seien nach wie vor ein Herz und eine Seele. Karl sei derzeit aber ein Gefangener des deutschen Hauptquartiers, Frankreich allein könne Karl und Zita aus dieser Gefangenschaft erlösen.

Frankreich, erwiderte Cambon, werde alles tun, aber Italien? Sei Italien denn Frankreichs Freund? gab der Prinz zu bedenken. Italien werde, wie es heute von Österreich Trient und Triest verlange, morgen von Frankreich Nizza und Savoyen fordern. Cambon hob bedauernd die Hände: Frankreich wisse das! Vierundzwanzig Stunden nach Friedensschluß werde Italien in Deutschlands Armen liegen. Aber derzeit sehe niemand einen Ausweg. Man habe in der ersten Begeisterung die Welt etwas rasch verteilt: Konstantinopel den Russen, die Adria der lateinischen Schwester! Leider, leider! Und gerade für Frankreich gäbe es aus der türkischen Erbschaft ein paar schöne Stücke. Aber Frankreich werde nach diesem Ausverkauf nackt dastehen wie der kleine Johannes.

Smyrna, Syrien, das Heilige Land, zählte der Prinz auf, das

wäre Frankreichs gerechter Anteil, er habe vor einiger Zeit im ‚Correspondant' darüber geschrieben. Cambon war so höflich, dem Prinzen zu versichern, diese Arbeit zu kennen und zu schätzen, aber was könne man tun, es sei nicht möglich, sich, während man kämpfe, um das Fell des Löwen untereinander zu streiten. Schon jetzt hetze Deutschland Italien auf und flüstere ihm ins Ohr, daß es von Frankreich betrogen werde, Italien möge jenem Rußland nicht trauen, das Italien aus der Levante verdrängen werde. Irland werde gegen England gehetzt, gegen Frankreich mobilisiere man die ahnungslosen französischen Sozialisten, in Rußland versuche es Deutschland bald mit den Revolutionären, bald mit dem deutsch-baltischen Petersburger Hofadel, in Italien besorge die Geschäfte Deutschlands der Vatikan. All diese Versuche müsse man mit unendlicher Geduld durchkreuzen und nie das Ziel aus den Augen verlieren: die Zerstörung Preußens. Dann habe man ja die gleichen Ziele, stimmte der Prinz dem Generalsekretär der Republik bei, aber Frankreich müsse seinem Schwager etwas Zeit lassen. Die Loslösung von Deutschland könne nicht über Nacht erfolgen. Die Verbände seien an der Ostfront so vermischt, daß man die österreichisch-ungarischen Truppen nur mit Mühe herausziehen könne, wenn man nicht den Verdacht der Deutschen erregen wolle. Man werde das Armeeoberkommando aus der Nähe der Deutschen, aus Teschen, wegnehmen und nach Wien oder in die Nähe Wiens verlegen, damit man es besser überwachen und isolieren könne.

Cambon fand solche Vorsicht richtig: Auch Frankreich könne nicht offen vorgehen, es müsse auf Italien und auf die unzufriedenen Nationen der Doppelmonarchie Rücksicht nehmen. Der Prinz möge nie vergessen, daß dieses Österreich, das man retten wolle, bereits verteilt sei. Der Prinz möge sich vor Augen halten, daß Frankreich nur ein Ziel habe: Preußen zu zerstören. Wer Frankreich dabei helfe, werde Frankreichs Dank kennenlernen. Denn Frankreich allein werde imstande sein, Österreich für jene Opfer zu entschädigen, die es werde bringen müssen, um Italien und Serbien zufriedenzustellen.

Es war Zeit, den Besuch abzubrechen. Der Prinz erhob sich, versicherte, er werde demnächst seinen Schwager aufsuchen und hören, was dieser für Frankreich zu tun gedenke. Bis dahin werde die Verbindung mit Wien durch seine Mutter aufrechterhalten. Nach seinen Plänen für die nächste Zeit befragt, erwiderte der Prinz, daß er noch bis 7. Dezember Urlaub habe. Er werde die Zeit bis dahin benützen, um mit seinem Bruder Xaver die französischen Heereswerkstätten zu besichtigen. Er, der den französischen Soldaten an der Front bewundert habe, wolle nun Frankreichs Genie bei der Arbeit in den Fabriken kennenlernen. Nach dieser Rundfahrt werde der Prinz dann noch einmal gerne vor Cambon erscheinen. Cambon versicherte, es werde ihn freuen, die Eindrücke des Prinzen von der inneren Front Frankreichs kennenzulernen. Noch einmal versicherte der Prinz, daß er sich glücklich fühle, sowohl seinem Schwager, dem Kaiser, als auch Frankreich, seinem vielgeliebten Vaterland, dienen zu können.

Als der Prinz gegangen war, kehrte Cambon nachdenklich an seinen Schreibtisch zurück. Ein Intrigantenstück mit Dilettantenbesetzung! Kostüm des Weltkrieges, Gebärden des achtzehnten Jahrhunderts! Niedrige Stirn, bohrender, ehrgeiziger Blick, italienische lockere Haltung, vaterländische Tiraden: Fructidor, Germinal, Pluviose, als ob nie ein Bourbone geköpft worden wäre. Eine Dissertation über das Thema: daß ein Bourbone immer ein Franzose sein müsse. Man mußte vor diesem ehrgeizigen, jungen Mann auf der Hut sein. Für die Republikaner wird der Bourbone das rote Tuch sein. Der junge Mann wollte wohl mehr für sich selbst etwas als für seinen Schwager. Er betrieb Politik, wie man auf Jagd geht. Solche Amateure richten oft mehr Schaden an, als man absehen konnte. Sie stammten aus einer andern Zeit, sie dachten in anderen Kategorien. Man wird ihnen den kleinen Finger zeigen können, aber man wird verhindern müssen, daß sie einen bei der Hand packen.

Grauer, letzter Novembertag unter verhängtem Himmel. Menschendämme an Straßen und um Plätze, abgepflockt von grauen Soldaten mit blinkenden Tapferkeitsmedaillen auf den Mänteln aus Brennesselstoff. Dumpfer Trommelwirbel, dann der kurze Schritt der Infanterie des südmährischen Regiments Nr. 99, König der Hellenen, deutsche und tschechische Bauernburschen mit kälteroten Gesichtern. Die Häupter werden entblößt, die Hälse recken sich. Hufgeklapper nähert sich. Ein Vorreiter in schwarzem Harnisch mit nickendem schwarzem Federbusch über gesenktem Visier, der eiserne Ritter, eröffnet den Zug. Die Menge starrt dieses Sinnbild vergangener Zeit an, in der Eisen den Menschen umhüllt hat wie die Schale den Nußkern. Der dunkle, vierspännige Kranzwagen mit den vielen bunten Schleifen folgt. Der hochräderige, von einer schwarzen Krone überhöhte Leichenwagen, von acht schabrackierten Rappen gezogen, rollt langsam heran. Die Soldaten des Spaliers salutieren. Rot, Gold und Weiß der Garden leuchtet durch den grauen Tag und durch die grauen Uniformen des Krieges, wie aus fernen, versunkenen Zeiten blinken die Griechenhelme der Dragoner.

Dem Sarg folgt der junge Kaiser. Er gefällt der Menge, der tausendäugigen, zu beiden Seiten der Straße, und den Menschen in den Fenstern. Er ist jung, er blickt freundlich, er hält sich gut, er sieht nicht, wie die üble Nachrede munkelt, wie ein Trinker aus. Es ist ganz eigen, einen jungen Kaiser zu sehen, da dieses Land, solange man denken konnte, einen alten Kaiser gehabt hat. Von der Kaiserin ist nichts zu sehen, lange, schwarze Schleier verhüllen sie ganz. Zwischen Kaiserin und Kaiser trippelt in einem weißen Mäntelchen mit einer schwarzen Schärpe der Kronprinz Otto. Der Wind zaust ihm die langen blonden Locken, er hält die Mütze in der Hand und will bald einmal von seinem Vater, bald einmal von seiner sich ein wenig zu ihm herniederneigenden Mutter etwas wissen. Aber er bekommt, wie alle andern Menschenkinder bei solchen Anlässen auch, zu hören, daß er still sein und nicht stören möge, später werde man ihm alles erklären, was er jetzt wissen wolle. Auch das gefällt den Menschen im Spalier, denn sie haben an diesem ernsten Hof seit undenklichen Zeiten kein Kind mehr gesehen. Der Anblick des lichten vierjährigen Knaben wirkt so, als sänge mit einem Male in einem düstern, verhängten Zimmer eine liebe, helle Kinderstimme ein paar Takte eines kleinen Liedes.

Dann folgen drei Könige. Der bulgarische König in der Uniform eines ungarischen Generals, der einst ein k. u. k. Husarenleutnant gewesen war, gefällt den Leuten im Spalier trotz seiner langen Nase. Der bayrische König in seiner zu großen Oberstenuniform sieht wie ein verkleideter Professor aus. Der sächsische König, findet man, sehe dem jungen Kaiser ähnlich. Den deutschen Kronprinzen in der Uniform der Totenkopfhusaren betrachtet man kritisch. Im Spalier tuschelt man, daß der Kronprinz den kleinen Otto etwas gefragt und daß der kleine Otto darauf geantwortet habe: er verstehe nicht chinesisch.

Die Menschen in dieser Stadt, in der sich der Wind so oft dreht, spürten einen Wetterumschlag in der Luft. Die gleichen Leute, die noch vor einigen Wochen sich vor Freude kaum hatten fassen können, weil endlich, endlich die ganze österreichisch-ungarische Armee unter deutsches Oberkommando hätte kommen sollen, diese Leute waren heute bereit, ganz genau das Gegenteil davon zu wünschen.

Über Nacht sollten die neuen Männer kommen! Alle, die am Kriege schuld waren, sollten davongejagt werden! Wer aber war denn an diesem Kriege schuld? Auch das wird man bis ins kleinste feststellen. Der Kaiser wird viele Sünden gutzumachen haben. Wie immer in Österreich, wird bei den Straßentafeln begonnen werden. Die vielen unangebrachten Verdeutschungen hatten zu verschwinden. Auch in Südtirol sollen die italienischen Ortschaften ihren welschen Namen zurückbekommen.

An den alten Kaiser unter dem schwarzen Bahrtuch dachte niemand mehr. Der Kaiser war tot. Sein Leichnam war nach einem neuen Verfahren einbalsamiert worden, aber da Militärärzte dabei die Hände im Spiel gehabt hätten, sei der Tote vollkommen entstellt gewesen. Auch beim Sarg habe man gespart, darum sei er ganz unter dem langen Bahrtuch verborgen.

Dann kamen die Generalität und die Erzherzoge. Die kannte man nur zu gut, die waren in den Kriegsjahren allzu oft abgebildet und gerühmt worden. Man sah ihnen mit einiger Schadenfreude nach, denn man hatte gehört, daß es ihnen unter dem jungen Kaiser nicht mehr so gut gehen werde wie bisher. Der dort, im langen, braunen Kavalleriemantel, war Franz Salvator, der Schwiegersohn Franz Josephs, der Mann der Valerie; der große, schlanke General war Erzherzog Eugen. Die drei Toskana, Joseph Ferdinand, Peter Ferdinand und Heinrich, wurden erkannt, Leopold Wölfling, der verstoßene Bruder, und die einstige Kronprinzessin von Sachsen fehlten. Noch sah man in dieser großen Familie, die hinter dem Sarg des Franz Joseph schritt, die erste Familie des Staates, der man durch eine lange Geschichte verbunden war.

Lag es am trüben, fahlen Novemberlicht, lag es am Ernst der Zeit oder an der langen Regierung des verblichenen Monarchen, der ja doch die Form und den Ausdruck bestimmt hatte: das Erzhaus, das sich da mit seinen vielen Mitgliedern durch das hälsereckende, neugierige Spalier langsam vorwärtsbewegte, nahm sich, obwohl es von jungen Garden in bunten Uniformen geleitet wurde, unwirklich und zeitfern aus. Graf Paar fehlte unter den Trauergästen. Der alte Generaladjutant hatte nicht zu viel gesagt, er war an diesem Morgen in seiner Wohnung gestorben.

Trommelwirbel auf schwarzüberzogenen Trommeln. Hufegeklapper, kurze Kommandorufe, umflorte Straßenbeleuchtung, Trauerfahnen in den Straßen, der lange Zug des Hochadels und aller der Würdenträger. Wenn in den Fenstern oder im Spalier ein älterer Mann aufschluchzte, dann fühlten die Neugierigen ringsum, daß hier mitten im Kriege mehr zu Grabe getragen wurde als ein alter Mann, der sein ganzes Leben für die Krone geopfert hatte.

Verhaftung von Apis, Dezember 1916

Am 28. Dezember 1916 fuhr um die Mittagsstunde der Platzkommandant von Saloniki, Oberst Milan Dunić, mit dem Militärauditor und drei Gendarmen in einem Auto durch Ostrovo, ein an dem gleichnamigen See halbwegs der Strecke Saloniki—Monastir gelegenes griechisches Dorf. Aus dem Cernabogen herüber wummerte dumpf das Artilleriefeuer, das Nachbeben der großen Schlacht von Monastir. Auf den verschneiten Berghöhen im Norden des bleigrauen Sees wuchsen dunkle Rauchbäume auf und sanken wieder in sich zusammen. Durch die schmale, holprige Dorfgasse schütterten französische und englische Autokolonnen, die Schanzzeug, Munition und Verpflegung in die eroberten Stellungen vorbrachten. Im Süden lag über den niedern, flachen Ziegeldächern Ruhe und Frieden, dort ragte in der Ferne das Schneehaupt des mächtigen Olympos auf.

Vor dem Quartier des Stabsunterchefs der Dritten Armee hielt das Auto. Die Offiziere und die Gendarmen stiegen aus und erkundigten sich bei dem vor der Türe des kleinen Hauses sitzenden und einen Reitstiefel mit einem Knochen glättenden Burschen, ob der Generalstabsoberst Dragutin Dimitrijević daheim sei. Der Bursche sprang auf und öffnete die Tür.

Oberst Dunić wandte sich an einen der drei Gendarmen: „Du gehst in die Kantine und verhaftest dort den Kantineur Rade Malobabić und bringst ihn hierher.“

Dann gingen der Oberst und der Auditor in das Haus, die beiden andern Gendarmen faßten neben der Tür Posto. Der Oberst klopfte an und betrat ein Zimmer, dessen Wände mit Frontkarten bespannt waren. Hinter einem großen, mit Papieren bedeckten Tisch saß Apis und schrieb.

„Dunić, du?" fragte Apis, erstaunt aufblickend und sich halb erhebend. „Was verschafft mir diese ebenso unerwartete wie sicherlich unverdiente Ehre deines Besuches? Auf dieses Vergnügen hätte ich hier vorne am allerwenigsten gerechnet."

Oberst Dunić überhörte den auf sein keineswegs freundschaftliches Verhältnis zu Apis zielenden Spott, er entfaltete ein Papier und legte es auf den Tisch: „Bitte in diese Order Einblick zu nehmen."

„Was der Teufel! So feierlich?" Während Apis noch las, sagte der Oberst, jedes Wort betonend: „Herr Oberst Dragutin Dimitrijević, Sie sind im Namen des Königs verhaftet."

„Ich? Verhaftet?" Apis ließ das Papier fallen. „Im Namen des Königs?" Er lachte höhnisch: „Unmöglich! Dazu gibt der König seinen Namen nicht her. Da müßt ihr schon die Wahrheit sagen: Im Namen des Prinzregenten! Sind die Separatfriedensverhandlungen mit Österreich-Ungarn schon so weit gediehen?" Apis schob den Verhaftungsbefehl dem Oberst zu. „Keine Antwort? Gut. Meinetwegen. Dort an der Wand hängt der Säbel, du kannst ihn dir nehmen."

„Wir ersuchen gleichzeitig um die Auslieferung der andern Waffen", ließ sich der Auditor vernehmen.

„Bitte, bitte, wie man es wünscht." Apis öffnete die Tischlade und entnahm ihr eine Pistole, wollte sie über den Tisch reichen, zögerte, hielt mit der halb vorgestreckten Hand inne, blickte kurz auf den Oberst, streifte mit einem Blick den Auditor und drehte die Waffe in der Hand hin und her.

„Geladen und gesichert", sagte er, schaute noch einmal die beiden Offiziere an, die jeder seiner Bewegungen mit unwillkürlichem Mitgehen des Oberkörpers folgten, und legte dann nach einer bangen Ewigkeit die Waffe vor den Auditor hin.

„Geladen, sag ich, damit die Pistole, wenn sie zu den Akten kommt, nicht plötzlich losgeht."

Aufatmend nahm der Auditor die Pistole an sich, rückte einen Stuhl zum Fenster und forderte Apis auf, Platz zu nehmen.

„Wir haben den Auftrag, Ihre Sachen zu untersuchen."

Apis kam hinter dem Tisch hervor: „Daß sich die Weiße Hand nur nicht die reinen Finger beschmutzt, wenn sie unter den Sachen der Schwarzen Hand stöbert. Aber Befehl ist Befehl", sagte Apis, sich setzend und eine Zigarette anzündend. „Bitte!“ Er warf einen Bund Schlüssel auf den Tisch.

Nun öffnete Oberst Dunić die Tür und winkte den beiden Gendarmen, die eintraten und sich neben Apis stellten.

„Dunić“, brauste Apis auf, „kannst du mir sagen, was hier geschieht? Erst besticht man in Korfu zwei Bosnier, die mich aus dem Weg räumen sollen, und wenn die beiden Bosnier nicht ein dritter verraten hätte, wäre euch heute die ganze Mühe erspart geblieben — dann will man mich als Militärattaché nach Belgien schicken — genau so wie man vor Monaten schon meine besten Freunde nach Rußland abgeschoben hat, damit sie dort aus gefangenen österreichischen Serben eine serbische Legion aufstellen — dann gibt man mich zu meinem ärgsten Feind, dem General Vašić, hier, als Stabsunterchef — ihr scheint lange darüber nachgedacht zu haben, was ihr mit mir anfangen sollt. Man hat so viele Mittelchen und Wege versucht, daß es nicht schwer zu erraten ist, daß hinter allem mein alter Freund Pašić steckt.“

Die beiden Offiziere antworteten nicht, sie durchsuchten die Papiere auf dem Tisch, sie zogen die Lade heraus, sie sperrten die Koffer auf. Apis sah ihnen lächelnd zu. Der Auditor hob eine kleine Kassette aus einem der Koffer. „Den Schlüssel, bitte!“

„Das sind Privatbriefe.“

„Ich muß um den Schlüssel bitten.“

„Ich habe den Schlüssel dazu verloren.“

„Herr Oberst“, sagte der Auditor, „Sie können durch kleinliche Mittel die Untersuchung wohl verzögern, aber nicht verhindern.“

Apis griff in die Tasche und warf einen kleinen Schlüssel auf den Tisch. Oberst Dunić machte den Gendarmen ein Zeichen, sie rückten dichter an Apis heran. Der Auditor sperrte die kleine Kassette auf, überflog ein paar Papiere und reichte mit schadenfrohem Lächeln Stück um Stück dem Obersten hin.

„Also doch! Endlich!“ Oberst Dunić schlug mit der flachen Hand auf ein Stück Papier: „Da haben wir es, da sind sie, die berüchtigten Statuten.“

Apis wollte aufspringen und das Blatt dem Obersten aus der Hand reißen, aber die Gendarmen hielten ihn nieder. „Ach so“, sagte Apis, „nun gut. Aber ich muß bemerken, daß diese Statuten aus dem Jahre elf sind.“

„Es gibt Delikte, die nicht verjähren", erwiderte Oberst Dunić und überflog das nächste Blatt.

„Und wenn es Delikte sind", stieß Apis hervor, „so sind es Delikte aus patriotischen Motiven. Wenn Sie mir nicht glauben wollen, so lesen Sie doch die Statuten, lesen Sie doch einmal den ersten Punkt."

„Die Auffassung des Patriotismus kann sehr verschieden sein", sagte Oberst Dunić — „aber wir können ja sehen, was hier über die Schwarze Hand und deren Aufgaben gesagt wird." Der Oberst nahm das Blatt auf und las, während der Auditor ihm über die Schulter blickte, halblaut vor: „Der Zweck des Bundes ‚Vereinigung oder Tod' ist: Artikel 1: Die Verwirklichung des nationalen Gedankens. Vereinigung aller Serben. Artikel 2: Die Vereinigung zieht terroristische Tat der geistigen Propaganda vor und muß aus diesem Grunde geheimgehalten werden. In Verfolgung ihrer Ziele nimmt sie Einfluß auf die Regierungskreise und alle Bevölkerungsschichten Serbiens. Serbien gilt ihr als Piemont."

„Piemont, immer wieder Piemont!" rief der Auditor dazwischen, „diese Piemont-Spielerei hat uns das Land, hat uns die Jugend, hat uns alles gekostet. Auf dem großen Schneefriedhof des Zljebsattels, in den Schluchten Albaniens haben wir für dieses euer Piemont gebüßt, das ihr diesen Patrioten zugedacht habt. Hier, in der Fremde, steht unsere Armee, und unser zweites Kossowo ist furchtbarer gewesen als jenes, von dem wir über ein halbes Jahrtausend gesungen haben."

„Nur immer jammern, nur immer flennen und klagen!" rief Apis zornig, „nur immer an sein kleines, dreckiges Schicksal denken! So wagt ein Serbe zu sprechen, jetzt, wo wir die Bulgaren abermals geschlagen und Bitolj wiedergenommen haben! Ist euch das so in die Glieder gefahren, daß die Deutschen in Bukarest eingezogen sind? Liegt etwas daran? Stehen dafür wir nicht wieder in Bitolj? Piemont? Gut, meinetwegen, ihr sollt recht haben, es ist ein Verbrechen, einen Krieg zu beginnen, wir haben all die Leiden nicht nur gesehen, sondern auch mitgemacht! Aber es ist und bleibt ein weit größeres, ein unsühnbares Verbrechen, einen solchen Krieg zu verlieren. Und man hat einen Krieg nur dann verloren, wenn man ihn verloren gibt. Ich habe nichts dagegen, daß man mich für einen Separatfrieden mit Österreich opfern will, aber ich habe alles dagegen, daß jetzt ein Separatfrieden geschlossen wird."

Der Auditor kehrte sich nicht an die Worte des Apis, er suchte weiter und reichte dem Oberst ein neues Blatt: „Hier — die Mitgliederliste!"

Apis wollte sich von den Gendarmen losreißen: „Auslassen! Auslassen! Die geht niemanden etwas an! Das ist nicht meine, das ist auch die Sache meiner Kameraden. Wenn ihr einen Funken Kameradschaft habt, vernichtet diese Liste, macht mit mir, was ihr wollt, aber bringt nicht auch die anderen Kameraden ins Unglück..."

„Herr Oberst, Ihre Widersetzlichkeit zwingt mich leider, Sie abführen zu lassen", sagte Dunić und gab den beiden Gendarmen einen Wink. „Im Vorraum warten."

Als sich die Türe hinter Apis geschlossen hatte, beugten sich die beiden Offiziere über die Liste. „In Saloniki und Korfu wird über den Fund eitel Freude sein", lachte Dunić. „Die halbe Belgrader Garnison, alles fast, was nicht bei der Weißen Hand ist."

Der Auditor deutete auf das Blatt, das er in der Hand hielt: „Gut, daß diese Sache vor ein Militärgericht kommt. Bitte, hier: Nr. 407 Bogoljub Vučičević, Polizeikommissär, Nr. 442 Gifković, Sekretär am Kassationsgerichtshof — Nr. 460 Stanoje Simić, Beamter des Außenministeriums —, noch einer aus dem Außenministerium — Nr. 406 Dr. Milan Gavrilović — und sich auszudenken, daß diese Liste in Europa bekannt wird — dann sind wir erledigt — einfach erledigt!"

Oberst Dunić suchte unter den Papieren die Statuten hervor: „Und dies hier? Artikel 4b? ‚Die Vereinigung organisiert revolutionäre Tätigkeit in allen Gebieten, wo Serben wohnen.

c. Außerhalb der serbischen Grenzen bekämpft sie mit allen Mitteln die Gegner des serbischen Gedankens.

d. Sie unterhält freundliche Beziehungen zu allen Staaten, Völkern, Vereinigungen und Privatpersonen, die Serbien und dem serbischen Elemente freundlich gesinnt sind.

e. Sie leiht allen Völkern und Vereinigungen, die für die nationale Freiheit und Vereinigung kämpfen, jeden erdenklichen Beistand...'"

„Diese Statuten", unterbrach der Auditor den Obersten Dunić, „dürfen nicht einmal im Prozeß vorgelegt werden, sonst sind wir bei unseren hohen Verbündeten erledigt."

„Es kommt noch besser", fuhr der Oberst fort, „da, ‚Punkt 7: Das Hauptkomitee in Belgrad umfaßt außer den Mitgliedern für das Königreich Serbien je einen Delegierten der serbischen auswärtigen Gebiete, der Pokraine: 1. Bosnien und Herzegovina, 2. Montenegro, 3. Altserbien und Mazedonien, 4. Kroatien, 5. Slawonien und Syrmien, 6. das Küstenland.'

Und dann Artikel 19: ,Die Komitees in der Pokraine haben das Recht, über ihre Tätigkeit selbst zu entscheiden; die Durchführung ausgedehnter revolutionärer Bewegungen bleibt aber vom Hauptkomitee in Belgrad abhängig.'"

Oberst Dunić las weiter: „Hier, bitte, dieser Punkt hätte dem österreichischen Ultimatum im Jahre vierzehn ein anderes Gesicht gegeben. Artikel 33: ,Sooft das Komitee eine Todesstrafe verhängt, handelt es sich nur noch darum, daß die Ausführung einwandfrei erfolgt. Die Art der Ausführung ist Nebensache, sie bleibt dem Ermessen des Subkomitees freigestellt.' — Sehr gut, sehr gut!" Oberst Dunić ließ das Blatt fallen. „Wenn dies da bei irgendeinem Unglück an der Front dem Feind in die Hände gefallen wäre — es ist gar nicht auszudenken, was das für Folgen gehabt hätte! Nicht auszudenken! Wir stünden vor der ganzen Welt als ein Volk von Mördern und Verschwörern da! Diese paar Blätter werden genügen, die ganze Sippschaft mit Stumpf und Stiel auszurotten. Wenn wir das jetzt nicht tun, dann sind wir alle verloren, denn dann sind wir die Nächsten, die an die Reihe kommen. Jetzt ist die ganze Verbindung in alle Winde zerstreut, jetzt kann ihre Macht gebrochen werden."

Der Auditor war nicht so zuversichtlich: „Es wird nicht so einfach sein, dieses für den Staat so verfängliche Material zur Grundlage des Prozesses zu machen. Es wird auch schwerfallen, unseren Verbündeten begreiflich zu machen, warum wir dem Treiben der Schwarzen Hand so lange tatenlos zugesehen haben, wieso man auch schon im Frieden sich eine so schrankenlose Militärdiktatur gefallen hat lassen, vor allem aber, warum man im Jahre vierzehn dieselben Leute, denen man jetzt den Prozeß macht, durch die Regierung gedeckt hat."

Oberst Dunić dachte anders: „Ach was, das wird sich im Prozeß alles verschweigen lassen. Wenn jemand mit solch dunklen Kräften wie mit Malobabić und Čiganović gearbeitet hat, dann hat man sich wohl genug Blößen gegeben, gegen die wir eben den Angriff werden richten müssen. Aber nun rasch nach Saloniki; das, was wir hier gefunden haben, wird die kühnsten Erwartungen des Prinzregenten übertreffen. Nun wissen wir wenigstens, wer zu uns und wer zu den andern gehört, nun können wir endlich einmal mit diesem Staat im Staate aufräumen."

Italien verhindert Sonderfrieden Österreichs, 19. April 1917

Der Winter des Jahres 1917 wollte kein Ende nehmen. Noch am 23. März schneite es den ganzen Tag, deckte es die Wintersaaten wieder zu und verwehte die Wege des Parkes von Laxenburg, die sich nun licht um die dunklen Teiche legten und, von keiner Spur gestört, den Kanälen folgten. Die Franzensburg, ein Ritterbau aus der Zeit der Romantik, eingerichtet mit Kostbarkeiten aus aufgehobenen Klöstern, mit künstlichen Verließen und zum Gruseln erdachten Folterkammern, stand schneevermummt da wie eine Schwind-Vignette zu einem deutschen Märchen. Aus dem Frauenkloster herüber klang das Aveläuten, und den Bürgern, die sich aus der ungeheizten ‚Stadt Wien' und dem frostigen ‚Goldenen Stern' den Dämmerschoppen in die geheizte Werkstatt bringen ließen, waren Schneeflocken in den Schaum geflogen. Wer vor der Trafik im trüben Laternenlicht rasch den Heeresbericht der eben aus Wien eingetroffenen Abendblätter las, mußte an die braven Soldaten draußen in den nassen Gräben denken.

Im kaiserlichen Schloß hinter der langen, schneegepolsterten Mauer war Licht. Der Hof war vor ein paar Tagen nach Laxenburg herausgekommen, von wo es näher zum Armeeoberkommando nach Baden war.

Der Ruf eines Schnarrpostens durchbrach die Stille des Flockenfalls. Der Generalmarsch wurde geschlagen, ein Auto schnaubte durch das Schneegestöber aus dem Schloß und fuhr durch die endlose Pappelallee gegen Wien.

Ein paar Minuten später kam von Wien her ein anderes Auto, das schon vor der Hauptzufahrt zu einem Nebeneingang abbog, vorsichtig durch das geöffnete Gittertor einfuhr, den Weg durch stille Höfe nahm und vor den Stallungen hielt, wo es der greise Hofstabsadjutant Weber in Empfang nahm.

Als Weber die Gäste selbst führen wollte, ersuchte Graf Erdödy den Hofstabsadjutanten, hier zu bleiben und auf die Wachen zu achten, er traue hier niemandem. Weber möge ihm die Losung sagen, er, Graf Erdödy, werde selbst die Gäste führen. Graf Erdödy sagte dem ersten Posten, an dem sie vorbei mußten, Feldruf und Losung, schloß ein kleines Pförtchen auf und führte die beiden Prinzen über die Blaue Stiege, eine Geheimtreppe, in den ersten Stock, wo ihnen Kaiserin und Kaiser entgegenkamen. Die Prinzen schälten sich aus den schweren Reisepelzen und begaben sich mit dem Kaiserpaar in die inneren Gemächer, Erdödy verblieb als Wache im Vorraum.

Sowohl die Prinzen wie der Kaiser waren etwas verlegen, die Kaiserin war über das Wiedersehen mit ihren Brüdern freudig erregt. Wie die Reise verlaufen war, hatte Erdödy, der schon am Morgen in Laxenburg gewesen war, berichtet. Nun sagten die Prinzen, daß sie beim Herfahren, nicht weit vom Schloß, Max, dem Bruder des Kaisers, begegnet seien. Auf die Frage des Kaisers, ob Max sie erkannt habe, erwiderte Sixtus, er glaube nicht, daß man sie habe erkennen können, da sie die Pelzkrägen hochgeschlagen und die Hüte tief in die Stirn gedrückt hätten. Der Kaiser atmete auf, denn er wünschte nicht, daß sein Bruder etwas von dieser Zusammenkunft erfahre. Man müsse sich beeilen, setzte der Kaiser hinzu, die Gelegenheit sei günstig, die Kräfte hielten einander augenblicklich die Waage. Gehe aber der Krieg weiter, dann könne er nur mit einer Vernichtung einer der beiden einander bekämpfenden Staatengruppen enden.

Keinesfalls dürfe man einen ähnlichen Frieden anstreben, erwiderte Sixtus, wie jener von Versailles es gewesen sei, den Frankreich mit all den Demütigungen im Schlosse Ludwigs XIV., mit der geschmacklosen Predigt vor der Krönung, nie habe verwinden können. Und es sei zu befürchten, daß Deutschland auch diesen Krieg wieder mit solch einem Gewalt- und Diktatfrieden beenden wolle.

Nur das deutsche Hauptquartier glaube noch an solch einen Siegfrieden, das deutsche Volk habe in der Schule des Hungers etwas Nachgiebigkeit erlernt. Der deutsche Kaiser denke nicht viel anders als er, Karl, aber Wilhelm habe eben nicht die Kraft, sich von seinen militärischen Ratgebern loszusagen. Er, Karl, habe sich von Conrad getrennt, wiewohl Conrad sehr populär und in der Armee beliebt sei, weil Conrad zu stark den deutschen Kurs gehalten habe.

Beide Prinzen lobten ihren Schwager für diesen Entschluß. Wenn Karl nicht so gehandelt hätte, wäre Österreich-Ungarn in die gleiche Abhängigkeit von Preußen geraten wie Bayern; Preußen würde das, was es an Frankreich verlieren werde, sich von Österreich zurückholen. Gewänne aber Deutschland, was Gott verhüten möge, den Krieg, dann würde es die habsburgische

Dynastie davonjagen wie die hannoveranische, und die habsburgischen Länder einstecken, ohne sich die geringsten Gewissensbisse zu machen. Österreich-Ungarn könne also in diesem Bündnis weder bei einem Siege noch bei einer Niederlage etwas erreichen, ja, seine Aussichten wären fast bei einer Niederlage besser, denn die Entente werde mit ihm glimpflicher verfahren als ein siegestolles Preußen.

Der Kaiser gab seinem Schwager recht: ein eklatanter Sieg Preußens wäre Österreichs Ruin, und auch die Kaiserin meinte, daß Karl von allen Gegnern mehr Schonung erwarten könne als von Preußen. Es nütze gar nichts, fuhr Sixtus fort, wenn dem deutschen Kaiser Bedenken kämen und er sich doch nicht von seinen Generalen lossagen könne. Man müsse energisch handeln. Dergleichen Plattheiten, wie Czernin sie dem Grafen Erdödy mitgegeben habe, brächten nicht weiter. Er, Sixtus, sei mit diesen ominösen acht Punkten bei Poincaré gewesen. Poincaré habe sie als weit unter dem Minimum bezeichnet, des Kaisers Zusätze allein, habe Poincaré gesagt, böten eine winzige Möglichkeit zu weiteren Verhandlungen. Die ausweichende Art Czernins sehe man als hinterhältig an. Er, Sixtus, habe alles Mögliche unternehmen müssen, daß man nicht alle weiteren Gespräche rundweg abgelehnt habe. Wenn man nicht mit anderen Vorschlägen komme, werde man in Paris den Eindruck erwecken, daß er, Sixtus, und der Kaiser unfähig seien, solche Verhandlungen zu führen. Dabei wünsche man mit dem Kaiser zu verhandeln, mit Deutschland aber nicht, Deutschland wolle man im Felde schlagen. Vor allem dürfe man in Paris nicht den Verdacht fassen, daß der Kaiser von Österreich von Deutschland vorgeschoben worden sei, um zu ermitteln, was die Entente in Wahrheit von Deutschland wolle. Von Deutschland wolle man, das sei er, Sixtus, befugt zu sagen, Unterwerfung, mit Österreich wünsche man Frieden zu schließen.

„Also einen Separatfrieden“, sagte der Kaiser leise.

„Einen anderen Frieden gibt es nicht“, entgegnete Sixtus. „Du hast bei deiner Thronbesteigung deinen Völkern den Frieden versprochen. Weichst du jetzt, da sich die Gelegenheit zu einem Frieden bietet, zurück, dann brichst du dieses Versprechen. Und in Paris wird man sagen: Der Kaiser von Österreich ist des freien Willens beraubt, der Kaiser von Österreich ist ein Gefangener der Preußen.“

Der Kaiser wehrte ab: er sei kein Gefangener der Deutschen,

er habe das durch die Verlegung des Armeeoberkommandos bewiesen. Ein Zugrundegehen an der Seite Deutschlands, warf die Kaiserin ein, aus purer Noblesse, sei einfach Selbstmord! Der Kaiser sträubte sich: er sei kein Italiener, die Rolle des italienischen Königs, der Österreich im entscheidenden Augenblick die Treue gebrochen habe, die liege ihm nicht.

„Diese Rücksichten!" rief die Kaiserin. „Diese Treue! Und gegen jemanden, der selbst die Treue nicht hält! Hat nicht Deutschland über den Kopf von Franz Joseph hinweg den Italienern Südtirol versprochen, wenn sie nicht in den Krieg einträten! Wo war da die Treue?"

Der Kaiser war aufgestanden und ging im Zimmer auf und ab. Nein und abermals nein! Franz Joseph hätte nie auch nur eine Fußbreite Bodens an die italienischen Erpresser abgetreten. Und er, Karl, werde das auch nicht tun. Wenn Italien Triest verlange, möge es sich doch Triest holen. Frankreich könne gar nicht beurteilen, was die österreichisch-ungarische Armee am Isonzo geleistet habe. Das sei Österreichs Verdun! Solch blutigen Boden verschenke man nicht. Dort unten am Isonzo sei die Monarchie neu geboren worden, dort habe kein deutscher Soldat geholfen, dort haben Kroaten, Ungarn, Tschechen, Polen, Ruthenen, Rumänen und Deutsche ihr großes gemeinsames Vaterland verteidigt.

Prinz Sixtus blickte verlegen zu Boden. Er verstehe den Stolz des Kaisers, auch er sehe in Italien das größte Friedenshindernis. Übrigens spreche man in Paris davon, daß ein großer Angriff auf Italien bevorstehe, und zwar ein Angriff mit starker deutscher Unterstützung. Er, Sixtus, begreife den Wunsch Karls, Italien durch eine solche Offensive zur Vernunft zu bringen, aber man dürfe dabei wohl nicht vergessen, daß einem Rußland dabei, genau wie im Sommer bei Luck, in den Rücken fallen könne.

Der Prinz schaute seinen Schwager nicht an, er verriet auch nicht, daß Poincaré durch den Rückzug der Deutschen in die Hindenburgstellung und durch die damit verbundene Frontverkürzung beunruhigt gewesen war, und hatte wissen wollen, wo die Deutschen die freigemachten Truppen einsetzen würden.

Als der Kaiser mit unsicherer Stimme erwiderte, er glaube nicht, daß die Russen angreifen würden, entgegnete Sixtus, daß im Falle einer entscheidenden Niederlage auf dem oberitalienischen Kriegsschauplatz englische und französische Truppen eingreifen würden, was alle weiteren Verhandlungen zwischen Österreich und Frankreich zerstören müßte. Zögere man länger, käme in Frankreich ein Ministerwechsel und man müßte mit einem neuen Kabinett alle Verhandlungen von vorne beginnen. Briand habe Poincaré die Geheimhaltung versprochen, wer nach Briand komme, wisse man nicht. Das gleiche gelte für England. In England wissen nur der König und ganz wenige Minister von diesen Verhandlungen. Er, Sixtus, wäre nach Petersburg gefahren und hätte mit dem Zaren selbst über Kaiser Karls Bemühungen gesprochen, aber nun habe die liberale Bourgeoisie Rußlands über den Zaren gesiegt, eine Bourgeoisie, die vollkommen von England abhänge. Was man mit Paris und London abschließe, werde demnach auch für Petersburg gelten. Der Kaiser müsse deshalb so bald wie möglich dem Prinzen ein Schreiben mitgeben, in dem die vier Punkte anerkannt würden.

Als der Kaiser bezweifelte, daß Czernin darauf eingehen werde, fragte die Kaiserin, ob man, da so wenig Zeit mehr sei, auf Czernin Rücksicht nehmen müsse. Dieser Czernin, unterstützte Sixtus seine Schwester, werde wiederum alles verwässern, werde die üblichen Kanzleivorbehalte machen, die im Nebensatz aufheben, was man im Hauptsatz zusage. Aber auch Deutschland, sagte der Kaiser, werde in der Elsaß-Lothringen-Frage nicht nachgeben, es werde abstreiten, daß er, der Kaiser, etwas hier dreinzureden habe. Da war Sixtus ganz anderer Ansicht: Wer habe mehr Recht als Kaiser Karl, in der Elsaß-Lothringen-Frage mitzusprechen? Sei Karl nicht ein Nachkomme der Grafen von Elsaß, sei Karl nicht der Chef des Hauses Lothringen? Und wenn Deutschland in dieser Frage nicht nachgeben wolle, könne man ihm mit dem Aufwerfen der polnischen Frage sehr unangenehm werden.

Graf Erdödy trat ein und meldete die Ankunft des Grafen Czernin. Alle Blicke richteten sich auf die Tür. Der Graf trat mit frostiger Miene ein, er ließ sichs anmerken, daß er Zusammenkunft und Verhandlung nicht billige. Das Gespräch wollte nicht in Gang kommen, die Kaiserin verließ das Zimmer, sie wolle sich, sagte sie, darum kümmern, daß Erdödy zu einem Essen komme. Prinz Sixtus wiederholte kurz, was man bisher besprochen hatte. Man brauche ein Schreiben, schloß er, in dem die kaiserliche Regierung die vier Hauptpunkte anerkenne. Czernin wich aus: Die Entente habe auch nichts Schriftliches aus der Hand gegeben, man sei noch nicht so weit, um sich schriftlich festlegen zu können. Darauf erwiderte Sixtus, daß es andere Grundlagen als diese eben nicht gebe und nicht geben werde.

Für ihn, erwiderte Czernin, sei die Kriegskarte die einzige Unterlage zu allen Verhandlungen, und diese vier Punkte seien so verfaßt, als ob die Entente weit in den Ländern der Mittelmächte stünde.

Die Kriegskarte, erwiderte Sixtus, sei augenblicklich günstiger für Deutschland als für die Monarchie.

Man werde Opfer bringen, setzte der Kaiser hinzu, man könne in der polnischen Frage nachgeben, man könne wegen der Südslawen mit sich reden lassen, nur Italien gegenüber sei man zu keinen Opfern bereit, das könne man vor der tapferen Armee nicht verantworten.

Xaver mengte sich ein: Die Opfer, die man bei einem Friedensschluß von Österreich verlange, würden kleiner sein als jene, die Deutschland auferlegt würden. Schon deshalb müsse sich die Monarchie so bald wie nur möglich von Deutschland trennen.

Czernin widersprach: Er sei gegen jeden Separatfrieden. Man müsse Deutschland zu Verhandlungen geneigt machen. Sixtus bestritt, daß man das könne. Nie würde man die Siegfriedler zu einem Verzicht bewegen können.

Die Kaiserin war leise eingetreten und nahm schweigend zwischen den Männern Platz. Man müsse sich, sagte Czernin, an den deutschen Kaiser selbst wenden, und wenn dieser wirklich so stark von seiner Umgebung abgeriegelt sei, an den Kronprinzen. Die beiden Prinzen widersprachen: auch der deutsche Kronprinz komme nicht gegen Hindenburg und Ludendorff auf. Dann müsse man, schlug Czernin vor, durch eine Partei im Reichstag einen parlamentarischen Druck ausüben, man habe doch äußerst gute Verbindungen zum Zentrum.

Das seien Umwege, klagte Sixtus, zeitraubende Umwege. Politik, versetzte Czernin, gehe eben auf Umwegen, gerade Wege führten in der Politik an verschlossene Türen. Man müsse sich auf verschiedenen Wegen dem einen Ziel zu nähern trachten. Erst wenn all dies fehlschlage, sei man vor sich, vor der Welt und vor der Geschichte gerechtfertigt, erst dann könne man sich von einem Bundesgenossen trennen.

Frankreichs Bedingungen, sagte Sixtus mit erhobener Stimme, seien der ganzen Welt bekannt, es seien Bedingungen, die nicht auf der augenblicklich immer wieder neuen Änderungen unterworfenen Kriegskarte beruhten, sondern auf den alten und unverbrüchlichen Rechten Frankreichs. Deutschland habe seine Stellungen, wo immer diese sein mögen, zu räumen und sich auf das rechte Rheinufer zurückzuziehen.

Ob der Prinz die Frage beantworten wolle, wandte sich Czernin an Sixtus, warum Frankreich die Grenze von 1814 und nicht die von 1870 verlange. Frankreich, erwiderte der Prinz, habe das Elsaß Ludwigs XIV. zu fordern und nicht das Elsaß nach der Schlacht von Waterloo. Czernin zuckte die Achseln: Das seien französische Herzenswünsche, die ihn nichts angingen. Der Kaiser merkte, daß sich sein Schwager zu weit vorgewagt hatte, er nahm Czernin beiseite, sagte, man müsse doch einmal zu einem Entschluß kommen, und riet Czernin, das geforderte Schreiben zu unterfertigen. Czernin weigerte sich: Der Prinz denke weder an Österreich noch an Deutschland, sondern er wünsche durch solche sehr einseitige Vermittlung seine sehr anfechtbaren Ansprüche auf den Thron Frankreichs durchzusetzen. Er, Czernin, sei nicht gesonnen, einer bourbonischen Hausmachtpolitik Vorschub zu leisten.

Als der Kaiser das Streben seines Schwagers in solches Licht gerückt sah, erschrak er und blickte betroffen auf die drei Geschwister, die sich in die andere Ecke des Zimmers zurückgezogen hatten. Auch Sixtus war unruhig geworden und schaute zum Kaiser herüber. Ob dieser Machiavell nachgeben werde, fragte Xaver seine Schwester. Der Kaiser habe den Mann viel zu hoch kommen lassen, der Graf erlaube sich oft einen Ton, den nur die allzu große Gutmütigkeit des Kaisers dulde, erklärte die Kaiserin ihren Brüdern.

Die Unterredung des Kaisers mit Czernin schien beendet, der Graf verabschiedete sich förmlich, der Kaiser begleitete ihn und kehrte dann zurück: „Er will nicht. Er verlangt Zeit zur Überlegung. Vielleicht taut er bis morgen auf."

„Wenn er nicht will, mußt du allein den Brief schreiben", sagte Sixtus. „Er kann sichs bis morgen anders überlegen. Ohne Brief kann ich nicht zu Poincaré kommen."

Der Kaiser beschwichtigte seinen Schwager. Man werde es ja morgen sehen, vielleicht bringe er doch Czernin zum Nachgeben. Die Prinzen sollten morgen abend noch einmal heraus nach Laxenburg kommen.

Als die Prinzen, die über die Blaue Stiege den Schloßtrakt verlassen hatten, das Auto bestiegen, hatte es zu schneien aufgehört. Vom Schneeberg blies ein kalter Wind herüber und kämmte den

Schnee von den Parkmauern. Der kleine Ort hatte sich die weiße Decke über die Dächer gezogen, alle Lichter waren schon gelöscht, hoch und still stand die große Nacht. Nur im Schloß waren noch einige Fenster hell.

Am nächsten Abend kamen Erdödy und die Prinzen wieder heimlich in der Dunkelheit nach Laxenburg. Der Kaiser erklärte seinen Schwägern, daß Czernin, den Sixtus gestern durch das Hervorkehren des französischen Standpunktes kopfscheu gemacht habe, nicht über den Graben zu bringen sei. Man überlegte eine Weile und dann verfiel Sixtus auf den Ausweg, daß ihm der Kaiser einen persönlich gehaltenen Brief schreiben solle, in dem auf die einzelnen Fragen eingegangen werde. Der erste Punkt, Elsaß-Lothringen, sei von Karl ohnehin schon anerkannt, nur müsse ein herzlicherer Ton angeschlagen werden, damit man in Paris nicht sagen könne, dem Kaiser von Österreich sei es eben gleichgültig, was sein Bundesgenosse einbüße. Der Kaiser gab seinem Schwager recht und überließ es Sixtus und Xaver, den Ton zu bestimmen, in dem dieser Brief abgefaßt werden sollte.

Die drei Geschwister berieten eine Weile, entwarfen, strichen, stellten um und kamen zu einer Fassung, die dem Kaiser, der das Diktierte mit einem Tintenstift mitschrieb, vorgelesen wurde.

‚Mein lieber Sixtus, das dritte Jahr dieses Krieges, welcher der Welt soviel Trauer und Schmerzen gebracht hat, nähert sich dem Ende. Alle Völker meines Reiches sind mehr als je in dem gemeinsamen Willen einig, die Unversehrtheit der Monarchie zu schützen, selbst um den Preis der schwersten Opfer. Dank ihres Zusammenschlusses und der großherzigen Mitwirkung aller Nationalitäten meines Reiches hat die Monarchie seit fast drei Jahren den schwersten Angriffen Widerstand leisten können.‘

Der Kaiser unterbrach das Diktat und fragte, ob man nicht an dieser Stelle, wenigstens mit ein paar freundlichen Worten, des deutschen Bundesgenossen gedenken solle, aber Sixtus erhob abwehrend die Hand: Nur das nicht! Alles, nur das nicht! Das würde auf die Franzosen wie ein rotes Tuch wirken. Der Kaiser seufzte. Nun also nicht. Dann nahm er den Bleistift wieder zur Hand und schrieb weiter:

‚Niemand wird die militärischen Erfolge leugnen, welche meine Truppen, besonders auf dem balkanischen Kriegsschauplatz, errungen haben. Frankreich hat seinerseits eine große Widerstandskraft und einen prachtvollen Schwung gezeigt. Wir alle bewundern rückhaltlos die herrliche, altüberkommene Tapferkeit seiner Armee und den Opfermut des französischen Volkes. Es ist mir besonders angenehm, zu sehen, daß kein wirklicher Widerspruch mein Reich von Frankreich trennt, obwohl wir derzeit noch Gegner sind. Ich glaube daher zu der Hoffnung berechtigt zu sein, daß meine lebhaften Sympathien für Frankreich, vereinigt mit den in der ganzen Monarchie herrschenden, für alle Zukunft verhüten werden, daß jener Kriegszustand zwischen uns, für den ich keine Verantwortung trage, jemals wiederkehren werde.

Zu diesem Zwecke, und um die Wahrhaftigkeit meiner Gefühle genau auszudrücken, bitte ich Dich, geheim und inoffiziell Herrn Poincaré, dem Präsidenten der Französischen Republik, zur Kenntnis zu bringen, daß ich mit allen Mitteln und unter Anwendung meines ganzen persönlichen Einflusses bei meinen Verbündeten die gerechten Rückforderungsansprüche Frankreichs in bezug auf Elsaß-Lothringen unterstützen werde.‘

Sixtus hielt inne im Verlesen des französischen Textes. Das sei, meinte er zufrieden, wohl herzlich genug. Mehr wäre unglaubwürdig, obwohl die Franzosen eine gehörige Portion von Schmeichelei vertrügen. Sixtus nahm das Diktat wieder auf, die Kaiserin verbesserte hin und wieder einen Ausdruck, Xaver schob ein paar erläuternde Worte ein. Allzu deutlich durfte man ja auch nicht werden, um sich nicht ganz und gar festzulegen. Man ging näher auf Belgien ein, man wurde bei Serbien und bei Rumänien sehr vorsichtig, da sich der Kurswert dieser Staaten in Paris jeden Augenblick ändern konnte. Der Kaiser bestand darauf, daß bei Serbien die Wühlarbeit der Narodna Obrana erwähnt und daß die Schuld an dem Ausbruch des Krieges Serbien gegeben werde, das versprechen sollte, in Hinkunft, nach Friedensschluß, alle Bewegungen zu unterdrücken, die gegen den Bestand der österreichisch-ungarischen Monarchie gerichtet seien. Über den Schluß des Briefes konnte sich der Kaiser mit seinen Schwägern lange nicht einigen. Sixtus wünschte durchaus ein Wort über die Möglichkeit eines Sonderfriedens zwischen der Monarchie und der Entente einzufügen, aber der Kaiser wollte davon nichts wissen. Das könne er nicht, dafür werde er unter keinen Umständen die Verantwortung übernehmen. Xaver wies darauf hin, daß es bei diesem Versuch ganz allein auf den Erfolg ankomme. Werde man Erfolg haben, dann solle man nur sehen, wie Czernin den Graben nehmen und sich an ihre Seite stellen werde.

Auf Xavers Frage, ob Zita schon etwas unternommen habe, um die Beschießung von Reims und die Zerstörung der wunderbaren Kathedrale zu verhindern, erwiderte die Kaiserin, daß sie sich sogleich an den deutschen Kaiser gewendet, von diesem aber noch keine Antwort erhalten habe.

Spät erst in der Nacht war der Brief von Karl an Sixtus fertig. Die Geschwister verabschiedeten sich voneinander, der Kaiser blieb in einer sehr zwiespältigen Stimmung allein zurück.

Am nächsten Tag brachte Graf Erdödy die beiden Brüder der Kaiserin, von deren Anwesenheit in Österreich niemand etwas erfahren hatte, über die Schweizer Grenze.

Am 19. April kamen in der kleinen Bischofsstadt Saint-Jean de Maurienne in Savoyen, an der Strecke Genf—Turin, der neue französische Ministerpräsident Alexandre Ribot, dann der französische Botschafter in Rom Barrère, ferner der englische Premierminister Lloyd George mit dem italienischen Außenminister Sidney Sonnino zusammen, der den italienischen Kammerpräsidenten Boselli zu dieser Unterredung mitgebracht hatte. Man traf sich in dieser versteckten Gebirgsstadt im Tale des Arc, weil Ribot und Lloyd George vorfühlen wollten, wie sich Italien zu einem Sonderfrieden der Entente mit Österreich-Ungarn stelle.

Ribot war ungern gefahren, denn er war von allem Anfang an, als nach dem Sturze Briands der bourbonische Prinz mit der Friedensvermittlung an ihn herangetreten war, gegen eine solche Vermittlung gewesen. Mißtrauisch hatte Ribot den Brief Kaiser Karls gelesen, alles, was Italien und was Rumänien betraf, hatte er im Kaiserbrief vermißt. Österreich-Ungarn, hatte Ribot dem Prinzen gesagt, scheine nur mit jenen Gegnern Frieden schließen zu wollen, mit denen es weder gemeinsame Grenzen noch sonst welche Interessengegensätze habe. Solch ein Angebot sei wenig wert. Durch den Eintritt Amerikas in den Krieg sei die Lage sehr verändert. Das einzig Wertvolle, was der Prinz aus Wien mitgebracht hatte, war, daß Österreich vorerst einmal Italien nicht angreifen werde. Diese Zusicherung, die der Prinz gegeben hatte, war bei der eben im Gang befindlichen Offensive Nivelles und Pétains von großem Nutzen gewesen, denn man hatte alles einsetzen können, ohne für eine Schlacht in Oberitalien Reserven ausscheiden zu müssen.

Lloyd George wollte jetzt, da England bei Arras angriff, den Deutschen durch den Sonderfrieden mit Österreich-Ungarn einen politischen Schlag versetzen. Die italienische Unnachgiebigkeit, welche die Besiegung und Zerstückelung Österreichs verlangte, hoffte der englische Premier durch das Geschenk von Smyrna zu brechen, denn die russische Revolution bot die Gelegenheit, über die Aufteilung von Kleinasien zu sprechen. Sonnino hatte sich auf diese Zusammenkunft gut vorbereitet, sein Pariser Botschafter hatte ihn von dem Angebot, das Frankreich und England machen wollten, rechtzeitig verständigt. Als Lloyd George bald nach der Eröffnung der Verhandlung eine Karte Kleinasiens auf den Tisch legte, in die die neuen Einflußzonen der Italiener eingezeichnet waren, entnahm Sonnino seiner Aktentasche eine ebenfalls im Foreign Office entworfene Karte und deutete lächelnd auf einige wesentliche Unterschiede zwischen den beiden Grenzführungen. Er werde beide Karten an sich nehmen und prüfen, welche Grenzziehung für sein Land die vorteilhaftere sei.

Das schadenfrohe Lächeln verschwand aus Ribots faltigem Greisengesicht, als er auf den beiden Karten, die Sonnino zu sich herübergezogen hatte, Gebietsteile als italienisch bezeichnet fand, die man bereits Frankreich zugesprochen hatte. Er machte Sonnino darauf aufmerksam, Sonnino nahm es zur Kenntnis und schien zum Nachgeben bereit. Da Ribot den italienischen Außenminister bei so guter Laune sah, zögerte er nicht länger und fragte, wie sich Sonnino zu einem Friedensangebot von Österreich-Ungarn stellen würde.

Sonnino fuhr auf: Österreich-Ungarn stelle Friedensangebote? Und richte sie nicht an Italien? Solche Angebote könnten unmöglich dem Londoner Pakt entsprechen und Italien werde niemals auch nur um Haaresbreite von dem abweichen, was ihm in diesem Pakte zugesprochen worden sei.

Lloyd George versuchte zu vermitteln: es sei wichtiger, Deutschland zu isolieren und mit Österreich-Ungarn zu einem Sonderfrieden zu kommen, als auf den Abmachungen von London zu bestehen und nicht gefangene Fische zu verteilen.

Sonnino lehnte ab. Was festgelegt sei, müsse gelten: Südtirol bis zum Brenner, Stadt und Gebiet von Triest, die Grafschaften Görz und Gradiska, Istrien bis zum Quarnero, Dalmatien mit seinen Inseln, Valona, die Insel Sasseno und die besetzten Inseln des Dodekanes. Bekomme das Regno weniger, gedenke man Italien zu prellen, werde er, Sonnino, auf der Stelle zurücktreten. Nicht genug damit, eine allgemeine Empörung würde aufflammen, die Dynastie würde davongejagt, wenn die vielen für Triest und Görz gefallenen Italiener umsonst geopfert sein sollten. Frankreich und England sähen immer wieder Deutschland als den einzigen Feind an, alles, was nicht Deutschland angehe, kümmere sie nicht viel. Italien aber habe nur einen Gegner: Habsburg! Dieses Geschlecht habe nie etwas anderes getan, als Italiens Einigung zu verhindern! Italiens Geschichte sei ein einziger Kampf gegen Österreich! Österreich sei immer wie ein Alpdruck auf Italien gelegen! Ein Krieg, aus dem Österreich glimpflich hervorgehe, sei für Italien ein verlorener Krieg!

Ribot hatte keine andere Antwort erwartet, er hätte es dem bourbonischen Prinzen vorausgesagt. Und genau so wie Italien über Österreich dachte, würde Serbien, würde Rumänien antworten: Die habsburgische Monarchie muß zerstört werden! War doch auch Ribot der Meinung, daß man die Nationalitäten der Donaumonarchie, diese unglücklichen Janitscharen des Pangermanismus, befreien müsse. Um Sonnino zu beruhigen, stimmte Ribot der Abfassung eines Protokolles zu, in dem ausdrücklich jedes weitere Eingehen auf künftige österreichische Angebote abgelehnt wurde, um die mehr als je erforderliche Einheit Italiens, Englands und Frankreichs nicht zu gefährden. Sollte die Offensive Nivelles, wie vielleicht zu fürchten sei, doch nicht den gewünschten Erfolg haben, so müsse man eben den Krieg bis zum Eingreifen Amerikas hinhaltend führen.

Zwei Tage später erschien Prinz Sixtus wieder auf der Insel St. Louis bei Jules Martin Cambon, dem Generalsekretär des französischen Außenministers. Der Prinz wurde mit dem Ausdruck des Bedauerns empfangen: er, Sixtus, werde wohl bereits von Lloyd George gehört haben, daß ohne Hinzuziehung der italienischen Regierung weitere Verhandlungen über einen Sonderfrieden mit Österreich-Ungarn unmöglich seien. Als der Prinz darauf antwortete, ihm wäre viel daran gelegen gewesen, hätte man Italien erst zu einem späteren Zeitpunkt in das Friedensgespräch einbezogen, machte Cambon ihn aufmerksam, daß man im französischen Außenamt von allem Anfang an der Meinung gewesen sei, daß man ohne Italiens Zuziehung nicht weiterkommen werde. Auf die Frage des Prinzen, ob es nicht vielleicht doch einen Weg zu Italien gebe, meinte Cambon, es gebe keinen, der nicht über Triest und Trient führe, auf welche eben des Prinzen Schwager, der Kaiser, nicht verzichten wolle.

Der Prinz bedauerte, daß die Verhandlungen am Starrsinn Italiens gescheitert seien. Aber vielleicht werde Frankreich doch noch einmal auf den Brief des Kaisers von Österreich zurückkommen, der ein Beweis dafür sei, daß Österreich unabhängig von Deutschland zu handeln fähig und bereit sei. Ihm, Sixtus, liege weniger die italienische Frage oder das Schicksal Österreichs, als der makellose Sieg Frankreichs am Herzen, und er fürchte sehr, daß der Entschluß Englands, den Krieg mit Hilfe Amerikas bis ins Unendliche fortzusetzen, Frankreich, das geliebte und bewunderte Frankreich, zum Verbluten bringen könnte.

Cambon versicherte dem Prinzen, daß Amerika in einem Jahr auf den Schlachtfeldern entscheidungbringend erscheinen werde. Dann kam Cambon noch einmal auf seinen Lieblingsgedanken zu sprechen, Österreich für den Entfall Südtirols und Triests mit Preußisch-Schlesien zu entschädigen. Und wie bei der ersten Unterredung lehnte der Prinz auch diesmal den Tausch ab, zu dem sich sein Schwager niemals bereitfinden würde. Man blieb noch eine Weile beisammen und setzte ein Protokoll mit beiderseitigen Erklärungen auf, das Sixtus an seinen Schwager zu senden versprach.

Hinrichtung des Apis, Juni 1917

Apis saß in der Zelle des Gefängnisses in Saloniki und las im Neuen Testament. Major Savić trat ein und ließ sich seufzend auf das schmale Feldbett nieder. Apis hob seinen Kopf und blickte den Major müde an: „Nun?"

„Abgewiesen."

„Noch vor dem Veitstag?"

„Morgen."

„Morgen? Gut. Meinetwegen. Wenigstens hört sich diese langweilige Warterei auf."

„Die drei nichtradikalen Minister haben demissioniert."

„Ein Schlag ins kalte Wasser, mein Lieber", sagte Apis.

„Oberstleutnant Branko Gatalović verweigerte die Unterschrift."

„Wird ihm schaden, mein Lieber, wird ihm sehr schaden, und uns gar nichts nützen."

„Rußland und England haben Verwahrung gegen das Urteil eingelegt."

„Wir haben uns 1903 auch nicht um die Proteste Englands gekümmert. Ja, jetzt wird endlich einmal die Weiße Hand für ihre Kriecherei belohnt, unter den Kanonen der Verbündeten fühlt sie sich stark genug, uns auszutilgen. Ach, hättest du 1903 diesen heute so großen Živković gesehen, wie ihm die Hände zitterten, als er uns das Tor zum Konak aufsperren sollte — oder den gewaltigen Mišić, den feinen Vorsitzenden des Gerichtes, der damals vor Angst, daß es schief gehen könnte, an allen Gliedern gezittert und nachher wie ein Besoffener und Wahnsinniger vor Freude getobt hat. — Ich, der ich aus jener Nacht noch drei Kugeln in der Brust trage, muß heute daran glauben, und jene, die feig und gezwungen nur mitgetan und dieser feinen und so dankbaren Dynastie auf den Thron geholfen haben, ernten den Lohn. Mit vollen Hosen ist leicht stinken! Aber glaub mir, in dem Gerichtssaal, wo sich alle Galgenvisagen, Drückeberger und Feiglinge der ganzen Front ihr Stelldichein geben, war eine Luft, in der man ersticken konnte."

„Was liest du denn da?" fragte der Major, um abzulenken.

„Etwas, was gar nicht so übel ist, wozu man aber leider bei dem Leben, das wir führen, recht selten kommt. Weißt du, daß der heilige Paulus nach Saloniki zwei Briefe geschrieben hat? Die Briefe an die Thessalonicher! Damals muß wohl ein ähnliches Gesindel in dieser Stadt gelebt haben, denn der Apostel schreibt: ‚Wir hören, daß etliche unter euch wandeln unordentlich und arbeiten nichts, sondern treiben Vorwitz.' Damit kann er nur auf solche Leute zielen, wie sie beim Militärgericht sitzen, in der Nase bohren und die Hose durchwetzen."

Major Savić lächelte trübe vor sich hin: „Ach, Apis, du bist noch immer der alte."

„Möglich, Sascha, aber dabei wird man doch nicht alt."

„Willst du nicht dein Testament machen, Apis?"

Apis wiegte nachdenklich den Kopf: „Da wird nicht viel zu schreiben sein — aber du hast recht, man darf nicht wie die Sau vom Trog davonlaufen."

Man hörte draußen die Schritte des Postens auf und ab gehen. Der Major erhob sich: „Ich muß noch zu Vulović hinüber, vorhin war der Pope bei ihm. Und nun, Gott befohlen, Apis."

Als nun Apis allein war, ging er mit großen Schritten in der kleinen Zelle auf und ab, lachte ein paarmal auf und setzte sich dann an den Tisch nieder, nahm Tinte und Feder und schrieb langsam, jedes Wort erwägend, sein Testament:

„Mein letzter Wille.

Obwohl von beiden Gerichten zum Tode verurteilt und der Gnade der Krone beraubt, sterbe ich unschuldig und in der Überzeugung, daß Serbien aus höheren Gründen meinen Tod benötigt. Aus dieser Überzeugung entspringt meine seelische Ruhe, mit der ich meine letzte Stunde erwarte.

Möge Serbien glücklich werden, möge unser heiliges Gelübde in Erfüllung gehen: die Vereinigung des ganzen Serben- und Südslawentumes. Dann werde ich auch nach dem Tode glücklich und selig sein, und der Schmerz, den ich empfinde, durch serbische Kugeln fallen zu müssen, wird mir leichter sein in der Überzeugung, daß die Gewehre zum Heile Serbiens auf meine Brust gerichtet sind, für jenes Heil Serbiens und des serbischen Volkes, dem ich mein ganzes Leben geweiht habe. In meiner Arbeit als Patriot habe ich vielleicht manche Fehler begangen, mich vielleicht unwillkürlich an den Interessen Serbiens selbst vergangen, aber wenn man in voller Tätigkeit begriffen ist, läßt es sich nicht vermeiden, gelegentlich Fehler zu begehen. Dessen aber bin ich sicher, daß ich niemals bewußt, sondern immer nur in der Überzeugung, zum Wohle Serbiens zu handeln, gefehlt habe. Mögen mir die hie und da begangenen Fehler verziehen werden, wenigstens die Serben mögen sie vergeben, und ich werde zu Gott beten, daß er mir seine unversiegbare Gnade schenke.

Meine Sachen und mein Besitztum verteile ich so:

Das Geld, das nach meinem Tode übrigbleibt, bitte ich meinem Schwestersohne Milan Zivanović, Flüchtlingsschüler im Internat ‚Grand Lycée neuf' in Nizza, zu senden.

Das Pferd ‚Blücher' bitte ich an erster Stelle dem Staate zum Kaufe anzubieten und den Erlös ebenfalls meinem Neffen Milan zu senden. Das Pferd ‚Zvezdana', das alt ist, überlasse ich der Einsicht derjenigen, die das zuständige Recht besitzen, zu beschließen, ob es noch dienstfähig ist oder nicht. Ist es zu irgendwelchem Dienste fähig, so trete ich es gerne dem Staate ab, wenn nicht, so bitte ich, es zu töten. Alle übrigen Sachen lasse ich zur Verteilung an arme Flüchtlinge zurück. Die Konserven, den Tabak und alles Eßbare bitte ich an die Soldaten und Gendarmen, die mich im Gefängnis bewacht haben, anstelle des Leichengeldes zu verteilen.

Meine Taschenuhr, ein Andenken und Geschenk von meinem Schwager Zivan Zivanović, bitte ich meinem Neffen Milan Zivanović zu senden.

Dies ist mein letzter Wunsch und Wille, ich bitte, ihn nach der Vollstreckung meinem Neffen Milan in Nizza zu senden.

Saloniki, den 11./24. Juni 1917.

Dragutin T. Dimitrijević."

Und nun zögerte der Schreiber noch eine Weile und dann fügte er zu seinem Namen ‚Apis' hinzu. „Hab' ich als Apis gelebt, will ich auch als Apis sterben." Er stand auf und warf die Feder hin: „Hab' ich ein schweres Herz? Was drückt mich so schwer in der Brust? – Kein schweres Herz, Apis, kein schweres Herz! Das sind die drei Kugeln von 1903."

Am 26. Juni 1917 hielten um ein Uhr nachts vier geschlossene Personenautos und ein mit Gendarmen besetzter Lastwagen vor dem Militärgefängnis in Saloniki. Oberst Dunić, der Platzkommandant von Saloniki, sieben Offiziere, ein bärtiger Geistlicher und ein Militärarzt stiegen aus und warteten unter der Einfahrt. Durch die Straßen rütterten Autokolonnen, die Engländer an die Front führten, griechische Soldaten in blauen Röckchen zogen singend aus einer Kneipe heim, kleine Italiener mit großen Gebärden kamen vorüber, grüßten, blickten scheu auf die Gruppe in der Einfahrt des Gefängnisses und schauten, daß sie weiterkamen.

„Es wird kaum eine kriegführende Nation geben", sagte Oberst Dunić, „von der wir nicht hier in Saloniki ein Regiment hätten."

Nun hörte man Türen gehen; vom Lichte der Scheinwerfer geblendet, stand Major Vulović zwischen zwei Gendarmen vor den Offizieren. Er mußte sich auf einen Stock stützen, da er auf einem Bein lahmte. Wie er seinen Freund Savić unter den Offizieren erkannte, winkte er diesem zu: „Lieb von dir", sagte er, „daß du gekommen bist."

Nun tauchte Apis auf, verbeugte sich leicht vor den Offizieren, schüttelte Vulović die Hand und drehte sich um, ob man nicht bald auch die andern bringe. Aber es kam nur noch, blaß, und von zwei Gendarmen mehr geschleppt als geführt, ein schmächtiger Zivilist, Rade Malobabić.

„Nun bitte ich, einzusteigen", sagte Oberst Dunić. Hauptmann Stojković trat auf Apis, Leutnant Protić auf Vulović und Unterleutnant Jovanović auf Malobabić zu, sie stellten sich neben ihnen auf. Der Gefängniskommandant übergab Oberst Dunić die Papiere.

„Was, nur wir drei?" fragte Vulović, sich erstaunt umblickend.

„Laß gut sein, Ljuba", sagte Apis, „in einem solchen Falle sind drei mehr als neun. Es macht nichts, es ist besser so."

Die Offiziere stiegen ein, neben jedem Verurteilten ein Begleit- und ein Bewachungsoffizier, dann fuhren die Autos los. Es ging durch matt beleuchtete Straßen, es ging über weite Plätze, die Leute in den Wagen wurden durcheinandergeschüttelt, bald war die letzte Laterne verschwunden und das Hundegekläff verhallt. Niemand sprach ein Wort. Es ging noch eine Weile an Tragtierkolonnen, zwischen weiten Feldern und ansteigenden Höhen dahin, dann stand in dem bleichen Lichtstreifen, den die Scheinwerfer aus der dunklen, zikadendurchzirpten Nacht schnitten, auf der grellen, spurendurchfurchten, staubigen Straße ein Mann, der die Hand hochhob und dessen mächtiger Schatten groß eine Felswand hinandrohte. Die Autos hielten mit leichtem Knirschen der Bremsen, die Gendarmen sprangen vom großen Lastwagen und kamen, drei große Pfähle und Stricke mit sich tragend, durch die Scheinwerferkegel nach vorne.

Major Vulović zupfte Apis beim Ärmel: „Das gehört für uns."

Apis drehte sich nicht um, sein Gesicht war in diesem grellen Licht ganz bleich, er hatte die Kappe aus der Stirn geschoben, seine Lippen zuckten.

Major Savić trat auf Vulović zu: „Leb wohl, Ljuba, leb wohl. Verzeih mir, wenn ich dich nicht auf dem letzten Weg begleite, aber ich hab' mir mehr zugetraut, als ich vermag. Ich kann nicht, Ljuba, ich kann wirklich nicht. Ich will diese endlose Zeit hier im Wagen warten, verzeih es mir, ich will für dich beten und an dich denken."

Vulović fiel seinem Freund um den Hals: „Leb wohl, Sascha, leb wohl! Hoffentlich wird es dir niemand nachtragen, daß du dich dem abschreckenden Beispiel entziehst."

Auch Apis nahm von Major Savić Abschied, aber er tat es kurz und wortlos. Malobabić starrte vor sich hin und sah und hörte nichts. Ein Gendarm ging mit einer Laterne voraus, dann folgten die Verurteilten mit ihren Begleitoffizieren, den Schluß machten die Herren vom Gericht, der Arzt, der Geistliche und ein Trupp Gendarmen.

Der schmale Pfad ging steinig bergan, zwischen Felsen hindurch und durch hemmendes Buschwerk. Der tiefstehende Mond warf lange, dunkle Schatten, helle Steine lagen quer über dem Pfad.

„Du mußt nicht immer die Hand an der Pistole haben", sagte Apis zu Hauptmann Stojković, „ich werde nicht entspringen. Ich bereite keinem Kameraden mehr eine Unannehmlichkeit. Aber weiß der Teufel, warum man uns noch vor dem Tod so eine militärische Nachtübung machen läßt. Du bist im Training, Freund, du bist noch jung, aber ich habe durch die lange Haft das Gehen fast verlernt. Glaub mir, dieser steile Steig strengt mich an. Die hätten wahrlich einen Platz mit einem bequemeren Zugang aussuchen können."

Hauptmann Stojković wußte nichts zu antworten und schwieg.

„Ein verdammt schlechter Weg", beklagte sich Apis wieder. „Mein Lieber, eine eigenartige Felddienstübung ist das, bei der gegen Schluß ein wenig scharf geschossen wird. Übrigens habe ich zu der Treffsicherheit dieser Gendarmen wenig Zutrauen. Ich bitte dich, wann kommt so ein Scheißkerl denn einmal zum Schießen? Alle heilige Zeit einmal gibt er einen scharfen Schuß ab, der danebengeht. Und anständige Frontsoldaten will man wohl zu einer solch zweideutigen Sache nicht nehmen? Mir tut nur leid, daß du um deinen Schlaf kommst. Hoffentlich hast du morgen dienstfrei und kannst dich ebenso ausschlafen, wie ich das tun werde."

„Spitze halt!" rief jemand von rückwärts. „Malobabić kommt nicht nach!"

„Spitze", sagte Apis, „das sind wir. Den armen Rade werden die Beine nicht tragen wollen. Er ist schwach und krank, er kann es eben nicht glauben, daß der letzte Weg so steil und steinig sein soll."

„Wir werden gleich oben sein", tröstete Hauptmann Stojković.

„Eigentlich sollte unser armer Rade als Zivilist zu solchen militärischen Übungen nicht herangezogen werden", sagte Apis, „der ist das nicht gewohnt. Aber warten wir nur, in meiner Lage freut man sich über jede Verzögerung." Apis setzte sich auf einen Stein nieder und stützte sein Haupt in die Hand. „Ich hab' es wirklich ganz und gar nicht eilig."

„Weiter!" rief man nach vorne. Und man ging wieder über Stock und Stein der blinkenden Laterne des Gendarmen nach. Nun war man in einem Kessel angekommen, der auf der Westseite von der bleichen Wand eines Steinbruchs, im Süden und

Norden von sanft abfallenden, im Schatten liegenden Hängen begrenzt wurde.

Der Mond stand schon tief, seine Scheibe leuchtete bräunlich aus einem bauschigen Nebelsack. Vor der Wand des Steinbruchs standen ein paar Laternen auf der Erde, Schaufeln warfen Erde aus der Tiefe, einige von unten beleuchtete Gesichter ragten nur ein wenig aus dem Boden. Steine klirrten, Krampen blinkten auf und fielen dumpf nieder.

Nun tauchten auch die letzten Gestalten aus dem Hohlweg auf. Malobabić sah die Laternen, hörte das Graben, er stützte sich auf seinen Begleiter, wandte sich ab und wagte es nicht, sich den Lichtern zuzukehren. Ein Gendarm trat auf den Oberst zu: „Herr Oberst, ich melde gehorsamst, die Leute sind noch nicht fertig."

„Verdammte Bummelei", schimpfte der Oberst, „wieder einmal alles zu spät angetreten. Ruf mir den Partieführer."

Ein Unteroffizier kam nach vorne: „Zu Befehl, Herr Oberst."

„Warum seid ihr noch nicht fertig? Du meldest dich morgen auf der Hauptwache, verstanden?"

„Herr Oberst, der Boden ist so steinig, man kommt nicht vorwärts."

„Und das ist gut so, Dunić", sagte Apis, „das ist ganz gut so, denn ich möchte nicht vor Sonnenaufgang sterben. Ich bin schon einmal im Dunkeln angeschossen worden und trage die Kugeln noch mit mir herum — übrigens auch serbische Kugeln —, die Leute sollen sich nur Zeit lassen." Oberst Dunić gab dem Unteroffizier einen Wink, zu verschwinden. Apis fragte Hauptmann Stojković nach der Zeit.

„Zwei Uhr."

„Dann haben wir alle Zeit."

Major Vulović stieß mit seinem Stock gegen den Boden. „Wirklich eine harte Erde, das kennen wir vom Krieg her, wenn der Boden gar so steinig ist, kriegt man keine tiefen Gräben."

Apis ließ sich neben Malobabić, mit dem Rücken zu den Laternen vor der Steinbruchwand, auf einen Felsblock nieder, Vulović setzte sich zu beiden. „Siehst du, Apis, damals hat uns keine Kugel ereilt..."

„Schicksal, Ljuba, Schicksal, da hilft kein Hadern und Denken."

Die drei Bewachungsoffiziere standen hinter ihnen, die Gendarmen hatten sich etwas abseits um ein paar kleine Laternen gelagert.

Ein paar Leute kamen mit Klappsesseln und einem kleinen Tischchen, auf das sie Windlichter stellten. Oberstleutnant Ljubomir Dabić, der Kriegsgerichtsrat, legte eine Aktenmappe auf den Tisch und beschwerte sie mit einem Stein.

„Bist du auch im Auftrag des Gerichts gekommen?" fragte Apis, als er den Kriegsgerichtsrat erblickte.

„Jawohl, Apis, das bin ich. Meine Aufgabe ist es, das Urteil zu verlesen."

„Hör nur mit diesem Urteil auf", sagte Apis. „Du mußt dich ein wenig anders setzen, sonst sprichst du es in den Wind. Wenn ich auf etwas in der Welt nicht mehr neugierig bin, dann ist es dieses Urteil. Dir bin ich nicht bös, denn du mußt tun, was dir befohlen ist, denn schließlich bist du doch auch ein Soldat." Er blickte eine Weile schweigend vor sich hin, dann sagte er mit schwankender Stimme: „Aber eine Bitte hab' ich an dich. Zieh die Vorlesung so lang hinaus, bis es hell wird. Und dann geh noch einmal zu den Gendarmen hinüber und sag ihnen, daß sie ordentlich zielen sollen."

„Wird geschehen, Apis, wir warten, verlaß dich drauf, bis die Sonne aufgeht."

„Verstehst du, was man mir angetan hat? Kannst du das überhaupt verstehen? Alles, was du da verlesen mußt, ist von A bis Z erlogen. Ich versichere dir, daß ich unschuldig bin."

Der Oberstleutnant stand langsam auf und ging auf Apis zu: „Dragutin, ich beklage dich als Kamerad und Mensch, weil du im blühenden Alter sterben mußt, da du dem Vaterland noch so viele Dienste hättest leisten können. Aber vor dem Gesetze, Apis, bist du schuldig, dein Tod ist für das Vaterland und für die öffentliche Ordnung notwendig."

„Und was kann man mir für einen Trost sagen?" fragte Malobabić, der die ganze Zeit, dumpf vor sich hinstarrend, geschwiegen hatte. „Ich habe alles für Serbien geopfert, und mein Tod wird Serbien nichts nützen, und doch stehe ich hier."

Niemand antwortete dem armen Malobabić und so sank er wieder in sich zusammen.

„Es kommt, was kommen mußte", sagte Apis nach einer Weile zum Kriegsgerichtsrat Dabić. „Nach den formalen Gesetzen bin ich schuldig — man kann mit Gesetzen alles beweisen und alles verurteilen —, ich trage Schuld daran, daß die Beziehungen zwischen dem Prinzregenten und der Armee so gespannt geworden sind, aber nach der Schuld des Prinzregenten fragt niemand. Sag meinen Freunden, daß ich es nicht bedauere, unter serbischen Kugeln zu fallen, wenn es das Glück Großserbiens gilt, das ich von ganzem Herzen ersehne. Vergiß das nicht, ich bitte dich, vergiß das um alles in der Welt nicht, meinen Freunden zu bestellen. Denn viele, die ihre Freundschaft zu mir jetzt verleugnen, werden sich später wieder zu mir bekennen."

Da erschallten im Rücken der Verurteilten dumpfe Schläge.

„Was hämmern sie denn?" fragte Malobabić, der sich nicht umzublicken wagte.

„Sie werden wohl die Pfähle einschlagen", antwortete Vulović, ohne sich umzudrehen. „Wir werden nämlich — so will es die Exekutionsvorschrift — an Pfähle gebunden, damit wir den Gendarmen das Ziel nicht verwackeln. Das ist alles in Ordnung."

Apis wandte ein wenig seinen Kopf: „Ein verdammter Winkel, ein verfluchtes Loch, in das ihr uns da hergeführt habt, ein Kehrichthaufen unserer Geschichte. Hat man denn keinen besseren Platz wählen können? Hat man uns nicht auf eine Höhe führen können, von der aus man das weite Meer sieht? In diesem Lande Alexanders des Großen könnte man doch ein wenig mehr Sinn für Feierlichkeit entwickeln."

„Apis, ach Apis", klagte Malobabić, der bei jedem Hammerschlag zusammenzuckte, „wärst du nicht gewesen, müßt ich nicht in solch einem Winkel verrecken. Deinetwegen bin ich hier, deinetwegen werde ich weder Meer noch Save oder Donau wiedersehen."

„Das ist das Schicksal, Rade", erwiderte Apis, „wärst du damals in Kuršumlja geblieben, so wäre es dir und mir nicht ans Leben gegangen."

„Wäre ich in Kuršumlja geblieben, Apis", erwiderte Malobabić verbittert, „hätten mich die Österreicher gefangengenommen und an den nächsten Baum gehängt."

„Was soll denn das Geschwätz", herrschte Vulović den Malobabić an, „hier darfst du mit zwei Offizieren sterben, mit zwei Stabsoffizieren noch dazu, und obendrein wie ein Soldat."

Und da nun auch der Arzt zu den drei Verurteilten trat, sagte Apis, auf Malobabić weisend: „Doktor, diesen Mann hier schau dir an und merk dir sein Schicksal, damit du es deinen Kindern später begreiflich machen kannst, was Undank ist. Weißt du, wie ich diesen hier in Kuršumlja auf unserm Rückzug vor den Deutschen und Bulgaren getroffen habe? Vulović ist mein

Zeuge — ein Bündel Knochen war dieser Mensch, in einer räudigen Haut, angenagt von Wanzen und Ratten der Zitadelle von Nisch, mit Wunden an Händen und Füßen von den schweren Ketten, in die man ihn geschmiedet hatte. Dieser Mann hier war ein Versicherungsagent in Agram, er hat Beruf und Stellung geopfert, um der serbischen Idee zu dienen, er ist von den Österreichern wegen Hochverrates verurteilt und später wieder freigesprochen worden, er hat den Boden für unsere Saat gelockert."

„Laß das, Apis, es soll vergessen sein."

„Ach, sie sollen es nur hören, sie sollen nur wissen, was man mir, was man dir, was man uns antut. — Von Nisch hat man ihn, als die Deutschen kamen, nach Kuršumlja verschleppt, und dort fand ich ihn so, wie ich es euch geschildert habe, von dort ließ ich ihn nach Korfu bringen."

„Laß das, Apis, laß das", wehrte Malobabić ab. „Alle, die mit dir zu tun gehabt haben, sind durch dich ins Unglück gekommen — diese drei jungen Leute, die du nach Sarajevo geschickt hast, alle, alle. Zwei von ihnen sind schon in Theresienstadt in den Kasematten verfault bei lebendigem Leibe, und auch Princip wird, wie mir ein russischer Austauschinvalide, der dort in der böhmischen Festung gefangen war, erzählt hat, nicht mehr lange leben. Und die andern Leute, wie die beiden Lehrer Ilić und Čubrinović, und der Vorstand der Sokoln von Tuzla, — die mit deiner Sache, Apis, zu tun hatten, die sind gehängt worden, und noch eine schöne Anzahl von Bauern dazu. Du hast diesen Leuten ebensowenig Glück gebracht, Apis, wie mir, wir haben alle an deine Pläne geglaubt und sind deine blinden Werkzeuge gewesen, Apis."

„Wenn wir schon von Glück reden wollen", warf Vulović gelassen ein, „so hat von uns allen eigentlich bloß Vojan Tankosić Glück gehabt, denn er ist gleich am Anfang an der Drina inmitten seiner Komitadschi als braver Soldat gefallen."

„Ja, Vojan hat wirklich Glück gehabt, er allein von uns allen", sagte Apis.

Nun waren die Leute im Rücken der Verurteilten mit dem Graben fertig geworden; sie traten an, Schaufeln und Spaten klirrten, und marschierten, mit schwankenden Laternen in der Hand, durch den Hohlweg aus dem Steinbruch ab.

„Wie spät ist es?" fragte Apis seinen Begleitoffizier.

„Zwanzig Minuten über zwei Uhr."

„Ich bitte die Herren", mahnte Gerichtsrat Dabić hinter dem

Tisch mit den beiden Windlichtern, „wir müssen mit der Verlesung des Urteils beginnen."

„Laß dir doch Zeit", bat Apis, „du wirst sonst zu früh fertig."

Nun nahm der Gerichtshof hinter dem Tisch Platz, die drei Verurteilten stellten sich vor ihm auf.

„Im Namen Seiner Majestät, des Königs Peter I.", begann der Kriegsgerichtsrat zu lesen. Die Offiziere erhoben sich und blickten vor sich hin auf den Boden. Der Arzt und der Pope standen abseits — die Gendarmen bildeten einen weiten Halbkreis. Oberstleutnant Ljuba Dabić las mit halblauter, eintöniger Stimme, manche Worte verschluckte er, die Verurteilten gaben sich nicht einmal den Anschein, auf seine Worte zu hören, sie hatten sie schon oft genug gehört und waren nicht klüger aus ihnen geworden.

„... eine terroristische Organisation unter patriotischem Deckmantel", hörte man deutlich, „nach deren Satzungen es erlaubt ist, ohne richterliches Urteil zu plündern, zu töten, Staatsgeheimnisse preiszugeben, sich durch gewaltsame Anschläge in das Leben anderer Staaten zu mischen und auf diese Weise höchst gefährliche Verwicklungen heraufzubeschwören."

„Jetzt auf einmal", sagte Apis halblaut zu Vulović, „aber damals, als wir noch geschlossen und mächtig waren, wollte der Prinzregent sich selbst an unsere Spitze stellen."

„Apis, es hat keinen Sinn, sich den Kopf zu zerbrechen", erwiderte Vulović gleichmütig, „das werden die Kugeln der Gendarmen besorgen."

Der Kriegsgerichtsrat zählte nun mit eintöniger Stimme alle Tatsachen auf, die sich die Organisation ‚Vereinigung oder Tod' hatte zuschulden kommen lassen.

Oberstleutnant Dabić hatte vom Lesen eine trockene Kehle bekommen: „Bring mir ein Glas Wasser", rief er einem Gendarm zu. „Wir werden eine kleine Pause einschalten."

„Merkst du, Apis? Auch heute kein Wort über Sarajevo", sagte Vulović leise. „Oh, die sind schlau!"

„Sie haben mein Ehrenwort und fühlen sich sicher", erwiderte Apis. „Wozu auch noch darüber reden. Das ist vorbei."

Über dem Nordrand der Mulde sah man jenseits der dunkel ragenden Berge einen schmalen Lichtstreifen hin und her wandern, winzige Kügelchen stiegen auf und verschwanden, fernher rumpelte es durch die Nacht.

„Die Front", sagte Apis, „die Front schläft nicht."

Auch die Offiziere an dem kleinen Tischchen mit den Windlichtern blickten auf und lauschten: „Die Franzosen sind immer auf der Hut", sagte Oberst Dunić, „und die Bulgaren, die man nach der letzten Schlacht eingebracht hat, sind müde und wollen nicht mehr weiterkämpfen."

„Der Tote von Sarajevo hat lange Arme", setzte Vulović in Gedanken sein Gespräch fort, „er langt aus dem Grab und holt uns alle, einen nach dem andern."

„Ich beneide nur den Menschen, der noch mit eigenen Augen den Sieg sehen wird", sagte Apis.

„Und dieses ist es, um was ich trauere", sagte Malobabić, „daß ich in diesem Krieg nicht eine frohe Stunde erlebt habe. Ich habe den furchtbaren Rückzug über die verschneiten Berge mitgemacht, ich habe gesehen, wie wir unsere Geschütze in den obern Drin versenkt und wie wir alle Pferde erschossen haben, ich habe die Ermatteten am Wege sterben und in den Schluchten Albaniens abstürzen gesehen..."

„Ach, was weißt denn du, Rade", sagte Vulović, „diesen Weg des Unheils, der Schmerzen und der Toten bin ich im Jahre dreizehn als Sieger gezogen."

„Und wenn ich nur eines erlebt hätte", rief Apis aus, „ich müßte sagen, daß das Leben schön gewesen ist. Nie — auch drüben in der Ewigkeit nicht — werde ich den Dezember vierzehn vergessen, den Tag, an dem wir im wiedereroberten Belgrad einzogen. Die Menschen in den Straßen weinten und schluchzten vor Freude, als der König durch die Straßen fuhr und sein Auto über die von den Österreichern zurückgelassene Fahne in den Konak rollte — Freunde, das merkt man sich bis in alle Ewigkeit."

„Besser nicht dran denken", sagte Vulović, „unser Fall hernach war zu tief. Wir haben uns keinen schlechten Zeitpunkt zum Sterben gewählt, es wird kein gutes Ende nehmen, besser, wenn man ein paar Fuß tief liegt und die Ohren mit Erde zugestopft hat und das Wehklagen nicht hören kann."

„Und den Siegesjubel auch nicht", sagte Apis.

Der Gendarm kam mit einem Krug Wasser zurück. Oberstleutnant Dabić trank, und als er absetzte, rief ihm Vulović zu: „Gib mir gefälligst auch zu trinken, Namensvetter, Apis macht mir mit seinen Hoffnungen heiß." Leutnant Protić reichte Vulović den Krug. „Hoffentlich hast du keine Syphilis", sagte Vulović, auf Oberstleutnant Dabić deutend.

„Sie würde dir nicht mehr viel schaden", erwiderte Dabić mit lautem Lachen, „du bist ein wenig spät um deine Gesundheit besorgt."

„Weiß der Teufel, wieviel sich in Korfu angesteckt haben", sagte Vulović, den Krug zurückreichend, „aber ich möchte, bis auf mein krummes Bein, gesund in die Seligkeit eingehen."

Die Offiziere lachten, sogar der Pope konnte ein leichtes Schmunzeln nicht unterdrücken. Nur Malobabić saß scheinbar teilnahmslos da.

„Wir setzen die Verlesung des Urteils fort", sagte Kriegsgerichtsrat Dabić.

„Wie spät ist es?" fragte Apis.

„Drei Uhr vorbei", erwiderte Hauptmann Stojković.

„Nun kommt das Langweiligste", sagte Apis, „das erfundene Attentat auf den Prinzregenten bei Ostrovo." Und zu Malobabić gekehrt: „Siehst du, du hast ihren Versprechungen geglaubt und hast Dinge zugegeben, von denen wir nur hie und da einmal unter uns gesprochen haben, und nun kannst du sehen, wie sie ihre Versprechungen halten."

Malobabić stöhnte auf: „Ach, wüßtest du, wie sie mich gequält haben."

„Ich hab' mich nicht gewehrt, weil ich wußte, daß sie mich auf jeden Fall aus dem Weg räumen werden", sagte Apis, „aber du warst ein wenig ungeschickt, Rade, du hättest dich besser verteidigen können. Aber laß gut sein, jetzt ist es zu spät, darüber zu klagen."

„Um ihre Pläne zu verwirklichen", las der Kriegsgerichtsrat, „haben sie versucht, den Prinzregenten zu töten; sie beabsichtigten, den Ministerpräsidenten zu ermorden, die Verfassung abzuschaffen, und nahmen dem Volk seine politischen Freiheiten. Kurz: alles, was das serbische Volk verkörpert, alles, was ihm Leben und Ruhe gab, schwand, um einem ungeheuerlichen Ehrgeiz Vorschub zu leisten."

„Aha, von dem Versuch, den wir unternommen haben sollen, die serbische Front dem Feinde zu übergeben, schweigt die Anklage", höhnte Apis. „Diese zwei so plump gefälschten Schriftstücke wagten sie doch nicht den Akten beizulegen."

„Schlaue Brüder", sagte Vulović, „die haben lange genug über diesem Urteil gehockt, um etwas Feines auszutüfteln."

Nun verlas der Kriegsgerichtsrat die Darstellung des Attentats auf den Prinzregenten, wie dieser auf der Fahrt von der Front zwischen Ostrovo und Vodena aus dem Hinterhalt von einem unentdeckten Schützen, der aber nach der Zeugenaussage eines mazedonischen Bauern niemand anderer als Malobabić gewesen sei, beschossen wurde, wie Malobabić zwar diese Tat leugne, deren Anstifter nicht verraten wolle und doch für diesen Tag kein Alibi erbringen könne. Dann kamen die Strafsätze und Paragraphen für jedes einzelne der aufgezählten Vergehen.

„Wie spät ist es?" fragte Apis, als das Urteil verlesen war.

„Vier Uhr", erwiderte Hauptmann Stojković.

„Mein Gott, wie spät hier unten im Süden die Sonne aufgeht."

„Es bleibt noch Zeit", entgegnete der Hauptmann, „denn es muß auch noch das Urteil der zweiten Instanz verlesen werden."

Nun las der Kriegsgerichtsrat das Urteil der zweiten Instanz. Es wurde empfindlich kalt, der Tau fiel, und der Morgenwind schauerte im Kessel. Die lagernden Gendarmen im Umkreis erhoben sich und schlugen mit den Armen gegen die Schultern. Die matten Kerzenflammen wurden verlöscht.

Oberstleutnant Dabić klappte seine Mappe zu, das Urteil war verlesen.

Dimitrijević und Vulović traten auf den Tisch zu und schüttelten den Offizieren die Hand. Vor Oberst Dunić blieb Apis stehen: „Du hast mich verhaftet, Milan, du bist mein Feind gewesen", sagte er leise, „du stehst auf der anderen Seite — ich will es dir nicht nachtragen. Aber glaub es mir — denn im Angesicht des Todes lügt man nicht —, was da verlesen worden ist, ist nicht wahr." Oberst Dunić erwiderte den Händedruck, blickte nieder und schwieg.

Dann ging Apis auf den Erzpriester zu: „Ich danke dir für den Trost, Vater, ich danke dir, daß du gekommen bist und mich das Kreuz küssen läßt. Übermorgen ist Veitstag, und Gott gebe, daß Serbien bald wieder seinen Veitstag auf dem von neuem befreiten Amselfeld feiern wird." Apis küßte das Kreuz und ging dann rasch auf Vulović zu, umklammerte ihn und küßte ihn auf beide Wangen.

Als Apis zu Malobabić kam, fiel ihm dieser aufschluchzend um den Hals und preßte sein Gesicht an die breite Brust des Apis. „Laß gut sein, lieber Rade, bald ist alles vorbei, alle Ungerechtigkeit und alles Irren, alles Fehlen und alles Leiden. Nimm dich zusammen und stirb als ein Serbe, als ein Held."

Aber Rade wollte sein Haupt nicht erheben, er wollte nicht

sehen, wie die Dämmerung vor dem Tage wich, wie es über dem Rand der Mulde, über dem hohen Gipfel des Kortać brandig aufflammte. Doch Apis streichelte ihm das Haar und hob seinen Kopf behutsam hoch.

„Hier, Kameraden", rief er den Offizieren zu, „hier, dieser Mensch ist Patriot, und immer hat er nur für das Wohl Serbiens gehandelt."

Ja, nun mußten sie sich endlich umdrehen. Die trostlos graue Wand des Steinbruches glich einer gesprengten Schädeldecke, auf deren Scheitel noch ein paar flammend rote Haarbüschel stehen, denn die Sonne hatte die überhängenden Büsche da oben schon in Rot getaucht. Vor der frisch ausgeworfenen Erde da hinten ragten die drei schwarzen Pfähle auf.

Die Begleitoffiziere führten die Verurteilten zu den drei Gruben. Als Apis vor dem Grab auf dem rechten Flügel stand, meinte er: „Also auch hier nach Rang und Alter. Ich als Höchster stehe beim letzten Rapport rechts." Er sprang in die Grube: „Die habt ihr nicht tief genug gemacht." Er spannte seine Arme aus und maß die Länge ab: „Der Länge nach stimmt es wenigstens."

Vulović konnte nicht springen, er stützte sich auf seinen Stock, Leutnant Protić mußte ihm helfen. „So, danke, lieber Freund, da wären wir also."

Malobabić rührte sich nicht, Gendarmen mußten ihn tragen. Nun kam ein Gendarm mit drei weißen Tüchern, als er aber mit dem Verbinden der Augen bei Malobabić beginnen wollte, wehrte sich dieser: „Ich will die Sonne sehen! Ich will die Sonne..."

„Laß es geschehen, Rade", rief ihm Apis zu, „das Gesetz verlangt es so."

Nun wurde die bleiche Wand des Steinbruches immer greller, obwohl das Licht zu zögern schien, hierher in diesen Winkel seinen Weg zu nehmen. Die Dinge traten aus der Dämmerung in den Tag. Das Unbestimmte der Nacht, das Rätselhafte des Dunkels wurde platt und gemein wie die Scherben und Töpfe dort um den schwarzen Brandfleck eines Zigeunerlagers, wie der zerfetzte Schuh dort im Dornbusch und die verwaschenen Fetzen auf dem Strauch. Und doch öffneten auch hier ein paar Mohnblüten, vom Licht geweckt, die leichten, hauchdünnen Blätter, und der Wegwart am Rande des Hohlweges entbreitete seine blauen Sterne.

Nun standen die drei Männer mit den verbundenen Augen vor den schwarzen Pfählen, und die Gendarmen banden ihnen die Stricke um den Leib. Dann traten diese zurück in das Peloton.

„Ist das schon die Sonne?" fragte Apis, sein Haupt ein wenig zurückbeugend.

„Gleich, gleich."

„Ich habe noch eine Bitte", gurgelte Malobabić hervor, „warten, warten, bis ich meine Bitte vorgebracht habe."

Oberstleutnant Dabić winkte den Gendarmen und ging langsam auf Malobabić zu.

„Wer kommt? Mit wem spreche ich?" fragte Rade.

„Mit Oberstleutnant Dabić."

„Ich habe gestern abend Schlüssel und Stichwort meines Gelddepots angegeben, das dem serbischen Staate zufallen soll", stieß Malobabić hervor, „ich habe noch ein zweites Depot in Saloniki, es ist das Geld, das ich vom Kronprinzen selbst erhalten habe für die Lebensversicherung, die ich seinerzeit eingehen sollte — Apis hat es für mich hinterlegt."

„Rade, du bist doch ein seltsamer Vogel", sagte Vulović unter seiner Binde hervor, „du willst doch nicht am Ende den Prinzregenten zu deinem Erben einsetzen."

„Dieses Depot soll behoben werden", sagte Malobabić, „man soll es meiner Familie zusenden. Hier in der oberen Tasche steckt die Adresse."

„Man sieht, daß er ein Versicherungsagent war", sagte Vulović, „aber in diesem Falle, Rade, hat dir die Lebensversicherung nichts geholfen. Aber du bringst mich auf eine gute Idee. Nehmt mir einmal meine Brieftasche aus dem Rock, sie könnte eine fürs Herz bestimmte Kugel aufhalten — und das wäre nicht wünschenswert."

Leutnant Protić nahm dem Vulović die Brieftasche aus dem Rock. Die Gendarmen rückten leise vor, die Sperrklappen der Gewehre knackten.

Apis mußte es doch gehört haben. „Es lebe Groß-Serbien!" rief er, „unser Traum und unser Ziel!"

„Es lebe Groß-Serbien!" rief Major Vulović.

Malobabić hing vornübergebeugt in den Stricken und sagte nichts. Oberst Dunić winkte dem Unterleutnant Jovanović zu: „Paß auf Malobabić auf, der Mann zerrt so an seinen Stricken, als wollte er sich losreißen."

Major Vulović warf mit seinem freien Arm seinen Stock nach hinten: „Da, gebt ihn als letztes Andenken dem guten alten Sascha Savić, er wird unten im Auto eingeschlafen sein und durch die Schüsse recht unangenehm geweckt werden. Er soll den Stock als letzten Gruß meiner Frau bringen."

Ein Gendarm wollte aus der Reihe treten und den Stock aufheben, aber Oberst Dunić bedeutete dem Mann durch einen Wink, in der Einteilung zu bleiben.

„Gott befohlen, Dragutin", sagte Vulović, sein bedecktes Gesicht dem Apis zuwendend.

„Gott befohlen Ljuba!" Dann wandte sich Apis dem Malobabić zu: „Gott befohlen, Rade."

Aber er gab keine Antwort.

Nun hoben sich die Gewehre, nun blinkte ein Säbel in der Sonne auf, nun krachte die Salve, und vom Rande des Steinbruches oben erhoben sich große Geier und flogen über die Mulde.

Malobabić sank zusammen wie ein Sack und rührte sich nicht mehr. Vulović hing vornüber und schlug mit den Armen um sich: „Schlecht! Schlecht! So schießt doch noch einmal, so schießt doch!"

Apis bäumte sich mit verschobener Binde und offenem Mund, aus seinem mächtigen Körper rann Blut: „Ah — ah — die Gendarmen! Schießen! Schießen! Schluß machen!"

Die Gendarmen feuerten noch einmal, aber sie trafen vor Erregung nicht.

„Macht doch ein Ende, Brüder! Macht doch ein Ende!"

Nun sprangen die Offiziere vor und feuerten gegen die noch immer zuckenden und stöhnenden Körper ihre Pistolen ab, weiß Gott, und dann mußten die Gendarmen noch einmal schießen, denn Apis wollte und wollte nicht sterben. Endlich war Röcheln und Geknalle in dieser Mulde, über der die flügelbreitenden, schreienden Geier schwebten, zu Ende.

Der Arzt trat mit schwankenden Schritten vor, er nahm den Toten die Binde von den Augen und stellte nach kurzer Untersuchung den eingetretenen Tod fest. Die Offiziere steckten ihre Pistolen ein, zogen die Kappen, und der Pope sprach das Gebet. Die Gendarmen nahmen das Gewehr über und marschierten ab. Aus der Tiefe kam die Arbeitsmannschaft mit Krampen und Schaufeln.

„Was geschehen ist, ist geschehen", sagte einer der Offiziere, ehe er sich zum Gehen wandte. „Wir haben sie niedergemacht;

sollten wir einmal in ihre Hände fallen, dann mögen die Freunde des Apis mit uns das gleiche tun.“

Brest-Litowsk, 20. Dezember 1917

„Das dort, rechts von Hohenlohe, das ist also die berühmte Madame Bizenko?“ fragte Graf Czernin seinen Tischnachbar, den österreichischen Gesandten von Merey. Czernin war eben erst, am 20. Dezember 1917, nach Brest-Litowsk gekommen und nahm zum ersten Male an einem gemeinsamen Diner mit den Russen in der Stabsbaracke von Ober-Ost in der Zitadelle teil.

„Madame Bizenko“, erklärte Merey, „die Primadonna der gegenwärtigen Weltpolitik, ist der einzige Schmuck unserer Tafel.“

Czernin rümpfte kaum erkennbar die Nase und ließ seinen Blick über die also geschmückte Tafel wandern, welcher Prinz Leopold von Bayern präsidierte, der etwas an Kaiser Franz Joseph erinnerte. Man konnte, ohne zu übertreiben, die Gesellschaft als gemischt bezeichnen: zwischen deutschen, österreichischen, türkischen, bulgarischen und russischen Generalstäblern und verbindlich vorgebeugt plaudernden Diplomaten saßen die Abgesandten der russischen Revolution. Und zwischen diesen bebrillten Intellektuellen war Madame Bizenko, deren keineswegs schönes Gesicht von Kummer verdüstert war, die einzige Frau.

„Ein wenig sehr schlicht für eine Primadonna“, stellte Czernin fest, „und scheinbar ihrer einzigartigen Stellung hier gar nicht bewußt.“

„Schlichte Gesellschaften“, erwiderte Merey, „haben schlichte Primadonnen.“ Der Gesandte deutete mit einem Blick auf einen russischen Arbeiter, der beim Essen vorsichtig nach seinen Nachbarn schielte, um nichts falsch zu machen. „Der gehört zur Statisterie, ebenso wie der Muschik dort links von Hohenlohe. Die haben sie im letzten Augenblick irgendwo aufgegabelt und mitgenommen, damit die Abordnung nicht nur nach Kaffeehaus und Emigration aussieht.“

„Und ist Madame Bizenko immer so zum Fürchten ernst?“ fragte Czernin.

„Nur wenn das Wort Revolution fällt — in welchem Zusammenhang es auch sei —, lächelt sie. Aber das ist ein Lächeln, das mir eiskalt macht.“

„Es muß also doch eine andere Welt sein", sagte Czernin, „wenn in ihr sogar die Frauen anders sind. Vor kurzem hat mir ein Herr der Stockholmer Gesandtschaft etwas Nettes erzählt. Wir haben in Stockholm so eine Kulturausstellung gehabt. Nachher hat der Gesandte einen Herrenabend für die Künstler gegeben. Der dänische Gesandte muß die Einladung nicht ordentlich angeschaut haben und ist als einziger Herr mit seiner Gemahlin gekommen. Tableau! Sie – groß, schön, blond – die einzige Dame weit und breit, zuerst ist sie ein wenig geniert gewesen, weil sie die Situation nicht gleich kapiert hat, dann aber, wie sie sieht, daß sie die Madame Bizenko des Herrenabends ist, strahlt sie so vor Glück, daß sie der Wiener Bildhauer Hanak bittet, ihm zu sitzen. Hanak will die Plastik: Frau mit dem goldenen Gesicht nennen. Nach Friedensschluß, wenn es wieder Gold gibt, will er das Gesicht ganz dünn mit Gold überziehen."

Der russische Bauer in seiner roten Rubaschka neben dem österreichischen Gesandten in Berlin beugte sich zurück und fragte eine servierende Ordonnanz etwas, was der wohlerzogene Mann, durch dessen Uniform der Kellner aus dem Hotel ‚Adlon' schimmerte, nicht verstand.

„Der Herr Delegierte will wissen", übersetzte der österreichische Feldmarschalleutnant Csicserics, „welches der stärkere Wein ist, der weiße oder der rote."

Nachsichtig lächelnd schenkte die Ordonnanz roten Wein ein. Ein junger deutscher Flieger im Unterhaus, der an dem Muschik Gefallen gefunden hatte, lachte den Mann im roten Hemd an, hob sein Glas ruckartig bis zum dritten Knopfloch, verbeugte sich leicht und trank dem Russen zu, der sein Glas auf einen Zug leerte und es wieder der Ordonnanz hinhielt. Joffe, der Führer der russischen Delegation, lächelte verlegen, ja fast traurig. Prinz Leopold suchte Joffe abzulenken, der Arbeiter, General Hoffmann gegenüber, lachte, und Madame Bizenko bekam einen roten Kopf.

„Madame Bizenko scheint über die Heiterkeit ihres einfachen Landsmannes nicht erbaut", stellte Czernin fest.

„Zwölf Jahre Kerker", erwiderte Merey, „machen für Genreszenen unempfindlich"

„Zwölf Jahre Kerker?" staunte Czernin.

„Zwölf Jahre", erwiderte Merey. „Und dann noch Verbannung in Sibirien."

„Dann freilich! Man soll nicht lachen, bevor der Satz zu Ende ist."

„Eine Kerkerstrafe von ein paar Jahren scheint die Grundbedingung gewesen zu sein, um in diese Abordnung gewählt zu werden"

„Waren die hier alle eingesperrt?" erkundigte sich Czernin leise.

„Die Unbescholtenen sitzen als Sachverständige unten an der Tafel."

Czernin blickte auf das untere Ende der Tafel, an dem die russischen Offiziere saßen.

„Die Schulterstücke hat man ihnen wenigstens gelassen", stellte Czernin fest.

„Den Adjutanten sogar die Fangschnüre", setzte Merey hinzu, „und doch sind es keine Offiziere mehr. Sie sitzen wie Gefangene da und schauen nicht nach links und rechts."

„Arme Offiziere", sagte Czernin. „Nur durch eigene Anschauung lernt man Geschichte. Ein trauriges Bild, das viel zu denken gibt. Ja, und warum eigentlich gleich zwölf Jahre?"

„Da war irgendein mäßig beliebter Gouverneur, ich glaube, er hieß Sacharow. Zum Gouverneur kommt Madame Bizenko als einfache Bäuerin, schlicht, bieder und fromm, mit Kopftuch und Schürze. In der einen Hand hält sie ein Bittgesuch, in der andern, unter der Schürze, einen Revolver. Der Gouverneur liest das Bittgesuch, die Bizenko zieht den Revolver, vier Schüsse – und der Gouverneur ist tot."

„Das hätte ich mir auch nie träumen lassen, mit wem ich einmal an einem Tisch sitzen werde", meinte Czernin.

„Eine seltsame Frau", fuhr Merey fort, „sie hat in Sibirien deutsch und französisch gelernt, aber sie liest beide Sprachen nur, sprechen kann sie keine von beiden."

„Das kommt bei Chinesen und Japanern oft vor, aber dort ist es durch die Schrift bedingt", sagte Czernin.

„Links von Prinz Leopold, das ist Kamenew, der Schwager Trotzkijs", flüsterte Merey, „der selbstverständlich genau so wie Joffe seine paar Jahre abgesessen hat."

Als der Prinz von Bayern die etwas ungemütliche Tafel aufhob, führten ein russischer Matrose und ein russischer Unteroffizier, die als Soldatenräte zugezogen worden waren, den schwankenden Muschik hinaus.

Czernin trat mit freundlichem Lächeln auf Joffe zu: „Sie setzen sich also, Herr Joffe, für das Selbstbestimmungsrecht der Völker ein?"

„Ja, Herr Minister, das tun wir. Wenn kein Volk das andere

unterdrücken wird, dann kann es keinen Grund mehr zu Völkerhaß und Krieg geben." Joffe sprach sanft und ein wenig traurig. „Dann werden alle Völker einander lieben."

„Sie wollen also nicht nur die Welt, Sie wollen auch die Menschen ändern?"

„Ja, diese Änderung der Welt wollen wir herbeiführen." Der kleine, etwas unbeholfene Jude blickte den nervösen Aristokraten nicht an.

„Sind Sie sich darüber klar, daß solch eine Änderung der Welt einen sich über die ganze Welt erstreckenden Bürgerkrieg involviert?"

„Darüber sind wir uns klar", erwiderte Joffe sanft und freundlich, „wir erhoffen es sogar."

Czernin zog die Brauen hoch: „Sie sprechen am Vorabend einer Friedenskonferenz, Herr Joffe, von einem Bürgerkrieg, der den vom Krieg hinterlassenen Trümmerhaufen noch in Brand setzen soll! Finden Sie darin nicht einen Widerspruch, Herr Joffe? Glauben Sie nicht, daß der von Ihnen ersehnte weltweite Bürgerkrieg, dieser Krieg aller gegen alle, den Weltkrieg mit seinen Schrecken noch in den Schatten stellen würde?"

„Der Krieg, den wir hier beenden wollen", erwiderte Joffe so geduldig, als spräche er mit einem törichten Kind, „ist vielleicht kein Bürgerkrieg, sondern ein bürgerlicher Krieg, der uns Sozialisten nichts angeht. Es ist ein Kampf zwischen der englischen und der deutschen Industrie, ein Kampf um Kolonien, Märkte, Absatzgebiete, Seewege, Ausbeutungsgebiete, kurz, es ist ein rein kapitalistischer Krieg. Er ist in unseren Augen sinnlos und verbrecherisch. Wir wollen mit ihm nichts zu tun haben. Der Kampf, an den wir denken, ist gerecht. Er wird die Träume der Menschheit verwirklichen. Würden wir nicht an die Gerechtigkeit unserer Ziele glauben, wären wir nicht hierher gekommen und ließen uns nicht in der künstlichen Isolierung Ihres Hauptquartiers förmlich gefangen halten. Ja, wir hoffen, daß unsere russische Revolution das Vorbild für eine ganze Reihe weiterer Revolutionen sein wird."

„Die Schicht der Arbeiter", erwiderte Czernin, „die diese Revolution tragen soll, ist in Rußland verhältnismäßig dünn."

„Sie wird mit der Industrialisierung des Landes dichter werden."

„Und Ihre Bürgerlichen? Ihre Offiziere? Was sagen die zu Ihren Plänen?"

„Die Vertreter der Mittelmächte", erwiderte Joffe, „haben wirklich keine Ursache, sich unserer Bürgerlichen oder Offiziere anzunehmen. Wäre es nach den Bürgerlichen und den Offizieren gegangen, dann hätte Kerenskij den Krieg weiter an der Seite Englands und Frankreichs geführt. Die Bürgerlichen wären nie nach Brest-Litowsk gekommen."

„Sie meinen also, Herr Joffe, daß ganz allein Ihre Partei ein Herz für die Mittelmächte hat?"

„Herz? Herz wäre zu viel gesagt. Wir setzen uns mit den Mittelmächten an den Verhandlungstisch, weil uns die Mittelmächte als das kleinere Übel erscheinen. Deshalb haben wir die Geheimverträge der gewesenen zaristischen Regierung veröffentlicht, deshalb haben unsere Arbeiter auf den französischen Munitionsminister geschossen, als dieser sie noch einmal zum Krieg überreden wollte. Das russische Volk will nichts mehr mit diesem imperialistischen Krieg zu tun haben. Darum wäre es uns auch angenehm, wenn wir hier in Brest-Litowsk nicht nur Berufsdiplomaten der Mittelmächte, sondern auch deren Arbeiterführer, die Genossen Kautsky, Haase, Liebknecht, Rosa Luxemburg, Ledebur, Bauer und Adler, begrüßen könnten. Wir sprächen mit solchen Vertretern leichter."

„Das sollen wir tun! Und die Entente hat keinen Vertreter zum sozialistischen Kongreß nach Stockholm gehen lassen! Wir sollen die deutschen und österreichischen Arbeiterführer hierher bringen, damit wir Ihnen bei der Propaganda Ihrer Ideen auch noch behilflich sind!" entrüstete sich Czernin. „Ich weiß eine bessere Propaganda für Ihre Ideen. Beweisen Sie, daß der Kommunismus eine bessere Welt heraufführen kann, und alle Menschen werden sich zu Ihren Gedanken bekennen. Bevor Sie in Ihrem eigenen Lande nicht das Beispiel gegeben haben, dürfte es Herrn Lenin kaum gelingen, die Welt in seinen Ideenkreis zu zwingen. Wir, die Mittelmächte, haben vorerst noch andere Sorgen. Wir wollen Frieden, einen Frieden ohne Annexionen und ohne Kontributionen. In die innerrussischen Verhältnisse wünschen wir uns nicht einzumischen, und wir hoffen, daß auch Sie uns gegenüber sich an die gleichen Grundsätze halten werden. Sie können daheim herumexperimentieren, soviel Sie wollen. Reüssieren Ihre Gedanken, so gehört Europa Ihnen."

„Nicht nur Europa", verwahrte sich Joffe, „die ganze Welt wird unserm Beispiel folgen."

„Ich rate Ihnen, sich damit ein wenig Zeit zu lassen", mahnte

Czernin. „Denn sollten Sie fortfahren, Flugblätter über unserer Front abzuwerfen und versuchen, unsere Soldaten gegen die Offiziere aufzuputschen und zur Desertion aufzufordern, dann rate ich Ihnen, Herr Joffe, die Verhandlungen hier sein zu lassen und mit dem nächsten Zug nach Moskau zurückzufahren."

Joffe blieb ganz ruhig: „Sie verteilen doch auch an unsere Soldaten tendenziöse Broschüren voll kapitalistischer Unwahrheiten! Die Tatsache, daß Sie sich mit uns an einen Tisch setzen, beweist, daß Sie den Frieden dringend brauchen. Ihre Drohung, die Verhandlungen abzubrechen und den Krieg weitergehen zu lassen, steht nicht vereinzelt da. Auch die Entente hat uns gedroht, unser Schritt zu einem Separatfrieden werde für uns die schlimmsten Folgen haben. Wir haben geantwortet, daß wir nicht deshalb die Macht der Reaktion und der Bourgeoisie bei uns gebrochen hätten, um unsere Soldaten unter ausländischer Fuchtel ihr Blut vergießen zu lassen. Ihre Befürchtung, Herr Minister, vor unseren Einmischungen in die inneren Verhältnisse Österreichs beruht weniger auf unserer revolutionären Propaganda, denn nicht wir mischen uns ein, die Völker Österreichs blicken voll Erwartung auf uns. Ihre inneren Schwierigkeiten beruhen auf dem Wesen Ihres Staates. Glauben Sie doch nicht, daß wir allein es sind, die Frieden brauchen."

„Bleiben wir bei dem Worte Frieden!" sagte Czernin. „Stellen wir den Friedensgedanken in den Vordergrund, und stellen wir die Absicht der Revolutionierung der Mittelmächte einstweilen zurück."

Joffe wiegte das Haupt, sah mit seinen dunklen Mandelaugen an Czernin vorbei und sagte leise und freundlich: „Oh, ich hoffe, daß es uns gelingen wird, auch bei Ihnen die Revolution zu entfesseln."

Nun hatte Czernin genug, er entschuldigte sich, noch mit anderen sowjetischen Delegierten sprechen zu müssen, und begab sich zu General Hoffmann hinüber, der neben dem Prinzen von Hohenlohe stand und mit dem kleinen russischen Admiral Altvater sprach.

„Exzellenz", fragte Hoffmann, „dienen nicht Altvaters in unserer Marine?"

„Stimmt. Einige meiner derzeit noch glücklicheren Vettern", erwiderte der Admiral.

„Nun, es wird dieser gewiß nicht befriedigende Zustand auch bei Ihnen nicht allzulange dauern", tröstete Hoffmann.

„Lange genug, daß von unserer Schicht nichts, aber rein gar nichts übrig bleiben wird", erwiderte der Admiral.

„Was ist aus Ihrer herrlichen kaiserlichen russischen Armee geworden!" klagte Hoffmann. „Niemand bei uns in Preußen kann sich des Sieges so recht freuen, wenn wir an das Schicksal Ihrer Armee denken. Das ist uns allen nahegegangen. Und wenn ich jetzt Ihre bedauernswerten Herren hier sehe..."

„Wer weiß", sagte der russische Admiral, „wie lange es noch bei Ihnen dauern wird."

„Exzellenz, aus Ihnen spricht der Gegner von gestern. Bei Ihnen ist vielleicht der Wunsch der Vater des Gedankens. Sie gönnen den ehemaligen Feinden Ihres Zaren das gleiche Schicksal, das Sie getroffen hat."

„Wenn Sie das erlebt hätten, was wir erlebt haben, hätten Sie den Blick für gewisse, kaum merkliche Veränderungen. Nur merkt man es nicht, wenn man es nicht zu spüren bekommen hat. Das geht sehr schnell. Am 14. März erschlugen unsere Matrosen Wirren, den Gouverneur von Kronstadt, samt dem Hafenkommandanten Butekov. Drei Tage später erschossen sie den Kommandanten der Ostseeflotte, Nepenin. Als ich vor zwei Monaten Oesel verteidigen sollte, zerbröckelten mir meine Truppen unter der Hand. Woran man im Glück nie denkt: Disziplin ist ein Übereinkommen, auch wenn es unter stärkstem Druck abgeschlossen worden ist. Wenn alle, welche Befehle empfangen, diese Übereinkommen kündigen — verstehen Sie mich —, alle müssen es sein, dann gibt es keine Befehle mehr, wenigstens keine von jenen, die bis dahin befohlen haben. Jene aber, die bei uns heute zu befehlen haben, die sind uns doch von Ihrer Obersten Heeresleitung selbst ins Land geschickt worden. Sie haben uns doch Lenin geliefert, der ungeduldig in der Schweiz saß."

„Was war uns anderes übriggeblieben?" meinte Hoffmann.

„Ich weiß, der Krieg, der Krieg! Man greift da zu jedem Mittel, das Erfolg verspricht. Aber bedenken Sie, daß das Hantieren mit Bazillen gefährlich ist."

„Wir werden vorsichtig sein. Und dann — eine siegreiche Armee entwickelt Gegengifte."

„Muß Ihre Armee immer siegreich sein? Und die Armee Ihres Bundesgenossen? Der einzige Vorwurf, den wir gegen das Zarentum erheben können, ist der, daß es sich zu schwach, zu nachgiebig gezeigt hat. Alle diese Führer der Bolschewiken, die Sie hier sehen und jene dazu, die in Moskau und in Petersburg sitzen, waren einmal in der Hand des Zaren. Die Polizei hat diese Feinde des Zaren nicht kurzerhand erschossen, so wie es die Bolschewiken jetzt mit ihren Feinden tun, sondern man hat sie alle auf die harte Hochschule der Verschwörer, nach Sibirien, geschickt. Das war unser Verbrechen. Dafür werden wir bestraft. Glauben Sie, ich stünde hier, wenn nicht meine Familie in der Hand der Bolschewiken wäre? Glauben Sie, ich weiß nicht, welches Los unser wartet? Hätte der Zarismus nur einmal solch ein Blutbad angerichtet, wie es diese Leute jetzt tun, Amerika, Europa hätten aufgeschrien, alle Demokratien, die uns immer verachtet haben, die nur unsere Soldaten haben wollten, hätten vor uns ausgespuckt. Gegen diese Leute aber, die jetzt oben sind, hat man nichts. Die Ententemissionen haben unserm Armeeführer Krylenko für jeden Soldaten ein paar hundert Dollar versprochen. Sehen Sie, sogar das stolze Deutschland und das kaiserliche Österreich setzen sich mit diesen Leuten an ein und denselben Tisch."

„Des Friedens wegen", erwiderte Hoffmann.

„Über den Frieden werden Sie sich noch wundern", sagte der kleine, zierliche russische Admiral. „Wer sich mit diesen Leuten einläßt, wird von ihnen angesteckt. Ich habe mir anfangs Mühe gegeben, auf Ihre Ideen einzugehen. Aber das ist umsonst gewesen. Merken Sie, was ich Ihnen sage: Ihr siegreiches, stolzes Heer, auf das Sie so felsenfest vertrauen, wird auch angesteckt und zerfressen werden. Sie können den Blick dafür nicht haben. Ich sah in den Augen einiger Ihrer Soldaten ein Aufleuchten beim Anblick der Führer unserer Delegation, und ein hämisches Lächeln beim Anblick unserer entmachteten Offiziere. Das sieht für viele zu verlockend aus. Glauben Sie nicht, sich durch Stacheldraht vor solchen Gedanken schützen zu können. Eines Tages meutern die Matrosen in Wilhelmshaven. Es heißt, das käme von der schlechten Verpflegung. Ich kenne das. So fängt es an."

„Exzellenz, Sie überschätzen diese Bewegung in unserer Flotte. Es war wirklich das schlechte Essen. Deutschland kennt den Begriff der Revolution gar nicht. Bei uns müßte eine Revolution, sollte sie erfolgreich sein, erst befohlen werden."

„Lassen Sie das gut sein. Solche Befehlshaber finden sich. Aber wir werden gut tun, uns zu trennen, denn mir trägt sonst diese Unterhaltung bei unsern Delegierten einen schlechten Sittenpunkt ein." Der Admiral verbeugte sich und trat zu den andern russischen Offizieren zurück.

Berlin entschließt sich zum Angriff, Jänner 1918

Am 2. Jänner 1918 trat im Schloß Bellevue unter Kaiser Wilhelm der Kronrat zusammen. Wie die drei Gewaltigen saßen die drei breiten und großen Generale Hindenburg, Ludendorff und Hoffmann an dem zartgliederigen Rokokotisch dem greisen, gebeugten Grafen Hertling und dem gedrungenen Staatssekretär Kühlmann gegenüber, wie Zyklopen aus der Werkstatt des Krieges. Ludendorffs großflächiges Gesicht war rot von verhaltener Erregung. Der kleine, alte Reichskanzler blickte durch seine dikken Brillengläser mißtrauisch auf Ludendorff, auch Kühlmann schien sich nicht wohl zu fühlen. Hindenburg saß schwer und gleichmütig da und sah zu der großen Karte hinüber, die vor dem Kaiser ausgebreitet worden war.

„Majestät, die Art und Weise, wie jetzt in Brest die Verhandlungen geführt werden", grollte Ludendorff, „wird zu keinem Ergebnis führen, das den von Volk und Heer gebrachten Opfern entspricht. Volk und Heer werden niemals verstehen, daß sich bei unserer jetzigen günstigen Kriegslage keine anderen Ergebnisse erzielen lassen. Die Stimmung im Heer leidet durch dieses Nachgeben und Zurückweichen in Brest. Das Heer steht aber jetzt vor seiner Zerreißprobe. Wenn wir zu einem Frieden kommen wollen, müssen wir die Westmächte schlagen. Majestät haben aus diesem Grunde die Schlacht im Westen befohlen. Die Vorbereitungen dieses größten Angriffes erfordern die schwersten Anstrengungen. Die zehn Tage, die wir auf die Antwort der Entente in Brest gewartet haben, sind nutzlos vertan worden. Wir haben von allen kriegführenden Staaten am wenigsten Zeit. Der Abtransport unserer Truppen aus dem Osten kann nicht früh genug beginnen. Ich habe den Eindruck, daß die Russen die Verhandlungen absichtlich hinziehen, denn sie wissen, daß uns ein Sieg im Westen gegen bolschewikische Ansteckungen immun macht. Zeigen wir uns im Osten schwach, wird der Westen nicht an unsere Stärke glauben. Wir haben diese sogenannten Randstaaten im Osten durch unsere Soldaten erobert, wir haben nicht nur ein Recht, sondern auch eine Pflicht, uns um sie zu kümmern. Vergessen wir nicht, daß unser Heer in diesen Ländern als Befreier begrüßt worden ist. Jetzt dort Abstimmungen veranstalten, heißt jene, die in diesen Ländern unsere Freunde sind, den Bolschewiken ans Messer liefern. Wir sollen das deutsche Riga und das deutsche Dorpat zu Schacherobjekten machen, während Frankreich immer noch auf dem Besitz von Elsaß-Lothringen beharrt, das in unserer Hand ist! Kein deutscher Offizier, kein deutscher Soldat würde das begreifen."

Eigentlich hätte Graf Hertling erwidern und sich jede Einmischung des Generals in die Politik verbieten müssen, aber der alte Herr scheute den Zusammenprall mit dem heftigen Ludendorff und überließ Kühlmann die Antwort. Kühlmann berichtete mit einer gewissen Selbstgefälligkeit von den Verhandlungen in Brest, verwahrte sich gegen Ludendorffs Vorwürfe und vertrat die Ansicht, daß man durch gelenkte Abstimmungen genau so viel erzielen könne wie durch brutale Annexionen. Politik bestehe nicht aus Entweder-Oder, sondern aus Sowohl-Als auch. Bald würden in Brest die Ukrainer erscheinen, die man gegen die Polen werde ausspielen können. Czernin habe ausdrücklich verlangt, daß der von Polen an Deutschland abzutretende Grenzstreifen so schmal zu halten sei, daß den Polen eine größere Gebietsabtretung an die neuerstehende Ukraine nicht allzu schwer fallen werde. Der Kaiser erwiderte, daß ihn ein Vortrag des Generals Hoffmann auch zu dieser Ansicht bekehrt habe. Hier in dieser Karte sei die voraussichtliche neue Westgrenze Polens eingezeichnet. Er müsse, weil er eines Besseren belehrt worden sei, seine Zustimmung zu dem Grenzziehungsvorschlag der Obersten Heeresleitung zurückziehen.

Ludendorff klemmte langsam sein Einglas ein und warf einen kurzen Blick auf die neueingezeichnete, stark nach Westen gerückte Grenze Polens. „Die Entscheidung Eurer Majestät kann hiemit noch nicht getroffen sein. Ich bitte dringend, die Oberste Heeresleitung noch einmal zu hören. Die Oberste Heeresleitung kann dieser Grenzziehung schon deshalb nicht zustimmen, weil sie diese vor einigen Wochen als mit der Würde Deutschlands unvereinbare austro-polnische Lösung zurückgewiesen hat. General Hoffmann trägt nicht die Verantwortung für die Führung des Krieges. Er ist der Obersten Heeresleitung unterstellt. Eurer Majestät Recht ist es, zu entscheiden. Die Pflicht der Obersten Heeresleitung aber ist es, sich nicht an Handlungen zu beteiligen, die sie aus innerster Überzeugung für schädlich halten muß."

Das war einer der gefürchteten Ausbrüche des Generals. Weder der Kaiser noch der Kanzler wagten es, Ludendorff etwas zu erwidern. General Hoffmann blickte Ludendorff starr ins Gesicht und schwieg. Begütigend meldete sich die Stimme des alten Hindenburg: „Die Oberste Heeresleitung bittet Eure Majestät untertänigst, ihre Gründe noch einmal zu hören."

Der Kaiser sagte zu. Er, der stets Schwankende, der Unentschlossene, der sich schon längst nicht mehr den Anschein gab, zu führen, wollte die Oberste Heeresleitung noch einmal hören.

Amerika meldet sich mit 14 Punkten
5. und 6. Jänner 1916

Am Sonnabend, den 15. Jänner 1918, begab sich Oberst House, ein mittelgroßer Mann mit weißem Schnurrbart und dunklen Brauen über den Augen, in das Weiße Haus zu Präsident Wilson. Dieses Weiße Haus, das unter Roosevelt ein Tummelplatz für Zeitungsleute, Rauhreiter, Erfinder, Boxer, Entdecker und Jäger gewesen war, glich unter Wilson einer stillen Landuniversität, an der ein einsamer, nach kurzer Witwerschaft wieder verheirateter Rektor im stillen Studio seine Bücher zu Rate zieht über die Wirrnisse einer aus den Fugen gehenden Welt. Hin und wieder empfängt der Mann in seiner Studierstube einen Freund, der berichtet, was sich draußen in der bösen Welt begibt. Dieser kluge Freund nun, den eine schwache Gesundheit gehindert hatte, eine öffentliche Laufbahn zu ergreifen, trug wohl nur darum den Titel eines Obersts, weil er, der unverantwortliche und stille Ratgeber Wilsons, von dem er Stellenjäger, Zeitungsleute, Politiker und alle möglichen Abgesandten in allen möglichen Anliegen fernhielt, doch einen Titel haben mußte und doch nicht mit einem seiner vielen Spitznamen: Clearinghaus für alle, Talleyrand von Texas, Père Joseph angesprochen werden konnte.

„Ihr Eindruck ist also", begann Wilson, „daß sich unsere Alliierten durch nichts auf der Welt bewegen lassen wollen, sich öffentlich und deutlich vor aller Welt zu ihren Kriegszielen zu bekennen."

„Ja, das ist mein Eindruck. Das ist die Stimmung des Obersten Kriegsrates in Paris. Der einzige vielleicht, mit dem man sprechen könnte, wäre Briand. Clemenceau hatte keine andere Antwort als: Ich führe Krieg. Lloyd George hat sich zu sehr mit den Konservativen eingelassen. Die Italiener versteifen sich auf den Vertrag von 1915, für den sie ins Feld gezogen sind. Trotzdem ich diese ablehnende Haltung fast körperlich wie eine Mauer vor mir spürte, legte ich der Konferenz am 30. November diesen Antrag vor: ‚Die Verbündeten und die Vereinigten Staaten erklären feierlich, daß sie den Krieg nicht zu Angriffszwecken und um der Entschädigung willen führen. Die Verbündeten und die Vereinigten Staaten bringen die bitteren Opfer, damit künftighin nicht mehr der Militarismus seinen Schatten auf diese Welt werfe, und damit die Nationen in Zukunft ihr Leben nach eigenem Gutdünken zu ihrem Besten einrichten können.‘ “

„Und die Wirkung?“ fragte Wilson.

„Gar keine. Man hat meinen Antrag einfach abgelehnt.“

Wilson ereiferte sich: „Abgelehnt! Wir haben eine solche wirtschaftliche Überlegenheit, daß wir sie zwingen können. Und wir werden sie zwingen. Ich kann doch nicht den Deutschen zurufen: Du, deutsches Volk, hast den Krieg nicht gewollt. Deine Machthaber, dein Militarismus, haben dich angestiftet. Amerika kämpft nicht für sich, Amerika kämpft auch für deine Befreiung, deutsches Volk, von diesen dunklen Mächten. Wie soll ich das den Deutschen zurufen, wenn im gleichen Augenblick diese dunklen Mächte des Militarismus und der Unfreiheit nach den Herzen der Engländer, Franzosen und Italiener greifen!“

„Fast mit den gleichen Worten habe ich dem Obersten Kriegsrat in Paris dargelegt, was Amerika will, was Amerika glaubt.“

„Man muß unsern Verbündeten immer wieder einhämmern, daß Amerika diesen Krieg führt, um der Welt die Freiheit zu bringen, nicht aber um die Raubgelüste der europäischen Staaten zu unterstützen.“

„Die Verbündeten“, erklärte der Oberst, „sind durch Geheimverträge so aneinandergekettet, daß sie keine freien Entschlüsse fassen können.“

„Dann will ich diesem dunklen, mittelalterlichen Gespinst eine sonnenklare Botschaft entgegenstellen, die zum Wendepunkt des Krieges werden muß. Anlaß wird die Frage der Russen nach unseren Kriegszielen sein. Ich will nicht nur den Russen, ich will der ganzen Welt vor dem Kongreß antworten. Ich will vor der ganzen Welt bekennen, wofür wir diesen Kreuzzug des Rechts führen.“

Oberst House entnahm einer Aktentasche ein paar Mappen: „Hier ist der Hauptabschnitt: die Ergebnisse unseres Untersuchungsausschusses über Gebietsfragen.“

„Besprechen wir erst einmal das, was ich mittlerweile durchstudieren konnte", schlug Wilson vor. „Ich teile die Meinung des Untersuchungsausschusses, daß Bulgarien und Österreich-Ungarn geschont werden sollen."

„Dieser Meinung kann ich nicht beipflichten", widersprach House. „Für mich ist das vielvölkerige Österreich der gleiche Unruheherd, wie es so lange die Türkei war."

„Eine Aufgliederung Österreichs", sagte Wilson, „will gut überlegt sein. Ich sehe die Vorteile, die den Alliierten aus einem Aufstand der österreichischen Slawen erwachsen können, ich sehe aber gerade in solch einem Aufstand die Gefahr der Balkanisierung Europas. Wir könnten bei Österreich in gütlichem Wege auch etwas erreichen. Der Staat ist in einer Lage, die ihn zwingt, unseren Forderungen Gehör zu schenken. Wenn wir diesen Staat von Deutschland trennen, ist viel erreicht."

„Und Deutschland?" fragte House.

„Der Untersuchungsausschuß schlägt vor, Deutschland nach Beendigung des Krieges weiterhin unter Druck zu halten, um nicht gleich wieder der Konkurrenz seiner Wirtschaft ausgesetzt zu sein. Dann ermuntert mich der Untersuchungsausschuß, mich an die Spitze der Liberalen Englands zu stellen und ihnen ein Führer zu sein im Kampf gegen die Konservativen. Eine solch mächtige englische und französische liberale Offensive unter meiner Führung würde das ganze amerikanische Volk mitreißen, in England, Frankreich und Italien würde eine günstige und aufnahmebereite Stimmung für unsere moralischen Kriegsziele entstehen, der Einfluß Lloyd Georges und Clemenceaus könnte gebrochen werden."

Oberst House, ein alter Vorkämpfer der liberalen Partei in den Vereinigten Staaten, fand Wilsons Gedanken bestechend. Er reichte dem Präsidenten andere Mappen hin: „Dieser zweite Teil ist weniger abstrakt. Aber er ist sehr heikel. Er handelt von den acht brennenden Gebietsfragen: Belgien, Nordfrankreich, Elsaß-Lothringen, den italienischen Grenzen, Balkan, Polen, Österreich-Ungarn und der Türkei."

„Mit anderen Worten", meinte Wilson, „wir haben über die neue Landkarte von Europa zu entscheiden. Wir wollen systematisch vorgehen. Ursprünglich schwebte mir vor, meine Botschaft in drei Punkte zu fassen, aber dieser Rahmen wurde gesprengt, es wurden vierzehn Punkte daraus. Wollen wir das Ganze einmal durchsehen?"

Oberst House überlas die ihm gereichten Blätter. Wilson saß still neben ihm und hielt die Augen halb geschlossen. Als der Oberst die Blätter niederlegte, fragte der Präsident, was House von den vierzehn Punkten halte.

„Ich würde die Reihenfolge ändern. Ich nähme die allgemeinen Punkte an den Anfang und die Gebietsänderung, die ja eine Folge der allgemeinen Punkte sind, an den Schluß."

„Die Botschaft muß mit der Erklärung über den Friedensverband der Völker ausklingen", entgegnete Wilson.

„Dann muß der erste Punkt die Abschaffung der Geheimdiplomatie sein. Und der zweite Punkt die Beseitigung der wirtschaftlichen Schranken."

„Gegen den zweiten Punkt wird der Senat Einspruch erheben, da man nach dem Krieg Deutschland für eine Zeit wirtschaftlich niederhalten will", gab Wilson zu bedenken.

„Verehrter Freund", erwiderte House mit bewegter Stimme, „das, woran Sie jetzt arbeiten, soll den Neubau der Welt begründen. Wer so Großes vorhat, kann nicht vor dem Widerspruch des Senats zurückschrecken. Wenn wir künftighin für alle Zeit den Krieg aus der Welt schaffen wollen, müssen wir vorerst die Kriegsursachen beseitigen. Die Hauptursachen aller Kriege in der Welt waren doch von jeher Gebiets- und Handelsneid. Und deshalb stehen die Grenz- und Wirtschaftsfragen an erster Stelle. Vielleicht kommt vor ihnen aber noch ein anderer Hauptpunkt: die Freiheit der Meere."

Wilson blickte erstaunt auf: „Die Freiheit der Meere?" Ein großes Wort, eines von jenen Worten, die Wilson liebte.

„Die Freiheit der Meere", wiederholte House, dieser nüchterne Schwärmer, und aller Glanz, alles Leuchten, aller Segelwind und aller Salzgehalt war verschwunden. „Freiheit der Meere heißt mit nüchternen Worten: im Frieden und im Krieg muß ein Handelsschiff unbehelligt die Meere befahren können." Eine graue Formel zwischen zwei grauen Männern!

„Gut, so soll das Punkt zwei werden, obwohl ich glaube, daß England Einspruch erheben wird."

„Für England, den Pförtner der Meere, habe ich ein Zuckerbrot", sagte House: „Internationale Sperrung der Meere zur Durchführung internationaler Verträge."

Das gefiel Wilson, denn es entsprach seinem Völkerbundgedanken genau so wie der nächste Punkt, den die beiden Männer endlos berieten und über den sie sich doch nicht einigen konnten, weshalb sie ihn recht weitläufig und locker faßten: die Beschränkung der Rüstungen. House hatte in Paris die Hartnäckigkeit der europäischen Völker kennengelernt, er gab sich über ihren Friedenswillen nach einem gewonnenen Kriege keinen Illusionen hin, er glaubte nicht, wie Wilson, daß man Tiger durch Zureden in sanfte Lämmer verwandeln könne. Wilson aber war der Ansicht, man müsse nur wollen und nicht nachgeben, dann werde man auch dieses Ziel, die Ächtung der Kriege, erreichen. Denn was Grenzen und Zollschranken, was Handelsneid und Nachbarfeindschaft als Kriegsursachen waren, das waren die Waffen als ein förmlicher Zwang zum Kriege. Weniger Waffen, wandte der Präsident wieder ein, weniger Kriege, und schließlich keine Waffen und keine Kriege! House kam da nicht mit, er drängte weiter, er nannte die Kolonien.

„Vorsicht!“ mahnte Wilson. „Wir stechen in ein Wespennest. Vielleicht lassen wir diesen Punkt aus. Amerika ist gegen jede Art von Kolonien. England steht und fällt mit den Kolonien. Zwei Auffassungen, zwei Zeiten stehen da einander gegenüber.“

„Wenn wir den Punkt weglassen, haben wir nur dreizehn“, gab House zu bedenken. „Wir müssen ja nicht näher darauf eingehen. Dem Land, dem die Kolonien genommen werden, wird man eine schlechte Verwaltung, eine schlechte Behandlung der Eingeborenen vorwerfen. Mehr vorerst nicht.“ Es wurde lange geschrieben, viel gestrichen und alles sehr vorsichtig gefaßt. Dann nannte House Belgien.

„Das ist alles sonnenklar. Hier ist ein furchtbares Unrecht begangen worden, das gutgemacht werden muß. Da kann alles genau so bleiben, wie es aufgesetzt worden ist“, sagte Wilson.

„Ein paar wärmere Worte hätte das Volk verdient“, meinte House.

„Die sollen Sie finden“, sagte Wilson. „Was ist mit Elsaß-Lothringen? Sollen wir das eigens erwähnen?“

„Ich bin nicht dafür“, erwiderte House.

„Dann bleibt also unsere Fassung: ‚Das ganze französische Gebiet muß geräumt und die besetzten Teile müssen wieder aufgebaut werden.‘“

Die anderen Punkte über Österreich, Rumänien, Polen, Serbien und die Türkei, die im Grunde genommen die schwierigsten waren, weil in diesen Ländern seit Jahrhunderten die Grenzfragen nie zur Ruhe gekommen, machten den beiden Männern die geringsten Sorgen. An diesen Grenzen war immer wieder herumgeschnitzelt worden, diese Völker konnten unmöglich empfindlich sein. Alle Erkundigungen, die man über diese Völker eingezogen hatte, waren stets in vollkommenem Widerspruch zueinander gestanden. Jede Geschichte hatte bei Adam und Eva begonnen und hatte mit dem Verlust der Freiheit und mit einem Unrecht geendet, das alle Nachbarn einander zugefügt hatten.

Wilson setzte sich an die Maschine und begann wie ein Professor, der bedächtig sein Kolleg tippt, Punkt für Punkt dieses vielgestrichenen, oft verbesserten Konzepts vorläufig ins reine zu schreiben, damit man sich etwas besser auskenne. Bei Elsaß-Lothringen stockte er. „Wir sind bei den andern Ländern in Einzelheiten gegangen, wäre es nicht doch ganz gut, etwas mehr über Elsaß-Lothringen zu sagen?"

„Sie haben recht, verehrter Freund", erwiderte House, „vielleicht schreiben wir: ‚Wenn Elsaß-Lothringen wieder an Frankreich zurückerstattet wird, soll Deutschland ein gleichwertiger wirtschaftlicher Ersatz geboten werden.'"

„Annehmbar", entschied Wilson. Als man endlich die vierzehn Punkte ins reine geschrieben hatte, ersuchte der Präsident den Oberst, Montag wieder zu kommen, da könne man vielleicht der Materie einige neue Seiten abgewinnen.

Lenin schließt Frieden, 12. und 23. Februar 1918

Am 12. Februar 1918 ging Trotzkij den schmalen Gang, der im Smolny-Institut von seinem Arbeitsraum nach Lenins Kanzlei führte, an hastenden Menschen mit Aktentaschen und lungernden, Sonnenblumenkerne kauenden Soldaten vorbei. Das Haus widerhallte von Lärm, Türen schlugen, Posten schimpften, genagelte Stiefel klapperten über die Stiegen. Der mächtige Barockpalast war vor dem Umsturz das Institut für adelige Damen gewesen. Die hohen Räume waren mit der verfügbaren Kohle nicht zu heizen. Auch in Lenins Zimmer hatte man Holzwände eingezogen und vor den Kamin ein kleines Eisenöfchen gestellt. Von dem zerschlagenen Glaslüster hing am Leitungsdraht eine mit Pappendeckel abgeblendete Glühbirne, der ungekehrte Boden war mit Zigarettenstummeln, Papierschnitzeln und Sonnenblumenkernen bedeckt. Auf dem Fensterbrett stand ein erblindeter Silbersamowar. Lenin reichte Trotzkij mit boshaftem Zwinkern die Hand: „Aus Brest zurück? Sie haben eine gute Pointe für eine mäßige Geschichte gefunden — mehr nicht." Lenin wiegte den kahlen Kopf: „Kein Krieg — kein Friede! Weder — noch! Man wird über Ihre Neuerung gestaunt haben. Nett ausgedacht. Aber erzählen Sie selbst."

Trotzkij, der an Stelle des erfolglosen Joffe nach Brest geschickt worden war und einen Monat verhandelt hatte, hatte sich einen herzlicheren Empfang erwartet. „Da ist nicht viel zu erzählen. Ich habe einfach gesagt: Nein. Das unterschreiben wir nicht."

„Nun gut, wir unterschreiben nicht", sagte Lenin, „aber was tun wir denn? Was tun wir, wenn die Deutschen angreifen?"

„Dann lassen wir uns zur Unterschrift durch die deutschen Bajonette zwingen. Dann werden die Sozialisten in Deutschland und in Österreich begreifen, was eigentlich vorgeht."

„Kein Friede — kein Krieg... unter Bajonetten unterschreiben", wiederholte Lenin, „schon gut. Das sind Bilder, das sind Worte, Formeln, aber es ist nichts Greifbares. Man sagt mir, Sie haben einen Brief von Hilferding bekommen. Was schreibt er?"

„Hilferding bittet um die Freilassung eines Freundes, eines bei uns gefangenen Wiener Doktors, eines Genossen Herrn Doktors, wie man in Wien so schön sagt."

„Was schreibt Hilferding über die deutsche Revolution?" fragte Lenin.

„Nichts."

„Das sind Sozialisten?" brauste Lenin auf, „das sind Verräter, Bourgeois!"

Trotzkij zuckte die Achsel: „Liebknecht und die Luxemburg sitzen. Die andern rühren sich nicht. Es ist genau so gekommen, wie ich es vor zehn Jahren schon prophezeit habe: Die gigantische Maschinerie der deutschen Sozialdemokratie wird im kritischen Augenblick die Hauptstütze der konservativen Ordnung sein."

„Sie haben recht, Lew Davidowitsch, Sie haben recht! Wie im Jänner in Wien, Berlin und Budapest die großen Streiks waren, da haben wir hier die Kälte und das Elend nicht gespürt, da haben wir gehofft: jetzt wird in Wien und in Berlin die Revolution ausbrechen — und dann wäre es die Weltrevolution gewesen. Nichts ist geschehen. Sie haben gekuscht! Wie haben wir hier auf ein Echo des Schusses gewartet, den Adler in Wien auf den Grafen Stürgkh abgegeben hat! Es kam nichts nach."

„Glauben Sie mir, der Schuß Adlers wurde aus schlechtem Gewissen abgefeuert, damit die Wiener Partei weiterschlafen kann. In Wien sind alle Lunartscharskis, die weinen, wenn man aus der Basiliuskathedrale eine Ikone nimmt. In Wien wissen sie alles, definieren sie alles, tun aber nichts. Die Partei wird so, wie die Führer sind. Adler ist kein Bebel. In Wien herrscht dieses akademische Mandarinentum. Man denkt über die Gesetze der Revolution nach, man schreibt darüber, ist ihnen aber innerlich so fern wie die ägyptischen Pharaonen. Alles, was nicht Theorie ist, lassen sie unbeachtet. Was hätte eine andere Partei aus der Meuterei der österreichischen Flotte in Cattaro machen können! Sie haben nichts getan. Czernin hatte viel rascher begriffen. Der kam anfangs des Monats ganz verstört in Brest zu den Verhandlungen. Was hätten wir alles erreichen können, wenn das Zusammenspiel besser gewesen wäre."

„Und warum rühren sich die Deutschen nicht?"

„Die haben sich zu Tode organisiert", erwiderte Trotzkij.

„Aber vielleicht weckt sie der Vormarsch von Hoffmann gegen Petersburg aus der Lethargie."

„Sie werden nichts tun", sagte Lenin. „Vielleicht werden ein paar Großstadtregimenter meutern. Aber dann werden eben diese Regimenter gegen Bataillone mit bayrischen Bauernburschen ausgewechselt, die das Wort Revolution noch nie gehört haben. Braucht man denn viel gegen uns? Die Schützengräben sind leer, die Armee verläuft sich, die Deutschen können marschieren, wohin sie wollen. Wenn die Deutschen den Krieg wieder aufnehmen, können wir gar nichts dagegen tun."

„Aber die Welt wird dann wenigstens sehen, daß uns die Hohenzollern nicht bestochen haben, wie es die Engländer verbreiten", meinte Trotzkij.

„Was haben wir davon? Ich lege wenig Wert auf den guten Nachruf. Ich war immer gegen dieses Hinauszögern der Verhandlungen. Ich habe euch zwei Monate Zeit gelassen und habe voll Ungeduld gewartet. Es ist das herausgekommen, was ich vom Anfang an befürchtet habe: nichts! Lew Davidowitsch, ich verstehe, was Sie wollen. Joffe und Sie und Kamenew, ihr wolltet Brest als Tribüne benützen, um von dort aus die Weltrevolution auszurufen. In schwachen Stunden habe ich auch geträumt, daß euch das gelingen wird. Wenn wir für den Sieg der deutschen Revolution unser Leben hergeben müßten, wir wären verpflichtet, es bedenkenlos zu opfern. Denn die deutsche Revolution, möchte ich sagen, wäre für die Weltrevolution wichtiger noch als die russische Revolution. Rußland kann man isolieren. Man kann Kordonstaaten um uns legen und man wird es tun. Wir liegen am Rande Europas. Wenn aber die Revolution in Deutschland siegt, dann brennt die ganze Welt. Wenn die Deutschen ihre Organisation in den Dienst der Revolution stellen!"

„Auch wir werden es lernen", warf Trotzkij ein.

„Das wird Zeit brauchen! Weil die Lehrer schlafen, müssen die Schüler zupacken! Das ganze Gedankengut unserer Revolution stammt von den Deutschen."

„Von Juden", berichtigte Trotzkij.

„Die bei der deutschen Philosophie in die Schule gegangen sind. Aber wann wird die deutsche Revolution kommen? Durch einen revolutionären Krieg gegen Deutschland können wir sie nicht entfesseln. Das sind Phantasien von Radek und Steinberg. Dazu sind die Deutschen zu gut und wir zu schlecht gerüstet. Wir müssen froh sein, wenn wir unsere Revolution vor dem Zugriff der deutschen Generalstabsbestien bewahren."

„Wenn man es den Deutschen nur begreiflich machen könnte, was der Sinn dieses Krieges war! Dieser Krieg ist die Rebellion der Produktivkräfte, die der Kapitalismus gefangengehalten hat. Die Produktivkräfte wollen von den Ketten los und die engen Grenzen sprengen. Niemand könnte den Deutschen so helfen wie die Revolution!"

Lenin lächelte: „Sie werden es einsehen, aber dann wird es zu spät sein. Sie waren immer in den Ideen die ersten und in den Ausführungen die letzten. Aber darauf können wir nicht warten. Wir werden vorerst einmal die Randstaaten und möglicherweise auch die Ukraine verlieren. Aber Sie haben es doch selbst aus Brest telegraphiert, Lew Davidowitsch, wie Czernin auf diese Ukrainer hineingefallen ist. Um bei diesen halben Gymnasiasten, bei diesen unreifen Seminaristen, hinter denen niemand steht, etwas zu erreichen, bietet er ihnen soviel Land an, das die Polen für sich beanspruchen, daß die dadurch entstandene Kluft zwischen Polen und den Mittelmächten nie mehr zu überbrücken sein wird. Da wir die Randprovinzen mit Waffen nicht verteidigen können, müssen wir Geduld haben. Der Tag wird kommen, an dem wir stark und jene schwach sind. Dann holen wir uns alles wieder zurück — und Deutschland dazu. Wir müssen den Frieden unterzeichnen, koste er, was er wolle. Unsere Sozialrevolutionäre jammern immer nur um den verlorenen Krieg, träumen von roter Garde und drohen den deutschen Generalen. Wir müssen mit den Deutschen zu Ende kommen. Wir können uns nicht blind stellen.

Wir müssen abstimmen lassen." Lenin stand auf und legte Trotzkij die Hand auf die Schulter: „Lew Davidowitsch, werden Sie auch weiterhin die Parole des revolutionären Krieges gegen die Deutschen unterstützen?"

„Ich? Nein, ich möchte vom Außenamt zurücktreten."

Lenin wurde weich. Da bekam er eine gewichtige Stimme für sich. „Swerdlow soll die Sitzung einberufen." Lenins Laune besserte sich: „Und die anderen Eindrücke?"

„Kühlmann hat einiges Format, erinnert mehr an einen Großindustriellen als an einen Diplomaten. Hoffmann — brutal, aber tüchtig. Czernin ging mir auf die Nerven. Seit Kindheit mag ich diesen Typus Mann nicht, der sich nicht stellen läßt, der ausweicht und dennoch nicht nachgibt."

„Das ist katholische Schule", sagte Lenin.

„Da ist mir noch der Stadthauptmann von Odessa lieber, das Schreckgespenst meiner Kindheit, der mir mit seinem breiten Rücken die halbe Stadt verdeckt und verdunkelt hat, wenn er mit erhobener Hand fluchend und im Wagen stehend durch die Straßen jagte."

Trotzkij erhob sich, ging wieder durch den düsteren endlosen Gang zur breiten marmornen Freitreppe des Palastes, vorbei an Posten, Wachen und lungernden Ordonnanzen. Aus einem Raume, den die Frauen von Kommissaren in eine Küche verwandelt hatten, drang Gezänk und Streit.

Das kam nie zur Ruhe, dieses alte Emigrantengezänk aus den kümmerlichen Quartieren von London, Zürich, Wien, Paris und Sibirien. Das wurde von Aufenthalt zu Aufenthalt mitgeschleppt: die alten Feindschaften, die alten Streitereien, die alten Vorwürfe und Eifersüchteleien, die bei diesem engen Zusammenwohnen wie Unkraut überall von neuem aufgingen. Vielleicht stritt man gerade über ihn: ob er bereits gestürzt, in den Schatten gedrängt und in Ungnade oder ob er noch immer oben sich halte in der Nähe der Macht.

Spät abends rief am 23. Februar die Glocke Swerdlows, des Vorsitzenden des Zentralexekutivkomitees der Sowjets, alles in den Saal des Taurischen Palais zusammen. In diesem Saal, in dem einst der Sieg der Revolution unter nicht enden wollendem Jubel verkündet worden war, in diesem Saal mit den schweren, feierlichen dorischen Säulen sollte heute nacht über die Kapitulation entschieden werden. Da warteten alle: in den Gesichtern den

Hunger, in den Augen den Brand, in den Herzen das Bangen um das Schicksal der Revolution.

Man mußte endlos auf die Sozialrevolutionäre warten. Swerdlow, krank, bleich, schwächlich, das Haar zerrauft, das Gesicht zerquält, den Zwicker wie ein Oberlehrer am Kettchen, strich sich unruhig das Spitzbärtchen, ihm riß die Geduld, er warf den anwesenden Sozialrevolutionären das Fernbleiben ihrer Fraktionsgenossen vor. Ein Sozialrevolutionär entschuldigte seine Gefährten mit einer wichtigen Fraktionssitzung.

„Es ist bereits elf Uhr", sagte Swerdlow und griff zur Glocke. „Die Deutschen müssen morgen die Antwort haben. Deshalb erteile ich dem Oberkommandanten Krylenko das Wort. Er soll uns über den Zustand der Armee berichten."

Der Fähnrich blickte mit seinem Kindergesicht zu Lenin wie ein Schuljunge zu einem Lehrer hinüber. Lenin fühlte, erwiderte aber den Blick nicht. Die Sozialrevolutionäre in den vorderen Bänken flüsterten einander zu: „Er wird das sagen, was Lenin wünscht. Lenin will keinen Krieg. Wir werden deshalb hören, daß es keine Armee gibt."

„Wir haben keine Armee mehr", begann Krylenko. „Wo sich eine Pickelhaube zeigt, ergreift Panik unsere Soldaten. Wenn wir weiter Krieg führen, verlieren wir unsere ganze Artillerie, unseren Train und alle Vorräte."

„Was erlauben Sie sich! Warum schmähen Sie unsere Soldaten?" schrien die Sozialrevolutionäre. „Wo sind die Abteilungen der Roten Armee? Die Soldaten der kaiserlichen Armee sind geflohen! Die Soldaten der Roten Armee fliehen nicht! Es ist unerhört, wie der Kommandant seine eigene Armee beschimpft!"

„Die Bataillone der Roten Armee", erwiderte Krylenko, „sind weggejagt worden wie die Fliegen. Rußland liegt offen vor den Deutschen da."

„Das ist uns ein Oberkommandant! Weiß der Teufel, wie ein solcher Waschlappen überhaupt Fähnrich werden konnte!" riefen die Sozialrevolutionäre.

„Es gibt keine Gewalt", brüllte Krylenko in den Lärm, „die die Deutschen aufhalten könnte!"

„Bestochener Verräter! Deutscher Agent! Sprechen Sie nicht so ehrlos! Sie beschimpfen ganz Rußland! Verschwinden Sie!"
„Krylenko, weitersprechen!" riefen die Bolschewiki, „man muß den Mut haben, die Wahrheit zu hören."

„Es ist sinnlos, Ihnen etwas vorzumachen", fuhr Krylenko fort, „die Lage wird täglich unhaltbarer. Uns kann nur die sofortige Unterzeichnung des Friedensvertrages retten."

„Überläufer!" schrien die Sozialrevolutionäre. „Wenn schon die Armee nichts taugt, was ist mit der tapferen Marine?"

„Fragen Sie Genossen Raskolnikow selbst, hier steht er!" erwiderte Krylenko.

Der Matrose der baltischen Flotte erhob sich nicht, er winkte nur müde mit der Hand ab. „Wir haben keine Flotte. Die Flotte liegt auf dem Grund des Meeres oder verfault in den Häfen. Die Matrosen sind nach Hause gelaufen. Die Deutschen können sich die Schiffe holen."

„Genossen", nahm Krylenko das Wort, „Sie hören von der Marine, was ich Ihnen vom Heer gesagt habe. Ich habe nur hinzuzufügen: nichts kann uns retten als die sofortige Unterzeichnung des Friedens."

„Verräter!" tobten die Sozialrevolutionäre, „das Sprachrohr Lenins!"

„Er spricht die Wahrheit", schrien die Bolschewiki zurück. „Ihr aber wollt in eurer Welt des Selbstbetruges weiterleben, ihr wollt euch selbst etwas vormachen, weil ihr zu feig seid, den Tatsachen ins Gesicht zu sehen!"

Der Saal kochte. Pfiffe schrillten, Swerdlow konnte mit seiner Glocke nicht durchdringen. „Genossen, wir haben keine Zeit für endlose Debatten. In ein paar Stunden muß die Antwort für die Deutschen fertig sein! Das Präsidium hat daher beschlossen, aus beiden Fraktionen nur einen Redner pro und contra zuzulassen. Ich bitte um Ihre Stellungnahme."

Alle Hände gingen hoch, der Antrag wurde einstimmig angenommen. Als erster erhielt Radek als Friedensgegner der bolschewikischen Fraktion das Wort. Der rothaarige Radek führte an, daß Lenin seine ganze Politik darauf abgestellt habe, Zeit für den Ausbau der Sowjetmacht zu gewinnen. Solange sich die beiden räuberischen Kapitalistengruppen befehdeten, suche Lenin den schmalen Spalt, um durchschlüpfen zu können. Er, Radek, sei anderer Meinung. „Solange diese beiden Kapitalistengruppen ineinander verbissen sind, können sie sich nicht um uns kümmern. Schließen wir aber heute mit Deutschland Frieden, dann verhelfen wir im Weltkampf den Deutschen zum Endsieg. Wenn aber die Deutschen siegen, dann sind wir verloren, denn die Deutschen lassen keinen Spalt offen, bei dem man durchschlüpfen kann. Haben die Deutschen einmal über die Entente gesiegt, dann werden sie über uns herfallen und uns ein furchtbares Ende bereiten. Genosse Lenin, Sie wollen den Deutschen gewisse Gebiete abtreten, um Zeit zu gewinnen. Ich verwahre mich gegen den Verdacht, daß man mir jenen kleinbürgerlichen Geisteszustand zumutet, ich sähe in diesem Frieden mit Deutschland, der uns so viel kostet, auch nur eine Spur von Schande und Verrat! Ich sehe in diesem Frieden etwas viel Schlimmeres: ich sehe einen Trugschluß und eine falsche Rechnung. Ich glaube kaum, daß uns der wohl jetzt sehr beschäftigte Hindenburg Zeit lassen wird. Daß uns aber der siegreiche Hindenburg keine Zeit und keine Ruhe lassen wird, das weiß ich bestimmt. Denn was will Deutschland? Warum haßt die ganze Welt Deutschland? Deutschland will überall Ordnung machen. Und wo hätte es ein schöneres Feld für seine Feldwebelordnung als in unserem Lande." Radek trat ab, steckte sich die kurze Pfeife wieder an und ging unter eisigem Schweigen aller auf seinen Platz.

Als zweiter Gegner des Friedens trat der Linke Sozialrevolutionär Steinberg auf, der Volkskommissär für Justiz.

Lenin sah nicht einmal auf. Er schrieb und schickte Zettelchen aus. Der Schönredner interessierte ihn nicht.

„Ihr müßt mich richtig verstehen", begann Steinberg, „wir kämpfen nicht gegen den Frieden, weil wir uns vor der nationalen Schande fürchten oder weil wir — wie uns Lenin einreden will — das nationale Selbstbestimmungsrecht über alles stellen. Über dergleichen Kleinbürgerschwärmereien lächeln wir. Wir kämpfen gegen den Frieden, weil wir durch diesen Kampf den nationalen Absturz verhindern wollen, weil dieser Frieden ein Verrat an allen arbeitenden Menschen der ganzen Welt ist, die ihr Geschick mit dem unsern verknüpft haben. Solche moralische Verknüpfungen sind nicht geringer zu schätzen als die soziale Revolution selbst, sind sie doch ein Teil dieser Revolution. Ihr Bolschewiki verachtet die Moral, aber ich sage euch, sie ist eine ungeheure Kraft. Weshalb sprecht ihr mit solcher Geringschätzung von der deutschen Arbeiterpartei? Ihr beruft euch darauf, daß das deutsche Proletariat nicht gleich zum Angriff übergegangen ist, als die Führer zum Angriff geblasen haben. Lenin wie Trotzkij machen den deutschen Arbeitern die gleichen Vorwürfe. Aber Revolutionen erheben sich doch nicht am gleichen Tag und zur gleichen Stunde, wies es gerade gebraucht wird. Revolutionen müssen innerlich reifen, verlangen eine seelische Erschütterung der Massen. Haben wir nicht schon die ersten Zeichen wahrgenommen? Haben Sie nicht aus den Streiks von Berlin, Wien, Budapest und Prag die grollende Stimme der kommenden Revolution vernommen? Sind das nicht genug dunkle Wolken, die ein kommendes Gewitter ankündigen? Wenn wir weiter bei der revolutionären Politik verharren, stärken wir die deutsche Arbeiterschaft. Nicht ein mit ihren Bedrückern geschlossener Friede wird ihnen Zuversicht geben, sondern die Ablehnung eines solchen Friedens. Heute trennen sie noch Stacheldraht und Zensur von uns. Ihre revolutionäre Erregung wird zum Sieden kommen, wenn sie hören, daß ihre blutbefleckten Generale den Frieden verweigern. Gewiß, es wird anfangs bitter sein, wenn sie Petrograd bedrohen. Aber es gibt noch Moskau, es gibt die Wolga, es gibt schließlich den Ural. Unsere Steppen, unsere Ströme werden diese sozialen Napoleone genau so bezwingen, wie sie den nationalen Napoleon bezwungen haben. Denn das Schlimmste an diesem Frieden sind nicht seine Bedingungen, das Schlimmste ist sein Geist, der nicht nur Rußland, der die Revolution selbst in die Knie zwingen will. Ihr wißt es selbst am besten, daß wir mit euch Bolschewiki manche Meinungsverschiedenheiten haben. Aber in der Politik der Internationale, im Kampf um den Weltfrieden, waren wir bisher tief solidarisch. Wenn ihr jetzt diesen unseligen Frieden unterzeichnet, zerreißt ihr dieses Band. Die Revolution gerät dadurch in Gefahr! Laßt uns doch die Achtung füreinander nicht verlieren!"

Als Steinberg geschlossen hatte, drückte alle tiefes Schweigen nieder. Swerdlows Glocke ertönte: „Ich erteile dem Genossen Lenin als Anhänger des sofortigen Friedensschlusses das Wort für die bolschewikische Fraktion."

Lenin erhob sich und ging mit kurzen, heftigen Schritten zum Rednerpult. Alles hielt den Atem an, denn alle wußten, was bisher gesprochen worden war, war Geplänkel gewesen, jetzt kam das Endgültige, die Entscheidung. Lenin sprach anfangs nur halblaut, die eine Hand hatte er in der Hosentasche, mit der andern unterstrich er sparsam die Sätze des Erstaunens, als wundere er sich, daß seine Hörer noch immer nicht begriffen, worum es sich eigentlich handle. Er sprach ohne Pathos, er sagte alles so, als wäre das, was er vorzubringen habe, das Allereinfachste. Er sprach, wie man Salz auf das Brot streut, und allen war es, als hätten sie sich selbst in einer ihnen nicht auslotbaren Tiefe ihres Denkens um die gleichen Begriffe wie dieser Mann da oben bemüht, nur hatten sie das Dunkle aus ihrer Brust mit den unzulänglichen Werkzeugen des Verstandes nicht heben können.

„Ich weiß nicht, wie ihr euch das alles vorstellt. Ich weiß nicht, was in euren Köpfen vorgeht. Ihr vergeßt den Zusammenhang, ihr seht nur, was euch am nächsten ist, und das scheint euch unverhältnismäßig gewaltig und drohend; das aber, was in der Ferne liegt, haltet ihr für klein und unbedeutend. Wir wollen aber keinen Prospekt mit Vorder- und Hintergrund, wir wollen die Dinge etwa so sehen, wie man sie auf der Landkarte sieht — also von oben. Der Kampf Sowjetrußlands steht doch nicht für sich allein in Raum und Zeit da, er ist eingeschlossen in eine Epoche, in der Europa in zwei Teile gerissen ist durch einen gewaltigen, aller früheren Ausmaße spottenden Kampf zweier großer Kriegsverbände. Wichtig wäre es zu wissen, ob sich diese beiden Räubergruppen schon über das Rußland zugedachte Schicksal verständigt haben. Haben sie sich schon geeinigt und Deutschland zum Vollstrecker gegen die russische Revolution ernannt, dann, ja dann könnte uns kein Friedensschluß mehr helfen. Dann müßten wir unsere letzte Kraft zusammenraffen, um zu siegen oder unterzugehen. Aber überschätzen wir nicht diese organisierten Großräubergesellschaften, wenn wir denken, daß sie sich geeinigt haben? Ist es nicht viel wahrscheinlicher, daß sie sich über Rußland nicht einigen können? Nun gut! Sie haben sich über unser Schicksal nicht geeinigt. Deutschland allein wird mit uns Frieden schließen. Ihr glaubt doch nicht, aus Liebe zu uns oder gar um unserer schönen Augen willen! Was will Deutschland also von diesem Frieden? Es will Truppen freibekommen, die es an die Westfront werfen will, um mit ihnen der andern Räubergruppe den Garaus zu machen. Das heißt — von unserm Standpunkt aus gesehen —, die Räuber werden weiterbalgen, werden einander weiter verwunden, werden sich zu Tode ringen. Begreift ihr nicht den Vorteil, der für uns daraus erwächst, wenn Amerika die Kraft seines Goldes in Pulver umsetzt und bei dieser Großrauferei mithält? Dies ist unsere Stunde! In diesem Augenblick müssen wir uns aus diesen beiden feindlichen Gruppen herauslösen und uns allein dem Aufbau unseres Landes widmen, damit wir dann, wenn die andern atemlos erschöpft auf dem Bauche liegen, bei uns hier bereit sind. Aber die deutsche Revolution! — höre ich euch einwenden. Laßt euch doch endlich einmal sagen, daß die deutsche Revolution noch nicht reif ist. Am 10. Februar vertrauten wir uns der Kraft der deutschen

Revolution an. Was hat sie getan? Hat sie den deutschen Vormarsch verhindert? Das deutsche Proletariat hat es nicht gewagt, sich einzumischen. Der deutsche Feind, der uns bedroht, ist bis an die Zähne bewaffnet und im Besitze aller Machtmittel. Wir sind jetzt machtlos. Der deutsche Imperialismus hat uns an der Kehle gepackt, er hat uns zu Boden gerungen und setzt uns die Pistole an die Schläfe. Nirgends im Westen sehe ich die proletarische Faust, die den Eisengriff des deutschen Imperialismus lockern könnte. Gebt mir doch eine starke, tapfere, wohlausgerüstete Armee von hunderttausend Mann — und nicht eine, die vor jeder Pickelhaube zittert — und ich unterschreibe diesen Frieden nicht. Zwei Monate lang habe ich euch nicht gestört und mich stumm abseits gehalten, da ich wußte, wie sehr ihr euch mit allen Kräften gegen diesen Frieden stemmen werdet. Aber glaubt mir, ich sah damals schon, daß es keinen Ausweg geben wird. Habt ihr inzwischen eine kraftvolle Armee aufgestellt? Auf welche Tatsachen könnt ihr euch berufen? Auf nichts! Mit rührseligen Phrasen und mit Soldaten, die nur auf dem Papier stehen, kann man keinen Krieg führen.

Wenn wir uns aber auf den Ural zurückziehen, wie Genosse Steinberg vorschlägt, dann weichen wir vielleicht den Deutschen zwei Wochen länger aus. Wer von euch bürgt mir dafür, daß gerade in diesen zwei Wochen die Weltrevolution ausbricht?

Ja, es ist ein schmählicher, ein schändlicher Frieden. Aber nehmt ihr heute die Bedingungen nicht an, dann werdet ihr in einem Monat noch hundertmal schlechtere bekommen — wenn die Deutschen dann überhaupt noch Frieden schließen." Niemand im Saal rührte sich. Wollte einer etwas rufen, dann blickte Lenin kurz auf den Mann, und dem erstarb das Wort auf den Lippen. Dieser Mann mit dem kahlen Schädel über der hohen Stirn bannte mit seinem spöttischen Lächeln jeden Widerspruch. Diese unbarmherzigen Augen faßten Menschen, Zustände und Geschehnisse zusammen und sahen in ihnen nur kurze handliche Formeln, die überall das Gerüst und das Gerippe der Tatsachen aufzeigten. Straßenzüge der Städte waren diesen schräggestellten Augen Ablagerungen der Zeit, in denen die Menschen in vielen, übereinandergeschichteten Waben hausten. Unter den Uniformen sah er die Menschen, Priester trugen lange Bärte und fettige Locken, bunte Kirchenkuppeln taten seinen Augen weh, Ikonostase waren Bilderwände, überzogen mit gepreßtem Silberblech. Adelspaläste hatten Geld und Schweiß gekostet und lockten ihn nicht, da er für seine Macht keinen Aufwand brauchte; alles, was Menschen aus Stein gebaut hatten, ging ihn nichts an, denn er wollte aus Menschen bauen. Ungeboren stand noch das Neue, das Große. Alles, was in den Museen und Galerien schlief, mochte dort weiterschlafen. Ihn gingen die Menschen aus Holz und aus Stein, die gemalten und die gemeißelten Menschen nichts an, er hielt sich an die lebendigen Menschen. Kleinbürgerliche Ideologie — das Wort, das die andern nur nachsprachen, um sich vor ihm als echte Revolutionäre zu erweisen, die alles Veraltete abgestreift haben —, Lenin allein wußte, wie es gemeint war. Er wußte, was tot, was abgelebt, was nicht mehr zu erwecken war. Diese Schärfe des Blicks hatte er sich nicht in der Emigration erworben, es war nicht der Abstand, den ein Aufenthalt in der Fremde verleiht, die Schärfe des Blicks war angeboren, Lenin maß mit dem ungeheuren Maßstab einer kommenden Welt.

Die Maschine, die dem Westen ein eiserner Sklave ist, der, Öl schwitzend und keuchend, unter nie rastenden Kolbenstößen und Räderschwingen Kraft, Geld und Ware schafft, für Lenin war die Maschine das Neue, denn er hatte gefühlt, daß die Welt durch dieses Rütteln der Maschinen erschüttert, unaufhörlich in allen Fugen gelockert wurde.

Vaterland? In dieser Welt, die er kommen sah, wird es kein Vaterland geben, denn jene Menschen, die diese eisernen Sklaven mit den gleichen Handgriffen auf der ganzen Welt betreuen, werden sich nicht viel voneinander unterscheiden. Lenin hatte nicht den Einheitsgedanken der Juden unter den Bolschewiken, die überall in der Welt das gleiche sahen, weil sie überall nur auf ihresgleichen trafen, die überall eine Verständigung für möglich hielten, weil sie sich überall verständigen konnten — Lenins Blick spähte nach Anzeichen ähnlicher Entwicklungslinien, ob diese nun stark oder kaum wahrnehmbar zu erkennen waren. Durfte sich ihm jemand, der sich an Worten berauschte, der noch gestrigen Gedanken nachging, der auf fremde Parolen hörte, entgegenstellen? Lenin setzte sich mit seinen Gegnern nicht mit schwungvollen Worten auseinander, sondern in einer trockenen, formelhaften Parteisprache, die sich eiskalt ausnahm und die doch versengte. Der Gedanke, daß er vielleicht auch einmal im Unrecht sein könnte, kam ihm gar nicht, denn vor wem sollte er sich zu rechtfertigen haben. Doch nur vor dem, was er bauen wollte, vor dem Künftigen, zu dem er die Pforten aufreißen wird. „Ihr müßt den Frieden um der Weltrevolution willen unterschreiben", fuhr Lenin fort, „damit der Weltrevolution ihr einziger Hort und Stützpunkt, die Sowjetrepublik, erhalten wird."

Da konnte Frau Kolontay, die Tochter eines Obersts, nicht mehr an sich halten, aufschluchzend bedeckte sie ihr tränenüberströmtes Gesicht.

„Ihr habt von Krylenko gehört, daß unsere Armee zerfallen ist. Weshalb sollen wir uns des Friedensschlusses schämen? Sind wir stolzgeblähte polnische Schlachtschitzen? In unserer Brust tragen wir einen anderen Maßstab für das, was man Ehre nennt. Preußen mußte einst zu Tilsit einen weit schlimmeren Frieden schließen. Und doch war dieser Vertrag ein paar Jahre später null und nichtig. Haben wir erst einmal unsere Sowjetrepublik gefestigt, dann wird dieser weithin sichtbaren Festung auch das Weltproletariat zu Hilfe eilen. Habt ihr geglaubt, daß der Weg zur proletarischen Revolution mit Rosen umrankt ist? Habt ihr gemeint, ihr werdet unter den Klängen der Internationale von Sieg zu Sieg eilen? Da wäre es leicht, ein Revolutionär zu sein und der Roten Fahne zu folgen. Die Revolution ist kein Sommerspaziergang, sie führt über Dornen und Gräben, bis über die Knie müssen wir durch Schlamm und Blut waten, auf dem Bauche werden wir, wenn es sein muß, durch den versauten Schweinestall dieses Friedens kriechen. Aber schließlich werden wir die Sieger sein!"

Lenin nickte kurz und verließ das Pult. Swerdlow sprang auf: „Ich schlage vor, einem Friedensanhänger der Sozialrevolutionäre das Wort zu erteilen!"

„Bei uns gibt's keine Friedensanhänger", rief Steinberg aus.

„Warum wollt ihr uns Theater vorspielen", widersprach Swerdlow. „Das ist doch gar nicht wahr! Auch bei euch gibt es Friedensanhänger. Es war doch mit eurem Präsidium abgemacht, daß eure Friedensanhänger hier offen auftreten dürfen!"

„Was ihr ausgemacht habt, ist uns gleichgültig", erwiderte Kamkow. „Unsere Fraktion ist in dieser Frage einmütig."

„Wir wollen die Spiridowna hören", riefen die Bolschewiki.

Fragend blickte die Spiridowna umher, sie wollte aufstehen, ihre Nachbarn hielten sie nieder. „Wir werden über diesen Frieden kein Wort mehr verlieren", riefen sie, „die Spiridowna hat nicht zu sprechen."

Lärm und Geschrei bei den Bolschewiken. Mühsam nur dringt das Glockengebimmel Swerdlows durch den Tumult. „Genossen, der Feind marschiert bereits auf Pskow! Wir haben keine Zeit mehr zu verlieren! In ein paar Stunden muß die Antwort fertig sein. Wir müssen uns entscheiden!"

Niemand rührte sich. Swerdlow verkündete: „Die Versammlung ist geschlossen. Bolschewiki, hinauf zur Fraktionsversammlung."

Die Bolschewiki drängten sich um den Ofen des Fraktionszimmers. Lenin stand mit verschränkten Armen spöttisch lächelnd abseits.

„Da alles ganz klar ist", begann Swerdlow, „schlage ich vor, mit der Abstimmung zu beginnen."

„Warten! Warten! Wir haben ein paar Fragen!" riefen einige.

„Bitte, aber schnell!"

„Sagen Sie uns, Genosse Lenin", begann Steklow, „wie stellen Sie sich die Erfüllung jenes Vertragspunktes vor, der uns den Abzug unseres Militärs aus der Ukraine auferlegt? Sie werden sie, hungrig wie sie sind, abnagen wie Hunde einen Knochen."

„Ach, da unten kennt sich ja kein Teufel aus", erwiderte Lenin achselzuckend. „Wer weiß denn, welches Militär russisch und welches ukrainisch ist? Wir werden vertragsgemäß unser Militär abberufen. Folgt uns niemand, ist es nicht unsere Schuld. Dann gibt es eben dort unten mehr ukrainisches Militär. Wenn wir das nicht einmal unterscheiden können, wie sollen es die Deutschen tun?"

Lenins Freunde lachten, aber der Frager ließ noch nicht ab: „Mag es so in der Ukraine sein! Aber wie ist es in Finnland? Sollen unsere finnischen Brüder und Genossen im Kampf gegen den deutschen Militarismus zugrunde gehen?"

„Jawohl, wir werden uns verpflichten, den finnischen Genossen jede Hilfe zu verweigern", erwiderte Lenin lächelnd. Ein Aufschrei der Wut unterbrach Lenin. Mit den Händen in den Hosentaschen wartete er, bis sich der Sturm gelegt hatte. „Denkt, was wir gestern auf der finnischen Bahn für einen traurigen Zwischenfall hatten. Einige Waggons Kriegsmaterial sind durch einen bedauerlichen Irrtum statt nach Süden nach Norden dirigiert worden. Wir können ihnen auf solche Weise weit mehr helfen, als wenn wir ihnen unsere Matrosen dort ließen. Erst vor einer Woche haben uns die finnischen Genossen geschrieben: ‚Bitte, befreit uns von euren demoralisierten Matrosen, die ihre Waffen den Weißen verkaufen. Gebt uns lieber diese Waffen!'"

„Wenn wir so denken", erwiderte Steklow heftig, „verzichten wir auf jeden Kampf gegen den Imperialismus. Wie soll man dann die Weltrevolution vorbereiten?"

„Habe ich es hier mit politischen Kindern oder mit alten illegalen Parteileuten zu tun?" fragte Lenin. „Habt ihr denn schon alle vergessen, daß man auch unter den Augen des Zarismus agitieren konnte? Wilhelm ist nicht um ein Haar klüger als Nikolaus. Ihr, ihr seid bequem geworden. Ihr denkt nur noch an Sitzungen und an große Reden! Solche Herren sind wir noch lange nicht!"

„Aber unsere Zeitungen werden Wilhelm nicht angreifen dürfen!" schallte es Lenin entgegen. „Jeder Angriff wird uns als Verstoß gegen den Frieden angerechnet werden."

„Wer hat den Frieden unterzeichnet?" fragte Lenin spöttisch. „Das Zentralexekutivkomitee, der Rat der Volkskommissare, also — für jene, die noch nicht in den neuen revolutionären Begriffen denken können, der Ministerrat. Wer aber leitet die Propaganda? Das Zentralkomitee der Partei. Für das Verhalten der Partei trägt doch die Sowjetregierung keine Verantwortung. Daß euch das nicht eingeht? Politisches Denken hat eben einen doppelten Boden. Da hat uns Wilson seine rührenden vierzehn Punkte geschickt, um uns einzuseifen. Ich glaube, die deutschen Kleinbürger werden auf seine verlogenen Redensarten hereinfallen. Hat dieser großmäulige Lügner auch nur mit einem Wort erwähnt, daß er in den Krieg gegangen ist, weil ihm die Großbanken keine Ruhe ließen? Weil die Banken mit Recht fürchten mußten, daß ihnen die Entente, einmal von Deutschland geschlagen, nicht eine Kopeke der Rüstungsschulden und der Lieferungsgelder zurückzahlen könne. Spricht Wilson davon? Nein. Sollen wir von dem, was wir eigentlich denken, sprechen? Nein! Und wir verfolgen doch wahrhaftig andere Ziele, als blutbespritzte Dividenden zu retten. Lösen wir uns heraus, dann werden alle, die da gegeneinander kämpfen, unsere Bundesgenossen: die Franzosen, wenn sie die Deutschen angreifen, die Deutschen, wenn sie auf die Engländer losgehen, die Engländer, wenn sie gegen die Türken anstürmen, und die Amerikaner obendrein, die dieses ganze Feuerwerk bezahlen."

Die Wirkung von Lenins Rede war in der Entspannung aller zu spüren. Swerdlow drängte auf die Abstimmung.

Aber noch immer widersetzte sich Steklow: „Genossen, die Friedensfrage ist so wichtig, daß ich die Fraktion bitte, die Abstimmung freizugeben. Diese Abstimmung entscheidet das Schicksal der Weltrevolution. Jeder soll sagen dürfen, was er für das Schicksal des internationalen Proletariats für besser hält."

Swerdlow widersprach. Eben weil es um die Weltrevolution gehe, müsse sich der Beschluß der Mehrheit unbedingt durchsetzen. Man müsse alle Stimmen zusammenhalten, denn auch die Sozialrevolutionäre würden geschlossen auftreten. Wer sei für Parteidisziplin?

Steklow beharrte auf namentlicher Abstimmung, Swerdlow bestand auf der Parteidisziplin.

Aus dem Hintergrund drängte sich ein junger Genosse in einer Lederjacke nach vorne: „Ich bitte um das Wort!" Alle sahen auf den jungen Mann. „Genossen", rief er, „wir Letten konnten von unserer Organisation keine Richtlinien einholen, die Front trennt uns. Wir wissen daher nicht, wie man bei uns daheim über diesen Frieden denkt. Aber wir wissen, daß dieser Friede Sowjetrußland dem Untergang überantwortet. Mit dem Friedensvertrag unterschreiben wir auch das Todesurteil der lettischen Arbeiterklasse. Trotzdem unterwerfen wir uns der Parteidisziplin. Begreift doch, wie qualvoll das für uns ist!"

„Genosse", antwortete Swerdlow, „wir werden nichts Unmenschliches von euch verlangen. Ihr habt es wirklich schwer. Deshalb wollen wir den lettischen Genossen gestatten, sich der Abstimmung zu enthalten."

Der Antrag wurde einstimmig angenommen.

„Lettische Genossen, ihr müßt aber bei der Abstimmung den Saal verlassen, damit die Fraktion geschlossen und einstimmig bleibt. Wer mit euch hinausgeht, verletzt die Parteidisziplin."

Um drei Uhr morgens betraten die Bolschewiki wieder den großen Saal. Die Galerie war gefüllt, viele waren herbeigeeilt, Zeugen des letzten Aktes zu sein. Als Swerdlow die Sprechzeit der Redner begrenzte, wußte die Galerie, daß es nicht die erwarteten großen Wortkämpfe geben werde. Trotzkij, der sein Spiel verloren hatte, schwieg. Stalin und Dserschinsky hatten keine Lust zu sprechen. Lenin hatte eine knappe Viertelstunde für sich. Er sprach kurz, sachlich, spöttisch. Immer dichter zog er die Maschen seiner Sätze zusammen. Das nationale Selbstbestimmungsrecht, gewissenhaft gehandhabt, sei vielleicht eine große Sache, aber eine Sache von gestern. Die Frage von morgen sei die sozialistische Revolution. Erst müsse diese Revolution in einem

Lande festen Fuß gefaßt haben, dann könne man daran denken, die kleinen Schmerzen der kleinen Völker zu lindern. „Haben wir schon festen Boden unter den Füßen? Wenn wir keinen Platz haben, auf dem wir stehen können, wie sollen wir den Weltkapitalismus aus den Angeln heben? Verlieren wir uns doch nicht ins Uferlose! Lassen wir einmal dieses Erbübel aller Russen beiseite, beschränken wir uns auf ein einziges Ziel! Sichern wir zuerst die soziale Revolution bei uns. Alles andere ergibt sich von selbst. Wer auf zwei Hasen schießt, trifft keinen!"

Nach Lenin sprachen, ohne daß man ihnen allzu viel Beachtung schenkte, Kamkow und Steinberg. Dann wartete alles auf die Abstimmung.

„Namentliche Abstimmung!"

Swerdlow hatte die Namensliste vor sich liegen und rief die Kommunisten der Reihe nach auf.

Die Letten und Polen verließen den Saal.

„Für!"

„Gegen!"

So lief es durch die Bankreihen. Jeder legte alles in das kurze Wort. Das Für klang nicht froh, es war ein verbissenes Bekenntnis, die Männer, die es gerufen hatten, setzten sich mürrisch nieder. Das Gegen wurde verzweifelt hinausgeschrien, damit es nicht nur Rußland, damit es die ganze Welt höre. Swerdlow zählte. Alle Kommunisten — und viele von ihnen gegen ihre Überzeugung — hatten mit Für gestimmt. Es waren 116 Für, 85 Gegen, 26 Enthaltungen. Zwei Anarchisten hatten ihre Stimmen verweigert.

Die Tribüne schrie auf vor verletztem Nationalgefühl. „Deutsche Agenten! Verräter! Was hat man euch bezahlt? Um wieviel verkauft ihr Rußland?"

Lenin stand mit aufgestützten Händen und blickte zur Galerie empor, als schaue er nach, ob der Regen nicht endlich einmal aufhören werde. Lenins Parteigenossen drohten mit geballten Fäusten zu der tobenden Galerie. Durch allen Lärm war das unstillbare Schluchzen einer Frau zu hören.

Es war schon sechs Uhr morgens, als sich die Regierung in einen kleinen Raum zurückzog und den Vertrag unterzeichnete. Als sie aus dem Taurischen Palast mit schläfrigen Augen heimgingen, war es noch dunkel, aber der Schnee hatte schon den blassen Hauch des nahenden Morgens verspürt.

Mittags, den 27. Februar 1918, traf Graf Czernin in Focsani in Rumänien ein, in einer richtigen Etappenstadt mit deutschen Verbotstafeln, mit einer Etappenbuchhandlung voll der ältesten Ladenhüter aus Leipziger Kellern, mit Kino, Bad, Entlausungsanstalt und der sonst üblichen, in Uniform gesteckten Zivilbetriebsamkeit in der vieltürmigen östlichen Stadt. Nach der Flucht des rumänischen Bürgertums waren nun die Juden wieder zurückgekommen und handelten mit allen erdenklichen Sachen, von denen kein Mensch aus dem Westen sich vorstellen konnte, daß sie zu verkaufen waren. Das schob sich nun, vielgebärdig, mit kehligen Stimmen die Nachricht von Czernins Durchreise weitergebend, zwischen braungebrannten Einkäufern von der Front, bebrillten Schreibern mit spiegelnden und traurigen Hosenböden, grellgeschminkten ‚Damen' und prallen Bäuerinnen in den breiten Straßen durcheinander. Auch hier mußte Czernin wie in Brest-Litowsk sehen, daß überall, wo die Deutschen hinkamen, Ordnung gemacht und Verbotstafeln aufgestellt wurden, ohne daß sich dadurch die deutschen Vizefeldwebel sonderlich beliebt gemacht hätten, denn ihre strengen Mienen schienen zu verkünden: Seht ihr, wie Schweine habt ihr hier gelebt, ehe wir gekommen sind. Aber dann haben wir euch dazu angehalten, euren gewaltigen Urdreck wegzuputzen, und nun schaut euch in den Spiegel und betrachtet eure Gassen, damit ihr seht, wie sehr sich alles verändert hat! So haben es die Deutschen in Polen mit dem von Napoleon dort entdeckten fünften Element, dem Dreck, gehalten, aber die Leute dort waren weder für die geschneuzten Kinder noch für die gefegten Straßen dankbar gewesen. Dieses Volk der tatendurstigen, ordnungswütigen Etappe war Czernin auch hier in Rumänien ein wenig unheimlich.

Das deutsche Kommando stellte dem Grafen und seiner Begleitung einige Kraftwagen zur Verfügung, und dann ging es in rascher Fahrt zur Front, serethaufwärts. Die Weinhänge der Karpatenausläufer waren tief verschneit, vom Fluß her wehte es eisig. Schon kroch vielgewunden die Front durch den Schnee. Die vermummten Posten blickten den Autos nach, die unter Hornsignalen und unter dem Schwenken einer weißen Fahne durchfuhren.

Drüben, bei der andern dunklen Linie, auf der andern Seite jenes Grabensystems, das die ganze Welt zerriß, wurden die langsam fahrenden Autos von einigen übereleganten rumänischen Offizieren erwartet. Die Herren sprachen fließend französisch. Ein Herr im Gefolge Czernins, der das Land hier noch nicht kannte, wunderte sich, daß einige von den jüngeren Adjutanten der Gegenseite geschminkt waren. Czernin entsann sich, daß die gleichen Leute, die ihn als Gesandten beim Abbruch der Beziehungen der Monarchie mit Rumänien beschimpft hatten, vor einigen Tagen bei seinem Besuch des Bukarester Theaters ganz begeistert gewesen waren.

Ein rumänisches Auto nahm die Spitze und führte. Erst ging es langsam durch das zerschossene Marasesci. Die Rumänen fuhren nicht schnell, denn hier war ihre Marne, ihre Piave, ihr Verdun und ihr Monte Grappa, hier war die Linie, an der sie im August des Jahres 1917 standgehalten und alle Angriffe abgewehrt hatten. Zu jener Zeit hatten die Rumänen allein standhalten müssen, denn die Kerenskij-Russen hatten den ganzen Tag politisiert. Drüben, der hohe Berg, das war der Odobesci, der den Deutschen und Ungarn viel Blut gekostet und ihnen wenig Ehre gebracht hatte. Und seither hielten die Rumänen jenen Zipfel Moldau, der auf fast allen Balkankarten, weil er zu sehr nach Norden reicht, abgesondert in eine Ecke gezeichnet wird.

Der Czernin beigegebene deutsche Generalstabsmajor erklärte in kurzen Zügen den Verlauf des Feldzuges. Dann kam der Major auf den rumänischen König zu sprechen. Er, als Offizier, verstehe nicht, warum der König nicht abdanke und auf diesen Thron verzichte, schließlich habe er doch bei der Garde in Potsdam gedient.

„Was wollen Sie von solch einem armen König“, erwiderte Czernin, „der im Grunde doch nur der Gefangene seines Parlaments ist. Der Onkel hatte sich gegen die politischen Advokaten, die alle auf Seite Frankreichs waren, so lange gewehrt, bis ihm der Tod die Kriegserklärung an uns ersparte. Der Neffe hatte dazu nicht mehr die Kraft, da nützte die Potsdamer Garde nichts mehr.“

„Die Engländerin“, meinte der Major.

„Da gibt es noch ganz andere Kräfte als eine englische Gemahlin“, sagte Czernin. „Die alten europäischen Dynastien — und die Hohenzollern gehören wohl zu ihnen — sind aus einer Zeit, in der man noch nichts vom Nationalismus wußte. Wenn wir der Reihe nach die europäischen Dynastien durchgehen, so werden wir das einsehen: Dänemark — halb deutsch; Belgien — deutsch, Sachsen-Koburg; Griechenland — erst Wittelsbach, dann Dänemark; Bulgarien — Koburg; Rumänien — Hohenzollern; bleiben nicht deutsch: Italien, Spanien, Schweden, Serbien und Montenegro. Die im Mannesstamm erloschenen Romanows sind Holstein-Gottorp und haben seit 1725 fast ausschließlich deutsche Prinzessinnen geheiratet. Deshalb hat auch Bismarck gesagt: Einen andern als den dynastischen Boden hat für uns das russische Faß nicht. Wenn die letzte russische Zarin ihren Sohn nur widerstrebend Deutsch lernen ließ, war das nicht die Abneigung gegen das Deutsche, sondern das Widerstreben der andern deutschen Dynastien gegen das Haus Hohenzollern, ein Widerstreben, das von Hessen nach Rußland getragen worden ist. Carmen Sylva, die liebe, gute Königin, war eine Ausnahme. Mit Tränen in den Augen hat mich die Königin-Witwe beschworen, ihr zu helfen, daß nicht ihr Neffe den Mittelmächten den Krieg erkläre. Die montenegrinische Kronprinzessin war eine Mecklenburg-Strelitz, der Saisonkönig von Albanien war ein Prinz von Wied, und wenn Wien nicht gewarnt hätte, wäre die Tochter der Königin von Griechenland serbische Kronprinzessin, und Ihr Kaiser hätte die etwas zweifelhafte Ehre gehabt, Onkel des künftigen serbischen Königs zu werden. Es braucht sich nur irgendwo in Europa ein kleines Königtum aufzutun, und schon melden sich die deutschen Fürsten, einst wie heute, die solch einen neuen, noch beim Tapezierer schuldig gebliebenen Thron besteigen wollen. Die Völker fahren mit diesen deutschen Fürsten auf ihren Thronen nicht schlecht. Der den deutschen Fürsten im Blut liegende Partikularismus läßt sie nur allzubald das Stammland vergessen und gute Bulgaren, Rumänen, Russen, Belgier, Dänen, Griechen und Engländer werden. Es spricht sich wohl bei den Völkern herum, daß die deutschen Fürsten gute Verwalter der ihnen anvertrauten Länder sind. Habsburgische Prinzessinnen sind, seit es mit der Donaumonarchie bergab geht, nicht mehr gefragt. Wien hatte mit seinen beiden letzten großen französischen Staatsheiraten keinen Erfolg gehabt, denn Maria Antoinette wurde mit ihrem Gatten geköpft, der Gatte der Maria Luise, Napoleon, wurde auf eine Insel geschafft. Solange Italien — nach Metternich — nur ein geographischer Begriff war, heirateten habsburgische Prinzessinnen in alle italienischen Staaten und dann in das katholische Spanien und nach Portugal. Seit sich die Staaten nationalisieren, will niemand die übernationalen, katholischen Habsburgerinnen. Was sie einst geleistet haben, muß erst einmal geschildert werden, denn so schwach dieses Geschlecht manchmal in einzelnen Söhnen und Töchtern war, so stark war es immer als Familie. Die heutigen Demokratien haften an dem Einzelmenschen, sie wissen nicht, was ein Geschlecht ist, weil sich die wenigsten Leute weiter zurückerinnern können als bis zu ihrem Großvater.

Was aber die andern katholischen Dynastien Europas angeht, Bourbonen, Braganza und die verschiedenen Seitenlinien dieser Geschlechter, so bringen die Verbindungen mit ihnen wenig Glück. In ihren Stammländern sind diese Geschlechter depossediert. Ihre Beziehungen zu ihren Heimatländern sind verschwommen, überspannt und unwirklich, sie können sich als Emigranten keine Vorstellungen von den tatsächlichen Verhältnissen daheim machen.“ Graf Czernin begnügte sich mit diesen Anspielungen, die auf die Fehlschläge hinzuweisen schienen, die aus allen Versuchen der Familie Parma-Bourbon erwachsen waren, mit Hilfe ihrer angeblichen großartigen Verbindungen in Frankreich einen Frieden herbeizuführen. „Deshalb habe ich mir auch vorgenommen, mit diesem König von Rumänien nicht allzu grob ins Gericht zu gehen. Meinetwegen – die englische Frau! Aber die deutschen Frauen in Rußland hätten ja auch etwas für Deutschland tun können. Was haben die beiden montenegrinischen Prinzessinnen in Petersburg für Serbien und Montenegro getan! Und der Mann der einen Montenegrinerin, der Großfürst Nikolai Nikolajewitsch, war der Sohn einer Friederike von Oldenburg und der Großneffe Wilhelms IV. Dieses weitmaschige Netz deutscher Fürstenverwandtschaft hätte gute Folgen für die Deutschen haben können, wäre nicht all diesen deutschen kleinen Höfen die Rebellion gegen das Reich von jeher im Blute gelegen. Sie haben, Herr Major, vorhin das Garderegiment erwähnt, bei dem der jetzige rumänische König einst als Leutnant in Potsdam gedient hatte. In Brest-Litowsk hat mir General Hoffmann erzählt, daß Hindenburg 1866 bei Rosberitz die Uhr eines zu Tode verwundeten Prinzen von Hohenzollern an sich genommen habe, damit sie nicht in die Hände der Österreicher falle. Dieser Hohenzollernprinz war der Onkel des jetzigen Königs. Diese gleiche hohenzollerische Nebenlinie war es auch gewesen, die durch ihre spanische Thronkandidatur den Krieg von 1870/71 ausgelöst hat. Nun endlich hatten die Hohenzollern den rumänischen Thron erlangt, sie waren gute Wirtschafter gewesen, hatten etwas für das Land geleistet, blieben in der ersten Generation ihrer deutschen Erziehung treu, wurden in der zweiten Generation schon wankelmütig, vergaßen Potsdam und Garderegiment, in dem der Oheim für Preußen gefallen war, ließen sich von rumänischen Advokaten an die Wand drücken und von der englischen Frau beeinflussen und brachen Bündnis und Wort. Es ist nicht leicht, in unseren Tagen ein Monarch zu sein. Der Zusammenhalt, der einst Europas Völker durch die Dynastien so geeint hatte, daß alle Kriege sich nur wie Familiengezänk ausnahmen, wie Erbfolgekriege, Erbstreitereien — der Zusammenhalt ist gelockert." In Padureni stieg man von den Autos in einen Salonwagen um und fuhr nach Racaciuni, einer kleinen Gebirgsstation des oberen Serethtales.

„So rasch fahren die rumänischen Lokomotivführer", sagte Czernin, aus dem Eisenbahnfenster blickend. „Diese Wildheit hat mir immer an ihnen gefallen. Ich habe mich oft und oft gewundert, daß es bei ihnen nicht zehnmal mehr Eisenbahnunglücke gegeben hat."

In der kleinen Station von Racaciuni mußte Czernin ein paar Minuten auf den rumänischen Hofzug warten. Als der Zug eingefahren war, ging Czernin allein hinüber in den Salonwagen des Königs. Der König reichte dem Grafen stumm die Hand und saß ihm dann mit verstocktem Gesicht gegenüber. Angesichts des kleinen, schmächtigen Mannes, der seinem Oheim Carol so stark ähnelte, fielen Czernin die schweren Stunden ein, die er dem alten Herrn hatte bereiten müssen. Als damals Czernin als Gesandter zum König gesagt hatte: ‚Ein gegebenes Wort ist ein gegebenes Wort, ein Vertrag ist ein Vertrag. Die Ehre gebietet Eurer Majestät, für das beschworene Bündnis das Schwert zu ziehen', hatte sich der fassungslose König weinend über den Schreibtisch geworfen und versucht, sich mit zitternden Fingern den Pour le mérite vom Hals zu reißen, den Orden, auf den er so stolz gewesen. An diesem Schmerz, an dieser Ausweglosigkeit also war der König gestorben, und die Königin war ihm bald darauf mit gebrochenem Herzen gefolgt. Hier, der König, der Czernin so verstockt gegenübersaß, wußte wohl überhaupt nicht, wie solche Zweifelsqualen sind. Für ihn war — trotz Garderegiment, Potsdam und Hohenzollerngeschlecht — der Krieg eine Frage des Gewinnes gewesen. Siebenbürgen und die österreichischen Teile des von Rumänen besiedelten Gebietes waren mehr wert als Bessarabien. Der König hatte gespielt und verloren. Czernin wußte, daß dem König das Sprechen schwer fiel, er wußte, daß man den König, der während der Audienzen stumm wie ein Fisch war, im ganzen Land für einen ausgemachten Dummkopf hielt. Also mußte, wohl oder übel, Czernin beginnen. „Ich bin nicht da, um den Frieden zu erbitten. Ich bin hier im Auftrag Seiner Majestät des Kaisers und Königs, der trotz dem Verrat Rumäniens an der Monarchie und an den Mittelmächten Schonung und Milde walten lassen will, wenn Eure Majestät sofort unter den von den Vierbundmächten vereinbarten Bedingungen Frieden schließen wollen. Ich kann mich dabei auf das Handschreiben meines Kaiserlichen Herrn berufen, das Oberst Randa vor zwei Wochen Eurer Majestät überbracht hat. Dieses Handschreiben spricht von der allgemeinen Gefährdung, welcher der monarchistische Gedanke durch die Revolution ausgesetzt ist. Mein Kaiserlicher Herr wendet sich sozusagen als Standesgenosse an Eure Majestät, um die Gefahren zu zeigen, die allen Thronen drohen."

Czernin wartete auf eine Antwort, aber der König blickte, den dunklen Spitzbart streichend, verlegen zur Seite.

„Nehmen Eure Majestät aber die Bedingungen nicht an, dann ist die Weiterführung des Kampfes unvermeidlich. Das bedeutet aber, wie Eure Majestät zugeben müssen, das Ende Rumäniens und damit auch das Ende der Dynastie. Unsere militärische Überlegenheit ist heute, da wir die Front von der Ostsee bis zum Schwarzen Meer freibekommen, so groß, daß wir unsere Truppen Ihrer Front gegenüber um ein Vielfaches vermehren können."

„Vergessen Sie nicht", unterbrach der König den Grafen, „wie wunderbar sich meine Truppen bei Marasesci geschlagen haben."

„Umso leichter wird Eurer Majestät jetzt ein ehrenvoller Frieden sein."

„Die Bedingungen Ihres ehrenvollen Friedens sind furchtbar."

„Majestät, wir sind genau unterrichtet, daß seit dem Zusammenbruch der russischen Front an Ihrer Front Munitionsmangel herrscht, denn hier oben in der industriearmen Moldau werden Sie kaum die Möglichkeit haben, irgendwelchen Heeresbedarf herzustellen."

„Dem König von Belgien ist ein noch kleineres Gebiet geblieben, der König von Serbien verfügt über kein Fleckchen seines Landes, und doch haben beide Könige noch keinen Frieden geschlossen, und sie werden es auch allem Anschein nach nicht tun."

„Belgien ist zwischen England und Frankreich eingebettet",

erwiderte Czernin, „die Reste der serbischen Armee stehen bei Saloniki zwischen englischen und französischen Verbänden. Eurer Majestät Restgebiet aber liegt zwischen einer furchtbaren, alles verschlingenden Revolution und unseren siegreich vormarschierenden Armeen."

„Ohne Dobrudscha kann aber Rumänien nicht atmen", sagte der König. „Man kann doch das Land nicht vom Meer abschnüren. Vielleicht läßt sich doch über die Rückgabe der alten Dobrudscha reden."

„Wenn sich Majestät über die allzu harten Bedingungen beklagen, so bitte ich doch zu bedenken, welche Bedingungen Majestät uns als Sieger in Budapest diktiert hätten, denn das war doch das Ziel des Krieges, den Sie uns erklärt haben. Im übrigen bin ich bereit, zu garantieren, daß Rumänien nicht gänzlich vom Meere abgeschnitten wird."

„Es wird sich kein Ministerium finden, das diese Bedingungen annimmt."

„Ich habe in Bukarest den Eindruck gewonnen", entgegnete Czernin, „daß sich das Kabinett Marghiloman, um Rumänien zu retten, mit diesen Bedingungen abfinden würde. An den Bedingungen selbst ist fast nichts zu ändern. Werden sie abgelehnt, greift Ludendorff an. Dann haben wir in vier Wochen weit bessere Bedingungen. Nur auf den ersten Blick scheint unser Friedensangebot so schlecht. Wir bieten unsere Hilfe zur Erwerbung von Bessarabien an. Rumänien wird am Ende mehr gewonnen als verloren haben."

„Bessarabien?" der König wehrte ab. „Dieses kommunistisch verseuchte Land kann uns nie und nimmer ein Ersatz für die Dobrudscha sein."

Czernin zuckte die Achsel. „Bulgarien hat den Überfall von 1913 nicht vergessen. Deshalb wird Bulgarien nicht nachgeben. Ihr Land, Majestät, hat mit hohem Einsatz gespielt und es hat verloren. Ich bin hier, um zu vermitteln. Ich wiederhole: das geschieht nur dem monarchischen Prinzip zuliebe. Es herrscht nämlich derzeit eine gewisse Baisse in Kronen, die sich zu einer Deroute steigern könnte, wenn noch weitere Königskronen auf den Markt geworfen würden. Majestät verzeihen mir das Bild aus dem Kommerz, aber ich habe in Brest-Litowsk so lange mit den Vertretern der Russen verhandeln müssen, daß ich mir dabei eine ganz nüchterne Ausdrucksweise angewöhnt habe. Eurer Majestät dürfte bekannt sein, daß weder der deutsche Kaiser noch das deutsche Volk diese milden Anschauungen meines Monarchen teilen, besonders seit bekanntgeworden ist, in welch unmenschlicher Weise die Kriegsgefangenen der Mittelmächte in rumänischen Lagern gequält worden sind."

Der König wurde rot. „Sie verkennen die Macht eines Königs, Graf Czernin. Sie hatten Gelegenheit, die Stellung des Königs in diesem Lande als Gesandter zu studieren. Wie hätte ich gegen das Hauptargument Bratianus aufkommen können: Die Mark sinkt, der Sterling bleibt fest! Also wird England siegen und Deutschland verlieren. Rumänien muß sich den künftigen Siegern anschließen. Ich bin nicht freiwillig in den Krieg gegangen, ich wurde durch mein Volk, durch meine Minister dazu gedrängt."

„Majestät, die Kurse werden sich ändern, wenn heuer im Frühjahr die Entscheidung zu unseren Gunsten fallen wird."

„Rumänien mußte besonders vorsichtig sein. Deutschland kann den Verlust einiger Provinzen verschmerzen. Bei einem kleineren Staat, wie Rumänien, handelt es sich aber um Sein oder Nichtsein."

„Auch Österreich-Ungarn kämpft um seine Existenz."

„Und deshalb hätte gerade Ungarn trachten müssen, sein Verhältnis zu Rumänien zu verbessern", bemerkte der König. „Ich muß mich mit meinem Kabinett über die endgültige Antwort beraten." Der König erhob sich. Die Aussprache war beendet.

Während Czernin nach Süden und der König nach Norden fuhren, telegraphierte die schöne, auch im Unglück nicht verzagende Königin aus Jassy nach London, daß die Hohen Verbündeten das von Rußland im Stich gelassene rumänische Volk nicht vergessen mögen in der traurigen Stunde, da man einen erzwungenen, bitteren Frieden schließen müsse. Das Herz des tapferen rumänischen Volkes werde immer für die erhabenen Ziele der Freiheit, der Demokratie und des Selbstbestimmungsrechtes der Völker schlagen und für seine hochherzigen Verbündeten.

Achtzehntausend Tanks für die Frühjahrsoffensive 1919!

Am 19. März 1918 kamen im Zeughaus zu Montreuil der englische Munitionsminister Winston Spencer Churchill, der englische Marschall Douglas Haig, der Artilleriechef General Birch, der Führer des englischen Tankkorps General Elles, einige Sachverständige und ein paar Tankoffiziere zusammen, um über Einsatz und Erzeugung der neuen Waffe in diesem und im nächsten Kriegsjahr zu beraten.

„Was macht die Heimat?" fragte General Birch.

„Die tanzt, ganz London tanzt wie besessen", erwiderte Churchill. „Ich habe dem Tiger solch ein unterirdisches Lokal gezeigt, und der Tiger war platt vor Staunen. Verwundete mit verbundenem Kopf, mit geschienten Armen, an Krücken humpelnd! Über dem Lokal ein Gemisch aus Parfüms, Karbol und Jodoform. Der Tiger schüttelte den Kopf und fragte, wo in London die Toten tanzen."

General Birch lachte: „Auch unsere Leute an der Front hat die Tanzwut ergriffen. Wenn sie den drohenden Angriff spüren, tanzen sie wie Mücken vor Sonnenuntergang."

„Glauben Sie an den großen Angriff?" fragte Churchill.

„Er liegt uns wie ein drohendes Gewitter in allen Gliedern", erwiderte der General. „Ich habe nur eine Furcht: daß wir mit unsern Tanks zu spät kommen."

„Früh genug zur Entscheidungsschlacht dieses Krieges im Frühjahr neunzehn", tröstete Churchill. „Die Type Acht wird kein Hindernis kennen, sie wird Kanäle überqueren, Schleusen überklettern, das Trichtergelände durchqueren, die Bäume wie ein Saurier knicken und die Schützengräben zuwalzen."

„Hat man eine Ahnung von dem deutschen Modell?" fragte Marschall Haig. Churchill machte mit seiner rechten Hand eine wegwerfende Bewegung: „Den Vorsprung können die Deutschen nicht mehr aufholen."

„Ich bin nicht so sicher", widersprach General Elles. „Wir hätten unsere Tanks länger zurückhalten sollen, wir hätten zum erstenmal bei dem großen, entscheidenden Schlag mit ihnen erscheinen dürfen. Wie sie wirken, haben wir bei Cambrai gesehen. Aber die Deutschen auch!"

„Der Gegner hat einen ähnlichen Fehler mit seinem Gas gemacht. Hätte er es in großen Mengen auf einen Schlag eingesetzt, ehe wir noch Masken hatten, hätte er die ganze Front umlegen können", sagte Haig.

„Hier an der Front", entgegnete Churchill, „ist der Wind sechs Tage in der Woche gegen die Deutschen, weil das Meer immer mit England ist. Wäre das Salzwasser nicht für uns, wir wären längst aufgerieben." Churchill zog ein Blatt Papier hervor und las seine vorwurfsvolle Zusammenstellung vor, während die Offiziere gelangweilt beim Fenster hinaussahen.

„Beim Angriff in Flandern im November siebzehn gewannen wir bei einem Aufwand von 465 000 Tonnen Munition, die uns 84 Millionen Pfund kosten, sage und schreibe 54 Quadratmeilen Boden. Das sind hohe Grundstückpreise für ein eisenhältiges verwüstetes Land. Wir verloren dabei 300 000 Mann, davon allein 5000 tote und 15 000 verwundete Offiziere. Das sind für Großbritannien unersetzliche Verluste. Und dennoch konnte soviel kostbares Blut es nicht verhindern, daß deutsche Divisionen zur gleichen Zeit die Italiener hart an den Rand des Abgrundes drängten."

„Hätten wir nicht angegriffen, wäre Italien vernichtet worden", knurrte Haig.

„Vielleicht ist dies die einzige Rechtfertigung unserer Opfer", erwiderte Churchill. „Als aber General Elles bei Cambrai mit seinen fünfhundert Tanks ohne Artillerievorbereitung überraschend angriff, brauchten wir nur 36 Tonnen Munition, die uns 6,5 Millionen Pfund kosteten. Das ist ein Unterschied gegen den Novemberangriff in Flandern! Hätten wir gleich Kavalleriedivisionen in die Durchbruchstelle werfen können, wären nicht mehr als 10 000 Mann gefallen. Das sind Bilanzen, über die sich reden läßt. Arbeiten wir in dem nun eingeschlagenen Tempo weiter, können wir im April 1919 die Boches mit achttausend Tanks angreifen, zu denen bis dahin wahrscheinlich noch zehntausend kleine Renaultwagen hinzukommen, die augenblicklich von den Franzosen erprobt werden. Denn unser Trachten in der Rüstung ist nicht darauf gerichtet, wie wir im Jahre 1918 der Niederlage entrinnen, sondern wie wir im Jahre 1919 den Sieg erringen."

„Vorerst muß einmal dieses Jahr, das fürchterlich zu werden droht, überstanden werden", stellte Marschall Haig fest.

General Birch deutete auf die ausgebreitete Karte: „Wir nehmen an, daß sich hier das Unwetter zusammenziehen wird. Wahrscheinlich wird Ludendorff zwischen Arras und Péronne angreifen. Diese schraffierten Räume werden von den Deutschen schon seit Wochen vergast. Die ausgesparten Stellen sind Gassen, die gasfrei geblieben sind. Durch diese Gassen werden vermutlich die Deutschen kommen."

„Und gerade jetzt vor dem Gewitter mutet man mir zu, meine Front bis Barisis zu verlängern", grollte Haig, „und obendrein soll ich noch Divisionen an diese sagenhafte Hauptreserve abtreten."

„Richtet sich der Stoß gegen uns, dann kommt ja diese Hauptreserve auch uns zugute", erwiderte Churchill.

„Danke, danke", lehnte Haig ab. „Ich habe kaum für meine Abschnittsreserven genug Leute. Von einer eigenen Reserve kaum zu reden. Weder Pétain noch ich haben ein Bedürfnis nach einer neuen militärischen Oberbehörde, die uns nur Divisionen entzieht."

„Verlassen Sie sich nicht auf Pétain, wenn Sie angegriffen werden", warnte Churchill, „Pétain könnte Ihnen herzlich wenig schicken, denn die Franzosen haben ihre ganzen Reserven viel zu weit im Süden stehen, weil sie seit Caporetto fürchten, daß die Deutschen den Italienern gänzlich den Garaus machen werden und dann über die Schweiz kommen könnten."

„Pétain würde trotzdem zur rechten Zeit zur Stelle sein", widersprach Haig.

„General Wilson war in Rom und berichtet, daß man dort die Deutschen mehr als den Teufel fürchte. Also auf Italien darf nicht viel gerechnet werden", berichtete Churchill.

„Ich werde froh sein", sagte Haig, „wenn die Italiener die Österreicher so binden, daß die Österreicher nicht an unserer Front einige Divisionen der Deutschen ablösen und für den Angriff freimachen können."

„Die Amerikaner lassen sich zu viel Zeit", sagte General Elles. „Sie haben den Mund gewaltig voll genommen. Aber sie kommen nur tropfenweise."

„Ich habe getan, was ich konnte", versicherte Churchill. „Ich habe ihnen gesagt, daß wir uns Nahrungseinschränkungen und Restringierungen der Munitionstransporte gefallen lassen, nur um Frachtraum für amerikanische Truppen freizubekommen."

„Macht alles wenig Eindruck auf die Yankees, sie wollen warten, bis ihre eigene Armee fix und fertig ist; diese unüberwindliche Kreuzzugsarmee gegen die Hunnen soll alles vor sich niederwälzen, vom Atlantik bis Berlin. Und deshalb sträuben sie sich gegen eine Aufteilung ihrer Bataillone auf unsere Divisionen", erklärte General Birch.

„Sie tun unrecht damit", sagte Churchill. „Wenn Deutschland, was Gott verhüte, aus diesem Krieg gestärkt hervorginge, wäre die auf den Schlachtfeldern in engen Verbänden geschlossenen Freundschaften zwischen uns und den Amerikanern der beste Schutz gegen Wilhelms Übermut."

„Erst müssen wir die Yankees an der Front haben", bemerkte Haig, „dann kann man von anderen Zielen träumen."

„Sie werden kommen", versicherte Churchill. „Wenn sie einmal Pulver gerochen und Blut gelassen haben, dann wird es ihnen so gehen, wie es uns gegangen ist. Kennen Sie die Geschichte von General Wilson und General Foch? Nicht? Wilson hatte 1910 auf seinem Fahrrad ganz Belgien durchstreift und war hernach bei Foch in Paris an der École Supérieure de Guerre zu Gast. Als er Foch fragte, wie stark die englische Streitmacht sein müsse, die nach Frankreich gesandt werden solle, erwiderte Foch: ‚Schikken Sie uns einen einzigen gewöhnlichen Infanteristen, und wir werden dafür sorgen, daß er fällt.' Und was vom englischen Soldaten galt, wird auch vom amerikanischen gelten. Wenn auch der Präsident drüben verrückt ist, so läßt sich doch Amerika keinen Soldaten ungesühnt töten."

„Aber sie haben noch nicht einmal diesen einen Infanteristen an die Front geschickt", erwiderte Haig. „Und Clemenceau hat von Konfidenten erfahren, daß die Deutschen Mitte März in Calais und Mitte April in Paris sein wollen."

„Mitte März", sagte Churchill, „ist bereits vorbei, es hat sich noch immer nichts gerührt."

„Je später es losbricht, desto furchtbarer wird es sein", erwiderte General Birch. „Alles, was die Deutschen im Osten freimachen können, karren sie seit Wochen herüber. Jetzt kommt Armaggedon!!"

„Armaggedon, die apokalyptische Schlacht zwischen Gut und Böse, wollen wir erst im Frühling neunzehn schlagen", meinte Churchill.

„Wenn uns der Premier wenigstens seine Million gehamsterter Truppen herüberschicken wollte! Dann hätten wir gleich hinter uns eine Reserve", klagte Haig.

Churchill wehrte ab: „Es geht nicht. Lloyd George kann nicht.

Er hat aus der Nation das Letzte herausgepreßt. Die neunzehnjährigen Jungen, die dreimal Verwundeten, die Schwächlinge und die Krüppel sind eingestellt. Unsere fürchterlichen Verluste bei den Herbstangriffen haben alle Berechnungen über den Haufen geworfen". Den wirklichen Grund, warum Lloyd George mit den Truppen nicht herausrücken wollte, verschwieg Churchill; weil nämlich Lloyd George und mit ihm viele Engländer fürchteten, daß Haig, sobald man ihm frische Truppen gebe, sofort angreifen und nicht an Schonung der mühsam zusammengekratzten Leute denken werde.

„Die Deutschen haben allein gegenüber der Fünften Armee mehr als vierzig Divisionen zusammengezogen", stellte Haig fest.

„Wir müssen vorderhand mit dem das Auslangen finden, was da ist. Mehr kann England augenblicklich nicht herüberschicken. Wir müssen Widerstand leisten. Mit dem Kopf durch die Mauer können die Deutschen doch auch nicht." Die Generale schwiegen, und Churchill begann mit der Beratung über den Einsatz der Tanks.

Nach der Sitzung schlug General Birch Churchill vor, mit ihm an die Front zu fahren und die neunte Division zu besuchen, deren Kommandant, General Tudor, mit Churchill in Indien gedient habe. Tudor liege mit seinem Stab in Nurlu, zehn Meilen nördlich von Péronne.

Am Spätnachmittag fuhren sie also ab. Als sich der seit Sonnenaufgang liegende Nebel hob, schwärmten von allen Seiten Erkundungsflieger wie Mücken aus. Es war bereits dunkel, die Front war verstummt, als Birch und Churchill mit abgeblendeten Lichtern in den Mauerresten des niedergebrannten Nurlu ankamen. Die Fenster des Kommandos waren verdunkelt. Als der Mond aufging, waren die Flieger wieder da. General Tudor begrüßte den Munitionsminister herzlich als ehemaligen Regimentskameraden, der noch immer nicht die Nase dafür verloren habe, wo etwas los sein werde. Wenn Churchill die Geschichte der neunten Division schreiben sollte, dann erbitte sich sein alter Kamerad Tudor ein paar freundliche Zeilen. Churchill lachte über sein breites Schauspielergesicht und fragte, ob man ihm in der Armee noch immer nicht die indischen und die afrikanischen Tagebücher verziehen habe. Tudor wehrte ab: Verziehen? Seit Churchill habe die britische Armee keinen Leutnant mehr gehabt, der so gut gefochten wie geschrieben habe, und der auf dem Polopony so sattelfest gewesen sei wie auf dem Pegasus. Fechten und

Schreiben, das scheine bei Churchill zusammenzugehören, in Kuba, Indien und Afrika.

Churchill klopfte seinem alten Kameraden auf die Schulter. Wer neugierig sei, komme herum, deshalb habe er es zu einer so stattlichen Zahl von Regimentern gebracht: er habe bei den 4. Husaren begonnen, dann sei er einer der spärlichen weißen Offiziere beim 3. Punjab-Regiment gewesen, von dort sei er zu den 21. Lancers, dann zu den südafrikanischen leichten Reitern und schließlich zur Oxfordshire-Landwehr-Kavallerie gekommen. Seit August 1914 seien es noch zwei Regimenter mehr geworden: das zweite Garderegiment, die königlich schottischen Füsiliere, und die Oxfordshire-Artillerie. Als der General lachend bemerkte, daß Churchill seine Dienste bei der Marine unterschlage, knurrte Churchill, daß er nicht gerne an Gallipoli denke.

„Ich sehe Sie, Winston, noch einmal in einem fliegenden Tank überall dorthin steuern, wo etwas los sein wird. Und in diesem Sinne heiße ich Sie heute in dem zerstörten Nurlu willkommen, denn uns schwant sehr, daß hier bald etwas los sein wird."

„Wann glauben Sie, daß es losgeht?" wollte Churchill wissen.

„Zwei Überläufer haben, wie uns eben gemeldet worden ist, angekündigt, daß es heute nacht losgehen soll."

„Glauben Sie es?"

„Es ist sehr möglich. Aber Sie können, wenn es heute nicht losgeht, morgen vor in die Stellungen gehen und schauen, wie wir alles zum Empfang der Deutschen vorbereitet haben."

Englische Offiziere, 20. März 1918

Am nächsten Morgen, nach einer vollkommen ruhig verlaufenen Nacht, führte General Tudor seinen Regimentskameraden durch das weitmaschige Netz der Gräben vor. Über dem weiten Land, in dem überall Menschen in Gräben lagen und lauerten, lag eine drückende Stille. Auf den unbestellten Feldern vor den Gräben wucherte das erste Grün des Frühlings. Drüben, bei den Deutschen, standen einige Fesselballons. Nur wenige, von Schrapnells umkränzte Flieger zogen hoch dahin.

„Wir sind hier", erklärte der General, „an der Unglücksfront. Das Scherenfernrohr hier ist auf das Bouillon-Wäldchen eingestellt. So weit waren wir im November gekommen. Dort traf uns der deutsche Gegenstoß, den Hunderte von Tieffliegern begleiteten. Wir hielten uns mit Nägeln und Zähnen, aber wir kamen gegen das verdammte Gas nicht auf. Seit Sommer vierzehn, Winston, war es die erste Stellung, die Engländer räumten. Aber nun sollen Sie noch die braven Springböcke sehen." Der General führte Churchill durch die Artilleriestellungen hinter dem Dorfe Havrincourt. „Vor uns war da einmal ein Schloß, der Krieg hat es ausgelöscht."

Hinter den Artilleriestellungen lagen neben den Feldbahngeleisen die mit Plachen bedeckten Munitionsstapel. Churchill nickte zufrieden. Die Batterien waren reichlich versorgt. Die Batterie- und Gruppenkommandanten meldeten sich bei dem General. Die Offiziere waren alle ernst, man sah ihnen die Spannung an, in der sie seit Tagen lebten. Ein baumlanger kanadischer Major berichtete: „Die Deutschen scheinen sich sehr sicher zu fühlen. Seit Nächten kann man sie singend in die Stellung ziehen hören."

„Als ich bei den schottischen Füsilieren in Flandern war", sagte Churchill, „habe ich sie auch oft singen gehört. Ich weiß nicht, an wen sie ihr Leben verschenkt haben. Sie lieben den Tod, man hört es ihren Liedern an." Churchill sah zu Boden und dann fragte er nach einer Weile: „Was sind diese Überläufer für Leute?"

„Zwei Lothringer", erwiderte der Major, „einer ist von den Minenwerfern, der andere von den Pionieren."

„Wie glauben Sie, daß es ausgehen wird?"

„Wir werden uns halten. Und das wird sehr viel sein. Die Leute sind nicht sehr gut ausgebildet. Hinter uns die Sommewüste. Die braucht immer wieder Leute zum Straßen- und Brückenbau. Das schwächt die Truppe."

Churchill verabschiedete sich von dem Major und ging mit dem General weiter, der den Munitionsminister immer wieder vor den Minen warnen mußte. Man habe hier alles mit Minen gepflastert, die angreifenden Hunnen würden etwas erleben. Im Gauchewald traf man die Springböcke, blauäugige Riesen aus Südafrika. Churchill sah zu einem Sergeanten hinauf und sagte zum General: „Die werden halten, das sieht man den Leuten an." Erst spät abends war man wieder in den Baracken von Nurlu. General Tudor durchflog die ihm vorgelegten Meldungen. „Grabenüberfälle ergeben, daß die Deutschen auf einer halben

Meile Front acht Bataillone haben. Nun müssen sie bald kommen."

Nach dem Abendessen blieben die Offiziere des Stabes noch eine Weile beisammen, und Churchill erzählte den jungen Herren, wie er auf dem Malakandpaß in Indien das Whiskytrinken gelernt habe. Da saß Churchill unter den wohlerzogenen jungen Offizieren, ein Mann aus jener Zeit, in der man Leutnant und Zeitungskorrespondent hatte sein können, und Churchill erzählte von den großen Polowettkämpfen in Haidarabad, von gewaltigen Elefanten und kleinen Kanonen, und von der großen Zeit Englands in Indien, die man selbst erlebt haben mußte, um zu wissen, wie herrlich das Leben sein kann. Auch General Tudor begann vom großen Kavallerieturnier in Meerut zu schwärmen, wo die berühmte Polomannschaft der leichten Infanterie Jahre hindurch gegen alle hochfeinen Reiterregimenter den Pokal gewonnen habe. Nicht einmal die besten Eingeborenenmannschaften des Maharadschas seien gegen diese Infanteristen aufgekommen, und das alles sei das Verdienst des bescheidenen kleinen Infanteriehauptmanns de Lisle gewesen, der seine Polomannschaft so gut trainiert habe. So weit könne es durch Fleiß und Eifer ein Infanterist bringen. Was aus de Lisle geworden sei? Korpskommandant. Aber das sei nichts im Vergleich zu dem Polosieger von Indien.

Die Offiziere lachten und Churchill stimmte mit ein. Die jungen Offiziere baten Churchill, ihnen etwas von jener sagenhaften Schlacht von Omdurman zu erzählen, in der Churchill als Leutnant der 21. Lancers General Kitchener das Heranrücken der Armee des Mahdi gemeldet hatte. Churchill erzählte also, wie er als junger Leutnant mit eigenen Augen das gesehen habe, was vor vielen Jahrhunderten die Kreuzfahrer gesehen hatten: eine Armee mit Pfeil und Bogen, in Kettenpanzern, zusammengedrängt unter wehenden riesigen Fahnen. Und in diese Armee aus der Kreuzritterzeit hinein das Schnellfeuer moderner Waffen. Nie könne man den Anblick vergessen. „Dieser Feldzug und der Burenkrieg, das waren die Kriege meiner Jugend. Ich lernte die Größe des Empire kennen, und ich weiß deshalb, was wir zu verlieren haben."

Da Churchill zeitlich früh zur Konferenz nach St.-Omer weiter mußte, wo über die Verwendung des Gases beraten werden sollte, wurde die Tafel nicht allzu spät aufgehoben. Als Churchill aus der Wellblechbaracke ins Freie trat, sah er die Leuchtkugeln steigen, Scheinwerfer tasteten und verschwanden, fernher wummerte

Artillerie. Hoch oben hörte man Flieger ziehen. Dumpf berstend fielen in der Ferne Bomben. Im Laufgraben, der ins Quartier Churchills führte, blieb Sir Winston stehen. „Wie lächerlich, in solcher Nacht ein schlagerkrächzendes Grammophon."

„Die Jungens wollen nicht schlafen gehen, sie warten auf einen Alarm", sagte der General.

Die Platte spielte, von einer hohen französischen Knabenstimme gesungen: ‚Marlborough zieht in den Krieg...'

„Sie spielen das mir zu Ehren", lachte Churchill, „als wollten sie mir zeigen, wie sich seit meinem Urahn die Geschichte verschoben hat. Nun zieht Marlborough für Frankreich zu Feld." Als Churchill sich in dem kleinen Unterstand zur Ruhe begeben hatte, lag er noch lange wach und lauschte dem Rumoren der Nacht, dem Rattern der Wagen, dem Rufen der Menschen und dem fernen Feuer der Front.

Als Churchill erwachte, war es noch stockdunkel. Die Armbanduhr zeigte fünf Minuten vor vier Uhr. Wieder nichts, dachte er. Denn wenn sie heute kommen wollten, müßte der Zauber schon begonnen haben.

Da — sieben oder acht schwere Schläge, die das Bett wanken lassen. Durch die Verdunkelung sogar dringt Lichtschein herein. Ein Frauenbild an der Wand wird sichtbar und entschwindet. Nun berstet, rollt, hämmert und klirrt Einschlag um Einschlag, wie ein zyklopischer Klavierspieler, denkt Churchill, der mit den Fäusten auf dieser Höllenklaviatur herumtrommelt.

Beim Flackerlicht der Stichflammen machte sich Churchill fertig. Im Graben draußen sah die von giftigen Feuern aufgebrochene Nacht aus wie ein dunkler Riesenstein mit fahl leuchtenden Kristallen. General Tudor war schon im Graben. Der lichte Morgennebel schluckte alles bis auf das Feuer. „Gleich werden unsere Batterien mit Sperrfeuer antworten", rief Tudor laut, „wir werden auf meinen Gefechtsstand gehen." Sie gingen durch den Graben zur Höhe hinter dem Dorfe Nurlu hinan.

„Noch immer kein Sperrfeuer", klagte Churchill, „wir werden zu spät kommen."

„Seit einer Minute schießt jedes Rohr bei mir. Man hört es nur nicht. Wenn der Lärm eine gewisse Stärke erreicht hat, wird es fast still."

Aus dem Nebel leckten steile Feuerzungen auf, getroffene Munitionsstapel gingen hoch. Durch die Luft rauschte ein ununterbrochenes Gelispel. Churchill freute sich und meinte, es seien Blindgänger, aber der General rief laut: „Gas! Gas!“ Schon tönten die Alarmglocken. An der Straße nach Péronne brannte eine Kantine, dunkle Gestalten tanzten vor den Flammen hin und her und verschwanden wieder in die Nacht.

Der Himmel wurde lichter. Die Flammen verblichen vor dem heraufkommenden Tageslicht, über ihnen zogen nun dunkle Rauchwolken dahin.

Churchill gestand dem General, noch nie ein solches Feuer gesehen zu haben. Es habe nichts Menschliches mehr an sich, es sei wie eine Naturgewalt, es reiche wahrscheinlich von Arras bis Barisis. Wenn sie nur bald kämen, seufzte der General.

Churchill mußte an Abschied denken, die Pflicht rufe ihn nach St.-Omer. Er reichte seinem alten Regimentskameraden die Hand und hatte dabei das unabweisbare bittere Gefühl, als ob er von dieser braven Division für immer Abschied nehme. Er wollte es nicht sagen, aber Tudor mußte es verstehen, daß es nicht leicht war, jetzt gerade die Division zu verlassen und aus dem Kreis der Sterbenden herauszutreten.

Um zehn Uhr bestieg Churchill seinen Wagen und fuhr, gerade als das Feuer aufhörte und es so still wurde, daß man das Knattern des Motors hören konnte, auf der Straße nach Péronne gegen Westen.

England vor dem Abgrund, März 1918

Am 24. März 1918 traf Churchill mittags in London ein und eilte, da er weder in St.-Omer noch auf der Überfahrt Genaueres über den Angriff der Deutschen hatte erfahren können, zum Chef des Reichsgeneralstabs ins Kriegsministerium. Der überlange Ulstermann Sir Henry Wilson nahm Churchill bei beiden Händen: „Alle Taschen voll Neuigkeiten?“

„Keine Neuigkeiten“, wehrte Churchill ab.

„Wetter über dem Kanal?“

„Über Kanal und Flandern Nebel.“

„Über London, Sir Winston, Sonne. Die Flieger werden kommen.“

„Und wie steht es an der Front?“ fragte Churchill, der seine Neugier nicht mehr bezähmen konnte.

„Fürchte, daß der gute Gough samt seiner Fünften Armee

knockout. Unverständlich, warum Gough so schnell zurückgeht. Vorgestern wurden Goughs Verluste auf dreißigtausend geschätzt. Fürchte, daß sie sich verdoppelt haben. Alles, was hinter ihm ist, sind fünfzigtausend Mann Reserven. Sir Douglas verlangt, daß die Franzosen bis St.-Simon übernehmen, er kann allein das Loch nicht stopfen, durch das die Deutschen nach Paris marschieren wollen. Die Boches bombardieren mit weittragenden Geschützen Paris. Jede Viertelstunde geht in der Gegend des Ostbahnhofes ein Schuß nieder. Der Tiger wird die Pariser zwingen, sich daran zu gewöhnen. Haben uns auch an Zeppeline und U-Boote gewöhnen müssen."

„Und die dritte Armee?" fragte Churchill.

„Steht. Dort, wo sie, um den Anschluß nicht zu verlieren, zurück muß, kann sie sich bei Gough bedanken."

„Welch schneidiger Kavallerist war Gough", sagte Churchill.

„Es ist nicht mehr die Zeit für schneidige Reiter."

„Ich will jetzt einmal der Boche sein." General Wilson blies die Backen auf und rollte die Augen. „Ich frage mich, was ich als Boche erreicht habe. Im Norden wenig. Im Süden viel. Meine bochische Zwangsvorstellung ist und bleibt: England. England muß geschlagen, vernichtet und gefangengenommen werden. Ich Boche muß die England gegenüber liegende flandrische Küste halten. Um mich von dort wegzubekommen, hat mich England im Herbst und zu Weihnachten erfolglos angegriffen. Mit meinen U-Booten habe ich England bis aufs Blut gepeinigt. Die englische Dritte Armee versperrt mir den Weg zu den Kanalhäfen. Nur wenn ich nicht dorthin durchkomme, wende ich mich gegen Paris oder vielleicht auch gegen Venedig."

„Glauben Sie, daß es sich nur um eine großangelegte Demonstration handelt?" fragte Churchill.

„Möchte glauben, kann aber nicht. Habe überallhin um Infanterie gekabelt. Nach Palästina, nach Saloniki, von überall hole ich Divisionen heran. Auch Reading ist angewiesen, meinem verrückten Namensvetter in Washington zu sagen, daß man Krieg nicht mit Botschaften, Predigten, Punkten und guten Lehren, sondern mit Soldaten führt."

„Wir werden die Achtzehnjährigen hinüberschicken müssen", klagte Churchill.

„Traurig, doch unvermeidlich. Eine Menge Leute sind auf Urlaub, die man durchkämmen kann. Das sind allein hundertachtzigtausend."

„Die Amerikaner müssen einspringen. Wir können nicht warten, bis sie ihre Kreuzzugsarmee vollkommen fertig haben. Sie wissen es selbst, daß wir schon lange Soldaten brauchen, bevor sie fertig sind."

„Eben waren Page und Baker hier, beide sehr blaß und sehr ängstlich. Dem Botschafter sah man die Angst an, seiner Regierung zu einem schlechten Geschäft geraten zu haben. Der Staatssekretär für Heerwesen fragte immer wieder, wie das habe geschehen können. Ja, sagte ich den amerikanischen Herren, im Krieg gibt's immer Überraschungen. Wir können nicht auf die Armeen, nicht auf die Divisionen warten. Geben Sie uns amerikanische Bataillone, um die Löcher in der Front zu stopfen. Die Amerikaner begriffen, was ich wünschte und was die Front verlangt. Aber ihr Wunsch, den Krieg noch einmal ganz von vorne anzufangen, damit man auch recht deutlich sehe, was sie ausgerichtet haben, ist stärker. Sie beriefen sich auf die Kanadier und die Australier. Die hätten auch ihre eigenen Korps, sie wollten auch die ihren erst einmal aufstellen."

Das Telephon schrillte. Wilson nahm den Hörer, sein faltiges Jungengesicht wurde müde und traurig. Nach einer Weile hängte er mit einer schlaffen Bewegung ab. „Combles und Péronne gefallen!"

Churchill erschrak: „Péronne? Teufel! Das trifft den Nervenstrang der Front."

„Jetzt heißt's an die Ancre zurück", sagte Wilson. „Man muß Lloyd George aus Walton in die Stadt rufen. Es wird bitter ernst."

„Ja, es wird sehr, sehr ernst", sagte Churchill nach bangem Schweigen. „Ich muß wieder hinüber. Vor ein paar Stunden habe ich Lord Milner nach Charing Cross gebracht. Er fuhr nach Versailles wegen Regelung des Oberbefehls. Das wird jetzt sehr dringend. Ich will sehen, was ich ausrichten kann."

Das Telephon läutete. Wilson nahm den Hörer und sagte zu Churchill: „Das französische Hauptquartier." Wilson sprach französisch: „Was ich denke? Ich denke, daß jemand stehen bleiben muß, sonst zerschneiden die Deutschen die Front und sind in Paris, ehe uns die Amerikaner helfen können. Vielleicht gibt Pétain etwas her. Unser Kriegsminister, Lord Milner, ist auf dem Weg zu Ihnen. Winston Churchill, der neben mir steht, hat versprochen, den ungeheuren Materialausfall in kurzer Zeit zu ersetzen." Der General lauschte, nickte, sagte ein paarmal ja, grüßte und hängte ab.

„Was wollte Foch?" fragte Churchill.

„Er hofft, daß noch nicht alles verloren ist. Man kann ihm glauben. Er hat nie zuviel versprochen. Wir müssen aber jetzt nach Downing Street zum Ministerpräsidenten."

Die beiden Herren machten sich auf den Weg. Im St.-James-Park grünten in diesem Jahre, da der März schon den ganzen Frühling vorweggenommen hatte, die Bäume. Die Bänke waren besetzt, die Teiche glänzten in der Sonne.

„Viel zuviel Uniformen", stellte Wilson fest. „Die eine Hälfte unserer Tommys stirbt, die andere geht mit Mädchen spazieren."

„Das trockene Wetter trocknet die Sümpfe an der Lys aus", sagte Churchill, „die Deutschen werden diese schweren Hindernisse leicht nehmen können."

„Der liebe Gott scheint ein Boche zu sein", sagte Wilson. „Mit diesem Wetter schenkt er den Deutschen ein paar Wochen, die er uns und den Amerikanern wegnimmt."

Im kleinen Garten des Regierungsgebäudes in der Downing Street warteten Lloyd George und Feldmarschall French.

„Sie kommen von drüben?", fragte Lloyd George. „Wie steht es an der Somme?"

„Ich war nur die ersten vier Stunden des Angriffes drüben", erwiderte Churchill, „ich weiß nur, was mir Sir Henry mitgeteilt hat."

„Ihr Eindruck?"

„General Tudor steht wie ein Pflock. Bei ihm werden sie nicht durchkommen."

„Aber die Fünfte Armee!" rief Lloyd George aus. „Wenn wir uns nicht in den so gut ausgebauten Stellungen halten, wie sollen wir weiter hinten stehen bleiben, wo nichts ist?"

„Jeder Angriff verliert im Fortschreiten an Stoßkraft", beruhigte Churchill den Ministerpräsidenten. „Es ist wie beim Ausschütten eines Glases Wasser. Erst ein Schwall, dann immer langsamer, schließlich versickert es."

„Wissen Sie, wieviel Gläser, ja wieviel Eimer die Deutschen über uns entleeren werden?"

„Wenn sie auch Teufel sind, Übermenschen sind sie nicht", erwiderte Churchill. „Nach dreißig, vierzig Meilen müssen auch die Boches Atem holen. Das ist der Augenblick, wo unser Widerstand sich festigen kann."

„Aber wenn die Unsern beim ersten Stoß so laufen wie die Italiener bei Caporetto?"

„Briten sind keine Italiener", schnitt Churchill ab. „Aber

sogar die Italiener sind an der Piave zum Stehen gekommen. Es hat in diesem Krieg manchen Durchbruch gegeben, aber zur Vernichtungsschlacht ist kaum einer geworden."

Lloyd George atmete auf: „Sie haben recht. Wir sollen nicht kleiner sein als jene, die drüben für uns fallen."

Lloyd George zog die Uhr. Um sieben Uhr war die Sitzung des Kriegsrates. Churchill verabschiedete sich und ersuchte Wilson und Lloyd George, bei ihm das Abendbrot einzunehmen.

Nach dem Essen in Churchills Wohnung erschien auch Colonel Hankey, den Wilson gleich in eine Fensternische zog. Er wisse nicht, sagte Wilson zu dem Oberst, ob der Ministerpräsident den ganzen Ernst der Lage erfasse. Während der Sitzung habe Haig angerufen. Der Feldmarschall sei mit seinem Latein zu Ende. Wilson setze allein auf Foch.

Lloyd George fühle, erwiderte der Oberst, der wie ein kleiner Knabe neben dem langen General stand, daß er selbst an diesem Désastre nicht ohne Schuld sei, aber Lloyd George beherrsche sich. Wenn sich Lloyd George so in der Hand habe, warum mache er dann solche alberne Schwierigkeiten wegen der Einberufung der verdammten Irländer? Lloyd George, erwiderte der Oberst, sei vor allem Politiker und wolle Ruhe haben. Die Iren würden... Die Iren, unterbrach Wilson den kleinen Oberst, würden tun, wozu man sie zwinge.

Lloyd George verließ den Kamin, wo er mit Churchill gestanden war, und kam auf Wilson zu: „Diese Schweinerei haben uns die Russen eingebrockt!"

„Kitchener und Asquith haben dieses Ende der Russen schon 1914 vorausgesagt", erwiderte Wilson gelassen. „Aber Buddha Joffre hat nur gelacht dazu, wie er auch über Kitcheners Prophezeiung gelächelt hat, daß die Deutschen bald mit vier Millionen an der Westfront stehen würden. Als die Deutschen in Warschau und Lemberg standen, drohte uns das gleiche Schicksal. Wir hätten die Russen viel früher durch die Amerikaner ersetzen müssen."

„Smuts und Law setzten auf Trotzkij", warf Churchill ein.

„Das sind mir feine Hoffnungen", bemerkte Wilson.

„Sollen doch die Japaner einspringen", sagte Lloyd George.

„Die Japaner haben schon 1914 dankend abgelehnt, obwohl ihnen die Franzosen in ihrer Bedrängnis Indochina versprochen haben", erwiderte Wilson.

„Soll denn die Unmenge Material, die wir im letzten Jahr nach Rußland geschickt haben, drüben ungenützt liegen?" fragte Churchill.

„Ich war mehr als ein Jahr drüben", antwortete General Wilson, „und habe den Russen Kampferinjektionen verabreicht. Mir erzählte damals Sassonow, daß Rußland 1915 mit allen möglichen Mitteln versucht habe, die Japaner an die Front zu bekommen. Sie wollten nicht. Und wenn sie heute wollten, würde mein verrückter Namensvetter diese Einmischung seiner geliebten gelben Nachbarn verhindern."

„Haben Sie etwas von dem, was heraufzog, in Rußland bemerkt?" fragte Lloyd George.

„Ich mußte trachten, nicht zuviel zu bemerken", antwortete General Wilson. „Buchanan erzählte mir auf unserer Botschaft, daß nicht etwa die wilden Männer von heute, sondern die führenden Männer von damals ganz offen von der Ermordung des Zaren sprachen. Als ich am nächsten Tag beim Herrscher aller Reußen in Audienz war, hatte ich ein ganz eigentümlich uneuropäisches Gefühl, der Mann schien mir auf einem Urlaub zu sein, der jeden Tag zu Ende gehen konnte. Sein Eindruck war besser als sein Ruf. Hätten die Deutschen nicht Polen zum Königreich erklärt, hätte der Zar mit ihnen Frieden gemacht. Zweifle nur, ob die Polen den Boches dafür danken werden."

„Nach dem Friedensschluß von Brest-Litowsk sind die polnischen Legionen zu den Russen übergelaufen", erwiderte Lloyd George.

„Und die Zarin?" fragte Churchill.

„Sie bat mich nach der Audienz in ihr Boudoir. Der Raum war beängstigend mit Nippes, Photos, Deckchen und Andenken vollgestopft, sie war noch immer schön, aber traurig, tief traurig, sie wußte, wie schlecht es um den Zaren stand."

„Wer den Krieg verliert, verspielt die Krone", sagte Colonel Hankey.

„Das hat Viktor Emanuel auch gesagt", warf Wilson ein, „als ich, wie Gulliver im Land der Zwerge, im November vor dem kleinen Re stand. Es war kalt im Schloß zu Padua, zwei Kerzen brannten, und unsere beiden Schatten sahen nebeneinander so lächerlich aus, daß ich mich niedersetzte, um so groß zu sein wie der König. ‚Alles habe ich in diesem Krieg gewagt, meinen Thron, meine Zukunft, das Schicksal meiner Familie und das Glück Italiens. Bitte, schicken Sie mir alles, was Sie schicken können, vor allem Artillerie, leichte und schwere, wir haben unsere ganze Artillerie bei diesem überhasteten Rückzug an die Piave verloren.' Der König sprach ein fehlerfreies Englisch, und deshalb versprach ich ihm, alles zu schicken, was ich auftreiben könne. Er drückte mir die Hand, ich mußte aufstehen und die Knie etwas einknicken."

„Ein unerfreulicher Beruf", sagte Lloyd George, „jetzt ein König zu sein, wo mit so hohen Einsätzen gespielt wird."

„Hat sich die Zarin bei Ihnen beklagt, weil man dem Zaren mit Rücksicht auf die englische Volksstimmung die Einreise abgeschlagen hat?" erkundigte sich Churchill.

„Dazu ist sie viel zu stolz. Wir tauschten Erinnerungen an fröhliche Tage besserer Zeiten aus, in denen ich als blutjunger Leutnant der Longfordmiliz meinen ersten Urlaub in Darmstadt verbrachte und mit der Schwester der kleinen Alix, mit Prinzessin Irene, Tennis spielte."

„Ja, die hessischen Schwestern", warf Churchill ein, „sie haben eigene Schicksale gehabt."

„Die älteste der Schwestern", fuhr Wilson fort, „heiratete einen englischen Marineoffizier, den Prinzen Ludwig Battenberg, der auch ein Hesse war. Die zweite, Elisabeth, nahm den Großfürsten Sergius, den die Anarchisten erschossen haben; die dritte heiratete den Prinzen Heinrich von Preußen, den Bruder des Kaisers Wilhelm, und die vierte den Zaren."

„Dieses Darmstadt", sagte Churchill, „war so recht eine englisch-russische Enklave in Deutschland."

„Darüber sprach auch die Zarin", erwiderte Wilson, „die Freunde in Deutschland, Rußland und England hatte. Die Schützengräben, sagte sie, gingen quer durch ihr Herz. Beim Abschied hielt sie mich zurück. Sie spräche so gerne mit jemandem, der aus dem Westen komme. Als ich dann ging, war es wie der Abschied von einer Verurteilten."

„Man wird sie nach Sibirien verschleppen", sagte Churchill, „in diesen Sack stopfen die Russen alles, womit sie nicht fertig werden. Wenn die Japaner nicht anbeißen, dann werden wir es mit den Tschechen versuchen."

„Ich halte nicht viel von einer Armee aus Überläufern", lehnte General Wilson ab. „Das wäre kein sonderliches Beispiel für unsere Iren." Der General sah auf die Uhr. Er müsse gehen, um sechs Uhr fünfzig fahre sein Zug von Charing Cross, der Zerstörer für die Überfahrt sei schon bestellt. Das Telephon schnarrte. Churchill sagte, daß das Hauptquartier General Wilson zu sprechen wünsche. Aller Augen waren auf den General gerichtet, der nach einem langen Gespräch endlich sagte: „Morgen bin ich drüben. Da können wir weiterreden." Wilson nahm einen Kognak und rieb sich die Stirn: „Das ist unmöglich. Das geht wirklich nicht. Das darf nie geschehen."

„Was will Haig?" fragte Lloyd George.

Wilson nahm sich zusammen. „Ich bin zur Abwechslung einmal Pétain." Wilson drehte einen nicht vorhandenen Schnurrbart und sprach mit französischem Akzent: „Ich versammle meine Truppen bei Montdidier, um die fünfte englische Armee aufzufangen. Behaupte: der Hauptschlag der Boches ist auf die Champagne gerichtet. Glaube den Engländern die angeblich vor ihrer Front gemeldeten vierundsechzig deutschen Divisionen nicht. Hält der deutsche Druck gegen Beauvais weiter an, ziehe ich alle meine Divisionen zurück und decke Paris. Der Krieg wird auf französischem Boden geführt, die französischen Truppen haben Paris zu decken."

„Sir Henry", drängte Lloyd George, „lassen Sie das Theaterspielen! Hat Haig das wirklich gesagt?"

Der General kümmerte sich nicht um das Mißfallen Lloyd Georges. „Achtung! Jetzt bin ich Haig." Wilson machte ein gelangweiltes Gesicht und ahmte die langsame Sprechweise Haigs gut nach: „Will sich Pétain auf Beauvais zurückziehen und Paris decken, dann gehe ich an die Küste und decke London. Die Königliche Flotte soll mir Schiffe schicken, und ich fahre nach Hause, wenn mir auch Kitchener vor zwei Jahren befohlen hat, stets Tuchfühlung mit den Franzosen zu halten. Legt Frankreich darauf keinen Wert, werde ich allein zusehen, wie ich dem König seine Truppen erhalte."

„Sir Henry", rief Churchill, „sagen Sie, was geschehen ist!"

„Es geht weniger um das, was geschehen ist", erwiderte Wilson, „als um das, was sie tun wollen. Und wenn beide nur einen Bruchteil von ihrem Vorhaben ausführen, Pétain wie Haig, dann soll Pershing für seine Amerikaner jetzt schon drei Linien ausheben lassen: die erste an der Loire, die zweite an der Garonne und eine dritte hinter den Kämmen der Pyrenäen. Die amerikanischen Transportschiffe für die Heimfahrt des traurigen Restes, der ihm bleiben wird, kann er nach Lissabon und nach Cádiz dirigieren, wenn bis zu seinem Eingreifen nicht schon überhaupt der Krieg schmachvoll zu Ende sein wird."

„Milner wird aufhalten, was aufzuhalten ist", sagte Lloyd George. „Und was Milner nicht konnte, müssen Sie versuchen, Sir Henry."

Wilson sagte es zu und ging mit Oberst Hankey. Die beiden Minister blieben. Churchill vergrub sein Gesicht und sprach leise:

„Der Königsthron hier, dies gekrönte Eiland,
Dies Land der Majestät, der Sitz des Mars,
Dies zweite Eden, halbe Paradies,
Dies Bollwerk, das Natur für sich erbaut,
Der Seuchen und der Hand des Kriegs zu trotzen,
Dies Volk des Segens, diese kleine Welt,
Dies Kleinod, in die Silbersee gefaßt,
Die ihr den Dienst von einer Mauer leistet,
Von einem Graben, der das Haus verteidigt,
Der weniger beglückten Länder Neid."

Churchill ließ die Hände sinken: „Soll dieses England gewesen sein? Kann unsere Stunde schon geschlagen haben? Darf das schon das Ende sein?"

„Gott kann England nicht zuschanden werden lassen", sagte Lloyd George, „weil an England eine ganze Welt hängt."

Churchill öffnete ein Fenster. Die Nacht war kühl und still. Vom Viktoriabahnhof herüber klang das Pfeifen der Lokomotiven und das Rollen der Züge. Scheinwerfer suchten den Himmel ab, Churchill lauschte, ob man nicht das Surren eines Zeppelins vernehme. Alles blieb ruhig. Churchill schloß wieder das Fenster. Er mußte an die Worte Wilsons denken und sah auf endlosen Schiffszügen das geschlagene englische Heer über die Silbersee auf die Insel zurückkehren, von Flugzeugen, Zeppelinen, U-Booten und Torpedobooten der Hunnen verfolgt. Und er sah die Völker Indiens, Afrikas und aller englischen Kolonien aufstehen gegen England, und an allen Meerengen gingen die englischen Flaggen nieder. Als hätte Lloyd George diese Gedanken erraten, rief er aus: „Nein, Winston, auf unserer Seite ist das Recht! Niemals hätten die Hunnen Belgien überrennen dürfen!"

„Sie hätten nicht nach Flandern kommen dürfen", sagte Churchill. „In Flandern haben wir die Spanier, dort haben wir die Franzosen unter Ludwig XIV. und unter Napoleon besiegt. In Flandern muß auch Wilhelm scheitern, wenn Gott gerecht ist."

Da lag nun, aus tausend Wunden blutend, England von Scapa Flow bis zur Straße von Calais, eine große Mutter, die ihr widerstrebendes Stiefkind Irland nicht von der Hand läßt, und rings um England im Halbkreis die Länder, die England eines nach dem andern in den Schatten gestoßen hatte: die Niederlande, Belgien, Spanien, Portugal, Frankreich, Dänemark, Norwegen — und nun hatte sich dieses Deutschland aus dem Innern Europas vorgedrängt, nun war Deutschland an der Reihe.

Und nun wollte Deutschland unter die Seevölker gehen und mit England den Kampf aufnehmen, in dem England bisher alle seine Gegner besiegt und in die Schranken gewiesen hatte. Deutschland hatte eine zu kleine Küste, die Seeluft konnte ihm wenig Vernunft bringen, es kam aus dem Innern der Halbinsel Europa, und in den innern Kammern der Halbinsel herrscht Wahnsinn, leiden alle Völker an unklaren Vorstellungen, träumen alle Völker von vergangenen großen Reichen und von der Wiederkehr stolzer Zeiten, in den innern Kammern Europas gehen Kaiserträume um, leben Völker, wie Polen, Tschechen, Ungarn, Rumänen, Serben, Letten, Litauer, Esten, Ukrainer und weiß Gott wie sie alle heißen mögen, unter denen man sich nicht viel vorstellen kann. Aber wäre ein Ausweg möglich gewesen? Den belgischen Brückenkopf durfte England nicht verlieren, der mußte verteidigt werden. Und da England ein Weltreich ist, kommt in einem Krieg gegen England die Welt in Bewegung.

„Die Franzosen kämpfen um die Ehre und um Elsaß-Lothringen“, sagte Lloyd George. „Wir verteidigen die britische Welt, die größer ist als Elsaß und fast empfindlicher als Frankreichs Ehre.“

Foch übernimmt das Oberkommando, 25. März 1918

Es war schneidend kalt. In Doullens wehte scharfe Meeresluft. Durch die dicke Nebeldecke über dem Städtchen drang das Rumpeln der Front. Über das holprige Pflaster ratterten Geschütze, vorbei an den geduckten Häusern zogen, aus dem Nebel auftauchend und im Nebel verschwindend, halb schlafend, die bartstoppeligen Gesichter gesenkt, die Engländer. Auf den abgetriebenen Gäulen hingen die Fahrer und kümmerten sich nicht um die feindselig blickenden Bürger. Hin und wieder drehte sich einer der Berittenen um, stützte sich auf die Kruppe des Pferdes und blickte auf die nachschwankenden flachen Stahlhelme. Die Handvoll war seine Kompanie, und drei solche schwache Züge waren das Bataillon. Dann riß er den stolpernden Gaul zusammen und ritt gleichmütig weiter.

Als die Soldaten die paar Kommandoautos vor dem Rathaus sahen, blickten sie böse hinüber, waren aber zu müde zum Fluchen.

Seit gestern sahen die Bürger von Doullens ununterbrochen die Engländer zurückströmen. Aber wer ging nach Osten vor? Im Rathaus saß der englische Marschall und beriet mit ein paar englischen Generalen. Aber nun kamen, mühsam sich durch die marschierenden Engländer durchwindend, französische Wagen und fuhren auch vor dem Rathaus auf. Aus dem ersten Auto stieg, von einem General geleitet, der alte Tiger, den Filzhut bis tief in die weißen, buschigen Brauen gedrückt. Wie ein Troll stampfte der Tiger auf und schlug mit den Armen, er war auf der langen Fahrt ganz steif geworden.

„Ah, Clemenceau!" raunten die Bürger einander zu, „der wird alles zum Guten bringen, der wird im letzten Augenblick helfen. Seit er Ministerpräsident ist, weht ein anderer Wind, werden die Verräter an die Wand gestellt. Er hat schon vor dem Krieg keinen Spaß verstanden, hat Streiks mit Teilmobilisierungen und Bajonetten niedergeworfen, er wird auch jetzt Hilfe bringen. Angenehme Männer sind Leute seinesgleichen nicht, aber in der Gefahr kann man auf sie zählen."

Einige Bürger liefen über den Platz zu Clemenceau: „Werden die Boches kommen?"

„Ich bin hier, um sie aufzuhalten", antwortete Clemenceau.

„Wo sind die Engländer?"

„Oben im Rathaus."

„Wir wollen sie beim Waschen ihrer Schmutzwäsche nicht stören."

Clemenceau nahm seinen Begleiter, den General Mordacq, unterm Arm und ging mit ihm auf und ab.

Ein zweites Auto kam heran, Raymond Poincaré, der Präsident der Republik, stieg aus und glich mit seiner blauen Schirmkappe und den Ledergamaschen dem Spinnereibesitzer von Doullens, wenn dieser auf Hühnerjagd geht. Mit Rücksicht auf die Zuschauer begrüßte Poincaré den alten Tiger herzlich, und Clemenceau erwiderte grantig den freundlichen Gruß.

Man gehe noch nicht hinauf, erklärte General Mordacq dem Präsidenten der Republik, weil General Wilson, der Chef des britischen Generalstabs, und der englische Kriegsminister Lord Milner noch nicht gekommen seien. Noch ein französischer Wagen kam, ein kleiner, weißbärtiger Offizier mit der Aktentasche in der einen und dem Stock in der andern Hand stieg aus und trat zu Clemenceau und Poincaré.

„Foch!" raunten die Bürger einander zu und reckten die Hälse. Und schon hörten sie die scharfe Stimme des Marschalls: „Sie kämpfen nicht. Ich würde ohne Unterlaß kämpfen. Vor Amiens, in Amiens, hinter Amiens. Ich würde kämpfen!"

Sie kämpfen nicht, hören die Bürger von Doullens und schauen den durch die Straßen ziehenden Engländern nach.

„Halten wir Amiens, so verteidigen wir Paris", sagte Foch.

„Wenn wir aber Amiens nicht halten können, was dann? Wenn wir uns auf Paris zurückziehen müssen?" fragte Poincaré.

„Paris, Paris!" Clemenceau machte eine wegwerfende Bewegung. „Für die Verteidigung von Paris habe ich in den letzten Tagen alles zusammengekratzt. Aber man nahm es mir und warf es an die Front. Da werden wir eben Paris als eine offene Stadt erklären und nicht verteidigen."

„Die Regierung kann Paris nicht ein zweites Mal verlassen", widersprach Poincaré, „es würde vernichtend wirken."

„Da ich mich nicht von den Boches in Paris fangen lassen will", erwiderte Clemenceau, „werde ich die Stadt verlassen. Als mich gestern General Wilson fragte: Paris oder Calais? habe ich Calais geantwortet."

„Sie wollen Paris aufgeben?" entrüstete sich Poincaré.

„Ich will den Krieg nicht aufgeben", erwiderte Clemenceau.

„Alle haben von Ludendorffs Büffelstrategie eine zu hohe Meinung", sagte Foch. „Wir haben einen schweren Schlag hinnehmen müssen, aber wir stehen noch. Es geht weder um Paris noch um Calais, es handelt sich nicht um Städte und Mauern, sondern um Menschen. Es geht darum, ob die Deutschen ihr Ziel erreichen oder nicht."

Clemenceau mißtraute dem Marschall, der im September 1914 prophezeit hatte: Der Krieg ist so gut wie beendet. Aber hatte nicht eben dieser Foch zwei Monate später den schwer bedrängten englischen Marschall French zum Ausharren ermuntert? Schade, daß dieser Foch, dessen Bruder Jesuit ist, ein solcher

Pfaffenknecht bleibt. Wenn der Krieg einmal gewonnen sein wird, dann wird Foch es einem gnädigen Himmelswunder der Jeanne d'Arc und nicht dem französischen Elan zuschreiben. Obendrein war dieser alte Betbruder noch ein Geck, der seine billige Terrakottabüste allen mittelmäßigen Politikern zugeschickt und auch Clemenceau damit bedacht hatte. Jetzt waren die Generale ganz oben, aber in den Tagen, da Clemenceau ein ebenso gefürchteter wie einflußreicher Journalist gewesen war, da hatte er die Hände in die Taschen stecken müssen, damit sie nicht von den Generalen geküßt wurden. Da stand Foch mit seiner Aktentasche, in der er wahrscheinlich die Pläne für den garantierten Sieg hatte, und bewies, wie er mit der großen, stets von ihm geforderten Reserve den deutschen Stoß nicht nur aufgefangen, sondern in eine vernichtende Niederlage verwandelt hätte. Man möge doch nicht glauben, rief der General, daß die Deutschen nach soviel Kriegsjahren und nach solchen Verlusten um soviel stärker sein könnten als die Engländer. Und habe man sie im Jahre vierzehn, als sie in voller Stärke mit wohlgedrillter Mannschaft und nicht mit schlecht ausgebildetem Ersatz wie heute, angetreten waren, nicht vor Paris zum Stehen gebracht? Diesmal sei die Aufgabe viel kleiner. Man müsse nur halten, bis die Amerikaner da seien.

Ein Auto staubte heran. „Pétain!" rief Poincaré aus.

Gefolgt von seinen Offizieren trat Pétain hastig zu den Ministern: „Haig hat befohlen, Amiens zu räumen!"

„Sie beraten endlos da oben im Rathaus und wagen es nicht, uns die Wahrheit zu sagen", sagte General Mordacq, der Chef von Clemenceaus Militärkabinett.

Ein englischer Wagen hupte sich durch die marschierenden Truppen. Clemenceau eilte Wilson und Milner entgegen: „Haig will sich auf die Kanalhäfen zurückziehen. Die Berechnungen für die Einschiffung sollen schon gemacht sein."

„Mißverständnisse", erwiderte der gelassene Lord Milner. „Hier, Sir Henry, hat gestern mit Haig gesprochen, da war davon mit keiner Silbe die Rede."

Wilson, sechs Fuß und viereinhalb Zoll lang, stand wie ein Riese unter den kleinen, beweglichen Franzosen: „Wenn Pétain an der Somme für die Fünfte Armee einspringt, werden wir uns halten. Verlieren wir Calais und Boulogne, müssen wir noch immer nicht den Kanal aufgeben, denn wir können uns nach Süden verschieben, die Admiralität hat es festgestellt."

Lord Milner begab sich ins Rathaus, um mit Haig selbst zu sprechen. Wilson fächelte sich mit der Kappe Kühlung zu. Nach einigen Minuten zeigte sich Haig neben Milner auf der Treppe. General Mordacq deutete auf den englischen Marschall und flüsterte Clemenceau zu: „Der wird spätestens in zwei Wochen kapitulieren. Wir werden Gott danken, wenn wir nicht auch dazu gezwungen werden."

Haig forderte die Franzosen auf, hinauf in den Sitzungssaal zu kommen. Poincaré übernahm als Regierungsoberhaupt den Vorsitz. In einigen einleitenden Worten wies Poincaré auf die Schwere der Krise hin. Er tat dies mit großen Worten, die die Engländer zu Boden schauen ließen. Byng, der im November bei Arras den Tanksieg errungen hatte, war verlegen wie ein Schuljunge, der dicke Herbert Plumer, der Sieger von Messines, nahm das Monokel aus dem Fischauge, als genüge es, Poincaré zu hören, Haig sah in die Luft, er war kein Freund von vielen Worten, und von erhabenen schon gar nicht.

Clemenceau sprach anders: „Ich bin ein alter Mann. Mir liegt nicht mehr viel am Leben. Aber ich habe geschworen, daß meine alten Knochen noch den vollständigen Sieg erleben sollen. Was uns alle hier bedrückt, ist die Niederlage. Aber wir haben die Kraft und die Mittel, die Niederlage wieder gutzumachen, wenn wir uns nicht voneinander trennen lassen, wenn wir Amiens nicht aufgeben, wenn wir in der Stunde des Morgengrauens, die dem Aufgang der strahlenden Siegessonne vorangeht, nicht die Hoffnung verlieren. Sie für Paris! Wir für Calais! Verteidigen Sie den heiligen Boden Frankreichs, wir schützen England vor einer Hunneninvasion."

Haig, auch in Worten ein sparsamer Schotte, erwiderte: „Ich will Amiens gar nicht aufgeben. Nördlich der Somme werden wir uns halten, dafür bürgt General Byng hier, der Führer der Dritten Armee. Südlich der Somme können wir nichts mehr tun. Ich habe alle dort stehenden Truppen bereits Pétain unterstellt. Rücken die Deutschen weiter rittlings dieses Flusses vor, kann ich die Verbindung mit den Franzosen nicht mehr aufrechterhalten. Das bedeutet dann — und es fällt mir schwer, es auszusprechen — Kapitulation der englischen Truppen."

Es verging eine Weile, bis der Dolmetsch mit der Übersetzung fertig war.

„Was mir von Resten der fünften englischen Armee unterstellt worden ist", erwiderte Pétain mit bebender Stimme, „kann man nicht viel nennen, und wenn ich die nackte Wahrheit sage: es ist fast nichts. Die fünfte Armee ist zerschlagen, sie hat ihre Artillerie verloren. Meine Divisionen wurden beim Vormarsch an die Front von diesem allgemeinen Rückzug mitgeschwemmt, ehe sie sich überhaupt entwickeln konnten."

Nun nahm General Wilson das Wort: „Ich habe gestern mit General Gough von der armen Fünften gesprochen. Die französische Division, die zuerst zu Hilfe kam, hatte keine Geschütze, die Infanterie kam mit fünfzig Schuß in den Patronentaschen. Das war in der Nacht vom Freitag zum Samstag. Am Samstag, den 23. März, griff diese französische Division, unterstützt von unserer Achtzehnten, mit altbewährter französischer Schneid an. Später kam noch eine französische Kavalleriedivision dazu, aber es gelang nicht, den Boches den Kanal von Croizat zu entreißen. Der schwache Gegenstoß wurde von den Boches überrannt, sie brachen bei Ham durch, setzten über die Somme, und den ganzen Abschnitt, den die französischen Divisionen hätten übernehmen sollen, hatten die Deutschen übernommen. Alle zehn französischen Divisionen sind tropfenweise eingesetzt worden, ohne hinreichende Stabsorganisationen, ohne Signalmittel. Ihre Generale stürmten fast allein den Truppen voran. Sonntag, um nur ein Beispiel anzuführen, kam General Humbert atemlos in Goughs Hauptquartier in Dury. ‚Ich hoffe, Sie bringen eine Armee mit!' hatte Gough ihn empfangen. ‚Ja, aber ich habe nur einen Fahnenträger bei mir', hatte der tapfere General erwidert."

Es waren bittere Worte, aber Wilson sagte sie so, daß er das empfindliche französische Ehrgefühl nicht verletzte.

Als Haig andeutete, daß er seine Front bei Arras etwas zurücknehmen müsse, sagte Clemenceau, er habe geglaubt, daß die Dritte Armee feststehe.

Augenblicklich stehe gar nichts fest, aber man könne hoffen, daß die Dritte Armee dem Druck des Kronprinzen Ruprecht standhalten werde.

Südlich der Somme, wandte sich Haig nun an Pétain, müsse Pétain die Lage wieder herstellen; dies sei nur ein Gegendienst, setzte General Wilson hinzu, denn im vergangenen Jahr haben die Engländer, ohne auf Verluste zu achten, immer wieder angreifen müssen, damit die Boches nicht merkten, wie schwach die französische Armee nach der Niederlage Nivelles gewesen sei.

Noch einmal nahm General Pétain das Wort: Er werde die

Lage so schildern, wie er sie sehe. Er sei erst verpflichtet gewesen, am dritten Tage an zugreifen. Aber er habe sich nicht daran gehalten, er habe schon am ersten Tage alles herangeschleppt, was zur Hand gewesen sei, obwohl er auch jetzt noch glaube, daß der Hauptangriff gegen Reims gerichtet sein werde. Er habe sich nicht gescheut, das französische Zentrum und den Osten von Reserven zu entblößen. Alles, was da sei, werde er heranschaffen, aber man solle sich keinen trügerischen Hoffnungen hingeben.

Ganz ruhig erwiderte darauf Marschall Haig, daß er auch keine Reserven mehr habe, da er seine Reserven für die Frontverlängerung bis Barisis vor zwei Monaten habe ausgeben müssen.

Dem Dolmetsch zuvorkommend, übersetzte Clemenceau, der aus seiner Amerikazeit fließend englisch sprach, den Franzosen Haigs Worte. Alle starrten schweigend vor sich hin. Jetzt sah man, wie sich der Abgrund auftat. Die Engländer hatten keine Reserven und Pétain wird zu spät kommen. In die Stille drang das ferne Rollen der Front. Die kühlen Engländer maßen die erregten Franzosen. Foch zupfte nervös an seinem Bärtchen.

Der Tiger schloß die Augen. Vom Platz herauf kam das Trappeln der Nagelschuhe und das Klirren der Artillerie. Clemenceaus Hände in den grauen Handschuhen tasteten nach der Tischkante, stützten sich auf, der alte, gedrungene Clemenceau erhob sich und winkte Lord Milner heran. Man müsse der Sache ein Ende machen, flüsterte Clemenceau, das führe zu nichts als zum Untergang. Lord Milner war auch des Tigers Ansicht. Er, Milner, sei seit gestern überzeugt, daß man mit diesen gegenseitigen Beschuldigungen nicht weiterkomme. Es gebe nur einen Mann, der diese Streitereien zum Verstummen bringen könne, und das sei Foch. Die beiden Regierungen müßten Foch die allgemeine Leitung der Operationen übertragen. Sir Henry habe bereits sehr vorsichtig bei Foch angeklopft, Foch sei einverstanden.

Clemenceau blickte auf den langen Engländer hinüber. Ein feiner Kerl, dachte er, für einen Soldaten ungewöhnlich vernünftig, mag er tausendmal ein Ulstermann sein, sein keltisches Blut macht ihn zu einem halben Franzosen, er ist wendig, faßt schnell auf und hat nicht das Fischblut von Haig. Was mit Haig sein werde, fragte Clemenceau leise Lord Milner. Man werde eben mit Haig sprechen müssen, erwiderte Milner.

Gut, gut, sprechen, sagte Clemenceau, man habe doch im Januar bereits mit Haig gesprochen, und damals habe der Marschall geantwortet, er könne nur einen Chef haben, und das sei der König von England. Lord Milner lächelte: Seither ist einiges Wasser in das Meer geflossen. Er werde gleich mit Haig, Clemenceau möge mit Pétain sprechen, man müsse das alles sehr behutsam tun, um niemanden vor den Kopf zu stoßen. Clemenceau, kannte die Soldaten. Seit sie sich nicht mehr mit Gold, Federn, Schnüren und Scharlach schmückten, trügen sie ihre Eitelkeit in Stolz und Unnachgiebigkeit zur Schau.

Lord Milner bat den Marschall Haig zu sich und Clemenceau zog Pétain in die andere Ecke des Sitzungssaales. Die Herren beobachteten gespannt, wie Clemenceau und Milner auf die beiden Soldaten einsprachen. Die Generale versuchten zu lächeln, ja Haig drückte Lord Milner sogar die Hand.

Clemenceau schien Pétain gewonnen zu haben, denn der General kehrte auf seinen Platz zurück und Foch ging zu Clemenceau in die Ecke. Jetzt habe Foch den Posten, um den er sich so heiß beworben habe, sagte Clemenceau zu dem General. Foch brauste auf: „Was wollen Sie damit sagen? Sie geben mir eine verlorene Schlacht und wollen, daß ich sie gewinne. Ich gehe darauf ein und Sie glauben, mir weiß der Himmel welche Gnade zu erweisen! Es bedarf meiner ganzen Selbstlosigkeit, um unter solchen Bedingungen überhaupt anzunehmen."

„General, ich habe gebeten und nicht befohlen", antwortete Clemenceau, „wollen Sie, bitte, damit Ihre Antwort in Einklang bringen."

„Die Deutschen nähern sich Amiens. Ich will nicht streiten", sagte Foch. „Erreichen sie es nicht, verdanken wir das einem Wunder."

Der alte Jakobiner Clemenceau schnitt eine kleine Grimasse.

Der Kanonendonner schien von Minute zu Minute anzuschwellen. Poincaré bat mit Blicken um Eile. Die Minister und die Generale kehrten an den Tisch zurück. Poincaré drückte in einer schwungvollen Rede seine Befriedigung über das Erreichte aus. Er bedauerte, daß es an der Zeit gefehlt habe, auch Cadorna und Pershing zu verständigen.

„Weiß nicht", raunte Wilson Pétain zu, „warum diese Fräcke immer den ganzen Zirkus beisammen haben wollen. Ich schlafe bei solchen endlosen Debatten ein, die Fräcke scheinen darin ihr Glück zu sehen. Was sollen Cadorna und Pershing hier?

Pershing hat noch keine Armee und der Italiener hat die seine bereits verloren."

„Was kommt jetzt?" wandte sich Lord Milner an General Wilson.

„Jetzt? Die ganze Welt steht auf den Zehenspitzen, alles renkt sich die Hälse aus. Spannendes Match zwischen Ludendorff und Foch! Mein Tip? Setzen Sie getrost auf Foch und auf Fochs System D. Foch ein Theoretiker? Nicht ganz. Er hat mir einmal haarscharf bewiesen, daß die Deutschen 1870/71 eigentlich hätten verlieren müssen, weil alles ganz genau nach Moltkes Plan gegangen sei. Wäre dieser Plan durch die Franzosen gestört worden, hätte man den Deutschen alles durcheinander gebracht. Leider sei niemand dagewesen, der diesen Plan gestört habe. Die Deutschen, sagte Foch, führten ihre Kriege höchst abstrakt, fast philosophisch. Unterbreche man ihre Feldzugsmonologe, dann wüßten sie, wie allzu brave Schüler, nicht weiter. Foch hat an der Marne ihren Aufmarsch gestört und ihre ganze schöne Berechnung fiel über den Haufen. Sie können nicht improvisieren! Sie bereiten sich zu gut vor und wissen dann nicht, warum es nicht mehr weitergeht, da doch alles so genau ausgetüftelt gewesen ist."

„Der immer lauter werdende Geschützdonner widerlegt aber das System D", entgegnete Lord Milner, „denn System D bedeutet doch eine lockere, elastische, in Gegenstößen sich lösende Kriegführung. Einmal sind die Deutschen im Westen gleich stark wie wir, und sie erreichen mit einem Stoß mehr, als wir in Jahren nach Wochen von Trommelfeuer erreicht haben. Die Franzosen sagen doch selbst, daß an der Marne sie ein Wunder gerettet hat. Wunder, Sir Henry, widerholen sich nicht. Schlieffens Plan ist an den Fehlern der Deutschen und nicht an der überlegenen Strategie der Franzosen gescheitert. Die Deutschen haben Rußland, Rumänien und Serbien zur Strecke gebracht."

„Unser Skalp sitzt fester", wehrte Wilson ab.

„Wenn es gut geht", sagte Milner, „gibt es ein anständiges Remis."

„Foch soll eine Chance haben", meinte Wilson.

Poincaré, der sich beeilte, das Ergebnis unter Dach zu bringen, diktierte bereits: „General Foch wird von der englischen und französischen Regierung beauftragt, das Zusammenwirken der alliierten Heere an der Westfront zu regeln. Er wird sich zu diesem Zweck mit den kommandierenden Generalen verständigen, die gebeten werden, ihm alle nötigen Auskünfte zu geben."

So, der Zweck dieser Besprechung war erreicht, man mußte wieder zu seiner Arbeit zurückkehren. Wilson und Milner nach London, um alles, was kriechen konnte, auf die Beine zu bringen, Clemenceau und Poincaré nach Paris, um die aufgeregte Stadt zu beruhigen. Während Auto um Auto davonstaubte, ließ sich Foch mit dem äußersten linken Flügel der französischen Front, mit General Debeney, verbinden und erteilte dem General den Befehl, sofort, ohne Rücksicht auf die dadurch entstehende Lücke, in einer Breite von sechs Meilen alle Truppen zurückzunehmen und gegen Amiens hin abzudrehen. Debeney hatte Bedenken, die Front aufzureißen und zu entblößen, aber Foch verschloß sich ihnen, man habe keine Minute Zeit; um Amiens zu retten, müsse man alles wagen.

Clemenceau greift Czernin und Karl an, April 1918

Über Nacht schien Wien eine östliche Stadt geworden zu sein. Die Straßen waren verwahrlost, die Menschen waren schlecht gekleidet, etwas, das sich noch nicht benennen ließ und das gewiß nicht der Krieg allein war, zehrte an der Stadt, an den Häusern, an den Menschen, an den Gärten und an den Wäldern der Umgebung, in denen man im Winter 1914/15, als die Russen tief in den Karpaten standen und die vielen Arbeitslosen und Flüchtlinge beschäftigt sein wollten, Schützengräben und Beobachtungsstände angelegt hatte. Mit den zahlreichen Flüchtlingen aus Galizien und Oberungarn waren die Ostjuden in Kaftan und mit Schläfenlocken gekommen, die nun vor der Börse, auf dem Kai und in den Straßen der Leopoldstadt herumstanden wie die ‚Luftmenschen' des Ostens, Geschäfte machten, sich wie Nebel dahin und dorthin verzogen und an anderen Stellen unerwartet wieder auftauchten. In der Nacht schon stellten sich die Leute vor den Lebensmittelläden in Schlangen an, geduldig, hungrig, müde und nur von dem einen Gedanken erfüllt: wenn nur dieser fürchterliche Krieg endlich einmal zu Ende wäre. Ein Urlauber sah einmal in einem der verwahrlosten Gärten, in deren Blumenbeeten Gemüse gebaut wurde, magere Kinder vor einer Bank stehen. Auf der Bank saß ein zehnjähriger Knabe und schaute mit dem Ausdruck der Verachtung von den sich kaum rührenden Kindern weg. Hin und wieder stieß er etwas hervor, was der Urlauber nicht verstand, dann setzte sich eines der wartenden Kinder zu dem Buben auf die Bank. Der Bub schob dem Kind etwas hin, und das Kind schlug die Hände vors Gesicht und tat so, als schluchze es. Als der Urlauber näher herantrat und die Kinder fragte, was sie denn spielten, bekam er ganz arglos zur Antwort: Anstellen.

Um die Menschen in Wien von der Not abzulenken, führte man große Prozesse gegen bekannte jüdische Lieferanten und Schieber, man war auf Begünstigungen bei Assentierungen gekommen und hatte auch sie vor Gericht gebracht. Man wollte vor allem jetzt, während der großen, entscheidenden Angriffe der Deutschen im Westen, die Stadt ruhig haben.

Graf Czernin hielt im Wiener Rathaus eine Rede, in der er Gott zum Zeugen anrief, daß er alles getan habe, um diese große, furchtbare Offensive, die jetzt Frankreich in den Abgrund stoße, zu vermeiden. Die Entente habe es nicht anders gewollt. Herr Clemenceau habe einige Zeit vor der Westoffensive bei ihm, Czernin, anfragen lassen, ob er zu Verhandlungen bereit sei und auf welcher Basis. Czernin habe sofort im Einvernehmen mit Berlin geantwortet, daß er dazu bereit sei und Frankreich gegenüber kein anderes Friedenshindernis erblicken könne als den Wunsch Frankreichs nach Elsaß-Lothringen. Es sei abermals aus Paris erwidert worden, daß man auf dieser Basis nicht verhandeln könne. Daraufhin habe es eben keine Wahl mehr gegeben.

Auf diese Rede im Rathaus zu Wien ließ der Tiger, der in der schwersten Stunde Frankreichs alles auf das Spiel setzte, durch die Agence Havas antworten: ‚Graf Czernin hat hierin gelogen.' Darauf ließ Czernin erwidern, daß Clemenceau doch nicht abstreiten könne, daß zwischen Graf Revertera und dem Major Armand in der Schweiz Verhandlungen mit jenem Ergebnis stattgefunden haben.

Darauf antwortete der Tiger — und sein Grollen übertönte den Lärm der Geschütze und die Schreie der Sterbenden —, die Welt begann aufzuhorchen: ‚Könnte sich Graf Czernin nicht an einen andern Versuch der gleichen Art erinnern, welcher nur zwei Monate vor der Unterredung Reveteras durch eine im Rang weit über ihm stehende Persönlichkeit in Paris und London gemacht worden ist? Auch da ist, wie im gegenwärtigen Falle, ein authentisches, noch mehr bezeichnendes Beweisstück vorhanden.'

Czernin gab diesen Versuch vor aller Welt zu und stellte fest, daß auch dieser Versuch ergebnislos verlaufen sei.

Der Tiger gab sich nicht zufrieden. Es ging um Frankreich. Er hatte mit Wien seine alten Erfahrungen. War er doch vor mehr als einem Menschenalter heimlich bei Nacht in der Wiener Hofburg gewesen und hatte mit Kronprinz Rudolf über ein Abrücken Österreichs von dem Bündnis mit Deutschland gesprochen. Clemenceaus Bruder war mit einer Tochter des Wiener Journalisten Szeps verheiratet, und dieser Szeps war die journalistische Vertrauensperson des Kronprinzen gewesen. Damals hatte Clemenceau gesehen, daß alles Widerstreben Wiens gegen Berlin dort ein Ende nahm, wo es galt, sich zur offenen Feindschaft zu bekennen. Clemenceau gedachte den Kaiser von Österreich nicht zu schonen. ‚Auch eine verwässerte Lüge bleibt eine Lüge! Wer hätte geglaubt, daß man eines Reverteras bedurft habe, um den Geist Czernins über diese Frage aufzuklären, über die der Kaiser von Österreich selbst sein letztes Wort gesprochen hat? Denn Kaiser Karl selbst ist es, welcher im eigenhändigen Brief vom März 1917 seine Zustimmung zu den gerechten Rückforderungsansprüchen Frankreichs auf Elsaß-Lothringen gegeben hat. Ein zweiter kaiserlicher Brief stellt fest, daß der Kaiser mit seinem Minister einig sei.‘

Czernin, der nach Bukarest gefahren war, ersuchte telephonisch den Kaiser, sich auf der Hughes-Station des Badner Armee-Oberkommandos einzufinden. In Bukarest und in Baden schrieben die Apparate mit, was der Kaiser und sein Außenminister sprachen.

Der Kaiser: „Guten Abend. Ich bin sehr froh, daß Sie mich anrufen. Höre eben durch Ministerium, daß Clemenceau Enthüllungen über mich machen will. Selbstverständlich ist alles, was Clemenceau über mich vorbringen könnte, außer dem, was Sie sowieso wissen, Lug und Trug. Ich wiederhole nochmals, wir können in der ganzen Sache reines Gewissen haben. Falls Clemenceau wirklich etwas sagen sollte, was über den Rahmen dessen, was Sie ohnehin wissen, hinausgeht, so beabsichtige ich, Kaiser Wilhelm ein Telegramm zu senden, worin ich meine Entrüstung über das Lügengewebe der Feinde ausdrücke, nochmals unsere unbedingte Bundestreue versichere und zum Schluß erkläre, daß ich als Souverän zu hoch stehe, um mich in eine weitere Diskussion mit einem Kerl wie Clemenceau einzulassen, und ich die ganze Angelegenheit als erledigt betrachte. Dies ist mein unabänderlicher Entschluß. Was wollen Sie jetzt?“

Czernin: „Mir ist ein Stein vom Herzen gefallen, wenn die

Sache so ist, denn der entgegengesetzte Fall wäre eine Katastrophe gewesen. Clemenceau sagt folgendes: Kaiser Karl ist es, der in einem eigenhändigen Brief vom Monat März seine Zustimmung zu den gerechten Anforderungen Frankreichs auf Elsaß-Lothringen gegeben hat, ein zweiter Brief stellt fest, daß er mit seinem Minister eines Sinnes ist. Selbstverständlich muß man diese Lüge auf das kategorischeste brandmarken. Das Telegramm an Kaiser Wilhelm ist eine gute Idee. Ich bitte aber Eure Majestät dringend, mit Telegramm und Kommuniqué bis morgen abend zu warten; ich bin morgen abend in Wien und muß vorher noch mit Eurer Majestät sprechen. Ich habe die Furcht, daß Eure Majestät einen Brief, den Sie doch geschrieben, vergessen haben, denn sonst spielte Clemenceau ein verzweifeltes Spiel, wenn er nicht in der Lage ist, den Brief, von dem er spricht, vorzuzeigen. Ich bitte also dringend, meine Ankunft abzuwarten, da wir unter keinen Umständen jetzt Fehler begehen dürfen. Es handelt sich offenbar um Briefe an die Prinzen Parma, deren Inhalt sich meiner Kenntnis selbstverständlich vollkommen entzieht. Ich werde sofort nach Berlin sagen lassen, daß Clemenceau gelogen hat, daß unsere Antwort erfolgen wird, und bitte nochmals, unter keinen Umständen etwas zu machen, bevor ich zurück bin. Wenn Eure Majestät wollen, kann ich noch morgen nachts, sofort nach meiner Ankunft, direkt nach Baden fahren."

Der Kaiser: „Danke. Bin mit allem einverstanden. In einem Brief an die Prinzen von Parma ist nie etwas Politisches gestanden. Danke. Schluß."

Am nächsten Morgen fuhren Czernin, Windischgraetz und der Chef des gemeinsamen Ernährungsamtes General Landwehr durch die Biedermeiergassen Badens in das sogenannte Kaiserhaus auf dem Hauptplatz zur Audienz.

Die große Pestsäule mit den Heiligen vor dem sich emporschraubenden Steingewölk erinnerte den Prinzen Windischgraetz an die rauschenden Krönungstage in der Burg von Ofen. König Karl hatte vor der Matthiaskirche auf den Stufen eines gleichen Denkmals den Eid auf die ungarische Verfassung abgelegt. Zwischen den barocken Heiligen mit den weitausgreifenden Gebärden und den flatternden Gewändern waren die Kirchenfürsten Ungarns gestanden in hohen Mitren und goldgestickten Kirchengewändern wie leibhaftige Brüder der steinernen Franz Xaver, Nepomuk, Rochus und Sebastian. Einer der Grafen in großer Magnatengala, in goldverschnürter Attila, mit Reiherfedern auf dem Kalpak, hatte ihm damals zugeflüstert: Das siebzehnte Jahrhundert! Das große Jahrhundert der Habsburger! Es lebt noch! Noch einmal werden wir siegen! Wenn du es siehst — in einer Zeit der Maschinengewehre und der Flieger —, du glaubst zu träumen.

Von der großen Pestsäule schweifte der Blick des Prinzen zu den beiden Ehrenposten vor dem Armee-Oberkommando. Die Leute hatten Uniformen aus Brennesselstoff.

Im Wartezimmer standen zwei Flügeladjutanten, ein paar Hofbeamte und einige Lakaien. Alle Blicke kehrten sich Czernin zu, der sogleich vorgelassen wurde. Der Kaiser kam seinem Minister etwas befangen entgegen. Aus dem Nebenzimmer, dem letzten der drei Zimmer, deren mittleres der Audienzraum war, kam das helle Quäken eines Säuglings; die Kaiserin, die vor neun Tagen entbunden hatte, lag nebenan im Wochenbett.

Der Graf habe ihm durch seine Rede im Wiener Rathaus eine schöne Sache eingebrockt, begann der Kaiser. Czernin verteidigte sich damit, daß er vorher die Rede vorgelegt habe und daß diese vom Kaiser gebilligt worden sei. Das Ganze, fuhr der Kaiser fort, sei eine Schweinerei von Clemenceau, da man in Frankreich doch absolut zugesagt habe, daß die Verhandlungen geheim bleiben würden. Er, der Kaiser, hätte nie Czernins Rede zugelassen, wenn er nicht der Meinung gewesen wäre, sie beziehe sich ganz allein auf die Verhandlungen Reverteras.

Die Antworten Clemenceaus, erwiderte Czernin, zeigten, daß der Tiger etwas in der Hand habe, wovon er, Czernin, keine Kenntnis besitze. Die letzten Erwiderungen Clemenceaus seien nicht mehr mißzuverstehen. Er, Czernin, bitte daher, daß Seine Majestät die ganze Wahrheit sagen möge, weil sonst der Minister nicht die Verantwortung für das, was kommen müsse, übernehmen könne. Als der Kaiser versicherte, die ganze Wahrheit gesagt und Czernin immer von allem unterrichtet zu haben, verwies Czernin auf die von ihm verfaßte Denkschrift, die ohne sein Wissen dem deutschen Zentrumsabgeordneten Erzberger durch einen Gardisten in das Hotel zugestellt worden sei. Nicht genug damit, habe man auch über den Vatikan Friedensgespräche geführt, bei denen er übergangen worden sei. Ihm seien so viel Schwierigkeiten bereitet worden, daß er mit Recht mißtrauisch geworden sei. Wenn Seine Majestät aber zur Familie Parma mehr Vertrauen habe als zu seinem Minister, dann bitte er, es zu sagen, er werde daraus die Konsequenzen ziehen. Der Kaiser ermahnte den Minister, die Familie Parma aus dem Spiel zu lassen, er wünsche nicht immer das gleiche zu hören. Czernin erinnerte den Monarchen, daß dies nicht das erstemal in der Geschichte sei, wenn auswärtige Politik durch Gemahlinnen der Herrscher durchkreuzt werde. Aber Bismarck selbst habe gesagt, als ihm die Einmischungen der Prinzessin Viktoria das Leben verbitterten, daß sich eine politisierende Dame des Damenrechtes begebe. Der Kaiser ersuchte den Minister, ihm nicht mit Bismarck zu kommen. Wer könne sagen, wie alles gegangen wäre, wenn Bismarck mehr auf die spätere Kaiserin Viktoria gehört hätte! Aber Czernin wich nicht zurück: Er habe gewarnt und er warne noch einmal: Ihre Königliche Hoheit die Herzogin von Parma habe trotz seiner Warnungen nicht Abstand genommen, in Spanien eine Schiffsladung Kakao und Kaffee zu kaufen und nach Triest schaffen zu lassen. Der Kaiser schnitt seinem Minister das Wort ab: Czernin wisse doch, daß es sich um eine Wohltätigkeitsaktion für bedürftige Kinder handle, die Ware werde zum Einkaufspreis weitergegeben.

So sage, erwiderte Czernin erregt, die Königliche Hoheit. Aber Graf Erdödy, der in diese ganze Sache verwickelt sei, habe gestanden, daß sich die Familie Parma von diesem Bombengeschäft einen Gewinn von zwanzig Millionen Kronen verspreche.

Als Czernin sah, daß der Kaiser wirklich keine Ahnung von diesen Geschäften der Familie Parma hatte, warnte Czernin noch einmal: Der Kaiser verkenne die Gefahr. Im Volke wolle man von der Familie Parma nichts wissen, man verdenke es den Brüdern der Kaiserin, daß diese in einem fremden feindlichen Heere dienten, man werfe, wiewohl zu Unrecht, der Kaiserin Sympathien für Italien vor. Das kaiserliche Haus vertrage keine weitere Belastung. Der Kaiser möge verfügen, daß die Schiffsladung in Triest beschlagnahmt werde. Wenn das Volk erfahre, daß die nächsten Verwandten der Kaiserin dergleichen Geschäfte machten, die man gemeinhin als Schiebergeschäfte bezeichne, würde man der allgemeinen Erregung keine Fesseln anlegen können.

Der Kaiser schien betroffen; man habe es ihm, sagte er, ganz anders dargestellt. Der Minister erwiderte, man müsse befürchten, daß es sich mit den Briefen an die Prinzen von Parma ähnlich verhalte. Vielleicht erinnere sich der Kaiser doch, einen solchen Brief geschrieben zu haben. Hätte der Kaiser beim Hughes-Apparat die volle Wahrheit gesagt, dann wäre seine, Czernins, Antwort an Clemenceau vorsichtiger gewesen. Als der Kaiser daraufhin erklärte, man wisse beim Hughes-Apparat nie, welche Zeugen man habe, ihm sei es möglich erschienen, daß neben Czernin am Aufnahmeapparat ein deutscher Offizier hätte sitzen können, entgegnete Czernin erregt: Also habe der Kaiser doch diesen Brief an seinen Schwager geschrieben, in dem er die Abtretung des Elsaß für gerecht halte. Der Kaiser gab nun zu, seinem Schwager geschrieben zu haben, aber von der Abtretung des Elsaß sei nicht die Rede gewesen.

Als der Graf nach dem Konzept jenes Briefes fragte, erklärte der Kaiser, es sei gesucht, aber noch nicht gefunden worden. Was in dem Brief gestanden sei, wollte Czernin wissen.

„Es war von allgemeinen Friedensmöglichkeiten die Rede."

„Ich bitte Majestät dringend um die Abschrift des Konzepts."

Die Tür des Nebenzimmers wurde geöffnet, die Amme trat mit dem spitzenumwölkten Steckkissen heraus und durchschritt das Audienzzimmer. Der Kaiser lächelte zerstreut und versicherte dem Grafen, daß dieser morgen die Abschrift erhalten werde, dann werde Czernin sehen, wie Clemenceau gelogen habe.

Dieser Sachverhalt, erklärte Czernin, müsse sogleich dem deutschen Kaiser mitgeteilt werden, denn nach allem, was man bisher gehört habe, müßten die Deutschen Clemenceau mehr Vertrauen schenken als der Wiener Regierung.

„Meinem Gefühl nach wäre es besser", entgegnete der Kaiser, „die deutsche Regierung aufzufordern, eine Erklärung abzugeben, mein Friedensschritt sei mit ihrer Zustimmung erfolgt."

„Dazu findet sich in Deutschland jetzt, vor der kriegsentscheidenden Schlacht — und nachher erst recht nicht, kein Kabinett. Wie kann Deutschland denn vor aller Welt erklären, daß es auf Elsaß-Lothringen verzichte?"

Der Kaiser überlegte eine Weile: „Vielleicht haben Sie recht. Heute, da Deutschland im Osten die Hand frei hat und seine Ost-Divisionen nach dem Westen werfen kann, sieht alles anders aus. Aber vor einem Jahr! Damals hätten die Deutschen mit Handkuß meine Friedensbemühungen akzeptiert."

Nur wenn er das Konzept habe, könne er beurteilen, ob vielleicht solch ein Schritt auch heute noch möglich sei, sagte der Graf, verbeugte sich und ging.

Tags darauf betrat Czernin mit hochrotem Kopf das Arbeitszimmer des Kaisers in Baden. „Eure Majestät, hier ist Clemenceaus Antwort! Sie ist derartig, daß ich bei uns ihre Veröffentlichung unterdrücken muß."

Der Kaiser nahm das Blatt an sich und las: ‚In diesem Lügengewebe muß haltgemacht werden. Da Kaiser Karl unter den Augen Berlins für die lügenhaften Ableugnungen Czernins eintritt, sieht sich die französische Regierung veranlaßt, Beweise zu liefern. Dies ist der Wortlaut des handschriftlichen Briefes, der am 31. März 1917 vom Prinzen Sixtus von Bourbon, dem Schwager des Kaisers, dem Präsidenten der Republik und sofort auch, gleichfalls mit Zustimmung des Prinzen, dem französischen Ministerpräsidenten mitgeteilt wurde...‘ Der Kaiser las seinen Brief, es war jenes Schreiben, das er vor mehr als einem Jahr in Laxenburg im Beisein der Kaiserin und ihrer beiden Brüder mit Tintenstift abgeschrieben hatte. Die Stelle von der Abtretung Elsaß-Lothringens und von der Wiederherstellung Belgiens hätte Czernin rot unterstrichen. Die französische Erklärung schloß mit diesen Worten: ‚Graf Czernin hat also zugegeben, daß die Besprechungen stattgefunden haben, welche von einer Persönlichkeit angeregt worden waren, die dem Range nach hoch über ihm steht. Die österreichisch-ungarische Regierung ist jetzt gezwungen, sich über diesen von ihr selbst zugegebenen Versuch und über die Einzelheiten der Unterredung ihres Delegierten auszusprechen.‘

Der Kaiser ließ das Blatt sinken und fragte, was man jetzt tun solle. Auf Czernins Vorhalt, daß es nun gelte, die volle und reine Wahrheit zu sagen, entgegnete der Kaiser, daß er nichts zu verbergen habe. Der Kaiser nahm wieder das Blatt auf und fragte, was der Ausdruck ‚unter den Augen Berlins‘ zu bedeuten habe. Czernin erwiderte, das beziehe sich auf jene Depesche, in welcher der Kaiser dem deutschen Kaiser die volle Bündnistreue versichert habe. Czernin zog ein zweites Schriftstück hervor und legte es neben die Antwort Clemenceaus. Es müsse unbedingt und sofort noch etwas klargestellt werden. Heute morgen habe der Sektionsrat Graf Demblin die Abschrift jenes Briefkonzepts überbracht. Er, Czernin, habe sofort jenes Konzept mit der Antwort Clemenceaus verglichen. In dem Konzept, das Demblin überbracht habe, heiße es: ‚Ich hätte meinen ganzen persönlichen Einfluß zugunsten der französischen Rückforderungsansprüche bezüglich Elsaß-Lothringens eingesetzt, wenn diese Ansprüche gerecht wären, sie sind es jedoch nicht.‘ Seine Majestät möge sagen, welches nun die wahre Form des Briefes sei, die Demblinsche oder die Clemenceausche.

„Das Konzept stimmt! Das Konzept ist richtig! Die Clemenceausche Fassung ist eine grobe Fälschung!"

„Majestät, der Demblinsche Text klingt unwahrscheinlicher. Wenn jemand etwas haben will, so sage ich ihm doch nicht, daß seine Forderungen unbillig sind, sondern dann gehe ich einfach über diese Forderungen hinweg."

„Warum denn? Haben Sie damals in den Richtlinien für meinen Schwager nicht geschrieben: ‚Das Bündnis zwischen Österreich-Ungarn, Deutschland, Bulgarien und der Türkei ist absolut unauflöslich?' Und doch wollten Sie in Verhandlungen kommen. Haben Sie nicht damals in den gleichen Richtlinien geschrieben: ‚Wenn Deutschland auf Elsaß-Lothringen verzichten würde, würde ihm Österreich-Ungarn natürlich nichts in den Weg legen?' Sehen Sie, und so ähnlich habe ich auch geschrieben. Ich habe mich dabei wahrscheinlich sogar an Ihren Text gehalten."

Czernin biß sich die Lippen und brachte nur zögernd hervor, daß er sich vom Kaiser das Ehrenwort erbitte, daß es sich so verhalte. Der Kaiser wurde rot: Ob das üblich sei, daß ein Minister von seinem Souverän ein Ehrenwort verlange?

Czernin beharrte darauf, er müsse die unbedingte Gewißheit haben, daß ihm nichts verborgen werde. Der Kaiser verlangte, daß sich sein Minister doch nicht so unwissend stelle, Czernin habe es doch gewußt, er habe diese Verhandlungen nicht nur gebilligt, sondern sich auch Großes von ihnen erhofft. Czernin vergesse, weil die Deutschen in Frankreich in einem siegreichen Angriff seien, wie trostlos damals die Lage gewesen sei, er habe doch selbst jenen Bericht verfaßt, den Erzberger dann nach Berlin genommen habe. Gott im Himmel sei Zeuge, daß alles aus Friedensliebe geschehen sei. Die Lage der Monarchie habe sich durch die Siege der Deutschen im Westen keineswegs gebessert. Er, der Kaiser, sei seinen Völkern verantwortlich, er habe sich nicht blind in die Hände der Deutschen geben können.

„Majestät", erwiderte Czernin schroff, „darum handelt es sich jetzt nicht, sondern ganz allein darum, welcher von beiden Briefen der echte ist."

„Der Demblinsche!"

„Können mir das Eure Majestät ehrenwörtlich bekräftigen?"

Der Kaiser wich einen Schritt zurück: „Czernin, was wollen Sie denn von mir?"

„Die Wahrheit erfahren, Majestät."

„Die habe ich Ihnen gesagt. Czernin, es sieht heute alles ganz anders aus als damals. Italien hat diese Verhandlungen zerschlagen. Heute will Clemenceau nichts anderes, als den Franzosen in ihrer verzweifelten Lage Mut machen. Wenn Sie mich decken, Czernin, decken Sie auch die Monarchie."

Czernin blieb kalt: „Majestät, ich habe schon gesagt, wie ich über Ministerverantwortlichkeit denke."

„Durch Ihre Ungeschicklichkeit, Czernin, ist doch alles so gekommen."

„Majestät, ich will das Ehrenwort."

„Gut. Dann werde ich Sie decken. Ich gebe Ihnen mein Ehrenwort."

„Ich muß Eure Majestät um das schriftliche Ehrenwort bitten."

„Czernin, sind Sie wahnsinnig geworden?"

„Majestät, ich muß etwas in der Hand haben, und wenn es nur ein paar Zeilen sind. Majestät werden ehrenwörtlich die Authentizität des Briefes bestätigen."

Der Kaiser ging ein paarmal auf und ab, blieb vor dem Grafen stehen und sagte zerquält: „Das kann ich nicht."

„Majestät, die Deutschen werden einmarschieren! Die Deutschen werden uns mit Recht vorwerfen, daß durch diesen Schritt die Franzosen ermutigt worden seien. Majestät, die Deutschen werden spätestens in zwei, drei Wochen in Paris sein. Wenn Frankreich niedergeworfen ist, werden sie mit uns nicht viel Geschichten machen. Sie werden Wien besetzen, sie werden Eure Majestät des Thrones für verlustig erklären. Wir müssen uns vor ihnen reinwaschen. Der deutsche Sieg ist gewiß. Einem besiegten Clemenceau wird niemand auf der Welt glauben. Wenn Majestät sich jetzt weigern, sich zur Demblinschen Fassung zu bekennen, bedeutet das den Untergang der Monarchie. Die Deutschen Österreichs und die Ungarn, die beiden Völker, die die Hauptlast des Krieges tragen, und die noch nie versagt haben, werden meutern! Man wird Eure Majestät des Verrates bezichtigen!"

Auf des Kaisers Frage, ob man denn überhaupt noch einmal antworten müsse, entgegnete Czernin, daß die Feinde und alle Welt glauben würden, man sei im Unrecht und schweige deshalb. Man würde nicht nur den Deutschen während des großen Angriffes, sondern auch der Monarchie schaden. Gut, erwiderte der Kaiser, also möge Czernin antworten und ihn, den Kaiser, dabei aus dem Spiele lassen. Czernin erklärte, ohne Gewißheit nicht antworten zu können. Der Kaiser wich aus: So etwas könne ein Monarch nicht unterschreiben.

„Majestät", versetzte Czernin darauf, „dann bleibt mir nichts anderes übrig, als mir eine Kugel durch den Kopf zu jagen."

„Czernin, Selbstmord ist eine große Sünde, eine Todsünde!"

„Majestät zwingen mich durch die Weigerung dazu."

„Czernin, Sie wissen nicht mehr, was Sie reden! Ich zwinge Sie zum Selbstmord? Auch diese Schuld wollen Sie mir aufbürden? Wird Ruhe sein, wenn ich unterschreibe? Was wollen Sie mit diesem schriftlichen Ehrenwort anfangen?"

„Ich brauche es allein für mich. Ich selbst muß Gewißheit haben. Niemand wird davon etwas erfahren!"

„Genügt ein Handschlag nicht?"

„Er genügt nicht. Es sind nur ein paar Zeilen. Ich werde sie diktieren."

Willenlos setzte sich der Kaiser an den Schreibtisch und schrieb, was sein Minister diktierte. Dann unterzeichnete er. Der Graf trocknete mit der Löschwiege die Tinte. Er schob das Papier in seine Brusttasche und entnahm seiner Aktenmappe den Entwurf des Antwortschreibens an Clemenceau. Das Blatt zitterte in der Hand des Kaisers. Der Kaiser ließ es sinken.

„Das können wir nicht veröffentlichen."

„Majestät, wir müssen antworten."

„Nicht so! Wir gießen so nur Öl ins Feuer."

„Majestät, ich lasse mich nicht vor der ganzen Welt einen Lügner heißen!" antwortete Czernin. „Warum sollen wir nicht so antworten? Majestät haben mir doch das Ehrenwort gegeben, daß der Demblinsche Text der richtige, der Clemenceausche aber der gefälschte ist. Wenn wir das vor der ganzen Welt nachweisen, leisten wir unsern Beitrag zur großen deutschen Offensive, hat der Tiger ausgebrüllt!"

„Es wird ein endloses Hinundhergeschimpfe herauskommen, nicht mehr. Aber meinetwegen. Nur darf in dieser Antwort nicht mehr von Lügen gesprochen werden."

Der Graf versprach es, nahm den Antwortentwurf wieder an sich und ging.

Als Czernin abends wieder in Wien in seiner Kanzlei auf dem Ballhausplatz saß, überbrachte ihm Sektionsrat Demblin einen vom Kaiser geänderten Entwurf des Schreibens an Clemenceau. Czernin überflog das Blatt und warf es hin: „Unmöglich! Albern und kindisch obendrein. Fehlt nur noch der Mann mit der schwarzen Maske! Wenn wir das veröffentlichten, würde ganz Europa über uns lachen. Räubergeschichten. Lesen Sie selbst! Man soll in der Schweiz des Kaisers Schrift kennen und sie nachgeahmt haben. Der ganze Brief an Sixtus eine Fälschung! Der Kaiser hat nie solch einen Brief geschrieben! Der gute Sixtus, der sich nach Marokko verzogen hat, wird staunen, denn auch in Marokko liest man Zeitungen."

Der Minister ließ sich mit Baden verbinden: „Majestät, so geht das nicht weiter. Wir können unsere Entschlüsse nicht alle halbe Stunden umwerfen." Czernin klemmte den Hörer zwischen Schulter und Ohr und zündete sich eine Zigarette an. Während der Kaiser sprach, glitten die Augen des Ministers von einem der dunklen Bilder der Habsburger zum andern. „Majestät, ich bestehe auf der Veröffentlichung des Kommuniqués in der gestrigen genehmigten Fassung." Der Graf zog mit gesenkten Augen an der Zigarette, die hagere Hand zitterte, sein Gesicht zuckte, er war am Rande der Beherrschung. „Nein, auf keinen Fall. Ich kann nicht zugeben, daß jener Brief, den Clemenceau veröffentlicht hat, mit meinem Wissen geschrieben worden ist. Man hätte mich nicht so hintergehen dürfen. Ich habe weder von der einen noch von der anderen Fassung etwas gewußt." Das Gesicht des Ministers war vor Zorn entstellt. „Kann ich nicht. Werde ich nicht. Majestät haben eine falsche Vorstellung von Ministerverantwortlichkeit." Das Gespräch wurde unterbrochen. Jetzt holt sich der Kaiser, dachte der Graf, nebenan bei der Kaiserin Rat. Czernin behielt den Hörer zwischen Schulter und Ohr eingeklemmt und zündete sich eine neue Zigarette an. „Nein! Ich nehme es nicht auf mich. Sinn der Ministerverantwortlichkeit ist nicht, daß ein Monarch alles tun darf und der Minister alles decken muß. Genau das Gegenteil. Ministerverantwortlichkeit soll den Monarchen hindern, politische Handlungen ohne Vorwissen seiner Minister zu begehen." Der Graf lauschte, seine Brauen zogen sich hoch: „Majestät könnten aus Gesundheitsrücksichten zeitweilig von der Regierung zurücktreten und diese für die Dauer der Erkrankung Erzherzog Friedrich oder Eugen übertragen." Czernin lauschte und lächelte: „Selbstverständlich, Majestät. Ich würde zur gleichen Zeit auch zurücktreten."

Wieder unterbrach der Kaiser das Gespräch. Czernin kritzelte auf die Schreibunterlage: Zita. Dann zog er einen Kreis um den Namen der hohen Frau. Wenn der Kaiser abdankte, dann mußte

Czernin nicht die Mutter der Kaiserin in die Schweiz abschieben lassen, wo die Herzogin von Parma ja doch nur ihre Intrigen fortgesetzt haben würde. Der Kaiser kam wieder zum Telephon: Die Reise nach Budapest unterbleibe bis auf weiteres. Übermorgen sei Ministerrat, da werde man feststellen, wer die Regentschaft zu übernehmen habe. Morgen solle Czernin sich in Baden einfinden, dort werde er das Weitere erfahren.

Das Gespräch war zu Ende. Der Minister ging mit großen Schritten auf und ab. Er gedachte eines andern Mannes, der alle Schuld für eine Niederlage auf sich genommen und dem Kaiser versprochen hatte, für immer zu schweigen. Dann, als man sich seiner so versichert hatte, war er vor ein Kriegsgericht gestellt und von der amtlichen Wiener Zeitung schändlich geschmäht worden. Nein, der Graf wollte kein Benedek sein. Kaiser Karl war auch kein Franz Joseph. Damals, als der Feldzeugmeister geschwiegen hatte, war der Krieg verloren und zu Ende gewesen. Wenn jetzt Karl zurücktrat, wenn seinen Schwägern das Handwerk gelegt wurde, konnte der Endkampf siegreich durchgefochten werden. Man durfte nicht nachgeben. Man mußte diesmal an die Krone und nicht an deren Träger denken! Man durfte den Kaiser nicht decken, wenn der Kaiser etwas tat, wofür jeder einfache Soldat sein Leben verlor.

Als Czernin am nächsten Morgen in Baden das Arbeitszimmer des Kaisers betrat, stand er der Kaiserin gegenüber, die sich vom Wochenbett erhoben hatte. Der Kaiser sei unpäßlich, der Graf möge ihr berichten, was er zu sagen habe. Czernin wiederholte kurz die Sachlage, schilderte die Gefahren für die Monarchie und ersuchte die Kaiserin, dem Monarchen den Rücktritt nahezulegen. Sie denke nicht daran, erwiderte die Kaiserin scharf, dem Kaiser so etwas nahezulegen, der Kaiser habe ihrer Meinung nach auszuharren und zu bleiben.

„Die Völker der Monarchie werden solch eine Belastungsprobe des monarchischen Gedankens nicht mehr zu tragen vermögen.“

„Sie haben den Kaiser eben zu decken.“

„Es handelt sich nicht mehr um Seine Majestät allein. Die Presse wird Seine Majestät angreifen.“

„Sie werden die Presse zurückpfeifen. Sie verstehen es doch sonst so gut, mit der Presse umzugehen. Sie waren einverstanden, daß meine Brüder nach Laxenburg gekommen sind. Sie haben mir geschrieben, daß eine mündliche Verhandlung weiterbringe als zehn solche Reisen in die Schweiz. Sie haben also von allem gewußt."

„Nichts, Majestät, gar nichts von dem Brief, den Clemenceau veröffentlicht hat!"

„Czernin, Sie können jetzt noch alles retten, wenn Sie sich vor Seine Majestät stellen!"

„Dann wird die deutsche Regierung uns beiden mißtrauen, Majestät!"

„Besser, man vertraut dem Kaiser als dem Minister!"

„Ich möchte Seine Majestät selbst sprechen."

„Ich habe schon erklärt, daß Seine Majestät krank ist! Sie sind nicht ohne Schuld! Sie haben Seine Majestät nicht geschont. Ihre Art macht Seine Majestät einfach fertig."

„Seine Majestät sagte mir gestern beim Telephon, daß Sie bereit sei, sich von den Regierungsgeschäften zurückzuziehen. Hier und heute höre ich das Gegenteil."

„Seine Majestät war bereits krank, als sie diesen Vorschlag machte", erwiderte die Kaiserin.

Czernin trug noch einmal alle Bedenken vor, die Kaiserin widersprach scharf, sie drohte damit, an des Kaisers Stelle die Regierung zu übernehmen. Als der Minister gegangen war, trat die Kaiserin in das Schlafzimmer. Der Kaiser lehnte mit fiebernder Stirn am Fenster und sah zur büßenden Magdalena im Sockel der Pestsäule hinüber. Die Kaiserin legte ihm die Hand auf die Schulter: „Du bleibst! Du trittst nicht zurück. Vor einem Menschen, wie vor diesem Czernin, weicht man nicht zurück. Wäre alles gut gegangen, hätte er den Erfolg für sich beansprucht. Ich habe mir kein Blatt vor den Mund genommen. Ich habe ihm zu verstehen gegeben, wie ich über solche Fahnenflucht denke. Morgen, im Ministerrat, werden wir weitersprechen."

Der Ministerrat war auf den 14. April für elf Uhr vormittags angesetzt. Czernin war vorher zum Kaiserpaar gegangen, um das Notwendigste zu besprechen. Kurz nach Czernin trat Graf Demblin mit einem Phonogramm ein, das eben vom Pressedepartement des Ballhausplatzes durchgegeben worden war. Czernin überflog das Blatt und fragte mit heiserer Stimme, ob Seine Majestät gestatte, die Antwort Clemenceaus auf das gestrige Kommuniqué vorzulesen.

Sie bitte darum, sagte die Kaiserin mit einem unwilligen Blick auf den verlegen dastehenden Kaiser, dem man es ansah, daß er am liebsten das Zimmer verlassen hätte, um nicht auch das noch hören zu müssen.

Der Graf las, er ersparte weder dem Kaiser noch sich auch nur einen Prankenschlag des grimmigen Tigers.

‚Es gibt verrottete Gewissen. Außerstande, einen Ausweg zu finden und sein Gesicht wahren zu können, stammelt Kaiser Karl wie ein in die Enge getriebener Mensch. Er muß seinen eigenen Schwager der Fälschung zeihen und stellt eigenhändig einen lügenhaften Text jenes Dokumentes her. Das Original, dessen Text die französische Regierung veröffentlicht hat, wurde dem Generalsekretär im Ministerium des Äußeren, Jules Cambon, übergeben, der eine Kopie dem Ministerpräsidenten Ribot übergeben hat. Der Prinz unterhielt sich mit Ribot in einer Weise, die sinnlos gewesen wäre, hätte der Brief nicht so gelautet, wie ihn die französische Regierung veröffentlicht hat. Ist es nicht offensichtlich, daß es zu gar keiner Besprechung gekommen wäre und daß der Präsident der Republik den Prinzen nicht ein zweites Mal empfangen hätte, wenn der Prinz auf Initiative Österreich-Ungarns ein Schriftstück überbracht hätte, das unsere Rechte auf Elsaß-Lothringen bestritt, statt sie zu bestätigen? Der Brief des Kaisers Karl, wie wir ihn zitiert haben, ist vom Prinzen Sixtus selbst den Regierungsoberhäuptern gezeigt worden. Übrigens können zwei Freunde des Prinzen die Authentizität des Briefes bestätigen, besonders jener, der den Brief vom Prinzen zur Abschrift erhalten hatte.‘

Der Graf sah auf und blickte das Kaiserpaar an. Karl stand mit hängenden Armen da, sein Kinn war auf die Brust gesunken, alles Blut war aus seinem Gesicht gewichen. Die Kaiserin wich dem Blick des Grafen nicht aus. „Ich bin nicht mehr in der Lage“, sagte Czernin, „an der Richtigkeit von Clemenceaus Behauptungen zu zweifeln.“

„Sie glauben“, fragte die Kaiserin, „diesem Kerl also mehr als dem Kaiser?“

„Die Beweisführung Clemenceaus ist zu überzeugend.“

„Und doch ist unser Text der richtige“, wehrte die Kaiserin ab.

„Dann müßte der Brief Seiner Majestät auf dem Weg in die Schweiz gefälscht worden sein“, sagte Czernin.

„Gewiß! So ist es!“ rief die Kaiserin lebhaft. „Vielleicht hat Erdödy die Tasche, in der sich der Brief befand, in Bern unbeaufsichtigt gelassen. Der Fälscher wird sich noch finden.“

„Majestät, zu solcher Rolle gibt sich nur ein Desperado her“, sagte Czernin scharf. „Nehmen wir an, wir bekommen solch einen Menschen, wir verhelfen ihm zur Flucht ins Ausland. Und dann? Ein Mann, der sich für solch eine Sache kaufen läßt, wird sich auch von den andern kaufen lassen, die ihm mehr bezahlen werden, um die Wahrheit herauszubringen. Und dann stehen wir, vielleicht schon ein Jahr später, vor einem noch größeren Skandal. Mittelchen können ein paar Wochen lang helfen. Das Mißtrauen gegen Eure Majestät wäre damit nicht aus der Welt geschafft. Die einzige Möglichkeit, zu retten, was zu retten ist, bleibt der Rücktritt."

„Nein!" sagte der Kaiser.

„Das wäre das Ende der Dynastie", setzte die Kaiserin hinzu. „Czernin, Sie messen der Sache zuviel Bedeutung bei!"

„Majestät haben nicht nur das Mißtrauen der Verbündeten, Majestät haben auch das Mißtrauen der Untertanen geweckt. Es bleibt wirklich kein anderer Ausweg."

„Nein", beharrte der Kaiser. „Nein", wiederholte die Kaiserin, „der Kaiser tritt nicht zurück."

„Dann muß ich um meine Demission bitten!"

„Ich nehme Ihre Demission an", stieß der Kaiser hastig hervor.

Am gleichen Morgen erschien der Chef des österreichisch-ungarischen Generalstabs, der Siebenbürger Sachse Baron Arz, beim deutschen Verbindungsoffizier Generalleutnant Cramon. Verlegen stand der untersetzte k. u. k. General dem großen, schmalen Preußen gegenüber. Er schäme sich, sagte stockend Arz, Cramon unter die Augen zu treten, aber er müsse auf diese Weise sein bedrücktes Herz entlasten. Er, der Generalstabschef der k. u. k. Armee, müsse Cramon als Vertreter des deutschen Heeres erklären, daß sein Kaiser lüge. Der k. u. k. General hielt inne, die Stimme mochte nicht mehr. Cramon sah zur Seite, er wollte dem Österreicher den leisesten Vorwurf ersparen.

Es sei der schlimmste Augenblick seines Lebens, fuhr Arz fort, er wisse auch in der Tat nicht, was daraus noch alles folgen werde. Der Kaiser habe in dreifacher Weise gefehlt: er habe in seinem Telegramm an Kaiser Wilhelm die Unwahrheit gesagt, er habe in unverantwortlicher Weise mit dem Feind unterhandelt und er habe schließlich durch den Brief den Feinden Hoffnung gemacht und den Krieg verlängert. Der Generalstabschef mußte innehalten, er war zu erregt.

Man habe der Familie Parma immer mißtraut, erwiderte Cramon, die Mutter der Kaiserin habe ihre Abneigung gegen Deutschland nie verborgen. Wahrscheinlich habe Prinz Sixtus mehr für sich als für seinen Schwager gearbeitet. Der Kaiser habe durch sein Spiel mit dem Verrat für sich ebensowenig erreicht wie der Prinz. In einer Zeit, in der die demokratischen Länder und Völker gegen jede Monarchie seien, sei es gefährlich, wenn sich Dynastien auf solche Art in die Politik mengten. Der österreichisch-ungarische General nickte: Ja, dieses Gestümper, diese bourbonische deutschfeindliche Hintertreppenpolitik habe auch der k. u. k. Armee sehr geschadet. Der alte Kaiser habe kein Glück gehabt, aber er sei ein Mann von Ehre, Haltung und Fürstlichkeit gewesen, der nie, unter keinen Umständen, ein solches Vorgehen verstanden, geschweige denn gebilligt hätte.

Der preußische General wußte keinen andern Trost, als dem österreichischen Generalstabschef so die Hand zu drücken, wie man das nur tröstend an einem offenen Grabe tut.

Am Abend des gleichen Tages ging aus Baden bei Wien dieses Telegramm in das deutsche Hauptquartier:

‚Die Anschuldigungen des Herrn Clemenceau gegen mich sind so niedrig, daß ich nicht gesonnen bin, mit Frankreich über diese Sache ferner zu diskutieren. Unsere Antwort geben meine Kanonen im Westen. In treuer Freundschaft Karl.‘

Französischer Erkundungsvorstoß, Mai 1918

Scheinwerfer tasteten die Niederung des Ailettegrundes ab, hoben bleiche Mauerreste, Drahtgewirr, Baumstrünke und Zäune aus dem Dunkel und ließen sie wieder in Nacht versinken. Manchmal plapperte ein Maschinengewehr auf im bangen Traum der Front, und wenn es verstummte, quakten die Frösche am Kanal und in den seichten Flußarmen. Gegen Morgengrauen kam der Wind und ließ die Posten nach der lauen Mainacht bis ins Herz frieren.

Da — in die stille Nacht hinein — das scharfe Bersten von Handgranaten bei den Mauerresten von Courteson. Ein Feuerwerk der im Morgenlicht erblassenden Leuchtkugeln, das dünne Messer eines Infanteriescheinwerfers, das den Nebel vergeblich zu durchschneiden versuchte, ganz hoch oben ein paar rote

Bälle — und schon war das Sperrfeuer da. Maschinengewehrgeknatter füllte die Pausen zwischen den Artillerieeinschlägen, Gewehrfeuer prasselte dazwischen. Und dann einige menschliche Schreie, eine immer dünner werdende klägliche Stimme zwischen den Drähten im Niemandsland und dann wieder die bange Stille des grauenden Morgens, unterbrochen nur vom Rattern der letzten zurückhastenden Fuhrwerke.

In den französischen Gräben verschwanden ein paar hellblaue Gestalten. Der junge Leutnant, der die Patrouille geführt hatte, meldete dem eigens zu diesem Unternehmen in die vorderste Stellung gekommenen Oberst, daß die Gräben drüben dicht besetzt seien. Man habe zwei Gefangene gemacht und drei Mann verloren. Ein Schwerverwundeter habe zurückbleiben müssen.

Der Oberst geht auf die beiden Gefangenen zu, der Adjutant schaut die abgenommenen Soldbücher an. Da stehen nun der stämmige Offiziersstellvertreter mit dem lächerlichen Haarschnitt, der nur auf dem Scheitel ein paar Haare beläßt und den Rest des Kopfes kahl stutzt, und ein kleiner Jäger mit ergrauten Schläfen, Wesen aus einer anderen Welt, wahllos herausgefischt aus der Tiefe eines unbekannten Meeres. Die Gefangenen wissen nicht, wohin sie schauen und wie sie sich benehmen sollen, denn auch sie sind in eine andere Welt geraten. Der Adjutant meldet beim Telephon dem Kommando der 2. Division, daß das Unternehmen geglückt sei, und erhält den Auftrag, die Gefangenen sofort zur Division zu schaffen. Die beiden Gefangenen hatten mit kurzen Seitenblicken zu erraten versucht, was man mit ihnen vorhabe. Nun bedeutete man ihnen, mitzukommen. Sie wurden durch eine Reihe von Gräben geführt. Die blauen Soldaten lachten, als sich der Offiziersstellvertreter so streckte, als vertrete er unter den Feinden ganz allein die deutsche Wehrmacht. Der kleine Jäger hatte sich nichts dergleichen vorgenommen, er trottete verdrossen hinter dem Offiziersstellvertreter drein.

Als die Gefangenen mit ihren Begleitern aus dem letzten Laufgraben emporstiegen, schien die Sonne schon warm. Das Grün des Frühlings suchte das zerschossene Gelände zu überdecken.

Der Offiziersstellvertreter staunte, daß es hier eigentlich ganz anders aussah, als er es sich drüben vorgestellt hatte. In der Ferne dort die Höhe mußte der Winterberg sein, die Erhebung dort der Sargdeckel und jene drüben die Sofalehne. Je weiter man ging, desto mehr verschob sich alles.

Diese maskierten Eingänge, dachte der verdrossene Jäger,

führen wohl zu den Kreidehöhlen, von denen die Kameraden so viel erzählt haben, die vor Jahresfrist den Damenweg hier verteidigt und dann doch endlich aufgegeben hatten. Aus den Kreidehöhlen duftete es angenehm nach Speck und Kaffee, ein allzu guter Duft, wenn man noch einen nüchternen Magen hat. Franzosen mit Eßschalen, die von der Küche kamen, sahen den Deutschen höhnisch nach. Auf der maskierten Landstraße ging es wie im Frieden zu. In dem einzigen unzerstörten Haus einer zertrümmerten Ortschaft war das Divisionskommando. Am Himmel zogen, von Schrapnells umkränzt, einige deutsche Flieger nach Norden. Der Offiziersstellvertreter gab sich der törichten Hoffnung hin, daß man ihn von dort oben genau so sehen müsse, wie er hier unten die schwarzen Kreuze auf den Tragflächen erkannte. Werden die Flieger beim Regiment melden, daß man die beiden heute morgen gefangenen Deutschen hinter der französischen Front wohlbehalten im Schatten eines Hauses habe sitzen sehen? Wenn das die Flieger nicht taten, wird sie das Regiment als tot oder vermißt melden. Was daraus entstehen konnte, das wollte er lieber nicht ganz zu Ende denken.

Für den Jäger, der eine weniger lebhafte Phantasie hatte, war der Krieg einfach aus. Er sah gar nicht zu den Fliegern hinauf, er ärgerte sich über sie, denn sie konnten den Franzosen nur die gute Laune und die Freude über die Gefangennahme verderben.

Der junge Nachrichtenoffizier der Division trat aus dem Haus, er hielt ein kleines Wörterbuch in der Hand und betrachtete mit der wohlgepflegten, duftenden Überlegenheit eines Herrn vom Stab die beiden Deutschen, deren Uniformen beim Handgemenge zerrissen worden waren.

„Warum Sie haben so viel Soldaten in die Graben?“ begann das Verhör.

„Es sind nicht mehr als gewöhnlich“, erwiderte der Offiziersstellvertreter rasch.

„Ich werde sagen, warum.“ Der Rittmeister blätterte in seinem Wörterbuch: „Sie sind verschiedenen Bataillonen? Warum?“

Der Stellvertreter wußte keine Antwort.

Der Nachrichtenoffizier deutete mit seiner Reitgerte auf den Jäger: „Welche Bataillonen?“

„Erstes Bataillon“, sagte der Jäger und schlug die Haken zusammen.

„Welche Bataillonen?“ fragte der Rittmeister, auf den Offiziersstellvertreter deutend.

Dieser zögerte mit der Antwort.

Der Rittmeister blätterte in dem abgenommenen Soldbuch: „Dritte Bataillone. Erste Bataillone, dritte Bataillone." Er sah im Wörterbuch nach: „Sehr dicht."

Der Stellvertreter wußte nichts zu erwidern. Der Offizier trat nah an den Jäger heran: „Morgen attaque? Angriff?"

Der Jäger nickte.

„Menschenskind, nehmen Sie sich zusammen", zischte der Stellvertreter den Jäger an.

Der Offizier machte ein Zeichen und der Stellvertreter wurde abgeführt. Aber nun war der Jäger eingeschüchtert und antwortete nicht mehr. Der Rittmeister ging zum Telephon und meldete dem Korps, was er aus den Gefangenen herausgebracht hatte.

Nicht lange darauf fuhren zwei Autos vor und die beiden Deutschen mußten einsteigen. Die Nachricht von dem bevorstehenden Angriff der Deutschen hatte sich schnell herumgesprochen, Schreiber und Ordonnanzen sahen zu, wie die beiden Gefangenen zu den Autos geführt wurden.

Im ersten Auto nahmen der Rittmeister und der Stellvertreter, im zweiten der Jäger und ein paar Feldgendarmen Platz.

An der ganzen Front waren schon Fesselballone aufgestiegen. Flieger jagten einander mit aufblinkenden Flügeln und kurzem Maschinengewehrgeknatter. Die Straße verließ die Verwüstungen des Krieges und führte an wogenden Kornfeldern mit rotem Mohn und blauen Kornblumen vorbei. In den weißen, fensterarmen Ortschaften waren alte Männer und junge Frauen mit Kindern zu sehen.

Mittags erst langte man beim Korpskommando an. Durch einen Schwarm zusammengelaufener Offiziere in den extravaganten Uniformen des vierten Kriegsjahres, eine Unregelmäßigkeit, die von den Engländern hervorgerufen und von den Amerikanern verstärkt worden war, wurden die beiden ganz und gar nicht prächtigen oder gar reckenhaften Deutschen in den Vorgarten geführt, in dessen Haus die Kundschafterabteilung untergebracht war.

Zuerst wurde der Stellvertreter den schon wartenden Offizieren vorgeführt. Der Stellvertreter wußte, daß man von ihm Auskünfte erwartete, er war sich seiner Wichtigkeit bewußt, er fühlte, daß dies sein großer Tag sein werde, an dem er durch seine List den Kameraden zu einem Sieg verhelfen könne. Der Dolmetscher, der beide Sprachen so gewandt mischte wie ein Kartenkünstler zwei Spiele, begann ohne Umschweife. Der Stellvertreter horchte nicht hin, er wußte, was er zu sagen hatte.

Soviel er wisse, begann der Stellvertreter, beabsichtige Hindenburg in der Champagne nicht anzugreifen. Im Gegenteil: alles, was man aus der Front herausziehen könne, werde hinter der Front eigens ausgebildet und dann nach Flandern gefahren, wo über kurz oder lang ein Großangriff bevorstehe.

Die französischen Offiziere waren geteilter Meinung; die einen glaubten dem Stellvertreter, die andern zogen seine Angaben in Zweifel. Der Nachrichtenoffizier flüsterte erregt dem Dolmetscher etwas zu, er solle doch den Boche fragen, wie die dichte Besetzung der vordersten Gräben zu erklären sei.

Der Deutsche erklärte sie damit, daß man, eben weil man so viel aus der Front ziehe, die Gräben besonders stark ausbaue. Der Dolmetscher übersetzte, die Offiziere zogen die Brauen hoch und wiegten die Köpfe. So ließ man sich nicht abspeisen. Man hatte in dem dichten Vorhang ein kleines Löchlein entdeckt, nun wollte man es zu einem Spalt erweitern.

Auf die Frage, woher sein Regiment gekommen sei, erwiderte bereitwillig der Stellvertreter, es sei bei Montdidier eingesetzt gewesen, habe schwere Verluste gehabt und sei zur Erholung an diese ruhige Front gekommen.

Ob er etwas über die Absichten der deutschen Führung wisse in diesem Abschnitt, was er noch nicht gesagt habe, fragte der Dolmetscher. Der Deutsche gab wieder sehr bereitwillig Auskunft: Morgen werde wohl in aller Früh ein heftiges Trommelfeuer einsetzen, aber es werde nur zur Täuschung dienen. Der anschließende Infanterievorstoß werde nur von Freiwilligen geführt werden. Die Deutschen hätten bei St-Quentin so schwere Verluste gehabt, daß sich die Leute einem neuerlichen Großangriff widersetzen würden.

Das waren Nachrichten, wie man sie gerne hört, aber sie hatten wohl den einen Fehler, daß sie allzu gut waren. Ein französischer Major fragte den Stellvertreter über einige abgelöste und neueingetroffene Regimenter und verglich diese Antworten des Stellvertreters mit seinen Tabellen. Als man durch näheres Befragen Klarheit gewinnen wollte, wurde der Stellvertreter verstockt und schwieg. Man ließ ihn hinausführen und nahm den Jäger vor.

„Sie haben die Wahrheit zu sagen“, begann der Dolmetscher.

„Ihr Offizier hat alles ausgesagt. Ihre bei der Gefangennahme gemachte Aussage, daß morgen ein Angriff stattfinde, hat er vollinhaltlich bestätigt. Sie müssen nur wiederholen, was Sie schon gesagt haben."

Dem Jäger war angesichts der vielen Offiziere gar nicht wohl zumute, er sagte, er wisse nicht mehr. Dann möge er wiederholen, was er schon einmal gesagt habe, forderte ihn der Dolmetscher auf.

„Morgen oder übermorgen soll angegriffen werden." Vorgebeugt blickten alle Offiziere auf den kleinen Mann. Warum solle angegriffen werden? Er müsse es doch genau wissen. Der Mann wich aus: Das erfahre man nie genau.

Die Offiziere besprachen sich hastig. Dann fragte der Dolmetscher: „Sind schon Handgranaten ausgegeben worden?" Sie waren schon verteilt. „Und vermehrte Gewehrmunition?" Auch die hatte man den Truppen schon zugeschoben.

„Die Feldrationen?"

Die Truppe habe nur die gewöhnlichen Reserveportionen bei sich, es werde mit Konserven sehr gespart, die bekomme man immer zu allerletzt. „Ist die Verpflegung so knapp?"

Sie sei nicht reichlich, aber an der Front immer noch besser als in den Ausbildungslagern. Und dann sagte der Jäger leise zum Dolmetscher, daß er heute noch keine Verpflegung erhalten habe.

Der Dolmetscher sagte dem Mann, es liege ganz allein an seinen Aussagen, wann er zu einem Essen kommen werde. Nun solle er sagen, welches Bataillon rechts und welches links von ihm gelegen sei. Der Jäger überlegte und sagte dann: Rechts müsse wohl ein Garderegiment gewesen sein, er habe Leute mit Gardelitzen im Laufgraben getroffen, aber welches Regiment es sei, könne er nicht angeben. Links sei ein Bataillon seines Regimentes gewesen. Mehr gab der Mann nicht her. Er wurde wieder hinausgeführt, man solle ihm zu essen geben, rief der Dolmetscher der Bewachung nach.

Die Offiziere berieten: Wer hatte nun die Wahrheit gesagt? Gewiß der einfache Mann, der Jäger.

Als der Stellvertreter vorgeführt wurde, stutzte er über den veränderten Ausdruck in den Gesichtern der Offiziere. Er fühlte auf einmal ein leeres Gefühl im knurrenden Magen und das Pochen des Blutes in der notdürftig verbundenen, am Stacheldraht verletzten Hand. Der Dolmetscher las dem Stellvertreter vor, was er vorhin ausgesagt hatte. Ob das stimme? Ja, das stimmte, das hatte er gesagt. Der Stellvertreter dachte, wie schön es wäre, wenn sein Hauptmann hier wäre und zuhören könnte, dann wären gewiß alle Bedenken geschwunden, ihn zum Leutnant zu machen. Die französischen Offiziere aber waren mit ihm weniger zufrieden, als es sein Hauptmann gewesen wäre. Sie lachten, aber es war ein böses Lachen. Diese Aussagen, stellte nun der französische Major ausdrücklich fest, habe der Stellvertreter aus eigenen Stücken, ohne Zwang gemacht. Ja, so sei es, sagte der Stellvertreter und konnte kaum seinen Stolz verbergen. Alles, was der Gefangene gesagt habe, sei also vollkommen wahr, fragte noch einmal der Major.

„Jawohl, vollkommen wahr", sagte der Stellvertreter.

Der Dolmetscher kniff ein Auge zu: Aber der Jäger habe genau das Gegenteil ausgesagt. Der Stellvertreter zuckte die Achsel: Er könne nur dabei bleiben, seine Aussagen seien wahr und richtig.

„Nach Kriegsrecht kann Sie niemand zwingen, hier vor uns auszusagen", übersetzte der Dolmetscher, was der Major vorsprach. „Sagt aber einer die offenkundige Unwahrheit, dann wird er als Spion behandelt. Falsche Mitteilungen zu machen, ist Sache von Spionen. Sie wissen doch, welche Strafe auf Spionage steht?"

Der Stellvertreter verlor die Farbe. Die Offiziere standen auf und stellten sich im Halbkreis um den Gefangenen. „Auf Spionage steht der Strang. Spione werden bei uns an den nächsten Baum gehängt." Der Stellvertreter ließ seine Augen von einem Gesicht zum andern wandern. Nirgends fand er Mitleid, nirgends Erbarmen, Haß und Verachtung starrten ihn böse an. „Entweder Sie — oder der Jäger, einer ist der Lügner, einer muß gehängt werden. Ist der Jäger verheiratet?" Der Stellvertreter wußte es nicht, der Mann war nicht von seiner Kompanie. „Und Sie?" Der Stellvertreter war seit drei Monaten verheiratet. „Sie haben sich alle Unannehmlichkeiten selbst zuzuschreiben. Sie bringen sich oder den Mann an den Galgen. Überlegen Sie sich das. Es gibt nur einen Ausweg. Sie sagen die Wahrheit. Aber beeilen Sie sich, wir haben keine Zeit."

Dem Stellvertreter trat der Schweiß auf die Stirn, ein Schauer schüttelte ihn, die Hände begannen zu zittern und die Knie knickten ihm ein. Ihm war, als müßte er erbrechen. „Ich habe die Unwahrheit gesagt", würgte er hervor.

„Und die Wahrheit? Wie ist die Wahrheit?" schrie der Major, riefen die andern Offiziere. Der Dolmetscher stotterte vor Aufregung beim Übersetzen.

„Darüber kann, darf, will ich nicht sprechen."

„Dann machen wir Schluß", sagte der Major. Auf einen Wink trat die Eskorte vor, nahm den Stellvertreter in die Mitte und führte ihn quer durch den Vorgarten zu einem Baum. Die Hände wurden dem Stellvertreter auf den Rücken gebunden. Als ein Soldat den Strick an einem Ast befestigte, zitterte der Stellvertreter am ganzen Leibe.

Ein Offizier kam aus dem Haus und befahl, daß man den Gefangenen noch einmal zum Verhör führe. Mit gebundenen Händen zerrte man den Stellvertreter wieder vor die Offiziere. Man schob dem an allen Gliedern zitternden Menschen einen Stuhl hin und gab ihm ein Glas gewässerten Wein zu trinken. Der Gefangene leerte das Glas auf einen Zug.

„Wir werden Sie nichts fragen, was Sie nicht sagen dürfen. Wir wollen bloß wissen, ob der Jäger gelogen hat."

Der Stellvertreter konnte noch immer nicht sprechen. Man brachte ihm ein zweites Glas Wein, diesmal ungewässert. Alle Offiziere waren auf einmal nett und freundlich. Man begann Weithergeholtes vorsichtig zu fragen, und da der Stellvertreter ein Mann war, der gerne sprach, so begann er auf diese und auf jene Frage etwas ausführlicher zu antworten. Vielleicht konnte er auch nicht so recht unterscheiden, was den französischen Offizieren wichtig war und was nicht. Man hörte ihm zu, einige Offiziere schrieben mit, der Dolmetscher kam mit dem Übersetzen kaum nach. Im Nebenzimmer saß ein Offizier, der das, was der Stellvertreter ausplauderte, gleich an das Armeekommando in Provins weitergab.

Hin und wieder hielt der Stellvertreter inne, aber da reichte man ihm schon wieder ein volles Glas Wein. Die französischen Offiziere taten so, als glaubten sie dem Gefangenen nicht.

Da wurde der Stellvertreter richtig zornig, da zeigte er, daß er mindestens soviel wußte wie irgendein Leutnant, er nannte Divisionen und Korps, er nannte eine geradezu unwahrscheinlich hohe Zahl von leichten und schweren Batterien, die hinter ihnen in den letzten Nächten aufgefahren seien und sich nicht einmal haben einschießen dürfen, um sich nicht zu verraten. Die französischen Offiziere hören es, ihnen wird schwindelig, sie starren auf den Mann, der ihnen Unheil über Unheil verkündet. Nein, jetzt lügt er nicht, der Wein hat ihm die Zunge gelöst, es muß schon so sein, wie er sagt.

Fernrufe ergehen an alle Divisionen nach vorne und wecken sie aus dem Dahindösen. Alles, was kriechen kann, vor in die Gräben! Alles, auch die Stäbe müssen eingesetzt werden! Und rasch! Und melden, daß es geschehen ist!

Fernrufe gehen an die Armee. Hilferufe! Was hat man denn all dem, was die Deutschen da hinter ihrer Front zusammengezogen haben, gegenüberzustellen?

Der Stellvertreter wurde vergessen. Man führte ihn ab und brachte ihn in eine Scheune. Er schlief gleich ein, erwachte aber bald darauf, weil ihm von dem hastig getrunkenen Wein übel geworden war. Er merkte, wie ringsum alles aufgescheucht war, wie die Franzosen riefen, wie die Ordonnanzen fuhren, und nun entsann er sich, daß er allein wohl von all dem die Ursache sein mußte. Es war kaum glaublich, daß ein ganz einfacher, ein unbedeutender Mensch, der kaum etwas Wichtiges wußte, durch seine Aussagen solch einen Wirbel verursachen konnte.

Der Stellvertreter richtete sich auf, es schwindelte ihn, er sank wieder zurück, legte sein Gesicht in den Arm und weinte bitterlich.

Pétain ohne Reserven

Das während der großen deutschen Märzoffensive aus Compiègne herausgeschossene Große Hauptquartier der Franzosen hatte sich in der Kavalleriekaserne von Provins in aller Eile eingerichtet. Als die Nachricht von der drohenden deutschen Offensive im Operationsbüro einlief, wurde das Große Hauptquartier wie durch einen Donnerschlag aufgeschreckt.

Der ganze Kundschafterdienst habe versagt, beklagte sich Oberst Dufieux bei General de Barescut, man müsse Fürchterliches erwarten. Das sei die Schlacht, die Pétain im März vorausgesehen habe. Nur mit dem Unterschied, erwiderte der General, daß jetzt die Reserven in Flandern und an der Somme hinter der englischen Front stünden. Das sei ein schönes Debut für Foch, eine Prachtouvertüre für das einheitliche Oberkommando! Der Oberst fuhr sich ein paarmal über die Stirn: Vielleicht halte die Front doch. Der Damenweg mit seinen Höhlen und Kavernen sei nicht leicht zu nehmen. Der General möge bedenken, wieviel Blut voriges Jahr die Eroberung des Damenweges gekostet habe, Nivelle habe dabei Ruhm und Kommando verloren. Und Foch, setzte der General hinzu, könne noch mehr einbüßen, wenn er diesen blutgetränkten Boden den Deutschen überlasse. Beide Offiziere dachten an die furchtbaren Junitage siebzehn, da ganz Frankreich gegen den Blutsäufer Nivelle aufgestanden war, da sich Regimenter geweigert hatten, an die Front zu gehen und sich abschlachten zu lassen. Die russischen Divisionen, die man nach den Blutverlusten von Verdun nach Frankreich geschickt hatte, hatten gemeutert: sie wollten nicht mit ihrem Blut die Munition bezahlen, die Frankreich an Rußland geliefert hatte. Soldatenräte waren plötzlich bei französischen Regimentern aufgetaucht und hatten die Soldaten gegen die Offiziere aufgehetzt. Die russische Meuterei war in Blut erstickt worden, ein Teil der französischen Soldatenräte hatte in den Gräben von Vincennes geendet. Während der ganzen Zeit war Frankreich von der Furcht gelähmt gewesen, daß die Deutschen von diesem Zustand furchtbarer Schwäche erfahren könnten. Aber die Deutschen hatten nichts geahnt, sie hatten diesen Augenblick der Schwäche ungenützt vorübergehen lassen. Wenn nun, dachten die Offiziere, die Eroberung des Damenweges Frankreich an den Rand des Abgrundes geführt habe, wohin würde der Verlust dieser Stellung es führen? Auch wenn man am ersten Tage standhalten könne, womit sollten die Lücken und Ausfälle des zweiten und dritten Tages gestopft werden? Man mußte doch bedenken, daß man pro Tag höchstens zwei Divisionen heranschaffen könne, und Gough mit seiner Fünften Armee habe doch gezeigt, wie schnell solche einzelne Divisionen im Hochofen der Schlacht zu Schlacke werden. Die Vorwürfe, daß Gough als Irländer Defaitismus getrieben habe, seien Geschwätz, denn Gough habe ebensowenig Reserven hinter sich gehabt wie jetzt die Franzosen am Damenweg. Habe man nicht auch bei den blutigen Verlusten Nivelles von Verrat gemunkelt? Die beiden Offiziere sprachen einander Mut zu. Schließlich sei die französische Armee unter den verbündeten Armeen die einzige, die weder ein St-Quentin noch ein Caporetto oder Riga erlebt habe.

Nun wurde die Kavalleriekaserne lebendig. Seit der Mobilisierung im Jahre 1914 hatten ihre Stiegen kein solches Getrappel mehr gehört. Man hatte bereits Foch in Versailles angerufen. Foch glaubte an keinen Angriff. Es sei eine großangelegte Demonstration, die alle Reserven von Ruprecht abziehen solle, es sei doch ganz und gar sinnlos, wenn die Boches zu ihren beiden großen Ausbuchtungen der Front noch eine dritte vortreiben wollten. Das hieße doch mutwillig ihre ohnedies schon gefährdeten offenen Flanken noch vermehren. Pétain fühlte sich durch diese Darlegungen keineswegs ermutigt. Die Aisnefront hatte auf neunzig Kilometer Ausdehnung ganze elf Divisionen und etwa tausend Geschütze. Stimmten die Aussagen der Gefangenen, dann traten gegen diesen Frontabschnitt dreifach soviel deutsche Divisionen und Geschütze an. Wohin wird dieser Angriff zielen? Verfolgt er ähnliche Absichten wie der Angriff im März oder wie der im April? Wird er bloß eine Diversion sein oder eine großangelegte Operation? Wird sich die Operation gegen die Flanke von Amiens richten oder nach Südwesten gegen Paris, oder wird er im Osten die Flanke der Champagnearmee bedrohen? Unter solchen Zweifeln und Fragen, die niemand beantworten konnte, kam die Nacht. Nervös hingen die Offiziere in den kleinen und in den großen Zimmern an den Drähten, fragten vorne bei den Stellungsdivisionen immer wieder an, wie es stehe, was man wahrnehme, eilten durch den großen Speisesaal des Unteroffiziersgebäudes, dessen Wände die Namen Marengo, Friedland, Austerlitz, Wagram, Solferino und Mars la Tour trugen, waffenklirrende, blutbesprengte, weit über Europa hin verstreute Namen, auf die sich nun der kalte Schatten der letzten und furchtbarsten Schlacht um Frankreich senken sollte.

Einige Offiziere eilten vor das Städtchen, das nun, da die Nacht das einzelne verwischte, mit seinen hohen Pappeln und seiner Mauerumfriedung einem zypressenbekränzten italienischen Städtchen glich.

Noch war es still, noch trug der Wind nur den zarten Duft der Rosen und nicht das Rollen der fernen Front heran. Die Franzosen waren weder Italiener noch Portugiesen, die sich vom deutschen Sturm wie Herbstlaub aufwirbeln ließen. Die Franzosen haben auch kein im allerletzten Augenblick zu einem Heer aufgeblasenes Milizwesen, Verdun hatte bewiesen, daß die Franzosen nicht besiegt werden können. Autokolonnen ratterten in die Richtung der Front ab, die führten ihr im allerletzten Augenblick zu, was man zusammenscharren konnte.

Auch die Herren der Operationsabteilung fanden in dieser Nacht keinen Schlaf. Die Aschenbecher füllten sich. Ordonnanzen mußten immer wieder schwarzen Kaffee bringen. Tausendmal lieber vorne an der Front liegen und das ganze Spiel nicht so übersehen, als noch einmal die Foltern einer solchen bangen Nacht mitmachen.

Das Sterben der Kathedralen

Reims brennt! Soissons brennt! Amiens brennt! In Arras und Noyons züngeln die Flammen empor.

Dunkel wie Riesenschiffe Gottes standen die großen Kathedralen zwischen den kleinen brennenden Kähnen der Menschenhäuser. Verwaist blieben in den Flammen die stolzen Galerien an den Schauseiten der Kathedralen mit den sagenhaften Gestalten der Frankenkönige zurück und blickten nieder auf die brennenden Städte. Entblättert waren die großen Fensterrosen, diese holdesten Blüten der Christenheit.

Waren nicht diese Völker, die hier miteinander rangen, allesamt dem Teufel verfallen? Zerstörten sie nicht in grauenhafter Wut Europa selbst und seine unsagbare Schöne, die dort am herrlichsten geblüht hatte, wo sich seine Stämme gemischt und diese Hochzeit mit solch einem Überschwang gefeiert hatten?

Hier in Europa und drüben in seinem großen Tochterland jenseits des Atlantiks standen zwischen sausenden Riemen und klirrenden Maschinen, zwischen Feuersglut und Metallglanz Mädchen und Frauen und bereiteten, alberne Schlager singend, den stählernen, mit Kupferbändern gezierten Tod. Ungesegnet blieb ihr Schoß, während die zarten Hände beim Drehen der großen Granaten halfen, deren Form die des alten Fruchtbarkeitssinnbildes war. Und die überheblichen Priester dieser Zeit bereiteten, fern von den Stätten des Sterbens, in stillen Laboratorien neue Kräfte des Feuers und des Giftes.

Über all diesen beklagenswerten alten Städten aus einer längst entschwundenen Zeit, deren kleine Tage vergessen waren und deren großes Wollen die Kathedralen bewahrt hatten, wölbte sich der grauenhafte Dom des Bösen mit Rippen aus feurig aufsteigenden und flammend sich senkenden Geschoßbahnen, unter deren schändlichem Gewölbe alles Leben zuschanden wurde.

Blieben nicht stets die Gesetze der Form die gleichen – im Guten wie im Bösen? Wiederholten sie sich nicht mit kleinen, aber herzlähmenden Abänderungen? Wie sich Engel, Heilige, Könige, Propheten und Sünder im weiten Gewände der bedrohten und zusammenstürzenden Kathedralen im Übermaß und im Reichtum der Formen so verloren, daß sie dem emportastenden Blick kaum unterscheidbar waren, also entschwanden auch die Menschen der Feuerdome den besorgten Blicken, die ihnen zwischen den aufschießenden Flammenpfeilern unter dem gurgelnden Geschoßgewölbe folgen wollten. Da sah man den einen die Arme emporwerfen, dort einen andern wie einen Beter sich auf das Gesicht werfen, die gleichen spitzen, schmalen Antlitze bekamen sie wie die Figuren aus Stein im Gewände der Kathedralen, genau so krümmten sich vor Schmerz ihre Gestalten, wie jene sich vor Verzückung gekrümmt hatten. Schreiend hielten sie die Gesichter empor und reckten die Arme aus wie die Verdammten des Jüngsten Gerichtes über den spitzbogigen Pforten der Dome. Ja, es war wieder da, das alte Übermaß, der große Überschwang, der Gott einst so übergroß gehuldigt und der nun in der gleichen maßlosen, übermenschlichen Weise dem Bösen seine Opfer brachte.

Unermüdlich spien einander die Riesenfabriken mit Feuer an. So unmenschlich war dieses Grauen, daß die nun aufspringenden und vorhastenden Menschen wie eine Befreiung waren. Also gab es doch in diesem Toben Menschliches, also hatten es doch die Menschen selbst bereitet!

Dichter heran an die Feuerwalze! Sie rollt euch sonst davon mit Staub und Rauch, mit Gift und Eisenhagel. Wenn der furchtbare Vorhang verweht ist, dann wird man euch sehen, ihr hüpfenden, hastenden, stolpernden und keuchenden Männlein! Nicht liegen bleiben! Vorne ist es sicher. Hier holt euch der Teufel! Weiter! Weiter!

Keuchend hastete die dünne Linie weiter. Sturmtrupps zerstreuten sich im Gelände. Dort hämmerte noch immer ein Maschinengewehr. Sie warfen sich hin, preßten das Gesicht an die verwüstete Erde, schöpften ein paar Atemzüge aus der verpesteten Luft, spähten mit tränenden Augen unter dem schattenden Stahlhelm hervor und hetzten weiter, schleppten einen Flammenwerfer herbei, brachten ein Maschinengewehr in Stellung und rannten, wenn drüben alles verstummt war, schreiend los. Hinter diesen huschenden Schatten drein keuchte die zweite Linie heran, die mehr sah, da sie nicht so dicht hinter der qualmenden, trümmerwerfenden und alles versengenden und zerstampfenden Rauchwand war. Da lagen umgeschleuderte Autos, da gab es Konserven aller Art in rauhen Mengen neben umgekippten Lastwagen, da hatten die Geflohenen Mäntel aus schwerem Tuch zurückgelassen, Schuhe aus gutem Leder und weißes Brot. Ersatzstoffe und Ersatznahrung schienen die hier noch nicht zu kennen. Die Offiziere mußten zusehen, wie sie die Leute weiterbrachten, und aufpassen, daß sich niemand verkrümelte. Der Regimentskommandeur eines Reserveregimentes mit unwahrscheinlich hoher Hausnummer mit einer halb weggeschossenen Nase stand da und trieb die Leute weiter. Die erste Welle der Sturmtrupps war nicht mehr zu sehen. Nur jetzt nicht hängen bleiben und Konserven anbohren und wieder wegwerfen, vorwärts, los! Weiter! Weiter! Einen Hang hinunter! Schrille Pfiffe! Der sich fortpflanzende Ruf: Gas! Ga-aas!

Gelblicher Brodem. Zertrampeltes Gras. Aus den giftigen Schwaden ragten die Rohre einer Langrohrbatterie auf. Blaue Franzosen waren neben den Geschützen hingestreckt, Bespannungspferde lagen wie umgeklappte Scheiben neben den offenen Munitionsverschlägen der Protzen. Abseits, von einem Toten noch immer beim Zügel gehalten, ein paar Offizierspferde mit neuem Riemenzeug. Keine Gasmaske war aufgesetzt. Gelbkreuz! Es mußte vollkommen überraschend gekommen sein.

Mit den Gasmasken vor den Gesichtern durchliefen die Landser wie böse, aufgeschreckte Rüsseltiere die Mulde.

Seltsam, dachte der Major, hier, mitten im englischen Abschnitt, französische Artillerie!

Nur nicht zurückbleiben. Das Ticken der Maschinengewehre der Sturmtrupps hat sich schon weit entfernt. Von ihnen ist nichts mehr zu sehen.

Woher kommen denn auf einmal da in der Flanke diese Engländer? Einige Offiziere schreien, ein Maschinengewehr wird in Stellung gebracht und will das Feuer eröffnen. Aber da heben drüben die Engländer die Arme hoch und rennen rasch über den Hang hinunter auf die Deutschen zu. Die Burschen sind wohl mürbe getrommelt worden, die Sturmtrupps vorne haben die Tommys zurückgeschickt. Immer mehr Engländer tauchen auf vor dem verrauchten Himmel, starke, breitschultrige Burschen mit mürrischen Gesichtern unter den flachen Helmen. Der deutsche Major mit der abgeschossenen Nase bleibt stehen und weidet sich an diesem Anblick.

Auf der Höhe des Hanges stand ein hagerer Gentleman mit verschränkten Armen vor der ordensbändergezierten Brust und blickte auf seine Mannschaft wie ein Kapitän, der seine Matrosen zuerst in die Rettungsboote steigen läßt. Er duckte sich nicht unter dem gefährlichen Gewölbe der niedrig pfeifenden und gurgelnden Geschosse, kniff die Augen zu unter den weißen, buschigen Brauen und sah betroffen nach den heranstürmenden Deutschen, nicht anders, als hätte er eben seine leintuchgroße Zeitung weggelegt und wäre aus dem Liegestuhl aufgestanden, um nachzusehen, wer so ungebührlich die Ruhe eines englischen Obersten und die Sicherheit des britischen Imperiums störe.

Der Oberst mußte etwas sehr Merkwürdiges sehen, er runzelte die Stirn und schüttelte den Kopf, er merkte nicht, wie unweit von ihm eine Rauchwolke aufstieg und wie Splitter an ihm vorbeisurrten. Unwillkürlich folgte der deutsche Major mit der halben Nase dem Blick des Engländers und auf einmal sah er wie mit fremden Augen, was da den Hang herunterstürmte und den anderen Hang hinankeuchte, was durch die Mondlandschaft des Trichterfeldes herantobte.

Waren das wirklich seine Maschinengewehre, die, bespannt mit kleinen, struppigen russischen Pferdchen in Geschirren aus Gurten und mit geknoteten Seilen, den Hang hinanpusteten? Waren das seine Leute da in zerfetzten Uniformen, mit ausgemergelten Gesichtern unter den schweren Stahlhelmen, die auf Stöcke und Knüppel gestützt heranhumpelten? Kommandierte er wirklich diese hungrige Räuberbande? War das deutsche Artillerie, die unter Geschrei und Gefluche, unter Gedresche und Prügelklatschen ein noch mit Reisig getarntes, von steifbeinigen, schwarzen rumänischen Büffeln gezogenes Geschütz in Stellung brachte? Weiter drüben schleppten breitgehörnte podolische Rinder ein zweites Geschütz heran, und der junge Batterieführer ritt wie ein langbeiniger Schneider auf einem Ziegenbock auf einem kleinen russischen Pferdchen und trieb die Leute, die Büffel und die schwerschreitenden Rinder zur Eile an.

Jetzt, da die kräftigen, gutgekleideten Engländer durch die schütteren Linien der Deutschen zurückrannten, sah er erst, wie viele Grauköpfe und Milchgesichter er unter seiner Mannschaft hatte. Vielleicht sollten Soldaten wirklich so aussehen, wie die gutuniformierten Engländer, wohlgenährt, glattrasiert und ausgeruht. Aber die Engländer waren auch nicht mit Dörrgemüse gefüttert und in Brennesselstoff gekleidet. Sie lasen nicht in den Gräben Briefe von daheim, deren Tinte von den Tränen der Verzweiflung über hungernde Kinder verwischt war. Diese gutgenährten Flachhelme wollten Deutschland aushungern, ihnen mußte man an den Leib rücken, daß ihnen die Lust dazu verging.

Nun waren seine Leute oben in der Stellung der Engländer, nun stürzen sie sich auf Konserven, auf Schuhe, Decken, Mäntel und Kochgeschirre.

Die Offiziere waren schon hinter den Leuten drein, scheuchten sie auf und trieben sie. Weiter! Weiter!

Die Soldaten konnten sich von den vielen über das Feld verstreuten Schätzen nicht losreißen. Sie dachten an die Kinder daheim, sie dachten an die Kinder neben den Bahngeleisen, die sie auf der Fahrt von Osten nach Westen gesehen hatten, die Kinder mit den mageren, zu den Soldaten emporgestreckten, um Essen bittenden Ärmchen.

„Vorwärts!" schrie der Major mit überschlagender Stimme, „wir können die Unsern da vorne doch nicht im Stich lassen!" Ein langer, ausgemergelter Musketier, so einer von denen, die nie satt werden können und die alle Satten hassen müssen, murrte, als er beim Major vorbeihumpelte, etwas vom Sterben, das leichter sei als Hungern, und von dem verfluchten Krieg und von den Russen, die einzig und allein Vernunft haben in dieser irrsinnigen Welt. Der Major hörte es mit halbem Ohr und schaute, wie seine Leute die Niederung überquerten. Niemand blieb zurück. Das schwere Hindernis des mit Konserven und Mänteln besetzten Grabens war genommen, nun blickte man hinein in das geschonte grüne Land des lieblichen Friedens. Nun war man auch bei den zähen Engländern so weit vorgedrungen, daß man durch hohes Korn und über saftige Wiesen in verlassene Dörfer kam. Durfte man den Ohren trauen? Krähte da nicht wahrhaftig ein junges, seiner Stimme noch ungewisses Hähnchen? Nahmen sich hier nicht die bald zerfließenden Schrapnellwölkchen wie leichte Federwölkchen aus, die nur dazu da sind, zu zeigen, wie blau der Himmel ist? Die Straße war durch umgeworfene Fuhrwerke, durch zerschossene Autos und Pferdekadaver gesperrt. Auch die eigene Feldartillerie schwieg, sie wechselte gerade die Stellungen, nur die weittragenden Geschütze feuerten noch. In den Ställen brüllte das verlassene Vieh, Hunde kläfften und Hühner rannten gackernd durch die Zäune.

Die Landser lachten durch die feuchte Staubmaske ihrer erhitzten Gesichter wie Verliebte, sie wollten, ehe sie weiter mußten, solch einem Hähnchen oder solch einem dummen Hühnchen erst einmal den Hals umdrehen, um bei der ersten größeren Rast dann zu futtern.

Aber ehe die zweite Linie zum Sieden und Kochen, zum Futtern und Rasten kam, begann da vorne schon wieder das Gefecht zu kochen. In diesem Paradies, in dieser gepflegten, geordneten, frühlingsgrünen Gegend schoß man herum! Maschinengewehre tackten, die erste Welle war auf Widerstand gestoßen. Jetzt darf kein Gegenstoß den Angriff treffen! Jetzt nicht.

Die Offiziere erkannten die Gefahr. Sie riefen und trieben die Leute aus den Häusern, diese Leute, die nur mehr in die Kriegswüsten paßten, da ihnen unzerstörte Dörfer zum Verhängnis werden konnten wie Halbverhungerten zu fettes und zu reichliches Essen.

Die Maschinengewehre gingen im hohen Korn in Stellung. Es war höchste Zeit! Neger griffen an! Schwarze! Und hinter den heranstürmenden Senegalnegern zeigten sich an einem Waldrand die ersten Tanks. Tank! Tank! gellte der Schrei, und hier und dort sah man einen Deutschen besinnungslos aufspringen und zurückrennen.

Aber da war auch schon der junge Batterieführer mit den langen Beinen auf dem kleinen Pferdchen, dieser schlechte Reiter und gute Offizier mit seinen ochsenbespannten Geschützen, bewahrte nicht nur die Ruhe, sondern auch ein kleines Lächeln über seinen Wanderzirkus, ließ abprotzen und die Tanks am Waldrand unter direktes Feuer nehmen. Das waren Ziele, von denen man träumen kann, einfach nicht zu verfehlen. Die Tanks rauchten auf, die Senegalneger stutzten, machten kehrt und waren ebenso schnell verschwunden, wie sie aufgetaucht waren.

Zum zweiten Male an der Marne

Die Marne! Die Marne!

Hügelan, talab, durch Sümpfe, über Bäche, über Flüsse, über mit Faschinen zugeworfene Gräben, auf Notbrücken, so waren sie mit wunden Füßen, aufgescheuerten Schultern und in verbissener Wut dahingehetzt, Infanterie, Maschinengewehre, Minenwerfer, Flammenwerfer, leichte Geschütze, schwere Artillerie, Brückentrains, Stäbe, Funker, Ballonabteilungen und Nachschub in endlosen Kolonnen, alles, alles, was das stürmische Vorwärtsdrängen nachgezogen und in Fluß gebracht hatte. Durch bewohnte Dörfer mit entsetzt fliehenden und bald darauf wieder verschüchtert zurückkehrenden Bauern waren sie gekommen,

Flugplätze mit im letzten Augenblick aufschwirrenden englischen Fliegern hatten sie besetzt, von ihren eigenen Fliegern geleitet, waren sie bis an den Waldgürtel der Marne vorgestoßen. Pardon camarade! hatten die entsetzten Franzosen gerufen, wenn sie mit erhobenen Händen den Deutschen entgegengelaufen waren. Aber die Engländer, dieses ganz und gar verrückte Volk, hatten den Stürmern bereitwillig beim Vorbringen der Geschütze geholfen, voll leidenschaftlicher Neugierde, wie dieses große Match zwischen Deutschen und Franzosen ausgehen werde. Auch sie wollten einmal einen solchen großen Durchbruch sehen, wie ihn da die Deutschen machten, und wie ihnen selbst noch keiner gelungen war. Und sie blieben, wenn sie den Deutschen geholfen hatten, die Geschütze in Stellung zu bringen, neben den Geschützen stehen und schauten zu, wie unter den zurückhastenden Franzosen aufgeräumt wurde, sie freuten sich darüber und wollten nicht zurückgehen, solange, bis man sie doch sich zum Teufel scheren hieß.

Ungern und zögernd stelzten die Engländer zurück, die Hände in den Taschen, die Schultern hochgezogen, den Stahlhelm in der Hand oder weit aus der Stirn geschoben. Ihr Spiel gaben sie verloren, sie hätten gerne gesehen, wie das Spiel zwischen Deutschen und Franzosen ausging.

Die Marne! Nun durften die Deutschen ein wenig Atem schöpfen. An der Marne waren Rebengehänge wie an der Mosel, und die Marne floß nach Paris. Wer in Paris war, hatte gewonnen!

Die Fahrküchen mit ihren dünnen Suppen und mit den harten Erbsen, die in den Kochgeschirren klappern, durften getrost hinten bleiben, hier vorne aß man jetzt, was die ganze Welt an leckeren Dingen lieferte, Ananas, Speck, Schokolade und Corned beef, Kekse und fette Kondensmilch, bis man nicht mehr baff sagen konnte.

Niemand entlang der Höhen konnte schlafen. Alles aß, sang, trank, jauchzte und schaute zu dem Fluß im Tal hinunter. Man trommelte mit den Seitengewehren auf den Eßschalen, man ließ den schweren Wein in den erbeuteten neuen Aluminiumgeschirren dieRunde machen, denn das war wirklich der immer ersehnte, der seit langer Zeit erträumte große Sieg. Alle Menschen wünschen es sich wieder und immer wieder, einmal im Leben eine große Dummheit gutmachen zu können. Wenn man uns nur Gelegenheit gäbe! Wenn man es nur verbessern könnte, ungeschehen machen, ausradieren, wegwischen von der großen Vormerktafel und neu schreiben, fehlerlos, makellos, mit Fingern, die vor Aufregung zittern. Man wird es sehen, daß radiert, daß weggewischt worden ist. Soll man es nur sehen, es kann einem niemand verwehren, das Schlechte zu verbessern.

In dieser einmaligen, in dieser so oft erträumten und niemals fast vom Schicksal gewährten Lage ist nun ein ganzes Volk, dessen Männer, alte und junge, langdienende, oft verwundete, weitherummarschierte und erst kürzlich eingezogene, hier an diesem Fluß angelangt sind, an dem ihre Heersäulen vor vier Jahren schon einmal gestanden waren. Damals war in letzter Stunde eine unbegreifliche Verwirrung über sie gekommen, sie, die bereits die Türme von Paris gesehen hatten, waren ebenso schnell wieder zurückgeflutet, wie sie vorgestoßen waren, für die Gegner ein Wunder, sich selbst unbegreiflich und kaum je erklärbar. So schnell nach dem Lorbeer zu greifen, sollte ihnen wohl nicht gegeben sein. Sie hatten sich erst vielen furchtbaren Prüfungen unterziehen, sie hatten hungern und leiden, hoffen und verzweifeln müssen. Nun waren sie wieder hier, wo sie sich selbst Halt geboten hatten. Von jenen, die damals die Türme von Paris gesehen hatten, waren nicht mehr viele dabei, aber die erzählten, wie es damals gewesen war. Wie sie bei Nacht zurückmarschiert seien auf den Straßen des Vormarsches, mitten unter den ihnen nachdrängenden Engländern, die sie in der Dunkelheit gar nicht als Deutsche erkannt hatten.

Wie gut sich nun, angesichts der Marne, von dem sprechen ließ, worüber man vor vier Jahren verbissen geschwiegen hatte, als könne man so den einen großen Fehler des Krieges vergessen und ungeschehen machen. Hinhören, ihr jungen Rekruten, was alles geschehen kann und was nun ungeschehen gemacht wird!

Seit Ende März befand sich das ganze deutsche Volk in diesem Aufbruch. Von allen Seiten war es in den langen Nächten anmarschiert, hatte stillgehalten, wenn feindliche Flieger zu hören gewesen waren, die mit Leuchtkugeln die Zumarschstraßen erhellt hatten. Welch ein endloses Warten war es gewesen, wenn andere Regimenter mit andern deutschen Mundarten die Straßen gekreuzt hatten, diese von marschierenden Truppen überquellenden Straßen, auf denen sich leere Kolonnen zurückschoben. Munitionsstapel waren knatternd hochgeflogen, denn der Feind war oft unruhig geworden, er hatte nicht schlafen können wegen des Räderrollens drüben in allen Nächten, die nun immer kürzer geworden waren. Und untertags hatte man Regimenter und Divisionen in Kellern, Häusern und Wäldern versteckt, und die Straßen waren leer dagelegen vor den Späheraugen der Flieger, als ob niemals des Nachts je auf ihnen herummarschiert worden wäre.

Dann war es in den letzten Bereich vorgegangen. Geschütz war dort neben Geschütz gestanden, verhangen mit Plachen, mit Gras und Gezweig überstreut, Rad bei Rad. Allenthalben, weit im Gelände verteilt, waren Geschosse in Verschlägen aufgestapelt gewesen, die Gasgeschosse mit roten Streifen gemerkt.

An allen Wegen und Kreuzungen hatten Führer gewartet, welche die Truppen in den dunklen Nächten eingewiesen hatten in die großen Labyrinthe der Gräben, man war ihnen nachgetappt wie müde Kinder der Mutter, die immer wieder tröstet: Gleich sind wir dort! Es kann nicht mehr weit sein! Ja, und dann war man eingewiesen worden, hatte warten müssen, war stehend eingeschlafen und hatte doch endlich irgendein Plätzchen gefunden, denn es war überall eng gewesen von wartenden Männern.

Einer von den Alten sagte: „Von hier sind es nur fünfzig Kilometer bis Paris. In den drei Vormarschtagen sind wir vierzig Kilometer getippelt. Noch ein Sprung und wir haben es geschafft."

Drüben schürten noch einige Divisionen weiter am Feuer der großen Schlacht, das man auch in der Nacht nicht ausgehen lassen wollte. Wie Hilferufe stiegen rote und grüne Raketen in den dunklen Himmel. Da wird nicht mehr viel zu wollen und zu helfen sein, dort drüben müssen sie auch zurück, ob es nun Engländer oder Franzosen sind.

Wenn man es aber geschafft hatte, wenn man in Paris war, dann war wohl auch dieser verdammte endlose Krieg einmal zu Ende. Zur Ernte werden wohl die Bauern zu spät kommen, zur Aussaat aber werden sie längst daheim sein.

Noch immer lärmten und sangen die Männer, aber dann wirkte der ungewohnte und schwere Wein, dann sank einer nach dem andern zurück und schlief ein in den Wäldern über dem Tale der Marne.

Die französische Armee geschlagen

„Vorne ist nichts!" rief, verschwitzt und abgehetzt von seinem Motorrad springend, Kapitän Bordeaux dem Oberst Dufieux zu, „wir können den Boches nur Staubwolken entgegenstellen. Ich komme von der 21. englischen Division. Sie ist nahezu aufgerieben. Ein englischer Oberst berichtete mir verzweifelt, daß französische Bauern die schwachen Reste seiner zurückgehenden Division angegriffen haben, er habe in diesem Dorfgefecht noch ein Dutzend Leute verloren."

„Welche Bauern!" rief ein junger Ordonnanzoffizier, „sie wissen, daß man den heiligen Boden Frankreichs verteidigen muß!"

Der Kapitän, der schon den dritten Tag von einer Division zur andern knatterte, der sich mit seinem Motorrad durch fliehendes Landvolk, brüllendes Vieh, zurückhastende Soldaten und kopflose Stäbe durchgezwängt hatte, überhörte das Lob des jungen Ordonnanzoffiziers für die hitzigen Bauern. „Ich konnte auch feststellen, wieso es den Deutschen gelang, so schnell über die Aisne zu kommen. Der ganze Stab von General Duchênes hoffte wie Foch, daß dieser Angriff der Deutschen nur eine Demonstration sein könne, weil die Deutschen sich nicht noch eine so große Ausbuchtung mit offenen Flanken leisten könnten. Aber die Deutschen scheinen andere Hirne zu haben als wir, sie kehrten sich nicht an die Weisheiten von Foch und von Duchènes, sie beulten wieder die Front vor und kamen über die ungesprengten Brücken, über die sie nicht hätten kommen dürfen; am Rockschoß des letzten flüchtenden Poilu ließ sich der erste Boche über die Brücke ziehen."

„Eben war Clemenceau hier", klagte der Oberst, „und brachte mit Augenrollen und Tigergebrüll alles durcheinander."

Der Kapitän lachte: „Der Tiger ist jetzt überall. Welch ein Soldat wäre der Alte geworden! Gestern kam er zugleich mit den Deutschen in Fêre-en-Tardenois an, fast hätten sie ihn und seinen Stab geschnappt. Von da eilte er zu General Degoutte nach Fresnes. Degoutte saß über einer zerrissenen Landkarte. Alle Augenblicke kam ein Motorradfahrer und meldete: Da und da und da sind schon die Deutschen. Als wir Degoutte verließen, glaubten wir, er werde in der grauen Flut untergehen. In Oulchy-le-Château, im Schloßpark, nahm der Tiger den General Maud'huy unter den Arm wie ein Kind und sprach ihm Mut zu, während der Donner der Schlacht immer näher kam. Wahrhaftig, der alte Mann hat mehr getan als viele von uns."

„Kapitän, haben Sie den Eindruck, daß die Engländer versagt haben?" fragte der Oberst.

„Versagt? Sie haben nur deshalb versagt, weil auch ein Engländer nur ein einziges Leben hat. Es gibt Regimenter, wie das zweite Regiment Devons, die bis auf den letzten Mann aufgerieben sind. Die Truppen jammern: keine Flieger! Wo sollen wir die Flieger hernehmen, wenn die Deutschen die Flugplätze haben? Aber auch die großen Materiallager und die Spitalsanlagen von der Nivelleoffensive her haben sie genommen. Wenn die Boches jetzt Kavallerie und Tanks zur Verfolgung einsetzen, sind sie morgen hier. Es wird gut sein, die Brücken an den Anmarschstraßen zum Sprengen fertig zu machen und ein paar Stellungen ausheben zu lassen, damit wir Zeit haben, rechtzeitig zu verduften."

Der Oberst gab einige Weisungen und der junge Ordonnanzoffizier erkundigte sich, ob es nicht doch besser wäre, rechtzeitig nach Süden mit dem Hauptquartier auszuweichen, das schon seit zwei Nächten immer wieder von den Deutschen überflogen werde.

Der Kapitän lehnte ab: das gelte nicht dem Hauptquartier, die Deutschen suchten den Viadukt von Longville. Aber der Ordonnanzoffizier ließ nicht locker: Die einzige Kaverne sei so klein, daß sie kaum für die Großköpfe reiche, für die misera plebs sei nicht gesorgt, man sei hier genau so gefährdet wie vorne im Graben.

Der vornehme junge Herr erregte den Ärger des Kapitäns: Von diesem Glauben würde ein Besuch der Front, soweit man von einer Front noch reden könne, alsbald heilen. Bei den Kommandostellen wisse man nicht, wie der Poilu kämpfe, aber das möge man wissen: er sei der beste Soldat der Welt. Aber gegen eine Ludendorff-Offensive seien Helden machtlos, das furchtbare Gas lege sich auf die Artilleriestellungen, und dann gerade, wenn man die Artillerie brauche, sei sie verstummt und vernichtet.

Man werde das alles im nächsten Jahr den Boches mit dem noch viel besseren amerikanischen Gas heimzahlen, trumpfte der Ordonnanzoffizier auf. Der Kapitän lachte: Das sei dann ein neuer, ein anderer Krieg, in dem es kaum mehr französische Divisionen geben werde. Das sei alles Gerede. Jetzt brauche man Hilfe, nicht in einem Jahr. Jetzt müsse man die Boches aufhalten. Jetzt breche der deutsche Angriff los, wenn Batterie um Batterie vom Gas niedergekämpft sei. „Wenn die Boches aus den Gräben steigen und noch hin und wieder ein letztes Maschinengewehr tickt, dann lauschen ihm die armen Poilus wie die Verliebten der Nachtigall. Dann krallen sie sich mit den Nägeln an der heiligen französischen Erde fest und halten sich, bis der letzte Mann gefallen ist. So sieht es vorne aus! Dort hat niemand Zeit, an Kavernen und an Verlegungen nach Süden zu denken. Auf Flieger achtzugeben, dazu hat man nicht einmal Zeit — das, was auf der Erde geschieht, genügt vollauf."

Die Entente gibt sich verloren

„Wie steht es in Paris?“ fragte General Henry Wilson den englischen Verbindungsoffizier General Johnnie du Cane, den er am 1. Juni 1918 auf der Freitreppe des Palasthotels Trianon traf.

„Paris ist ruhig. Die alten Weiber in Hosen haben sich davongemacht. Die paar Ängstlichen, die geblieben sind, fürchten sich, wegen der Beschießung die Nase vor die Tür zu stecken. Den andern aber besorgen die Deutschen mit Fliegerangriffen bei Scheinwerferbeleuchtung Nachtunterhaltungen, wie sie die tollkühnen Franzosen lieben.“

„Ist der Zirkus komplett?“

„Alle Minister scheinen schon da zu sein.“

Wilson lachte: „Gegen mich ist der Fliegende Holländer ein lahmer Pfründner. Seit zwei Monaten bin ich ununterbrochen zwischen Paris und London unterwegs. Nachrichten von Foch?“

„Château-Thierry ist verloren, Cotterets aufgegeben.“

„Man darf nicht alles glauben. Gestern hieß es, Reims sei gefallen.“

„Wenn man die Hälfte glaubt, Sir Henry, steht es schlimm genug. Seit die Deutschen an der Marne sind, wollen die Franzosen nicht mehr. Gott ist gegen uns, sagen sie, die Entscheidung ist gefallen.“

„Der Hieb war zu stark. Ein kleiner Kinnhaken hätte ihnen gut getan. Das System D scheint gegen Ludendorffs Zugriff doch zu zart.“

„Pétain hat Foch gerufen! In Provins scheint man mit dem Latein zu Ende zu sein. Ich war gestern gerade bei Marschall Haig in Sarcus, als dieses Telegramm kam. Ehe ich abfuhr, kam Weygand noch einmal und versicherte uns, die Truppen seien abgehetzt und ausgepumpt, es stehe sehr schlecht.“

„Diese verdammten großen französischen Worte!“ fluchte Sir Henry. „Was heißt das: Clemenceau wird sich hinter Paris schlagen. Unser ganzes Flugwesen hängt an Paris. Räumen wir zu früh, unterbrechen wir die Produktion in dem Augenblick, da wir sie am nötigsten haben, räumen wir zu spät, verlieren wir die Maschinen. Aus. Ruprecht hat oben bei Arras noch nicht eine Division abgezogen. Ich habe sowohl Salz- wie Süßwasserüberflutung im Norden vorgeschlagen, Foch will nicht, und die Marine fürchtet, wir könnten Dünkirchen aufgeben. Aber das ist alles noch nichts! Wenn erst der Angriff Ruprechts in Flandern losbricht!"

„Den fürchtet Haig auch", sagte der Verbindungsoffizier. „Deshalb will er an Foch keine Division mehr abgeben. Sonst geht nicht nur Calais oder Paris, sondern der ganze Krieg verloren."

Lloyd George und Lord Milner fuhren vor, der große Posten der Garde Républicaine leistete die Ehrenbezeigung. Die beiden Minister eilten auf General Wilson zu, und der berichtete kurz, was er von seinem Verbindungsoffizier eben erfahren hatte.

Lloyd George wollte wissen, was Clemenceau zu dieser Lage sage. Clemenceau, erwiderte du Cane, werde in der Kammer die Antwort geben, da die Kammer die Köpfe einiger Generale fordern werde.

„Wenn der Tiger nur Foch hält", sagte Wilson, „dann kann er den Bestien schon ein paar Generale vorwerfen."

Lloyd George hastete die Stiegen hinauf, Milner und Wilson gingen vor dem Hotel auf und ab.

Unausdenkbar sei es, klagte Milner, wenn die französische Armee geschlagen würde. Ja, das sei unausdenkbar, gab Wilson zu. Die Franzosen hätten alle ihre Truppen hier in ihrem Lande beisammen, aber die Engländer! Was man in Italien habe, könne man streichen, was in Saloniki stehe, sei verloren. Palästina, Mesopotamien, Indien, Südafrika — und die Schiffe auf hoher See! Gott könne das nicht zulassen! Ab und zu, sagte Wilson, sei Gott ein Boche, vielleicht wünsche er nicht, daß die Amerikaner England retten sollten. Diese Burschen hätten sich allzuviel Zeit gelassen. Hätte sein verrückter Vetter rechtzeitig Soldaten geschickt und nicht faule Reden, müßte manche englische Mutter ihren Sohn nicht beweinen, und die Deutschen hätten beizeiten Bescheidenheit gelernt.

Milner ging eine Weile schweigend neben Wilson her, dann blieb er stehen: „Wann greift Ruprecht an?"

„Zu guter Letzt." — „Wann wird das sein?"

Wilson zuckte die Achsel und ging langsam weiter.

„Was werden wir dann tun?"

„Darüber denke ich seit Monaten nach."

Ein Auto fuhr vor. Der Tiger sprang heraus.

Der Tiger! Nun war er doch noch vor der Sitzung auf einen

Sprung gekommen. Wilson faßte den Kriegsminister unter den Arm: „Kommen Sie! Ich will den Tiger brüllen hören und die Fräcke zittern sehen. Wenn der Tiger nicht brüllt, wenn der Tiger aufgibt, dann sperren wir den Janustempel zu, dann ist der Krieg und mit ihm vieles andere, was wir geliebt haben, aus, für immer aus."

Die Amerikaner greifen ein

Von Fliegern geleitet, von Staubfahnen umweht, rütterten auf allen nach Norden und Osten führenden Straßen endlose, mit jubelnder, helmeschwenkender und übermütiger Jugend vollgepfropfte Kolonnen zur Front.

Was zerlumpt, unausgeschlafen, lehmbeschmiert, kreideüberstäubt und zum Umfallen müde zurückhumpelte, trat in die Straßengräben, versuchte mit brennenden Augen durchzudringen, begriff langsam, winkte erst zögernd, dann immer stärker, rief, schrie und kreischte dieser jubelnden Jugend nach. Leere Munitionsautos, in denen Verwundete mit blutigen Verbänden lagen, hockten und lehnten, bogen ins freie Feld ab und ließen diese glattrasierten, wohlgepflegten, mit flatternden Haaren und offener Brust nicht wie zu einer Schlacht, sondern wie zu einem Baseballspiel dahinfahrenden Jungen vorbei. Die Beine ließen diese lachenden Burschen über die Wagenwände baumeln, Lieder sangen sie, die hier auf dem alten Boden Frankreichs fremd und rauh klangen, alle lachten sie, allen winkten sie zu, diese Übermütigen, die seit Wochen in ihren Lagern weit hinter der Front das Murren des Krieges an stillen Abenden aus der Ferne gehört hatten; nun brannten sie darauf, selbst vorne an der Front zu erscheinen und mit diesem verrückten Kaiser der Hunnen ein Ende zu machen, und mit dem Kaiser allem, was an diesem alten Europa verrückt, verdorben und verkommen war. In einem einzigen Ansturm wollten sie des Kaisers Hunnenscharen zurückwerfen, sie, das Kreuzheer der Demokratie, sie, die Soldaten der Freiheit, sie, die Hoffnung der neuen, der gerechten, der kommenden Welt!

Aus den Dörfern und aus den Gehöften längs der Straßen eilten die Bauern herbei, weinten aus den vor dem Jammer des Krieges schon tränenlos gewordenen Augen wieder die ersten Tränen der Freude, umarmten einander, schluchzten und schauten den lärmenden Jungen auf den großen neuen Autos nach: Schaut sie nur an! Seht doch hin! Welche Burschen! Das sind Kerle! Genau so haben unsere Poilus im Jahre 1914 ausgesehen, als sie in letzter Minute von Paris an die Marne gebracht worden sind! Vielleicht nicht so groß, nicht so breit über der Brust, aber genau so froh, genau so ausgelassen, so siegesgewiß und lärmend.

Und die alten Poilus, die in kleinen Trupps in den Straßengräben standen — ein paar Leute waren oft der Rest einer Kompanie —, in den verschossenen blauen Uniformen, in den verbeulten Stahlhelmen, grauhaarige Männer und bartlose Knaben in zu weiten Uniformen, sie vernahmen die vom scharfen Fahrtwind zerwehten Lieder, sie sahen die hüteschwenkende, füßebaumelnde und frische Jugend an sich vorübersausen, diese Jugend, die ahnungslos einen lustigen Ausflug in das Land des Schreckens unternehmen wollte, dort vorne hin in die Mondlandschaften des Grauens, in denen Frankreichs Jugend begraben lag.

Wo aber französische Soldaten in den Dörfern rasteten, packten sie die Mädchen und begannen mit ihnen vor Freude zu tanzen, wenn die Rettung vorbeigetobt war. Die kleinen Franzosen streckten sich, als diese jungen Athleten mit den blitzenden Zähnen und den offenen Blusen vorbeijagten, sie hätten am liebsten wieder die Mädchen stehen gelassen und wären umgekehrt, um dabei zu sein, wenn die Amerikaner angriffen.

„Nach ein paar Wochen werden sie nicht mehr so gut rasiert sein“, meinte ein alter Poilu, „sie werden auch merken, daß vorne nicht mit Bällen geschossen wird. Gesungen wird bloß bei der Hinfahrt! Kameraden, wir haben das alles erlebt.“

„Das sind nur die ersten“, erwiderte ein junger Poilu vom letzten Jahrgang, „es werden noch mehr kommen, immer mehr, über das Wasser, durch die Luft, in Tanks, auf Autos, endlos wird ihre Zahl sein. Das sind nur die Spitzen.“

„Wären sie früher gekommen, lieber Freund“, knurrte der Alte, „uns wäre viel erspart geblieben.“

Auch durch Provins ratterten amerikanische Wagen auf den beiden großen Straßen nach Meaux und Coulommiers. Die gepflegten Offiziere der Stäbe traten vor die Türen. Nun, soldatisch sahen diese Lümmel mit den fliegenden Haaren und den offenen Hemden nicht gerade aus, aber Pétain, der auch herausgetreten war, sagte zu seinen Herren: „Ein Schwerkranker bekommt eine Bluttransfusion.“

Das war ein Wort, das einleuchtete. Die Offiziere fühlten, wie auf einmal frisches Blut und neue Hoffnung durch ihre Adern pulste. So wie diese lärmenden Burschen fährt der Sieg. Und nachdem man das Befremdliche des etwas unmilitärischen Anblicks überwunden hatte, sah man, daß hier nicht Divisionen in die Schlacht geschickt wurden. Was da in Staub gehüllt auftauchte und wie ein Sturmwind weiterwirbelte, war eine andere Welt, ein anderer Erdteil, das waren alle, die einst aus Europa fortgezogen waren, weil es ihnen hier zu eng, zu alt, zu hoffnungslos und zu unfrei gewesen war. Der Samen schien in der jungen Erde und in der größeren Welt gut aufgegangen zu sein, und nun kehrten die Enkel und die Urenkel wieder zurück, um auch hierher, in das alte Land, ihre Freiheit zu bringen.

„Wenn wir bis Juli aushalten", sagte Pétain, „können wir vielleicht im Herbst die Oberhand und im nächsten Frühling den Sieg erringen."

„Man möchte den Burschen gerne das bittere Lehrgeld ersparen", meinte Oberst Dufieux.

Pétain zuckte die Achsel: „Wir haben es auch bezahlen müssen. Denken Sie daran, wie wir nach Joffres jungtürkischer Schule, Wahnsinnige in weithin leuchtenden roten Hosen, angegriffen und immer wieder angegriffen haben, als wären wir ein Volk von zweihundert Millionen! Als gäbe es keine Maschinengewehre und keine Schnellfeuergeschütze. ‚Vive la France! A la bajonette! En avant!' das waren die einzigen Befehle! Und unsere Artillerieoffiziere in Schwarz und Gold ließen dicht vor den deutschen Linien abprotzen. All diese Bravour mußte mit kostbarem, unersetzlichem Blut bezahlt werden! Täglich bewiesen wir damals, wie tapfer, aber wir zeigten auch, wie töricht wir waren." Und zu du Cane, dem englischen Verbindungsoffizier, gekehrt: „England hatte damals ein kleines Berufsheer. Wir hatten eine alte Armee mit großen Traditionen, die sich immer wieder tollkühn auf den Gegner warf und nicht begreifen konnte, weshalb sie zurückmußte. Wer damals nach einem Gefecht über ein Schlachtfeld fuhr oder ritt, dem schnürte es das Herz zusammen: in endlosen Reihen hingemäht lagen unsere braven rotblauen Soldaten. Nie wieder haben wir diesen Aderlaß der ersten Kriegswochen, nie wieder die damaligen Offiziersverluste wettmachen können."

Eine neue Kolonne von singenden und lärmenden Amerikanern ratterte vorbei.

„Es ist nicht notwendig, solche prächtige Jungen lange zu

drillen und mit Exerzieren zu schinden. Die Burschen werden sich gut schlagen, wenn sie gut geführt werden. Sie kommen aus einem industrialisierten Land und werden sich mit diesem Maschinenkrieg gut abfinden. Sie werden nicht wie Jäger bei der Rebhuhnjagd über freies Gelände vorgehen, sie werden das Anpirschen nicht lange lernen müssen, ihre Großväter waren Jäger und Pioniere. Wozu sie erst lange in unterirdischen Betonkasernen und Schützengräben gefangenhalten, in denen sie nur stumpf würden. Das sind Truppen für den Angriff."

Pétain blickte sich vorsichtig um, ob der amerikanische Verbindungsoffizier nicht in der Nähe sei. „Weiß Gott, die Burschen sind mir lieber als ihr scheinheiliger Präsident, der vor Europa mit erhobenem Finger steht wie vor einer Klasse balgender Jungen, die zu gutem Betragen ermahnt werden müssen."

„Aber was wird später sein?" fragte ein Offizier des Stabes. „Wenn sie uns die Rechnung vorhalten werden für geleistete Hilfe, wenn sie es laut in aller Welt erzählen werden, daß sie, und nur sie ganz allein, es gewesen sind, die die Entscheidung gebracht haben?"

„Erst einmal den Sieg", sagte Pétain, „über die Rechnung wird sich später reden lassen."

„Mir wäre es lieber, wenn wir ohne diese Burschen gesiegt hätten", antwortete der Offizier.

Pétain klatschte in die Hände: „An die Arbeit! Wir werden viel zu tun bekommen."

Während die Amerikaner noch immer durch die Straßen der alten Stadt Provins jagten, saßen im ehemaligen Unteroffiziersgebäude in der Operationsabteilung der General de Barescut und der Oberst Dufieux vor den großen Karten und zeichneten Pfeile ein, deren Spitze gegen den Norden zeigten, Pfeile, die sich gegen die Flanken der vorgetriebenen deutschen Keile zwischen Aisne und Oise und dann zwischen Oise und Somme richteten.

Der Oberst ging und schloß das Fenster, weil zu viel von dem aufgewirbelten Staub hereinkam. Er blieb eine Weile beim Fenster stehen und schaute den vorbeifahrenden Amerikanern nach: „So also sieht Fortimbras aus."

„Aber diesmal kommt er, ehe Hamlet und sein Haus ganz tot sind", erwiderte der General. „Noch leben wir, noch ist es nicht an der Zeit, uns die große Leichenrede zu halten."

Der Tiger ruft zum Widerstand

Am 4. Juni war Kammersitzung in Paris. Die im Halbrund ansteigenden Bänke waren dicht besetzt, auch einige prall gefüllte Uniformen eingerückter und bei Stäben untergebrachter Deputierter waren unter den Abgeordneten. Das vielköpfige Haupt der Volksherrschaft lechzte nach einem Opfer, es wollte sich für all die ausgestandene Angst des vergangenen Vierteljahres entschädigen. Verzerrt waren die Mienen, hingerissen vom Rausch der Worte waren die Enkel und die Urenkel jener, die Daumier so schonungslos gezeichnet hatte. In die fiebernde Versammlung dröhnten in halbstündigen Abständen die Einschläge der deutschen Ferngeschütze. Diese nicht eingezogenen Franzosen, von denen Poincaré gesagt hatte, in jedem von ihnen stecke ein großer Stratege, der am Tag des Sieges schlafe, aber bei der kleinsten Niederlage geräuschvoll erwache, wollten die Generale zur Verantwortung ziehen. Der Deutsche wieder an der Marne! Aristide Jobert brachte mit gekränkter Stimme einen Interpellationsantrag. Das Haus lauschte mit angehaltenem Atem, während sich die alten Formen dieses Spieles vom Worterteilen, Zwischenrufen, Anfragen und Antworten abspielten.

Jobert sagte, er habe einen Antrag gestellt, weil er erfahren wolle, welche Maßnahmen die Regierung zu ergreifen gedenke, damit das bewunderte, heldenmütige französische Heer jene Führer bekomme, die es verdiene. Er wolle wissen, welche Strafmaßnahmen die Regierung gegen unfähige Führer zu ergreifen gedenke.

Beifall rauschte im ganzen Haus auf, der auf der Galerie ein prasselndes Echo fand. Ein französischer Journalist aus Kanada traute seinen Ohren kaum: wie das alles klang! Wie das rollte, grollte, sich zog und spreizte, wie das von sich selbst sprach, wie alt das alles klang, wie verbraucht, wie verstaubt, wie aus längst vergangener Zeit, wie ein alter Marsch, gespielt von einer schlechten Walze.

Frédéric Brunet erhielt das Wort: Es habe den Anschein, als ob bei den letzten Kämpfen nicht alle notwendigen Vorsichtsmaßnahmen zum Schutze des Lebens der Truppe getroffen worden seien, als ob man nicht mit dem nötigen Weitblick dafür gesorgt hätte, das Heldentum möglichst nutzbringend einzusetzen. Niemand sei beim ersten Vorrücken der Deutschen an der Somme wankelmütig geworden, alle hätten das Wort des Ministerpräsidenten wiederholt: Sie kommen nicht durch! Sie kommen nicht durch! Niemals! Aber als der Chemin des Dames, der mit so viel bestem französischem Blut zurückerobert worden, gefallen sei, da habe die Angst einen Augenblick nach allen gegriffen, man habe immer wieder gefragt, ob die Führung dort auch ihre Pflicht getan habe.

„Wenn das Gesetz eine Pflichtverletzung eines einzelnen Soldaten so strenge bestraft", schloß Brunet mit erhobener Stimme, „so muß solche strenge Strafe noch viel schrecklicher den Führer treffen, der durch Leichtsinn oder Fahrlässigkeit eine nicht wiedergutzumachende Niederlage verursacht."

Vereinzelt nur knatterte Beifall, denn aller Augen waren auf den Tiger gerichtet, der, sonngebräunt von den Frontfahrten, leicht schwankend vor Alter, sich erhob, dieser Mann, dessen Stimme so deutlich in der ganzen Welt gehört wurde, daß der Kaiser von Österreich ihr mit seinen Kanonen an der Westfront antworten wollte.

„Wenn ich die Zustimmung gewisser Leute, die voreilig über unsere Generale urteilen, nur erlangen kann, wenn ich diese um das Vaterland verdienten Männer im Stiche lasse, so sage ich im voraus klar und unmißverständlich, daß ich solcher Feigheit nicht fähig bin. Erwarten Sie nichts dergleichen von mir." Der alte Mann warf seinen Kalmückenkopf zurück und musterte das vielköpfige Haus. „Dies wäre ein nicht zu verantwortendes Verbrechen, ich darf bei den Soldaten keinen Zweifel an ihrer Führung wachrufen. Unsere braven Soldaten haben gute Führer, tüchtige Führer, Führer, die ihrer in jeder Hinsicht würdig sind. Ich will durchaus nicht behaupten, daß keine Fehler vorgekommen sind. Ich weiß darüber Bescheid, denn mein Amt ist es, solche Fehler zu entdecken und abzustellen. Zwei hervorragende Soldaten unterstützen mich dabei: General Pétain und General Foch. General Foch genießt im hohen Grad das Vertrauen unserer Alliierten. Auf deren Wunsch wurde gestern nach der Besprechung in Versailles in den Presseverlautbarungen eigens ein Satz eingeschaltet, der dieses Vertrauen bezeugt."

Ein Zwischenruf unterbrach Clemenceau: „Sie selbst haben diese Sätze für Foch verfaßt! Es ist Ihr Stil, Herr Ministerpräsident!" Ein Abgeordneter las vor: „Wir sind der Ansicht, daß

General Foch, der mit meisterlicher Geschicklichkeit den Feldzug führt und zu dessen militärischem Urteil wir das größte Vertrauen haben, die augenblicklichen Erfordernisse nicht übertreibt!" Jobert rief: „Die Gefangenenzahl ist auf sechzigtausend gestiegen! Welch eine meisterliche Geschicklichkeit! Welch ein militärisches Können! Das sind sehr kühne Behauptungen! Sehr unwahrscheinliche Einschaltungen!"

Brunet rief: „Alle Erfordernisse bewilligen! Das heißt wohl, daß man Kinder aus der Schule an die Front schicken will!"

Der Tiger hatte während seiner langen parlamentarischen Laufbahn das Warten gelernt. Er stand da, die Hände in den grauen Handschuhen auf das Pult gestützt, und schaute gleichgültig auf den tobenden Saal. Als die Glocke des Vorsitzenden ihm Ruhe verschafft hatte, fuhr er fort:

„Unsere Poilus halten gegenwärtig die schwerste Schlacht dieses großen Weltkrieges durch. Ihr Heldentum zu kennzeichnen, sind Worte zu schwach. Und da sollten wir den traurigen Mut haben, wegen eines Versehens, das vielleicht da oder dort unterlaufen ist, mitten während dieser Schlacht von ihnen Rechenschaft zu fordern? Ich habe Foch gesehen, wie sein Kopf vor Übermüdung auf die Karte gesunken war. Verjagen Sie mich von dieser Tribüne, wenn Sie das von mir verlangen. Ich gebe mich aus freien Stücken dazu nie und nimmer her. Ich habe hervorgehoben, daß sich das Heer über alle Erwartung hinaus gut schlägt. Wenn ich vom Heer spreche, meine ich Soldaten ohne Unterschied des Ranges, soweit sie im Feuer stehen. Der Glaube an die gute Sache bewirkt Wunder. Hierauf beruht unser ganzes Vertrauen. Aber den Sieg verleiht auch der schönste Glaube nicht. Männer müssen für diesen Glauben sterben, damit der Sieg verbürgt ist. Unsere Soldaten lassen ihr Leben dafür.

Unser Heer besteht aus unseren Kindern, unseren Brüdern, aus Menschen unseres Blutes. Was also können Sie gegen diese Armee vorbringen? Auch die Führer stammen aus unseren Reihen, auch die Führer sind brave Soldaten und kehren nur verwundet zurück, sofern sie nicht auf dem Felde der Ehre bleiben. Was haben Sie diesen tapferen Führern also vorzuwerfen?

Unsere hohen Verbündeten haben sich verpflichtet, an unserer Seite bis zum letzten Ende auszuharren, den Krieg bis zum endlichen Siege durchzufechten. Der Erfolg winkt uns, wenn wir durchhalten. Ich weiß: die Mehrheit der Kammer will durchhalten. Aber ich möchte gerne, daß es die ganze Kammer wollte, daß sie in dieser Stunde einmütig ihren Willen bekunde. Vorher aber noch ein letztes Wort: Wenn die Zivilverwaltung ihrer Pflicht gewachsen ist, liegt der Sieg in unserer Hand, denn unseren Soldaten muß man die Pflicht nicht einschärfen. Stürzen Sie mich, wenn ich meinem Lande schlecht gedient habe! Jagen Sie mich zum Teufel, verurteilen Sie mich, aber bringen Sie hier offen Ihre Kritik vor.

Ich behaupte, daß das französische Volk bis jetzt durchaus seine Pflicht getan hat. Unsere Toten haben ihr Leben nicht umsonst hingegeben, sie haben die Ehre Frankreichs vor der Geschichte gewahrt. Wir Überlebenden haben das erhabene Werk der Toten zu vollenden."

Beifall rauschte auf und riß alle zu so lauten Kundgebungen hin, daß man das Bersten der einschlagenden Geschosse der deutschen Ferngeschütze überhörte.

Der Journalist aus Kanada applaudierte mit: So, wie dieser Mann sprach, mußte diese Sprache gesprochen werden. Dann klang sie nicht müde, nicht alt, und dann wurden sogar die rollenden Tiraden von Ehre und Ruhm mit dem wilden Atem der ewigen Revolution durchhaucht.

Was man bei den Amerikanern fand

Am Abend des 10. Juni 1918, an dessen frühem Morgen ein ungestümer Angriff der Amerikaner westlich Château-Thierry abgeschlagen worden war, schlichen sich einige Unteroffiziere der Hohenzollernfüsiliere aus ihren Erdlöchern durch die Waldung nach vorne. Vorsichtig schoben sie sich durch das Brombeergebüsch, krochen durch tiefe und steinige Wasserrisse, hielten still und lauschten mit angehaltenem Atem. Nichts war zu hören als das Flügelklatschen der Krähen, die sich beim Annähern der Soldaten krächzend erhoben. Die Deutschen hielten eine Weile in der Dämmerung still. Man mußte warten, bis es ganz dunkel wurde, sonst bekam man Feuer.

„Hier liegt einer!" raunte der Führer dem nächsten Mann zu. Da lag ein Amerikaner. Sie tasteten die Taschen des Toten ab, nahmen Gewehr und Munition an sich, denn ihre Leute hinten in den Erdlöchern konnten beides brauchen.

Dann schlichen die Hohenzollernfüsiliere weiter. Das Unterholz knackte, sie hielten den Atem an und warteten. Kein Scheinwerfer kam, bei denen drüben blieb alles ruhig, die kannten noch nicht den scharfen Nachtdienst da vorne. Nun krochen die Füsiliere auf eine mondbeschienene Lichtung. Dort lagen die Toten so dicht, daß man hätte glauben können, man habe die Blöße abgeholzt und zerschnittene Stämme liegen gelassen. Die ganze Blöße war mit gefallenen Amerikanern bedeckt, und noch weiter drüben, im Gehölz, lagen sie, ein Toter neben dem andern, mit mattem Licht auf den Gewehren, Helmen und Kochgeschirren.

Die Hohenzollernfüsiliere beugten sich über die Toten, nahmen ihnen die neuen Aluminiumflaschen, die schönen, praktischen Kochgeschirre und die begehrten Konserven ab.

Der Führer des Spähtrupps mahnte seine Leute mit leiser Stimme, den Toten auch alles Geschriebene abzunehmen, aber man möge sich beeilen. Dann, als man genug eingesammelt hatte, schlichen die Leute von der Lichtung langsam zurück. Beim Zurückgehen achteten sie nicht mehr so darauf, jedes Geräusch zu vermeiden. Der Wald griff mit Ästen und Dornen nach ihnen, das Holz knackte und krachte. Drüben bei den Amerikanern rührte sich nichts. Das hätte man bei Franzosen wagen sollen!

In einem Erdloch unter einem Felsen, wohl abgedeckt durch Zeltbahnen, ließ sich der Spähtrupp nieder, fachte ein winziges Feuerchen an und begann beim Schein von Kerzenstümpfchen und matt glosenden Taschenlampen zu lesen. Ein Gefreiter, Oberlehrer von Beruf, mußte den Übersetzer machen.

Was schrieben diese Burschen, die mit dem Bowiemesser in der Faust gegen die schwache Kompanie des 40. Infanterieregiments vorgestürmt waren, um den verdammten Hunnen des Kaisers die Kehle durchzuschneiden?

Sie schrieben an ihre Mädchen drüben in Amerika, daß es lustig in Frankreich sei, daß es schöne Mädchen gebe und daß bald die Zeit komme, da sie die Fritze allesamt in die tiefste Hölle jagen würden.

Und was schrieben die Mädchen aus Amerika ihren Soldaten im fernen Frankreich? Sie sollten ihre Mädchen nicht vergessen, sie sollten sich nicht in die koketten Französinnen verschauen und sie möchten bald wieder heimkehren, man werde sie mit vielen Küssen und sonst noch was in Amerika empfangen.

Auch Zeitungen hatten die Toten in den Taschen gehabt. In der „New York World" war zu lesen, daß die Deutschen den französischen Kindern vergiftete Zuckerwaren schenkten, ihnen Handgranaten zum Spielen gäben und sich vor Vergnügen bei den Todeszuckungen der Kinder krümmten und ein teuflisches Gelächter anschlügen, wie dies eben nur echte und wahre Hunnen könnten. Auf einem anderen Zeitungsblatt war ein armer Junge ohne Ohren abgebildet, ein amerikanischer Junge, versteht sich am Rande, den hatten so verstümmelt die Deutschen zurückgeschickt, weil er noch naß hinter den Ohren gewesen sei, und die Deutschen nicht mit Kindern, sondern mit Männern Krieg führen wollten.

Dann war gleich in mehreren Exemplaren ein Artikel da mit jenen photographieähnlichen Zeichnungen, die zwei von deutschen Soldaten gekreuzigte Amerikaner zeigten. So gingen die Hunnen, die nicht wüßten, was anständige Kriegsführung sei, mit jenen um, die sich im Vertrauen auf die Menschlichkeit der Gegner ergeben.

„Die hat man gut eingeseift", sagte einer der Füsiliere.

„Was hätten die mit uns getan", sagte der Oberlehrer, „wenn die uns gefangengenommen hätten? Uns, die Kinder vergiften, Kinder verstümmeln und Männer ans Kreuz schlagen! Mit dem Bowiemesser hätten sie uns die Hälse durchgeschnitten, und wir hätten es auch getan, wenn wir das von ihnen geglaubt hätten."

„Darf denn das sein?" fragte ein ganz junger, eben erst eingezogener Füsilier. „Schämen sich denn die gar nicht?"

„Das gehört wohl ihrer Meinung nach zum Kriegführen. Sie wollen einen Kreuzzug führen, also müssen wir die bösen Heiden sein, gegen die sich Kreuzfahrer alles herausnehmen dürfen."

Die Hohenzollernfüsiliere blätterten weiter, sie sahen die mitgenommenen Legitimationspapiere der Amerikaner durch. Und wie hießen diese Jungen, die, um solche Hunnengreuel zu rächen, um diese Augenausstecher, Ohrenabschneider, Kindervergifter, Männerschinder und Schandflecke der Menschheit auszutilgen, blindwütend gegen das Feuer von ein paar gut getarnten Maschinengewehren angerannt und dabei von deren allerletzten Gurten hingemäht worden waren? Wie heißen sie denn, die nicht schnell genug hatten herankommen können, um den Hunnen das Messer in die böse Brust zu stoßen?

Da kam den grauen, müden und von vielen Gefechten zermürbten Männern in den fadenscheinigen Uniformen hinter der Zeltbahn unter dem Felsblock im Belleau-Wald ein bitteres Lachen an, denn diese Burschen, die so verwegen gegen sie angestürmt waren, hießen so, daß durch ihre anglisierten Namen meist die alten deutschen Namen ihrer Vorfahren durchschimmerten, die Schmidt, die Müller, Frank, Schneider, Schuster, Schwab, Heß und Graf. Manche von ihnen mußten wohl noch in Deutschland herüben geboren sein, in Düsseldorf, in Dortmund, in Duisburg, wie es die Erkennungsmarken verrieten. Aber vielleicht, warf der Oberlehrer ein, waren diese Städte nur die amerikanischen Töchterstädte, die Füsiliere konnten es nicht mehr feststellen, ob die Schmidt und Schulz, die Weber und die Meyer noch hier oder schon drüben geboren worden waren, sie mußten hinaus, sie mußten in die seichten Schützenlöcher, denn drüben, auf dem linken Flügel, begann schon wieder ein solch verdammtes Maschinengewehr zu ticken. Vielleicht kamen die Amerikaner noch einmal und versuchten in der Finsternis, was ihnen bei Morgengrauen so blutig mißlungen war.

Das Ende der Zarenfamilie, 16. Juni 1918

Es war am 16. Juli 1918, gegen neun Uhr abends. Der Himmel über den verblauenden Bergen des Urals zitterte noch immer im Licht der spät sinkenden nördlichen Sonne. Mit dem ersten Hauch des Abendwindes raffte das weite Vorland Hügel und Wälder, Kirchenkuppeln mit flimmernden Doppelkreuzen und verstreute Weiler zusammen und zog sie enger an seine wellige Brust. Aus den Gärten von Jekaterinenburg stieg süßlich der Duft der Akazien und der milde Hauch der Linden. Die Amseln sangen der sinkenden Sonne nach. Der Wind roch nach Brot. Vom Bahnhof her gellte immer wieder das Pfeifen der Lokomotiven. Hochbepackte Wagen, Reiter in Uniform und Zivilisten mit allerhand Handwagen hasteten von allen Seiten dem Bahnhof zu. Bei jeder einmündenden Seitengasse schwoll der staubverhüllte Strom mehr an.

Vor einer großen Palisade war ein rotgestrichenes Schilderhaus, in dem ein Arbeiter mit einem Gewehr stand. Der Mann trat heraus und spähte zum nächsten Schilderhaus an der andern Ecke des Holzzaunes: „Hörst du nichts?"

„Nichts", sagte der andere Posten, ein Soldat in Uniform.

„Ja doch, so horch nur! Wenn diese verdammten Lokomotiven einmal nicht pfeifen! Hörst du es nicht? Es ist Kanonendonner. Drum rennt auch alles zum Bahnhof. Deshalb wollen die Züge auch schon abfahren und pfeifen! Die Tschechen kommen!"

„So geht's, du Dummkopf, wenn man nicht draußen war", höhnte der Soldat, „dann verwechselt man das Rumpeln eines Autos mit tschechischem Kanonendonner."

Der Arbeiter Anatol Jakimow gab zu, sich vielleicht getäuscht zu haben. Aber wenn man hier nicht bald abfahre und noch länger Posten stehe, werde man von den Weißen geschnappt und an die Wand gestellt werden.

„Dann wirst du wenigstens am Ende deines Lebens lernen, wie eine Kugel pfeift", spottete der Soldat. „An der Front hört man nur in der Nacht etwas. Da wird man zur Katze. Bei Tage schläft man. So haben sie mit der verkehrten Welt begonnen und jetzt ist alles umgedreht."

„Wenn ihr Soldaten so großartige Kerle seid, warum habt ihr dann den Krieg nicht gewonnen?" fragte der Arbeiter.

„Weil ihr in den Fabriken zu wenig gearbeitet habt, deshalb", gab der Soldat zurück.

„Hätten die verdammten Burschoi nicht gestohlen", sagte der Arbeiter, „hättet ihr etwas zum Schießen gehabt."

Ein vom Voznessensky-Prospekt heranfahrendes Auto unterbrach das Gespräch. Der Fahrer bremste den großen Lastwagen und fragte, ob sich hinter der hohen Palisade das Haus Ipatiew verstecke. Der Arbeiter erwiderte, ja, hier sei das Haus Ipatiew.

Der Chauffeur sprang ab und verlangte, daß man ihm das Tor der Palisade öffne. Der Arbeiter sagte, er stehe hier, damit eben dieses Tor nicht geöffnet werde. Der Chauffeur bestand aber darauf, er habe Papiere. Ein Papier, sagte der Arbeiter, sei schnell beschmiert, er öffne nicht. Der Chauffeur verlangte ungeduldig, daß der Posten den Kommandanten des Hauses Ipatiew rufe. Der Posten meinte, das könne der Chauffeur auch, wenn er nur recht kräftig hupe, vielleicht komme dann der Kommandant heraus. Das sei kein Haus, erwiderte der Fahrer, vor dem man mit der Hupe konzertiere. Der Posten möge in drei Teufels Namen hineingehen und dem Kommandanten des Hauses Ipatiew dieses Papier geben. Der Arbeiter winkte dem Soldaten und der ging mit dem Papier durch das Tor der Palisade. Der Arbeiter schlenderte auf das Auto zu.

Jetzt erkannte der Fahrer auch den Arbeiter, mit dem er in der Munitionsfabrik Syssert beisammen gewesen war. Der

Fahrer fragte den Arbeiter, wie es ihm jetzt gehe als Posten vor dem Hause Ipatiew, und der Arbeiter erwiderte, es gehe ihm hier besser als bei dem verdammten Lohndrücker Syssert, er verdiente ein schönes Geld, wenn das Geld ein schönes und nicht ein wertloses Scheißgeld wäre, er habe freie Verpflegung, hundert Rubel monatlich, Bezüge eines Arbeiterrates, und obendrein laufe noch der Lohn bei Syssert weiter. Der Chauffeur lachte: Ja, wer den Holsteiner bewache, führe ein feines Leben. Ob ihn Anatol Jakimow schon einmal gesprochen habe? Früher, erwiderte der Posten, aber jetzt dürften die Arbeiter von Syssert und von Zloskasow nicht mehr in das Haus. Man habe aus dem Hotel ‚Amerika' Letten geschickt, die seien hinter der Palisade. Schlafen müßten die Arbeiter von Syssert und Zloskasow drüben im Hause Popow.

Der Chauffeur kratzte sich hinter dem Ohr. „Mir scheint, die Tscheka im Hotel ‚Amerika' traut euch nicht, sie hält mehr auf Letten als auf russische Arbeiter."

Der Arbeiter zuckte die Achsel: „Traurig, wenn die Tscheka glaubt, daß russische Arbeiter für den Oberkapitalisten etwas übrig haben."

„Spricht der Holsteiner mit euch? Ich meine früher. Wie war er da?"

„Er hat uns alle angesprochen, aber wir haben nicht geantwortet. Warum denn auch? Hätte er uns früher die Hand gegeben?"

„Sie haben nicht unsere Hand, sie haben nur unser Blut gewollt", brummte der Chauffeur.

„Drum muß er und müssen alle Burschoi und Kapitalisten verschwinden. Er hat es notwendig gehabt. Sitzt in Gold und Edelsteinen und verkauft das arme, das tapfere Rußland an die Deutschen. Weil er Rußland an die deutschen Kapitalisten verraten hat, muß er von ganz Rußland verurteilt werden. Und daß es geschieht, daß man ihn nicht loskauft, deshalb sind die Arbeiter von Jekaterinenburg gekommen, haben hier Posten aufgestellt und haben geschworen, daß keine Maus aus diesem Haus heraushuschen darf."

„Aber die Tschechen sind nah!" sagte der Chauffeur.

„Ach, diese Tschechen", klagte der Arbeiter. „Einmal waren sie unsere Freunde. Es haben viele von ihnen in unserer Fabrik gearbeitet, aber sie haben immer nur an Geld gedacht. Jetzt sind sie alle zu den Weißen gelaufen, weil sie glauben, daß sie dort mehr bezahlt bekommen, jetzt kämpfen sie gegen uns, mit denen sie so lange zusammen gearbeitet haben."

Das Türchen neben dem Palisadentor wurde geöffnet, ein Mann in einem schwarzen Friedenswaffenrock mit blinden Knöpfen und in feldgrüner Hose trat heraus und fragte den Chauffeur, wer ihn geschickt habe.

„Der Kommissar Golostschekin."

„Sind die nötigen Sachen schon bei den ‚Vier Brüdern?'"

„Erst morgen kann sie die Drogerie der ‚Russischen Gesellschaft' liefern."

„Und jetzt bekommst du sie unter keinen Umständen?"

„Geht nicht. Sie haben keine zweihundert Liter Benzin und keine achtzig Liter Schwefelsäure auf Lager. Du weißt doch, wie knapp alles ist. Da werden noch einige Papiere hin- und herwandern müssen."

„Nun gut. Dann stell deinen Wagen hier in den Hof und du selbst geh ins Wachzimmer hinunter!"

Der Kommandant des Hauses Ipatiew öffnete das große Tor. Hinter der Palisade war noch eine zweite Umzäunung. Ein Posten kam durch den schmalen Gang und öffnete das Innentor. Der Fahrer fragte den Kommandanten, ob er, wenn es so weit sei, den Motor laufen lassen solle, doch der Kommandant lehnte diese neue Moskauer Sitte ab. Aber der Fahrer hatte ihn an etwas anderes durch diese Frage erinnert. Man werde den Posten zur gegebenen Zeit die Waffen abnehmen, denn wenn die Leute etwas hörten, begännen sie wie Blödsinnige zu knallen oder zu schreien und herbeizulaufen. Und dann — man könne in keines Menschen Herz schauen. Dann grüßte Jurowski und begab sich über die Dienertreppe in den ersten Stock, vorbei an den vielen Posten, die im Vestibül und in den Gängen standen, in das letzte Zimmer zu Medvediew, dem Kommandanten der Arbeiter von Syssert und von Zloskasow, und bat diesen, hinunterzugehen und sogleich der Arbeiterwache die Gewehre abzunehmen. Welchen Grund er für diese Maßnahme den Leuten angeben solle, fragte Medvediew. Kommissarbefehl. Das genüge. Die Gewehre kämen dann in das Wachzimmer. Wenn im Hause geschossen werde, solle Medvediew den Leuten sagen, dann sei alles in Ordnung, niemand solle schreien und rennen.

Unwillig ging Medvediew über die Gartentreppe, nahm dem Posten auf der Terrasse das Gewehr, ging zu den Posten im Garten, zu den Posten zwischen den Palisaden und dann endlich auch von Posten zu Posten in den Schilderhäusern außerhalb der Palisade. Mit acht Gewehren behängt, kam er zu Anatol Jakimow, der murrte, man solle nicht sein Gewehr, sondern lieber ihn selbst ablösen, denn längst schon sollte der nächste Posten gekommen sein.

Die Ablösung sei nicht gekommen, erwiderte Medvediew, weil er sowohl Stolow wie Proskuriakow im Badezimmer des Hauses Popow habe einsperren müssen, beide hätten sich besoffen mit Politura, daß sie steif wie Holzklötze seien. Das sei eine feine revolutionäre Disziplin, murrte Anatol Jakimow, wer sich besaufe, müsse nicht Posten stehen, und wer nicht saufe, der werde nicht abgelöst. Und das Gewehr nehme man ihm auch ab. Wie solle er denn auf die Tschechen schießen? Man höre doch schon die Artillerie der Tschechen und der Weißen.

Das werde noch eine Weile dauern, erwiderte der Kommandant der Arbeiterwache, durch die Luft könnten weder die Tschechen noch die Weißen fliegen. Er solle nur gleich melden, wenn er etwas Verdächtiges bemerke. Was im Haus selbst geschehen werde, gehe ihn nichts an. Damit ging Medvediew und kehrte, behängt mit zwölf Nagangewehren, ins Dienstzimmer zurück. Was nun geschehen werde, fragte er den Kommandanten des Hauses, Jurowski, der seinen schwarzen Waffenrock ausgezogen hatte, in einem rosa Flanellhemd auf dem Diwan lag und rauchte. Medvediew möge die Gewehre auf das Klavier legen, heute würden die Mädchen nicht vorspielen. Dann möge er sich hinhauen, denn man habe bis Mitternacht Zeit. Ob morgen schon die Stadt geräumt werden müsse, fragte Medvediew. Das habe nichts mit der Räumung zu tun. Für die Räumung habe man wahrscheinlich noch Zeit bis übermorgen. Aber das andere müsse heute geschehen, aus Moskau sei ein diesbezüglicher Befehl gekommen, sagte Jurowski.

Medvediew verzog den Mund: es sei ein dummer Befehl, einer von denen, die dann später niemand gegeben haben wolle.

Der Kreml wisse schon, was er tue, sagte Jurowski von oben her. Man werde sich mit dieser Familie nicht länger abschleppen, zumal der Kleine nicht laufen könne.

Wenn dann die Weißen kämen, meinte Medvediew, werden sie die Leichen ausgraben und die Gebeine von Märtyrern in der Kirche ausstellen. Auch das, erwiderte Jurowski, sei alles genau überlegt. Man werde die Leichen zuerst von Schwefelsäure zerfressen und dann von Benzin verbrennen lassen, es werde nicht einmal Asche übrigbleiben, da man auch den letzten Rest in den Wind streuen werde. Aber Medvediew solle nun Ruhe geben, Jurowski wolle schlafen.

Auf dem Gange knarrten Schritte. Jurowski richtete sich halb auf und schrie, wer hier herumgeistere. Der Koch wäre es, der den Herrschaften den Samowar bringe. Er möge leise gehen, schrie Jurowski, und wenn er hier noch einmal von Herrschaften spreche, dann werde man ihm zeigen, wer hier eigentlich die Hochgeborenen Herrschaften seien.

Als sich Jurowski wieder niedergelegt hatte, maulte Medvediew: Wenn er das nur höre: Hoheiten, Herrschaften — dann komme ihn das Kotzen an über solch einen Jammerknecht. Als ob es einen Unterschied gäbe zwischen diesen Menschen und ihnen, den Arbeitern. Es gäbe einen, entgegnete Jurowski, einen sehr großen sogar, die Arbeiter hätten gehungert, die andern aber, die sogenannten Hoheiten, die hätten Rußland ins Unglück gestürzt, mit Blut überschwemmt und an die Deutschen verkauft.

Medvediew gab weiter keine Antwort. Solche Reden hatte er selbst so viel gehalten, daß er von ihnen heiser geworden war, das könnte sich Jurowski schenken, es war zu großer Eifer und zu stark herausgestellte Linientreue.

Nun war es im Hause ganz still. Nur einmal hörte man aus der Wachstube im Erdgeschoß einen Streit in lettischer Sprache, der bald wieder verstummte.

Jurowski hatte die Beine hochgezogen und schnarchte mit offenem Mund. Ein lautes Mädchenlachen flatterte hoch.

„Anastasia", knurrte Jurowski im Halbschlaf. Um die Mädchen sei es schade, meinte Medvediew halblaut, diese Anastasia sei doch noch ein Kind. Schade, murrte Jurowski, wieso schade? Wenn es brenne, werde man auch nicht sagen, schade um dieses eine liebe, süße kleine Flämmchen, man werde alle Flämmchen austreten und die Flammen alle dazu. Es seien aber schöne Mädchen, beharrte Medvediew bei seinem winzig kleinen Endchen Mitleid. Ob schön, ob nicht schön, sagte Jurowski verschlafen, Gift seien sie alle, und wer sie angreife, besudle sich. Darauf sagte Medvediew eine Weile nichts, doch dann begann er wieder, weil es ihm doch keine Ruhe ließ: Es sei wenigstens das eine gut, daß die Mädchen nicht wüßten, was ihnen bevorstehe. Selbst der kleinen, immer munteren Anastasia würde das Lachen vergehen, und die hölzerne Seele des Zaren würde zittern.

Türen gingen. Schritte knarrten. Jurowski sagte, daß sich die

Mädchen niederlegten. Unten ermahnte ein Posten mit lauter Stimme: „Die Türen dürfen nicht versperrt werden." Eine helle, freundliche Mädchenstimme fragte darauf, warum man denn vor braven Leuten die Türe zusperren solle.

„Tatjana", sagte Jurowski. „Sie ist stolz wie die Zarin. Sie sieht dich nicht, sie geht an dir vorbei wie an Luft. Strekotin, das Schwein, hat vor den Abort schweinische Bilder hingezeichnet. Sie haben nicht mit der Wimper gezuckt. Und als dieser Saphonow auf die Palisade gestiegen war und ihnen diese saubern Lieder in die Fenster gesungen hat, war Tatjana gerade aus dem Abort gekommen und ist an allen Posten so vorbeigegangen, als ob sie nichts höre und nichts verstehe."

„Aber Olga und Maria!" Medvediew schnalzte mit der Zunge: „Die sehen Strekotins dreckige Bildchen, ob sie wollen oder nicht. Die werden über und über rot, sie wissen, daß es ihre verräterische Mutter und dieses Schwein Rasputin ist."

„Den guten Kinderchen hat eben dieser Hurenmönch zur rechten Zeit ordentlich unter die Bettdecke gelangt."

Medvediew lachte: „Und was hat Saphonow von dem kleinen Alexis gewollt?"

„Der kleine Alexis führt ein Tagebuch. Ich habe es ein paarmal genommen und durchgeschaut. Er schreibt darin, was die Leute reden und was seine beiden Alten zu ihm sagen. Und da ist Saphonow zu dem Kleinen gegangen und hat ihn gefragt, ob er nicht den Spruch vom Abort in sein Tagebuch eintragen wolle. Der Kleine hat nichts darauf zu sagen gewußt, er ist rot wie eine Jungfer geworden."

Medvediew fand keine Ruhe. Er ging ein paarmal in dem ungelüfteten, muffigen Wachzimmer auf und ab und fragte schließlich Jurowski, ob Jurowski denn schlafen könne. Jurowski knurrte, er könne schon schlafen, aber Medvediew, zum Teufel, lasse ihn ja nicht. Um Mitternacht müsse man doch aufstehen und nachher werde man wenig Ruhe zum Schlafen haben. Er habe ein gutes Recht auf Schlaf, denn er habe den ganzen Krieg durch als Sanitar wenig geschlafen. „In der Nacht schreien die Kranken, wimmern sie, verlangen sie die Schüssel und rufen nach dem Sanitar. Bevor sie sterben, wollen sie alle die Mutter." Ob er den ganzen Krieg durch immer nur im Spital gewesen sei, fragte Medvediew den Wachkommandanten. Den ganzen Krieg durch, denn dieser Krieg, sagte Jurowski, sei nicht sein Krieg gewesen, sein Krieg habe mit der Revolution begonnen, in seinem Krieg werde heute um Mitternacht eine große Schlacht geschlagen, fast könnte man sagen, die wichtigste Schlacht dieses ganzen großen Krieges. Und er werde der General sein. Es werde nicht viele Generale geben, die einen Kaiser getötet haben. Das mußte Medvediew bestätigen. Dergleichen Generale waren nicht viel. Aber trotzdem, Medvediew fürchtete sich wohl ein wenig, er fragte Jurowski, ob der nicht mit ihm ein Spielchen Mühle fahren wolle. Jurowski räkelte sich hoch und setzte sich Medvediew gegenüber auf die Bank, in die ein Mühlspiel eingeschnitten war. Sie spielten einige Zeit. Immer wieder sah Jurowski auf die Uhr. Es war ganz still im Haus. Nur von der Bahn herüber tönten noch immer die schrillen Pfiffe der Lokomotiven. Da stellte man anscheinend noch immer Züge mit Flüchtlingen zusammen. Von fernher war, kaum vernehmbar, bisweilen doch ein dumpfes Rumpeln zu hören. Das seien die Tschechen, flüsterte Medvediew, es müsse ein größeres Gefecht sein. Wieder sah Jurowski auf die Uhr, schob die aus Brot gekneteten Mühlsteine zusammen und warf sie in den Tischschub. Dann ging er auf den Gang hinaus und klatschte in die Hände: „Bewohner des Hauses Ipatiew, aufstehen!“ Eine schlaftrunkene Stimme fragte, was geschehen sei. „Aufstehen und anziehen, Bürger Romanow, wir bekommen eine unruhige Nacht. Sie können mit Ihrer Familie nicht oben bleiben, Kugeln können durch die Fenster gehen. Kommen Sie mit allen Ihren Leuten angezogen und reisefertig in den Keller.“ Jurowski lief den Gang entlang und klopfte an allen Türen. Dann ging er, eine Zigarette rauchend, die Dienertreppe hinunter in das Erdgeschoß, weckte dort die lettische Wache und sagte, die Leute sollten ihre Gewehre nachsehen.

Demidowa, die Kammerfrau der Zarin, hastete, die Nachtjacke über der Brust zuhaltend, über den Gang zum Schlafzimmer, in dem der Zar, die Zarin und der Zarewitsch schliefen. Bei der Tür stieß sie mit Leibarzt Dr. Botkin zusammen, der klopfte und durch den Türspalt fragte, wie der Zarewitsch die Nacht verbracht habe. Er möge noch ein wenig warten, antwortete die Zarin, es sei ja noch weit zum Morgen, man werde ihn rufen. „Immer bei Nacht“, sagte der Arzt zur Kammerfrau, die nun eintreten wollte, „immer bei Nacht, da werden unsere Wachen lebendig.“ Er möge sich nicht wichtig machen, schnauzte der Posten neben der Tür den Arzt an.

Die Kammerfrau trat ein, und nun erschien der Koch und fragte den Posten, ob ein Tee zugestellt werden sollte. Jurowski, der gerade vorbeistrich, antwortete, das sei nicht nötig, vielleicht später, man werde es ihm schon sagen. Mit den Kleidern des Zaren über dem Arm und mit den hohen Stiefeln in der Hand erschien ernst und feierlich, mit hoheitsvoller Miene, der Kammerdiener Trupp, klopfte, öffnete die Tür einen Spalt und reichte dem Zaren die Kleider hinein.

Ob Trupp sich nicht schäme, fragte Medvediew, vor diesem Verräter und Blutsäufer sich zu verbeugen wie ein Bauer vor dem Ikonostas in der Kirche? Trupp sah Medvediew kaum von der Seite an, gab keine Antwort und schritt gemessen über den Gang davon.

Die Zarin saß vor dem Spiegel; die Demidowa kämmte ihr das Haar. Sie habe es geahnt, sagte die Zarin, daß man in dieser Nacht keine Ruhe finden werde. Sie habe es gewußt, seit sie gestern abend oder vielmehr heute abend, denn es sei noch nicht Mitternacht, das Auto habe einfahren gesehen.

Ob man reisen werde, fragte der Zarewitsch, sich die Augen reibend. Der Zar saß am Bett seines Sohnes und strich dem Jungen die Haare aus der Stirn. Er wisse es nicht, sagte der Zar. Man werde sie alle, mutmaßte die Zarin, wieder einmal nach Moskau bringen, so wie damals von Tobolsk. Sie habe eine untrügliche Ahnung, daß es um den Friedensvertrag gehe. Die in Moskau würden haben wollen, daß ihn der Zar unterschreibe. Jetzt, da man in Moskau den deutschen Gesandten ermordet habe, würden auch die Deutschen endlich dahinterkommen, daß nur einer den Vertrag unterzeichnen könne, wenn er gültig sein solle, und das müsse der Zar selbst sein.

Die Zarin brachte das in einem Gemisch aus Englisch und Französisch vor, denn seit die lettische Wache in das Haus Ipatiew eingezogen war, sprach die Familie nicht mehr deutsch, da fast alle Letten diese Sprache verstanden. Und mit Lauschern an der Türe war immer zu rechnen. Aber Niki dürfe niemals unterzeichnen, fuhr die Zarin fort, er dürfe den Deutschen keinen Schritt entgegenkommen, denn schließlich und endlich sei es doch Wilhelm ganz allein gewesen, der ihnen diese Leute hier in das Land geschickt habe. Dieser Heuchler, dieser größenwahnsinnige Komödiant! Er allein sei imstande gewesen, solch ein furchtbares Mittel anzuwenden, Pest, Gas, U-Boote und schließlich dieses Volk, das er, er ganz allein ihnen geschickt habe, um Rußland zugrunde zu richten. Das sei wohl die Art, wie Europa seine heiligsten Güter wahre.

Der Zar legte den Finger an die Lippen und beschwor die Zarin, sich nicht aufzuregen, es schade ihr, und ändern könne es nichts mehr. Ihr Herz werde darunter leiden.

Die Zarin schob ungeduldig die Demidowa beiseite. Sie stand auf und trat an das Bett des Zarewitsch. Man möge ihr glauben, das alles seien nur Prüfungen, die man bestehen werde, wenn man unerschütterlich der Güte Gottes vertraue. Aber tausendmal lieber würde sie hier in Rußland sterben, als sich von den Preußen, die alles Unglück über Rußland gebracht hätten, retten zu lassen. Wenn England einen Kreuzer schicken würde – dann sofort –, aber nach Deutschland würde sie nie, nie, nie wieder gehen. Der Zar habe vor zwei Jahren die Friedensvermittlung Frederiks-Eulenburg abgelehnt, sie habe vor einem Jahr ihrem Bruder zu verstehen gegeben, daß Rußland auf gar keinen Fall einen Sonderfrieden schließen werde, nein, nein, diesen Triumph sollten die Hohenzollern nicht haben.

England werde aber keinen Kreuzer schicken, erwiderte der Zar. Kerenski habe doch gewollt, daß die ganze Zarenfamilie nach England übersiedle, sein Außenminister Terestschenko habe doch deshalb in England nachgefragt, aber die Engländer hätten geantwortet, die englische öffentliche Meinung sei gegen den russischen Zaren und seine Familie, man könne König Georg gar nicht mit solch einem Vorschlag kommen.

Dann wolle es eben Gott nicht anders, sagte die Zarin, dann sei es vom Schicksal bestimmt, daß man in Rußland bleibe. Die Russen seien im Grunde nicht böse, sie liebe das russische Volk, das vielleicht manchmal grob und derb, niemals aber böse sei. Man habe die Leute hier verhetzt, aber sie seien alle gut und von kindlichem Herzen. Warum sollten sie auch der Familie Böses tun. Der Zar habe nur die ihm von Gott allein übertragene Pflicht erfüllt, so gut wie sie nur ein Mensch erfüllen könne. Er, der Zar, könne sich vielleicht nur einen einzigen Vorwurf machen, daß er zu gut, zu nachgiebig gewesen sei. Aber den Russen gegenüber sei das kein unverzeihlicher Fehler. Nur den Deutschen gegenüber dürfe er nicht weich werden.

Der Zar antwortete nicht. Das war die Zarin, der man vorwarf, sie habe Rußland an die Deutschen verraten, sie, die von jeher alle Geschenke Wilhelms an die Kinder gleich hatte verschwinden lassen, weil sie durch nichts an Preußen, an Berlin und an die Hohenzollern erinnert sein wollte.

Aber vielleicht, dachte der Zar, war sie in ihrer Abneigung

blind gewesen. Denn das Unheil, das über Rußland gekommen war, hatte nicht bei Wilhelm begonnen, das hatte damals seinen Anfang genommen, als beim Empfang des Präsidenten Poincaré in der Stadtduma zum erstenmal die Marseillaise gespielt worden war. Damals wäre allerdings fast niemandem der Gedanke gekommen, daß dieser seriöse, langweilige Provinzadvokat aus Lothringen, dieser Musterschüler des Bürgertums, einer von denen war, deren Blick allein schon genügt, um allen Schlössern, die von Versailles abstammen, ein Ende zu bereiten. Ob diese Gartenanlagen von einem Franzosen entworfen worden seien, hatte der höfliche Advokat in Peterhof draußen gefragt, als sie über den Neptunbrunnen hinweg und über all die anderen Wasserkünste zwischen den harzduftenden Weißtannen zum fernen brandenden Meeresstrand geschaut hatten. Und wer all die schönen jungen Damen auf den Bildern im Empfangssaal seien, hatte Poincaré wissen wollen und erfahren, daß man die schönsten Schülerinnen des Smolny-Institutes, die adeligen jungen Damen, habe malen lassen. Was mochte aus Peterhof geworden sein? Im Smolny-Institut, das hatte der Zar gehört, waren jetzt die Bolschewiken, dort hatten sie ja auch den schimpflichen Vertrag mit Deutschland unterschrieben.

Damals, als Poincaré zu Besuch war, hatte der Zar nicht nach Petersburg hinein gekonnt, weil die Arbeiter gestreikt hatten. Wie Großfürst Nikolai Nikolajewitsch vermutete, auf Anstiftung der Deutschen, die das russisch-französische Bündnis hätten verhindern wollen.

Aber man wollte doch gerade die Deutschen einschüchtern und ihnen zeigen, daß die Niederlage des japanischen Krieges überwunden sei. Man hatte in Krasnoje Selo die Parade abgehalten. Welch ein Sonnenuntergang! Fünfundzwanzig Musikkapellen warteten in der Mitte des weiten Paradeplatzes, bis der Unteroffizier mit dem dröhnenden Baß auf dem kleinen Hügel das Gebet zu sprechen begann. Sechzigtausend Soldaten sangen und beteten mit entblößtem Haupte das ‚Vaterunser' und beschlossen das Gebet mit dem ‚Gott schütze den Zaren'! Die Kapellen waren eingefallen, die Flieger hatten über dem Paradefeld ihre Kreise gezogen. Wohin war das Gebet, wohin waren alle Schwüre und Gelöbnisse verweht? Die Zarin mußte damals doch eine Ahnung gehabt haben. Als dieser kleine französische Tanzmeister mit den auswärtsgedrehten Füßen und dem Lächeln um die gespitzten Lippen in Peterhof bei der Audienz erschienen war, war der Zarin so übel geworden, daß man sie hatte hinausführen müssen. Die Feinde der Zarin hatten damals gemunkelt, ihr deutsches Herz sei über das russisch-französische Bündnis, das der deutschen Vorherrschaft in Europa ein Ende bereiten werde, gebrochen. Nein, nein. Das war es nicht gewesen. Die Zarin hatte es nur nicht ertragen, daß der Selbstherrscher aller Reußen sich mit diesem lächerlichen, aufgeblasenen Advokaten auf eine Stufe stellte. Trupp, der Kammerdiener, klopfte an, trat ein und legte den Matrosenanzug des Zarewitsch hin. Doktor Botkin beugte sich über das Bett und prüfte den Verband am Fuß des Zarewitsch. Der Verband halte, sagte Dr. Botkin, man müsse ihn nicht erneuern. Als Trupp dem Zarewitsch beim Anziehen behilflich sein wollte, wehrte Alexis ab: „Papa soll mich anziehen, er tut mir am wenigsten weh."

Der Zar half seinem Sohn in die Kleider. Alexis stöhnte. Der Vater war an die Wunde gekommen. Er bat seinen Sohn um Verzeihung. Alexis fragte seinen Vater, ob dieser ihn tragen werde. Er werde ihn tragen, versprach der Zar. Das sei gut, erwiderte der Thronfolger, denn so wie der Vater könne ihn niemand tragen. Die Zarin hatte ein leichtes, violettes Kleid angezogen und, trat zu ihrem Sohn. Man müsse Alexis in eine Decke einschlagen, sonst friere das Kind.

Die Tür wurde geöffnet, Tatjana rief ins Zimmer, man sei fertig. Die Stimme eines Postens mischte sich nun drein, die höhnte, für so junges Zeug habe es lange genug gedauert. Da sollte man doch sehen, wie schnell seine Maschka sei, wenn er pfeife, wie der Wind sei sie aus dem Bett, und wenn er zweimal pfeife, sei sie noch schneller drinnen!

Über die Treppe kam Jurowski herauf und rief laut, ob der Bürger Romanow samt den Seinen bereit sei.

„Wir sind bereit."

„Dann kommen Sie herunter und folgen Sie mir."

Die Kammerfrau raffte noch schnell ein paar Betten zusammen, sie sagte zu Trupp, auch er solle Decken mitnehmen, man werde vielleicht fahren.

„Mit dem Lastauto?" fragte Alexis. „Da wird man ganz eingestaubt."

„Sie führen uns hinunter in den Keller", beruhigte der Zar seinen Sohn, „weil geschossen wird."

„Wer wird denn schießen?" fragte der Zarewitsch.

„Die andern", sagte der Zar. „Und da kann hier oben eine

Kugel durch ein Fenster fliegen, und deshalb bringt man uns hinunter."

„Wenn der rechtmäßige Träger der Krone von seinem Platz entfernt wird", erklärte die Zarin ihrem Sohn, „gibt es weder Recht noch Gesetz, dann morden die Menschen einander." Jurowski öffnete die Tür. Der Zar sah, daß der ganze Gang dicht mit Posten besetzt war, aber nur zwei Leute hatten Gewehre. Die vier Töchter des Zaren standen in Waschblusen und blauen Röcken nebeneinander vor der Tür des Zimmers. Auch der Kammerdiener, der Leibarzt, der Koch und die Kammerfrau standen schon auf dem Gang. Über die Postenreihe hinweg winkte die Zarin kurz ihren Töchtern zu. Medvediew strich dicht an den vier Mädchen vorbei. Der Zar mit Alexis, der kaum kleiner war als der Vater, auf dem Arm schaute nun auch zu den Töchtern hinüber. Anastasia, die jüngste, brachte schon wieder ihre Schwestern zum Lachen, sie blies die Backen auf, legte die Hände auf den Rücken und beugte sich etwas vor, und wenn das alles auch mit ganz winzigen Gebärden geschah, so konnte man doch sehen, daß sie den wichtigtuerischen Medvediew nachmachte, den einzigen wohl, der ein winziges Fünklein Mitleid in seiner Brust gehabt hatte mit den vier Töchtern des Zaren. Maria, die breitschulterige, zeigte beim Lachen die schönen weißen Zähne, sie glich ihrem Großvater. Die Zarin blickte mit einem kurzen Augenaufschlag die Postenreihe entlang. Die Letten waren ihr lieber als die Fabrikarbeiter von Jekaterinenburg, die dem Zaren mit den Händen ins Essen gegriffen und die Zarentöchter zum Klavierspielen gezwungen hatten.

Das hatte die Zarin zu Trupp und zur Demidowa auch gesagt, aber beide hatten darauf keine Antwort gegeben. Trupp und die Demidowa liebten die Letten nicht, sie ahnten wohl, daß deren Zurückhaltung grenzenlose Verachtung und brennender Haß waren.

„Fertig?" fragte Jurowski. „Dann kommen Sie!"

Vorsichtig sich mit der linken, freien Hand auf das Treppengeländer stützend, stieg der Zar, den Zarewitsch auf dem Arm, von Stufe zu Stufe, die Zarin ging neben ihrem Mann und hielt eine Hand ihres Sohnes. Dann kamen zu zwei und zwei die vier Töchter, Anastasia, vor verhaltenem Lachen noch immer plusternd, Olga ernst und die Schwester zur Ruhe mahnend, und dann Tatjana und Maria Arm in Arm. Auf sie folgten Trupp mit Decken, die Demidowa mit Polstern, der Doktor mit seiner Tasche und der Koch mit einem kleinen Korb. Jetzt gehe es ihnen wie Blaubarts Frauen, flüsterte Anastasia der Schwester ins Ohr, denn nun lernten sie endlich die verbotenen unteren Zimmer kennen. Medvediew, der sich in der Nähe der Mädchen hielt, fragte den Letten, der neben den Töchtern ging, welche Sprache die da sprächen. Da kenne sich kein Mensch aus, erwiderte der Lette, dies seien Kapitalisten und weder Letten noch Russen noch Deutsche, weiß Gott, was sie da sagten. Man hätte es ihnen verbieten müssen, grollte Medvediew, der ahnte, daß sich Anastasia über ihn lustig gemacht hatte. Jurowski bog nicht in den unteren Gang ab, er ging nicht in Blaubarts Zimmer, wie Anastasia geglaubt hatte, man ging über den Hof an dem großen Lastauto vorbei. Der Chauffeur in der schwarzen Lederjacke war aber nicht beim Wagen, er ging hinter Jurowski. Der Keller, dessen vergitterte Türe Jurowski nun aufschloß, ging gegen den Hang, an dem das Haus stand.

Anastasia fand die ganze feierliche Prozession mit den aufblitzenden Taschenlampen der Posten lächerlich, aber die Zarin hieß die Übermütige schweigen, und auch die Schwestern mahnten die Jüngste zur Ruhe.

Der Keller, an dessen Wänden ein paar Kisten, Schaufeln und Stellagen mit geleerten Flaschen standen, war von einer schwachen, unabgeschirmten Glühbirne beleuchtet. An der andern Schmalseite des Raumes, gegenüber der Türe, standen drei Stühle. Jurowski führte den Zaren beim Ärmel dorthin und sagte, der Zar, die Zarin und der Zarewitsch möchten hier Platz nehmen. Die andern wurden mit einer Handbewegung hinter die drei Stühle an die Wand gewiesen. Immerhin eine Art von Thron, scherzte Anastasia, und eine Abart von einem Zeremoniell. Da saß nun der Zar in seiner Felduniform ohne Rangabzeichen und Orden neben dem in Decken gehüllten, kranken hochaufgeschossenen Sohn und der Zarin in ihrem hellvioletten Kleid, die in diesem feuchtkalten Raum erschauerte, und hinter den drei Stühlen standen die vier schönen jungen Mädchen, neben diesen kam der treue Trupp mit den Decken, von denen er eine der Zarin reichte, der verdrossene Arzt, die freundliche Kammerfrau und der dicke Koch, und alle warteten, was nun kommen werde.

Jurowski strich sich das Kinn, betrachtete die Gruppe, die er da im Keller des Ipatiew aufgebaut hatte, zwinkerte mit den Augen, sagte, er werde gleich wiederkommen und eine wichtige Mitteilung machen, und ging hinaus. Zwei Posten blieben zurück. Die Kammerfrau fragte Anastasia, was man denn mit ihnen vorhabe. Die Prinzessin zuckte die Achsel: Irgendeine von diesen dummen Befragungen, die man stets in der Nacht vornehme, weil man sich vor der Sonne schäme.

„Ruhe dort bei den Frauenzimmern!" schnauzte sie der eine Posten an.

Wieder mahnte die Zarin mit einem beschwörenden Blick die Jüngste zur Ruhe.

Jurowski ging in das Wachzimmer zu den Letten und fragte den Mann, der mit seinem Maschinengewehr das Tor und die Vorderseite der Villa zu bestreichen hatte, ob man vom Hotel ‚Amerika' schon jemanden geschickt habe.

Es war noch niemand gekommen. Das Hotel ‚Amerika' sei unpünktlich, erwiderte Jurowski und schaute umständlich auf seine Uhr. Er habe sich das jetzt im Keller genau angesehen, sagte Jurowski, und auch genau überlegt, es komme ihm so vor, als wäre dort für Gewehre zu wenig Platz. Einer der Letten, der nicht Russisch konnte, schlug Jurowski auf deutsch vor, doch lieber Pistolen zu nehmen, Gewehrschüsse ergäben auf so geringe Entfernung leicht Querschläger und könnten die eigenen Leute gefährden. Jurowski, der als Photograph einige Zeit in Deutschland gelebt und gearbeitet hatte, fragte auf deutsch, ob die Letten denn genug Pistolen hätten. Die Letten hatten genug Pistolen. Das werde besser sein. Denn mit den Gewehren müßte man ins Freie gehen. Man hörte Stimmen. Das Türchen neben dem Palisadentor wurde geöffnet, die beiden Abgeordneten der Tscheka gingen über den Hof in das Wachzimmer. „Moskau ist einverstanden", sagte der Kommissär Ermakow.

Als Jurowski nach dem schriftlichen Befehl fragte, sagte der Kommissär, daß man zu solchen Späßen jetzt keine Zeit habe. Wie Lenin darüber denke, fragte Jurowski. Lenin? erwiderte der Kommissär, Lenin sei dafür, daß das ganze Große Responsorium ausgerottet werde.

Was das Große Responsorium sei, fragte ein Lette. Das Große Responsorium sei das Kirchengebet, in dem für Gesundheit und Leben aller Mitglieder des Hauses Romanow gebetet werde. Die müßten alle weg, so meine man in Moskau. Zar Alexander habe Lenins Bruder aufhängen lassen. Nun sei Lenin am Zuge, sagte der Kommissär. Aber nun müsse man sich beeilen. Ja, daß er es nicht vergesse: Die Posten dürfe man nicht gleich einziehen, sie müßten morgen und übermorgen noch aufgeführt werden, niemand in Jekaterinenburg dürfe wissen, was geschehen sei.

Medvediew steckte seinen Kopf in das Wachzimmer. Er sah die Kommissäre und fragte, ob man alle erschießen werde. Auch die Töchter? Alle vier Mädchen?

„Geh vor das Haus hinaus", sagte Jurowski, „dort kannst du um die Schönheiten weinen. Wenn wir fertig sind, komm mit deinen Leuten und bring warmes Wasser mit,denn wir werden hier alles wegwaschen lassen. Sonst kommen die Weißen und bauen über dem Blut eine Kapelle oder einen ganzen Dom und sprechen die Stelle hier heilig. Das muß weg, bis auf den letzten Spritzer. Sag das deinen Leuten."

Jurowski, die beiden Kommissäre und einige Letten nahmen Pistolen, zogen die Verschlüsse auf, ließen sie wieder zuschnappen und verteilten die Rollen: „Ich nehme den Nikolai aufs Korn", sagte Jurowski. Dann wandte er sich zu den beiden Kommissären: „Ihr nehmt sie und den Sohn. Ihr vier nehmt euch eine Tochter, so wie ihr ihnen gegenüber zu stehen kommt, und ihr andern vier nehmt den Doktor, den Koch, die Demidowa und den Diener, auch so der Reihe nach, wie sie euch gegenüber stehen."

Die acht Letten nickten. „Zeigt die Pistolen nicht gleich her, wenn ihr hineingeht, denn sonst erschrecken sie und das ganze so schön aufgestellte Bild gerät durcheinander und die Ziele verwackeln. Wenn ich schieße, dann zieht ihr erst die Pistolen und schießt auch. Jeder schießt, solange sich sein Ziel rührt."

Die Demidowa schrie auf, als Jurowski und seine zehn Begleiter den Keller betraten. Die Letten verteilten sich hinter Jurowski und den beiden Kommissären an der Wand. Die Zarin hob den Kopf und musterte die Letten an der Wand und die drei Leute, die vor den Letten standen. Mit der gleichen Ruhe hatte auch ihre Schwester Elisabeth Feodorowna, die Gattin des Großfürsten Sergius, den Mörder des Großfürsten gemustert, als sie diesen im Kerker besucht und gefragt hatte, warum er denn den Großfürsten getötet habe. Es war Elisabeth Feodorowna nicht gelungen, den jungen Menschen zum Reden zu bringen. Die Großfürstin war dann in ein Kloster gegangen, um für ihren Mann und dessen Mörder zu beten. Wo mochte die Schwester der Zarin jetzt sein? In welchem Keller? In welchem Grab?

Der Zarewitsch verlangte nach Joy, seinem geliebten Wachtelhündchen. Joy schlafe noch, man könne ihn jetzt nicht wecken, sagte die Zarin. Aber der Kronprinz gab nicht nach, er bat nun Jurowski, das Hündchen holen zu lassen.

„Wir haben jetzt Wichtigeres vor", sagte Jurowski, „als dir deinen Hund holen zu lassen."

„Darf ich ihn, wenn wir abreisen, denn nicht mitnehmen?" fragte ängstlich Alexis.

Jurowski gab keine Antwort, er trat mit den beiden Tschekisten noch einen Schritt vor.

Die Demidowa hielt sich die Kissen vor die Brust, der Koch lehnte sich, die ausgespreizten Hände gegen die Wand gestützt, weit zurück. Der Zar erhob sich, wollte etwas fragen, aber Jurowski winkte ihm zu, sich wieder zu setzen. Der Doktor fühlte, daß der Tod dicht vor ihm stand, aber er wußte nicht, was er tun sollte. Trupp schaute auf den Zaren, die vier Töchter blickten nach der Mutter. Die Zarin mußte nun auch bereits ahnen, worum es ging. Sie hatte sich aufgerichtet und sah nicht mehr forschend, sondern stolz den Leuten ins Gesicht. Diese Menschen sollten sie nicht zittern sehen.

Jurowski wandte sich an den Zaren, der sich wieder erheben wollte und abermals das Zeichen bekam, sitzen zu bleiben. „Nikolai Romanow, Ihre Anhänger haben versucht, Sie zu befreien."

Der Zar hatte nicht recht verstanden, er hatte die ganze Kraft dazu gebraucht, seine Aufregung niederzuhalten, seine Angst um das Leben des geliebten kranken Kronprinzen an seiner Seite. Er neigte sich vor und fragte: „Wie bitte?"

„Nikolai Alexandrowitsch, wir sind deshalb gezwungen, Sie und die Ihren zu erschießen!" Und schon erhoben Jurowski und die beiden Kommissäre die Pistolen und schossen, sprangen zur Seite und gaben den Letten die Ziele frei. Schreie und Schüsse mengen sich. Der Zar und die Seinen sinken zusammen, zucken auf dem Boden, zwei Letten gehen zwischen den niedergeschossenen Menschen herum und zerschneiden und zerstechen das letzte, noch zuckende Leben.

Jurowski und die beiden Kommissäre traten ins Freie und zündeten sich Zigaretten an. Aus dem Keller kam Pulvergeruch. Der Mond stand hoch, die Schatten waren kurz und dunkel.

Jurowski verabschiedete sich von den Kommissären, die ins Hotel ‚Amerika' zurückfuhren. Medvediew trat zu ihm heran:

„Fertig?"

„Fertig."

„Schade um die schönen Kleider", sagte Medvediew, „man bekommt keine Stoffe."

„Das sind keine schönen Kleider“, wehrte Jurowski ab. „Du hast doch selbst gesehen, wie sie angezogen waren.“

Ein Lette vom Exekutionskommando kam und meldete, daß man, in den Kleidern der Mädchen eingenäht, Ringe und Edelsteine gefunden habe.

„Was dem Volk gestohlen worden ist“, erwiderte Jurowski, „soll dem Volk zurückgegeben werden. Ich komme gleich. Wir werden darüber ein genaues Protokoll aufnehmen.“

„Muß das sein?“ fragte Medvediew.

„Glaubst du, daß wir Diebe und Räuber sind?“ entrüstete sich Jurowski.

„Wenn ihr die Kleider durchsucht habt“, fragte Medvediew den Letten, „sind es schöne Mädchen?“

„Blutbespritzt und nackt“, sagte der Lette, „kann mir niemand gefallen.“

„Die Deutschen werden über uns kommen“, klagte Medvediew. „Sie war doch eine Deutsche.“

„Sag lieber, daß sich die Deutschen an uns ein Beispiel nehmen werden und es dem Wilhelm und seiner Brut auch so machen werden“, erwiderte Jurowski, „so denken echte Revolutionäre. Und nicht nur den Deutschen haben wir ein Beispiel gegeben. Der ganzen Welt! Auf der ganzen Welt wird man die Kapitalisten und die Ausbeuter des Proletariats so behandeln wie wir. Und wenn das geschehen sein wird, dann wird niemand mehr zum Krieg hetzen, dann wird der allgemeine, große Friede kommen.“

„Aber die Engländer werden über uns kommen“, stöhnte Medvediew, „er war doch ein Vetter des englischen Königs.“

„Laß das Gejammer“, fiel ihm Jurowski ins Wort. „Die Vettern sind untereinander zerstritten, die helfen einander nicht. Die Vettern werden zittern, wenn sie sehen, wie kurz man mit ihnen verfahren kann.“

„Und was wird jetzt geschehen?“ wollte Medvediew wissen.

„Jetzt protokolliere ich den Schmuck, dann bringen wir die Leichen zu den ‚Vier Brüdern‘, und in aller Früh werden dort die andern mit dem Schwefel und dem Benzin sein. Dann verbrennen wir die Leichen, und das, was noch übrigbleiben sollte, werfen wir in den tiefen Schacht. Dort wird sie niemand finden, und nicht einmal die Heiligen im Himmel werden am Jüngsten Tag die Reste des Zaren von den Überresten des Koches unterscheiden können, wenn nicht vor ihnen schon der Teufel in der Hölle die Asche sortiert hat.“

Benesch bei Balfour

Während die Reichskonferenz der britischen Premierminister tagte, wartete im Salon Balfours im Außenamt der tschechische Professor Eduard Benesch, der Generalsekretär der tschechischen und slowakischen Länder. Der Zeitpunkt für diese Vorsprache schien Benesch günstig: In den Parlamenten von Wien und Budapest waren die österreichisch-ungarische Regierung und die Herresleitung heftig angegriffen worden, weil die abgeschlagenen Angriffe an der Piave und bei Asiago so schwere Verluste verursacht hatten. Czernin, der gezwungen gewesen war, den Friedensschritt seines Kaisers im letzten Augenblick zu decken, war vom Tiger furchtbar angefallen worden. Der von den Tschechen so gefürchtete Sonderfrieden zwischen Österreich-Ungarn und der Entente, der die Donaumonarchie gerettet hätte, war nun ein für allemal unmöglich geworden. Fahnen der selbständigen tschechoslowakischen Armee waren im Mai in Italien und im Juni in Frankreich an die beiden ersten tschechoslowakischen Regimenter übergeben worden. Im Lager von Darney, am Fuße der Sichelberge, war Benesch an der Seite des Präsidenten der Französischen Republik gestanden, die Fahne mit dem böhmischen Löwen und mit den drei slowakischen Bergen hatte sich gesenkt und die Musik hatte Smetanas ‚Mein Vaterland' gespielt. In hellblauen Uniformen, mit den Baretten der Alpenjäger, war das 21. Schützenregiment vor Poincaré, Benesch und den französischen Generalen defiliert, dieses Regiment, das aus ehemaligen Gefangenen der serbischen Armee gebildet worden war, die über Korfu nach Frankreich gekommen. Poincaré hatte die tschechischen Soldaten mit den Fanfarentönen der Französischen Revolution angesprochen, Worte von Ehre, Fahne und Treue waren gefallen. Poincaré hatte nicht zu erwähnen vergessen, daß erst jetzt endlich Frankreich der tapferen tschechischen Nation den Dank dafür aussprechen könne, daß im Unglücksjahre Frankreichs, im Jahre 1870, im schlafenden, im teilnahmslosen Europa ganz allein der Prager Landtag den Mut aufgebracht habe, mit teilnehmender Trauer des Unglücks der französischen Nation zu gedenken. Frankreich vergesse weder das Böse, das man ihm angetan, noch die Freundschaft, die man ihm jemals gezeigt. Frankreich rechne es sich zu seiner Ehre, der tschechoslowakischen Nation bei ihrer Wiedergeburt zu helfen.

Wieder waren die Musikkapellen eingefallen, die Clairons hatten hell geschmettert, und vom Herzen des Generalsekretärs der tschechischen und slowakischen Länder war endlich jener Druck genommen, der sich damals — es war im Jahre 1908 — in Berlin so lähmend darauf gelegt hatte.

Damals, als es wegen der Annexion Bosniens und der Herzegowina durch Österreich fast zu einem allgemeinen Krieg gekommen wäre, war Benesch, von der Unruhe aufgescheucht, nach Berlin gefahren und hatte sich im Lustgarten von Potsdam den Vorbeimarsch der Garderegimenter angesehen. Er war mit dem ‚Simplizissimus' in der Tasche gekommen und hatte mit den Augen von Th. Th. Heine die Parade sehen wollen, aber der Eindruck selbst war stärker gewesen als der Wille, zu höhnen und zu spotten und sich lustig zu machen über diesen Drill. Benesch hatte die vollkommene Hingabe des einzelnen Mannes an die Macht gesehen. Einheitlich die Gesichter, einheitlich die Bewegungen, einheitlich die Uniformen mit den spitzen Mützen aus der Zeit Friedrichs des Großen. Das Schrillen der Querpfeifen, das Wirbeln der Trommeln, dieses Vorbeischnellen und Stampfen einer ungeheuerlichen Maschine aus Menschen. Eine würgende Angst, eine lähmende Ohnmacht war über ihn gekommen: so werden sie über mein Volk hinwegmarschieren, so werden sie uns zerstampfen!

Das Schmettern der hellen französischen Clairons hatte die Angst von ihm genommen. Die Verbündeten dieser deutschen Militärmaschine in Wien müssen aus Böhmen verjagt werden, und dann konnte das Wort wahr werden, das Bismarck einst gesagt hatte: Wer der Herr Böhmens ist, der wird der Herr Europas sein. Wenn Frankreich der Verbündete und der Schutzherr des tschechoslowakischen Staates sein wird, dann kann Frankreich der Herr Europas werden.

Seit Benesch im September 1915 mit Hilfe eines befreundeten Militärarztes bei Asch über die böhmische Grenze nach Bayern geflohen und von dort über die Schweiz nach Frankreich und England gegangen war, hatte er keinen Tag abgelassen von seinem Kampf gegen die österreichisch-ungarische Monarchie. Drei Jahre hatte er in allen möglichen Vorzimmern antichambrieren müssen, immer wieder bemüht, jeden Friedensversuch Österreichs zu durchkreuzen und jeden Sonderfrieden, der Österreich erhalten hätte, zuschanden zu machen. Überall hatte er gegen ein gewisses Wohlwollen zu kämpfen, das man Wien und vor allem dem alten Kaiser Franz Joseph entgegengebracht hatte. Es war nie leicht gewesen, den Franzosen und den Engländern begreiflich zu machen, daß man Deutschland nur dadurch wirklich schwächen könne, wenn man Österreich zerstöre und in seine Bestandteile zerlege. Die Alliierten starrten wie gebannt auf Deutschland, sie achteten wenig auf Österreich. Benesch drängte hartnäckig darauf, daß man sich mehr mit Österreich befasse.

Nun konnte man die Tschechen nicht mehr übersehen! Nun hatten sie fast schon eine kleine Armee beisammen. Ein paar tausend Mann in Sibirien, ein paar tausend Mann in Frankreich und in Italien. Zwar erkannten die Alliierten nur sehr zögernd diese Armee an, und die Österreicher hängten jeden Gefangenen auf, denn sie sahen in diesen Soldaten nicht tschechische Soldaten, sondern österreichische Deserteure.

Auch Balfour ließ Benesch warten. Endlich erschien der Lord, lang, ein wenig vorgeneigt, mit etwas schläfrigen Augen, und bot dem kleineren Professor aus dem fremden Land die Hand. Balfour sprach wie von ungefähr, beinahe von oben herab, mit einer gewissen ererbten Lässigkeit. Der Tscheche verfolgte gespannt, was der Lord ihm zu sagen hatte. Benesch mußte eine gewisse Abneigung unterdrücken, er hatte England nie geliebt und sich schon als Student weit mehr zu jenen Menschen hingezogen gefühlt, die in den Elendsvierteln Londons lebten, als zu jenen, die mit solch lässiger Selbstverständlichkeit wie Balfour das Weltreich regierten. Benesch brachte mit harter Aussprache das vor, was er über die Anerkennung des tschechischen Nationalrates durch die britische Regierung zu sagen hatte. Balfour hörte mit geschlossenen Augen zu. In Frankreich sei, betonte Benesch mit Nachdruck, durch die Rede Poincarés bei der Fahnenübergabe an das 21. Schützenregiment im Lager von Darney, ferner durch eine Note Pichons die Selbständigkeit der Tschechoslowakei so weit anerkannt, daß er, Eduard Benesch, als der Generalsekretär des tschechoslowakischen Nationalrates, zu allen offiziellen Feiern und Staatsakten eingeladen werde.

Balfour begriff ganz genau, um was es sich hier handelte: Um das Ende der österreichisch-ungarischen Monarchie. Verschwinde Österreich, dachte Balfour weiter, dann werde der Balkan bis tief in das Herz Europas reichen, und mit dem Balkan alles, was es an Ungewißheit, Unsicherheit, Verschlagenheit und Fremden gab. Glich dieses Österreich, dessen Zerstörung hier so hartnäckig verlangt wurde, nicht ein wenig dem britischen Imperium? Dachten nicht die Irländer genau so von Großbritannien und Irland, wie dieser Mann über Österreich-Ungarn? Soll man die Irländer in der Welt anhören? Wenn man den einen nachgibt, kommen die andern auch. Wo hört das aber auf? Kam dann nicht überhaupt das Ende aller großen Reiche? Balfour hatte alle Schwierigkeiten erlebt, die man mit Palästina sich auf den Hals geladen hatte. Aber für die Schwierigkeiten in Palästina bekam man in diesem Krieg auf der ganzen Welt eine gute Presse. Was aber werden die Tschechen zu bieten haben? Diese Abgesandten der kleinen Nationen taten zwar so, als ob jeweils ihr Volk ganz allein die Schlüsselstellung in Europa innehabe, aber außer ihrem Haß und ihrer Abneigung gegen alle Nachbarn und Klagen über die unglückliche Geschichte ihres Volkes hatten sie nichts zu bieten.

„Der Nationalrat", sagte Benesch voll eindringlicher Besessenheit, „ist auch das politisch souveräne Organ unserer nationalen Interessen in Frankreich, Italien und Rußland. Er übt bereits viele, nur einer Regierung zukommenden Rechte aus. Rechtlich bleibt er aber immer nur ein Organ mit halber Souveränität, was seine politische wie moralische Lage sehr erschwert. Die Anerkennung durch die britische Regierung wäre für uns sehr wichtig. Die Moral unserer Armee in Sibirien würde dadurch gestärkt. Man könnte dann leichter die bolschewikische Ansteckungsgefahr überwinden. Deshalb haben die Franzosen ihren General Janin und das Mitglied unseres Nationalrates, Štefanik, dorthin entsandt. Auch in Prag hat sich ein unterirdischer Nationalausschuß gebildet. Unser Pariser Nationalrat betrachtet sich als dessen Bestandteil."

Balfour versprach, sich das, was Benesch ihm vorgetragen habe, einmal gründlich zu überlegen, denn im internationalen Recht gebe es dafür keine Analogie. Balfour wisse nicht, ob man so ohne weiteres den tschechoslowakischen Nationalrat anerkennen dürfe, denn dieser Staat, von dem man hier rede, sei nicht nur wie Belgien, Serbien oder Rumänien vom Feinde besetzt, sondern dieser Staat, der noch gar nicht bestehe, gehöre rechtlich seit Jahrhunderten zum Feinde.

Benesch erinnerte daran, daß die Anerkennung der Tschechoslowakei wie ein Alarmruf auf die andern Slawen Österreichs wirken werde. Und als Benesch merkte, daß es dem konservativen

Engländer nicht leicht fiel, mit Hochverrätern und Deserteuren zu paktieren, bemerkte er, daß auch der preußische General Yorck Napoleon in der schwersten Stunde verlassen habe und zu den Russen übergeschwenkt sei.

Balfour entgegnete, daß es sich ihm hier nicht um die moralische, sondern um die politische Seite der Frage handle. Wenn die Anerkennung des tschechoslowakischen Nationalrates tatsächlich die Loslösungsbestrebungen der Slawen von Österreich so gewaltig fördern werde, dann müsse man bedenken, was aus dieser Bewegung entstehen werde. Kein Mensch in England kenne sich in der polnischen Frage aus, und alle Erklärungen der Polen trügen nur dazu bei, die Ansichten über diese Frage zu verwirren. Man wisse nur, daß man, sei man für die vollkommene Unabhängigkeit Polens, sich jede Möglichkeit einer Verständigung mit Rußland versperre. Und Jugoslawien? Wisse Benesch denn nicht, daß die vom jugoslawischen Komitee geforderten Grenzen des neuen Staates unvereinbar seien mit jenen Grenzen, die im Londoner Pakt den Italienern zugesichert worden seien? Damit sei nur ein winziger Bruchteil aller Schwierigkeiten angeschnitten, die sich aus einer Liquidierung der habsburgischen Monarchie ergeben würden. Aus solch einem großen Fragenkomplex dürfe man die tschechische Frage nicht gesondert herausheben. Auf diese Weise sei das österreichische Problem, das ein europäisches Problem sei, nicht zu lösen.

Mit eindringlichen, manchmal sogar heftigen Worten widersprach Benesch. Er wies darauf hin, daß es gerade zwei Engländer, Wickham Stead und Seton Watson, seien, die sich der unterdrückten Slawen Österreichs angenommen hätten, er wies darauf hin, daß schon Gladstone in seiner berühmten Midlothianrede im Jahre 1881 darauf hingewiesen habe, daß es auf der ganzen Welt nicht einen Fleck gebe, auf den man deuten und sagen könne, hier habe Österreich Gutes getan.

Auf englischem Gebiet stünden keine tschechischen Truppen, Englands Anerkennung einer selbständigen Tschechoslowakei würde daher in der ganzen Welt einen tiefen Eindruck machen. Die Alliierten hätten sich um Bundesgenossen in der ganzen Welt umgesehen. Bessere Bundesgenossen als die österreichischen Slawen könnten sie nirgends finden.

Balfour vermied es, Benesch anzusehen: Wer bürge ihm dafür, daß Benesch nicht bloß ein Einzelgänger, ein Emigrant ohne Anhang sei? Stehe nicht Prag, wie man es aus hundert Kundgebungen und Loyalitätsadressen ersehen könne, weiterhin treu zu Habsburg? Kämpften nicht mehr tschechische Soldaten unter Habsburgs Fahnen als unter den Fahnen der in Italien und in Frankreich aufgestellten Legionen? Bis jetzt hätten alle Völker etwas einsetzen müssen, um etwas zu erreichen. Wenn aber die Heimat des Herrn Benesch gar nichts einsetzen wolle, dann könne man daraus nur schließen, daß ihr Herz weiterhin für Habsburg schlage.

Diese Antwort hatte Benesch erwartet und deshalb überreichte er Lord Balfour ein Memorandum über Kundgebungen einiger tschechischer Abgeordneter in der Heimat. Balfour überflog die darin sehr sorgfältig zusammengestellten Belanglosigkeiten mit wenigen Blicken, wünschte Benesch zu seinen weiteren Bestrebungen viel Glück und verwies ihn für weitere Verhandlungen an den Blockademinister Lord Cecil.

Der schwarze Tag, 8. August 1918

Auf der Höhe hinter den überbuschten und ausgedienten Basteien Vaubans hockte, einem ausgedienten Soldaten gleich, der seinen Lebensabend verträumt, mit Spitzdächern um den vierschrötigen Turm von Saint-Nicolas, das alte Städtchen Avesnes. In der Unterstadt, an einer der vom Bahnhof ausstrahenden neuen Straßen, lag hinter Hecken, im Wiesengrün, ein Landhaus, auf dessen Dach sich ein Gespinst von Drähten zusammenschloß. Hier war die Operationsabteilung des deutschen Hauptquartiers eingezogen, von hier liefen die Drähte zu den Ministerien Berlins, zu den Heeresgruppen und Armeen an der Front und in alle Teile der großen, von so vielen Völkern und Staaten belagerten Festung der Mittelmächte. Bei den Armeen wurden die Leitungen auf großen Schaltbrettern umgestöpselt zu den Korps und Divisionen, von wo sie sich zu den Brigaden und Regimentern in immer dünneren, über Bäume und unter Steinen gelegten Drähten verästelten. In diesem Landhaus vernahm man in den Vormittagsstunden des 8. August ein immer stärker anschwellendes Grollen aus dem Südwesten, wie man es vor einiger Zeit während der Schlacht bei Château-Thierry gehört hatte. Zugleich aber stellte die Telephonzentrale fest, daß bei der Zweiten Armee, in der Gegend von Péronne, mit einem Schlage jede Verbindung zu einigen Divisionen abgerissen war. Einige Generalstabsoffiziere waren schon unterwegs, um die Vorgänge zu klären. Von ihnen langten allmählich die ersten Meldungen ein: Ein mächtiges feindliches Tankgeschwader war tief in die deutschen Linien eingebrochen.

In einem großen, lichtdurchfluteten Zimmer sprach der Erste Generalquartiermeister mit kehliggepreßter, rauher Stimme ins Telephon und befahl, daß durch sofortige Gegenangriffe die Lage wiederherzustellen sei. Ludendorffs Hand kritzelte unruhig einige Ziffern auf die Schreibunterlage. Mit einer unwilligen Bewegung legte er den Apparat weg. Eine steile Falte teilte seine hohe Stirn, die Mundwinkel zogen sich noch tiefer herab, als hätte der Mund Bitteres geschmeckt.

An den Wänden des hellen Raumes hingen große Karten, Destillate der Landschaften, der Flüsse, Täler, Berge, Wälder, Straßen, Bahnen, Dörfer und Städte. Über all das aus der Vogelschau Geordnete lief, diesem hinzugefügt, ja angetan wie ein Übel, rotes und blaues Geäder, verzweigt und verteilt in seltsamen Bögen und Schwüngen, Rot neben Blau, die offen liegenden und ungestillt blutenden Venen und Arterien des kranken Abendlandes, aus denen das Leben einmal in kleinen Tropfen und dann wieder in heftigen Strahlen verspritzte. Hinter der wuchtenden Stirn des Mannes, über dem verdrossen absackenden Gesicht, lebten alle diese roten und blauen Zeichen wie ein Netz der Kraft, das über das Land geworfen war. Neben den Zeichen standen Ziffern von Divisionen, den kleinsten Einheiten des großen Spieles, die von hier aus eingereiht, vorgeschoben, zurückgenommen und, wenn sie ausgeblutet waren, herausgezogen wurden. In diesem Zimmer zeigte sich das, was vorne marschiert, gewacht, geblutet, gelitten und gestorben wurde, als Anspannen und Nachlassen der roten und blauen Linien. Hier, in diesem Zimmer selbst, geschah gar nichts. Hier saß, stand und ging der wuchtige Mann auf und ab, während schweigende und beflissene Helfer neue Karten mit neuen Linien brachten, Ziffern strichen und andere einsetzten und vor allem Pfeile einzeichneten, die sich gegen das Herz des Feldherrn selbst zu richten schienen.

Der Generalquartiermeister saß, rechnete, zweifelte, hoffte, verglich, fragte und sichtete im Bereich der Zahlen, die der Ausdruck von Kräften waren, die sich in ihrer Körperlichkeit nicht mehr übersehen ließen. Fast wäre das, was der Mann hier trieb, reine Wissenschaft gewesen, hätte sich allen Berechungen nicht etwas Unberechenbares entgegengestellt, etwas, das sich mit der äußersten Anspannung des Willens, der sich auf den allerletzten Mann in irgendeiner Kolonne übertragen mußte, vielleicht überwinden ließ. Wenn bei den blauen Zahlen und Linien alles in Ordnung war, wenn sich hier dem auslösenden Befehl alles genau so fügte, wie es von hundert klaren Köpfen in langen Nächten errechnet worden war, dann mußte sich auch das Unberechenbare bezwingen lassen.

Der General wußte aus eigener Erfahrung, wie leicht ein so straff ersonnener Plan in der Ausführung schlaff werden kann, wenn nicht im letzten Augenblick jemand eingreift und das Gedachte in die Wirklichkeit verwandelt. Er selbst hatte zu Beginn dieses Krieges als Schlachtenbummler in das Gefecht eingegriffen, weil niemand dagewesen war, der die Entschlußkraft aufgebracht hätte, das Unbefohlene auf eigene Verantwortung zu tun. Ludendorff hatte sich als Generalquartiermeister seines erst später eintreffenden Korps über die Vorgänge bei Lüttich zu unterrichten. Das war sein Auftrag. Die angreifende Truppe hatte gezögert. Da hatte er sich durch die stauenden Kolonnen gedrängt und hatte die Truppe mitten in der Nacht vorgeführt, ohne Anschluß nach links oder nach rechts. So war er bis zu den feuernden Forts gekommen. Nur von einem Brigadeadjutanten begleitet, hatte er bei Morgengrauen in der Zitadelle von Lüttich ein paar hundert Belgier gefangengenommen. Der Name des Generals Emmich, des Eroberers von Lüttich, war noch am gleichen Tag in alle Welt gegangen.

Das Telephon knackte. Ludendorff hob ab und hörte, daß der Feind tief in die eigenen Linien eingedrungen sei. Fast die ganze Artillerie sei verloren, die Divisionsstäbe würden aus ihren Unterkünften herausgeschossen. Auf Ludendorffs ungehaltene Frage, wieso der Feind auf so geringen Widerstand gestoßen sei, bekam er die Antwort, daß die Truppe auf die Weiterführung des Kampfes gehofft und, ohne zu schanzen und Stellungen zu bauen, im hohen Getreide liegengeblieben sei. Nebel habe jede Sicht verhindert, heftige Feuerstöße haben alle Verbindungen zerstört, aus völlig unerwarteten Richtungen seien die Tankabwehrgeschütze angefallen worden. Ob sich der Gegenstoß schon auswirke, fragte Ludendorff. Man antwortete ihm, daß es an Truppen für einen kräftigen Gegenstoß fehle. Außerdem erschwere der Gegner durch heftige Fliegerangriffe und durch weitreichendes Artilleriefeuer bis tief in die Etappe hinein das Vorbringen der

Verstärkungen. Ludendorff legte den Hörer hin. Er schloß die Augen. Das, was jetzt kam, war es, was er immer gefürchtet hatte. Deshalb hatte er so gejagt und getrieben, damit der Gegner nicht das Gesetz des Handelns an sich reißen könne. Er hatte angegriffen und wieder angegriffen, um die andern nicht zu Atem kommen zu lassen, er hatte ihre Reserven hinter der Front hin und her gehetzt. Wenn die drüben erst einmal erkannten, wie groß der Wille und wie aufs äußerste angespannt die Kräfte hier waren, dann, ja dann konnte man um den Ausgang bangen. Der deutsche General konnte nicht auf ein Kriegsjahr 1919, er konnte nicht auf neue, grenzenlose Kräfte rechnen, die ein anderer Erdteil zu Hilfe sandte. Hier und jetzt mußte die Entscheidung fallen, länger vermochte die Heimat nicht das Außerordentliche zu leisten.

Der General trat an das offene Fenster. Der ferne Rollen der großen Schlacht wurde immer schwächer und schwächer. Die Tür tat sich auf, Ludendorff drehte sich um, der Generalfeldmarschall war eingetreten. Besorgnis überschattete das ehrliche, grob zugehauene Gesicht des alten Soldaten, er reichte behutsam seine kleine Hand dem Generalquartiermeister, als wollte er den General schonen. Ludendorff trat mit dem Generalfeldmarschall an den Kartentisch und begann klar, scharf und knapp den Vortrag. Der Feldmarschall verstand es, zuzuhören. Ludendorff sprach so unbefangen, als mache er selbst sich die Lage klar. Als Ludendorff geendet hatte, sagte der Feldmarschall, die Lage sei schlimm, aber man habe zum Beispiel bei der Brussilowoffensive im Sechzehnerjahr ärgere Anfangserfolge des Feindes erlebt als diese. Das gab Ludendorff zu, er fügte aber hinzu, daß dieser Angriff alle eigenen Pläne über den Haufen werfe. Das müsse man hinnehmen, entgegnete Hindenburg, ein festes Programm gebe es in keinem Krieg. Man habe nach Cambrai, Arras und Wytchaete noch immer Mittel und Wege gefunden. Hindenburg glaubte, daß der gleiche Gott, der den Hagel schicke, auch die Sonne wieder scheinen lasse. Ludendorff klagte, daß dieses Nichtstandhalten, dieses Nachgeben und Ausweichen Folgen jener Zersetzung seien, die aus dem Hinterland in die Front getragen würde. Man stehe heute den gleichen Reaktionen gegenüber, die man am 18. Juli zum ersten Male deutlich im deutschen Heere beobachtet habe.

Die Heimat sei müde, erwiderte Hindenburg, man habe zuviel von einem raschen Sieg gesprochen, nun sei sie enttäuscht.

Die alten, schlachterprobten Soldaten, die sich nicht überraschen ließen, sie fehlten, die jungen verfielen leicht der Panik. Das lasse sich eben kaum ändern. Die Divisionen aus dem Osten seien durch das lange Stilliegen und die lässige Art der Kriegführung drüben etwas verbummelt und den Anforderungen des westlichen Kriegsschauplatzes nicht gewachsen. Diese Schlappheit lasse sich aber überwinden. Man könne auch noch hoffen, daß der Feind die Größe seines Erfolges noch gar nicht übersehe. Das sei schon oft vorgekommen. Ludendorff hörte mit gesenktem Blick zu und sagte dann, jedes Wort betonend: Wenn der Feind aber den Erfolg erkenne und weiterstoße, könne man ihm nichts entgegenstellen. Die beiden Männer schwiegen. Hindenburg zog die Brauen hoch und lauschte. Der Kanonendonner, sagte er nach einer Weile, sei fast ganz verstummt. Ludendorff machte sich etwas an der Karte zu schaffen und sagte müde: der Kanonendonner sei deshalb verstummt, weil die 41. oder 13. Division in dem zunächst gelegenen Abschnitt einfach, wie verschluckt, vom Erdboden verschwunden sei. Die feindliche Artillerie habe wahrscheinlich in dem Teil der Front keine Ziele mehr und werde jetzt die Stellungen wechseln. Hindenburg erwiderte, er könne die Lage nicht so trostlos sehen wie der Generalquartiermeister. Noch immer könne man von den Nachbargruppen Reserven heranführen, die Eingreifdivisionen der Heeresgruppen könnten gegen die Flanken des feindlichen Stoßkeiles angesetzt werden. Und dann sei ja noch keine Nachricht über den Erfolg des Gegenangriffes bei Roye da. Diese Nachrichten müsse man noch abwarten, und dann erst könne man das Weitere beschließen.

Ludendorff ließ ein Papiermesser fallen und sagte schroff, wenn er nicht mehr das Vertrauen Seiner Majestät und des Generalfeldmarschalls habe, so bitte er gehorsamst um die Genehmigung zu seinem Rücktritt.

Hindenburg war solch raschen Stimmungsumschwung bei seinem Mitarbeiter gewöhnt, er zeigte sich nicht im geringsten überrascht oder betroffen. Man werde ja sehen, sagte er begütigend und reichte dem General, ehe er das Kartenzimmer verließ, die Hand.

Ludendorff trat wieder an das Fenster und lauschte. Wieder einmal diese Tanks! Wie bei Cambrai, wie bei Soissons. Damals, am 18. Juli, war Ludendorff gerade bei General von Kuhl, dem Chef der Heeresgruppe Kronprinz Ruprecht, gewesen und hatte mit Kuhl den letzten, den kriegsentscheidenden Schlag besprochen, als dieser unerwartete Tankerfolg des Feindes alle Berechnungen in Frage gestellt hatte.

Hätten die Deutschen auch Tanks bauen sollen? Ludendorff hatte die Verantwortung nicht auf sich nehmen wollen, durch die Herstellung der Tanks die Produktion anderen wichtigen Kriegsmaterials zu hemmen. Deutschland führte, das war dem General immer klarer geworden, seinen Großmachtkrieg auf einer zu kleinen Basis, gleichviel, ob es sich um die Ernährung von Menschen oder um die Erzeugung von Kriegsmaterial handelte, seitdem die englische Blockade alle Einfuhr drosselte. Die Last, die auf seinen Schultern lag, war fast zu schwer geworden, denn er hatte nicht nur an die Soldaten an der Front, er hatte auch an die Arbeiter der einen Riesenfabrik zu denken, zu der Deutschland in diesem Kriege geworden war.

Ludendorffs Vater war bürgerlicher Herkunft und Gutspächter gewesen, seine Mutter war eine Adelige. Seit frühester Jugend hatte der General Uniform getragen und war immer bestrebt gewesen, durch außerordentliche Leistungen die Offiziere aus der mütterlichen Adelskaste zu übertreffen.

Der General hatte sich erst langsam daran gewöhnen müssen, Menschen ohne Uniform zu sehen und mit ihnen so zu rechnen, wie man mit Soldaten und mit Divisionen rechnete. Er hatte nicht begriffen, was diese Menschen eigentlich jetzt im Krieg wollten, er hielt sie für aufsässig, weil sie von dem nicht satt wurden, was nach genauen, allerdings etwas knapp gehaltenen Berechnungen zum Lebensunterhalt hätte genügen müssen.

Das, wogegen der General nicht ankam, das war von diesen Menschen aus den Fabriken und den Bergwerken zu den Soldaten gedrungen. Die Soldaten waren nicht mehr so, wie Soldaten sein müssen. War es die Propaganda der Russen, die das bewirkte? Waren es die Flugblätter, die man aus der Heimat an die Front schmuggelte? Waren es Briefe von Frauen und Eltern, die von Hunger und Entbehrungen, von Schleichhandel und Schiebertum daheim schrieben?

Um die schon überlastete Schwerindustrie nicht zu sehr zu beanspruchen, hatte Ludendorff statt der Tanks das Gas als die Waffe der Entscheidung gewählt. Ein Jahr lang, hatte der Erfinder zu Ludendorff gesagt, werde es dem Feinde nicht gelingen, hinter die Zusammensetzung des Gases zu kommen. Dieses Jahr müsse man ausnützen, denn nach Jahresfrist sei der Vorsprung verloren, dann könne der Feind in seinen weitaus größeren und zahlreicheren Fabriken das Gelbkreuzgas in solchen Mengen erzeugen, daß die Deutschen, die weder genügend Wäsche noch genügend Uniformen zum Wechseln hätten, der ätzenden Wirkung dieses Gases fast wehrlos ausgesetzt wären. Auch in der Anwendung dieses Kampfmittels war Ludendorff also durch die Zeit gedrängt, er mußte sich beeilen, und er hatte sich beeilt, um diese ihm gewährte kurze Frist des Vorsprunges zu nützen.

Auch hier hatte es sich also, wie seit Anfang des Krieges an allen Fronten und bei allen Unternehmungen, darum gehandelt, durch Geschwindigkeit und rasches Zupacken die Überlegenheit an Menschen und Material auszugleichen. Die Truppen waren dadurch wenig zur Ruhe gekommen, das Material war übermäßig beansprucht worden.

Wenn sich das Errechnete als trügerisch erwies, durfte der General vielleicht auf das Zufällige hoffen: auf die rasche Ausbreitung der Grippe, die den Feind bei seinen Operationen lähmen könnte. Aber die Krankheit ließ sich nicht lenken. Sie hatte auch auf die deutschen Armeen übergegriffen, und manche Divisionen meldeten Ausfälle wie nach Großkampftagen.

Der Tank siegt, 10. August 1918

Am 9. August 1918 traf der englische Munitionsminister Winston Churchill in Flixicourt, unweit Amiens, ein und besuchte dort den Kommandeur der vierten englischen Armee, General Sir Henry Rawlinson. Churchill, diese Mischung aus einem Adeligen, Soldaten, Reporter, Kaufmann und Künstler, wurde herzlich empfangen und gefragt, wie er es denn angestellt habe, so schnell von England herüberzukommen. Churchill lachte über sein breites Gesicht: Das sei das Verdienst Sir Henrys, der ihnen gestern einen kleinen Vortrag gehalten habe. Churchill vergrub die Hände in den Hosentaschen, senkte den Kopf, wippte auf den Fußspitzen und ahmte General Wilson in Tonfall und Stimme getreulich nach: „Heute morgen große Schlacht. Diesmal sind wir am Zug. Zwei Armeen greifen an, eine von uns, eine von unsern verehrten Bundesgenossen. Haig muß deshalb auf seinen geliebten Morgenritt verzichten. Foch will Haig trösten, kennt keinen Neid, stellt Haig, der recht eng zusammengequetscht worden ist bei der guten alten Stadt Amiens, zwei Armeen zur Verfügung. Debeny rechts, Rawly links. Rawly bekommt eine Mitgift von fünfhundert Tanks. Die amerikanischen Halsabschneider haben wir nicht eingeladen, sonst werden sie uns zu üppig. Große Überraschungen stehen bevor. Mehr sage ich nicht." Churchill nahm wieder seinen gewöhnlichen Tonfall an. „Das genügte mir. Dachte: warst bei Rawly, als er die Reste der Armee Gough in Nurlu zusammenkratzte vor vier Monaten, schau wieder einmal zu Rawly, wenn es ihm gut geht. Und da bin ich nach Paris geflogen und von dort mit dem Auto hergefahren. In Paris war ich schnell, zu euch heraus hat es sich verzögert, die Straßen sind mit Gefangenen verstopft. Ihr müßt einen ordentlichen Fischzug gemacht haben." „Bis jetzt sechzehntausend samt allem Zubehör an Artillerie, Trains und Kommandos. Und es ist noch nicht zu Ende."

„Rawly, die Gefangenen sind nicht mehr die alten Fritze. Die Mannschaft, die wir gesehen haben, hat gelacht. Es war kein gutes Lachen auf diesen magern Gesichtern. Die Fritze haben viel Gewicht verloren, sie schoben sich matt zwischen unseren indischen Reitern vorwärts. Die Offiziere schlichen geknickt neben ihren Leuten, und, obwohl es Hunnen waren, sie taten mir leid."

General Rawlinson nickte: „Uns ist es auch aufgefallen. Wir haben hier einige Soldaten verhört. Sie wollten keinen Krieg mehr führen, sagten sie, sie hätten den Krieg satt, zu Hause gäbe es nichts zum Essen, nichts zum Anziehen und nichts zum Heizen. Man habe sie betrogen. Man habe ihnen das Ende des Krieges für diesen Sommer versprochen. Das sagten die Leute, und sie sagten es unaufgefordert, als überkomme sie eine Lust, ihrem Ärger Luft machen zu können. Es sind wirklich nicht mehr die alten Fritze."

Churchill erhob mahnend den Finger: „Vorsicht! Achtung! Für uns mag das augenblicklich gut sein, aber es gefällt mir nicht. Diese Seuche steckt an. Sie scheint von den Russen auf die Deutschen übergesprungen zu sein. Wenn sie Deutschland ergreift, wird sie gefährlicher, als sie es in Rußland ist. Einen auf diese Weise erfochtenen Sieg fürchte ich mehr als ein Remis."

„Es war nicht nur die Kriegsmüdigkeit bei den Deutschen", fuhr Rawlinson fort. „Es waren auch unsere Tanks. Die Deutschen sagten aus, daß der Anblick der Panzerwagen, die auf ihre unausgebauten Stellungen zugekommen seien, so furchtbar gewesen sei, daß keiner mehr gehofft habe, dem Verderben entrinnen zu können."

Das seien die Angriffe gewesen, sagte Churchill, von denen er seit Jahren geträumt habe. Aber die Berufssoldaten hätten nichts von neuen Waffen wissen wollen.

Man habe, fuhr Rawlinson fort, diesmal Ludendorff mit seinen eigenen Waffen und Rezepten bekämpft. Ein wenig künstlicher Nebel. Hundertzwanzig Artilleriebrigaden. Kein Einschießen. Ein Feuerschlag gegen die feindlichen Batterien. Dann wälzen sich fünfhundert Tanks vor, Infanterie und Feldartillerie schließen dicht auf. Ehe die Fritze zur Besinnung kamen, war man schon in ihren Stellungen, hinter ihren Stellungen, bei den Stäben. Wenig Verluste.

„Das weitere Vordringen“, warnte Churchill, „wird schwieriger sein. Die Deutschen haben etwas Infames erfunden. Ihre Landminen mit Zeitzünder können so tempiert werden, daß sie erst nach Tagen, ja Wochen oder Monaten explodieren. Wenn sie sich in der Siegfriedstellung festsetzen, ihre Verbände ordnen, und wenn sie dem Bolschewismus nicht verfallen, können wir nächstes Jahr genau wieder dort anfangen, wo wir im Herbst vergangenen Jahres gestanden sind. Mit dem einzigen Unterschied vielleicht, daß alle Augenblicke bei uns ein Kommando durch diese verdammten Landminen hochgeht.“

„Winston, Sie sollen unsern schönen Sieg nicht durch solch traurige Worte verkümmern“, bat General Rawlinson.

„Wissen Sie, Rawly, auch ich freue mich, aber ich habe in diesen Jahren die hemmungslosen Hoffnungen fürchten gelernt. Ich will nach vorne fahren und will sehen, wie ein so großer Sieg sich weiter vorne ausnimmt.“

Die Straße von Amiens nach Vermont, sagte der General, sei frei, Churchill könne vorgehen, soweit es ihm beliebe, aber er möge achtgeben, der Feind streue die Straße noch immer mit Langrohren ab.

Von einem jungen Ordonnanzoffizier begleitet, fuhr Churchill los. Wie ein gestrandetes Schiff lag die große Kathedrale in dem verlassenen Amiens im Gewirr der zerstörten Häuserviertel. Dann ging die Fahrt über die offene Landstraße nach Villers-Bretonneux, einem Aschenhaufen, aus dem ein paar geknickte Schornsteine aufragten. Jeder Schritt erinnere hier, sagte Churchill zu seinem jungen Begleiter, an den Krieg vor achtundvierzig Jahren. Hier, bei Villers-Bretonneux, habe die Schlacht der Nordarmee unter Faidherbe gegen Manteuffel geendet, hier haben sich die über die Somme zurückgehenden Mobilgarden aufgelöst. Für die Franzosen bedeute dieser Krieg die Fortsetzung jenes verlorenen Krieges, den sie nie haben verwinden können. Was dazwischen gelegen sei, wäre für sie ein unerträglicher, stets sie schmerzender, stets sie aufstörender Waffenstillstand gewesen.

Durch endlose Kolonnen mußte sich ihr Wagen durchschlängeln, Kolonnen, die von der Front mit Verwundeten kamen und die zur Front mit Verpflegung und Munition fuhren. Zu beiden Seiten der Straße marschierten chinesische Arbeiterbataillone mit breitkrempigen Strohhüten, in blauen weiten Hosen, mit Krampen und Schaufeln auf den Schultern.

„Die ganze Welt vereint sich, die Hunnen zu vernichten", lachte Churchill.

Der Ordonnanzoffizier machte ein nachdenkliches Gesicht: „Die Hunnen sind unsere weißen Vettern. Aber was sind diese Gelben dort? Mir ist oft ein wenig bange, wenn ich sehe, was hier gegen die Deutschen an Hautfarben aus aller Welt zusammengetrommelt wird. Wir zeigen den Leuten aus der ganzen Welt da wenig Gutes."

Churchill zuckte die Achsel: „Hoffen wir, daß sie es vergessen werden. Hätten sich die Hunnen nicht so stark gezeigt, hätte man nicht so viel gegen sie zusammentrommeln müssen."

An den Straßenrändern lagen aufgetriebene Pferdekadaver mit gerade weggespreizten Beinen. Und dann kamen die ersten flach hingestreckten Toten der Deutschen in den von den Tanks niedergewalzten Korngassen, immer ein paar Tote um ein Maschinengewehr. Durch diese Korngassen galoppierten, über die Toten und die stehengelassenen Maschinengewehre, englische Lanzenreiter auf kräftigen Pferden und jauchzten und schwangen die Mützen.

„Pferde!" sagte Churchill, auf die Reiter deutend, „ein rarer Anblick! Verfolgung durch Kavallerie!"

Der Ordonnanzoffizier deutete auf Amiens zurück. Ein Fesselballon sank brennend zusammen. Kleine Pünktchen ließen sich in Fallschirmen fallen.

Je weiter sie vorfuhren, desto häufiger schlugen Granaten in der Nähe ein. Das Auto bog in einen Hohlweg ein. Vor einem kleinen Gehölz schaufelten indische Soldaten mit hohen Turbanen eine tiefe Grube. Churchill fragte den dort befehlenden Offizier etwas und der deutete mit dem Reitstock auf das Gehölz. Churchill ging in der angegebenen Richtung weiter und stieß auf geknickte Birken und zwischen ihnen auf acht zerfetzte englische Tanks mit aufgerissenen, zackenden Eisenblechwänden. Um diese zerstörten Tanks herum lagen tote deutsche Soldaten.

„Die Legionäre des Kaisers“, murmelte Churchill. „Bei Gott, es hat bessere Kaiser gegeben als diesen Wilhelm, aber bessere Legionäre hat nie ein Kaiser gehabt.“

Männer mit ergrauten Stoppelbärten lagen neben halben Kindern. Da lag ein sorgenvolles Handwerkergesicht, dessen Brille einen mit schwarzem Bindfaden zusammengebundenen Bügel hatte. Ein sparsames, ein fleißiges Volk, sagte Churchill zu seinem Begleiter, mit dem er von einem Toten zum andern ging, in den meisten Gesichtern auch im Tode ein Zug von Rechthaberei und Trotz. Als letzter in der Reihe lag ein Fahnenjunker, ein Jüngling, die lichten Augen offen, das seidendünne Blondhaar zerrauft, und er wäre von fast vollkommener Schönheit gewesen, hätte die mächtige Stirn nicht beinahe die Hälfte des Gesichtes eingenommen. „Wenn aber einer von ihnen einmal schön ist, hat er einen Ausdruck von Hoheit“, sagte Churchill. Der junge Offizier empfand ein Grauen vor den Toten, er erinnerte Churchill an die vielen Fliegen. Churchill riß sich nicht leicht von den Toten los, ihm war es, als belausche er die Deutschen im Schlafe, als könne er aus den Gesichtern der Deutschen die Gedanken lesen. Er ging mit dem Ordonnanzoffizier zu den Indern hinüber. Der Offizier kam ihnen entgegen und erklärte, was sich hier zugetragen hatte. Hinter den welken Brombeersträuchern dort drüben sei eine deutsche Tankabwehrbatterie gestanden. Auf Churchills Frage, was mit der Besatzung der Tanks geschehen sei, erwiderte der Offizier, daß man die verbrannten Reste eben begrabe. Churchill beugte sich über den Schacht. Dort unten lag, von halb verkohlten Mänteln bedeckt, das Unförmige. Die Toten müsse man beneiden, fuhr der Offizier fort, die Überlebenden aus den Tanks seien am meisten zu beklagen; als er hier vorbeimarschiert sei, habe er sie schreien gehört. Es sei das Schrecklichste, was er im ganzen Krieg erlebt habe.

Granaten schlugen in der Nähe ein, die grabenden Inder blickten nicht auf. Churchill kehrte wieder zum Auto zurück und ließ schweigend einen Trupp Gefangener an sich vorbeihumpeln. Die Deutschen mußten erst vor kurzer Zeit sich ergeben haben, denn sie hatten überhaupt keinen Ausdruck in den völlig entleerten, ausgeronnenen Gesichtern, sie wagten es nicht, aufzusehen oder die Freude darüber auszudrücken, daß sie gerettet waren.

Auf der Rückfahrt kamen sie an einem deutschen Regimentsgefechtsstand vorbei, um den herum alles weiß von Papier war. Bei den Deutschen, meinte Churchill behaglich, scheine genau so der Papierkrieg zu toben wie in England. Das sei, erwiderte der Ordonnanzoffizier, nur zu begrüßen, man übersetze in Flixicourt erbeutete Befehle und Vorschriften, daß nur so die Köpfe rauchten.

Ein Trupp australischer Soldaten kam von vorne aus dem brodelnden Kessel. Churchill fragte den Unteroffizier, wie es vorne stehe. Sie seien vor zwei Stunden abgelöst worden, erwiderte der Unteroffizier, jetzt greife eine Reichsbrigade an. Es sei der feinste Kampftag gewesen, den er je erlebt habe.

Churchill klopfte seinem Begleiter auf die Schulter: „Hören Sie? Ich glaube, so nimmt sich der Sieg aus."

Der Kaiser erkennt die Lage, 10. August 1918

Am 10. August 1918 fuhr das kaiserliche Auto bei der Villa Hindenburgs in Avesnes vor. Es war später Nachmittag geworden, da der Kaiser zuvor noch ein Sturmbataillon besichtigt hatte. Hindenburg, ernst und sichtlich abgespannt, empfing den Kaiser an der Freitreppe. Schweigend betrat nach dem Monarchen sein Gefolge das stille Haus: der alte General von Plessen, der schon Flügeladjutant des alten Kaisers gewesen war, General von Marschall, genannt das dicke Militärkabinett, und Major Niemann. Wortlos stieg man die Treppe hinan und folgte dem Kaiser in ein kleines, mit Frontkarten ausgeschlagenes Kabinett. Ludendorff kam hinter dem Kartentisch hervor und nahm des Kaisers dargebotene Hand. Der Kaiser blickte ernst und wartete, was Ludendorff zu sagen hatte. Hindenburg trat, als könnte er dem Monarchen Halt gewähren, dicht neben den Kaiser. Der Kaiser hob die Hand, als wolle er Ludendorff zum Sprechen einladen. Die Luft in dem kleinen Raum war schwül, das Fenster war geschlossen.

Rauh, kurz, abgehackt begann Ludendorff: „Wir müssen uns klar darüber sein, daß wir eine schwere Niederlage erlitten haben." Das Schicksal hatte den General nicht geschont, nun schonte der General den Kaiser nicht. Der Kaiser biß an seiner Lippe, blickte zu Boden und schwieg. Hindenburg fuhr sich kurz mit der Hand über die gefurchte Stirn. Das Gefolge des Kaisers blickte besorgt auf den Monarchen.

„Besondern Anlaß zur Besorgnis gibt", fuhr Ludendorff fort, „daß der militärische Geist bei einer Anzahl von Divisionen sehr zu wünschen übrig läßt. Die 41. Division hat am 8. August restlos versagt. Es läßt sich nicht die ganze Schuld auf Grippe und Kartoffelmangel schieben. Etwas anderes spielt hier mit. Ein Offizier, der für die 13. Division einen Ersatztransport aus dem Bereich des VII. Korps herangeführt hatte, meldete mir, daß es während des Transportes zu groben Widersetzlichkeiten gekommen sei; er habe geglaubt, nicht deutsche Soldaten, sondern Bolschewiken unter sich zu haben. Es kam in den letzten Kämpfen vor, daß eingreifende Divisionen von zurückweichenden Truppen mit den Worten ‚Streikbrecher' und ‚Kriegsverlängerer' beschimpft wurden. Diese Gesinnung der Truppe allein erklärt es, wieso sechs bis sieben Divisionen samt ihrer Artillerie an der Einbruchstelle verschwunden sind. Eine Truppe aber, die sich selbst aufgibt, ist für die Führung nicht mehr vorhanden. Sie wirft die sorgfältigsten Berechnungen über den Haufen und gefährdet durch ihr Verhalten alle jene Divisionen, die ihrer beschworenen Pflicht treu bleiben."

Der Kaiser, der hier statt eines Einbekenntnisses der Schuld eine Klage über die Truppe zu hören bekam, mußte an sich halten, um nicht heftig zu werden. „Ich kann mich des Eindrucks nicht erwehren", erwiderte der Kaiser, „daß den Leuten zuviel zugemutet worden ist. Auch der Kronprinz ist dieser Auffassung und er ist auch deshalb bei mir gewesen."

„Es ist nachweisbar", erwiderte Ludendorff grollend, als habe der Kaiser seinen Ausführungen keinen Glauben geschenkt, „daß die angreifenden kanadischen und australischen Truppen ebenso lange in den Stellungen waren wie die unseren. Die angreifenden Truppen waren obendrein in den letzten Kämpfen stark hergenommen worden. Man kann diese Truppen also keineswegs als frische Truppen bezeichnen."

Auf des Kaisers Frage, ob nicht Debenys Franzosen mit Schwarzen angegriffen haben, erwiderte Ludendorff, die Franzosen seien überall abgeschlagen worden. Aber der Willensimpuls, meinte der Kaiser, den der Feind durch das Auftreten der Amerikaner erhalten habe! Ludendorff erklärte, daß bei dem letzten Angriff an den entscheidenden Punkten nirgends Amerikaner aufgetreten seien. Dort aber, wo die Amerikaner auf deutsche Truppen gestoßen seien, habe sich der deutsche Soldat durchaus überlegen gezeigt. Ludendorffs Antworten waren so schneidend und scharf, daß der Kaiser weitere Fragen vermied und mit gesenktem Blick anhörte, was der General noch vorzubringen hatte.

„Der Kräfteverbrauch bei der Zweiten Armee war sehr groß. Ihre Reserven wurden stark beansprucht. Wir mußten rasch handeln. Die Infanterie wurde aus den Kraftwagen heraus sogleich eingesetzt. Dadurch wurden die Verbände zerrissen. Wir mußten Divisionen die Artillerie nehmen, und an anderer Stelle einsetzen. Unsere Verluste an Gefangenen waren so groß, daß zur Ersatzgestellung Divisionen aufgelöst werden mußten. Das verzehrte unsere Reserven. Der Feind hatte im Vergleich mit uns nur einen ganz geringen Kraftverbrauch. Neben den Beweisen großer Tapferkeit wird aber von vorne gemeldet, wie sich unsere Leute einzelnen Reitern, wie sich geschlossene Abteilungen einzelnen Tanks ergaben. Dadurch haben sich die Stärkeverhältnisse sehr zu unsern Ungunsten verschoben. Eine Hoffnung, unsere Lage grundlegend zu bessern, sehe ich nicht. Dieser Erfolg ist dem Feinde zu leicht gemacht worden. Aufgefangene Funksprüche zeigen, daß auch der Feind den Wandel in unserer Armee erkannt hat, und daß er weiß, daß er es nicht mehr mit dem alten, von der ganzen Welt gefürchteten deutschen Soldaten zu tun hat.

Die Maßnahmen der Obersten Heeresleitung, die bisher auf sicherstem Grund aufgebaut waren, haben diesen Grund nun verloren. Der Feind erbeutete auch eine Menge wichtigen Aktenmaterials, aus dem unsere Ersatzschwierigkeiten leicht zu erkennen sind. Mit einer unbedingten Fortführung des feindlichen Angriffes ist zu rechnen. Uns bleibt nichts anderes übrig, als zäh kämpfend zurückzuweichen und keinen Fußbreit Bodens freiwillig aufzugeben. Vielleicht macht ein solcher hartnäckiger Widerstand, der immer wieder zu sehr schweren Opfern zwingt, den Feind geneigt, mit uns zu einem annehmbaren Frieden zu kommen."

Die letzten Worte Ludendorffs hatten im Kaiser eine schwache Hoffnung angefacht. Aber nun trat Hindenburg vor und verlas mit gedämpfter Stimme ein Telegramm des deutschen Militärbevollmächtigten Cramon bei der österreichischen Heeresleitung: Bis zum 18. Juli habe man in Wien und Budapest trotz der eigenen schweren Mißerfolge an der Piave und auf der Hochfläche der

Sieben Gemeinden in den deutschfreundlichen Kreisen unbedingt an den Endsieg der Mittelmächte geglaubt. Die Nachricht von der deutschen Niederlage am 8. August habe das Blatt vollkommen gewendet. Die staatserhaltenden Kräfte ließen jede Hoffnung sinken, die Feinde des Staates aber, durch unterirdische Kanäle mit Nachrichten aus dem Feindeslager gespeist, rüsteten nun zur endgültigen Abrechnung mit der Monarchie. Auch die hohen Militärs gäben die Hoffnung auf, noch länger standhalten zu können, und die moralische und physische Leistungsfähigkeit der Monarchie nahe mit Riesenschritten dem Ende.

Der Kaiser stützte die geballte Faust der gesunden Hand auf den Tisch. Niemand wagte ihn anzublicken. Weg war jede Pose, jedes Sich-zur-Schau-Stellen, alles Blitzen der Augen und alles schnodderige Reden. Der Kaiser war im Krieg ein alter, ein ernster, ein ruhiger Mann geworden, der große Worte mied und der selten sprach. Was sollten hier auch friderizianische Reminiszenzen und Worte zum Fenster hinaus. Der Kaiser wußte, daß nun das da war, was er in bangen Stunden hatte heraufziehen sehen. Man stand einer Zukunft gegenüber, wie sie einem der furchtbare Zauberspiegel der russischen Revolution enthüllte. „Wir müssen Bilanz machen", sagte der Kaiser mit trockener Stimme. „Wir sind an der Grenze unserer Leistungsfähigkeit angelangt. Bevor uns die Bundesgenossen abspringen — und sie werden abspringen, wenn uns das Kriegsglück verläßt, müssen wir den Krieg beenden."

Niemand wußte darauf etwas zu erwidern, niemand wagte es, dem Kaiser zu Hilfe zu kommen und seine bangen Worte abzuschwächen. Der Generalquartiermeister hatte dem Kaiser diese Worte geradezu abgenötigt, als müsse der Monarch durch sein Eingeständnis dafür büßen, daß seine Taten stets so weit hinter seinen großen Worten zurückgeblieben waren. Wieviel hatte man dem Heer versprochen, und wie wenig hatte man ihm seit jeher gehalten. Diese drei Korps, die Ludendorff bei der Wehrvorlage 1912, da doch der Brandgeruch der nahenden Feuersbrunst schon zu spüren gewesen war, nicht hatte durchdrücken können — der General hatte sich deshalb aus dem Großen Generalstab zur Truppe versetzen lassen —, diese drei Korps waren es, die zu Kriegsanfang an der Marne gefehlt hatten. Und hatte Ludendorff während des ganzen Krieges je eine andere Aufgabe gehabt, als die von den andern begangenen Fehler, das Zaudern Moltkes, das blindwütende Anrennen Falkenhayns, wieder gutzumachen? Aus dem Vollen, aus dem Ganzen und Frischen hatte Ludendorff niemals schöpfen können. Jetzt, da der Kaiser gesprochen hatte, atmete der General auf. Der nagende Zweifel, ob der Monarch den ganzen Ernst der Lage erkennen werde, war behoben. Der Kaiser übersah die Lage. Der Kaiser hatte immer rasch begriffen. Er, dessen Worte Freudensalven und Siegesfeiern ausgelöst hatten, unter dessen Regierung das deutsche Volk in nie zuvor erreichte Höhen des Ruhmes und der Größe gehoben worden war, mußte mit einem Wort Fahnen und Kränze, Freudenfeuer und Böller hinwegnehmen, auslöschen, verstummen lassen.

Hindenburg wäre seinem Herrn gern zu Hilfe gekommen. Dieser Kaiser war der Enkel des alten Monarchen, unter dem Hindenburg in seine erste Schlacht gezogen war als blutjunger Leutnant. Er liebte den Monarchen, wie ein Preuße seinen König liebt, mit einem Gefühl, das jenseits des Nachdenkens war.

Der Kaiser verabschiedete sich von Hindenburg und Ludendorff: er erwarte die Herren in den nächsten Tagen in Spa. Das Gefolge des Hohen Herrn folgte ihm nach einem kurzen, stummen Abschied von den beiden Generalen.

Österreich-Ungarn und Deutschland in Spa

So, nun waren wieder einmal die Österreicher in Spa, die Österreicher-Ungarn bitte, wie der massige Graf Burian, der Außenminister der Donaumonarchie, ergänzen würde, damit auch der andern Reichshälfte Genüge geschehe. Die Gäste verteilten sich in der Halle der Villa Fraineuse: die beiden Kaiser sprachen miteinander, Burian lauschte verdrossen dem etwas zu selbstsicheren Vortrag Hintzes, Generalstabschef Baron Arz bemühte sich, aus Ludendorff etwas herauszubekommen, und draußen im Garten der Villa wandelten der deutsche Botschafter in Wien, Graf Wedel, und der österreichische Botschafter in Berlin, Prinz Hohenlohe-Schillingsfürst, auf und ab. General von Bartenwerffer machte Oberst Bauer auf den zwischen Gästen und Gastgebern geschäftig hin und her eilenden österreichischen Ministerpräsidenten Dr. Seidler aufmerksam: „Scheint österreichische Ausgabe unseres Erzbergers zu sein."

Oberst Bauer lächelte: „Die Kaiserin Zita hat dem Kaiser

seinen ehemaligen Hauslehrer mitgegeben. Und dort sehen Sie den Burgpfarrer Seydl, den sie mitgeschickt hat, damit ihm bei den Ketzern kein Leid geschieht. Das ist ein Abstieg. Welch ein Herr war da Franz Joseph."

„Die Brüder kommen nicht aus Liebe zu uns. Die scheint sie nicht umzuwerfen. Ich habe sie nie zu andern Zeiten hier gesehen, als wenn sie etwas heillos verkorkst hatten. Dann kommen sie, dann sind sie freundlich und wollen uns mit Charme und Liebenswürdigkeit einseifen. So wie damals, als sie wegen dieser Sixtusbriefe hier waren, werden sie kaum mehr kommen. Damals waren sie ganz klein und häßlich. An der Ehrenkompanie drückten sie sich nur so vorbei. Wir hätten uns vor diesem Krieg unsere Bundesgenossen etwas genauer ansehen müssen."

Auch diesmal betrachteten die deutschen Offiziere den jungen Kaiser und sein Gefolge wie Menschen, die in irgendeinem abgelegenen Winkel der Welt die Zeit verschlafen hatten, in einem Winkel, in dem die deutsche Sprache in seltsamer, von den verschiedenen, kaum unterscheidbaren Natiönchen gefärbter Abart gesprochen wurde. Diese Bundesbrüder hielten sich genau so leger (wie sie es nannten) oder schlapp (wie wohl der richtige Ausdruck dafür war) wie ihr Kaiser, der dort in deutscher Generalsuniform mit schiefsitzendem Koppel und eingeknickten Knien stehend, sein Gespräch mit Zuhilfenahme der Hände führte.

Was hatte man denn vor dem Krieg von Österreich gekannt? Ein paar österreichische Aristokraten, deren schwer erträglicher Hochmut doch imponiert hatte, weil sie sich immer so gegeben hatten, als wollten sie sich nicht so fürchterlich anstrengen wie die deutschen Brüder, und als könnten sie das gleiche erreichen, wenn es ihnen im Schlafe einfiele, auch einmal so entsetzlich tüchtig zu sein. Nein, das war durchaus nicht ihre Absicht gewesen, sie wünschten beliebt und nicht verhaßt zu sein, sie hatten nicht die Absicht gehabt, sich durch Ellbogenstöße und Reklameposaunen in der ganzen Welt verhaßt zu machen. Aber diese österreichischen Aristokraten hatten in diesem Krieg eine nur sehr geringe Rolle gespielt. Aus den führenden Stellen der Armee waren sie fast gänzlich verschwunden, und in der Politik hatten sie weniger geleistet, als man ihren Reden nach hätte erwarten können. Dort, der österreichische Generalstabschef mit dem Zwicker auf der breiten Nase glich eher einem höheren bayrischen Staatsbeamten als einem General. Nahm sich doch auch der kleine

Feldmarschall Conrad von Hötzendorf eher wie ein Professor der Kriegsgeschichte als wie ein Soldat aus. Ideen? Ach, Ideen hatten sie alle, nicht nur Conrad, beweglich im Denken waren sie, das ließ sich nicht leugnen, aber bei der Ausführung haperte es. Der österreichische Generalstabschef Arz wird wohl zu allem, was man von ihm verlangt, ja und amen sagen, er wird dem Westen ein paar Divisionen zugestehen und dann, wenn sich nicht in der polnischen oder in irgendeiner anderen strittigen Frage Verstimmungen oder Hindernisse ergeben, Infanterie ohne Schuhe und Artillerie ohne Bespannung schicken. Und wenn man diesen Brüdern dann vorhielt, daß an all den Mangelerscheinungen nur die geradezu legendäre Schlamperei schuld sei, dann zuckten sie mit den Achseln, als hätten sie es hier mit einer unüberwindlichen Schicksalsmacht zu tun. Der behäbige Burian, der nicht aus der Ruhe zu bringende ungarische Grandseigneur, gefiel den deutschen Herren besser als die Österreicher, die Ungarn schienen ihnen härter, die Ungarn waren alte Meuterer gegen das spezifisch Österreichische, sie schienen sich ja auch in diesem seltsamen Staatsverband auf Kündigung durchaus nicht wohl zu fühlen.

Graf Hertling und Konteradmiral von Hintze, die gerade mit Burian verhandelten, teilten die Meinung der Offiziere über die Ungarn kaum, denn dieser Burian, der Feuer sprühte, war der hartnäckigste Verhandlungspartner, der sich denken ließ. Man mußte erst seinen sorgfältig vorbereiteten, nach hundert Punkten exponierten Vortrag zu Ende hören, denn der jahrhundertalte Kampf der Ungarn um ihr Staatsrecht hatte sie zäh und spitzfindig, unnachgiebig und hartnäckig gemacht. Graf Hertling und Hintze beschworen Burian immer wieder mit eindringlichen Worten, doch abzustehen von dieser Botschaft ‚An alle!‘, die von der Welt ja doch nur als ein verzweifelter Hilfeschrei eines Ertrinkenden aufgefaßt werden würde. Burian möge sich doch wenigstens mit diesem Notschrei so lange gedulden, bis das deutsche Heer im Westen wieder einen Erfolg habe.

Burian schüttelte den Kopf: So lange könne man nicht warten. Man habe die von allen Begleiterscheinungen des Krieges geplagte Donaumonarchie schon so oft mit kommenden großen Erfolgen vertröstet, daß dieser Trost, dieser Wechsel auf die Zukunft, jede Wirkung verloren habe. Die Türkei und Bulgarien befänden sich in einer ähnlichen Lage. Im Grunde habe Österreich-Ungarn schon längst die Hoffnung auf einen Erfolg aufgegeben. Deutschland und die großen Erfolge der Deutschen im Westen seien Trost und Hoffnung in der eigenen Verzweiflung gewesen. Wenn es auch in Österreich-Ungarn schief gehe, habe man immer wieder gesagt, die Deutschen würden einen schon herausreißen.

„Und haben wir Sie nicht auch immer wieder herausgerissen, wenn es bei Ihnen stockte und nicht weitergehen wollte — in Galizien, in Serbien, in Rumänien und sogar in Italien? Haben wir nicht unsere beschworene Bündnispflicht wahrhaft ernst genommen und bis zum letzten erfüllt?“ fragte Konteradmiral Hintze.

Burian nahm langsam sein Augenglas ab, hielt es prüfend gegen das Licht und reinigte es umständlich: „Wenn Sie mich so fragen, muß ich Ihnen die Wahrheit antworten: Auch die österreichisch-ungarische Monarchie hat ihre Bündnispflicht mit einer stillschweigenden Aufopferung erfüllt, die nur deshalb nicht anerkannt worden ist, weil man über das, was geleistet worden ist, nicht reden durfte und auch heute noch kaum reden darf. Ich muß Sie nur an die Marneschlacht erinnern, die unser blindes Vertrauen schwer getroffen hat. Genau so wie damals ist es uns jetzt am 8. August ergangen.“

Draußen im Garten blieb Prinz Hohenlohe neben dem schönen Grafen Wedel stehen: „Ich kann immer wieder nur sagen: Berlin versteht die Monarchie nicht. Es ist bedauerlich, daß sich diese beiden Staaten seit 1866 so auseinandergelebt haben. Berlin will die Schwierigkeiten nicht sehen. Berlin bemüht sich nicht, auf eine andere Mentalität einzugehen. Wer nicht so denkt, wie sie denken, der denkt falsch. Versuch du ihnen den Unterschied zwischen Slowenen und Slowaken klarzumachen, hat mir mein Vetter Max gesagt, oder ihnen zu zeigen, welcher Unterschied zwischen einem österreichischen und einem deutschen Fähnrich ist. Es geht nicht. Sie wollen es nicht wissen, weil nur ihre Vorstellung die richtige sein kann. Und diese Entfremdung in einem halben Jahrhundert! Conrad hätte die allerbesten Pläne haben können, Falkenhayn hätte sie abgelehnt, eben weil es österreichische Pläne waren und weil Conrad nicht in der Weise auftreten konnte, die ihnen imponiert hätte. Menschen eines Landes, die gar nichts aus sich machen wollen, und Menschen eines Landes, die an nichts anderes denken, als den Partner zu verblüffen, kommen schwer zu einer Verständigung. Ein Hohenlohe-Ingelfingen erzählt, daß ihm im Jahre 1849 Radetzky in Mailand eine Adresse zeigte, die der König von Preußen, Prinz Wilhelm und alle Gardeoffiziere unterzeichnet hatten. Von Mailand bis Custozza sei das Herz des preußischen Heeres bei den alten Kriegskameraden von 1813 gewesen, die Tage von Sommacampagna gehörten nicht allein Österreich, sondern allen Soldaten der deutschen Nation, und in diesem Sinne verehre das preußische Gardekorps Radetzky als ‚unseren Führer'." Der alte Graf Wedel blieb stehen: „Seither ist viel Wasser in die Adria geflossen."

„Was hat Radetzky auf diese Adresse geantwortet?" fuhr Prinz Hohenlohe fort. „‚Auch in unserer Brust schlägt ein deutsches Herz, und niemandem räumen wir ein Recht ein, deutscher zu empfinden als wir.' Damals dienten Deutsche aus allen Staaten Deutschlands in Radetzkys Heer. Unter Metternich schienen sich zwischen dem Wiener Kongreß und der Achtundvierzigerrevolution alle deutschen Träume erfüllt zu haben. Damals stand Österreich, die Präsidialmacht des Deutschen Bundes und die Vormacht Italiens, an der Spitze eines Staatenbundes, der von der Nord- und Ostsee bis nach Sizilien und vom Rhein bis in die Bukowina reichte. Wäre uns aus jener Zeit nicht die große Wiener Musik geblieben, wir wüßten überhaupt nicht mehr, wie herrlich es gewesen sein mußte."

„Piemont!" warf Graf Wedel ein. „Preußen!" setzte Hohenlohe hinzu.

„Nun, das könnte allmählich vergessen werden", meinte Graf Wedel.

„Aber Piemont nicht", erwiderte Prinz Hohenlohe. „Denn dieses Piemont, das von Preußen in die Höhe gebracht worden ist, zeigt sich heute den Preußen wenig dankbar. Piemont verhindert den Frieden, Piemont will die Zerstörung Österreichs, heute wie eh und je."

„Also hilft uns Italien doch", lächelte Graf Wedel, „denn dann verdanken wir es Italien, daß Kaiser Karl nicht schon längst ausgestiegen ist."

„Berlin versteht uns nicht. Österreich hat keine imperialistische Aufgabe. Unsere Aufgabe war, seit wir aus dem Deutschen Bund ausgetreten waren, das Zusammenleben vieler kleiner Völker im Donauraum zu ermöglichen. Machen wir das nicht, dann löst uns Rußland ab, das beim Niederwerfen der Revolution von 1849 schon einmal bis fast nach Wien hereingegriffen hat."

„Wenn man euch so hört", sagte Graf Wedel, „könnte man

glauben, Österreich wäre ein Märchen in einer grausamen alltäglichen Welt, ein Freiluftmuseum einander liebender und den gemeinsamen Monarchen verehrender Völker. Ich bin lange genug in Wien, daß ich neben dieser gutgemeinten patriotischen Lesart jene andere kenne, die vom Haß der Völker untereinander nur so brennt. Ich habe den Eindruck gewonnen, daß die Deutschen in Österreich nicht mehr die Zügel führen können."

„Weil seit 1866 kein deutscher Nachschub mehr kommt. Die Aufgaben sind zu schwer, als daß sie allein durch die Deutschen der innerösterreichischen Länder bewältigt werden könnten. Aus Freude über ihr neugeschaffenes Reich haben die Deutschen ihre Vorposten im Osten vergessen. Sie wissen in Berlin gar nicht, wie sehr sich bei uns die Stimmung nach dem letzten großen Sieg erhoben hatte, den wir mit deutscher Waffenhilfe an der Piave errungen hatten. ‚An den Wachtfeuern Friauls leben für meine Wehrmacht stolze Erinnerungen auf...' hatte es damals in dem Armeebefehl des Kaisers geheißen."

Graf Wedel war sehr ernst: „Hoffen wir, daß dieser Sieg in Friaul nicht das Abendrot der Monarchie war. Ihr alter Kaiser hatte gesagt: ‚Wenn wir zugrunde gehen, dann wollen wir anständig zugrunde gehen.' Das war ein verläßlicher Bundesgenosse. Aber heute? Ihr Kaiser Karl..."

„Er will das Übernommene um jeden Preis retten", erwiderte Prinz Hohenlohe.

„Retten, gut und schön", sagte Graf Wedel. „Warum hat Czernin ihn nicht abgehalten? Denken Sie an Bismarcks Wort: ‚Ein Monarch soll sich so selten wie möglich ohne ministerielle Kleidungsstücke zeigen.' Wir haben eine höchst unziemliche Entblößtheit, um nicht zu sagen Nudität, wahrgenommen. Ist schon Konstitution ein kaiserliches Versorgungshaus, dann soll doch ein Monarch von den spärlichen Vorzügen dieser Regierungsform Gebrauch machen."

„Hier steht Treue gegen Treue", entgegnete der Prinz, „denn ein solches altes Reich aufgeben, ist auch Verrat."

„Das sind Wagnisse, die nicht mehr den Namen Wagnis verdienen", sagte Graf Wedel.

„Eben, der Gedanke an den Zaren macht den Kaiser unsicher." Der Prinz überlegte eine Weile, dann sagte er hastig: „Der Kaiser spielt nur mit dem Gedanken. Es dürften gewisse Einflüsse der Kaiserin eine Rolle spielen. Aber ich glaube nicht, daß es ernst gemeint ist."

„Vielleicht hofft Ihr Kaiser, sich dabei auf Ungarn oder auf slawische Völker stützen zu können", sagte Graf Wedel.

„Täte er es, er wäre der Gefangene dieser Völker", erwiderte der Prinz. „Die Slawen, die Ungarn, die sehen nur den engen Kreis ihrer kleinen Nationalität, sie sind, wenn es hoch kommt, Königsvölker. Mit ihrer Hilfe, gegen den Willen der Deutschen, läßt sich keine Monarchie aufbauen oder zusammenhalten. Man sagt bei uns: gelernter Österreicher. Man mußte wirklich etwas gelernt haben. Was, das läßt sich nicht wie eine eingelernte Aufgabe in der Schule hersagen. Es war etwas, was man verschweigen mußte, wenn man es wußte. Und das lernen die andern nicht. Sollten sie die Monarchie wirklich zerschlagen, dann können sie diese mit andern Völkern nicht mehr aufbauen, denn unter denen werden sich, wenn man nach ihnen ausschaut, zu wenig gelernte Österreicher finden." Als sich am nächsten Morgen die Österreicher in der Halle der Villa Fraineuse zum Abschied versammelt hatten, überbrachte ein Adjutant Kaiser Wilhelm ein Blatt, das dieser, die Hornbrille aufsetzend, überflog und dann dem österreichischen Ministerpräsidenten reichte, den es diesmal mehr angehe als die Deutschen. Doktor Seidler verneigte sich, nahm das Blatt, zog die Brauen hoch und las. Es war Englands Anerkennung der Tschechoslowakei als kriegführende Macht.

Prag und Debrecen, 22. Oktober 1918

Am Abend des 22. Oktober 1918 warteten auf dem menschenleeren, schlechtbeleuchteten Bahnsteig von Meidling, einem Vororte Wiens, Generalmajor Landwehr von Pragenau und der tschechische Nationalsozialist Wenzel Klofáč auf den Hofzug aus Reichenau. Der diensttuende Polizeibeamte blickte mit gemischten Gefühlen auf die im angeregten Gespräch auf und ab wandelnden Herren: ein etwas seltsamer Anblick, dieser begnadigte, in der Armee verhaßte tschechische Hochverräter Seite an Seite mit einem österreichischen General. Soviel aus den aufgefangenen Worten zu entnehmen war, warf der General dem Abgeordneten durchaus nicht die von den Tschechen verhängte Ausfuhrsperre von Lebensmitteln vor, wozu er als Chef des Ernährungsamtes berechtigt, ja verpflichtet gewesen wäre; das hatte seit gestern keinen Sinn mehr, denn dieser Klofáč war nicht als Vertreter seines böhmischen Wahlkreises oder als Abgeordneter des österreichischen Parlamentes hier, sondern als Angehöriger und Vertreter eines mit der Monarchie im Kriege befindlichen Staates: der von Präsident Wilson als Verbündeten anerkannten Tschechoslowakei. Dieser Hochverräter von vorgestern und Feind von gestern wartete also auf den Hofzug des Kaisers. Morgen schon wollte Klofáč mit einem von der Staatspolizei ordnungsgemäß ausgestellten Paß in Gesellschaft von Doktor Kramář und einigen anderen tschechischen Parteiführern nach Genf fahren, um dort den steckbrieflich verfolgten Doktor Eduard Benesch, den Außenminister der provisorischen tschechoslowakischen Regierung, zu treffen. Wenn auch ein Polizeibeamter über den Wandel der Zeit nicht nachzudenken, sondern für Ordnung und Sicherheit zu sorgen hat, so wirkte solch jäher Umschwung immerhin etwas befremdend.

Klofáč hatte mit aller Vorsicht zu erfahren getrachtet, ob man in Wien an einen ernstlichen Widerstand denke, denn vor seiner Abreise hatte ihn der Abgeordnete Habrman gewarnt: ‚Paß auf, mein Lieber, was ich dir jetzt sagen werde: Wenn diese verdammte Bestie Österreich krepiert, wird sie noch im Verröcheln versuchen, um sich zu fetzen und sich an uns zu rächen. Es wird, so fürchte ich, ein furchtbares Blutbad geben.‘ Aber der General schien ganz friedlich gesinnt, er zählte das Sündenregister und die lange Liste der versäumten Gelegenheiten Österreichs auf und schien froh zu sein, einen so zustimmenden Hörer wie Klofáč zu haben. Das Schrillen der Klingel kündete an, daß der Hofzug die letzte Station vor Meidling passiert hatte.

Um halb neun kam der Zug an. Der General und der Abgeordnete stiegen ein. Der Kaiser ließ Klofáč sogleich bitten, er kam dem Tschechen entgegen und schüttelte ihm so herzlich die Hand, als empfange er einen gleichgestellten Souverän. Der General wurde mit einem kurzen militärischen Gruß bedacht. Dann zogen sich Kaiser und Abgeordneter zurück. In etwas ungelenkem Tschechisch drückte der Kaiser dem Abgeordneten sein Beileid zum Tode von dessen ältestem Sohn aus. Klofáč dankte deutsch und fügte langsam hinzu: „Er ist an den Wunden gestorben, die er an der italienischen Front erhalten hat.“

„Der Krieg nähert sich seinem Ende“, sagte der Kaiser tschechisch.

„Einem bösen Ende, Majestät. Bös für die, welche ihn begonnen haben“, erwiderte Klofáč auf deutsch.

„Ich habe ihn nicht begonnen", sagte der Kaiser, nun auch deutsch sprechend, „ich habe nur das eine Bestreben gehabt, seit ich die Regierung übernommen habe, wie ich dieses unselige Blutvergießen beenden könnte."

„Majestät, es sind halbe Versuche gewesen."

„Ich habe noch ein letztes Mal versucht, mit dem Manifest vom vierzehnten Oktober meinen Völkern das Selbstbestimmungsrecht zu geben."

„Wilson ist Eurer Majestät zuvorgekommen. Die Völker nehmen sich das Selbstbestimmungsrecht selbst. Und dann — ein Fehler, wenn ich so sagen darf, das Manifest wendet sich nur an die eine Hälfte der Monarchie, an die österreichische. Die Slowaken, unsere Brüder, die seit Jahrhunderten von den Ungarn geknechtet werden, sind nicht berücksichtigt."

„Sie wissen doch selbst, wie die Ungarn sind", seufzte der Kaiser, „sie hätten Revolution gemacht, wenn ich an die Rechte ihrer Krone gerührt hätte."

„Ich will, Majestät, das Manifest nicht tadeln, man soll nicht tadeln, was nicht zu Wirklichkeit geworden ist."

„Aber vielleicht hilft das Manifest doch, daß bei der kommenden Neugestaltung der Monarchie kein Blut fließt", sagte der Kaiser. „Es ist über uns alle schon Unheil genug gekommen."

„Wir wissen noch nicht, ob Böhmen Monarchie oder Republik sein wird", sagte Klofáč, „es sieht eher danach aus, daß wir eine Republik haben werden." Der Tscheche senkte seinen grauen Lockenkopf und schwieg eine Weile; auch der Kaiser wußte nicht, was er erwidern sollte. Wurde Böhmen Republik, war auch hier der kurze Traum seiner Schwäger ausgeträumt, durch Vermittlung Frankreichs die Krone des heiligen Wenzels zu erringen. Ob nicht Kramář für die Monarchie gewesen sei, fragte der Kaiser, ob man nicht einem russischen Großfürsten die Krone von Böhmen habe anbieten wollen?

Darüber werde seit dem Sturz der Romanows nicht mehr gesprochen, entgegnete der Abgeordnete. Auch das tschechische Volk wünsche kein Blutvergießen, man werde sich alle Mühe geben, das Volk von der Rache an jenen abzuhalten, die während der vier Kriegsjahre die Nation gepeinigt haben. Der Kaiser gab dem Abgeordneten zu, daß diese Persekutionen dumm und schlecht gewesen seien, sie seien vom Armeeoberkommando ausgegangen, er habe versucht, mit der Amnestie vom Juli 1917 den Ungerechtigkeiten gegen ein ganzes Volk ein Ende zu bereiten.

Er habe große Hoffnungen auf diese Amnestie gesetzt, nicht umsonst habe er sie am Namenstage des Kronprinzen Otto erlassen, er habe gehofft, daß der Name des Kronprinzen für immer mit dem Akte der Versöhnung verknüpft sein werde.

Auch in Prag habe man nach der Amnestie zu hoffen begonnen, erwiderte Klofáč, man anerkenne diese Tat auch heute noch. Seine Majestät habe das Gute gewollt, die Regierung Seiner Majestät aber habe das Schlechte getan. Ganz Prag habe aufgehorcht, als man gehört habe, der Kaiser habe versucht, mit Frankreich einen Sonderfrieden zu schließen, aber die Regierung habe es verhindert. Der Kaiser stellte richtig, daß es nicht seine Regierung gewesen sei, die diesen Versuch habe scheitern lassen, sondern Italien habe alle Bemühungen immer wieder vereitelt. Alle Welt habe Deutschland allein niederwerfen wollen, Italien aber habe den Untergang der Donaumonarchie gefordert. Klofáč meinte, er könne nur von dem sprechen, wovon er etwas wisse. Damals, im April, als man von den Sixtusbriefen in Prag gehört habe, sei man der Meinung gewesen, das Land der Dynastie erhalten zu können. Wenn sich der Kaiser damals, in der schwersten Stunde Frankreichs, zu den Briefen bekannt hätte, dann... Dann, unterbrach der Kaiser den Abgeordneten, dann hätten mich die Deutschnationalen im Bunde mit den Ungarn gestürzt und die Preußen wären in Prag einmarschiert, wir hätten den Bürgerkrieg mit allen Schrecken gehabt. Seine Majestät hätte sich entscheiden müssen, entgegnete Klofáč, entweder für die Deutschen und Ungarn oder für die Slawen. Seine Majestät sei schlecht beraten worden, Seine Majestät hätte den einmal beschrittenen Weg zu Ende gehen müssen. Wäre das durchgeführt worden, könnte Seine Majestät heute genau so mit dem Dank Frankreichs rechnen wie das tschechische Volk. Seine Majestät hätte in allen Slawen die treuesten Bundesgenossen gegen Preußen gefunden. So sei ursprünglich der Gedanke der Amnestie aufgefaßt worden, so der Wechsel in der Besetzung der Ämter.

Ihm seien die Hände gebunden gewesen, klagte der Kaiser, Czernin habe alle seine Absichten durchkreuzt.

„Und jetzt sind unsere Herzen gebunden, Majestät. Die Nation hat kein Vertrauen mehr. Die Nation ist jetzt als verbündete Macht der Entente anerkannt. Es gibt für uns kein Zurück mehr. Majestät hätten nie und nimmer nach der Sixtus-Affäre in das deutsche Hauptquartier fahren dürfen. Der Plan einer militärischen und wirtschaftlichen Union zwischen Österreich-Ungarn und Preußen-Deutschland ist für die Tschechen, ist für alle Slawen der Donaumonarchie unerträglich gewesen. Das, was nach der Sixtus-Affäre gekommen ist, hat alle Brücken zwischen der tschechischen Nation und der Dynastie für immer abgebrochen. Das Gute der Amnestie war mit einem Schlag vernichtet. Das verspätete Manifest aber wird nun keine andere Wirkung tun, als die Auflösung der Monarchie nur noch zu beschleunigen. Es wird die Armee zersetzen! Es wird ein Ende mit Schrecken heraufführen!"

Der Kaiser schwieg.

„Majestät hätten sich nicht nur mit dem Herzen für eine der beiden Mächtegruppen entscheiden müssen. Die Regierung Eurer Majestät hätte nicht nur dann, wenn es an der Front schlecht stand, an einen Bruch mit Deutschland denken dürfen, und wenn es gut stand, an ein Bündnis bis zur Selbstaufgabe. Das werden Frankreich und England ebensowenig vergessen, wie wir es vergessen können."

Der Kaiser hatte Klofáč mit dem Gedanken empfangen, daß der Abgeordnete bei Benesch anfragen könnte, ob dieser sich nicht für die Erhaltung der Monarchie als Bundesstaat einsetzen wolle. Als er aber solche Ablehnung bei Klofáč sah, gab der Kaiser diesen Plan wieder auf. Der Kaiser sah durchs Fenster. Immer dichter wurden die rußigen Häuser, der Zug näherte sich dem Ostbahnhof. Auf allen Gleisen standen Loris mit plachenbedeckten Geschützen. Was man auftreiben hatte können, sollte an die neue serbische Front fahren, die man nach dem Abfall Bulgariens zwischen Donau und Save errichten wollte. Die Wenzelskrone war verspielt. Vielleicht ließ sich die Stephanskrone retten. Der Zug hielt. Der Kaiser erinnerte den Abgeordneten, daß dieser hier aussteigen müsse. Noch einmal ersuchte er Klofáč, das, was kommen müsse, ohne Blutvergießen zu tun. Vielleicht werde das tschechische Volk später einmal einsehen, daß er, der Kaiser, das Beste gewollt habe. Der Tscheche verbeugte sich nicht ohne Rührung, der Kaiser drückte ihm die Hand. Dann verließ Klofáč, ohne nach links oder nach rechts zu schauen, den Hofwagen. Die Offiziere blickten dem Tschechen nach: so stolz waren in der Monarchie sonst nur die Ungarn von ihrem König gegangen.

Am nächsten Morgen fuhr der Hofzug in Debrecen ein. Der König hatte die Honveduniform angelegt, sein Herz pochte unruhig unter dem verschnürten Rock, den er zum erstenmal trug, er hatte ein ungutes Gefühl, daß etwas nicht klappen werde. Graf Erdödy, das kaiserliche Faktotum, der Chef des allerhöchsten Sicherheitsdienstes, stand, während der Zug noch fuhr, auf dem untersten Trittbrett. Der Kaiser beugte sich vor: „Tamás, Honvedmusik?" Es sei noch nicht auszunehmen, erwiderte Erdödy. Der Zug fuhr in die Halle. „Majestät, welch ein Pech! Keine Honved! Es sind Tschechen. Ich seh es an den grünen Aufschlägen!"

„Spring ab! Spring! Ruf dem Tambour zu, daß er den Hymnus spielt und nicht das Kaiserlied! Wenn die Musik den Hymnus nicht kann, lieber gar nichts!"

Erdödy sprang vom langsamer fahrenden Zug, rannte an den Herren des Empfanges vorbei auf den dicken, tschechischen Regimentstambour zu, der gerade den funkelnden Stab hob und das Zeichen zum Einsatz gab. Das ‚Gott erhalte' rauschte auf, dieses Lied, das für die Österreicher ein Gebet und für die Ungarn ein Fluch war, seit man es bei der Hinrichtung der ungarischen Freiheitshelden im Jahre 1849 gespielt hatte. Der Graf winkte, rief dem Tambour etwas zu, der Tambour senkte den Stab, die Musik schwieg nach ein paar Takten. Es war so still in der Bahnhofshalle, daß man das Ablassen des zischenden Dampfes hörte. König und Königin verließen den Wagen. Die Offiziere salutierten, die Ehrenkompanie leistete die Kopfwendung, der Generalmarsch, der sich sonst zu den Klängen des Kaiserliedes gesellte, schmetterte allein durch die Halle. Der König versuchte zu lächeln, das Gesicht der Königin war erstarrt.

War es Absicht gewesen oder Gedankenlosigkeit, Bosheit oder Schlamperei? Der Adel in der prunkvollen Magnatentracht, der Bischof der reformierten Kirche, die Herren der Behörden versuchten dem König über die Verlegenheit hinwegzuhelfen. Das Murren der Menge auf dem weiten Platz vor dem Bahnhof, das sich bei den ersten Takten des Kaiserliedes in dieser kalvinischen Stadt erhoben hatte, war wieder verstummt.

Das Königspaar bestieg den Fünferzug; beim Anfahren stürzte eines der feurigen Pferde, der alte Kutscher im silberverschnürten Rock versuchte das Tier hochzureißen, aber das um sich schlagende Pferd verwickelte sich so in die Zugstränge, daß Heiducken herbeieilen und das Pferd befreien mußten. Endlich fuhr man los. Berittene Bauernbanderien jagten dem Zug voraus, Heiducken auf feurigen Hengsten umschwärmten das

Fünfgespann. Die Fenster begannen zu winken, Fahnen wehten auf, die Stadt begrüßte den König, in der vor siebzig Jahren Kossuth das Haus Habsburg-Lothringen für abgesetzt erklärt, die einst der Gegenreformation Halt geboten hatte, in der die ungarische Sprache neu geboren worden war. All das schien vergessen, dem König schlug ein Jubel entgegen, als das Volk sah, daß dieser Habsburger die Uniform der Honveds angelegt hatte, die Uniform der Rebellen! Hier an der neuen Universität, zu deren Einweihung der König gekommen war, sollte der ungarische Geist seine dritte Auferstehung halten.

Als nach dem Empfang im Rathaus das Königspaar sich in seine Gemächer zurückzog, wurde ihm ein Telegramm überreicht: In Böhmen vereidige man bereits das Personal der Eisenbahnen auf die Tschechoslowakische Republik, in Galizien weigere man sich, auf den Bahnen deutschen Anordnungen zu entsprechen und bestehe auf der polnischen Dienstsprache, in Wien gehe das Gerücht um, das Kaiserpaar sei nach Ungarn geflohen, man verlange, es möge sofort zurückkommen, denn in Wien allein werde über das Schicksal der Monarchie entschieden.

Die Königin riet ab, nach Wien zurückzukehren, sonst verliere man Ungarn genau so, wie man Böhmen verloren habe. Die vorgesehene Ruhestunde verging in Planen, Bangen und Vermuten. Dann begab sich das Königspaar zum Bankett ins Rathaus. Der Sitzungssaal war in einen Thronsaal umgewandelt. Umringt von prachtstrotzenden Magnaten in reichverschnürten bunten Trachten und ordensgeschmückten Generalen und Würdenträgern nahm das Königspaar die Huldigung der Stadt entgegen. Janos Graf Zichy, der Unterrichtsminister, hielt eine schwungvolle Rede, Ansprache folgte auf Ansprache, und jede klang in einem Treueschwur und in Versicherung der Liebe aus – Tusch rauschte nach Tusch auf. Adel, Geistlichkeit und Generalität zogen am Thron vorbei und tauschten Beteuerungen der Ergebenheit erst gegen ein Lächeln und dann gegen Tränen des Königs und der Königin ein, die hilflos in diesem aufbrandenden Jubel, im Getöse der Musik und umtost von Zurufen auf dem Thron saßen und sich an solchem Feuer der Begeisterung wärmten. Wiedergekehrt schienen in dieser nüchternen, kahlen Stadt, die eigentlich ein Riesendorf war, das nie teilgehabt hatte an der rauschenden Zeit des siebzehnten und achtzehnten Jahrhunderts, die Tage der großen Königin Maria Theresia, eingezogen schien nun auch hier das Haus Habsburg-Lothringen, das man so lange abgelehnt und bekämpft hatte, ein gewaltiges ‚Moriamur pro rege nostro!' schlug dem Herrscherpaar auf erhöhtem Sitz entgegen.

Und dann der Festgottesdienst in der großen kalvinischen Kathedrale. Das Königspaar saß in sich gekehrt da und wagte kaum den Blick zu erheben. Alles war hier so fremd, so kahl, so streng. Nirgends ein Seitenaltar mit fürsprechenden Heiligen, nirgends ein Beichtstuhl, in dem man seines Herzens Bürde abtun konnte, nirgends ein dunkler Winkel zum Weinen, zum Händeheben und Händeringen. Geradewegs lief der Gang durch die helle Kirche zwischen den Stühlen auf den Tisch zu, der wohl der Altar war, kein Schutzmantel der Muttergottes war da, der den frierenden Menschen umhüllen konnte.

Anders klang die Ansprache des Bischofs Balthasar, als eine katholische Predigt klingt, denn hier mußte das freie Wort und seine Abwandlung allein den gewaltigen Raum füllen. In dieser Kirche, in der Kossuth die Absetzung des habsburgisch-lothringischen Hauses erklärt hatte, stand das Königspaar wie zwei Gefangene der Nation, die ehrfürchtig schwieg, als der Bischof mit ausgebreiteten Armen Karl und Zita als die Begründer eines neuen, freien, stolzen und unabhängigen Ungarns begrüßte. Tränen standen in den Augen der Menschen, erfüllt schien ihnen das, wonach sie sich alle mit der Glut ihres Herzens gesehnt, ohne Revolution hatte Ungarn das Ziel seiner Geschichte erreicht.

Beim Verlassen der Kirche stolperte der König, den der anbrandende Jubel zutiefst erschüttert hatte. ‚Viszont látosra!' Auf Wiedersehen! riefen die Menschen, winkten die Mädchen, schluchzten die Frauen! Der König lächelte, er trocknete seine Augen, und auch das starre Antlitz der Königin taute unter solcher Begeisterung noch einmal auf. Der Fünferzug brachte das Herrscherpaar zur Bahn, der Zug nach Gödöllö stand schon unter Dampf.

Parlament in Budapest, Oktober 1918

„Schweinerei! Schweinerei!" brüllte im Budapester Parlament der etwas angeheiterte Abgeordnete Zoltan Mesko und rannte vor der äußersten Linken bis zur Mitte, „in Debreczen hat man das ‚Gott erhalte' gespielt!" Mesko schwang das Abendblatt und schlug mit der Faust gegen das zerknitterte Papier. „Wir lassen uns das nicht mehr gefallen! Es ist eine infame, eine gemeine, eine niederträchtige Schweinerei!" In der rotgoldenen Kuppelpracht des opernhaften Sitzungssaales hallten die Worte wider und aus den Logen der säulengezierten Galerie, in denen statt Edeldamen Journalisten saßen, wurde dem Abgeordneten für diesen Sonderauftritt Beifall gespendet. Die andern Parlamentarier hatten zuerst über den Angeheiterten gelacht, aber dann wurden sie durch den immer wiederkehrenden Ruf hochgerissen, sie stürmten zur Präsidententribüne: „Wir dulden es nicht! Nein, wir haben es satt! Nie mehr, niemals wieder wollen wir in Ungarn das ‚Gott erhalte' hören! Es ist eine Provokation der ganzen Nation! Noch dazu von einer tschechischen Regimentsmusik gespielt! Wir fordern Genugtuung! Man soll sich entschuldigen!"

Karl Szász, der Präsident, unterbrach die Sitzung. Die Abgeordneten strömten hinaus in die zwischen den Versammlungsräumen der Abgeordneten und der Magnaten gelegene große Kuppelhalle. Der Saal der Magnaten, die andere Schale der Waage, war leer. Gelassen und behäbig kam Ministerpräsident Weckerle die Treppe herauf und fragte nach der Ursache des Tumultes. Szász berichtete und gestand, daß er erklärt habe, man werde eine Entschuldigung abgeben.

Nichts da! Entschuldigen! Unglaublich! Weil irgendein tschechischer Regimentstambour nicht wisse, was in Ungarn Vorschrift sei, werde sich die Regierung entschuldigen! Wo komme man denn da hin? Ob schon alle verrückt seien! Das seien Staatsfragen! Als der Präsident Karl Szász klagte, daß er zurücktreten müsse, wenn er diese Erklärung nicht abgebe, brauste Weckerle auf: Immer das gleiche! Die Welt könne zugrunde gehen, hier werde man über Fahnen, Wappen, Bahnhofsaufschriften, Titel und Hymnen streiten! Gott möge Ungarn schützen! Der Präsident dürfe nicht zurücktreten, weil ein paar Pressebengel die Leute verrückt gemacht haben, er, Weckerle, als Regierungschef könne einen solchen Schritt nicht billigen. Szász beharrte auf seinem Entschluß: wenn er nicht zurücktreten dürfe, müsse er die Erklärung abgeben.

Dem Ministerpräsidenten riß die Geduld: „Macht, was ihr wollt! Auf eine Dummheit mehr oder weniger kommt es nicht mehr an! Es steht so schon alles Kopf! Die Front löst sich auf, der große Sauhaufen ist da!"

Die Glocken schrillten, die Abgeordneten drängten in den Saal, der Präsident gab von der Tribüne hastig die Erklärung ab, daß das Spielen des ‚Gott erhalte' eine Taktlosigkeit und eine schwere Beleidigung der ungarischen Nation gewesen sei. Nach dieser Erklärung meldete sich Abgeordneter Balla zum Wort, aber er war nicht über die einleitenden Worte hinaus, als Graf Károly, der Führer der Opposition, auf ihn zulief, ihm ein Telegramm in die Hand drückte und „Vorlesen! Vorlesen!" rief.

Balla, der gerade über die notwendige Entfernung österreichischer Lehrer aus ungarischen Kadettenschulen sprechen wollte, hielt das Telegramm etwas von sich und begann, ahnungslos, was es enthielt, laut zu lesen:

„Die kroatische Mannschaft des Infanterieregimentes 79 in Fiume ist in voller Bewaffnung unter Vorantragen einer kroatischen Fahne vor die Honvedkaserne marschiert, hat die Honveds entwaffnet, Tabakfabrik und Gerichtsgebäude besetzt, Gefängnisse geöffnet und nach kurzem Kampf die städtische Polizei überwältigt. Der Königliche Anwalt Balint ist gefangengenommen. Auf die Assistenzabteilungen, die mit Ausnahme von vier steirischen Kompanien durchwegs Kroaten sind, ist nicht zu rechnen. Das ungarische Justizgebäude ist geplündert, der Bahnhof ist besetzt, die Schienen sind bis Dolnice aufgerissen, um ein Heranbringen regierungstreuer Truppen zu verhindern." Balla legte das Telegramm beiseite. Das Haus schwieg zuerst, dann flammte es auf vor Zorn und Wut.

Károly sprang neben den Präsidenten auf die Tribüne: „Die Katastrophe! Die Katastrophe!" brüllte er, so laut es sein künstlicher Gaumen zuließ, „das Ende mit Schrecken! Ich prophezeie es seit Monaten! Es ist da! Weicht jetzt nicht zurück! Wahrt ein kaltes Herz! Jetzt muß er gemacht werden, der Schnitt, der Ungarn für immer von Österreich trennt! Für immer! Die Regierung, die Ungarn an Deutschland verschachert hat, muß gehen! Noch können wir die Fehler gutmachen! Wir müssen sogleich Fühlung mit unsern englischen, französischen und italienischen Freunden nehmen. Die Regierung Weckerle muß zurücktreten!"

Der Ministerpräsident schaute gelassen in das Toben, das nach Károlys Worten noch wilder aufbrandete. Die Abgeordneten stürmten gegen die Präsidententribüne vor: Das seien die Folgen des Königlichen Manifestes, so werde die versprochene Integrität der Stephanskrone gewahrt! Die ungarischen Soldaten müßten vor allem nach Hause, sie müßten nach Ungarn zurück. Ungarische Soldaten kämpften, bluteten und fielen in Frankreich, in Italien, in der Ukraine und in Palästina, sie kämpften gegen Menschen, die heute schon die Freunde, morgen vielleicht die Verbündeten Ungarns sein würden, denn heute habe Ungarn schon das gleiche Ziel wie Italien: den mörderischen Hunger in Schranken zu halten, mit dem sich Serben, Kroaten und Slowenen auf ungarisches und italienisches Land werfen wollten. Nach dem, was in Fiume geschehen sei, würde jede Gewehrkugel, die ein Ungar gegen einen Italiener abfeuere, in das Herz des Ungarn zurückkehren.

Unaufhörlich schrillte die Glocke des Präsidenten, es trat keine Ruhe ein, die Sitzung mußte unterbrochen werden, die Abgeordneten strömten hinaus. Leer lag der rotgoldene Rittersaal, in dem man sich so wenig ritterlich benommen.

Durch die hohen Fenster sah man auf den Höhen jenseits der Donau das alte, das königliche Ofen mit der breithingelagerten Burg und der Straßenzeile mit dem vornehm-schlichten Adelspalais, die sich zur Matthiaskirche hinzog. Die Fischerbastei, welche das alte Viertel zusammenfassend abschloß, war etwas opernhaft geraten und dem Parlament verwandt, in dessen neugotischem Prunkbau das Bürgertum seinen späten Sieg über das Königtum feierte.

Die Grafen berieten im Zimmer des Ministerpräsidenten, welche Stellen neu zu besetzen wären. Man war unter sich, die Erregung war groß, aber man wahrte wie im Kasino die Form. Tisza, der vor einigen Tagen die Selbstbeherrschung vergessen und in einer Sitzung gesagt hatte, man habe den Krieg verloren, hatte sich erfangen, war wieder kühl und gelassen, schlug vor und verwarf.

Andrássy flehte seinen Schwiegersohn Károly an, sich wenigstens einmal zu mäßigen, Andrássys anderer Schwiegersohn,

Pallavicini, unterstützte seinen Schwiegervater, Appónyi mahnte zur Besonnenheit, aber man kam zu keinem Ergebnis. Weckerle versicherte, daß sich alle aufgeregten Gemüter sogleich besänftigen würden, wenn er bei Eröffnung der Sitzung den Rücktritt des Kabinetts bekanntgeben würde. Karl Szász erschien im Beratungszimmer der Magnaten und mahnte die Grafen zur Eile, die Sitzung der Grafen dauere den Abgeordneten zu lange. Man beruhigte den aufgeregten Szász und beriet weiter. Tisza war für ein Koalitionskabinett mit Julius Andrássy oder Albert Appónyi als Chef, dem würde auch er und seine Partei beitreten, solch ein Kabinett könne auch Károly aufnehmen und vielleicht sogar das allgemeine Wahlrecht durchführen. Aber dafür war Károly nicht zu haben, das sei auch nichts für die Sozialdemokraten, nichts mehr wolle man mit den alten Kriegshetzern, nichts mit den Germanophilen, nichts mit den Unterdrückern der Nationalitäten zu tun haben! Deren Zeit sei ein für allemal vorbei! Der neue Kurs sei der Kurs der Versöhnung mit den sogenannten Feinden von einst, ein Kurs der völligen Absage an die fluchbeladene Vergangenheit!

Wieder wurde die Sitzung der Grafen unterbrochen, wieder mahnten die Abgeordneten in den Gängen des Parlaments zur Eile. Aber die Grafen kamen nicht weiter. Sie stellten Kabinette zusammen, wie man Karten mischt, man ging alle Kombinationen durch und sträubte sich bis zuletzt, Károly an die Spitze eines Kabinetts zu stellen, da man ahnte, daß dieser Mann, der den Sturm heraufbeschworen hatte, zu wenig Standfestigkeit besaß, um von dem folgenden Unwetter nicht hinweggeschwemmt zu werden.

Solch ein Kabinett in Sack und Asche, das durch Kriechen und Schwänzeln vor dem Feind vier Jahre Krieg, vier Jahre Bündnis ungeschehen machen wollte, war nicht allzu verlockend. Alle fühlten die Einsamkeit, die sich über Ungarn breitete, über ein einsames, von allen Völkern Europas getrenntes Volk im Herzen des Erdteiles, das in die Tiefe stürzen mußte, wenn seine Freunde und Verbündeten in den Abgrund taumelten.

„Anfangen! Anfangen!“ lärmten die Abgeordneten in den Gängen. Es war Zeit für die Grafen, in den Sitzungssaal zurückzukehren.

Weckerle erhob sich und verkündete mit fester Stimme die Demission des Kabinettes. Jubel brach los, Händeklatschen prasselte auf. Endlich! Auch der alte Kleber begreife, daß eine neue Zeit gekommen sei. Weckerle wartete gelassen, bis der Lärm verebbte: Er werde Seiner apostolischen Majestät vorschlagen, daß Seine Majestät selbst eine Regierung ernenne, die auch die außerhalb des Hauses stehenden nationalen Kräfte vereinigen könne. Als Weckerle Platz genommen hatte, begannen die Journalisten der linken Pressetribüne zu toben, sie verlangten Pressefreiheit, man müsse den Soldaten sagen dürfen, daß man die Soldaten seit Jahren belogen und immer wieder belogen habe, das sei vor allem das Gebot der Stunde! Nieder mit der Zensur! Hoch die Pressefreiheit!

Tisza, der zusammengesunken auf seinem Sitz gehockt war, sprang auf, rannte auf die Journalistentribüne zu, die kurzsichtigen Augen hinter den dicken Brillengläsern weit aufgerissen, und schrie: „Lumpen! Dummköpfe! Man muß sie hinauswerfen! Hinauswerfen!“

Noch einmal vernahm das verstummende Haus die Stimme seines alten Bändigers, zogen die Journalisten die Köpfe ein, klingelte die Glocke des Präsidenten, mahnte dessen beschwörende Stimme, die sehr geehrten Herren Journalisten möchten doch nicht die Sitzung stören, aber dann ging auch die Glocke und die Stimme des Präsidenten im Lärm unter. Die Sitzung wurde aufgehoben, der große Saal leerte sich, in den Gängen stritten die Abgeordneten weiter, als hätten die einen das Recht, alle Schuld an dem nun heraufziehenden Unheil den andern zu geben. Tisza verließ mit schleppendem Schritt und hängendem Haupt als letzter den Saal.

Die ungarischen Truppen weigern sich vorzugehen, 25. Oktober 1918

Am Vormittage des 25. Oktobers schraubte sich auf der Serpentinenstraße von Caldonazzo ein Auto zur Hochfläche der Sieben Gemeinden empor, teilte den feuchten Wolkenschleier, fuhr unter lautlos gleitenden kleinen Seilbahnanhängern durch und hatte sich im oberen, vereisten Teil der Windungen gegen das Schleudern zu wehren. Feldmarschallleutnant von Molnár sah ungeduldig auf die Uhr. Immer deutlicher war das Rumpeln und Murren der Schlacht auf der Hochfläche zu hören, das die waldigen Hänge wiederholten. Unten im Suganatal lag tiefgrün der Caldonazzosee, die große Entfernung machte aus den zerschossenen Ortschaften des Tales friedliche weiße Dörfer. Über den waldigen Nordhängen ragten die Schneegipfel der Fleimstaler Alpen auf. Ganz nahe, denn die in Kehren immer wieder abbiegende Straße schien geradewegs darauf zuzulaufen, ragte der abgehackte Felsengipfel der Vezzenaspitze in das Tal vor. Welken Kränzen gleich lag rostiger Drahtverhau um das seit dem Jahre sechzehn ausgediente Fort. Das Auto schlitterte um die letzte glatte Kehre, dann war die Schwelle der Hochebene erreicht. Einige feiste, mit gestohlenen Konserven gemästete, bei der Seilbahn diensttuende Russen grüßten den General. Talwärts schwebten, auf den kleinen Anhängern sitzend, verbunden und geschient, rauchend und schwätzend, die Leichtverwundeten, und auf Bahren liegend, zugedeckt bis zu den spitzen Gesichtern, in blutigen Mänteln, die Schwerverletzten. Kamen die Träger an einem Seilbahnständer vorbei, dann knackste es. Herauf aus dem Tal brachte die Seilbahn außer ein paar Bündeln Preßheu fast nichts. Vorne auf den schütter bewaldeten Höhen im Süden der Straße breiteten einige dunkle Rauchbäume ihre zerfließenden Kronen aus, nicht allzu lange folgte dem ein zorniger Donner.

Der Generalstäbler blickte den blutigen Seilbahnlasten nach und sagte zu seinem General, daß dies alles vom Sisemol komme, die mochten dort ordentlich Haare gelassen haben.

Der General kehrte sich auch um und setzte dann hinzu: Und keine Ablösung für den Sisemol! Wenn man die Franzosen nicht aus den Gräben am Sisemol herauswerfe, weiß Gott, was es dann für eine Schweinerei gebe!

Das Auto kam an einigen der vielen Lagerbaracken vorbei, die sich dort an den Waldrändern wie Schwämme nach dem Regen angesiedelt hatten. Bei dem Siebenbürgerlager von Larici hielt der Wagen gedeckt gegen Fliegersicht neben einem breithingelagerten Felsblock. Der General schälte sich aus den Decken, schlug den Pelzkragen nieder und vertrat sich die steif gewordenen Füße. Ein Trompeter blies den Generalmarsch, Generalmajor Sallagar, Kommandant der 27. Infanteriedivision, erstattete dem Kommandanten des XIII. Korps die Meldung. Molnár dankte, nahm den Divisionär beiseite und sagte, er verstehe nicht, was da in seine alte, brave 27. Division gefahren sei. Sallagar, der die Division erst vor kurzem übernommen hatte, zog es vor, zu schweigen. Es müsse doch irgendein

Grund vorliegen, sagte Molnár, Sallagar möge berichten, wie alles gekommen sei.

Sallagar meldete: „Gestern sind die Franzosen auf dem Sisemol in die erste und in die zweite Stellung eingebrochen. Von dort aus sind sie in die Frenzellaschlucht gesickert und haben Minenwerfer und Infanteriegeschütze dorthin geschafft. Jetzt haben sie nicht nur eine bedrohliche Flankenstellung, jetzt sind sie auch im Besitze der wichtigsten Quellen."

Molnár machte eine ungeduldige Handbewegung: „Gestern! Gestern! Aber heute? Nach dem heutigen Heeresbericht sind doch die Franzosen wieder hinausgeworfen worden."

„Niemand ist hinausgeworfen worden", erwiderte Sallagar. „Die Honved haben alle niedergemacht."

„Bravo Honved! Na also!"

„Die Meldung von dem Einbruch der Franzosen ist hierher zu uns nach Larici gekommen. Ich setze mich mit dem Korps in Verbindung. Dann gebe ich den Befehl, daß das Infanterieregiment 25 nach vorne abzumarschieren und sich als Korpsreserve zum Eingreifen bereitzustellen hat. Ein paar Minuten später meldet mir der Regimentskommandant von den Fünfundzwanzigern, daß die Leute des zweiten Bataillons nicht antreten, ja versuchten, auch die beiden andern Bataillone des Regiments zu hindern, dem Befehl nachzukommen. Und das, Exzellenz, ist es, was ich dem Korps gemeldet habe."

Molnár kehrte sich ärgerlich um und sagte zu seinem Stäbler, daß auf solche Weise Mücken zu Elefanten gemacht würden. Er werde sich selbst die Leute ausborgen, er kenne seine Division, er werde mit den Leuten vernünftig sprechen, auf das ganz allein komme es an, auf sonst nichts. Er möchte schwören, daß an diesem ganzen Wirbel das unselige Manifest schuld sei, das den Leuten den Kopf verdreht habe. Der Kaiser werde Augen machen, wenn er erkenne, was er sich und was er seiner Armee da eingebrockt habe und was es kosten werde, diese Suppe auszulöffeln. Damit hätte man doch, verdammtes Kaffeehaus, ein paar Wochen warten können, es sei nicht an der Zeit, mitten im Krieg, da es um die Wurst gehe, Weltbeglücker zu spielen.

Die Hetzblätter aus dem Hinterland mit den Reden Károlys, setzte Sallagar hinzu, hätten ein übriges getan, den Leuten die Köpfe zu verdrehen. Die beiden Generale näherten sich dem Regiment, das lang und ausgerichtet, Bataillon neben Bataillon, stand. Ein junger Oberstleutnant meldete sich als Regimentskommandant und schritt mit den Generalen die Front ab, Blicke und Köpfe drehten sich ihnen langsam nach.

„Das Regiment macht einen ausgezeichneten Eindruck", sagte Molnár so laut, daß es die Soldaten hören mußten, „ich habe seit langem keine so stramme Truppe gesehen." Der Oberstleutnant, der mit gesenktem Blick neben dem General einherschritt, biß sich die Lippe. „Herr Oberstleutnant, lassen Sie ruhen! Ich will von den Leuten selbst hören, was sie wollen." „Regiment ruht!" befahl der Oberstleutnant, die Bataillonskommandanten wiederholten. Der General gab einige Befehle, die der Oberstleutnant mit schriller, sich überschlagender Stimme wiederholte: „Offiziere und längerdienende Unteroffiziere zu mir! Ferner aus jedem Zug ein Mann, der von den Zugskommandanten bestimmt wird." Offiziere, Längerdienende und ausgewählte Soldaten lösten sich aus der Front und schritten über den kurzen Gebirgsrasen auf beide Generale und den Oberst zu. „Kreis bilden!" Trippeln, Laufen, Stoßen, Ausrichten — der Kreis war gebildet, der die Generale und die Adjutanten umschloß. Dunkel und langgestreckt stand hinter dem Kreis das stumme oberungarische Regiment. Die Stimme des Feldmarschalls, die laute, die deutliche, drang über den Kreis hinaus.

Zuerst schritt der General auf einen eisgrauen, bebrillten Reserveoberleutnant zu und fragte, ob jener Kompaniekommandant sei: „Jawohl, Exzellenz!"

„Wie sind Sie mit Ihren Leuten zufrieden, Herr Oberleutnant?" Der Oberleutnant, im Zivil Gymnasialprofessor in einer kleinen Provinzstadt, Schiedsrichter aller im muffigen Kasino aufgeworfenen Streitfragen, gutmütiger Tyrann seiner Schüler, blinzelte verlegen unter seinem schlechtsitzenden Stahlhelm hervor, als müsse er sich die engbeschriebenen Seiten seines verdrückten Taschenkataloges vergegenwärtigen und stotterte dann, als wäre er ein Schüler: „Sehr zufrieden, Exzellenz, sehr zufrieden!"

Wieder hörte man die weithinschallende Stimme des Generals: „Herr Oberleutnant, ist die Mannschaft Ihrer Kompanie dienstwillig? Kommen die Leute gehorsam ihren beschworenen Pflichten nach?"

„Jawohl, Exzellenz. Ich melde gehorsamst, das Verhalten meiner Kompanie ist sogar sehr vorzüglich."

„Na also!“ Auftrumpfend blickte der Korpskommandant den hilflosen Divisionär und den jungen Regimentskommandanten an. Da könnt ihr euch ein Beispiel nehmen. So packt man die Leute an! Der General schritt weiter und fragte die Oberleutnants, die Leutnants, die Fähnriche: Zufrieden, zufrieden, zufrieden! Na also! An der vorletzten Stelle, dort, wo sich der Ring um den General schloß, stand ein kleiner, dicker, milchgesichtiger Fähnrich, dessen Mitteilungsbedürfnis so groß schien, daß sein Posaunengesicht fast platzte und die sich auf den Fußspitzen wiegende Gestalt beinahe das Gleichgewicht verlor. Beschwörend legten der Divisionär und der Regimentskommandant die Zeigefinger an die Lippen, und als der Korpskommandant nun den Fähnrich fragte, was er auszusetzen oder zu melden habe, da hatte dieser junge Mann alle seine wohlbegründeten Beschwerden vergessen und sagte bescheiden sein ‚Zufrieden!‘ her.

Der Feldmarschall wandte sich nun den Unteroffizieren und der Mannschaft im Ringe zu. Wohl hatte er zuerst mit einem Donnerwetter über sie herfallen wollen, als er sie aber nicht mehr in den lückenlos gefügten Reihen, sondern einzeln vor sich stehen sah, graue Gesichter unter zu großen Stahlhelmen, alte, große und knochige Soldaten zwischen kleinen, einstmals wohl dick gewesenen, nun abgezehrten Männern, in schlechten, schlotternden, an nächtlichen Lagerfeuern verbrannten Mänteln, mit ausgefransten Wickelgamaschen und vielgeflickten Schuhen, behangen mit Gasmaske, Leuchtpistole und Handgranaten, das lange Gewehr geschultert, da wurde der General sanft und fragte die Leute freundlich, was ihnen denn um Himmels willen eingefallen sei. Als mehrere von den alten Männern zugleich sprechen wollten, winkten der Divisionär und der Oberstleutnant hinter dem Rücken der Exzellenz den Leuten zu, still zu sein. Die Leute gehorchten und schwiegen. Der Korpskommandant ging auf einen kleinen Kerl zu, dem der Stahlhelm bis zur Nasenspitze und das Gewehr bis zum Knöchel reichte, legte ihm die Hand auf die Schulter und fragte, was mit ihm los sei, und ob er die beschworene Pflicht erfüllen wolle. Wenn die Exzellenz geglaubt hatte, es hier mit einem Mann von geringer Widerstandskraft zu tun zu haben, so hatte er sich geirrt, denn der Kleine schmetterte weithin hörbar heraus: „Melde gehorsamst, Exzellenz, ich will meine Pflicht tun.“

„Na also! Gut, mein Sohn. Höre ich gerne! Aber deine Pflicht ist doch, für dein Vaterland zu kämpfen und in die Stellung zu gehen, wenn es dir befohlen wird."

„Melde gehorsamst, Exzellenz, ich will für mein Vaterland Ungarn kämpfen, aber nicht für Österreich!"

„Wir auch nicht! Wir auch nicht! Nicht für Österreich!" riefen ein paar Leute im Kreis, die nur durch die beschwörenden Zeichen des Divisionärs und des Oberstleutnants wieder zur Ruhe gebracht werden konnten. „Nicht mehr für Österreich!" murmelte es im Kreise. Der Korpskommandant reckte den Hals und sah zu der schweigenden Front des Regimentes hinüber. Er brauchte eine Weile, um sich zu fassen, dann kehrte er sich wieder dem Kleinen zu:

„Dummheiten! Geschwätz! Hier kämpfst du doch auch für Ungarn und für deinen König!"

„Exzellenz, wir Ungarn wollen unser Vaterland an den ungarischen Grenzen verteidigen!"

„Euer Gnaden", nahm hier ungefragt ein Alter das Wort, ohne sich um die beschwörenden Zeichen der Offiziere hinter Molnár zu kümmern, „die Tschechen wollen in die Slowakei einfallen und uns alles wegnehmen!"

„Aus welchem Komitat bist du?"

„Euer Gnaden, wenn gefällig ist, Komitat Nógrád."

„Und wer hat dir den Unsinn von den Tschechen gesagt?"

„Sie schreiben es von zu Hause, Euer Gnaden."

„Es ist Unsinn. Wie können die Tschechen da oben bei euch einfallen, wenn sie hier an der Front als brave Soldaten kämpfen? Solcher Lügen wegen könnt ihr doch nicht eure ungarischen Brüder vorne auf dem Sisemol im Stiche lassen!"

„Die vom Sisemol sollen auch nach Hause gehen", erwiderte der Alte.

„Wenn die nach Hause gehen", sagte der General, nun schon etwas ungeduldig, „dann nehmen euch die Italiener und die Franzosen gefangen und du kommst nicht nach Nógrád, sondern in ein Lager nach Sizilien!"

„Euer Gnaden, dann muß der König Frieden schließen!" knurrte der Alte.

„Seine Majestät will ja Frieden schließen, aber das geht doch nicht so Hals über Kopf. Das muß vorbereitet werden. Aber ihr dürft das durch eigenwillige Dummheiten nicht stören, versteht ihr?"

Ein dritter Mann mit einem verbissenen Gesicht meldete sich:

„Ich bitte gehorsamst, unsere Kompanie hat im Juni sehr schwere Verluste gehabt, man hat uns sechs Monate Retablierung versprochen, es sind nicht einmal sechs Wochen gewesen!“

„Wäre nicht der große Angriff gekommen, ihr hättet den ganzen Winter in Retablierung bleiben können. Aber ihr seht, daß man jetzt jeden Mann braucht.“

„Man hat uns versprochen, daß wir in Ungarn retabliert werden, es ist verhindert worden!“

„Wer soll es verhindert haben? Ich spreche jetzt nicht als euer Korpskommandant zu euch, sondern als euer Freund. Vorne warten Kameraden, warten Ungarn auf Ablösung! Was werdet ihr tun?“

„Wir wollen nach Hause! Wir kämpfen nicht mehr für Österreich!“ murrten wieder einige Leute.

Der Korpskommandant sah sich um, die Offiziere hatten die Blicke gesenkt. Von der langen Front des Regiments kam es herüber: „Wir gehen nicht mehr in die Schwarmlinie!“

„Nur einer hat das Wort!“ rief General Sallagar zum Regiment hinüber. Die Leute verstummten. Ein Soldat lachte laut auf. Dann war alles still. Nun hörte man von den Sieben Gemeinden herüber das Rollen der Artillerie. Die Stahlhelme überschatteten die Gesichter. Die Augen der Leute waren nicht zu sehen. „Euer letztes Wort?“ fragte der Korpskommandant laut.

„Das letzte Wort“, tönte es dumpf zurück.

Der General schritt noch einmal den Kreis ab. Die Leute hoben den Kopf und sahen ihm fest ins Auge. Der Blick war nicht frech, die Lippen waren zusammengepreßt, das Kinn mit dem Sturmband war vorgestreckt.

„Laßt mich noch etwas zu euch sagen. Gestern sind die Fünfundachtziger klaglos in die Stellungen gegangen: Rumänen und Ruthenen. Und ihr, die Madjaren, die immer das Vorbild für alle Nationalitäten sein sollen, ihr weigert euch, die Kameraden abzulösen. Überlegt es euch doch!“

Eine Fliegerabwehrbatterie böllerte in der Nähe, wölkchenumkränzt zog hoch oben ein Amerikaner dahin.

„Wir gehen nicht!“ kam es entschlossen zurück.

„Herr Oberstleutnant, lassen Sie abtreten!“ Der Oberstleutnant wiederholte. Die Soldaten machten stramm die Kehrtwendung und gingen. Der Kreis wurde schütterer. Die schweigende Front des Regimentes nahm die Leute wieder auf.

Molnárs Gesicht zuckte. „Meine Herren, ich habe zu Anfang des Krieges Paniken mitgemacht, ich habe die Reste der zerschlagenen 15. Division bei Tomaszow gesehen, ich habe Luck erlebt, ich kenne die Stimmung, in der man sich am liebsten eine Kugel durch den Kopf jagen würde. Ich bin mit diesem Regiment vor- und zurückmarschiert, nach manchen Krisen war immer ein guter Geist zu spüren. Eine solche Schande wie heute hätte ich mir auch in meinen schlimmsten Ahnungen nicht träumen lassen. Weder Ihnen, meine Herren, noch jemandem anderen mache ich Vorwürfe. Mit Gewalt läßt sich hier nichts ausrichten. Aber sagen Sie mir, um Himmels willen, was in die Leute über Nacht gefahren ist!"

„Das Manifest! Die Károly-Rede! Die Zeitungen! Es ist von außen hereingetragen worden! Die Truppe war gesund!"

Auf die Frage des Korpskommandanten, was der Regimentskommandant vorschlage, erwiderte der Oberstleutnant, daß es am besten wäre, das Regiment herauszuziehen und nach dem Abtransport mit den Disziplinierungsmaßnahmen zu beginnen. Auf die Frage des Generals, ob man Rädelsführer vermute, erwiderte der Oberstleutnant, daß er Beweise habe, wie Heimkehrer aus der russischen Gefangenschaft vornehmlich unter den Slowaken der Mannschaft mit der Wühlarbeit begonnen hätten. Man habe, warf General Sallagar ein, den Heimkehrern gegenüber schwere Fehler begangen, man habe Leute, die sich auf Weib und Kind gefreut, unter dem Vorwand der Kontumazierung hinter Stacheldraht in Lagern zurückgehalten und so lange überprüft, bis die Leute böswillig und verdrossen geworden seien. Der Oberstleutnant pflichtete dem General bei: Fremde seien die Unruhestifter, die ergänzungszuständigen Leute bereiteten keine Schwierigkeiten. Auf die Frage des Korpskommandanten, was man jetzt tun sollte, wußte niemand eine Antwort. Der Korpskommandant zündete sich eine Zigarette an: Vielleicht werde das helfen! Er werde mit dem AOK in Baden sprechen und ersuchen, Seine königliche Hoheit Erzherzog Joseph zu senden, damit der mit den Leuten spreche. Sallagar fand den Gedanken gut, wies aber darauf hin, daß er noch heute ausgeführt werden müsse, denn morgen könne es bereits zu spät sein. Vorher wolle er, sagte der Korpskommandant, noch ein paar Worte an die Leute richten, er bitte die Herren, einzutreten. Die Offiziere eilten in die Einteilung. Der Oberstleutnant befahl: Habt acht! Das Regiment stand wie eine Mauer.

„Fünfundzwanziger! Ungarn! Ich werde eure Bitte, nur an den Grenzen unseres heißgeliebten Vaterlandes kämpfen zu wollen, an höheren Ort weiterleiten! Ich werde bitten, daß Seine Königliche Hoheit Erzherzog Joseph als Reichsverweser, als Vertreter Seiner Majestät des Königs und als ehemaliger Angehöriger dieses alten und ruhmreichen Regimentes zu euch kommt, um eure Bitten zu hören. Bis dahin müßt ihr aber eure Pflicht als brave Soldaten tun und die euch gegebenen Befehle treulich befolgen. Und darauf wollen wir als brave Soldaten und treue Ungarn ein dreifaches Eljen auf Seine Majestät den Kaiser und König ausbringen!"

„Eljen! Eljen! Eljen!" brauste das Regiment auf. Der General grüßte, die Hornisten bliesen den Generalmarsch, der Oberstleutnant befahl die Kopfwendung.

Als Molnár schon im Wagen saß, kam Sallagar und sagte, die Offiziere haben ihm außerdienstlich mitgeteilt, daß die Mannschaft des Regiments gegen ihn, Sallagar, eine gewisse Aversion hätte, man lehne ihn als Nichtungar ab und gebe ihm die Schuld, daß das Regiment nicht zur Retablierung nach Ungarn gekommen sei. Auf die Frage Molnárs, ob Sallagar die Regimentssprache verstehe, erwiderte der Divisionär, er spreche zur Not ungarisch, aber die Leute sähen in ihm den Tschechen. Molnár, der doch selbst ein madjarisierter Müller war, fand, daß Sallagar nicht wie ein Tscheche, sondern wie ein k. u. k. General aussehe. „Zu dumm! Jetzt sollst du auf einmal ein Tscheche sein, weil dich das Manifest zu einem solchen macht." Molnár zeigte auf seinen Stäbler: „Der da ist von heute an ein Pole, mein Offiziersdiener ist ein Rumäne, meine Ordonnanz ein Serbe, wer ein Österreicher sein wird, weiß ich nicht. Das wird eine verdammte Sauerei geben. Und einer, dessen Mutter eine Deutsche und dessen Vater ein Italiener ist, den werden sie mitten entzweisägen." Der Korpskommandant empfahl sich, er wolle noch sehen, was bei den Honveds los sei.

In den Tälern dämmerte es, die Schneespitzen der Fleimstaler verglommen im müden Rot, der Wind trieb scharf Flocken, als Erzherzog Joseph auf der Hochfläche ankam. Man hatte den zum Kommandanten der Balkanstreitkräfte Ernannten im Augenblick der Abreise nach Osten in Bozen erreicht und gebeten, zu den ungarischen Regimentern auf der Hochfläche zu sprechen. Vor dem Siebenbürger-Lager warteten an der Straße

Feldmarschalleutnant von Molnár und der Kommandant der 38. Honveddivision, Generalmajor Karleusa.

Als der Erzherzog beim Aussteigen fragte, ob er nicht gleich zu den widerspenstigen Fünfundzwanzigern gehen solle, deren Inhaber er doch sei, meldete Molnár, dies sei unmöglich: knapp nachdem er das Regiment verlassen habe, sei ein vollkommener Umschwung eingetreten; die Leute hätten sich im Larici-Lager verschanzt, würfen mit Handgranaten und feuerten auf jeden, der sich nähere, wie verrückt aus Maschinengewehren.

„Schöne Bescherung", sagte betroffen der Erzherzog, „man hat mir doch gemeldet, daß die Leute nur nach Ungarn wollten, sonst aber brav und diszipliniert seien."

Dies sei nach der Besichtigung der Eindruck gewesen, meldete Molnár, er wisse es auch nicht, was in den paar Stunden in die Leute gefahren sei.

„Und Ihre braven Szekler?" wandte sich der Erzherzog an den Kommandanten der Honveddivision.

„Die vorne befindlichen Truppen, Königliche Hoheit, haben den Sisemol zurückerobert, sie haben eine sehr gute, die 24. französische Division, gegenüber, anschließend ist die 48. britische Division. Wenn wir die Reserven nicht vorbekommen, werden wir uns gegen diese Truppen nicht halten können."

Der Erzherzog ging, von seinen Generalen geleitet, über die Wiese auf das bereitgestellte Regiment zu, dessen Kommandant, Major von Bobest, sich meldete.

„Herr Major, wie ist es bei den braven 22. Honved zur Gehorsamsverweigerung gekommen?"

„Königliche Hoheit, ich melde gehorsamst, daß heute früh das k. u. k. Infanterieregiment 25 hätte in Stellung gehen sollen und sich geweigert hat, dem Befehl zu folgen."

„Das wissen wir. Das wissen wir. Ich frage nach Ihrem Regiment, Herr Major."

„Königliche Hoheit, ich bitte gehorsamst, es muß dies vorausgeschickt werden, weil dadurch erst das Benehmen meines sonst so braven Regimentes verständlich wird."

„Für Schuldfragen und deren Klärung ist jetzt keine Zeit. Also bitte!"

„Ich melde gehorsamst, daß ich mein Regiment alarmiere. Wie es zum Abmarsch bereitsteht, tritt ein einziger Mann vor und leistet die Ehrenbezeigung, dann sagt er: ‚Wir gehen nicht in die Stellung!' Ich rufe: Der Mann ist sofort zu verhaften! Da schreit das ganze Regiment, ohne sich aus der Einteilung zu rühren: ‚Wir dulden das nicht!'"

Hinter dem Erzherzog sagte einer der Adjutanten, daß Befehlen und Reden schlecht sei, der Mann hätte auf der Stelle niedergemacht werden müssen. Der Erzherzog sah sich mit seinen tiefblauen Augen nach dem Offizier um, sagte aber kein Wort zu dem Adjutanten, sondern forderte den Major auf, mit ihm jetzt das Regiment selbst anzusehen.

Ungarische Kommandos, Kopfwendungen, Aufklatschen der Hände auf dem Kolbenhals, dann lautlose Stille. Der Erzherzog schritt mit seinem Gefolge die scharf ausgerichtete Front ab. Die Leute sahen besser aus als alle Truppen, die der Erzherzog auf der Fahrt von Bozen herauf getroffen. Vielleicht war es auch das Dämmerlicht, das scharfe Schatten nahm. Als der Erzherzog die Front abgeschritten hatte, trat er zurück, bestieg einen Felsblock und befahl, daß sich das ganze Regiment in einem Kreis um ihn versammle. Kurze Kommandos, Einschwenken, Schlürfen von Schritten, Waffenklirren, rasches Atmen. Der Kreis war geschlossen. Die vielen, so eng gedrängten Männer rochen scharf in der kühlen Abendluft. Der Erzherzog sprach ungarisch, er sprach vom baldigen Frieden, von der Notwendigkeit, nur noch kurze Zeit auszuharren, dem Vaterland in der Not treu zu bleiben und noch eine kleine Weile Geduld zu haben. Seine Majestät habe ihn selbst gestern zum Kommandanten der Balkanstreitkräfte ernannt, das sei jene Befehlsstelle, die vor allen andern berufen sei, Ungarn vor einem serbischen oder rumänischen Einfall zu schützen. Er werde sich dabei vor allem auf die unüberwindlichen Honved stützen. Der Erzherzog machte eine kleine Pause. Er wartete wohl auf einen Widerhall dieser Worte. Das Regiment schwieg. Die Dämmerung zeigte nur Schatten unter den Stahlhelmen.

Der Erzherzog streckte sich und erhob seine Stimme: „Euer Regiment wird bestimmt sein, jetzt, gegen Ende des Krieges, den letzten Ansturm der Feinde auf Ungarn zurückzuschlagen. Halten wir einander die Treue! Schließen wir hier unter Gottes freiem Himmel einen Bund: Ich gelobe euch, daß ihr mit mir nach Ungarn kommen sollt, ihr aber versprecht mir, bis zur Stunde, da dieser Ruf an euch ergeht, eure Pflicht als brave Soldaten zu tun. Stimmt mit mir in den Ruf ein: Es lebe unser König! Es lebe Ungarn, unser heißgeliebtes Vaterland!"

Dumpf brausend wiederholte das Regiment den Ruf. Dann war tiefes Schweigen in der dunklen Runde.

„So liebe ich meine braven Honved!" Der Erzherzog stieg von seiner Felsenkanzel. „Jetzt kommt von jeder Kompanie ein Offizier, ein Unteroffizier und ein Honved, und geloben mir in die Hand, das Versprechen zu halten."

Die Leute traten aus dem weiten Kreis vor in den inneren Ring, der Erzherzog nahm ihnen einzeln das Gelöbnis ab. Bei der vierten Kompanie — schon hatte ein Leutnant und ein alter Zugführer das Gelöbnis abgelegt — begann ein junger, kräftiger Bursche, die Hand am Kolbenhals, unaufgefordert zu sprechen: „Königliche Hoheit, ich bitte gehorsamst, hier in Italien das Regiment nicht mehr in den Graben zu schicken, sonst kommen wir zu spät nach Ungarn. Das Regiment ist im August sechzehn am Isonzo gestanden, man hat uns damals gesagt, unsere Heimat würde von anderen Regimentern verteidigt werden, wir sollten im Graben bleiben, für alles sei gesorgt, und die Rumänen sind bei uns eingefallen, haben geraubt, gebrannt und die Frauen geschändet..."

Der Erzherzog legte dem Mann die Hand auf die Schulter: „Ich habe euch doch gesagt, daß wir uns diesmal besser vorsehen werden. Alle Vorkehrungen werden getroffen."

„So hat man damals auch zu uns gesprochen, Königliche Hoheit! Die Rumänen haben sich nicht daran gekehrt, mir sind beide Eltern erschlagen worden, mein Hof ist verbrannt."

„Nicht mehr einsetzen", murrte der dunkle Kreis, „wir bitten gehorsamst, nicht mehr einsetzen! Nach Ungarn, so bitten wir!"

„Ruhe!" schrie der Major, „es spricht nur, wer gefragt wird!"

„Alles haben uns die Rumänen geraubt!" schrie eine Stimme. Der Erzherzog klopfte dem jungen Honved auf die Schulter: „Mein Sohn, du mußt dein Vaterland dort verteidigen, wo dich dein Vaterland hinschickt."

„Es sind bei uns schon Regierungskommissäre eingesetzt, man hat es geschrieben, Königliche Hoheit, und das ist ein Zeichen, daß die Rumänen kommen."

Der alte Zugführer schämte sich über den frechen Burschen an seiner Seite und war doch stolz auf diesen eigensinnigen Szekler, der ein Bauer war und wie ein Herr zu sprechen verstand. „Wir wollen nicht meutern, Königliche Hoheit", versicherte der alte Zugführer, „wir haben noch nie gemeutert, auch nicht, als in den Karpaten im Winter vierzehn so viele erfroren, aber wir wollen nur für Ungarn kämpfen."

„Nicht für Österreich!" schrie eine einzelne Stimme und andere fielen ein: „Nicht für Österreich!"

„Die Tschechen sollen die österreichische Grenze verteidigen! Die Polen sollen Österreich verteidigen! Die Schwaba sollen sich selbst verteidigen!" schrie es durcheinander.

Der Major mahnte zur Ruhe. Das Regiment verstummte.

„Madjaren, Freunde, Honved!" beschwor der Erzherzog die Soldaten. „Hört mich noch einmal! Polen, Tschechen, Kroaten haben doch die Feinde in den Karpaten und in Sibirien von Ungarn ferngehalten!"

„Wir haben sie nicht gerufen! Wir wären mit den Serben und den Rumänen allein fertig geworden!" schallte es dem Erzherzog entgegen.

Der Erzherzog wollte noch die Abwehr der russischen Dampfwalze erwähnen, aber dann ließ er das sein, davon war es besser zu schweigen, Rußland durfte man in solcher Stunde nicht erwähnen. Der Erzherzog ließ sich zum Nachgeben bewegen, er versprach den Leuten, daß ihre Division die erste sein sollte, die zu ihm nach Ungarn gerufen würde. Die Leute jubelten und ließen den Erzherzog hochleben. Die Offiziere blickten verlegen vor sich hin. Kaum war der Jubel verklungen, trat der junge Honved, der vorhin der Sprecher gewesen war, abermals vor und fragte, was mit den Kameraden sein werde, die vorne im Graben seien. Der Erzherzog erschrak, faßte sich aber schnell und versicherte, daß auch diese ungarischen Kameraden abgelöst würden. Man werde eine Heeresdivision heranholen. Nun waren die Leute zufrieden. Der Erzherzog forderte sie auf, wieder in die Einteilung zurückzukehren und bis zu ihrem Abtransport keine Dummheiten zu machen. Es war schon so dunkel, daß nur von den Streifen zusammengewehten Schnees einiges Licht kam.

Der Erzherzog begab sich mit den Stabsoffizieren und Kompaniekommandanten in die Divisionskanzlei. Die jüdischen Schreiber und Telephonisten wurden hinausgeschickt. Es fiel dem Erzherzog nicht leicht, sein Nachgeben vor den Offizieren zu vertreten. Man müsse die Division herausziehen, damit sie nicht andere Truppen anstecke. Es sei zu fürchten, antwortete dem Erzherzog ein Generalstäbler, daß andere Divisionen dann das gleiche verlangen würden. Vielleicht, gab der Erzherzog zu, dann müsse man eben die Front verkürzen und auf die Höhen nördlich der Hochfläche zurückgehen, den Sisemol könne man wohl als Riegelstellung vor der Assaschlucht halten. Als Feldmarschalleutnant von Molnár bezweifelte, daß Franzosen und Engländer dergleichen Umgruppierungen ruhig zusehen würden, meinte der Erzherzog, daß dann nichts anderes übrigbleibe, als Waffenstillstand zu schließen. Auch das, entgegnete Molnár, dauere eine gewisse Zeit. Was bis dahin sein werde? fragte Generalmajor Karleusa. Wenn die Leute merkten, daß man ihre Wünsche nicht gleich erfülle, würden sie einzeln davonlaufen.

„Aber wir werden die Leute nicht täuschen“, entgegnete der Erzherzog.

„Truppenverschiebungen“, gab Molnár zu bedenken, „können nur im Einklang mit den Nachbardivisionen vorgenommen werden. Morgen früh aber werden diese Leute nach Hause marschieren wollen, ob Ablösungen da sind oder nicht! Die Essenholer werden es in den Gräben vorne erzählen. Was dann? Die Leute vorne werden die Stellungen preisgeben.“

„Morgen früh wird die Edelweißdivision schon hier sein“, tröstete der Erzherzog. „Sie wird die Stellung bis zum Waffenstillstand halten.“

„Wird die Edelweißdivision auf das Plateau heraufgehen?“ fragte Molnár.

„Die Edelweißdivision hat noch nie versagt“, erwiderte der Erzherzog.

„Die Szekler-Honved versagt heute zum erstenmal“, nahm der Divisionär seine Truppe in Schutz. „Vorne den Graben halten sie noch immer.“

„Die Edelweißdivision wird hier ihre eigenen Grenzen verteidigen“, sagte der Erzherzog. „Für Tiroler, Salzburger und Oberösterreicher ist der Italiener der Erbfeind. Die Edelweißdivision wird gehorchen, sie wird kommen. Es schmerzt mich, das als Ungar sagen zu müssen, ich hätte das lieber von meinen Szeklern gesagt.“

Dann wäre es wohl am besten, schlug Molnár vor, bataillonsweise die ungarischen Regimenter aus der Stellung zu ziehen und langsam über Monte Rover abzutransportieren. Man werde gut tun, fügte General Karleusa hinzu, ihnen Munition und Handgranaten wegzunehmen, da sie sonst, stießen sie auf Tschechen oder Rumänen, Unheil anrichten könnten. Der Erzherzog war damit einverstanden, man möge den Leuten sagen, die Munition und ein Teil der Verpflegung müsse für die Ablösung hierbleiben. Molnár bezweifelte, ob die Leute, die sehr mißtrauisch geworden seien, darauf eingehen würden. Man müsse sich alles sehr genau überlegen, sonst verschanzten sich am Ende die Honved genau so wie die Fünfundzwanziger, die es wohl nur deshalb getan haben, weil sie befürchteten, der Meuterei wegen dezimiert zu werden. Als der Erzherzog noch einmal darauf verwies, daß er den Leuten doch sein Wort gegeben habe, entgegnete Molnár, die Leute glaubten niemandem mehr, es sei ihnen zu viel versprochen und zu wenig gehalten worden. Der General zog aus seiner Brusttasche einen Zeitungsausschnitt und legte ihn vor den Erzherzog hin; er stammte aus dem ‚Déli Hirlap' vom 23. Oktober. ‚Ein unabhängiges Ungarn wollen wir haben. Schneiden wir Österreich von unserm Körper ab. Leichengift infiziert! Unterhandeln wir mit den Tschechen, mit den Südslawen, mit Wilson, mit Clemenceau, mit jedermann: es wird nicht leicht, es wird peinlich sein, aber es wird uns am Leben erhalten. Österreich aber ist der Tod.'

Der Erzherzog las und zuckte die Achsel: „Es wird jetzt viel zusammengeschmiert. Und viel Unsinn geschmettert. Vorgestern hielt vor dem österreichischen Herrenhaus der Herzog von Beaufort eine Rede, in der er nachweisen wollte, daß an allem Unglück, das jetzt heraufziehe, ganz allein Ungarn schuld sei. So kommen wir aber nicht weiter. Mit Reden und Schreiben ist jetzt nichts getan. Ich fahre jetzt über Bozen nach Budapest. Vielleicht kann ich dort in dem allgemeinen Wirrwarr etwas ausrichten und dem armen König, auf den alles eindringt, helfen, wenn er von Wien wieder zurückkommt. Hals- und Beinbruch! Servus, meine Herren!"

Die Offiziere traten in die Nacht hinaus. Vom Plateau herüber pfiff der Wind. Scheinwerfer tasteten im Süden durch das Dunkel, Leuchtraketen stiegen, hin und wieder schoß Artillerie. Der Erzherzog lauschte eine Weile, dann fragte er Molnár, ob die Regimenter vorne halten würden. Molnár glaubte es. Die vorne hätten keine Zeit zum Zeitunglesen und zum Besprechen von Manifesten. Vorne schieße man und werde man beschossen. Wenn morgen wirklich die Edelweißdivision zur rechten Zeit erscheine, dann könne man noch mit einem blauen Auge davonkommen.

Also die Edelweißdivision alarmieren, die oberösterreichischen, salzburgischen Kerntruppen, die immer gerufen werden, wenn es gilt! Auf Rainer! Auf Hessen! Zeigt, daß ihr da seid, wenn es drauf ankommt!

Aber nun wollten diese Bergbauern, Holzknechte, Salinenarbeiter und die Bauernsöhne aus den großen Vierkanthöfen nicht mehr, sie, die Raufer, die Draufgeher, die Wildschützen, die Jäger, die besten Soldaten, hatten wohl nicht die Schneid, sie hatten die Lust verloren. An ihrem Lager in Trient marschierten die Ungarn vorbei, Honved- und Heeresregimenter, mit rotweißgrünen Kokarden und Bändchen geschmückt, lachend, jubelnd, singend, als hätten sie den Krieg siegreich beendet. An der Spitze der ungarischen Regimenter lärmten Zigeunermusiken, im Marschieren geigend, Kurutzenlieder spielend und immer wieder den aufpeitschenden Rákóczymarsch wiederholend, denn es ging der Heimat zu, nach Norden, nach Norden! Wo nur die Zigeuner auf einmal die vielen Geigen her hatten? Und weshalb leuchteten auf einmal die Augen der jungen Trientinerinnen, weshalb stelzten die jungen Italiener so frech, lachten die Tschechen so höhnisch, hasteten die Offiziere beim Armeekommando so eilig hin und her? Aber zu den Rainern, den Stierwaschern, und zu den Hessen, den Herz-Jesu-Brüdern, kann man doch reden. Diese Bajuvaren denken langsam, werden hin und wieder störrisch, wenn man sie hart anläßt. Hat man sie aber einmal in der Stellung, dann halten sie bis zum letzten Mann aus, vor den Wallischen gehen sie nicht zurück, denn das ist hier ihr Krieg, und der Wallische ist ihr Feind. Hier unten kündete jeder Gebirgsstock ihre Tapferkeit, jeder Berg ihren Ruhm. Hier war nicht das trostlose Rußland, in dem man verschwand wie eine Stecknadel im Heu, hier galt der Mann und der einzelne Kämpfer. Die Linzer wollten nicht mehr. Ihre Sturmbataillone waren bereits an die Piave vorausgegangen, und jetzt — das Ganze herstellt — jetzt sollte das Regiment in die Sieben Gemeinden hinauf! Die dritte, bereits einwaggonierte Kompanie verließ die Wagen wieder. Der Bataillonskommandant wollte ohne Dritte losfahren, es war keine Zeit zu verlieren. Aber da wurden die Wagen abgekuppelt. Die Eisenbahner halfen den Soldaten. Was blieb übrig, als das Bataillon zu versammeln und es in die Madruzzokaserne zurückzuführen. Man wollte den Leuten zureden, sie zur Vernunft bringen, den alten Kampfgeist noch einmal entflammen, Wein und Rum ausgeben, die Stimmung heben! Da mußten sich eben die Herren Offiziere etwas der Sache annehmen und nicht so teilnahmslos und wurstig herumstehen!

Am nächsten Morgen fand sich der Divisionär selbst bei den Linzern in der Kaserne ein. Die Leute hatten etwas Vernunft angenommen, sie waren bereit, an die Front zu gehen. Der Divisionär war gerührt, er brachte ein Hoch auf den Kaiser aus, ein schwaches Echo antwortete.

Die Rainer aus Salzburg hatten sich eine eigene Meuterei ausgedacht. Als die Tagchargen morgens wecken kamen, blieben die Landler auf den Pritschen liegen und forderten die Korporale vom Tag auf, ihnen gefälligst und sogleich und gründlich... Die Chargen holten Offiziere herbei, und die Offiziere redeten den Landlern gut zu, gescheit zu sein und keine Dummheiten zu machen. Bat man die Landler schön, waren sie auf einmal nicht die grimmigen Stierwascher, konnten sie einem guten Zureden nicht widerstehen. Doch der Hinweis auf den Armeebefehl des Kaisers, daß nach wie vor der Eid gelte, löste ein böses Lachen aus. Den Kaiser hatten sie von der Thronfolgeroffensive des Jahres sechzehn in guter Erinnerung, aber die Kaiserin war für sie eine Wallische, von der sie nicht viel Gutes gehört hatten, und von den Brüdern der Kaiserin schon gar nicht. Aber schließlich und endlich brachte man das Regiment zur Bahn, waggonierte es ein, und man fuhr bis Grigno durch das Suganatal vor. In dieser halbzerschossenen Station erfuhren die Leute, daß sie in die Sieben Gemeinden hinauf sollten. Überallhin wären sie gegangen, dort hinauf über die Wolken, zwischen die wasserarmen Felsen, dort hinauf gingen sie nicht mehr, die Blutschlucht, die Frenzellaschlucht, hatte schon zu viel Salzburger Blut getrunken. Dort oben, wo man an klaren Tagen die Lagunen von Venedig schimmern sah, wurde man im Sommer naß und fror man im Winter, dort oben ging nach jedem Trommelfeuer ein Wolkenbruch nieder, dort oben hatten sie nichts verloren, dort wollten sie nie wieder hin. Da mochte zehnmal der Feldkurat kommen und sie an die Heiligkeit des Eides erinnern, sie hörten nicht einmal mehr hin, wenn der Militärgeistliche sprach. Dort oben liegt hinter jedem Stein ein Toter, um jeden Brunnen verfaulen Pferdekadaver, und das Glatteis ist rot vom gefrorenen Blut. Die Wälder sind graue Gespensterzüge, verbrannt, zerschossen, der Schnee ist giftgelb vom Gas, und beim Stellungsbau hebt man die Schädel der Gefallenen vom vergangenen Jahr aus. Tag und Nacht hämmert dort oben die Artillerie, Minen brechen, daß es einem den Magen heraufhebt, Verpflegung kommt nur in der Nacht und dann verschüttet und eiskalt in die Gräben, und in den Reservestellungen gibt es Verluste wie anderswo im Graben. Dort hinauf gehen die Salzburger nicht mehr.

Warum dort hinaufgehen? Sind die Offiziere denn blind? Sehen sie denn nicht, wie durch das Suganatal von vorn Train um Train, und zwischen den Trainwagen Ungarn, Tschechen und Polen marschieren, hören sie denn nicht, was diese Zurückgehenden rufen? Werft die Waffen weg! rufen sie, geht nach Haus, rufen sie, der Krieg ist aus, rufen sie, laßt euch von den Offizieren nichts vormachen, raten sie, ja auch ein von der deutschen Westfront bezogenes Wort ist vereinzelt zu hören: Kriegsverlängerer! rufen manche und schlagen sich mit der flachen Hand auf die Stirn, um zu zeigen, daß die Salzburger, die an die Front fahren wollen, während alles nach Hause marschiert, den Verstand verloren haben. Die Verräter durften nach Hause gehen, die Rainer sollten allein die Pflicht tun? Hielt man sie für so dumm? Wollte der neue Regimentskommandant Schilhawsky unbedingt das Plateau verteidigen, dann sollte er es mit den Längerdienenden und den Offizieren tun, die einfachen Landler gingen nicht mit, die machen es wie die Linzer, die es wiederum den Ungarn abgeguckt hatten.

Von den Sieben Gemeinden rollte ununterbrochen der Donner eines heftigen Trommelfeuers herüber. Rainer! Ihr seid die letzte Hoffnung der alten, der tapferen k. u. k. Armee! Rainer, ihr könnt den Kaiser, ihr könnt eure Offiziere in der Stunde der Not nicht im Stich lassen! Die Leute hörten nicht, die Leute wollten an die Piave, dorthin, wo ihr Sturmbataillon war. Sie wollen nach Salzburg! Sie wollen Frieden! Sie haben den Krieg satt! Sie sind hungrig, die Mäntel sind zerrissen, die Schuhe lassen das kalte Schneewasser durch. In dem Kessel von Asiago ließen sie sich vom feindlichen Feuer nicht trocknen. Abends mußte Schilhawsky von Bahnwehr nach Levico melden, daß er gegen seine Leute nichts vermöge. Das Armeekommando ließ das Regiment nach Trient zurückfahren. Ein Bataillon solle nach Borgo vormarschieren und dort das Suganatal abriegeln. Ein Angriff der Italiener müsse dort aufgehalten werden. Die Sieben Gemeinden kämen nicht mehr in Frage, die Lage dort oben habe sich gründlich geändert, es stehe auf der Hochfläche sehr schlecht, es stehe verzweifelt. Der Regimentskommandant von Vierzehn rannte von Kompanie zu Kompanie in der Madruzzokaserne. Sie sollten wenigstens in Trient hier bleiben, sie sollten sich nicht diesem Flüchtlingsstrom der Polen, Ungarn, Tschechen und Rumänen anschließen, sie seien doch Vierzehner, Linzer, Hessen, er habe von der Pike auf in diesem alten, schönen Regiment gedient, sie sollten ihm doch diese Schande nicht antun! Aber die Leute hörten nicht auf ihren Kommandanten, sie kümmerten sich nicht mehr um die Offiziere, sie nahmen wohl die Gewehre mit, aber sie schlossen sich dem Strom der Zurückweichenden und nach Norden Marschierenden an, die immer noch an der Kaserne vorbeilärmten.

Die Entente und die 14 Punkte, 29. Oktober 1918

Am 29. Oktober 1918 waren im Arbeitszimmer Pichons am Quai d'Orsay alle Außenminister und Ministerpräsidenten der Alliierten zusammengekommen. Zu ihnen hatte sich als amtlicher Sprecher Wilsons und der amerikanischen Regierung Oberst House gesellt, der vor drei Tagen in Paris eingetroffen war. Da House den General Foch zu hören wünschte, ersuchte Clemenceau den Oberst Hankey, General Foch hereinzubitten. Aller Augen richteten sich auf den alten Soldaten, der mit der unvermeidlichen Aktentasche unter dem Arm eintrat, sich kurz verneigte und an dem Tisch Platz nahm. Oberst House fragte den General, ob Foch es vorziehen würde, die Deutschen noch weiter zurückzutreiben oder den hier entworfenen Waffenstillstandsvertrag zu unterzeichnen.

Kriegführen, erwiderte Foch trocken, heiße, um bestimmte Ziele kämpfen. Würden die Deutschen den Waffenstillstand unter den festgelegten Bedingungen annehmen, dann seien die vorgenommenen Ziele erreicht. Wenn diese aber erreicht seien, habe niemand das Recht, nur noch einen Tropfen Blut zu vergießen.

Lloyd George legte sein rosiges Gesicht zur Seite und zog die buschigen Brauen hoch: Wenn sich aber die Deutschen weigerten, zu unterzeichnen? Was dann? Wie lange brauche General Foch, die Deutschen über den Rhein zurückzutreiben? Foch breitete die Arme aus und ließ sie sinken: Könne sein drei, könne sein vier, fünf Monate. Der Tiger beugte sich weit über den Tisch und fragte, ob Foch meine, daß die hier angeführten Bedingungen genügten, die Deutschen unschädlich zu machen. Ob Foch nicht auch der Meinung sei wie Pétain und Pershing, daß man die Deutschen gänzlich entwaffnen solle. Haig, rief Balfour dazwischen, sei auch nicht für eine völlige Entwaffnung, sondern bloß für die Räumung der von den Deutschen besetzten Gebiete. Clemenceau widersprach erregt: Ein unmöglicher Vorschlag! Das bedeute für die Deutschen: Atempause und Wiederaufnahme des Kampfes in besseren Stellungen! Foch ging nicht auf das Fauchen des Tigers ein: Die vorgeschlagenen Bedingungen genügten. Die Boches seien gute Soldaten, sie hätten sich gut geschlagen, man möge ihnen Waffen und Armee lassen. Wer ganz entwaffnet werden müsse, sei seiner Ansicht nach die österreichische Armee, da deren einzelne Teile, wenn man ihnen die Waffen lasse, sofort übereinander herfallen würden, wie man es ja nach dem ersten Balkankrieg zwischen Bulgaren, Serben und Rumänen erlebt habe. Denn nach der Auflösung Österreichs werde man es eben mit einer ganzen Reihe neubalkanisierter Völker zu tun haben.

Das Schicksal der österreichischen Völker ging den Mitgliedern dieser Versammlung nicht sehr nahe, das deutsche Schicksal beschäftigte sie mehr. Balfour äußerte sich, daß er nicht glauben könne, daß Deutschland diese Bedingungen annehmen werde. Der Tiger erwiderte, daß die Deutschen wohl anfangs ablehnen würden, aber man müsse eben fortgesetzt auf sie eindringen, nicht nur mit Waffen, auch mit Noten, Ermahnungen und Drohungen.

Lloyd George fragte, was Ludendorffs Sturz bedeute: Ablehnung der Bedingungen oder Annahme?

„Levée en masse", erwiderte Clemenceau. „Ein letzter Versuch, wie ihn auch Frankreich nach dem Sturz Napoleons 1870 unternommen hat."

Nun meldet sich Oberst House zu Wort: Vielleicht sei der Rücktritt oder der Sturz Ludendorffs doch eine Folge der Noten des Präsidenten Wilson? Lloyd George meinte, daß Oberst House die Deutschen gewaltig unterschätze. Auch er, Lloyd George, sei Clemenceaus Ansicht, daß die deutschen Soldaten, wie es das russische Beispiel lehre, jetzt, nachdem die Generale den Krieg verloren haben, die roten Fahnen des Kommunismus entfalten und mit dem Mute der Verzweiflung weiterkämpfen würden. Clemenceau wies darauf hin, daß Rußland vielleicht doch nicht das richtige Beispiel abgeben könne, da ja der russische Versuch mißlungen sei. Balfour warf ein, daß die Deutschen zäher seien als die Russen, und daß man die Deutschen nicht geringer einschätzen dürfe als die Franzosen, die auch nach Sedan weitergekämpft hätten. Und dann möge man vor allem eins nicht vergessen, ganz Europa sei kriegsmüde, die französischen Soldaten genau wie die deutschen und die englischen. Es gebe nur die Amerikaner, die den Krieg noch nicht satt hätten. Auch Lloyd George war dafür, den Deutschen keine Bedingungen zu stellen, die sie zum Äußersten treiben würden. Gerade in den letzten Kämpfen hätten Engländer und Amerikaner in den Argonnen so schwere Verluste erlitten, daß der ganze Nachschub durcheinandergeraten sei. Er könne Frankreich nur raten, den Bogen nicht zu überspannen.

Der Tiger fuhr auf: Er wisse nicht, ob die Boches die Ablieferung von fünftausend Geschützen und zwanzigtausend Maschinengewehren härter treffen werde, als jene von Großbritannien vorgeschlagene Ablieferung von hundertfünfzig U-Booten, zehn Schlachtschiffen und sechs Schlachtkreuzern, nicht gerechnet jene Menge anderer Fahrzeuge, die er sich nicht gemerkt habe.

„England als Seemacht", erwiderte Lloyd George, „hat in erster Linie an die Sicherheit seiner Seestellung zu denken." „Frankreich als Landmacht", erwiderte Clemenceau, „muß an die Sicherung seiner Grenzen denken."

Was England mit so vielen deutschen Schiffen vorhabe, erkundigte sich Oberst House. Das wisse man noch nicht so genau, gestand Lloyd George, vielleicht werde man sie aufteilen, vielleicht versenken. Jedenfalls einmal sie den Deutschen abknöpfen.

Balfour erkundigte sich dann bei Foch, ob die Besetzung der rheinischen Brückenköpfe nicht vorgenommen werden könne, ohne die großen westdeutschen Städte in diese Besetzung einzubeziehen. Foch verneinte dies: Mainz sei unentbehrlich, Frankfurt werde nicht besetzt, bleibe aber in Reichweite französischer Geschütze, Köln könne nicht freibleiben, da es ein wichtiger Eisenbahnknotenpunkt für die Verbindung mit der Pfalz sei.

„Nie, nie werden sie das annehmen!" rief Balfour.

„Nie werden sie uns das vergessen! So kommen wir nie zu Frieden! Wir verewigen durch solche Besetzungen den Kriegszustand", klagte Lloyd George. „Man darf doch nicht mehr verlangen, als unbedingt notwendig ist."

„Ohne diese Besetzungen", erwiderte Foch trocken, „kann ich

die militärische Überlegenheit nicht verbürgen. Ich bin für die Sicherheit verantwortlich, ich bestehe auf diesen Bedingungen."

„Ich auch!" rief Clemenceau, „ich bestehe auch darauf! Und dann muß in den Waffenstillstandsvertrag ein Punkt kommen, der auf die Wiedergutmachung der uns von den Deutschen zugefügten Schäden dringt."

Lloyd George erwiderte, wenn Clemenceau unter Wiedergutmachung die Rückgabe gestohlenen Gutes meine, so sei auch er, Lloyd George, für diese Klausel, sonst aber gehörten Reparationen, also Kriegsentschädigungen, nicht zu Waffenstillstandsbedingungen, sondern zu Friedensbedingungen, und House fügte hinzu, daß jene von Clemenceau aufgeworfene Frage eine so weitreichende Bedeutung habe, daß sie hier und jetzt nicht erörtert werden könne. Dieser Meinung schloß sich auch Sonnino an, der durch solche Erörterung den Waffenstillstand nicht verzögert wissen wollte. Foch verließ, als sich die Unterhaltung von militärischen Fragen entfernte, ebenso bescheiden, wie er gekommen war, wieder das Zimmer.

Lloyd George erklärte, daß er einige Fragen an Oberst House zu richten habe.

Die Sessel wurden gerückt, alle Gesichter kehrten sich dem Abgesandten des Präsidenten Wilson zu. Was man von Oberst House wissen wolle, sei: Wenn man den Waffenstillstandsbedingungen zustimme, erkenne man dann, nach Houses Ansicht, die vierzehn Punkte des Präsidenten an?

Das war die Frage, die ihnen allen auf der Zunge gebrannt hatte, und die Lloyd George mit verbindlichem Lächeln vorbrachte. Man müsse sich erkundigen, weil man sich darüber schlüssig werden müsse, ob man die vierzehn Punkte annehmen wolle. Es sei, fügte Lloyd George dann noch hinzu, seiner Ansicht nach auch die Pflicht der Alliierten, davon die deutsche Regierung zu verständigen. Noch ehe Oberst House sein Erstaunen überwunden hatte, erklärte Clemenceau, daß weder er selbst noch die französische Regierung geneigt seien, sich auf die vierzehn Punkte festzulegen.

Noch ehe Oberst House etwas erwidern konnte, rückte Clemenceau seinen Stuhl herum und fragte mit übertrieben lauter Stimme Lloyd George, ob dieser jemals vom Präsidenten Wilson gefragt worden sei, ob er die vierzehn Punkte annehme; ihn, Clemenceau, habe niemand gefragt.

Als Oberst House fühlte, wie ihn alle voll Ablehnung anschauten, entgegnete er, daß die Deutschen erklärt hätten, auf Grund von Wilsons vierzehn Punkten abzuschließen. Unterschrieben also die Deutschen, dann seien die vierzehn Punkte nicht nur von den Deutschen angenommen, sondern auch die Grundlage aller späteren Verhandlungen. Clemenceau machte eine wegwerfende Handbewegung. Der französische Außenminister erriet die Gefahr und schlug daher vor, diese Frage einmal vorerst beiseite zu lassen; und das könne man, wenn man den Deutschen sage, man wolle bloß Waffenstillstands- und keine Friedensbedingungen festsetzen.

Balfour war gegen solche Schliche. Hier mußte endlich einmal reiner Wein eingeschenkt werden. Als Balfour im Frühling 1917 in Amerika gewesen war, hatte ihn Oberst House gebeten, mit Wilson nicht über die Geheimverträge der Alliierten zu sprechen, damit der Präsident nicht vorzeitig darüber erschrecke, welch ein Unterschied sich zwischen seinen reinen Theorien und den sehr realen und nüchternen Kriegszielen der Alliierten auftue. Damals hatte sich Balfour wohl oder übel dem Rat des Obersten gefügt. Aber jetzt fand Balfour, daß dies nicht mehr endlos so weitergehen könne. Wenn man seine ablehnende Haltung zu den vierzehn Punkten des Präsidenten nicht darlege, dann sei man an sie gebunden, weil man sagen werde, das Schweigen habe man als Zustimmung ausgelegt. Clemenceau schlug mit der Faust auf den Tisch: „Los! Laßt uns also einmal die vierzehn Punkte hören!"

„Die vierzehn Punkte, die weiteren fünf und alle andern nicht gezählten noch dazu!" fiel Sonnino ein.

Oberst House entnahm seiner Aktentasche die in vielen Durchschlägen geschriebenen vierzehn Punkte und verteilte sie unter die Minister. Clemenceau lachte laut auf, alle sahen zu ihm hinüber. „Gleich der erste Punkt! Was soll das heißen? Wie kann ich versprechen, niemals mehr eine geheime diplomatische Abmachung zu treffen?" „Unmöglich!" bekräftigte Sonnino. Alle anwesenden Minister fanden schon den ersten Punkt ganz und gar unmöglich. Aber Oberst House war nicht so schnell aus der Ruhe zu bringen, noch einmal entnahm er seiner Aktentasche eine Anzahl von Blättern und verteilte sie unter die Herren am runden Tisch. Diese strittigen Punkte habe der Präsident alle teils in Senatsreden näher erläutert, teils habe der amerikanische Vertreter hier in Paris zu diesen Punkten Kommentare ausgearbeitet, in die man Einblick zu nehmen bitte. Clemenceau überflog die Erläuterungen und die Kommentare, dann sagte er, während die anderen noch lasen: Gut. Diese Nachträge und Kommentare heben die vierzehn Punkte fast auf. Sie erinnern stark an jene künstlichen Nebel, die man an der Front vor großen Angriffen anwende. Das möge vielleicht vor einem Vierteljahr ganz gut und nötig gewesen sein, heute sei aber die Lage ganz anders, heute müsse man seine unbestreitbaren Rechte als Sieger weder vernebeln noch verklausulieren.

Lloyd George las die Kommentare nicht durch, ihn ging nur Punkt II an: Unumschränkte Freiheit der Schiffahrt auf allen Meeren. Den Punkt konnte England niemals annehmen. Durch diesen Punkt wurde jede Blockade unmöglich gemacht. England hatte Deutschland durch die Blockade mehr zu Boden gezwungen als durch Schlachten. „Diese Rechte“, fragte Lloyd George erbost, „sollen auf den Völkerbund übergehen? Müßte Großbritannien abermals auf Leben und Tod einen Kampf ausfechten, keine Macht der Welt könnte uns hindern, uns durch die Blockade zu verteidigen. Durch die Blockade allein wurde Deutschland gehindert, über Skandinavien und Holland Gummi, Baumwolle, Kupfer, Öl und Lebensmittel aller Art zu bekommen. Ehe England dieses Mittel aus der Hand gibt, muß ein Völkerbund errichtet werden. Dann wird sich England diesen Völkerbund ansehen und nachher erst kann vielleicht über die Freiheit der Meere gesprochen werden.“

Auch nach diesem Angriff bewahrte Oberst House die Ruhe: Freiheit der Meere bedeute nicht Abschaffung der Blockade, sie bedeute lediglich die Kodifizierung der Gebräuche und Regeln des Seekrieges, vor allem müsse der Grundsatz der Unverletzlichkeit des Privateigentums auf hoher See in Kriegszeiten bekräftigt werden. Wenn Großbritannien nicht anerkennen wolle, daß der Handel der Vereinigten Staaten mit den Neutralen auf hoher See unbehelligt zu bleiben habe, werde den Vereinigten Staaten die Seeherrschaft Großbritanniens sehr schwer ertragbar sein. Ja, die Vereinigten Staaten würden eine so große Flotte bauen müssen, daß sie in der Lage wären, durch sie ihren Seehandel schützen zu lassen.

Lloyd George hörte die Drohung, sie machte aber auf ihn keinen Eindruck, derselben Worte fast hatte sich einst auch Deutschland bedient. Oberst House war aber mit seinen versteckten Drohungen noch nicht fertig: Lloyd George möge doch annehmen, daß sich Großbritannien einmal mit irgendeiner Macht, vielleicht mit Frankreich, im Kriege befinde. Wenn Frankreich es sich nicht durch irgendwelche Rechtsbrüche gleich am Anfang dieses Krieges mit Amerika so verscherzen würde, wie dies Deutschland getan habe, so würde Amerika ganz gewiß die Partei der schwächeren Seemacht, nämlich die Partei Frankreichs nehmen. Clemenceau, der staunend dieser Belehrung gefolgt war, verbeugte sich vor House, und Lloyd George schüttelte den Kopf: Welche Zukunftsbilder! Sonnino mahnte, wieder zu den Waffenstillstandsbedingungen zurückzukehren, aber House war mit seiner Belehrung noch nicht fertig: Wenn man also diese vierzehn Punkte ablehne, auf welche Deutschlands Waffenstillstandsbitte gegründet sei, dann müsse Amerika seine bisherigen Verhandlungen mit Deutschland gegenstandslos erklären und den Deutschen offen sagen: Die Verbündeten nehmen die Bedingungen nicht an. Daraus ergebe sich aber dann weiterhin für Amerika die Frage, ob sich die Vereinigten Staaten nicht unmittelbar mit Deutschland und Österreich auseinandersetzen sollten.

Das bedeute soviel wie Sonderfrieden zwischen den Vereinigten Staaten und den Mittelmächten, warf Clemenceau ein und musterte mit halbgeschlossenen Augen diesen sonderbaren Schwärmer aus Amerika.

„Es könnte sein“, erwiderte House, öffnete seine Mappe und blätterte, ohne die verdutzten Männer rund um den Tisch anzusehen, in seinen Papieren.

Lloyd George senkte sein weißes Haupt, faltete die Hände vor der Brust und sagte sanft wie bei einem Abschiedsgruß an einem Grabe: „Wenn die Vereinigten Staaten jetzt, mitten in den schwersten Kämpfen, einen Sonderfrieden schließen wollen, so betrübt uns das aufrichtig. Aber die Blockade, das Kriegsmittel, das Englands Bestand sichert, können wir deshalb nicht aufgeben. Was uns betrifft, wir werden weiterkämpfen.“

Er könne sich unter der Freiheit der Meere überhaupt nichts vorstellen, versicherte Clemenceau, denn ein Krieg wäre eben kein Krieg, wenn es eine solche Freiheit der Meere gäbe, die es nicht zulasse, den Feind von der Zufuhr abzuschneiden.

Balfour vermochte seinen Unwillen kaum zu unterdrücken über dieses Land, das sich mit seinem Kriegseintritt so lange Zeit gelassen hatte, bis Englands beste Jugend verblutet war. Und dieses Land drohte jetzt wegen irgendwelcher Lächerlichkeiten wieder auszuspringen. Oberst House fühlte, daß er zu weit gegangen war, er wollte einrenken. Es sei die Sache Englands, Frankreichs und Italiens, zusammenzutreten und die

Grenzen festzulegen, innerhalb welcher sie die vierzehn Punkte Wilsons anzunehmen gedächten. Das wäre wohl vor Festlegung des Waffenstillstandes der wichtigste Schritt. Pichon pflichtete dem Oberst House bei, da meldete sich Sonnino, der gegen Punkt IX schwere Bedenken hatte. Lloyd George erinnerte Sonnino, daß Österreich noch Zeit habe, jetzt werde der Waffenstillstand mit Deutschland besprochen. Alles gut und schön, wehrte sich Sonnino, aber gebe Italien die Zustimmung zu den vierzehn Punkten, werde man annehmen, es habe auch die Österreich betreffenden Klauseln angenommen.

Die Franzosen und die Engländer suchten Sonnino von dem österreichischen Thema abzulenken, aber dieser Sohn eines italienischen Juden und einer schottischen Presbyterianerin war eigensinnig und hartnäckig, er bestand darauf, seine Bemerkungen zu Punkt IX zu verlesen. Also ließ man Sonnino voll Unwillen und Ungeduld vorbringen, was er unbedingt vorbringen wollte. Mit Staunen vernahm House, daß Italien nicht allein die völkischen Grenzen, alle Italiener, sondern auch die militärischen und geographischen — Brenner — und die historischen — ganz Dalmatien — verlange. Nun sah House ein, wie töricht es war von Amerika, sich vor Eintritt in den Krieg nicht mit den Alliierten über deren Geheimabkommen und Ansprüche unterhalten zu haben, denn als House sich gegen Italiens Ansprüche kehrte, verteidigte Balfour seinen Kollegen Sonnino: Ein Vertrag sei ein Vertrag, England sei verpflichtet, das Londoner Abkommen nach Geist und Buchstaben zu halten, was Italien verlange, besitze es schwarz auf weiß zugesagt.

Clemenceau erinnerte noch einmal daran, daß man jetzt über Deutschland spreche, und Italien habe seines Wissens keine gemeinsame Grenze mit Deutschland. Italien, erwiderte Sonnino, müsse hier mitreden, denn man könne vor die Frage gestellt werden, daß Deutschland annehme und Österreich nicht, was dann? Oder der Waffenstillstand werde mit Deutschland abgeschlossen und die Alliierten würden zu Italien sagen: wir sind fertig, fechtet euren Krieg mit Österreich allein aus. House versuchte Sonnino zu beruhigen: „Vor zwei Tagen hat sich Österreich bereit erklärt, unbekümmert um Deutschland, einen Sonderfrieden zu schließen, Wilsons Bedingungen könnten wie immer lauten. Ein Staat, der seinen Verbündeten im letzten Augenblick im Stiche läßt, denkt an keinen Angriff mehr."

Sonnino, der von allen italienischen Staatsmännern die meiste

Sympathie für Österreich gehabt und der sich am hartnäckigsten gegen den Eintritt Italiens in den Krieg gewehrt hatte, wollte an eine so plötzliche, ja bedingungslose Waffenstreckung der Donaumonarchie nicht glauben. Wenn aber Deutschland annehme, dann werde es von seiner Westfront Soldaten an die italienische Front schicken, die dort, als Österreicher verkleidet, Italien angreifen würden. Oberst House wehrte ab: das sei unmöglich, Clemenceau fand diese Befürchtung Sonninos phantastisch, aber der italienische Minister ließ sich nicht beschwichtigen: Italien habe solche Verschiebungen deutscher Truppen schon einmal erlebt, nach Italiens Kriegserklärung an Österreich habe Deutschland sein Alpenkorps an die italienische Grenze geschickt. Lloyd George sah einen Ausweg: Man müsse eben Wilson bitten, die Österreicher anzuweisen, ihren Parlamentär zur gleichen Stunde an Diaz zu senden, wie die Deutschen ihren Parlamentär an Foch. Ob das genüge, fragte Clemenceau, mit Mühe den Hohn unterdrückend.

„Ich möchte es schriftlich haben", erwiderte Sonnino.

Lloyd George verneigte sich höflich: „Wenn es Sie beruhigt, können wir Italien auch diesen Gefallen erweisen."

Die österreichisch-ungarische Waffenstillstandskommission, 30. Oktober 1918

Endlich war den 30. Oktober 1918, nachmittags, der k. u. k. Generalstabshauptmann Camillo Ruggiera nach Rovereto zurückgekehrt und konnte dem Vorstand der österreichisch-ungarischen Waffenstillstandskommission melden, daß er gestern vormittag beim dritten Bataillon des 36. italienischen Infanterieregimentes in der Serravalle-Riegelstellung die feindlichen Linien überschritten und dem Kommandanten der 25. italienischen Division, General Battistoni, mitgeteilt habe, daß Österreich-Ungarn über einen sofortigen Waffenstillstand zu verhandeln wünsche.

Auf die Frage, wie man ihn empfangen habe, berichtete der Hauptmann, daß man zuerst geschossen und seinen Fahnenträger verwundet, sie dann aber doch über die Linien gelassen habe. Wie die Stimmung sei? Korrekt, aber sehr, sehr kühl. Es sei sehr wenig zu erhoffen. Man habe, wurde Ruggiera von der k. u. k. Waffenstillstandskommission mitgeteilt, sowohl in Baden wie hier in Rovereto geglaubt, daß ihm etwas zugestoßen, weil man so lange ohne Nachricht verblieben sei, das AOK habe alle Augenblicke in höchster Nervosität angerufen. Die Italiener haben, erwiderte Ruggiera, ihn drüben warten lassen, wahrscheinlich um auf diese Weise Zeit für den eigenen Vormarsch zu gewinnen und zu guter Letzt einen Sieg melden zu können. Aus dem an General Weber gerichteten Schreiben gehe hervor, daß die Italiener keine Verhandlungen, sondern ein Diktat wünschten. Jeder Versuch, auch nur über eine kurze Waffenruhe in ein Gespräch zu kommen, sei von den Italienern ebenso höflich wie kühl abgelehnt worden. General Weber stellte nach Ruggieras Meldung fest, daß er wohl selbst als Parlamentär gehen müsse. Da er nur wenig italienisch verstehe, werde er die Herren Oberst Schneller und Oberstleutnant Baron Seiller mitnehmen. Baden habe den Befehl gegeben, auch wenn Ruggiera nicht zurück sein sollte, so bald wie nur möglich die italienischen Linien zu überschreiten. Auf Ruggieras Frage, ob Baden wisse, daß Italien nicht verhandeln, sondern diktieren wolle, erwiderte Weber, Baden wisse mehr als man hier ahne. Es scheine sehr schlecht zu stehen, denn Baden habe aufgetragen, alle Bedingungen, so weit sie nicht die Waffenehre berühren und den Verbündeten schaden, anzunehmen. General Weber verabschiedete sich und brach mit den beiden Offizieren und einem Trompeter auf.

Die Dunkelheit war schon hereingebrochen, als sich die drei Offiziere und der den Generalmarsch schmetternde Trompeter auf der Eisenbahnstrecke am Etschufer den italienischen Linien näherten. Italienische Hörner nahmen das Signal auf, die Täler wiederholten es und die nachtdunklen Waldhänge warfen es hell zurück. Von Talapina her tastete ihnen über die rostigen Schienen auf den verwachsenen Geleisen ein Scheinwerfer entgegen, vom Cornale und von der Vignola herab kamen über Wald und Fels zwei breite Lichtkegel. Die vier Männer marschierten nun in dem mit ihnen wandernden, leicht zitternden und schwankenden Lichtkreis auf die italienischen Stellungen zu. Leuchtkugeln stiegen hoch, die Scheinwerfer holten ein Drahtverhau aus der Nacht, der Schienenweg war versperrt. Ein paar Schüsse fielen, Kugeln pfiffen an den Parlamentären vorbei, die sich nicht decken und nicht ducken durften, da zu viele Augen auf sie gerichtet waren. Tschechische Flüche übertönten das Rauschen der Etsch. Von dort drüben hatte man auch geschossen. Dort stand die tschechische Legionärsbrigade, deren Kameraden nach der Gefangennahme an der Piave als Deserteure gehängt worden waren, eine ganze Allee mit tschechischen Legionären! Ein paar italienische Kommandorufe, und dann war alles ruhig. Die Scheinwerfer zogen die Fühler ein, die Hörner schwiegen.

Der kleine Lichtkegel einer Taschenlampe tanzte heran. Ein italienischer Generalstabsmajor erschien am Drahtverhau und teilte den österreichischen Offizieren mit, daß er den strikten Auftrag habe, niemanden über die Linien zu lassen. Er selbst dürfe nur einen Brief an das italienische Oberkommando übernehmen.

Baron Seiller, der ehemalige Militärattaché in Rom, versicherte dem italienischen Major, daß dieser General der Infanterie, der hier stehe, ein Korpskommandant und kein gewöhnlicher Parlamentär sei, die beiden Begleiter aber seien Generalstabsoffiziere. Exzellenz hier überbringe selbst die Antwort des Armeeoberkommandos, es sei eine ebenso wichtige wie dringliche Angelegenheit. Der italienische Major bedauerte und berief sich auf seinen Befehl. Dieser Befehl, erwiderte Seiller, werde aufgehoben, denn man überbringe das offizielle Ansuchen des Oberkommandos um Waffenstillstand. Der Herr Major könne Einblick in das Schriftstück nehmen. Die Taschenlampe des Italieners ließ den Lichtkegel über die Vollmachten wandern, dann sagte der Major nach einigem Überlegen, die Herren mögen warten, er werde Division und Korps antelephonieren. Die Österreicher gaben sich zufrieden und ließen sich auf dem Bahndamm nieder. Die Tschechen drüben sangen ein Spottlied. Der Schritt des italienischen Postens knirschte in den Steinen zwischen den Geleisen.

General Weber erzählte, wie er vor drei Jahren in Montenegro die Friedensbitte König Nikitas, des Schwiegervaters des italienischen Königs, entgegengenommen habe. Damals hätte er sich's gewiß nicht träumen lassen, auch einmal als solch ein armseliger Bittsteller in der Nacht vor einem feindlichen Drahtverhau auf gnädigen Einlaß warten zu müssen. Ja, das Leben, scherzte Baron Seiller, sei wie eine Lawine, einmal gehe es hinauf, einmal hinunter. Die Herren sahen immer wieder auf die Uhren. Das Warten kam ihnen endlos lange vor. Nach einer Stunde rief man die Parlamentäre auf und brachte sie zu einem Auto mit verhängten Fenstern, das sie nach Avio zum Kommando der 26. Division brachte. Der General Battistoni empfing die österreichischen Parlamentäre feierlich, die italienischen Offiziere waren angetreten und salutierten. Vom italienischen Korpskommando war ein Oberst erschienen, der die Vollmachten prüfte und dann zurückfuhr. Erst um fünf Uhr morgens traf der Bescheid ein, daß General Weber und seine Begleiter weiterfahren dürften. Der deutsche Bevollmächtigte, Oberst Freiherr Schäffer von Bernstein, der mit Ruggiera gekommen und bei der Division zurückgeblieben war, durfte sich den Österreichern nicht anschließen, ihn lehnten die Italiener ab.

Die österreichisch-ungarische Kommission in Padua, 1. November 1918

Am Allerheiligentag um zehn Uhr vormittags fand sich die italienische Waffenstillstandskommission im großen Saal der Villa Giusti zu Padua ein. Vor der Villa nahm eine Schwadron Lanzenreiter Aufstellung, General Pietro Badoglio, der Eroberer von Görz, betrat als erster den Saal. Schweigend übernahm General Weber die Bedingungen. Badoglio bemerkte, daß diese Niederschrift, die er zu überreichen die Ehre habe, noch nicht der Originaltext sei, sondern die durch Fernschreiber vom italienischen Verbindungsoffizier in Versailles übermittelte Übersetzung. Bis auf einige Kleinigkeiten aber dürfte sie mit dem französischen Originaltext übereinstimmen. Die Herren könnten diese Bedingungen annehmen oder ablehnen, verhandelt werden könne jedoch nicht über sie. Wenn man zur Annahme bereit sei, möge man ihn verständigen, er werde dann mit seiner Kommission erscheinen und diese Erklärung entgegennehmen. Darauf überreichten die Italiener noch ihre sieben Vollmachten, dann zogen sie sich wieder zurück. Die Österreicher waren allein. Sie übersetzten sofort die Bedingungen. Fast nach jedem Absatz hieß es: Unannehmbar! Unannehmbar! Aber der Befehl von Baden war: Annehmen. Und Baden wartete. Man müsse zu einer Entscheidung kommen, mahnte General Weber. Wenn man das annehme, rief Fregattenkapitän Prinz Liechtenstein, sei man als Großmacht fertig, habe die Monarchie aufgehört zu bestehen! Das heiße doch nichts anderes als Auslieferung der ganzen Flotte! Man müsse Verbindung mit Horthy aufnehmen und den Admiral warnen, Horthy solle trachten, sich mit der Flotte nach Spanien durchzuschlagen! Der ungarische Oberst von Nyekhegyi widersprach dem früheren österreichischen Marineattaché in Rom: Wozu brauche man denn überhaupt noch eine Flotte, wenn man Istrien samt Triest und Norddalmatien räumen müsse? Korvettenkapitän Zwierkowski, der als Marinesachverständiger an den Verhandlungen in Brest-Litowsk teilgenommen hatte, stimmte dem ehemaligen Marineattaché Prinz Liechtenstein zu: Derartige Bedingungen anzunehmen, sei für eine Großmacht Selbstmord. Die ungarischen Herren zuckten die Achsel: Es werde nichts anderes übrig bleiben.

„Die halbe Artillerie!" entrüstete sich Hauptmann Ruggiera. „Sie wollen uns gnädig zwanzig friedensstarke Divisionen belassen. Räumung aller besetzten Gebiete. Räumung unseres Landes bis zum Brenner. Das heißt: Verlust von Südtirol. Räumung des Pustertales, des Tarviser Beckens, des Isonzogebietes — Rückzug hinter Donau und Drau!"

„Und doch ein Lichtblick!" sagte Oberst Schneller und deutete auf den ersten Punkt: Sofortige Einstellung der Feindseligkeiten.

„Ob Baden darüber hinwegkommen wird?" fragte Oberst Seiller: „Freie Bewegung der alliierten Truppen auf dem ganzen Gebiet der Monarchie."

„Das ist Durchmarschrecht", stellte General Weber fest, „das widerspricht der Waffenehre und obendrein der Bedingung, nichts anzunehmen, was den Verbündeten schadet. Auf diese Weise wollen sie nach Bayern vorstoßen und dem Deutschen Reich in die Flanke kommen."

„Wir müssen in Baden anfragen", entschied General Weber, „am besten du, Schneller, fährst nach Trient und sprichst selbst mit Arz und mit Waldstätten. Sag ihnen, sie sollen sich tummeln, sich rasch entscheiden und Seiner Majestät alles vorlegen. Keine Zeit verlieren, jetzt kommt alle Zeit nur den Italienern zugute. Wenn du genaue Weisungen hast, kommst du zurück. Sag auch, daß dies noch nicht der Originaltext ist und daß die Italiener an dem noch arbeiten."

Als Oberst Schneller in Begleitung des Hauptmanns Ruggiera die Villa Giusti verließ, verweigerte ein italienischer Offizier, den es ärgerte, daß ein Italiener wie Ruggiera in kaiserlichen

Diensten war, dem Hauptmann den Gruß. Ruggiera machte sogleich kehrt, beschwerte sich bei einem italienischen Stabsoffizier über solch ein unkavaliermäßiges Benehmen und erhielt die Zusage, daß man jenen unbeherrschten Herrn für die Grußverweigerung bestrafen werde.

Es war zwei Uhr, als Schneller und Ruggiera Padua verließen. Für beide Offiziere war diese alte Universitätsstadt mit dem Denkmal des Gattamelata mehr als der Sitz des italienischen Armeeoberkommandos, sie hätten sich gerne rasch den Dom und den berühmten Platz angesehen, aber dazu war jetzt nicht die Zeit. Die Fahrt nach Trient, vorbei an zurückgehenden Truppen, aufgehalten durch verstopfte Straßen und fluchende Trainkutscher, war ebenso beschwerlich wie niederschlagend. Die beiden Offiziere langten erst gegen Mitternacht in Trient beim Elften Armeekommando ein und verlangten, sofort mit Baden verbunden zu werden.

Schwanken in Schönbrunn, 2. November 1918

Am 2. November kam um halb vier Uhr nachmittags mit fast zweistündiger Verspätung der Staatsrat der neugebildeten österreichischen Regierung die breite Treppe des Schönbrunner Schlosses herauf. Die Herren mußten sich nach dem Führer der Sozialdemokratischen Partei, Viktor Adler, richten, der als Sprecher ausersehen, gestützt auf den Abgeordneten Seitz, nur mühsam die Treppe erklomm. Immer wieder mußte Adler haltmachen, sein Atem ging schwer, aus der Brust drang ein qualvolles Röcheln.

Herren des kaiserlichen Hofstaates, die nach diesen sieben grauen Männern ausgeschaut hatten, schraken zurück, als der alte Adler, für die Adjutanten der Vater des Mörders von Graf Stürgkh, in der Treppenmitte von einem Anfall gepackt wurde, der fast die Brust des Mannes zu zerreißen drohte.

Die Kaiserin kam herbeigeeilt und rief einem Flügeladjutanten, dem Herrn doch rasch einen Kognak zu bringen. Als der Marineoffizier dem alten Mann den Kognak reichte, fragte Adler unwillig, ob man ihn morden wolle, sein Herz vertrage keinen Alkohol mehr, gar nichts mehr vertrage dieses alte, verbrauchte Herz. Die Kaiserin trat näher: Ob man mit etwas anderem helfen könne. Da sei nichts mehr zu helfen, erwiderte Adler noch immer vom Asthma geschüttelt.

Adler ging langsam weiter, Seitz blieb an seiner Seite. Die andern fünf Herren warteten. Wenn es den Arbeiterführer, auf den die gewaltigen, im Krieg um Wien zusammengezogenen Arbeitermassen hörten, nur nicht hier im kaiserlichen Schloß ereilte! Es würde furchtbare Folgen haben bei dieser wilden Aufregung draußen in der Stadt.

Der alte Adler nahm sich zusammen, er wollte nicht so dicht vor seinem Ziele zusammenbrechen. Schritt für Schritt schob er sich vorwärts.

Die Staatssekretäre wurden durch die große Galerie geführt, deren helleuchtender Deckenhimmel über den weiß-goldenen, spiegeldurchbrochenen Wänden kein Ende im Rühmen finden konnte. Auf dem Deckenbild war ein Werbetisch der großen Kaiserin zu sehen, ritten auf reichgeschirrten Pferden Husaren, erwartete Fußvolk im Karree den Angriff feindlicher Reiter, pries sich die Zeit hohen Waffenruhms und weithin sichtbarer Ehre und war himmelhoch fern den zaghaften grauen Gestalten, deren Weg die hochmütigen Spiegel mit Ablehnung verfolgten.

Im Chinesischen Salon erwartete der Kaiser die sieben Staatsräte. Auf dem blauen Seidendiwan nahm der Kaiser Platz, rings um den Tisch ließ sich der Staatsrat nieder. Mit leiser Stimme und mit niedergeschlagenen Augen verlas der Kaiser die Waffenstillstandsbedingungen. Die sieben Männer schwiegen. Generalmajor von Zeidler, der hinter dem Kaiser stand, verlas, was Oberst Schneller aus Trient telephoniert hatte: Die Front halte nicht länger. Ungarn berufe die Soldaten ab. Alles sei wie ein Sieb, der Feind könne überall durch die Maschen. Jene Truppen, die an der Front standhielten, würden gefangen, weil um sie herum alles abbröckle.

Die Herren des Staatsrates schwiegen und starrten auf die florentinische Mosaiktischplatte mit Früchten und Vögeln. Nach peinlichem Schweigen nahm der alte Adler das Wort: „Majestät, wir haben den Krieg nicht erklärt, wir haben ihn nicht gewollt, wir haben nie verhehlt, daß wir gegen ihn gewesen sind. Es mögen jene diesen Waffenstillstand mit seinen schweren Folgen verantworten, die am Krieg schuld sind."

„Ich habe diesen Krieg auch nicht erklärt, ich habe ihn auch nicht gewollt", versicherte hastig der Kaiser.

„Das stimmt, Majestät“, erwiderte Adler langsam, „aber wir Sozialdemokraten haben stets gegen den Krieg gesprochen. Wir können daher wirklich keine Verantwortung für dessen Ende übernehmen. Jener Faktor, der das Volk in den Krieg geführt hat, jener Faktor möge das Volk auch wieder aus dem Elend herausführen.“

Ein heftiger Hustenanfall unterbrach den alten Mann.

„Die Untersuchung, wer dieser Faktor eigentlich ist“, sagte der Kaiser, „wird zu lange dauern. Das kann die Armee nicht erwarten. Wenn dieser fragliche Faktor nicht gefunden wird, wer übernimmt dann die Verantwortung für den völlig sinnlosen Tod von Tausenden braver Soldaten, die ihre beschworene Pflicht bis zum letzten erfüllen?“

Staatssekretär Mayr mengte sich ein: „Sind wir doch ehrlich! Machen wir uns nichts vor! Den Krieg gegen Serbien haben wir alle gewollt. Das war das ganze Volk.“ Und als Adler eine Bewegung des Widerspruchs machte, wiederholte Mayr: „Die Mehrzahl des Volkes also, die überwiegende Mehrzahl! Ich hätte jenen Faktor sehen wollen, der 1914 gesagt hätte: ‚Es darf kein Krieg geführt werden, weil jeder Krieg verloren werden kann.‘ Der Faktor, meine Herren, wäre hinweggefegt worden. Denn damals wußte das Volk, meine Herren, daß es um Leben oder Tod des Staates ging, wenigstens unser deutsches Volk in Österreich wußte es, da es sich für diesen Staat, der angegriffen wurde, verantwortlich fühlte. Und vieles, sehr vieles wäre ganz anders gekommen, wenn wir das, was wir zu Anfang des Krieges empfunden hatten, später nicht vergessen hätten. Unserer Kriegsbegeisterung vom August 1914 müssen wir uns nicht schämen.“

Der Kaiser blickte diesen Abgeordneten, einen Egerländer, der sich in dieser Stunde, da niemand schuld gewesen sein wollte, zu dem Schicksal bekannte, das über alle hereingebrochen war, verwundert an, dann sagte der Kaiser, die Herren mögen sich doch über die Frage der Verantwortung untereinander beraten und, wenn sie zu einem Ergebnis gekommen seien, ihm dieses sogleich mitteilen.

Die Herren verließen das Blaue Zimmer, um in die große Galerie zurückzukehren. Sie begegneten dem deutschen Militärbevollmächtigten Cramon, der von Kaiser Karl die Sicherung des Brenners erreichen wollte, jenes Passes, den Karl vor einigen Tagen an der Spitze seiner deutsch-österreichischen Regimenter gegen die nach Bayern vormarschierenden Italiener zu verteidigen versprochen hatte. Kurz nach Cramon erschien auch der k. u. k. Generalstabschef Arz beim Kaiser.

Die sieben Herren des Staatsrates gingen in der großen Galerie auf und nieder, sie berieten, sie überlegten, aber sie kamen zu keinem Beschluß. Man könne die Verantwortung nicht übernehmen und allein entscheiden, es müsse der gesamte Staatsrat einberufen werden, dem man morgen vormittag über diese Audienz berichten wolle.

Im ernsten, schwarz-goldenen Vieux-Laque-Zimmer neben dem Blauen Chinesischen Salon berieten der Bruder des Kaisers, Erzherzog Max, und die beiden Obersthofmeister, Graf Hunyady und Fürst Hohenlohe, der Schwiegervater des Erzherzogs, wohin man die kaiserliche Familie bringen könne. Prinz Hohenlohe schlug ferner vor, daß der Kaiser ein Manifest erlasse, in dem er seinen zeitweisen Rücktritt von der Regierung bekanntgebe. Ein Entwurf wurde aufgesetzt und Hunyady begab sich damit gegen Mitternacht zum Kaiser.

Karl las den Entwurf und konnte sich wie immer nicht entscheiden. Er fragte einige Herren seiner Umgebung um Rat. Man kam überein, daß dieses Manifest erst nach dem Waffenstillstand herauskommen dürfe. Man wollte erst einmal abwarten, wie die Waffenstillstandsbedingungen auf das Volk wirken würden.

Die Beratungen der Hofleute unterbrach der abgehetzte, erschöpft aus dem Parlament kommende Baron Arz: Er habe mit den beiden Sozialdemokraten Seitz und Bauer gesprochen, die sich nach wie vor weigerten, die Mitverantwortung für diesen Waffenstillstand zu übernehmen.

Der Kaiser ließ noch einmal den Kronrat bitten, dem er die Meldung des Generalstabschefs mitteilen wollte. Die Herren wurden auf der Stiege von einem rotweißgoldenen Gardereiter erreicht und zum Kaiser zurückgebracht. Der Kaiser ersuchte seine Minister, noch einen Augenblick zu warten, gleich werde er wieder da sein.

Der Kaiser trat in das Miniaturenkabinett, das der Kaiserin als Ruheraum diente, und fragte, ob die Kinder aus Gödöllö schon da seien. Ja, sie waren wohlbehalten zurückgekommen. Die Reise sei glatt vor sich gegangen. Die Kinder hätten so lange nicht telephoniert, weil man niemanden aufmerksam machen wollte, sonst wären sie von den Ungarn zurückgehalten worden. René habe erzählt, daß Otto, als er ins Auto gestiegen, wie immer freundlich gegrüßt habe, aber die Károly-Offiziere hätten nicht einmal gedankt. Die Kaiserin sah, wie hergenommen der Kaiser war, sie warnte Karl, sie hatte schon von den Vorschlägen erfahren, die Hohenlohe und Erzherzog Max gemacht hatten. Sie könne nur das wiederholen, was sie damals zu Czernins Abdankungsvorschlägen gesagt habe: er dürfe nicht abdanken, auch nicht für kurze Zeit. Heute noch viel weniger als damals. Dann fragte die Kaiserin, ob der Vatikan schon auf die Bitte nach Vermittlung geantwortet habe. Der Kaiser erwiderte, daß sich der Papst bei den Italienern augenblicklich kein Gehör verschaffen könne. Dann wollte die Kaiserin wissen, ob Arz schon aus dem Parlament zurück sei. Arz sei eben gekommen, erwiderte der Kaiser, die Sozi lehnten jede Verantwortung ab, sie wollten nicht unterschreiben.

„Dann darfst du es auch nicht", entschied die Kaiserin. „Steht dein Name darunter, kannst du ihn nie wieder löschen."

„Wir bekommen keinen Waffenstillstand. Krobatin meldet, daß die Lücken nach dem Abmarsch der Ungarn zu groß seien."

„Du glaubst alles", rief die Kaiserin, „und alle übertreiben. Sie wollen dich zum Nachgeben zwingen. Du sollst vor deinen Völkern als Sündenbock dastehen, deine verantwortlichen Ratgeber werden sich im Hintergrund halten. Gestern hat man uns von den Kaiserjägern noch alles nur mögliche Gute gemeldet, heute sollen die gleichen Kaiserjäger nicht mehr halten können! Unsere Soldaten waren den Italienern immer überlegen. Jetzt auf einmal soll es anders geworden sein! Vielleicht können wir durch den Vatikan einige Milderungen erlangen. Leisten wir Widerstand, werden es sich die Italiener überlegen, bei solchen mörderischen Bedingungen zu bleiben. Wenn du nachgibst, verlierst du alles, verstehst du, alles, für immer! Du mußt fort von Wien. Hier halten sie dich genau so unter Druck wie in Budapest. Überall werden wir sicherer sein als hier. Wir müssen Widerstand leisten."

„Der Befehl zur Einstellung des Kampfes ist bereits ausgegeben", sagte der Kaiser kleinlaut.

„Befehle kann man widerrufen, Tatsachen nicht! Denk an Otto! Du mußt unbedingt diesen Befehl widerrufen lassen."

„Gut, ich werde es Arz sagen."

„Und allein darfst du auf keinen Fall unterschreiben!"

Der Kaiser strich sich über die müde Stirn und kehrte in den

Blauen Salon zurück. „Der Befehl zur sofortigen Einstellung der Feindseligkeiten ist sogleich zurückzuziehen! Wir kämpfen weiter, bis Italien bessere Bedingungen stellt."

„Majestät, das geht nicht mehr, dazu ist es zu spät, der Widerruf dringt nicht mehr durch", widersprach Arz.

„Der Widerruf", setzte Andrássy hinzu, „wird auch nichts mehr nützen, denn die ungarischen Truppen haben schon auf Befehl der Regierung Károly die Waffen niedergelegt."

„Ich bestehe aber auf dem Widerruf!"

Arz nahm das Telephon auf und rief Baden an, verlangte Waldstätten, gab den neuen Befehl durch und teilte dann dem Kaiser mit, daß dies alles nach Waldstättens Ansicht nichts mehr nütze, da der erste Befehl schon durchgesagt worden sei.

„Dann muß man eben den Truppen erklären, daß sie für einen besseren Frieden weiterzukämpfen haben."

„Befehlen kann man das, Majestät, aber die Truppe wird es nicht befolgen. Man hat die Truppe um Entscheidung über die Staatsform befragt, sie wird jetzt auch nach ihrem Gutdünken antworten."

„Wenn man den Befehl nicht zurückzieht, lege ich das Oberkommando nieder", sagte der Kaiser. „Jetzt, da bei uns alles wankt, jetzt wollen die Italiener angreifen und sich billige Lorbeeren holen. Am Jahrestag des Durchbruches von Flitsch-Tolmein greifen sie an und niemand will ihnen Widerstand leisten! Arz, wollen Sie das Oberkommando übernehmen?"

„Majestät, ich als Generaloberst kann den älteren Marschällen nicht befehlen."

„Dann muß es Kövess übernehmen, und Sie, Arz, sind, bis er eintrifft, der Oberste Befehlshaber."

„Wenn Majestät so entschieden haben, dann kann ich ja den Befehl belassen, daß der Kampf auf allen Linien einzustellen ist."

„Das können Sie tun, Arz", sagte der Kaiser, und zog sich wieder zur Kaiserin zurück, froh, daß er auf diese Weise die Verantwortung auf Arz abgewälzt hatte. Bei der Kaiserin war Erdödy, der beunruhigende Nachrichten aus der Stadt brachte: Die kaiserliche Familie müsse unbedingt Schönbrunn verlassen, auch der Polizeipräsident Schober wolle nicht mehr die Verantwortung übernehmen. Der Obersthofmeister Graf Hunyady widersprach: Er habe eben erst mit Schober telephoniert, und Schober habe erwidert, er garantiere für die Sicherheit Seiner Majestät und der kaiserlichen Familie. Aber die Sozialdemokraten! rief Erdödy, die Arbeiter! Die Lage ändere sich von Minute zu Minute.

Als Arz eintrat, um sich noch einige Weisungen zu holen, fragte die Kaiserin den General, ob er denn kein Regiment bei der Hand habe, den Kaiser zu schützen. Arz wußte keine Antwort. Wohin man denn gehen solle? fragte der Kaiser. Am besten schlafen, erwiderte Erdödy.

„Schlafen?“ fuhr die Kaiserin auf, „jetzt, wo alles unhaltbar geworden ist?“

Hunyady nahm das Telephon auf und verlangte den Polizeipräsidenten. Schober berichtete und Hunyady wiederholte es: In der Stadt herrsche vollkommene Ruhe, es sei kein Grund zu einer Besorgnis vorhanden, nirgends seien Ansammlungen, niemand denke daran, Schönbrunn zu besetzen. Der Kaiser nahm Hunyady den Apparat aus der Hand: „Hier Kaiser Karl selbst. Ich danke Ihnen, lieber Schober. Ich danke Ihnen aus ganzem Herzen. Für die von Ihnen in diesen schweren Tagen bewiesene Umsicht und Treue verleihe ich Ihnen den Orden der Eisernen Krone erster Klasse. Schon gut, schon gut! Nicht Sie, lieber Schober, ich habe zu danken.“

Alle atmeten erleichtert auf. „Morgen — oder vielmehr heute — ist Sonntag. Man soll den Seydl wecken, wir könnten gleich die heilige Messe hören. Und dann wollen wir endlich, endlich schlafen!“

Am Sonntagmorgen des 3. November standen am Ostufer des Tagliamento auf dem Damm Soldaten der 44. österreichischen Schützendivision und winkten den sich langsam durch das breite Schotterbett vortastenden italienischen Kavalleriepatrouillen. Der Kommandant der Schützendivision hatte um sieben Uhr früh den Befehl bekommen, die Feindseligkeiten einzustellen, und dieser Befehl war mit Windeseile von Kommando zu Kommando, von Fernsprecher zu Fernsprecher gesprungen. Es sah wie in einem abgeblasenen Manöver aus: die winkenden, auf dem Flußdamm spazierenden Schützen und die unbehindert vorgehende italienische Kavallerie; die Schützen waren froh, sich ganzer Figur zeigen zu können, ohne gleich pfeifende Kugeln und Sperrfeuer auszulösen. Die Morgennebel zerteilten sich, die italienischen Reiter erklommen, auf die Pferdehälse gelegt, ruckweise den steilen Uferdamm. Unten im Schotterbett zeigten sich weiße Fahnen, Patrouillen von beiden Seiten kamen zusammen und tauschten Zigaretten gegen Konserven und Zwieback. Die österreichischen Schützen sahen gut aus, sie waren monatelang Übungstruppe eines Informationskurses gewesen, sie waren ausgeruht und erholt. Die Schützen hielten die italienischen Reiter auf, da die Italiener vorgaben, nichts von einem Waffenstillstand zu wissen. Der Kommandant des k. u. k. XX. Korps wurde verständigt. Er sagte zu, gleich nach vorne zu kommen und beim nächsten italienischen Kommando die Lage zu klären. Nach einer Weile erschien der österreichische Korpskommandant und ritt mit den italienischen Kavalleristen über das breite Schotterbett des Flusses. Der Divisionär der Schützen, Wenzel Schönbauer, begab sich zur langen Tagliamentobrücke und traf dort den italienischen Generalleutnant Guicciardi, der zur Erkundung dieser eigenartigen Lage über den Fluß geritten war.

Die Generale und ihre Stäbe stellten einander vor. Es ging zu wie in einem jener längst aus der Welt verschwundenen Kavalierskriege. Die Formfreude der Italiener teilte sich den Österreichern mit, man war höflich und gelöst, und ein Major der Schützen, der ein halbes Jahr zu einem reichsdeutschen Regiment kommandiert gewesen war, fand das italienische Auftreten dem österreichischen ähnlicher als das Auftreten der stets etwas steifen deutschen Herren. Die ritterlichen Gegner reichten einander die Hände und versuchten mit geringem Vokabelschatz und viel freundlichem Lächeln einander Lob und Anerkennung zu spenden. Bei den Italienern, ließ sich General Guicciardi vernehmen, sei derzeit noch von keinem Waffenstillstand die Rede, aber er hoffe, daß auch bei ihnen bald der Befehl eintreffen werde. Als der österreichische Divisionär erwiderte, er verstehe diese Lage nicht, da Waffenstillstandsbedingungen doch von beiden Teilen zur gleichen Zeit angenommen werden müßten, entgegnete der Italiener, auch er könne sich das ganze nicht erklären, weshalb es vielleicht gut sein würde, die Truppen wieder voneinander zu trennen und Demarkationslinien zu bestimmen. Die beiden Generale gingen nebeneinander das Ufer entlang und erteilten wie Schiedsrichter im Manöver ihren Generalstäblern Weisungen, die Truppen wieder voneinander zu trennen. Als die Befehle durchgeführt waren, zogen sich die Italiener mit höflichen Verbeugungen wieder über den Fluß zurück.

Die Mannschaft auf dem Uferdamm bei der Brücke von San

Odorico hatte sich an den Italienern schon sattgesehen, das große Wunder, die unsichtbaren Menschen aus dem andern Graben zu erblicken, zu sprechen, zu hören, ihre Zigaretten zu rauchen, hatte bald seinen Reiz verloren. Was man immer gewünscht hatte, war nun, da der Krieg zu Ende war, gar nicht mehr so großartig. Soldaten drüben wie herüben, weiter unten im Süden ein paar schlacksige Engländer und gummikauende Amerikaner, dann kleine Süditaliener, die über den Krieg murrten und finster auf ihre Offiziere blickten, hinter deren Rücken sie hastig versicherten, sie hätten mit Gewalt Schluß gemacht, wäre dieser Waffenstillstand nicht gekommen.

Um die Mittagszeit ging drüben bei den Italienern ein Flieger nieder. Wahrscheinlich brachte der Flieger die Meldung vom Abschluß des Waffenstillstandes. Kurze Zeit darauf kam der Adjutant des italienischen Generals über den Fluß und erbat sich den Wagen des Generals Schönbauer, sein General wolle zu dem unweit liegenden Kavalleriedivisionär Baratieri fahren, diesen heranholen und sich mit ihm beraten. Zuvorkommend stellte Schönbauer dem italienischen General sein Auto zur Verfügung, da Schönbauer selbst ja viel an der Klärung der Lage gelegen war.

Um vier Uhr wurden die Österreicher zu einer Besprechung gebeten, und Schönbauer begab sich mit seinem Stab über die Brücke in Guicciardis Quartier. Die Haltung der Italiener war steifer, fast ablehnend. Bei ihnen liege kein Befehl über einen Waffenstillstand vor, teilte der italienische General den Österreichern mit, er habe im Gegenteil den Befehl zu ungesäumtem Vorrücken. Er könne daher vor seinem vorgesetzten Kommando diese Verzögerung hier nicht länger verantworten und er müsse gestehen, der Zwischenfall sei ihm sehr, sehr peinlich. Schönbauer erwiderte erregt, daß hier ein Mißverständnis vorliegen müsse, denn die österreichischen Truppen hätten doch einen ausdrücklichen und genauen Befehl von ihrem Armeeoberkommando in Baden bekommen.

Der Dolmetscher beriet sich kurz mit General Guicciardi, dann teilte er den Österreichern mit, daß der Herr General bitte, ihn nicht länger aufzuhalten, dergleichen Kriegslisten seien nicht an der Zeit. Die österreichisch-ungarischen Truppen hätten sofort die Waffen niederzulegen, geschehe dies nicht, so sei er gezwungen, die Angaben der Österreicher für Lügen zu halten.

Die Österreicher fuhren auf. Alles schrie durcheinander, alles Kavaliermäßige war verschwunden. Solch ein Vorgehen sei unerhört! Mit Offizierswort könne man versichern, daß man die Wahrheit gesprochen und nicht im entferntesten an eine Kriegslist gedacht habe!

Das Mißtrauen war wach geworden. Allmählich legte sich die Erregung. Man setzte ein Protokoll auf. Ein italienischer General sollte sogleich zum Gefechtsstand der 44. Schützendivision mitkommen und sich dort von der Echtheit des österreichischen Befehles überzeugen. Den mißtrauischen Italienern wurde eine Bedeckung durch italienische Lanzenreiter zugesichert. Einer von Guicciardis Brigadieren stieg in Schönbauers Auto ein, italienische Lanzenreiter galoppierten hinter dem Wagen drein durch lagernde und abkochende Truppen zur nächsten Ortschaft. Man zeigte dem italienischen General den Hughesstreifen, legte die Meldebücher und Befehle vor.

Der italienische General mußte zugeben: hier war alles in Ordnung. Der italienische General, seine Adjutanten und der Zugskommandant der Lanzenreiter wurden in die österreichische Messe gebeten, man verständigte sich, so gut es ging, erwähnte den Krieg nicht, man erkundigte sich nach den Namen der Auszeichnungen und nach deren Graden und gewahrte, wie die Dorfbewohner — man war ja auf italienischem Boden, sich die Nasen an den Fenstern plattdrückten. Nach einer Weile brachte Schönbauer die Italiener über die aufrumpelnde Brücke zurück.

Generalleutnant Guicciardi war wieder ganz Liebenswürdigkeit und Höflichkeit, er empfing die Österreicher und bat sie auf einen Augenblick in die Messe. Er habe, sagte er, bereits vom italienischen Höchstkommando Aufklärung erhalten und er stehe nicht an, sein Bedauern darüber zu äußern, daß er sich vor ein paar Stunden zu gewissen Äußerungen habe hinreißen lassen. Die Lösung des Rätsels sei einfach, aber nicht sehr ermutigend: für die österreichischen Herren gelte der Waffenstillstand von heute drei Uhr früh an, aber für die Italiener beginne er erst morgen um drei Uhr nachmittags.

„Das kann man doch keinen Waffenstillstand nennen!" brauste General Schönbauer auf.

„Nein, meine Herren", erwiderte der Italiener, „das kann man keinen Waffenstillstand nennen. Das nennt man Verrat."

Der Übersetzer beeilte sich, den Ausruf seines Generals zu

verdeutschen. Die Österreicher wußten nicht, was sie sagen sollten.

„Sie, meine Herren", fuhr der italienische General fort, „sind absichtlich von Ihrem Armeeoberkommando verraten und preisgegeben worden. Warum? — ich weiß es nicht! Deshalb muß ich Sie mit Ihrer Truppe gefangennehmen. Ich bin Soldat und habe den Befehlen meiner Vorgesetzten zu folgen. Ersparen Sie mir alle weiteren Schwierigkeiten und erlassen Sie an alle Ihnen unterstehenden Truppen einen entsprechenden Befehl."

An diesem Sonntag kamen um die Mittagsstunde in der Villa Giusti zu Padua die sehnlich erwarteten Offiziere aus Trient an: Oberst Schneller, Hauptmann Ruggiera und der den beiden später nachgesandte Fregattenkapitän Prinz Liechtenstein. Die Waffenstillstandskommission sollte nun von ihren eigenen Kameraden das hören, was sie bisher nur in den italienischen Heeresberichten gelesen hatten: daß es den Staat, dieses Österreich-Ungarn, das sie hier vertraten, nicht mehr gab und daß an seine Stelle eine Anzahl unabhängiger Republiken getreten waren. Daß der Kaiser den Jugoslawen seine Flotte geschenkt und daß die Italiener daraufhin das große Schlachtschiff ‚Viribus unitis' durch ein paar kühne Leute in die Luft gesprengt hatten, damit es nicht in die Hände des jungen jugoslawischen Staates falle. Also doch! Also doch! Wie gerne hätten sie gehört, daß dies alles Lügen und falsche Gerüchte wären. Aber die Zeit schien es darauf abgesehen zu haben, das Unwahrscheinlichste wahr zu machen und das alte Wahre in Lügen zu verwandeln. Man wäre schneller wieder in Padua gewesen, berichteten die Offiziere dem General Weber, aber das Etschtal sei von zurückgehenden Truppen verstopft, die von den Italienern auf jede nur mögliche Weise überholt und abgeschnitten würden. Als man sich den Eigenen als Parlamentäre zu erkennen gegeben habe, sei man beschossen und Verräter beschimpft worden, die mit den Italienern unter einer Decke steckten und schuld an all diesem Unheil seien.

Man müsse sich entscheiden, nahm General Weber das Wort, die Italiener hätten bis heute mitternacht Zeit gegeben, wenn man bis dahin nicht angenommen habe, lehnten sie jeden Waffenstillstand ab. Es liege ein chiffriertes Telegramm aus Baden vor, das man nicht entziffern könne. Man habe wohl erreichen wollen, daß unmittelbar nach der Unterzeichnung der Waffenstillstand in Kraft trete, aber das lehnten die Italiener unter

Berufung auf Versailles ab, von wo der Bescheid gekommen sei, daß erst vierundzwanzig Stunden nach Unterzeichnung die Waffen ruhen dürften. So lange, behaupteten die Italiener, brauchten sie auch, um ihre Balkanstreitkräfte zu verständigen.

Oberst Schneller berichtete, daß er bereits in Aquaviva gewesen sei, als man ihn wieder nach Trient zurückgerufen habe. Er sei nicht gegangen, er habe mit Waldstätten telephoniert, der es ihm überlassen habe, nach eigenem Ermessen zu handeln und sich nicht weiter um die Gegenbefehle, denen noch einige weitere, einander vollkommen widersprechende, folgen dürften, zu kümmern. Schneller warf den ganzen Depeschenwechsel auf den Tisch. General Weber las, blätterte, schüttelte den Kopf, blätterte wieder zurück und sagte schließlich, daß sich hier niemand mehr auskenne, da eine Depesche der andern widerspreche, Baden und Schönbrunn seien scheinbar verschiedener Meinung. Ruggiera bemerkte, er könne rechnen wie er wolle, es gehe immer zuungunsten der k. u. k. Armee aus, es käme immer zu jenen vierundzwanzig Stunden, welche die Italiener verlangten, plus diesen Stunden, die man hier infolge der unklaren Befehle bis zur Unterzeichnung des Waffenstillstandes verlieren werde, und das sei mehr als genug Zeit, um die Hälfte der k. u. k. Streitkräfte an der italienischen Front gefangenzunehmen. Er werde, fügte General Weber hinzu, gegen dieses Vorgehen in der heutigen Nachmittagssitzung bei General Badoglio protestieren.

Um drei Uhr nachmittags erschien die italienische Kommission in der Villa Giusti. General Weber verlas die Annahme der italienischen Bedingungen ohne Präjudiz für den kommenden Frieden. Oberstleutnant Baron Seiller übersetzte die kurze Rede ins Italienische. Die Italiener erhoben sich. Dann verlas Weber einen Protest gegen die Fortführung des Kampfes.

General Badoglio ergriff das Wort: „Meine Herren, ich stelle fest, daß die Vertreter des österreichisch-ungarischen kaiserlichen und königlichen Armeeoberkommandos den Waffenstillstand und seine Bedingungen angenommen haben. Es ist 15 Uhr 20 Minuten. Setzen wir 15 Uhr als die genaue Stunde des Abbruches der Feindseligkeiten. Nach unserer Übereinkunft wird also morgen, den 4. November, um 15 Uhr der Waffenstillstand in Kraft treten." Dem neben ihm sitzenden Oberst Gazzera befahl Badoglio, die vorbereitenden Befehle an alle Fronten, und den Abschluß nach Versailles bekanntzugeben. Dann kehrte sich Badoglio wieder den Österreichern zu: „Was

Ihren Einspruch wegen Fortsetzung der Feindseligkeiten anbetrifft, habe ich zu bemerken, daß diese Einstellung von Ihnen vollkommen einseitig befohlen worden ist. Für die italienische Heeresleitung kann nur das maßgebend sein, was tatsächlich von den beiden Waffenstillstandskommissionen beschlossen worden ist. Wenn Ihr Oberkommando sich nicht an die Bedingungen gehalten hat, ist das seine Sache."

Korvettenkapitän Zwierkowski sprang erregt auf und rief: Punkt eins spreche von einer sofortigen Einstellung der Feindseligkeiten, daran habe sich das Armeeoberkommando gehalten, geschehe es nicht, so müsse man darin eine mala fides sehen, die den Italienern ermöglichen solle . . .

Badoglio fuhr auch empor: Er lasse sich mit diesem Herrn Kapitän hier in keine Spitzfindigkeiten ein. Die Frist von vierundzwanzig Stunden sei von beiden Kommissionen angenommen worden!

Die österreichische Kommission sei in der Nachtsitzung nicht vollzählig gewesen, erwiderte der Korvettenkapitän, vielleicht stimmten diese Herren, die abwesend gewesen seien, gar nicht mit diesen Abmachungen überein.

Oberst Schneller, Hauptmann Ruggiera und Prinz Liechtenstein erklärten, sie stellten sich auf den Standpunkt ihres Armeeoberkommandos vom sofortigen Abbruch der Feindseligkeiten.

Badoglio schlug mit der Faust auf den Tisch: Da höre sich alles auf! Wenn man auf diese Weise verhandle, habe er nichts mehr hier zu suchen. Badoglio befahl dem Oberst Gazzera, sofort den Befehl zum Feuereinstellen zu widerrufen und nach Versailles zu melden, daß die Verhandlungen gescheitert seien.

Als Oberst Gazzera hinauseilte, beschwor Baron Seiller den General Badoglio, daß er Gazzera zurückrufe, es handle sich um ein Mißverständnis. In wessen Namen der Oberst spreche, wollte Badoglio wissen.

„Im Namen des Generals der Infanterie Weber von Webenau, der der italienischen Sprache nicht so mächtig ist, daß er diesem Zwischenfall folgen konnte. Korvettenkapitän Zwierkowski hat es weder beabsichtigt, noch wäre er auch dazu berechtigt, das, was heute nacht beschlossen worden ist, in Zweifel zu ziehen. Diese Vereinbarungen bleiben gültig. Der General Weber von Webenau wird dies bestätigen." Der General bestätigte es und Badoglio fragte, ob die nachts abwesenden Herren weiterhin die Meinung des Korvettenkapitäns teilten. Schneller, Liechtenstein und Ruggiera teilten diese Ansicht nicht mehr, Zwierkowski mußte sich bei Badoglio entschuldigen, Oberst Gazzera wurde zurückgerufen und teilte mit, daß die Depesche wohl nach Versailles, nicht aber an die Truppen abgegangen sei. Ein italienischer Generalstabsoffizier überbrachte Oberst Schneller ein Radiogramm, aus dem hervorging, daß Badens Widerruf abermals widerrufen wurde. Der erste Satz, sagte Schneller zu Ruggiera, den man im Französisch in der Kadettenschule lerne, laute: Ordre, contreordre, désordre. Das scheine man in Schönbrunn wie in Baden vergessen zu haben.

„Sechsunddreißig Stunden", sagte Ruggiera, „haben wir zu früh die Waffen niedergelegt. Unsere armen, ahnungslosen braven Truppen!"

„Auf der Herfahrt haben wir bei Calliano ein italienisches Sturmbataillon aufgehalten und ihnen gesagt, daß die Feindseligkeiten schon eingestellt seien", erwähnte Oberst Schneller. „Die Leute werden nun glauben, daß wir sie belogen haben." Korvettenkapitän Zwierkowski wollte noch immer nicht begreifen, daß die Italiener formell im Recht waren, aber man ersuchte ihn, seine Bedenken bei sich zu behalten.

Der Vertrag wurde unterschrieben. Die Kopien wurden geprüft. Die Sitzung wurde um 17 Uhr aufgehoben.

Wie ein Tropfenzähler ließ die Brücke von Borgo den breit zwischen den hohen Felsmauern des Suganatales dahintosenden Rückzug nur tropfenweise durch. Die Straßen der zerschossenen Ortschaft waren verstopft, in der ausgeplünderten Messe eines Etappenbataillons warteten die Offiziere eines vom Rückfluten mitgeschwemmten Sturmkurses, bis sich der tobende Strom draußen beruhigen werde. Kein Volk der großen Monarchie, das nicht durch einen der jungen Offiziere vertreten war, kein Wunsch, der von ihnen nicht gehegt, kein Fluch, der von ihnen nicht geflucht, und kein Gerücht, das von ihnen nicht geglaubt worden wäre. Die Deutschen wollten auf den Brenner, um dort im Verein mit den Bayern den Wallischen noch einmal Widerstand zu leisten; die Ungarn wollten heim, um die Grenze gegen Rumänen, Serben und Tschechen zu verteidigen; die Tschechen wollten sich endlich die verhaßte Uniform herunterreißen und die Befreiung vom deutschen Joch daheim erleben; die Polen wollten nach Galizien, um sich der Auferstehung des seit Jahrhunderten zerrissenen Volkes zu erfreuen und die übermütigen Ukrainer zurückzudrängen; die Kroaten wollten in ein befreites Kroatien, die Slowenen wollten los von den Deutschen, die Rumänen wollten mit den Reichsrumänen als Sieger in Siebenbürgen einziehen und die Italiener wollten sich an der Befreiung von Trient und Triest erfreuen.

Der Führer des Kurses, ein junger Hauptmann mit einem Armstumpf im angehefteten leeren Ärmel, stand am Fenster, sah auf die vorbeihastenden Scharen und verfluchte die Sanitätspatrouille, die ihn vor zwei Jahren am Isonzo aufgefunden und nicht verbluten hatte lassen.

Die Offiziere des Kurses, diese jungen Burschen, hatte man von den Schulbänken weg eingezogen: Gymnasiasten mit Notmatura, Lehramtskandidaten, Hochschüler mit ein paar Semestern aus der schütteren Bürgerschichte der östlichen Kronländer, alle nur kurz in den Offiziersschulen des Hinterlandes ausgebildet, viel zu früh an die Front geschickt und von den über solch grünen Nachwuchs wenig erfreuten Regimentern gleich wieder an verschiedene Spezialausbildungskurse im Frontgebiet abgeschoben. Noch immer lag über ihnen ein Hauch von Kühnheit und Jugend, wie er seit vielen, vielen Jahrzehnten nicht mehr die jungen Menschen dieses alten Reiches geeint und stolz gemacht hatte. Wären sie in feste, behutsame Hände und zu gläubigen, starken Herzen gekommen und nicht meist zu solchen, die vom Krieg schon ausgebrannt waren, alle Hoffnungen, Pläne, Träume, die seit Franz Josephs Tod wie ein letztes Abendrot noch einmal diese Länder und diese Menschen überstrahlt hatten, hätten sich erfüllen können. Aber das war nun vorbei, für immer vorbei. Der Adjutant des Kurses, ein Kaiserjägerleutnant, trat zu dem einarmigen jungen Hauptmann und fragte, ob man irgendwelche Nachrichten habe und ob man bald weitermarschieren werde. „Nichts, mein Lieber, gar nichts. Weißt, am Isonzo haben wir uns oft gefreut, wenn die Verbindungen nach rückwärts alle zerschossen waren, damit sie uns keine dummen Befehle haben vorschicken können. Denn aushalten bis zum letzten Mann, das haben wir auch ohne die Klugscheißereien der flaschengrünen Generalstabsweisheiten verstanden. Aber heute, beim Himmel, heute gäb ich etwas für die allerkleinste Abfertigung!"

„Kanns nicht glauben, Herr Hauptmann, wills nicht glauben", sagte der Adjutant, „daß das Ende in solch dreckiger Form kommen muß, mit solch einem Treubruch! Was haben wir von diesem Kaiser erhofft! Herr Hauptmann, ist es wahr, was man erzählt? Voriges Jahr am Tagliamento, als wir bei der großen Flucht der Italiener vor ihnen am Tagliamento angekommen waren, soll der Kaiser dem Feldmarschall Goiginger den Befehl gegeben haben, eine Brücke für den fliehenden König von Italien und für den Herzog von Aosta freizugeben, die wir beide auf ein Haar geschnappt hätten? Ist das wahr, Herr Hauptmann?"

„Du bist, scheint's, auch schon übergeschnappt!" Der Hauptmann schlug sich mit der flachen Hand gegen die Stirne. „Das sind mir Latrinen! Die in Wien möchten sagen: Feindpropaganda! Wir brauchen keine Feindpropaganda zu fürchten, bei uns wirkt der Tratsch viel rascher, tiefer und gründlicher. Begreifst du denn nicht, daß in keiner anständigen Armee der Welt solch ein Befehl gegeben und daß kein anständiger General solch einen Befehl ausführen kann?"

„Ich hab's aber schon von ein paar Seiten gehört!" beharrte der Leutnant.

„Was viel schlimmer war als die Freilassung des Königs oder des Herzogs", erwiderte der Hauptmann, „das war, daß uns die Deutschen hier unten nicht mehr helfen wollten, weil sie uns nicht mehr getraut haben. Wir hätten mit Conrads Stoß aus dem Gebirge die Italiener an der Piave aufrollen können, wenn die Deutschen diesen Stoß verstärkt hätten. Das haben sie nicht getan, weil sie gedacht haben: Wenn wir den Österreichern bei der Vernichtung Italiens helfen, dann sagt Kaiser Karl eines schönen Tages zu uns: Herzlichen Dank, verehrte Bundesgenossen, für Österreich ist der Krieg aus, unser Erbfeind ist besiegt, wir haben die Ehre, uns zu empfehlen."

„Eine Folge der Sixtusbriefe!" Der Leutnant dachte an die Spätnovembertage des Jahres siebzehn, als sich auf der Hochfläche von Asiago jener letzte Sturm zusammengeballt hatte, der Conrads Truppen in die Ebene, hinter die notdürftig zum Stehen gebrachte italienische Front hätte führen sollen. Sein Regiment war durch Schnee und Regen vorgegangen, es war über Asiago hinausgestoßen, auf einmal hängengeblieben und hatte dann zurück müssen, verfolgt von den schweren Schlägen der französischen Artillerie, kleine Trupps, die aus der brodelnden Hölle des Sisemols gekommen waren, die Verwundeten mitgeschleppt hatten und die Waffen der Gefallenen, die Gefangenen vor sich hertreibend, durch den zerschossenen grauen Wald von Gallio.

Damals, in das tiefe Unglück des verlorenen Tages hinein, hatten plötzlich ein paar Jäger, als seien sie beim Almabtrieb, hellauf zu jodeln begonnen und dieses Jauchzen war von Trupp zu Trupp gesprungen, mitten im Klopfen der Maschinengewehre und dem schmetternden Dreinschlagen der Granatfäuste.

Welche Regimenter! Welche Soldaten! Rauflustige Burschen mit Adlerköpfen, die den Wallischen an das Leben gewollt hatten, Steirer, die nebenan die Longara gestürmt, Salzburger, die die Frenzellaschlucht genommen hatten! Und das alles damals vergebens, weil das Mißtrauen die Deutschen gehemmt hatte, hier bei Conrads entscheidendem Stoß mitzuhalten! Der Kaiser, sagte der Leutnant, habe zwei Gesichter! Es könne nicht derselbe Mensch sein, der die große Maioffensive im Jahre sechzehn geführt und der im Jahre siebzehn die Sixtusbriefe geschrieben habe. „Warum nicht derselbe Mensch?" fragte der Hauptmann. „Die Maioffensive hat der Thronfolger geführt und die Sixtusbriefe hat der Kaiser geschrieben. Warum? Aus Schwäche, aus Nachgiebigkeit, aus der Hoffnung, sich bei den Gegnern Liebkind zu machen. Wir haben vorne gekämpft und die hinten haben, um gute Stimmung zu machen und um allen zu gefallen, die Monarchie zerschnitten. Schneidest du aus solch einem tausendfach verschränkten, kunstvoll zusammengefügten, wenn du willst, meinetwegen auch zusammengeheirateten Gebilde etwas heraus, dann fällt eben das Ganze zusammen. Aus einem Schwein kannst du Würste, aus Würsten aber niemals wieder ein Schwein machen. Als vor einigen Tagen die Italiener an der Piave angegriffen haben, da hat mir der Regimentskommandant geklagt, daß die Hälfte der Offiziere und ein Drittel der Mannschaft auf Urlaub seien. Und warum? Um die Leute bei guter Laune zu erhalten. Mit der besten Laune aber gewinnt man keine Schlacht. Jetzt kann der Kaiser den Dank für seine Gunstbuhlerei einkassieren! Jetzt kann er zu den amnestierten Tschechen, zu den befreiten Polen und zu den losgetrennten Ungarn laufen!"

Die Tür wurde aufgerissen, ein tschechischer Major rief atemlos, ob man es schon gehört habe, daß die Italiener vorne bei Trient niemand durchließen. Die Offiziere sprangen auf, alle wollten wissen, was schon wieder los sei. Einige Hitzköpfe verschworen sich, daß dies Wien oder Baden mit den Italienern abgemacht hätten, damit man die Frontsoldaten für einige Zeit los wäre. Bis zum Ende sei kein Schluß mit diesen verdammten hinterhältigen Sauereien! Das sei, rief ein Tscheche, die letzte

Regierungshandlung Kaiser Karls gewesen. „Eures geliebten Kaisers!"

„Eures Kaisers!" erwiderte ein Tiroler, „denn euch hat er verwöhnt und aus dem Arrest befreit, wohin ihr gehört!"

„Kaiserjäger!" höhnte ein Pole.

„K. u. k.!" rief ein Ungar.

Der tschechische Major fragte den einarmigen Hauptmann, ob seine Offiziere hier verrückt geworden seien. Der Hauptmann zuckte die Achsel: Warum sollten seine Offiziere die einzigen Menschen sein, die nicht den Verstand verloren haben.

Er könne das nicht glauben, sagte der tschechische Major, daß Wien im Einverständnis mit den Italienern handle. Warum denn? „Weil das Hinterland Furcht hat", rief ein Leutnant aus Wien, „weil das Schiebergesindel ein schlechtes Gewissen hat, weil sie uns nicht einmal das Werkel kaufen wollen, mit dem wir dann betteln gehen können! Weil mir jeder arme Vojak, den man mit dem Stock ins Gefecht treiben muß, der nicht weiß, wofür er sterben soll, lieber ist als dieses feige Gesindel daheim, das sich gemästet hat! Weil sie die Frontsoldaten mehr fürchten als die Tripperkranken, die aus Pardubitz ausbrechen werden."

Ein großer, dicker Offizier trat ein, dessen Rang zu erkennen der aufgeschlagene Mantelkragen verhinderte. „Guten Abend, Bürger!" grüßte er breit und gelassen, „keinen Streit bei der Testamentseröffnung, denn es wird sich alsbald zeigen, daß wir alle ganz gleichmäßig beschissen worden sind." Als einige junge Offiziere höhnisch lachten, kehrte sich der Dicke ihnen zu: „Die von nun an zu den Siegerstaaten gehörenden Herren werden den Vorzug genießen, ihre solcherart geschmückten Hosen an unseren Landesgrenzen aufhängen zu dürfen." Das Gelächter verstärkte sich, der dicke Offizier nahm es als Beifall: „Sinnlos, sich jetzt zu streiten, meine Herren, weil wir in ein paar Stunden gemeinsam hinter den Stacheldraht marschieren werden, denn was die Italiener schnappen, führen sie ab und schleppen es als Siegesbeute durch ihre fahnengeschmückten Städte."

Man könne bei Pergine ausbiegen, schlug der einarmige Hauptmann vor, man müsse doch nicht nach Trient, man könne nördlich herum ins Etschtal kommen.

Auf die Frage des tschechischen Majors, wieviel Stunden Unterschied zwischen dem österreichischen und dem italienischen Waffenstillstandsbeginn seien, erwiderte der dicke Mann, daß es sich um die Kleinigkeit von sechsunddreißig Stunden handle

Da schrien die jungen Offiziere: um soviel könne man sich nicht irren, das müsse Absicht sein! Solch eine Schlamperei sei nicht einmal in Österreich möglich!

„Ach was, Absicht", beruhigte der Dicke die Aufgeregten, „immer glaubt ihr, daß Wien sich etwas gedacht habe. Sie haben sich gar nichts gedacht, das ist das Geheimnis, das ich euch verrate!"

„Das ist doch nicht zum Lachen!" rief ein junger Tscheche, „das ist doch eher zum Weinen, daß es so einen Staat in der Geschichte Europas geben kann!"

„Abwarten, mein Lieber", sagte der Dicke, „was sich deine Leute in Prag denken werden. Die werden auch nur mit Wasser kochen. Wenn uns die Katzelmacher nicht fangen, war es ein Wunder, wenn sie uns schnappen, dann war es Schlamperei!"

„Ein schöner Trost!" klagte ein Rumäne.

„Aber kein Verrat. Kein Verrat!" fuhr der Dicke unbeirrt fort. „Bei uns ist Ausverkauf, da wird billig abgestoßen. Der Kaiser hat die Flotte den Kroaten geschenkt und er hofft, daß sie ihm das nie vergessen werden, und ihr andern alle bekommt jetzt eure heißersehnten Vaterländer! Statt in einem Großstaat werdet ihr und werden wir alle nun in lauter Kleinstaaten leben, die der Teufel, wenn er Lust dazu bekommen wird, einzeln holen kann. Wir haben das ganze Leben die Wohltaten der Schlamperei genossen, nun müssen wir uns zu guter Letzt mit ihren Nachteilen abfinden. Die Uhr in Baden wird falsch gegangen sein, irgendein Trottel wird zwei Papierln verwechselt haben, irgend etwas ganz Dummes wird schon geschehen sein. Ihr könnt ja hier in Borgo sitzen bleiben und aufpassen wie die Haftelmacher, bis ihr den letzten Mann von uns über die Brücke nach Norden stolpern gesehen habt, ihr könnt zuschauen, wie die Italiener hier alles neu aufbauen werden, jedes Haus, versteht sich, mit einem Balkon zum Winken und zum Prahlen! Aber so ihr euch auch die Augen ausschauen werdet, Verrat werdet ihr nicht sehen, nur Schlamperei! Ich bin zwar nur Reserve, aber ich bin alt genug, um mich als gelernter Österreicher bezeichnen zu können. Ich empfehle mich und rate euch, wenn ihr durchkommen wollt, euch bald auf die Socken zu machen. Fahrt in den letzten Stunden, die wir noch beieinander sind, nicht aufeinander los! Wir haben uns durch Jahrhunderte schlecht und recht vertragen, also werden wir es die paar Tage auch noch miteinander aushalten. Dann können wir ja alle unsere eigenen Wege gehen — glaubt ihr! Aber ihr werdet bald sehen, auf diesen eigenen Wegen, daß ihr nicht allein auf der Welt seid und daß andere aufpassen werden, wohin du und du gehen willst!" Der dicke Mann — war er nun ein Oberleutnant oder ein Hauptmann der Reserve, das war nicht zu sehen gewesen — ging wieder hinaus und wartete am Straßenrand, ob in der Kolonne, die gerade vorbeizog, ein Fahrzeug sei, das ihn, der schlecht ging, mitnehmen würde.

Nun tröpfelte es ab: von den steilen Türmen und den Nadeln der Dolomiten, stieg es auf Leitern und schwankenden Stegen, tastete sich an Seilen den Abgründen entlang, rollten die stürzenden Tragtiere als hüpfende Räder aufpolternd in die Tiefen, um dort zu verzucken. Aus Schneelöchern und grünlichen Eisstollen am Rande der Gletscher wich es, krähenüberflogen klirrte es durch die steinerne Einsamkeit des Isonzo-Ursprungs, die Morgenröte erhob hinter den kalkgrauen Schroffen und Zacken ihr schwermütiges Haupt und starrte mit der Trauer des Morgens vom Grabmal des Lorenzo Medici dem kurzen Tag des späten Jahres entgegen. Es leerte sich das gewaltige Rund des großen Kriegstheaters auf der Hochfläche der Sieben Gemeinden, zurück blieben die geschundenen, zersplitterten, vergifteten und räudigen Wälder, die verlassenen Gräben, die vergessenen Gräber und die vom Krieg zerstampften, einstmals deutsch gewesenen Dörfer Stempfle, Gertele, Reutle, Beutle, in deren Namen noch der Duft schwäbischer Bauerngärtlein hing mit Hängenelken und Rosmarin. Über die zerklüfteten Kalkrücken der Meletta und Longara zog es durch den frischen Schnee des nahenden Winters und blickte, in Schneehauben gehüllt und mit unförmigen Fäustlingen an den Händen, durch den aufwolkenden Atem zurück nach den fernher schimmernden, nie erreichten Lagunen von Venedig. Zurück blieben die grünen, eilenden und schäumenden Gebirgsbäche, die rauschenden Flüsse in den weiten Schotterbetten, die Piave, der Tagliamento, zurück blieben die kleinen Dörfer am Rande der Alpen und in ihnen die weißblonden Kinder mit den blauen Augen, Nachkommen der Langobarden, kleine Himmelswesen an Schönheit und Anmut, wenn sie die Schützen und Jäger mit dem warmen Wasser aus den Kesseln der Fahrküchen gewaschen hatten. Zurück blieben die höflichen Podesta mit den weitausholenden Opernbewegungen, die sie nun nicht mehr den weichenden und eilig Aufbrechenden gönnten, sondern für die herannahenden Befreier und Sieger aufsparten, denen auch die überall aus den Dachluken herabwehenden rotweißgrünen Fahnen galten. Zurück blieben die endlosen Maulbeerbaumalleen der Ebene, die gewaltigen Edelkastanien am Fuße der Höhen, die Feigenbäume, die Ölbäume, die kantigen steinernen Häuser und die geschwungenen Brücken. Zurück blieb die alte Ehre Österreichs auf seinen ruhmvollen Schlachtfeldern, und zurück blieb auch das Herz, das dieses Land am Fuße der Kalkmauern geliebt hatte mit aller Sehnsucht. Schon schritten die hageren Geistlichen in langer Soutane und schwarzen Strümpfen durch die Straßen voll Plunder des Rückzuges und Papier der Kanzleien, verschlossen standen die steinernen und strengen Palazzi mit den kühlen Höfen hinter den abweisenden Mauern, verlaufen hatte sich die Flut nach dem Norden mit seinen überschneiten Nebelbergen. Oben aber auf den Höhen der Pässe, neben den verschlossenen Häuschen der Seidenraupenzüchter, ehe sie endgültig schieden, starrten die Weichenden alle noch einmal nach Süden, wo sich in sanften Wellen die wilden Berge zur Ruhe legten und wo die Ebene mit ihren geraden Feldern und Alleen sich dehnte, die fruchtbare Schwester des salzigen Meeres. Noch einmal die Ströme aufblinken, noch einmal aus dem matten Grün die weißen Kampanile aufleuchten sehen und an kastanien- und feigenbedeckten Hängen die ziegengleich kletternden weißen Städtchen. Ein paar Verse Dantes klangen auf, der auch die hinter den hohen Bergen im Norden thronende Macht des Kaisers besungen, ein paar Verse Shakespeares, in denen dieses Land liebkost wird: ‚In solcher Nacht wie diese, da linde Luft die Bäume schmeichelnd küßte... Komm, milde, liebevolle Nacht! Komm, gib mir meinen Romeo... von Belmont nach Venedig!‘ Niemals werden sie des Mondes helle Silberflut vergessen und nie das Grillenzirpen jener Nächte und nie die weißen steinernen Städte am Rande der Berge, durch die man zu Beginn des Sommers herangezogen war in gewaltigen Heeressäulen zum letzten Sturm. Von allen Fronten waren sie gekommen, alle Stämme, alle Völker, um mit ihrem warmen Leben um dieses Land zu werben. Verblutet war dieser Brautzug des Kaisers, zusammengebrochen war diese blutige Werbung. Und nun zerteilten sich die kaiserlichen Völker wie Nebel und zogen durch die tiefen Täler, aus denen sie hervorgebrochen waren, wieder zurück.

In babylonischer Sprachenverwirrung, des Gehorsams zerrissene Zügel um die müde stolpernden Füße, taumelte den Quellen der Schneewasser führenden milchigen Flüsse alles zu, was nicht, vor dem Feind durch Blut zusammengeschweißt, auch in diesen Tagen noch die Soldatenehre wahrte. Italienische Lanzenreiter auf wohlgefütterten Pferden überholten mit wehenden Fähnchen die Kolonnen, dahinbrausende Autos mit tobenden, feuernden und außer sich geratenen Italienern drückten die Weichenden an die nebeltriefenden Wände, drängten die Zurückhaltenden in die mit dem Abfall der Flucht gefüllten Straßengräben. Was hier zurückhetzte, war keine Armee, was die flammenden Magazine aus der Nacht rissen, waren keine Soldaten mehr, es waren die Völker, die auf einmal Zusammenhalt, Sinn, Staat und Gesetz verloren hatten und nun Heimat, Land und Bereich der eigenen Sprache erreichen wollten, um zu erfahren, welchen Sinn ihr Leben in den nächsten Tagen, Wochen, Jahren haben sollte. Wer sich vor den Pässen von den Lanzenreitern abdrängen ließ, fiel in die Hand des nachhastenden Feindes: Bataillone, Regimenter, Brigaden, Divisionen und Korps wurden abgeschnürt, mußten die Waffen zuhauf türmen, die Geschütze zurücklassen und die gleichen Straßen noch einmal nach Süden zurückmarschieren, durch beflaggte Dörfer, durch fahnenwehende Straßen der Städte, durch Spaliere von fluchenden, tobenden, johlenden Menschen, unter dem Läuten der Siegesglocken in ein novembergraues Italien.

Auf einer Höhe hielt, die mageren, struppigen Pferde am Zügel, ein Batteriekommandant mit seinem Stab und blickte auf die langsam herankommenden Geschütze. Aus der weiten Ebene tief unten stieg Rauch auf. Hier wollte man warten, bis diese Trains, Feldbäckereien, Kanzleien, Werkstätten und Brückentrains vorbei waren, damit man dann endlich marschieren konnte, ohne alle paar Minuten aufzufahren und stehenbleiben zu müssen. An jeder Wegkreuzung hatten Narren mit Pistolen herumgefuchtelt, um sich und ihre Abteilungen nur ja sofort in die endlose Kolonne einschieben zu können. In den Straßengräben war Infanterie gehockt, war dann fluchend wieder aufgebrochen und hatte all den mitgeschleppten Plunder zurückgelassen: Federbetten, Vogelkäfige, Fensterrahmen, Grammophone, Frauenwäsche, Wandspiegel, Treibriemen, Stahlhelme, Schuhe, Gewehre, Mäntel, Rucksäcke und Tornister.

Am Morgen war die Batterie an einem deutschböhmischen Bataillon vorbeigekommen, das man für die singenden, zurückmarschierenden Honveds nach vorne geholt; die Leute hatten sich, tief unter den schweren Tornistern gebückt, verdrossen nach vorne geschleppt, kleine, schmalbrüstige Fabriksarbeiter mit schweißdurchfurchten Gesichtern über den offenen Krägen mit den mageren, vorgestreckten Hälsen. Hin und wieder hatte ein Maschinengewehr geknattert, dann hatten die Leute vom Train die Fahrzeuge umgeworfen, die Zugstränge durchgeschnitten und waren auf den abgeschundenen Gäulen davongejagt. Das deutschböhmische Bataillon hatte sich nicht darum gekümmert, es hatte geflucht und gedroht und war dann doch in die anbefohlene Stellung gegangen.

In Lienz stieß die Batterie auf die Bahn. Entlang den Geleisen lagerte Infanterie, kochte ab, sprang auf und rannte zur Station, wenn einer der überfüllten Züge abgehen sollte. Da war auch ein Bataillon Bosniaken, von denen die Kanoniere munkelten, daß es seine Offiziere gefangen und in einen Stall gesperrt habe; abends, so hieß es, sollten die Offiziere von ihren eigenen Leuten erschossen werden.

Ein kleiner, vierschrötiger Generalstabshauptmann, der sich der Batterie angeschlossen, ging zu den Bosniaken hinüber und redete den Leuten auf serbisch zu, Vernunft anzunehmen und die Offiziere freizulassen. Die Antwort waren ein paar Handgranaten, deren Splitter ihm um die Ohren pfiffen. Der Imam der Bosniaken, ein hagerer Eiferer mit feldgrauem Fez, und ein hünenhafter Feldwebel mit einem blatternarbigen Geiergesicht, riefen dem Generalstäbler nach, ja, sie würden Gericht halten über die Offiziere, die ganz allein schuld daran seien, daß man den Krieg verloren und daß der Tod so viele tapfere Heldensöhne sinnlos hingerafft habe. Die Leute schrien Flüche und schossen die Gewehre ab.

Den Bosniaken war in Güte nicht beizukommen, das sah der Hauptmann. Das waren wohl die besten Soldaten, die jemals für die Monarchie gekämpft, in hundert Gefechten bewährt, die den Welschen mit Steinen aus den Gräben gejagt, die mit deutschen Regimentern im Wettlauf den Tagliamento erreicht, die den Nahkampf gesucht, das Messer zwischen den Zähnen, die Hände an der Gurgel des Gegners, Soldaten, mit denen man einen Krieg gewinnen, aber keinen Krieg verlieren durfte. Diese Leute waren fast nie satt zu kriegen gewesen, beim Essenholen hatten sie den Schwarzen, die Suppe und den Zwieback oder das bröcklige Maisbrot zusammengeschüttet, verrührt und verschlungen, um sich ja nur einmal ordentlich den Bauch vollschlagen zu können.

Ihre Offiziere hatten die Bosniaken, wenn diese es verstanden, mit den einfachen und stolzen Burschen umzugehen, verwöhnt, ihre Waffen hatten sie zärtlich geliebt und gut in Ordnung gehalten, es waren Krieger, und man mußte sie zwingen, disziplinierte Soldaten zu sein, aber hatten sie einmal gehorchen gelernt, waren sie gute Soldaten.

Der Generalstäbler hastete zur Batterie, nahm sich den Kommandanten beiseite und fragte, ob der noch seine Maschinengewehre zur Fliegerabwehr habe und ob die Bedienung der Gewehre verläßlich sei. Der Batteriekommandant erwiderte, er könne zwar mit den zugeteilten Maschinengewehrleuten kein Wort sprechen, weil es Stockmadjaren seien, aber sie seien bis heute noch nicht davongelaufen, und das spreche eigentlich für diese Burschen.

„Gib zur Sicherheit noch ein paar von deinen verläßlichen Unteroffizieren mit. Wir können die Gewehre gleich hier aufstellen und ein paar Zeltblätter drüberwerfen. Dann laß deine Fahrküche anheizen, und wenn alles fertig ist, bitte, ruf mich." Der Generalstäbler ging ein paar Schritte, blieb stehen und drehte sich um: „Was du kochen sollst? Wasser. Der Kessel muß dampfen, das ist die Hauptsache. Wenn du ein paar Kaffeekonserven hast, daß es ein bißchen riecht, wirf sie hinein!"

Die Zeltblätter wurden ausgelegt, die Maschinengewehre daruntergeschoben und die Fahrküche geheizt. Neben die Maschinengewehrleute stellten sich ein paar Artillerieunteroffiziere. Aus dem Kessel der Fahrküche stieg der Rauch auf. Der Generalstäbler stellte sich neben die Fahrküche und rief laut: „Minasch! Minasch!" Die Bosniaken hörten das liebe Wort, das Wasser lief ihnen im Mund zusammen, mit den Eßschalen kamen sie in aller Hast gelaufen, wie Kinder schrien sie: Minasch! Minasch!

Der alte bosnische blatternarbige Feldwebel kam heran, und der Hauptmann befahl ihm, sich darum zu kümmern, daß alle seine Leute kämen, sich ordentlich, wie es sich für Soldaten gehöre, anstellten, schön in Reih und Glied, und dann möge der Feldwebel achtgeben, daß sich keiner der Bosniaken zweimal Menage hole.

Der Feldwebel ging, schrie und holte seine Leute heran. Keine Bosheit, keine Rachsucht, kein Zorn war den Bosniaken anzumerken, essen wollten sie, hungrig waren sie, die Fahrküche hatten sie, die man in letzter Stunde noch einmal nach vorne geschickt, im Lager zurückgelassen und nicht mehr gefunden.

Der Hauptmann ging mit dem Batteriekommandanten auf und ab und schaute nach, ob auch alle Bosniaken zur Fahrküche kamen. Als alles beisammen war, machte der alte Feldwebel die Meldung, jetzt konnte das Essen ausgegeben werden.

Ein Wink des Hauptmanns: die Zeltblätter wurden weggerissen, die beiden Maschinengewehre klopften eine Serie herunter, dicht über den Köpfen der Bosniaken hinweg. „Hände hoch!" brüllte der Hauptmann, „Dableiben! Stehen! Wer sich rührt, wird niedergeschossen!" Das war serbisch gerufen worden und auch sonst den Bosniaken verständlich, sie erfaßten rasch, daß sie in eine Falle gegangen waren. Mürrisch und finster hoben sie die Hände und rührten sich nicht.

„Ihr laßt eure Offiziere frei. Die bringt ihr hierher. Geschieht einem eurer Offiziere etwas, dann kommt keiner von euch lebend zu seiner Mutter. Das ist alles. Ich warte eine Viertelstunde! Und jetzt los!"

Die Leute berieten ganz kurz. Sie wußten, daß man mit ihnen genau so wenig spaßen werde, wie sie mit den tschechischen Legionären gespaßt hatten, die von ihnen an der Piave aufgehängt worden waren. Der alte Feldwebel und ein paar Mann gingen und kamen nach ein paar Minuten mit den Offizieren wieder.

Die Offiziere der Bosniaken lachten nicht, sie freuten sich nicht, sie gingen mit gesenkten Blicken zu den Artilleristen hinüber. Dem alten Oberstleutnant der Bosniaken, einem Kroaten, kamen die Tränen, als er sein Bataillon mit erhobenen Händen vor den beiden Maschinengewehren stehen sah. Pfui Teufel! Welch eine Rettung! Welch ein Leben! Was sollte man mit solch einem Geschenk!

Der Generalstäbler ging dem Bataillonskommandanten entgegen und reichte ihm die Hand. Ob der Herr Oberstleutnant noch einen Wunsch habe? Für den Oberstleutnant erwiderte der Bataillonsadjutant der Bosniaken, daß die Leute ihnen alles abgenommen hätten, sie hätten nur, was sie am Leibe trügen. Da meldete der alte Feldwebel strammer als je, es sei schon befohlen, den Herren Offizieren die Koffer und Sachen zu bringen.

Und wirklich! Über die Wiese her kamen vom Gasthof die mit Koffern und Rucksäcken bepackten Burschen der Offiziere. Der Generalstäbler fragte, ob alles in Ordnung sei. Die Offiziere prüften flüchtig und bestätigten, daß ihr Gepäck vollzählig sei.

„Du hast mich vorhin gefragt", sagte der alte Oberstleutnant zu dem jungen Generalstabshauptmann, „ob ich noch einen Wunsch habe. Ich habe noch einen einzigen Wunsch. Laß den Burschen die Hände herunternehmen, ich kann die Kerle nicht so dastehen sehen, und dann gib ihnen, wenn du irgend kannst, etwas zu essen. Sie haben sich zwar wie die Wildschweine benommen, aber das liegt mehr an der Zeit als an ihnen, sie waren bis dahin immer ordentliche Burschen und tapfere Soldaten!"

Der Generalstäbler sagte dem Feldwebel, er solle die Leute ruhen lassen. Die Bosniaken senkten langsam die steif gewordenen Arme. Dann fragte der Generalstabshauptmann den Batteriekommandanten, ob er Kaffee oder sonst eine Menage für diese Räuber habe. Der Artillerist hatte Gulasch und Schwarzen. Der Oberstleutnant ließ es den Leuten sagen, und sie, die ihn vor einer halben Stunde noch hatten erschießen wollen, sie ließen den Alten hochleben, doch der bedankte sich für dieses Živio mit einem kräftigen Fluch. Die Bosniaken hockten sich im Kreis um die Fahrküche nieder, sie sahen zu, wie der Koch die Konserven in den Kessel leerte. Die Ungarn blieben hinter den Gewehren, und der Oberstleutnant sah zur Seite. „Arme, gute Burschen", sagte er, „ihr hättet ein anderes Ende des Krieges verdient."

Süßlicher Benzingeruch lag über den großen Ausfallsstraßen von Paris, fähnchengeschmückte Autos der fremden Delegationen brachten die Minister von Zusammenkunft zu Zusammenkunft. Bald stand die lange Reihe der Wagen vor dem Quai d'Orsay, wo Pichon empfing, bald in der Universitätsstraße vor dem Quartier des Obersten House, bald vor dem Kriegsministerium, wo Clemenceau antrieb. Dann wieder führte die Fahrt über St-Cloud und Sèvres nach Versailles, denn dort tagte in dem barockisierenden, etwas protzigen Trianon-Palace-Hotel der Oberste Kriegsrat der Verbündeten. Die großen Sitzungen zeitigten kaum ein Ergebnis, man wagte es nicht, sich vor den vielen kleinen Verbündeten, die sich wie Schakale um das Löwenmahl schlichen, zu zanken und zu streiten. Die Beute, auf die diese Kleinen lauerten, war ungeheuer, man durfte nicht von den Fersen der Großen weichen, damit nicht falsch verteilt und ungerecht verfahren wurde. Österreich hatte am 2. November 1918 die Waffen gestreckt. Die Vertreter der Kleinen Nationen sahen einander mißgünstig an wie die glücklichen, aber untereinander zerstrittenen Erben beim Notar, ließen sich von den vielen herumlaufenden Presse- und Filmphotographen in erhabenen Stellungen aufnehmen und vergaßen ganz, welch ein gefährlicher, ja vernichtender Hintergrund für Männer aus der Provinz die große Front und die sanft ansteigenden Treppen des Schlosses von Versailles waren. Aber so sehr auch die Herren aus den Nachfolgestaaten drängten, so sehr sie auch allen von Sitzung zu Sitzung eilenden Vertretern der Großen in den Ohren lagen, Österreich kam noch nicht dran, Österreich war für die Großen eine Nebenbeute, für die Großen war es um Deutschland gegangen, über Deutschland mußte zuerst verhandelt werden.

Am Nachmittag des 2. November warf im großen Sitzungssaal von Versailles nach endlosen Debatten Clemenceau noch einmal die Frage der Reparationen auf: Frankreich werde nie begreifen, warum man durchaus diese Klausel weglassen wolle. Auf alle Einwände, daß die Reparationen zu den Friedensbedingungen und nicht zum Waffenstillstand gehören, habe er, Clemenceau, nur zu entgegnen: Er verlange doch bloß die Einfügung von drei Worten: *Wiedergutmachung von Schäden.* Diesen drei Worten möge man Kommentare oder Erklärungen hinzufügen soviel man wolle, ihm sei es gleichgültig, aber auf diesen drei Worten bestehe er. Unwillig über diese Hartnäckigkeit des Tigers fragten der Belgier Hymans und der Engländer Bonar Law, was denn diese Klausel mit dem Waffenstillstand zu tun habe, und Clemenceau erwiderte, daß es sich ihm um das Grundsätzliche handle, man möge doch bedenken, wie schwer das französische Volk gelitten habe. Vesnić, der serbische Vertreter, rief, man möge die Opfer Serbiens für die Zivilisation nicht vergessen. Und was Italien erdulden mußte! warf Orlando ein. Und Belgien! meldete sich jetzt auch Hymans. Für die versenkten Schiffe, erinnerte Lloyd George die Versammlung, müsse Deutschland zahlen! Nun war auch bei den Großen die Ruhe weg, nun hatten alle gierige Augen und lauernde Blicke. Besorgt blickte Balfour zu Oberst House hinüber, aber der Oberst träumte vor sich hin, er war durch die vielen Verhandlungen all die Tage hindurch erschöpft. Clemenceau war durch den Sturm, den er heraufbeschworen, zufriedengestellt. Als wäre eine Abstimmung erfolgt, faßte er alle Zwischenrufe und Besorgnisse kurz zusammen: „Alles, was Sie da verlangen, ist doch in den drei von mir geforderten Worten ‚Reparationen für Schäden' enthalten. Ich ersuche Sie nochmals, auf die Gefühle des vielgeprüften und so hart mitgenommenen französischen Volkes Rücksicht zu nehmen."

Da kam der französische Finanzminister Klotz seinem Kollegen Clemenceau zu Hilfe und schlug vor, an die Spitze des finanziellen Abschnittes eine Klausel zu setzen, die sich alle künftigen Ansprüche der Alliierten vorbehalte. Das war es, was Clemenceau, der Rechtsanwalt, verlangte, der wußte, wie man mit Hilfe solcher drei Worte die allerschwierigsten Forderungen hereinbekommen konnte.

Erst zwei Tage später, zu einem für die Vertreter der wartenden Erben kaum mehr erträglichen verspäteten Zeitpunkt, wurden die militärischen Führer vor die Konferenz geladen, um sich über die Änderungen des Feldzugsplanes zu äußern, die durch das Ausscheiden der österreichisch-ungarischen Monarchie aus dem Kriege notwendig geworden war.

Am untern Ende des langen Tisches saß heute zum ersten Male als Vertreter der tschechoslowakischen Regierung Eduard Benesch. Man hatte versäumt gehabt, ihn zu den früheren Sitzungen beizuziehen, man dachte noch nicht in den neuen Grenzen und in den sich neubildenden Staaten, und man vergaß daher deren Vertreter, obwohl diese alles taten, um sich den vergeßlichen Großen immer wieder in Erinnerung zu bringen. Benesch war nach langem Antichambrieren bei Pichon vorgekommen und hatte sich beschwert: Er, Benesch, habe eine ganz andere Behandlung hier erwartet, die tschechische Legion habe an der Seite der französischen heldenhaften und siegreichen Armee gekämpft und der tschechoslowakischen Vertretung das Recht erstritten, den Beratungen zugezogen zu werden. Nun saß Benesch sprungbereit am Beratungstisch, an dem Europa neu verteilt wurde, und wartete auf sein Stichwort.

Lloyd George fragte, ob man über Österreich in Bayern einfallen und Deutschland von Süden her in zwei Teile trennen solle, und was man unternehmen werde, wenn der deutsche und der madjarische Teil Österreich-Ungarns sich zum Guerilla-Krieg entschließe? Solle man sich, wollte Lloyd George wissen, der den Alliierten freundlich gesinnten Völker bedienen, um diese deutschen und ungarischen Partisanen niederzukämpfen?

General Foch, dessen Gedanken schon den Spuren Napoleons über die Schlachtfelder Deutschlands nachgezogen, schlug drei konzentrische Angriffe gegen München vor: einen durch das Inntal, einen über Salzburg und einen über Linz. Man könnte diese drei Armeen dem italienischen Oberkommando unterstellen, Foch selbst wollte sich nur die Operationsleitung vorbehalten. Die tschechoslowakische Legion, die in Italien aufgestellt worden sei, und verfügbare Teile der Salonikiarmee könnten den Angriff unterstützen. Auf Clemenceaus Frage, wie lang Foch zur Vorbereitung dieses Angriffes auf München brauche, erwiderte der General, daß die Versammlung der Truppen dreißig bis fünfzig Tage brauchen würde. Lloyd George schlug vor, ehe man noch diesen Angriff beginne, die strategisch wichtigsten Punkte Österreichs zu besetzen, damit alle Verbindungen Deutschlands zu den galizischen Petroleumquellen unterbunden würden. Nun mußte auch Benesch einen Vorschlag machen, und er wurde von Clemenceau für seine Anregung ‚Berlin von Prag aus mit Flugzeugen zu bombardieren' mit dem Rufe: „Herr Benesch, Ihre Anregung entzückt mich!" belohnt.

Ja, nun konnten alle um den langen Tisch Versammelten sehen, welche wichtige Rolle dem neu erstehenden tschechoslowakischen Staate zufiel: wie kurz die Flugstrecke Berlin—Prag war, und wie tief jemand, der sich mit der Tschechoslowakei verband, in der deutschen Flanke stand. Aber man müßte, fuhr Benesch fort, nicht nur Bombenflugzeuge, sondern auch alliierte Truppen nach Böhmen entsenden, weil die tschechoslowakische Nation derzeit in größter Sorge sei: die Deutschen konzentrierten bei Görlitz Truppen, mit denen sie jederzeit die Tschechoslowakei überrennen könnten. Die rein tschechischen Bezirke im Innern des Landes hätten wohl restlos das Joch der österreichischen Knechtschaft abgeschüttelt, aber diese Bevölkerung Innerböhmens sei ohne Waffen, sie könne sich eines solchen Angriffes nicht erwehren, dem sich womöglich die deutschen Teile Böhmens, die Ränder des neuen Staatsgebietes anschließen würden. Ein solcher deutscher Angriff müsse aber schon deshalb abgewehrt werden, weil sich in Böhmen die Skodawerke, das Arsenal der ehemaligen österreichisch-ungarischen Monarchie, befinden. Auf die Frage Clemenceaus, wie groß die sich bei Görlitz zum Einfall nach Böhmen sammelnden Streitkräfte seien, erwiderte Benesch, daß er das nicht wisse.

„Keine", schnitt Foch diese übereifrigen Bemühungen, sich in das rechte Licht zu setzen, trocken ab.

Benesch hätte noch gerne etwas erwidert, aber er wagte es nicht, Foch zu widersprechen. Balfour sah eine Weile zu Benesch hinüber und neigte sich dann dem Oberst House mit der Frage zu, wieso man denn die deutschen Teile bei der Tschechoslowakei lassen wolle, ob für diesen neuen Staat denn nicht das Selbstbestimmungsrecht der Völker gelte, denn man könne es doch den Worten des Herrn Benesch ohneweiters recht deutlich entnehmen, daß diese Deutschen, die sich der neue Staat einverleiben wolle, durchaus über diese Einteilung nicht entzückt seien. Oberst House zog es vor, nicht zu antworten, an seiner Stelle sagte Sonnino: Man gestehe den Tschechen das zu, was man Italien verweigern wolle, die historischen Grenzen! Balfour blickte auf Oberst House und meinte, es habe sehr den Anschein, daß es hier einige Verwirrungen geben werde.

Foch fuhr fort, seinen Angriffsplan gegen Deutschland nach dem Ausscheiden Österreich-Ungarns zu entwickeln. Als der General geendet hatte, ergriff der italienische Premier das Wort: Er stimme grundsätzlich den Plänen des Marschalls Foch zu, aber er habe einen Vorbehalt: aus Achtung vor General Diaz müsse er diesen vorerst um dessen Meinung fragen. Ferner müsse er, Orlando, bemerken, daß die heldenhafte italienische Armee von den großen und schweren Schlachten, die sie durchfochten und so siegreich beendet habe, von den schweren Hochgebirgskämpfen und von der pausenlosen Verfolgung eines zurückflutenden Feindes allzu erschöpft und ausgepumpt sein werde, um sich an solch einem großen Angriff zu beteiligen, wie der sei, den eben Marschall Foch in so kurzen Zügen meisterhaft entworfen habe.

„Sie wollen nicht gegen die Deutschen kämpfen", flüsterte Clemenceau dem Marschall Foch zu, „teils aus Liebe nicht und teils nicht aus Angst." Foch nickte kurz, kehrte sich dem italienischen Premier Orlando zu und sagte, jeden weiteren Widerspruch abschneidend: „Der Sieg beflügelt. Der Vormarsch überwindet die Müdigkeit. Die italienische Armee wird angreifen."

Sturz der Mariensäule (Reichsstil),
4. November 1918

Nach der Befreiungsfeier auf dem Weißen Berg bei Prag am 4. November zogen die tschechischen Sokoln mit Fahnen und Gesang unter dem nicht endenwollenden Jubel der vor Freude tobenden Menge auf den Altstädter Ring im Herzen der Altstadt vor die Mariensäule. Leitern legten sie an, Seile spannten sie um die Gottesmutter auf der Erdkugel, hoch oben über dem weiten Platz mit dem alten gotischen Rathaus. Unter Schreien und Johlen zogen sie an, die hohe Säule begann zu wanken, das Volk stob kreischend auseinander, und mit berstendem Gedonner krachte das Denkmal zusammen. Vor 298 Jahren hatten die Kaiserlichen den böhmischen Winterkönig Friedrich von der Pfalz auf dem Weißen Berg geschlagen, und diese Schlacht, die nicht länger als eine Stunde gedauert, war das Ende des böhmischen Königreiches und der tschechischen Freiheit gewesen. Acht Monate später hatten die Kaiserlichen auf dem Altstädter Ring die siebenundzwanzig Führer des böhmischen Aufstandes, deutsche und tschechische Edelleute, geköpft. Dreißig Jahre nach jener Hinrichtung, in welcher der aufständische Protestantismus ebenso getroffen werden sollte wie das aufsässige Volk von Böhmen, war an jener Stelle, wo der Richtblock gestanden, die Mariensäule gesetzt worden, nach dem Vorbild jenes Denkmals, das der bayrische Kurfürst Maximilian zu München, im deutschen Rom, zur Erinnerung an den Sieg der Katholischen in der Schlacht auf dem Weißen Berg auf dem Marienplatz hatte errichten lassen. Längst war schon überall vergessen worden, daß diese Mariensäulen Sieges- und Kriegsmale waren, wie man sie in allen habsburgischen Ländern von Neapel bis Schlesien und vom Breisgau bis Siebenbürgen errichtet hatte im Kampf gegen die Protestanten und gegen die Türken. Das tschechische Volk hatte es nicht vergessen. Aus den Gräbern stand die Erinnerung auf, und die Hammerschläge, die die gestürzte Säule nun zertrümmerten, zerschlugen auch das letzte Gedenken an das Erzhaus Habsburg, dessen Regimentsfahnen einst das Bild der Muttergottes geziert. Wie aus weiter Ferne, aus dem unseligen Dreißigjährigen Krieg, hallte noch einmal auf das protestantische ‚Gott mit uns!' das ‚Jesus und Maria!' als Antwort der Kaiserlichen herüber.

Ungestürzt blieben die Denkmäler der kaiserlichen Siegesstraße über die Karlsbrücke, ungestürzt blieb der steinerne Prediger des Erzhauses, Johann von Nepomuk, den der sechste Karl in allen seinen Erbländern auf allen Brücken aufzustellen befohlen und dessen Aufgabe es gewesen, in einem aufsässig gewordenen Volk die Erinnerung an Johann Hus zu tilgen und ein abtrünniges Volk wieder an die Kaiserkrone zu binden. Nur mit Mühe hatte Karl VI. einst diese Heiligsprechung in Rom durchgesetzt, Adel und Volk hatten gewaltige Kosten auf sich genommen, der silberne Sarkophag im Veitsdom bezeugte den Überschwang, der damals Böhmen, das versöhnte, das erhöhte, ergriffen hatte. Nirgendwo im Heiligen Römischen Reiche war so hinreißend gebaut worden, hatten Franzosen, Italiener und Deutsche mit solcher Leidenschaft gewetteifert und mit allen Mitteln der Kunst um ein widerstrebendes Volk geworben. Oben auf dem Hradschin bezeugte das niemals vollendete, übergroß geplante und mächtige Palais Czernin, wie groß der tschechische Adel nach der Versöhnung mit dem Kaiser von sich gedacht hatte.

Die kleinen Völker zwischen West und Ost haben ein ewig wundes Herz, sie fühlen sich vereinsamt in der Welt, ihre Sprache, die allein weitergelebt hat im Hause der fremden Mächte und der wechselnden Staaten, ist ihnen Mutter, Heimat, Überlieferung und Leben.

Nun brach für diese kleinen Völker der Tag der Freiheit an, nun nahmen sie, die Bauernvölker, endlich Besitz von den Städten, die von den Deutschen gebaut worden waren. Die Völker waren unruhig, sie fühlten sich bedroht, sie wußten alle, daß von Gewinn oder Verlust einer einzigen Schlacht das Schicksal von Jahrhunderten abhängt. Sie hatten alle dies erfahren und erleiden müssen: die Tschechen, die Polen, die Ungarn, die Rumänen, die Bulgaren, die Serben, die Letten, die Litauer, die Esten und die Finnen. Nun schien es ihnen, daß ihre Zeit, die lang ersehnte, die von den Sagen verkündete und von den Märchen verklärte, gekommen sei. Nun wollten sie alle ein neues Leben beginnen, der Welt wollten sie zeigen, was sie leisten können, nun da sie nach dem Sturz der vier Kaiserreiche, der beiden westlichen und der beiden östlichen, ihre Freiheit wiedergewonnen hatten.

War es nicht ein wenig spät für solche Träume im alten Europa? Fiel der Beginn solch neuen Lebens nicht in das Abendrot der Christenheit? Welchen Morgen werden diese jungen, von Herder zuerst begrüßten Völker heraufführen? Werden sie die Gerechtigkeit, nach der sie geschrien haben, üben? Werden sie an Stelle der gestürzten Säulen neue schönere, bessere errichten? Mit wem werden diese Völker gehen? Wem werden sie sich anschließen, da sie doch um keinen Preis in der alten Form beisammen bleiben wollen? In welchen Formen werden sie leben, denen die alten Formen Zwang und Unfreiheit bedeutet haben? Werden sie die Erinnerungen an die versinkenden Mächte ebenso austilgen, wie die Christen auf dem Balkan die letzten

Spuren der großen türkischen Kunst vertilgt und an deren Stelle billige Importkunst aus dem Westen gesetzt haben?

Deutsches Hauptquartier, 9. November 1918

Der Zentrumsabgeordnete Erzberger war in Begleitung des neuen Generalquartiermeisters Gröner die ganze Nacht durch von Berlin bis Spa gefahren. Aus der nervösen Zerfahrenheit und der lähmenden Ratlosigkeit des Reichstages und aus der Unentschlossenheit des Kabinetts war er, der Bewegliche, der Vermittelnde, in die kalte Ruhe des Hauptquartiers gekommen. Noch immer schien diese geräuschlos laufende Maschine bis ins kleinste zu klappen. Fachleute für alle Fragen des Waffenstillstandes waren schon bereitgestellt, alle Unterlagen waren fertig. Für einen, der aus den trostlosen und grauen Straßen Berlins mit den endlosen, die Nächte hindurch schlangenstehenden Menschenraupen kam, waren hier in Spa zu viel Offiziere. Erzberger, der die friedliche, die versöhnliche Seite des deutschen Volkes vertreten wollte, mochte nicht von so viel Offizieren begleitet vor dem französichen Marschall erscheinen. Dieser General Gründell und seine Sachverständigen, die schon an der Haager Konferenz teilgenommen hatten, sahen die Welt, nach Erzbergers Ansicht, nur durch den engen Ausschnitt eines Kanonenrohres. Wenn er mit solchen Sachverständigen ankam, wirkte er drüben doch gerade wie das Muster von dem, was Wilson in allen Noten als das Ärgerniserregende an Deutschland bezeichnet hatte. Wer aber von seinem Partner etwas wollte, durfte ihn nicht überflüssig reizen. Die vom Großen Hauptquartier ausgewählten Herren sollten daheimbleiben, General von Winterfeldt, der ehemalige Pariser Militärattaché, Graf Oberndorff, Botschafter in Sofia, und Kapitän Vanselow — das genügte. Dann brauchte man noch als Dolmetscher den Rittmeister von Helldorff und Dr. Blauert als Stenograph. Die Aussprache mit diesen Herren über die kommenden Aufgaben war fast beendet, als der Generalfeldmarschall mit schweren Schritten eintrat und dem sich tief verneigenden Abgeordneten die Hand reichte: „Es ist vielleicht das erstemal, daß nicht Militärs, sondern Politiker einen Waffenstillstand abschließen." Erzberger lächelte geschmeichelt. Die Offiziere blickten eisig auf den rundlichen, geschäftigen Mann aus der Provinz, der sich im letzten Augenblick eingeschaltet hatte und nun so auftrat, wie er es wohl immer vor seinen Wählern getan hatte, ein wenig geheimnisvoll und ein wenig zutunlich. Die großen Politiker hatten mit ihren weltweiten Plänen den Krieg verloren, vielleicht retteten nun die kleinen Politiker, die sich auf das Handeln verstanden, im letzten Augenblick, was zu retten war. Zu beneiden waren die Helldorff, Oberndorff und Winterfeldt wahrlich nicht, die mit solch einem Entrepreneur vor den Franzosen aufmarschieren mußten.

„Ich bin damit einverstanden", fuhr Hindenburg fort, „zumal ja laut den letzten Regierungsbeschlüssen die Oberste Heeresleitung keine politischen Richtlinien mehr ausgeben darf. Was Sie, Herr Erzberger, uns verschaffen müssen und was die Armee am dringendsten braucht, ist Ruhe und noch einmal Ruhe. Denken Sie an die Ehre dieser Armee, die für..." Hindenburg stockte einen Augenblick und setzte dann fort: „... die so große Opfer gebracht hat, und trachten Sie danach, daß die Feindseligkeiten womöglich noch vor der Unterschrift eingestellt werden."

Dem Feldmarschall fiel es nicht leicht, solche Worte zu dem Zivilisten zu sprechen, aber sie mußten gesagt werden. „Reisen Sie mit Gott", setzte der Feldmarschall noch hinzu, „und suchen sie für unser Vaterland das Beste herauszuholen." Auch den andern Herren drückte der Feldmarschall die Hand, er wußte, daß sie keinen leichten Weg zu gehen hatten, und er sah ihnen lange nach. Dann nahm der Feldmarschall, damit er nicht ganz allein sei, einen jungen Ordonnanzoffizier mit sich, trat mit ihm an das Fenster und blickte den Autos nach, die in dem Herbstnebel verschwanden.

„Ein Winterfeldt, ein Major, überbrachte bei Sedan Bismarcks Ultimatum Napoleon". Der junge Ordonnanzoffizier wagte nichts zu sagen. Nach einer Weile sagte Hindenburg: „Drei Helldorffs. Der erste fiel als Bataillonskommandeur im Ersten Garderegiment bei Königgrätz. Der zweite, der Sohn, fiel bei St.-Privat. Und der dritte wird, fürchte ich, wenig ehrenhafte Dinge zu übersetzen haben." Hindenburg fuhr sich mit der Hand über die Stirn. „Wissen Sie, daß ich als Vertreter meines Regiments im Spiegelsaal von Versailles der Kaiserkrönung beigewohnt habe? Siebenundvierzig Jahre. Als Knabe kannte ich auf dem Gut meines Vaters einen alten Mann, der Friedrich den Großen noch gesehen hatte." Der Feldmarschall blickte vor sich hin ins Leere. „Die beiden Helldorffs waren in einem

Augenblick gefallen, in dem niemand einer Gefahr gewärtig war. Der Vater, der Bataillonskommandant, bei Rosberitz. Major Graf Waldersee hatte hinter dem brennenden Dorf die Fahnen einpflanzen lassen, damit sich die Leute dort sammelten. Und dort hat es den Major Helldorff ereilt." Keine Minute jener großen Schlacht hatte Hindenburg in seinem langen Leben je vergessen können. Goldgelb und hoch im Halm war das Getreide gestanden, vom Wind waren die Klänge des Radetzkymarsches herübergeweht worden, als wäre es eine sonntägliche Tanzmusik. In geschlossenen Formationen hatten die weißen Regimenter des Kaisers die blauen Regimenter des Königs immer wieder angegriffen. Das Spiel zwischen Kaiser und König neigte sich dem Ende zu, dieser lange, über ein Jahrhundert währende Kampf zwischen den Blauen und Weißen, der in Zopf und Puder begonnen und der beim ersten Rauch der Eisenbahnen geendet hatte. An dem alten König vorbei waren die siegreichen Regimenter unter klingendem Spiel durch das Brandenburger Tor gezogen.

„Der andere Helldorff, der Sohn des Majors, fiel bei St-Privat. Man konnte das auf der Höhe liegende und brennende Dorf nicht stirnseitig angehen. Unser Bataillon wurde in einem Wiesengrund seitlich verschoben. Die Leute rasteten im feuchten Gras, ehe sie zum Angriff antraten. Da kam eine verirrte Kugel und nahm den jungen Helldorff fort. Wäre ich damals gefallen, mir wäre der heutige Tag und die kommenden erspart geblieben. Aber dann hätte ich auch nicht Sedan erlebt und das vielstimmige ‚Nun danket alle Gott' am Abend nach der Schlacht. Ich hätte Versailles nicht erlebt und nicht die Kirche von Allenstein im Jahre vierzehn, nicht den Vorbeimarsch der Regimenter nach Tannenberg. Mein Leben währt zu lange. Ich hätte nie geglaubt, daß in meinem Leben noch die Niederlage auf die Siege folgen werde."

Der junge Offizier wollte dem Feldmarschall etwas von geschichtlicher Größe und Aufgabe sagen, aber Hindenburg ließ ihn nicht zu Wort kommen.

„Übrigens habe ich bei St-Privat, wenn auch freilich in viel kleinerem Maßstab, ähnliches erlebt wie bei Tannenberg. Auch dort fürchtete ich immer wieder, die Franzosen würden erkennen, welche Verluste die erste Gardebrigade beim Angriff gehabt habe, und sie würden zum Gegenangriff übergehen. Aber sie griffen ebensowenig an wie Rennenkampf bei Tannenberg.

Ich war damals Bataillonsadjutant. Erst am späten Nachmittag bekamen wir im Wiesengrund den Befehl, anzugreifen. Wir hatten Zeit gehabt, das weite Feld vor der Pappelallee genau zu mustern. Die Leute hingen an unsern Augen und an unsern Lippen. Der Feind lag gedeckt hinter dem Dorf und hinter dem Hang.

Ich ritt eine hohe ostpreußische Fuchsstute. Der Major setzte sich an die Spitze des Bataillons. Ich begleitete ihn. Er gab mir den Auftrag, das brennende Dorf in der Flanke anzusehen. Ich galoppierte hinüber und sah in den Steinbrüchen ostwärts des leeren Dorfes Rothosen auftauchen. Ich ritt zum Bataillon zurück, wies zwei Kompanien gegen die Steinbrüche ein und sah, wie der französische Angriff abgeschlagen wurde. Von oben her nahm ich wahr, wie französische Reiter in einer gewaltigen Staubwolke gegen die Brigade vorgingen. Im heftigen Schützenfeuer stoben die Reiter auseinander. Die Zeit der klirrenden Reitergeschwader war damals schon zu Ende. Ich ritt die lange Schützenkette der Brigade ab, von Westen nach Osten. Es lagen viele Tote über das weite Feld verstreut. Damals waren die Schlachtfelder kleiner, damals übersah man noch alles. Endlich, gegen Abend, kam die Artillerie! Und neue Truppen. Die Sonne sank schon, als sich die Brigade erhob und stürmte.

Das Signal zum Avancieren! Die Reihen schlossen sich zusammen, die Artillerie hielt die Franzosen nieder. Das brennende St-Privat wurde gestürmt. Sie werden es auf vielen Bildern gemalt gesehen haben. Vielleicht war der Angriff ohne Artillerievorbereitung vom taktischen Gesichtspunkt aus nicht richtig gewesen, vielleicht hätte man die großen Verluste vermeiden können. Aber sehen Sie, diese Angriffe waren es, welche den Franzosen auf die Nerven gingen. Unsere Kriegsfreiwilligen, die singend in Flandern angriffen, haben diese moralische Wirkung nicht mehr erreicht. Ja, zwischen damals und heute liegt der große, der ungeahnte, alle Hoffnungen übertreffende stolze Aufstieg Preußens und Deutschlands unter Preußens Führung. Mich hat man vierzehn aus dem Ruhestand geholt. Es mußte wohl sein. Gott allein mag wissen, warum. Sehen Sie, bei uns Preußen ist immer gespart worden. Alles mußte haargenau stimmen und auf Heller und Pfennig aufgehen. Moltke hat seine Kriege genau durchgerechnet. Es war nie sehr viel Zeit. Sechsundsechzig drohte Frankreich, siebzig drohte ganz Europa. Wir mußten uns immer beeilen, denn wer so in der Mitte sitzt, darf keine Zeit verlieren. Der Krieg war von allem Anfang an verfehlt, weil es seit der Marne nie mehr ganz stimmen konnte."

Der alte wuchtige Mann drehte sich langsam herum, nickte dem jungen Offizier zu und ging langsam zur Tür.

Knapp hinter Spa geriet Erzbergers Auto auf der regennassen Straße ins Schleudern und rannte gegen ein Haus. Der nächste Wagen fuhr auf, die Windschutzscheiben klirrten. Aber weder Oberndorff noch Erzberger wurden verletzt. „Mäßige Auspizien!" stellte Oberndorff fest. „Scherben bringen Glück!" erwiderte Erzberger. Das beschädigte Auto blieb liegen. Die Herren rückten zusammen. Die drei Autos suchten den Weg durch Kolonnen und zurückgehende Trains. Die Herren in den ungeduldig pochenden, auf freie Durchfahrt wartenden Wagen mußten weghören, denn diese zurückflutende Etappe überbot sich in allem, was man bisher von ihr erzählt hatte, nur nicht in Zucht und Höflichkeit. Ausgefressene Burschen, die sich geschickt vier Jahre zu drücken verstanden hatten, waren darauf gekommen, wie recht sie immer gehabt und was für kluge, ja auch in der Verteidigung ihrer Freiheit tapfere Kerle sie eigentlich gewesen. Davon bekamen die Herren im Wagen einiges zu hören. Als die Scheinwerfer angesteckt werden mußten und einige kleine Huzulenpferde vor dem grellen Licht scheuten, tönte es aus der Kolonne: „Lichter aus, Messer raus!" Erzberger, der solche Töne nicht gewöhnt war, beschwor die Leute, keine Dummheiten zu machen, die Herren hier seien die Waffenstillstandsdelegation, die den so ersehnten Frieden bringen werde. Dann aber dalli, dalli! rief man den Herren in den Autos zu, es sei höchste Zeit! Und während sich die Autos langsam an der Kolonne vorbeischoben, begannen ein paar Leute zu singen:

Gleicher Sold und gleiches Essen,
Und der Krieg wär' bald vergessen.
Ich sag' es ohne Scheu:
Wenn Wilhelm im Zylinder geht,
Auguste nach Kartoffeln steht,
Dann ist der Krieg vorbei.

In Chimay erwartete ein Ordonnanzoffizier die Autos: „Hier kommen Sie nicht weiter. Die Straßen sind gesperrt, gefällte Bäume darübergeworfen, Minen ausgelegt. Der Feind drängt hart nach. Lebend kommen Sie nicht durch."

„Wir müssen aber durch“, drängte Erzberger. „Feldmarschall Hindenburg fordert es. Jeder Tag kostet unnützes Blut.“

„Wollen sehen was sich tun läßt. Bitte, kommen Sie mit und rufen Sie das Generalkommando in Trelon an.“ Erzberger ging mit dem Ordonnanzoffizier und kam nach einer Weile mit dem Bescheid zurück, daß es gehen werde. Die Autos fuhren nun langsamer weiter. Die Scheinwerfer hoben die dahintrottenden Soldaten aus der Nacht und legten die hohläugigen, mageren Leute in den zerfetzten Uniformen scheu, als hätten sie verbotene Bilder geschaut, wieder zurück in das von Räderrollen, Schritteschlürfen und Halt-Rufen ruhelose Dunkel. Je näher man zur Front kam, desto kleiner wurden die marschierenden Gruppen, um so besser wurde ihre Ordnung. Es sei zum Weinen, sagte General von Winterfeldt zu Kapitän Vanselow, daß man diesen Leuten werde sagen müssen: Umsonst! Nicht nur ihnen, erwiderte der Kapitän, auch ihren Eltern, Frauen, Freunden, Bräuten, Kindern. Der Hunger, die Tränen, das Warten, der Glaube, die Hoffnung, das Vertrauen: Umsonst! Vertan! Verspielt!

In Trelon wartete der kommandierende General selbst beim Ortseingang auf die drei Autos. Hinter dem General standen, vom Scheinwerferlicht geblendet, die Herren des Stabes, die auch hatten sehen wollen, wen man da vorschickte, mit dem Feind zu unterhandeln. Der kommandierende General teilte Erzberger mit, daß die Herren weiter könnten, ein Pionierkommando habe die Weisung erhalten, die Minen zu beseitigen und die Verhaue wegzuräumen. Erzberger bedankte sich und der General fragte, was in der Heimat los sei, man bekomme hier draußen schon seit Wochen keine verläßliche Nachricht. „Revolution in Kiel“, sagte Graf Oberndorff, „die Matrosen haben, genau nach russischem Vorbild, als erste den Gehorsam verweigert.“

„Das ist Seiner Majestät liebstes Kind, der Stolz Deutschlands, die Marine!“ rief einer der Offiziere aus dem Stab des kommandierenden Generals.

„Und warum macht man nicht Ordnung?“ fragte der kommandierende General.

„Weil man zu wenig Ersatzformationen bei der Hand hat.“ sagte Graf Winterfeldt. „Die Revolte springt von Stadt zu Stadt. Lübeck, Hamburg, Kiel, das Lockstedter Lager sind in den

Händen der Meuterer, die überall von der Bevölkerung unterstützt werden."

„Die Versorgungslage macht das erklärlich", sagte Erzberger.

„Und Berlin? Sieht Berlin zu, wie die famose Marine die Küste entlang meutert?" fragte der General.

„In Berlin hat man derzeit nur eine Sorge: wie man Seine Majestät zur Abdankung zwingen kann."

„Meine lieben Berliner! Einzig! Und die italienische Front?"

„Unsere treuen Bundesbrüder haben auf die Nibelungentreue gepfiffen und vor einigen Tagen bedingungslos kapituliert", teilte Winterfeldt den aufhorchenden Offizieren mit. Diese Offiziere, die da in der Nacht die Autos umstanden und den Boten aus dem Hinterland lauschten, trauten ihren Ohren nicht. Sie wußten alle schon längst, daß man mit Wasser koche und daß es mit dem Vormarsch für immer vorbei sei, aber sie hatten sich mit dem Gedanken eines hinhaltenden Widerstandes vertraut gemacht, der zu einem allmählichen, wenn auch nicht gerade ruhmvollen Ende des Krieges führen werde. Aber, hatten sie sich alle getröstet, war es nicht Ruhm genug, der ganzen Welt die Stirn geboten und beinahe, um Haaresbreite, gesiegt zu haben? Nein, an Siegesfanfaren, Blumensträuße, Fahnenstraßen und Ehrenjungfrauen hatte man nicht mehr gedacht. Aber an Revolten bei der Marine oder gar an die Abdankung des Kaisers schon gar nicht.

„Erst Bulgarien, dann Österreich! Wir haben uns gute Bundesgenossen ausgesucht! Wie soll der Ausfall gedeckt werden?" fragte der kommandierende General.

„Das Alpenkorps hat den Auftrag, den Brenner zu besetzen", erwiderte Winterfeldt.

„Kein schöner Kriegsschauplatz in dieser Jahreszeit", stellte der General fest.

„Und wie steht es vorne?" fragte Winterfeldt.

„Die Leute leisten Übermenschliches. Seit Wochen stehen sie täglich im Gefecht. Wenn sie zurück müssen, gehen sie in vollster Ordnung zurück. Manche Division zählt kaum vierhundert Mann. Wir werden diesen Rückzug nie vergessen. Die andern aber auch nicht."

„Und da hat", sagte Winterfeldt, „der ‚Vorwärts' schon vor vier Wochen geschrieben: es sei der feste Wille der Sozialisten, daß Deutschland für immer seine Kriegsflagge streichen solle, ohne sie das letztemal siegreich heimgebracht zu haben."

Niemand wußte etwas darauf zu sagen. Der General und sein

Stab grüßten, die Herren bestiegen wieder die Wagen. Hin und wieder stockte die Fahrt. Ein Pionier mit einer rotabgeblendeten Taschenlampe stand in der Mitte der Straße und hielt die Wagen auf, bis die Hindernisse beiseite geräumt waren. Artillerie mit abgetriebenen Pferden ratterte vorbei, Sanitätsautos mit ihrer fiebernden Fracht hasteten zurück. Ein Offizier, der mit ein paar müden Leuten am Straßenrand dahertrottete, wurde gefragt, ob es noch weit zur Front sei. Die Leute trotteten weiter, als gingen sie im Schlaf, der Offizier, unrasiert und stumpf, trat an das erste Auto heran. Erzberger wiederholte die Frage, die ihm sehr tapfer klang. Front? Was man so nenne, das gebe es schon lange nicht mehr.

Winterfeldt fragte, warum man keinen Gefechtslärm höre. Der Leutnant zuckte die Achsel. „Wahrscheinlich marschieren sie. Die schlafen nun schon seit Wochen in unsern warmen Betten. Sie schießen nicht, weil es nichts gibt, worauf sie schießen könnten. Seit ein paar Stunden höre ich nur das Klappern der Absatzeisen meiner Kompanie."

„Das ist Ihre ganze Kompanie?" fragte General Winterfeldt.

„Zwölf Mann und davon zwei Mann von einem andern Regiment", sagte der Leutnant und nahm Stellung an. Der Leutnant blickte auf Erzberger, er hätte gerne gefragt, was ein Zivilist hier vorne zu suchen habe, aber dann erkannte er im Dunkel des Wagens den General. Der Leutnant grüßte und trat wieder in die Nacht zurück, um seiner Kompanie nachzuhumpeln.

Der Wagen fuhr weiter. Die Pappeln sprangen aus der Nacht, rauschten auf, standen im Licht und verschwanden wieder. Hin und wieder kam man an solch einem Trüppchen zurücktrottender Leute vorbei. Viele Soldaten hatten sich Stöcke geschnitten und stützten sich beim gebückten Gehen. Die großen Rucksäcke sahen im Schatten wie lächerliche Buckel aus. Der Scheinwerfer hob aus der Nacht eine weiße Fahne und eine blinkende Trompete. Der Wagen hielt. Die weiße Fahne wurde auf dem ersten Auto befestigt, der Trompeter nahm neben dem Fahrer Platz. Ganz langsam rollten die drei Wagen weiter. Nun hatten sie die große Festung Deutschland verlassen, alte Landsturmmänner waren die letzten deutschen Soldaten gewesen. Der Trompeter blies. Diese fürchterliche Fahne! sagte General Winterfeldt, diese schauerliche Blaserei! Zwei Lichtstreifen ragten zu beiden Seiten der Straße wie helle Lanzen auf, hoch oben, wo sie bereits verblaßten, überschnitten sie sich.

„Sub jugum mittere“, sagte Graf Oberndorff, „nannten es die Römer.“

„Die dritte Lanze des Joches fehlt“, erwiderte Helldorff.

„Ein Joch, das bis zu den Sternen reicht. Kein Besiegter ist noch durch solch ein Joch geschritten“, sagte Oberndorff.

Noch immer blies der Trompeter. Erzberger mußte an die Taütata-Hupe des Kaisers denken, mit der dieser in seinen Lohengrin-Jahren die Aufmerksamkeit der Berliner hatte erregen wollen. Aber dieser Trompeter blies aus den Straßengräben und hinter den Bäumen hervor hellblaue Mäntel, die eine Gasse bildeten. Zwei hellblaue Offiziere traten an die Wagen heran und wechselten mit Winterfeldt und Oberndorff ein paar Worte. Nein, einsteigen würden sie nicht, es sei nicht mehr weit, sie könnten auf den Trittbrettern stehen. Der Trompeter war verstummt. Der Scheinwerfer ließ die der Nacht entwendeten Bilder sprechen: ‚Hier zeichnet man Kriegsanleihe!‘ ‚Umgehungsstraße.‘ ‚Kaiserliche Kreiskommandantur.‘ Tafeln in deutscher Fraktur, manche von Trikoloren überweht. An vielen Haustüren unverwischt die Kreideaufschriften der gestern noch dort einquartiert gewesenen deutschen Einheiten, die an einem während der Fahrt durch die Nacht vorbeigezogen waren. Deutsche Fraktur mit undemokratisch groß geschriebenen Hauptwörtern, die man in der Eile noch nicht heruntergerissen und ins Feuer geworfen hatte.

Aus den Häusern traten verschlafen, die Mäntel über die Schultern gehängt, Soldaten. Es lebe Frankreich! riefen sie, der Krieg ist aus! schrien sie, wenn sie sich aus ihrer tiefen Müdigkeit aufraffen konnten. Bürger in Unterkleidern öffneten die Fenster, fragten nach dem Grund des Lärmes, sahen die langsam fahrenden Autos, hörten, daß es die Boches seien, die um Waffenstillstand bitten kämen, und winkten hämisch den Wagen nach: Abends hatten die letzten Deutschen die Ortschaft verlassen, jetzt, da es gegen Morgen ging, waren die Boches schon wieder da, aber das waren andere, und die hatten nichts mehr zu drohen, denen konnte man ungestraft Schimpfworte nachrufen.

Die Autos waren am Ende des Ortes angelangt und hielten. Beim französischen Kommando warteten auch schon die deutschen Parlamentäre, die man vorausgeschickt hatte, um auf Erzbergers Kommen vorzubereiten. Erzberger trat auf die Offiziere zu und schüttelte ihnen die Hand.

„Wir haben Ihnen Waffenruhe bis zwölf Uhr gewährt“, teilte

ein französischer Offizier Erzberger mit. „Sie müssen hier umsteigen. Ihre Wagen bleiben hier. Sie werden mit unseren Wagen fahren. Wir wollen Sie nicht länger aufhalten. Sie haben nicht viel Zeit."

Als die deutsche Abordnung die Villa verließ, in der das französische Kommando untergebracht war, flammten Leuchtkugeln auf, blendeten Blitzlichter der Photographen, die gekommen waren, die Deutschen in diesem für sie nicht gerade erfreulichen Augenblick festzuhalten.

Jedes Mitglied der Abordnung hatte nun einen eigenen Wagen. Neben Erzberger nahm Graf Bourbon-Buzy Platz, den Erzberger fragte, ob man ihm, dem Parlamentär, nicht die Augen verbinden werde. Der Graf erwiderte, dies sei nicht nötig. Erzberger hätte sich gerne seiner Bekanntschaft mit dem Hause Parma-Bourbon gerühmt, aber ihm mangelte es an Französisch. Wohin die Reise führe, erklärte der Graf nicht zu wissen. Vielleicht wußte er es auch nicht, denn in Frankreich war es wohl kaum anders wie in den andern demokratischen Ländern: der Adel, der nicht mehr die Hauptrollen bekam, war bei der Edelkomparserie untergebracht. Aber Erzberger mußte sich doch ein wenig informieren und so fragte er noch schnell, wie man den Namen Foch eigentlich ausspreche: in Deutschland streite man, ob man Fosch oder Fok sagen solle. Fosch! Fosch! erwiderte der höfliche Graf, Foch sei Bretone.

Die Autos kamen an vormarschierenden Truppen vorbei, an Senegal-Negern, in deren nachtdunklen Gesichtern im Scheinwerferlicht nur die Zähne aufblinkten. Artillerie wurde nach vorne gebracht, meist motorisiert, in endlosen Kolonnen.

Das was die Deutschen von der eigenen Welt noch sahen, waren entwertete, getötete Dinge: umgestürzte Geschütze, heruntergerissene Straßentafeln, umgeworfene Wegweiser mit den deutschen Aufschriften, tote Pferde und Kreuze mit Stahlhelmen längs der Straßen, auf denen die Franzosen marschieren. Sie kamen nach Guise und damit rollten sie in die schauerliche Landschaft des Krieges ein. Erzberger sah verstohlen ein paarmal seinen Begleiter an, ob der nicht angesichts des zerstörten Landes Erzberger mit Vorwürfen überhäufen würde. Aber der Graf rauchte und schien froh zu sein, nichts reden zu müssen. Vor einem Gehöft in der Nähe von St-Quentin hielten die Wagen. Der französische Graf ersuchte die Herren, auszusteigen. Hier werde man zu Abend essen. In einem kahlen Zimmer stand auf einem wackeligen Tisch ein karges Mahl. General Debeny, der die deutsche Abordnung sehr förmlich empfing, entschuldigte das karge Abendbrot, aber man teile in der französischen Armee mit den Soldaten das gleiche Essen. Die Deutschen waren ausgefroren und hungrig, sie aßen schnell die Suppe, das Salzfleisch und die Erbsen. Graf Oberndorff hätte Erzberger gerne gefragt, wer im Frieden denn all diese Erbsen esse, die man im Kriege den Soldaten gebe, aber dann ließ er es doch sein.

Im Walde von Compiègne, 8. November 1918

An die unverhängten Fenster drängte sich draußen in der Nacht Gesicht neben Gesicht; sie alle wollten die Boches beim Essen sehen.

Nach einer Stunde ging die Fahrt weiter. Der Mond trat aus den Wolken und stellte mit seinem ungewissen Licht die zerstörten Dörfer wieder her. Aber kein Hund bellte, kein Mensch rief, aus keinem Fenster schimmerte Licht. Ruine reihte sich an Ruine. Die Autos schnitten die Kurven in den ausgestorbenen Ortschaften.

Morgens um vier Uhr hielten die Wagen vor dem zerstörten Bahnhof von Tergnier. Die Herren verließen die Autos, kletterten über Mauerreste, stolperten über Schienengewirr und sahen endlich vor sich den Schatten eines unbeleuchteten Zuges. Kleine Laternen wurden geschwenkt, der Weg wurde ihnen von kleinen Laternen gewiesen. Überall fremde Stimmen, Posten mit aufgepflanzten Bajonetten und langen Mänteln. Dann das Ersuchen, hier einzusteigen, und das Erklimmen der steilen Wagentreppe.

Endlich ein geheiztes Abteil. Nein, die Fenster mußten geschlossen und verhängt bleiben. Kognak wurde angeboten, die Herren konnten sich ausstrecken, man werde ein wenig Zeit zum Schlafen haben.

Die Puffer stießen gegeneinander. Der Zug fuhr. Sie alle hatten nächtelang nicht geschlafen, sie hatten keine Zeit gehabt, es war so unendlich viel zu richten gewesen. Sie alle waren zum Umfallen müde.

Der Zug stand. Draußen dämmerte es. Man schaute durch die Fenster. Nebel, kahle Bäume, deren gelbes Laub wie ein herabgesunkener Mantel um die Stämme lag.

Erzberger trat auf den Gang und fragte jemanden vom Zugspersonal, wo man sei. Der Mann antwortete, man sei in Nordfrankreich, aber Genaueres könne er auch nicht sagen. Rittmeister Helldorff entdeckte auf dem gegenüberliegenden Geleise den Gegenzug. Winterfeldt stellte fest, daß man auf einem Klauengeleise für schwere Geschütze abgestellt worden sei, wahrscheinlich müsse man in der Gegend von Compiègne sein. Kapitän Vanselow sagte, dann habe man sie die ganze Nacht im Kreise herumgeführt. Erzberger ließ durch einen französischen Offizier anfragen, wann man vor Marschall Foch erscheinen dürfe und erhielt den Bescheid, daß der Marschall von Frankreich bereit sei, um zehn Uhr die deutsche Abordnung zu empfangen.

Um zehn Uhr wurden die deutschen Bevollmächtigten, die beiden Offiziere mit umgeschnalltem Seitengewehr, über die Geleise zu der andern, aus Salon-, Speise- und Schlafwagen zusammengestellten Zugsgarnitur geführt. General Weygand empfing die Deutschen, wies ihnen die Plätze an und die Deutschen warteten, hinter den Sesseln stehend, auf den Marschall. Foch erschien, die Aktentasche unter dem Arm. Ihm folgten drei glattrasierte englische Marineoffiziere und ein englischer sowie ein französischer Dolmetscher. Foch verneigte sich knapp. Erzberger trat vor und stellte deutsch seine Begleiter vor. Dann überreichte er die Vollmachten. Foch machte die Deutschen mit seinen Begleitern bekannt. Der magere und lange Marineoffizier war Admiral Hope, der andere mit dem Bulldoggengesicht war der erste Seelord Rossely Wemyss. Die Herren der Alliierten verneigten sich wieder und verließen das Abteil. Sie wollten nebenan die Urkunden der Deutschen prüfen.

„Nur Engländer und Franzosen?" flüsterte Erzberger.

„Land- und Seemacht", erwiderte ebenso leise Graf Oberndorff.

Foch kehrte mit den beiden Engländern und den Dolmetschern wieder zurück. Man nahm den Deutschen gegenüber Platz. Foch trug dem Dolmetscher Laperche auf, zu sagen, daß man die Vollmachten in Ordnung befunden habe. Er möge die Herren fragen, was sie wünschten.

„Wir sind hierhergekommen", nahm Erzberger das Wort, „um über die Vorschläge der verbündeten Mächte, einen Waffenstillstand zu Land, zu Wasser und in der Luft betreffend, zu verhandeln." Die Übersetzer sprachen.

„Vorschläge!“ fuhr Foch auf. „Sagen Sie den Herren, daß ich weder Vorschläge zu machen noch mit ihnen zu verhandeln gedenke.“ Foch griff nach seiner Aktentasche und erhob sich, Graf Oberndorff beeilte sich, den Marschall von Frankreich zurückzuhalten: „Marschall, die Stunde ist zu ernst, um über Worte zu streiten. Welche Ausdrücke wünschen Sie? Uns sind die Worte, mit denen wir uns verständlich machen wollen, gleichgültig, uns kommt es auf die Verständigung an.“

Foch ließ sich nieder und knurrte, die Herren müßten doch selbst wissen, was sie wollen.

Nun nahm Graf Oberndorff das Wort: „Wie ihnen bekannt sein dürfte, sind wir auf Grund einer Note des Präsidenten der Vereinigten Staaten hier. Mit Ihrer Erlaubnis, mein Marschall, werde ich diese Note verlesen.“ Graf Oberndorff verlas die Note, die Dolmetscher übersetzten, die Engländer und der Franzose konnten sich kaum eines Lächelns enthalten.

Auf Wilson beriefen sie sich. Nur zu! Nur zu! Foch hörte kaum hin, er kannte die völkerrechtlichen Fleißaufgaben des Professors auf dem Präsidentenstuhl. Der Deutsche las, als ob das alles sehr ernst gemeint sei: „Ferner hat der Präsident in den Friedensbedingungen seiner Ansprache an den Kongreß vom 8. Januar 1918 erklärt, daß die besetzten Gebiete nicht nur geräumt und befreit, sondern auch wiederhergestellt werden müßten. Die alliierten Regierungen sind der Ansicht, daß über den Sinn dieser Bestimmung kein Zweifel bestehen dürfe. Sie verstehen darunter, daß Deutschland für alle durch seine Angriffe zu Wasser, zu Lande und in der Luft der Zivilbevölkerung der Alliierten und ihrem Eigentum zugefügten Schäden Ersatz leisten solle. Der Präsident hat mich mit der Mitteilung beauftragt, daß Marschall Foch von der Regierung der Vereinigten Staaten ermächtigt worden sei, gehörig beglaubigte Vertreter der deutschen Regierung zu empfangen und sie von den Waffenstillstandsbedingungen in Kenntnis zu setzen.“ Graf Oberndorff senkte das Blatt. „Verstehe ich richtig, so heißt das, daß Sie uns jetzt diese Waffenstillstandsbedingungen mitteilen werden.“

„Mitteilen“, wiederholte Foch, „das stimmt. Aber nicht verhandeln.“ Der Marschall machte General Weygand ein Zeichen. Weygand begann ganz langsam zu lesen, jedes Wort so auskostend, wie man es nur im Französischen kann. Die Dolmetscher übersetzten. Winterfeldt hatte anfangs versucht, mitzuschreiben, aber bald ließ er den Silberstift fallen. Foch saß starr und verzog keine Miene. Admiral Wemyss spielte mit seiner Hornbrille und sah die Deutschen nicht an.

Jetzt kam der fünfte Punkt. Während die Dolmetscher übersetzten, ließ Foch die Deutschen nicht aus dem Auge. General Winterfeldt, den Foch als deutschen Militärattaché von Paris her kannte, war schon beim französischen Text erstarrt und hatte alle Farbe verloren.

„Räumung des linken Rheinufers", wiederholte der Dolmetscher. „Das linke Rheinufer wird durch örtliche Behörden verwaltet, die unter Aufsicht der Besatzungstruppen der Alliierten und der Vereinigten Staaten stehen. Mainz, Koblenz, Köln... neutrale Zone auf dem rechten Rheinufer von Holland bis zur Schweiz... Räumung, die einundzwanzig Tage nach Unterzeichnung des Waffenstillstandes beendet sein muß."

Erzberger saß über sein Notizbuch gebeugt und schrieb einige Zahlen mit. Weygand las weiter, die Übersetzer wiederholten. Was in der Sprache des Feindes hart geklungen hatte, klang in deutscher Sprache schmerzhaft.

Fünftausend Lokomotiven, hundertfünfzigtausend Waggons in fahrbereitem Zustand, fünftausend Lastautomobile, Heimsendung der deutschen Kriegsgefangenen erst nach Abschluß der Vorfriedensverhandlungen, Verzicht auf die Friedensverträge von Brest-Litowsk, von Bukarest — und dann die Bestimmung für die Seemacht!

Die Engländer erwachten. Lord Wemyss klemmte sein Monokel ein, Hope reckte den langen Hals.

„Auslieferung aller U-Boote und Minenleger mit voller Bewaffnung und Ausrüstung. Internierung der gesamten Hochseeflotte acht Tage nach Unterzeichnung des Waffenstillstandes — Aufrechterhaltung der Blockade, Beschlagnahme der Handelsschiffe... die Alliierten und die Vereinigten Staaten werden sich mit der Beschaffung der Lebensmittel für die deutsche Bevölkerung im geeigneten Ausmaße befassen während des Waffenstillstandes... keine Überführung deutscher Schiffe unter fremden Flaggen nach Eintreten des Waffenstillstandes." Fertig. Weygand senkte das Papier. Die Deutschen saßen versteinert. Es war solch ein dichter Hagel von Unheil über sie niedergegangen, daß sie betäubt waren. Als erster erfing sich Erzberger: „Die uns vorgelegten Bedingungen sind so schwer, um nicht zu sagen so unerträglich, daß wir uns zu einer Beratung zurückziehen müssen. Wir müssen uns auch mit dem Hauptquartier und mit der Reichskanzlei in Verbindung setzen. Ich bitte daher, die Sitzung bis nachmittag verschieben zu wollen."

Foch erklärte, diese Bedingungen dürften nicht öffentlich durchgegeben werden, man müsse sie chiffriert übermitteln. Eine Chiffrierung, bemerkte Graf Oberndorff, benötige bei dem Umfang der Bedingungen zu viel Zeit. Gut, sagte Foch, dann möge man einen Kurier senden. Für einen Kurier, erwiderte Oberndorff, sei die zweiundsiebzigstündige Bedenkfrist zu kurz, da der Kurier mindestens zwölf Stunden brauche, um sich mit dem Hauptquartier in Verbindung zu setzen. Oberndorff bat daher um eine Verlängerung der Frist auf sechsundneunzig Stunden. Foch schlug das rundweg ab. Wenn dies nicht möglich sei, sagte General Winterfeldt, dann bitte er, nicht aus militärischen, sondern aus menschlichen Gründen, um sofortige Einstellung der Feindseligkeiten. Auch das sei unmöglich, erklärte Foch. Der Vormarsch werde fortgesetzt. Die Deutschen könnten annehmen oder ablehnen, ein drittes gebe es nicht.

Als Erzberger dennoch den Marschall um eine Fristverlängerung bat, erwiderte Foch, er sei selbst in allen Verabredungen an die alliierten Regierungen und Heeresleitungen gebunden. Er könne über diesen Punkt durchaus keine Verhandlungen zulassen. Der Marschall von Frankreich zog seine Uhr. „Es ist elf Uhr vormittags, Freitag, den 8. November 1918. Montag, den 11. November, um elf Uhr, ist das Ultimatum abgelaufen."

Die Franzosen und die Engländer erhoben sich, verbeugten sich knapp und verließen das Abteil.

Wortlos und stumm kehrten die Deutschen zu ihrem Zug zurück. Die Posten, die allenthalben im Gelände verteilt waren, spähten ihnen neugierig nach. In Wien, sagte Erzberger, als die Deutschen im Abteil waren, erzähle man, daß dieser General Weygand, der die Bedingungen verlesen habe, ein natürlicher Sohn des Bruders von Kaiser Franz Joseph, des in Mexiko erschossenen Kaisers Maximilian sei. Die andern Herren horchten kaum hin, sie waren nicht durch solche kleine Neuigkeiten abzulenken oder gar zu trösten.

Die deutsche Front wird befragt, 9. November 1918

Türenschlagen, Adjutantenhasten, Ordonnanzenrennen im Hotel Britannique zu Spa. Wagen um Wagen fuhr vor, Divisionäre und Regimentskommandeure stiegen aus und wurden in den Spiegelsaal gewiesen, alte und junge Generale und Oberste, die sich nach Waffengattungen, Kriegsschuljahrgängen und Stammregimentern sonderten. Allen war von der langen Fahrt kalt. In den Ardennen lag schon der Rauhreif.

In die hohen Spiegel schaute niemand, man war nicht auf sich, man war auf das neugierig, was man zu hören bekommen sollte. Ein alter General murrte, daß man ihnen etwas Warmes vorsetzen könnte, und ein junger Regimentskommandeur erwiderte, daß in Spa wohl niemand wisse, wo ihm der Kopf stehe.

Ein Generalstabshauptmann trat mit der Liste in der Hand ein, zählte die Anwesenden und stellte fest, daß elf Herren nicht erschienen seien. Ein Oberst meinte, die fehlenden Herren werden wohl nicht durchgekommen sein, die Straßen seien von Trains verstopft, es sei weiß Gott kein Vergnügen, als Offizier in einem Auto an diesem wildgewordenen Etappenzirkus vorbeizufahren. Der Generalstabshauptmann mit der Liste stellte fest, daß von jeder Heeresgruppe jemand anwesend sei: Kronprinz Ruprecht, Deutscher Kronprinz, Gallwitz.

Da wurde die große Flügeltüre weit aufgerissen, ein General, gefolgt von einigen Generalstäblern, trat ein, grüßte knapp und fragte, auf die dreißig wartenden Offiziere deutend, was diese Herren hier wollten. „Die Herren von der Truppe", erwiderte der Hauptmann mit der Liste. Der General schlug sich mit der flachen Hand gegen die Stirn: „Wohl alle toll geworden, seit der Chef fort ist! Mit Ludendorff hat sich wohl auch der Verstand hier auf die Socken gemacht. Befragung! Schöne Befragung! Was will man denn wissen? Ist doch alles erstunken und erlogen!" Der General und sein Gefolge verschwanden so schnell wie sie gekommen waren.

Auf die Frage eines jungen Majors, wer das gewesen sei, wurde geantwortet: Schulenburg, der Chef der Heeresgruppe Deutscher Kronprinz.

Die dreißig Offiziere wußten selbst nicht, warum man sie so auf Knall und Fall von der Front geholt. Sie warteten weiter, fragten nach Freunden, wurden ernst, wenn sie von dem und jenem hörten, der gefallen — die letzten Rückzugsgefechte hatten besonders viele Offiziere gekostet, weil die Mannschaft ein Beispiel verlangte, wenn sie aushalten und langsam zurückgehen sollte —, und sie lachten, wenn sie von einem vernahmen, der sich seit dem Kadettenkorps nicht geändert hatte. Endlich um elf Uhr betrat Oberst Heye, der als Chef der Operationsabteilung Oberstleutnant Wetzell abgelöst hatte, den Spiegelsaal. Die Offiziere brachen ihre Gespräche ab und stellten sich im Halbkreis auf. Mit schriller Stimme hieß Heye die Offiziere im Namen des Generalfeldmarschalls im Hauptquartier willkommen. Der Feldmarschall habe die Herren selbst begrüßen wollen, sei aber im letzten Augenblick durch eine unaufschiebbare Besprechung mit Seiner Majestät verhindert worden. Oberst Heye schaute, ob die Eingangstüren des Saales von Generalstabsoffizieren überwacht waren. Eingänge und Ausgänge waren besetzt. Er griff an den Halskragen, als würge es ihn, dann begann er: „Sie wissen alle, daß die Lage sehr ernst ist. Die Heimat verlangt den Waffenstillstand um jeden Preis. Von Kiel ausgehend, haben die Ausschreitungen der Ersatztruppen von einzelnen Orten auf die Etappe übergegriffen. An großen Bahnknotenpunkten spielen sich sehr unliebsame Ereignisse ab. Drückeberger, die um alles in der Welt nicht wieder an die Front wollen, ziehen Plündern und Stehlen der beschworenen Pflicht vor. Viele Festungen sind bereits in der Hand der Aufständischen. Gegen sie kann man nicht mit ein paar zusammengerafften, treugebliebenen Einheiten vorgehen. Eine für besonders zuverlässig gehaltene Division, die man zum Schutz des Hauptquartiers gegen Aachen und Köln vorgeschoben habe, hat ihren Offizieren den Gehorsam aufgesagt. Die Aachen gegenüberliegenden Landsturmabteilungen mußten zurückgezogen werden, da sonst die Leute eigenmächtig ihre Posten im Stiche gelassen hätten und nach Hause gegangen wären." Der Oberst machte eine kleine Pause. Die Frontoffiziere sahen einander an. Das, was wirklich geschehen war, übertraf doch bei weitem alles, was man draußen über die Vorgänge im Hinterland gemunkelt. Draußen hatte man keine Zeit, da mußte man sich seiner Haut wehren, und wer es satt hatte und abfahren wollte, ließ sich nachts gefangennehmen und war verschwunden. Man hatte es beim Ersatz gesehen, der in keiner guten Verfassung nach vorne kam.

Aber das Gefecht und die Gefahr waren dann meist stärker als die eingelernten Redensarten und die Aufträge von Leuten aus dem sicheren Hinterland.

„Ich habe Ihnen daher folgende Fragen vorzulegen", fuhr Oberst Heye fort. „Jeder der Herren hat diese Fragen dann für sich nach bestem Wissen und Gewissen zu beantworten. Ich mache Sie schon jetzt darauf aufmerksam, daß darüber nicht gesprochen werden darf. Hier nicht und auch nicht an der Front, wenn Sie wieder zur Truppe zurückgekehrt sein werden. Sie werden dem rangältesten Herrn General durch Handschlag Ihr unverbrüchliches Schweigen geloben." Oberst Heye zog ein Blatt heraus und winkte die Herren dichter heran. „Ich verlese die Fragen, die Sie zu beantworten haben werden:

1. Wie steht die Truppe zum Kaiser? Wird es möglich sein, daß der Kaiser an der Spitze der Truppen die Heimat im Kampfe wiedererobert?

2. Wie steht die Truppe zum Bolschewismus? Wird sie den Kampf mit der Waffe gegen die Bolschewiken in der eigenen Heimat aufnehmen?"

Der Oberst senkte das Blatt und sah im Kreis umher. Die Offiziere wußten nicht, woran sie waren. Hatten sie nicht alle den vor drei Tagen ergangenen Armeebefehl gelesen? Für die Armee, in der jeder dem Kaiser den Fahneneid geschworen habe, gebe es keine Kaiserfrage. Was auch kommen möge, die Armee werde ihren Treueid halten.

Was war denn, zum Teufel, gekommen? Galten Armeebefehle nicht einmal drei Tage lang? Wozu dann so großartige Worte? Oberst Heye verlangte, daß jeder der Herren sich gewissenhaft prüfe, man brauche keine Huldigungsadresse, sondern ein getreues Stimmungsbild als Grundlage aller weiteren Beschlüsse. Aller Augen richteten sich nach der Türe. Der Oberst unterbrach sich und drehte sich um: massig und schwer, mit schleppendem Schritt, grau das Gesicht und erloschen die Augen, betrat der Generalfeldmarschall das Zimmer. „Näher bitte!" sagte Hindenburg heiser. Schritte, Scharren, Zurechtrücken — und dann lautlose Stille.

„Ich begrüße Sie. Zu einem andern Anlaß hätte ich Sie lieber hier begrüßt. Während der schweren Kämpfe der letzten Wochen waren meine Gedanken bei Ihnen vorne. Ich danke Ihnen für das, was Sie in dieser Zeit geleistet haben. Nun sind Sie als die Vertreter der schwerringenden Truppe hierhergebeten worden."

Dem alten Generaladjutanten des Kaisers, von Plessen, der neben Hindenburg eingetreten war, standen die Tränen in den Augen. Auch Hindenburg blickte nach den Türen. „Die Frontlage kennen Sie. Die Lage ist ernst, aber nicht verzweifelt. Die Lage in der Heimat ist bedenklicher. Die Heimat verlangt den Rücktritt des Kaisers." Der Feldmarschall schöpfte tief Atem. Die Offiziere senkten den Blick. Solche Worte konnte man in einer Versammlung der Unabhängigen hören. Vor Offizieren hatte sie wohl noch nie ein preußischer General ausgesprochen.

„Gibt uns das Heer die nötige Sicherheit, können wir diese Forderung ablehnen. Herr Oberst Heye wird Ihnen bereits gesagt haben, daß Sie sich über die Stimmung im Heere äußern sollen. Für Seine Majestät handelt es sich darum, ob Seine Majestät an der Spitze des Heeres nach Berlin marschieren und sich dort die Kaiser- und Königskrone holen kann. Angesichts des Feindes, der uns nicht von den Fersen weichen wird, muß die Armee kehrt machen und im Fußmarsch in ein bis zwei Wochen nach Berlin ziehen, denn die Bahnen sind durch Transporte von Heeresgut überlastet und an manchen Stellen von Deserteuren unbrauchbar gemacht. Wie wir das Heer verpflegen sollen, wenn die Aufständischen weiter die Festungen besetzen und die Magazine plündern, wissen wir nicht, aber es wird sich vielleicht ein Rat finden. Von Ihnen, meine Herren, deren Obhut die braven Fronttruppen anvertraut sind, erwarte ich in dieser schweren Stunde, daß Sie unter dem Einsatz Ihrer ganzen Persönlichkeit die Disziplin Ihrer Leute erhalten. Jeden von Ihnen mache ich persönlich dafür haftbar, daß Sie Ihre Pflicht bis zum allerletzten erfüllen, wie auch ich dies gelobe."

Dem alten Plessen rollten die Tränen über die runzeligen Wangen. General Gröners, des Eisenbahners, Gesicht verriet keine Bewegung. Der rechnet sich, sagte ein junger Major zu dem neben ihm stehenden Oberst, die Zahl der Züge aus, mit der er die Front heimschaffen will.

„Ich stelle mich mit dem heutigen Tag an die Spitze des Heeres", schloß Hindenburg. „Ungeachtet jeden Widerstandes werde ich das Heer, was immer kommen mag, sicher in die Heimat zurückführen." Der Generalfeldmarschall reichte dem ältesten General der heranbefohlenen Offiziere der Heeresgruppen die Hand und verließ den Spiegelsaal, in dem voreinst, im sorglosen Frieden, Herren im Frack und Damen im Abendkleid das Glück der Karten und der rollenden Kugel versucht hatten.

Da standen die Offiziere, die man als die besten ausgewählt, und schämten sich über das, was man ihnen hinter verschlossenen und durch Offiziere gesicherten Türen mitgeteilt hatte. Müdigkeit und Hunger machten sich fühlbar.

Nein, zu schreiben sei nichts, erklärte der junge Generalstabshauptmann, man würde sie vorrufen und ihre Antworten protokollieren.

Die Offiziere sprachen nichts miteinander. Ein jeder von ihnen war mit sich selbst beschäftigt. Viele hatten ja nicht nur für sich allein zu entscheiden. Hinter vielen standen Väter und Großväter, die auch des Königs Rock getragen, standen ganze Geschlechterreihen, die der Monarchie in Treue gedient hatten. Die meisten hätten es überhaupt nicht für möglich gehalten, daß ihnen jemand solch eine Frage stellen könnte, obwohl viele doch die von der Revolution ihrer Achselstücke beraubten russischen Offiziere gesehen hatten. Das war, hatten sie gedacht, vielleicht in Rußland möglich, in Deutschland aber nie, nein, niemals!

Wie steht die Truppe zum Kaiser? Wie man das nur fragen kann. Bolschewismus? Was wußten sie, die sich nie um Politik gekümmert, vom Bolschewismus anderes, als daß drüben in Rußland die verkehrte Welt war, in der Regimentskommandeure Köche und Köche Regimentskommandeure werden, in der man den Kaiser ermordet und das Ehrenkleid des Offiziers durch Herabfetzen der Kokarde in ein Sträflingskleid verwandelt.

„Graf Schulenburg hat tausendmal recht", rief in die Stille hinein ein junger Major. „Hier sind sie verrückt. Vor diesen Etappenscheißkerlen, vor Küchenbullen und Kammerhengsten, die gegen Ende des Krieges, um vor Fett nicht zu platzen, auch ein wenig Bewegung machen wollen, sollen anständige Soldaten die Flagge streichen? Das ist doch rein verrückt! Das kann doch niemand glauben!"

„Seit Ludendorff fort ist", antwortete ein General, „geht alles, ist alles möglich. Er war das erste Opfer. Wir kommen langsam nach. Den Eisenbahner und Schwaben Gröner haben sie wohl genommen, damit er uns demokratisch verfrachte."

„Und die Marine? Die hat der Kaiser wohl für die Revolution aufgespart. Jedes Schlachtschiff eine Gewerkschaft! Seine Flotte!" klagte ein Oberst.

;„Wer hat Preußen groß gemacht?" fragte ein anderer Offizier. „Sein Heer. Und wer hat Deutschland verraten? Seine kaiserliche Marine." Der alte General ging ein paarmal auf und ab und verließ dann den Spiegelsaal. Nach einer Weile kehrte er mit jenem Generalstabshauptmann zurück, der vorhin den Offizieren die Fragen gestellt hatte.

„Der Herr Hauptmann“, kündigte der General an, „wird den Herren alle Fragen beantworten. Ich habe ihm gesagt, daß wir zuerst klarsehen wollen.“

„Die Lage! Die Lage!“ riefen die Offiziere.

„Meine Herren, wir in Spa sehen selbst nicht durch. Wir stehen zwischen zwei Fronten.“

„Die Front, von der wir kommen, meldet genau“, rief eine Stimme.

„Wir in Spa erfahren aus der Heimat nur bruchstückweise, was vorgeht. Und das wenige, was zu uns durchdringt, ist entstellt. Der Telephonverkehr ist größtenteils unterbunden.“

„Warum wird nicht Ordnung gemacht?“ fragte ein Oberstleutnant mit einer schwarzen Binde über dem linken Auge.

„Ordnung machen!“ wiederholte der junge Hauptmann. „Wissen Sie denn nicht, wie weit die Dinge gediehen sind? Der König von Bayern, der Großherzog von Braunschweig, der Großherzog von Mecklenburg haben bereits abgedankt, die Abdankung des Königs von Württemberg wird gefordert.“

„Da kommt wohl so ein Redakteur oder Sekretär und sagt: Raus! und die Hoheiten rennen davon!“ rief eine helle Stimme. Einige Herren sahen sich um: da stand ein kleiner, untersetzter Hauptmann, hatte die Hände in die Hüften gestemmt und die Beine gespreizt und sah so aus, als ob er die Hoheiten belehren wollte, was sie in solchen Stunden zu tun haben. „Warum stellen sich denn die Großherzoge und Könige nicht an die Spitze der Garnisonstruppen und nehmen den Kampf auf?“

„Weil die Heimattruppen die ersten waren, die gemeutert haben“, antwortete der Generalstabshauptmann. „Und diese meuternden Heimattruppen brachten die Fabriken und die Züge zum Stehen. Es wird nicht mehr gearbeitet. Kriegsgefangene, die aus Rußland zurückgekehrt sind, geben den Ton an. Heeresbedarf wird nicht erzeugt. Das Frontheer hat nur noch für eine Woche Verpflegung und Munition. Das Heer steht vor einer Katastrophe.“

„Das Heer an der Front hat stets seine Pflicht getan!“ rief ein Major.

„Das ist eine richtige Feststellung“, erwiderte der Generalstabshauptmann, „aber sie ändert die Lage nicht. Wir müssen beginnen. Die Herren werden sich jetzt zu zweien nebenan zu Oberst Heye begeben, der die Antworten auf die Fragen protokollarisch festlegen wird. Die Fragen sind, wir haben es schon einmal betont, Gewissensfragen. Wir beginnen beim rechten Armeeflügel."

Die ersten Herren folgten dem Hauptmann. Die andern Offiziere blickten ihnen nach. War das, was man hier mit ihnen vorhatte, nicht das gleiche, als wollte ein Offizier in der letzten und schwersten Stunde vor dem Angriff zu seinen Leuten gehen und fragen: was meint ihr, sollen wir angreifen oder nicht? War das, was hier die Oberste Heeresleitung vorhatte, viel besser, als das, was in der verkehrten Welt geschah, in der Oberste Köche und Köche Oberste oder Generale wurden? Hatte man nicht vier Jahre lang von ihnen fast Unmögliches verlangt, und war das Unmögliche nicht doch getan worden, weil man blind der Führung vertraut hatte? Warum ließ sie der Feldmarschall befragen? Warum gab er keinen eindeutigen Befehl? Warum brachte man sie in die Lage von Verschwörern, die beraten sollten, ob man den Kaiser stürzen oder gnädig behalten und weiterregieren lassen sollte? Für Soldaten, die zu gehorchen oder zu befehlen haben, ist Abstimmen etwas Unanständiges, Beschämendes und Unerhörtes. Wer das fragt, was man sie fragen will, rührt an Dinge, an die nicht gerührt werden darf. Der Kaiser? Der Kaiser ist keine Person, der Kaiser ist ein Symbol, eine Fahne, ist sichtbares Vaterland, für das man stirbt. Darf ein Vaterland Fehler haben? Es darf! Es ist durch den Tod so vieler geheiligt. Auch dieser Lohengrin von einem Opernkaiser ist durch das viele Blut, das für ihn geflossen, verstummt. Er schmettert nicht mehr, er fühlt die ungeheure Last.

In rascher Reihenfolge wurden die Offiziere gerufen. Jene, die von Oberst Heye kamen, sprachen nicht mit den noch Unbefragten, sie stellten sich zu den Türen und blickten in den herbstkahlen Garten hinaus. Nach einer Weile sagte ein General zu einem Oberstleutnant: „Erinnern Sie sich: Wenn die Blätter fallen, werden wir zu Hause sein."

„Hätte gestimmt, wäre die Marne nicht gewesen."

„Hätten und wären ergeben schlechte Lehren", sagte der General. Dann schwiegen sie wieder.

Aber ein bloßer Begriff darf der Kaiser auch nicht sein, kein König im Schach, der nur geschützt werden muß und dessen Züge wenig ausrichten. Freilich, gegen Schluß des Spieles kann auch ein einzelner König, nur von einem Bauern begleitet, etwas ausrichten. Warum erschien der Kaiser nicht selbst unter ihnen und fragte sie?

Hat ein König überhaupt zu fragen? Hat er nicht zu fordern? Wird eine Forderung des Königs nicht mit dem Leben eingelöst? An dem grauen Novembertag von Leuthen, da alles verloren schien, hatte der große König klar zu seinen Offizieren gesprochen.

Was hatte jener Hauptmann von Möllendorf gerufen, als eben bei Leuthen ein Bataillonskommandeur der preußischen Garde gezaudert hatte? ‚Ein anderer Mann her!‘

Hier kam kein anderer Mann, hier zeigte sich kein König den Offizieren.

In Berlin hing ein unvollendetes Bild von Menzel. Schnee deckt die Erde. In einem Kreis stehen die Offiziere von Leuthen: General Lentulus, Prinz Franz von Braunschweig, Prinz Moritz von Dessau, Ziethen, Schmettau, Driesen und Retzow. Einige Träger dieser Namen warteten auch hier im Spiegelsaal darauf, drinnen von Oberst Heye befragt zu werden, ob sie den Kaiser davonjagen oder für den Kaiser sterben wollten. Auf dem Bilde Menzels tragen die Offiziere blaue Röcke und rote Aufschläge. Die Gesichter sind von Kälte gerötet, die Augen sind alle auf eine Stelle gerichtet, die Gesichter lauschten gespannt. Aber die Mitte des Bildes, die Stelle, an die sich alles wendet, ist grau, ist leer, ist bloße, schwach grundierte Leinwand, scheint wie von einem grauen Dunst erfüllt, als hätte sich der große König in Nebel aufgelöst. Menzel hatte sich den König für zuletzt gelassen und dann war das Bild nicht mehr fertiggemalt worden. „Die nächsten, bitte!“

Man hatte schon mehr als die Hälfte der Herren befragt. Ein Divisions- und ein Brigadekommandeur gingen zur Befragung.

„Erste Frage“, sagte Heye geschäftsmäßig.

Der General raffte sich auf: „Seine Majestät ist der Truppe fremd geworden. Die Truppe hat den ganzen Krieg hindurch immer nur von Hindenburg und Ludendorff gehört. Die anderen regierenden Fürsten traten überhaupt kaum ins Bewußtsein der Soldaten. Heimkehrer aus Rußland haben Gift eingeschleppt. Es bestehen Verbindungen ins Hinterland, die sich bei aller noch so sorgfältigen Postüberwachung nicht fassen lassen.“

Oberst Heye unterbrach den General: „Nicht die Stimmung der Truppe, Herr General. Die Frage lautet, wie sich die Truppe zum Kaiser stelle.“

„Das weiß ich nicht."

„Danke." Oberst Heye trug in seine Liste ‚Zweifelhaft' ein. Nun wurde der Oberst befragt, dessen Brigade gestern aus der Front gezogen worden war, aschgraue, zum Umfallen müde Männer in zerschlissenen Uniformen.

„Erste Frage", sagte Oberst Heye.

„Nein. Die Truppe will nicht. Die Truppe kämpft bis zum letzten Mann gegen den äußeren Feind. Bleiben wir an der Maas stehen, kann sich der Feind den Schädel einrennen. Die Leute haben keine Zeit gefunden, über Kaiser oder nicht Kaiser nachzudenken. Meine Leute denken so, wie ihre Offiziere denken. Und meine Offiziere denken, wie ich denke. Aber ich kann meine Leute, durchnäßt, verlaust, zerlumpt, seit Wochen nicht zur Ruhe, seit Monaten nicht zur Retablierung gekommen, nicht gegen die meuternde Heimat führen."

„Danke." Heye schrieb die Antwort auf, wurde aber durch einen Ordonnanzoffizier unterbrochen, der den Oberst zum Feldmarschall berief. Heye bat, man möge einige Minuten Geduld haben, er müsse noch ein paar Herren befragen, dann werde er sofort kommen.

„Zweite Frage", kehrte sich Heye wieder an die beiden Offiziere.

„Wenn die Truppe nicht mehr zum Kaiser steht", erwiderte der General, „ist das meiner Meinung nach bereits Bolschewismus." Zweifelhaft, trug Heye in seinen Fragebogen ein und kehrte sich dem Oberst zu.

„Man kann die Leute erst befragen, wenn sie einige Tage Ruhe gehabt haben. Die Leute müßten erst geschult werden. Dann könnte man sie vielleicht gegen den Bolschewismus im eigenen Land einsetzen. Gleich geht es auf keinen Fall."

Wieder kam der Ordonnanzoffizier: „Herr Oberst Heye sofort zu Seiner Majestät."

Heye fragte, ob er nicht doch seine Befragung zu Ende führen könne, aber der Ordonnanzoffizier ließ sich nicht abweisen, der Oberst mußte ihm folgen. „Seine Majestät haben ausdrücklich befohlen, sofort!"

Vom Gang herein wurde neuerlich der Name Heye! Oberst Heye! gerufen. Der Oberst nahm die Blätter auf, ersuchte den eben befragten General, die Befragung fortzusetzen, und folgte dem Ordonnanzoffizier.

Die Posten vor der Villa Fraineuse hatte das eilends von der Front herangeholte Sturmbataillon Rohr besetzt, das heute morgen hinter der schrillenden und lärmenden Knüppelmusik durch den stillen Kurort marschiert war, damit diese staunenden Spießer sehen könnten, was Stechschritt sei. Ein Teil des Bataillons Rohr führte in dem nahegelegenen Wäldchen dem Generaladjutanten der Königin der Niederlande einen modernen Angriff mit Flammenwerfern, Sturmtrupps und allen Schikanen vor. Ob man den Neutralen noch in letzter Minute Respekt und Gruseln einflößen wollte, konnte man nicht sagen. Da standen nun die braungebrannten, schmalen Soldaten und präsentierten krachend das Gewehr, als der Wagen des Kronprinzen bei der Kaiservilla vorfuhr. Graf Schulenburg eilte dem Kronprinzen entgegen: „Kaiserliche Hoheit, ich bitte Sie inständigst, Seine Majestät von voreiligen Schritten abzuhalten. Gröner überschätzt den Bolschewismus, den er in der Ukraine kennen und fürchten gelernt hat. Er war ein paar Tage in Berlin und dort haben sie dem General vollkommen den Kopf verdreht. Weltuntergang morgen! so kam Gröner zurück. Seit Ludendorff fort ist, hört Seine Majestät auf Gröner. Der General ist in solchen Zeiten kein guter Berater. Bitte, Kaiserliche Hoheit, Seine Majestät zu beschwören, wenn Seine Majestät schon durchaus die Kaiserkrone niederlegen wollen, die Krone von Preußen keinesfalls niederzulegen."

„Alles verrückt!" rief der Kronprinz und eilte auf eine Gruppe von Herren im Garten der Villa zu, in deren Mitte der Kaiser stand. Der Kronprinz trat seinem Vater gegenüber und der Kaiser berichtete mit stockender Stimme, welche Zumutungen man an ihn stelle, Berlin wage es, ihn geradezu als das einzige Friedenshindernis zu bezeichnen.

„Das ist der Dank, wenn man die Regierung auf so breite Basis stellt", sagte der Kronprinz. „Zum Schluß jagen sie einen davon!"

„Oberst Heye", machte Generaladjutant von Plessen den Kaiser aufmerksam.

„Das Ergebnis Ihrer Befragung?" fragte der Kaiser.

„Die Frontoffiziere wurden zum größten Teil von mir selbst vernommen. Ein Teil der Stimmen steht noch aus, aber er wird nicht lange auf sich warten lassen. Auf die erste Frage, ob Seine Majestät die Truppe in die Heimat zurückführen könne, hat nur ein Offizier mit Ja geantwortet. Fünfzehn Offiziere konnten sich zu keiner klaren Erkenntnis durchringen, dreiundzwanzig

Offiziere haben die Frage verneint." Alle Offiziere blickten auf den Kaiser. Der Kaiser verzog keine Miene. Die Offiziere hatten ihr Urteil gesprochen. Wer fragt, erfährt, was ihm zu hören nicht ziemt.

„Was das Verhältnis der Truppe zum Bolschewismus betrifft", berichtete Heye, „haben acht Offiziere die Möglichkeit verneint, die Truppe gegen den Bolschewismus einzusetzen, zwölf verlangten Ruhe, Schulung und Vorbereitung, neunzehn zweifelten."

Hindenburg schaut voll Mitleid den alten Plessen an. Schulenburg wollte etwas erwidern, aber Oberst Heye war noch nicht fertig: „Ich fasse zusammen. Die Truppe ist Eurer Majestät treu ergeben. Aber die Truppe ist übermüdet und abgestumpft. Sie verlangt nach Ruhe und sehnt sich nach Frieden. Sie hat in den letzten Wochen zuviel mitgemacht. Gegen die Heimat will sie jetzt nicht marschieren, auch nicht gegen den Bolschewismus. Sie verlangt den Waffenstillstand. Je früher desto besser, jede Stunde, die er früher kommt, ist wichtig."

Nun konnte Graf Schulenburg nicht länger an sich halten: „Man unterscheidet hier nicht! Man wirft hier alles in einen Topf! Man muß mit ausgewählten, verläßlichen Truppen langsam von Ort zu Ort vorrücken. Dann wird man ein königstreues Heer haben. Warum geht man wie die Katze um den heißen Brei? Warum nennt man das Kind nicht beim rechten Namen? Warum tritt man nicht selbst vor die Soldaten: Leute, wollt ihr den Fahneneid brechen? Leute, wollt ihr in der Stunde der Gefahr euern Obersten Kriegsherrn im Stich lassen? Fragt man so, werden alle, ausgenommen ganz wenige Schweinehunde, antworten: Wir stellen uns hinter den Kaiser, wir lassen unsern König nicht im Stich. Die breite Masse des Frontheeres ist noch immer in der Hand der Führung. Diese Leute brechen den Fahneneid nicht. Alle Unruhe, aller Mist kommt aus der Etappe. Die wollen auch einmal etwas erleben! Die lockt das russische Beispiel."

„Fahneneid und Oberster Kriegsherr", erwiderte General Gröner, „sind eine bloße Idee. Ideen verblassen vor den Tatsachen. Und Tatsachen stellen sich den Leuten an der Front und in der Etappe entgegen."

Schulenburg fuhr auf: „Wenn Exzellenz behaupten, daß Fahneneid und Oberster Kriegsherr, daß Königtum und Treue nur Ideen seien, dann kennen Exzellenz die Front nicht, mit der

Exzellenz vielleicht zu wenig in Berührung gekommen sind. Gehen Sie doch in die Schützengräben. Die Bücher, die sie dort finden werden, sind nicht das ‚Kapital' von Marx, sondern Bibel und Gesangbuch. Die Forderung nach der Abdankung des Monarchen ist keine deutsche Forderung, sie wurde durch ausländische Propaganda erst in die deutsche Etappe und in das deutsche Hinterland getragen. Die Front hat sie bislang noch nicht erreicht."

Gröner zuckte die Achsel. Schulenburg sah es. „Ich zucke darüber durchaus nicht die Achsel, Exzellenz. Ich weiß, daß ein Heer, das vier Jahre lang unvergleichlich seine Pflicht getan hat, nicht imstande ist, seinem König Eid und Treue zu brechen. Handeln wir hier und heute anders, als wir es vom Vater auf den Sohn durch Jahrhunderte gelernt haben, so wird uns weder unser Volk noch später die Geschichte verstehen. Noch nie, seit es ein Preußen gibt, haben preußische Offiziere ihren König verraten und im Stiche gelassen. Noch nie hat man preußische Offiziere über ihren König abstimmen lassen. Denn wir stimmen dann nicht nur über das Ende des Königs, sondern auch über das Ende Preußens und seiner großen Geschichte ab."

Der Kaiser dankte Graf Schulenburg durch ein müdes, gleich wieder ersterbendes Lächeln, dann kehrte er sich an Oberst Heye und fragte, ob die Armee auch ohne Kaiser geordnet nach Hause marschieren werde.

General Gröner beeilte sich mit der Antwort: „Jawohl, Majestät, das wird sie."

„Das wird sie nicht!" rief Graf Schulenburg. „Die Offiziere werden niemals die Schmach ertragen, ihren Obersten Kriegsherrn angesichts des Feindes im Stiche gelassen zu haben."

General Gröner bekam einen roten Kopf und erwiderte scharf: „Das Heer wird unter unseren Führern und kommandierenden Generalen geschlossen und geordnet in die Heimat zurückkehren, nicht aber unter der Führung Seiner Majestät, denn das Heer steht nicht mehr hinter Seiner Majestät!" General Gröner hatte den Kaiser nicht angesehen, er hatte nur dem Generalstabschef des Kronprinzen erwidert.

„Ihre Meinung?" wandte sich der Kaiser an Oberst Heye.

„Das Feldheer marschiert unter seinen kommandierenden Generalen geordnet nach Hause, es ist noch vollkommen in der Hand der Führung", schloß sich Heye dem General Gröner an und kehrte sich nun an den Kaiser: „Wenn Majestät mit dem

Heer marschieren wollen, wird es der Truppe eine Freude und eine Ehre sein. Aber kämpfen will das Heer nicht mehr, weder nach innen noch nach außen."

„*Kann* das Heer nicht mehr", setzte Hindenburg leise hinzu. „Auch ich, wie jeder preußische Offizier, teile die Ansicht Schulenburgs. Aber die Nachrichten aus der Heimat sind so, daß auch ich die Abdankung Seiner Majestät für unumgänglich notwendig halte. Weder General Gröner noch ich können die Verantwortung übernehmen, daß eure Majestät von Aufrührern und Meuterern gefangengenommen und vor ein Revolutionstribunal in Berlin gestellt werden. Wie solch ein Tribunal urteilt, haben wir in Rußland gesehen. Aber es kann noch Schlimmeres geschehen. Die Aufrührer können Seine Majestät nicht nur gefangennehmen, sie können Seine Majestät auch an die Feinde ausliefern. Wir wissen, daß die Feinde die Auslieferung Seiner Majestät verlangen. Und die Feinde würden in Seiner Majestät das ganze deutsche Volk verurteilen."

Der Kaiser machte kurz kehrt, tat ein paar Schritte und blieb stehen: „Alle Oberbefehlshaber sollen über die Stimmung im Heere befragt werden. Wenn mir die Oberbefehlshaber melden, daß das Heer nicht mehr hinter mir steht, bin ich bereit, zu gehen — eher nicht."

Der Ausdruck in den Gesichtern der Offiziere erstarrte, ihre Blicke wurden kalt, sie fühlten, daß der Kaiser nicht allein die Verantwortung tragen, daß er sich hinter den Antworten der Oberbefehlshaber decken wollte.

In den weiten Talbecken von Villach, Laibach und Innsbruck erreichten die zurückflutenden Massen die Bahnen. Trainsoldaten, Fuhrleute, Handwerker aus den Heereswerkstätten, Schuster, Schneider, Tischler, Schmiede, Unteroffiziere aus dem Montur- und Verpflegsdepot, das ganze technische Personal des blutigen Theaters löste sich in eine tobende, brüllende und wandernde Masse auf, stürmte die überfüllten Züge, hockte sich auf die Puffer, klammerte sich an die Türen, drängte sich auf den Trittbrettern, taumelte vom geplünderten Wein, drängte weiter, nur weiter, kümmerte sich nicht um die einzelnen peitschenden Schüsse und wollte heim, nur heim. Zwischen Fetzenwerk ausgeraubter Magazine, ausgeronnener Mehlsäcke und verschüttetem Wein, zwischen zertrampeltem Gut, neben Kisten voll Handgranaten, Verschlägen mit Gasmunition, neben umgestürzten Autos, umgekippten Loris und zusammengekrachten Wagen blieben die armen mageren, müden und räudigen Pferde zurück.

Alte Bauern mit Stöcken machten sich auf und verscheuchten die hungrig humpelnden Herden aus der Wintersaat, rissen den Tieren, deren sie habhaft wurden, das letzte Ledergeschirr herunter und ließen die vielfach verknoteten Brennesselgurte liegen. Einige junge Tiere, die sie fangen konnten, trieben sie heim, aber sie trauten der Lage nicht, sie wollten den Tieren nicht ordentliches Futter geben, damit nicht irgendeine Behörde kommen und ihnen die herausgefütterten Tiere am Ende wieder wegnehmen könne. Das meiste, was an Trainpferden zurückblieb, war unter zottigem Winterhaar zaundürr, lahmte, hatte Drücke und wäre zwei oder drei Tage später in den Sielen zusammengebrochen. Pferdespitäler waren zurückgeblieben, und die lahmenden Gäule verstreuten sich über Wiesen und Felder. Pferde mit eiternden Druckwunden standen zitternd mit gesenkten Köpfen. Über den Unglücksherden hing eine sich immer mehr verdunkelnde krächzende Krähenwolke. Alle Pferderassen waren vertreten. Große, schwere Kaltblüter mit aufgetriebenen Strohbäuchen, verfilzten langen Mähnen und Schweifen, mit zottigem Kötenhaar, sanftäugige Tiere mit haarigen, hängenden Lippen; kleine, unverwüstliche, struppige Panjepferdchen aus Rußland, die neben den schweren Gäulen sich wie boshafte Ziegenböcke ausnahmen und sich am schwersten einfangen ließen, weil sie von daheim her gewohnt waren, auch mit spärlicher Nahrung auszukommen. Junge Pferdchen aus der Ukraine, die man wie grünes Holz in das schwelende Feuer des Krieges geworfen hatte und die blutigen Harn strahlten, weil sie vor Hunger Nadeln und Reisig gefressen. Schlanke, feurige Ungarn, die sich beim Nahen der Bauern zu kleinen Rudeln zusammenschlossen und ein reiterloses Gespensterexerzieren mit allerhand wilden Schwenkungen auf den Herbstwiesen ausführten.

Hier und dort, im Schutze von Hecken und in Hohlwegen, stiegen kleine Rauchsäulen auf, Kutscher aus Galizien, aus der Ukraine, Tragtierführer aus Bosnien oder aus Siebenbürgen, langhaarige Gebirgsrumänen in Felljacken, die sich die schwarzgelbe Armbinde heruntergerissen hatten, kauerten um kleine Feuerchen, brieten Pferdefleisch und warteten geduldig, bis auch für sie, die man überall zurückstieß, die Zeit zum Weiterfahren kam. Russische Kriegsgefangene, die bei den Seilbahnen und beim Straßenbau gearbeitet hatten, schlichen zwischen den Feuerchen umher und wußten nicht, wohin sie sollten in diesem allgemeinen Trubel, in dem sich niemand mehr um sie kümmerte. Alle Sprachen klangen durcheinander, und es waren doch nur wenige Worte, die immer wiederkehrten: Zu Hause, Frau, Kind, Brot, Bruder und immer wieder Friede, Friede, Friede.

Zu einem dieser Feuerchen — war es bei Laibach, bei Villach oder bei Innsbruck? — schlich sich ein Spaßvogel und rief das nun schon immer mehr verklingende Deutsch der Kommandosprache: „Antretjen! Vergatjerung!" Die Bergbauern, die man als Tragtierführer aus ihren entlegenen Dörfern geholt hatte, blieben sitzen und lachten, als spräche jemand im Traum längst vergessene Worte. „Antretjen!" rief der Spaßvogel noch einmal, „no, wird das nicht bald? Befell is Befell!" Da schob sich ein alter, bärtiger Russe, der etwas Deutsch in der Gefangenschaft gelernt hatte, die Pelzmütze aus der Stirn und sagte ernst: „Bruder, es gibt keinen Befehl mehr. Jetzt gibt Gott den Befehl."

Die Dorfränder waren von Volkswehr oder von Truppen besetzt, die sich dem neuen südslawischen Staat zur Verfügung gestellt hatten. Man ließ das fremde Volk nicht in die Häuser, man scheuchte die Männer von den Schwellen wie die hungrigen Pferde.

Heimkehrende Italiener zogen durch die Dörfer, schwenkten die Helme, Kappen und Hüte und riefen, toll vor Freude, immer wieder: Pace! Pace! Pace! Die Täler leerten sich langsam, der Krieg versickerte, die Menschen waren doch so klein, und die Wände der Berge so hoch. Schon fiel höher im Gebirge der erste Schnee und bedeckte das verstreute Papier der verlassenen Kanzleien und die Fetzen des Rückzuges. Der Rest der Pferde schloß sich in Herden zusammen, durchstreifte das Land, riß nachts das Heu aus den Triften, knabberte an den Strohdächern und versuchte, den Verfolgungen der Menschen zu entrinnen. Nachts polterten die aufgescheuchten Herden durch die Dörfer und verschwanden klirrend, schnaubend und prustend wieder im Dunkel.

Eines Tages kamen Soldaten mit Kokarden, trieben die Pferde zusammen, knüppelten nieder, was nicht mehr laufen konnte, und pferchten den zottigen Rest in offene Viehwagen, die diese Tiere in die nach Blut stinkenden Schlachthäuser der großen Städte brachten. Von dort wurde das magere, zähe, dunkelrote Fleisch in die leerstehenden Läden geschafft, vor denen die hungernden Menschen in langen Reihen Schlange standen und geduldig nachrückend das mit scharfen, kurzen Schlägen zerhackte Fleisch mit zerknitterten, schmierigen Scheinen bezahlten.

Der erste Wiener Soldatenrat, 9. November 1918

Das Wiener Parlament, dieser langgestreckte klassizistische Tempelbau, sah mit seinen herabgelassenen Rolläden vor den Fenstern und seiner breiten Auffahrtsrampe wie eine große, geschlossene Schwimmschule aus, in der nur die glatzköpfigen Geschichtsschreiber und Volksmänner der Griechen und Römer zurückgeblieben waren und nun in ihren leichten Bademänteln erbärmlich froren.

In einem der vielen Zimmer, zu denen man durch die freudlosen und kahlen Gänge kam, hatte sich eine Gesellschaft zusammengefunden, die sich großzügig den Titel ‚Erster österreichischer Soldatenrat' verliehen hatte. Ihnen mochte das russische Spiel vorgeschwebt haben, aber sie wußten nicht, was sie nach dieser hochtrabenden Namensgebung weiterhin tun sollten. Vorderhand hatten sie ein Klubzimmer beschlagnahmt und tagten. Solche Tagungen gab es damals an jeder Ecke eine, denn je weniger die Menschen wissen, was sie tun sollen, desto mehr Beschlüsse fassen sie und glauben, damit schon etwas getan zu haben.

Trafen sich wo ein paar ehrgeizige Leute, die fanden, daß etwas geschehen müsse, dann gingen sie in eines der Ministerien – das neue, weitläufige Kriegsministerium, das knapp vor Beginn des Krieges fertig geworden war, erfreute sich besonderer Beliebtheit –, ergriffen von einem Zimmer Besitz, stellten dort ein Kommando oder einen Rat oder eine Behörde zusammen und telephonierten nach allen Seiten herum. Sie machten Eingaben, empfingen Meldungen und schickten Befehle aus, die meist von den noch nicht vom Irrsinn erfaßten Ordonnanzen gleich hinter der Tür zerknüllt und in den nächsten Papierkorb geworfen wurden. Oder man durchstöberte die Kanzleien, wühlte in Akten, suchte nach Schuldigen und dachte die gefundenen mageren Resultate in zündende Leitartikel um. Ganze

Kaffeehausgesellschaften waren in das Kriegsministerium übersiedelt, lümmelten dort herum, warfen Zigarettenstummel auf den Boden und nahmen den sich noch immer, als wäre nichts geschehen, stramm mit dem Akteneinlauf meldenden Offizieren das ganze Zeug ab, durchblätterten es wie ein Abendblatt und warfen es zu den anderen unordentlichen Stößen des Schreibtisches. Je mehr sich einer während des Krieges gefürchtet hatte, desto tapferer und kühner wurde er jetzt, da die Musterungen vorbei waren. Gute Witze wurden in Fülle gemacht und liefen in Windeseile durch die Stadt.

Ein Ulanenoberleutnant mit einem großen auf den Ärmel gestickten Totenkopf empfing im Soldatenrat mit ausgeschrienener heiserer Stimme und lebhaften Gesten einige neu Hinzukommende: „Jetzt gibts nix, meine Lieben, jetzt habn sich die Würsteln aufghört, jetzt ist ka Unterschied mehr nach Rang und Namen, hier is der Erste Soldatenrat!" Bis auf einen zahnlückigen Schaukelschupfer aus dem Prater mit tätowierten Handgelenken in den zerschlissenen Blusenärmeln und kaum verhohlenem Spott in dem magern, von allen Erfahrungen geschliffenen Gesicht, und einem stubenblassen, ausgefressenen Rechnungsunteroffizier, den wohl nie ein rauhes Frontlüftchen gestreift hatte — ein Teint wie ein Schwein, hatte sein Oberst einmal gesagt —, bestand der ganze Soldatenrat aus lauter Offizieren, die, ohne aufeinander zu hören, alle auf einmal brüllten, Reden hielten und einander zu beweisen suchten, daß sie immer dagegen gewesen seien, alles vorausgeahnt und längst gewußt hätten, daß man auf diese Weise den Krieg verlieren müsse. Das, was da in dem rauchigen Klubzimmer tobte, schrie und einander widersprach, glich einer gemischten Offiziersgesellschaft, die sich in vorgerückter Stunde nicht entschließen kann, schlafen zu gehen. Nur sangen die Herren nicht, auch sah man nicht, daß sie tranken. Sie hatten sich am Reden berauscht und konnten nicht aufhören. Vielleicht kam jetzt auf einmal heraus, was sie all die Jahre hindurch unterdrückt hatten. Auf die unfähigen aktiven Offiziere wurde geschimpft, der Generalstab wurde verdonnert, ja man schlug vor, ihn samt und sonders aufzuhängen. Mit den Fäusten wurde auf die Tische gedroschen und immer wieder wurde auf den einzigen Vertreter des neu entdeckten Volkes, auf den tätowierten Schaukelschupfer aus dem Prater, geschielt, der sich das alles mit einem höhnischen Lächeln anhörte. Die erste Stimme, ja beinahe die Leitung dieser turbulenten Versammlung hatte ein grauhaariger, auf den ersten

Blick als Berufspolitiker zu erkennender Oberleutnant, der die Worte der Schreier geschickt mischte und sich stellte, als höre er zu, ja als mache er sich sogar von dem vorgebrachten Unsinn Notizen. Nun schien er aber von diesem uferlosen anklagenden Gewäsch genug zu haben, er stand selbst auf und hielt mit beifallsgewohnter Stimme und mit wohlerprobten Sätzen eine Rede, über die jene vor Neid erblaßten, die noch nicht Zeit gefunden hatten bei dieser raschen Umstellung, sich mit all den neuen Zauber-, Kraft- und Wunderworten bekanntzumachen, die man beherrschen mußte, wollte man nicht gänzlich unbeachtet bleiben und von den Narren ernst genommen werden. Sogar der Ulanenoberleutnant mit dem Totenkopf auf dem Ärmel begriff das, obwohl er bis zu diesem Tag in allen Schulen, Kursen und Ämtern immer der Allerdümmste gewesen war, was ja jene niedrige Art von Schlauheit nicht ausschloß, die ihm aus den tückischen und schläfrigen Augen funkelte. Immer wieder pflichtete er dem alten Politiker bei, rief ein über das anderemal bravo! und vergewisserte sich zugleich mit kurzen Blicken, ob man seine Begeisterung zur Kenntnis nehme. Vorschläge für das, was das Dringendste zu sein schien, gab es viele. Ein Amputierter verlangte, daß alle wichtigen Ämter von Amputierten besetzt würden, ein Blinder sprach, ungeadelt von seinem Leid, daß man vor allem an die Zukunft der armen Blinden denken müsse, ein Deserteur verlangte, daß man anerkenne, wieviel die Deserteure aus Gesinnung für die rasche Beendigung des fluchbeladenen Krieges getan, ein Rechnungsoffizier beantragte das Verbot, Auszeichnungen und Orden zu tragen, und ein Undekorierter verlangte Strafe für alle Auszeichnungen, die höher waren als das Signum laudis. Alles keuchte, alles drängte, alles strebte heraus aus der Masse, um bei der Neuverteilung der Ehren, Ämter und Posten sich an die richtige Stelle vorzuschieben.

Ein Oberleutnant der Artillerie, der gerade auf Fronturlaub in Wien war, hatte, durch den Lärm angelockt, die Tür geöffnet und war eingetreten. Er erkannte den Ulanenoberleutnant wieder, er war mit diesem dümmsten Burschen der Klasse in die Schule gegangen und wollte wissen, was der hier trieb. Der Ulan grüßte kurz zu ihm herüber, wandte sich aber gleich wieder ab und schrie mit heiserer Stimme, daß man alle, ausnahmslos alle, aufhängen müsse. Wen er gerade meinte, war nicht so leicht zu erraten, denn es wurden die verschiedensten Stände und Menschengruppen verurteilt. Der Artillerieoberleutnant machte die Tür wieder zu und hinkte davon. Auf dem Gang traf der Oberleutnant den alten Führer der Sozialdemokraten, Adler, der gerade keuchend und nach Atem ringend aus dem Sitzungssaal gekommen war und mit geschlossenen Augen neben der Tür lehnte. Was da drinnen für ein Lärm sei, fragte der alte Mann, auf die Tür deutend, aus der eben der Offizier gekommen.

„Ein Soldatenrat tagt“, gab der Offizier zur Antwort.

„Was beschließen sie denn?“

„Nichts! Sie brüllen und schimpfen und geben sich wie Narren.“

„Es gibt jetzt viele Narren“, sagte der alte Mann. „Aber was soll man tun?“

„Ich werde den Schlüssel umdrehen, ihn abziehen und in den Abort werfen“, sagte der Offizier.

„Und glauben Sie, daß das etwas nützen wird?“

„Für den Augenblick wenigstens. Dann sind die drinnen gefangen und müssen die Tür sprengen. Vielleicht lenkt sie das von ihren Reden ab.“ Ohne die Antwort des alten Mannes abzuwarten, drehte der Oberleutnant den Schlüssel um und warf ihn in den nächsten Abort. Dann ging er, wie nach einer guten Tat, mit leichterem Herzen auf den Ring.

Anschluß, 9. November 1918

„Ich bin dafür, feierlich den Anschluß Deutsch-Österreichs an die deutsche Republik zu verkünden“, sagte der Staatskanzler Dr. Renner in einer der endlosen Sitzungen, die sich mit der Zukunft des neuzugründenden Staates befaßten, zu dem kaiserlichen Minister, dem Prälaten Professor Seipel. „Wir können doch nicht zulassen, daß nach diesem unseligen Krieg Deutsch-Österreich allein als Krongut der Habsburger zurückbleibt. Mit dem Anschluß wäre aber auch endgültig die Frage Monarchie oder Republik entschieden. Denn ein Kaisertum Österreich kann sich niemals mit der großen deutschen Republik vereinigen.“

Seipel, dessen scharfes, überlegenes Gesicht leicht errötete, zwang seine Erregung nieder und erwiderte ruhig: „Ich bin und bleibe nach wie vor gegen eine so offene und öffentliche Erklärung des Anschlusses. Sie, Herr Staatskanzler, sind aus Parteigründen für den Anschluß.“

„Und Sie, Herr Professor, sind aus Parteigründen dagegen."

„Ich bin aus außenpolitischen Gründen dagegen."

„Wenn aber alle Völker und Stämme zu ihren Brüdern außerhalb der Grenzen dieses Völkergefängnisses zurückkehren, die Italiener von Triest und Welschtirol nach Italien, die Kroaten und Slowenen zu den Serben, die Rumänen Ungarns zu Rumänien, wenn durch die Gewalt des Nationalstaatsgedankens sogar die niemals mit den Tschechen vereint gewesenen Slowaken zu einer Tschechoslowakei vereinigt werden, so kann uns Deutsch-Österreicher doch keine Macht der Welt verhindern, und kraft des von Wilson feierlich verkündeten Selbstbestimmungsrechtes der Völker dem Deutschen Reiche anzuschließen. Gestern hat übrigens Seitz von Wilson eine Botschaft erhalten, die uns in dieser Meinung nur bestärken kann."

„Botschaften sind Worte, der Anschluß ist eine Tatsache. Deshalb bin ich nicht dafür, darüber zu sprechen", wehrte Seipel ab.

„Wir werden trotzdem morgen schon den Gesetzentwurf vorlegen, laut welchem Deutsch-Österreich zur Republik und überdies zum Bestandteil der deutschen Republik erklärt wird."

„Sie werden damit Österreich genau so wenig nützen wie der deutschen Republik, Sie werden beiden Staaten nur schaden."

„Wie kann diese Erklärung Deutschland schaden? Deutschland erhält für seinen Verlust von Elsaß-Lothringen einen Ersatz, der es wirklich trösten kann."

„So überdenken Sie doch die wirkliche Lage!" ereiferte sich Seipel: „Die Mittelmächte haben den Krieg verloren. Ihre Gegner zerfallen in zwei Gruppen: die einen, die Deutschland als Konkurrenten auf dem Weltmarkt beseitigen wollten, und die andern, die es auf die Zerstörung der österreichisch-ungarischen Monarchie abgesehen hatten. Die erste Gruppe führt England, dem sich Frankreich und Amerika zugesellt haben, die zweite Gruppe führt, nach dem Ausfall Rußlands, Italien."

„Sie werden doch nicht behaupten wollen, Herr Professor, daß Italien und Jugoslawien gemeinsame Ziele haben!"

„Sie streiten nicht darüber, ob die Monarchie vernichtet werden soll oder nicht, sie streiten sich um die Erbschaft des Ermordeten", sagte Seipel. „Verkünden wir nun den Anschluß, dann fühlen sich alle unsere Gegner, mit Ausnahme vielleicht Englands, zutiefst bedroht. Frankreich, das den Krieg geführt hat, um Deutschland zu schwächen, wird nicht zugeben, daß Deutschland stärker aus ihm hervorgeht, es wird für den Zuwachs im Osten neue Entschädigungen im Westen fordern. Es wird nicht dulden wollen, daß jene Staaten, die im Bündnis mit Frankreich die Aufgabe Rußlands übernehmen sollen, durch den Anschluß entwertet werden. Sie geben sich der Hoffnung hin, daß sich die Sudetendeutschen und die Österreicher an Deutschland anschließen können! Sie werden sich täuschen. Der Anschluß von zehn Millionen Deutschen an das Deutsche Reich, gleichviel ob es sich um das Kaiserreich gehandelt hätte oder um die Republik handelt, wäre zu keiner Zeit von den Gegnern Deutschlands widerspruchslos hingenommen worden. Man tut besser, über gewisse Rechte zu schweigen, sie zu verfolgen und nicht die Feinde zu reizen."

„Da sowohl in Deutschland wie in der Tschechoslowakei Sozialisten zur Regierung kommen werden", erwiderte Renner, „so werden sich eben die beiden Staaten über diese Fragen verständigen."

„Außenpolitik ist etwas anderes als Parteipolitik", widersprach Seipel. „Wir können derzeit noch nicht die Kräfte des vergrößerten Italiens abschätzen, und deshalb wissen wir nicht, wie weit sich Italien in die Politik des Donaubeckens einmengen wird. Vielleicht will Italien das Erbe Wiens übernehmen. Das kann es aber nur, wenn Wien nicht im Deutschen Reich liegt. Wenn Sie mich fragen, was ich vorschlage, so kann ich nur antworten: ein altes österreichisches Rezept: warten und nicht viel reden. Keine Erklärungen!"

„Man wird uns aufteilen", sagte Renner, „wenn wir uns nicht anschließen. Man wird kurzen Prozeß machen."

„Sie überschätzen unsere Gegner", erwiderte Seipel. „Keiner wird dem andern unser Staatsgebiet gönnen. Sie werden das vielleicht eine kümmerliche Politik nennen. Aber wir sind doch auch nur ein kümmerlicher Rest. Politik ist das Abschätzen des Möglichen und das Erreichen des angestrebten Zieles auf den verschiedensten Wegen. Erklärungen, die sich nicht verwirklichen lassen, führen zu nichts."

„Das was Sie Politik nennen", brauste Renner auf, „war die von Wilson so sehr getadelte undemokratische Geheimpolitik der alten Kabinette. Eben diese Kabinettpolitik hat zu verschwinden! Sie sind gegen Deutschland und gegen den Anschluß, weil Deutschland heute sozialdemokratisch ist! An ein reaktionäres Deutschland würden Sie sich sofort anschließen."

„Ich spreche nicht von dem, was ich wünsche und will, sondern von den Kräften, die zu bestimmen haben. Und die müssen wir richtig abschätzen. Belgien durfte sich nicht an Frankreich anschließen, weil es England nicht zuließ."

„Damals konnte man einen König dazwischenschieben", erwiderte Renner. „Aber Österreich wird genau so eine Republik sein wie Deutschland."

„Dann werden, wie damals der König von England und die andern monarchischen Kabinette, heute die republikanischen Regierungen gegen den Anschluß Einspruch erheben. Sie müssen doch die Anschlußfrage im größeren Zusammenhang sehen. Niemand kann wissen, wie sich das aus diesem Krieg hervorgegangene Europa entwickeln wird. Drum bin ich gegen jede vorzeitige Erklärung. Warten wir und halten wir die Augen offen! Eine andere Politik können wir derzeit nicht betreiben."

Als der Artillerieoberleutnant den Schlüssel des Zimmers, in dem dieser erste Soldatenrat tagte, in den Abort geworfen hatte, suchte er auf gut Glück die Wohnung des Feldmarschalleutnants Bardolff, des früheren Vorstandes der Militärkanzlei Franz Ferdinands auf. Bardolff war zu Anfang des Krieges mit dem Maria-Theresien-Orden ausgezeichnet worden, aber man hatte es ihm nie verziehen, daß er bei Franz Ferdinand gewesen war. Vielleicht, so dachte der Oberleutnant, kann Bardolff helfen, weiß der, was man tun kann.

Der General war daheim, er kannte den Oberleutnant, da Bardolffs Neffe in dessen Batterie stand. Der General hörte an, was der Oberleutnant erzählte: von den Narren im Parlament, von dem allgemeinen Durcheinander und davon, daß das Regiment des Oberleutnants unweit von Wien auswaggoniere. Mit ein paar energischen Offizieren und entschlossenen Unteroffizieren müsse man die ganze Gesellschaft, die sich im Kriegsministerium und im Parlament spreize, zum Teufel jagen können. Es handle sich doch nicht um aufständische Soldaten, sondern um verrückte, vom Ehrgeiz gepackte Offiziere, die in allerletzter Stunde noch schnell zur andern Seite hinüberwechseln wollten.

Der General hatte sich den jungen, übereifrigen Mann geduldig angehört: „Schön und gut. Und was soll dann geschehen? Das Wichtigste: wenn wir also dein Regiment heranholen und ein paar andere Regimenter dazu, womit sollen wir sie verpflegen? Es ist nichts, rein gar nichts da! Was da war, ist geplündert oder gestohlen. Und wenn wir die Leute verpflegen könnten? Was dann? Dieses Zeug, das jetzt oben treibt, wäre leicht zu verjagen. Aber was kommt nach ihnen? Was werden die neuen Nachbarn, was werden die Sieger sagen?"

„Exzellenz, es gibt für den Offizier eine Ehrennotwehr. Wenn er angegriffen wird, darf er sich nicht lange bedenken, was dann geschehen könnte und wie es für ihn ausgehen wird: er hat blank zu ziehen und den Angreifer niederzuschlagen."

„Richtig, mein junger Freund, richtig. Aber das betrifft dich, den Offizier, den einzelnen Mann. Aber das, was du willst, überschreitet die Ehrennotwehr. Jede Revolution zerfällt, junger Mann, in drei Epochen. Die erste, in der aller Dreck nach oben kommt, erleben wir, und ich gebe dir zu, daß es ein scheußlicher Anblick ist. Die zweite Epoche ist ein gewisses Setzen und Klären, ein Abstoßen der größten Gauner und ein Hervortreten der konstruktiven Elemente. Bis dahin wird es noch eine Weile dauern. Und die dritte Epoche — nun, du weißt, daß es die napoleonische ist. Bis dahin müssen wir warten. Dein Eifer ehrt dich. Es freut mich, daß du zu mir Zutrauen gefaßt hast. Ich sehe ein wenig weiter als du. Später wirst du mich aber besser verstehen, wenn du auch jetzt, wie ich dir ansehe, mein Verhalten mißbilligst! Keine Dummheiten machen! Und Servus!"

Da stand der Oberleutnant in der Gußhausstraße und wußte nicht, was er tun sollte. Er ging gegen den Schwarzenbergplatz und dachte, das Beste wäre wohl, zu seiner Ersatzbatterie nach Kaiser-Ebersdorf hinauszufahren und sich dort zur Verfügung zu stellen. Es war schon dunkel als er hinauskam. Der Kommandant der Ersatzbatterie wußte auch für morgen schon eine Verwendung. Der Oberleutnant sollte ein paar Unteroffiziere nehmen und die in den Ställen der ungarischen Leibgardereitereskadron verbliebenen Pferde herausbringen.

Die weiten, langgestreckten Stallungen hinter den Hofmuseen standen zum Teil leer, weiß Gott, wohin die vielen Pferde gekommen sein mochten. Die ungarischen Pferdewärter hatten sich verlaufen, Pardelfelle, Uniformen und Waffen waren an einen rumänischen Agenten verschachert, der einige Zigeunerkapellen auszurüsten gedachte. Ungeputzt, schlecht gefüttert und müde standen die hohen Schimmel in den unausgemisteten Ständen. Ein Wachtmeister, der beim großen Ausverkauf gut verdient zu haben schien, überprüfte obenhin den Befehl des Oberleutnants, wies die Artillerieunteroffiziere in die fast ganz ausgeräumte

Sattelkammer und ging dann wieder zu den auf ihn wartenden Händlern zurück. Die Unteroffiziere sattelten die Pferde und führten sie in den Hof. Da gerade das Tor zur gedeckten Reitschule offen stand, saß der Oberleutnant auf einen der Schimmel auf und ritt in die weite Halle. Der raumgreifende Schritt des Pferdes auf der von Lichtquadern der Fenster gemusterten braunen, jedes Geräusch dämpfenden Lohe tat wohl, der Offizier fuhr streichelnd über die Mähne des Pferdes. Dann trabte er an, er saß aus, er nahm die kräftigen Stöße auf, und es war ihm, als weiche das Starre, das ihn seit dem Zusammenbruch so gelähmt hatte. Das Pferd haute ein, die Eisen klangen scharf durch die Stille der Reitschule, er mußte das Tier wohl fester zwischen die Schenkel nehmen, er wechselte, er ritt die große und die kleine Tour, er prüfte mit kurzem Seitenblick seinen Sitz im großen Spiegel. Das Pferd wurde warm, es schnaubte, Schaum flockte vom Zügel, er ritt aus der Mitte, er ließ es im kurzen Galopp einspringen und überhörte vor Eifer und Freude einen Streit, der sich zwischen seinen Unteroffizieren und andern Soldaten entfacht hatte. Einer der Unteroffiziere lief heran und meldete, es sei Zeit abzureiten, Volkswehrleute und Rote Garde seien gekommen, die Pferde zu beschlagnahmen. Der Offizier ritt, das Pferd abklopfend, in den Hof hinaus und befahl den Unteroffizieren, aufzusitzen und die andern Pferde an die Hand zu nehmen. Die Unteroffiziere saßen auf, die Handpferde drängten eine Weile hin und her, ehe sie sich in die Einteilung fügten. Als der Oberleutnant beim Tor hinauswollte, hielt ihn ein Rotgardist auf: Es gehe nicht an, daß man Volkseigentum verschleppe und für die Reaktion beiseite schaffe.

Der Offizier erwiderte, daß das Volk sein Eigentum verhungern und verdrecken lasse! Er sei nicht gekommen, um die Pferde zu stehlen, sondern um sie dem Staat zu retten. Der Mann möge das Tor freigeben! Andere Rotgardisten waren hinzugekommen und hatten den Reitern in die Zügel gegriffen. Der Oberleutnant saß ab und fragte, wer hier der Kommandant sei. Das gebe es bei ihnen nicht, wurde ihm zur Antwort, alle seien bei ihnen gleich im Rang, aber der dort sei der Mann ihres Vertrauens, der Soldatenrat, an den möge sich der Offizier wenden. Sie deuteten auf einen bebrillten, abenteuerlich ausstaffierten Soldaten mit einem roten Schal um den langen, dürren Hals. Diesem Mann also wies der Offizier seinen Befehl vor, der Mann drehte das Papier ein paarmal unschlüssig in der Hand herum und beriet sich dann, abseits tretend, mit seinen rauheren Kameraden.

Der Befehl sei in Ordnung, sagte der Mann nach einer Weile, aber der Oberleutnant habe sich zu entschuldigen, weil er in die Rotgardisten hineingeritten sei. Der Oberleutnant wollte sich nicht entschuldigen, er vertrat die Ansicht, daß sich die Rotgardisten ihm in den Weg gestellt hätten. Wenn sich aber der Oberleutnant nicht entschuldige, sagte der Mann mit dem roten Schal, dann müsse man die Reitpferde für die Rote Garde beschlagnehmen.

Der Oberleutnant lachte: Das sei unklug gehandelt, da die Führer der Roten Garde ihr Lebtag nur auf Kaffeehaussesseln geritten seien, ihnen würden wirkliche Pferde nicht gut bekommen. Die Unteroffiziere lachten, die Rotgardisten zeigten aber wenig Lust, sich foppen zu lassen. Sie besprachen sich noch einmal mit dem Führer, und das Ergebnis der Unterredung war: sie würden die Reiter ziehen lassen, wenn der Oberleutnant seine Sporen abschnalle, Sporen könnten nicht mehr geduldet werden.

Der Oberleutnant hob die Hand und ritt an. Die Unterroffiziere folgten, die Gardisten sprangen zur Seite und wollten rasch das Tor zuwerfen, aber sie kamen zu spät. Fluchend rannten ein paar Soldaten den antrabenden Reitern nach. Auf der Straße blieben die Leute stehen. Scharf und laut klapperten die Hufe auf dem Pflaster.

Der Oberleutnant ritt durch die Anlagen zwischen den Museen am Maria-Theresien-Denkmal vorbei auf den Ring hinaus. Als er sich umblickte, sah er, daß die Rote Garde die Verfolgung eingestellt hatte. Ruhig und vornehm lag hinter den Museen der langgestreckte Bau der Ungarischen Garde. Die Riemen der hochgezogenen Steigbügel der Handpferde klatschten an die Sättel, wenn Reiter und Handpferd einander zu nahe kamen, klirrten die Bügel.

Warum, zum Teufel, keine Sporen? Was waren das wieder für Marotten. Der kleine jüdische Volkswehrleutnant, Kommandant des Wiener Arsenals, trug doch Sporen wie ein Cowboy so groß.

Die Bedingungen der Sieger, 9. November 1918

Am Samstag, den 9. November 1918, brachte ein französischer Offizier aus dem Zuge des Marschalls Foch der deutschen Abordnung um sieben Uhr abends die Nachricht, daß der deutsche

Kaiser abgedankt und der Kronprinz auf den Thron verzichtet habe. Um zehn Uhr erschien dieser Offizier abermals und teilte den Deutschen mit, daß sich in Deutschland eine Volksregierung gebildet habe. Die Berliner Garnison habe sich der neuen Regierung zur Verfügung gestellt. Die Leitung der Geschäfte liege in den Händen des sozialdemokratischen Abgeordneten Ebert; drei unabhängige Sozialisten würden zu den Mehrheitsparteien hinzutreten.

Als der Offizier wieder in der Dunkelheit verschwunden war, berieten die Deutschen lange hin und her, ob nun Deutschland schon Republik oder noch Monarchie sei, denn Berlin sei, wie Erzberger, der Schwabe, betonte, doch nicht Deutschland. Von Helldorff, der in das Hauptquartier gefahren war, konnte noch nicht zurück sein. Hier, in dem abgelegenen Walde, war man von der Welt vollkommen abgeschnitten, mußte man mit dem zufrieden sein, was einem die Franzosen aus Gnade und Schadenfreude an Nachrichten zukommen ließen.

Die Nacht dauerte lange. Als Erzberger am Sonntagmorgen die heilige Messe zu hören verlangte, bedauerte der Schlafwagenschaffner: Dazu sei es zu spät. Marschall Foch sei schon in aller Frühe zu Rethonde in der Kirche gewesen, ein anderer Geistlicher sei nicht in der Nähe.

Rethonde. General Winterfeldt entsann sich. Nun hatte man die Gewißheit, daß der Zug im Walde von Compiègne stand. Die grasüberwachsenen Trichter neben den Geleisen mochten von deutschen Geschossen aus dem Jahre 1914 stammen.

Eine Weile hernach tauchten ein paar französische Eisenbahner auf, die ängstlich nach den Posten ausspähten und sich vorsichtig an den Zug heranschlichen. Sie hielten ein paar Extrablätter zu den Fenstern empor, die Deutschen konnten die fettgedruckten Schlagzeilen lesen: ‚Der Kaiser hat abgedankt.' Die Zeitungen selbst gaben die Eisenbahner nicht her. Sie schüttelten den Kopf, sie deuteten auf die Posten, es war streng verboten, den Deutschen Nachrichten zukommen zu lassen. Dann verschwanden die Eisenbahner wieder.

Vanselow wurde von den Engländern, Winterfeldt von Weygand verlangt. Erzberger und Oberndorff blieben allein im Zug. Von Helldorff war noch immer nichts zu erfahren. Das Wetter klärte auf. Die Nebel wichen. Ringsum im Walde standen Posten in blauen Mänteln. Jetzt, da man weit sah, konnten auch die Eisenbahner nicht mehr unbemerkt an den Zug herankommen.

Gegen Mittag kamen Vanselow und Winterfeldt zurück. „Sehr böse“, sagte Vanselow, „die Engländer tun so, als zweifelten sie, ob die neue Regierung überhaupt in der Lage sein werde, einen Waffenstillstand durchzuführen. Admiral Wemyss deutete auch an, daß wir selbst nicht wissen könnten, ob wir der neuen deutschen Volksregierung als Unterhändler genehm sein würden.“

„General Weygand“, fügte Winterfeldt hinzu, „mißtraut dieser neuen Volksregierung mehr als der alten kaiserlichen. Er denkt in den Kategorien der französischen Geschichte, er folgert, daß nach der Abdankung eines Monarchen das Levée en masse des bewaffneten Volkes folgen müsse. Er fürchtete, daß die neue Regierung das ganze deutsche Volk zu einem letzten Verzweiflungskampf aufrufen werde.“

„Haben Sie Weygand auf die Gefahr des Bolschewismus aufmerksam gemacht? Haben Sie dem General gesagt, daß der Bolschewismus sich nicht an Grenzen, geräumte und besetzte Zonen, Verträge und Kordone halte? Haben Sie ihm gesagt, daß der General das Beispiel Rußlands nicht aus den Augen lassen solle? Haben Sie Weygand gewarnt, die gleichen Fehler zu begehen, die wir in Brest-Litowsk begangen haben? Haben Sie dem General dargelegt, daß auch die Deutschen, die nun die Hand des Bolschewismus würgend an der Kehle fühlen, geglaubt haben, den Bolschewismus besiegt zu haben?“ Mit einer Flut von Fragen überschüttete Erzberger den General. „Das habe ich alles gesagt, vorgebracht, dem General vor Augen gestellt. Aber Weygand hat nur geantwortet: ‚Der Sieger hat nichts zu fürchten.‘“

„Und die Engländer?“ wandte sich Erzberger an den Kapitän.

„‚Wer Wind in den Segeln hat, fährt‘, hat mir der englische Admiral geantwortet.“

„Der Haß macht sie blind“, meinte Graf Oberndorff. „Was immer wir sagen, sie glauben, daß wir ihnen einen Hinterhalt legen wollen.“

„Foch steht hinter allen“, sagte Winterfeldt, „Foch treibt an, Foch gibt nicht nach, Foch geht keinen Schritt zurück. Er kam während der Verhandlung ins Abteil und fragte Weygand, ob er noch nicht bald fertig sei. Weygand meinte, es werde nicht mehr allzulange dauern. Foch ging, blieb aber in der Türe stehen und sagte: Wenn Weygand in einer Viertelstunde zu keinem Ergebnis gekommen sei, werde er wieder kommen, aber dann, das garantiere er, werde alles in fünf Minuten erledigt sein.“

Am Sonntag nachmittag verfaßten die beiden Offiziere Gedächtnisprotokolle ihrer Unterredungen und schrieben ihre Notizen ins reine. Von Helldorff war noch immer nichts zu hören. Gegen Abend wurde Winterfeldt in den Zug Fochs hinübergeholt. Ein Funkspruch der Obersten Heeresleitung war aufgefangen worden, der in einigen Punkten Erleichterungen erbat. Die Räumungsfristen sollten verlängert und das abzuliefernde Material vermindert werden, da man sonst die geforderte Frist nicht einhalten könne. Die neutrale Zone sollte wegfallen oder auf einen zehn Kilometer breiten Streifen vermindert werden. Die Oberste Heeresleitung ersuchte ferner um Aufhebung der Blockade, deren Wirkungen auf die Gesundheit des deutschen Volkes furchtbar seien, sie wandte sich gegen die einseitige Behandlung und Entlassung der Kriegsgefangenen. Gelinge es den Unterhändlern nicht, diese Punkte durchzusetzen, so sei trotzdem abzuschließen. Gegen die Ablehnung einer verlängerten Räumungsfrist, einer ehrenvollen Kapitulation in Ostafrika, ferner wegen Kriegsgefangenen- und Blockade-Punkte sei unter Berufung auf den Präsidenten Wilson schärfster Protest zu erheben.

Um zehn Uhr abends kam Weygand selbst zu den Deutschen. „Morgen vormittag läuft Ihre Frist ab. Wir wollen wissen, ob Sie unterzeichnen werden oder nicht."

Man müsse noch auf Weisungen warten, erwiderten die Deutschen, sie allein könnten in diesen schwerwiegenden Fragen nicht entscheiden. Weygand grüßte knapp und ging.

Um halb elf langte eine Depesche an Erzberger ein, die ihn für berechtigt erklärte, zu unterschreiben. Die Depesche war unterfertigt: ‚Reichskanzler — Schluß.'

Als der Dolmetscher wissen wollte, wer dieser dem Oberkommando und der Regierung in Paris gänzlich unbekannte Herr Schluß sei, erklärte Erzberger, daß Schluß am Ende einer Depesche soviel wie Punkt bedeute. Ob man, fügte Erzberger hinzu, Marschall Foch nicht ersuchen könne, daß er heute nacht noch eine letzte Sitzung gewähre, damit man endlich irgendwelche Ergebnisse nach Deutschland melden könne, Ergebnisse, auf welche die neue Regierung wohl mit größter Spannung warte.

Um zwei Uhr in der Nacht wurden die Deutschen beim Schein von Taschenlampen zum französischen Zug geführt.

Noch einmal wurde Punkt für Punkt durchgesprochen, von den Deutschen mit zäher Verbissenheit, von den Franzosen mit verletzender Schärfe, von den Engländern mit eisiger Ablehnung.

„Punkt sechsundzwanzig", sagte Erzberger, „über Aufrechterhaltung der Blockade bleibt der härteste. Der Mangel, die Not, das Kindersterben, die allgemeine Entkräftung und die Gleichgültigkeit, die mit solcher Unterernährung verbunden ist, haben Deutschland in die Arme des Bolschewismus getrieben. Wird jetzt, nach Abschluß des Waffenstillstandes, dieses grausame Aushungern eines Volkes fortgesetzt, so kann der Krieg nicht als beendet angesehen werden, denn der Hunger wird als Waffe gegen das deutsche Volk gerichtet. Es ist eine solche furchtbare Form der Kriegführung, daß ich sie als unfair bezeichnen muß."

Graf Oberndorff schloß sich Erzberger an: „Ja, diese Art, den Krieg mit der Waffe des Hungers nach dem Waffenstillstand weiterführen zu wollen, ist unfair!"

Als die Dolmetscher übersetzt hatten, brauste Lord Wemyss auf: „War das fair, wenn Sie wahllos unsere Schiffe mit Frauen und Kindern versenkt haben?"

„Das war im Krieg", antworteten alle Deutschen nacheinander. „Jetzt wird aber nicht vom Krieg gesprochen", setzte Graf Oberndorff hinzu, „sondern von dem, was nach dem Waffenstillstand sein soll. Man kann nicht die Waffen niederlegen und die furchtbarste Waffe, den Hunger, weiter gegen das deutsche Volk richten."

„Die Frage der Blockade steht im Vertrag", erinnerte Foch.

„Die Heimat wird nie verstehen, daß wir solch einen Vertrag unterschreiben konnten", wehrte Erzberger ab.

„Wir werden den Vertrag sehr milde auslegen", versuchte Weygand zu vermitteln. „Ein Vertrag läßt sich so und so auslegen. Wie man ihn auslegen wird, milde oder scharf, wird von den Deutschen abhängen."

Weitere Punkte wurden verlesen, immer wieder wurde von den Deutschen Einspruch erhoben, immer wieder wurden die Deutschen abgewiesen. Endlich war man zu Ende gekommen. Der französische Marschall zog die Uhr: „Fünf Uhr zwölf."

„Es gilt die französische Zeit", fügte Weygand hinzu.

„Wir werden fünf Uhr schreiben", sagte Foch, „damit der Waffenstillstand sechs Stunden später eintreten kann."

Die Verhandlungen wurden für eine kurze Zeit unterbrochen, Erzberger ließ durch Funkspruch der Obersten Heeresleitung den Vertragsabschluß bekanntgeben.

„Sie wollten nicht glauben", sagte Kapitän Vanselow zu Winterfeldt, „daß wir bloß die Hälfte der von ihnen errechneten U-Boote haben."

„Bei mir genau das gleiche. Sie hielten alle Materialziffern für gefälscht und vermindert."

„Sie stellten den Geist nicht in Rechnung", warf Graf Oberndorff ein.

„Sehr schlimm", sagte Winterfeldt. „Sie werden die Ablieferung des Geistes verlangen."

„Da werden sie betrogen sein", versetzte der Kapitän, „denn wo immer sie nachschnüffeln werden, von dem Geist, der ihnen so viel zu schaffen gemacht hat, werden sie nirgends mehr etwas finden."

„Für immer?" fragte Winterfeldt.

Der Kapitän zuckte die Achsel.

Nach einiger Zeit kam Foch mit seiner Begleitung zurück. Das Abschreiben des Vertrages, sagte der Marschall, werde noch geraume Zeit in Anspruch nehmen. Er habe daher erst die letzte Seite tippen lassen, die er zu unterzeichnen bitte.

Zuerst unterschrieben Foch und Wemyss. General Weygand schob, ohne aufzublicken, den Deutschen das Blatt hin. Erzberger und Oberndorff unterzeichneten. Dann schoben sie das Blatt Winterfeldt zu. Der General unterzeichnete, stand auf und drehte sich zur Wand. Kapitän Vanselow bekam feuchte Augen. Er schrieb und ließ die Feder fallen, als habe er sich die Finger verbrannt.

Erzberger erhob sich. Er sprach fließend wie in einer Versammlung, die Dolmetscher machten ihm Zeichen, langsamer zu sprechen, sie kamen beinahe nicht nach. Foch sah zur Seite. Er begriff nicht, was es für jemanden, der unterschrieben hatte, noch zu reden gab. Erzberger erklärte, die Deutschen würden das, was sie unterschrieben hätten, auch zu erfüllen trachten, obwohl manche Bedingungen unerfüllbar zu nennen seien. Erzberger schloß seine Rede: „Ein Volk von siebzig Millionen leidet, aber es stirbt nicht."

Foch hörte das Wort von den siebzig Millionen, ihm fiel ein, was Clemenceau immer wiederholt hatte: daß es zwanzig Millionen Deutsche zu viel in Europa gebe. Der Marschall bemühte sich nicht, seine Abneigung und Verachtung zu verbergen. Da kamen sie, da paktierten, da kapitulierten sie, wenn der Krieg ihren Grenzen sich näherte! Da sprachen sie große Worte, nachdem sie sich unterworfen und unterschrieben hatten!

Die Herren erhoben sich und verneigten sich. Erzberger allein verbeugte sich vielleicht zu tief.

Dann ging man, ohne den Vertretern der Hunnen, der Boches, die Hand gereicht zu haben.

Der 11. November 1918

Am elften Tag des elften Monats zur elften Stunde verkündete die Glocke Big Ben des Westminsters zu London, daß der Krieg beendet sei. Aus allen Häusern strömte es auf die Straßen, das ernste London des Krieges warf den grauen Mantel von sich, breitete die Arme aus und jauchzte, als hätte all der Jubel nicht Raum in der City, zum Kai der Themse hinaus, zog tobend und brausend am breit hingelagerten Parlament vorbei, schwoll immer mehr an durch neue Zuzüge aus vielen Gassen, entfaltete Fahnen über den dunklen Zügen und sang, weinte und betete in einem. In den Jubel, in das Umarmen, in das Weinen hinein dröhnten die Glocken Londons, als riefen sie es den Männern in den Gräbern zu, als dächten sie der Toten von Flandern, von der Somme, vom Damenweg, aus Palästina, vom Euphrat, von den Dardanellen, aus Afrika und all der vielen auf dem kühlen Grund des Meeres. Überstanden waren die Jahre der Prüfung, die Monate der Sorge, die Tage der Gefahr und die Wochen der Verzweiflung. Gott hatte im letzten Augenblick das alte, das narbenbedeckte England gerettet, er hatte sein auserwähltes Volk vor der Vernichtung bewahrt. Nicht umsonst waren die Tränen der Mütter, der Witwen und der Kinder geflossen. Weh denen, die England solche Prüfungen auferlegt hatten! Weh denen, die es gewagt hatten, England so schwer zu bedrohen und sein ganzes Empire zum Einsturz zu bringen! Sie werden vor den Richterstuhl gestellt werden als die Störenfriede der Welt, und das Gericht wird furchtbar und gerecht sein!

Am elften Tag des elften Monats zur elften Stunde erdröhnen auf dem Marsfeld die Geschütze. Es ist nicht mehr das Krachen der einschlagenden Geschosse der ‚Dicken Berta', es sind nicht mehr die Salven der Flugzeugabwehrbatterien in den Vorstädten von Paris, es sind die Ehrensalven für den kommenden Frieden und für den endlichen Sieg. Auch in Paris dröhnen die Glocken, werden Fahnen gezeigt, ziehen Soldaten mit Frauen und Mädchen, Marschlieder singend, durch die Straßen.

Die ersten Takte der Marseillaise erklangen, Trommelwirbel ratterte los, auf Gießkannen, Töpfen, Trommeln und mit Kindertrompeten wurde gelärmt, Signalhörner der Soldaten schrillten darein, als wären Menschenkehlen allein nicht imstande, all die Freude, den Jubel hinauszubrüllen. Die Beutegeschütze vom Place de la Concorde und aus den Champs Elysées wurden geholt, Mädchen kletterten auf die Rohre und ritten auf den Lafetten. Soldaten spannten sich vor die Protzen, und über die winkenden, weinenden, kreischenden, jauchzenden Boulevards ging die klirrende Fahrt. Die Fenster wurden aufgerissen, die Balkone waren voll Menschen, Glocken, Musik, Geschrei, Gekreische, Toben, Marschschritt, Hufegetrappel und Menschen, immer wieder Menschen! Blasse Verwundete, die aus den Spitälern ausgerissen waren, rasende Frauen, die sich an Männer hängten, und ein Aufjubeln, wenn sich Offiziere zeigten! Und auch hier wie in London wie in allen Städten, die jubelten und feierten, die schwarzverschleierten Frauen. Die großen Amerikaner wurden von den kleinen Französinnen umschmeichelt, viele Männer schwankten, das Gelärm konnte nicht verstummen, immer wieder erhielt es neue Nahrung, so raste, so brüllte, so tobte die Stadt bis zum grauenden Morgen.

Die elfte Stunde französischer Zeit fällt in Amerika in die Nacht. Von Ufer zu Ufer prasselten in New York die bunten Feuerwerke, die Glocken der kleinen Kirchen neben den großen Wolkenkratzern verhallten im Lärm der Schiffssirenen und der Signalpfeifen. Auf die Brooklyn-Bridge fiel ein Sternenregen von Freudefunken, die Wolkenkratzer am Rand der großen Stadt standen wie glühendes Eisen, das sich weit hinaus in den dunklen Fluten spiegelte. Den Broadway hinunter tobte ein entfesselter Zug, ein papierener Schneefall flatterte aus allen Fenstern auf die Straßen. Der gleiche Lärm, die gleiche kindliche Freude in allen Städten des Westens und des Ostens, des Nordens und des Südens. Der große Sieg schweißte die Söhne der Sieger und der Besiegten in der neuen Welt zu einem großen Volk zusammen. Hatten nicht ihre Soldaten, die sie zum erstenmal über den Atlantik geschickt, damit sie drüben in der Alten Welt durch einen Kreuzzug die wahre Ordnung herstellten, mit ihrem Erscheinen schon den furchtbaren Krieg entschieden?

Raketen! Raketen! Der Himmel soll sich röten vor Freude über den Sieg, über den Aufstieg der Neuen Welt!

Und Wilson? Für Wilson nichts?

Eine Kabeldepesche von Oberst House aus Paris:

„Die Selbstherrschaft ist tot! Lang lebe die Demokratie und ihr unsterblicher Führer! In dieser großen Stunde wendet sich mein Herz Ihnen zu — voll Stolz, Bewunderung und Liebe!"

Die Glocken der Besiegten sind eingeschmolzen. Die Kehlen der Besiegten sind zugeschnürt. Auch bei ihnen weinen Männer und Frauen, aber sie weinen nicht vor Freude. Im Grau der unseligen Tage versinkt die Stunde des Waffenstillstandes. Am Abend des elften Novembers bezogen die ersten Volkswehrabteilungen in betont unmilitärischer Haltung, die sich auch des Gleichschrittes als eines Zeichens der Unfreiheit schämten, mit offenen Mänteln, schiefsitzenden Kappen mit roten Rosetten und an Hanfgurten querbaumelnden Gewehren die Schloßwache des kaiserlichen Schlosses von Schönbrunn zu Wien. An der Gartenfront des Schlosses, klein vor dem weiten, mit Herbstblättern bedeckten Parkett des Parkes, über dem sich zartgliederig die Gloriette erhob, standen, von jungen Menschen umringt, ein paar unscheinbare Taxi. Die Militärakademiker von Mödling und Wiener Neustadt, die sich noch nicht in die neugebildeten Nachfolgestaaten verlaufen hatten und die hier in Schönbrunn freiwillig auf Wache gezogen waren, wollten von ihrem Kaiser Abschied nehmen. Da standen diese halben Knaben, die nun doch nicht mehr an die Front gekommen waren, die bereit gewesen wären, zu einer Zeit, da sich alles verlief und verdrückte, bei dem Kaiser zu bleiben und für den Kaiser zu sterben, und sahen zu, wie die Taxi beladen wurden und wie die Kaiserin, der Kaiser, die Kinder und noch ein paar Leute einstiegen. Niemand fand Zeit, sich um die jungen Akademiker zu kümmern. Die Autos fuhren los, sie überquerten den Vorplatz, niemand von den Volkswehrleuten zog die Hand aus der Tasche, niemand schmähte. Mochten sie fahren! Die jungen Akademiker standen noch eine Weile stumm beisammen, dann gingen sie durch die unbeleuchteten Straßen einer todmüden Stadt zurück in die Hofburg, wo man ihnen Quartier gemacht hatte.

Kaum waren die Autos mit der kaiserlichen Familie aus dem Schloß draußen, als auch schon die Volkswehrleute von der Wache sich die weiten Prunkräume ansehen wollten. Niemand tobte, niemand lachte laut, niemand war frech oder schimpfte. Das einzige Zeichen der Revolution waren die tief in die Stirn gedrückten Kappen mit den roten Kokarden und die Zigaretten, deren Rauchen sich die Leute nicht verbieten ließen. Alle Lichter des Schlosses brannten. Hinter den Soldaten drehten die Bediensteten wieder ab. Es war, als lege sich auf alle Schlösser das Dunkel der Vergangenheit.

In Berlin gab es weder Tag noch Stunde. Wie trübe Bäche nach dem Unwetter strömten aus allen Straßen die Feldgrauen ‚Unter den Linden' zusammen, zogen durch diese breite Siegesstraße Preußens zum Brandenburger Tor, rissen das Schwarz der Zivilkleidung mit und die abgehärmten Gesichter blasser Frauen, umspülten die Siegessäule, bildeten Tümpel um Redner, flossen wieder zusammen, rannen weiter und zeigten, was die Stadt wirklich war in diesem Augenblick: ein meuterndes Lager, in dem eherne und steinerne Könige, Kurfürsten und Feldherren auf Brücken, Plätzen und in Gärten wie verlassene Posten des Ruhmes standen und auf die Menschen in den Straßen hinabsahen, in den Straßen, die nach Preußens Schlachten, Siegen und großen Männern benannt waren.

Ruhelos wurde die Menge weitergetrieben. Vor dem Marstall staute sie sich, besah die Geschoßeinschläge, schaute die zertrümmerten Fenster des Schlosses an und trat die Flugblätter in den Kot, Extra-Ausgaben von gestern und vorgestern, die mit großen Lettern die Revolution in Rom, Paris und London verkündet hatten. Im ersten Taumel hatte man sich mit der ganzen Welt verbrüdert gesehen, alle Völker, die einander in dem großen Krieg gegenüber gelegen waren, hatten, so war die Hoffnung gewesen, die Militaristen, Kapitalisten und Ausbeuter davongejagt und sich verbrüdert.

Aber in dieser scharfen, kalten, vom Meer her wehenden Luft hielten sich diese weltverbrüdernden Träume nicht lange, die Meldungen der ersten Freudentage hatten sich nicht bestätigt, man wußte, daß man allein war und höchstens auf die Russen rechnen konnte, die ja alle möglichen Sendboten mit großen Versprechungen geschickt hatten. Aber da doch die Verluste, die Wunden, Entbehrungen und Leiden nicht umsonst gewesen sein konnten, wiederholte dieses so nüchterne, auf Parolen eingeschworene Volk ein Wort mit einem schwachen Trostersatz: ‚Das deutsche Volk hat auf der ganzen Linie gesiegt.' Sieg mußte sein. Da der äußere Sieg vertan war, mußte über den Feind im Innern gesiegt werden. In Berlin riß man den Offizieren dieAchselstücke herunter und fügte, wenn man keine Zivilkleider mehr hatte, der Uniform wenigstens einen Hut oder eine zivile Mütze bei, um so die Abneigung gegen alles Militärische darzutun. Auch in Berlin versuchte man, wie es Wilson verlangt hatte, sich der Vergangenheit zu entledigen, aber man wollte sich nicht, wie in Wien, auf seine Pension zurückziehen und im Altenteil warten, wie es in der Welt weitergehen werde, wenn man selbst nicht mehr mitspielte. Hier war eisenhältige Luft, hier war scharf geschossen worden, hier war die Explosion heftiger gewesen als in allen Hauptstädten der gewesenen Kronländer der Donaumonarchie, weil hier der Griff härter gewesen war, der die immer wieder aufbegehrenden Arbeiter niedergehalten hatte. Die Menschen, die durch die Straßen und über die Plätze fluteten, sahen durchaus nicht mit Bedauern die Spuren des Kampfes, denn wo gehobelt wurde, mußte es ihrer Meinung nach Späne geben.

Autos mit roten Fahnen und mit großen Sowjetsternen rasten, dicht mit lärmenden Waffenträgern besetzt, durch die überfüllten Straßen, hupend, stinkend, stockend und dann wieder freie Bahn gewinnend. Nun war der Osten durchgebrochen, nach dem sich Rilke und Barlach gesehnt, den die Kollwitz und Zille dargestellt, allerdings ein schärferer, ein ungeduldiger und vorwärtsdrängender Osten, der aus allen Straßen hervorquoll, unerschöpflich, vom Hunger hastig und von der Gier heftig gemacht.

Wie spät war Berlin erst an die Reihe gekommen! Sein neuer prunkvoller Dom war der letzte jener Kuppelbauten der Macht, die mit der Peterskirche in Rom begannen und die von der Karlskirche in Wien, der Paulskirche in London, der Superga in Turin, der Frauenkirche in Dresden und dem Kapitol von Washington fortgesetzt wurden. Mußte sich nicht dieser letzte Bau ein wenig spreizen und zieren? Und doch, wie rührend! Zwischen all den nachgeahmten, trockenen Ornamenten einer entschwundenen Zeit war unter den Reliefs die Bibelstelle zitiert, auf die sich die Bilder bezogen, eine seltsame Kreuzung von Katechismus, protestantischer Nüchternheit und auftrumpfender Macht, die etwas spät in den Reigen der einander ablösenden Mächte zur Geltung gekommen war. Kühl in seinem Bildungsklassizismus stand dem Dom gegenüber der Kunsttempel des Museums, das Denkmal mit den Löwen aber war zur knalligen Schlußnummer einer großen Zirkusvorstellung geworden.

Was wird sie nun tun, die Stadt? Wird sie in Träume von einstigem Ruhm und entwichener Größe versinken, wie Stockholm, Kopenhagen, Lübeck, Reval und Riga? Wird sie ihr Schicksal hinnehmen oder wird sie sich wehren? In den Gesichtern der

Menschen ist etwas Ruheloses, etwas Heftiges, brennt eine kalte Leidenschaft, die nicht weiß, gegen wen und was sie sich wenden soll. ‚Das deutsche Volk hat auf der ganzen Linie gesiegt!' Das klingt prahlerisch, aber das heißt doch: die Selbstherrschaft ist tot und die Demokratie — das ist doch das Volk, das durch die Straßen brandet — hat sie überwunden. Potsdam, die Stadt der preußischen Könige, wird auf diese Weise über Nacht eine kleine Stadt mit großen Erinnerungen. Das übergroße Wollen des kleinen, aufstrebenden Preußen tut sich in allen Bauten der Könige kund. Sanssouci, dieser Traum von Zärtlichkeit und Süden zwischen den nordischen Dünen und Kiefern, liegt verlassen auf der Höhe. Allem ist bis auf den Grund zu sehen: Das Holländische, das Französische, das Italienische, das Russische, das Preußische ist zu spüren, zu sondern und herauszuheben. Viele Städte liegen in dieser Stunde so da: Prag und Brünn, Agram und Esseg, Budapest und Lemberg, Reval und Riga, Petersburg und Belgrad. Der Untergang des Alten ist geschehen. Die Antwort des Neuen ist noch nicht zu vernehmen.

Firth of Forth, 21. November 1918

Am Donnerstag, den 21. November 1918, einige Minuten vor vier Uhr morgens, begann die Flotte Großbritanniens die Ausfahrt aus dem Firth of Forth, der tiefen Bucht im Südosten Schottlands. Langsam hoben sich die schweren Nebel, die seit fünf Tagen auf dem Meer gelastet hatten. Die Gestirne des Himmels aber blieben verhüllt.

An siebenhundert Schlachtschiffe, Kreuzer, Zerstörer und Unterseeboote lösten sich von der Vertauung. Mit der großen Flotte zogen hinaus die Flotten von Kanada, Australien, Neuseeland und Südafrika. Vom ‚Admiral Auber' wehte Frankreichs Dreifarb, von der ‚New York' das Sternenbanner der Vereinigten Staaten. An der Spitze des Zuges dampfte die ‚Revenge', die Rache.

So zog es dahin und das Salzwasser des englischen Meeres schäumte auf vor den südwärts gerichteten Kielen. Gegen acht Uhr gloste in einem Nebelsack der rötliche Ball der heraufkommenden Sonne. Die Riesenflotte teilte sich. In zwei Geschwadern steuerte sie dem Treffpunkt zu, wo sie am 56. Grad 11 Minuten nördlicher Breite und am 1. Grad 2 Minuten westlicher Länge die deutsche Flotte erwartete. Die große Flotte fuhr in voller Gefechtsbereitschaft: die Bedienung an den Geschützen, die Mannschaft auf den Gefechtsstationen. Es war Großbritanniens großer Tag. So weit das Auge reichte, schwamm Großbritanniens Flotte, dunkel und gewaltig, unter der schwärzlichen Decke des Rauches.

Am Tage von Sarajevo im Jahre 1914 hatte die englische Flotte zum letzten Male die deutsche besucht. Die Engländer waren von den Deutschen in Kiel im Tauziehen und im Fußball besiegt worden. Sowohl die deutsche wie die englische Presse hatten für diesen Tag ihr seit langer Zeit übliches Gekläff eingestellt.

Nach Sarajevo war die Welt auf der Lauer gelegen, ob das Stichwort ‚Krieg' fallen werde. Damals hatte die englische Flotte, um Deutschland zu warnen und um Österreich einzuschüchtern, am 19. Juli die bis dahin größte Flottenvereinigung der Geschichte zuwege gebracht. Sechs Stunden lang war die ganze Armada mit fünfzehn Knoten Geschwindigkeit in voller Flaggengala am englischen König vorbeigefahren. Zehn Tage später hatte Winston Churchill, damals Erster Seelord, der Armada den Befehl gegeben, sich mit abgeblendeten Lichtern und Volldampf nach Scapa Flow zu verfügen.

Gegen halb zehn Uhr tauchten aus leichten Nebelschwaden, die an diesem Tage nicht von der Sonne weichen wollten, die ersten deutschen Schiffe auf. Sie kamen nur langsam vorwärts, Mangel an Feuerung verwehrte eine schnellere Fahrt. Auf den Masten wehte die deutsche Kriegsflagge. Über den Nebelschwaden und über der Rauchwolke der deutschen Schiffe zog leuchtend und sonnenüberflimmert ein englisches Luftschiff. Vor den deutschen Schiffen fuhr, von dem englischen Kreuzer ‚Cardiff' geführt, ein leichtes englisches Geschwader.

Welch ein Gegenbesuch! Zuerst kamen die Schlachtkreuzer, voran der ‚Seydlitz', der im Skagerrak mitgefochten und den Breitwimpel des Kommodore Taegert führte, dann ‚Moltke', ‚Hindenburg', ‚Derfflinger' und ‚Von der Tann' — rechts und links eskortiert von ‚Fearless' und ‚Blonde'. Ihnen folgten, ausgerichtet wie im Manöver, die neun stärksten Schlachtschiffe der deutschen Flotte, die fünf Dreadnoughts der Kaiserklasse: ‚Friedrich der Große' mit der Flagge des Konteradmirals von Reuter, dann ‚Kaiser', ‚König Albert', ‚Prinzregent Luitpold' und ‚Kaiserin', dann ‚Bayern', das eben erst fertiggestellte Großkampfschiff von 28000 Tonnen und acht 30-cm-Geschützen, dann der

‚Markgraf', der ‚Große Kurfürst' und ‚Kronprinz Wilhelm'. ‚König', das einzige Schlachtschiff, das seine Flagge gegen die Meuterer in Kiel verteidigt hatte, lag, nicht fahrbereit, im Schwimmdock. Bewacht und eskortiert wurden diese Schiffe von ‚Orry' und ‚Phaeton'. Dann kamen die leichten Kreuzer ‚Karlsruhe', ‚Frankfurt', ‚Emden' ‚Nürnberg', ‚Köln', ‚Bremse' und ‚Brummer'.

Zwei und zwei, neben der gefangenen Flotte, setzten sich die englischen Schiffe wieder in Marsch. Abseits hielt sich die ‚Queen Elizabeth', auf der Admiral Sir David Beatty den Vorbeimarsch der siegreichen und der gefangenen Flotten abnahm. Auf dem Piek des Admiralschiffes wehte die zerfetzte Flagge des in der Seeschlacht von Jütland gesunkenen Schlachtschiffes ‚Lion'. Donnernder Jubel und nicht endenwollendes Jauchzen, vermischt mit den Klängen der Musik auf der ‚Queen Elizabeth', schlug über der schweigenden deutschen Flotte zusammen. Der Vorbeimarsch verdämmerte mit seiner Spitze bereits im Nebel und noch immer stampften an dem englischen Admiral Schiffe vorbei, zum Schluß, von hundertfünfzig englischen Zerstörern umringt, die vierzig besten deutschen Zerstörer. So führte man die gefangenen Schiffe der Hunnen ab, deren Piratenflagge die Verbrechen des U-Boot-Krieges gedeckt hatte, und so wollte England alle seine Feinde, die ihm auf den Meeren Widerstand zu leisten wagen würden, vernichten. Vor der kleinen Felseninsel May mitten im Firth of Forth gingen die deutschen Schiffe und deren Wächter vor Anker. Die englische Flotte selbst kehrte zu den Stationen zurück, von denen sie ausgefahren war.

Um vier Uhr nachmittags riefen die Pfeifen auf der ‚Queen Elizabeth' alle Mann an Bord. Die Hörner bliesen Sonnenuntergang. Aller Blicke wandten sich grüßend der britischen Flagge zu. Im gleichen Augenblick sanken draußen im Nebel bei der Felseninsel May die deutschen Flaggen auf den Schiffen nieder.

Nun wußten es Offiziere wie Matrosen, daß sich die Engländer durchaus nicht um den Unterschied zwischen spartakistischen Matrosen und kaiserlichen Offizieren kümmerten. Für die Engländer waren diese Leute, die vor der Felseninsel ihre Flaggen strichen, Deutsche, die sich kampflos ergeben hatten und samt ihren Schiffen in Gefangenschaft geraten waren. Sie, die Verwöhnten und Geliebten, sie, der Stolz des Kaiserreiches und des ganzen Volkes, sie hatten die Hoffnungen nicht erfüllt, die man auf sie gesetzt.

Mittwoch, den 19. Februar, stieg Clemenceau vor seiner Wohnung in der Rue Franklin um 9 Uhr vormittags in das Auto, um ins Kriegsministerium zu fahren. Er war ohne Begleitung, den Wagen lenkte ein Soldat, neben dem eine Ordonnanz saß. Wilson, der unter Ach und Krach seinen Völkerbund durchgedrückt hatte, war bereits vor fünf Tagen wieder über den Atlantik nach Hause gedampft, sein Hauptanliegen hatte er durchgesetzt, das andere würde sich nach des Präsidenten Meinung schon von selbst ergeben. Er mußte sich jetzt in Washington dem Kongreß stellen und dort Rede und Antwort stehen. Den Amerikanern, die in der letzten Zeit sehr saure Gesichter geschnitten hatten, mochte ihr Präsident nicht recht geheuer sein.

Lloyd George saß auch wieder in London und dachte nach, wie er die Holländer dazu zwingen könne, den Kaiser auszuliefern, um ihn zum Vergnügen der Londoner aufzuhängen. Denn es mußte in England irgend etwas für die Stimmung getan werden, die Soldaten liefen aus den Kasernen fort, sie hatten es satt, sie wollten nach Hause. Die französische Flotte in Odessa hatte wirklich gemeutert, die Matrosen hatten sich mit den Bolschewiken verbrüdert. Foch, der eben von der dritten Verlängerung des Waffenstillstandes aus Trier zurückgekommen war, hatte gemeldet, die Deutschen würden alle Forderungen erfüllen, wenn man diese rechtzeitig stelle, Erzberger rede der Regierung zu, unter allen Umständen nachzugeben. Die deutsche Regierung fürchte sich derzeit weniger vor den Alliierten als vor den Spartakisten. Neben dem Krieg und den Schützengräben, die alle sehen konnten, hatte ein anderer Krieg, ein unterirdischer, begonnen, der nur hin und wieder in einzelnen gewaltsamen Ausbrüchen seine Glut emporschleuderte.

Nun galt es, bevor Wilson wieder nach Europa zurückkam, hier reinen Tisch zu machen. Viel Zeit war nicht. Mit Oberst House wollte Clemenceau schon fertig werden. Vor allem war für Frankreichs Sicherheit und für die Wiedergutmachung des Schadens zu sorgen, denn Frankreich hatte die Hauptlast des Krieges getragen, ihm waren die schwersten Wunden geschlagen worden. Da konnte, da durfte man nicht nachgeben, diesem Volke mußte, um sich von dem furchtbaren Aderlaß erholen zu können, vor allem Sicherheit verschafft werden.

Als der Wagen Clemenceaus aus der Rue Franklin in den Boulevard Delessert bog, lief aus einer Bedürfnisanstalt ein Mann auf das Auto zu und feuerte. Der Chauffeur gab sogleich Gas, der Wagen sprang förmlich, die nächsten Schüsse durchschlugen die Rückwand. Das Auto steuerte dem Trocadero zu. Clemenceau klopfte dem Chauffeur auf die Schulter: „Rasch! Nach Hause!“ Clemenceau sah noch die blindwütend auf den Attentäter losdreschende Menge und die herbeieilenden Polizisten, dann sank er mit geschlossenen Augen zurück.

Ein Fliegeroffizier sprang in den Wagen und fragte, ob Clemenceau getroffen sei. Der Tiger winkte mit der Hand ab: „Er hat schlecht gezielt.“

Vor Clemenceaus Haus hielt das Auto. Gestützt auf den Fahrer und den Flieger schleppte sich der zähe neunundsiebzigjährige Mann, leicht wankend und hin und wieder stöhnend, über den Hof. „Geben Sie ein wenig acht“, ermahnte Clemenceau den Fahrer, „Sie tun mir weh.“ In der Wohnung wurde der Tiger von seinem Kammerdiener in einen Lehnstuhl gebettet. Bald waren auch Ärzte da und stellten eine tiefe Wunde an der Rückseite des rechten Schulterblattes fest. „Ich bitte um kollegiale Behandlung“, scherzte der Tiger, „wenn ich auch Internist war, schonen Sie mich trotzdem.“ Den herbeieilenden Sekretär empfing der Alte: „Das hat mir noch gefehlt. Ich war noch nie ermordet worden!“ Martet mußte lächeln. Es war eine Szene, wie sie allein Daumier hätte festhalten können mit seinem grimmigen Stift. Clemenceau, der, vom Lehrer an einer amerikanischen Töchterschule angefangen, so ziemlich alle Berufe versucht hatte, erfuhr — auch bei diesem zähen Menschen konnte es bis dorthin nicht mehr allzu weit sein — in der Nähe des Todes, wie es war, wenn man starb. Da war die Schüssel mit Blut und Binden, da waren die lautlos hantierenden Ärzte, da stand der Kammerdiener, der reichte, was man von ihm verlangte, und in der Türe wartete, neugierig mit langem Hals, eine Haushälterin oder eine Köchin, und in der Mitte von allen war der alte Mann mit den weißen Haaren auf der eingesunkenen Brust und mit dem großen Mongolenkopf, dessen wachsame Augen vor Hohn funkelten.

Immer wieder mußte der Sekretär zum Telephon, ganz Paris

rief an, fuhr vor, telegraphierte und schrieb. Sarah Bernhard ließ als sehr dringend ihre Karte abgeben. Sie trug ihre Initialen und eine tragische Maske zwischen Dolch und Narrenpritsche. Darunter stand in einer ebenso großartigen Schauspielerschrift: „Bitte, bitte, geben Sie mir Nachricht, nur für mich, für mich allein. Herzlichen Dank."

Martet brachte die Karte. Clemenceau lachte: „Welch jugendliche Schwärmerin. Welch rüstige Siebzigerin. Für sich allein, nur für sich allein! Ende nie! Martet, immerhin sehr höflich gegen einen alten Antifeministen. Schreiben Sie nur für sie, für sie allein: *Der Tiger lebt!*"

Vier Tage später saß Oberst House dem alten Tiger gegenüber. Er wäre nicht schon wieder hier, entschuldigte sich House, wenn Clemenceau nicht nach ihm verlangt hätte. Als sich House nach dem Befinden erkundigte, erwiderte Clemenceau, dieser alberne Zwischenfall beeinträchtige es ein wenig, denn im allgemeinen machten einem in diesem Alter die Jahre genug zu schaffen. Oberst House berichtete, daß Cottin, der Attentäter, vor ein Militärgericht kommen und erschossen werde. Clemenceau fragte, ob es der Oberst nicht ein wenig unzeitgemäß finde für einen Franzosen, jetzt, in dieser Zeit, ein Anarchist zu sein. Aber man werde diesen Cottin kaum erschießen, weil man seinerzeit, zu Anfang des Krieges, den Mörder Jaurès' auch glimpflich behandelt habe. Als House den Tiger bat, nicht soviel zu sprechen und sich mehr zu schonen, spottete Clemenceau, daß er mit fünfundsiebzig die dritte Jugend begonnen habe, deren er sich noch ein wenig erfreuen wolle. Übrigens habe er auch gar keine Zeit, sich viel zu schonen, die Konferenz dürfe durch diesen Zwischenfall keineswegs aufgehalten werden. Er hoffe, bald das Vergnügen zu haben, mit House, und fürchte, leider auch bald die Plage zu haben, mit Wilson zusammenarbeiten zu können, beziehungsweise zu müssen. Marschall Foch berichte, die Deutschen seien weich — und das bewirke allein die von Wilson so sehr abgelehnte Blockade. Erst wollte der Auswärtige der Deutschen wegen Oberschlesien zurücktreten, aber dann sei er geblieben. Ob sich House entsinne, wie sich Wilson und Lloyd George gegen die Verschärfung der Waffenstillstandsbedingungen gewehrt haben? House möge beachten, wie nun die Deutschen doch Bissen um Bissen hinunterwürgten! Unerträglich! hätten Wilson und Lloyd George gerufen, nie würden das die Deutschen annehmen, unannehmbar seien solche Bedingungen, und die

Deutschen haben angenommen, die Boches haben unterschrieben, was man ihnen hingelegt. Jetzt sei die Zeit, mit der Rheinischen Republik herauszurücken, einem Pufferstaat von drei Millionen.

„Vier Millionen“, verbesserte House.

„Also vier Millionen! Eine Million mehr oder weniger spielt bei den Boches keine Rolle. Sie sind wie die Karnickel. Die Rheinländer werden mit dieser Republik, die ihnen Frankreich schenken wird, zufrieden sein. Sie werden nicht zu den Soldaten einrücken, sie werden keine Kriegsentschädigung zahlen, sie werden nicht länger die Blockade aushalten müssen. Wir werden diesem jungen Staat Glück, Ruhe, Gedeihen und Zufriedenheit verbürgen, die Rheinische Republik wird ein Paradies auf Erden sein. Oberst, Sie bezweifeln das? Sie glauben nicht, daß die Rheinländer gerne darauf verzichten würden, länger bei dem vom Spartakusfieber geschüttelten Deutschland zu bleiben? Oh, das Rheinland kennt seinen Nachbar Frankreich, das Rheinland hat lange genug in Frankreichs großer Zeit mit uns gelebt, es hat mitgefochten bei Frankreichs großen Siegen, das Rheinland kann diese stolzen Tage nicht vergessen haben.“

„Wenn es sie aber doch vergessen hat? Wenn das Rheinland dennoch bei Deutschland bleiben will?“ fragte House.

„Dann sind sie verrückt. Ich habe mir sagen lassen, daß man Irrsinnige unter Kuratel stellt. Narren müssen vor ihrer eigenen Narrheit geschützt werden. Ich kann es nicht mit ansehen, daß jemand, dem man wohl will, sich selbst Übles zufügt.“

Oberst House blieb kühl und abweisend: „Ich habe gestern die Antwort meines Präsidenten auf das Memorandum des Marschalls Foch erhalten. Wilson ist der Ansicht, solch ein Beschluß würde weit über die Machtvollkommenheit des Rates der Zehn hinausgehen. Übrigens werde ein Rheinstaat nicht notwendig sein, wenn Deutschland entmilitarisiert werde. Der kriegerische Geist dieses Volkes werde schwinden, wenn es kein stehendes Heer mehr habe.“

„Wird Ihr Präsident für die Sicherheit Frankreichs bürgen?“ fragte Clemenceau rasch.

„Das wird nicht die Pflicht des Präsidenten, das wird die Angelegenheit des Völkerbundes sein.“

„Oh, schon wieder dieser Völkerbund! Wo ist der Völkerbund? Welche Macht wird er morgen haben? Heute ist er ein Phantom in den Wolken. Aber die Grenzen Frankreichs, Oberst House, sind auf der Erde! Die Wunden Frankreichs sind Wirklichkeit. Der kriegerische Geist der Deutschen ist Wirklichkeit. Amerika sagt: das alles wird sich ändern. Möglich! Aber wann? Und bis dahin? Amerika sagt: Ich beanspruche kein Gebiet. Ich frage: Was soll Amerika mit einem Gebiet? Amerika hat mehr Land, als es braucht. Amerika sagt: Ich nehme keine Kontribution. Ich antworte: Wozu brauchst du eine? Du hast allen Reichtum der Welt in deine Taschen gelenkt. Amerika kann leicht für eine allgemeine Abrüstung eintreten, wenn es den Boche nicht zum Nachbar hat. Amerika ist weit und Frankreich bleibt allein mit dem Boche zurück. Ihr Präsident ist, das wissen hier bei uns alle, ein Deutschenfreund! Wäre er kein Deutschenfreund, hätte er unser zerstörtes Gebiet besichtigt, wäre er durch unsere verbrannten Städte, durch unsere verwüsteten Felder und Wälder gefahren — aber dazu war er um keinen Preis zu bewegen, er wollte nicht dem zarten Luftgebäude seiner edlen Gedanken die rußgeschwärzte Wirklichkeit eines Trümmerfeldes gegenüberstellen, obwohl solche Kohle seinem blassen Zukunftsbild die notwendigen Schatten gegeben hätte."

„Der Präsident wollte sich durch den Anblick der Verbrechen nicht von der Gerechtigkeit abdrängen lassen."

„Dann muß ich wiederholen, was Lloyd George gesagt hat: Will der Präsident nur den Deutschen Recht und Gerechtigkeit zukommen lassen, bleibt uns nichts anderes übrig, als die Deutschen vollkommen zu vernichten!"

„Sie denken immer nur ganz allein an Frankreich", sagte Oberst House.

„Ich denke an den Sieg und ich denke an unsere Freunde. Polen muß einen Zugang zum Meer bekommen. Man kann den Polen nicht die oberschlesischen Kohlen geben und den Zugang zum Meer verweigern, sonst erstickt das Land an seinen Kohlen."

„Lloyd George ist dagegen", erwiderte House, „den Polen Danzig zu geben."

„Lloyd George hat weder eine Ahnung von Geographie noch von Ethnologie. Frankreich war von jeher ein Freund der Polen!"

Oberst House wechselte das Thema, er sah, daß er hier nicht weiterkam. „Foch schlägt in seinem Memorandum eine gewaltsame Lösung der russischen Frage vor. Ich habe den Auftrag, im Namen des Präsidenten zu erklären, daß Amerika weder Material noch Soldaten nach Rußland schicken wird."

Clemenceau beugte sich vor: „Genügen dem Präsidenten unsere Sozialisten als Verbündete gegen Lloyd George und mich nicht? Will er auch den Bolschewiken um den Hals fallen? Wenn ihm solche Liebe zu den Bolschewiken in Amerika vielleicht ein paar Arbeiterstimmen einbringt, soll er mit solcher Neigung drüben bleiben! Lloyd George kann umfallen. Der einzige, der steht, bin und bleibe ich."

„Der Präsident", nahm House wieder das Wort, „ist der Ansicht, daß Rußland, wenn es nur von außen her zu retten wäre, überhaupt nicht mehr zu retten ist. Wir sollten, meint der Präsident, lieber den Kordon verstärken, der Deutschland von Rußland trennt, damit die Seuche nicht auf Deutschland übergreift. Und deshalb ist der Präsident auch für eine bessere Behandlung Deutschlands, damit Deutschland widerstandsfähig bleibt."

„Die Aufgabe, Europa vor den Bolschewiken zu schützen, haben die Tschechoslowakei und Polen übernommen. Man kann Polen stärken. Für Polen muß etwas geschehen. Ich habe als siebenjähriger Junge zu Nantes im Jahre 1848 den Ausmarsch der polnischen Legion gesehen. Auch Ihr Präsident ist von den Polen gerührt. Eine Aufgabe für ihn: Drei Kaiserreiche, drei Autokratien, drei Gewaltherrschaften zerschneiden ein Land, und er darf es zusammennähen. Schön. Da gibt es Pflaster auf diese Wundnarben Oberschlesiens und, wenn's auch Lloyd George nicht will, obendrein noch Danzig. Frankreich stimmt zu und verlangt den Rhein bis Holland. Die alte französische Grenze! Schreiben Sie, kabeln Sie das! Und dann: Die Russen müssen nach Versailles! Eine Schande, wenn wir das nicht zusammenbrächten."

House erriet, warum Clemenceau und mit ihm die meisten Franzosen Rußland nach Versailles haben wollten. Das bolschewikische Rußland zählte nicht als andere Backe der Zange, die man gegen Deutschland ansetzen konnte. Polen, die Tschechoslowakei und die anderen kleinen Länder des Kordons waren derzeit für diese Aufgabe noch zu schwach. Also sollte Rußland nach Versailles, Frankreich wollte zwischen Weiß und Rot vermitteln und Rußland einen nie zu vergessenden Freundschaftsdienst leisten. Der Oberst sah die Erregung, die den Tiger gepackt hatte, und er ermahnte den alten Mann, sich zu schonen, die Kugel stecke noch, er werde Schmerzen bekommen.

„Die Kugel soll bleiben, wo sie ist. Wenn ich verfault sein werde, wird sie durch meine bloßen Rippen fallen, dann können sie die Ärzte aus dem Grab holen. Mich stört sie wenig. Sie läßt mich nicht gut schlafen, sie weckt mich nachts, da fällt mir manches ein, was ich mir notiere." Clemenceau tastete nach einem Zettel, hielt ihn weit von sich und sagte: „Ja, Österreich! Bitte, geben Sie dem kleinen Schiffchen Österreich einen Schuß vor den Bug. Frankreich wird nie den Anschluß dulden, für Frankreich ist es untragbar, daß Deutschland aus einem verlorenen Krieg um dieses Österreich verstärkt hervorgehe. So kann sich nicht einmal Ihr Präsident Wilson das Selbstbestimmungsrecht vorgestellt haben! Wie können wir eine Tschechoslowakei aufrichten, wenn wir sie mitten hinein in dieses vergrößerte Deutschland stellen!"

„Der Präsident wird das Anschlußverbot billigen."

„Dann müssen wir uns damit beeilen", sagte Clemenceau.

„Aber der Präsident wird nicht verlangen, daß dieses Verbot für immer Geltung haben soll."

„Wenn ihm solch eine Klausel einen guten Schlaf bringt, nur zu!"

Der Oberst erhob sich, wünschte Clemenceau noch einmal baldige Besserung und empfahl sich. Langsam stieg House die Treppe hinab. Dieser Schuß auf Clemenceau, das fühlte der Oberst, hatte die Friedenskonferenz selbst getroffen. Dem angeschossenen Tiger wird niemand widersprechen. Lloyd George war durch die Wahlen gelähmt. Vor den amerikanischen Novemberwahlen wollten sich weder Lansing noch Bliss und Withe zu sehr für die Pläne Wilsons einsetzen. Blieb, man mochte es drehen und wenden wie man wollte, nur der alte Plan des Gouverneurs, Lloyd George und Clemenceau mit Hilfe der englischen und französischen Sozialisten zu stürzen und sich andere, weniger hartnäckige Verhandlungspartner zu sichern. Aber in einer Zeit, in der alles so labil war, war Ministerstürzen kein leichtes Unterfangen, man konnte nie wissen, wo solch ein Erdrutsch zum Stehen kam. Hatte Wilson sein Spiel verloren? Kam er gegen Clemenceau und Lloyd George nicht auf? Der Präsident durfte nicht verlieren! Hatte Wilson keinen Erfolg, dann erlitt auch die Demokratische Partei im November eine solche Niederlage, daß Oberst House vor deren Ausmaß erschauerte.

Clemenceau verteidigt durch Reparationen den Rhein, 25. April 1919

Vom 12. Januar bis zum 25. April 1919 hatten der Rat der Vier, der Rat der Zehn und die zweiundfünfzig Sonderkommissionen neunzehnhundertundzwei Sitzungen abgehalten. Man war müde, gereizt und verdrossen, hatte einander gehörig satt bekommen und konnte die Ansprüche und die Einwände aller im Schlaf hersagen.

Am 25. April trat der französische Ministerrat unter dem Präsidenten der Republik zusammen. Man wollte hören, wie Clemenceau seinen Frieden rechtfertigen werde. Beigezogen wurden der Marschall von Frankreich und die an der Friedensdelegation teilnehmenden Herren Tardieu und Cambon.

Da saß Clemenceau, das schwere Haupt aufgestützt, die Lider gerötet, und blickte von unten her grollend den Marschall von Frankreich an, der das wiederholte, was er seit Monaten immer wieder vorzubringen nie müde geworden war. Ja, der Marschall hatte sogar vor einigen Tagen gemeutert, die Einladung zur Konferenz an die Deutschen weiterzugeben, weil er vorher nicht gefragt worden war. Nun brachte der Marschall zum letztenmal seine Warnung vor und sprach vom Rhein, vom Rhein, vom Rhein, der einzig möglichen Grenze Frankreichs. In Fochs Rede blinkten die Adler Napoleons auf, flatterten die Fahnen der Französischen Revolution, hallte die Größe Ludwigs XIV. nach, ertönte die Marseillaise. Die Minister wurden durch die Worte des Marschalls gepackt und im Herzen getroffen. Ruhm, Größe, Frankreich, Sicherheit, Sieg, der alte Feind!

Clemenceau schloß die Augen. Er hörte, wie dieses kriegerische Kind zwischen den Worten zu verstehen gab, daß all die Arbeit, die Clemenceau in diesen Wochen, mit der Kugel in der Brust, geleistet habe, ein Verrat an Frankreich sei. Erzbergers nachgiebige Unterwürfigkeit und Dr. Dortens Aufruf zu einer Rheinischen Republik hatten den Marschall jedes Maß verlieren lassen. Aber Clemenceau hatte mit anderen Deutschen als mit Separatisten verhandelt. Als Clemenceau vom Grafen Brockdorff-Rantzau verlangt hatte, daß die deutsche Delegation strengstens auf ihre Rolle beschränkt bleiben und nur Personen umfassen solle, die für gewisse Missionen bestimmt seien, hatte der Graf geantwortet, er werde den Gesandten von Haniel, zwei Geheimräte, zwei Bürobeamte und zwei Kanzleidiener senden. Clemenceau hatte verstanden und hatte eingelenkt, ein guter Gegner nötige ihm Achtung ab.

Nachdem Foch alle seine zahlreichen Bedenken über den schlechten Frieden vorgebracht hatte, erhob sich der Marschall von Frankreich, packte seine Papiere in die Aktentasche, grüßte kurz und entfernte sich mit den Herren Tardieu und Cambon. Clemenceau blickte dem Marschall grimmig nach: der Mann hatte ihm wirklich viel zu schaffen gemacht; Wilson hatte, auf Foch blickend, gesagt, nie werde er das amerikanische Heer einem Manne anvertrauen, der seiner Regierung nicht gehorche.

„Alles, was der Marschall von Frankreich gesagt hat", begann Clemenceau, „unterschreibe ich, billige ich, finde ich richtig. Falsch finde ich, *daß* er es gesagt hat. Seine Argumente für die Rheingrenze sind ebenso stark wie logisch. Es waren auch meine Argumente. Aber sie waren es. Sie mußten vor Notwendigkeiten weichen, die stärker sind als mein Widerstand, wollte ich nicht die ganze Konferenz sprengen. Man hat mich, während ich mit Wilson die schwersten Kämpfe auszutragen hatte, immer wieder angegriffen, man hat mich bezichtigt, offen und heimlich, leise und laut, daß ich den Frieden Frankreichs verderbe. Wilson und Lloyd George, diese beiden, allerdings nicht im Namen Frankreichs, haben behauptet, meine Forderungen seien mit einem Frieden unvereinbar. Lloyd George hat leicht reden. England als Seemacht hat alle Sicherheiten erreicht: die deutsche Flotte ist vernichtet, die deutschen Kolonien sind weggenommen, der deutsche Außenhandel ist zerstört. Frankreich als Landmacht — und darin stimme ich abermals mit dem Marschall von Frankreich überein — hat in diesem Frieden nicht nur für die eigene Sicherheit zu sorgen, sondern auch für die Sicherheit jener neugegründeten Staaten, die nun an Rußlands Stelle treten werden, um vereint mit Frankreich ein Wiedererstarken des geschlagenen Deutschlands zu verhindern. Endlich hat auch Lloyd George seinen Widerstand gegen unsere dringendsten Forderungen aufgegeben, nachdem ich ihn zu einem Osterausflug durch unsere zerstörten Gebiete überredet. Jetzt, da die Flamme des Krieges längst erloschen, erblickte er wie in einem Traum noch einmal die kalte Asche der furchtbaren Brände, die Frankreich verwüstet. Wilson habe ich dazu nicht zu überreden vermocht. Seine kühlen Augen hätten unter der Asche noch einen Funken entdeckt, groß genug, das Feuer der Rache zu entflammen. Ich habe mir alle Mühe gegeben, die Rheingrenze bei Wilson durchzusetzen, es war so unmöglich, wie den Anschluß des Saargebietes zu erreichen. Ich bin wütend und zornig davongerannt, aber auch Wilson hat abzureisen gedroht, wenn ich meinen Widerstand nicht aufgebe. Wilson, der im Osten auf Kosten Deutschlands sehr freigebig gegen Polen war, war nicht dazu zu bringen, uns im Westen die gleichen Zugeständnisse zu machen. Hätte ich, wie Orlando Fiumes wegen, das Wilson auf keinen Fall den Italienern zugestehen will, auch die Konferenz verlassen sollen?"

„Italien hat für Fiume die Brennergrenze zugesichert bekommen", warf Poincaré ein, „und Südtirol ist ebenso von Deutschen bewohnt wie das Saargebiet oder das Rheinland!"

„Das gleiche habe ich Wilson immer wieder gesagt", erwiderte Clemenceau, „er war taub. Er hört nicht, was er nicht hören will. Er glaubt es nicht, er gibt an, es nicht zu glauben, für ihn ist Tirol nicht deutsch, sondern österreichisch. Ich weiß nicht, was er sich darunter vorstellt."

„Es muß aber festgestellt werden", beharrte Poincaré, „daß wir den Rhein als Grenze nicht durchgesetzt haben."

„Bringen Sie mich nicht in dieselbe Lage, in die das italienische Volk Orlando gedrängt hat!" wehrte sich Clemenceau.

„Von Fiume steht nichts im Londoner Vertrag!" begehrte Poincaré auf.

„Vom Saargebiet, so behauptet Wilson, habe er nie etwas gehört, er zweifle, sagt er halsstarrig, daß es überhaupt ein solches Gebiet gäbe. Nie, sagt der Präsident, sei früher von einer Rheingrenze oder gar von einem Rheinland die Rede gewesen. Hätte ich deshalb die Konferenz verlassen sollen? Sie hätten dann in Paris um die amerikanische Botschaft einen Militärkordon ziehen müssen, wie man das jetzt in Rom tut, in dem gleichen Rom, in dem vorerst Wilson wie ein Gott empfangen worden war.

Was ich erstrebt, und was ich auch erreicht habe, als ich erkennen mußte, daß sich die Forderung nach einer gerechten Westgrenze nicht durchsetzen lasse, war, daß zwischen Reparationen und deutscher Zahlungsfähigkeit kein Zusammenhang hergestellt werden dürfe. Wäre es nämlich nach dem Rate gegangen, den House wie Davis Lloyd George ins Ohr flüsterten, wäre Deutschland bankrott erklärt worden, und wir, die keine Flotte, keine Kolonien und keine Vermögenswerte in Übersee eingestrichen haben, wir hätten das Nachsehen gehabt.

Nun aber werden die Deutschen einen unausgefüllten Scheck unterschreiben müssen, und der so oft gehörte Ruf: Der Boche wird alles bezahlen! wird uns daran erinnern, was wir alles fordern können. Deutschland wird nur zahlen können, wenn ihm, sagen wir England, eine große Anleihe gewährt. Leiht aber England Geld, dann stecken es die Deutschen in ihre Industrie, und diese deutsche Industrie richtet den englischen Handel zugrunde. Leiht England, dem wir solche Selbstmordabsichten nicht zumuten dürfen, den Deutschen nichts, dann kann die deutsche Industrie nichts erzeugen, dann kann Deutschland nichts verkaufen, dann bekommt Deutschland kein Geld — und dann kann Deutschland seine eingegangenen Verpflichtungen nicht erfüllen.

Wir aber räumen den Rhein doch nur, wenn Deutschland seine Verpflichtungen gegen uns bis zum letzten Sou erfüllt hat. Können die Deutschen das nicht, so bleiben wir, bleiben länger als fünfzehn Jahre, bleiben, wenn es sein muß, hundert Jahre, bis der letzte Sou bezahlt ist. Verletzen die Boches, wenn wir den Rhein bereits geräumt haben, eine Verpflichtung, nur zu, gut, gut, dann kommen wir wieder, gehen wir wieder an den Rhein. Ist das nicht ebensogut, wie wenn wir den Rhein hätten? Haben Sie sich einmal die Summen angesehen, die Deutschland zu zahlen hat? Tun Sie es doch! Sie können sich dann ausrechnen, wie lange wir am Rhein bleiben werden. Warum verlangen Sie immer wieder eine Annexion des Rheinlandes? Warum arbeiten Sie mit Mangin hinter meinem Rücken? Was wollen Sie mit dieser Rheinischen Republik? So sicher wie eine solche Republik ist die Dauer meiner Besetzung auch. Warum wollen Sie in der Zeit des Selbstbestimmungsrechtes der Völker das Ohr der Welt durch das Wort Annexion beleidigen? Warum wollen Sie meine Brücke, die ich mit großer Mühe und unendlicher Geduld gebaut habe, nicht betreten? Glauben Sie mir, ich dachte genau so wie Sie! Ich plante das gleiche wie Sie, mein Herz hatte die gleichen Wünsche, die auch in Ihren Herzen brennen. Aber ich sah, was sich erreichen läßt, und was unerreichbar ist. Das Rheinland wird entmilitarisiert. Eine fünfzig Kilometer breite Zone am rechten Ufer muß sich derselben Bedingung fügen. Aber vergessen Sie doch nicht, daß wir den Krieg nicht allein gewonnen haben, halten Sie sich vor Augen, daß uns die halbe Welt zu Hilfe kommen mußte, ja, daß wir sogar die Schwarzen aufgeboten haben, um die Boches zu besiegen. Übrigens habe ich die Bedingung Wilsons, daß eingeborene Truppen nicht in europäische Kämpfe verwickelt werden dürften, abgelehnt. Aber wir können doch nicht auf einmal sagen: Wir nehmen uns das, wir wollen das und das und das! Entschuldigt! — hätten Engländer und Amerikaner gerufen — wir haben die Bestie gemeinsam zur Strecke gebracht, ihr könnt nicht allein das ganze Fell haben. Hätte nach dem Frankfurter Vertrag jemand das zu sagen gewagt, was heute der Marschall von Frankreich hier gesagt hat: ein Friede, der uns nur Elsaß und Lothringen wiedergibt, ist der Friede eines besiegten Landes? Marschall Foch und alle, die seine Partei nehmen, sollen sich trösten: wir bleiben am Rhein, bis die Deutschen bezahlt haben. Sie haben gehört, was das heißt, Sie können sich nun vorstellen, wie lange das dauert." Clemenceau machte eine kleine Wendung zu Poincaré: „Herr Präsident, Sie sind viel jünger als ich. Ich werde in fünfzehn Jahren nicht mehr leben. Nach fünfzehn Jahren werden die Deutschen nicht alle Klauseln dieses Vertrages erfüllt haben. Wenn Sie mir nach fünfzehn Jahren die Ehre erweisen, mein Grab zu besuchen, dann werden Sie, davon bin ich überzeugt, sagen können: wir stehen am Rhein und wir bleiben am Rhein."

Das war der furchtbare Prankenschlag des Tigers. Das waren nicht die Gedanken eines geraden Soldaten, das waren die Fallen eines unbarmherzigen, seinen Gegner abwürgenden Advokaten. Der Tiger hatte von seinem Tode gesprochen, über den noch lange hinaus die Schulden des Opfers eingetrieben werden sollten. Hin und wieder wurde noch etwas eingewendet, etwas gefragt, aber gegen den Gedankengang des Tigers, diesen lückenlosen, hartherzigen, kam niemand auf. Bald darauf wurde der Vertragsentwurf einmütig angenommen.

Die deutsche Delegation in Versailles
28. April 1919

Am 28. April 1919 verließ die deutsche Friedensdelegation, hundertsechzig Köpfe stark, wohlverpackt das reiche Material in Kisten und Koffern, unbemerkt in drei Sonderzügen Berlin. Den Außenminister begleiteten der Reichspostminister Giesbert, der Präsident der preußischen Landesversammlung Leinert,

Reichsjustizminister Landsberg, Professor Schücking und Dr. Melchior, alle, wie es der Zufall ergab, Preußen. Vom Außenamt waren beigeordnet worden Geheimrat von Stockhammern und der frühere Ministerialrat Simons. Noch bis in die letzten Tage mußte Brockdorff-Rantzau Erzbergers Ränke abwehren, da dieser ehrgeizige Mann selbst die Delegation nach Versailles hatte führen wollen.

In Duisburg stieg um Mitternacht der amerikanische Oberst Conger zu, den Wilson über Vermittlung des Fürsterzbischofs Bertram der deutschen Delegation entgegengeschickt hatte. Der Amerikaner suchte seine Befangenheit hinter einer kühlen Haltung zu verbergen: Er sei gekommen, sagte er nach kurzer Begrüßung zu Brockdorff-Rantzau, um die Deutschen auf das, was ihnen bevorstehe, vorzubereiten. Es werde für sie sehr zum Vorteil sein, wenn sie dies beachten würden. Alles, was geschehen solle, die ganze feierliche Prozedur, sei bereits bis ins kleinste vorbereitet. Clemenceau werde etwas sagen, dann müsse Brockdorff-Rantzau etwas erwidern, es werde sehr viel von der Haltung des Grafen abhängen.

Brockdorff-Rantzau sah den amerikanischen Oberst an und sagte langsam: „Das einzige, was wir zu sagen haben, wird sein, daß wir uns auf die vierzehn Punkte Ihres Präsidenten berufen."

Der Oberst wußte, was sich in Paris für ein schlimmer Handel abgespielt hatte: die Berufung der Deutschen auf die vierzehn Punkte mußte wie ein Hohn wirken. Wenn die Deutschen nicht unterschrieben, würde man sie dazu zwingen. Er, der Oberst, rate den Deutschen, diese Prozedur ohne viel Widerspruch über sich ergehen zu lassen, und das sei nicht nur sein Rat, das sei auch die Ansicht dessen, von dem er gesandt sei. Es sei eine bereits festgelegte Formalität, die Deutschen würden durch Widerspruch ihre Gegner nur reizen. Der Oberst sah Brockdorff-Rantzau beschwörend an, doch der Graf blieb kühl und abweisend. Er verlasse sich auf die Versprechungen des Präsidenten Wilson. Der Oberst regte sich auf: Alles, was überhaupt für die Deutschen zu erreichen gewesen sei, habe Präsident Wilson erreicht. Eben wegen Wilsons hartnäckigen Widerstandes sei die Konferenz mehrmals nahe daran gewesen, zu scheitern. Wenn die Deutschen nicht ganz das Rheinland verloren hätten, so verdankten sie es Wilson. Wilson ganz allein habe es verhindert, daß das Saargebiet gänzlich an Frankreich abgetreten werde. Die deutschen Kolonien seien nicht zu retten gewesen. Hier seien in geschlossener

Front dem Präsidenten die britischen Dominions, Frankreich und Japan gegenübergestanden. Aber Wilson habe verhindert, daß Danzig polnisch werde, Danzig werde eine freie Stadt sein. Ostpreußen habe Wilson für Deutschland gerettet. Mit dem Verlust von Oberschlesien und mit dem Korridor müsse sich Deutschland eben abfinden. Bei der allgemeinen wilden Erbitterung gegen Deutschland sei dies das Äußerste, was der Präsident habe erreichen können.

Brockdorff-Rantzau hatte regungslos zugehört. Als der Oberst zu Ende war, sagte der Graf, daß sich dieses Äußerste, was Präsident Wilson habe erreichen können, so weit von den vierzehn Punkten des Präsidenten entferne, daß von einer Annahme eines solchen Friedensvertrages durch die Deutschen überhaupt nicht die Rede sein könne.

Die Deutschen vergäßen, erwiderte nun schon fast feindlich der amerikanische Oberst, daß jene vierzehn Punkte des Präsidenten zu einer Zeit verfaßt worden seien, da Deutschland noch ein Machtfaktor gewesen sei. Durch die völlige Niederlage, durch die vollkommene Auflösung des Viererbundes, durch die gänzliche Schwäche Deutschlands habe Wilson selbst auch eine wertvolle Stütze verloren. Das sei, dies müßten die Deutschen doch einsehen, ganz allein eine deutsche Schuld. Brockdorff-Rantzau widersprach heftig: Deutschland habe sich selbst so geschwächt, weil es den Worten des Präsidenten Glauben geschenkt habe. Die inneren Unruhen, die Schwächung der Regierung seien nicht Deutschlands Schuld, die kämen ganz allein von der Blockade und von der durch sie hervorgerufenen Verzweiflung. Präsident Wilson hätte jene Schwäche, die der Oberst so sehr beklage, mit einem Schlage verhindern können, wenn er für rechtzeitige Aufhebung der Blockade gesorgt hätte, die sich gegen Frauen und Kinder richte. Man könne Deutschland nicht vorwerfen, daß es schwach sei, wenn man alles nur Mögliche getan habe, um dieses Land zu schwächen. Er werde kein einziges Wort unterschreiben, das über die vierzehn Punkte hinausgehe. Der Graf sagte es schroff, er übersah auf einmal alles ganz klar: der Präsident war umgefallen. Clemenceau und Lloyd George hatten ihn breitgeschlagen, und Wilson wollte nun nicht mehr an seine vierzehn Punkte erinnert sein. Deshalb war der Oberst den Deutschen entgegengefahren. Der Oberst sollte die Deutschen ermahnen, sich dem Machtspruch der Vier zu fügen, ohne den Präsidenten anzurufen.

Bei der nächsten Station erhob sich der Oberst und sagte, er hätte gerne vermieden, das, was er hier erfahren habe, dem Präsidenten melden zu müssen. Auch Brockdorff-Rantzau fand kein versöhnliches Wort mehr: „Sie können Ihrem Präsidenten nicht nur den Entschluß melden, daß ich kein Wort unterschreiben werde, das über die vierzehn Punkte hinausgeht, sondern Sie können auch hinzufügen, daß der Präsident sein Wort gebrochen hat, und daß ich mich darauf verlassen hatte, daß er es halten werde." Der Oberst verbeugte sich und stieg aus.

Das einzige Stück Boden, auf dem der Graf hatte stehen wollen, die demokratischen Ideen Wilsons, erwiesen sich als Morast, der nicht trug. Wo sollte man aber Fuß fassen? Unterschreibt! Unterschreibt! drängten in Deutschland die Unabhängigen Sozialdemokraten, denen Lenins großes Beispiel vorschwebte. Es ist doch ganz gleichgültig, was ihr diesen Leuten von gestern, diesen französischen Bourgeois und den englischen Großkaufleuten unterschreibt, wir werden uns genauso wenig daran halten, wie sich die Russen an ihre Unterschrift gehalten haben. Das muß ja so alles zusammenbrechen. Und je früher es kracht, desto besser wird es für die ganze Welt sein. Wir werden mit Rußland zusammengehen und alles Alte stürzen, wir reißen die französischen, die englischen und die amerikanischen Massen mit uns, und dann wird für jene, die von Freiheit sprechen und dabei an Kohle, Eisen und Petroleum denken, die Stunde des Gerichtes kommen.

Das drohte vom Osten her, das drohte dumpf aus der Tiefe des von der Not gequälten Volkes. Wie sollte der Graf diesem Druck lange widerstehen können?

In der nächsten Nacht fuhr der Zug in Versailles ein. Der Bahnhof war von vielen Soldaten abgesperrt. Blitzlichter flammten auf, da standen die Deutschen und fühlten sich sichtlich nicht wohl im grellen Schein. Oberst Henry trat auf die Deutschen zu, nannte seinen Namen und sagte, fast wie bei einer Verhaftung: „Ich habe den Auftrag, Sie in Empfang zu nehmen." Durch ein Soldatenspalier schritten die Deutschen zu den Autos. Irgend jemand lachte über die Schlapphüte der deutschen Demokraten, die in Paris nur noch die Maler des Quartier Latin trugen. Die Straßen waren leer. Militärchauffeure lenkten die Wagen. Vor dem Hotel des Réservoirs, gegenüber der Fassade des mächtigen Schlosses, hielten die Wagen. Französische Soldaten wollten in ihrer angeborenen Höflichkeit beim Ausladen des Gepäckes helfen, aber ihr Kommandant verbot es ihnen, sie seien nicht dazu da, den

Deutschen das Gepäck zu besorgen. Also schleppten die Sekretärinnen selbst die Schreibmaschinen, und die Herren halfen den Telegraphisten die schweren Siemensapparate tragen. Freiherr von Lersner, der als Quartiermeister vorausgefahren war, empfing den Außenminister: „Kühl, kühler, am kühlsten."

Brockdorff-Rantzau hatte keine Herztöne erwartet, er sei sich, sagte er, über die Temperatur des Empfanges im klaren gewesen. Auf seine Frage, wann die erste Sitzung sein werde, erwiderte Lersner, er wisse es so wenig wie die Franzosen, die scheinbar noch über manches beraten müßten. Geduld sei hier das, was man am nötigsten werde haben müssen. Ob die Posten, fragte der Graf, da unten Ehrenwache oder Wachposten vor einem Gefängnis seien?

„Gefangenenwache", erklärte Lersner.

Brockdorff-Rantzau seufzte: Es sei der größte Fehler Wilsons gewesen, nach Paris, in diese rache- und haßgeschwängerte Luft zu gehen. Jede Stadt der Erde wäre besser gewesen, und die Deutschen werden es entgelten müssen. Fast fünfzig Jahre auf die Vergeltung warten, da komme etwas an Haß und Rachsucht zusammen.

Sechs Tage ließ man die Deutschen warten. Dann erschien jener Oberst Henry wieder und wies den Befehl vor, die deutsche Delegation zur Überprüfung der Vollmachten zu bitten, die eine Kommission unter Jules Cambon vornehmen werde. Brockdorff-Rantzau bestand auf dem Protokoll. Wenn er als Außenminister den Austausch der Vollmachten leite, so habe zugleich mit dem Bevollmächtigten der Gegner, der französische Ministerpräsident Clemenceau zu erscheinen. Der Oberst entfernte sich, um bei seinen Auftraggebern anzufragen. Er kam bald darauf zurück und erteilte die Antwort, daß der Präsident der Friedenskonferenz diese Forderung ablehne. Gut, erwiderte Brockdorff-Rantzau, er werde kommen, aber die Dokumente nicht selbst prüfen, sondern durch den Reichsjustizminister Dr. Landsberg prüfen lassen.

Um drei Uhr nachmittags fuhr das Auto durch das mit den Initialen der Republik geschmückte Tor des Hotels Trianon. Im Vestibül warteten Offiziere, Sekretäre und Zeitungsleute. Über dämpfende rote Läufer ging es zu einem kleinen Zimmer. Jules Cambon, Bonar Law, Withe und Ishi, der Japaner, erwarteten dort die Deutschen. Jules Cambon trat einen Schritt vor. Der alte Herr, der sieben Jahre französischer Botschafter in Berlin gewesen, dämpfte den Stolz des Siegers durch vornehme Haltung. In seinen kurzen, leise gesprochenen Worten schwang Mitgefühl und Verstehen. Cambon stellte dann seine Mitarbeiter vor.

Brockdorff-Rantzau hatte alle Farbe verloren. Er antwortete deutsch: „Da Ihr Ministerpräsident, Herr Clemenceau, nicht erschienen ist, hat auch meine Person nichts mit dem Akt des Vollmachtenaustausches zu tun. Hier, der Reichsjustizminister Doktor Landsberg, ist der Führer beim Vollmachtenaustausch."

Mit gedämpfter Stimme wandte sich Cambon noch einmal an Brockdorff-Rantzau, der aber deutete auf den Justizminister. Dr. Landsberg sei der Führer der Delegation. Landsbergs Gesicht zuckte, die andern Deutschen starrten zu Boden. Der Amerikaner begriff nicht, warum der Deutsche so bockbeinig war; Cambon verstand es, er übernahm, als wäre nichts geschehen, die Dokumente und händigte Landsberg das umfangreiche Konvolut mit den vielen Vollmachten der Alliierten aus.

Brockdorff-Rantzau antwortet den Siegern

„Die deutschen Herren Delegierten!" meldete Oberst Henry beim Saaleingang. Am andern Ende des in nacherlebter Hotelpracht prunkenden Saales erhoben sich stühlerückend die sechzig Abgesandten der Staaten der Welt und blickten auf die sechs Deutschen, die nun in das helle Licht der von neugierigen Köpfen gerahmten Gartenfenster traten. Graf Brockdorff-Rantzau schritt, sein blasses Gesicht über dem hohen Halskragen, auf einen Stock gestützt, in keiner Bewegung den ehemaligen Gardeoffizier verleugnend, auf den Tisch zu. Schwer, breit, gehemmt, folgten ihm seine fünf Herren. Brockdorff-Rantzau verneigte sich knapp, der große Konvent erwiderte seinen Gruß.

Rücken der Stühle oben an der großen, zu beiden Seiten besetzten Tafel. Zwischen Wilson und Lloyd George erhob sich Clemenceau, ein Weißkopf über Weißköpfen.

„Französischer Tiger frißt deutschen Gardeoffizier", sagte einer der Journalisten draußen vor dem hohen Fenster, der seit Morgengrauen auf der Lauer lag.

„Meine Herren Delegierten des Deutschen Reiches! Hier ist weder die Stunde noch die Gelegenheit zu überflüssigen Worten. Sie haben die Versammlung der großen und kleinen Mächte vor sich. Sie haben uns den Krieg aufgedrungen! Es wird dafür gesorgt werden, daß nicht ein zweiter Krieg in dieser Form entstehen kann.

Die Stunde der Abrechnung ist da. Sie haben uns um Frieden gebeten. Wir sind geneigt, ihn zu gewähren. Wir übergeben Ihnen das Buch des Friedens. Jede Muße zu seiner Überprüfung wird Ihnen gewährt werden. Ich rechne darauf, daß Sie diese Prüfung im Geiste der Höflichkeit vornehmen werden, welche zwischen Kulturnationen zu herrschen hat; der zweite Versailler Friede ist zu teuer erkauft worden, als daß wir es verantworten könnten, die Folgen des Krieges allein zu tragen. Um Ihnen aber auch die andere Seite meiner Gedanken zur Kenntnis zu bringen, muß ich notwendigerweise hinzusetzen, daß dieser zweite Versailler Friede, der der Gegenstand unserer Verhandlungen sein wird, von den hier vertretenen Völkern zu teuer erkauft worden ist, als daß wir nicht einmütig entschlossen sein sollten, sämtliche uns zu Gebote stehenden Mittel anzuwenden, um jede uns geschuldete Genugtuung zu erlangen.

Ich werde die Ehre haben, die Herren Bevollmächtigten von dem gutgeheißenen Verfahren der Unterhandlungen in Kenntnis zu setzen. Hat dann noch jemand etwas zu bemerken, wird ihm natürlich das Wort erteilt werden."

Clemenceau war zu Ende. Aller Augen richteten sich auf die Deutschen. Brockdorff-Rantzau hob die Hand: „Ich wünsche das Wort."

Clemenceau stand noch und machte ein abweisendes Handzeichen: „Nein, erst muß übersetzt werden!" Er drehte sich zornig um: „Wo sind denn die Übersetzer?" Hinter dem Rat der Vier traten die Übersetzer vor, um Clemenceaus Drohung englisch zu wiederholen.

Ein deutscher Delegierter machte seinen Nachbar aufmerksam, daß der leere Stuhl dort gegenüber der Stuhl Orlandos sein müsse. Italien scheine es vorzuziehen, zu fehlen.

Brockdorff-Rantzaus unruhige Hände schoben Papiere vor sich hin und her, dann legte er ein Blatt beiseite. „Die große Rede", sagte er zu Dr. Landsberg.

Vom Tisch der Vier kam durch den Saal der Sekretär der Friedenskonferenz, Dutasta, und trat auf den deutschen Außenminister zu. „Ich nehme mir die Ehre, Ihnen die Bedingungen für den Frieden zu überreichen."

Brockdorff-Rantzau verneigte sich leicht, nahm den großen, weißen und starken Band und legte ihn neben sich hin. Er setzte mit leicht zitternden Händen seine Hornbrille auf, breitete seine schwarzen Handschuhe über das weiße Buch und begann, ohne sich zu erheben: „Meine Herren! Wir sind durchdrungen von der erhabenen Aufgabe, die uns hier zusammengeführt hat: der Welt rasch einen dauernden Frieden zu geben. Wir täuschen uns nicht über den Umfang unserer Niederlage, den Grund unserer Ohnmacht."

Die zwei deutschen Übersetzer, die hinter den Grafen getreten waren, wiederholten. Clemenceau saß, seine Umgebung vergessend, als hätte er ganz allein hier die Deutschen vorgeladen, weit vorgebeugt, die Hand hinterm Ohr, verstand nicht die französische Aussprache des einen Dolmetschers, wurde ungeduldig und rief: „Lauter! Ich verstehe nichts!"

Noch einmal wiederholte der Übersetzer die Worte des Grafen, aber die nachtobende Erregung und das Rauschen des rachegierigen Blutes ließen Clemenceau noch immer nicht verstehen. „Näher herankommen!" herrschte er den Übersetzer an. Die beiden Übersetzer traten vor den Tisch der Deutschen, in der Mitte des Hufeisens. Clemenceau schloß die Augen und lauschte. Mein Gott, wie lange hatte er auf diesen Tag, auf diese Stunde, auf dieses Einbekenntnis der Niederlage gewartet! Brockdorff-Rantzau hielt den Blick gesenkt und wartete, bis der Übersetzer, dessen Stimme allmählich sicherer und lauter wurde, zu Ende gekommen war.

„Wir wissen, daß die Gewalt der deutschen Waffen gebrochen ist. Wir kennen die Macht des Hasses, der uns hier entgegenschlägt, und wir haben die leidenschaftliche Forderung gehört, daß uns die Sieger zugleich als Überwundene zahlen lassen und als Schuldige bestrafen wollen."

Die Übersetzer wiederholten. Über Wilson hinweg fragte Lloyd George den Tiger, was dieser antworten werde. Den Vertrag, gab Clemenceau zurück, werde er ihm unter die Nase halten und sagen: da, das da sei zu unterzeichnen! Mehr nicht! Wilson sah wütend drein, es paßte ihm nicht, daß er hier vor all den kleinen Nationen auf Widerstand stieß.

Warum der deutsche Graf nicht aufstehe, wenn er spreche, erkundigte sich Oberst House bei dem Delegierten Withe. Weil ihm, erwiderte Withe, die Beine zitterten und er deshalb nicht stehen könne. Die Beine müßten ihm nicht zittern, sagte House, wenn er vor den Kongreß hintreten und sagen würde: Krieg sei ein großes Würfelspiel. Deutschland habe verloren und sei bereit, sich vernünftigen Bedingungen zu unterwerfen. Withe zuckte die Achsel: Ob House glaube, daß man den Boches dann günstige Bedingungen geben würde?

Clemenceau blickte über die Versammelten hin und erkannte: Hier tagte noch ein letztesmal der Konvent der großen Französischen Revolution, deren Freiheit, Gleichheit und Brüderlichkeit jetzt alle Völker aus ihren Fesseln befreit hatte. Angeklagt waren der Kaiser und des Kaisers Volk, die versucht hatten, das Rad der Geschichte aufzuhalten. Der Mann, der da mit diesem kalten Blick und der frech erhobenen Stirn dem Revolutionstribunal der Welt entgegentrat, dieser Mann mit dem hohen Halskragen, das war der letzte Vertreter des verhaßten und beschränkten aristokratischen Gedankens. Die Deutschen hatten kein Schafott gehabt, man mußte ihnen eines leihen! Es war, als ob Clemenceaus tiefe Abneigung gegen diesen deutschen Aristokraten sich auf die andern Mitglieder des Kongresses übertrage. Alle Gesichter zeigten Widerstand, nur die Japaner und Chinesen blickten gleichgültig drein. Eben als Wilson dem Tiger sagte, man müsse diesem deutschen Abgesandten zu verstehen geben, daß er aufzustehen habe, begann Brockdorff-Rantzau wieder: „Es wird von uns verlangt, daß wir uns als die Alleinschuldigen am Kriege bekennen; ein solches Bekenntnis wäre in meinem Mund eine Lüge. Wir sind fern davon, jede Verantwortung dafür, daß es zu diesem Weltkrieg kam und daß er so geführt wurde, von Deutschland abzuwälzen. Die Haltung der früheren deutschen Regierung auf den Haager Friedenskonferenzen, ihre Handlungen und Unterlassungen in den tragischen zwölf Julitagen mögen zu dem Unheil beigetragen haben, aber wir bestreiten nachdrücklich, daß Deutschland, dessen Volk überzeugt war, einen Verteidigungskrieg zu führen, allein mit der Schuld belastet ist. Keiner von uns wird behaupten wollen, daß das Unheil in dem verhängnisvollen Augenblick begann, als der Thronfolger von Österreich den Mörderhänden zum Opfer fiel. In den letzten fünfzig Jahren hat der Imperialismus aller europäischen Staaten die Lage chronisch vergiftet. Die Politik der Vergeltung wie die Politik der Expansion und die Nichtachtung des Selbstbestimmungsrechtes der Völker haben zu der Krankheit Europas beigetragen, die im Weltkrieg ihre Krisis erlebte. Die russische Mobilmachung nahm den Staatsmännern die Möglichkeit der Heilung und gab die Entscheidung in die Hand der militärischen Gewalten."

Die Dolmetscher übersetzten. Der Kongreß hörte kaum hin. Wie kann ein Besiegter etwas über Sieg oder Niederlage sagen, was anzuhören dafürstünde? Was ging den Kongreß die russische Mobilmachung, was ging ihn das Attentat von Sarajevo an? Die deutsche Schuld stand fest, denn auf diese Schuld war ja der ganze Vertrag aufgebaut.

„Die öffentliche Meinung in allen Ländern unserer Gegner hallt wider von den Verbrechen, die Deutschland im Kriege begangen habe. Auch hier sind wir bereit, begangenes Unrecht einzugestehen. Wir sind nicht hierhergekommen, um die Verantwortlichkeit der Männer, die den Krieg politisch und militärisch geführt haben, zu verkleinern und die begangenen Fehler wider das Völkerrecht abzuleugnen. Wir wiederholen die Erklärung, die bei Beginn des Krieges im Deutschen Reichstag abgegeben wurde: Belgien ist Unrecht geschehen, und wir wollen es wieder gutmachen."

Die Dolmetscher übersetzten. Die Männer des Kongresses schauten auf den Deutschen, als stehe der Graf als Täter neben seinem Opfer.

„Aber auch in der Art der Kriegführung hat nicht Deutschland allein gefehlt. Jede europäische Nation kennt Taten und Personen, deren sich die besten Volksgenossen ungern erinnern. Ich will nicht Vorwürfe mit Vorwürfen erwidern, aber wenn man gerade von uns Buße verlangt, so darf man den Waffenstillstand nicht vergessen. Sechs Wochen dauerte es, bis wir ihn erhielten, sechs Monate, bis wir Ihre Friedensbedingungen erfuhren. Verbrechen im Kriege mögen nicht zu entschuldigen sein, aber sie geschehen im Ringen um den Sieg, in der Sorge um das nationale Dasein, in einer Leidenschaft, die das Gewissen der Völker stumpf macht. Die Hunderttausende von Nichtkämpfern, die seit dem 11. November an der Blockade zugrunde gingen, wurden mit kalter Überlegung getötet, nachdem für unsere Gegner der Sieg errungen und verbürgt war. Daran denken Sie, wenn Sie von Schuld und Sühne sprechen!"

Lloyd George schämte sich, er wäre am liebsten aufgesprungen und gegangen. Der Tiger lehnte sich zurück und genoß dieses Sichaufbäumen der Wehrlosen. Und wenn Boches gestorben sind! Es bleiben noch immer viel zu viel übrig! Ja, es bleiben zu viele, dachte auch Benesch, dem es nicht erlaubt worden war, die Deutschen aus der Tschechoslowakei zu vertreiben. Wilsons Gesicht zuckte, als wäre es geschlagen worden. Die Dolmetscher übersetzten.

„Das Maß der Schuld aller Beteiligten kann nur eine unparteiische Untersuchung feststellen, eine neutrale Kommission, vor der alle Hauptpersonen der Tragödie zu Worte kommen, der alle Archive geöffnet werden. Wir haben eine solche Untersuchung gefordert und wir wiederholen die Forderung. Bei dieser Konferenz, wo wir allein, ohne Bundesgenossen, der großen Anzahl gegenüberstehen, sind wir nicht schutzlos. Sie selbst haben uns einen Bundesgenossen zugeführt: das Recht, das uns durch den Vertrag über die Friedensgrundsätze gewährleistet ist. Die alliierten und assoziierten Regierungen haben in der Zeit zwischen 5. Oktober und 5. November 1918 auf den Machtfrieden verzichtet und den Frieden der Gerechtigkeit auf ihr Panier geschrieben. Am 5. Oktober 1918 hat die deutsche Regierung die Grundsätze des Präsidenten der Vereinigten Staaten von Amerika als Friedensbasis vorgeschlagen, am 5. November hat ihr der Staatssekretär Lansing erklärt, daß die alliierten und assoziierten Mächte mit dieser Basis unter zwei bestimmten Abweichungen einverstanden seien. Die Grundsätze des Präsidenten Wilson sind also für beide Kriegsparteien, für Sie wie für uns und auch für unsere früheren Bundesgenossen, bindend."

Die Dolmetscher übersetzten. Alle schauten auf den Präsidenten der Vereinigten Staaten. Nur Lansing nicht, er gönnte Wilson diese Zurechtweisung vor allen Völkern, Lansing hatte sie kommen gesehen und gefürchtet. Aber Lansing wußte, daß Wilson sich für diesen Angriff rächen werde, genauso wie er sich an Italien für Orlandos Widerstand gerächt hatte.

„Die einzelnen Grundsätze fordern von uns schwere nationale und wirtschaftliche Opfer. Aber die heiligen Grundrechte aller Völker werden durch diesen Vertrag geschützt. Das Gewissen der Welt steht hinter ihm; keine Nation wird ihn ungestraft verletzen dürfen. Sie werden uns bereit finden, auf dieser Grundlage den Vorfrieden, den Sie uns vorlegen, mit der festen Absicht zu prüfen, in gemeinsamer Arbeit mit Ihnen Zerstörtes wieder aufzubauen, geschehenes Unrecht, in erster Linie das Unrecht an Belgien, wieder gutzumachen und der Menschheit neue Ziele politischen und sozialen Fortschrittes zu zeigen. Dabei wird es unsere Aufgabe sein, die verwüstete Menschenkraft der beteiligten Völker durch einen internationalen Schutz von Leben, Gesundheit und Freiheit der arbeitenden Klassen wieder aufzurichten."

Die Dolmetscher übersetzten. Viele Köpfe vor den hohen Fenstern draußen waren verschwunden. Es gab nichts Neues zu sehen. Der deutsche Graf saß kerzengerade und las von Blättern ab, was er vorzubringen hatte. Die Dolmetscher verlasen den englischen und den französischen Text. Wilson hatte rote Flecke auf den Wangen, der Aristokrat schien ihn zu ärgern. Balfour blickte manchmal voll Teilnahme auf die Deutschen.

„Als nächstes Ziel betrachte ich den Wiederaufbau der von uns besetzt gewesenen und durch den Krieg zerstörten Gebiete Belgiens und Nordfrankreichs. Die Verpflichtung hierzu haben wir feierlichst übernommen, und wir sind entschlossen, sie in dem Umfang auszuführen, der zwischen uns vereinbart ist. Dabei sind wir auf die Mitwirkung unserer Gegner angewiesen. Wir können das Werk nicht ohne die technische und finanzielle Beteiligung der Sieger vollenden; Sie können es nur mit uns durchführen. Das verarmte Europa muß wünschen, daß der Wiederaufbau mit so wenig Aufwand wie nur möglich durchgeführt wird. Der Wunsch kann nur durch eine klare geschäftliche Verständigung über die günstigsten Methoden erfüllt werden. Die schlechteste Methode wäre, die Arbeit weiter durch deutsche Kriegsgefangene besorgen zu lassen. Gewiß, diese Arbeit ist billig. Aber sie käme der Welt teuer zu stehen, wenn Haß und Verzweiflung das deutsche Volk darüber ergreifen würde, daß seine gefangenen Söhne, Brüder und Väter über den Vorfrieden hinaus in der bisherigen Fron weiterschmachteten. Ohne eine sofortige Lösung dieser allzu lange verschleppten Frage können wir nicht zu einem dauernden Frieden gelangen."

Clemenceau knurrte vor sich hin: Als ob die französischen Städte Schießscheiben gewesen wären, die man wieder aufstellen könne, nachdem sie umgeklappt waren. Als ob das französische Volk es ertragen könnte, mit denen in gemeinsamer Arbeit, gleiche unter gleichen, ihre Trümmerstädte wieder aufzubauen, die ihnen die Hunnen zerstört hatten. Als ob man es den Franzosen zumuten könne, die Boches beim Wiederaufbau von Frankreich noch verdienen zu lassen!

„Unsere beiderseitigen Sachverständigen werden zu prüfen haben, wie das deutsche Volk seiner finanziellen Entschädigungspflicht Genüge leisten kann, ohne unter der schweren Last zusammenzubrechen. Ein Zusammenbruch würde die Ersatzberechtigten um die Vorteile bringen, auf die sie Anspruch haben, und eine unheilbare Verwirrung des ganzen europäischen Wirtschaftslebens nach sich ziehen. Gegen diese Gefahr mit ihren unabsehbaren Folgen müssen Sieger wie Besiegte auf der Hut sein.

Es gibt nur ein Mittel, um sie zu bannen: das rücksichtslose Bekenntnis zu der wirtschaftlichen und sozialen Solidarität der Völker, zu einem freien und umfassenden Völkerbund."

Oberst House nickte Wilson zu. Das war doch das Stichwort des Präsidenten, aber Wilson schien von dem deutschen Grafen kein Stichwort aufnehmen zu wollen, er verzog keine Miene, seine starren Züge lockerte kein Lächeln. Clemenceau aber mußte fast schmunzeln: er spürte den Versuch des Boche, die Schlinge zu lockern und zu entschlüpfen. Die andern sollten sich an diesem feinen Geschäft beteiligen, damit Deutschland nicht in Verzug kommen könne. Wenn aber Deutschland nicht in Verzug kam, dann konnte Frankreich nicht am Rhein bleiben und seine Forderungen nicht mit dem Saargebiet und dem Rheinland abgelten.

„Meine Herren!" Die Augen des Grafen suchten mit einem kurzen Blick über die Brille hinweg Wilsons Augen, aber der Präsident wich aus. Wilson hatte den Deutschen durch Oberst Conger zu verstehen gegeben, daß sie Vernunft annehmen sollten! Und dann traten sie hier so auf! Wilson wollte nichts mit ihnen zu tun haben!

„Der erhabene Gedanke, aus dem furchtbarsten Unglück der Weltgeschichte durch den Völkerbund den größten Fortschritt der Menschheitsentwicklung herzuleiten, ist ausgesprochen und wird sich durchsetzen; nur wenn sich die Tore zum Völkerbund allen Nationen öffnen, die guten Willens sind, nur dann sind die Toten dieses Krieges nicht umsonst gestorben.

Das deutsche Volk ist innerlich bereit, sich mit seinem schweren Los abzufinden, wenn an den vereinbarten Grundlagen des Friedens nicht gerüttelt wird. Ein Frieden, der nicht im Namen des Rechts vor der Welt verteidigt werden kann, würde immer neue Widerstände gegen sich aufrufen. Niemand wäre in der Lage, ihn mit gutem Gewissen zu unterzeichnen, denn er wäre völlig unerfüllbar. Niemand könnte für seine Ausführung die volle Gewähr, die in der Unterschrift liegen soll, übernehmen. Wir werden das uns übergebene Dokument mit gutem Willen und in der Hoffnung prüfen, daß das Ergebnis unserer Zusammenkunft von uns allen gezeichnet werden kann."

Brockdorff-Rantzaus Rede war zu Ende. Die Dolmetscher übersetzten. Der Graf erhob sich, und alle sechzig Richter standen auf. Man verbeugte sich knapp voreinander, und dann gingen die Deutschen durch das dichte Spalier der Sekretäre, Offiziere und Soldaten hinaus in den hellen Frühlingstag, zu ihren Wagen mit den französischen Soldaten am Steuer.

Beim trüben Licht einer kleinen Glühbirne standen Graf Brockdorff-Rantzau und seine Begleiter auf dem Bahnhof von Weimar; sie waren von Versailles gekommen und wollten Bericht erstatten. Es waren keine Autos da, die Herren, die hier die Delegation erwartet hatten, entschuldigten sich, man könne augenblicklich nicht in die Stadt, weil geschossen werde.

„Das ist kein großes Hindernis", stellte Brockdorff-Rantzau fest. „Bei unserer Abfahrt aus Versailles hat man uns mit Steinen beworfen. Wir treten in keiner beliebten Rolle auf, man applaudiert uns weder daheim noch draußen."

Bald werde wieder Ordnung gemacht sein, versicherte man dem Grafen, es seien bereits verläßliche Truppen eingesetzt worden. Aufständische Soldaten haben das Schloß stürmen, alle Minister aus den Betten holen und aufhängen wollen.

„Da hätten die Leute eigentlich warten müssen, bis ich zurück bin, damit ich auch dabei wäre", meinte der Graf.

Aber die Chauffeure, die gerade die Autos fertigmachten, die zur Bahn fahren sollten, die Chauffeure hätten noch rechtzeitig die Tore geschlossen und die aufständischen Soldaten ausgesperrt. Daraufhin hätten die Soldaten einfach in alle Fenster geschossen, hinter denen sie Minister vermutet.

Der Graf erkundigte sich nach der Stimmung der Regierung. Würden genug Leute hinter ihm stehen, wenn er erkläre, daß man diesen Vertrag nicht annehmen könne?

Die Herren traten mit dem Grafen ein paar Schritte seitwärts:

„Wir wissen es nicht. Erzberger ist dafür. Wir sollen annehmen. Es ist ein französischer Professor hier, der Erzberger versichert, daß man Milderungen erreichen könne, wenn man nur einmal angenommen habe."

„Wenn wir unterschreiben", sagte der Graf, „dann unterschreiben wir unser Todesurteil. Wenn wir den Vertrag nicht halten, dann werden wir vor der ganzen Welt als Lügner, Schufte und Betrüger dastehen. Ich habe den Haß gefühlt, den man uns entgegenbringt. Ich weiß, mit welchem Wohlwollen man alles auslegen wird, was wir tun werden. Wenn wir aber den Vertrag halten, dann sind wir zur ewigen Sklavenarbeit verurteilt. Denn die andern denken so: Die Deutschen sind fleißig. Sie sind unerträglich fleißig. Ihr Arbeitseifer hat uns überall die lästigste Konkurrenz gemacht. Ändern können wir die Deutschen nicht. Also sollen sie nicht für die eigene, sondern für unsere Tasche arbeiten. Aber ich fürchte, daß nicht einmal dies gut ausgehen wird, denn diese Arbeit, die wir für die andern Taschen leisten müssen, wird Arbeitslosigkeit bei den Fronherren erzeugen, die uns dann mit Vorwürfen kommen werden. Ich wiederhole: wir können, wir dürfen nicht unterschreiben."

Die Herren schwiegen. Man rechnete einander vor, welche und wieviel Stimmen man für und welche und wieviel Stimmen man gegen die Unterschrift bekommen werde.

Immer wieder schauten Herren nach, ob nicht doch noch die Autos kommen würden. In der Ferne fielen Schüsse. Dann kamen ein paar ratternde Stöße von Maschinengewehrfeuer. Allmählich wurde es still. Endlich waren auch die Autos da. Den Grafen fröstelte. Im Osten wurde es grau. Man bestieg die Wagen und fuhr durch die verängstigt schweigende Stadt.

Ein paar Stunden später hörte der Graf im großherzoglichen Schloß Worte, die er nicht verstehen konnte und nicht verstehen wollte. Wenn man mit Gewalt zur Unterzeichnung des Friedens gezwungen werde, rief Erzberger aus, so begehe man keine Unaufrichtigkeit, wenn man die Bedingungen annehme, die man nicht halten könne. Man müsse nur immer wiederholen, daß man mit Gewalt gezwungen worden sei. Wenn ihn, den man gefesselt habe, jemand mit vorgehaltenem Revolver zur Unterzeichnung eines Schriftstückes zwinge, das ihn verpflichte, in achtundvierzig Stunden auf den Mond zu klettern, so werde jeder denkende Mensch, um sein Leben zu retten, dies unterzeichnen, aber vorher sagen, daß er die Forderung nicht erfüllen könne. Genauso sei es mit dem Friedensvertrag. Der Graf widersprach: Wer den Friedensvertrag unterzeichne, unterschreibe nicht, um sein Leben zu retten, es handle sich hier nicht um eine Person, sondern um ein Volk, um einen Staat. Eine Person könne vielleicht etwas unterschreiben, wenn sie durchaus ihr Leben retten und ihre Ehre dabei verkaufen wolle, aber ein Volk sei nicht in dieser Lage.

In solcher Not, erwiderte Erzberger, stehe ein Volk wie ein Mann da, werde ein Volk wie ein Mann angesehen. Daher sei auch das frühere ‚Unannehmbar' kein weiteres Hindernis, sei doch auch dieses nur aus taktischen Erwägungen entsprungen. Das ‚Unannehmbar' sei nur deshalb hinausgerufen worden, weil die letzten Entscheidungen noch nicht gefallen gewesen seien.

Den Grafen fröstelte. Er hörte immer wieder das Wort „Deutschland“, aber schon die Art, in der es ausgesprochen wurde, war unerträglich, sentimental und abgeschmackt. Das alles schmeckte nach Bier, nach Gartenfesten mit Blechmusik, nach den Überbleibseln von Sedanfeiern, und sah nach Fahnen und Lampions aus, die nun zerfetzt und verbrannt auf der Erde lagen. Wenn man nicht auf den Mond klettern kann, dann unterschreibt man nicht, daß man es tun werde.

Das Abzählspiel begann. So viele Stimmen hier, so viele Stimmen dort. Erzberger sprach mit seinem neuen französischen Freund Hesnard über die Stimmung in Weimar, und Hesnard telephonierte an Professor Haguenin nach Berlin, der wiederum nach Paris depeschierte: Deutschland wird unterzeichnen! Nicht nachgeben!

Am 23. Juni 1919 fuhr ein Segelschiff mit einer frohen Fracht lichtgekleideter, singender Kinder bei frischer Brise durch die kahle, ernste Felsenbucht von Scapa Flow. Der helle Kindergesang verstummte, als der leichte Segler dicht an der düsteren Reihe der gefangenen deutschen Kriegsschiffe vorbeizog. Die Kinder liefen so schnell nach Backbord, daß sich das Schiff neigte. Der Gesang war abgerissen. Lehrer und Eltern deuteten mit Fingern, Stöcken und Schirmen auf die stummen, dunklen Riesen. „Des Kaisers Flotte! Von England gefangen fortgeführt! Sie, die England bedroht hatte! Vergeßt es nie! Merkt euch, was ihr gesehen habt! So möge es immerdar allen Feinden Englands ergehen!“

Ein paar Kinder wollten zu singen anheben, aber sie verstummten bald und staunten die nicht enden wollende Reihe der Schiffe an, die immer kleiner wurde gegen den Hafen von Scapa zu, wo Torpedoflottille neben Torpedoflottille lag. Ein Schauer rieselte den Großen und den Kleinen über den Rücken. Auf den eisernen, dunklen Schiffen, an denen die Kinder hinsegelten, rührte sich nichts, nur die Brücken waren mit Signalmaaten besetzt.

Drehte sich ein Kind oder ein Lehrer um, als wollten sie sich überzeugen, daß diese verstummte, diese gefangene Flotte hier kein Traum sei, dann sahen sie über ein paar Fischerbooten, die dem offenen Meer zustrebten, weit draußen über der Kimm eine schwarze Rauchwolke. Das sei das erste britische Linienschiffsgeschwader unter Vizeadmiral Freemantle, das zu einer Gefechtsübung ausgelaufen sei, erklärte eine Matrose; sonst obliege Freemantle hier die Bewachung der gefangenen deutschen Flotte. Warum sich drüben auf den Schiffen so gar nichts rege? Das komme daher, daß vor ein paar Tagen ein Transporter viele Deutsche nach Hause geführt habe, es seien nur die unbedingt nötigen Leute zurückgeblieben.

Nun war der Segler bei den Torpedobooten der Deutschen angelangt, auf den Brücken standen Deutsche, die ihre Augen schirmten und herüber zu dem Schiff sahen, dessen Kinder zuerst zaghaft und dann lauter zu singen begannen.

Der Segler kreuzte und entfernte sich von der deutschen Flotte. Hin und wieder wehte der Wind noch ein paar der hellen Klänge gegen die stummen eisernen Schiffe.

Von dem kleinen deutschen Kreuzer „Emden" wurde ein Winkspruch gegeben: „Paragraph elf vom heutigen Tage!"

Nun kam Leben in die Signalmaate auf den Brücken. Der Winkspruch wurde weitergegeben. Es mußte rasch gehen. Die Signalmaate winkten, Leute rannten hastig über Deck. Es war nicht viel Zeit, die Engländer mußten merken, daß etwas vorging. Die Köche sollten das Mittagessen verstauen, die Kleidersäcke waren in die Boote und Barkassen zu bringen.

Auf den Gesichtern der Leute leuchtete noch einmal der alte Stolz wie eine Erinnerung an große Tage. Mit wilder Freude machten sich die Versenkungsgruppen an die Arbeit.

Das eindringende Wasser rauschte. An Gaffel und Topp ging noch einmal die deutsche Kriegsflagge hoch. Die Versenkungsgruppen kamen atemlos aus der Tiefe und meldeten: „Achtere Rohre sind auf! Vordere Rohre sind auf! Kondensatoren sind' auf!"

Durch die entblockten Unterwassertorpedorohre, durch die Bodenventile drang die Salzflut ein. Das Wasser stieg in den Gängen, durchflutete die Schiffe, die sich wie Lebewesen zur Seite neigten. Nun rann und rauschte es durch die Zwischendeckluken, nun erbebten die Schiffe, die tiefer und tiefer sanken. Auf dem geneigten Deck standen die Offiziere und blickten auf die endlose Reihe der sterbenden Riesen, die sich neigten, achter tauchten, das Vorschiff hoben und immer tiefer sanken. ‚Friedrich der Große' hatte schon Schlagseite nach Steuerbord. Es war gelungen! Es war gelungen!

Um die sich senkenden Schiffe begann es lebhaft zu werden, so weit man sehen konnte, stießen Boote und Barkassen ab und strebten fort, um nicht vom Sog erfaßt zu werden. Von allen Seiten der Bucht jagten nun englische Bewachungsfahrzeuge auf die deutsche Flotte zu. Die Engländer brüllten und tobten vor Wut, sie schossen auf die deutschen Boote und Barkassen, sie trieben die Mannschaft der am weitesten innen liegenden sechsten Torpedobootflottille aus den Kuttern und Booten wieder zurück auf die Torpedoboote und jagten sie mit Pistolen und Bajonetten hinunter in die mit gurgelndem Wasser gefüllten Räume, damit sie wieder die Bodenventile schlössen. Wer sich widersetzt, wird über den Haufen geschossen. Immer tiefer sanken die großen Schiffe. Boote und Ladebäume brachen los und krachten ins Wasser, die englischen Bewachungsfahrzeuge wichen aus, denn die durch die Schornsteine eindringende Flut ließ die geheizten Kessel bersten. Die Maste knickten wie Streichhölzer, die gewaltigen Geschütztürme stürzten zusammen. Wie aus der Lunge von Walen stiegen gewaltige Wassersäulen hoch. Von den Torpedobooten herüber knatterte noch immer Gewehrfeuer. Einige Boote trieben bereits wie verendete Fische kieloben. Um die ‚Kaiserin' schwammen Matrosen im hellen Wasser, dort hatte man nicht Zeit gehabt, die Boote auszusetzen, beim ‚Markgrafen' wurde gefeuert. ‚Baden' und ‚Hindenburg' konnten von den Engländern auf Strand gesetzt werden. ‚Hindenburg' aber rutschte wieder ab, bäumte sich auf und versank dann bis zu den Schornsteinen. Das Flaggschiff ‚Emden' war noch knapp vor dem Versinken auf den Strand gesetzt worden, ebenso ‚Frankfurt' und ‚Nürnberg'. Als gegen fünf Uhr das Geschwader des Admirals Freemantle angebraust kam, war der größte Teil der deutschen Flotte versunken.

Erst gegen Abend verstummte die Schießerei bei den Torpedobooten. In langen Schleppzügen wurden die deutschen Rettungsboote und die Torpedobootskutter an das englische Geschwader herangebracht, und jeder Schleppzug wurde an das Heck eines Linienschiffes gelegt. Am liebsten hätten die Engländer in ihrem Zorn über diese Tat der Deutschen alle Gefangenen erschossen, obwohl kein Engländer mit Ehre im Leib anders gehandelt hätte. Aber ebensowenig wie eine Flotte wollten die Engländer den Deutschen das Recht auf Selbstvernichtung zugestehen.

Die Unterzeichnung des Friedens
28. Juni 1919

Fensterfunkelnd und flügelbreitend tat sich das Schloß der Schlösser, das von allen Fürsten Europas nachgeahmte und von keinem erreichte Versailles, der mächtige Bau des Sonnenkönigs, den heranrollenden Wagen auf, die durch eine breite Gasse von Lanzenreitern in schimmernden Kürassen und Griechenhelmen und von schlichter hellblauer Infanterie heranfuhren. Kopf an Kopf stand schweigend die Menge.

Die große Spiegelgalerie war überfüllt. Hell leuchteten die Seidenkleider der Damen zwischen den dunklen, ordensbändergezierten Fräcken, goldbestickten Diplomatenröcken und den hellen Uniformen der Generalität mit ihrem Scharlachrot. Über den lachenden, grüßenden, sich verneigenden und von den hohen Spiegeln vermehrten Menschen von heute verkündeten oberhalb des Gesimses große Kartuschen in rühmenden Inschriften die Siege des Sonnenkönigs aus der Zeit von Frankreichs höchstem Ruhme: den Übergang über den Rhein, die Niederwerfung Hollands, die Besiegung Spaniens. Große Rundbilder rühmten die Friedensschlüsse und die Eroberungen rauchender Städte.

Das Geschlecht dieses Königs war vertrieben, ein Nachkomme des großen Ludwigs war geköpft worden. Hier, über diese Marmortreppe, war einst das wütende Volk in die Gemächer der verhaßten Österreicherin Marie Antoinette eingedrungen.

Napoleon I. hatte den alten Schlachtenruhm vermehrt, viele Bilder der Nebensäle verkündeten seine Siege. Napoleons unglücklicher Neffe hatte es ihm gleichtun wollen und diesen Bildern jene seiner Siege von Sebastopol, Marengo und Solferino hinzugefügt. Von seinem letzten Kriege schwiegen die Wände. Von ihm war nur die Schmach der Niederlage zurückgeblieben, die heute für immer getilgt werden sollte.

Hinabgestoßen werden sollten die Übermütigen wieder, die sich vermessen, nach Frankreichs Sturz dessen Stelle in der Gemeinschaft der europäischen Völker einzunehmen. Dort, wo damals der erhöhte Podest mit den Fahnen der Bayern und

Preußen gestanden, dort standen jetzt die Tische der sich im Zeichen dieses Sieges versammelnden Völker der Erde.

Damals, im Jänner 1871, hatte sich niemand von den Franzosen in den Straßen von Versailles gezeigt. Eingeschlossen, aber noch nicht bombardiert war das belagerte Paris gewesen. Die deutschen Garderegimenter hatten im Schloß von Versailles die Wachen bezogen. Schwer hatten die Absatzeisen der Kommißstiefel auf den glatten Marmorböden geklappert.

In der Mitte der Galerie war an einem Fenster ein Altar errichtet gewesen. Dort, wo jetzt die Diplomaten und Offiziere der vielen Völker stehen, waren hundertfünfzig ausgewählte Leute mit dem Eisernen Kreuz gestanden. Ihnen gegenüber, längs der Spiegelwand, waren mehrere hundert Offiziere aufgezogen — der junge Hindenburg war auch unter der Abordnung gewesen. Der Hofprediger hatte eine verkürzte Liturgie gesprochen, der Unteroffizierschor des siebenten Regimentes hatte ‚Nun danket alle Gott' gesungen.

Bismarck hatte trocken und verstimmt die Kaiserproklamation verlesen, der Kaiser war nach der Krönung ohne Gruß und Dank an seinem Kanzler vorbeigeschritten, mit dem er sich wegen des Kaisertitels zerstritten hatte. Dem König von Preußen war der Abschied von seiner Königswürde ans Herz gegangen, er war sich als Kaiser wie ein Charaktermajor vorgekommen, der seinen ruhmreichen alten Titel gegen einen ihm nichtssagenden neuen hatte aufgeben müssen.

Auch der von Gustav Freytag beratene Kronprinz Friedrich hatte sich gegen den Kaisertitel gesträubt: Die Erbschaft des von Karl dem Großen wiedererweckten römischen Kaisertums Cäsars sei das Unheil des deutschen Volkes gewesen, man habe ihm einen fremden, nicht aus der eigenen Vergangenheit stammenden Machtbegriff aufgezwungen; der Kronprinz hatte den Titel ‚König der Deutschen' verlangt, einen Titel, den Bismarck ablehnte, weil dann die von Napoleons Gnaden Könige gewordenen Herzoge von Bayern, Sachsen und Württemberg ihren Königstitel hätten ablegen müssen, was nicht ohne endloses Grollen hätte geschehen können. Die Franzosen hatten alle die Jahre — und das war doch beinahe ein halbes Jahrhundert lang — die Spiegelgalerie nicht betreten können, ohne daß es sich ihnen dumpf auf die Brust gelegt hatte: hier hatten die Boches in ihrem Übermut jenes neue Kaisertum ausgerufen, vor dem diese Deutschen selbst gebangt hatten.

Jetzt aber wurden, von sechs alliierten Offizieren geleitet, die vier Deutschen hereingeführt. Plaudern und Lachen verstummte. Operngläser und Lorgnons wurden an die Augen geführt. Photographische Kameras knipsten. Ein wenig Platz bitte für die Damen, die auch etwas sehen wollen!

Dieser Brockdorff-Rantzau hatte einem französischen Journalisten auf die Frage, ob er in der Galerie der Marschälle von Frankreich das Bild des Josias Rantzau gesehen habe, von dem die Legende gehe, daß Ludwig XIV. dessen natürlicher Sohn gewesen sei, etwas von oben herab geantwortet: Darüber lebe in seiner Familie seit zweihundert Jahren eine Überlieferung. Es beruhige ihn aber, wenn diese Überlieferung recht haben sollte, daß die Rantzaus keine außerehelichen Bourbonen, die Bourbonen aber Bastarde der Rantzaus seien.

Der Ausspruch hatte seine Runde gemacht. Die Gläser, die Lorgnons, die Augen ließen nicht von dem Grafen. Er sah, wie seine Begleiter auch, verstockt aus. Sie wollen sich mit der Niederlage nicht abfinden! Sie haben die Flotte versenkt! Sie haben die französischen Fahnen, die sie ausliefern hätten sollen, vor dem Denkmal Friedrichs des Großen verbrannt, sie wollen sich nicht fügen, sie zeigen weder Reue noch Zerknirschung, sie sind keine Menschen! Man muß sie tiefer in den Staub treten! Man muß dafür sorgen, daß sie sich nie wieder erheben!

Eine Frau schrie auf. Die Blicke ließen von den vier Deutschen ab und starrten nach der Fensterwand. Dort, wo vor achtundvierzig Jahren die mit dem Eisernen Kreuz geschmückten deutschen Soldaten gestanden waren, rollte man jetzt drei furchtbar verstümmelte Soldaten mit verrenkten Kiefern, hervorquellenden Augen und verzerrten Mündern herein, die am grauenvollsten verstümmelten französischen Invaliden, die man in allen Spitälern hatte ausfindig machen können. Alle die den Deutschen angelasteten Greueltaten, von den abgeschnittenen Kinderhänden bis zu den ausgestochenen Augen der geschändeten Frauen, sollten, als könnten die Verstümmelten es beweisen, noch einmal vor aller Welt zur Schau gestellt werden. Die drei Männer wurden aus den Rollstühlen gehoben und von sorglichen Schwesterhänden auf die rote Samtbank gesetzt.

Die Sonne leuchtete durch die hohen Fenster. Die Spiegel warfen das helle Licht zurück. Der grimmige Tiger verneigte sich vor den verstümmelten Zeugen des großen Triumphes. Dann reckte er sich auf und ermahnte strenge die Deutschen, wenn sie einmal die Verträge unterzeichnet hätten, diese auch gewissenhaft durchzuführen und zu halten. Nur in den ersten Reihen sah man deutlich, wie die Deutschen langsam an den Tisch traten. Weiter hinten mußten die Neugierigen kleine Taschenspiegel hochhalten, um wahrzunehmen, wie die Deutschen unterschrieben. Der deutsche Graf, dessen Ahn in der Galerie der französischen Marschälle hing, behielt beim Schreiben die Handschuhe an. Als er vom Tische zurücktrat, raunten die Neugierigen einander zu: ‚Er hat die schwarzen Handschuhe ausgezogen und liegengelassen.‘ Nach den deutschen Vertretern traten siebzig Männer aus aller Welt vor und unterschrieben die Verträge in dem Buche. Siebzigmal wurde bestätigt, daß sich das alte Abendland selbst verraten hatte.

Als der letzte Name des kleinsten Staates, den man gegen das alte Kaiservolk aufgerufen hatte, gesetzt war, erdröhnten ringsum die Geschütze, begannen nah und fern die Glocken zu läuten, brach die weite Menge vor dem Schloß in nicht enden wollenden rasenden Jubel aus.

Dies geschah auf den Tag genau fünf Jahre nach dem Morde von Sarajevo. Ob es ein Zufall war, daß solch ruchloser Beginn mit diesem schändlichen Ende zusammenfiel, konnten jene allein wissen, die sich angemaßt hatten, mit ihren schuldigen Händen nach dem Amt des Richters zu greifen. Noch überdröhnte der Donner der Geschütze die gebrochenen Versprechen, die Klagen der Hungernden und die erlogenen Ausreden, und nur wenige ahnten, daß die Salven der Freudenschüsse die ersten Donnerschläge eines heraufziehenden furchtbaren Unwetters waren.

III

WEDER
KAISER NOCH KÖNIG

Die Offiziere der alten Armee, 1919

Wohin waren denn über Nacht die Offiziere gekommen, die doch seit je zum Bild von Wien gehört? Die Offiziere saßen in den Kellerlokalen des Militärkasinos und des Kriegsministeriums in den wohlfeilen, ein wenig unsauberen Ausspeisen, an den wachsleinwandgedeckten Tischen, löffelten wässerige Suppen und würgten die ewigen Haferflocken und das giftig schmeckende amerikanische Gefrierfleisch hinunter. Zwischen den Offizieren in den Uniformen ohne Rangabzeichen saßen Frauen und Witwen von Kameraden, in altmodischen, gestückelten und hausgeschneiderten Kleidern, mit traurigmüden Gesichtern, und nannten die Namen der Vergangenheit mit Liebe und die der Gegenwart, von denen Pension und Rente abhingen, mit Grauen.

Abends schlich ein Major durch ein paar Gäßchen, drehte sich an den Ecken vorsichtig um und schnupperte mit seiner langen Nase, ob die Luft auch rein sei. Richtig, das dort drüben mußte das Kloster sein, das der Oberst mittags genannt hatte. Er trat vorsichtig ein und fand dieses nach außen so flachbrüstige Haus überraschend weiträumig und groß. Das Dämmerlicht verhüllte die unzulänglichen Formen des hallenden Kreuzganges, vor einem Muttergottesbild mit einer roten Ampel zog der Major verlegen den Hut. In fußlosem Schreiten wehten zwei Nonnen vorüber. Der Major, der neben Orden auch zarte Andenken gesammelt, konnte nicht feststellen, ob es schöne oder häßliche, alte oder junge Nonnen waren; er hatte wohl so manche Krankenschwester, aber noch nie eine Nonne geliebt, aber wohl nur deshalb, weil dies mit zu großen Umständen verbunden gewesen wäre.

Der Major ging dem Stimmengemurmel nach und betrat einen Saal, in dem bereits viele Kameraden waren, mutwillig gerupfte Geier, Löwen, deren Mähnen respektlos zu Zöpfen eingedreht, Hechte mit billigen Brillen vor den Raubaugen, Eber mit ausgebrochenen Hauern, Pferde mit vor Dressur gelangweilten Gesichtern, Jagdhunde mit Krawatten und Bulldoggen mit Kinderbarterln, Gesichter, die, wie Glasköpfe auf Nadeln, rot und beziehungslos über den zu engen Röcken der umgeschneiderten Uniformen standen. Ach, Offiziere ohne Uniform und Heer sind Luftballone ohne Luft, Fahnenstöcke ohne Fahnen, rostige Waffen, abgeschirrte müde Pferde, kleine Steinchen eines zerstörten großen Mosaiks, denen niemand ansieht, zu welch strahlendem Bild sie einst gehört.

Ungerufen und im Sitzungsprogramm nicht vorgesehen, bestieg ein stiernackiger Mann das Podium, senkte wie der Minotaurus den massigen Schädel und sah von unten herauf die Kameraden an. Ein Sakramentskerl! Ein Vojak durch und durch! Truppenverstand! Nicht von flaschengrüner Generalstabsweisheit angekränkelt! Ein Mann, der im Frieden kaum um die Majorsecke gekommen war und der sich im Kriege bewährt hatte. Er hatte sich einen Dreck um den ganzen Waffenstillstand und um die sechsunddreißigstündige Differenz gekümmert, er hatte weder die Kälte von Eis und Schnee noch die Hitze der verfolgenden Italiener gescheut und sein Regiment geschlossen über die Pässe nach Innsbruck gebracht. Die Generale lächelten wohlwollend, sie reckten die faltigen Hälse, und einer, den man wegen seiner Polsterstimme den Burggendarm nannte, meinte, in Zeiten der Not sei vielleicht gerade das einfache und schlichte Manneswort das beste, in solchen Zeiten nütze ausgeklügelte Strategie wenig, und deshalb sei es gut, die Stimme der braven Truppe aus berufenem Munde zu hören. Der Oberst auf dem Podium fuhr sich mit dem Zeigefinger in den engen Halskragen und dröhnte unvermittelt los: „Ich habe diese Rednertribüne – so heißt es doch? –, diesen Katheder also bestiegen, um von einer Herzenssache zu sprechen, die uns alle, wohlgemerkt, ich sage *alle*, die also jeden einzelnen ganz persönlich angeht, meine Herren, ja, um vor Ihnen hier also ein Bekenntnis abzulegen."

Die Generale in der ersten Reihe senkten die Blicke. Ein Bekenntnis ablegen klang ja so wie das Versprechen, umgeschnallt, aber sonst splitternackt beim Regimentsrapport zu erscheinen und sich für die Himmelfahrt bereit zu melden. Der Oberst blickte nach dieser kurzen Einleitung herausfordernd um sich, strich seinen aufgewichsten und gefärbten Schnurrbart und holte tief Atem, als müsse er ein großes Hindernis nehmen: „Es handelt sich nämlich, meine Herren, um den inneren Schweinehund!" Wieder hielt der Redner inne, damit diese damals gar nicht so seltene Vokabel, auf deren Anwendung er so stolz war, seine Wirkung tue. „Über diesen inneren Schweinehund will ich sprechen. Wenn wir ihn besiegen, haben wir viel, haben wir alles gewonnen. Dann wird auch unsere ruhmreiche Armee, unsere große Vergangenheit, unsere von jedem Zeitungsschmierer geschmähte Waffenehre wieder zu altem Ansehen gelangen. Wie wir das anstellen müssen? Ich will es Ihnen an einem kleinen Beispiel dartun. Wie ich hierher zu dieser Versammlung gehe, komm ich durch die Kärntner Straße. Ich freue mich auf das Wiedersehen mit den Kameraden, ärgere mich über die vielen Invaliden, die man betteln läßt, der Dank des Vaterlandes, sag ich mir, und geh verdrossen weiter. Da gibt es mir einen Riß. Ich schau auf und seh zirka drei, vier Schritte vor mir ein Frauenzimmer..."

„Oha!" rief aus den hinteren Reihen eine Stimme; der General, der sich nach dem unfreiwilligen Rufer umdrehte, konnte diesen nicht entdecken, weil der sich schnell hinter dem breiten Rücken des ordensammelnden Majors versteckt hatte.

„Also ein bildhübsches, blitzsauberes Frauenzimmer", fuhr der Oberst fort und blickte selbstgefällig auf seinen gefärbten Schnurrbart.

Einige Offiziere erinnerten sich, daß man Gast in einem Frauenkloster war, und schielten ängstlich nach den Saaltüren.

„Alles in Ordnung. Rockerln vielleicht um eine Nuance zu kurz, kleine Fußerln, keine verhatschten Stöckel, harter, fester und aufregend kurzer Schritt, Beine — großartig, eine figurante Erscheinung, und mich zieht es einfach nach, unwiderstehlich, muß ich zugeben!"

Der Oberst machte eine Pause. Der Burggendarm murmelte: „So ein Steiger!" Von hinten rief es: „Weiter! Weiter!"

„Jetzt, meine Herren, kommt etwas, das Sie sicherlich enttäuschen wird. Aber es ist trotzdem der Kern der Geschichte. Ich zieh plötzlich die Zügel an und nehm mich selbst zwischen die Schenkel. Halt! Herstellt! Das ist ein Befehl. Ich geb ihn mir, und ich gehorch ihm. Kehrt euch! Ich dreh um und bieg ab. Ich lass' die Beine Beine, die Rockerln Rockerln und das Frauenzimmer Frauenzimmer sein, ich geh schnurstracks, ohne mich um irgendwelche Weiber zu kümmern, zu euch, meine Kameraden, hierher. Das ist es, was ich den inneren Schweinehund überwinden nenne. Wenn wir uns das vornehmen, eisern und mit eherner Konsequenz, streng gegen uns und unnachgiebig gegen alle Versuchungen, dann, liebe Kameraden, werden wir auch unser angestrebtes Ziel erreichen. In diesem Sinne fordere ich euch alle auf..."

Die weiteren Worte wurden vom Beifall übertönt, dem sich die Generalität in der ersten Reihe mit gemäßigtem Händeklatschen anschloß. Der Oberst strich den Schnurrbart, verbeugte sich knapp und selbstzufrieden und kehrte mit festen Schritten auf seinen Platz zurück.

Nun bestieg der ‚Burggendarm' das Podium, er konnte seiner als Generalstäbler erworbenen Leidenschaft, zu resümieren, auch heute nicht widerstehen, deshalb faßte er das von den andern Gesagte noch einmal in unbestimmten, aber hoffnungsvollen und wohltönenden Worten zusammen. Er dankte den zahlreich erschienenen Herren, sprach vom Hochhalten der Kameradschaft und von der Treue zur Vergangenheit und räusperte sich, ehe er mit einer geänderten, glanzlosen Alltagsstimme von einem Zettel Tag und Stunde der nächsten Versammlung verlas. Auf strengste Geheimhaltung sei zu sehen, man dürfe den lieben Schwestern keine Scherereien bereiten. So wie einst Thron und Altar, wie der Herr Vorredner so richtig bemerkt habe, zusammengehörten, so seien jetzt Kirche und Offizierskorps aufeinander angewiesen, die noch ungebrochene Kirche in ihrer ehrwürdigen Macht und das von den Höhen seines Ansehens herabgestürzte Offizierskorps. Man beschimpfe heute den Priester genauso, wie man den Offizier beschimpfe in diesem Staate, aber die Macht der Priester sei eben nicht auf den einen Staat beschränkt. Wenn der Herr Vorredner in so drastischer und wohl auch plastischer Weise zur Überwindung des inneren Schweinehundes aufgefordert habe, so seien die Herren daran erinnert, daß es durchaus keine Schande sei, wenn man hin und wieder einmal eine Kirche betrete und dort in stiller Einkehr das Schicksal der ruhmreichen alten Armee und das eigene kleine Geschick bedenke.

Der ‚Burggendarm' betonte, wie so viele Offiziere, die Hilfszeitwörter überlaut und dämpfte die Hauptwörter ungebührlich, als komme es vor allem darauf an, daß in den Sätzen Schritt gehalten werde. Die Rede war zu Ende.

Stühlerücken, knappe Verbeugungen, Händeschütteln, getrennter, einzeln abgefallener Marsch. Alle schienen zufrieden, auf den Gesichtern lag jene Freude, die man bei Veranstaltungen von Stummen beobachten kann, wenn viele Menschen des gleichen Gebrechens unter sich sind.

Die Flinken und Beweglichen waren nicht gekommen, sie hatten in der veränderten Welt wohl schon ein winziges Pöstchen hinter einem Schreibtisch, hinter einem Schalter oder als Vertreter gefunden. Die Treuen, Schwerfälligen, Langsamen, die nicht so schnell umlernen konnten, waren aufeinander angewiesen. Sie bastelten, malten, lernten ein Handwerk, studierten, und alle lasen die Zeitungen und warteten, da die Welt doch nicht so bleiben konnte — daß etwas geschehen werde. Das, was sie alle verstanden: andere Völker zu achten, genügsam zu sein und Takt zu haben, brauchte man nicht. Sie alle waren eine Welt für sich gewesen, sie waren Bürger- und Kleinbürgersöhne, denen der Adel sein Bestes vermacht hatte: Sicherheit und eine leichte Selbstverständlichkeit, die man Anmut hätte nennen können, wäre die Zeit nicht allzuweit von jeglicher Anmut entfernt gewesen. Ihre Sprache kam nicht von den Lippen, sie saß tiefer, und was sie alle nicht sagen konnten, das hatte Haydn für sie in seinem Kaiserquartett geschrieben. Ach, dieses Kaiserquartett hätte ihnen jetzt niemand spielen dürfen, denn sie alle hätten wie die Kinder hemmungslos weinen müssen.

Karfreitag 1921 in Wien, Ostern 1921

Karfreitag, den 25. März 1921, zogen in Wien auch jene, die das Jahr über kaum eine Kirche betraten, zum Gräberbesuch von Kirche zu Kirche, nahmen ein wenig befangen die Hüte ab, bekreuzigten sich vor den kerzenumstandenen heiligen Gräbern, beteten im Schatten der Seitenschiffe ein halbvergessenes Vaterunser, um nicht ganz stumm und verloren hier herumzustehen, hoben die kleinen Kinder hoch, bedeuteten ihnen, schön brav und still zu sein, und wiesen auf den Heiland im Grab und auf die schlafenden Wächter. Dann zog man schweigend weiter, vertröstete die Kinder mit den Antworten auf die endlosen Fragen bis später und ließ sich vom drängenden Strom durch die Gassen zur nächsten Kirche treiben. Man machte einander aufmerksam, wie sehr alles anders geworden sei: den heiligen Gräbern fehlten die militärischen Posten mit Tschako und Sturmband, nicht mehr hallte der Gleichschritt der Wachablösung durch die stillen Schiffe der Kirchen. Christliche Vereine hatten junge und blasse Burschen in zu großen schwarzen Röcken mit hellen Schärpen über der Brust als Posten aufgestellt, die es wohl an Strammheit der Haltung den weiland kaiserlichen Soldaten gleichzutun versuchten, aber doch nicht die richtigen Wächter waren, wie sehr sich auch jeder von ihnen strecken mochte. In den äußeren Vororten stellten Veteranen und Feuerwehrmänner in zerknitterten Uniformen die Wache.

Obwohl nun der Krieg doch lang genug zu Ende war, lag er noch allen Menschen in den Knochen, wenn man auch nicht mehr an ihn erinnert werden wollte. Niemand mochte mehr im Gleichschritt gehen, auch die Polizei nicht, deren grüne Uniformen und Tellerkappen ein ehrfurchtsvoll genannter, aus dem Kaiviertel aufgetauchter Schieber namens Bosel bezahlt, wohl als Dank dafür, daß sich die Polizei nicht näher mit ihm befaßt hatte. Die Polizei schien sich in Bosels Uniform nicht wohl zu fühlen, sie mied ein forsches Auftreten und versuchte immer wieder, möglichst unauffällig zu bleiben. Die erfolgreichen Abwehrkämpfe der Kärntner, das gehobene Selbstgefühl dieses südlichen Landes, hatten auf Wien nicht eingewirkt. Noch immer waren hier die Farben des Krieges nicht geschwunden, die sich wie Moos an die Menschenmauern legten. Aus Soldatenmänteln waren wohl Zivilkleider geworden, aber die spröden Stoffe vermochten ihre Herkunft ebensowenig zu verleugnen wie die alten, steifen Offiziere mit dem durchgedrückten Kreuz und den stets etwas suchenden, in die Ferne gerichteten Augen. Neben dem Hechtgrau der ersten Kriegsjahre, Conrads Farbe, sah man das Olivgrün von 1916, vermengt mit dem Schwarz der Friedensmäntel und dem satten Braun der Kavalleriemäntel, zwischen die sich das hellere Grün der italienischen Beutestoffe drängte. Zurückgeblieben waren in den Tornischen und an den Straßenecken die zerfetzten Uniformen der Bettler und der die Hand nach Almosen ausstreckende Abfall der Schlachten, an denen die neuen Reichen mit undurchdringlichen Gesichtern vorüberschlenderten und mit jedem Schritt verrieten, wie leicht es im Grunde ist, Geld aus Not zu machen, und wie dieses dreckig erworbene Geld es nicht lassen kann, zu prahlen und aufzutrumpfen. Die schweinerne Farbe der ausgefressenen Visagen rührte nichts an, wenn sie an der ausgemergelten Armut vorbeistrolchte und Ausschau hielt, wo sich etwas verschieben und verdienen ließ. Im Stephansdom knieten vor der Dienstbotenmuttergottes die armen, vielgeplagten Frauen und blickten nicht auf den vorbeiziehenden Strom. Der Bretterbelag widerhallte vom Getrippel der vielen Schritte, die grauen Felswände der Seitenschiffe preßten den Raum zusammen wie die Zeit das Herz des Menschen, aber sie entließen die Vorwärtsdrängenden in den gewaltigen Pfeilerwald des Hauptschiffes, in dem hoch über der Menge, wie Vögel im Geäst eines Riesenbaumes, die dunklen Heiligen standen. Die Kreuze an den Altären waren violett verhüllt, der schwingenbreitende Doppeladler über den Toren und an manchen Altären war mit Säcken verdeckt. Unter dem mit Lurchen und Kröten bedeckten Steingeländer der Kanzel blickte Meister Pilgram durch das geöffnete Fenster aus der Ewigkeit in die Zeit. Weder die am Fuße der Pfeiler angesiedelten barokken Altäre noch die kalten Fabrikfarben der neuen Glasfenster vermochten die gewaltige, alles verzehrende und überwindende Einheit des Raumes zu zerstören, in dem die Menschen auch im größten Gedränge ein kleiner, armseliger Bodensatz einer großen, festgefügten Welt blieben. Bei jedem Schritt verschob sich den langsam Vorwärtsgedrängten der Durchblick, überschnitten sich Gewölbe und Pfeiler anders und neu. Wie eine gewaltige Lunge atmete der Dom die lauten Menschen der Stadt ein, zog sie langsam durch seine gewölbten Schiffe und entließ die stiller gewordenen wieder in das helle Frühlingslicht, in dem Kinder und Frauen kleine Sträußchen von Schneeglöckchen zum Verkaufe darboten. Sah man aber von den kleinen Boten des Frühlings auf und blickte die Häuserfront aus der Gründerzeit der Siebzigerjahre dem Domportal gegenüber an, dann erkannte man, welche banale Dummheit, welcher gottverlassene Übermut es gewesen waren, die ahnungslos das Unheil der Zeit heraufgeführt hatten.

Über den Graben zogen die Menschen an der Pestsäule vorbei, an dem versteinerten Rest der dahingegangenen barocken Triumpharchitektur, zu deren Füßen, klein unter der gewaltigen Wolkensäule, der Kaiser Leopold, der Türkenpoldl, kniete. So sehr hatten die himmlischen Mächte einst die irdische Macht überhöht, so schlicht hatte sich der Kaiser gegeben, so demütig hatte er sich untergeordnet. Über den Hof zu der Kirche von den Neun Engelchören nahm die Menge ihren Weg, zu der Kirche, von deren Balkon einst jener Papst die Wiener gesegnet, der im Winter über die Alpen gezogen war, um Kaiser Joseph im Namen Gottes und um des Himmels willen zu beschwören, abzulassen von der Aufhebung der Klöster und von der Säkularisierung geistlichen Besitzes. Der Kaiser hatte nicht nachgegeben, Obststände waren während seiner Regierung mit der Leinwand von großen Altarbildern gedeckt gewesen, verschleudert hatte man die reichen

Schätze aufgehobener Klöster, nicht auf das Gefühl und das Gemüt der Menschen hatte der Kaiser wirken wollen, sondern auf die Vernunft. Zwanzig Jahre nach der Predigt des Papstes hatte von dem gleichen Balkon jener der gotischen Kirche vorgelegten barocken Schauseite unter Trommelwirbel ein kaiserlicher Herold dem teils erschrockenen, teils gleichmütig lauschenden Volke von Wien verkündet, daß das Heilige Römische Reich Deutscher Nation zu Ende sei.

Nun aber war dieses Kaisertum in seiner letzten, nachlebenden Form zu Ende gegangen. Hinter der reichen Barockfassade sah man hier, wie drüben bei St. Michael, das gewaltige gotische Schiff. Hatte nicht einst ein Barockbaumeister Karl VI. vorgeschlagen, den Stephansturm abzutragen, damit über Wien, wie über Byzanz und Rom, das ruhige Leuchten grüner Kuppeln erglänze?

Aber nun lag auf Konstantinopel wie auf Wien der gleiche Schatten einer nahen Grenze, auch dort war das türkische Kaisertum zu Ende gegangen, der jahrhundertealte Widerpart des Kaisertums von Wien, auch dort war ein großes Reich zerstört und an seiner Stelle ein Trümmerfeld zurückgeblieben. Ein von zwei flockenden Lipizzanerschimmeln gezogener und mit blutigen Osterlämmern beladener Fleischerwagen rollte vorbei. Die ehemaligen Hofpferde trugen die Hälse genauso stolz, als zögen sie eine goldräderige Karosse mit kaiserlichen Prinzen, bei deren Nahen der Schnarrposten die Wache ins Gewehr gerufen hatte. Die wenigen Leute, die dem Wagen und den weitausgreifenden ramsnasigen Pferden mit den wehenden Mähnen der nickenden Hälse nachblickten, gedachten nicht der entschwundenen Kaiserzeit, sie sahen die Osterlämmer und gedachten mit wässerigem Mund der fleischlosen Tage und des leeren Portemonnaies.

Müde vom Gräberbesuch und vom Frühlingswetter waren an diesem Karfreitag auch Thomas Graf Erdödy, das Faktotum des Kaisers Karl, und seine Frau abends in ihre Wohnung in der stillen Landskrongasse gekommen und hatten sich gleich nach dem Nachtmahl zur Ruhe begeben. Kurz nach elf Uhr weckte den Grafen die Glocke, und Erdödy, der bei der Freiwilligen Feuerwehr ein kleines Amt bekleidete, meinte, daß man ihn zu so später Stunde eines Feuers wegen alarmiere. Aber da kam der Diener und meldete zwei Herren, die sich durchaus nicht abweisen ließen und den Herrn Grafen persönlich und sofort zu sprechen wünschten. Da der Graf zu faul war, aufzustehen, warf sich die Gräfin den Schlafrock über, um nachzusehen, wer draußen sei. Mit der Hand auf dem Herzen kam sie gleich wieder zurück und forderte Tamás auf, doch selbst zu schauen. Der Graf begab sich ins Vorzimmer zu den zwei Herren. Den einen erkannte er gleich: es war der Bruder der Kaiserin, der andere nahm erst jetzt seine Autobrille ab und reichte Tamás die Hand: „Ich bin es schon selbst!"

„Also doch, Majestät! Also wirklich!" Der Graf führte die beiden Ankömmlinge ins ungeheizte Speisezimmer, ersuchte sie, die Mäntel anzubehalten, trat nochmals auf den Kaiser zu, konnte sich vor Staunen nicht fassen und lief dann ins Schlafzimmer zu seiner Frau. Merkwürdig, heute in der Augustinerkirche habe ihm jemand gesagt, ein Herr von der englischen Gesandtschaft habe geäußert, Seine Majestät werde in den nächsten Tagen in Ungarn auftauchen. Dann kehrte Erdödy wieder zum Kaiser zurück, erzählte auch ihm das, der Kaiser lächelte, bat für diese Nacht um Quartier, morgen fahre er weiter. Der Graf entschuldigte sich für einen Augenblick, er müsse die Kette einhängen, denn jeden Augenblick könne die Polizei dastehen. Vor der Polizei, erwiderte der Bruder der Kaiserin, müsse man sich nicht fürchten, man sei sehr vorsichtig gewesen, man habe auf der Westbahn dem Chauffeur gesagt, daß er ins Bristol fahren solle; der Kaiser sei nicht auf dem Bahnhof, sondern erst hinter der Anlage, beim Hesserdenkmal, eingestiegen, und dort habe man obendrein noch eine falsche Nummer in der Landskrongasse angegeben. Der Kaiser lachte bei diesem Bericht seines Schwagers; man sei schlau wie ein Indianer gewesen, die Polizei werde die Spur nicht finden. Erdödy, der bei der Gendarmerie gedient hatte, erkundigte sich, mit welchem Geld der Chauffeur bezahlt worden sei. „Mit Schweizer Franken." Was der Chauffeur dazu gesagt habe? „Der wollte das Geld erst nicht nehmen." Wieviel der Kaiser gegeben habe? „Zuerst zehn Franken, da sich aber der Mann mit der Valuta nicht ausgekannt hat und es ihm offenbar zu wenig vorgekommen ist, fünfzig Franken." Erdödy schlug die Hände zusammen: Ein kleines Vermögen! Wenn der Mann auf dem Standplatz das Geld zeige, sei in ein paar Minuten die Polizei da. „Der Mann hat gar keinen so großen Wert auf das Geld gelegt. Er hat geklagt, daß er vor dem Krieg fünfundneunzig Kilo gehabt habe, heute wiege er kaum siebzig. Dabei hat er vor seinem Bauch die Weste zusammengedreht, daß ich sehen soll, wieviel Platz jetzt noch da ist. Ich habe ihm deshalb meine ganze Schokolade und die übriggebliebenen Schinkensemmeln gegeben. Die waren ihm lieber als das ganze Geld!" Erdödy lachte: Solch weiße Raben gebe es unter den Chauffeuren nicht, der Mann habe Seine Majestät für einen Fremden und daher für eine Wurzen gehalten und sich auf gar nicht so ungeschickter Weise überzahlen lassen. Schade um die schöne Schokolade. Der Kaiser fragte, ob Erdödy einen Schwarzen habe, und Erdödy erwiderte, daß seine Frau den Kaffee schon zustelle. Nun kam auch die Gräfin und erkundigte sich nach dem Befinden Ihrer Majestät und nach dem Allerkleinsten. Der Kaiser versicherte, Mutter und Kind seien wohlauf, die Jüngste werde Charlotte heißen. Da sei es wohl, meinte die Gräfin, Seiner Majestät gewiß nicht leicht gefallen, zu fahren. Ob man fragen dürfe, wie die Reise gewesen sei? Der Prinz wehrte ab: Danach dürfe man eben nicht fragen, das sei ein Geheimnis. Die Gräfin entschuldigte sich: sie habe nur wissen wollen, ob die Züge schon geheizt seien. Der Kaiser erwiderte, man könne es aushalten. Aber daß er es nicht vergesse, bis morgen müsse ihm Tamás ein ungarisches Visum verschafft haben.

Das seien Sachen! klagte der Graf, jetzt zu Ostern obendrein, da alles auf Urlaub sei! Welchen Paß Seine Majestät habe?

„Einen spanischen. Da ist alles in Ordnung. Alles andere ist bestellt. Meier führt uns bis Seebenstein, Schlederer von dort bis zur Grenze. Der Sicherheit wegen obendrein noch Wagenwechsel. Aber das Visum muß ich morgen haben."

„Und auf der Bahn hat niemand Majestät erkannt?"

„Niemand. Da sind Spitzmüller, Windischgraetz, Reisch, Rapp und Coumot gewesen, die gerade von Paris gekommen sind, von den Verhandlungen über die Österreichisch-Ungarische Bank. Ich hätte ad hoc ein Kabinett zusammenstellen können. Keiner hat mich erkannt."

Der Schwager des Kaisers drängte zum Schlafengehen, man werde morgen einen anstrengenden Tag haben. Als der Kaiser noch telephonieren wollte, riet Erdödy ab. Um diese Zeit schlafe schon alles, da niemand etwas zu heizen habe und das Bett der wärmste Aufenthalt in Wien sei. Und dann sei alles, was fortkönne, über Ostern ausgeflogen, seit 1918 habe man nämlich kein so schönes Osterwetter mehr gehabt. Der Diener kam und richtete für die späten Gäste ein Nachtlager her, Gräfin und Graf wünschten gute Nacht und verabschiedeten sich.

Erdödy spähte eine Weile durch das geöffnete Fenster auf die Gasse, dann schloß er es und sagte zur Gräfin: „Der arme, arme König! Sie haben ihm den Schwager mitgegeben, daß er auf ihn aufpaßt! Wenn es nach dem König ginge, der wäre wohl in der Schweiz geblieben!"

„Er sieht nicht gut aus", erwiderte die Gräfin. „Wenn er lacht, tut es mir weh."

„Es geht ihm auch nicht gut, Dany. Die vielen Frauen, die um ihn sind und ihm raten! Er weiß ja selbst nicht mehr, was er machen soll! Wie ich im Oktober in Zürich gewesen bin, habe ich in einer Bar einen besoffenen Kerl gesehen mit einer Kette aus dem kaiserlichen Familienschmuck um den Hals, der sich Baron schimpfen ließ."

„Bist du also doch in Zürich in der Bar gewesen!" fuhr die Gräfin auf, „und weißt nicht mehr, was du mir hoch und heilig versprochen und geschworen hast?"

„Dany, nur aus dienstlichen Gründen! Wirklich rein dienstlich. Aber ich hab dir doch von dem Gauner erzählen wollen, den der König für seine unverschämten Wuchereien zum Baron gemacht hat, statt ihn einsperren zu lassen. Dort ist also dieser allerjüngste Baron mit der goldenen Kette um den Hals unter andern Schiebern gesessen, hat das Geld hinausgeworfen und hat sich aufspielen lassen." Der Graf hob die Hand, unterbrach sich und eilte ans Fenster. „Horch!"

„Was ist los, Tamás?"

„Es war ein gewöhnliches Taxi. Aber ich kann nicht ruhig schlafen, solange der König unter meinem Dach ist. Nicht auszudenken, wenn er hier in Wien verhaftet wird! Da kann ihn auch kein Seipel schützen. Die Roten würden aufmarschieren und schreien, daß es in ganz Europa widerhallt!"

„Sie werden ihn bei uns nicht entdecken. Glaubst du, Tamás, daß es ihm gelingen wird?"

„Vielleicht haben seine eifrigen Schwäger diesmal alles besser vorbereitet als im Jahre siebzehn."

„Wir bekämen dein Gut in Westungarn wieder", sagte die Gräfin. „Doch was wird Horthy sagen?"

„Teleki hat mir zu Weihnachten wenig Hoffnung gemacht. Man weiß nicht, was Horthy will. Ich glaube ja, daß es zu früh ist. Aber da spielt viel mit. Die Kaiserin fürchtet, daß Ruprecht, wenn der schwerkranke König von Bayern stirbt, Bayern vom Reich losreißen und mit Österreich vereinigen könnte. Dem soll der König zuvorkommen. Dann traut die Kaiserin dem Erzherzog Joseph nicht, der in Ungarn geblieben ist, weil er seinen Sohn nach Italien geschickt hat. Auch da fürchtet sie wohl, daß irgendwelche Abmachungen getroffen werden könnten. Und deshalb haben sie den Kaiser jetzt losgeschickt, da er Horthy gewiß am ungelegensten kommen wird."

Karsamstagsfahrt nach Steinamanger, 1921

Karsamstag um elf Uhr wartete Meier, der Chauffeur der Kaiserinmutter, an der Ecke der Landskrongasse. Der Kaiser und der Graf gingen rasch zum Wagen und winkten vor dem Einsteigen der Gräfin und dem Prinzen oben am Fenster zu. Ob Tamás alles habe, fragte der Kaiser: Paß, Geld, Benzin? Tamás hatte alles besorgt. Der Kaiser setzte die Autobrille auf und spähte neugierig umher. Unweit der Ecke stand ein Wachmann. Der Kaiser gab Erdödy lachend einen Rippenstoß. Langsam fuhr der Wagen an und bog in den Graben ein. Dem Kaiser kam es eigentümlich vor, so unerkannt durch seine Hauptstadt zu fahren. Und nirgends Uniformen! Deren Anblick, erwiderte Tamás, habe man sich abgewöhnt, man sehe auch kaum mehr die stolzierenden Italiener der Militärmission. Als die Wiener übrigens zum erstenmal die Karabinieri mit dem großen Dreispitz gesehen, da haben sie gehöhnt, das seien wohl Pompes funèbres, und gewiß nicht zu Unrecht, denn von den Italienern sei die schöne Monarchie zu Grabe getragen worden.

Der Graf deutete auf einige Bankfilialen: das seien früher Kaffeehäuser gewesen, und mancher Offizier, der dort seinen Schwarzen getrunken und nach Frauen ausgeschaut habe, stehe heute klein und bescheiden hinter einem Kassenschalter.

In der stillen Kärntner Straße fielen dem Kaiser die schönen Auslagen auf, die wirklich keine so große Not verrieten. Die Not, erwiderte Erdödy, sei sehr groß, die Sachen in den Auslagen seien nicht für die Wiener, sondern für die zahlreichen Ausländer, die hier billig einkauften.

Schwarz und schwer stand die Oper da, die Alleebäume der Ringstraße hatten einen Hauch von hellem Grün. An der Opernkreuzung mußte der Wagen halten, um die rot-weißen Straßenbahnwagen vorbeizulassen. Der Kaiser drehte sich um und sah durch das kleine Rückenfenster am anderen Ende der Kärntner Straße bleich, ja fast übernächtig vom Dauern und Standhalten in einer sich entfremdenden Stadt die beiden niedern Heidentürme der Stephanskirche. Ob auf dem Heldenplatz der Flieder schon blühe, fragte der Kaiser. Dafür sei es noch zu früh, erwiderte Erdödy, Seine Majestät müsse bedenken, daß Wien gegen den Genfer See doch um ein paar Wochen zurück sei.

Der Verkehrsschutzmann gab die Durchfahrt frei. Das grüne Dach der Technik schimmerte auf, die gewaltige Kuppel der Karlskirche zwischen den beiden Säulen grüßte herüber. Bei der Paulanerkirche sah der Kaiser auf die Uhr und stellte fest, daß die Republik da nichts geändert habe; man sei bis jetzt an drei Uhren vorbeigekommen und jede von ihnen habe eine andere Zeit gehabt.

Breit und verwahrlost lag der Gürtel, Papierfahnen wehten vor Staubwolken einher. Die Vorstadthäuser sahen krank aus, wie Aussatz und Fieberflecken schauten die rötlichen Ziegel durch den abbröckelnden Verputz. Vor manchem Haus saß in der ersten Sonne auf einem Stühlchen eine Frau oder ein Mann und ließ es sich wohlsein. Hinter dem gotischen Bildstock der Spinnerin am Kreuz, unweit der alten Wiener Richtstätte, wurde die Aussicht frei, in leichten blauen Dunst gehüllt sah man die weite Welle des Wienerwaldes gegen den Rand des großen Beckens branden. Die Endstation der Straßenbahn kam. Eine Frau mit hinaufgezogenem Oberkleid saß auf ihrem rot-blauen Barchentunterrock und hielt eine schwarze scharrende Henne an einer Schnur fest. Der Kaiser drehte sich um und lachte. Erdödy erzählte von dem braven und geliebten Schweinchen, das manche Leute in der Badewanne aufzogen, und von dem sie, wenn es schlachtreif geworden war, mit Tränen Abschied nahmen. Hamsterer und Ausflügler machten sich von hier aus auf, schimpfend wichen die Leute dem hupenden Wagen aus. Erdödy atmete auf: das gefährlichste Stück der Fahrt sei überstanden. Der Kaiser deutete aus dem Fenster: dort drüben sei Hetzendorf, die lange Allee dort führe nach Laxenburg, er könne nicht hinsehen, sagte der Kaiser, es drehe ihm das Herz um. Was aus den Generalen geworden sei, fragte der Kaiser nach einer Weile.

Conrad trockne das Geschirr ab, das seine Frau wasche, er lebe mehr als bescheiden in Innsbruck, Boroević gehe in Klagenfurt spazieren, ihm zahlten die Jugoslawen ebensowenig die Pension wie die Rumänen dem Arz. Wer nicht irgendwo untergekommen sei, mache Lederarbeiten, male Bildchen, koloriere Ansichtskarten, halte Schusterkurse ab, und ein paar ganz schlaue Brüder säßen in liquidierenden Ämtern und hofften, daß man sie dort vergesse.

Der Wagen bog in die Laxenburger Allee ein. Hier war vor fast genau vier Jahren Erdödy mit den beiden Brüdern der Kaiserin im Schneegestöber gefahren. Die vielen gelben Häuschen mit den grünen Fensterläden, das kaiserliche Hoflager von einst!

„Wie schön war das Schlittschuhlaufen hier auf den Teichen", sagte der Kaiser. „Und jetzt muß ich mich wie ein Dieb durch das Land schleichen!"

Im Schloßpark blühten die ersten Kirschbäume. In den braunen Weinbergen an den Hängen des Wienerwaldes im Westen standen schon die kleinen Pfirsichbäumchen in rötlicher Blüte. Hin und wieder wurde der Wagen an einer Straßenmaut aufgehalten. Der Kaiser saß dann still hinter seiner Staubbrille verborgen und wartete, bis der Fahrer gezahlt hatte. Wie man hier auf einmal überall die Nähe Ungarns spürte, die über den Damm des Leithagebirges hinausgeschwappt zu sein schien.

Schloß Schönau tauchte auf und versank wieder: Schönau, mein Schönau – war einst ein Gassenhauer gewesen, der an den Liebesschlupfwinkel des Erzherzogs Otto erinnerte, an des Kaisers schönen, leichtsinnigen und unglücklichen Vater. Die Väter haben Herblinge gegessen und den Söhnen sind davon die Zähne stumpf geworden.

In Wiener Neustadt gab es wieder eine Maut. Dann werde man aber Vollgas geben, flüsterte der Graf dem Kaiser zu, denn die „Allzeit Getreue" sei nun die Allerröteste. Auf des Kaisers Frage, was aus der Militärakademie geworden ist, erwiderte Erdödy, die sei aufgelassen, man wolle keine Erinnerungen. Und die braven, lieben Akademiker, sagte der Kaiser, seien die letzten gewesen, die bei ihm ausgeharrt hätten.

Der Flugplatz kam. „Ausgeräumt, ausverkauft, ausgeraubt", sagte der Graf. „Was nicht verschleppt werden konnte, verkommt auf dem Fliegerfriedhof von Fischamend."

Überall entlang der Straße stillstehende und verfallene Fabriken, die seit Kriegsende die Arbeiter entlassen hatten. Frohsdorf! Erdödy deutete auf das Schloß des Grafen von Chambord. Man bog nach Osten ab. Schnurgerade hastete die Straße durch die weiten, vom Pechabzapfen verkümmerten, schneisendurchzogenen Föhrenwälder und bog dann in die Sommerfrischenlandschaft des Pittentales ein. In den Vorgärten blitzten Glaskugeln, blühten die ersten Stiefmütterchen und Primeln. Die Schweizerhäuschen aus der Gründerzeit, in der man der Sonne ausgewichen, lagen im Schatten. Ganz vereinzelt nur blühten hier die Kirschbäume. Die Luft wurde herber, die Föhren wurden durch Fichten abgelöst, die sich geschlossen an die Straße heranschoben.

Vor der Parkmauer des Schlosses in Seebenstein hielt der Wagen. Meier verbeugte sich und rechnete rasch die Schweizer Franken in österreichische Kronen um. Der Kaiser und der Graf schleppten selbst die vier englischen Lederkoffer durch das kleine Pförtchen in der Gartenmauer. Sie hasteten über die Kieswege, vorbei an dem noch verdeckten Springbrunnen, zum hinteren Parktor. Dort stand schon Schlederer mit einem anderen Wagen. Heute müsse Schlederer zeigen, was Fahren sei, sagte der Kaiser, dem Chauffeur auf die Schulter klopfend, und wenn alles gut gehe, werde man nicht vergessen, des Beitrages zu gedenken, den der brave Schlederer für die gute Sache geleistet habe.

Der brave Schlederer fuhr mit offenem Auspuff so los, daß die Arm in Arm dahinwandernden Ausflügler fluchend zur Seite sprangen. Es waren viele Touristen unterwegs, seit dem Krieg hatte das Marschieren die Menschen nicht mehr losgelassen, in Gruppen zog man los, mit wehenden Haaren und singend, man wollte nicht allein sein und konnte keine Ruhe finden.

Nach Aspang wand sich die Straße in vielen Kehren durch den Wald bergan. Oben, auf der Höhe, in Mönichkirchen, füllte Schlederer den Kühler nach. Erdödy stieg aus und trank beim ‚Binder' ein Bier. Der Kaiser sah sich durch seine Staubbrille die Leute an: Es war, als hätte sich hier eine Freiluftbörse aufgetan. Die Leute liefen auf der Dorfstraße herum, als kämen sie aus einem Wiener oder Budapester Kaffeehaus, sie sprachen miteinander, sahen einander aber nicht an, kehrten um, gingen ein paar Schritte, blieben stehen und sprachen auf einen andern ein, der ihnen gar nicht zuzuhören schien. Der Graf kam aus dem Gasthaus und fragte, ob der Kaiser nicht auch ein Bier trinken wolle, es sei gerade frisch angeschlagen, der Ort sei voll besetzt, es gebe nicht ein einziges freies Zimmer. Der Kaiser wollte kein Bier trinken, er wollte fahren, es waren ihm hier zu viel Menschen auf der Straße, die neugierig in das Auto hereinblickten und vornübergebeugt die Nummer studierten. Weiter ging die Fahrt, vorbei an

Dirndln in bunten, grellen Seidenkleidern und an dünnwadigen Herren mit den letzten Wiener und Berliner Zeitungen in der Hand, vorbei an Pärchen, die, auf Wiesen hingelagert, ihre blassen Stadtgesichter der starken Frühlingssonne darboten. Mönichkirchen schien der letzte Vorposten der großen Stadt dort unten in der dunstigen Ebene zu sein.

Die Straße senkte sich. Friedberg lag mit seinen Bauernhöfen um die stattliche Kirche behäbig da und blickte in die Ebene hinaus, die endlos schien, wiewohl sie doch nur die vom Karpathenbogen herausgeschnittene Kostprobe der großen eurasiatischen Ebene ist.

Das Tal wurde weiter, die Straße schlechter, helles Laub untermischte den dunklen Nadelwald. Bauern in Stiefeln und Bäuerinnen mit schwingenden Kitteln, die Gebetbücher in den Händen, Mädchen in weißen Kleidern und eingedrehten, mit Zuckerwasser versteiften Locken kamen vorbei.

Vor dem rot-weiß-roten Schlagbaum in Sinnersdorf hielt der Wagen abermals. Gendarmen und Finanzer, die Erdödy von Rotenturm her kannten, prüften die Pässe. Mit Kaiser Karls spanischem Paß wußten sie nichts anzufangen. Erdödy erklärte den Leuten, Herr Rodrigo Janguenz hier sei vom spanischen Roten Kreuz, das sollten sie in das Protokoll eintragen. Das sei zu machen, sagte der Finanzer, aber der Wagen selbst dürfe nicht über die Grenze.

Was war zu tun? Man konnte doch die Koffer nicht bis Pinkafeld schleppen! Achselzucken! Bedauern! Vorschrift sei Vorschrift, man könne das nicht ändern. Erdödy schlug vor, daß ein Finanzer bis Pinkafeld mitfahre, der dann das Auto wieder an die Grenze zurückbringe. In Pinkafeld werde man wohl etwas zur Weiterfahrt auftreiben. Nach einer längeren Beratung stimmten die Finanzer zu. Einer von ihnen schwang sich auf das Trittbrett und fuhr mit. Die Straße zwischen beiden Grenzorten war eine einzige Riesenpfütze, durch die der Wagen spritzend rollte.

Vor den rot-weiß-grünen Schranken hielt man. Ein grauhaariger Gendarm in brauner Uniform grüßte mit jener chevaleresken ungarischen Höflichkeit, die angenehm von dem Sichgehenlassen der österreichischen Grenzwache abstach. Aber auch dieser stramme Mann wußte mit dem spanischen Paß nichts anzufangen, er reichte ihn an einen jungen Soldaten in Zwillichhosen weiter, der die Schranke hochzog. Die Straße wurde noch schlechter, die Radspuren wurden tiefer. Fuhrwerke, die ihnen entgegenkamen, wurden von mageren, mit Grünfutter ernährten Pferden in leichten Sielengeschirren gezogen. Obwohl hier Heanzen, deutsche Bauern, siedelten, spürte man doch, wie der Osten das Land allenthalben auflockerte, körperlich fühlbar wie Wind wurde der Raum, der durch das sich öffnende Tal hereinströmte und alles umspülte. Nicht mehr lagen die Höfe in engem Nebeneinander, nicht mehr war der Flickenteppich der Bauernäcker über das Land hingebreitet. In breiten Streifen zogen die herrschaftlichen Felder dahin, an deren Rändern die Menschen in kleinen Hütten und Höfen hockten. Zwischen den weit auseinander stehenden Stämmen der Akaziengehölze wühlten die dunklen Schweine, wackelten die Herden der Gänse, vor den Dörfern waren die Hütten der Zigeuner dicht beim Schindanger.

Vor dem Gasthof ‚Lehner' in Pinkafeld hielt das Auto. Gendarmen mit Hahnenfedern auf den runden Hüten kamen heraus, die Wirtin wackelte zur Fleischbank, um Lehner aus dem Laden zu holen und ihm zu sagen, daß der Graf wieder da sei. „Schöne Bescherung", sagte der Lehner, die Hände an der Schürze abtrocknend, „und ich hab' nicht einmal einen Kognak daheim!"

„Der Graf von Rotenturm", sagte die Wirtin, „hat noch einen Herrn mit, der das Schloß anschauen und vielleicht kaufen will."

Der Wirt ging von der Fleischbank zu seinem Gasthof, besah Auto und englische Koffer und traf den Grafen und den spanischen Herrn in der Gaststube, wo der Fremde noch nicht die Autobrille abgenommen hatte. Erdödy bestellte etwas zum Essen und fragte, ob er bis Petersdorf einen Wagen bekommen könne, vielleicht wäre es das Beste, an den Kaufmann Schey zu telephonieren, daß der sein Auto schicke.

Der Wirt erwiderte, er habe von seiner Frau bereits gehört, weshalb der Herr Graf gekommen sei, und ob er denn wirklich Rotenturm verkaufen wolle. An Schey brauche der Herr Graf nicht zu telephonieren, er, der Wirt, habe bereits dem Kutscher befohlen einzuspannen. Aber er bitte den Herrn Grafen, den Burschen erst dann zu bezahlen, wenn der Bursche in Petersdorf getränkt und gefüttert habe, denn heute sei Auferstehung und da werde der Bursche trachten, keine Zeit zu verlieren und ungetränkt und ungefüttert heimzujagen. Der Graf versprach es, ließ sich auf die Frage des Schloßverkaufes nicht weiter ein, entlohnte den Chauffeur und ging aufs Postamt telephonieren. Der Mann mit der Autobrille trat ans Fenster, winkte dem Chauffeur noch einmal zu und verbarg sich dann wieder hinter der Zeitung.

Als der Graf zurückkam, stellte sich der Wirt zum Tisch und klagte über die schlechten Zeiten. Als der Spanier hinter der Zeitung vor fragte, warum schlechte Zeiten? wunderte sich der Wirt, daß der Spanier so wienerisch sprach. Schlechte Zeiten deshalb, weil die Ungarn die Nerven verloren haben, von der Theiß herauf seien ein paar ganz wilde Knechte gekommen, die die Leute nicht einmal in die Kirche ließen. Wenn einer deutsch spreche, werde es schon als Hochverrat angesehen, und alle Augenblicke werde jemand mit Bajonett auf durch die Straßen getrieben. Man habe sich zwar schon beim Grafen Sigray beschwert und der Graf habe den ärgsten Unfug abgestellt, aber die Ungewißheit, was aus dem Heanzenland hier werden solle, drücke alle nieder. Man wisse nicht, ob man Fisch oder Fleisch sei, man käme ganz gerne zu Österreich, aber man fürchte sich vor den Wiener Roten, denn hier habe man ja den Bolschewismus bereits gehabt, man möchte ihn nicht noch einmal von Wien geliefert bekommen.

Der Wagen fuhr vor. Der Fremde mit der Autobrille sagte, alles werde nun über kurz oder lang besser werden, und zahlte mit einem französischen Hundertfrankschein. Als der Wirt in einer Wiener Zeitung nach dem Kurs sehen wollte, meinte Erdödy, es brauche nichts herausgegeben zu werden, es stimme schon. Mit dem fremden Geld in der Hand sah der Wirt dem davonratternden Wagen nach. Spanier war der Fremde wohl keiner, wo er ihn aber früher einmal gesehen hatte, das hätte er auch nicht sagen können.

Der Knecht fuhr auf ungarische Art. Fielen die Pferde in Galopp, ließ er sie laufen. Hin und wieder lehnte er sich zurück, um vom Gespräch etwas aufzuschnappen, denn er hätte allzu gerne erfahren, wer der Käufer von Schloß Rotenturm sei. Der Fremde nahm die Autobrille ab, deutete auf den Wald und fragte, ob Erdödy sich an den Auerhahn erinnere. Der Graf erinnerte sich und der Kutscher dachte, weil der Herr schon einmal in der Gegend gewesen sei, deshalb komme er ihm wohl so bekannt vor.

In Oberwart kam ihnen unter Glockengeläute durch die lange Dorfstraße eine schrille Bauernmusik entgegen; Böller krachten, der Auferstehungshimmel über dem Allerheiligsten und die roten Kirchenfahnen schwankten heran. Die beiden Herren stiegen aus, der Wagen bog in die Einfahrt eines Wirtshauses ein. Die weißen Mädchen mit den grellen Schleifen im eingedrehten Haar und den Kerzen in der Hand sangen mit hohen Kopfstimmen das zerdehnte Hochdeutsch des Auferstehungsliedes. Kaiser und Graf knieten in den Staub der Straße nieder, der Priester segnete mit funkelnder Monstranz die beiden sich bekreuzigenden Männer. Als der Kaiser den Blick hob, sah er links und rechts des davonschwankenden Himmels Gendarmen mit Federhüten und hinter dem Himmel drei Offiziere in den Uniformen der alten Armee. Der schlichte Rock der Infanterie, Kartusche und Tschako mit dem braunen Rock der Artillerie und der verschnürte Dolman der Husaren. Lebte die verschollene, versunkene, untergegangene Armee hier auf dem Dorf bei den Heanzen noch weiter? Blühte sie noch einmal auf wie die zu Barbara geschnittenen Kirschenzweige um die Weihnachtszeit, wenn draußen der Schnee die Felder bedeckt? Als wäre nie Krieg gewesen, zog das Gewesene unter dem Läuten der Auferstehungsglocken und dem silbernen Klingen der Glöcklein, umwölkt vom duftenden Weihrauch, vorbei; als hätte Mars diese Soldaten nie gerufen und über die weiten Felder Polens und über die Einöden des Karstes verstreut, schwenkte nun der Zug der Gebete murmelnden Bauern und der mit hohen Kopfstimmen singenden Bäuerinnen ein und zog hinauf zu der einfachen gelben Kirche, die die Prozession mit dem goldglänzenden Himmel und den sich vorneigenden roten Kirchenfahnen, den Gendarmen und den Offizieren, den rotröckigen Ministranten und den weißen Mädchen mit der Orgel begrüßte und aufnahm.

Tamás habe recht, sagte der Kaiser, die Knie abstaubend, einzig in Ungarn sei noch das alte Österreich zu finden. Der Kaiser sah traurig zur Kirche hinauf, er, der als Monarch bei zwei Fronleichnamsprozessionen in Wien zwischen Garden und Würdenträgern durch die blumenbestreuten Straßen gezogen war, mußte sich hier in einem ungarischen Heanzendorf hinter der schwarzen Brille verbergen und im Staub der Dorfstraße knien.

Der Wagen fuhr vor, die beiden Herren stiegen ein und der neugierige Kutscher schnappte auf, wie Erdödy zu dem Herrn mit der Brille ‚Majestät‘ sagte. In Petersdorf hielt der Wagen vor einem einstöckigen Haus mit dem großen Firmenschild: Samuel Schey. Der Kaufmann war wohl daheim, aber das Auto konnte er nicht beistellen — schlechte Straßen, schlechte Wege, schlechtes Benzin —, es sei in Reparatur. Aber ein Gummiradler mit zwei Juckern stehe zur Verfügung, mit dem könne der Herr Graf noch vor Mitternacht in Steinamanger sein, bis eingespannt sei, lade er die beiden Herren zur Jause ein.

Der Kutscher, der im Wirtshaus eingekehrt war, hatte nicht geschwiegen und hatte den dort nach der Auferstehung zusammengekommenen Feuerwehrleuten erzählt, wie der Graf den fremden Herrn mit der Autobrille genannt habe. Als nun der Kaiser, der Graf und Herr Samuel Schey auf das Wohl des Königs ihr Glas erhoben, tadelte Herr Schey den fremden Herrn, weil dieser nicht, wie es in Ungarn üblich sei, bei diesem Anlaß ex getrunken habe. Vor dem Haus des Herrn Schey aber sammelten sich Feuerwehr und andere Leute, die den König sehen wollten, wenn er den Gummiradler besteigen würde. Obwohl auch das Dienstmädchen den fremden Herrn erkannt hatte, stellte sich Herr Samuel Schey so, als wisse er nicht, wer sein Gast sei. Herr Schey sprach von der Abtretung Burgenlands an Österreich, und wie Paris auf diese Weise versucht habe, Österreich und Ungarn auf immer zu verfeinden, und wie man dieses Burgenland nur deshalb dem schwachen Österreich in die Hände spiele, weil man den Korridor zwischen der Tschechoslowakei und Jugoslawien in einem fast wehrlosen Staat zu haben wünsche. Der Delegierte des spanischen Roten Kreuzes verhieß auch in dieser Frage eine baldige Abhilfe.

Als nun der Graf und der Herr mit der Autobrille aus dem Haus des Herrn Samuel Schey traten, brachen Feuerwehr und zusammengelaufenes Volk in laute Eljen-Rufe aus, in die hinein der Trompeter mit dem roten Roßhaarbusch auf dem Feuerwehrhelm übergicksend den Generalmarsch schmetterte. Herr Samuel Schey verbeugte sich sehr tief, die Mädchen warfen Blumen, und der Wagen fuhr den steil abfallenden Weg durch das Dorf. Als der Graf seine Besorgnis äußerte, daß nun vielleicht vor der Zeit Prag, Bukarest und Belgrad alarmiert werden könnten, meinte der Kaiser, es sei dafür gesorgt, daß die große Entente den unvermeidlichen Lärm der Kleinen Entente überhöre. Man habe es in Paris den Tschechen nicht vergessen, daß diese, als die Russen vor Warschau gestanden, statt den Polen zu helfen, mit den Russen verhandelt und französische Munitionstransporte nicht nach Warschau durchgelassen hätten. Was Rumänien angehe, so müsse der König von Rumänien dankbar sein, daß man von Wien aus die einst von Berlin geforderte Absetzung verhindert habe. Und Jugoslawien? Tamás wisse doch, wie die Serben in den neuen Provinzen hausten und wie brutal sie die braven Kroaten tribulierten! Wenn er, der König, sich eine Woche in Ungarn halten könne, würden die Kroaten von den

Serben abfallen und sich wieder seiner Krone unterstellen. Die Budapester Arbeiter? Ob Tamás nicht wisse, daß die Legitimisten ein Abkommen mit den Arbeitern hätten, da die Arbeiter ganz genau wüßten, daß Horthy sie auch weiterhin mit Brachialgewalt niederhalten wolle. Und wie die Arbeiter, dächten auch die Budapester Juden. Arbeiter und Juden hofften auf den gekrönten König und auf die Gerechtigkeit, die nach der Diktatur ganz allein der König wiederherstellen könne. Seit es keine Monarchie mehr gebe, sehe das Volk von Tag zu Tag mehr ein, welchen Schutz ein über allen Parteien stehender König gewähre. Überdies werde einer der eifrigsten Verfechter der freien Königswahl in diesen Tagen in Steinamanger eine Hofdame der Königin heiraten und so verhindert sein, in Budapest gegen den rechtmäßigen König aufzutreten. Alles dürfe Tamás wohl nicht erfahren, aber Tamás könne wirklich beruhigt sein, die Rückkehr sei mit Umsicht vorbereitet, nichts sei unüberlegt geblieben, alles werde, alles müsse gut gehen.

Die Hügelketten rückten weiter auseinander, die Häuser in den Dörfern wurden kleiner, hin und wieder tauchten über den Geschäften der Schuster, Fleischer und Schneider noch deutsche Familiennamen auf, doch die Taufnamen waren alle ungarisch. In jedem Ort gab es einen Löwy oder einen Rosenbaum, einen Feigl oder einen Kohn; Blum, Hirsch und Wolf waren häufig, und überall gab es neben dem jüdischen Kaufmann in der Mitte des Ortes die Zigeunersiedlung draußen am Ortsrand. Die Sonne sank hinter den blauen Bergen im Westen, die Frösche begannen zu quaken, die Kühe und die Schweine trotteten und zottelten durch die noch mit Gras bestreuten Straßen, durch die die Prozessionen gezogen waren. Zigeunerkinder, mit bettelnd ausgestreckten braunen Händen, rannten hinter dem Wagen drein, bis ihnen der Atem ausging. Der Kaiser war müde geworden, der Kopf war ihm auf die Brust gesunken, er war eingeschlafen und wurde erst durch das Hufegeklapper auf dem Pflaster von Steinamanger wach. Vor der Bischofsburg, einem hohen Barockpalais im kaiserlichen Reichsstil, neben dem Dom, hielt der Wagen. Die Fensterfront des ersten Stockes war erleuchtet. Der dicke Portier kam aus der Loge, erkannte den Grafen und fragte, was denn geschehen sei, daß der Herr Graf noch zu so später Stunde komme. Der Graf erwiderte, er müsse den Bischof selbst sprechen, und hastete die Treppe hinan. Auf dem Treppenabsatz stieß er mit dem Kammerdiener Seiner Gnaden zusammen.

„Gut, daß du da bist! Melde Seiner bischöflichen Gnaden, daß ich, Erdödy Tamás, hier bin, und daß ich für einen anderen Herrn und für mich um Unterkunft bitte."

Es sei kein Platz frei im ganzen Hause, erwiderte der Kammerdiener, das Haus sei voll von Gästen, es seien Osterexerzitien gewesen. Tamás wurde ungeduldig: Gäste hin, Gäste her, die geistlichen Herren könnten auch drüben im Seminar schlafen, zwei Betten müßten freigemacht werden, der Kammerdiener möge dem Herrn sagen, daß Erdödy Tamás dringend darum bitte.

Der würdige Kammerdiener machte kehrt, stieg gemessen die Treppe hinan und betrat den großen hellerleuchteten Prunksaal. An der von geistlichen Herren besetzten langen Tafel saß zu oberst Bischof Graf Mikes und feierte mit den Herren seiner Diözese das Fest der Auferstehung. Die blumengeschmückte Tafel blinkte von Kristall und Silber, sonnverbrannte Landgeistliche in prallen Soutanen saßen verlegen lächelnd neben rosigen, verbindlich lächelnden Domherren, Prälaten mit violettem Vorsatz tranken bedächtig den schweren Wein, und junge Kapläne lauschten mit roten Köpfen den Erfahrungen, die alte Pfarrherren gemacht hatten. Über der Tafel wölbte sich festlich die reich stukkierte Decke. Auf leisen Sohlen trat der Kammerdiener hinter den hochlehnigen Stuhl des Bischofs und erstattete vorgebeugt und leise hinter der vorgehaltenen Hand die Meldung. Graf Mikes, ein schöner, schlanker Mann, dem Aussehen nach mehr Kavalier als Priester, lachte laut auf: „Ist Tamás wieder einmal in solchem Räuberzivil, daß er sich nicht hereintraut? Nun, ich werde gleich zu ihm kommen. Richt ihm das aus."

Als der Kammerdiener dem Grafen diese Antwort überbrachte, stand der Kaiser neben Erdödy, der ungeduldig aufstampfte: „Was heißt hier gleich? Sofort! Geh noch einmal hinein und sag Seiner bischöflichen Gnaden, daß das keine Gleichgleich-, sondern eine Sofortsache ist!"

Der Kammerdiener eilte zurück und berichtete dem Bischof von der Ungeduld des Grafen, mit dem übrigens noch ein zweiter Herr gekommen sei. Auf die Frage des Bischofs, wer der andere Herr sei, mußte der Kammerdiener antworten, daß er diesen noch nie in Steinamanger gesehen habe. Also erhob sich der Bischof, trat hinaus in das Stiegenhaus und fragte den Grafen, warum er wie ein Bettler draußen vor der Tür stehen bleibe und nicht hereinkomme, ob er so schmutzig sei, daß sich Tamás nicht unter ordentliche Leute traue? Er müsse den Bischof um etwas bitten, erwiderte Tamás, und das klang so bescheiden, daß es dem Bischof ganz ungewöhnlich vorkam.

„Bitten, bitten!“ ahmte der Bischof den Grafen nach, „wenn du unangesagt zu so später Stunde hier hereinschneist, mußt du eben ins Gasthaus gehen, kann ich dir in meinem Hause kein Nachtquartier geben.“ Und zu dem im Schatten an der Mauer stehenden Kaiser fügte der Bischof scherzend hinzu: „Man muß mit Tamás streng sein, sonst wird er zu üppig.“

Als aber der Herr im Schatten keine Miene machte, sich vorzustellen, bot ihm der Bischof, da der Fremde nun einmal von Tamás mitgebracht worden war, die Hand. Der Kaiser nahm die Autobrille ab: „Mikes, kennen Sie mich nicht?“

Er habe noch nie das Vergnügen gehabt, erwiderte der Bischof und wechselte den Platz, um den Fremden genauer sehen zu können. Nun erkannte der Bischof, wer vor ihm stand, und erschrak so, daß ihm die Knie wankten.

Erdödy, der sich während der ganzen Fahrt diese Szene ausgemalt hatte, ließ sich mit tiefer Stimme vernehmen: „Es ist Seine Majestät der Apostolische König!“

Der Bischof trat einen Schritt zurück, drehte sich um, wollte Anordnungen treffen, ließ es sein, kehrte wieder um, legte den Finger an die Lippen, nahm den Kaiser beim Arm, führte ihn in einen kleinen, stillen Salon, betrachtete ihn, während er den Monarchen noch immer festhielt, genau und fragte, ob er wirklich der König sei.

„Ja, Mikes, ich bin es wirklich.“

Da umarmte der Bischof den König und hieß ihn tausendmal willkommen, sein ganzes Haus stehe zur Verfügung, in einigen Minuten werde Platz gemacht und alles gerichtet sein. Schon wollte der Bischof davoneilen, kehrte aber an der Tür wieder um und überstürzte sich in Fragen: Ob man in Budapest von dieser Rückkehr etwas wisse? Wie denn der Grenzübertritt möglich gewesen sei? Ob man den Unterrichtsminister der Regierung Horthy, den Prälaten Vass, der eben wegen der Exerzitien hier im Hause sei, verständigen solle? Vass könnte ja sogleich in das Konversationszimmer kommen. Dem König war weniger an Horthys Unterrichtsminister als an Oberst Lehár gelegen. Ja, auch der sei im Orte, erwiderte der Bischof, er werde sogleich nach dem Oberst schicken. Der Bischof eilte hinaus, kam bald wieder und ersuchte den König, mit ihm in das Konversationszimmer zu kommen. Beim Eintritt des Königs erhoben sich der Prälat Vass und einige Geistliche, und der Bischof erklärte, daß Seine Majestät der König wieder im geliebten Ungarn sei. Betretenes, ja betroffenes Schweigen folgte diesen Worten. Der Bischof stellte den Prälaten Vass als Unterrichtsminister vor. „Gewesener Unterrichtsminister", verbesserte Vass mit tiefer Verbeugung, „denn in dem Augenblick, in dem der gekrönte König im Land ist, kann nur der Minister sein, den der König ernennt. Sonst geht es ihm so, wie es im morgigen Evangelium heißt: ‚Er kam in sein Eigentum, und die Seinigen nahmen ihn nicht auf.'"

Da ein Parlamentarier nicht auf den Mund gefallen sein darf, und ein König Schlagfertigkeit anerkennen muß, fragte der König, ob Vass die Ernennung aus seiner Hand annehme. Vass nahm untertänigst dankend an, und ein Domherr flüsterte seinem Nachbar zu, daß Vass sich gehütet habe, vollständig zu zitieren, denn es heiße weiter: ‚Allen aber, die ihn aufnahmen, gab er Macht.' Der Nachbar blickte kurz nach dem König und erwiderte ebenso leise, daß ein wirklicher König eine Gunst erweise, aber nicht fragen dürfe, ob man eine Gunst annehme. So etwas hätte der alte König sein Leben lang nie gefragt.

Ein Priester nach dem andern verabschiedete sich mit tiefer Verbeugung und mit bekümmerter Miene. Der König blieb mit dem eben neu ernannten Unterrichtsminister allein zurück, aber er kam mit ihm in kein Gespräch, und Vass schien sich auch nicht wohl zu fühlen als doppelt ernannter Unterrichtsminister.

Endlich kam in aller Eile Lehár herein, der Bruder des Operettenkomponisten. Von seiner Verwundung her zog der Oberst den Fuß noch nach. Er machte Front vor seinem König und meldete sich als Stadtkommandant von Steinamanger. Er kam nicht weiter. Die Stimme überschlug sich, Tränen liefen ihm über die Wangen. Der König umarmte den Offizier. Als Lehár sich wieder in der Hand hatte, meldete er, daß er das Bataillon in Güns alarmiert habe, damit es den Schutz von Steinamanger übernehme, ferner sei bereits veranlaßt, daß vor der bischöflichen Residenz eine Ehrenwache aufziehen werde. Da der König nun über eine, wenn auch nur winzige Macht verfügte, überreichte er dem Prälaten Vass das Manifest, das er erlassen wollte, und das Vass telephonisch an Horthy durchgeben sollte. Man werde es morgen drucken und die Truppen darauf vereidigen lassen.

Während der Prälat das Manifest las, raunte Oberst Lehár dem König zu, keine Zeit zu verlieren, sich nicht mit Manifesten und Kundgebungen abzugeben, sondern die Truppe zu vereidigen und an ihrer Spitze nach Budapest vorzudringen. Man könnte einen Zug zusammenstellen, nach Budapest fahren, und von Station zu Station die Garnisonen schwören lassen. Das sei die einzige Möglichkeit, Horthy beizukommen, denn freiwillig werde der Reichsverweser nie und nimmer die Macht aus der Hand geben. Der König ließ Lehár nicht weiterreden: Das, was man ihm hier vorschlage, bedeute Bürgerkrieg. Und er wolle um keinen Preis der Welt Blutvergießen. Er wünsche nicht, daß es zu einem Bürgerkrieg komme. Lehár entgegnete, es müsse zu keinem Bürgerkrieg kommen, wenn man rasch handle. Horthy habe nur wenig Truppen in Budapest, er werde Vernunft annehmen, wenn er sich vor der Macht beugen müsse.

Das Gespräch wurde unterbrochen, der Redakteur des Tagblattes von Steinamanger, der Abgeordnete Lingauer, trat ein und stellte sich dem heimgekehrten König zur Verfügung. Der König ersuchte Lingauer, mit Vass gemeinsam noch einmal das Manifest durchzusehen. Vass las vor: „‚Dem Drange meines Herzens folgend, bin ich in die geliebte Heimat zurückgekommen und habe mit dem heutigen Tag die Regierung übernommen.' " Vass hielt inne und fragte, ob man hier nicht mit ein paar anerkennenden Worten des Reichsverwesers gedenken sollte, der doch das Land von den Bolschewisten befreit und von den Scharen Bela Kuns gesäubert habe. Lehár war dagegen, man verliere nur Zeit, und Zeit sei gegenwärtig das kostbarste! Solch wichtige Fragen, erwiderte Vass, könne man nicht im Handumdrehen lösen, die wollten überdacht sein. Es wäre gut, schlug der Abgeordnete Lingauer vor, den Ministerpräsidenten Teleki zu fragen, der leicht zu erreichen sei, da er sich in Ivancz bei Graf Sigray auf der Schnepfenjagd befinde.

Der König achtete nicht auf die warnenden Zeichen Lehárs, der König fragte, wann Teleki hier sein könne. Als der Bischof meinte, morgen früh könne Teleki hier sein, entgegnete der König, dem Lehár ein Zeichen gemacht hatte, das sei zu spät, er müsse morgen in aller Frühe weiter, aber vielleicht könnte man Teleki telephonieren, wer da sei, und wer ihn verlange. Das könne man unmöglich, wehrte Vass ab, denn bei Sigray sei der amerikanische Hochkommissär für Ungarn zu Gast, und es wäre besser, wenn der Hochkommissär, ehe zwischen Reichsverweser und König alles festgelegt sei, nichts von der Anwesenheit des Königs in Ungarn erfahre. Man kam nach einigem Hin und Her zu dem Beschluß, Teleki zu telephonieren, daß der Graf nach Steinamanger kommen müsse, da ein großes Unglück geschehen sei.

Als Vass und Lingauer, vom Bischof geleitet, gegangen waren, riet Lehár dem König noch einmal eindringlich davon ab, sich in Unterhandlungen einzulassen. Er sei König, und Horthy sei sein Offizier. Der König habe hier zu bleiben, wenn er nicht nach Budapest marschieren wolle, und Horthy habe hierher zu kommen und sich bei seinem König zu melden.

Wenn der König dem Admiral als Oberster Kriegsherr entgegentreten wollte, mußte der König eine Uniform haben. Lehár wollte den Regimentsschneider kommen lassen. Die Feldmarschallsdistinktionen, die sich wohl in ganz Steinamanger nicht auftreiben lassen würden, könnten die Nonnen drüben im Kloster sticken. Erdödy und Lehár machten sich auf, um das in Ordnung zu bringen, der Bischof erschien wieder und lud den König zu einem Imbiß ein. Während des Essens mußte der Bischof von der Bolschewikenzeit erzählen. Er, der König, habe in der Schweiz alle Nachrichten mit fieberhaftem Interesse verfolgt, aber man könne sich doch nicht die richtige Vorstellung machen. Der Bischof erzählte von den Gerichtssitzungen der Bela-Kun-Leute drüben im Komitatsgebäude, er berichtete von seiner Verhaftung und von seiner Flucht. Auf die Frage des Königs, wie sich in Steinamanger die Roten im allgemeinen benommen hätten, erwiderte Mikes, in Ungarn seien sogar die Räuber, wenn sie nicht gerade betrunken wären, höfliche Leute; es hätte ärger kommen können, aber die Leute hier seien nicht so leicht aufzuhetzen.

Trommelschlag unterbrach den Bischof. Der König trat ans Fenster und sah unten vor dem Palais die Ehrenwache aufziehen. Prälat Vass erschien und teilte mit, daß er mit Ivancz telephoniert habe: in zwei Stunden würden Sigray und Teleki hier sein. Kurz darauf meldete Lehár, der Schneider werde gleich kommen. Das Bataillon in Güns waggoniere ein. Erdödy teilte, als man wieder im Konversationszimmer war, den Ehrendienst ein: Er wurde Flügeladjutant, Ordonnanzoffiziere wurden Rittmeister Baron Rohncy und Oberleutnant von Almasy. Prälat Vass kam noch einmal auf das Manifest zu sprechen. Gut, der König wollte es zu Ende diktieren, Vass möge es ins Ungarische übersetzen. Vass setzte sich an den Schreibtisch, und der König ging noch ein paarmal auf und ab, ehe er begann: „Lieber Horthy…“ Der König blieb stehen: „Das geht nicht. Das klingt nicht gut. Es muß mehr Wärme hinein. Schreiben Sie also: ‚Mein lieber Herzog von Horthy.‘ “

So könne man Horthy nicht kommen, erwiderte Prälat Vass, so beleidige man den Reichsverweser. Der König fragte Lehár um seine Meinung, und Lehár erwiderte, er sei nach wie vor dagegen, viel zu schreiben; das, was hier nötig sei, sei Handeln. Vass legte gegen diese Ansicht Verwahrung ein: Seine Majestät sei doch nicht nach Ungarn gekommen, um Horthy zu bekämpfen, Seine Majestät dürfe doch nicht durch einen Angriff Horthy in einen Konflikt drängen, man könne doch nicht, wie es Lehár offenbar wünsche, dem Reichsverweser von vorneherein als Feind gegenübertreten.

Ein Diener servierte Kaffee, der Regimentsschneider kam mit einer Uniform, die ein Leutnant bestellt und nicht abgeholt, und die für den König nun umgeändert werden sollte. Eine Nonne versprach, zur rechten Zeit mit den Rangabzeichen fertig zu sein.

Das Geräusch eines vorfahrenden Autos lockte den Bischof ans Fenster. Der Wagen des Grafen Sigray! Der Bischof eilte den Angekommenen über die Treppe entgegen. Was denn um Gottes willen geschehen sei? rief Teleki, wer denn Horthy ermordet habe, ob dieses arme, unglückliche Land denn nie zur Ruhe kommen könne? Horthy ermordet? Wer das sage? Keine Spur! Horthy liege wahrscheinlich jetzt, um halb fünf, im besten Schlaf und träume nicht einmal etwas Böses, versicherte der Bischof. Was denn für ein Unglück geschehen sei, wollten die Grafen wissen, weshalb man sie denn mitten in der Nacht aus den Betten geholt habe? Ob es ein Glück oder ein Unglück sei, werde sich noch erweisen, erwiderte der Bischof, man habe den wahren Grund nicht am Telephon sagen können, da es sich um ein sehr großes Geheimnis handle: der König sei im Lande, und im Auftrage des Königs sei nach dem Ministerpräsidenten geschickt worden.

Um Gottes willen! Wer habe denn da wieder den König beraten? Der Ministerpräsident Graf Teleki war erschrocken, und auch Graf Sigray zeigte sich nicht erfreut: Wo? Seit wann? wollten beide wissen. Seit gestern. Hier im Palais. Warum? Das wisse nur der König, er habe mit ihm, dem Bischof, nicht darüber gesprochen.

„Zu früh, mein Lieber, zu früh!“ klagte Teleki. „Horthy wird in große Verlegenheit geraten.“

Auf die Frage des Bischofs, was man tun solle, erwiderte der Ministerpräsident, das Allerbeste, was man in dieser Sache tun könne, wäre, den König sofort, in dieser Stunde noch, ehe es irgendwie in der Welt bekannt würde, in die Schweiz zurückzuschicken. Man steche da in ein Wespennest, eine Restauration Habsburgs sei doch keine ungarische, sei eine europäische Angelegenheit, das müsse man dem König begreiflich machen, wenn er selbst nicht auf solch naheliegende Bedenken komme. Der Bischof ersuchte den Grafen Teleki, dies alles dem König, wenn auch mit der gebotenen Schonung, zu sagen, denn der König wünsche gewiß nicht, einen europäischen Konflikt heraufzubeschwören.

Als der Bischof die Grafen Teleki und Sigray dem König vorstellte, fragte der König, warum man so bekümmert aussehe, ob sich die Herren nicht freuten, daß ihr König wieder im Lande sei?

Teleki erwiderte, er hätte sich nicht nur als Mensch und Untertan, sondern auch als Staatsmann sehr gefreut, er könne die Rückkehr Seiner Majestät aber vor seinem Gewissen nicht verantworten. Und ohne sich um das Erschrecken des Königs zu kümmern, wiederholte der Ministerpräsident alles, was er dem Bischof bereits auf der Stiege gesagt hatte. Der König streckte sich: es gebe für ihn kein Zurück, er habe alle Brücken hinter sich abgebrochen, es schmerze ihn, einen solchen Rat aus Telekis Mund zu vernehmen.

Wenn Seine Majestät wirklich nicht in die Schweiz zurückkönne, erwiderte Teleki, dann möge Seine Majestät möglichst unauffällig nach Budapest fahren und sich dort mit Horthy besprechen. Als der König sagte, daß dies auch seine Ansicht sei, daß jedoch Lehár die Meinung vertrete, Horthy habe nach Steinamanger zu kommen und sich bei seinem König zu melden, wehrte Teleki erschrocken ab: Das sei doch, um Himmels willen, keine Frage des Dienstreglements oder des militärischen Ranges, das sei eine Frage der Politik, und man müsse wohl sagen, die für Ungarn gefährlichste Frage! Und wenn König und Reichsverweser in Steinamanger seien, und die Königswähler in Budapest nein! sagten, was dann? Von Steinamanger aus könne man nicht Budapest beherrschen, in Budapest liefen alle Bahnlinien zusammen, in Budapest sei der Regierungsapparat. Wer in Budapest sei, der sei der Herr Ungarns.

Oberst Lehár widersprach dem Ministerpräsidenten: Habe sich nicht auch Horthy von Debrecen aus des Landes bemächtigt? Was von Debrecen aus möglich gewesen sei, könne man von Steinamanger aus wiederholen.

Teleki bestritt das sehr lebhaft: Nein, das sei durchaus nicht dasselbe. Horthy habe seine kleine Truppe in Debrecen unter dem Schutze der Entente aufgestellt, weil es im Interesse der Entente gewesen sei, den Bolschewismus zu bekämpfen. Der Bolschewismus sei besiegt. Welches Interesse werde die Entente an einem Vormarsch des Königs gegen Budapest haben? Steinamanger liege außerdem zu nahe der jugoslawischen Grenze. Wenn aber die Restauration nicht mit einem Schlag gelinge, würden alle Nachbarn wie auf einen Pfiff über Ungarn herfallen und das arme Land zerstückeln. Als der König fragte, ob Horthy Widerstand leisten würde, wenn er, der König, an der Spitze der Truppen gegen Budapest marschiere, wich der Ministerpräsident aus: Horthy habe sich immer dahin geäußert, daß er sich auf den Tag freue, an dem er dem gekrönten König Krone und Macht zurückgeben könne. Deshalb möge doch der König nach Budapest fahren und dort mit Horthy alles besprechen. Als Lehár abermals den König vor einer solchen Fahrt warnte, da man ja nicht wissen könne, wie sich der Reichsverweser verhalten werde, schlug Teleki vor, daß ja Vass und er zu Horthy vorausfahren und den Reichsverweser über die Ankunft des Königs unterrichten könnten. Zeige sich der Reichsverweser einer Zusammenkunft abgeneigt, halte Horthy die Rückkehr des Königs noch für verfrüht, so könnten ja Vass und er gleich wieder umkehren, dem König auf der Stuhlweißenburger Chaussee entgegenfahren und Seiner Majestät auf diese Weise eine unangenehme Begegnung ersparen. Es wäre dann natürlich besser, wenn der König nicht als Feldmarschall fahre, sondern mit anderen Rangabzeichen. Lehár erbot sich, dem König die eigene Bluse zu geben, die Marschallsuniform könne man auf jeden Fall für die Vereidigung der Truppen in Budapest einpacken.

Der König stimmte den Vorschlägen zu. Lehár riet noch einmal ab und bat, als der König alle Bedenken zurückwies, bei seiner Truppe in Steinamanger bleiben zu dürfen, da dieses Bataillon doch das einzige verläßliche sei, auf das sich Seine Majestät stützen könne.

Der Schneider erschien und bat, ob er anprobieren dürfe. Der König fuhr in die Bluse, trat vor den Spiegel und klagte, er sehe wie ein Rekrut aus. Erdödy fand den Sitz der Bluse gut, Seine Majestät komme sich nur deshalb als Rekrut vor, weil die Bluse ohne Distinktion gar so nackt aussehe. Er werde sich nach ein paar Orden umsehen, dann werde die Sache gleich ein anderes

Gesicht bekommen. Der Schneider fügte hinzu, die Bluse sei genauso, wie der Herr Graf es gesagt, Seine Majestät der König sei eben so schlank wie ein Leutnant.

Der König zog wieder seinen Zivilrock an und begab sich mit dem Bischof hinüber in den Dom. Es dämmerte. Die Glocken begannen zu läuten. Der König legte in der Sakristei dem Bischof die Beichte ab. Leise hob die Orgel an. Der König nahm im Chor gegenüber den jungen Seminaristen im Chorgestühl Platz. Den Jünglingen fiel es heute schwer, sich zum Gebet zu sammeln. Das frühe Licht des Morgens füllte allmählich das rotmarmorne Schiff, dessen kühlen Klassizismus auch die Sonne nicht erwärmen konnte. Der König kniete am Speisegitter nieder und empfing die heilige Kommunion. Gesenkten Hauptes verharrte er dort bis zum Ende der Messe. Als der König im Bischofspalais frühstückte, brachten zwei Nonnen die Bluse mit dem gestickten Goldkragen und dem etwas zu dick geratenen Eichenlaub. Der König bedankte sich bei den vor Glück über und über errötenden Nonnen.

Ostersonntag bei Horthy, 1921

Der Domplatz lag still. Der Ehrenposten schlug krachend die Absätze zusammen, als der König aus dem Palais trat, um das Auto zu besteigen. Der Bischof war mitgekommen und sah auf die Uhr. Vass und Teleki hatten bereits mehr als eine Stunde Vorsprung. Der von Oberleutnant von Almasy gesteuerte Wagen war ein großer offener, von Erdödys Tante ausgeliehener Puch. Der König trug die Oberstenbluse Lehárs, der Bischof hüllte ihn sorgfältig in einen großen Pelz ein. Neben dem König nahmen Sigray und Oberst Jármy Platz. Vor dem Dom standen ein paar Seminaristen und blickten neugierig herüber. Die dunkelbraune, strenge, durch Granitsäulen gegliederte Empirefassade des Domes schien jenes rauhe und etwas holprige Latein zu sprechen, dessen sich hier noch vor hundert Jahren der Adel und die Beamtenschaft bedient hatten. Das Palais, das Priesterseminar, das Rathaus und das Komitatsgebäude waren in der gleichen strengen und vornehmen Form und in derselben Zeit erbaut. Der König, der aus der Schweiz kam, sah auf einmal diese Bauwerke mit Augen an, die in der Fremde erst das Eigene erkennen gelernt hatten. Als der Wagen ansprang, winkten die Zurückbleibenden, und der König winkte zurück.

Der Morgen war kühl, die Straßen waren schlecht. Die Somlauer Berge, die stumpfen vulkanischen Kegel mit den angebrochenen Basaltfelsen und den zerstörten Burgen aus der Türkenzeit, tauchten auf. Hier gab es weit und breit kein Fleckchen Land, auf dem nicht in den Türkenkriegen Blut geflossen war. Vereinzelt standen an den Straßen noch die Raaber Kreuze mit der Inschrift:

Der Heiligen Dreifaltigkeit sei Preis und Dank,
Daß Raab ist wieder in der Christen Hand.

Überall sah man weit draußen zwischen den Herrschaftsfeldern die Bauern und Landarbeiter in ihrer bunten Tracht zu den den Ostersonntag einläutenden Kirchen ziehen. Sie durchfuhren eine Adelsgegend, in der fast jeder Magnat ein Gut besaß; endlos dehnten sich die herrschaftlichen Felderstreifen, nur durch Weinberge an den Hügeln unterbrochen. Hin und wieder begegneten sie dem Gespann eines reicheren Bauern, das mit bunten, lachenden Mädchen und singenden Burschen besetzt war. In manchen der armen Dörfer standen hinter strohgedeckten Lehmhütten ein paar kleine, fast winzige, grellweiße Ziegelhäuschen mit roten Dächern, Erinnerungen an die Zeit Bela Kuns, da man das Ackerland verteilt und den armen Feldarbeitern diese Häuschen gebaut hatte. Etwas abseits erhob sich mit dunklen Balken der Ziehbrunnen, Rinder und Pferde waren auf der Weide, Hirten in alten, über die Schulter geworfenen Mänteln sahen regungslos dem Auto nach, vor dem die schnatternden Gänse flügelschlagend flüchteten. Vor mancher armseligen Lehmhütte stand wie eine Blume im irdenen Geschirr ein herausgeputztes Mädchen mit hellem Kopftuch, weiten, schwingenden Röcken und hohen glänzenden Stiefeln.

In Sümeg läuteten die Osterglocken, Gymnasiasten bummelten zu zwei und zwei über den Korso, Offiziere flanierten mit Mädchen und schauten dem Auto nach, auf dem Platz standen, nach Farben, Trachten und Dörfern gesondert, vor dem Hochamt die Bauern und die Landarbeiter von den herrschaftlichen Gütern.

Über dem Plattensee im Süden bauten sich hohe Wolkengebirge auf. Hätten die Ausläufer des Bakonywaldes mit ihren Hügeln nicht das flache Land beschwert, es wäre im Uferlosen verflossen. Der Fahrtwind war so stark, daß der König zu Almasy vor kam und sich hinter der Windschutzscheibe duckte. Bald sank dem König, der die ganze Nacht kein Auge zugedrückt, das Kinn auf die Brust. Die Obstbäume an der Straße blühten, Fasane tänzelten durch die Ackerfurchen, Rehe hoben den Kopf, äugten dem Wagen nach undästen ruhig weiter. In den kleinen Gehölzen schrie der Specht, Hasen hoppelten langsam davon. Als der Wagen vor einer Bahnschranke hielt, hörte man im Kirschenbaum die Bienen summen. Almasy drehte sich um, deutete auf den König und zeigte mit der Hand an der Wange, daß der König eingeschlafen sei. In Stuhlweißenburg wurde getankt. Auch hier gab es ein Bischofspalais, einen Dom und ein paar Straßen mit Barock- und Empirehäusern, die ebensogut in Agram, Esseg, Olmütz, Waitzen oder Hermannstadt hätten stehen können. Auch hier zog farbenbuntes und kräftiges Landvolk durch die Straßen, und Offiziere in den Uniformen der alten Armee mit ein wenig weiterwuchernden Honvedverschnürungen patrouillierten auf dem Korso, nach schönen Frauen ausschauend. Der König schlug kurz die Augen auf, fragte, wo man sei, und ersuchte Almasy, auf der Stuhlweißenburger Chaussee gut aufzupassen, damit man den Wagen Telekis nicht verfehle. Er sei, wenn man den Ministerpräsidenten treffe, sogleich zu wecken. Das sagte der König, lehnte wieder sein Haupt zur Seite und schlief sogleich weiter.

Auf der breiten Ausfallstraße gab Almasy Gas. Hin und wieder blinkte die Donau durch die Auen. Es kam ihnen eine Anzahl von Wagen entgegen, aber Telekis Auto war nicht darunter.

Die ersten Feuermauern mit Hotelankündigungen tauchten auf, ragende Fabrikschlote folgten. Da waren auch die ersten gelbweißen Wagen der Straßenbahn und vor Almasys Hupen ausweichenden Ausflügler. Der König wachte auf, rieb sich die Augen und setzte sich gerade. Von umplankten Fußballplätzen schallte Geschrei in die trostlosen Vorstadtstraßen. Auch in Budapest hatten, wie in Wien, ältere daheimgebliebene Leute den Stuhl neben der Haustür in die Sonne gestellt. Bei der Franz-Josephs-Brücke kam man an die Donau. Der Blocksberg tauchte auf mit dem niedern Würfel der alten Ofener Zitadelle, die Anlagen unter dem Gellertdenkmal waren schon grün. Um wieviel sich dieses vom Strom geteilte Budapest prächtiger zu geben verstand als Wien, wieviel mehr es aus sich machte! Der verlorene Krieg hatte beide Städte an die Nordränder der kleingewordenen Staaten gedrückt. Von der Budapester Fischerbastei wie vom Wiener Kobenzl war an klaren Tagen die tschechische Grenze zu sehen. Die Polizisten, die mit knappen Wendungen die Durchfahrt freigaben, fand der König strammer und besser angezogen als in Wien. Überhaupt schien Budapest, trotz der schweren Zeit, die hinter ihm lag, besser gepflegt.

Der Wagen bog links in die Attila-Körut ein und fuhr zum königlichen Schloß hinauf. Das Burgviertel mit seinen schlichten, niedrigen Adelspalais lag zeitvergessen da wie der Prager Hradschin oder das Olmützer Domherrenviertel, es stammte aus einer Zeit, in der das Vornehme noch schlicht und sicher war.

Vor dem einstöckigen Palais des Ministerratspräsidiums hielt der Wagen. Auf Sigrays Frage, ob der Ministerpräsident schon eingetroffen sei, erfuhr man, daß weder Teleki noch Vass hier im Hause gewesen seien. Der König stieg aus und ging mit seinen Begleitern in das Palais. Nach kurzer Beratung beschloß man, Oberst Jármy in die Burg zu schicken, sich nach Teleki und Vass zu erkundigen und Seine Majestät bei Horthy anzumelden. Der König wollte sich inzwischen umziehen und in ein paar Minuten nachkommen.

Als der König sich von der Reise gereinigt hatte, fragte er Sigray, ob Oberst Jármy schon von Horthy zurück sei. Der Oberst sei noch nicht zurück, erwiderte Sigray, und das lasse darauf schließen, daß Horthy wahrscheinlich nicht in der Burg sei. Vielleicht könne Graf Sigray in der Burg nachfragen, wo sich Horthy augenblicklich aufhalte, schlug der König vor, denn man dürfe nicht im letzten Augenblick noch mehr Zeit durch unnützes Warten verlieren. Der König, der Lehárs Bluse trug, um in der Feldmarschalluniform kein Aufsehen zu erregen, wünschte Sigray bis zur Burg zu begleiten und auf der Bastion zu warten.

Der König, Sigray und Erdödy gingen zur Burg. Die grünen Kupferdächer und die flache Kuppel mit der heiligen Stephanskrone flimmerten im Mittagslicht. Vor dem Palatinatsgebäude des Erzherzogs Joseph stand ein Posten, ebenso vor dem stillosen Honvedministerium. Der König lehnte sich an die Mauerbrüstung und blickte, einen Apfel essend, wie ein Schüler, der auf Ferien in die Stadt gekommen ist, auf die Donau und auf die großen Kettenbrücken hinunter.

Graf Sigray eilte an der Wache vorbei und stieß im Burghof auf Horthys Flügeladjutanten, den Artilleriehauptmann Magasházy, der, wie seine rotweißgrüne Feldbinde zeigte, im Dienst war. Als Sigray fragte, ob Ministerpräsident Graf Teleki schon bei Horthy gewesen sei, versetzte der Flügeladjutant, daß seines Wissens Teleki gar nicht in Budapest, sondern in Westungarn auf der Schnepfenjagd sei. Ob Magasházy vielleicht Oberst Jármy gesehen habe? Jármy, welchen Oberst Jármy denn? Der Flügeladjutant kannte keinen Oberst Jármy. Sigray beschrieb das Aussehen des Obersten, der Flügeladjutant schlug sich an die Stirn: ja, diesen Oberst habe er gesehen, den wolle er eben verhaften lassen, weil der Oberst ein Narr sei! Dieser Oberst sei hier in der Burg herumgelaufen und habe es allen, die es hören und auch denen, die es nicht hören wollten, verkündet, der König sei eben in Budapest eingetroffen und werde zu Horthy gehen und vom Reichsverweser die Krone zurückverlangen.

Dieser Oberst, erwiderte Graf Sigray, sei genauso wenig verrückt wie der Flügeladjutant oder wie er selbst, aber vielleicht sei es das beste, wenn Hauptmann Magasházy ihn, den Grafen Sigray, gleich zum Reichsverweser führe. Als der Hauptmann erklärte, Horthy sei gerade beim Speisen, jetzt könne man unmöglich bei ihm vorkommen, wurde Sigray ungeduldig: seine Sache sei so dringend, daß auch der Herr Reichsverweser die Mahlzeit unterbrechen müsse. Der Hauptmann wich einen Schritt zurück: ob es wirklich wahr sei, was jener Oberst behauptet habe? Sei der König wirklich in Budapest? Ja, der König sei hier, und er, Graf Sigray, wolle das Horthy melden. Aber es müsse schnell gehen!

Der Flügeladjutant war sichtlich betroffen, er murmelte eine Entschuldigung und bat den Grafen, ihm zu folgen. Durch eine Reihe von halbverdunkelten Gemächern kamen sie zum einstigen Arbeitszimmer des Königs. Bald darauf erschien Horthy, erwiderte kaum Sigrays Gruß und erkundigte sich hastig, ob denn das wirklich wahr sei, was ihm sein Flügeladjutant eben gemeldet habe? Und wenn es wahr sein sollte, warum man ihn nicht vorher verständigt habe? Habe denn niemand bedacht, was aus solch einem unüberlegten Schritt alles entstehen könne? Wen solle man dafür verantwortlich machen, daß der König so schlecht beraten sei? Nichts sei vorbereitet, er wisse nicht einmal, wo man den König in aller Eile unterbringen solle. Ob die Ankunft des Königs in Budapest schon bekanntgeworden sei?

Als Sigray versicherte, daß offiziell wenigstens noch niemand etwas erfahren habe, atmete Horthy erleichtert auf: wenigstens ein Lichtblick! Dann könne ja der König ebenso unbemerkt wie er gekommen sei, wieder in die Schweiz verschwinden. Die

Erörterung dieser Fragen, erwiderte Sigray, habe Zeit, nicht Zeit aber habe der König, den man nicht länger unten vor der Burg stehen lassen könne. Das beste wäre wohl, wenn Horthy diese Sorgen alle mit dem König selbst bespräche. Selbstverständlich, selbstverständlich! Horthy ersuchte den Grafen, den König zu bitten. Sigray empfahl sich eilig und hastete zum König, der inzwischen auf die Christinenstädter Seite des Vorplatzes gegangen war und über die Rampe auf die offene Reitschule hinabblickte, auf der Stallburschen einige Lipizzanerhengste bewegten.

Der König drehte sich beim Geräusch der Schritte um und fragte Sigray, ob Horthy in der Burg sei. Der Reichsverweser sei in der Burg, gab Sigray zur Antwort, Seine Majestät werde sehr energisch sein müssen. Ehe sich der König nach dem Grund solcher Warnung erkundigen konnte, erschien Horthys Flügeladjutant, machte Front und meldete sich. Der König ersuchte den Flügeladjutanten, ihn zu Horthy zu führen. Hastig raunte der König dem Grafen zu, mitzukommen und ihn nur jetzt nicht allein zu lassen.

Als die Wache unter das Gewehr treten wollte, winkte der Flügeladjutant heftig ab. Die Garden auf den Stiegen und auf den Gängen waren gut uniformiert und grüßten stramm. Dem König war hier alles so vertraut, daß er gleich in sein Arbeitszimmer gehen wollte, aber der Flügeladjutant führte den König in einen ungeheizten Salon und ersuchte ihn, dort zu warten. Das war dem König zu viel. Er warte nicht, er habe keine Lust zu antichambrieren, er wünsche sofort zum Reichsverweser geführt zu werden. „Zu Befehl, Majestät!“ Der Flügeladjutant schritt wieder voran, vorbei an den grüßenden Garden. Der König staunte über den Hofstaat, den sich Horthy zugelegt hatte. Der Flügeladjutant führte den König durch das Adjutantenzimmer, das vor dem einstigen Arbeitszimmer des Königs lag. Zwei große Gardisten standen vor der Tür. Die Offiziere, die hier warteten, sprangen auf und machten Front. Der König wollte den jungen Männern zulächeln, aber ihre Gesichter waren starr, ihre Augen kalt, er fühlte die gleiche Abweisung, auf die er überall im November 1918 gestoßen war. Der König stockte. Am liebsten wäre er hier gleich umgekehrt. Er sah sich nach Sigray um. Der Graf nickte ermunternd. Kam Horthy dem König nicht entgegen? Der Admiral war Flügeladjutant bei Franz Joseph gewesen und hätte dort Höflichkeit lernen können.

Der König trat ein. Das alte Zimmer! Die gleichen, noch unverrückten Möbel, wie sie Karl nach dem Tode Franz Josephs übernommen hatte, die schlichten Möbel, die nüchtern waren wie der alte Kaiser selbst, dem alles Reichverzierte und Geschmückte unnützes ‚Graffelwerk' gewesen. An den Wänden hingen noch die vielen Bilder der Kaiserin Elisabeth, der einzigen am Wiener Hofe, die sich gern in Ungarn und in Budapest aufgehalten, weshalb auch nach der Ermordung der Kaiserin am Genfer See die Ungarn durch Wochen nicht die Trauerfahnen eingezogen hatten. Hinter des alten Kaisers Schreibtisch kam der Admiral hervor. Karl umarmte den Reichsverweser, als sei er von der Freude des Wiedersehens überwältigt. Als sich die Arme des Königs von Horthys Schultern lösten, blickte der Reichsverweser in ein verlegenes und hilfloses Gesicht. Es fiel dem Admiral ohne Flotte nicht leicht, dem König ohne Land gegenüber gleich nach der Begrüßung Worte des sanften Vorwurfes zu finden und den König zu beschwören, den unüberlegten Schritt wieder rückgängig zu machen.

Das sei, lehnte der König ab, gänzlich unmöglich, weil die Schweiz eine Rückkehr nicht erlauben werde. Der Admiral versicherte, daß niemand von dieser Reise etwas erfahren müsse, er bürge dafür, daß man in Ungarn schweigen werde. Der König schnitt dem Admiral das Wort ab: Davon könne man später reden. Vorerst habe er einmal Horthy persönlich für alles zu danken, was Horthy für das geliebte Ungarn getan habe. Durch Horthy sei Ungarn vor dem Bolschewismus gerettet, durch Horthy sei die Zeit der rumänischen Besetzung abgekürzt, von Horthy sei dem Land der so notwendige Frieden geschenkt worden; die Fahrt von Steinamanger herauf habe gezeigt, wie sehr sich das Land schon von den Nöten des Krieges und den Schrecken der Revolution erholt habe. Für all diese Dienste verleihe er Horthy den Herzogtitel.

Der Admiral errötete: Das, was er getan habe, sei seine Pflicht gewesen. Diese gleiche Pflicht gebiete ihm jetzt, Seine Majestät zu warnen. Es werde von allen Seiten Proteste regnen, die Kleine Entente aber werde sich nicht mit Protesten begnügen, sie werde über Ungarn herfallen und das Land zerreißen.

Karl wehrte ab: Der Reichsverweser möge die Ordnung der auswärtigen Angelegenheiten Sache des Königs sein lassen. Ob Horthy denn glaube, daß er, der König, einfach ins Blaue losgefahren sei? Er, der König, habe mächtige Freunde hinter sich, Freunde, die ihm haben sagen lassen, man möge sich nicht um Geschrei und Säbelgerassel kümmern, die Freunde würden im gegebenen Augenblick Serben, Rumänen und Tschechen fest an der Leine halten. Auf Horthys Frage, wer dem König dies versprochen habe, nannte der König Frankreich. Als Horthy an der Verläßlichkeit Frankreichs zu zweifeln wagte, zählte der König die Gründe auf, die Frankreich zu einer Schwenkung seiner Politik nötigten: Frankreich suche einen Staat, auf den es sich verlassen könne, wenn über kurz oder lange in Deutschland der Bolschewismus ausbreche, Frankreich verfolge mit Mißtrauen alle Schritte Italiens, es bemerke voll Argwohn, wie Italien sich in Ungarn festsetzen wolle. Als der Admiral dem König entgegenhielt, daß sich Seine Majestät doch erinnern möge, wohin das Verhandeln mit Frankreich während des Krieges geführt habe, erwiderte Karl, daß nicht Frankreich, sondern ganz allein Italien die Schuld trage, daß die damaligen Friedensschritte zu nichts geführt haben.

Horthy bat den König, doch zu bedenken, daß Italien in der Königsfrage sich an die Spitze der Nachfolgestaaten gestellt habe, denn Italien sei Ungarn näher als Frankreich. Italien werde mit allen Mitteln eine vorzeitige Rückkehr der Habsburger zu verhindern suchen. Als er, Horthy, in Arad und in Szegedin die ersten Kampfgruppen gegen die Bolschewiken aufgestellt habe, sei er von den Serben mehr unterstützt worden als von den Franzosen. Clemenceau habe es verhindert, daß die ungarischen vor den rumänischen Truppen gegen Budapest marschierten, Frankreich habe keine Waffen herausgeben wollen. Alle Versprechen, die Paléologue im Park von Trianon dem Grafen Bethlen gemacht, als die Russen vor einem Jahr auf Warschau losmarschiert seien, habe Frankreich nach dem Sieg der Polen über die Russen wieder vergessen. Frankreich denke nur an die Rheingrenze, das sei seine fixe Idee. Ungarn liege aber an der Donau und nicht am Rhein, und deshalb werde sich Frankreich niemals ernstlich für Ungarn einsetzen.

Der König hörte nur mit halbem Ohre zu. Wenn dieser Horthy, der doch die meiste Zeit seines Lebens nicht in Ungarn verbracht hatte, so eigensinnig war, was mußte der alte Kaiser hier in der Burg von Ofen bei den endlosen Unterredungen mit den ungarischen Politikern gelitten haben? Kurz nach dem Tode des Kronprinzen Rudolf, der sich doch auch letzten Endes deshalb erschossen, weil er sich mit diesen ewigen ungarischen Aufrührern und Verschwörern eingelassen, hatten die Ungarn dem Kaiser hier in der Burg Tag für Tag so zugesetzt, daß Franz Joseph seinen alten Stoßseufzer immer wieder ausgestoßen hatte, den ihm ein Aufenthalt in der Burg von Ofen entpreßte: Außi möcht i! Tagelang, wochenlang war hier um das Wörtchen ‚und' zwischen k. k., zwischen kaiserlich und königlich gefeilscht worden.

Ja, außi möcht i, das dachte wohl auch der König, der hier mit seinem Admiral streiten mußte und im Grunde genommen so gar keine Lust zu diesem Streite hatte. Die Lage, erwiderte der König, habe sich seither ganz grundlegend geändert. Endlich dämmere es den Engländern und den Franzosen auf, was sie durch die Zerstörung Österreich-Ungarns und durch die Zerstückelung der Türkei für ein Unheil angerichtet. Dort, wo einst Ordnung oder wenigstens ein Zusammenhalt gewesen sei, dort seien Trümmerfelder voll Unordnung, Streit, Kampf und Verlockung zu neuem Raube.

Von der Erkenntnis bis zur Tat, entgegnete Horthy, sei noch ein weiter Weg. Ob Seine Majestät schriftliche Zusicherungen habe, wollte der Admiral wissen. Mündliche Zusicherungen ließen sich ableugnen, mündliche Zusicherungen seien zu wenig, Seine Majestät wisse ja, daß man sogar schriftliche Zusicherungen ableugnen könne. Der König verstand diese Anspielung und runzelte die Brauen, Horthy selbst erschrak, weil er sich so weit hatte hinreißen lassen.

Der König entsann sich der heftigen Worte, die Franz Ferdinand gegen Ungarn gebraucht hatte. Diese Ungarn allein, und kein anderes Volk der Monarchie, seien die Totengräber des Staates, weil sie in ihrer nationalen Besessenheit keine Grenzen kannten.

Wer diese mündlichen Zusicherungen gegeben habe, fragte nach einer peinlichen Pause der Reichsverweser. Der König hob abwehrend die Hände: er wolle, er dürfe, er werde das nicht verraten, er habe den Unterhändlern, die aus Paris gekommen seien, zugesagt, daß er den Namen streng geheimhalten werde. Als aber Horthy hartnäckig darauf bestand, daß ihm der Name genannt werde, weil er sich sonst kein zutreffendes Bild der Lage machen könne, ging der König erst eine Weile auf und ab, dann schrieb er rasch einen Namen auf einen Zettel, hielt ihn Horthy hin und zerknüllte ihn dann gleich.

Briand! Horthy blickte den König lange an, der König versuchte zu lächeln. Briand, sagte Horthy, sei ein einzelner Mann,

Briand könne über Nacht gestürzt werden, man habe es oft genug erlebt, daß Frankreich durch eine Regierungskrise gerade dann handlungsunfähig werde, wenn es gelte, rasch und entschlossen zu handeln. Der König legte den Finger an den Mund und flüsterte: Loucheur! Daraus könne Horthy sehen, wie sehr sich die Lage geändert habe. Heute sei die Entente bereits für ein verkleinertes Österreich-Ungarn, morgen werde sie für die Wiederherstellung der ganzen großen, geliebten Monarchie sein. Als Horthy den König erinnerte, daß es sich hier vorerst um Ungarn allein handle, widersprach der König: Es gehe heute nicht nur um Ungarn allein. Die Große Entente sehe, daß sie sich, wenn sie Wien gewinnen wolle, auf Ungarn stützen müsse. Wien habe Bela Kun laufen lassen, man mißtraue in Paris dem roten Wien. Deshalb habe Briand auch versprochen, daß niemand Ungarn an der Befreiung Österreichs von den Roten hindern werde. Ungarn habe genug Truppen im Westen stehen, man könne in die Steiermark einfallen, und alles, was zum monarchischen Gedanken in Österreich stehe, werde sich dem Marsch auf Wien anschließen. Wenn diese Eroberung Wiens gelinge, dann sei auch die ungarische Königsfrage gelöst, dann sei, wenn auch verkleinert, Österreich-Ungarn wieder da, nur daß bei diesem Bunde diesmal das Schwergewicht ausschließlich bei Ungarn liegen werde.

Horthy ließ sich nicht mitreißen. Ein solches Unternehmen wollte doch vorbereitet sein. Wenn man gegen Wien marschierte, dann marschierten Tschechen, Serben und Rumänen nach Budapest. Auf diese Weise könne man wohl Wien gewinnen, aber man würde unzweifelhaft Budapest verlieren. Man habe weder Waffen noch Munition, allen säße noch der Schrecken der rumänischen Besatzung in den Knochen, in der die Rumänen wie Heuschrekken über das Land hergefallen seien, die Frauen vergewaltigt, die Häuser beraubt und die Männer ausgepeitscht hätten.

Wenn aber der Zug nach Wien gelänge, lockte der König, dann müsse Ungarn nicht das Burgenland an Österreich abtreten. Horthy senkte den Blick und schwieg, dann sagte er, es gehe nicht, er dürfe nicht, er könne es nicht verantworten. Frankreich sei weit, Italien und die Tschechoslowakei, die Hauptgegner einer Restauration Habsburgs, seien nahe und hundertmal besser gerüstet als Ungarn. Er, Horthy, trage die Verantwortung vor der Nation.

Horthy möge doch nicht glauben, daß er, der König, ihn einfach verdrängen wolle. Horthy habe ihm und seinem Hause so große Dienste geleistet, daß er den Admiral zu seinem Armeekommandanten ernennen werde. Er, der König, wolle doch keinen Sturz der Regierung, er wünsche verfassungsmäßig vorzugehen, er werde ein Ministerium bilden.

„Majestät werden keine Minister finden!"

„Ich habe sogar schon einen Ministerpräsidenten. Wenn Teleki nicht bleiben will, Sigray nimmt an. Und Vass ist sogar schon von mir als Unterrichtsminister bestätigt worden."

„Die Armee, Majestät, denkt national und nicht dynastisch."

„Wenn Sie mich unterstützen, Horthy, wird die Armee mir treu sein."

„Majestät, ich will weder Armeekommandant noch Herzog werden, ich habe für das mir anvertraute Land zu sorgen."

„Ich ernenne Sie zum Kommandanten meiner Flotte, wenn wir wieder eine Flotte haben werden."

„Bis dahin wird es wohl noch eine Zeit dauern, Majestät."

„Horthy, ich verleihe Ihnen den höchsten Orden, den ich zu vergeben habe, ich verleihe Ihnen als Zeichen meiner Dankbarkeit das Goldene Vließ."

„Majestät, ich muß das Goldene Vließ dankend ablehnen, weil ich Kalviner bin."

Das war ein wirkliches Hindernis. Der katholische Habsburger verstand und bat nicht mehr: „Wenn der gekrönte König kommt, hat der Reichsverweser ihm die Macht zu übergeben."

„Ich kann nicht, Majestät, ich habe der Nationalversammlung geschworen."

„Als Offizier, Horthy, haben Sie mir zuerst geschworen!"

„Majestät, ich will nicht, daß die Nation gegen mich den gleichen Vorwurf erhebt wie 1849 gegen General Hentzi, den die ungarische Regierung des Eidbruches beschuldigte."

„Hentzi ist für seinen Kaiser mit dem Säbel in der Faust bei der Verteidigung von Ofen gefallen."

„Was in Wien Treue war, Majestät, war in Budapest Verrat. Majestät haben übrigens selbst alle Offiziere des Eides entbunden."

„Niemanden habe ich des Eides entbunden. Und wenn ich Sie selbst Ihres Offizierseides entbunden hätte, Ihr Kämmerereid, Horthy, bindet Sie noch immer."

„Majestät, ich habe auch noch nie den Eid gebrochen. Aber ich habe doch auch der Nationalversammlung geschworen."

„Die Nationalversammlung hat aber nicht die alte Verfassung aufgehoben. Wenn der gekrönte König im Lande ist, erlöschen die Verpflichtungen gegen die Nationalversammlung. Wenn Sie sich weigern, mir die Macht zu übergeben, so ist das Meuterei!"

„Ich kann, ich darf nicht, Majestät!"

„Horthy, ich befehle Ihnen bei dem mir geschworenen Eid, sich mir augenblicklich zu unterstellen!"

„Mit mir allein, Majestät, ist nichts getan! Die Truppen sind nicht königstreu!"

„Man hat mir aber gemeldet, daß Sie die Truppen in der Hand haben."

„Ja, mir gehorchen die Soldaten. Aber ich kann ihnen nicht befehlen, Eurer Majestät zu gehorchen. Mir werden die Soldaten den mir geschworenen Eid halten, auch wenn es Majestät auf ein Blutvergießen ankommen lassen wollten. Aber ich glaube nicht, daß Majestät ungarische Soldaten finden werden, die gegen mich marschieren!"

„Horthy, wie können Sie glauben und verlangen, daß Ihnen, der selbst den Eid bricht, der Eid gehalten werde?"

„Majestät, die Freien Königswähler und die Kleinen Landwirte berufen sich auf die Eckartsauer Erklärung Eurer Majestät, sie legen diese Erklärung als Abdankung aus, und sie sind der Ansicht, daß man eine Abdankung nicht einfach rückgängig machen kann, wann man will."

„Es war keine Abdankung, und sie geht in Ungarn niemanden etwas an. Für Ungarn gilt der Krönungsakt. Er ist ein wechselseitiger Vertrag zwischen Nation und König. Die Nation hat mich der Königspflichten ebensowenig entbunden wie ich die Nation der Treuepflicht."

„Majestät, die Freien Königswähler und die Kleinen Landwirte vertreten die Ansicht, daß das Haus Österreich ganz allein jahrhundertelang der Freiheit und der Selbständigkeit Ungarns im Wege gestanden sei."

„Horthy, wenn ein Honvedfeldwebel in Alföld solche Ansichten äußert, braucht man sich nicht darüber zu wundern. Aber Sie, ein kaiserlicher Admiral! Ein Flügeladjutant Franz Josephs! Horthy, haben Sie noch nicht begriffen, daß Ungarn, von Österreich getrennt, nichts ist und niemals in der Lage sein wird, den Bedrohungen seiner Nachbarn standzuhalten? Schauen Sie doch hinaus, wie herrlich sich diese Stadt da unten am Strom entfaltet hat. Unter welcher Regierung? Unter welcher Dynastie?"

„Majestät, ich habe nicht gesagt, daß *ich* so denke. So denkt das Volk in seiner Mehrzahl. Majestät, bedenken Sie die Lage in der Stadt hier. Alles ist mit Flüchtlingen aus den geraubten Gebieten überfüllt, überall haben wir vertriebene Offiziere, Beamte und Lehrer, die nicht unterzubringen sind. Wenn die Leitung des Staates einen Augenblick aus dem Gleichgewicht gerät, bricht alles zusammen. Und wenn ich offen reden soll und muß: man hat im Lande kein Vertrauen zu einem König, von dem man sagt, daß er in den Stunden der Not aus dem Lande geflohen sei."

„Und Sie treten diesen Lügen nicht entgegen, Horthy? Sie waren doch in jenen Tagen in Schönbrunn. Man hatte mich nach Wien gerufen, in Wien war die Regierung, in Baden das Armeeoberkommando! Ich habe meine Kinder der ungarischen Nation als Pfand zurückgelassen."

„Das alles weiß ich, Majestät, aber für das einfache Volk waren Sie eben in erster Linie König von Ungarn und dann erst Kaiser von Österreich, und Sie haben als König von Ungarn, für das einfache Volk, wiederhole ich, das Land in der Not im Stich gelassen. Die Herzen der Ungarn sind durch das Unglück verbittert, es fällt schwer, ihnen jetzt mit Richtigstellungen und Vernunftgründen zu kommen."

Ein Ordonnanzoffizier meldete, daß soeben Ministerpräsident Teleki und Unterrichtsminister Prälat Vass erschienen seien und den Herrn Reichsverweser zu sprechen wünschten. Horthy ließ die Herren ersuchen, noch ein wenig zu warten. Der König bedauerte diese Entscheidung Horthys, denn er hätte gewünscht, daß ihm Teleki und Vass bei dieser Auseinandersetzung zur Seite stünden. Nun mußte er versuchen, allein mit Horthy fertig zu werden. Er versprach dem Reichsverweser, alles daranzusetzen, die Liebe der Ungarn wieder zu gewinnen.

Das geht nicht im Handumdrehen, entgegnete Horthy, man könne sich in einer so gefährlichen Lage nicht auf Versuche einlassen.

„Sie bleiben also auf Ihrem Standpunkt", sagte der König, „und ich beharre auf meinem. Sie sind der Ansicht, daß es gefährlich sei für Ungarn, wenn ich die Macht übernehme, und ich bin der Ansicht, daß Ungarn nur geholfen werden kann, wenn sein gekrönter König die Macht übernimmt. Was werden Sie also tun? Werden Sie mich gefangennehmen?"

„Ich werde Eure Majestät nicht gefangennehmen lassen."

„Dann müssen Sie das andere tun. Ich gebe Ihnen fünf Minuten Bedenkzeit. Überlegen Sie sich noch einmal alles."

Horthy trat ans Fenster und blickte schweigend auf den unten auf und ab schreitenden Posten. Horthy entsann sich der Worte des verbitterten Feldmarschalls Conrad: Der junge Herr glaube, durch Liebenswürdigkeit alles durchsetzen zu können. Das sei gefährlich, denn der junge Herr ahne gar nicht, wie beleidigend solch eine Liebenswürdigkeit sei. Als sich Conrad einmal über einen Minister beklagt habe, sei ihm vom Kaiser erwidert worden: er werde sich diesen Minister kommen lassen und mit ihm reden, und der Mann werde nachgeben, denn im Grunde genommen seien doch alle diese Leute Lakaien. Conrad hatte dem Kaiser diesen Ausspruch nicht verzeihen können. Der Admiral drehte sich um. Der Kaiser saß mit abgebogenem Arm da und sah tatsächlich auf die Uhr, als gelte es, hier den Besiegten auszuzählen. Wo der König nur diese Uniform her haben mochte: die Ärmel waren zu kurz, der Blusenkragen war zu weit. Der König blickte auf: „Horthy, fünf Minuten sind um. Haben Sie sich's überlegt? Wollen Sie Ihrem gekrönten König die Macht übergeben?"

Horthy wiederholte alle Einwände noch einmal, der König zählte alles auf, was er für Horthy getan hatte, er berief sich auf die lange Dauer der Bekanntschaft, denn Horthy sei doch einer der wenigen Offiziere gewesen, die, ohne Mitglieder des Kaiserhauses zu sein, an seiner, des Königs Hochzeit in Schwarzau teilgenommen haben.

Auch das wirkte nicht, denn Horthy erinnerte den König, daß er zu jener Hochzeit nicht eingeladen worden sei, sondern an ihr im Dienste als Flügeladjutant Seiner Majestät des Kaisers Franz Joseph teilgenommen habe. Nun gut, Horthy sei damals Flügeladjutant gewesen, gab der König zu, wer aber habe Horthy als den einstigen Flügeladjutanten Franz Josephs von einem kleinen unbekannten Kapitän unter Übergehung von achtzehn Admiralen zum Flottenkommandanten gemacht — niemand anderer als er, der König, dem Horthy nun solchen Undank bezeige. Horthy möge sich des Novembertages 1918 in Schönbrunn entsinnen! Habe da Horthy beim Abschied seinem Kaiser nicht feierlich gelobt, ihm einst die schöne Flotte zurückzugewinnen? Und doch, was sei die Flotte gegen die Krone! Er, der König, habe es vom ganzen Herzen begrüßt, daß Horthy Reichsverweser geworden sei, er habe den Sieger von Otranto, den treuen Admiral Horthy, immer gegen alle Neider und Verleumder verteidigt, er habe immer bestritten, daß Horthy nicht die Treue halten und von seiner Regentschaft nicht zurücktreten würde. Und allen, die gegen Horthy gewesen seien, die ihm, dem König, Mißtrauen empfohlen hatten, allen diesen habe er die schriftliche Meldung Horthys gezeigt, worin der Admiral seine Wahl zum Reichsverweser gemeldet habe, als Beweis für Horthys Treue.

„Majestät, ich habe die Treue nicht gebrochen. Das beweist der Rock des Kaisers, den ich nie abgelegt habe. Ich trage in einem Lande die Uniform eines Admirals, das nicht ein Schiff jener stolzen Flotte mehr besitzt, deren Kommandant ich gewesen bin. Habe ich nicht alle Prätendenten vom Throne ferngehalten? Habe ich nicht immer wieder erklärt, daß ich jeden Putsch niederschlagen werde, gleichgültig, ob er vom rumänischen Kronprinzen, von einem italienischen Prinzen, von Erzherzog Albrecht oder Erzherzog Joseph ausgehen werde? Habe ich nicht so den Thron des rechtmäßigen Königs freigehalten?"

„Nicht Sie, Horthy, haben es verhindert, daß Erzherzog Joseph Reichsverweser oder König werde, alle meine Anhänger waren dagegen. Glauben Sie, daß man in Paris nicht weiß, daß hinter Erzherzog Joseph Italien steht, das seine Donaupläne verwirklichen will?"

„Nein, Majestät, die allgemeine Lage hat alle diese Königspläne verhindert. Sie hat sich inzwischen nicht geändert. Majestät, ich kann von meinem Standpunkt nicht abgehen. Es gibt nur eine Lösung: Zeit gewinnen! Ruhe bewahren! Und deshalb müssen Majestät in die Schweiz zurück."

„Ich kann mich doch auch in Steinamanger verborgen halten", schlug der König vor, „und von dort aus, gemeinsam mit Lehár, den Marsch auf Wien vorbereiten."

„Majestät, die Gesandten der großen und der kleinen Staaten werden bei mir anfragen. Es wird alles herauskommen, ich werde nichts ableugnen können."

„Dann sagen Sie den Gesandten, daß sie das Ganze einen Schmarren angeht. Ist Hauptmann Magasházy verläßlich?"

„Verläßlich und verschwiegen."

„Warum soll ich denn nicht in Steinamanger alles abwarten?"

„Die Nähe der Grenze, Majestät!"

„Meine Vertrauensleute in Österreich haben alles vorbereitet, ich kann von Steinamanger aus leicht mit ihnen in Verbindung bleiben, die Kroaten in Jugoslawien werden sich erheben, in der Tschechei werden sich die Slowaken auf meine Seite stellen! Ich bringe, wie ich es bei der Krönung geschworen habe, das ganze alte Ungarn wieder unter eine Krone."

„Ein schöner Traum in weiter Ferne. Bis dahin gehen aber Eure Majestät wieder nach Steinamanger. Ich werde inzwischen alles für die sofortige Rückreise in die Schweiz regeln lassen. Und Majestät versprechen mir heute, bevor Sie nächstes Mal nach Ungarn kommen, mit mir, dem Reichsverweser, in Verbindung zu treten, damit ich beurteilen kann, ob der Zeitpunkt günstig gewählt ist."

Um die Unterredung zu beenden, begab sich Horthy ins Adjutantenzimmer und erteilte Magasházy den Auftrag, Seine Majestät über die kleine Treppe zum Auto zu bringen. Das Adjutantenzimmer war voll von Menschen, die Anwesenheit des Königs hatte sich herumgesprochen, Gömbös war mit seinen Anhängern herbeigeeilt, wenn es not tat, dem Admiral den Rücken zu steifen und zu verhindern, daß Horthy zurücktrete und wieder ein Habsburger den ungarischen Thron besteige. Magasházy hatte Gömbös soeben erzählt, daß er auf die Frage des Königs, wo er denn, wenn Horthy in der Burg sei, wohnen werde, dem König geraten habe, sich an das Budapester Wohnungsamt zu wenden. Die jungen Offiziere, die mit Major Gömbös gekommen waren, hatten gelacht, das war ein trefflicher Witz!

Als Horthy wieder zurückkehrte, konnte sich der König noch immer nicht entschließen, zu gehen. Er nestelte sich das Großkreuz des Maria-Theresien-Ordens ab und überreichte es dem Admiral. Das Ordenskapitel habe Horthy auf den Wunsch des Königs am 21. März für den herrlichen Seesieg bei Otranto den Theresienorden zugesprochen. Es gereiche ihm, dem König, nun zu besonderer Freude, so wie während des Krieges an seinem Geburtstag den anderen Theresienrittern, Horthy diese hohe Auszeichnung anzuheften. Der Admiral bog stumm den Kopf zurück, der König heftete ihm das Kreuz an und fragte, ob sich Horthy nicht darüber freue. Danken könne er, erwiderte Horthy, aber freuen könne er sich in einer solchen Stunde nicht. Der Reichsverweser griff nach der Türklinke, der König mußte gehen. Der König schien allen Groll zu vergessen, er lächelte und sagte: „Auf Wiedersehen!"

‚Der Karl' durchschritt, von Magasházy geführt, das Adjutantenzimmer. Die Freien Königswähler um Major Gömbös blickten dem Habsburger spöttisch nach. Für sie war es der König, durch dessen Wankelmut der Krieg verlorengegangen war, und der Schuld trug an der Verstümmelung Ungarns, die ihren Stolz zutiefst verletzt. Zwei Drittel des Landes waren verloren, und in diesem letzten Drittel wollte nun, da die furchtbaren Wunden vernarbten, der König einziehen. Wo waren des Königs betriebsame Schwäger und Freunde gewesen, als man zu Trianon über das Schicksal Ungarns beriet und entschied? Damals war das einsamste und verlassenste Volk Europas auch von seinem König verlassen. Diese jungen Offiziere sprachen eine neue Sprache, ihnen bedeutete der König nichts, die Krone war ihnen alles. Sie sprachen von Rasse und Blut, sie fühlten sich den kämpfenden und so tapfer Widerstand leistenden Türken näher verwandt als dem benachbarten Wien. Von einem panturanischen Verband träumte man, der alle über das weite Eurasien verstreuten Turkvölker vom Leithagebirge bis zur chinesischen Mauer vereinigen sollte. Jetzt, da das Haus im Herzen Europas zerstört, jetzt, da die Völker des Karpatenraumes auseinandergelaufen waren, jetzt rissen die hereinflutenden Weiten des Ostens die jahrhundertealten Zusammenhänge auseinander, man konnte und wollte nicht weit genug weg sein von der jüngsten Vergangenheit und von dem unseligen Wien, mit dem man so lange das Geschick geteilt hatte. War diese aus der Not der Zeit und aus der Sehnsucht nach neuen Zusammenhängen geborene Gedankenwelt die richtige? Die ‚Erwachenden', die jungen Offiziere um Gömbös, glaubten daran. Sie wollten nicht die Rückkehr eines Habsburgers, sie wollten nicht die Wiederaufnahme der Gemeinschaft mit Wien.

Der Admiral schritt im Zimmer auf und ab: Briand! Loucheur! Sixtus, René und die Königin Zita! Da hatte man den König über die Grenze geschickt, um die Krone zurückzufordern. Der Admiral hatte lange genug außerhalb Ungarns gelebt, ihm waren die leidgeborenen, maßlosen Träume der ‚Erwachenden' fremd, die aus einer engen, kleinen Welt aufstiegen und in blauen Fernen verschwebten. Die Welt des Admirals, die alte kaiserliche und königliche Welt, war so zusammengestürzt, daß er, der Offizier, seinen Obersten Kriegsherrn, den König, über die Hintertreppe des Königsschlosses davonschicken mußte. Wenn Horthy jetzt hinaustrat, dann würden die jungen Offiziere ihn loben und sagen, er habe richtig gehandelt. Es war schwer, aus dem Gestern in das Heute zu ragen. Wäre er ein Seefähnrich oder so jung wie draußen der Fregattenleutnant Hardy, dann könnte er mit sich zufrieden sein. Wäre er nicht so lange außer Landes gewesen, er könnte sich, wie dies Tisza so oft getan, abends allen Wiener Kummer von Zigeunern fortgeigen lassen und, bis zum Morgen einsam vor sich hintanzend, sein zweifelndes Herz beschwichtigen. Horthy ging langsam zur Tür und öffnete. Da standen Gömbös neben Vass, Teleki bei Sigray, da waren die Offiziere seiner Umgebung, Görgey, Hardy, Lang, Fischer — und aller Augen waren auf den Admiral gerichtet. Horthy verstand die stumme Frage. Der König sei nach Steinamanger zurück. Wer beim König sei? Wahrscheinlich jene, mit denen er gekommen. Aber man könne, warf Gömbös aufgebracht ein, den König doch nicht so allein in Ungarn herumfahren lassen, man müsse ihm eine Begleitung geben, er sei dafür, daß man ihm ein paar ‚Erwachende' nachschicke, die verhinderten, daß der König das Volk gegen die Regierung aufwiegle.

Horthy erschrak über diesen Vorschlag, er warnte vor solch einem Vorhaben, ein Unglück könnte geschehen, dessen Folgen sich nicht absehen ließen, wenn man König Karl den ‚Erwachenden', seinen unversöhnlichen Feinden, ausliefere! Die ‚Erwachenden', erwiderte Gömbös, würden dem König jede Lust auf einen zweiten Osterausflug für immer nehmen.

Horthy kehrte sich nicht an die Worte des Majors Gömbös, er bat den Grafen Sigray, dem König nachzufahren, er könne gewiß den König noch vor Stuhlweißenburg einholen. Sigray möge den König noch einmal beschwören, nichts zu unternehmen, was die Ruhe stören könne. Ohne zu grüßen, eilte der Graf davon.

Der Admiral trocknete sich die Stirn und sagte leise: „Ich habe soeben die schwerste Stunde meines Lebens durchgemacht. Seine Majestät war bei mir und hat mich aufgefordert, die Macht zu übergeben. Ich habe mich geweigert, ich habe dem König erklärt, warum ich so handle. Ich hatte zwischen Krone und König, zwischen Nation und Herrscher zu entscheiden. Ich habe mich für die Krone, für die Nation, für unser armes, gemartertes Ungarn entschieden."

Niemand wagte etwas zu erwidern. Nach einer lähmenden Pause trat der junge Offizier Gömbös vor und sagte mit lauter, vor Erregung bebender Stimme: „Hoher Würdenträger! Erlaube, daß wir dir im Namen der Nation, im Namen unseres geliebten Vaterlandes danken. In Ungarn regiert die Krone! Der treue Verweser dieser heiligen Krone, Admiral Horthy Miklos, er lebe hoch!"

„Eljen!" riefen die Offiziere, umdrängten den Admiral und drückten ihm, von Rührung ergriffen, stürmisch die Hände.

Rückkehr nach Steinamanger, 1921

Der König ging, von Hauptmann Magasházy geleitet, rasch durch die kalten, hallenden Gänge, die Gardisten beim Treppenaufgang machten Front, der König dankte schmerzlich lächelnd, und Magasházy blieb ein wenig zurück, um den Gardisten einzuschärfen, keinem Menschen zu verraten, wer hier vorbeigekommen sei. Als der König aus der Burg trat, winkte Magasházy dem Schnarrposten ab und gab dem Wachkommandanten ein Zeichen, die Wache nicht unter das Gewehr treten zu lassen. Wie im Traum schritt der König über den Platz vor der Burg, auf dem sich vor fünf Jahren der Krönungshügel aus der Erde aller ungarischen Komitate erhoben hatte. Von diesem Hügel hatte er das Schwert nach den vier Weltrichtungen geschwungen, in denen er Ungarn gegen alle Feinde verteidigen wollte. Aus den Fenstern der Hofburg hatten die Königin und der Kronprinz zugesehen, der ganze Platz hier war gefüllt gewesen vom Adel Ungarns in seinen alten, reichen Trachten. Der König blickte sich nach dem Hauptmann um und forderte ihn auf, nicht so ‚Habt acht' zu gehen, es werde sonst auffallen. Der steif schreitende Hauptmann verbeugte sich und versuchte, den jungen Oberst in der schlechtsitzenden Bluse etwas unauffälliger zu eskortieren. Vor dem Ministerpräsidium verlangte der König von seinem Begleiter, daß das Auto sofort fertig gemacht werde, damit man gleich fahren könne. Als der Adjutant gegangen war, sah der König noch einmal auf die Burg zurück. Über der patinagrünen Kuppel funkelte groß die Stephanskrone, die heilige, die man dem gekrönten Apostolischen König vorenthalten. Vor dem Palais des Erzherzogs Joseph schritt ein Posten auf und ab, die Wache vor dem Honvedministerium stand still. Die Sonne stand schon tief, der Schatten der Ofener Berge fiel auf den von Hängebrücken überspannten Strom.

Oberleutnant von Almasy kam mit dem Wagen, er hatte in der

Hofgarage Benzin gefaßt. Oberst Jármy erschien und fragte den König, ob er nicht doch lieber Zivilkleidung anlegen sollte, aber der König wollte fort, nur fort, man solle die Zivilkleider und die Marschallsuniform wieder einpacken und herunterbringen. Über die Uniform zog er einen leichten Kavalleriemantel, setzte die Autobrille auf und nahm neben Almasy Platz. Magasházy machte Front und stand regungslos, bis der Wagen in die abwärtsführende Serpentine eingebogen war.

„Hofautos", sagte der König, auf eine offene Garage mit mehreren Wagen deutend, die statt des Nummernschildes eine Krone trugen, es sei wohl besser, nicht mit einem Hofauto zu fahren!

Wolken verdeckten die tiefstehende Sonne. Stumpfrot wurde die alte Festungsmauer, an der sie hinfuhren, grellweiß die Villen an den Hängen des Blocksberges. Straßenlärm umrauschte sie, in übervollen, mit Menschentrauben behängten Wagen kehrten die Osterausflügler vor dem drohenden Unwetter heim. Als sie zum Strom kamen, drehte sich der König noch einmal um: Da war die helle Fischerbastei, hinter ihr der Turm der Krönungskirche, in der er und jene, die nun nichts davon wissen wollten, die Treue geschworen. Schwabenberg und Johannisberg tauchten auf und senkten sich zu jenem Hügel nieder, den einst ein türkischer Pascha über und über mit Rosen bepflanzt. Nicht vorzustellen, daß über hundert Jahre lang hier statt Kirchtürme Minarette zum Himmel geragt und diese Stadt mit dem türkischen Osten verbunden hatten. Was wird ihr Schicksal sein, wenn sie sich von Wien abkehrt, wenn sie den König aus dem Hause Habsburg ausweist? Wem wird sie sich zuwenden? Wird es Italien sein, das sich so sehr um Horthy bemüht? Wird Rußland den Angriff erneuern, den es vergeblich unter Bela Kun vorgetragen? Noch einmal leuchteten die grünen Dächer und die Kuppel der Burg, dann schob sich der dunkle Blocksberg mit der Zitadelle vor.

Jetzt begriff der König den Zorn, den sein Oheim Franz Ferdinand auf die Ungarn gehabt. Sie seien es, hatte er immer wiederholt, welche die Monarchie zerstören, sie seien es, die durch die brutale Unterdrückung aller anderen Nationen die Monarchie verhaßt machten, sie seien es, die den gemeinsamen Staat durch Erpressung von Jahr zu Jahr mehr schwächten, sie seien es, die durch Verhinderung des Rekrutenkontingents die Monarchie so wehrlos machten, daß man einem Krieg nur mit

Bangen entgegensehen könne, sie seien naiv und eigensinnig wie die Kinder, verrannt in die Idee eines ungarischen Globus, und größenwahnsinnig, da sie nie nachgedacht hätten, wie klein ihr Volk sei, das sich aus den andern Nationalitäten ergänze und bereichere. Horthy, der Kalviner, den man am Hofe zu Schönbrunn verwöhnt hatte, wollte ganz einfach nicht, Horthy hatte sich in die Hand der ‚Erwachenden' begeben, Horthy, der kaiserliche Flügeladjutant, war unter die Meuterer gegangen.

Als der Wagen die schützenden Häuserreihen der Vorstadtstraßen verlassen hatte, sprang ihn der Sandsturm aus der östlichen Tiefebene an, kam mit gelben Staubsäulen dahergerast, belegte die Windschutzscheibe und verwehrte den Ausblick.

Der König zog wieder den dicken Pelz des Bischofs über, denn der kalte, scharfe Ostwind ging bis auf die Knochen.

Der übernächtige König preßte das Taschentuch vor den Mund und senkte den Kopf. Was hätte er anderes tun sollen? Den Meuterer, den Kronenräuber niederschießen? Er hatte doch keine Pistole! Mit dem Bajonett niederstechen? Wäre das christlich gewesen? Ein Kalviner, Tisza, hatte ihm die Krone auf das Haupt gesetzt, ein anderer Kalviner hatte sie ihm verweigert. Diese Kalviner waren eigensinnig, sie waren nicht nur als Ungarn, sie waren auch als Protestanten von jeher gegen das katholische Erzhaus gewesen, sie waren im Schutze der Türken Kalviner geblieben und von der alles bezwingenden Gegenreformation nicht erreicht worden. Er, der König, hätte sich im Herbst 1918 niemals von den Kalvinern in Debrecen in jene Kirche führen lassen dürfen, in der man siebzig Jahre vorher das Haus Österreich des ungarischen Thrones verlustig erklärt hatte. Dieses Volk der Rebellen wird die Größe des Kaisergedankens nie begreifen. Einst stand der Kaiser über der ganzen Christenheit, er war ein Schlichter, ein Ordner, seine Kriege waren Vollstreckungen gegen Widerspenstige. Des Kaisers Soldaten waren Ordner, Verwalter, waren das Band, das alles zusammenhielt. So hatte auch sein Onkel, Franz Ferdinand, von seiner Armee gedacht. Könige gehören, hatte Franz Ferdinand gesagt, nur zu einem Volk, Könige sind von ihrem Volk nicht zu trennen, auch wenn sie, wie die Könige von Rumänien, Bulgarien und Griechenland, Deutsche sind. Der König führt sein Volk in den Krieg, erobert Land für sein Volk, ein König ist des Kaisers Feind, weil das Ruhelose dem Beharrenden feind sein muß. Deshalb, hatte Franz Ferdinand gesagt, lasse ich mich nicht zum König von

Ungarn krönen. Ich will nicht als König von Ungarn mein eigener Feind sein. Aber hatte nicht die letzte Habsburgerin, die Kaiserin Maria Theresia, als sie vom König von Preußen bedroht war, bei den Ungarn Schutz und Hilfe gesucht? War sie nicht mit dem kleinen Kronprinzen Joseph auf dem Arm vor den Reichstag in Preßburg hingetreten, und waren nicht die Säbel aus den Scheiden geflogen, und hatte der Adel nicht sein ‚Moriamur pro rege nostro!' gerufen?

In Preßburg saßen jetzt die Tschechen, das Denkmal der großen Kaiserin war geschleift und die große Milleniumssäule war gesprengt wie die andern Milleniumssäulen, die Erinnerungssäulen an den tausendjährigen Bestand Ungarns.

Vor Stuhlweißenburg platzte ein Reifen. Das Auswechseln nahm in der Finsternis des Sandsturmes und des Abends viel Zeit in Anspruch.

In Stuhlweißenburg hatte der Sturm alle Straßen und Plätze leergefegt, deshalb konnte man unbeachtet beim Divisionskommando vorfahren, von wo Oberst Jármy Steinamanger anrief. In der bischöflichen Residenz wußte man bereits, wie die Unterredung des Königs mit dem Reichsverweser ausgegangen, die Militärkanzlei Horthys hatte nämlich schon die sofortige Weiterreise des Königs angeordnet. Auch die legitimistischen Abgeordneten Beniczky und Sarecsany hatten angerufen und davon abgeraten, den König weiterfahren zu lassen. Sie würden selbst nach Steinamanger kommen. Ihr Rat sei: Der König solle sogleich eine Proklamation erlassen, die Garnison vereidigen und die Regierung übernehmen. Den Gedanken an eine Weiterreise müsse man fallen lassen, denn in so kurzer Zeit sei Horthy nicht imstande, Seiner Majestät Sicherheit für die Durchreise durch das rote Österreich zu verschaffen.

Auf des Königs Frage, mit wem Jármy gesprochen habe, wurde der Abgeordnete Lingauer genannt, der Seiner Majestät sagen lasse, nicht eher Steinamanger zu verlassen, als die Regierung Sicherheiten gegeben habe. Man sei in Steinamanger wegen der langen Abwesenheit Seiner Majestät sehr besorgt. Man werde der schlechten Wegverhältnisse wegen dem König ein Fliegerauto entgegenschicken.

Dann ging die Fahrt weiter. Knapp vor Várpalota platzte der letzte Reservereifen. Almasy versuchte zu kleben, es ging nicht. Der Oberst ging in das Städtchen, um noch einmal Steinamanger wegen eines Autos anzurufen, Almasy wollte einen neuen Pneu auftreiben und etwas Essen holen. Der König, der allein beim Wagen zurückblieb, versuchte, sich durch Armeschwingen und Kniebeugen zu erwärmen. Der Scheinwerfer eines herankommenden Autos ließ Baum um Baum hell aus der Nacht springen und hielt auf einmal den armeschwingenden König neben dem schiefstehenden Auto fest. Die Bremsen kreischten. Der Wagen hielt. Eine Stimme rief: „Mein Gott, der König!"

Die Grafen Sigray und Teleki stiegen aus, kamen auf den König zu und fragten, ob ein Unglück geschehen sei. Kein Unglück, sagte der König, nur Pech, der letzte Reifen sei geplatzt. Ob Seine Majestät ihnen nicht die Ehre geben wolle, mit ihrem Wagen weiterzufahren, fragte Teleki, Seine Majestät könne doch nicht in der Nacht allein auf der Landstraße bleiben! Der König fragte, was das für ein Wagen sei, in dem der Ministerpräsident fahre. Es sei ein Wagen aus der Garage des Reichsverwesers. In solch einem Wagen, erwiderte der König, fahre er nicht, da bleibe er lieber in der Nacht allein auf der Landstraße und warte auf seine Herren, die bald aus Várpalota zurück sein müßten. Die Grafen möchten doch ruhig weiterfahren, er, der König, werde sie gewiß überholen, wenn sie das Tempo einhielten, mit dem sie am Morgen nach Budapest gefahren seien. Teleki bat den König, die Verspätung von heute morgen zu entschuldigen, ihr Fahrer sei in Steinamanger fremd, er habe die falsche Ausfahrtstraße erwischt und sei, verschlafen, wie er gewesen, statt nach Nordosten nach Südosten gefahren. Man habe das erst in Eisenburg wahrgenommen. Deshalb sei man zu spät nach Budapest gekommen und habe Seine Majestät nicht warnen können, zu Horthy zu gehen. Der König winkte ab: Was geschehen sei, lasse sich nicht mehr ändern. Die Grafen sollten weiterfahren. Er sei heil aus der Burg von Budapest gekommen, ihm werde auch auf der Landstraße nichts zustoßen. Die Grafen entschuldigten sich nochmals, stiegen ein und fuhren weiter. Der König sah den Scheinwerfer ihres Wagens noch eine Weile aufblitzen, dann war wieder Nacht und Sandsturm um ihn. Nach einiger Zeit kamen Almasy und Jármy zurück, Jármy hatte Steinamanger wegen der Verspätung beruhigt, Almasy brachte Klebzeug und Reifen und etwas zu essen. Spät erst fuhr man weiter. Nach Sonnenaufgang kam man vor der Bischofsburg in Steinamanger an. Übernächtig kam Oberst Lehár dem König entgegen, der von dieser Reise so erfolglos zurückkehrte, wie dies Lehár vorausgesagt hatte. Der Oberst verbarg sein Mitleid, und der König wußte nicht, was er sagen sollte. Die Fahrt sei schlecht gewesen, berichtete der König, um sich über die Verlegenheit hinwegzuhelfen, weiß Gott, womit man in Ungarn nun die Straßen bestreue, denn der neue Pneu aus Várpalota sei auch bald durchgewesen, und den armen Almasy habe Verzweiflung gepackt. Hätte ihnen nicht doch noch zuletzt das gute Fliegerauto geholfen, sie säßen wahrscheinlich noch irgendwo im Bakonywald. Jetzt habe er, der König, nur einen Wunsch: etwas Heißes zum Trinken und ein paar Stunden zu schlafen, denn er sei zum Umfallen müde.

Oberst Lehár bat, vorher noch kurz berichten zu dürfen, was sich am Ostersonntag in Steinamanger zugetragen: Vom Telephongespräch der beiden legitimistischen Abgeordneten wisse Seine Majestät bereits durch Oberst Jármy. Er, Lehár, habe gestern diese Depesche bekommen. Der Oberst reichte dem König die Depesche hin: ‚Oberst Baron Lehár, Szombatheli. Bemühe Dich bitte im Interesse des Vaterlandes, den heute nacht in Szombathely eintreffenden König über die Grenze zu transportieren. Horthy.' Das Blatt zitterte in des Königs Hand, der König fragte, was der Oberst auf diese Unverschämtheit geantwortet habe.

„Daß es bei der jetzigen Lage in Österreich glatter Mord wäre, wenn man Eure Majestät ohne umfangreiche Sicherheitsvorkehrungen durch Österreich in die Schweiz schickte."

„Nun, darauf soll es Horthy nicht ankommen, er ist zu allem imstande."

„Ein gewisser Hauptmann Magasházy", meldete Lehár weiter, „hat in äußerst formloser Art gestern nachmittag die Abreise Eurer Majestät aus Budapest bekanntgegeben und hat sich im Laufe der Nacht noch einigemal erkundigt, ob Eure Majestät schon eingetroffen seien."

„Die Stimme seines Herrn. Magasházy ist der Flügeladjutant des meuternden Admirals."

Eine Ordonnanz holte Oberst Lehár zum Telephon. Als Lehár zurückkam, saß der König, mit dem Schlaf kämpfend, im Konversationszimmer des bischöflichen Palais. Man habe eben vom Schießplatz Hajmáskér telephoniert, daß Horthy die beiden legitimistischen Abgeordneten Beniczki und Sarecsany, die auf dem Weg zu Seiner Majestät gewesen seien, habe verhaften lassen, trotz ihrer Immunität!

Das schaue mehr nach Gömbös als nach Horthy aus, meinte der König. Wahrscheinlich habe man, fügte Lehár hinzu, gestern die Telephongespräche der beiden Abgeordneten mit Steinamanger abgehört. Als der König vorschlug, gleich an Horthy zu schreiben und sich über die Behandlung der legitimistischen Abgeordneten zu beschweren, riet Lehár davon ab: Horthy werde sich an keine Beschwerden oder Ermahnungen halten. Der König fragte, ob Sigray und Teleki schon durchgekommen seien. Die Grafen seien, entgegnete Lehár, bereits um zwei Uhr nachts hier gewesen. Was Teleki von der Lage halte, wollte der König wissen. Der Ministerpräsident, erwiderte Lehár, sei der Meinung, Seine Majestät werde außer Landes gehen müssen.

„Und Ihre persönliche Meinung, Lehár?"

„Majestät, ich habe, seit Majestät hier eingetroffen sind, nur eine Meinung gehabt: Majestät haben hier zu bleiben, und Horthy hat sich hier beim Obersten Kriegsherrn zu melden."

„Lehár, ich sehe ein, Sie haben recht gehabt. Ich hätte Ihnen folgen sollen. Aber es ist noch nicht zu spät. Wir können noch immer an Horthy schreiben. Ich diktiere Ihnen, Sie übersetzen: ‚Lieber Admiral Horthy! In Anbetracht der geänderten Verhältnisse verlange ich Ihre unbedingte Unterwerfung unter meine Befehle!'" Lehár übersetzte, schrieb und las den Text vor, der König war nicht zufrieden, er bat Lehár, noch einzuschalten: ‚Von Ihnen, meinem braven, treuen Admiral, bin ich gewiß, wie Ihre Entscheidung ausfallen wird.'

Lehár riet dem König von diesem Zusatz ab: wenn auch Horthy sehr eitel sei, so dürfe man ihm doch nicht schmeicheln. Der König gab nicht nach: Auf ein so herzlich gehaltenes Schreiben könne Horthy unmöglich einen Refüs geben, dazu sei Horthy doch zu sehr Kavalier und Offizier. Horthy habe doch den Maria-Theresien-Orden angenommen! Die Umgebung des Admirals sei schlecht, das seien meist aus der Honved hervorgegangene Herren, die sich bewußt gegen die österreichisch-ungarische Tradition stellten. Man müsse Horthy stark machen gegen seine Umgebung. Lehár widersprach nicht mehr, er fragte, ob er das Telegramm an Horthy gleich absenden solle. Sogleich, entschied der König. Ihm, der schon die dritte Nacht nicht geschlafen habe, möge man ein wenig Ruhe gönnen. Das Telegramm solle man übrigens auch Teleki vorlegen, wenn dieser aufwache.

Vor der Bischofsburg stand die Ehrenwache, scheu gingen die Bürger an dem braunen Dom mit den acht schweren Granitsäulen vorüber. Autos kamen, staubten durch die Dorfstraßen der Vororte und hielten auf dem Domplatz vor der Bischofsburg. Immer wieder kamen Gespräche aus Budapest und fragten, was mit dem König sei, ob er sich noch nicht auf der Fahrt nach der Grenze befinde. Der König, antwortete Lehár, könne nicht fahren, der König habe sich erkältet in dem Sturm heute nacht, er habe Fieber und liege im Bett. Graf Teleki wurde im Auftrag Budapests geweckt: der Graf solle dem König klarmachen, daß man in Budapest an diese Krankheit nicht glaube. Der Ministerpräsident begab sich in das Zimmer des Königs und wiederholte den Budapester Auftrag. Der König wies auf sein Fieber hin. Der Ministerpräsident erwiderte, Fieber hindere nicht am Reisen, er selbst sei zur Zeit der großen Grippe mit neununddreißig Grad Fieber Bahn gefahren, und es sei ihm nicht einmal schlecht bekommen. Alles sei einzig und allein eine Frage des Willens. Wie viele Verwundete seien im Krieg mit hohen Temperaturen transportiert worden, und es habe ihnen nicht geschadet!

Der König drehte sich zur Wand, er wollte Ruhe, er wollte schlafen. Nach einer Weile erschien der Ministerpräsident wieder: Budapest werde einen Arzt schicken, der feststellen solle, ob Seine Majestät reisefähig sei oder nicht. Der König erwiderte, er werde keinen Arzt vorlassen, den Horthy sende, er wolle Ruhe haben, der Primarius des hiesigen Spitals sei eben dagewesen und habe ihn untersucht, das genüge. Man behandle ihn wie einen verkaterten Leutnant, dem man den Regimentsarzt auf die Bude schicke, um zu sehen, ob er wirklich nicht ausrücken könne oder ob er bloß an Mulatschag-Nachwehen leide. Solche Unverschämtheiten dulde er nicht länger. Budapest, entschuldigte Teleki seine Regierung, handle ja nicht aus eigenem Antrieb, Horthy müsse irgend etwas tun, um die Gesandten von Jugoslawien, Rumänien und der Tschechoslowakei zu besänftigen, die alle paar Stunden anfragten, wann der König endlich das Land verlassen werde.

Der König gab keine Antwort, Teleki ging und traf auf dem Gang den Primarius Dr. Petö, der dem Ministerpräsidenten versicherte, daß es dem König wirklich nicht gut gehe; seine Lunge sei so angegriffen, daß sie sehr leicht einmal versagen könne. Kaum war der Primarius gegangen, als Teleki auf den Gesandten Koloman Kánya aus Budapest stieß. Die beiden Herren begaben sich ins Konversationszimmer. Kánya fragte, was man gegen das Schulfieber des gekrönten Königs zu unternehmen gedenke. Bischof Mikes verbat es sich, daß man in seinem Hause so über den König spreche. Wenn der König nicht schnell wieder auf die Beine komme, drohte Kánya, dann werde man ihn eben verhaften und per Schub an die Grenze bringen lassen.

Die Domherren fragten den Bischof, wie die wirkliche Lage denn sei. Spreche man mit Herren aus der Umgebung des Königs, dann heiße es, an den Grenzen sei alles in Ordnung, niemand rühre sich, im Gegenteil, die vom Selbstbestimmungsrecht ausgeschlossenen Nationen, die Ungarn und die Deutschen in den Staaten der Kleinen Entente, freuten sich, durch den König aus ihrer schweren Lage befreit zu werden. Spreche man aber mit einem der Herren, wie sie jetzt immer zahlreicher aus Budapest ankämen, dann müsse man glauben, daß Tschechen, Rumänen und Serben schon längst marschierten. Und die Wahrheit? Der Bischof wußte sie auch nicht, jeder glaube, was er wünsche, sagte der Bischof, und wer die Macht habe, der vermöge es, seine Wünsche durchzusetzen.

Benesch habe sagen lassen, berichteten die Herren aus Budapest, daß die Thronbesteigung eines Habsburgers in Ungarn für die Tschechoslowakei ein Kriegsfall sei.

Der wohlwollende Graf Andrássy und der kühle Graf Bethlen teilten dies dem König mit. Der König hörte nur zerstreut zu und sagte, er habe solche Kopfschmerzen, daß er sich nicht länger mit den Herren befassen könne.

Auf dem Gang draußen sagte Andrássy, er hätte nie gedacht, daß der König so eigensinnig sei. Der König, höhnte Bethlen, verstehe doch überhaupt nicht, worum es gehe. Er habe sich in die Krankheit geflüchtet und glaube, daß die Welt stillstehen werde, solange er im Bett liege.

Die Grafen unterschätzten den König. Der König wartete auf eine Nachricht, die aus Budapest kommen sollte. Aber die Nachricht traf nicht ein, und der König stand nicht auf.

Der König lag bereits vier Tage im Bett, die Nachricht, die erwünschte, die ersehnte, war aber noch immer nicht eingetroffen. Siebenhundert entschlossene Offiziere sind eine Macht! Die Budapester Garnison ist schwach! Mit Benesch wird, wenn es not tun sollte, Briand reden! Vielleicht kommt morgen, Samstag, von den legitimistischen Offizieren in Budapest die Nachricht, daß der Staatsstreich geglückt sei.

Eine andere Nachricht wurde vom Ministerpräsidenten Teleki dem König übermittelt: Horthy wünsche nicht, daß Seine Majestät in Steinamanger Politiker empfange oder neue Manifeste herausgebe. Der König erwiderte, wenn man ihn hier wie einen

Gefangenen behandeln wolle, dann möge man ihn doch gleich vor aller Welt wirklich verhaften, da würden die Menschen sehen, was sie von der Budapester Regierung zu halten hätten. Wenn man aber das nicht wolle, dann gebe es noch diese Möglichkeit: er, der König, werde im Lande bleiben und er werde Horthy zu seinem Statthalter ernennen. Horthy müsse als Statthalter den Eid ablegen, und wenn man auf das Ausland Rücksicht nehmen wolle, könne das ja im geheimen geschehen. Graf Bethlen und Graf Teleki lehnten ab. Solch ein Versteckenspiel sei unwürdig, dazu gebe sich Horthy nie und nimmer her.

Lehár kam, als die Grafen gegangen waren, und meldete: man habe ihn seines Kommandos enthoben und nach Budapest befohlen. Grund? Er habe einem amerikanischen Journalisten gegenüber geäußert, daß die Anwesenheit des Königs in Ungarn segensreich für das Land und eine Rettung vor rotem und weißem Terrorismus sei. Was Lehár zu tun gedenke? Nicht zu gehorchen gedachte Lehár einem Admiral, der seinen Eid gebrochen habe, er werde solange in Steinamanger bleiben, solange sein König hier sei. Der Meuterer Horthy habe einen Armeebefehl erlassen, in dem er dem ungarischen Heer für die Treue danke, mit der es in schwerer Stunde zu seinem Eide gestanden sei. Er, Lehár, habe diesen anmaßenden Befehl seinen Truppen vorenthalten. Man habe ihm einen Feldmarschalleutnant Hegedüs aus Budapest geschickt, der ihn im Kommando ablösen solle, aber ihm, Lehár, falle es gar nicht ein, seine Truppen aus der Hand zu geben. Wie Hegedüs denke, habe er noch nicht herausbekommen, Hegedüs sage es jedenfalls so oft und so laut, daß es jeder hören könne, er habe dieses Kommando in Steinamanger nur deshalb angenommen, damit nicht ein Offizier der ‚Erwachenden' hierher geschickt würde.

Als der König fragte, ob Lehár etwas von den siebenhundert Offizieren gehört habe, mußte dies Lehár verneinen.

Aus Wien kam in einem Auto ein amerikanischer Arzt. Die Anhänger Horthys wollten diesem Arzt den Zutritt zum König verweigern: es seien genug ungarische Ärzte da, um des Königs Krankheit zu behandeln. Aber wer vermag einem Amerikaner etwas abzuschlagen? Der amerikanische Arzt untersuchte den König im Beisein eines ungarischen, von Horthy geschickten Arztes und steckte dem König dabei eine Depesche zu, die am 2. April knapp nach Mitternacht in Paris aufgegeben worden war: ‚Dringende Bitte, unsern Klienten sofort zu ermutigen, Vertrauen zu bewahren und sich zu halten. Von hier nichts zu fürchten. Man wird die Nachbarn beruhigen.'

Als der amerikanische Arzt gegangen war, ließ der König noch einmal Lehár kommen und fragte, ob Lehár marschieren könne, eben sei die Nachricht aus Paris gekommen, daß Frankreich die Länder der Kleinen Entente beruhigen werde.

Lehár konnte nicht marschieren. Das Vorrücken auf Budapest wäre nur als Überraschung gelungen. Das habe man versäumt. Lehárs Leute seien gegenwärtig wieder auf eine Strecke von hundertundfünfzig Kilometer verteilt. Er habe nur fünfzehnhundert Feuergewehre. Ziehe man diese Leute noch einmal zusammen, dann könnten die Jugoslawen ohne Schuß in Steinamanger einrücken und den König gefangennehmen. Ob die Jugoslawen bei Sabatka eine Kavalleriedivision konzentriert haben, wisse er nicht, da er keine Nachrichten mehr vom Budapester Generalstab erhalte. Wie lange könne der König sich noch hier in Steinamanger halten?

Der amerikanische Arzt Fitz Williams habe ihn, den König, nicht für reisefähig erklärt, aber aus Budapest sei eine erfreuliche Nachricht eingetroffen. Am Dienstag seien die Offiziere in Budapest bereit. Man werde den König an diesem Tage nach Budapest holen, die Burg werde gestürmt werden.

Aber der Dienstag kam und niemand holte den König ab, die siebenhundert Offiziere ließen nichts von sich hören, die Regierung Horthy hatte den Dienstag als Tag der Abreise festgesetzt, alle Vorbereitungen und Vorkehrungen waren gemeinsam mit den österreichischen Behörden getroffen worden. Der König mußte aufstehen, mußte das Zimmer verlassen, sein Schulfieber mußte beendet sein.

An diesem Dienstag füllte sich der Festsaal der Bischofsburg mit Adeligen in Prunkgewändern, mit Geistlichen in langen Soutanen, mit Offizieren in Waffenröcken der alten Armee und mit Abgeordneten in langen, ‚Franz Joseph' genannten Gehröcken.

Alle, die gekommen waren, handelten gegen das Gebot Horthys, der die Abreise geheimgehalten und den König nur von wenigen zur Bahn geleitet wissen wollte. Aber der König hatte seinen Getreuen geboten, die Stadt zu verständigen, den Adel Transdanubiens herbeizurufen und im Bischofspalais zu versammeln, denn der König, unentschlossen, selbst zu handeln, hoffte noch immer, daß die versammelten Adeligen und Bürger in letzter Minute seine Abreise verhindern, und wenn nicht verhindern, doch wenigstens so lange verzögern würden, bis die so sehnlichst erwartete Nachricht von dem Handstreich der legitimistischen Offiziere aus Budapest eintraf.

Hin und wieder trat einer der Herren des Königs an das Fenster und blickte auf den weiten Platz hinunter, wo unter aufgespannten Schirmen im rieselnden Regen die Bürger standen und zu den Fenstern der Bischofsburg heraufsahen. Buben und Mädchen der Schule waren aufmarschiert, vor dem Denkmal des Bischofs Szily Janos stand, mit Notenblättern in der Hand, ein Gesangverein, dessen Tenöre den König der Treue versichern und dessen Bässe dieses Gelöbnis dunkel unterstreichen sollten. Hinter dem Vorhang seines Zimmers stand der König und spähte besorgt auf die Menge unter den Regenschirmen. Werden sich diese Leute dem Auto entgegenstellen? Werden sie aufbegehren, werden sie rufen: Laßt uns unseren geliebten, gekrönten Apostolischen König! Gehorcht nicht den Befehlen eines verräterischen Reichsverwesers! Unser König darf Ungarn nicht verlassen! Wir dulden es nicht! Soll man doch auf uns schießen, wenn man den Mut dazu hat, jene zu töten, die an Eid und Treue glauben!

Der König merkte nicht, daß die Ordner, Lehrer, Chormeister, Obmänner, Vorstände, Ältesten, Gemeinderäte und was dort unten ein Amt bekleidete und umherging, viel zu sehr mit ihrer kleinen Rolle beschäftigt waren, als daß ihnen etwas für das große Ereignis selbst übrig geblieben wäre.

Der Bischof betrat das Zimmer, und dem König war zumute, als käme der Seelsorger in die Zelle des Verurteilten. Es ist Zeit, sagte der Bischof und vermied es, den König anzusehen, der Zug stehe schon seit einer Stunde unter Dampf, und die Versammlung warte im Festsaal. Wie im Traum, wenn wir selbst Hindernis um Hindernis errichten, weil wir nicht gehen wollen und doch von der Faust im Genick unbarmherzig vorwärtsgestoßen werden, versuchte der König noch eine kleine Weile, diesen Gang aufzuschieben: er könne noch nicht mitkommen, die Herren im Festsaal möchten noch einen Augenblick warten, sein erster Obersthofmeister, der Graf Hunyady, und sein Hofmarschall, der Graf Széscén, fehlten noch, sie würden aber bald hier sein. Die beiden Herren, erwiderte der Bischof, seien draußen, sie warteten auf dem Gang, sie würden Seine Majestät begleiten.

Mit Mißfallen bemerkte der König die für einen Bischof zu stutzerhaften Lackschuhe mit Schnallen und die allzu gefälligen Bewegungen des Bischofs. Männer wie der Bischof waren Freunde für gute Tage! In schweren Zeiten lächeln sie verbindlich und tun nichts! Dem König blieb nichts anderes übrig, er mußte gehen, er mußte vor die Versammlung treten, er mußte ihr für ihre Treue danken. Aber vielleicht hielt ihn die Versammlung zurück, vielleicht riefen die Magnaten: Der König darf nicht aus Ungarn fort! Der König muß bleiben!

Der König begrüßte auf dem Gang mit wehmütigem Lächeln seinen Obersthofmeister und seinen Hofmarschall und betrat, von ihnen geleitet, den großen Saal. Die Versammlung erwachte aus ihrem trüben Schweigen und rief ein lautes: ‚Es lebe der König!', ein Ruf, den der große Chor unten auf dem Platz dumpf donnernd wiederholte. Der König verneigte sich vor der Versammlung, alle sahen, daß der König wirklich krank gewesen war, denn er war blaß und hatte dunkle Schatten um die Augen. Der Hofmarschall Graf Széscén trat vor und richtete diese Worte an den König: Er müsse wohl nicht erst sagen, wie ihm und wie allen hier Versammelten zumute sei, gelähmt vom Schmerz seien ihre Zungen. Seine Majestät möge alles Trübe dieser Woche vergessen, erinnern aber möge sich Seine Majestät der Liebe, die ihr hier in dieser Stadt entgegengeflammt sei und die ihr überall entgegenschlagen werde, wo wahre und treue Ungarn seien. Er, der Redner, spräche im Namen aller hier im Saale und unten auf dem Platz Versammelten, wenn er der Hoffnung Ausdruck gebe, Seine Majestät hier in Ungarn in allerkürzester Zeit unter glücklicheren Umständen wiederzusehen.

„Auf Wiedersehen! Auf Wiedersehen!" brauste es aus dem Saal dem König entgegen. Der König ergriff die Hand des Hofmarschalls: „Auf Wiedersehen!" Dann ging der König durch die Reihen der im Saale Versammelten und schüttelte die Hände. Liebe und Mitleid blickten den König an. Hier noch ein paar Worte, dort noch ein kleiner Trost und eine gestammelte Versicherung.

Aber jede Hand, die der König drückte, löste sich wieder aus der seinen, keine hielt ihn fest, keine ließ ihn nicht los, niemand rief: Bleibe, König, bleibe doch bei uns! Als der König beinahe die letzte Reihe erreicht hatte, sah er, wie jemand zur Tür hereinkam, dem Grafen Hunyady etwas zuflüsterte und wieder ging. Der König mußte die Augen schließen. Endlich war die Nachricht gekommen, die langerwartete, die schicksalswendende. Die Offiziere in Budapest hatten sich auf ihre Pflicht besonnen. Der König winkte seinen Obersthofmeister heran und fragte leise, ob

Nachrichten aus Budapest gekommen seien. Der Obersthofmeister schüttelte den Kopf, nichts aus Budapest! Budapest habe angefragt, das Budapest des Horthy selbstverständlich, wann der Zug endlich abgehe. Aber der Mann, der eben dagewesen sei, habe gebeten, daß sich Seine Majestät auf dem Balkon zeige, die Leute wünschten immer wieder, den König zu sehen. Der König griff an sein Herz, nickte, ging noch die letzten Reihen durch, bedankte sich noch einmal beim Bürgermeister und trat dann auf den Balkon hinaus in den Regen.

Die Regenschirme unten schwankten, weiß wehten Taschentücher zwischen ihnen auf, Hüte wurden geschwungen, Eljen! brauste es auf, dableiben! riefen die Leute, nicht fortgehen! riefen sie, in Ungarn bleiben, gekrönter König!

Der König verneigte sich nach allen Seiten, der König winkte und grüßte wie ein junger, vor den Vorhang gerufener Schauspieler. Immer heftiger schwoll das Toben an. Der Gesangverein stimmte den Hymnus an, die Menge entblößte die Häupter, der König nahm die Kappe ab und sang den ungarischen Hymnus mit. Sie werden ihn doch nicht fortlassen! Sie werden dem Auto in den Weg treten! Was kann Horthy dann tun? Der Hymnus verklang – ach, hätten sie doch alle Strophen gesungen! Der König grüßte, die Leute riefen, jemand trat an den König heran und mahnte, es sei Zeit, der Zug, Budapest, Horthy!

Der König kehrte in den Saal zurück und schritt durch die Gasse der Versammelten. Im Hofe wartete das offene Auto, Oberleutnant von Almasy saß am Lenkrad. Der Generalmarsch schmetterte. Die Griffe der Ehrenwache klappten. Der Portier in der Torhalle verbeugte sich tief. Die Menge machte Platz und schloß sich hinter dem langsam fahrenden Wagen wieder. Andere Wagen folgten dem Wagen des Königs. Die Fenster in den niedern Häusern standen offen, Tücher wehten, Blumen wurden geworfen, Menschen weinten, der König mahnte Almasy, langsam zu fahren. Der Platz um den Bahnhof war abgesperrt, der König verließ das Auto und ging nicht weiter. Er werde nicht einsteigen, sagte er zu den Herren, die Horthy aus Budapest geschickt hatte, da seine Bedingungen noch nicht angenommen seien, nein, die Herren mochten sagen, was sie wollten, er, der König, müsse eine Zusicherung von dem Herrn Reichsverweser erhalten, daß alle, die treu zu ihrem König gestanden, keine Nachteile erleiden würden. Ferner müsse ihm die Gewähr geboten werden, daß die Reise durch Österreich seinem Rang entsprechend vor sich gehe.

Solange er dafür keine bindenden Zusicherungen erhalte, steige er nicht ein. Feldmarschalleutnant Hegedüs versicherte, Budapest werde diese Bedingungen gewiß annehmen, der König möge die Abfahrt nicht länger verzögern, da ja der Anschlußzug und die Behörden an der österreichischen Grenze warteten.

Der König beriet sich kurz mit seiner Begleitung, dann entschloß er sich endlich, einzusteigen. Die Herren aus Budapest atmeten erleichtert auf, einer von ihnen rannte sogleich zum Telephon des Stationsvorstandes und gab die Nachricht, daß der König eingestiegen sei, nach Budapest durch. Der Bischof, der Regierungskommissär Graf Sigray, der Hofmarschall, Feldmarschalleutnant Hegedüs und das übrige Gefolge des Königs bestiegen auch den Zug.

Auf einmal war der Bahnsteig von Menschen überflutet. Die Leute mußten die Absperrung durchbrochen haben, sie rannten rufend und tücherschwenkend neben dem Zug her.

Abreise des Königs

„Halt! Halt! Halt!" Der Stationsbeamte schwenkte die Fahne, die Bremsen wurden angezogen, die Lokomotive puffte Dampf aus. Mit einem Telegramm in der erhobenen Hand kam der Gesandte Kánya gerannt. Der König beugte sich aus dem Fenster. Er streckte die Hand nach dem Papier aus. Das war in allerletzter Minute! Also doch noch die braven Offiziere! Er wird aussteigen, er wird an der Spitze der ausgerückten Soldaten in das Bischofspalais zurückkehren. Seine Hände zittern so, daß er das Telegramm kaum lesen kann: Die Regierung habe alle Bedingungen angenommen, das königliche Manifest werde man veröffentlichen, die Schweiz werde Seine Majestät wieder aufnehmen; allerdings der Kanton Waadt nicht mehr, der verweigere Seiner Majestät die Einreise. Kánya sprach noch, als einer der Budapester Herren dem Stationsbeamten den Befehl gab, den Zug endlich abfahren zu lassen. Der Zug fuhr an, die Leute, die geglaubt hatten, der König werde zurückgerufen, schrien, er solle doch bleiben, der König winkte, die Laufenden blieben zurück, der König ließ sich auf den Sitz fallen und schlug die Hände vor das Gesicht. Nun rollten die Räder, nun brachte man ihn nach Westen.

Noch immer gab der König nicht alles auf. Er fragte die Herren in seinem Abteil, ob sie nicht mit ihm tauschen wollten. Hunyady? Széscén? Warum denn nicht? Man könne sich die Gesichter einbinden, er, der König, sei doch krank gewesen, man könne die Kleider vertauschen, er, der König, könnte doch in der nächsten Station aussteigen und sich irgendwo verbergen, jeder brave Ungar werde ihn aufnehmen und verstecken. Derjenige, der seine Kleider trage, könne über die österreichische Grenze gehen und dort entweder eingestehen, wer er sei, oder sich, wenn man ihn nicht erkenne, nach der Schweiz bringen lassen. Er, der König, werde in Ungarn abwarten, wie das Budapester Unternehmen der Offiziere ausgehe, damit er gleich, wenn man nach ihm verlange, bei der Hand sei. Er könne es nicht verantworten, vielleicht in dem gleichen Augenblick die Grenze zu überschreiten, in dem in Budapest die Entscheidung falle.

Die Herren des Gefolges rieten dem König von solchem Vorhaben ab, es sei unmöglich, Hegedüs werde nie einwilligen, man werde an der Grenze hinter die Täuschung kommen. Der König widersprach: Man brauche das Hegedüs nicht auf die Nase zu binden. Wenn man es an der Grenze merke, sei er, der König, doch längst in einem ungarischen Versteck verschwunden. Die Herren rieten ab: Man könne es doch nicht so weit kommen lassen, daß man den gekrönten König in Ungarn durch einen Steckbrief suchen lasse, und Horthy werde sich den Wünschen der ‚Erwachenden' und der Gömbösleute fügen müssen, die in ihrem Habsburgerhaß vor nichts zurückschreckten. Die andern Staaten würden sich einmischen, das bißchen Freiheit, das Ungarn sich bewahrt habe, würde verlorengehen. Der König glaubte es nicht: Paris werde ihn schützen, Paris werde keine Einmischung dulden. Also das ging nicht. Da verfiel der König auf einen andern Ausweg. Man sollte doch von der nächsten Station aus die Anweisung geben, daß sich die Leute dem Zug entgegenstellen, daß sie die Schienen aufreißen, daß sie den Zug nicht bis zur Grenze fahren lassen! Das müsse doch gehen!

Nein, das gehe auch nicht. Die Herren des Gefolges machten es dem König klar: Pioniere können aufgerissene Schienen in kurzer Zeit wieder anschrauben, und wenn sie sich weigerten, das zu tun, werde man Seine Majestät in einem Auto an die österreichische Grenze überstellen; sollten sich aber dem Auto Bauern entgegenwerfen und den König am Weiterfahren hindern, dann könne solch ein Widerstand mit ein paar Schüssen von horthytreuen Gendarmen gebrochen werden. Aber der König war nicht zu überzeugen: man brauche keinen durchschlagenden Erfolg, man müsse vor allem Zeit gewinnen, jede halbe Stunde länger in Ungarn sei von unschätzbarem Wert. In allen größeren Stationen hielt der Zug, überall erwarteten den König Abordnungen in der frühlingsbunten Tracht der Dörfer, schwarze Gesangsvereine aus den kleinen Städten und die Beamtenschaft der Komitate, die Regierungskommissär Graf Sigray dem König vorstellte. Der König schritt die Front der ausgerückten Gendarmerieabteilungen ab, lobte die Leute und sagte so laut, daß es alle hören konnten, zu seinem Gefolge, daß es auf der ganzen Welt keine besseren Gendarmen gebe als in Ungarn. Die Musikkapellen spielten den Hymnus, die Leute schluchzten auf, der König mußte mit feuchten Augen wieder einsteigen, Feldmarschalleutnant Hegedüs konnte keine längeren Verzögerungen mehr verantworten.

Dunkle Wolken stiegen im Westen über den steirischen Bergen auf, der Wind brachte Regen, und die Tropfen sprühten den Menschen in die tränennassen Gesichter. Diese seit frühem Morgen entlang dem Bahndamm lagernden Bauern und Feldarbeiter hatten ein schweres Herz, sie sahen, wie der König aus dem Land gebracht wurde, ihnen tat der König leid, sie winkten dem Zug nach. An den bunten Bauern vorbei fuhren in Autos, im Viererzug und in Jagdwagen die Adeligen zu den kleinen Bahnhöfen, um den König und sein Gefolge wie Angehörige einer großen Familie zu begrüßen. Auf den regennassen Straßen folgte man eine Weile winkend dem Zug, als ahnte man, daß man nicht nur von seinem König, sondern von der eigenen unbeschwerten Vergangenheit Abschied nahm. Denn hier, auf dem alten transdanubischen Schlachtfeld des Reiches, war nach der Abwehr der Türken ein Adelsleben von solcher Heiterkeit und Leichtigkeit erwachsen wie sonst kaum irgendwo auf der Welt. Noch behüteten hohe Parkmauern inmitten der fruchtbaren Fluren fremde Ziersträucher, breitschattende Platanen und bläuliche Silbertannen um den plätschernden Springbrunnen, noch stützten schwere Empiresäulen die Vordächer, unter denen in leichthingleitender Konversation Französisch, Deutsch, Englisch, Italienisch und Ungarisch gemischt wurde, noch störte kein rauher Laut aus den schilfgedeckten Hütten der Feldarbeiter und aus den kleinen Biedermeierhäusern der Provinzstädte dieses leichte, freundliche Leben. In den Ställen hing englisches Sattelzeug, die herrschaftlichen Kutscher trugen verschnürte Röcke, die Kinder wurden von einer französischen Bonne aus der Schweiz erzogen und von einem deutschen Hofmeister unterrichtet. Rollten die Wagen aus dem Parktor, sprangen die Bauern beiseite und rissen den verschwitzten Filz vom Kopf, sprach der Graf einen Landarbeiter an, so küßte ihm der unterwürfig den Saum des Rockes. Breite Treppen führten zu großen Sälen mit Möbeln aus verklungenen Tagen, an verblichenen Tapeten hingen nachgedunkelte Bilder der Ahnen, deren Maler Rubens und Tintoretto nachgeahmt und wohl auch etwas derb übertrieben hatten. Auf den Tischchen lagen Alben mit Erinnerungen an Biarritz, Ostende, Monte Carlo, Vichy, Nauheim, Baden, Gastein und an das Salzkammergut, an Parforcejagden in Gödöllö, Pardubitz und in England, an Preisreiten in Wien, Hannover und Turin. In den mit Jagdtrophäen geschmückten Jagdzimmern standen im Gewehrschrank englische Flinten neben englischem Angelgerät, in den Bibliotheken vertrugen sich die französischen Enzyklopädisten mit der ‚Nachfolge Christi'. Wer gescheit war, suchte es zu verbergen, und wer dumm war, schämte sich nicht, es zu zeigen. Durch Generationen hatten die Schauspieler des Wiener Burgtheaters sich bemüht, wie die Grafen zu sprechen, und die Grafen hatten als Theresianisten in Wien das Burgtheaterdeutsch gelernt. Bilder von Füger, Waldmüller, Fendi und Daffinger waren allenthalben anzutreffen, und die zahlreichen Lithographien Kriehubers von Korpskommandanten, Brigadieren und Regimentskommandanten bezeugten, wie stark vordem der Adel Transdanubiens, das niemals von den Türken besetzt gewesen, in der österreichischen Armee vertreten war. Zahlreiche Stiche und Lithographien zeigten Schlachtbilder aus den Kriegen in Oberitalien unter Radetzky. Krummsäbel und Köcher an den Wänden erinnerten daran, wie nahe einst die türkische Grenze gewesen, Teppiche aus dem Osten dämpften den Schritt. Auf den Schreibtischen standen viele Photographien mit Aufnahmen von Familientagen, Herbstjagden, Hochzeiten und Kindstaufen, jeder von den Schloßbewohnern war immer von vielen seiner Standesgenossen umgeben. Die Mädchen der Bilder sahen schön, die Frauen klug und lebenslustig aus, in den Gesichtern der Männer zeigte sich oft jener Zug von Unentschlossenheit, der den nun aus dem Lande verwiesenen König so wehrlos und hilflos gemacht hatte: der Versuch, durch freundlich-verbindliches Nachgeben den Tücken der bösen Welt auszuweichen, und jene, die anders wollten und anders dachten, durch ein freundliches

Lächeln zu entwaffnen. In allen Hallen und Rauchzimmern der Schlösser wurden Gespräche gesponnen, in denen immer zuerst der Grad der Verwandtschaft der handelnden Personen zu einem der Anwesenden oder zu einer der gräflichen Familien festgestellt wurde. War der Handelnde mit niemand verwandt, dann verflüchtigte sich sichtlich die Anteilnahme an diesem Ereignis, denn dann geschah etwas, was eigentlich nicht hätte geschehen dürfen. Diese große Familie beklagte aufrichtig, daß in letzter Zeit das meiste geschah, ohne daß man einen von den Ihren vorher auch nur gefragt hätte. Wenn die Welt in Unordnung geraten war, so konnte schließlich nur dieser Umstand schuld daran sein.

In den kleinen Städten hatten in der zweiten Hälfte des neunzehnten Jahrhunderts die ehrgeizigen und wohlhabenden deutschen Bürger ihre deutschen Namen abgelegt und ungarische Namen angenommen, die sie verpflichteten, ungarischer zu sein als die echten Madjaren aus dem Alföld. Anfangs waren diese deutschen Bürger auf der Seite des Königs gestanden, der einen hartnäckigen Kampf um die deutsche Armeesprache und um die Einheit des Heeres geführt hatte. Nach und nach waren sie abgefallen und hatten sich den Ungarn zugekehrt.

Jetzt, auf den Stationen, schauten sie neugierig, was der Adel tun werde. Wird der Adel Westungarns den König aufhalten? Wird er sagen: Gekrönter Apostolischer König, bleibe bei uns! Laß dich nicht von einem treubrüchigen Kalviner aus dem Land verweisen! Wenn in Österreich drüben die Roten regieren, bleibe hier bei uns, stell dich an unsere Spitze, und wir werden dir dein Recht zurückerobern, das dir schmählich entwundene! Nein, das sagte der Adel nicht, der Adel grüßte, knickste, lächelte, winkte, weinte und schwieg. Politik war aber hierzulande immer ein Grafenspiel gewesen. Da war es nicht Sache der Bürger, den Zug des Königs vor der Grenze zum Stehen zu bringen. Wenn die Welt einmal nicht auf Ungarn aufpassen würde, wenn die Großen der Entente einmal durch irgendwelche andere Ereignisse von Ungarn abgelenkt waren, dann mochte der König wiederkommen, früher nicht. In dem schlachtberühmten Städtchen St. Gotthardt betrat Feldmarschalleutnant Hegedüs mit bekümmertem Ausdruck das Abteil des Königs: Das sei nun die Folge der ewigen Verzögerungen: draußen seien Flüchtlinge von der jugoslawischen Grenze. Die Jugoslawen mobilisierten. Die Leute seien ausgerissen, um nicht eingezogen zu werden.

Der König gab dem Feldmarschalleutnant keine Antwort.

Gegen Mittag traf der Zug in der Grenzstation Gyanfalva ein. Sechzig Gendarmen mit Federhüten standen zum Empfang des Königs bereit. Eine Trompete schmetterte den Generalmarsch. Der König schickte sogleich einen seiner Herren in das Stationsgebäude, um zu erfragen, ob Nachrichten aus Budapest eingetroffen seien. Der Herr war schnell zurück. Es waren keine Nachrichten eingetroffen. Der König schritt zum letztenmal die Front ungarischer Gendarmen ab, ließ sich durch den Regierungskommissär die Spitzen der Behörden vorstellen und richtete hin und wieder ein paar Worte an die Leute. Abseits stand der Bischof Graf Mikes, dessen Tante Hofdame der Kaiserin Elisabeth gewesen, und das Gefolge, die mit bekümmertem Blick den König beobachteten.

Dann zog sich der König mit den Herren zu einer Beratung zurück. Es wurde beschlossen, daß Feldmarschalleutnant Hegedüs, Graf Sigray und Ministerialsekretär von Boroviczény auf einer abgekoppelten Lokomotive zuerst einmal in die österreichische Grenzstation Fehring hinüberfahren sollten, um den Grenzübertritt des Königs zu regeln und sich alle Sicherheiten für eine unbehelligte Durchfahrt durch Österreich zu verschaffen. Der König beschwor Sigray ein letztesmal, sich ja nicht zu beeilen; wenn die Österreicher in irgendeinem Punkt Schwierigkeiten machten, sei es nur recht, denn alles, was den Grenzübertritt verzögere, sei willkommen.

Aus der Bahnhofswirtschaft an der Grenze traten drei Offiziere: der britische Artillerieoberst Selby, der französische Oberst Hinaux und der italienische Generalstabsoberst Franchini Stappo, alle drei mit jenem Gesicht, das Soldaten bei einem Begräbnis zur Schau tragen. Als der verbindliche Präsidialchef Dr. Brandl der Wiener Polizei die drei Ententeobersten den ernsten Ungarn vorgestellt hatte, schnarrte der Franzose ungehalten etwas über die Verzögerung, weil er sich trotz seiner Migräne allzu zeitig auf die Reise begeben hatte. Die sieben Herren gingen in den Dienstraum des Stationsvorstandes. Der Telegraph stellte ehrfürchtig sein Klopfen ein, der Stationsvorstand haftelte sich den Kragen zu, denn er fühlte sich in diesem Augenblick auch als eine Art Offizier.

Alles war für den Grenzübertritt des Königs bereit. Allerdings warteten der Sonderzug und die drei Obersten bereits ungebührlich lang, und Fehring bot in keiner Weise irgendwelche Kurzweil. Nun mußte man dem österreichischen Sonderzug den Salonwagen des Königs anhängen und dann konnte endlich die Fahrt weitergehen. Auf die Frage des italienischen Obersten, wie stark das Gefolge des Königs sein werde, gab Hegedüs bekannt, daß es aus drei Herren bestehen werde: aus dem Markgrafen Pallavicini, aus dem Herrn von Boroviczény und aus Professor Weinhard aus Budapest, den die Regierung dem König als Arzt beigegeben. Die drei Obersten merkten das genau vor. Diese drei Herren und für alle Fälle noch zwölf englische Soldaten fuhren im Salonwagen des Königs. Was mit der Volkswehr sei, die man draußen sehe, erkundigte sich besorgt Hegedüs. Die Hälfte der Leute, erwiderte Dr. Brandl von der Wiener Polizei, sei christlichsozial, die Hälfte sozialdemokratisch organisiert, nach dem gleichen Proporz seien übrigens auch seine absolut verläßlichen Wachleute ausgewählt worden. Die drei Ententeobersten seufzten, sie kannten die endlosen Beratungen über diese Fragen des Proporzes, mit denen man sich in allzu jungen Demokratien die Zeit vertreibt. Auf die Frage des Grafen Sigray, welcher Partei denn der Major der Volkswehr angehöre, erwiderte der Polizeipräsidialchef, der Major sei Sozialdemokrat. Die Ungarn erhoben sich, zogen sich in eine Ecke zurück und berieten kurz, dann teilte Graf Sigray den Obersten mit, man erhebe Protest, daß der Apostolische König von Ungarn von sozialdemokratischen Truppen durch Österreich geleitet werde. Eine solche Truppe biete bei einem immerhin möglichen Zwischenfall, bei einem Angriff auf den Zug etwa, eine zu geringe Gewähr für die Sicherheit Seiner Majestät.

Der Präsidialchef der Wiener Polizei flehte die Ungarn an, um Gottes willen wegen dieser Sache doch keine Schwierigkeiten zu machen. Seipel habe wegen dieser paritätischen Auswahl der Volkswehrleute im Verfassungsausschuß seine Obmannstelle niedergelegt, der Heeresminister sei wegen eben dieser Frage zurückgetreten.

Die Ungarn gerieten in Aufregung: das war eine Sache für sie, das war ein Köder, nach dem sie schnappten, hatten sie sich doch, diese Kreuzung aus Husaren und Advokaten, gerade mit der Stellung und spitzfindigen Beantwortung solcher Fragen Jahre hindurch in den Delegationen die Zeit vertrieben. Aber die drei Ententeobersten ließen auf das Erstens und Zweitens und Drittens der aufbegehrenden Ungarn kein Viertens und Fünftens folgen, sie mahnten zur Eile. Aber Graf Sigray gab nicht nach, er erinnerte sich der Weisung, die ihm sein König gegeben, die Verhandlungen möglichst lange hinzuziehen. Graf Sigray legte gegen die österreichische Eskorte, die schon so viel Mißfallen in Österreich erregt hatte, Verwahrung ein: Wenn Österreich keine andere Begleitung zu stellen willens sei, dann müsse eben der König in Ungarn bleiben. Da aber fuhr Hegedüs auf: Das sei das Unmöglichste von allem, was man unternehmen könne. Der König müsse noch heute über die Grenze, so laute sein Befehl, von dem er nicht mehr abgehen könne, zumal die Jugoslawen bereits mobilisierten und die Flüchtlinge über die Grenze strömten.

Die drei Obersten schnitten diesen Streit um die Sicherheit des Königs ab. Mit der Überlegenheit des Siegers, dem das Gezänk der Besiegten ekelhaft ist, gab Oberst Selby kund, daß für den Notfall, für den Ernst seine zwölf englischen Soldaten genügten. Welche Gesinnung da die österreichische Volkswehr habe, sei ganz belanglos.

Dann setzten die drei Obersten und die Ungarn ein Protokoll in den höflichsten Formen auf. Seine Majestät, die sich von Ungarn nach der Schweiz begebe, werde dem Schutze der Großmächte unterstellt. Das Protokoll wurde unterfertigt, und die Lokomotive fuhr über die Grenze zurück. Drüben in der ungarischen Station war der ganze Ort zusammengelaufen, zerrissene Zigeuner hatten sich aufgepflanzt und fiedelten unermüdlich alte und neue, schwermütige und heitere Weisen. Die ungarischen Gendarmen bestiegen den Zug, die Leute winkten und weinten: Auf Wiedersehen! Auf Wiedersehen!

In Fehring verließ zuerst die ungarische Gendarmerieabteilung den Zug und nahm, verächtlich auf die Volkswehr blickend, stramm Aufstellung. Die Wiener Volkswehrmänner gaben mit jedem Blick zu verstehen, wie erhaben sie über solches atavistisches Getue waren. Der Wiener Präsidialchef stellte sich im Salonwagen dem Kaiser vor, denn der Monarch, der nicht einen Schatten von Macht mehr besaß, war beim Übertritt nach Österreich aus einem König wieder zu einem Kaiser geworden. Nach Dr. Brandl meldeten sich die drei Ententeobersten, die den Kaiser von nun an in Schutz zu nehmen hatten. Mit angenehmem Gruseln blickte ein sozialdemokratischer Abgeordneter in das Abteil, um sich zu überzeugen, ob der Offizier da drinnen auch wirklich der Kaiser sei. Es war der Kaiser, und der Abgeordnete begab sich zu den Volkswehrleuten und teilte diesen mit schlichten, doch zu Herzen gehenden Worten mit, was er gesehen und wovon er sich überzeugt habe. Der sozialdemokratische Major fand zu viel Biederkeit im Ton, schämte sich und zündete sich, seitwärts tretend, eine Zigarette an. Die drei christlichsozialen Zugskommandanten blickten verlegen drein, unterließen es aber, dem Abgeordneten etwas zu entgegnen.

Dann kamen die Ungarn noch einmal Abschied zu nehmen, es war ein stiller Abschied, betretenes Schweigen, Beiseiteblicken und Trocknen der Augen. Der Bischof umarmte und segnete den König. Der Präsidialchef der Wiener Polizei drängte zur Abfahrt. Auf österreichischem Boden ertönten ungarische Kommandos. Schritte klappten, wie ein Zug Garde defilierten die Gendarmen, mit den wehenden Hahnenfedern auf den Hüten, am Fenster des Königs vorbei. In das laute Eljen! der Ungarn um den Bischof mischten sich die Abzugsrufe österreichischer Bahnarbeiter.

Nun fuhr der Zug durch die grüne Steiermark, durch die habsburgischen Erblande. Noch war in den sanften Rebenhügeln die Weite des Ostens zu spüren, alle Wege, die hier geruhsam durch Wiesen und Felder anstiegen, wanderten in kleine, ruhige Talkammern, verloren sich in schattenden Wäldern und zogen baumumsäumt den Höhen entlang. Die Pferde bekamen hier wohl wieder Hartfutter, trugen schwere Kummete, die behäbigen Höfe waren über das Land verstreut, sie brauchten Raum, sie hielten Abstand, sie duckten sich vor niemandem, die frühlingshaften Farben der Trachten des Ostens waren hier längst erloschen, es war, als habe sie der häufige Regen ausgewässert. Die Menschen trugen grüne Hüte und gingen langsam und bedächtig mit gebogenen Knien. In Frohnleiten stand der Zug. Der Kaiser ließ fragen, warum man nicht weiterfahre, und Pallavicini kam mit der Nachricht zurück, daß in Bruck an der Mur einige tausend Arbeiter den Bahnhof besetzt hielten und den Zug nicht durchlassen wollten. Man habe den fahrplanmäßigen Zug nach dem Kaiser durchsucht, und augenblicklich verhandle Dr. Brandl mit Bruck und Graz, aber die Arbeiter seien durch nichts zum Nachgeben zu bewegen. Der Kaiser lachte und rieb sich die Hände: was die Liebe der Ungarn nicht vermochte, das bewirkte nun der Haß der Österreicher! Er konnte nicht weiter, was blieb denn sonst übrig, als den Zug wieder nach Ungarn zurückzuschicken. Er habe es ja gewußt, daß in letzter Minute ihm noch Gott helfen werde. Man müsse noch einige Zeit warten, und dann möge Pallavicini dem Engländer, als dem vernünftigsten von den drei Obersten, diesen Vorschlag machen. Pallavicini und

Boroviczény kehrten in den Dienstraum des Stationsvorstandes zurück, wo jetzt der sozialdemokratische Abgeordnete am Telephon hing und den ‚Kindln und Leutln' in Bruck den Kopf zurechtzusetzen versuchte.

Der Zug stand, das Telephon schrillte, der Telegraph klopfte, die Ententeoffiziere kamen in das Dienstzimmer und mahnten zur Eile, doch ihrem Drängen hielt man ein geruhiges ‚Da kann ma halt nix machen' entgegen. In Bruck an der Mur ging man nicht davon ab, man wollte den Kaiser aus dem Zug holen und ihn zu einer endgültigen Abdankung zwingen. Wenn Horthy den König außer Landes geschickt hatte, wollte Bruck auch etwas tun, davon ließen sich die Leute weder durch Zureden noch durch Bitten abbringen.

Jetzt war die Zeit da, sich aufzuspielen und wichtig zu machen, Reden zu halten, mit der Stimme zu dröhnen und Fragen zu stellen, die niemand beantworten konnte! Aus Graz kam eine Abordnung des sozialdemokratischen Parteivorstandes, aus Bruck kam eine Abordnung von acht Arbeitern, man sprach das Versammlungshochdeutsch, in dem man keinen Schritt breit von den ausgetretenen Redensarten abweichen kann, ohne ins Leere, ins Stumme, ja ins Vernünftige zu tappen. Die geläufigere Mundart diente nur dazu, zwischen den Sätzen der Politik hin und wieder einander kräftig die eigene Meinung zu sagen. Nach langem Hin und Her erklärten die Brucker Arbeiter etwas verlegen und mundartlich durchwärmt, man habe durchaus nicht die Absicht, dem Kaiser ein Leid anzutun, aber man könne nicht darauf verzichten, dem Kaiser ins Gesicht zu sagen, wie man von ihm denke. Mit diesem Vorschlag begab sich der sozialdemokratische Abgeordnete aus Wien zu den drei Obersten. Der Engländer, der für diese einseitige Aussprache wenig Sinn zu haben schien, war nahe daran, grob zu werden: Er habe ein Protokoll unterschrieben, an das er sich halten werde, man möge die Strecke freigeben. Deputationen lasse er keine vor, vor Gewalt schrecke er nicht zurück. Der Abgeordnete ging mit diesem Bescheid zu seinen aufgeregten Leuten zurück, um ihnen wieder zuzureden, Vernunft anzunehmen und keinen europäischen Konflikt heraufzubeschwören.

Kaum hatte der Wiener Abgeordnete die drei Obersten verlassen, als sich die beiden Begleiter des Kaisers anmelden ließen. Pallavicini und Boroviczény machten den Vorschlag, den König nicht solchen Gefahren auszusetzen und nach Ungarn zurückzubringen. Der Franzose war sogleich dafür, der Italiener schwankte, der Engländer aber war durchaus dagegen. Oberst Selby schlug vor, die Lokomotive abzukuppeln, seine zwölf Infanteristen in den Tender zu stellen, nach Bruck zu fahren und auf jene, die die Strecke besetzt hielten, das Feuer zu eröffnen. Gegen diesen Plan wehrten sich der Italiener und der Franzose.

Der Präsidialchef der Wiener Polizei meldete den drei Obersten, daß in Bruck an der Mur vierzig Arbeiter den fahrplanmäßigen Zug nach Frohnleiten bestiegen haben, um hier Ordnung zu schaffen. Aus Graz sei die Nachricht gekommen, daß man dort den Bahnhof stürmen werde, wenn man es versuchen wollte, den Kaiser wieder zurück nach Ungarn zu bringen. Die Wiener Regierung habe angerufen, daß man sich an die Befehle der Grazer Landesregierung nicht zu halten habe. Man müsse sich selbst entschließen, und deshalb habe er den Auftrag gegeben, daß der Lokomotivführer ohne Aufenthalt hier durchfahren solle. Die drei Obersten stimmten dieser Entscheidung zu, und ein paar Minuten später fauchte ein Zug mit tobenden und brüllenden Menschen am Wagen des Kaisers vorbei.

Nun aber kamen mit Scheinwerferblinken und Hupen sechs von der Grazer Landesregierung gesandte Autos an, aber der Kaiser weigerte sich, umzusteigen, er hatte noch immer nicht die Hoffnung aufgegeben, zu guter Letzt wieder nach Ungarn überstellt zu werden. Wie anders hatte sich in Ungarn das Volk gezeigt! Welch ein Haß, welche Abneigung schlug ihm hier in Österreich entgegen!

Abermals erschienen die beiden Begleiter des Kaisers, denen sich auch der Arzt anschloß; sie erneuerten den Vorschlag, nach Ungarn zurückzukehren, und der Arzt unterstützte dieses Begehren mit der Feststellung, daß der König nach seiner Krankheit solchen Aufregungen nicht gewachsen sei. Nun schien auch Oberst Selby bereit, nachzugeben, aber er wollte vorher noch mit der englischen Gesandtschaft in Wien sprechen. Die telephonische Verbindung kam nicht zustande. Nun meldete sich die Wiener Regierung mit dem gleichen Vorschlag: zurück mit dem Kaiser nach Ungarn. Das wollten die Brucker Arbeiter auf keinen Fall. Ihr Führer, Koloman Wallisch, ein Banater Schwabe, hatte unter Bela Kun gegen Horthy gekämpft, und wenn auch Horthy selbst den König nicht mochte, die Ungarn sollten ihn auch nicht haben.

Der sozialdemokratische Abgeordnete hatte den drei Obersten einen neuen Vorschlag zu machen: der Bahnhof in Bruck an der Mur sollte geräumt werden, nur zweihundertundfünfzig verläßliche und besonnene Vertrauensleute wollten dort den Kaiser erwarten und auf ihre Weise begrüßen.

Gut, bewilligt!

Man müsse den Leuten gemäßigte Äußerungen des Mißfallens und einige Ansprachen gestatten, die Leute legten großen Wert darauf, daß Kaiser Karl erfahre, wie man in Österreich über ihn denke.

Genehmigt!

Auch die Fäuste wolle man drohend erheben und einige Drohungen ausstoßen, denen aber keine Taten folgen würden. Auch das wurde bewilligt. Aber nicht mehr! Wirklich nicht mehr! Keine Steine! Keine Stöcke! Keine Glasscherben! Der englische Oberst verfüge über englische Gewehre und könnte sehr unangenehm werden.

Aber das Telephonieren war noch nicht zu Ende, denn Revolutionäre erfreuen sich an ihm genau so wie am Autofahren. Bedenken wurden erhoben, Einwände gemacht, Besorgnisse mußten zerstreut werden. Nach sechs vertelephonierten Stunden setzte sich der Zug endlich gegen Bruck hin in Bewegung. Der Kaiser hatte sich längst zur Ruhe begeben und war eingeschlafen.

Johlen, Heulen, geschwungene Stöcke und erhobene Fäuste empfingen den Zug in Bruck an der Mur. Reden, aus denen der Dampf der kochenden Menge auszischte, wurden gekreischt, die lautesten Schreier wurden auf die Schultern gehoben, man ließ die Republik hochleben und verdonnerte die Knechtschaft der Monarchie, man schimpfte den Kaiser einen Massenmörder, einen Bluthund, einen Reaktionär, einen wortbrüchigen Kriegsbrandstifter, einen italienischen Verräter und einen ungarischen Horthybanditen, man berauschte sich an dem eigenen Geschrei und an der Kraft der wilden Worte so, daß man gegen die Sperre drängte und den Zug stürmen wollte. Die Volkswehr ließ sich nicht blicken, sie war wohl paritätisch übereingekommen, nicht einzugreifen, die sechs Wiener Polizisten standen vor des Kaisers Wagen, und die zwölf Engländer machten gelassen die Gewehre fertig. Sie wußten, was man von dem Toben waffenloser Kolonialvölker zu halten hatte und wie man ohnmächtiger Wut im Ernstfalle entgegenzutreten hatte.

Aus dem großen Industriegebiet der Südbahnstrecke waren die Arbeiter herbeigeströmt. Aber diese Industrie, die einst die vom Meer her wehende Salzluft hatte erstehen lassen, war seit dem Wegfalle von Triest zum großen Teil lahmgelegt, die Arbeiter mußten feiern und sich die Hungerrationen beim endlosen Anstellen holen. Nun aber war der Mann, der in ihren Augen an all ihrem Unglück schuld war, hier bei ihnen, nun wollten sie ihren bedrückten Herzen Luft machen.

Das sich immer mehr steigernde Toben drang bis in den Schlaf des Kaisers, der sich aufrichtete, nachsann, wo er eigentlich sei, vermeinte, die Rufe der Menge vor dem Bischofspalast in Steinamanger zu vernehmen, und allmählich einzelne Worte, wie Bluthund, Arbeitermörder, Verräter, Abdanken und Bestrafung, unterscheiden konnte. Nun nahm er auch wahr, daß er in einem Eisenbahnabteil war. Man hatte den Zug also doch nicht nach Ungarn zurückgefahren. Warum die draußen nur so verbittert waren? Hatte er nicht vom Antritt seiner Regierung an Frieden und immer nur Frieden gewünscht? Hatte er sich nicht gegen den deutschen Verbündeten gewehrt und gegen dessen Siegfriedengenerale Stellung genommen? War das alles vergessen? Gab man ihm schuld, daß der Krieg verloren war? Diese tobenden Arbeiter draußen waren verführte Menschen, Menschen, die weder an Gott glaubten noch an einen Kaiser. Immer wieder gellte der Ruf: Heraus mit Karl! Wir wollen ihm unsere Meinung ins Gesicht sagen! Wir wollen ihm sagen, was wir von ihm halten!

Endlich war die Lokomotive verschoben. Der Kammerdiener des Markgrafen, der knapp vor der Abfahrt wieder einstieg, berichtete von der Wut der Arbeiter, die man kaum mehr habe eindämmen können. Ein Teil habe gefordert, den Kaiser herauszuholen und vor dem Bahnhof aufzuhängen. Dem ausfahrenden Zug folgte das Wutgeheul der Menge.

Als der Morgen graute, lagen die Berge verhüllt. Aus den Wiesen stiegen die Nebel. Trüb und grünlich schäumten Flüsse und Bäche.

Die Erblande, die verwundeten, hungernden, ausgebluteten Erblande schwiegen. Still lagen die weißen Höfe mit dem braunen, nelkenbesetzten Gang und den steinbeschwerten Dächern, schwarz drohten die dampfenden Wälder, und über dem Wolkenschleier ragten, von Morgenlicht überhaucht, die regendunklen Felsen. Zwiebelkuppeln kleiner Kirchen tauchten auf, weiße

Kapellen leuchteten von freistehenden Hügeln in das Land. Die Schlösser schliefen verschlossen, der Adel der Erblande war nirgends auf den Bahnhöfen erschienen, den durchfahrenden Kaiser zu grüßen. Die Ungarn hatten die Krone gerettet und den König vertrieben, dieses Land, in dessen Schatzkammer zu Wien noch immer die Krone des Heiligen Römischen Reiches Deutscher Nation ruhte, kümmerte sich weder um die Krone noch um den Kaiser. Nicht die hohen Berge, die steinigen Äcker, die hochgelegenen Almen und die weiten Wälder und die Menschen aus den Bergen hatten das ausgemacht, was man Österreich genannt hatte; dieses untergegangene, dieses zerstörte und zertrümmerte Österreich war der Zusammenklang vieler Völker, der Austausch vieler Kräfte und die Mischung der besten Säfte gewesen. Das war nun alles auseinandergelaufen. Diese seit Jahrhunderten im schützenden Kranz der Völker eingebettet gewesene Landschaft war nun auf einmal dem rauhen Wind der Welt ausgesetzt, dessen sie ganz entwöhnt gewesen, sie duckte sich verdrossen, sie klagte die Zeit an und fand doch nicht das eigene Wort. Denn alles, was dieses Reich einst groß gemacht hatte, war in Unrecht verkehrt worden, jene, die dieses Reich geliebt hatten, waren ins Unglück gestoßen. Ihr Schmerz war tief, war groß, denn sie ahnten mehr, als daß sie es hätten sagen können, weil sie in einem Lande gelebt, in dem man deutsch nicht über diese Dinge gesprochen: um wieviel mehr als ein Staat oder ein Reich hier zugrunde gegangen war, über das viele, solange es bestanden, gelächelt hatten, und das fast alle, wenn es eine Weile nicht mehr sein wird, mit blutigen Fingern aus dem Grabe scharren wollen.

Dieses Land hier schwieg schon lange, es schwieg, seit die Aufklärung im deutschen Norden klar, kalt und scharf zu sprechen begonnen hatte. Jetzt, in dieser Zeit, in der sie hätten reden müssen, hatten die Menschen in den Tälern und auf den Bergen ringsum keine eigenen Worte. Man war mit deutschen Erklärungen in Österreich immer sparsam gewesen, um die andern nicht zu unbedachten Antworten zu reizen, die einander ja doch in ihrer Vielsprachigkeit nur widersprochen hätten. Die Deutschen in Ungarn waren, weil sie nichts zu erwidern wußten, Stadt um Stadt abgefallen; erst hatten die Städte Transdanubiens und dann deren Bewohner die deutschen Namen eingebüßt. Die Deutschen im Banat, in der Zips und rings um Budapest waren gefolgt, nur in Siebenbürgen hielten sie noch dem Angriff stand, weil dort die protestantische Bibel und die deutsche Sprache dasselbe waren.

In Böhmen aber und in Mähren wehrten sie sich mit jener Sprache, die sie aus den benachbarten deutschen Ländern bekamen, scharf, klar und unnachgiebig, wodurch sie immer mehr den Zusammenhang mit dem schweigenden Innerösterreich verloren hatten. Die Innerösterreicher aber kamen sich verraten, verkauft und verloren vor, weil man sie einer Geschichte wegen anklagte, die sie wirklich nicht gemacht, da dies die Geschichte einer Großmacht war, die nicht mehr bestand. Sie wollten weder vom Kaiser noch auch von Wien etwas wissen, das sie das rote, das östliche, das verkommene Wien nannten, seit diese Stadt keine Kaiserstadt mehr war. Man müßte diese Stadt, konnte man hören, erobern, unterwerfen, zur Vernunft bringen und, wenn sie nicht nachgab, aushungern! Dieses Wien war verräterisch, gleisnerisch, verwahrlost und voll Juden, die es in den Erblanden kaum gab.

Hing der Klerus dieser Länder nicht an dem frommen Kaiser Karl? Kamen nirgends Prozessionen mit Kirchenfahnen zur Bahn, den Kaiser zu grüßen? Der Klerus stammte aus Bauernblut und dachte kaum anders als die Bauern, die die besten Soldaten des Kaisers gewesen, die sich aber kaum jemals in die Händel der Welt gemischt hatten. In Wien hatten Spanier, Italiener, Franzosen, Tschechen, Rheinländer, Breisgauer und Herren aus allen Ländern regiert, Herren aus den Alpenländern waren nicht gerne in Wien gewesen, die hatten immer wieder Sehnsucht nach der grünen Steiermark und nach dem heiligen Land Tirol, nach dem heiteren Kärnten und dem kräftigen Oberösterreich gehabt.

In Innsbruck auf dem Bahnhof schien es dem Kaiser, als wäre er nicht mehr in Österreich. Die Polizei trug weiße Stulphandschuhe und überpreußisch hohe Pickelhauben. Ein paar alte Frauen winkten, die herumstehenden Soldaten rührten keine Hand zum Gruße. Dem Kaiser war es, als habe er in Westungarn mehr Erinnerungen an das alte Österreich getroffen als in Steiermark, Salzburg oder Tirol. Hie und da war wohl auch hier noch etwas, das fehlte, zu spüren, aber nur undeutlich, ganz schwach. Was aber fehlte? Die andern Länder, die Weite des Ostens, die Wärme des Südens und die Anmut des Zusammenklanges.

An der Grenze in Feldkirch verabschiedete sich der Präsidialchef der Wiener Polizei Dr. Brandl vom Kaiser. Die Volkswehr verkrümelte sich unter Vermeidung überflüssiger Kommandos, ihr genügte ein Geh ma, geh ma! Übrig blieben die sechs Wiener

Polizisten, die verlegen vor dem Wagen standen und nicht wußten, wie sie sich verhalten sollten, denn es waren altgediente Soldaten, in deren Dienstzeit ein Kaiser eben noch ein Kaiser gewesen war. Brauenrunzelnd versuchten sie das Mitleid zu verbergen, durch einen nicht allzustrammen Gruß waren sie bestrebt, der republikanischen Brotgeberin nicht die Treue zu brechen. Der Kaiser im Fenster fühlte die Verlegenheit der Polizeimänner, er mußte wirklich an sich halten, ihnen beim Grüßen nicht zuvorzukommen. So standen sie eine Weile Auge in Auge gegenüber und litten beide unter diesem peinlichen Zwiespalt, bis dem großen jungen Flügelmann von selbst die Hand an die Kappe fuhr und die andern fünf gelähmten Polizeiarme mit sich riß. Der Kaiser im Fenster verbeugte sich lächelnd, und auch die Polizisten mußten lächeln, nicht ohne vorsichtig nach der Seite zu schielen, ob niemand da sei, der sie in diesem halbmonarchistischen Zustand photographiere. Eine Aufgabe, deren Lösung von den neuen Vorschriften nicht vorgesehen war, war zu beiderseitiger Zufriedenheit erledigt worden.

Noch unter dem Eindruck dieses Grußes machten die Polizeileute im Gleichtakt linksum und gingen, jeder in einem andern Schritt, sorgfältig jede gleichförmig militaristische Bewegung vermeidend, durch die Bahnhofshalle ab. Es waren ehrliche Leute, sie wollten nicht mehr Haltung zeigen, als ihnen der Staat gab, wie ja auch die Eisenbahner nur dann den Blusenkragen schlossen, wenn sie hinter der Parteifahne marschierten. Dies war ihr Dienst, da der neue Staat wohl das Brot, aber nicht die Ehre gegeben hatte. Und darin bestand der eigentliche Unterschied zwischen der alten und der neuen Zeit.

Der Statthalter der Fürstlich Liechtensteinschen Regierung bestieg den Zug, um den vertriebenen, geschmähten und überall unwillkommenen Kaiser durch den kleinen Zipfel jenes Märchenlandes zu geleiten, das inmitten der alten und der neuen Republik eine Monarchie geblieben war. Wer so klein ist, muß sich nicht in die Händel der Welt einlassen und kann, wenn die andern raufen, einander töten und zerstückeln, ein geruhsames und zufriedenes Leben führen. An seinen Grenzen steht die Zeit still, und die Menschen dieser Länder könnten glücklich sein wie im Paradiese, wenn die Menschen für das Glück geboren wären.

Flug nach Ungarn, Oktober 1921

Am 20. Oktober 1921 ging der über den Schneeberg kommende Junkers-Metall-Monoplan langsam nieder. Der Flugplatz von Wiener Neustadt war von Bodennebel verhüllt. Hauptmann Fekete-Farkas, der neben dem Piloten Hauptmann Zimmermann saß, drehte sich um und meldete dem Kaiser, wo man war. Die Kaiserin spähte nach den Waldbergen des Semmerings hinüber, aber das helle Jagdschloß Reichenau ließ sich nicht ausnehmen. Das Flugzeug bog nach Südosten ab. Die dunklen Wälder in der Tiefe schwiegen. Hell und deutlich sprachen nun die Bäche und die Flüsse, die Geschwister der Wolken und Nebel. Der Kaiser deutete in die Tiefe: dort drüben müßte man eigentlich Schwarzau, die Heimat der Kaiserin, sehen. Ganz weit draußen im Osten der lichte Streifen war die Donau. Die helle Kapelle auf dem Waldrücken, über den man jetzt flog, war die Rosalienkapelle. Man mußte, um den Neusiedler See zu Gesicht zu bekommen, noch tiefer gehen. Die Hände der Kaiserin tasteten nach Halt. Das Blut drückte in den Ohren. Die Kaiserin, die im März erst entbunden hatte, war wieder in der Hoffnung. Sie war trotzdem mitgeflogen, morgen, an ihrem zehnten Hochzeitstag, wollte sie mit Karl in Budapest einziehen.

Nun blendete die weite Fläche des Sees, diese Riesenlacke, die, so seicht sie war, doch nicht austrocknete, in ihrem breiten Schilfkranz. Vor den dunklen Weinhügeln standen weiß die Mauern von Rust, die Fenster von Kroisbach blinkten im Abendlicht. Bei einer Wendung des Flugzeugs kamen noch einmal der gewaltige Stock des Schneebergs und die bleichen Mauern der Rax ins Blickfeld. Der Kaiser deutete zum Hochwechsel hinüber: Dort sei er zu Ostern vorbeigekommen, dort, weiter im Süden, habe er die ungarische Grenze passiert. Ein gebranntes Kind scheue das Feuer. Diesmal werde er sich nicht durch Leute wie Vass oder Teleki hinhalten lassen, diesmal werde er den falschen Reichsverweser überrumpeln. Die Kaiserin tastete nach seiner Hand und streichelte sie. Diesmal sei sie mitgekommen, sagte sie leise, und sie sei nicht so gutgläubig und vertrauensselig wie er.

In den großen Erlenwäldern des Hansags im Osten zog zwischen schimmernden Wasseradern im Röhricht schnurgerade der

Einserkanal durch das Paradies der Jäger und der Gelsen gegen Kapuvár. Da die dunklen Bergstufen im Westen zurückblieben, atmete das Land in leichten Wellen. Die Augen des Fliegers waren von der widergespiegelten Lichtflut über dem See so geblendet, daß er noch tiefer gehen mußte. Es war sechzehn Uhr vorbei. Endlich ließ sich das Südende des Sees ausnehmen. Bodennebel mischten sich dort mit dem Rauch von Kartoffelfeuern.

Auf sechshundert Meter herunter! Immer näher schien die dunkle Wand eines Waldes heranzurücken. Als wäre der Vogel müde geworden, zog er eine Schleife, senkte sich, tat ein paar Sprünge und stand mit leichtem Zittern.

Die Augen mußten sich erst an das geringere Licht gewöhnen. Von einem Ziehbrunnen kamen Knechte und Mägde gelaufen. Die Knechte in den abgetragenen alten Uniformstücken wagten sich näher heran, die bloßfüßigen Mägde hielten sich abseits. Die Knechte kannten Flugzeuge von der Piave, vom Isonzo und von allen Fronten her, an die sie der Krieg geführt hatte. Da waren diese Vögel gegen Ende des Krieges in immer dichteren Schwärmen gekommen und hatten in die verborgenste Falte gespäht und das Artilleriefeuer dorthin gelenkt, wo man sich sicher geglaubt.

Ein Graubart, dem Auftreten nach ein ehemaliger Längerdienender, rühmte sich vor den jungen Burschen und vor den albernen Mägden, die davon nichts verstanden, weil sie noch nie in ihrem Leben von der Pußta fortgekommen und daher dumm geblieben waren, einmal im dritten Kriegsjahr einen englischen Flieger abgeschossen zu haben. Noch heute könnte er ein reicher Mann sein, hätte er die Goldstücke, die der tote Flieger bei sich gehabt, nicht an das Kompaniekommando abführen müssen.

Oberleutnant Alexay stieg aus dem Flugzeug und fragte, wie es hier heiße. Als er erfuhr, daß man auf Pußta Család sei, fragte er, wie weit man von da nach Dénesfa habe. Der Alte wiegte den Kopf, die Burschen sahen einander an, die Mädchen kicherten. „Ein schlechter Weg, Euer Hochwohlgeboren, der Weg geht durch diesen Wald, Sie müssen, weil es dunkel ist, Schritt fahren, und Sie werden zwei Stunden fahren, Euer Hochwohlgeboren."

Der Kaiser, der auf ungarischem Boden wieder zum König geworden war, ließ das Fenster herunter, um eine Zigarette zu rauchen. Fekete-Farkas schlug dem König vor, daß es das Beste wäre, noch einmal aufzusteigen und diesen lästigen Wald vor Dénesfa zu überfliegen, denn hier auf der Pußta könne man doch nicht gut übernachten. Der König war für das Weiterfliegen, und die Königin, der dieser Entschluß, wie man ihr ansehen konnte, nicht leicht fiel, war auch dafür, denn man durfte keine Zeit verlieren. Landen, in den bereitstehenden Zug einsteigen, mit den bereits alarmierten Truppen nach Budapest fahren und morgen abends, am zehnten Hochzeitstag, dort einziehen! So war es geplant, vorbereitet und durchgegeben. Da konnte man auf so kleine Beschwerlichkeiten nicht achten.

Oberleutnant Alexay bedankte sich bei dem Alten für die Auskunft und ersuchte ihn, die Startbahn freizuhalten, sonst würde sie der anspringende Vogel insgesamt alle umrennen. Burschen und Mägde stoben nach ein paar Rufen des Alten auseinander. Der Propellerwind ließ Kopftücher und Röcke aufwehen, lachend wichen die Mädchen noch ein Stück weiter zurück. Eine Staubwolke nachziehend, hüpfte der Vogel über das Brachfeld, hob sich hoch, zog eine Schleife und flog dicht über den Wipfeln des dunklen Waldes hin. Vor dem Flugzeug tauchte aus der Dämmerung ein helles Mauerwerk auf, es mußte ein Meierhof der Grafen Cziráky sein, auf den Äckern davor konnte man niedergehen.

Als der Motor ausgeknattert hatte, nahm, einem eifrigen Echo gleich, eine Dreschmaschine seinen scharfen Takt auf. Hofleute, Kinder und Hunde kamen herbeigerannt. Es war einfach nicht zu glauben, wieviel Kinder in dem lichten Mauervierreck gesteckt hatten, und es wollte noch immer kein Ende nehmen mit den heranzottelnden Rotznasen.

Das Königspaar stieg aus, die Königin holte tief Atem. Die Luft roch nach verbrannten Kartoffelkräutern, denn im weiten Umkreis glosten die Feuer, stiegen die dünnen Rauchsäulen zum Himmel empor. Der König freute sich so, als wäre schon alles gelungen, am liebsten hätte er den gaffenden Knechten und Mägden zugerufen, wer er sei, der hier vor ihnen stehe, geradewegs durch die Luft aus der Schweiz nach Ungarn gekommen, um sich endlich die ihm freventlich vorenthaltene Krone zu holen.

Oberleutnant Alexay erkundigte sich nach den Grafen Cziráky Jozsi und Gyuri und erfuhr, daß die Herrschaften vor ein paar Minuten mit Graf Károly hier vorbeigekommen und nach dem Gestüt hinübergefahren seien. Als Alexay fragte, ob man ihnen nicht einen Reiter nachschicken könne, meldete der Verwalter, daß er sogleich einen Burschen wegschicken werde. Langsam! Langsam! Der Reiter solle den Herren Grafen melden, daß beim Meierhof Offiziere aus der Schweiz mit dem Flugzeug gelandet seien. Verstanden? Wiederholen! Der Verwalter rief den Burschen, der Bursche zeigte, daß er beim Militär gewesen, es wurde ihm die Botschaft noch einmal langsam vorgesprochen, er wiederholte und ritt davon.

Hauptmann Zimmermann hatte um seinen Apparat die Runde gemacht, alles in Ordnung gefunden und staunte nun die fremde Welt an, die sich hier so nahe von Wien vor ihm auftat: die kleinen, zerlumpten Kerlchen waren wohl Zigeuner, und alles übrige sah aus, als ob man im Kino wäre. Immer näher drängten sich die Kinder heran, und Boroviczény hatte Mühe, sie zurückzuscheuchen. Der König ging auf den deutschen Fliegerhauptmann zu und bedankte sich für den so gut gelungenen Flug. Alles sei so unvorstellbar einfach gewesen, er habe sich das alles viel schwerer vorgestellt, da er im Hochgebirge an Schwindel leide. Aber er habe während des ganzen Fluges heute nichts gespürt. Auch die Königin bedankte sich. So schön die Reise gewesen sei und welch ungewohntes Bild die Alpen aus der Höhe böten, sei sie wahrhaftig glücklich und danke Gott aus ganzem Herzen dafür, daß man nun glücklich wieder auf fester Erde stehe. Das allerletzte Stückchen, beim Flug so dicht über die Wipfel des dunklen Waldes hinweg, habe sie wirklich Angst gehabt. Hauptmann Zimmermann lachte: Und gerade dieses Stück sei gänzlich ungefährlich gewesen, die einzige Schwierigkeit auf der ganzen Fahrt sei das Aussetzen des Motors über Bayern, unweit von Salzburg gewesen. Nur jetzt nicht niedergehen müssen, habe er immer wieder zu sich selbst gesagt, nur jetzt nicht, denn niemand werde ihm, einem Bayer, glauben, daß er ohne Absicht in Bayern niedergegangen sei.

„Die Königin und ich, Herr Hauptmann, wir hätten ihnen geglaubt", versicherte der König dem sich verbeugenden Offizier.

Und was das letzte Stück, den Flug über den Wald anlange, so hätte man ihn sich gewiß ersparen können, erwähnte Zimmermann, wenn nicht das grelle Blenden des Sees sie ganz dämmerblind gemacht hätte.

Räderrollen unterbrach das Gespräch, der leichte Wagen des Grafen Cziráky hielt dicht neben dem Flugzeug. Die Hofleute stoben vor dem Wagen des Grafen wie Hühner vor dem Habicht auseinander. Die beiden Grafen stiegen ab, und Graf Jozsi eilte auf das Königspaar zu: Die Majestäten hätten ihm die größte Freude damit bereitet, daß es Czirákysche Erde sei, die von den königlichen Füßen zuerst in Ungarn betreten worden sei, mit Stolz werde man das in den Annalen der Czirákyschen Familie festhalten. Aber zu seinem allergrößten und tiefinnigsten Bedauern müsse er leider, leider gestehen, daß es ganz und gar unmöglich sei, die Majestäten heute noch in seinem Hause zu empfangen, denn gerade heute habe er das ganze Schloß voll mit Gästen, da man die Taufe seines jüngsten Sohnes feiere. Als die Königin der Hoffnung Ausdruck gegeben hatte, daß ihre Ankunft dem jüngsten Cziráky Glück und Segen bringen möge, dankte der Graf der Königin und bat sie inständigst, den beschwerlichen Weg nicht zu scheuen und mit seinem Bruder Gyuri hinüber nach Kenyeri zu fahren, etwa sechs Kilometer von hier. Kämen die Majestäten nämlich jetzt mit nach Dénesfa, so ließe sich die Ankunft der Majestäten trotz aller nur erdenklichen Vorsichtsmaßnahmen doch nicht geheimhalten. Und soviel er wisse, käme diesmal auf die Geheimhaltung alles an. Der König und die Königin fragten, ob man von Kenyeri aus die beiden militärischen Führer des Unternehmens, Lehár und Ostenburg, werde erreichen können? Gewiß werde dies möglich sein, versicherte der Graf. Darauf stiegen Königin und König zum Grafen Gyuri in den Wagen und fuhren winkend und Auf Wiedersehen! rufend davon.

Auf die Frage des Hauptmanns Zimmermann, ob er seinen Vogel so stehen lassen könne, erwiderte Graf Jozsi, daß seine Leute nichts stehlen würden, daß er aber trotzdem zur Sicherheit einen Posten aufstellen werde. Im übrigen aber lade er die Herren ein, ihm heute abend bei dem Taufessen die Ehre zu geben. Den Gästen gegenüber möchten die Herren kein Wort von dem Königspaar verlauten lassen, auch der Dienerschaft gegenüber nicht, denn man sehe niemandem hinter die Stirne, und Gerüchte flögen jetzt, da alles wegen der Abtretung des westungarischen Streifens, den die Wiener rasch Burgenland getauft haben, sehr aufgeregt sei und vor Gerüchten nicht ein noch aus wüßte.

Die drei Flieger und Boroviczény gingen mit Graf Jozsi durch die Fasanerie zum Schloß vor, dessen hellerleuchtete, zweigeschossige Empirefassade sich im schwarzen Wasser des Teiches spiegelte. Diener, die schon von der Landung des Flugzeuges gehört hatten, eilten herbei und halfen den Gästen aus den Mänteln.

Als die Gräfin Andrássy im Salon den Legationssekretär Boroviczény zwischen den drei gänzlich unbekannten Fliegern sah, eilte sie auf ihn zu und fragte, woher er denn auf einmal komme und was er hier mache. Er sei, erwiderte Boroviczény, geradewegs aus Hertenstein hiehergeflogen. Auf die Frage der Gräfin, wie es den Majestäten in Hertenstein gehe, erwiderte der Legationssekretär dicht am Ohr der Gräfin und leise, daß die Majestäten, würde Gräfin Andrássy heute nicht die Geburt eines Enkels feiern, hier in Dénesfa abgestiegen wären. Die Gräfin wurde ungehalten: Das seien keine Dinge, mit denen man scherze, sie wünsche die Wahrheit zu wissen, sie verlange zu hören, wo das Königspaar sei.

„Mit Graf Gyuri auf dem Jagdschloß in Kenyeri."

Die Gräfin wandte sich an ihren eben eintretenden Gemahl: „Duci, hörst du, was er sagt?"

„Ich habe es schon draußen gehört", erwiderte der alte Herr, „aber ich will es nicht glauben."

Graf Károly trat hinzu: „Es ist wirklich so. Ich habe vor ein paar Minuten draußen das Königspaar gesehen. Sie sind mit Gyuri nach Kenyeri gefahren, damit kein Aufsehen entsteht."

„Das sind Sachen! Mein Gott, mein Gott! Bei der Dunkelheit und bei den Wegen! Und ohne Schutz! Und Ihre Majestät in anderen Umständen!" klagte die Gräfin. „Das ist furchtbar", pflichtete ihr Graf Andrássy bei, „die Folgen lassen sich einfach nicht absehen." Graf Károly erklärte, nicht einsehen zu können, was da furchtbar sein solle. Seit Ostern erwarte man den König, von Woche zu Woche verschiebe sich seine Ankunft, obwohl immer wieder von nichts anderem als von dieser Rückkehr gesprochen werde. In einer Woche werde die Gendarmerieabteilung Ostenburg aufgelöst, denn das sogenannte Burgenland sei dann bei Österreich, und man brauche den Grenzschutz nicht mehr. Solle man etwa darauf warten, bis Héjjas den Erzherzog Albrecht zum Fürsten des Leithabanats ernenne und mit dem Erzherzog dann nach Budapest marschiere, um Horthy abzusetzen und Albrecht zum König krönen zu lassen? Solle man warten, bis sich Héjjas auf Ostenburg stürze und diesem vor der Auflösung der Gendarmerieabteilung die Waffen nehme? Seiner Ansicht nach sei der König in allerletzter Minute gekommen — denn eine oder gar zwei Wochen später, und der König würde hier im Westen keinen einzigen Mann mehr auftreiben können, der mit ihm gegen Budapest marschiere.

Graf Andrássy hielt sich die Ohren zu: Marschieren! Marschieren! Gendarmen! Waffen! Banden! Das sei die ganze Weisheit! Damit habe man wahrscheinlich auch dem armen König den Kopf verdreht. Jetzt komme der König ins Land, da man ihm, wenn man nicht nur an Banden und Gendarmen, an Waffen und an Marschieren denke, da man dem König eine legitimistische

Mehrheit im Parlament zur Verfügung hätte stellen können! Vorgestern habe er nach endlosem Verhandeln mit Bethlen eine einheitliche Regierungspartei zusammengebracht, morgen sollte Bethlen in Pécs über dieses neue Programm eine große Rede halten. Wäre er hier nicht bei der Taufe seines Enkels, auch er säße bei Bethlen in Pécs. Seine Schwiegersöhne schienen es darauf abgesehen zu haben, ihm nichts als Ungelegenheiten und Scherereien zu bereiten! Michael Károly sei bereits wegen Landesverrates ausgewiesen — und wenn er hundertmal beteuert hätte, er habe es mit Ungarn nur gut gemeint, er habe die Versöhnung gewollt und den Frieden, — und Jozsi werde es so weit bringen, daß ihn Bethlen nun für einen Lügner und Betrüger halte. Bethlen werde das nie, nie verzeihen, er werde glauben, man habe nur zum Schein mit ihm über die Königsfrage unterhandelt, und in Wirklichkeit sei man hintenherum mit dem König im Einverständnis gewesen. Und das alles zu einer Zeit, da Bethlen morgen in Pécs darüber sprechen wollte, daß das Herrscherrecht nicht nur ein Recht, sondern auch eine Pflicht in sich schließe, die nur eine Vis major unterbrechen könne.

Boroviczény suchte zu vermitteln: Er kenne sich jetzt wirklich nicht aus. Man habe doch nach Hertenstein dem Kaiser gemeldet, daß unter den Politikern, die für die baldige Rückkehr des Königs seien, Andrássy und Apponyi wären. Graf Andrássy blickte verzweifelt auf: Im Prinzip, junger Freund, im Prinzip! Nach einigen Vorbereitungen! Unter Vorbereitungen verstehe er nicht das Zusammenziehen von Gendarmen und von abenteuernden, beschäftigungslosen Offizieren, die niemandem verantwortlich seien, unter Vorbereitungen verstehe er politische Schritte, innen- und außenpolitische Schritte! Gratz und Apponyi wollten sich an den Völkerbund in Genf wenden, und das Ansehen, das Apponyi beim Völkerbund genieße, wäre Bürgschaft gewesen, daß man auf Apponyis Wort gehört hätte! Gratz und Apponyi wollten vor dem Völkerbund vorbringen, daß die Anwesenheit des gekrönten Königs in Ungarn eine Notwendigkeit sei! Das wäre der außenpolitische Teil der Vorbereitungen gewesen! Und was wäre innenpolitisch noch alles zu tun gewesen! Aber in der Königsfrage handle jeder auf eigene Faust, spreche jeder selbst beim König vor und hoffe, dadurch die andern auszustechen! Und der König, wankelmütig wie er sei, unfähig, jemandem ein klares und deutliches Nein zu sagen, unterstütze dieses sinnlose und gefährliche Treiben. Aber nun sei der König, leider Gottes, leider Gottes, hier im Land, was bleibe einem denn anders übrig, als die Verantwortung für eine Sache zu übernehmen, die man nicht billigen könne. Das scheine sein Schicksal zu sein, klagte Andrássy, er habe in Wien im November 1918 das Werk seines Vaters zerstören und die Monarchie liquidieren müssen, und nun werde er wieder in eine Lage gedrängt, die er nicht geschaffen habe, ja die er selbst mißbillige. Apponyi, dem dieses ganze Verschwörerwesen genau so zuwider sei, werde auch nicht anders handeln. Aber Bethlen? Was werde Bethlen tun, denn Bethlen sei ja doch schließlich und endlich der Ministerpräsident! Wie er Bethlen kenne, werde Bethlen sagen, dieser ganze Zwist zwischen Lehár und Gömbös dürfe nicht die ungarische Politik beeinflussen, und der König dürfe sich nicht dazu hergeben, die Partei von Lehár-Feldbach gegen die Partei Gömbös-Szegedin zu unterstützen, seine Aufgabe als Ministerpräsident, werde Bethlen sagen, sei, nicht das Land zu zerreißen, dieses Land, dem man eben sein westlichstes Stück gestohlen habe, sondern alle Kräfte zusammenzuhalten.

Graf Andrássy wurde unterbrochen, draußen sei ein Offizier, der den Grafen Cziráky zu sprechen wünsche. Der Graf ging hinaus. Der Offizier sah sich vorsichtig um und flüsterte, daß Oberst Lehár im Walde hinter der Fasanerie warte. Der Herr Oberst habe erfahren, daß ein Flugzeug gelandet sei, und er bitte deshalb einen Herrn aus dem Schloß um eine kurze Unterredung.

Cziráky stellte seinen Wagen zur Verfügung, Andrássy und Boroviczény stiegen ein. Der Scheinwerfer tastete sich durch die Nacht. Der Himmel war sternklar. Der Mond stand groß über einer Bodenwelle. Ganz links der Mond, sagte Andrássy und schauerte zusammen, so habe er, als er in der Nacht aufgestanden sei, drei Tage vor Ausbruch des Krieges den Mond im Fenster stehen sehen. Es werde zu keinem Krieg kommen, erwiderte der Hauptmann, der vorne neben dem Chauffeur saß, denn diesmal werde Horthy klein beigeben. Der Wagen schaukelte durch den Wald und sprang über Wurzeln. Auf einer kleinen Blöße vor dem Jägerhaus hielt er. Die Augen gegen den Scheinwerfer schirmend, trat Lehár an den Wagenschlag und fragte, ob alles glatt gegangen sei. Man habe das Telegramm aus der Schweiz mit einer zweitägigen Verspätung erhalten und sei heute mittag ununterbrochen auf der Lauer gelegen, ohne den Einflug einer Maschine wahrgenommen zu haben. Als Lehár auf die Frage nach dem jetzigen Aufenthalt der Majestäten Kenyeri genannt bekam, lehnte er sofort ab: Unmöglich, ganz und gar unmöglich, weil viel zu nahe der Hauptstrecke. Werde in Budapest durch irgendeinen Zufall die Anwesenheit Seiner Majestät in Ungarn bekannt, werde man Seine Majestät zuerst auf einem der Czirákyschen Schlösser suchen, der König müsse daher sofort auf ein anderes Schloß gebracht werden. Graf Andrássy gab den Zustand der Königin zu bedenken, die Nacht, die schlechten Wege, aber Lehár ließ sich nicht abweisen: Die Umquartierung müsse sofort erfolgen; vielleicht könne man das Königspaar nach Sajtos-Kál zu Herrn von Ruprecht bringen, von wo es außerdem näher nach Ödenburg sei. Bis Kenyeri könne man keine Posten vortreiben, dort wäre der König vollkommen ungesichert. Seufzend fügte sich Graf Andrássy und beauftragte Boroviczény, die Majestäten abzuholen und nach Sajtos-Kál zu Ruprecht zu bringen, er werde inzwischen hier bei Lehár bleiben.

Wieder fuhr das Auto auf holprigen Wegen durch den Wald. In den Dörfern war nirgends mehr Licht, die Dorfhunde bellten und zerrten an den Ketten, das blasse Mondlicht warf Baumschatten über die staubige Straße.

Das kleine Jagdschloß Kenyeri schien hinter seinen geschlossenen grünen Läden zu schlafen. Das Parktor stand offen. Boroviczény durchquerte hastig den Vorgarten. Das Haustor war unversperrt. In der geweihgeschmückten Halle war niemand. Boroviczény rief. Kein Diener! Kein Personal! Er ging weiter und stieß endlich auf Graf Gyuri, den er nach den Majestäten fragte. Die Majestäten seien oben im Zimmer, erwiderte Graf Gyuri, die Königin sei ganz ausgefroren, er habe ihr selbst einen Tee gemacht, damit niemand vom Hauptpersonal geweckt würde. Boroviczény zeigte sich sehr erfreut, daß das Königspaar noch nicht zur Ruhe gegangen sei, denn es wäre ihm schwergefallen, sie noch einmal aufzuschrecken, da er den bindenden Befehl von Lehár habe, die Majestäten nach Sajtos-Kál zu bringen, und zwar sofort. Nein, man könne nicht bis morgen warten, hier sei keine Sicherung möglich, das Schloß liege zu nahe an der Bahn, und man müsse damit rechnen, daß Horthy, oder besser gesagt Gömbös, vor nichts zurückschrecke. Der Graf führte den Legationssekretär zum Königspaar, das sichtlich abgespannt beim Tee saß und verwundert aufblickte, als Boroviczény nahelegte, daß man sogleich aufbrechen müsse an einen Ort, der mehr Sicherheit biete. Gerne hätte er, Boroviczény, seine Frau telephonisch hieher gerufen, damit Ihre Majestät wenigstens eine kleine Hilfe habe, aber das gehe leider nicht mehr, denn Lehár habe den Auftrag gegeben, im Umkreis von Dénesfa alle Telephondrähte durchzuschneiden.

Die Königin erhob sich sogleich: Sie sei bereit, sich den militärischen Erfordernissen zu fügen, doch scheine es ihr, daß man vielleicht doch jeden der für notwendig erklärten Schritte vorher besser und gründlicher überlegen sollte. Sie habe geglaubt, und so habe man es ihr auch gesagt, daß man aus dem Flugzeug gleich in den bereitstehenden Zug umsteigen werde. Ihr wäre es lieber gewesen, man hätte sie zur Bahn gebracht als in ein anderes Schloß, denn morgen schon, so habe man es doch versprochen, sollte man ja in Budapest einziehen.

Der König in Ödenburg

Die Straßen von Ödenburg waren leer, die sonst vom Kinderlärm einer Schulstadt erfüllten Gassen waren still, die ganze Stadt war mutlos, gedrückt, voll Zweifel, niemand wußte, was die nächste Zukunft bringe, und ob der Patriot von heute nicht morgen schon ein Verräter sein werde. Einige Häuser um das Hotel Pannonia wiesen Kugelspuren vom Straßenkampf im August auf, da die Héjjas-Leute schlagartig in die Stadt eingedrungen waren und die ahnungslose österreichische Gendarmerie überwältigt hatten. Sorgenvoll hielten die Kaufleute auf dem weiten Platz vor ihren Läden Ausschau nach Käufern, aber niemand schien etwas ausgeben zu wollen, da niemand wußte, wie die Abstimmung ausgehen werde, die über das Verbleiben der Stadt bei Ungarn oder über die Abtretung an Österreich entscheiden sollte.

Um elf Uhr vormittags fuhren das gräfliche Paar Andrássy und Boroviczény bei der Husarenkaserne in Ödenburg vor. Der Offizier der Wache, der den Wagen kannte, wies den Fahrer an, zu Objekt *Eins* zu fahren. Wie ausgestorben lag der weite Hof. Vor Objekt *Eins* stand ein Doppelposten der Gendarmerie. Boroviczény, der sich Auskunft holen wollte, traf im Stiegenhaus auf Major von Ostenburg, dem er sagte, er komme mit dem Ehepaar Andrássy von Sajtos-Kál, dem Gute Ruprechts, wo man einen Zettel von Lehárs Hand vorgefunden, der hieher gewiesen habe. Ob Major von Ostenburg wisse, wo sich die Majestäten derzeit aufhielten? Ostenburg erwiderte, daß er gerade von Seiner Majestät komme, der er die Feldmarschallsuniform gebracht habe, die sich Seine Majestät zu Ostern in Steinamanger habe machen lassen. Sein Bataillon habe seit jenen unglücklichen Ostertagen die Uniform immer bei sich geführt. Eben habe der König ihn, Ostenburg, zum Obersten und sein braves Gendarmeriebataillon zum Gardejägerregiment ernannt. Ostenburg nahm, über sein rundes Gesicht strahlend, Boroviczénys eilige Gratulation entgegen. Auch Ostenburg mußte weiter, er wollte sein Bataillon zur Verteidigung stellig machen, Boroviczény möge im Gang hier gleich links die zweite Türe anklopfen, Seine Majestät sei ganz allein. An einem ungestrichenen Weichholztisch saß in dem kahlen, weißgetünchten Raum der König und erhob sich müde beim Eintritt Boroviczénys, dem er für die treuen Dienste dankte und ihn mit der provisorischen Führung der Agenden der Kabinettskanzlei betraute. Dann setzte sich der König wieder an den Tisch und klagte, es sei ein Kreuz, daß es nie stimmen könne, immer klappe etwas nicht! Man könnte fast verzweifeln. Sein Telegramm sei verspätet angekommen, der Kurier habe gesagt, er, der König, komme zwischen 16. und 20. Oktober, aber man habe am 19. Oktober abends angenommen, daß alles wieder verschoben sei, eben weil kein Telegramm die Ankunft avisiert habe. Die bereitgestellten Zugsgarnituren habe man nicht länger beisammenhalten können, da die Zuckerkampagne alles rollende Material in Anspruch nehme, Ungarn habe nicht mehr viel Waggons, da Rumänien und Jugoslawien alles verschleppt hätten. Man habe die Königin und ihn in Sajtos-Kál nur ein paar Stunden schlafen lassen, da seien um drei Uhr früh schon Ostenburg, Gratz und Rakovszky gekommen, hatten sie geweckt und auf Knall und Fall hierher gebracht. Hier, in der Kaserne, sei gar nichts vorbereitet gewesen, man habe kaum einen Sessel für die Königin gefunden, bis acht Uhr sei herumgesucht worden, ehe man zwei Feldbetten gebracht habe. Ein bisserl anstrengend für die Königin! Und die unnütz vertane Zeit! Man sollte doch schon längst im Zuge nach Budapest unterwegs sein! Aber eben höre er, daß die Königin schon auf sei, Boroviczény möge mitkommen. Der König öffnete die Tür zum Nebenzimmer, in dem zwei benützte Mannschaftsbetten standen; zwischen den Fenstern lehnte auf einem Stuhl ein halbblinder Spiegel. Die Königin trat dem Legationssekretär gefaßt entgegen und zwang ihrem übermüdeten Gesicht ein Lächeln ab. Als Boroviczény meldete, daß unten die Gräfin Andrássy warte, sich Ihrer Majestät zur Verfügung stellen zu können, bat die Königin, ihr die Gräfin gleich zu schicken.

Auf der Treppe begegnete Boroviczény dem Außenminister Gratz und dem großen und breiten Präsidenten der Nationalversammlung Rakovszky, die den Grafen Andrássy zum König bringen wollten. Die Mienen der Herren verrieten, daß sie von Andrássys Besorgnis angesteckt waren. Als Boroviczény der Gräfin Andrássy die Bitte der Königin übermittelte, traf er Lehár, der eben bei Feldmarschalleutnant Hegedüs, dem Stationskommandanten von Ödenburg, gewesen und nur Gutes melden konnte: Hegedüs sei über die Ankunft Seiner Majestät ganz entzückt und stelle sich bedingungslos auf die Seite des gekrönten Königs. Boroviczény war erfreut über diese Nachricht, da die Königstreuen nie so recht gewußt, auf welche Seite sich Hegedüs in der Stunde der Entscheidung stellen werde. Nun, wenn Hegedüs mit der ganzen Garnison auf die Seite des Königs trat, dann mußte diese üble Verzögerung doch nicht die vom König befürchteten Folgen haben. Bevor Lehár weiterhastete, um dem König selbst diese gute Nachricht bringen zu können, teilte er noch rasch mit, daß er heute nacht vom König zum General ernannt worden sei, leider aber noch nicht die Zeit gefunden habe, sich eine Generalsuniform zu besorgen. Wenn die Gnadensonne scheint, dachte Boroviczény im Weitereilen, dann wachsen bei den Soldaten die Sterne, und die kindlichen Gemüter freuen sich.

Leben kam in die verzagte Stadt. Astern, Georginen, Dahlien und Chrysanthemen, rote, weiße, gelbe, späte Blumen, die in den Gärtnereien schon für Allerheiligen und Allerseelen bereitstanstanden, wurden in die Kaserne gebracht, in den Pavillon Eins getragen und auf den Stiegen und in den Zimmern des Königspaares aufgestellt. Vom Hotel Pannonia brachten sie zwei Lorbeerbäumchen, Teppiche wurden gelegt, und wenn man den Leuten nicht immer wieder versichert hätte, daß man schon in den nächsten Stunden aufbrechen werde, sie hätten alles, was sich nur erdenken ließ, herangeschleppt, um dem Königspaar einen würdigen Rahmen zu gestalten. Der Mädchenverein erschien in bunten, husarenartig verschnürten Miedern, kurzen Röcken und alten, reichgestickten Hauben, ein kleiner Trachtenaufzug, um der Königin zu huldigen, die in ihrem dunklen langen Kleid mit dem breitkrempigen Hut und dem kleinen Hermelinkragen wie eine Klosterfrau unter den bunten Mädchen stand und lächelnd immer neue Blumensträuße entgegennahm. Vor dem Gitter des Kasernhofes sammelten sich die Ödenburger und schauten zu, wie das Gendarmeriebataillon Ostenburg, von heute an das königliche Gardejägerregiment, in der strammen Haltung der neu erworbenen Würde zur Eidesleistung aufmarschierte. Ein Hauptmann, der im Juni 1914 als Leutnant in Sarajevo gedient, deutete mit einer leichten Kopfbewegung auf die Königin, die zwischen den bunten Mädchen stand und Cercle hielt: Er könne sich nicht helfen, vielleicht solle man solche Gedanken unterdrücken, aber die Königin dort zwischen den Ödenburger Mädchen — genau so sei im Vierzehnerjahr im Rathaus von Sarajevo die Herzogin von Hohenberg zwischen den bosnischen Frauen gestanden.

Oben, in dem nun wie beim Benefiz eines Tenors in der Provinz ausgeschmückten Zimmer, das durch die Allerseelenblumen aber allzu stark an irdische Vergänglichkeit gemahnte, empfing der König den General Lehár, dem er die weiteren Ernennungen mitteilte: Hier, Exzellenz Stephan von Rakovszky, sei der neue Ministerpräsident, auch Andrássy und Gratz würden in das neue Kabinett eintreten, das aber erst nach dem Einzug in Budapest ernannt und vereidigt werde; bis dahin stünden alle diese Herren kraft ihres Geheimratseides an der Seite des Königs.

Ostenburg hatte sich schon zwei Sterne aufnähen lassen und meldete als Oberst, daß das königliche Garderegiment im Kasernhof zur Vereidigung gestellt sei, er meldete es deutsch, weil sein Ungarisch einige Schönheitsfehler aufwies.

Auf die Frage nach der Wagengarnitur, die man für den Transport nach Budapest brauchte, erwiderte Lehár, daß Oberst von Asboth, sein Eisenbahnoffizier, eben dabei sei, alles, was man erreichen könne, zu beschlagnahmen. Der König schien zufrieden und folgte Ostenburg in den Hof.

Ostenburg trat vor die Front, zog den Säbel und verkündete den Gendarmen, daß der König nach Ungarn zurückgekehrt sei und alle königlichen Rechte ergriffen habe. Das Bataillon, das so lange die Feldmarschalluniform seines Königs verwahrt habe, werde das erste sein, das von heute an als königliche Gardejäger dem König den Eid der Treue ablege.

Von einem Oberleutnant geleitet, trat der Fahnenträger des Bataillons vor die Front. Feldmarschalleutnant Hegedüs und die Offiziere der Ödenburger Garnison nahmen in zwei Reihen senkrecht zur entwickelten Linie des Bataillons, der Fahne gegenüber Aufstellung.

Das Kommando zum Schwören wurde gegeben. Das Bataillon nahm die Hüte ab, der Feldmarschalleutnant und die Offiziere der Garnison entblößten die Häupter, sie alle hoben die Schwurhand, und Ostenburg verlas mit weithinschallender Stimme in einem etwas fremd klingenden Offiziersmadjarisch den Eid. Der König stand straff und blickte die Gendarmen an, die im dumpfen Chor die Worte Ostenburgs wiederholten. Hell standen die weißen Stirnen der Gendarmen über den braunen Gesichtern, viele Grauköpfe waren unter den Offizieren, die mit Feldmarschalleutnant Hegedüs gekommen waren. Der Tag war warm, ein leichter Wind spielte mit den bestickten Bändern der Bataillonsfahne. Ein Schauer packte alle, als sie Ostenburgs letzte Worte nachsprachen: „... und immer so, wie es den Kriegsgesetzen gemäß ist und braven Kriegsleuten zusteht, sich zu verhalten und auf diese Weise mit Ehre zu leben und zu sterben. So wahr uns Gott helfe. Amen!"

„So wahr uns Gott helfe. Amen!" klang es dumpf zurück.

„Hüte auf!" Die Gendarmen setzten ihre Federhüte auf und richteten sich die Sturmbänder. In das erste Glied hatte man einheitlich uniformierte Leute gestellt, in der zweiten Reihe aber gab es alte schwarze neben neuen feldgrauen Kappen und dazwischen sogar einige Stahlhelme. Allzu einheitlich sah das königliche Gardejägerregiment nicht aus, das kam besonders jetzt zum Vorschein, als Ostenburg die Gardejäger unter den Klängen eines Defiliermarsches am König vorbeimarschieren ließ. Die einheitliche Adjustierung, versprach der König dem Obersten Ostenburg, werde man ja in Budapest schnell beisammen haben, denn er, der König, werde immer darauf sehen, daß das treue Regiment besonders gut gehalten werde.

Lehár kam eilig herbei und meldete, daß man heute abend mit der Einwaggonierung des Gardejägerregimentes beginnen könne, Oberst von Asboth sei es gelungen, die nötigen Wagen aufzutreiben. Der König atmete erleichtert auf und befahl Lehár, sich zu beeilen, man verliere Zeit, die man nicht einbringen könne. Lehár erwiderte, man habe, um diese so unerwünschten Verzögerungen nicht wirksam werden zu lassen, über Ödenburg und Umgebung die Nachrichtensperre verhängt, alle Ausfallsstraßen und Wege seien besetzt, es könne keine Nachricht nach Budapest gelangen, ehe man nicht die Truppen in Marsch gesetzt habe.

Aus der Stadt und aus der nächsten Umgebung kamen die Vertreter der Behörden und der Kirche herbei, um ihre Freude über die Rückkehr des gekrönten Königs nach Ungarn zu bezeugen. Nun werde alles besser werden, Westungarn werde nicht in die

Hände des roten, des halbbolschewistischen Wien fallen, alle Not, alle lähmende Unsicherheit werde nun durch die Regierungsübernahme des Königs für immer behoben sein. Der König beteuerte immer wieder, er werde es nie zugeben, daß Ödenburg von Ungarn losgerissen werde, und er hätte sich auch nie dazu bereit gefunden, auf das Burgenland zu verzichten.

Mitten in diese Freude des Wiedersehens und der gegenseitigen Beteuerungen der Treue und Liebe hinein platzte Feldmarschalleutnant Hegedüs mit der Meldung, daß er die italienischen Offiziere, die in Ödenburg weilten, um die Übergabe des westungarischen Gebietes an Österreich zu überwachen, von der Anwesenheit Seiner Majestät verständigt habe.

Der König war über diesen Schritt des Feldmarschalleutnants bestürzt, er fragte schroff, was Hegedüs denn eingefallen sei, gerade die Italiener, die erbittertsten Feinde Habsburgs, von der Anwesenheit des Königs zu verständigen.

Hegedüs verteidigte seine Handlungsweise: Es sei weit besser, man sage es den Italienern selbst, als daß ihnen die Nachricht von der Anwesenheit des Königs durch andere zugetragen werde, denn man könne doch nicht annehmen, daß die Offiziere die Aufregung, ja das Fieber nicht merkten, das die ganze Stadt ergriffen habe und das alle Herzen in vaterländischer Freude höher schlagen lasse. Da Oberst Lehár, Pardon, General Lehár, die Nachrichtensperre verhängt habe, könne ohnehin keine Nachricht aus der Stadt herauskommen. Der König wollte sich nicht beruhigen. Gerade die Italiener hätten es nicht als die ersten erfahren dürfen — die nicht! Die wollten doch alle Ungarn in einen italienischen Block einbeziehen, die sähen in einem Habsburger auf dem ungarischen Thron den größten Feind ihrer weitgesteckten Pläne! Davon, daß er, der König, unter der wohlwollenden Begünstigung Frankreichs nach Ungarn geflogen war, weil Frankreich ein Vordringen Italiens nach Ungarn verhindern wollte, mußte der König schweigen. Die italienischen Offiziere, so verteidigte sich Hegedüs, der wie ein kleiner Kaufmann aus der Provinz aussah, der seine Ware rühmt, seien bedingungslos auf seiten Seiner Majestät, von ihnen habe man wirklich durchaus nichts Böses zu befürchten, seien sie es doch, denen es Ungarn verdanke, daß über Ödenburg abgestimmt werde. Der König widersprach heftig: Die Italiener könnten gar nicht anders, sie seien von Kindheit auf im Haß gegen alles Habsburgische erzogen, die Monarchie sei ihnen von Kindesbeinen an als der einzige Erbfeind hingestellt worden. Er, der König, habe durch Italiener so viel Leid erfahren, daß er keinen von ihnen je mehr trauen könne. Er müsse dabei bleiben und die Handlung des Feldmarschalleutnants unüberlegt nennen, und es werde ihn freuen, wenn er sich getäuscht haben sollte in seiner Ansicht über die Italiener. Dann grüßte der König und begab sich kurz zur Königin, die sich in ihrem Zimmer für die Hoftafel vorbereitete. Kurz berichtete er ihr, was Hegedüs getan und was er dem Hegedüs darauf gesagt habe. Die Königin erschrak so, daß alles Blut aus ihrem Gesicht wich: Warum er, der König, diesen Mann nicht auf der Stelle habe verhaften lassen? Wenn die Großmächte zu früh verständigt würden, könne alles mißlingen! Habe man aus Paris nicht sagen lassen, daß man sich mit einem Fait accompli abfinden werde, habe man nicht ausdrücklich darauf gedrungen, daß alles rasch und überfallsartig geschehen müsse, wenn man diese Machtergreifung decken solle? Immer und immer wieder stoße man auf Schwierigkeiten, und nie könne man genau unterscheiden, ob man es mit Hindernissen aus Dummheit oder aus Bosheit oder aus Verrat zu tun habe.

Nach der im kleinsten Kreis eingenommenen Hoftafel begab sich das Königspaar, das nur wenig geschlafen hatte, zur Ruhe. Nun sei man doch nicht am zehnten Hochzeitstage in Budapest, stellte die Königin betrübt fest, und falls man nicht trachten werde, ein wenig Schwung in die Sache zu bringen, werde die Verzögerung nicht nur einen Tag, sondern länger dauern, wenn durch diese sorglose Bummelei nicht überhaupt alles verdorben werde.

Nach Einbruch der Dunkelheit marschierte das Gardejägerregiment Oberst von Ostenburg durch die dicht gesäumten Straßen zur Bahn. Ein Vortrain sollte sogleich abgehen und feststellen, ob die Strecke frei sei. Dann sollte der Zug mit der Hauptkraft und mit den Wagen der Majestäten nachfahren.

Als das Königspaar im Auto langsam durch die Stadt zur Bahn fuhr, winkten die Leute, ließen das Königspaar leben und wünschten ihm eine glückliche Reise sowie baldige gute Ankunft in Budapest. Auf dem Bahnsteig warteten, als wären sie nur Zuschauer voll Anteilnahme und menschlichem Mitgefühl, die Offiziere der Ententemission und unterhielten sich mit einigen ungarischen Offizieren, die italienisch und französisch sprachen. Die fremden Offiziere grüßten das Königspaar mit Ehrfurcht und doch mit der gebotenen Zurückhaltung, sie wünschten den ungarischen Offizieren viel Glück zu diesem Unternehmen. Ein französischer Major strich sich mit der Hand über das Kinn und sagte so laut, daß es einige von den Ungarn hören mußten: „Vierundzwanzig Stunden Verspätung! Das ist viel!"

Dem Königspaar folgten das Ehepaar Andrássy, Gratz, Rakovszky und andere Mitglieder der neuen Regierung. Als der König den Sanitätswagen mit dem roten Kreuz besteigen wollte, kam ein Offizier Ostenburgs und meldete hastig, daß es einem italienischen Offizier gelungen sei, durchzuschlüpfen; nach zweimaligen Versuchen sei es ihm geglückt, die Straße nach Wien zu gewinnen. Der König sah sich ärgerlich nach der Königin um, legte den Finger an die Lippen und bat, diese Nachricht vor der Königin geheimzuhalten. Dieser italienische Offizier werde von Wien aus die Staaten der Großen und der Kleinen Entente alarmieren, und Frankreich werde nur wenig Zeit haben, wirksame Gegenschritte zu unternehmen.

Vom Vortrain seien noch keine Nachrichten eingelangt, meldete auf des Königs Frage, ob man bald fahren könne, Oberst von Ostenburg.

Als der König das Abteil der Königin betrat, das genau so wie sein Raum nach Karbol und Jodoform roch und dessen Sitze Kisten mit darübergelegten Eisenbahnpolstern waren, fragte die Königin mißtrauisch, ob alles in Ordnung und ob die Strecke gegen Budapest frei sei. Noch sei, erwiderte der König, keine Meldung vom Vortrain da, der die Brücken besetzen und die Schienen untersuchen müsse. Ob der König glaube, fragte die Königin, daß Horthy Widerstand leisten werde, wenn man ihm an der Spitze von Truppen entgegentrete? Der König zuckte die Achsel: Horthy sei zu allem fähig, aber man werde, sollte er Widerstand leisten, diesen Widerstand schnell brechen.

Die Königin schob ein wenig den Vorhang zur Seite: die Menge draußen hatte sich verlaufen, nun verließen auch die französischen und die italienischen Offiziere den Bahnsteig, denen ein paar Engländer nachstelzten. Der König riet der Königin, auf Vorrat zu schlafen, da man vor Tagesgrauen in Budapest ankommen und dann erst weiß Gott wann wieder zum Schlafen komme. Dann verabschiedete sich der König und ging in sein Abteil, das mit einigen Blumensträußen geschmückt war. Zu Häupten seines Bettes war ein Bild einer zweideutigen Dame in einer eindeutigen Stellung, das wohl das Herz des Regimentsarztes, der einst den Sanitätszug geführt hatte, erfreut haben mochte. Der König wollte das Bild entfernen, aber der Rahmen war angeschraubt.

In der Nacht erwachte die Königin und blickte auf das Leuchtblatt der Uhr. Es war drei Uhr. Sie richtete sich halb auf und schob den Vorhang zurück, um zu sehen, in welcher Station der Zug hielt. Groß und deutlich war es angeschrieben: *Sopron.* Also hielt man noch immer in Ödenburg, war man noch keinen einzigen Kilometer gefahren! Vor dem Wagen schritten die Doppelposten auf und ab. Nicht von der Stelle gerührt hatte sich der Zug! Warum war denn sie kein Mann, der eingreifen konnte? Was sollte sie den Brüdern, was sollte sie ihrer stolzen Mutter sagen, wenn es auch diesmal mißlang? Hatte sie nicht ihrer Mutter versprochen, daß sie diesmal den König so stützen werde, daß er nicht umfallen könne? Und hatte sie nicht auch die ganze Zeit gedrängt und getrieben? Und trotzdem stand der Zug. Der König nebenan schlief wohl und träumte, daß alles gelingen müsse, weil er sich so viel Mühe gegeben. Der König war so leichtgläubig. Wenn die Leute hoch! riefen und winkten, dann, glaubte er, sei schon alles gewonnen, dann müsse er sie noch freundlich anlächeln und es mußte gut gehen. Der König sah übrigens schlecht aus, und wenn er sich nicht beobachtet glaubte, sank er ganz in sich zusammen. Otto wird hoffentlich anders werden als sein Vater, und für Otto lohnte es sich, alle diese Mühen auf sich zu nehmen.

Draußen klappten die Schritte der Posten.

Nun essen auch die andern stolzen Habsburger das Brot des Exils, das Zita von Jugend auf gegessen hatte. „Dem Großherzog vom Parma gebührt gar nichts", hatte Franz Joseph geantwortet, als sich Zitas Vater über die Vorenthaltung königlicher Ehren beschwert hatte. „Den Parmas ist, wenn sie nach Baden kommen, gesondert zu decken", hatte Franz Joseph noch während des Krieges verfügt, eine Verfügung, die Karl nicht aufgehoben hatte. Aber wie gut hätte Karl getan, wenn er sich auf den Rat ihrer Familie hin gleich nach der Regierungsübernahme von Deutschland getrennt hätte. Aber man hatte am Hof zu Wien den Warnungen und Ratschlägen der Parma nicht getraut.

Wieder die Schritte der Posten, dann ein paar Stimmen. Ein schrilles Pfeifen. Die Königin sah nach der Uhr. Vier Uhr. Sie mußte eingenickt sein und geschlafen haben. Ein Ruck ging durch den Zug, die Räder begannen zu holpern. Die Reise begann. So war es in ihrer Kinderzeit gewesen, wenn ihre Familie mit dem ganzen Hofstaat von Schwarzau nach Pianore gefahren war. Ihre sechs unglücklichen kranken Geschwister aus der ersten Ehe ihres Vaters waren von Klosterbrüdern und Nonnen zur Bahn gebracht worden. Und dann waren sie über die Höhen des Semmerings hinunter nach dem sonnigen Süden gefahren. Ihr war es damals oft gewesen, als ob sich auch auf den stumpfen Gesichtern der armen Geschwister so etwas wie Freude spiegle.

Nun fuhr der Zug. Nun ging es der Entscheidung entgegen. Der König wird den Thron Ungarns besteigen, und allein der Ruhm seines alten Geschlechtes wird es vermögen, daß sich in Böhmen und in Kroatien, in Siebenbürgen und in Galizien die Gutgesinnten zusammenschließen und verlangen werden, wieder unter das Zepter der Habsburger zurückzukehren, denn sie werden einsehen lernen, daß jene Zeiten unter Franz Joseph ihre goldenen Zeiten gewesen waren. Und mit den Habsburgern werden auch wieder die Bourbonen aufsteigen.

Die Garnisonen zwischen Ödenburg und Budapest

Die Fahrt ging nur langsam weiter. In einer kleinen Station erreichte der Zug des Königs den Voraustrain des Gardejägerregiments Ostenburg. Eine Halbkompanie, wurde dem König gemeldet, sei vorne, die Raabbrücke zu besetzen. Das Königspaar saß gerade im Operationsraum beim Mittagessen. Auf dem Nebengeleise standen offene Loris mit Fahrküchen, vor denen Leute zur Menageausgabe angestellt waren. Die Soldaten winkten dem Zug des Königs zu, der nun an ihnen vorbei langsam gegen Raab hin davonrollte. Als der Zug vor der Brücke hielt, meldete Ostenburg dem König, die ganze Raaber Garnison habe sich auf die Seite des Königs gestellt und sei auf dem Bahnhof zur Vereidigung angetreten.

Zwischen schlanken Pappeln blinkte die Donau auf, über den stumpfroten Mauern der alten Festung erhob sich der Zwiebelturm der Kirche. Langsam rollte der Zug über die Brücke und fuhr in die Station ein. Der Hymnus ertönte, der Bahnsteig war übervoll von Menschen. Der Zug hielt. Der Tambour mit der Adlerfeder auf der Kappe senkte den Stab, die Musik schwieg.

Das Königspaar verließ den Zug. Der Steg, der über die Geleise führte, wehte auf vor winkenden Tüchern. Der Trompeter blies den Generalmarsch, die Fahne der Ehrenkompanie senkte sich, und die Truppe — etwas ganz Neues — präsentierte das Gewehr genau so, wie es die Deutschen präsentiert hatten.

Als die Menge auf dem Perron erfuhr, daß Andrássy im Zuge sei, verlangte sie, daß Andrássy zu ihr spreche.

Andrássy erschien, von lautem Beifall begrüßt, am Fenster und sprach zur Menge von der Heimkehr des vertriebenen Königs und von der Treue, die man dem gekrönten Apostolischen König schuldig sei.

Während Andrássy sprach, meldete Lehár, daß er den Stationskommandanten von Raab, den General Lörinczy, habe verhaften lassen, da dieser Lörinczy Horthy die Ankunft der Majestäten in Raab gemeldet habe. Auf diese Weise habe Horthy erst von der Anwesenheit des Königs in Ungarn erfahren. Auf des Königs Frage, was mit Lörinczy geschehen sei, erwiderte Lehár, daß er ihn hier im Zug habe und mitführen werde. Das Stationskommando sei Oberst Bozo, einem durchaus verläßlichen Mann, übergeben worden. Der König ließ sich diesen Oberst Bozo kommen und ernannte ihn als Dank für seine Treue sofort zum General. Aus dem Stationsgebäude traten Gratz und Rakovszky mit einem eben aus Budapest eingetroffenen Telegramm: „Große Entente erhebt gegen Restauration entschieden Einspruch. Sie droht mit Einschreiten. Bethlen."

Das sei ein altes Rezept aus Horthys Küche, lachte Rakovszky, nach dem gleichen Rezept zusammengerührt wie die Telegramme zu Ostern. Auch Andrássy, dem das Telegramm gezeigt wurde, nachdem er seine kurze Rede beendet hatte, meinte, darauf habe man gefaßt sein müssen, auch die Kleine Entente werde sich über kurz oder lang melden.

Pfiffe ertönten, die Musik fiel ein, der Zug fuhr an, Winken, Rufen, Präsentieren der Gewehre und Hüteschwenken, Glückliche-Reise-Rufe und feuchte Augen. Nur weiter, nur weiter! Nicht so viel Zeit versäumen! Wenn Horthy verständigt ist, wird er zu Gegenmaßnahmen greifen, man muß ihm mit der Klinge in die Parade fahren!

Bei Nagyszentiván hielt der Zug schon wieder. Der Vortrain, so hieß es, sei auf aufgerissene Geleise gestoßen, die Garnison von Komorn habe den Befehl, den Zug mit der Waffe aufzuhalten. Eine Pionierabteilung gehe eben nach vorne, um die Schäden auszubessern. Nun setzte sich der Zug wieder langsam in Bewegung, in Acs gab es wieder Halt. Lehár meldete sich beim

König und bat um die Erlaubnis, angreifen zu dürfen. Der König war gegen Blutvergießen, er fragte Lehár, ob man denn nicht durch Verhandeln etwas erreichen könne. Man erreiche oft durch Verhandeln mehr. Man verliere, erwiderte Lehár, durch Verhandeln Zeit, und Zeit sei es, was Horthy nicht gewinnen und was man selbst nicht verlieren dürfe. Er bitte daher noch einmal gehorsamst um den Befehl für den Angriff. Der König schlug die Bitte ab, der König wollte, daß Rakovszky zuerst mit Budapest spreche und Bethlen zurede, den Widerstand aufzugeben und die Strecke freizumachen. Vor Komorn, entgegnete Lehár, dürfe man sich nicht aufhalten lassen. Bei Komorn laufe die tschechische Grenze, die diese unglückliche Stadt in zwei Teile geschnitten habe. Die Tschechen seien im Besitz der besseren Stellungen, sie brauchten nur die Hand zuzudrücken und man wäre gefangen und alles wäre aus. Der König meinte, die Tschechen würden sich einen Angriff genau überlegen, sie könnten das ja nicht aus eigenen Stücken tun, sie müßten erst rückfragen, und dort, wo sie anfragen, würde man den Angriff verbieten. Rakovszky sollte es mit Budapest noch ein allerletztes Mal im guten versuchen. Rakovszky und Gratz begaben sich zum Stationsvorstand und riefen von dort aus Budapest an. Rakovszky sprach, Gratz hörte mit. Rakovszky setzte die Muschel ab und meinte: die ganze Gesellschaft müsse in Budapest beisammenhocken und überlegen, was zu machen sei. Aber nun sei Bethlen da.

„Ja, hier Rakovszky, designierter Ministerpräsident des Königs. Seit wann? Seit gestern abend. Im Namen Seiner Majestät des gekrönten Apostolischen Königs fordere ich dich auf, die Regierungsgewalt Seiner Majestät und deren verantwortlichen Ratgebern zu übergeben. Eure Regierung hat nur noch die eine Aufgabe: bis zu dem heute abend erfolgenden Einzug Seiner Majestät in Budapest die Ordnung aufrechtzuerhalten. Nun aber habt ihr noch sogleich folgendes zu tun: ihr habt unverantwortlicherweise die Schienen aufreißen und den Sandbergtunnel besetzen lassen. Diese Truppen sind sofort wieder zurückzuziehen."

Rakovszky zog die Brauen hoch, schüttelte den Kopf, horchte mit halb geöffnetem Mund und machte mit der linken Hand abwehrende Bewegungen: „Ausgeschlossen! Davon kann nicht die Rede sein. Seine Majestät kann unmöglich, auch nicht von ein paar Herren der Regierung begleitet, nach Budapest kommen, Seine Majestät bedarf vor allem der Ruhe, Seine Majestät hat drei Nächte nicht geschlafen."

Gratz nickte zustimmend, die beiden lauschten wieder, dann fuhr Rakovszky hoch: „Wieso eine rein militärische Frage? Du bist doch der Ministerpräsident, du kannst befehlen, daß die Truppen zurückgenommen werden müssen! Ich mache dich aufmerksam, daß du durch dein Vorgehen den König an der Ausübung seiner Herrscherrechte hinderst. Du bist es, der das Blutvergießen herausfordert! Du bist es, der verantwortlich ist, du und alle, die um dich sind, werden, wenn wir in Budapest einrücken, zur Verantwortung gezogen werden. Wird aber kein Widerstand geleistet, dann geschieht weder dem Reichsverweser noch der Regierung das geringste. Im entgegengesetzten Fall behalten wir uns freie Hand vor. Und ich kann dir verraten, die freie Hand wird eine harte Hand sein. Wir verlangen eine bindende Antwort und geben dir fünfzehn Minuten Bedenkzeit."

Rakovszky horchte, nickte und hängte ab. Bethlen müsse zum Reichsverweser gehen, ihm sei die ganze Sache fühlbar sehr peinlich. Auch Gratz fand, daß ihm Bethlen leid tue, sein letztes Wort sei doch gewesen: Das sei doch fürchterlich, fürchterlich!

Lehár trat ein und fragte ungeduldig, ob die Verhandlungen mit Budapest noch lange dauern würden, man solle sich doch von diesen Füchsen nicht hinhalten lassen. Auch Ostenburg tauchte auf und drängte zur Eile: Wenn man hier länger bleibe, werde Budapest den Komornern Unterstützung senden, und die geringste Ermunterung sei gefährlich, da Komorns Kommandant ein Horthyanhänger sei. Nicht so drängen, nicht so drängen! beschwichtigte Rakovszky die aufgeregten Soldaten, man werde gleich sehen, was Budapest zu tun gedenke, die Viertelstunde sei um, man werde wieder anrufen. Zuerst sahen Lehár und Ostenburg, wie Rakovszky verbindlich lächelte, aber dann bekam der designierte Ministerpräsident des Königs einen hochroten Kopf: „Der Zug bleibt nicht stehen. Wir fahren weiter! Wir kommen zu euch! Wenn ihr Vass mit einem Brief Horthys an Seine Majestät schicken wollt, dann wird uns Vass früher treffen, wenn wir ihm entgegenfahren. Ich warne euch nochmals: tretet zurück, wenn ihr die Verantwortung für das, was geschehen muß, nicht übernehmen wollt!" Gratz, Ostenburg und Lehár beschworen durch Gebärden Rakovszky, nur jetzt ja nicht nachzugeben, und Rakovszky erwiderte durch Zeichen, daß er gar nicht daran denke. „Nein! Niemals! Wenn ihr nicht bedingungslos kapituliert, verstehst du mich, bedingungslos, dann werdet ihr am Galgen enden, alle zusammen! Darauf geb ich euch Brief und Siegel, das schwöre ich euch!"

Rakovszky hängte wieder ab. Diese Narren in Budapest glaubten, man spasse nur, man fahre mit fünf schwerbewaffneten Zügen zum Vergnügen in der Gegend herum! Kinder! Narren und Blinde!

Ostenburg erkundigte sich, ob angegriffen werde, Lehár erwiderte, daß der König kein Blutvergießen wünsche. Ostenburg möge mit Bajonett auf angreifen lassen, wenn die Komorner sähen, daß es ernst werde, würden sie schon nachgeben. Wenn aber die Komorner schössen, was dann? Dann werde man eben auch schießen müssen, knurrte Lehár.

Pfeifen! Kommandorufe. Der Vortrain setzte sich in Bewegung. Es wurde bereits dunkel. Man fuhr nicht lange, dann stand man wieder auf offener Strecke.

Der König ließ das Fenster herunter und fragte, was es denn schon wieder gebe. Eine Taschenlampe tanzte heran, Lehár meldete, daß alles gut gehe, die Komorner Garnison weigere sich, gegen den gekrönten König zu kämpfen, der Kommandant von Komorn, Oberst Perczel, habe nach Budapest fliehen müssen. Die Strecke werde gleich instand gesetzt sein, dann könne man weiterfahren.

Um acht Uhr abends lief der Zug des Königs mit dem Rot-Kreuz-Wagen in Komorn ein. Als habe man den König schon lange und sehnlichst erwartet, war der Bahnsteig von winkenden und jubelnden Menschen überfüllt, die Musik spielte den Hymnus, der König schritt die Ehrenkompanie ab und weigerte sich, mit Oberstleutnant Siményfalvy zu sprechen, den Offiziere als Gefangenen heranführten, weil dieser im Auftrage Horthys Komorn gegen den König hatte verteidigen wollen. Nun hatte dieser Oberstleutnant Siményfalvy Zeit, sich mit dem Gefangenen aus Raab, mit General Lörinczy, über Eid und Königstreue zu unterhalten. Man sperrte beide, den General und den Oberstleutnant, zusammen in ein Abteil und stellte einen Posten davor. In Budapest sollte den beiden wie allen übrigen Abtrünnigen der Prozeß gemacht werden. Ansprachen, Treuekundgebungen, Vorsprachen von Deputationen dauerten eine Stunde, dann verließ der Zug Komorn, hielt aber gleich darauf, weil zwei Parlamentäre Horthys gemeldet wurden, die einen Brief des Reichsverwesers an den König zu überbringen hatten. Als der König fragte, wen

Horthy gesandt habe, meldete man, daß es der Unterrichtsminister Prälat Vass und Oberstleutnant Otrubay seien. Der König erteilte Andrássy und Gratz den Auftrag, mit den Herren zu verhandeln. Seine Erinnerung an Vass von Ostern her sei noch so gut, daß er kein Bedürfnis fühle, Vass wiederzusehen, denn schon damals scheine der Herr Prälat seine Hauptaufgabe darin gesehen zu haben, Hindernis über Hindernis in den Weg zu legen. Otrubay war im siebenbürgischen Feldzug bei dem damaligen Thronfolger in der Kanzlei des Heeresfrontkommandos eingeteilt gewesen, Otrubay hatte auch im Auftrage Horthys Briefe und Nachrichten an den König in die Schweiz gebracht.

Rakovszky eilte den beiden Parlamentären entgegen und forderte sie auf, einzusteigen und mitzufahren, der Zug müsse gleich weiter, man könne während der Fahrt unterhandeln. Die Parlamentäre äußerten den Wunsch, den König persönlich zu sprechen. Rakovszky wich aus: der König sei müde, der König wisse übrigens von der Ankunft der Parlamentäre, er habe Andrássy, Gratz und ihn, Rakovszky, mit der Unterhandlung betraut. Aber der Prälat wollte nicht einsteigen, sein Auto warte draußen vor dem Bahnhof, er müsse sogleich wieder nach Budapest zurück, dem Reichsverweser die Antwort überbringen, denn der Reichsverweser wisse nicht, daß der Zug schon so weit sei und daß sich die Garnison von Komorn auf die Seite des Königs gestellt habe, man könne ja den Wartesaal erster Klasse aufsperren lassen und dort verhandeln. Nein, widersprach Rakovszky, der Zug müsse weiterfahren, die Herren sollten nur einsteigen. Wenn man mit der Verhandlung zu Ende sei, werde der Zug halten und die Herren könnten wieder in ihr Auto umsteigen, das ja neben der Strecke nachfolgen könne. Jetzt sei man im Schwung, jetzt lasse man sich durch nichts mehr aufhalten, am allerwenigsten durch Briefe des Reichsverwesers. Wenn Horthy alle zwei Stunden so einen Brief schreibe und der Zug müßte deshalb halten, dann käme man erst in einer Woche nach Budapest. Otrubay gab nach und erteilte seinem Fahrer den Befehl, dem Zug zu folgen; dann stiegen die beiden Parlamentäre ein. Trotz des Protestes der Parlamentäre, der Brief sei allein an den König gerichtet, öffnete Andrássy das Schreiben und verzog das Gesicht, als er laut die ersten Zeilen las: „In schweren Seelenkämpfen, aber von gewichtigen Ereignissen bewogen..." Andrássy legte den Brief zur Seite: „Des langen Briefes kurzer Sinn: der König soll nach Budapest kommen und sich von der schweren Lage der Regierung überzeugen."

„Ausgeschlossen“, fuhr Rakovszky hoch, „wie man mit dem König in Budapest spricht, wissen wir von Ostern her.“

„Der Wunsch des Reichsverwesers“, erwiderte Andrássy, „kann nicht erfüllt werden. Ein zweites Mal läßt sich der König nicht zurückschicken wie ein Geschäftsreisender, dem man nichts abkaufen will. Deshalb kommt der König an der Spitze der Truppen wieder, damit man sieht, daß er eine wirkliche und nicht nur eine unbestreitbare moralische Macht hinter sich hat.“ Prälat Vass legte die Abschrift der Noten, welche die Regierungen der Entente an Budapest gerichtet, auf den Tisch. Ihr Ton sei mehr als ernst, ihr Ton sei unmißverständlich, er deute auf Krieg. Auch das machte keinen Eindruck auf die Herren des Königs. Gratz erklärte, man müsse mit solchen Noten sehr vorsichtig sein, man habe da so seine Erfahrungen, denn jene Noten, die man dem König zu Ostern vorgelegt habe, seien zum größten Teile gefälscht oder sogar auf Bestellung geliefert worden. Vass beteuerte, daß diese Noten hier nicht gefälscht seien, diesmal gehe es wirklich nicht um die Stellung des Reichsverwesers, diesmal gehe es um Sein oder Nichtsein von ganz Ungarn. Der König, von dem man wisse, daß er den Frieden über alles liebe, könne doch unmöglich durch seine Unnachgiebigkeit einen Krieg heraufbeschwören. Krieg? fragte Andrássy, was heiße da Krieg! Man führe heutzutage nicht so schnell Krieg, man sei heute schon so weit, daß solche Streitfragen dem Völkerbund vorgelegt werden müßten. Diese Noten seien Proteste, aber man müsse nicht auf alle Proteste hören. D'Annunzio habe sich bei der Besetzung Fiumes auch nicht um das Protestgeschrei gekümmert. Sollten doch die Tschechen mobilisieren — und die Jugoslawen auch! Beide Staaten würden feststellen müssen, wie gering die Lust ihrer Staatsbürger zum Einrücken sei. Man habe auch gegen die Rückkehr des Königs von Griechenland protestiert, aber der König habe sich nicht darum gekümmert, und es sei gar nichts geschehen, eben weil jedermann in Europa vor einem Krieg zurückschrecke.

Prälat Vass erwiderte, er könne die Lage nicht so rosig sehen wie Graf Andrássy. Trotzdem wäre die Regierung in Budapest sofort bereit, dem König die Macht zu übergeben, wenn der König eine Garantie der Großmächte vorweisen könnte, daß diese die Tschechen und Jugoslawen vor einem Einmarsch zurückhalten wollten.

Solche Garantien gäbe keine Macht, erwiderte Graf Andrássy,

oder man gäbe sie nur geheim. Hätte man sie und zeigte man sie Horthy, riefe der wie zu Ostern alle Gesandten und Presseleute zusammen, und der König stünde dann wieder als der Mann da, der seine Verbündeten preisgebe.

Die Garantien, widersprach Vass, die der König zu Ostern dem Reichsverweser gegeben, haben sich nur auf sehr vage Versprechungen französischer Staatsmänner bezogen; wenn der König diesmal auch nichts anderes vorzuweisen habe, dann müsse man dies als einen Verzweiflungsschritt ansehen.

Die Fahrt des Königs, versicherte Gratz, sei sowohl von London wie von Paris aus sorgfältig abgedeckt.

Die Freien Königswähler, entgegnete Vass, sagten, der König komme nach Ungarn, weil seine Finanzen gänzlich zerrüttet seien und er nicht wisse, wovon er seinen viel zu großen Haushalt bestreiten solle.

Wenn die Finanzen des Königs zerrüttet seien — und sie seien es wirklich, erklärte Gratz, wiewohl dies für die Rückkehr des Königs nicht den mindesten Ausschlag gegeben habe, so seien an dieser mißlichen Lage vor allem einmal die Freien Königswähler schuld, die auf jede Weise verhinderten, daß dem König wenn auch nur ein Bruchteil seines Eigentums zur Verfügung gestellt werde. Aber es sei überflüssig, darüber zu reden. Der Zug fahre, der König stehe diesmal an der Spitze einer bewaffneten Macht, die von Station zu Station, von Garnison zu Garnison immer stärker werde. Noch nie sei ein Land in so friedlicher Weise erobert worden. Ehrenkompanien und nicht Schwarmlinien empfingen den König, der Generalmarsch und nicht das Signal zum Sturm werde geblasen. Was könne Horthy dem entgegenstellen? Der Reichsverweser sei von gestern, das Geschlecht des Königs aber sei durch eine vielhundertjährige Geschichte mit Ungarn verbunden, diese alte, diese tiefverwurzelte Tradition lasse sich nicht über Nacht aus den Herzen der Offiziere reißen! Was wolle Horthy dem entgegensetzen, müsse er noch einmal fragen!

„Die Garnison von Budapest!“ sagte Vass.

„Horthy soll daran denken, wie es mit den Garnisonen von Raab und von Komorn gegangen ist“, erwiderte Rakovszky.

„Die Polizei von Budapest!“ rief Vass.

„Die Polizei von Budapest“, erklärte Andrássy, „wird sich darauf beschränken, morgen in aller Frühe die Hausbesorger herauszuläuten, damit diese für den Einzug des Königs flaggen.“

„Der Reichsverweser kann sich auf ein solches Vabanquespiel

nicht einlassen", erwiderte Vass. „Ihr müßt doch selbst zugeben, daß der König vielleicht für ein paar Tage die Krone gewinnen, ganz gewiß aber kurze Zeit später Ungarn für immer verlieren wird."

„Der Stein ist nun einmal im Rollen", sagte Andrássy, „wir wollen nicht fragen, ob man ihn zur rechten Zeit abgelassen hat, ja, ich für meinen Teil gebe offen zu, daß ich das bezweifle. Aber das spielt jetzt keine Rolle. Ich rate euch allen, tut das gleiche, was ich getan habe: stellt euch hinter den König. Es wird keine Schwierigkeiten geben! Die Schwierigkeiten seht ihr allein so unübersteigbar groß. Sie können überwunden werden. Die andern werden nur über uns herzufallen wagen, wenn sie sehen, daß wir uneinig sind."

„Ich werde es Budapest melden", sagte Vass etwas kleinlaut.

„Horthy und Bethlen werden mich verstehen. Ich habe mich nicht aus Abenteuerlust auf die Seite des Königs gestellt, ich erwarte mir von ihm nichts, ich gehorche meinem Gewissen. Das mußt du Horthy sagen, darum bitte ich dich vor allem."

„Aber Gömbös!" fiel Otrubay ein.

„Noch ist Gömbös nicht Ministerpräsident", stellte Andrássy fest.

„Er ist mehr als Ministerpräsident", erwiderte Vass. „Gömbös hat die Nation auf seine Fahne geschrieben. Es stehen hier einander zwei Rechte gegenüber, das ältere Recht, das der König vertritt, und das jüngere Recht von Gömbös. Gömbös hat alles, was jung ist, auf seiner Seite. Um Gömbös scharen sich die Vertriebenen aus den abgetretenen Komitaten, Gömbös will mit dem jungen, erwachenden Italien zusammengehen, in dem der König seinen Hauptfeind sieht, Gömbös..."

Oberstleutnant Otrubay unterbrach den Unterrichtsminister: „Exzellenz, wir müssen aussteigen. Wir kommen sonst zu spät nach Budapest." Der Zug hielt. Die Station hieß Tata. Eine Ehrenkompanie auf dem Bahnhof, der Trompeter schmetterte den Generalmarsch.

Andrássy deutete zum Fenster hinaus und fragte Vass, ob der nun glaube, daß man heute nacht noch in Budapest sein werde. Die Kompanie, die draußen stehe, werde Horthy ebenso fehlen wie jene Kompanien, die dem Zug des Königs wie einem Schwanzkleb-an von Raab und Komorn her folgten.

Vass erwiderte nichts, und auch Oberstleutnant Otrubay zog es vor, zu schweigen.

Als Journalisten aus Raab und Komorn, die den Zug des Königs begleiteten — Boroviczény hatte in einem Eisenbahnwagen ein kleines Kriegspressequartier etabliert —, den Unterrichtsminister und den Oberstleutnant sahen, die als Parlamentäre nun wieder unter der weißen Fahne zurückfahren wollten, kamen sie herbeigeeilt, um die beiden Herren zu befragen. Wie die Stimmung in Budapest sei? Was der Herr Reichsverweser sage? Wie man in Budapest über die Rückkehr des Königs denke? Aber weder Vass noch Otrubay gaben eine Antwort. Sie schoben den Schwarm beiseite und bestiegen ihren Wagen. Niemand bewache den König, sagte Vass, sich noch einmal nach dem Rote-Kreuz-Wagen des Königs umdrehend, keine Posten, keine Sicherungen! Andrássy und Gratz schienen sich wirklich sehr sicher zu fühlen.

Nach kurzem Aufenthalt fuhr der Vortrain weiter. In den offenen Loris dösten die Soldaten unter den übergeworfenen Zeltblättern. Drei Wagen waren mit Laub und Reisig geschmückt. ‚Erstes Gardejägerregiment' stand groß mit Kreide auf den Wänden. Das Auto der Parlamentäre fuhr eine Zeitlang mit dem Vortrain auf gleicher Höhe.

„Lehár ist General und Ostenburg ist Oberst", sagte Oberstleutnant Otrubay. „Das nenn ich ein außerordentliches Avancement."

„Vielleicht stehen Andrássy und Gratz auf der richtigen Seite", überlegte Vass, „und wir beide machen es falsch."

„Gegen Ende des Krieges", sagte Oberstleutnant Otrubay, „haben sich tschechische, rumänische und kroatische Offiziere der k. u. k. Armee erschossen, weil sie den inneren Zwiespalt zwischen beschworener Pflicht und den Forderungen, die ihre Nation an sie stellte, nicht zu lösen vermochten. Verräter wurden sie voll Haß von den eigenen Brüdern genannt. Und nun ist diese gleiche Frage auch zu uns nach Ungarn gekommen. Ostenburg, sagen sie in Budapest, heißt gar nicht Ostenburg, sondern hat einen tschechischen Namen, und Ostenburg ist nur das Adelsprädikat, so ein richtiges k. u. k. Adelsprädikat, wie Edler von Brückenschlag oder Edler von Eichsieg, und Lehár, sagen sie, ist ein Tornisterkind, der Sohn eines Militärkapellmeisters und der Bruder eines Operettenkomponisten, der übrigens seines Bruders Regiment eine ganze Musikkapelle gestiftet hat. Das sind samt ihrem König eigenartige Ungarn, sagen sie bei den ‚Erwachenden', die gerade ein wenig das Offiziersungarisch radebrechen und sich sonst deutsch unterhalten müssen. Weißt du, Exzellenz, das sind für ehemals k. u. k. Offiziere bittere Zeiten. Wir müssen uns von jedem Hejjas-Burschen über den Mund fahren lassen, weil wir das neue nationale Einmaleins noch nicht vollkommen beherrschen."

„Ja, es ist bitter, wenn die Soldaten in die Politik hineingezogen werden", gab Vass zu.

„Immer wieder muß ich in diesen Tagen an die Geschichte des Marschalls Ney, des Bravsten der Braven, denken", begann Otrubay nach längerem Schweigen. „Als Napoleon auf Elba saß, wurde Ney, der seine Laufbahn noch nicht abschließen wollte, Legitimist. Als Napoleon in Frankreich landete, versprach Ney dem König, Napoleon in einem Käfig nach Paris zu bringen. Napoleon marschierte, Ney zog ihm entgegen, und statt ihn anzugreifen, lief er zu ihm über. Nach Waterloo wurde der Bravste der Braven vor die Pairskammer gestellt. Ein legitimistischer Advokat verteidigte den Marschall von Frankreich. Ein Satz des Advokaten mißfiel den Pairs, sie widersprachen. Da wurde der Advokat zornig und rief den Herrschaften zu: ‚Wie wollen Sie denn überhaupt in dieser Angelegenheit ein Urteil fällen? Wäre Waterloo anders ausgegangen, säßen Sie heute im Vorzimmer Napoleons!'"

„Man weiß eben nie, wie Waterloo ausgehen wird", stellte Vass mit einem prüfenden Seitenblick auf Otrubay fest. „Und dann — das Bonmot des Advokaten hat den Marschall von Frankreich nicht vor den Kugeln des Exekutionspeletons gerettet."

„Schlimmer als der Tod ist der Zweifel", sagte Otrubay. „Es ist fürchterlich, wenn ein Soldat nicht weiß, auf welcher Seite er zu stehen hat. Das leiseste Schwanken entehrt schon. Ich will weder vor noch nach dem Sieg in einem Vorzimmer sitzen, aber ich wollte, ein Engel käme vom Himmel und sagte mir, was Recht und was Unrecht ist."

„Wir müssen der Stimme des Gewissens gehorchen", erwiderte Vass ein wenig salbungsvoll.

„Nun, dein Gewissen müßte dir gebieten, dich auf die Seite des Königs zu stellen, denn du hast dem König zu Ostern Treue geschworen, du bist sogar einige Tage lang sein Minister gewesen."

„Wenn mir aber mein Gewissen sagt, daß das, was der König tut, der Nation zum Verderben gereicht, was dann?"

„Bist du dessen so sicher, Exzellenz? Ich nicht. Der König hält das, was er tut, für seine Pflicht."

Das Auto hielt vor einem Bahnschranken. Der Vortrain Ostenburgs fuhr vorbei. Die Leute hatten die Maschinengewehre aufgestellt und die Zeltblätter abgeworfen. Aus der Ferne, von Tata herüber, erklang Musik. „Jetzt fährt auch der Zug des Königs aus der Station", stellt Otrubay fest. „Und die Leute des Vortrains hier scheinen auf einen Angriff gefaßt zu sein. Ich halte es fast für ausgeschlossen, daß Horthy das Ganze zum Stehen bringen kann. In Tata sind Franz und Thomas Esterházy zugestiegen, und man hat mir gesagt, daß von allen Schlössern die Grafen und die Edelleute herbeieilen und bitten, mitfahren zu dürfen, weil sie beim Einzug in Budapest dabei sein wollen. Und die Garnisonen schließen sich auch an. Es wird zu keinem Waterloo kommen, weder zu einem für Horthy noch zu einem für den König, das Ganze wird mit einem Salutschießen beim Einzug Karls in Budapest enden. Und wir werden uns an der Nase zupfen und sagen können, daß wir den richtigen Zeitpunkt verpaßt haben."

Eine halbe Stunde vor Budapest Halt!

„Tagwach! Tagwach! Fertigmachen!" Der Zug stand, ein Offizier lief ihn entlang: „Aufstehen! Fertigmachen! In zwanzig Minuten sind wir in Budapest!"

Verschlafene Gesichter kamen unter den Zeltbahnen hervor, verschlafene Gesichter schauten bei den Fenstern der Rote-Kreuz-Wagen heraus und lasen den Namen der Station: Bia-Torbagy. Gähnend wiederholten es die Soldaten, augenreibend sprachen es die Herren aus dem Gefolge des Königs nach: „In zwanzig Minuten sind wir in Budapest!"

Aus den Morgennebeln ragten im Osten die herbstbunten Ausläufer der Ofener Waldberge. Man sah auf die Uhren: Es war sechs Uhr. Am Zuge des Königs fuhren eben die letzten Loris der Gardejäger vorbei. Die Fahrküchen dampften und ein paar Leute, die sich bei der Pumpe verspätet hatten, setzten unter dem Gelächter der Kameraden in großen Sprüngen dem Zug nach. Ein paar Burschen begannen zu singen, es war ein Szeklerlied, denn viele Gendarmen stammten aus dem an Rumänien verlorenen Gebiet und hatten sich, da sie nirgends anders untergekommen waren, zum Grenzdienst in Westungarn gemeldet. Der Stationsvorstand mit der roten Kappe trat zur Lokomotive des Sanitätszuges und meldete, daß die Strecke bis Kelenföld frei sei.

„Von Kelenföld bis zur Burg in Ofen", erklärte Andrássy der Gräfin, die die Reisetasche packte, „ist es eine schwache Stunde. Also hat sich's Horthy doch im letzten Augenblick überlegt. Da haben die Budapester Journalisten, die uns in der Nacht entgegengefahren sind, doch nicht geflunkert, wenn sie erzählten, daß sich Budapest für einen festlichen Empfang des Königs rüste."

Gratz zeigte sich noch unrasiert in Andrássys Abteil und trumpfte auf: er habe es vorausgesehen, Horthy werde in Budapest niemanden finden, der die Waffen gegen den König richte. Wenn Horthy Ernst hätte machen wollen, wäre es wohl für ihn leicht gewesen, hier den großen Viadukt zu sprengen. Gratz und Andrássy standen am Fenster und blickten nicht ohne Bangen in die Tiefe, über die sie nun fuhren. Gratz beugte sich hinaus: Weit vorne sah man den Rauch der beiden Vortrains. Gott sei Dank! Andrássy atmete erleichtert auf und gestand, daß er nicht zu hoffen gewagt, es werde ohne Blutvergießen ausgehen. Aber Rakovszky habe Bethlen wohl durch seine Unnachgiebigkeit eingeschüchtert.

Plötzlich ein Ruck, Andrássy und Gratz taumelten auf die mit Polstern bedeckten Kisten, Gepäckstücke fielen um, der Zug stand. Auf einem Motorrad kam kappenschwenkend ein Offizier und brüllte: „Zurück! Sofort zurück!"

Die Bremsen lockerten sich, die Wagen klirrten, der Zug fuhr langsam zurück. General Lehár sprang ab und lief dem Offizier auf dem Motorrad entgegen. Was denn los sei, warum der Zug denn aufgehalten werde, von wem er gesandt sei und mit welcher Meldung! Der Offizier sprang von der Maschine und meldete: „Vortrain hat soeben bei Buda-Ör Feuer bekommen."

„Gottverdammte Schweinerei!" Lehár rannte ins Stationsgebäude zum Telephon. Ostenburg meldete von vorne, daß feindliche Kräfte in der Stärke von ein paar Kompanien und einer Maschinengewehrabteilung den Türkensprung dicht an der Strecke besetzt haben und den Vortrain beschössen. Er halte bei Buda-Ör, lasse auswaggonieren und gehe zum Gegenangriff über.

Während Lehár telephonierte und Ostenburg riet, nicht lange herumzufragen, kam Josef Graf Károly von seiner Fahrt nach Stuhlweißenburg zurück, die er im Auftrage des Königs unternommen, um die dortige Garnison vereidigen zu lassen und um selbst für den König zu arbeiten. Der Graf drückte dem König gegenüber seine Verwunderung aus, den Zug noch in Torbagy anzutreffen, er habe angenommen, daß Seine Majestät schon längst in Budapest eingezogen sei. Als er nämlich heute nacht von Stuhlweißenburg aus mit Budapest telephoniert habe, „nein, nicht privat, Majestät, sondern als Obergespan", da habe man ihm im Ministerium des Innern gesagt, daß man heute um acht Uhr morgens den Einzug Seiner Majestät in Budapest erwarte. Es sei schon die Weisung ergangen, die Straßen zu beflaggen und die Garnison zum Spalier ausrücken zu lassen. Auf des Königs Frage, um wieviel Uhr dieses Gespräch stattgefunden habe, erklärte der Graf, es möge so drei Uhr morgens gewesen sein.

Der König zog die Brauen hoch und lauschte. War das nicht ein Kanonenschuß?

Andrássy trat an den König heran und berichtete, daß Lehár die Meldung bekommen habe, daß vorne schwache Kräfte den Türkensprung besetzt hielten und das Feuer gegen den Vortrain eröffnet hätten. Ostenburg habe sogleich angreifen lassen und Gefangene gemacht: Hochschüler, die man heute nacht bewaffnet und mit Automobilen an die Peripherie der Stadt gebracht und dort eingesetzt habe.

Da könne es sich nur um ein böses Mißverständnis handeln, entschied der König und bat Károly, vor Andrássy das zu wiederholen, was er eben gemeldet habe. Károly wiederholte auf ungarisch, was er in Stuhlweißenburg erfahren hatte, und Andrássy erwiderte, daß sich da der Teufel auskennen möge. Als der König dabei beharrte, es könne sich doch nur um ein Mißverständnis handeln, das sich aufklären lassen müsse, kam die Königin heran. Die Herren verstummten und verbeugten sich tief. Andrássy erkundigte sich, wie Ihre Majestät geschlafen und ob nicht der Karbolgeruch gestört habe. Die Königin habe wunderbar geruht. Hin und wieder habe sie im Halbschlaf die dunklen Stimmen der Soldaten gehört, die man in den Stationen vereidigt habe. Jetzt, in der Frühe, sei sie durch eine laute Stimme geweckt worden, die verkündet habe, daß man in zwanzig Minuten in Budapest sein werde. Sie habe gleich alles fertig gemacht, aber nun stehe der Zug und es scheine doch wieder einmal etwas länger zu dauern, als man erwartet habe. Die Herren wußten keine Antwort. Wieder hallte ein Kanonenschuß herüber. Worauf man denn warte, erkundigte sich die Königin, und Andrássy erklärte, daß wohl wieder einmal die Schienen aufgerissen worden seien.

Dann erkundigte sich die Königin, ob man soviel Zeit haben würde, in dieser Ortschaft in die Kirche zu gehen und die heilige Messe zu hören, heute sei doch Sonntag, der Sonntag, den man im Dom zu Budapest mit einem feierlichen Tedeum habe begehen wollen. Nein, so weit dürfe sich niemand vom Zuge entfernen, erwiderte der König, der Zug könne jeden Augenblick weiterfahren. Dann könnte man vielleicht, schlug die Königin vor, hier, unmittelbar neben dem Zug, eine Feldmesse lesen lassen. Soviel Zeit hatte man, und da der Pfarrer von Torbagy eben auf der Station erschien, trug man ihm den Wunsch der Königin vor. Als sich der Geistliche mit Freuden bereit erklärte und in den Ort eilte, um alles Nötige heranzuschaffen, ersuchte die Königin den ehemaligen Ungarischlehrer des Königs, einen Benediktinerpater aus Ödenburg, der sich dort dem Zug des Königs angeschlossen, ihre und des Königs Beichte zu hören. Zwei Klappsessel wurden in das Magazin der Station getragen, vor dem Schiebetor nahmen zwei Gendarmen Aufstellung. Der alte Benediktiner, der des Königs leichtsinnigen Vater als Regimentskommandanten der Ödenburger Husaren gekannt, ging mit der violetten Stola, die ihm der Mesner von Torbagy gebracht, hinter dem Königspaar in das Magazin.

Im Dienstraum des Stationsvorstandes rief Lehár Raab und Komorn an und fragte, ob die Truppen dieser Garnisonen schon unterwegs seien. Ja, sie seien bereits abgegangen, man habe auch Artillerie mitgeschickt, sie müßten bald eintreffen. Ein Oberst kam von vorne und fragte Lehár, worauf man denn in drei Teufels Namen warte? Man solle doch ruhig weiterfahren und sich einen Dreck um diese Plänklerkette dummer Rotzbuben scheren, die da zum erstenmal ein Gewehr in die Hand bekommen hätten und in der Gegend herumknallten. Samt dem König könne man da durchfahren, da sei doch nicht die geringste Gefahr. Wenn der König aber einmal in Kelenföld sei, werde niemand mehr wagen, den Zug anzugreifen. Lehár entgegnete, daß man den König nicht solcher Gefahr aussetzen könne; weil man kein reguläres Militär, sondern Leute von der Move und von den Erwachenden gegenüber habe, müsse man auf alles gefaßt sein, denn die Burschen von Gömbös schössen auf alles, denen sei es ganz gleichgültig, ob sie die Königin, den König oder einen Ostenburg-Gendarmen träfen. Als Lehár auf die Frage des Obersten, wo der König augenblicklich sei, erwiderte, daß der König eben beichte, unterdrückte der Oberst kaum einen Fluch: Und nach der

Beichte werde das Königspaar wahrscheinlich wieder die Universität von Debrecen eröffnen! Heiliger Bimbam, das halte aus, wer es aushalten könne, er nicht. Er werde schauen, daß er wieder zu seinen braven Leuten nach vorne komme, die nichts anderes wünschten, als diese Bürscherln von der Hochschule ordentlich zu verhauen. Was nach der Königsbeichte geschehen werde?

Nach der Beichte werde das Königspaar die Feldmesse hören. Dort könne ja der Oberst selbst sehen, wie man den Altar improvisiere. Der Oberst drehte sich um und sah, wie man vor dem Geleise einen Tisch aufstellte und weiß deckte. Von Torbagy kam der Pfarrer und links und rechts des Weges, den er mit dem Allerheiligsten schritt, sanken die schwäbischen Bauern von Torbagy in die Knie. Das Glöcklein des Ministranten läutete silbern, auch die Herren des Gefolges knieten nieder.

Der Oberst verabschiedete sich hastig von Lehár, er habe, sagte er, jetzt was anderes zu tun, er sei ein Mann der Dank- und nicht der Bittgottesdienste.

Die Königin und der König kamen aus dem Magazin, die beiden Gendarmen trugen die Klappsessel nach. Die Herren des Gefolges nahmen im Halbkreis hinter dem Königspaar Aufstellung. Vor dem Stationsgebäude sammelten sich die dunkel gekleideten Schwaben aus Torbagy und die bunt gekleideten Ungarn aus Bia mit ihren Kirchenfahnen. Aus einem offenen Fenster klapperte die Schreibmaschine des Legationssekretärs Boroviczány, der die gestern von Andrássy und Gratz aufgesetzte Proklamation ‚An die ungarische Nation' des Königs ins reine tippte.

Der einstige Ungarischlehrer des Königs las die Messe, der Pfarrer von Torbagy assistierte. In das silberne Läuten der Glöckchen hinein schrillte das Telephon des Stationsvorstandes, dröhnten aus der Ferne dumpfe Kanonenschläge. General Lehár wurde verlangt. Von vorne wurde gemeldet, daß man eine ganze Kompanie Hochschüler gefangengenommen habe und daß zwei Batterien des Budapester Feldkanonenregimentes zu den Königlichen übergegangen seien. Vielleicht, dachte Lehár, sind manchmal Bittgottesdienste doch auch zu etwas nutz.

Das Glöcklein des Pfarrers von Torbagy läutete, gesenkten Hauptes schritt das Königspaar zu dem Altartisch, kniete nieder und empfing das heilige Sakrament.

Lehár teilte die gute Nachricht, die er von vorne erhalten hatte, Rakovszky mit, der sogleich zum Telephon eilte und das Ministerpräsidium verlangte. Als Bethlen zum Telephon kam, teilte ihm Rakovszky mit: „Wir haben euch die Artillerie genommen. Euer Widerstand ist nicht nur sinnlos, sondern verbrecherisch. Eben rollen die Truppen von Komorn und Raab an. Wir bekommen Artillerieverstärkung. In einer Viertelstunde werden die Bataillone aus Ödenburg, Steinamanger und Güns da sein. Was habt ihr uns dann entgegenzustellen? So nimm doch Vernunft an, du wenigstens, wenn Horthy wahnsinnig geworden ist."

Das Gespräch wurde unterbrochen. Gratz fragte, ob Bethlen nachgeben werde. Rakovszky schloß die Tür, da die Bauern von Bia mit ihren hohen, schrillen Stimmen ein Kirchenlied zu singen begannen. „Bethlen gibt nicht nach", erwiderte Rakovszky, „Bethlen hat gesagt, die Entscheidung liege jetzt bei den Waffen." Gratz äußerte sein Staunen darüber, daß sich dieser Beniczky nicht rühre, Beniczky hätte doch diese Leute in Budapest schon längst verhaften müssen, dann wäre dieser ganze lästige Aufenthalt erspart geblieben.

Die Feldmesse war beendet, das Königspaar ging zu den Schwaben aus Torbagy hinüber, die entblößten Hauptes warteten. Die Bauerntöchter überreichten der Königin einen Blumenstrauß — wieder Allerseelenblumen — und Rakovszky stellte den Gemeindevorsteher vor. Als sich der König nach dem Ergehen der Bauern erkundigte, klagte der Gemeindevorsteher in seinem schleppenden, schwerfälligen Ungarisch, weil ihn der Herr ungarisch gefragt hatte, über die niedrigen Preise und die hohen Steuern, über die wenigen Burschen im Dorf, das so viele junge Leute im Kriege verloren habe, über die Zeit Bela Kuns, da man die Schwaben als Reaktionäre verschrien habe, so wie sie jetzt von den Pronayleuten als Ungarn zweiter Klasse behandelt würden, sie, die doch mindestens so schwere Opfer im Krieg wie die Ungarn gebracht, von ihnen verlange man nun, daß sie, wollten sie als echte Ungarn gelten, ihren alten Familiennamen aufgeben und einen neuen annehmen. Aber nun, da der rechtmäßige König im Land sei, werde man sie nicht mehr zwingen können, das zu tun, wogegen sich die Mehrzahl von ihnen noch immer sträube.

Da standen diese so weit vorgetriebenen Deutschen, die im Umkreis von Budapest in wohlhabenden Dörfern siedelten, und sprachen noch immer ihr langsames, von der andern Sprache her etwas verdunkeltes Deutsch, während drinnen in der schönen Stadt diese ihre einstige Sprache fast verstummt war, seit sich als die letzten die Juden von ihr abgekehrt hatten. Nur abends trafen sich noch in der alten Stadt drüben und in der neuen Stadt herüben an bestimmten Straßenecken und auf stillen Plätzen die schwäbischen Dienstmädchen und erzählten einander in ihrem breiten Schwäbisch aus ihren Dörfern, deren Welt für sie immer noch die einzige und die wahre geblieben war.

Da standen also diese behäbigen deutschen Bauern vor dem ungarischen König und mühten sich mit ihrem in der Schule gelernten Ungarisch, und der König, neben dem sein einstiger Ungarischlehrer, der Benediktiner aus Ödenburg, stand, der nachhalf, wenn es nicht gut weiterging, plagte sich genau so, damit er nur ja keinen der Madjaren seiner Begleitung kränke und damit nicht am Ende aus einem falschen Wort ein solches Geschrei entstehe wie aus dem falschen Lied einst in Debrecen. Dann ging der König zu den madjarischen Feldarbeitern und Kleinbauern von Bia, von denen die Männer zum Teil schon die Tracht abgelegt und das ‚deutsche Gewand', die städtische Kleidung, angezogen hatten. Auch die Ungarn klagten in beweglicher Sprache ihre Nöte und auch ihnen versprach der König baldige Linderung der Schmerzen. Zwischen dem Landvolk gingen Gendarmen mit aufgepflanztem Bajonett auf und ab und hatten vor allem auf die Zigeuner acht, die sich langsam an die Leute von Bia herangeschlichen hatten und das Königspaar mit kundigen Bettleraugen abschätzten, die Gendarmen bei jedem Schritt beobachteten und immer wieder versuchten, sich an die Königin heranzuschleichen. Das Artilleriefeuer nahm an Stärke zu. Der König unterbrach manchmal sein Gespräch und lauschte. Auch das Gesicht der Königin verriet, trotzdem sich die Königin ganz in der Hand hatte, Unruhe.

Die Leute von Bia drehten sich um, der König und die Königin folgten den Blicken. Nun war es nicht mehr zu verkennen, daß es Ernst geworden. Auf Bauernwagen, in alten Kaleschen und auf einer handgetriebenen Draisine wurden die ersten Verwundeten herangeführt. Der Wartesaal des Stationsgebäudes wurde aufgesperrt, Decken, Polster, Leintücher aus dem Zug herausgeholt, um den Verwundeten ein Lager zu bereiten. Da man nicht mit Verlusten gerechnet und geglaubt hatte, widerstandslos Budapest einnehmen zu können, hatte man den einzigen verfügbaren Sanitätszug als Schlafwagenzug für den König und sein Gefolge eingerichtet.

Der König erkundigte sich bei Lehár, ob man schwere Verluste habe, und Lehár erwiderte, daß die Verluste nicht übermäßig seien. Auf die Klage des Königs, wie fürchterlich solch ein Bruderkrieg sei, erwiderte Lehár, daß dieser Kampf nur durch einen energisch geführten Angriff rasch beendet werden könne. Man habe ihm doch versichert, beteuerte der König, daß ihm kein Widerstand geleistet, daß die Budapester Truppen nicht gegen ihren König kämpfen würden! Warum habe das Budapester Offiziersbataillon nicht eingegriffen? Werde es den gekrönten König wieder im Stiche lassen wie zu Ostern? Was Lehár unter diesen Umständen jetzt zu unternehmen gedenke?

„Angreifen, Majestät", erwiderte Lehár, „und durchbrechen!"

„Glauben Sie, daß es gelingen wird? Wird es nicht zu schwere Opfer fordern? Ich kann nicht als blutbespritzter König in Budapest einziehen. Sie wissen, wie lang die Ungarn Franz Joseph das Jahr neunundvierzig nachgetragen haben."

„Majestät, ich bin im Juni achtzehn mit meinem Regiment zweimal über die Piave gegangen, wir werden doch diese paar Hochschüler werfen und uns vor dem bißchen Artillerie nicht fürchten. Einen andern Rat als anzugreifen, Majestät, weiß ich nicht. Rebellen werden durch schonungsvolle Behandlung nur übermütig."

Ein Adjutant rannte herbei und rief General Baron Lehár zum Telephon.

Verrat des Feldmarschalleutnants Hegedüs

Kaum war Lehár in der Kanzlei des Stationsvorstandes verschwunden, zeigte sich Feldmarschalleutnant Hegedüs und wartete, bis er angesprochen werde. Als wieder ein paar Leiterwagen mit stöhnenden Verwundeten von vorne kamen, klagte der König auch Hegedüs sein Leid: er habe nie gewollt, daß Ungarn gegen Ungarn kämpfen, er sei gegen den Waffengebrauch und für Verhandlungen, aber Lehár und Ostenburg hätten auf dem Angriff bestanden.

„Majestät, es ist doch gar nicht so schwer", erwiderte der Feldmarschalleutnant, „ein weiteres Blutvergießen zu verhindern."

„Hegedüs, ich habe Ihnen gestern die Goldene Tapferkeitsmedaille für Offiziere verliehen, als ich hörte, wie tapfer und entschlossen Sie sich in den Tagen des Umsturzes gezeigt haben

Zeigen Sie mir den Weg, der uns ohne Blutvergießen nach Budapest bringen kann, und ich will Ihnen immer danken."

„Majestät, da gibt es nur einen Weg. Man muß mit den Regierungstruppen vorne unterhandeln. Man muß den Regierungstruppen sagen, daß sie nicht gegen Bolschewiken oder gegen Tschechen kämpfen, sondern gegen den gekrönten König."

„Hegedüs, vielleicht wäre es am besten, ich selbst fahre vor in die Schwarmlinie und zeige mich den Truppen Horthys."

„Majestät, das geht nicht. Die Kugel ist eine Törin, niemand kann wissen, welchen Weg sie nimmt. Ein Geller, eine verirrte Kugel könnte ungeahntes Leid über uns alle bringen, könnte das Leben des geliebten Königs vernichten."

„Dann soll Lehár nach vorne in die Schwarmlinie gehen und mit dem Gegner reden."

„Lehár, Eure Majestät, kann man dazu nicht verwenden. Horthy wird mit Lehár nicht verhandeln. Horthy hat Lehár wegen der Ostertage pensioniert."

„Dann meinetwegen Ostenburg", schlug der König vor.

„Mit Ostenburg wird Horthy kein Wort sprechen, denn Horthy sieht in Ostenburg einen Verräter. Ostenburg stand nämlich früher bei Horthy in hoher Gunst, während der Vereidigung des Reichsverwesers war Ostenburg mit seinem Bataillon vor dem Parlament aufmarschiert."

„Dann müssen wohl oder übel Sie, Hegedüs, sich dieser Aufgabe unterziehen."

„Ich, Majestät? Ich habe doch keine Einteilung hier, ich bin eine Art Schlachtenbummler. Wenn ich mich als Unterhändler drüben melde, werden sie mich fragen, in welcher Funktion ich komme. Leute, die vermitteln wollen und nicht vermitteln können, weil sie nichts zu reden haben, sind schon genug hin und her gelaufen, haben genug herumtelephoniert."

„Dann müssen Sie eben das Oberkommando über meine Truppen übernehmen. Als Oberkommandant können Sie in meinem Namen mit Horthy verhandeln und den Reichsverweser zur Vernunft bringen. Sagen Sie Horthy, daß weiteres Blutvergießen auf alle Fälle verhindert werden müsse, sagen Sie ihm, daß er Vernunft annehmen solle."

Hegedüs versprach es. Er ließ ein Leintuch holen, befestigte es an einer Stange, bestieg eine Lokomotive und dampfte nach vorne.

Als Lehár vom Telephon zurückkehrte, meldete er dem König,

daß es vorne gut stehe. Ostenburg habe Buda-Ör im Sturm genommen und rücke unaufhaltsam gegen Kelenföld vor, sein Gardejägerregiment schlage sich ausgezeichnet und hoffe, bald in Budapest einzudringen. Nur der Türkensprung, ein steil abfallender Felsen, halte sich noch, da man dort neben den Hochschülern ein Bataillon regulärer Truppen, ein paar Maschinengewehre und eine Batterie eingesetzt habe, die viel zu schaffen mache. Ostenburg warte auf die Artillerie aus Raab und aus Komorn, um den Sturm auf den Türkensprung ordentlich vorzubereiten.

Dieser Sturm, erwiderte der König, werde hoffentlich nicht mehr notwendig sein, denn Hegedüs, der für diese Verhandlungen von ihm, dem König, zum nominellen Oberbefehlshaber gemacht worden sei, habe sich soeben auf einer Lokomotive als Unterhändler nach vorne begeben, um dem Gegner ein letztes Mal das Unsinnige und Zwecklose seines Widerstandes begreiflich zu machen.

Wieder kamen auf einem Leiterwagen Verwundete vorbei. Ein Leutnant, den der König fragte, wie es vorne stehe, erwiderte, es stehe gut, es gehe vorwärts, den Budapestern scheine die Munition auszugehen, es sei bedauerlich, daß er selbst eine der immer spärlicher werdenden Kugeln in den Arm bekommen habe.

Lehár, der nicht viel von Verhandlungen hielt, erklärte dem König, daß man unmittelbar vor der Entscheidung stehe, die nur ein vollkommener Sieg sein könne. Die nächste Garnison östlich von Budapest sei Szegléd. Wenn man sich in Budapest erst heute morgen zu einem energischen Widerstand entschlossen habe, könne diese Szegléder Garnison erst im Laufe des Vormittags alarmiert worden sein; die Einwaggonierung brauche ihre Zeit, die Bahnfahrt dauerte mindestens zwei Stunden, die Szegléder Garnison könne den Budapestern nicht vor abends zu Hilfe kommen, und bis dahin werde alles entschieden sein.

Es war Mittag geworden. Im Operationswagen wurde dem Königspaar und seinem Gefolge von Ordonnanzen in vielgeflickten Uniformen das Mittagessen serviert. Die Tafelrunde lauschte, immer wieder das spärlich tröpfelnde Gespräch unterbrechend, auf das Artilleriefeuer. Es schien sich immer mehr zu verstärken. Aufgeweckt war man bei Morgengrauen worden mit dem Ruf, daß man in zwanzig Minuten in Budapest sein werde. Jetzt war es Mittag und der Zug stand ohne Lokomotive noch immer an derselben Stelle, denn mit der Lokomotive war ja Hegedüs nach vorne gefahren. Die Königin lächelte tapfer, aber ihre Hand zitterte, wenn sie das Glas zum Munde führte. Boroviczény berichtete, daß er das Manifest bereits ins reine geschrieben habe. Der König wollte den Legationssekretär etwas fragen, hob die Hand, horchte, und alle andern hörten nun auch, wie das Artilleriefeuer näher zu kommen schien.

General Lehár wurde zum Telephon gerufen. Die Hoftafel wartete schweigend, bis der General zurückkam. Der General war ernst, als er eintrat, er ging hinter den Stuhl des Königs und bat gehorsamst, Seine Majestät einen Augenblick allein sprechen zu dürfen. Der König blickte schnell zur Königin hinüber, die den Blick verstand und sich mit einer gleichgültigen Frage an die Gräfin Andrássy kehrte.

„Majestät", sagte der General, als er mit dem König allein war, „entweder haben die Budapester Truppen dem Drängen Horthys nachgegeben und sind gegen uns vorgegangen, oder Horthy hat von anderswoher Verstärkung bekommen. Ostenburg ist in der Flanke gepackt worden und muß dem übermächtigen Druck weichen. Er geht auf Buda-Ör zurück und weiß nicht, ob er die Ortschaft wird halten können."

„Es steht also, offen gesagt, schlecht, Lehár?"

„Majestät, es wird eine vorübergehende Krise sein, wie diese sich immer knapp vor der Entscheidung einstellen. Wenn wir die Truppen aus Raab und aus Komorn einsetzen, ist diese Krise mit einem Schlag behoben."

„Wenn wir neue Truppen einsetzen, werfen die drüben auch neue Truppen ins Gefecht. Vergessen Sie nicht, Lehár, daß wir die Hauptstadt angreifen."

„Majestät, die Budapester Arbeiter werden sich nicht für Horthy schlagen!"

„Lehár, ich fürchte, daß wir uns da in ein Gefecht verwickeln lassen, das zu einer Schlacht werden kann."

„Majestät, wenn es um die Krone und um die Zukunft des Landes geht, muß man etwas wagen."

Wieder wurde der General zum Telephon gerufen. Der König kehrte zur gemeinsamen Tafel zurück. Aller Blicke waren auf den König gerichtet, aber sie senkten sich gleich wieder, als der König schweigend am Tische Platz nahm. Das Gefecht schien sich zu entfernen. Nur hin und wieder hörte man ein Maschinengewehr schnattern.

Lehár erschien, trat hinter den Stuhl des Königs und flüsterte diesem zu, daß Ostenburg Buda-Ör habe aufgeben müssen und daß es dem Gegner gelungen sei, Verbindung herzustellen mit der bereits abgeschnitten gewesenen und knapp vor der Übergabe gestandenen Besatzung des Türkensprungs.

Die Königin mußte doch etwas gehört haben, denn sie fragte, was für Hochschüler das seien, die den Türkensprung verteidigten. Das seien Gömbös-Leute, eine Art technischer Nothilfe, ein Verband, der seinerzeit gegen Bela Kun ins Leben gerufen worden sei, erklärte Andrássy, junge Menschen, die glaubten, sie verteidigten Budapest gegen den Angriff von Tschechen und Deutschen.

Deshalb habe er, warf der König ein, den Feldmarschalleutnant Hegedüs als Parlamentär nach vorne geschickt, damit dieser mit den auf der Gegenseite eingesetzten Truppen spreche und ihnen klarmache, daß man sie belogen habe.

Das Pusten der Lokomotive war zu hören. Der König blickte durchs Fenster und sah, daß Hegedüs vom Tender stieg und auf des Königs Wagen zukam. Der König begab sich mit dem Feldmarschalleutnant in den nächsten Wagen. Hegedüs meldete sich von seiner Erkundungsfahrt zurück. Auf die Frage des Königs, wie es vorne stehe, erwiderte Hegedüs, es stehe schlecht, da die eigene Front viel zu weit auseinandergezogen sei. Ostenburg habe Kompanie um Kompanie, wie sie auswaggoniert worden seien, ins Gefecht geworfen und sich zu wenig Reserven zurückbehalten, so daß jeder Gegenstoß ihn schwer treffen müsse; es seien, mit einem Wort, grobe taktische Fehler gemacht worden. Auf des Königs Frage, warum Ostenburg Buda-Ör aufgegeben habe, meldete Hegedüs, es sei Ostenburg gar nichts anderes übrig geblieben, weil das Budapester Regiment zum Angriff übergegangen sei. Als der König wissen wollte, wieso Oberst Kurcz angegriffen habe, erklärte Hegedüs, daß Kurcz abgesetzt und das Kommando an Oberst Svoy übertragen worden sei. Ebenso habe man auch Oberst Hoffmann, der sich durch Zaudern verdächtig gemacht, enthoben. Wer drüben führe? General Nagy. Aber Gömbös sei diesem als eine Art Kommissar beigegeben und überwache aufs genaueste alle militärischen Maßnahmen. Seither habe sich drüben alles geändert. Das vierzehnte Honvédregiment aus Erlau und das erste Budapester Gendarmerieregiment seien fest in der Hand Gömbös', Nagy habe den Befehl, Buda-Ör, aus dem er Ostenburg hinausgeworfen habe, um jeden Preis zu halten. Budapest werde inzwischen in den Verteidigungszustand versetzt. Burg und Kastell seien mit Maschinengewehren gespickt, und wenn Seine Majestät versuchen würde, nach Budapest einzudringen, würde es zu einem furchtbaren Gemetzel kommen. Auf die Frage des Königs, woher Hegedüs dies alles genau wisse, erwiderte der Feldmarschalleutnant scheinbar ganz unbefangen: „Von Horthy selbst."

„Sie haben mit Horthy gesprochen?" staunte der König.

„Ich hatte von Eurer Majestät den Auftrag, zu unterhandeln. Da bin ich gleich an die zuständige Stelle gefahren und habe mit Horthy gesprochen. Und der Herr Reichsverweser hat mir den Auftrag erteilt, Eurer Majestät zu melden, daß sich der Herr Reichsverweser an die Spitze aller ihm zur Verfügung stehenden Truppen stellen und Eurer Majestät bis zum letzten Blutstropfen Widerstand leisten werde."

„Wie kann Ihnen, der Sie mir den Eid geleistet haben, Horthy einen so unverschämten Auftrag geben? Haben Sie das dem Admiral nicht gesagt? Haben Sie dem Admiral nicht erklärt, daß ihm nichts geschehen wird? Daß ich Horthy für seine Verdienste um Ungarn zum Herzog von Otranto und Szegedin machen will? Haben Sie ihm das nicht gesagt?"

„Dazu bot sich keine Gelegenheit, Majestät. Und ich glaube auch, daß es auf Horthy in dieser Stimmung wenig Eindruck gemacht hätte."

„Wie kommen Sie, Hegedüs, dazu, mir solche Antworten zu übermitteln?"

„Mir hat es der Reichsverweser so gesagt und so befohlen."

„Ihr Auftrag war, die Regierungstruppen darüber aufzuklären, daß sie nicht gegen Tschechen und Bolschewiken, sondern gegen ihren König kämpfen, und dem Reichsverweser klarzumachen, daß sein Widerstand sinnlos sei. Sie aber haben sich zum Sprachrohr Horthys machen lassen."

„Majestät, ich habe meinen Auftrag so gut ausgeführt wie ich konnte. Ferner habe ich noch zu melden, daß Bethlen unverrückbar treu auf Horthys Seite steht."

„Das ist fast keine Neuigkeit mehr."

„Benesch hat dem ungarischen Gesandten in Prag gesagt, Ungarn werde durch die Hölle schreiten müssen, wenn es einen Habsburger auf seinen Thron setze."

„Erzählen Sie mir hier nichts von Dingen, die Sie nichts angehen, Hegedüs. Sie hatten keine politische, Sie hatten eine rein militärische Aufgabe. Sie hätten mehr sprechen und weniger zuhören müssen."

Der König konnte seinen Zorn kaum bezähmen. Er ging ein paarmal auf und ab und schaute den Feldmarschalleutnant nicht an, der mit gesenktem Blick und trotzigem Gesicht neben der Tür stand.

Lehár erschien beim Fenster: „Majestät, Oberst Svoy wünscht mit Eurer Majestät zu sprechen."

„Wie denken Sie darüber, Lehár?"

„Daß es Eure Majestät ablehnen sollen."

Der König stand und überlegte, dann sagte er: „Ich werde das tun, was Hegedüs nicht getan hat. Ich werde nach vorne fahren, ich werde in die Schwarmlinie gehen, ich werde den Horthy-Truppen zeigen, gegen wen sie kämpfen."

„Wie wollen Majestät nach vorne fahren?"

„Wie Hegedüs, auf der Lokomotive." Der König stieg eilig aus und ging zur Lokomotive vor, die unter Dampf stand. Der Lokomotivführer, ein älterer Herr mit einer Brille, bat den König, um Gottes willen doch von diesem Vorhaben abzustehen, hier vorne gebe es keine Deckung, jedes Infanteriegeschoß schlage durch das Eisenblech.

Auch Gratz und Rakovszky rieten dem König von dieser Fahrt ab, Bauern und Eisenbahner umdrängten die Herren bei der Lokomotive, und ein Bauer sagte zum Heizer, wenn der König fahre, werde er nicht mehr lebend zurückkommen, er wisse es, denn er habe vorne Verwundete geholt, die Budapester schössen auf alles, was sich nur rühre.

Mit großen Schritten kam die Königin herbei und fragte, was man berate. Als der Lokomotivführer die Königin wahrnahm, wiederholte er noch einmal das, was er schon dem König vorgebracht hatte: mit knapper Not nur seien die beiden Lokomotivführer des Vortrains mit dem Leben davongekommen, der Tender der einen Lokomotive sei von einem Maschinengewehr erwischt und wie ein Sieb durchlöchert worden.

Die Königin legte die Hand auf den Arm des Königs: „Wenn du fährst, dann fahre ich mit dir."

Alle wußten, daß man dem König, nicht aber der Königin etwas ausreden konnte. Also wurde hinter dem Führerstand für die Königin ein Klappstuhl aufgestellt und ein Soldatenmantel über die Knie der Königin gebreitet. Der König stellte sich schützend vor sie. Auf der andern Seite des Lokomotivführers drängten sich

Andrássy, Gratz und Boroviczény zusammen, den Kohlentender erstiegen ein paar Adjutanten und Ordonanzoffiziere. Als letzter kletterte Hegedüs auf die Lokomotive: er habe zur Sicherheit noch einmal vorne angefragt und man habe ihm versichert, daß vorne alles ruhig sei. Man könne losfahren.

General Lehár blieb zurück, um die so sehnlich erwarteten Truppen aus Komorn und Raab gleich abzufangen und einzusetzen. Die Bauern winkten, der König legte seinen Arm um die Schulter der Königin, die den Gruß der Bauern erwiderte. Eine alte Bäuerin weinte und bekreuzigte sich, immerfort klagend: „Sie werden nicht wiederkommen, sie werden nicht wiederkommen! Der gute König, der arme König! Die Budapester werden auch die Königin erschießen!"

Langsam fuhr die Lokomotive nach Osten. Auf der Straße wurden Verwundete zurückgebracht, die meisten in Bauernwägen, einige Leichtverwundete humpelten, einander stützend und führend, über die Feldwege der Straße zu. In einem Hohlweg standen Protzen der Artillerie, etwas weiter vorne lag ein Stab. Niemand auf der Lokomotive sprach, alles sah besorgt auf die Königin, die sich den Anschein gab, als freue sie diese etwas seltsame Art zu reisen. Der bulgarische Thronfolger, sagte die Königin, kenne kein größeres Vergnügen, als selbst eine Lokomotive zu führen, und in Rußland, fügte Gratz hinzu, sei, eine Lokomotivführerin zu werden, das von den Mädchen am meisten erstrebte Ziel. Beim Bahnwächterhaus 17 hielt die Lokomotive. Hinter dem Bahndamm gedeckt standen Pferde von Adjutanten, Meldereitern, Protzen und Maschinengewehre. Neben dem Wächterhaus war eine Telephonstation eingerichtet, deren Summer immer wieder wie ein Jahrmarktspfeifchen quiekte. Hinter einer Hecke standen Fahrküchen, von denen sich Leute mit Menageschalen Essen holten. Im Vorgärtchen des Bahnwächterhäuschens standen zwischen zertretenen Blumen Tragbahren mit Verwundeten. Vor der Lokomotive hielten auf der Strecke die beiden Züge der Gardejäger. Die Laubgirlanden waren welk geworden, die vielen rotweißgrünen Fähnchen hingen schlaff und schief. Die Fahrt hatte zu lange gedauert, man kam etwas verspätet zum Einzug. Ostenburg galoppierte heran, saß ab und meldete dem König, daß in kurzer Zeit die Parlamentäre des Gegners erscheinen würden.

Er wolle doch gar nicht mit Parlamentären unterhandeln, versetzte der König, er sei nach vorne gefahren, um in die Schwarmlinie zu gehen und selbst mit den Truppen Horthys zu reden, nicht mit Lügnern, sondern mit den Belogenen wolle er sprechen.

Schon stand Hegedüs neben dem König: „Majestät, wenn wir jetzt unterhandeln, gewinnen wir Zeit. Wir können die Truppen aus den westlichen Garnisonen heranziehen und diese dann morgen zum entscheidenden Stoß einsetzen. Ich rate Eurer Majestät, die Parlamentäre zu empfangen."

Der König fragte mit einem Blick bei der Königin an und wiederholte dann seinen Wunsch, zu den Truppen in die Schwarmlinie vorzugehen. Das Gefecht stehe, man könnte sogar, ohne aufgehalten zu werden, bis zu den Stäben vordringen und den Offizieren ihren Verrat und ihr abtrünniges Verhalten vorstellen.

„Majestät, drüben können jeden Augenblick frische Truppen eingesetzt werden, die sich an das Waffenstillstandsabkommen nicht halten, Majestät mögen bedenken, daß man es nicht nur mit regulären, sondern auch mit freiwilligen Verbänden zu tun hat, die nicht unbedingt in der Hand der Führung sind. Solche junge Leute, die vielleicht zum erstenmal ein Gewehr in die Hand bekommen, schießen dann blindwütend in der Gegend herum."

Gut, der König ließ sich überreden. Sollten die Parlamentäre also kommen. Die Königin zog sich in das Bahnwächterhaus zurück, aber die muffige Luft trieb sie bald wieder ins Freie, sie ließ sich einen Sessel vor die Türe stellen, sprach ein paar Worte mit den Verwundeten, deren Bahren man nun aufnahm, legte die Hände in den Schoß und wartete, was kommen werde.

Ostenburg zeigte dem König und dessen Begleitung das Gelände: Dort vorne, diese steil abfallende Höhe, sei der Türkensprung, dessen rasche Besetzung dem Gegner so große Vorteile gebracht habe. Man habe versucht, diese Stellung zu umgehen, und sei bis zu jenen Höhen hinter Buda-Ör gelangt, wo man von dem mit frischen Kräften geführten Gegenstoß getroffen worden sei. Jetzt warte er auf Artillerieverstärkung und dann werde er noch einmal den Durchbruch versuchen. Der König besah sich durch den Feldstecher den wie eine Klippe vorspringenden Berg, der steil zur Straße und mit sanften Weinhügeln zur Bahn hin abfiel. Deutlich waren einige Leute auszunehmen, die sich im Steinbruch eingruben.

Das Schmettern einer Trompete kam näher, ein Auto mit einer großen weißen Fahne fuhr heran, hielt, und zwei Offiziere stiegen aus, denen der König ein paar Schritte entgegenging. Oberst Svoy machte Front und der König sagte im Tone des Vorwurfs, er wundere sich darüber, daß es Offiziere gebe, die gegen ihren König die Waffen erheben.

„Majestät, ich melde gehorsamst", erwiderte Oberst Svoy, „wir haben die Waffen nicht gegen den König, sondern gegen jene Truppen erhoben, die bewaffnet in Budapest eindringen wollen."

„Das Feuer wurde nicht von meinen Truppen eröffnet", stellte der König fest, „Ihre Seite hat das Feuer auf die Züge eröffnet."

„Majestät, wie hätte man sonst diese Züge zum Stehen bringen sollen?" fragte der Oberst. „Es wurde gewinkt und gerufen, aber man hat nicht darauf geachtet."

„Das soll noch untersucht werden. Vorderhand nehme ich an, daß es sich um ein böses Mißverständnis handelt. Aber Sie wollten mir sicher etwas anderes mitteilen."

„Ich habe den Befehl, Majestät zu bitten, nach Budapest zum Herrn Reichsverweser zu kommen, der Eurer Majestät alles erklären wird."

Der König blickte sich um, Rakovszky, Gratz und Andrássy winkten ab, Hegedüs blickte zur Seite. „Nach Budapest", sagte der König, „gehe ich nicht. Mit Horthy habe ich nichts zu sprechen. Ich will mit seinen Truppen reden, ich will seine Soldaten aufklären, daß sie meine Soldaten sind."

„Majestät, ich werde mit gesenktem Säbel vor Eurer Majestät Front machen, und meine Truppen werden Eure Majestät in keiner Weise behindern, dorthin zu gehen, wohin es Eurer Majestät beliebt. Aber mein Befehl lautet dahin, daß ich die Truppen, die mit Eurer Majestät kommen, unter allen Umständen aufzuhalten habe. Durch Eid bin ich dem Reichsverweser dazu verpflichtet. Dieser Befehl des Herrn Reichsverwesers richtet sich nicht gegen Eure Majestät, sondern gegen die Truppen, die Ostenburg und Lehár befehligen."

„Feldmarschalleutnant Hegedüs ist der neu ernannte Oberbefehlshaber", stellte der König fest.

Oberst Svoy warf einen kurzen Blick auf den Feldmarschalleutnant und sagte, auch unter dessen Oberbefehl dürften die Truppen nicht weiter vordringen.

Der König blickte sich fragend um. Horthy, meinte Andrássy, würde Seine Majestät verhaften lassen oder mit Hilfe der Ententegesandten zur Abdankung zwingen. Ablehnen!

Der König lehnte ab und Oberst Svoy machte noch einen Vorschlag: Die Vertreter der Budapester Regierung sollten mit den verantwortlichen politischen Ratgebern des Königs zwischen den Linien zusammentreffen und beraten, was zu tun sei.

Rakovszky, Andrássy und Gratz rieten dem König, anzunehmen, denn lehne man ab, habe Horthy die Ausrede, er habe sich unterwerfen wollen, sei aber abgewiesen worden. Auch Hegedüs flüsterte dem König zu, auf dieses Angebot einzugehen, denn man könne doch in der Nacht die Demarkationslinie so festlegen, daß man morgen dann aus einer sehr günstigen Ausgangssituation zum Angriff vorgehen könne. Der König überlegte eine Weile, dann sagte er, daß er Svoys Vorschlag annehme. Nun, da man also übereingekommen war, äußerte der König wieder den Wunsch, in die vordersten Linien zu gehen und von dort aus mit den Truppen Horthys Fühlung zu nehmen. Hegedüs warnte den König vor diesem Vorhaben: In spätestens einer halben Stunde werde es finster sein und in der Dunkelheit würden die besten und verläßlichsten Truppen nervös. Und dann, wenn die Offiziere des Reichsverwesers boshaft sein wollten, könnten sie das Überschreiten der Schwarmlinie durch Seine Majestät als offenkundigen Bruch der Waffenstillstandsvereinbarungen ansehen. Die Herren des königlichen Gefolges gaben Hegedüs recht, die Vorstellung, daß der König allein zwischen den Linien in Nacht und Dunkelheit herumirre, war niemanden heimlich. Der König ließ seinen Plan fallen, weil die Königin nicht neben ihm stand. Als Treffpunkt der Vertreter der Budapester Regierung und der verantwortlichen Ratgeber des Königs wurde der Meierhof Csiki-Major nördlich der Haltestelle Török-Balint, als Zeitpunkt der morgige Tag, der 24. Oktober, acht Uhr morgens, angesetzt. Die Demarkationslinie für die heutige Nacht sollte gemeinsam von Feldmarschalleutnant Hegedüs und Oberst Svoy festgesetzt werden.

Das Königspaar und sein Gefolge kehrten zur Lokomotive zurück, Hegedüs ging mit Svoy zu dessen Wagen. Der König sei arm, sagte Svoy, sich noch einmal nach der zurückfahrenden Lokomotive umblickend, der König ahne nicht, wie ernst es sei, seit Gömbös die Verteidigung Budapests übernommen habe. Hegedüs machte eine wegwerfende Handbewegung: Da könne man nicht helfen, weil man nicht raten könne. Man müsse sich übrigens beeilen mit der Festlegung der Demarkationslinie, damit dieses Kaisermanöver morgen zuverläßlich beendet werden könne. Als der Oberst den Feldmarschalleutnant betroffen anstaunte, winkte Hegedüs ab: „Laß gut sein, Svoy, meine beiden Söhne stehen bei euch drüben."

„Sind Exzellenz denn nicht von Seiner Majestät vereidigt worden?"

„Vereidigt? Nun ja. Ich habe heute mit dem Reichsverweser gesprochen, er hat mir das Echo der ausländischen Presse gezeigt, er hat darauf hingewiesen, was Bern gestern geschrieben hat: der Bundesrat habe einem Königswort zuviel Vertrauen geschenkt! Und der Reichsverweser hat mir gezeigt, was der ‚Corriere della Sera' schreibt: keine italienische Regierung könne die Rückkehr eines Habsburgers auf den Thron eines der Nachfolgestaaten dulden, und es sei notwendig, dem König künftighin einen weniger zentral gelegenen Verbannungsort anzuweisen. Aber du hast wegen der Verteidigung gefragt. Kann ein König, der selbst sein Wort nicht hält und den nicht nur Clemenceau, sondern nun auch der Schweizer Bundesrat einen Lügner heißt, kann solch ein König sich auf einen Eid berufen? Und dann, mein Lieber, ich bin überrumpelt worden. Lehár hat mir gesagt, in Budapest sei alles bis aufs kleinste genau vorbereitet, Beniczky und seine siebenhundert Offiziere werden schlagartig die ganze Regierung verhaften und der König werde, ohne daß ein Schuß falle, in Budapest einziehen. Sie haben mich an der Nase herumgeführt, nun will ich das gleiche mit ihnen tun."

Der Oberst antwortete nicht, er hatte einen bittern Geschmack im Mund.

„Und dann, mein Lieber, hat man obendrein noch Zeit vertrödelt. Ich bin nur mitgefahren, um Dummheiten zu verhüten und um Ungarn zu helfen. Ich kann meinem Vaterland mehr nützen, wenn ich bis morgen diese Doppelrolle weiterspiele, als wenn ich mich heute schon offen als Anhänger Horthys zu erkennen gebe. Wenn wir jetzt die Demarkationslinie bestimmen, dann weise ich euren Truppen die Höhenlinien zu. Ihr könnt, durch die Hügel gedeckt, nachts Verstärkungen heranziehen und die Ostenburg-Leute überflügeln. Das ist meiner Ansicht nach das einfachste Mittel, ein größeres Blutvergießen zu vermeiden. Wenn du Nagy triffst, grüß ihn von mir und sag ihm, daß wir das alles im besten Einvernehmen zum Wohle des Vaterlandes gerichtet haben." Ein Seitenblick zeigte dem Feldmarschalleutnant, daß der Oberst diese Haltung verurteile. „Glaubst du, daß es bei euch anders ist? Was hat denn Oberst Kurcz getan? Der läßt sich vom ungarischen Staat bezahlen und sabotiert dann Horthys Befehle!"

„Exzellenz, Kurcz hat nicht eigens vorher dem Reichsverweser noch einmal geschworen!"

„Und was wollte denn der König eben selbst tun? Und er hätte es auch getan, wenn ich es nicht verhindert hätte: Er wollte zu Horthys Truppen gehen und sie zum Eidbruch ermuntern! Reden wir nicht viel über Schwüre, sprechen wir von Ungarn und von dem, was dem Vaterland gut bekommt. Und das wird vor allem die Demarkationslinie sein, die wir jetzt, ehe es dunkel wird, festlegen wollen."

Der König suchte nach dem Abendessen Lehár in seinem Wagen auf und fragte, ob die Verstärkungen aus Raab und Komorn zur rechten Zeit eintreffen würden. Als Lehár erwiderte, daß er immer wieder zur Eile angetrieben habe, meinte der König, daß morgen, sollten die Verhandlungen auf Meierhof Csiki-Major zu keinem Ergebnis führen, angegriffen und der Durchbruch nach Kelenföld erzwungen werden müsse. Lehár versicherte dem König, daß der Angriff mit verstärkter Artillerieunterstützung gelingen werde. Auf die Frage des Königs, was zu tun sei, wenn Horthy früher den Waffenstillstand breche, versetzte Lehár, daß er auch daran schon gedacht habe und deshalb Ostenburg angewiesen worden sei, in einem solchen Fall sofort zurückzuschlagen und nicht auf die Ankunft der Verstärkungen zu warten. Der König bat noch, ihn von allen Änderungen zu verständigen und auch mitten in der Nacht zu wecken.

Ein Adjutant meldete, daß Feldmarschalleutnant Hegedüs von Török-Balint zurück sei und bitte, von Seiner Majestät empfangen zu werden. Lehár wollte ein Zusammentreffen mit Hegedüs vermeiden und fragte den König, ob er abtreten dürfe. Der König genehmigte es, Lehár ging und Hegedüs kam. „Majestät, der Waffenstillstand ist abgeschlossen, die Demarkationslinie ist festgelegt."

„Hegedüs, mir fällt ein Stein vom Herzen. Ich habe ja immer gewußt, daß ich mich auf Sie bedingungslos verlassen kann. Ich werde nicht versäumen, Ihre Treue und die mir in so schweren Stunden geleisteten Dienste anzuerkennen. Aber ich sehe es Ihnen an, Sie wollen noch etwas sagen. Nur heraus mit der Sprache. Wenn Sie eine Bitte haben, werde ich diese gerne erfüllen."

„Majestät, ich bitte gehorsamst um Enthebung vom Kommando."

„Was, jetzt?" Der König sprang auf. „Sie wollen mich in dieser ungeklärten Lage im Stiche lassen, Hegedüs?"

„Majestät, meine beiden Söhne kämpfen auf der andern Seite."

„Warum haben Sie, als Sie vormittag drüben waren, Ihre beiden Söhne nicht mitgebracht? Warum haben Sie ihnen nicht gesagt, daß ihr Platz an der Seite des Vaters und des Königs ist?" Hegedüs wußte nichts zu erwidern. „Ich habe Mahnungen und Warnungen zurückgewiesen, Hegedüs, die Ihre Person betrafen, ich habe Ihnen vollkommen vertraut."

„Majestät können auch meiner vollkommenen Treue Vertrauen schenken."

„Hegedüs, Sie scheinen eine seltsame Auffassung von Treue zu haben."

„Majestät, meine Söhne hören mehr auf die Stimme des Vaterlandes als auf die ihres Vaters."

„Gut. Sie sind enthoben. Lehar wird an Ihrer Stelle morgen zu den Verhandlungen fahren."

Der Feldmarschalleutnant schlug die Sporen zusammen und ging. Der König blieb allein im Abteil. Draußen sangen ein paar Soldaten. Ringsum im weiten Kreis brannten die Wachtfeuer. Der Königin hatte dieser Hegedüs von allem Anfang an nicht gefallen. Dieser Hegedüs war es eigentlich, der durch seine Fahrt zu Horthy heute vormittag die Leute in Budapest ermutigt hatte. Diesen Hegedüs müßte man eigentlich verhaften und an die Wand stellen lassen. Der König ließ sich auf einen Stuhl fallen und rieb sich die müde Stirn mit der Hand. Und was würde daraus? Blut und wieder Blut! Haß und wieder Haß und eine nie zur Ruhe kommende Rache. Ach, wenn er sich wenigstens irgendwo verkriechen und schlafen könnte, wenn doch niemand mehr zu ihm käme und irgendwelche Entscheidungen von ihm verlangte! Und diesem Hegedüs hatte er vertraut, weil Hegedüs zu verhandeln versprochen hatte!

Bei Morgengrauen trafen der bevollmächtigte Minister und Gesandte Koloman Kánya und General Eugen von Sárkány, die Vertreter Horthys, bei den Vorposten Ostenburgs ein und wurden nach dem Meierhof Csiki-Major geleitet. Leise erkundigte sich der Gesandte bei dem General, ob er wirklich glaube, daß die eigene Lage so gesichert sei, daß man es auf einen Bruch der Verhandlungen ankommen lassen könne. Alles sei in Ordnung, erwiderte der General, denn Hegedüs habe sich fünf Minuten vor zwölf, wie er sage, auf seine Pflicht, wie die andern sagten, auf seinen Vorteil besonnen. Die Meldungen aus dem Ausland, der Ärger ganz Europas über die Karlisten haben Hegedüs umstecken lassen. Und deshalb habe Hegedüs auch gestern die Demarkationslinie so gelegt, daß man in der Nacht unbemerkt Truppen heranbringen habe können. Sollte der König an eine Wiederaufnahme des Kampfes denken, werden Lehár und Ostenburg melden müssen, daß sie umzingelt seien. Deshalb könne man bei den Verhandlungen ruhig mit dem Säbel rasseln.

Im Meierhof erwarteten Lehár und Gratz die Abgesandten Horthys, die mit kalter Höflichkeit begrüßt wurden. Die niedere Stube war in der Nacht frisch aufgerieben worden, die Pächtersleute hatten weißen Sand gestreut, im breiten Kachelofen prasselte Feuer. Am Tisch unter dem Marienbild mit den geweihten Palmzweigen nahmen die Herren Platz, Kánya nahm als erster das Wort: „Wir sind von der Regierung beauftragt, mit den unter dem Kommando des Herrn Obersten Lehár stehenden Truppen einen Waffenstillstand zu schließen."

„General Baron Lehár", verbesserte Gratz, „Seine Majestät hat Baron Lehár zum General befördert."

„Diese Beförderung des Herrn Obersten ist den vorgesetzten Stellen des Herrn Obersten bis jetzt entgangen", stellte General Sárkány mit spöttischen Augen fest.

„Das spielt doch keine Rolle. Bitte mich nicht mit solchen Kleinigkeiten aufzuhalten", fuhr Kánya fort. „Da gestern, am 23. Oktober, durch Bevollmächtigte König Karls IV. an die Regierungstruppen mit der Bitte herangetreten wurde ..."

„Die Bitte um Waffenstillstand ist nicht von den Truppen Seiner Majestät, sondern von den Truppen des Reichsverwesers ausgegangen", unterbrach Gratz den Gesandten. „Oberst Svoy und nicht Oberst von Ostenburg hat angesucht."

„Auch Ostenburg ist avanciert", stellte Sárkány fest, „und gleich um zwei Rangstufen."

„Wir wollen uns hier nicht darum streiten, wer zuerst ersucht hat", nahm Kánya das Wort, „denn wir sind hergekommen, die Bedingungen mitzuteilen, unter welchen die Regierung geneigt ist, den Waffenstillstand zu unterschreiben."

„Ich finde", widersprach Gratz, „solche Feststellungen sehr notwendig, denn die Regierungstruppen haben den Kampf begonnen und sie haben ihn auch zuerst eingestellt. Aus Kelenföld war unserm Train das Signal zur freien Einfahrt gegeben worden, als die Regierungstruppen das Feuer eröffneten."

„Verlieren wir nicht unnütz Zeit", mahnte Kánya. „Über die Schuldfrage werden die ungarischen Gerichte entscheiden."

Kánya öffnete seine Aktentasche und legte einen Bogen vor sich auf den Tisch. „Hier die Bedingungen der Regierung. Werden diese nicht Punkt für Punkt erfüllt, geht die Regierung auf keine Waffenstillstand ein."

„Wir sind nicht hier", stellte Lehár fest, „um uns Bedingungen vorschreiben zu lassen, sondern über diese zu verhandeln."

„Wenn das eure Ansicht ist, können wir gehen", erwiderte Kánya und erhob sich. Gratz beschwichtigte den Gesandten, man werde sich erst einmal die Bedingungen anhören.

Kánya verlas die sechs Punkte: „Erstens: Bedingungslose Waffenstreckung und Auslieferung des gesamten Kriegsmaterials."

„Niemals, niemals!" rief Lehár zu Sárkány hinüber.

„Zweitens: Amnestie für jene, die unverzüglich die Waffen strecken, Führer und Aufwiegler ausgenommen. Über die Verantwortlichkeit der politischen Ratgeber des Königs werden die ungarischen Gerichte entscheiden."

Der protokollführende Hauptmann neben Lehár schaute die Vertreter König Karls an, aber beide wollten keinen Einwand erheben.

„Drittens: Mannschaften werden entwaffnet und amnestiert. Viertens: Seine Majestät verzichtet schriftlich und aus eigenem Antrieb für immer auf den Thron."

„Darum werdet ihr heute noch kämpfen müssen", stieß Lehár hervor. „Das wird Seine Majestät niemals tun!" setzte Gratz hinzu.

Kánya blieb unbeweglich: „Fünftens: Die ungarische Regierung verbürgt die persönliche Sicherheit Ihrer Majestäten während des befristeten Aufenthaltes auf ungarischem Gebiet. Über den provisorischen Aufenthaltsort wird die ungarische Regierung mit den Gesandten der Großmächte ein Einvernehmen treffen."

„Das bedeutet: Gefangennahme der Majestäten", stellt Lehár fest. „Ungarn kann sich doch nicht zum Vollstrecker des Willens unserer Feinde an unserem König machen!"

„Sechstens: Der künftige Aufenthaltsort des Königs wird von den Großmächten bestimmt."

„Ihr könnt doch nicht den König an seine Feinde ausliefern!" rief Gratz.

„Seine Majestät", höhnte Kánya, „hat doch immer auf seine ausgezeichneten Beziehungen zur französischen Regierung gepocht, weshalb soll auf einmal die französische Regierung eine feindliche Regierung sein? Wenn wir Seine Majestät der Obhut

Frankreichs oder Englands übergeben, so werden diese beiden Großmächte den König besser vor Angriffen der Kleinen Entente schützen können als das waffenlose, kriegsverstümmelte Ungarn. Wir können uns doch nicht weiterhin jedes Jahr zweimal solche unangesagte Besuche eines unwillkommenen Königs leisten."

„Beklagt euch nicht über harte Bedingungen", fügte General Sárkány hinzu, „denn wäre euch der Putsch gelungen, lägen Exzellenz Kánya und ich heute wohl schon im Kerker, oder wenn es nach Rakovszky gegangen wäre, hätte man uns, wie er es ja Bethlen beim Telephon gedroht hat, längst schon gehängt. Das Spiel um Kronen kennt nur höchsten Einsatz."

Lehár und Gratz erhoben sich: „Unannehmbar. Budapest scheint die Friedensschlüsse von Versailles und Trianon kopieren zu wollen. Aber auch wir haben inzwischen einiges gelernt", sagte Lehár.

„Ich werde die aufgezählten Bedingungen unverzüglich Seiner Majestät mitteilen", ließ sich Gratz vernehmen, „und Seine Majestät soll entscheiden, ob wir, die verantwortlichen Ratgeber, diese Punkte als Verhandlungsgrundlagen annehmen dürfen."

„Da ist nichts mehr zu verhandeln", wandte Sárkány ein.

„Ich schlage vor", sagte Gratz, „daß bis zur Beendigung dieser Verhandlungen die Feindseligkeiten ruhen."

„Dieser Vorschlag wird abgelehnt. In dem Augenblick, da das Protokoll dieser Verhandlung unterzeichnet ist, beginnen unsere Truppen wieder die Feindseligkeiten", stellte General Sárkány fest. Gratz beschwor den General, kein unnützes Blutvergießen anzurichten und mit dem Angriff zu warten, bis der Bescheid des Königs da sei. Sárkány erwiderte, daß man sich auf weitere Verhandlungen nicht einlassen könne. Die Bedingungen seien anzunehmen oder abzulehnen. Anders gehe es nicht. Man könne sich schon deshalb auf keine hinschleppenden Verhandlungen einlassen, weil die Tschechoslowakei bereits die Mobilisierung angeordnet habe und an den Grenzen Truppen zum Einmarsch bereitstelle. Die Herren mögen das Protokoll rasch unterzeichnen und eilig zu ihrem König zurückkehren, der in dieser Lage sehr auf ihren Rat angewiesen sei.

Lehár nahm Gratz beiseite, sie besprachen sich halblaut und heftig. Lehár wollte sofort seinen Truppen den Befehl zur Feuereröffnung geben und dem König diese schändlichen Bedingungen gar nicht vorlegen. Gratz weigerte sich, dem zuzustimmen. Man müsse verhandeln, wenn diese beiden dort auch sagten, daß man nicht verhandeln werde, Lehár solle doch das Protokoll unterschreiben. Also trat Lehár an den Tisch und unterschrieb neben Gratz.

Man werde mit der Eröffnung des Feuers so lange warten, bemerkte Sárkány, bis man annehmen könne, daß die Herren Unterhändler außerhalb der Schußweite seien.

Rückzug der königlichen Truppen

Was sind das für Schwarmlinien links der Station Torbagy auf der Höhe des Kathrinenberges? Gehen hier eigene Truppen auf die Ortschaft zurück oder rücken Horthy-Truppen vor? Ist das dort oben neben der weißen Kapelle auf dem Kathrinenberg nicht ein Artilleriestab? Und was sind das auf einmal für Schwarmlinien auf den Bia-Bergen rechts vorne? Beginnt nicht ein Maschinengewehr zu ticken, das den Feuerschutz für diese Schwarmlinie auf den Bia-Bergen übernommen hat? Und noch ein Maschinengewehr und noch eines!

Der König setzte den Feldstecher ab und sah nach der Uhr: Es ging auf zehn Uhr vormittag. Lehár war noch immer nicht von der Waffenstillstandsverhandlung zurück und auch von Ostenburg war keine Nachricht da. Die Batteriekommandanten der eben eingetroffenen Artillerieabteilungen aus Raab und Komorn hatten gemeldet, daß die Auswaggonierung beendet sei, sie warteten noch immer auf den Befehl, wo sie in Feuerstellung gehen sollten.

Aus der Ortschaft Torbagy galoppierte ein Offizier auf die Station zu und schrie: „Sie halten den Waffenstillstand nicht ein. Sie sind während der Nacht vorgerückt. Bei Morgengrauen waren wir umzingelt! Ich bin entkommen, alle andern fast sind gefangengenommen worden. Sie schlagen die gefangenen Offiziere und schimpfen sie Schweine, Hunde und Kommunisten!"

Die Artillerieoffiziere, die auf einen Befehl warteten, umringten den Reiter, der sich erschöpft aus dem Sattel gleiten ließ: Wieso es dazu gekommen sei? Ob es wirklich wahr sei, daß sich die Horthy-Leute nicht um den Waffenstillstand kümmerten?

Der Oberleutnant der Gendarmerie, der mit knapper Not der Gefangenschaft entgangen war, deutete auf die Hügelgruppe im Osten: „Was da vorrückt, sind Horthy-Truppen. Was zurückläuft, sind unsere Gardejäger, die vollkommen überrascht worden sind!"

Aber hinter den niedersteigenden Schwarmlinien fuhr oben auf dem Kathrinenberg, nicht weit von der weißen Kapelle, offen eine Batterie auf. Man sah die Protzen verkehren und die grauen Rechtecke der Schutzschilde zurücklassen. Die müßten sich sehr sicher fühlen, meinte ein Artilleriemajor aus Komorn, denn die könnte er, hätte er Feuererlaubnis, mit drei Lagen einfach wegputzen. So frech sei man nicht einmal in den Kaisermanövern vor dem russisch-japanischen Krieg aufgefahren. Eine eigenartige Form, Krieg zu führen. Eine bösartige Form von Manövern. Wenn die da oben wollten, könnten sie den ganzen Zug des Königs zusammenschießen.

Auf die Frage des Gendarmerieoffiziers, wo Lehár sei, antworteten die Artilleristen, Lehár sei noch nicht von den Waffenstillstandsverhandlungen zurück, und von Ostenburg wisse man auch nicht, wo der sich aufhalte. Hegedüs? Der sei eben zum König gegangen, der König aber telephoniere im Dienstzimmer des Stationsvorstandes. Das sei doch eine gottverlassene Sauerei, fluchte der Gendarmerieoffizier, die Horthy-Leute hielten sich an gar nichts. Als er sich auf den Waffenstillstand berufen habe, sei ihm geantwortet worden: Mit Rebellen verhandle man nicht! Irgend so ein Pfaff renne mit den Horthy-Schwarmlinien, lese den armen gefangenen Bakas, die sich überhaupt nicht mehr auskennten und nicht wüßten, ob sie Manndeln oder Weibeln seien, die Leviten und lasse sie zum hundertsten Male schwören, auf die ungarische Krone, auf die ungarische Nation, auf den Reichsverweser und auf den Teufel seine Großmutter.

„Immer wieder Neunundvierzig!" sagte der Artilleriemajor. „Das Land kann dieses Unglücksjahr nicht vergessen. Mit Rebellen verhandle man nicht! Das hat Feldmarschall Windischgrätz gesagt, als ihn Franz Deák um Begnadigung Batthyánys vom Galgen gebeten hatte. Damals waren die Ungarn die Rebellen und die Habsburger hängten auf, und nun hat man den Habsburger in die Rebellenrolle gedrängt, und wenn man Gömbös und die Erwachenden ließe, würden sie den Habsburger aufhängen."

„Das war einmal", sagte ungeduldig der Gendarmerieoffizier, „und wenn lange nichts geschieht, kann es wirklich so kommen, wie man es hier prophezeit! Ich werde zu Hegedüs, ich werde zum König gehen!"

Der König hatte vergeblich versucht, Ostenburg telephonisch zu erreichen. Hegedüs meldete dem König, daß soeben ein Offizier aus Raab und ein Offizier aus Komorn eingetroffen seien. Der König erwiderte, die Herren haben sich bereits bei ihm gemeldet, er wollte gerade von Ostenburg wissen, an welcher Stelle der Front man diese Batterien am dringendsten brauche, denn es scheine kein Zweifel mehr darüber möglich, daß Horthy die Waffenruhe gebrochen und den Angriff befohlen habe.

Die Offiziere aus Raab und aus Komorn, ließ sich Hegedüs vernehmen, seien nicht jene Herren von den auswaggonierten Batterien, die auf den Einsatz warteten, sondern es seien Offiziere, die von den Offiziersversammlungen beider Garnisonen zu seiner Majestät entsandt worden seien.

Der König merkte, wie Hegedüs verlegen stockte, er wurde mißtrauisch und fragte, was diese von den Offiziersversammlungen abgeordneten Offiziere hier wünschten.

„Majestät, heute nacht sind in beiden Garnisonen die Offizierskorps zusammengetreten und haben beschlossen, Eure Majestät zu bitten, sie wieder von dem geleisteten Eid zu entbinden."

„Hegedüs, Sie haben eine merkwürdige Art, in ungünstiger Stunde Ungünstiges zu melden."

„Majestät, die Offiziersversammlungen berufen sich darauf, nicht geahnt zu haben, welche Schwierigkeiten Ungarn aus dem Unternehmen Eurer Majestät entstehen würden. Sie berufen sich darauf, getäuscht worden zu sein, weil man ihnen gesagt habe, Eure Majestät handelten im Einverständnis mit den Großmächten. Nun sei aber das Bild der Lage ein ganz anderes, die Großmächte erklärten, gegen eine Restauration der Habsburger in Ungarn zu sein."

„Ich danke für diese Belehrung. Ich empfange dergleichen Deputationen nicht, Hegedüs. Sagen Sie den Offizieren, daß ich sie gar nicht ihres Eides entbinden kann. Ich halte ja auch meinen Eid, den ich auf dem Budapester Krönungshügel geschworen habe, und eben weil ich diesen Eid halte, bin ich nach Ungarn zurückgekommen. Sagen Sie das den Offizieren! Sagen Sie ihnen das!"

„Ferner liegen äußerst ungünstige Meldungen aus Westungarn vor. Hejjas und seine Leute, verstärkt durch das Gendarmeriebataillon Ranzenberger, rücken gegen Ödenburg und Steinamanger vor, um die Truppen Eurer Majestät von ihrer Operationsbasis abzuschneiden."

„Noch etwas Ungünstiges, Hegedüs?“

„Das, was ich gemeldet habe, Majestät, dächte ich, genügt.“ Hegedüs grüßte und ging. Vor dem Stationsgebäude stieß er mit Lehár und Gratz zusammen, hinter denen Ostenburg in aller Eile heranhinkte.

Der König erschien in der Türe des Dienstzimmers und winkte Gratz und den beiden Offizieren, hereinzukommen. Ob Lehár die Waffenstillstandsbedingungen bei sich habe, fragte der König. Lehár zog den Bogen aus seiner Kartentasche und legte ihn vor den König hin. Der König setzte sich nieder und las. Dann sagte er zu Lehár: „Wir müssen Schluß machen.“

„Warum Schluß machen, Majestät?“ widersetzte sich Lehár. „Wir müssen uns wehren bis zum letzten Mann! Sie haben die Waffenruhe nicht eingehalten, sie sind in der Nacht heimlich in unsere Flanke und in unseren Rücken marschiert, Ungarn auf beiden Seiten, die Posten waren leicht zu täuschen, da man unsern Leuten gestern gesagt hatte, es würden Verstärkungen kommen — und die Horthy-Leute sagten unsern Leuten, sie seien die erwarteten Verstärkungen. Sie werden diese Abmachungen auch nicht einhalten, sie werden sich an gar nichts kehren, und über Nacht werden sie aus einem König einen Rebellen und aus einem Rebellen eine Art König gemacht haben!“

„Majestät, wir sind nicht besiegt, wir sind hineingelegt worden“, rief Ostenburg, „sie behandeln die Truppen des Königs wie Franktireure, Partisanen und Freischärler, sie verdrehen das Recht, sie brechen den Eid und die Verträge! Ich besetzte die Ortsausgänge von Bia und Torbagy. Wenn sie sehen, daß wir uns ordentlich wehren, werden sie es sich überlegen, uns regelrecht anzugreifen! Ich habe gesehen, daß Artillerie eingetroffen ist. Die muß sogleich eingesetzt werden.“

Der König schwankte, er wünschte sich mit Lehár allein zu beraten. Er habe im Wartesaal etwas einheizen lassen, damit sich die Königin erwärme. Er wolle, daß auch die Königin sich ein Bild von der Lage machen könne.

Die Königin stand im Wartesaal und wärmte ihre Hände am Ofen. Eben wollte Lehár vor der Königin das wiederholen, was er dem König vorgetragen, als ein Adjutant die Tür aufriß und rief, man möge sogleich einsteigen, die Batterie auf dem Kathrinenberg eröffne das Feuer auf den Zug.

Boroviczény kam gelaufen und wiederholte die Bitte. Der Zug müsse sogleich fahren! Die Schrapnells seien zu hoch u d zu weit gegangen, aber man sehe es, daß Horthy auch nicht davor zurückschrecke, auf den König feuern zu lassen!

Herren aus dem Gefolge des Königs rannten zum Lokomotivführer vor: „Sofort fahren! Zurück bis Bicske!"

Das Königspaar ging langsam zum Zug hinüber. Die Königin machte keinen schnelleren Schritt.

Neben der Kapelle auf dem Kathrinenberg blitzte es wieder viermal auf. Vier Donnerschläge folgten, über der Mulde von Bia trieben vier rosarote Wölkchen. Die Bauern, die in der Nähe des Zuges weilten, sahen, wie man in ihren Ort hineinschoß, sie riefen, man müsse aufpassen, daß der Ort nicht in Brand geschossen werde. Auf einmal war ihre Neugierde, den König und die Königin zu sehen, geschwunden.

Der König öffnete die Tür des Wagens und rief Lehár und Ostenburg zu, hier bei ihm einzusteigen.

„Ich bleibe hier, Majestät. Lieber krepier ich, als daß ich vor Verrätern davonrenn! Nicht zurückfahren! Lokomotivführer! Stehenbleiben! Halten! Haaalten!"

Lehár stellte sich neben Ostenburg: „Wir dürfen nicht zurück, Majestät! Es ist noch lange nicht alles verloren! ‚Piave! Piave!' Wenn ich das rufe, folgen mir meine Leute in die Hölle nach! Majestät, das ist ja kein Gefecht! Das ist nicht einmal ein Geplänkel! Greifen wir an! Werfen wir sie!"

„Lehár! Ostenburg! Zu mir!" Der König rief es durch den Schalltrichter der Hände. „Zu mir! Sofort! Zu mir!"

Die beiden Offiziere drehen sich um, der König winkte, der König rief noch einmal. Vier Schläge krachten, vier Geschosse explodierten über dem Stationsgebäude. Jemand schrie. Ziegel flogen durch die Luft, Füllkugeln prasselten zu Boden, eine Bäuerin rannte schreiend in ein Feld.

„Lehár! Ostenburg! Einsteigen!" rief der König.

Von vorne schrie der Lokomotivführer, ob er nun fahren solle oder nicht.

„Warten, warten", rief jemand, „Graf und Gräfin Andrássy sind noch nicht aus Torbagy zurück, wir dürfen sie nicht den Horthy-Soldaten in die Hände fallen lassen!"

„Fahren! Lokomotivführer, fahren!" schrie eine andere Stimme, „der nächste Truppentrain, der hier durchkommt, kann die Andrássys mitnehmen!"

„Lehár, einsteigen!" rief der König, „Ostenburg, der Kampf ist sinnlos! Ich befehle, das Feuer einzustellen! Ich untersage meinen Truppen den weiteren Waffengebrauch! Ich will keinen Bürgerkrieg! Ich bin nicht nach Ungarn gekommen, um dem Land Krieg zu bringen!"

„Majestät, wir haben den Kampf nicht begonnen! Die andern haben zuerst geschossen!" rief Ostenburg.

„Ich befehle, daß das Feuer eingestellt wird!" Des Königs Stimme überschlug sich.

„Majestät, ich muß gehorsamst bitten, mir diesen Befehl schriftlich zu geben", verlangte Lehár. „Dieser Befehl wird nämlich so furchtbare Folgen haben, daß ich ihn allein nicht verantworten kann. Pflichtgemäß mache ich Eure Majestät darauf aufmerksam!" Der General zog seinen Meldeblock und der König diktierte:

„Das Feuer ist sofort einzustellen, der aussichtslos gewordene Kampf ist abzubrechen. Jene Truppen, die nicht gefangengenommen worden sind, haben sich auf Torbagy zurückzuziehen. Ein Stabsoffizier hat in der Station zu bleiben, die zurückgehenden Truppen zu sammeln und geschlossen nach Westen zu führen." Der General reichte seinen Meldeblock dem König zur Unterschrift hin.

„Abfahren! Abfahren!"

Auf der Station rannte alles durcheinander. Leichtverwundete humpelten aus dem Magazin, in dem sich ein Verbandplatz befand, und wollten noch rasch in den Rote-Kreuz-Zug des Königs einsteigen, die beiden Batterien, die hinter dem Schuppen gewartet hatten, jagten in rasselndem Galopp davon, die Buben, die in den Baumkronen gehockt waren, ließen sich wie Katzen fallen und rannten davon, ein einzelnes Schrapnell explodierte über der Straße.

Auf dem Bahnhofgebäude wurde eine Rote-Kreuz-Fahne gehißt. Ein Arzt mit einem blutbefleckten Kittel lief auf den Zug zu, der nun langsam anfuhr. Der König winkte noch einmal den beiden Offizieren, die nun einer nach dem andern auf den fahrenden Zug sprangen.

Lehár und Ostenburg standen nebeneinander auf der Plattform. Piave! Piave! So dreckig habe er sich in seinem ganzen Leben noch nie gefühlt, knurrte Lehár. Man habe dem König gehorcht, aber man hätte seinem Gewissen gehorchen und vorne bei den braven Soldaten bleiben müssen.

„Klimaschwankungen!" sagte Oberst Siményfalvy, den man mit einigen anderen Offizieren seit Komorn und Raab als Gefangene im Zuge des Königs mitführte, zu ein paar verwundeten Offizieren, die man in sein Abteil in aller Eile hereingeschoben hatte. „Wetterumschlag! Vor ein paar Stunden drohte mir der Galgen und in ein, zwei Stunden wird er euch und allen drohen, die hier mit dem Karlistenzug in Ungarn herumfahren. Und die armen Schwaben, die sich so darüber gefreut hatten, ihren König ganz aus der Nähe zu sehen, bekommen dafür von der Batterie drüben auf dem Kathrinenberg eins aufs Dach. Es ist heutzutage nicht so einfach, königstreu zu sein. Siehst du, und deshalb hab ich mich von allem Anfang an gar nicht darauf eingelassen. Ich kann doch denken. Ich kann doch schauen! Alles, was dieser König jemals in die Hand genommen hat, ist so ausgegangen. Mit Eljen, Hymnus, Tränen, Umarmungen hat es angefangen, mit einem Durcheinander, in dem sich keine Katz mehr auskennt, hört es auf. Ich weiß, was du sagen willst, er meint es gut, willst du sagen, er ist ein guter Mensch, reibst du mir unter die Nase, er will nur das beste für sich und für sein Land! Gut. Aber wenn ein Gefecht beginnt, darf man nicht beichten, und wenn man angefangen hat, darf man nicht bei der ersten Schwierigkeit davonlaufen wie ein schlimmer Bub, der ein Fenster eingeschlagen hat. Werft den Regierungstruppen nicht vor, daß sie sich nicht an die getroffenen Vereinbarungen gehalten haben. Hätte sich der König an die Vereinbarungen gehalten, dann hätte er in der Schweiz bleiben müssen und nicht in aller Heimlichkeit zweimal nach Ungarn kommen dürfen. Stellt euch nur vor, daß Franz Joseph so etwas getan hätte!"

Die verwundeten Offiziere antworteten nicht, ihnen war nicht nach Streit und Widerspruch zumute. Der Oberst entschuldigte sich: „Ich bin nämlich zwei Tage ohne jede Ansprache hier gesessen, denn die Kameraden, die mein Schicksal teilten, hatte man anfangs getrennt untergebracht. Am liebsten hätte man zu jedem von uns einen Posten mit aufgepflanztem Bajonett gestellt und uns bei jedem Aufenthalt des Zuges den Offizieren, die im Zweifel waren, ob sie schwören sollten oder nicht, als abschreckendes Beispiel vorgeführt. Und in solchen Stunden denkt man nach. Ihr werdet sagen: der König hat kein Glück. Auch Franz Joseph hat kein Glück gehabt, Franz Joseph hat sich selbst einen Pechvogel genannt. Ich möchte wissen, ob sich jemand getraut hätte, Franz Joseph zu sagen: Majestät, entbinden Sie mich meines

Eides! Aber ich glaube nicht, daß Franz Joseph selbst kein Glück gehabt. Alle Kaiser auf der Welt haben, scheint mir's, kein Glück, nicht der Zar, nicht der Sultan, nicht Wilhelm, und Karl schon gar nicht. Franz Joseph hat das gewußt. Der hat sich richtig eingeschätzt. Dieser Karl aber hat, scheint's mir, nie über sich nachgedacht. Auf der ganzen Fahrt konnte man es doch hören: Kein Waffengebrauch! Kein Blutvergießen! Kurz darauf: Heranziehen von Artillerie! Durchbruch mit aller Kraft! Angriff mit dem Bajonett. Drohen mit dem Galgen. Und dann auf einmal: Rückzug mit Volldampf! Das geht nicht von Lehár, das geht nicht von Ostenburg aus! Die hätten angegriffen und noch einmal angegriffen, wenn es nach denen gegangen wäre, müßte sich Horthy heute in Budapest verteidigen. Das ist der König! Und das ist auch nicht der König, meine Lieben, das ist das Königspaar. Sie weiß, was sie will, und er würde gerne tun, was sie will, aber da sie nicht immer neben ihm stehen kann, befiehlt er in einem Atem den Angriff wie den Rückzug. Und das überträgt sich auf alle Leute, die in seiner Umgebung sind. Er wird immer aufgeladen und losgeschickt. Seht ihr, die Mutter des Franz Joseph hatte einen ähnlichen Mann, und deshalb hat sie verzichtet, Kaiserin zu werden, deshalb ist Franz Joseph schon mit achtzehn Jahren auf den Thron gekommen. Und glaubt mir, wenn diese Königin eine Möglichkeit gesehen hätte, sie würde nicht anders gehandelt haben als die Mutter Franz Josephs, die ebenso entschlossene wie ehrgeizige Sophie. Denn Karl mag alle guten und viele schlechte Eigenschaften haben, vor allem aber ist er weder ein Kaiser noch ein König. Mit dem Regieren ist es nicht viel anders wie mit dem Reiten oder mit dem Kutschieren. Die Pferde haben es bald heraus, mit wem sie es zu tun haben und was der Kutscher oder der Reiter kann. Und wenn du entschlossen zu einem Schlager und Beißer in den Stand trittst, dann legt der Krampen vielleicht die Ohren zurück und hebt ganz wenig den Huf, aber er wird dir nichts tun. Fürchtest du dich aber, oder überlegst du nur, was du tun sollst, so hast du schon einen sitzen, daß dir Hören und Sehen vergeht. Wenn ihr mich fragt, wann in diesen Tagen die Entscheidung gefallen ist, denn ihr werdet doch nicht behaupten, daß diese lächerlichen Schießereien hier eine Entscheidung gebracht haben, dann kann ich euch nur antworten: in dem Augenblick, in dem sich Gömbös mit einem festen Entschluß hinter Horthy gestellt hat. Und Gömbös wird zu Lehár und zu Ostenburg in den Stand treten und er wird ihnen den Halfter etwas anziehen.

Wo kann da der unentschlossene König mit? Zumal ein König heute keine größeren Sprünge machen kann als der König im Schach! Wie hatte Kaiser Wilhelm vor dem Krieg geschmettert, welche Reden hatte er gehalten, wie hat er mit dem Säbel gerasselt. Wie es aber ernst geworden ist, wie der Entscheidungskampf nicht mehr durch Kavallerieattacken, sondern durch Trommelfeuer entschieden worden ist, da ist der Kaiser ganz und gar verstummt. Aus war es mit der Romantik, aus war es mit den Reden und mit der schimmernden Wehr. Schaut uns an, wie wir grau geworden sind. Bei euch schimmern die weißen Verbände, sonst hat es ausgeschimmert. Die Königin hätte, wie die Schachkönigin, das Zeug in sich, hin und her zu fahren auf dem Brett und alles durcheinander zu bringen, in die Kreuz und in die Quere, aber sie kann nicht hervortreten wie die große Maria Theresia, und kann nicht beiseite stehen wie die kluge Sophie. Sie hat es sich durch ihre Brüder mit allen verdorben. Diese Brüder haben überall spekuliert: in Spanien, in Frankreich und bei uns, sie ist diese Brüder ebensowenig los geworden, wie Napoleon seine ganze lästige Verwandtschaft. Das liegt an den Müttern. Die Mutter der Königin ist eine Frau vom Schlag der Lätitia Bonaparte. Diesen Müttern sind alle Kinder gleich lieb, sie wollen alle ihre Kinder gut untergebracht sehen, und wenn es eines der Geschwister zu etwas gebracht hat, dann soll es gleich allen andern Geschwistern weiterhelfen. Ich hab mit Kameraden gesprochen, die im Manöver in Schwarzau bei der Mutter der Kaiserin geladen waren, die haben mir erzählt, welchen Eindruck diese bedeutende Frau gemacht hat. Und diese Frauen haben den König angetrieben. Und daher ist alles gekommen, was man nicht verstehen kann, wenn man den König allein betrachtet."

In dem nach Karbol riechenden Speisewagen wurde beraten, was jetzt zu geschehen habe. Lehár schlug vor, sich nach Westungarn zurückzuziehen, dort die zurückgehenden Truppen zu sammeln und energisch Widerstand zu leisten. Dies sei nicht mehr möglich, erwiderte der König, denn Hegedüs habe gemeldet, daß Hejjas, verstärkt durch ein Gendarmeriebataillon, gegen Ödenburg und Steinamanger vorgehe.

Die Königin blickte fragend einen der Männer um den andern an, sie ahnte, daß alles, was hier gesprochen wurde, daneben traf, aber was das Richtige gewesen wäre, wußte sie auch nicht. In Bicske hielt der Zug. Lehár schlug dem König vor, sich auf das

Schloß des Grafen Julius Batthyány zu begeben und dort abzuwarten, was die Regierung zu unternehmen gedenke. Gratz riet davon ab. Ein Habsburger könne sich nicht auf dem Schloß eines Batthyány gefangennehmen lassen, das Andenken jenes Batthyány, den Franz Joseph hatte hängen lassen, durfte nun, da alles zu Ende ging, nicht noch einmal heraufbeschworen werden.

Hegedüs erschien und meldete, wie immer, etwas Unangenehmes: Hinter Tata seien die Schienen aufgerissen und die Strecke sei von Truppen aus Komorn besetzt, die den Auftrag haben, um jeden Preis zu verhindern, daß der Zug die Donau und damit die tschechoslowakische Grenze erreiche und einen immerhin möglichen Anlaß zum Eingreifen der Tschechen gebe.

Also wurde beschlossen, bis Tata zu fahren und dort den Zug zu verlassen. Graf Franz Esterházy, der dem Zug entgegengefahren und eingestiegen war, erbot sich, den flüchtenden König aufzunehmen, so wie sein Ahnherr einst den vor Napoleon geflohenen Kaiser Franz in Tata beherbergt habe. Man könne, legte der Graf dar, das Schloß, wenn es nötig wäre, in Verteidigungszustand setzen, man müßte nur die Schleuse des Teiches öffnen und den immerhin acht Meter hohen Schloßgraben überfluten. In der alten Burg könne man sich bei den vorhandenen Vorräten mindestens acht Tage halten.

Ostenburg war sogleich Feuer und Flamme für diesen Vorschlag. In acht Tagen werfe er die Hejjas wieder aus Ödenburg und Steinamanger, in acht Tagen ergänze er seine Verbände und könne das Schloß entsetzen. Die Augen der Königin glänzten, der König lächelte gequält: „Und dann? Was dann? Es wird Ihnen niemand folgen, Ostenburg. Denken Sie daran, daß die Offiziersversammlungen in Raab und Komorn verlangt haben, ich möge sie ihres Eides entbinden."

„So denken die jungen Offiziere, die erst im Krieg eine Charge erlangt und die nicht die alte Ausbildung, die alten Kadettenschulen durchlaufen haben, so denken die Honvédoffiziere! Aber mit denen müssen wir uns eben auseinandersetzen, wenn sie nicht Vernunft annehmen wollen, mit der Waffe in der Hand!"

„Ostenburg, von Horthy können sie nicht sagen, daß er Honvéd oder ein Kriegsoffizier ist, Horthy war Flügeladjutant beim alten Kaiser. Sein schlechtes Beispiel hat alle andern verdorben."

Ostenburg und Lehár machten noch eine ganze Reihe von Vorschlägen, wie man den Kampf nicht nur fortsetzen, sondern auch gewinnen könne. Karlisten nenne man die Anhänger des Königs,

Seine Majestät möge doch bedenken, wie lange sich die Karlisten in Spanien gehalten haben.

Aber ein Plan nach dem andern erwies sich als undurchführbar. Der König mahnte Lehár und Ostenburg, nun an ihre Sicherheit zu denken, aber beide Offiziere wollten bei dem Königspaar bleiben und dessen Los teilen. Der König widersprach den Offizieren; ihn, den gekrönten König, werde man nicht hinrichten, die Ungarn seien, wenn man sie auch verführt habe, eine großmütige Nation; aber er glaube kaum, daß sich der Edelmut der Ungarn auch auf Ostenburg und Lehár erstrecken werde.

Es werde ihm eine Ehre sein, für den König zu sterben, für ihn sei es gleich, erwiderte Lehár, ob er im freien Feld oder vor der Mauer eines Festungsgrabens falle.

Die Königin griff ein: „Sie müssen sich in Sicherheit bringen, Lehár, und auch Sie, Ostenburg, dürfen den Horthy-Leuten nicht in die Hände fallen. Sie können dem König nur nützen durch Ihre Flucht. Wenn man Sie gefangennimmt, kann man zum König sagen: wenn du nicht abdankst, erschießen wir Lehár und Ostenburg."

Diese Erwägung der Königin verfing. Auch anderen Offizieren riet der König, knapp vor Tata abzuspringen und zu verschwinden. Man machte in aller Eile für Ostenburg und Lehár Zivilkleider im Zug ausfindig und vor der Einfahrt in Tata sprangen knapp nacheinander die Offiziere aus dem Zug.

Nacht auf dem Schloß Esterházy

Vierzehn Ostenburg-Offiziere meldeten sich im Schloß Tata, um den Dienst als Leibgardisten des Königs zu übernehmen. Bis Mitternacht hielten diese Offiziere alle Zugänge des Schlosses besetzt, dann wurden die von Müdigkeit übermannten jungen Leute von Jägern des Grafen Esterházy abgelöst.

Die Ostenburg-Offiziere zogen sich in den Kavaliersflügel zurück, fielen fliegenmatt um und versanken in einem traumlos tiefen Schlaf. Da lagen sie, die guten Jungen, die sich, als alles schon vorbei war, aus dem Überschwang ihrer Herzen dem König zur Verfügung gestellt hatten, und schliefen unausgekleidet und jung, halbe Knaben noch, stolz darauf, daß sie das Edle und Richtige getan hätten, wenn es ihnen auch kaum zum Nutzen gereichen konnte. Morgen wird man sie schon ablösen, dann können sie wieder Handelsvertreter, Hochschüler, kleine Schreiber und winzige Beamte werden, die erzählen dürfen, daß sie eine Nacht lang das Königspaar geschützt haben, als alles, was um den König gewesen, in alle Winde zerflattert war.

Morgen sollte nämlich schon eine Radfahrerkompanie der Regierungstruppen eintreffen und die Bewachung des Königs übernehmen. Oberst von Siményfalvy, der wieder ein freier und mehr noch, ein sehr wichtiger Mann geworden war, hatte diese Radfahrerkompanie angesagt. Ein Ostenburg-Offizier war im Vorraum zurückgeblieben, er sollte die Radfahrerkompanie empfangen und ihm die Ablösung übergeben. Vor dem Schloß waren um diese Zeit nur einige Gendarmeriepatrouillen, vor dem Schlafzimmer des Königspaares, das nur über eine abseits gelegene Schneckenstiege zu erreichen war, hielt ein Oberleutnant Leicht von den Ostenburg-Gendarmen Wache.

Gegen drei Uhr morgens hörte der wachhabende Offizier vor der Einfahrt des Schlosses das Rattern eines Automobiles und Rufe mit der Aufforderung, aufzumachen. Der verschlafene Pförtner öffnete und herein drangen, von einigen Gendarmen geführt, halbuniformierte Leute in Stiefeln und Lederjacken, liefen zum Kavaliersflügel hinüber, hielten den erschrocken auffahrenden Ostenburg-Offizieren die Pistolen vor, bemächtigten sich der an der Wand lehnenden Gewehre und fragten, wo das Königspaar sei, mit dem man ein Wörtlein zu sprechen habe. Die mit erhobenen Händen an der Wand stehenden jungen Ostenburg-Offiziere gaben keine Antwort. Die Männer in den Lederjacken stießen wilde Drohungen aus: sie würden den Kartschi schon finden, aus dem Bett würden sie ihn zerren und die Königsfrage würden sie für alle Ewigkeit mit ein paar Handgranaten lösen. Das sei die einzige Art und Weise, wie man dem armen Ungarn für immer Ruhe von den Habsburgern verschaffen könne.

Zur Bewachung der Ostenburg-Offiziere blieben ein paar von den Burschen in Lederjacken zurück, die andern liefen ins Schloß hinüber und fingen an, Zimmer um Zimmer genau zu untersuchen. Im großen Speisesaal stießen sie auf den Gendarmerieoberleutnant Székely, der angekleidet auf einem Diwan geschlafen hatte. Der Oberleutnant ließ sich durch das wilde Gehaben der Männer in den Lederjacken nicht einschüchtern, er fragte den Anführer der Bande, wer dieser sei und was man hier in tiefer Nacht wolle.

„Wir sind von der Regierung Horthy hierher geschickt worden, wir haben die Aufgabe, die Ostenburg-Gendarmen zu entwaffnen und selbst den Wachdienst zu übernehmen."

„Haben Sie einen schriftlichen Befehl?"

„In solchen Zeiten pfeift man auf schriftliche Befehle, die haben in Budapest gar keine Zeit für schriftliche Befehle."

„Dann müssen Sie sich bei Oberst Siményfalvy melden, der hier in Tata der Vertreter der Regierung ist. Die Ostenburg-Offiziere im Schloß tragen die Waffen mit Bewilligung des Obersten Siményfalvy. Wenn Sie eigenmächtig vorgehen, wenn Sie sich nicht an die Anordnung des Regierungsvertreters halten, spielen Sie mit Ihrem Kopf."

Der Führer der Lederjacken wurde unschlüssig. Der Gendarmerieoffizier forderte ihn auf, in die Portierloge zu kommen und die Station anzurufen, wo der Oberst sei. Die Lederjacken berieten eine Weile, dann ging ihr Anführer mit dem Oberleutnant zum Telephon. „Herr Oberst", telephonierte Székely, „hier neben mir im Schlosse Esterházy steht ein Herr, der behauptet, ein Oberleutnant Kőváry zu sein. Nachprüfen kann ich es nicht, da er jede Legitimierung verweigert. Er ist hier mit einer halbuniformierten Bande — also meinetwegen Gruppe — von einigen zwanzig Mann eingedrungen, hat die mit Ihrer Bewilligung, Herr Oberst, bewaffnete Offizierswache des Ostenburg-Bataillons entwaffnet und will selbst die Wache übernehmen. In Anbetracht der unabsehbaren Folgen, die bei unbedachtem Vorgehen entstehen können, bitte ich Herrn Oberst, selbst mit diesem Oberleutnant Kőváry zu sprechen." Kőváry nahm den Hörer und wiederholte das, was er dem Ostenburg-Offizier gesagt hatte. Dann aber schien er etwas anhören zu müssen, was nach dem Klang der Stimme des Obersten nicht gerade sehr höflich und zart schien. Nach einer Weile hängte Kőváry ab und ging zu seinen Leuten zurück, mit denen er sich leise besprach. Dann drehte er sich um und fragte den Gendarmerieoberleutnant Székely, was man jetzt tun solle.

„Vor allem einmal mit diesen Leuten von hier verschwinden, das ist das wichtigste, was Sie zu tun haben."

„Ich muß vorher mit meinen Auftraggebern in Budapest sprechen", verwahrte sich Kőváry.

„Nicht mit diesem Telephon."

„Dann werden wir hier warten, bis für uns weitere Befehle eintreffen."

Die Männer in den Lederjacken machten es sich bequem, streckten die Beine weit von sich und spielten, wenn auch etwas unsicher, noch immer die wilden Männer.

Gegen Morgengrauen kam der Adjutant von Oberst Simény-falvy, nahm sich den Kováry beiseite und sprach lange auf ihn ein. Inzwischen erschien eine Gendarmeriepatrouille aus Tata, entwaffnete die Lederjacken und führte sie mit Hände hoch ab.

Der Lärm des nächtlichen Zwischenspieles war nicht bis zum Königspaar gedrungen, die Schneckenstiege war nicht entdeckt worden.

Um acht Uhr umstellten vierzig Mann des Radfahrerbataillons der nationalen Armee das Schloß. Wer die Lederjacken geschickt hatte, war nicht in Erfahrung zu bringen, welchen Auftrag die zwanzig Mann gehabt hatten, war nicht schwer zu erraten.

Am übernächsten Tag wurden das Königspaar und die mitgefangenen Berater des Königs von Tata in das Kloster Tihany am Plattensee überführt, das leichter zu überwachen und besser abzusperren war, denn man hatte die Zwischenfälle, Überraschungen und Einzelaktionen satt.

Das gefangene Königspaar im Kloster von Tihany

So bauen können nur Benediktiner: so kühn auf dem Felsen, so hoch über dem Wasser, in dem sich die stolze Gottesburg spiegelt. Unter der Felsenklippe, die die Abtei trägt, breitet sich weit und endlos der See aus. Wie scheue Zigeunerkinder klettern die armen, schilfgedeckten Lehmhütten des Dorfes zu der stolzen, doppeltürmigen Abtei hinan.

Wachposten sperrten den kleinen Platz vor der Abtei ab, Wachposten standen in den Fensternischen der Gänge von Tihany. Die alten Patres, die in der Abtei ihren Lebensabend verbrachten, schlichen scheu an den Bewaffneten vorbei. In den Zellen der Mönche hatte man die Herren des königlichen Gefolges eingesperrt. Am Ende des Ganges, hinter der Tür Nr. 10, wartete das Königspaar seines ungewissen Schicksals.

Drei kleine, muffige Zimmer mit Möbeln aus den Neunzigerjahren, die das Verlogene, Unsichere und Ängstliche jener Tage verrieten, die mit Kissen, Polstern, Vasen, Wülsten, Borten, Fransen, Maschen und Deckchen alles verdeckten und verstellten, was Raum für freies Atmen gewährte. Diese kleinliche Angst, dieses Nachahmen vergangener Zeiten, zu denen man keine Beziehungen mehr hatte, diese Furcht vor der Größe und dem Freien wurde noch kümmerlicher durch die unbändige Freiheit und helle Weite, mit der da draußen der große, lichte See durch die kleinen Fensterchen hereinströmte und immer wieder wechselnde Lichter auf die verblaßten Tapeten warf.

Dieser See im Spätherbst, mit seinen vernagelten Badeanstalten und hochgezogenen Booten, mit den leeren Sommerhäusern und den verlassenen Kieswegen unter dem Felsen der Abtei, mit den herbstlich weithin hallenden Geräuschen ratternder Wagen, knallender Peitschen und klappernder Hufe, dieser See, der nicht wie die Seen der Alpen von Schneebergen umsäumt ist, dieser See, der sich morgens aus den aufsteigenden Nebeln selbst seine Wolkengebirge erbauen muß und den Menschen des bewaldeten Nordufers die Größe des Himmels und die Weite der Welt predigt, er versuchte auch die Gefangenen in den drei muffigen Zimmern und in den Zellen der Patres durch solche Sprache auf seine alte Weise zu trösten. Mittags, wenn die Sonne durchkam und die Möwen des Sees und die Tauben der Dörfer traf, schien der See blau und weit wie die Adria, abends, wenn die Sonne hinter dem Stückchen Unendlichkeit versunken war, das man in Ungarn kostet, wurde er fahl und gelb wie die seichte Salzlacke des Neusiedler Sees, dessen überstark blendender Spiegel den Piloten des Königs auf dem Flug nach Ungarn geblendet hatte.

Wäre alles anders gekommen, wenn der Pilot ohne Zwischenlandung den angewiesenen Landungsplatz erreicht hätte? Der König und die Herren seines Gefolges in den Zellen hatten Zeit zum Nachdenken. Nichts hätte sich geändert. Das Telegramm hätte nicht verspätet eintreffen, die Waggons hätten nicht für die Zuckerkampagne angefordert sein und einen Tag hätte man nicht nutzlos in Ödenburg vertun dürfen.

Andrássy dachte an die Kindstaufe bei seinem Schwiegersohn Cziráky, wie da mitten in die fröhliche Stimmung hinein dieser ahnungslose Boroviczény mit seinen drei Fliegern gekommen war und mitgeteilt hatte, daß der König wieder in Ungarn sei. Jetzt noch, bei der Erinnerung, zuckte sein Herz vor Schreck zusammen, denn ihm war es damals gewesen, als sähe er alles Unheil, das dann über sie gekommen war, seinen Schatten über die heiteren Gäste werfen. Aber dann hatte ihn das Mitleid mit dem

Königspaar gepackt, dann hatte er sich seines Vaters erinnert, der nach 1848 in effigie gehängt worden, und der doch seinen Frieden mit Franz Joseph gemacht hatte und dessen großer Minister geworden war. Was hätte er, da der König seinen Rat, wieder umzukehren, doch nicht befolgt hätte, denn tun sollen?

Auf seiner Osterfahrt nach Budapest, als der König hinter der Windschutzscheibe des Autos vor Übermüdung eingeschlafen und hin und wieder durch Stehenbleiben bei Bahnschranken oder durch ungewohnte Geräusche geweckt worden war, hatte Karl so zwischen Schlummern und Wachen gedacht, das Schlimmste, was geschehen könne, wenn Horthy ihn festnehmen lasse, könne eine Verbannung nach Lacroma sein, auf die Insel des unglücklichen Kaisers von Mexiko. Dort, so hatte der König geträumt, dort könnte er an der blauen Adria unter Pinien und Zypressen warten, bis ihn die Kroaten, die Slowaken, die Polen, die Tschechen, die Ungarn und schließlich wohl auch die Deutschen aus den Erblanden holen werden. Sie werden kommen, sie werden ihn bitten, zurückzukehren, sie werden gestehen, daß sie ihr Glück mutwillig zerstört und daß sie inzwischen gelernt haben, was ihnen allen diese vielgeschmähte, vertriebene Dynastie gewesen. Und dann hätte der Kaiser wohl ein wenig zögern und es sich überlegen müssen, doch er wäre zurückgekehrt und wäre eingezogen in Triest, in Agram, in Laibach, in Budapest, in Krakau, in Lemberg, in Czernowitz, in Preßburg, in Brünn, in Prag, in Troppau, in Wien, in Graz, in Linz, in Salzburg, in Klagenfurt und in Innsbruck.

Und die Völker hätten geweint vor Freude darüber, daß die Zerstörung der Monarchie wieder ungeschehen gemacht worden sei, und der Kaiser und König hätte darum gebeten, zurücktreten zu dürfen, weil ihm die Enttäuschungen und der Kummer der Jahre des Zusammenbruches und der Verbannung das Herz in der Brust gefährdet und geschwächt hätten, man möge seinen Ältesten zum Kaiser krönen. Und dann hätte die aus den Fugen geratene Welt wieder eine ruhige Mitte gehabt, in der eine vielbesprochene Schlamperei mit raunziger Güte regiert und die aufeinander eifersüchtigen Völker mit aller Weisheit, die dieses Streitbedürfnis kennt, gegeneinander ausgespielt hätte. Man hätte sich in den Sprachen beschimpft und in der Musik geliebt, man hätte mit den Nachbarn geliebäugelt und wäre doch überzeugt gewesen, daß draußen alles viel besser und daß trotzdem daheim alles viel schöner sei.

Hatte Gratz nicht ein paar Stunden bevor man in Tata ausgestiegen war, zum König gesagt: wenn der König abdanken müsse, gehe hier etwas zu Ende, was sich mit Worten nicht ausdrücken lasse? Vielleicht werde es auch über die andern Herrschergeschlechter Europas genau so kommen, wenn die Demokratie und die Selbstbestimmung der Völker, wie sie Wilson verkünde, sich durchsetze. Denn, gingen die Habsburger, müßten ihnen alle andern Dynastien nachfolgen, ob sie sich nun noch ein paar Jahre länger hielten oder nicht. Wenn man später einmal, hatte Gratz gesagt, wenn es keine Dynastien mehr geben sollte, der Welt werde begreiflich machen wollen, was eine Dynastie, was eine Monarchie gewesen sei, dann werde man es ihr ganz deutlich nur durch die Geschichte des Erzhauses machen können, das so lange die Kaiserwürde innegehabt habe und dessen geschichtsbildende Kraft noch heute so groß sei, daß man nicht einen König in Ungarn dulde, weil man die Anziehungskraft der Habsburger auf alle andern Völker fürchte. Man möge sich nicht an das Geschrei der Advokaten, Professoren und Politiker halten, die laut und gellend der Welt genau das Gegenteil versichern; sie müßten so laut schreien, sie müßten so geifern und mit der Mobilmachung drohen, weil sie die Kraft der großen Überlieferung fürchteten. In diesem Kampf um Ungarn habe keine Schlacht, kein Gefecht, keine karlistische oder horthystische Truppe, sondern das Geschrei jener entschieden, deren Beruf das Schreien sei, während die konservative Welt es von jeher für vornehmer gehalten habe, zu schweigen. Und weil die Konservativen und weil der Adel so vornehm seien, würden sie den Herrschergeschlechtern nachfolgen müssen, denn ohne Kaiser und ohne Könige werde es keinen Adel geben. Horthy und Bethlen werden das wahrscheinlich nicht glauben wollen, weil sie sich auch ein Königtum ohne König, eine Krone ohne Herrscher wünschten, um vielleicht selbst einmal den Griff, den Schritt zu versuchen. Aber er, Gratz, habe in diesen Tagen mehr Geschichte gelernt als in seinem ganzen übrigen Leben. Er sei nicht mehr jung, er hätte gerne noch etwas Gutes in seinem Leben getan, und dabei sei er ins Unglück geraten, in ein kleines Unglück, wenn er an das seines Königs und an das Ungarns denke.

Die drei Obersten von Ostern waren auch wieder da, nur der Italiener war ausgewechselt worden; sie waren höflich grüßend durch die drei Zimmerchen gegangen und hatten ein Fenster geöffnet, um nachzusehen, ob das Königspaar vielleicht mit Hilfe einer Strickleiter von jugendlichen Anhängern und Schwärmern befreit werden könne. Der englische Oberst entsann sich, daß einmal, zur Zeit der Kreuzzüge, ein englischer König in einer Burg an der Donau in Österreich gefangengehalten worden sei. Auf dem Tisch mit der stumpfroten Fransendecke und dem gelben Spitzenmilieu lag noch immer das Bajonett, das der König dem Oberst Siményfalvy hingeworfen hatte, weil ein Gefangener doch keine Waffe tragen könne. Siményfalvy hatte das Bajonett nicht aufgenommen und so war es, ein gewöhnliches Mannschaftsbajonett mit einem Offiziersportepee, auf dem Tisch liegen geblieben; die drei Oberste, der Franzose, der Engländer und der Italiener, sahen es liegen und gingen vorbei.

Der alte Fürstprimas von Ungarn erschien, um im Auftrage der Regierung mit dem König über die Abdankung zu sprechen. Er hatte den König gekrönt, er sollte dem König nahelegen, auf die Krone zu verzichten. Man hatte Andrássy, Gratz und Rakovszky aus ihren Mönchszellen geholt und war in sie gedrungen, doch um alles in der Welt dem König zuzureden. Man hatte die Noten der Großen und der Kleinen Entente auf den Tisch gelegt, man hatte dem König gedroht, daß man ihn an das Ende der Welt verbannen werde, wenn er nicht nachgebe. Aber der König, der die Königin im Nebenzimmer wußte, hatte nicht nachgegeben: er könne und er wolle nicht, es sei gegen seine beschworene Pflicht, gegen sein Gewissen, gegen jedes Gesetz. Niemals werde er abdanken, man möge nicht weiter ihn bedrängen und plagen.

Der Fürstprimas Csernoch traf den alten Benediktinerabt in der Kirche. „Früher hätte der König so fest sein müssen", sagte Csernoch, „dann wäre es nie so weit gekommen. Er dankt nicht ab, sie sollen mit ihm machen, was sie wollen. Und mir hat er das Versprechen abgenommen, niemanden andern zum König von Ungarn zu krönen."

„Es fällt dem König nicht leicht, so hartnäckig zu sein", erwiderte der alte Benediktiner. „Als ich gestern abend aus meiner Zelle hinüber in den Chor ging, kniete der König vorne beim Altar und betete."

Der Fürstprimas blickte zum Altar, zu dem eine steile Steintreppe emporführte. Das Ewige Licht erhellte nur matt den abendlich dämmerigen Raum. Es sei ein Glück für den König, sagte der Fürstprimas, daß er so fromm sei, das helfe ihm viel in dieser traurigen, ausweglosen Lage.

„Man kann sich nicht denken, wie höflich und bescheiden er ist, ich muß an die Maria Antoinette denken, die auf dem Schafott noch mit dem Henker höflich war. Vor jedem Schritt, den er macht, fragt er den Posten, ob dies erlaubt sei oder nicht. Und er kann unbeobachtet und unbelästigt mit der Königin nicht einen Schritt tun, denn wo keine Posten sind, tauchen Budapester Geheimpolizisten auf, vor denen der König einen fast körperlichen Abscheu zu empfinden scheint." „Das Schicksal ist für ihn zu groß, zu schwer. Er sieht zum Erbarmen aus. Wenn ich denke, was wir uns von dem jungen, frischen König bei der Krönung vor fünf Jahren alles erwartet haben!"

„Es ist zu schwer für ihn", pflichtete der Abt dem Fürstprimas bei. „Als ich ihn gestern vom Chor aus, ohne daß er mein Kommen gemerkt hatte, beim Gebet beobachtete, sah ich, wie er auf einmal am ganzen Körper erbebte und geschüttelt wurde. Dann hörte ich ihn stöhnen, dann sah ich, wie er sein Gesicht in die Hände preßte, und hörte, wie er bitterlich weinte. Ich mußte die Hände gegen mein Herz pressen, die Beine zitterten mir, ich kniete nieder und betete für den armen König. Ich weiß nicht, ob ich lang oder kurz gebetet habe. Als ich den Blick wieder erhob, sah ich, wie der König sich langsam aufrichtete und vorsichtig die steilen Stufen vom Altar herniederschritt. Der Posten war wieder in die Kirche gekommen, wahrscheinlich hatte ihm das Gebet des Königs zu lange gedauert. Und weil der König hier vor dem Altar so gebetet hat, weiß ich, daß es ihm nicht leicht fällt, lieber bis ans Ende der Welt zu gehen, als abzudanken."

Die beiden Greise knieten vor dem Altar nieder und verharrten eine Weile im Gebet. Dann richteten sie sich langsam auf und verließen die stille, weihrauchduftende Kirche.

Über die große Donaubrücke zwischen Báttaczék und Bajá, nicht weit von der Südgrenze Ungarns, fuhr am frühen Morgen des Allerheiligentages ein Zug, dessen Wagen sich hinter dem Gitterwerk aus Eisen wie Schächtelchen auf Rädern ausnahmen. Reifüberglitzert waren die weiten, von dunklen Wasseradern durchzogenen Auen. Am linken Ufer der Donau lagen hinter einem Schlepper zwei britische Monitoren.

Dem Zug entstiegen Soldaten, die sich zu einer weitgezogenen Postenlinie verteilten. Die Straße nach Bajá wurde gesperrt,

Zeitungsleute, die wie aus der Versenkung mit ihren Photoapparaten neben der Brücke aufgetaucht waren, wurden davongeschickt. Kurze Zeit darauf kam ein zweiter Zug über die Brücke und hielt auf dem Damm. Seine Wagen blieben mürrisch verschlossen, niemand verließ den Zug. Dann kam – und alles war so sichtbar und weithin zu erkennen, so einfach als erzähle man hier mit Hilfe von überschaubaren Dingen eine kleine Geschichte – ein dritter Zug, aus dem wieder Soldaten sprangen und die steile Dammtreppe zum Fluß hinunterklirrten. Man konnte sehen, daß sie ein dichtes Spalier vom Stromufer bis zur Eisenbahnbrücke bildeten. Der Kommandant der Monitoren, Kapitän Johnson, kletterte die Dammstiege hinan, ihm folgten sechs Matrosen mit einem Lehnstuhl, den sie wie eine Sänfte an Stangen auf den Schultern trugen. Die englische Kriegsflagge deckte den Stuhl. Schweigend blickten die ungarischen Soldaten des Spaliers den englischen Matrosen mit dem Lehnstuhl auf den Schultern nach.

Nun öffneten sich auch im zweiten Zug, in dem stillen und verschlossenen, Türen und die drei Entente-Obersten stiegen aus, begrüßten den britischen Kapitän und stellten fest, daß heute ein herrlicher Tag sei, ein zu herrlicher Tag, setzte der englische Kapitän hinzu, denn ihm wären des niederen Wasserstandes wegen ein paar Regentage lieber gewesen.

Ein schöner Tag und eine seltsame Landschaft. Zwar sagte den drei Obersten die Nähe des Schlachtfeldes von Mohács nichts, auf dem Ungarn zweimal die Freiheit verloren hatte, einmal an die Türken und das andere Mal an die Habsburger, auf dem darum gekämpft worden war, ob dieses Land im Karpatenbogen zum Osten oder zum Westen gehören sollte, aber die Scheidewand, die Osten wie Westen hatten überwinden wollen, war zu spüren, auch wenn man nicht wußte, was den eigenen Zauber dieser Landschaft bewirkte.

Zu den drei fremden Offizieren gesellte sich eine schwarze Soutane und ein rotes Käppchen, vor einem scharfen Gesicht funkelte eine Brille. Der päpstliche Nuntius Erzbischof Lorenzo Schioppa fragte, ob alles bereit sei. Alles war bereit. Der Erzbischof verneigte sich gemessen und kehrte mit dem durch die lange Soutane bestimmten Schritt zum Wagen des Königspaares zurück. Der bevollmächtigte Minister Kánya erschien bei den drei Offizieren und erkundigte sich, ob es schon feststehe, wohin man das Königspaar eigentlich bringen werde.

Darüber sei man sich noch nicht einig, feststehe nur, daß das Königspaar heute schon aus Ungarn weg müsse.

Kein Land wollte den König aufnehmen, England hatte die Kabinette der Reihe nach angerufen, aber die Staaten hatten sich taub gestellt, die Kabinette fürchteten sich vor der Empörung ihrer Sozialdemokraten und die Könige fürchteten sich vor der Ansteckung, die entthronte Monarchen wie Bakterien mit sich schleppen. Amerika duldete einen Monarchen, der auf seinen Thron nicht verzichtet hatte, nicht in seiner Hemisphäre, Westindien war vorgeschlagen, aber dann wieder abgelehnt worden, ebenso Spanien, mit dessen Geschichte und Größe Habsburg allzu innig verbunden gewesen war. St. Helena wollte England nicht, so groß sollte der besiegte Habsburger nicht gemacht werden, die Geschichte wiederholt sich nicht. Es war, als hätte die Unentschlossenheit des Königs nun auch auf die Kabinette übergegriffen, die sein Schicksal berieten. Jugoslawien und die Tschechoslowakei mobilisierten noch immer. In der Tschechoslowakei waren fast die einzigen, die pünktlich einrückten, die Deutschen, denen das alte Pflichtgefühl noch in den Knochen saß. In einigen Städten war es zu Zusammenstößen gekommen, aber da die Toten Deutsche waren, regte sich die Welt nicht sonderlich darüber auf.

Ausfuhr-Ungarn! Schand-Ungarn! raunzten und schimpften in Budapest jene, die sich in den Tagen, da es um die Entscheidung gegangen war, zu nichts hatten entschließen können.

Der Nuntius half der Königin über die Wagentreppe. Frau von Boroviczény stützte die Königin. Der König und Graf Esterházy folgten. Der englische Kapitän ersuchte die Königin, auf dem Tragstuhl Platz zu nehmen, die Ufertreppe sei sehr steil. Die Königin dankte lächelnd, es sei sehr liebenswürdig, daß man ihr diesen Stuhl hergerichtet habe, aber sie könne ganz gut zu Fuß die Stiege hinuntergehen. Mit geraffter Soutane folgte der päpstliche Nuntius, dessen kleines, hellrotes Käppchen wie der letzte, noch nicht hinweggefegte Rest alter bunter Macht, Größe und Herrlichkeit war.

Ein ungarischer Offizier kommandierte: Habt acht! Die lebende Wand der Soldaten vom Bahndamm bis zum Ufer stand regungslos. Der König führte die Königin am Arm über die Stufen, der Nuntius, Frau von Boroviczény und der Schloßherr von Tata folgten. Dann kamen die drei Obersten und den Schluß machten Oberst Siményfalvy und der Gesandte Kánya.

Als das Königspaar den Steg betrat, rief aus der Einteilung ein ungarischer Offizier: Auf Wiedersehen! Siményfalvy drehte sich um, dachte: noch immer nicht gründlich genug gesiebt, und nahm sich vor, mit diesem Herrn ein ernstes Wort zu reden.

Kommandorufe! Die ungarischen Soldaten klirrten die Böschung hinauf. Der Stromdamm war wieder leer. Einsam stand auf dem Damm der Zug.

Das Königspaar hielt sich nicht lange auf dem Deck auf, es begab sich in die enge Kabine, in die ihm der Nuntius folgte. Das Königspaar kniete nieder und empfing den Segen des Heiligen Vaters. Der Papst zu Rom entbot dem letzten Kaiser aus dem Erzhause, das ihm durch Jahrhunderte den Schwertarm gestellt, das des Heiligen Vaters Schlachten geschlagen, das seine Gegenreformation angeführt und das unter den Fahnen der Muttergottes die Türken bekämpft hatte, durch seinen Nuntius den letzten Gruß. Der Papst, der als letzte Macht die Größe und die Stärke des kranken Abendlandes vertrat, der Papst zu Rom wußte, was hier in die Verbannung geschickt wurde: nicht der König von Ungarn, nicht ein Kaiser namens Karl, sondern der letzte Kaiser aus einem Geschlecht, dem kein anderes ebenbürtig gewesen war.

England führt das Königspaar auf dem Kanonenboot Glowworm fort

Trampelnde Schritte auf Deck; die Matrosen lösten die Vertauung. Der Kapitän äußerte dem englischen Obersten gegenüber Zweifel, ob er bei diesem niedern Wasserstand bis Galatz kommen werde, es wäre ratsam, jetzt schon die rumänische Regierung um einen Zug für das Königspaar zu ersuchen.

Als der Nuntius gegangen war, erschien Oberst Siményfalvy, um sich beim König abzumelden. Der König legte dem Obersten ans Herz, von hier aus gleich zu Horthy nach Budapest zu fahren und dem Reichsverweser zu melden, daß er, der König, noch ein allerletztes Mal gegen die Auslieferung an die Entente protestiere. Und dann lasse er, der König, noch einmal Horthy bitten, weder Lehár noch Ostenburg, noch einem anderen Gefangenen an das Leben zu gehen. Er, der König, werde diese Bitte auch noch vor den drei Entente-Obersten wiederholen.

Siményfalvy verbeugte sich und erbat sich die Gnade, gehorsamst melden zu dürfen, daß ihn diese Pflicht, die ihm das Vaterland auferlegt habe, bitter und schwer angekommen sei. Aber das Schicksal scheine es nicht anders gewollt zu haben. Die Wände der Kajüte begannen unter den Stößen der Maschine leicht zu beben. Der König und die Königin vermieden es, den Oberst anzusehen. Das Gesicht der Königin war abweisend und streng, der König blickte verlegen zu Boden. Der Oberst wollte nicht gehen, er mußte noch etwas sagen: „Majestät, ich habe niemals gegen den gekrönten König von Ungarn handeln wollen. Diese Tage sind unglückliche Tage gewesen, nicht nur für Eure Majestät." Der König machte einen zögernden Schritt und reichte dem Obersten die Hand, der sie ehrfürchtig nahm, rasch kehrt machte und vor der Türe seine Tränen trocknete. Grußlos eilte er an den drei fremden Offizieren vorbei über den Steg ans Ufer.

Der König kam noch einmal aus der Kabine auf die drei Entente-Offiziere zu, bedankte sich für ihr ritterliches Vorgehen und bat sie, bei der ungarischen Regierung für seine gefangenen Anhänger Fürsprache einzulegen. Die drei fremden Offiziere nahmen neben Siményfalvy Aufstellung.

Das andere Kanonenboot fuhr langsam ab, auch der Schlepper setzte sich in Bewegung. Die Königin zeigte sich auf Deck und der italienische Oberst behauptete, gehört zu haben, daß sie in das Geräusch der Schrauben hinein laut: Sankt Helena! gerufen habe.

Der Nuntius winkte mit einem Tüchlein. Die Schiffe zogen stromabwärts. Der Reif auf den Auwiesen schwand mit der steigenden Sonne, das stumpfe Grün der Wiesen trat wieder zutage. Im Fahrtwind entfaltete sich die großbritannische Kriegsflagge. Eine gewaltige dunkle Rauchwolke zog über den breiten gelben Strom.

Der Monitor, der das Königspaar trug, schwamm nun allein. Der Nuntius überschattete seine funkelnde Brille: ihm war, als schwimme ein dunkler Sarg stromabwärts, in dem mehr zur Ruhe gelegt worden war als ein unglücklicher Mensch.

Unfern der neuen und schmerzhaften Grenze Ungarns war ein Fischer, dessen Zille in den Wellen der fremden Kriegsfahrzeuge auf und nieder schaukelte und dessen Netz, in dem nur zwei kleine Fischlein zappelten und schnellten, nun, da es emporgehoben wurde, mit vielen Tränen zu weinen schien.

Ein zaristischer Offizier, der mit den Resten der Wrangelarmee in die Türkei übergetreten und von da nach Jugoslawien weitergezogen war, sah von der Festung Neusatz den britischen Monitor, den an der Staatsgrenze jugoslawische Kanonenboote aus dem Bestand der österreichischen Donauflottille empfangen hatten. Hier führte man den andern Herrscher des Doppeladlers gefangen ab. Ein bitteres Los, und doch noch besser, als mit dem Sohn und den Töchtern im Keller des Hauses Ipatiew von den Roten abgeschlachtet zu werden. Da hatten die beiden Reiche des Doppeladlers einander zerstört und keines von ihnen hatte das Erbe von Byzanz angetreten, von dem sie dieses Sinnbild der Herrschaft übernommen.

Als man dem König, der halbwach in der Kajüte lag, sagte, wo man sei, gedachte Karl der Kroaten, die hier an der Grenze des Reiches durch Jahrhunderte treu und am Ende unbedankt die Wache gehalten hatten. Nun waren sie von den Serben befreit und viele Klagen waren zu ihm in die Schweiz gedrungen, wie sehr diese befreiten Kroaten von ihren Befreiern enttäuscht waren. Ja, wäre es ihm doch gelungen, nur eine Zeitlang sich in Ungarn zu halten, die Kroaten wären wiedergekommen, die Kroaten, die nie gemeutert hatten, hätten den König geschützt und gestützt. Vorbei, vorbei.

Am 3. November wurde in Budapest folgender Gesetzentwurf eingebracht: Die Herrscherrechte König Karls IV. sind erloschen. Die Pragmatische Sanktion, die das Erbfolgerecht des Hauses Österreich (Domus Austriaca) regelt, hat ihre Rechtswirksamkeit verloren. Damit hat die Nation das Recht auf freie Königswahl wiedererlangt. Die Nation hält die Staatsform des Königtums aufrecht und vertagt die Besetzung des Thrones auf spätere Zeit. Auf welche Zeit?

Am 4. November stimmte die Nationalversammlung in Budapest dem Entthronungsgesetz zu.

Am 5. November meldete die Agentur Havas aus Bukarest, daß das Exkönigspaar mit einem Extrazug von Orsova nach Galatz überführt worden sei. Der niedrige Wasserstand der Donau habe die Landreise unvermeidlich gemacht. Während der Fahrt sei der König von englischen Polizisten bewacht worden. In Galatz werde das Exkönigspaar den englischen Kreuzer ‚Cardiff‘ besteigen, den vier rumänische Patrouillenboote begleiten werden.

Zur gleichen Zeit wurde aus Lissabon gemeldet, daß die Botschafterkonferenz bei der portugiesischen Regierung angefragt habe, ob sie die Zustimmung zu einer Internierung des Exkönigs auf der portugiesischen Insel Madeira gebe. Die portugiesische Regierung sei grundsätzlich dazu bereit, aber sie befürchte, daß die unklaren politischen Verhältnisse sie hindern werden, einen endgültigen Beschluß zu fassen.

Also Madeira! Ein gemildertes Sankt Helena! Ein mit Wohlwollen ausgewählter Verbannungsort, ein teurer Aufenthalt für diesen armen König, dessen großes Vermögen alle seine einstigen Länder enteignet haben.

Am 8. November meldete Havas aus Bukarest, daß das Königspaar mit seiner Begleitung im Sonderzug in Galatz eingetroffen sei und Exkönig Karl mit Bewilligung der Regierung in Galatz am Sonntag die heilige Messe gehört habe.

Das Schwarze Meer war unruhig, der König verließ fast nie die Kajüte. Er, der sich so lange hatte zusammennehmen müssen, fühlte sich krank und sterbensmüde. Wie nach den Ostertagen in Budapest und Steinamanger mußte er sich niederlegen. Sein Gesicht verfiel. Der Fünfunddreißigjährige sah wie ein alter Mann aus.

Als das Schiff in den Bosporus einlief, wurde das Meer ruhiger. Die kleinen Sommerpavillons an den Ufern der Meerenge lagen verlassen da. Alte Befestigungen schlossen sich an neue an, dazwischen lagen Dörfer und die Herrensitze der Türken. König Karl wurde an Bord geholt, um die Pracht der hügelansteigenden Stadt am Goldenen Horn zu bewundern.

Konstantinopel, Byzanz, Stambul! Erinnerungen stiegen auf. Diese Stadt war das zweite Rom gewesen, bevor sie von den Türken erobert worden war. Als Hauptstadt des türkischen Reiches und Sitz des Sultans hatte es den Kampf gegen Wien geführt und war zweimal hart daran gewesen, seinen hartnäckigsten Gegner zu besiegen. Welch ein Triumph und welch ein Freudentaumel hatte ganz Österreich erfaßt, als der Türke hatte weichen müssen! In allen Klöstern Österreichs kündeten die Kaiserzimmer von dem Ruhm dieses Sieges. Karl VI., der letzte männliche Habsburger, hatte nach den großen Türkensiegen des Prinzen Eugen die Karlskirche in Wien errichtet und vor ihr die großen Säulen wie Minarette aufstellen lassen. Ja, man hatte damals geträumt, das Heilige Kreuz auf der Hagia Sophia wieder aufzupflanzen und den Halbmond zu stürzen. Aber Karl VI. hatte Belgrad wieder verloren, sein Vormarsch war zum Stehen gekommen und der Großherr hatte weiter geherrscht über das Goldene Horn und über die christlichen Völker des Balkans, die Österreich hatte befreien wollen. Aber noch einmal war dieser große Traum von Felix Fürst Schwarzenberg aufgenommen worden, dem romantischen Minister des kühlen und nüchternen Franz Joseph, der seinen jungen Kaiser zum Herrn eines Reiches von siebzig Millionen machen wollte, das bis ans Ägäische und an das Schwarze Meer hätte gehen sollen.

Hatte nicht Rußland den gleichen Traum gehabt? Wollte nicht Rußland alle der orthodoxen Kirche angehörenden Völker von den Türken befreien? Berief Rußland sich nicht sogar darauf, daß die Tschechen die erste Botschaft des Christentums nicht von Rom, sondern von Byzanz erhalten haben? Aber hatte nicht sogar das kleine Bulgarien schon nach der Hagia Sophia und dem Heiligen Kreuz gestrebt? Und schickte sich nicht eben jetzt Griechenland an, das Smyrna den Türken entrissen hatte, als der einzig rechtmäßige Erbe Konstantinopels sich auch diese Stadt von den Türken zu holen? Waren nicht den Russen die Meerengen von England und Frankreich versprochen worden, wenn es behilflich sein wollte, die Mittelmächte zu stürzen?

Da lag die Stadt im milden Sonnenlicht des kurzen Herbsttages, da ragten ihre Minarette auf, glänzten die großen Kuppeln der Moscheen, da sah man den Bahnhof von Haidar-Pascha, die Kopfstation der Bagdadbahn, durch die sich die Deutschen den Vorderen Orient hatten erschließen wollen. Vorbei, vorbei!

Der Sultan regierte zwar noch in Konstantinopel, aber seine Tage waren wohl gezählt. Die eigentliche Macht der geschlagenen Türken war tiefer nach Kleinasien hinein verlagert worden, wo ein Horthy der Türken, Kemal Pascha, sich rüstete, den Friedensvertrag zu sprengen und die Griechen wieder aus dem Land zu werfen.

Der König entsann sich, daß man ihm einst erzählt, wie Kronprinz Rudolf auf seiner Hochzeitsreise der Kronprinzessin Stephanie versprochen habe, sie zur Kaiserin von Byzanz zu machen. Es war alles anders gekommen. Rudolf hatte selbst Hand an sich gelegt, weil seine Pläne so groß und sein Wille so schwach gewesen waren. Die Kronprinzessin, die er zur Kaiserin von Byzanz hatte machen wollen, war von dem belgischen Königspaar, ihren Eltern, verstoßen worden, weil sie als Witwe des Kronprinzen von Österreich einen ungarischen Grafen geheiratet. England, Frankreich, Italien und die Balkanstaaten hatten sich des Erbes der kranken Türkei bemächtigt und Österreichs Thronfolger hatte in Sarajevo sterben müssen, weil er versucht hatte, Bosnien und die Herzegowina zu sichern und enger an die Monarchie zu binden.

Im Marmarameer war die Nähe Griechenlands zu spüren. Himmel, Erde und Wasser waren zu gleichen Teilen ausgewogen. Dem Grenzenlosen des Ostens, das den König an der Donaumündung so bedrückt hatte, waren Schranken gesetzt, das Gegliederte und Gebändigte herrschte hier, es war eine Landschaft nach menschlichen Maßen. Die ruhelose Elisabeth hatte dieses Griechenland so geliebt, daß sie nicht nur Homer im Urtext gelesen, sondern sich auch Lehrer für das Neugriechische als Begleiter auf ihren Reisen und auf ihren ermüdenden Dauermärschen mitgenommen hatte. Der nüchterne Franz Joseph hatte über diese Schwärmerei Elisabeths ebenso den Kopf geschüttelt wie über ihre Heine-Verehrung und über die vielen Fastenkuren und das ständige Nachprüfen des Gewichtes, aber er hatte die bewunderte und verehrte Frau gewähren lassen.

In den Dardanellen waren noch die Befestigungen der Türken und die Gräben der Engländer zu sehen. Gallipoli tauchte auf, die Festung, in der die Türken so lange dem belagerten Byzanz gegenübergelegen waren.

Tag und Nacht lösten einander ab. Das war die Prinzenreise, die der König ein wenig verspätet machte. Das Mittelmeer zog vorbei, die einstige Welt der großen Geschichte. Nun aber war es, seit die große Macht über den Atlantik nach Europa herübergriff, ein kleines Binnenmeer geworden.

Am 12. November brachte die Regierung in Prag in der Nationalversammlung ein Antimonarchistengesetz ein, wonach die Agitation für die Umwandlung der republikanischen Staatsform der Tschechoslowakei in die monarchistische oder für die Wiederherstellung der Herrschaft der Habsburger als Verbrechen gilt und mit Kerkerhaft von einem bis zu fünfzehn Jahren bestraft wird. Mitglieder des ehemaligen Herrscherhauses, die ohne ministerielle Genehmigung tschechoslowakisches Gebiet betreten, erhalten fünf bis zehn Jahre Kerker. Wer von einer solchen Einreise Kenntnis hat und sie nicht anzeigt, wird mit sechs bis zwölf Monaten Kerker bestraft, gleichzeitig kann Vermögensverfall eintreten.

Am 16. November traf der britische Kreuzer in Gibraltar ein und nahm dort Kohlen und Proviant. Mit Gläsern der britischen Seeoffiziere suchte das Königspaar den kaiserlichen Doppeladler auf dem Felsen von Gibraltar. Hier, an den Säulen des Herkules, hatte Karl V. sein Reich errichtet, in dem die Sonne nicht untergegangen war, hier verstand man das AEIOU – Alles Erdreich ist Österreich untertan – Austriae est imperare in orbe ultimo. Von hier aus hatte die Casa d'Austria die Welt beherrscht, die Maison d'Autriche, die in Brüssel, Madrid, Neapel, Mailand und Wien regiert, und die Westen und Osten Europas zusammengehalten hatte. Von hier aus hatte man den Gedanken der Weltmonarchie verwirklichen wollen. Die goldene Erdkugel auf dem Zeughaus Karls VI. in Wien war eine letzte Erinnerung daran.

Das Glas des Königs glitt weiter und suchte nach den Affen des Felsens von Gibraltar, von denen es heißt, daß mit ihrem Aussterben auch die britische Herrschaft an den Säulen des Herkules ihr Ende finden werde. Man zähle noch an die vierzig dieser Affen, und man nehme daher an, daß Gott auch weiterhin Großbritannien nicht verlassen werde.

Am 20. November wurde aus London gemeldet, daß der Exkönig und die Exkönigin in Funchál auf Madeira angekommen seien. Die englischen und die portugiesischen Behörden hatten sich zur Begrüßung im Hafen eingefunden, eine große Menschenmenge beobachtete unter tiefem, drückendem Schweigen die Landung des Königspaares. Der König sah sehr schlecht aus, mit traurigem und müdem Lächeln erwiderte er die Grüße. Die Königin schien ungebrochen zu sein.

Die auf den Fremdenverkehr angewiesene Bevölkerung von Funchál erwog Vor- und Nachteile, die der Stadt aus dem Exil des Königspaares erwachsen würden. Ein so hoher Gefangener konnte nur werben für den Besuch der Insel. Aber dann mußte man wieder bedenken, daß jene Leute, die Sehnsucht danach hatten, ihren König in der Verbannung aufzusuchen, aus Staaten waren, deren Geld derzeit keinen Wert hatte und deshalb auch keine Reisen zuließ.

Am 1. April 1922 wurde von Funchál die Nachricht vom Tode Karls in die Welt gefunkt, die den Kaiser fast schon ganz vergessen hatte. Die Weltwirtschaftskonferenz von Genua und der ihr folgende Vertrag von Rapallo zwischen Rußland und Deutschland nahmen alle Aufmerksamkeit in Anspruch. Die Gleichgültigen sagten, Karl sei an Grippe, die Anteilnehmenden versicherten, er sei an gebrochenem Herzen gestorben. Der Kaiser war unter einer Last, die auch ein Stärkerer nicht hätte tragen können, zusammengebrochen.

Zur Neuveröffentlichung von Bruno Brehm's Trilogie
„DIE THRONE STÜRZEN"
sechs Jahrzehnte nach ihrem ersten Erscheinen · Von Klaus Piper

1930 erschien in den „Münchener Neuesten Nachrichten" der Roman „Apis und Este" von Bruno Brehm als Vorabdruck. Er hatte große Wirkung. Nur wenige Leser wußten zunächst, welche Personen mit „Apis" und „Este" gemeint waren. Das erhöhte die Neugier, und ich erlebte, als Buchhandelslehrling bei Chr. Kaiser am Münchener Rathaus, wie dann beim Erscheinen des Buches im Frühjahr 1931 die Nachfrage der Leser vehement einsetzte. In rascher Folge ließ der Autor auf diesen ersten Band seines historischen Romanzyklus über Anfang und Ende des Ersten Weltkriegs die beiden weiteren Bände folgen – 1932 „Das war das Ende" und 1933 als Schlußstück „Weder Kaiser noch König". Brehms Trilogie wurde eines der berühmtesten und meistgelesenen Werke in der Geschichte des Piper Verlags.

Nach dem Zweiten Weltkrieg entschloß sich der Autor, die Trilogie zugunsten einer einbändigen Ausgabe maßvoll zu straffen. Diese erschien erstmals 1951 unter dem Titel DIE THRONE STÜRZEN und erlebte mehrere Auflagen. Der vorliegende Neudruck ist textlich unverändert. Er erscheint aus besonderem Anlaß. Am 23. Juli 1992 jährt sich zum 100. Mal der Geburtstag Bruno Brehms. Dieser Anlaß war uns umso willkommener, als Brehms Trilogie durch die Ereignisse in Mittel-und Osteuropa eine ganz neue Aktualität erhalten hat.

Brehms dramatische Bilder vom Untergang des Habsburger Reiches wirken auf uns, die heutigen Leser, geradezu prophetisch. Schon der Beginn von „Apis und Este" versetzt uns in einen Hexenkessel nationalistischer Leidenschaften, deren neuerliche Explosion wir, Jahrzehnte später, beklemmend auf den Fernsehschirmen mitverfolgen können. Im Roman erleben wir ihren ersten spektakulären Ausbruch – die Ermordung des serbischen Königspaars durch aufrührerische Offiziere 1903 –, geschildert mit geradezu Shakespeare'scher Wucht. Wir erleben die Abenddämmerung des Österreichisch-Ungarischen Kaiserreichs.

Im zweiten Teil der Trilogie, „Das war das Ende", richtet der österreichische Prinz Hohenlohe an den preußischen Grafen Wedel Worte, die noch einmal den historischen Auftrag des Habsburger Reichs deutlich machen: „Denken Sie doch, welch ein Unglück es für Deutschland war, daß die Macht von Wien auf Berlin überging.

Österreichs Aufgabe war durchaus keine imperialistische, es war die Aufgabe des Zusammenlebens der vielen kleinen Völker, die jetzt an deren blindwütigem Nationalismus zu scheitern droht." (Mitgeteilt von Carl Gustav Ströhm in seinem Nachruf zum Tode Bruno Brehms in der WELT.)

Die Verbindung des Piper Verlags zu Bruno Brehm war dadurch zustande gekommen, daß der in Wien lebende Schriftsteller Leo Perutz den aus Wien stammenden damaligen Verlagsteilhaber meines Vaters, Robert Freund, auf den, wie er erklärte, hochoriginellen Erzähler Bruno Brehm aufmerksam machte.

Die Korrespondenz mit dem Autor übernahm Reinhard Piper. Ich möchte den Leser daran teilnehmen lassen, um ihm die Entstehungsgeschichte der Trilogie zu veranschaulichen. Brehm schrieb an Piper im Dezember 1929: „Bitte unbedingtes Stillschweigen über Este – das Thema ist reif wie keines, ich will nicht, daß es mir jemand wegschnappt, ich stecke mitten in den Vorarbeiten. Ich arbeite derzeit im Kriegsarchiv die Literatur durch ..." Dann heißt es weiter im Brief: „Este wird das Sterben der Monarchie schildern – und er wird ehrlich sein. Mich läßt seine Gestalt nicht mehr aus. Wenn ich nachts aufwache, sehe ich ihn vor mir, etwas aufgedunsen, fast ein Spießer, doch voller Schicksal und düsterer Größe. Alles, was ich bisher über ihn gelesen habe, zeigt ihn nur von einer Seite. Er muß von allen gezeigt werden."

Im Mai 1931 schrieb Bruno Brehm an Reinhard Piper – der dritte Band, „Weder Kaiser noch König", war in Arbeit: „Bei der Arbeit über [Kaiser] Karl stoße ich allenthalben auf dieses merkwürdige Spiel der kleinen Geister, auf der einen Seite den Jesuitismus, auf der anderen die Freimaurerei für Dinge verantwortlich zu machen, die sie nicht begreifen können. Habe eben auch aus diesem Anlaß das Ludendorff-Buch, ‚Meine Kriegserinnerungen', gelesen – es ist ein seltsamer Mann, ihm fehlt das Gymnasium des Herzens, er ist ein großer Barbaren-Ingenieur voll Pflichtbewußtsein, aber auch voll jener Unmenschlichkeit, die eine Ford-Autofabrik auszeichnet. Er hat Rußland zugrunde gerichtet und nicht gewußt, daß er es tat, und wollte dann – ganz wie bei Tannenberg auf Rennenkampf – sich auf Frankreich stürzen ..." (Zitiert nach Reinhard Piper, Briefwechsel mit Künstlern und Autoren 1903–1953 – herausgegeben von Ulrike Buergel-Goodwin und Wolfram Göbel, München 1979.)

Wie tief das zentrale Thema von Bruno Brehms Weltkriegs-Trilogie – das Sterben der Donaumonarchie – lebensgeschichtlich im Autor begründet war, bezeugt ein kurzer autobiographischer Lebensabriß (1939 in der Zeitschrift „Grenzlandquellen", Karlsbad-Drahowitz, erschienen). Da nichts die Selbstaussage des Autors ersetzen kann, teile ich daraus mit:

„Ich bin 1892 als Sohn eines k.u.k. Hauptmanns zu Laibach in Krain geboren. Meine Mutter stammte aus dem Erzgebirge, mein Vater aus dem Egerland. Ich bin wohl ein junger Schriftsteller, aber leider kein junger Mann mehr. Meine frühesten Erinnerungen sind: eine Schwadron mit blinkenden Helmen reitet über den Wenzelsplatz in Prag – vor ihr weicht eine johlende Menge zurück. Das war im Sturmjahr 1897. Wir [die Familie] wurden in aller Frühe auf die Bahn gebracht und ins Erzgebirge ... Dort lag so viel Schnee, daß man mit Schlitten über Zäune hinwegfahren konnte."

Die erste Schulzeit verbrachte Brehm in Eger. Von dort übersiedelte er mit den Eltern nach Znaim: „... und es war mir, als käme ich von Wien nach Italien. Alles war anders ... Bald nach dem Einjährigenjahr in Wien bei der Artillerie kam der Ausbruch des Kriegs." Brehm erinnerte sich: „Am 8. September 1914 ging ich bei Tomaschow abends über das Feld und dachte: nun wollen wir einmal sehen, was ein Leutnant leisten kann, der Plato gelesen hat, und dessen Herz sich stark und hart fühlt. Es war ein Irrtum, denn am nächsten Tag haute mich eine Granate hin, die Batterie wurde gestürmt und ich wanderte für zwei Jahre in die Gefangenschaft ..., wurde von Spital zu Spital, von Lager zu Lager bis Krasnojarsk geschleppt und endlich nach zwei Jahren als Invalider ausgetauscht."

1916 kam Brehm als Ersatzbatteriekommandant nach Theresienstadt, „in dessen Kasematten Gavrile Princip [der Mörder des österreichischen Thronfolgerpaares in Sarajevo] einsaß. Oben in der Stadt herrschte ein heftiger Streit, ob man das Bier nur im Kasino oder auch über die Gasse ausschenken dürfe. Fort von da, nur rasch fort!" Das war noch nicht die innere Freiheit in der Geborgenheit der Armee, die sich Brehm erhofft hatte. Er fand sie dann aber doch: er wurde zur Gebirgsartillerie nach Mazedonien versetzt, von da nach Asiago. Noch einmal Verwundung. Das Ende kam: „... der Krieg war aus und ich wie vor den Kopf geschlagen."

Brehm ging zur Universität, arbeitete in einem Verlag und schrieb aus den Erlebnissen und Erfahrungen der Zeit heraus seine ersten Romane. Ihre Gestaltung, das intensive Fühlen der Epoche – diese Gaben prägen auch das Hauptwerk, die Weltkriegs-Trilogie. In den Jahrzehnten seit ihrem ersten Erscheinen hat sie nichts an erzählerischer Kraft eingebüßt.

Mit dem Ersten Weltkrieg verabschiedete sich die alte, von den

Widersprüchen zwischen Tradition und Moderne erschütterte Welt Europas. Unter den Schlägen der Niederlage brachen die Kaiserreiche zusammen. Totalitäre Herrschaftssysteme bemächtigten sich der Vakuen, die der Zusammenbruch der alten Ordnungen geschaffen hatte.

Nach dem Ersten Weltkrieg mußten die Kaiser gehen. Heute, vor unseren Augen, werden die Imperien des „realen Sozialismus" von den Kräften der freier und selbstbewußter gewordenen Völker geschleift. Als Leser von Brehms Trilogie verstehen wir tiefer diese Prozesse und Herausforderungen.

Mit einer persönlichen Erinnerung möchte ich schließen. 1934 arbeitete ich mehrere Monate lang in Wien. Ich hatte vom Verlag den Auftrag mitgenommen, Autoren zu besuchen und entsinne mich dankbar vieler Gespräche, die meinen Horizont erweiterten. Wien ließ mich die historischen Dimensionen des gegenwärtigen Raums fühlen. An einem Juninachmittag nahm mich Bruno Brehm mit zu einem Ausflug auf den Bisamberg, der sich am nördlichen Rand Wiens, linksseitig der Donau, erhebt. Oben deutete Brehm über den Strom zur anderen Seite, zum Wienerwald hin: „Sehen Sie da drüben den Kahlenberg! Das ist der letzte Ausläufer der Alpen – es ist das Ende von Mitteleuropa. Hier, wo wir stehen, beginnt eine andere Welt – Sie sehen andere Pflanzen, drunten die Häuser sind anders, am Himmel ist ein neues Licht. Hier fängt Osteuropa an."

Die schöne landschaftliche Nachbarschaft der beiden Welten ergab ein friedliches Bild. Mögen sich Ost und West auch in der Welt des konkreten menschlichen Lebens dauerhaft versöhnen!

München, Dezember 1991

INHALT

APIS UND ESTE

DAS WAR DAS ENDE

Seite

WEDER KAISER NOCH KÖNIG